国家出版基金项目
NATIONAL PUBLICATION FOUNDATION

國家出版基金項目

教育部哲學社會科學研究重大課題攻關項目

「十一五」國家重點圖書出版規劃項目·重大工程出版規劃

國家社會科學基金重大項目

北京大學「九八五工程」重點項目

儒藏

精華編八七冊
經部春秋類

儒藏

精華編

北京大學《儒藏》編纂與研究中心

《儒藏》精華編第八七册

首席總編纂　季羡林

項目首席專家　湯一介

總　編　纂　湯一介　龐　樸　孫欽善　安平秋（按年齡排序）

本册主編　姜廣輝　朱漢民

《儒藏》精華編凡例

一、中國傳統文化以儒家思想爲中心。《儒藏》爲儒家經典和反映儒家思想、體現儒家經世做人原則的典籍的叢編。收書時限自先秦至清代結束。

二、《儒藏》精華編爲《儒藏》的一部分，選收《儒藏》中的精要書籍。

三、《儒藏》精華編所收書籍，包括傳世文獻和出土文獻。傳世文獻按《四庫全書總目》經史子集四部分類法分類，大類、小類基本參照《中國叢書綜録》和《中國古籍善本書目》，於個别處略作調整。凡單書已收入入選的個人叢書或全集者，僅存目録，並注明互見。出土文獻單列爲一個部類，原件以古文字書寫者一律收其釋文文本。韓國、日本、越南儒學者用漢文寫作的儒學著作，編爲海外文獻部類。

四、所收書籍的篇目卷次，一仍底本原貌，不選編，不改編，保持原書的完整性和獨立性。

五、對入選書籍進行簡要校勘。以對校爲主，確定内容完足、精確率高的版本爲底本，精選有校勘價值的版本爲校本。出校堅持少而精，以校正誤爲主，酌校異同。校記力求規範、精煉。

六、根據現行標點符號用法，結合古籍標點通例，進行規範化標點。專名號除書名號用角號（《》）外，其他一律省略。

七、對較長的篇章，根據文字内容，適當劃分段落。正文原已分段者，不作改動。千字以内的短文一般不分段。

八、各書卷端由整理者撰寫《校點説明》，簡要介紹作者生平、該書成書背景、主要内容及影響，以及整理時所確定的底本、校本（舉全稱後括注簡稱）及其他有關情況。重複出現的作者，其生平事蹟按出現順序前詳後略。

九、本書用繁體漢字豎排，小注一律排爲單行。

《儒藏》精華編第八七册

經部春秋類

公羊傳之屬

公羊義疏二十六

句容陳立卓人著

莊三十一年盡三十二年。

三十有一年，春，築臺于郎。

何以書？譏。何譏爾？臨民之所漱浣也。**注**無垢加功曰漱，去垢曰浣，齊人語也。譏者，爲瀆下也。禮，天子外屏，諸侯内屏，大夫帷，士簾，所以防泄慢之漸也。禮，天子有靈臺，以候天地；諸侯有時臺，以候四時。登高遠望，人情所樂，動而無益於民者，雖樂不爲也。四方而高曰臺。**疏**《校勘記》云：「《唐石經》、鄂本、閩本『漱』作『漱』。《釋文》及注疏同。」按：十行本、監本、毛本作「漱」，誤。《通義》云：「十年『宋師次于郎』，《左傳》言『自雩門出』敗之，明郎在南門外，其地有逵泉臺，下臨水泉，臺所由名也。」故《十六年傳》云：「泉臺者何？郎臺也。未成爲郎臺，既成爲泉臺。」○注「無垢」至「語也」。○《禮記・内則》注：「手洗爲漱，足爲浣。」《説文・水部》：「澣，濯衣垢也。或作浣。」「涑，澣也。」段注云：「涑，亦叚『漱』爲之。《公羊》注『無垢加功曰漱，去垢爲浣』，解云：『無垢加功，謂但用手斗漱，去垢蓋用足物，故《内則》云「冠帶垢，和灰請漱；衣裳垢，和灰請澣」。鄭云「手曰漱，足曰澣」是也。』若然，則『涑』與『澣』別，❶而許不別者，許渾言，何析言也。《詩・周南》箋云：『汙，煩也。煩撋之用功深。澣，謂濯之耳。』是則『澣』對『汙』言，又分淺深矣。實則何之去垢，即《毛詩》之汙，何之無垢加功，又似《毛詩》之澣矣。」舊疏云：「既無垢而加功者，蓋亦少有，但無多垢，故謂之無，非全無也。又取其斗漱耳。」浣者，舊説云「用足曰浣」是也。○注「禮天」至「漸也」。○舊疏云：「《禮説》文也。」《禮記・郊特牲》云「臺門而旅樹」，注：「旅，道也。屏謂之樹，樹所以蔽行道。管氏樹塞門，塞猶蔽

❶「涑」，原作「漱」，據《説文解字注》改。

也。禮，天子外屏，諸侯内屏，大夫以簾，士以帷。」《後漢書注》引《白虎通》云：「屏，所以自障也，示不極臣下之敬也。天子德大，故外屏；諸侯德小，所照見近，故内屏。」《意林》引《風俗通》亦云：「天子外屏，令臣下氣泄。」亦即不極敬之意。《郊特牲》疏引《禮緯》文作「大夫以簾，士以帷」，下云「南本及定本皆然。或云『大夫以帷，士以簾』者，譌也。」按：《廣韻》引《風俗通》云「屏，卿大夫以帷，士以簾」，與此所引《禮説》正合。《釋名・釋牀帳》云：「帷，圍也，以自障圍也。」「㡘，廉也，自障蔽爲廉恥也。」則帷簾之制大同。《漢書・梁平王襄傳》：「谷永上疏曰：臣聞，禮，天子外屏，不欲見外也。是故帝王之意，不窺人閨門之私，聽聞中冓之言。」《後漢書・齊武王縯傳》：「詔曰：朕聞人君正屏有所不聽。」《淮南・主術訓》：「天子外屏，所以自障，故所理者遠而所在者邇，❶所治者大則所守者少。」《禮記・曲禮》云「帷薄之外不趨」，疏：「禮，天子外屏，諸侯内屏，卿大夫以簾，士以帷。外屏，門外爲之；内屏，門内爲之。『邦君樹塞門』是也。臣來朝君，至屏而加肅敬。今言帷薄，謂大夫士也。」按：薄，亦簾屬，《左傳》僖二十三年「薄而觀之」是也。《説文・竹部》：「簾，堂簾也。」《通俗文》：「户幃曰簾。」《聲類》：「户閉也。」《甘氏星經》云「闕丘二星在南河南」，注：「闕丘，闕外象魏也。天子謂之闕，諸侯謂之兩觀。天子外屏，罘罳在宫門外；諸侯内屏，罘罳在宫門内，所以別尊卑也。」蓋皆防泄慢之義。○注「禮天」至「四時」。○舊疏云：「皆《禮説》文。文王受命之後乃築靈臺，亦是天子曰靈臺之義。正以候天地，故以靈言之；諸侯候四時，故謂之時臺。」《白虎通・辟雍》云：「天子所以有靈臺者何？所以考天人之心，察陰陽之會，揆星辰之正驗，爲萬物獲福無方之元。《詩》云：『經始靈臺。』」《御覽》引《禮統》云：「所以制靈臺何？以尊天重民，備災禦害，❷預防未然也。明王者當順承天地，禦節陰陽也。」《詩・大雅・靈臺》箋云：「天子有靈臺，所以觀氛祲、察妖祥也。」彼疏引《異義》「《公羊》説：『天子三臺，諸侯二。天子有靈臺以觀天文，有時臺以觀四時施化，有囿臺以觀鳥獸魚鼈。諸侯當有時臺、囿臺。諸侯卑，不得觀天文，無靈臺。皆在國之東南二十五里，東南少陽用事，

❶ 上「所」字，原作「取」，據《淮南鴻烈解》改。
❷ 「禦」，原脱，據《太平御覽・禮儀部・靈臺》補。

萬物著見。用二十五里者，吉行五十里，朝行暮反也。』《左氏》説：『天子靈臺在太廟之中，壅之靈沼，謂之辟雍。諸侯有觀臺，亦在廟中，皆以望嘉祥也。』《毛詩》説：『靈臺，不足以監視。❶靈者，精也，神之精明稱靈，故稱臺曰靈臺，稱囿曰靈囿，稱沼曰靈沼。』《韓詩》説：『辟雍者，天子之學，圓如璧，❷壅之以水，示圓言辟，取辟有德。不言辟水言辟雍者，取其雍和也。所以教天下春射秋饗，尊事三老五更。❸在南方七里之内立明堂於中，五經之文所藏處，蓋以茅葦，取其潔清也。』謹案：『《公羊傳》、《左氏》説皆無明文，説各無以正之。」鄭曰：「玄之聞也，《禮記・王制》天子命之教，然後爲學。小學在公宫之左，❹大學在郊。天子曰辟雍，諸侯曰泮宫。❺天子將出征，受命于祖，受成于學。出征執有罪，反，釋奠于學，以訊馘告。』然則太學即辟雍也，《詩・頌・泮水》云『既作泮宫，淮夷攸伏。矯矯虎臣，在泮獻馘。淑問如皋陶，在泮獻囚』。此復與辟雍同義之證也。《大雅・靈臺》一篇之詩，有靈臺，有靈囿，有靈沼，有辟雍，其如是也，則辟雍及三靈皆同處在郊矣。囿也，沼也，同言靈。於臺下爲囿爲沼可知。」按：《左傳》僖五年云「公既視朔，遂登觀臺以望」；彼疏引服虔云：「人君入太廟視朔，天子曰靈臺，諸侯曰觀臺，在明堂之中。」是則與《公羊》同，皆以諸侯無靈臺也。若然，《乾鑿度》云「伐崇作靈臺」，然則作靈臺時仍爲諸侯。後周公制禮，多因文王刱建，即定爲一代天子之禮，如造舟皋門之類矣。故《御覽》引《禮統》云「夏所以爲清臺何？明明相承，太平相續，故爲清臺。殷爲神臺、周爲靈臺何？質者据天而王，天稱神，文者据地而王，地稱靈」，明夏殷無靈臺之稱矣。僖十五年《左傳》「乃舍諸靈臺」，杜注以爲周靈臺故址，其即伐崇後所作與？又按：《漢書・地理志》濟陰成陽有堯冢、靈臺。《水經注》：「成陽城西二里有堯陵，陵南一里有堯母慶都陵，稱曰靈臺。」彼爲陵墓之名，自取神靈義言之，與此別也。〇注「登高」至「爲也」。〇《孟子・梁惠王》篇「無非事者」，趙注：「言天子諸侯出，必因王事，

❶「不」，原脱，據《毛詩注疏》補。
❷「圓」，原作「員」，據《毛詩注疏》改。
❸「尊」，原作「首」，據《毛詩注疏》改。
❹「宫」下，原衍「南」字，據《毛詩注疏》删。
❺「泮」，原作「頖」，據《毛詩注疏》改。

有所補助於民，無非事而空行者也。」彼爲孟子述晏子語對齊宣王，時宣王遊雪宫，謂孟子曰「賢者亦有此樂」，明以登高望遠爲樂，故孟子引以箴之也。○注「四方而高曰臺」。○《詩・大雅・靈臺》篇「經始靈臺」，《毛傳》：「四方而高曰臺。」

夏，四月，薛伯卒。**注**卒者，薛與滕俱朝隱公，桓弒隱而立，滕朝桓公，薛獨不朝，知去就也。**疏**注「卒者」至「就也」。○舊疏云：「所傳聞之世，小國卒例不合書，而今書之，故解之爾。薛與滕俱朝隱公者，《隱十一年》『滕侯、薛侯來朝』是也。滕朝桓公，《桓二年》書『滕子來朝』是也。」《通義》云：「即隱之篇所稱薛侯者，伯，其本爵也。所傳聞之世未卒小國而卒之，則加録已明，故不復褒也。克卒名而不日，宿男日而不名，於滕、薛不日又不名者，來親隱，綏恩殺。」按：《隱元年》注云：「不言先者，亦爲所褒者德，明當積漸，深知聖德灼然之後乃往，不可造次，陷於不義。」故薛知去惡就善，得加録也。桓弒，《釋文》作「桓殺」，音申試反。

築臺于薛。**疏**杜、范並云：「薛，魯地。」《大事表》云：「今兖州府滕縣東南有薛城。」《方輿紀要》云：「薛陵城在東平州陽穀縣西南。」《史記・田齊世家》「威王七年，衛伐我，取薛陵」，又「威王語阿大夫：衛取薛陵，子不知」，蓋其地與阿近。沈氏欽韓《左傳補注》云：「以下文『築臺于秦』例之，莊公侈心遠略，必非滕縣之薛城也。」

何以書？譏。何譏爾？遠也。**注**禮，諸侯之觀不過郊。**疏**注「禮諸」至「過郊」。○《通義》云：「《五經異義》：《公羊》説：天子有三臺，靈臺以觀天文，時臺以觀四時施化，囿臺以觀鳥獸魚鼈。諸侯卑，不得觀天文，無靈臺，但有時臺、囿臺，皆在國之東南二十五里。東南少陽用事，萬物著見。用二十五里者，❶吉行五十里，朝行暮返也。」此注「諸侯之觀不過郊」所本。

六月，齊侯來獻戎捷。**注**戰所獲物曰捷。**疏**《説文・手部》作「齊人」。按：三傳俱無説，恐許書誤。○注「戰所」至「曰捷」。○《穀梁傳》：「軍得曰

❶「者」，原脱，據《春秋公羊經傳通義》補。

捷。」又《僖二十一年》彼傳云：「捷，軍得也。」杜云：「捷，獲也。」按：捷，有勝義，戰勝所得，故亦曰捷。

齊，大國也。曷爲親來獻戎捷？注 据齊未嘗朝魯。**威我也。**注 以威恐怖魯也。如上難，知爲威魯書之。疏《國語・吴語》：「夫固知君王之蓋威以好勝也。」以威加人即恐怖義。○注「以威恐怖魯也」。○《説苑・權謀》篇：「齊桓公將伐山戎，使人請助於魯。魯君進群臣而謀，皆曰：『師行數千里，入蠻夷之地，必不反矣。』於是魯許助之而不行。齊已伐山戎、孤竹，而欲移兵于魯。管仲曰：『不可！』」此威我之所由來與？且山戎在北，齊又在魯北，無緣行至魯境，蓋爲威魯，故還道過我與？○注「如上」至「書之」。○即上「齊，大國也，曷爲親來獻捷」，故知爲威我書。

其威我奈何？旗獲而過我也。注 旗，軍幟名，各有色，與金鼓俱舉，使士卒望而爲陳者。旗獲，建旗縣所獲得以過魯也。不書威魯者，恥不能爲齊所忌難，見輕侮也。言獻捷繫戎者，《春秋》王魯，因見王義。古者方伯征伐不道，諸侯交格而戰者，誅絶其國，獻捷於王者。楚獻捷時，此月者，刺齊桓憍慢持盈，非所以就霸功也。疏 注「旗軍」至「有色」。○《禮含文嘉》云：「牙旗者，將軍所建也。旗有九名：日月爲常，交龍爲旂，通帛爲旃，雜帛爲物，熊虎爲旗，鳥隼爲旟，龜蛇爲旐，全羽爲旞，析羽爲旌。」《黄帝出軍決》曰：「有所攻伐，作五采牙幢。青牙旗引往東方，赤牙旗引往南方，白牙旗引往西，黑牙旗引往北，黄牙旗引往中。」❶《墨子・旗幟》篇：「守城之法，木爲蒼旗，火爲赤旗，薪樵爲黄旗，石爲白旗，水爲黑旗。」是各有色也。軍幟，《釋文》云：「本又作『織』。」《校勘記》云：「疑當作『軍識』，本又作『織』。」同。《毛詩》、《禮記》、《周禮注》「旗幟」字皆作「識」。按：《詩・小雅・六月》云「織文鳥章」，箋云：「織，徽織也。將帥以下衣皆著焉。」《周禮疏》引作「識文鳥章」，鄭彼注並作「徽識」。《左傳》昭二十一年云：「揚徽者，公徒也。」杜

❶「中」，原作「東」，據《初學記》、《太平御覽》引改。

云：「徽，識也。」蓋本字作「識」，所以題別衆臣也。或作「織」，《漢書・食貨志》「治樓舡十丈餘加旗織於其上」；或作「幟」，《史記》淮陰侯「拔趙幟，樹漢赤幟」是也。按：徽識之用有三：一爲在朝所用。《禮・覲禮》：「公侯伯子男各就其旂而立。」《稽命徵》云：「天子之旗九仞十二旒，曳地；諸侯七仞九旒，齊軫；卿大夫五仞七旒，齊較；士三仞五旒，齊首。」而徽織之制無明文。鄭注《大司馬》云：「在國以表朝位，在軍又象其制爲之。」是在朝與在軍同。所異者，在朝不畫雲氣耳。《墨子・旗幟》云：「亭尉各爲幟，竿長二丈五，帛長丈五，廣半幅。」❶此其制與？亭尉大夫之職，不知天子諸侯之異同也。其一用之於喪禮，❷《禮記・檀弓》：「銘，明旌也。以死者不可別已，故以其旗識之。」其一用之於軍禮，軍禮之幟有二：一則負之於肩，《文選・西京賦》「戎士介而揚揮」，辥注：「揮，爲肩上絳幟，如燕尾。」揮、徽同也。《國策・齊策》「章子乃變其徽章」是也。一則被之於衣，《周禮・大司馬職》：「辨號名之用。帥以門名，縣鄙各以其名，家以號名，鄉以州名，野以邑名。」注：「被之以備死事。」《墨子・旗幟》云：「吏卒男女皆衏異衣章」，「城上吏卒置之背，卒於頭上；城下吏卒置之肩，左軍於左肩，右軍於右肩，中軍置之胸。」皆是也。此注云：「軍幟，蓋兼之矣。」《禮記・大傳》「殊徽號」，注云：「旌旗之名。」❸又《周禮・司常》：「各有屬」，注云：「屬，謂徽識也。今城門僕射所被及亭長著絳衣，皆其舊象。」又注「皆畫其象焉，官府各象其事，❹州里各象其名，家各象其號」，云：「事、名、號者，徽識，所以題別衆臣，樹之於位，朝者各就焉。❺或謂之事，或謂之名，或謂之號，異外内也。三者，旌旗之細也。《士喪禮》云『爲銘，各以其物。亡則衣緇長半幅，赬末長終幅，廣三寸，書名於末』，此蓋其制。徽識之書則云某某之事、某某之名、某某之號，今大閲禮象而爲之。兵，凶事，若有死事者，亦當以相別也。」然則徽幟蓋皆長三尺，以同著於衣，不宜差降。書

❶「廣」，原脱，據《墨子・旗幟》補。
❷「其」下原衍「廣」字，依下「其一用之於軍禮」句例删。
❸「名」，原作「細」，據《禮記注疏》改。
❹「官」上原衍「百」字，「官」下原脱「府」字，據《周禮注疏》改補。
❺「者」，原脱，據《周禮注疏》補。

名於末，廣三寸，如明旌然。司常所載，在朝之幟；大司馬所載，軍中之幟也。○注「與金」至「陳者」。○《管子・兵法》篇：「一曰鼓，鼓所以任也，❶所以起也，所以進也。二曰金，所以坐也，所以退也，所以免也。三曰旗，所以立兵也，所以利兵也，所以偃兵也。此之謂三官。九章：一曰舉日章則晝行，二曰舉月章則夜行，三曰舉龍章則行水，四曰舉虎章則行林，五曰舉鳥章則行陂，❷六曰舉蛇章則行澤，七曰舉鵲章則行陸，八曰舉狼章則行山，九曰舉韓章則載食而駕。」❸是與金鼓俱舉，士卒望而爲陳者也。《禮記・曲禮》云：「行，前朱鳥而後玄武，左青龍而右白虎，招搖在上。」又云：「前有水則載青旌，前有塵埃則載鳴鳶，前有車騎則載飛鴻，前有士師則載虎皮，前有摯獸則載貔貅。」注：「載，謂舉於旌首以儆衆。」是皆爲士卒望，故云「進退有度，左右有局」也。何以幟説旗，統旗幟言之，非專謂幟也。下云「建旗縣所獲得以過魯」可證。○注「旗獲」至「魯也」。○《穀梁傳》曰「戎菽也」，彼疏引一解云：「齊侯此時克山戎，并得胡豆來，故傳云『戎菽』，謂克戎之菽。齊侯此時并得戎菽。」按：《管子・戒》篇云「出冬葱與戎菽，布之天下」，似戎菽亦伐戎所得與？《説苑・權謀》又云：「管仲曰：『不可。諸侯未親，今又伐遠而還誅近鄰，鄰國不親，非伯主之道。君之得山戎之寶器者，中國之所鮮也，不可以進周公之廟乎？』」桓公乃分山戎之寶，獻之周公之廟。」蓋亦獻捷之一也。然則齊侯此獻亦以威魯，亦所以修好與？俞氏樾《平義》云：「閔二年《左傳》『佩衷之旗也』，杜注：『旗，表也。』然則旗獲而過我，謂表陳其所獲之物而過我也。《素問・四氣調神大論》篇王注曰：『表，謂表陳其狀也。』是其義也。蓋旌旗之屬，本所以表示行列。《國語・晉語》『車無退表』，❹韋注：『表，旌旗也。』故旌與旗並有表義。僖二十四年《左傳》『旌善人』，《哀十六年傳》『猶將旌君以徇於國』，杜注並云：『旌，表也。』旗之爲表，猶旌之爲表也。若旗獲而過我，爲縣所獲於旗，豈旌君以徇於國亦將縣之於旌乎？又旌旗謂之章，《晉語》

❶「任」，原作「住」，據《管子》改。
❷「陂」，原作「波」，據國圖藏清抄本《公羊義疏》、《管子》改。
❸「食而駕」，原作「而鳶」，據《管子》改。
❹「退」，原作「還」，據《群經平議》改。

『變非聲章弗能移也』,❶注:『章,旌旗也。』而章亦有表義。《詩·抑》篇『維民之章』,《毛傳》:『章,表也。』學者習知旌表章表,而尟知旗之爲表,故於此傳『旗獲』之文失其解矣。」按:如舊解,義自得通。○注「不書」至「侮也」。○解經書「獻」義,言「獻」則非成,所以深諱見輕侮也。○注「言獻」至「王者」。○《左傳》云:「凡諸侯有四夷之功則獻于王,王以警于夷。」《周禮·玉府》云「凡王之獻金玉、兵器、文織、良貨賄之物」,注:「古者致物於人,尊之則曰獻,通行曰饋。《春秋》曰『齊侯來獻戎捷』,尊魯也。」是「獻」爲尊辭。諸侯有四夷之功,獻捷于王,今託王于魯,故爲齊侯獻捷文也。《通義》云:「實威我,而言來獻戎捷,尊內文也。」舊疏云:「注言『獻捷繫戎』,見王義,正決《僖二十一年》『冬,楚人使宜申來獻捷』,無所繫矣。」又云:「格,猶距也。謂與交戰而距王。今人謂不順之處爲格化之類。」意謂方伯奉王命征伐不道,諸侯有不順者誅絶之。《大司馬職》所謂「以九伐之灋正邦國」,注「諸侯有違王命則出兵以征伐之,所以正之」者是也。○注「楚獻捷時」。○《僖二十一年》「冬,楚人使宜申來獻捷」,是其事也。○注「此月」至「功也」。○《校勘記》云:「宋本同,閩、監、毛本誤『驕慢恃盈』。按:解云『持盈者,謂自持盈滿之道』,閩、監、毛本疏亦誤『恃』矣。十行本修改者『憍』亦作『驕』。」《繁露·滅國下》云:「及伐山戎,張旗陳獲,以驕諸侯。」

秋,築臺于秦。 疏 杜云:「東平范縣西北有秦亭。」《大事表》云:「在今曹州府范縣南三里。」《水經注》:「河水又東北逕范縣之秦亭西。《春秋》書『築臺于秦』是也。」《續漢·郡國志》:「東郡范縣有秦亭。」即《莊三十一年》「築臺于秦」。《地道記》「在縣西北」是也。《一統志》:「古秦亭在曹州府范縣南二里。」按:諸家皆宗《左氏》杜説。《公羊》以爲臨國,則爲國内街市地名,非都邑矣。

何以書?譏。何譏爾?臨國也。 注 言國者,社稷、宗廟、朝廷皆爲國,明皆不當臨也。臨社稷、宗廟則不敬,臨朝廷則泄慢也。疏《繁露·王道》云:「築臺,譏驕溢不恤下也。」又云:「魯莊公好宮室,一年三起臺。夫人内淫兩

❶「非」,原作「弗」,據《群經平議》改。

弟，弟兄子父相殺。國絶莫繼，爲齊所存，夫人淫之過也。妃匹貴妾，可不慎耶？ 此皆内自强從心之敗己。見自强之敗，尚有正諫而不用，卒皆取亡。」又云：「觀乎魯莊之起臺，知驕奢淫泆之失。」❶《國語・楚語》云：「伍舉曰：先王之爲臺榭也，榭不過講軍實，臺不過望氛祥，故榭度于大卒之居，臺度于臨觀之高。其所不奪穡地，其爲不匱財用，其事不煩官業，其日不廢時務。瘠磽之地，于是乎爲之；城守之木，于是乎用之；官寮之暇，❷于是乎臨之；四時之隙，于是乎成之。」並築三臺，故與此違，故書以示譏。○注「言國」至「臨也」。○《周禮・小宗伯之職》：「掌建國之位，右社稷，左宗廟。」宗廟、社稷皆在雉門内，與朝廷近，故皆爲國宗社祭祀所在，朝廷政治所出，故皆不當臨。

冬，不雨。

何以書？ 記異也。**注** 京房《易傳》曰：「旱異者，旱久而不害物也。 斯禄去公室，福由下作，故陽雖不施，而陰道獨行，以成萬物也。」先是比築三臺，慶、牙專政之應。**疏** 注「京房」至「物也」。○《漢書・藝文志》：《易》云：「《孟氏京房》十一篇，《災異孟氏京氏》六十五篇，《京氏段嘉》十二篇。」又《京房傳》：「治《易》，事梁人焦延壽。其説長於災變，分六十四卦，更直日用事，以風雨寒濕爲候，各有占驗。房用之尤精。」此所引當《災異》六十五篇中語也。又《五行志》云：「庶徵之恒陽，劉向以爲《春秋》大旱也。其夏旱雩祀，謂之大雩。不傷二穀，謂之不雨。京房《易傳》曰：『欲德不用茲謂張，厥災荒。荒，旱也。其旱陰雲不雨，變而赤，因而除。師出過時茲謂廣，其旱不生。上下皆蔽茲謂隔，其旱天赤三月，時有雹殺飛禽。上緣求妃茲謂僭，其旱三月大温亡雲。居高臺府，茲謂犯陰侵陽，其旱萬物根死，數有火災。庶位踰節茲謂僭，其旱澤物枯，爲火所傷。』」按：僖三年《左傳》曰：「不書旱，不爲災。」蓋不害物也。○注「斯禄」至「物也」。○《論語・季氏》篇：「禄之去公室五世矣。」《集解》引鄭曰：「魯自東門襄仲殺文公之子赤而立宣公，於是政在大夫，爵

❶「知」，原作「肆」，據國圖藏清抄本《公羊義疏》、《春秋繁露》改。

❷「暇」，原作「服」，據《國語・楚語》改。

禄不從君出，至定公爲五世矣。」然則禄去公室，宣公而後，此注云然者，魯莊蔽於淫泆，夫人不制，二叔專政，權由下出，是亦禄去公室也。僖、文之世，君道少振，宣、成而後，乃專由季氏矣。《五行志》又云：「故不雨而生者，陰不出氣而私自行，以象施不由上出，臣下作福而私自成。一曰，不雨近常陰之罰，君弱也。」○注「先是」至「之應」。○比築三臺，上于郎、于辥、于秦是也。慶、牙專政，即上《二十七年傳》云「公子慶父、公子牙通乎夫人，以脅公。季子起而治之，則不得與于國政」，下《三十二年傳》云「季子至而授之以國政」。然則上言二子脅公，季子不得與于政，下始言授季子國政，明是時慶、牙專政矣。《五行志》又云「嚴公三十一年冬，不雨。是歲，一年而三築臺，奢侈不恤民」是也。

三十有二年，春，城小穀。疏舊疏云：「二傳作『小』字，與《左氏》異。」按：今《左氏》亦作「小」字，据疏，蓋二傳作「城小穀」，《左傳》作「城穀」也。杜云：「小穀，齊邑。濟北穀城縣城中有管仲井。」范云：「小穀，魯邑。」《大事表》云：「孫氏復謂此宜從《穀梁》注，爲魯邑，曲阜縣西北有小穀城。《左傳》杜注謂爲齊邑，爲管仲城之，非也。」《水經注・濟水》篇：「濟水又北，過穀城縣西。濟水側岸有尹卯壘，南去魚山四十餘里，是穀城縣界，故春秋之小穀城也。齊桓公以魯莊三十二年城之，邑管仲也。」按：此猶牽涉杜氏之説，若果齊城之，則非《春秋》所得書矣。顧氏炎武《左傳杜解補正》云：「《春秋》有言『穀』不言『小』者，《莊二十三年》『公及齊侯遇于穀』，《僖二十六年》『公以楚師伐齊取穀』，《文十七年》『公及齊侯盟于穀』，《成五年》『叔孫僑如會晉荀首于穀』，四書『穀』，一書『小穀』，別於『穀』也。《春秋》四書之穀及管仲所封在濟北穀城，而此之小穀自爲魯邑。」又云：「《史記》高帝『以魯公禮葬項王穀城』，當即此也。」按：《一統志》：「今泰安府東阿縣治。」《左傳校勘記》云：「《日知録》据范甯《穀梁注》以小穀爲魯邑，而疑《左氏》之誤。孫志祖云：《春秋》之言『穀』者，除炎武所引外，尚有《宣十四年》『公孫歸父會齊侯于穀』、《襄十九年》『晉士匄侵齊，至穀』、又《成十七年傳》『齊國佐殺慶克，以穀叛』，則齊地名『穀』，不名『小穀』灼然矣。小穀應屬魯邑，《左氏》不應謬誤若此。後讀《公羊疏》云『二傳作小穀，與《左氏》異』，始悟《左氏經》本作『城穀』，此與申無宇所言齊桓公城穀而寘管仲焉語正合，故杜以爲齊邑，又引濟北穀城縣有管仲井以實之。今經傳及注皆作『小穀』，乃後人據二傳文而誤加之《左氏》也，惜杜氏手定本已亡，無從校正。」按：城外邑之見經者，唯《襄二年》「遂城虎牢」，上下俱有起文，此若齊邑，不應無傳。上下俱無與齊相涉事，齊桓城穀置管仲不過列國爵賞之常，夫子何必書之。經若謂魯城之，時魯難未見，管仲存魯之功未見，魯莊無緣爲之城，故《左氏》説不若二傳爲得其實。若以《左氏傳》説，《左氏經》自宜作「城穀」爲是。

夏，宋公、齊侯遇于梁丘。**疏**杜云：「梁丘在高平昌邑縣西南。」《穀梁傳》：「梁丘在曹邾之間，去齊八百里。」《大事表》云：「今曹州府城武縣東北三十里有梁丘城，蓋齊、宋接壤處。」又云：「張氏曰：『齊不以伯主自居，以梁丘近宋而先之也。』今山東曹州府城武縣東北三十里有梁丘山，東有梁丘城，與兖州府金鄉縣接界。」《水經注·濟水》篇：「又東北經梁山城西。《地理志》曰：昌邑縣有梁丘鄉，《春秋》宋人、齊人會于梁丘者也。」《漢書·地理志》山陽郡昌邑下云：「有梁丘鄉。《春秋傳》曰：齊、宋會于梁丘。」《一統志》：「梁丘城在曹州府城武縣東北二十五里，與金鄉接界。」舊疏云：「隱八年注云『宋公序上者，時衛侯要宋公，使不虞者爲主，明當戒慎之』。然則宋公序上，亦爲齊侯所要故也。」《通義》云：「宋序上者，遇禮，近者爲主，遠者爲賓，故使宋主之也。」義並通。

秋，七月癸巳，公子牙卒。**疏**包氏慎言云：「經秋七月有癸巳，曆爲八月之六日。」

何以不稱弟？**注**据公弟叔肸卒。**疏**注「据公」至「肸卒」。○《校勘記》云：「閩、監、毛本『肹』作『肸』，非。《釋文》作『肸』。」《宣十七年》書「公弟叔肸卒」是也。❶《解詁箋》云：「牙爲公弟，經無明文，未可執問。桓、莊之世，大夫皆不卒，因非賢君，假以見所傳聞世恩殺文也。傳當云『其稱公子牙卒何？殺也』。《解詁》當云『据公子慶父不卒』，於義爲合。」按：劉説非是。經所不見者多矣，不得以經無明文，傳文即不得執以相問。《春秋》据百二十國寶書而作，作傳者自必猶見《魯史記》，知牙爲莊公弟，故上《二十七年傳》云「公子慶父、公子牙、公子友皆莊公之母弟也」。此即据

---

❶「宣」，原作「定」，事見宣公十七年，據《春秋公羊傳注疏》改。

不稱弟以問也。傳中所載季友誅牙事，與《史記》、《左傳》合，固非傳家擬度可知。公弟叔肸以賢而書弟，叔牙以罪而去弟，各不相妨，不必定据慶父爲難。且慶父亦弟，又出奔而死，亦不得据以難。殺也。殺則曷爲不言刺？注据公子買有罪殺之，言刺不言卒。疏《校勘記》云：「鄂本下有『之』，此脱。《唐石經》『之』字刓滅，以字數計之，本有。下疏引傳云『曷爲不言刺之』。」○注「据公」至「言卒」。○即《僖二十八年》「公子買戍衛，不卒戍，刺之」，傳云：「不卒戍者何？不卒戍者，内辭也。不可使往也。不可使往則其言戍衛何？遂公意也。」是其有罪殺之言刺者也。《成十六年》「乙酉，刺公子偃」，不据者，正以無罪。大夫書日，偃無罪故也。爲季子諱殺也。曷爲爲季子諱殺？注据叔孫得臣卒不日者，惡不發揚公子遂弑也。疏注「据叔」至「弑也」。○即《宣五年》「九月，叔孫得臣卒」是也。彼注云：「不日者，知公子遂欲弑君，爲人臣知賊而不言，明當誅也」是也。注意得臣不發遂惡，故卒去日，以起其當誅。今季子發揚牙惡，誅之得正，宜不必諱也，故据以難。季子之遏惡也。注遏，止。疏注「遏止」。○《爾雅・釋詁》：「遏，止也。」注云：「以逆相止爲遏。」《書・湯誓》云「夏王率遏衆力」，馬注：「遏，止也。」《通義》云：「遏惡者，未作而弭之之謂。」不以爲國獄，注不就獄致其刑，故言卒。疏注「不就」至「言卒」。○十行本作「致獄」，誤倒，依鄂本正。毛本亦誤。《通義》云：「季子之心不欲彰其事，使國存爲罪案也。」按：《禮記・王制》云：「刑人于市，與衆棄之。」又《文王世子》：「公族其有死罪則磬于甸人。」此皆爲國獄，今牙不然，故知季子不爲也。緣季子之心而爲之諱。注季子過在親親，疑於非正，故爲之諱，所以別嫌明疑。疏注「季子」至「非正」。○舊疏云：「季子仁者，不忍用刑其兄，是失事君之道。然則季子之過，在於親其親者，故曰過在親親。《春秋》以掩遏牙之惡，與周公行誅於兄異，是以疑其非正禮耳。」按：《左傳》隱四年云「大義滅親」，季子顯滅其親，故疑其非正耳。管、蔡監殷，本公所使，作亂在外，不得不興東征之師，聲罪致討。《詩・豳風・鴟鴞》傳所云：「甯亡二子，不可使毁周室。」叔牙始以内亂，繼助慶父奪嫡，罪在隱微，孔子不直誅之，恩義兼盡，故《春秋》賢而爲之諱，所以如其意也。○注「故爲」至「明疑」。○舊疏云：「故爲之諱刺文。所以別嫌者，謂諱刺別於親親，失臣道之嫌。明疑者，明於掩惡，非正禮之疑耳。」按：傳義宜謂推季子親親之心，不忍顯揚其罪之，故爲之諱刺言卒，若不以罪見殺然。

季子之遏惡奈何？莊公病，將死，以病召季子。**注**召之於陳。**疏**注「召之於陳」。○上《二十七年傳》云：「因不忍見也，故於是復請至於陳而葬原仲也。」是時季子在陳也。《繁露·精華》云「以莊公不知季子賢耶？安知病將死，召而授以國政」是也。是莊公將死，始召之於陳也。

季子至而授之以國政。**注**至不書者，内大夫出與歸不兩書。**疏**注「至不」至「兩書」。○舊疏云：「謂通例如此。《宣八年》『公子遂如齊，至黄乃復』，書其乃復者，傳云：『何言乎有疾乃復？譏。何譏爾？大夫以君命出，聞喪徐行不反。』彼注云：『喪尚不當反，況于疾乎？』《宣十八年》『秋，公孫歸父如晉』，冬『歸父還自晉』，書其還者，彼傳云『還者何？善辭也。何善爾？歸父使于晉，還自晉，至檉，聞君薨家遣，墠帷』，『反命于介，自是走之齊』，注『主書者，善其不以家見逐怨懟，成踊哭君，終臣子之道，起時莫能然也。《昭十四年》『隱如至自晉』，《昭二十四年》『叔孫舍至自晉』，皆書至者，正由被執而得歸，是以重而書至，猶非正歸當書之例也。《閔二年》『秋，季子來歸』，書者，初出亦不書，不得難此也。」按：季子如陳，雖通乎私行，書法與尋常出聘同。不書至，仍不兩書之舊也。

曰：「寡人即不起此病，**疏**即，猶若也。《漢書·西南夷傳》注「即，猶若也」是也。言若不起此病也。《僖三十三年》傳「爾即死」，❶《十七年傳》「我即死」，皆宜作「若」解。

吾將焉致乎魯國？」**注**致，與也。**疏**注「致與也」。○《一切經音義》引《三蒼》云：「致，到也，又與也。」言國將誰與也。

季子曰：「般也存，君何憂焉？」**疏**《經傳釋詞》云：「焉，猶乎也。《詩·杕杜》：『胡不比焉？』《儀禮·喪服》云：『野人：何算

❶「三」，原作「二」，引文見僖公三十三年傳文，據《春秋公羊傳注疏》改補。

焉？』《禮記・檀弓》云：『子何觀焉？』隱元年《左傳》：『君何患焉？』《國語》：『先王豈有賴焉？』《公羊傳》：『君何憂焉？』皆是也。」般，《魯世家》作「斑」。

公曰：「庸得若是乎？注庸，猶傭傭無節目之辭。疏注「庸猶」至「之辭」。○《説文》：「庸，用也。」古「庸」與「傭」通。《詩・小雅》「昊天不傭」，《釋文》引《韓詩》作「庸」是也。傭，爲無節目辭，蓋當時語如此。按：「庸」亦語詞，莊十四年《左傳》「庸非貳乎」、《僖十五年》云「晉其庸可冀乎」、《宣十二年》「庸可幾乎」、《襄十四年》「庸知愈乎」、《昭十年》「庸愈乎」、《十二年》「其庸可棄乎」，《晉語》「吾庸知天之不授晉，且以勸荆乎」、《魯語》云「庸何傷」，皆與此「庸得若是」語氣相似。牙謂我曰：『魯一生一及，君已知之矣。』注父死子繼曰生，兄死弟繼曰及。言隱公生，桓公及，今君生，慶父亦當及，是魯國之常也。疏《校勘記》云：「魯一生一及，《唐石經》、諸本同。盧文弨曰：『《魯世家》作「一繼一及」，裴《解》引何休云「父死子繼，兄死弟及」，疑此傳本作「一世一及」。』按：生謂己所生子也，及謂兄弟相踵者也，傳文不誤。」《魯世家》：「莊公病，問嗣於弟叔牙，叔牙曰：一繼一及，魯之常也。」《通義》云：「《世家》自魯公以下，考公生，煬公及；幽公生，魏公及；厲公生，獻公及；真公生，武公及；故事則然。而季子必不欲立慶父者，爲其淫亂爾。」○注「父死子繼曰生」。○生，猶世也。《國語・周語》：「昔我先世后稷。」《史記注》引唐固云：「父子相繼曰世。」又《晉語》「世及武王」，注：「父子曰世。」《列子》：「言子又生孫，孫又生子。」故父子相生爲一世。○注「兄死弟繼曰及」。○《荀子・儒效篇》：「周公屏成王而及武王。」楊注：「及，繼也。」謂周公以弟繼兄攝政，故曰「及」。《漢書・高惠高后文功臣表》：「子繼弟及。」注：「弟代兄位謂之及也。」○注「言隱」至「常也」。○《世家》云：「魯之常也。」注本此爲説。慶父也存。」注時莊公以爲牙欲立慶父。疏《左傳》云：「公疾，問後于叔牙，對曰：『慶父材。』問于季友，對曰：『臣以死奉般。』公曰：『鄉者牙曰慶父材。』」《世家》云：「叔牙曰：慶父在，可爲嗣，君何憂焉？」此傳敘公告季友述叔牙語，故爲公以牙欲立慶父也。季子曰：「夫何敢？是將爲亂乎？夫何敢！」**注**再言夫何敢者，反覆思惟，且欲以安病人也。孔子曰：「君子有九思：視思明，聽思聰，色思温，貌思恭，言思忠，事思敬，疑思問，忿思難，見得思義。」**疏**注「再言」至「人也」。○舊疏云：「謂反覆思惟踟蹰之閒，故再言『夫何敢』，使病者意安耳。」○注「孔子」至「思義」。○《論語·季氏》篇文。舊疏云：「引之者，欲言季子反覆思惟，合於君子之道。」俄而牙弒械成。**注**是時牙實欲自弒君，兵械已成，但事未行爾。有攻守之器曰械。**疏**《校勘記》云：「弒，《唐石經》、諸本同。《釋文》『弒』作『殺』，云：『申志反，注及下「親弒」同。』按：今本注作『弒君』，下作『親弒』，皆後人所改。陸本則皆作『殺』也。」○注「是時」至「行爾」。○《通義》云：「此弒械，蓋即謀弒子般者，牙弒不成，慶父成之。」○注「有攻」至「曰械」。○《公羊問答》云：「問：《大傳》鄭注『械，禮樂之器及兵甲也』，《莊三十二年》注『有攻守之器曰械』，未審所從？❶曰：《三蒼》云：『械，器之總名。』《荀子》『彼王者之制也，觀形勢而制械用，稱遠邇而等貢獻，豈必齊哉！故魯人以糖，衛人用柯，齊人用一革。土地形勢不同者，械用備飾，不可不異也。』亦有專指攻守之器者，《墨子》曰：『公輸般爲雲梯之械，將以攻宋。』《吕氏春秋》曰：『蚩尤作兵也，利其械。』《淮南子》：『古之兵，弓劍而已矣，槽矛無擊，修戟無刺。晚世之兵，隆衝以攻，渠幨以守，連弩以射，銷車以鬭。』《周禮·天官冢宰》：『三歲大計群吏之治，以知民器械之數。』鄭注：『械，猶兵也。』注與何氏又未嘗不合，蓋望文生義也。」按：《說文·木部》：「械，桎梏也。一曰器之總名。」《孟子·滕文公》云：「以粟易械器者。」趙注：「械，器之總名。」蓋「械」本器總名，此云「弒械」，故注解爲「有攻守之器」，非「械」爲兵甲之專名也。故《荀子·王制》言「喪祭械用」，《禮記·王制》「器械異制」，注「謂作務之用」是也。

季子和藥而進之，❷**注**藥者，酖毒也。傳

❶「所」，原作「何」，據續四庫《春秋公羊問答》改。

❷「進」，《春秋公羊傳注疏》作「飲」。

曰「酖之」是也。時季子亦有械，故能飲之。傳不道者，從可知。疏《左傳》：「成季使以君命命僖叔，待于鍼巫氏，使鍼季酖之。」○注「藥者」至「是也」。○杜注《左傳》云：「酖，鳥名。其羽有毒，以畫酒，飲之則死。」《史記注》引服虔云：「鴆鳥，一曰運日鳥。」《正義》：「《説文》云：『酖，毒鳥也，一名運日。』《廣雅》云：『鴆鳥，雄曰運日，雌曰陰諧。』《廣志》云：『鴆鳥形似鷹，大如鴞，毛黑，喙長七八寸，黄赤如金，食蛇及橡實，常居高山巔。』《晉諸公讚》云：『鴆鳥食蝮，以羽翮擽酒水中，飲之則殺人。舊制：鴆不得渡江，有重法。石崇爲南中郎，得鴆鳥，與王愷，養之，大如鵞，喙長尺餘，純食蛇虺。司隸傳祗於愷家得此鳥，奏之。宣示百官，燒於都街。』是説鴆鳥之狀也。以其因酒毒人，故字或作酖。」《釋文》：「酖，本又作鴆。」《淮南·繆稱訓》「暉日知晏」，注：「暉日，鴆鳥也。」或作「䲰」，亦作「雲」。《吴都賦》劉逵注「鴆鳥，一名雲日」是也。○注「時季」至「可知」。○《魯世家》云「季友以莊公命命牙待于鍼巫氏，使鍼季劫飲叔牙以鴆」，明亦有械，故得劫也。曰：「公子疏《通義》云：「斥呼公子，外之之詞。」從吾言而飲此，則必可以無爲天下戮笑，必有後乎魯國。注時世大夫，誅不宣揚，子當繼體如故。疏《校勘記》云：「笑，《唐石經》、鄂本同。閩、監、毛本『笑』改『笑』。疏及下同。」《左傳》云：「飲此則有後於魯國。」《魯世家》云「飲此則有後奉祀」是也。○注「時世大夫」。○舊疏云：「欲道古禮大夫不世矣。」不從吾言而不飲此，則必爲天下戮笑，必無後乎魯國。」疏《左傳》云：「不然，死且無後。」《魯世家》亦云：「不然，死且無後。」蓋以罪顯誅，惡必宣揚，故爲衆所戮笑。戮，猶辱也。《禮記·大學》云：「辟則爲天下僇矣。」此之謂也。於是從其言而飲之，飲之無傫氏，至乎王堤而死。疏舊疏云：「無傫氏，或是大夫家，或是地名。言飲酖毒之藥于無傫氏矣。舊云飲之無傫氏者，言飲此毒不累其子孫，謂當立其氏族也者，非也。」按：《釋文》：「無，本又作巫。」其即《左傳》之「鍼巫氏」與？《通義》云：「巫傫氏，魯巫官名傫者之家也。《左傳》曰『鍼巫』，鍼，蓋傫之氏。」《左傳》又云：

「飲之，歸，及逵泉而卒。」未知即王堤否也。舊疏云：「王堤，蓋地名。」公子牙今將爾，注今將欲殺。疏注「今將欲殺」。○殺，當作「弑」。《釋文》本「弑」多作「殺」，此或沿陸本也。下傳文「辭曷爲與親弑者同」可證。辭曷爲與親弑者同？注辭，傳序經辭。親，躬親也。疏注「辭傳序經辭」。○此解傳自序辭意，謂經書公子牙卒，無誅殺文。傳云：「殺則曷爲不言刺之？爲季子諱殺。」又云「是將爲亂乎」，是與親弑者同宜見誅之辭同。○注「親躬親也」。○《禮記·祭義》云「其親也慤」，注：「親，謂身親。」又《文王世子》云：「世子親齊玄而養。」注：「親，自也。」君親無將，將而誅焉。注親，謂父母。疏《釋文》：「無將，如字。或子匠反，非也。」《史記·淮南王安傳》：「膠西王議曰：淮南王安廢法行邪，懷詐僞心，以亂天下，熒惑百姓，背畔宗廟，妄作妖言。《春秋》曰『臣無將，將而誅』。安罪重於將，謀反形已著。」又《叔孫通傳》：「博士諸生三十餘人前曰：人臣無將，將即反，罪死無赦。」《王莽傳》：「《春秋》之義，君親無將，將而誅焉。」《越絶書·敘外傳記》：「《易》之卜將，《春秋》無將，子謀父，臣殺主，天地所不容載。」《經傳釋詞》云：「而，猶則也。言將則誅焉。《易·繫辭傳》『見幾而作』，言見幾則作也。僖十五年《左傳》『何爲而可』，言何爲則可也。襄十八年《左傳》『若可，君而繼之』，言君則繼之也。」○注「親謂父母」。○《禮記·奔喪》云「始聞親喪」，注：「親，父母也。」《問喪》「親始死」，❶注：「親，父母也。」《説苑·敬慎》云：「不可再見者親也。」皆屬父母也。然則善之與？曰：然。

殺世子母弟直稱君者，甚之也。疏《僖五年》「晉侯殺其世子申生」，《襄二十六年》「宋公殺其世子痤」，是殺世子直稱君者也。《隱元年》「鄭伯克段于鄢」，《襄三十年》「天王殺其弟年夫」，是殺母弟直稱君者，皆所以甚之也。《僖五年》注：「甚之者，甚惡殺親親也。」季子殺母兄，何善爾？誅不得辟兄，君臣之義也。注以臣事君之義也。唯人君然後得申親親之恩。疏注「以臣」至「義也」。○《白虎通·誅伐》篇：「誅不避親戚何？所

❶「問」，原作「聞」，據《禮記注疏》改。

以尊君卑臣，强幹弱枝，明善善惡惡之義也。《春秋傳》曰：『季子煞其母兄，何善爾？ 誅不避母兄，君臣之義也。』《尚書》曰『肆朕誕以爾東征』，誅弟也。」《漢書・董賢傳》云：「蓋君親無將，將而誅之，是以季友鴆叔牙，《春秋》賢之。 趙盾不討賊，謂之弒君。」《後漢・袁紹傳》云：「季友欷歔而行叔牙之誅，何則？ 義重人輕，事不獲已故也。」亦謂君臣義重也。《樊鯈傳》：「是以周公誅弟，季子鴆兄，經傳大之。」《梁統傳》：「《春秋》之誅，不避親戚，所以防患救亂，坐安衆庶，豈無仁愛之恩，貴絶殘賊之路也。」毛氏奇齡《春秋毛氏傳》云：「《徐仲山日記》每以季友酖叔牙爲過急，胡氏極頌之。予嘗謂此事賴《公羊》解之曰『君親無將，將而誅焉』，其義遂定。 且《公羊》復有『俄爾牙弒械成』語，則或牙有弒之形而友始殺之。《左傳》略之也。 蓋危疑之際，不嫌急決，友既以宗卿與聞國政，而二公子之亂，又事連宫闈，苟非驟起制之，則鮮有不蔓延成勢者，故先誅叔牙，以翦其羽，而後慶父繼亂可反掌定之。 此雖季友專決，然亦見季之能善於戡亂，故叔牙之酖，先已誅賊，故子般可不言弒。 閔公之薨，既已討賊，則慶父之縊并可不言卒，❶此皆夫子書法，一諱國惡，而一即爲季子諱，使之無所歉於兄弟骨肉之閒。 所謂隱而斷，刻而能全，以其決也。」○注「唯人」至「之恩」。 ○舊疏云：「欲道殺世子母弟，所以直稱君甚之之義。 言得申親親之恩而不申之，故甚其惡耳。」按：何氏此注，可息千古疑獄，君臣之義，父子之恩，兩不相妨。 故公族有死罪，王三宥之，有司舉大辟，亦即人君可以申親親而人臣不廢法義也。 周公誅管、蔡而大誥天下，皆周公辭，無成王語，亦即此義。 然則曷爲不直誅而酖之？ 行誅乎兄，隱而逃之，使託若以疾死然，親親之道也。 **注** 明當以親親原而與之，於治亂當賞疑從重，於平世當罰疑從輕。 莊不卒大夫而卒牙者，本以當國將弒君。 書日者，録季子遏惡也。 行誅親親，雖酖之，猶有恩也。 **疏** 言「行誅乎兄」，不顯其罪，使若死於疾然，故曰「隱而逃之」，謂隱匿之使逃其罪，所以明親親也。 ○注「明當」至「與之」。 ○舊疏云：「明《春

❶「縊」，原作「繼」，據《春秋毛氏傳》改。

秋》之道，當親其親，而原季子之心而與之，故善之耳。」《通義》云：「季子大義滅親，變之正也。《春秋》既善之矣而又深順其諱文，明乎季子隱之緩之，不得已而後出於殺者。後若倫、冏之徒，苟翦骨肉以自利者，乃不得假季子爲口實也。其遏惡也，破斧之志乎？其親親也，《常棣》之志乎？於牙不暴其罪，於慶父不探其情，有愛兄之心如季子焉，雖殺兄可也，不然是亂而已矣。曰『鄭伯克段于鄢』，則其忍於殺弟見。曰『公子牙卒』，❶曰『公子慶父如齊』，則季子不忍殺其兄見，故《春秋》之立言也，董子所謂『能繫心于微而致之著』者也。」○注「於治」至「從輕」。○舊疏云：「《春秋》撥亂之書，是以原其親親而賞季氏，即賞疑從重也。當所傳聞之世，天下未平，是以升平，疑獄不得不誅，故云於平世乃可罰疑從輕矣。」按：所見之世，著治太平，至於譏二名，可謂從重之罰矣，故於平世從輕也。僞古文《大禹謨》云：「罪疑惟輕，功疑惟重。」○注「莊不」至「弑君」。○《莊三年傳》：「溺者何？吾大夫之未命者也。」彼注云「所伐大夫不卒者，莊公薄於臣子之恩，故不卒大夫」，是莊不卒大夫與桓同也。今牙以當國將弑君，且非實卒，故書之。○注「書日」至「恩也」。○舊疏云：「所傳聞之世，大夫卒，有罪無罪，皆不日，以略之，因示其恩淺，即《隱元年》『冬十二月，公子益師卒』、《隱八年》『冬十二月，無駭卒』之屬是也。今而書日，故解之。言録季子遏惡之故，是以詳録之。」《穀梁》注引何休《廢疾》曰：「『傳例：大夫不日卒，惡也。牙與慶父共淫哀姜，謀殺子般，而日卒，何也？』鄭君釋之曰：『牙，莊公母弟，不言弟，其惡已見，不待去日矣。』」劉氏逢禄《廢疾申何》云：「牙之爲母弟，經無起文。《穀梁》不傳張三世諸例，所謂《穀梁》之失亂也。」❷《通義》云：「所傳聞世，内大夫卒不日，已去弟，起其刺，故從刺例日也。凡内刺大夫，有罪者日，無罪者不日。」非何氏義。范甯云：「諸侯之尊，弟兄不得以屬通。蓋以禮，諸侯絶朞而臣諸父昆弟。稱昆弟，則是申其私親也。宣十七年『公弟叔肹卒』，傳曰：『其稱公弟叔肹，賢之也。』然則不稱弟，自其常例耳。鄭君之説，某所未

❶「曰」，原作「兄」，據《公羊春秋經傳通義》改。
❷「穀梁」，《春秋公羊經何氏釋例·後録·申穀梁癈疾》作「春秋」。

詳。」❶是亦不以鄭君説爲然。《禮記·郊特牲》曰：「大夫强而君殺之，義也，由三桓始也。」注云：「三桓：魯桓公之子莊公之弟公子慶父、公子牙、公子友。慶父與牙通乎夫人，以脅公，季友以君命鴆牙，後慶父弑二君又死。」亦言季友奉君命殺之，以遏惡爲義也。酖之猶有恩，謂隱而逃之也。《左傳》云「立叔孫氏」，注云：「不以罪誅，故得立後，❷世其禄。」❸亦即有恩之事也。

八月癸亥，公薨于路寢。 疏 包氏慎言云：「八月有癸亥，曆爲九月之六日。十月有乙未，月之九日。十月有乙未，則八月不得有癸亥矣。《左氏》『乙』作『己』，曆十月無己未，《左氏》誤。」按：癸亥，九月之五日。乙未，十月之八日。

路寢者何？正寢也。 注 公之正居也。天子諸侯皆有三寢：一曰高寢，二曰路寢，三曰小寢。父居高寢，子居路寢，孫從王父母，妻從夫寢，夫人居小寢。在寢地者，加録内也。夫人不地者，外夫人不卒，内書薨已録之矣，故出乃地。疏 注「公之正居也」。〇《穀梁傳》：「路寢者，正寢也。寢疾居正寢，正也。男子不絶于婦人之手，以齊終也。」按：此路寢非齊及疾不居，本人君聽政之處。《禮記·玉藻》所謂「退適路寢聽政」是也。《玉藻》又云：「將適公所，宿齊戒，居外寢，沐浴。」此外寢即正寢。又《祭統》云：「君致齊于外，夫人致齊于内。」疏：「外寢，謂君之路寢。内，謂夫人正寢。」是也。大夫士則於適室，故《士喪禮》「死于適室」，注：「適室，正寢之室也。❹疾者齊，故於正寢焉。」《既夕·記》「士處適寢」，注：「將有疾，乃寢於適室。」又云「有疾，疾者齊」，注云：「正情性也。❺適寢者，不齊不居其室。」《士喪禮》疏云：「按：《喪大記》云：『君夫人卒于路寢，大夫世婦卒于適寢，内子未命則死于下室，遷尸于寢。士之妻皆死于寢。』

❶「某」，《春秋穀梁傳注疏》作「甯」。指范甯。
❷「立」，原脱，據《春秋左傳注疏》補。
❸「世」下原衍「繼」字，據《春秋左傳注疏》删。
❹「正」，原脱，據《儀禮注疏》補。
❺「情性」，原作「性情」，據《儀禮注疏》改。

鄭注云：『言死者必皆於正處也。』❶若非正寢則失其所，是以僖公『薨于小寢』，《左氏傳》云『即安也』。是譏不得其正。」其平居則在燕寢，亦曰小寢。《周禮·宮人》注：「《玉藻》曰：『朝，辨色始入。君日出而視朝，❷退適路寢聽政，使人視大夫，大夫退，然後適小寢，釋服。』是路寢以治事，小寢以燕息焉。」〇注「天子」至「小寢」。〇《周禮·宮人職》「掌王之六寢之脩」，注：「六寢者，路寢一，小寢五。《春秋》書魯莊公薨于路寢，僖公薨于小寢，是則人君非一寢明矣。」疏：「天子六寢，則諸侯當三寢。」按：正寢一，天子諸侯不殊，唯燕寢有多少耳。諸侯燕寢二，《僖二十年》「西宮災」，蓋夫人兼寢之西宮也。此云「天子、諸侯皆有三寢」者，謂天子、諸侯各有三等寢，非謂天子亦止三寢也。《禮記·昏義》云：「古者天子后立六宮。」注：「天子六寢而六宮在後。」疏云：「六宮在後者，后之六宮在王之六寢之後，亦大寢一小寢五。」《曲禮》疏：「按：《周禮》王有六寢，一是正寢，餘五寢在後，通名燕寢。其一在東北，王春居之；一在西北，王冬居之；一在西南，王秋居之；一在東南，王夏居之；一在中央，六月居之。」蓋据《月令》，天子所居，每月各異其方而言，當有所傳。《喪大記》注：「君謂之路寢，大夫則謂之適寢，士或謂之適室。內子，卿之妻也。下室，其燕處也。」疏：「諸侯三寢：一正者，曰路寢；二曰小寢。卒歸于正，故在路寢也。夫人亦有三寢：一正二小，亦卒正者也。」唯《春秋》所記高寢，他經不見，何氏所据或是《禮説》、《春秋説》文也。但此所云「子居路寢」，即指今君。父居高寢，或爲君之父母有故未立者，故《喪服》爲君之父母制服也。妻從夫寢者，謂進御于君。《曲禮》疏所云「凡后妃以下，更以次序，而上御王於五寢之中也。」則與諸禮文亦通。又按：《喪大記》疏引皇氏云：「『君，謂女君，而世婦以夫人下寢之上爲適寢』。熊氏云：『諸侯夫人、大夫妻及士之妻卒，皆於夫之正寢。』解此『世婦以君下寢之上爲適寢』者，夫人卒於君之正寢，世婦卒於君之下寢之上者，與皇氏異。雖卒夫寢，皆婦人共視之，是亦婦人不死于男人之手也。按：服虔注《左傳》與皇氏同。夫人之卒在於夫人路寢，比君路寢爲小寢，故僖八年『夫人不薨于寢則不殯于廟』，服虔注云：

❶「皆」，原脱，據《儀禮注疏》補。
❷「日」，原脱，據《周禮注疏》補。

「寢，謂小寢也。」皇氏、熊氏其説各異，未知孰是。莊公三十二年《公羊傳》何注：『高寢、路寢、小寢，孫從王父之寢。』按：《周禮》掌王之六寢之修，何云：『天子三寢，與《周禮》違，不可用。』」❶按：何氏所据，或異代禮，《春秋》改周之文，從殷之質，故與周制不必强同，亦無庸偏非也。如何義，則定公之薨高寢，僖公之薨小寢，及此之薨路寢，皆得正。其文之薨于臺下，襄之薨于楚宮，皆爲失處，不言譏，而失禮自見矣。舊疏云：「父居高寢者，蓋以寢中最尊，若父子並薨之時，父殯于高寢矣。其嗣君亦薨，乃居於路寢。若其孫又薨，則從王父母小寢。所以不再言母者，妻從夫寢故也。其夫人若存，定居于寢内之三宫矣。若非有並喪，則三寢之中科薨其一。而謂路寢爲公之正居者，以其始正之常處也。」按：此蓋論生時所居之禮。舊疏專主殯言，恐泥。○注「在寢」至「内也」。○舊疏云：「正決外諸侯之卒不地故也。」其《宣九年》❷「晉侯黑臀卒于扈」，書地者，當又自解也。○注「外夫」至「之矣」。○外諸侯之卒不地，魯公書地，爲加録。外夫人不卒，夫人書薨，即加録，故不必更録地矣。鄂本「地」下有「者」字，据補。○注「故出乃地」。○《僖元年》「夫人姜氏薨于夷」是也。夷爲齊地，故出乃地也。

冬，十月乙未，子般卒。疏《左傳》「乙未」作「己未」，趙氏坦《異文箋》云：「謹按：《釋例》：《春秋長曆》莊公三十二年十月戊午朔，大。又云十月己未二日，則十月不得有乙未，乙未爲十一月八日，《公》、《穀》作『乙未』，字之誤。」按：杜氏《長曆》不可取以説《公羊》。《繁露・楚莊王》云：「子般殺而書乙未，殺其恩也。」是《公羊》作「乙未」。

子卒云子卒，此其稱子般卒何？注据子赤不言子赤卒。疏注「据子」至「赤卒」。○《文十八年》「子卒」，傳云「子卒者孰謂？謂子赤也」是也。

君存稱世子，注明當世父位爲君。疏注「明當」至「爲君」。○《白虎通・爵》篇：「父在稱世子何？繫於君也。」又云：「所以名之爲世子何？欲其世世不絶也。」卿大夫以下稱嫡子，《喪服》「大夫之適子」是也。爲諸侯世，大夫不世故也。在喪諸侯之子亦

❶「用」，原作「同」，據《禮記注疏》改。

❷「九」，原作「十」，黑臀卒於宣公九年，據本書改。

稱適子，《禮記・檀弓》云「君之適長殤」是也。天子諸侯之子統謂之大子，《王制》云「王太子」，《檀弓》云「太子申生」，以古「世」或作「太」故也。其冢子則上下通稱，故《内則》云「其非冢子則降階一等」，注言「天子」以下至於「庶人」是其通稱矣。若然，《曾子問》曰「君薨而世子生」，彼君薨仍稱世子者，彼疏云：「以其別於庶子，又用世子之禮告殯，故雖君薨仍稱世子，異於《春秋》之例也。」舊疏云：「内外同矣。而《桓六年》『九月丁卯，子同生』，不言世子者，彼注云『不以世子正稱書者，明欲以正見無正，疾惡桓公』是也。」君薨稱子某，**注** 緣民臣之心，不可一日無君，故稱子某，明繼父也。名者，尸柩尚存，猶以君前臣名也。**疏** 注「緣民」至「名也」。○《白虎通》又云：「父歿稱子某何？屈於尸柩也。」《曲禮》疏云：「《公羊》未葬稱子某者，《莊三十二年》『子般卒』、《襄三十一年》『子野卒』，皆是君薨未葬稱子某也。」《通義》云：「按《顧命》『逆子釗』，惟未殯前稱之，《周禮》之文也。經於子般、子野既殯未葬猶稱名，尚哀也，❶《春秋》之質也。」按：諸侯即位，未葬稱子某，若出會諸侯亦稱子。《僖九年》「公會宰周公、齊侯、宋子」，注云：「宋未葬不稱子某者，出會諸侯，非尸柩之前，故不名。」則非出會而稱子某，爲尸柩尚在明矣，故爲君前臣名也。若然，《曲禮》云「君大夫之子不敢自稱曰予小子」，注：「避天子之子未除喪之名。」又曰「大夫士之子不敢自稱曰嗣子某」，注：「亦辟其君之子未除喪之名。」與此異者，彼疏引焦氏問：「按《春秋》君在稱世子，君歿稱子某，既葬稱子，無言嗣子某者也。又大夫之子當何稱？張逸答曰：此避子某也，大夫之子稱未聞。」《孔疏》又以稱嗣子某或殷禮也。其「緣民臣之心，不可一日無君」者，文九年傳文。子者，嗣君之稱。稱子，明其嗣父；稱某，明尸柩尚存，猶君前臣名也。其施之民臣，則但稱子矣。既葬稱子，**注** 不名者，無所屈也。緣終始之義，一年不二君，故稱子也。**疏** 注「不名」至「子也」。○先君已葬，更無所屈，故不須名，猶不稱公者，終始之義。一年不二君，故仍稱子也。緣終始之義二語，亦文九年傳文。《曲禮》疏

❶「尚」，原作「當」，據《春秋公羊經傳通義》改。

云：「既葬稱子，則《文公十八年》『子惡卒』，經書『子卒』是也。」《通義》云：「六月癸亥葬我君文公，冬十月子卒是也。」《白虎通》又云：「既葬稱子者，即尊之漸也。」閻氏若璩《孟子生卒年月攷》云：「《春秋公羊傳》：君存稱世子，君薨稱子某，既葬稱子，踰年稱公。《左氏》例則未葬稱子，既葬稱君，不待踰年始稱君。此二傳之同異也。及以《孟子》證，則又有異。君存稱世子，滕文公爲世子，是君薨亦稱世子。滕定公薨，世子謂然友，是未葬稱子。不獨既葬爲然。至於子之身而反之，是若《孟子》所稱，子力行之，則在既葬之後，但未踰年耳。何以驗之？滕文公既定爲三年之喪，五月居廬，未有命戒，則亦無禮聘賢人之事可知。惟至葬後始以禮聘孟子至滕而問國事焉，故孟子猶稱之曰子，直至踰年改元，然後兩稱爲君。曰『君如彼何哉』？曰『君請擇於斯二者』。然則《孟子》於滕，行踪亦略可觀矣。」按：「世子謂然友」語，緊承滕文公下，猶之《曾子問》君薨下稱世子也。「至於子之身」語，出於臣下，雖在未葬前，不得直稱君名，故亦止曰子。稱名者，爲其在尸柩前自稱之詞也。又按：《禮記·雜記》云：「君薨號稱子，待猶君也。」鄭注：「謂未踰年也。雖稱子，與諸侯朝會待如君矣。《春秋》魯僖公九年夏，葵丘之會，宋襄公稱子而與諸侯序。」彼疏謂「鄭用《左氏》義」。按：《通典》引《異義》「《公羊》説：諸侯未踰年不出竟，在國内稱子，以王事出亦稱子，非王事而出會同。安父位，不稱子，鄭伯伐許是也。」又云：「《春秋》不得以家事辭王事，諸侯蕃衛之臣，雖未踰年，以王事出稱爵。」蓋《左氏》義，以出朝會則稱爵。鄭引「宋子」證未踰年稱子之義，則所用者《公羊》義也。

踰年稱公。 注 不可曠年無君。

疏 注「不可曠年無君」。○《文九年傳》文。《白虎通》云：「踰年稱公者，緣民臣之心，不可一日無君也。緣終始之義，一年不可有二君。故踰年即位，所以繫民臣之心也。三年然後受爵者，緣孝子之心，未忍安吉也。」《禮記·坊記》云：「未没喪，不稱君，示民不争也。」故《春秋傳》曰「諸侯於其封内三年稱子」，至其臣子，踰年則謂之君矣。然則踰年稱君者，臣子之辭。若其自稱，於三年内皆稱子，故周襄王於文八年崩，至九年毛伯來求金，頃王不稱使。傳曰「何以不稱使？當喪未君也。踰年矣，何以謂之未君矣？即位矣，而未稱王也。」是也。《曲禮》疏云：「踰年稱君者，則《僖公十年》『里克弒其君卓』及《文公元年》『公即位』是踰年稱君也。若其君自稱猶稱子，故《公羊傳》文九年『諸侯於其封内三年稱子』也。按：《昭十一年》『楚滅蔡，執世子有』，其時蔡君已死，其子仍稱世子者，何氏云：『稱世子者，不許楚之滅蔡也，猶若君存然，故猶稱世子。』《文十四年》『九月，齊商人弒其君舍』，成舍爲君，惡商人之弒也。《襄二十九年》『吳子使札來聘』，先君未踰年，吳稱子者，賢季子，故録之。《桓十一年》『鄭忽出奔衛』，先君既葬而書稱名者，《公羊》云『何以名？伯子男一也，辭無所貶』。何氏云：『直以喪降稱名，無餘罪致貶。凡以事之會未踰年，皆稱子。』《僖九年》『會于葵丘』，宋襄公稱子；《僖二十八年》『會于踐土』，陳共公稱子；《定四年》『會于召陵』，陳懷公稱子，皆未踰年會王事而稱子也。若未踰年，非王事而稱爵者，皆譏耳。《成四年》『鄭伯伐許』是也。從上以來，皆《公羊》之義也。其《左氏》之義，君薨未葬，未行即位之禮稱子某，子般、子野是也。其出會，未葬之前稱子，故僖九年《左傳》云『凡在喪，王曰小童，公侯曰子』。葵丘之會，宋襄公稱子；踐土之會，陳共公稱子是也。葬雖未踰年則稱君，則『晉里克弒其君卓』、『齊商人弒其君舍』是也。《文十八年》『子惡卒』，先君葬後稱子者，杜預云：『時史畏襄仲，不敢稱君，故云子也。』其王事出會則稱爵，《成四年》『鄭伯伐許』是也。」是直以《春秋》爲史策常書，絶無權衡義例。最不可通者，《文十八年》「子卒」，注謂「史官畏襄仲，不敢稱君」。夫至孔子作《春秋》，猶畏襄仲不敢書君與？

子般卒，何以不書葬？ 注 据定姒俱稱卒書葬。

疏 注「据定」至「書葬」。○即《定十五年》秋七月書「定姒卒」，下九月書「葬定姒」是也。蓋以哀公即位未踰年，定姒當未稱小君，卒葬並書。今子般不然，故据以難也。

未踰年之君也，有子則廟， 注 則立廟也。 廟則書葬。 注 録子恩也。 疏 注「録子恩也」。○《隱十一年傳》「葬，生者之事也」，故書葬即有廟，録子恩也。

無子不廟，不廟則不書葬。 注 未踰年之君，禮，臣下無服，故無子不廟，不廟則不書葬，示一年不二君也。稱卒不地者，降成君也。日者，爲臣子恩録之也。殺不去日見隱者，降子赤也。**疏**《通義》云：「明無子本不書葬，縱討慶父，猶不書葬，就爲子野發通例也。葬從恩録，無子者恩殺，且葬當舉謚。不廟則無謚，不可得書也。有子者當爲之作謚，列於五廟，義已嗣統，與子不得立，立孫者殊也。」○注「未踰」至「君也」。○示，毛本誤「是」。舊疏云：「《喪服》不杖期之内，有爲君之長子，臣下猶服之，況爲嗣君？而言無服者，正以爲長子之時，其臣下從君而服之。若其爲嗣君，則無從服之義，是以知其無服矣。作君長子之時，其臣皆吉，故得爲之服期。若作未踰年之君，臣下皆爲前君服斬，甯得更爲之服？若還服期，即是廢重服輕。若爲斬衰三年，即違一年不二君之義故也。」按：疏論極洽。《通典》引《異義》：「《公羊》説云：未踰年之君，有子則書葬、立廟，無子則不書葬，恩無所録也。《左氏》説：臣之奉君，悉心盡恩，不得緣君父有子則爲立廟，無子則廢也。許君按：禮云：臣不殤君，子不殤父，君無子而不爲立廟，是背義棄禮，罪之大者也。」《駁》曰：「未踰年君者，子般、子惡是也。皆不稱公，書卒不謚，不成於君也。廟者當序於昭穆，不成於君則何廟之立？凡無廟者，爲壇祭之。近漢諸幼少之帝，尚皆不廟祭而祭於陵。云罪之重者，此何故不罪！殤者，十九以下，未踰年之君未必冠，❶引殤欲以何明也。」又引《異義》：「大鴻臚眭生説：『諸侯踰年即位乃奔喪，《春秋》之義。未踰年君死，不成以人君禮，言王者未加其禮，故諸侯亦不得供其禮於王者相報也。謹按：禮不得以私廢公，以卑廢尊。如禮得奔喪，今以私喪廢奔天子之喪，非也。又人臣之義，不得計校天子未加禮於我，亦執之不加禮也。』眭生之説非也。」鄭玄按：資於事父以事君，言能爲人子，乃能爲人臣也。《服問》『嗣子不爲天子服』，此則嫌欲速不一於父也。《喪服四制》『門内之治恩掩義，門外之治義斷恩』，此言在父則爲父，在君則爲君也。《春秋》莊三十二年『子般卒』，時父未葬也。子者，繫於父之稱也。言卒不言薨，未成君也。未成君猶繫於父，則當從『門内之治恩掩義』。禮者在於所處，此何以私廢公、以卑廢尊？」是鄭從《公羊》義也。按：如注義，臣下無服，示一年不二君義，起於未踰年爾。而傳文分別有子無子，設未踰年君死而有子，則爲之如成君乎？是不可解。

❶「未」下，國圖藏清抄本《公羊義疏》、《通典》有「必」字，據補。

故《解詁箋》云「君薨，太子號稱子，待猶君也。閔繼弒不言即位，❶臣子一例也。禮，殤與無後者從祖祔食，謂大夫士制也。世子主喪而殤皆正體，禮所云臣不殤君，子不殤父也。不稱公赴於天子，命之後而不賜謚，未成君也。祔於祖廟而以君父之服服之，繼統之義也。其支子之殤與無後者不得祔也。子般不書葬，未成君也，豈無子之謂哉！」是其義矣。○注「稱卒」至「君也」。○舊疏云：「隱公、閔公皆是成君而亦不地，故《隱十一年傳》云『公薨何以不地？不忍言也』，彼注云『不忍言其僵尸之處』。今子般亦殺死，正合不書地，而言降成君者，欲道好死者亦不書地，所以降成君故也。其好死者即襄三十一年『子野卒』是也。」按：此道《春秋》通例。○注「日者」至「赤也」。○此亦道《春秋》書日通例也。《隱十一年》注云：「公薨主書者，爲臣子恩痛之。」是内與書、書薨與卒，皆爲臣子恩録之也。子般殺不去日見隱者，所傳聞世也。《文十八年》「冬十月，子卒」，傳云：「子卒者孰謂？子赤也。何以不日？隱之也。何隱爾？弒也。弒則何以不日？不忍言也。」注：「所聞世，臣子恩痛王父深厚，故不忍言其日，與子般異。」然則此爲所傳聞世，恩殺于子赤，故忍言日也。

公子慶父如齊。注如齊者，奔也。是時季子新酖牙，慶父雖歸獄鄧扈樂，猶不自信於季子，故出也。不言奔者，起季子不探其情，不暴其罪。疏注「如齊者奔也」。○《穀梁傳》：「此奔也，其曰『如』何也？諱莫如深，深則隱。」○注「是時」至「出也」。○舊疏云：「其歸獄鄧扈樂事，見閔元年傳。」蓋慶父歸罪于鄧扈樂，猶司馬昭之殺成濟然。季子雖不變，究不能自安焉。○注「不言」至「其罪」。○即《閔元年傳》云：❷「既而不可及，因獄有所歸，不探其情而誅焉，親親之道也。」又云：「慶父使弒子般，然後誅鄧扈樂而歸獄焉。季子至而不變焉。」注「季子知樂勢不能獨弒，而不變正其真僞」是也。《通義》云：「推其事，慶父弒般，本欲自立，國人不與，懼而

❶「不言即位」，原作「君」，據《春秋公羊經何氏釋例後録・公羊解詁箋》改。

❷「元」，原作「二」，引文見閔公元年傳，據《春秋公羊傳注疏》改。

走之齊。但假國事以行，故舊史言如耳。《春秋》因而不變者，緣季子之心而爲之諱也。後出奔莒不復諱者，正其罪也。子般之弒，❶歸獄于鄧扈樂。季子親親，不探其情，及其再弒閔公，罪益大，乃拒奚斯之請而誅焉。季子之治慶父，先以仁，後以義，《春秋》所賢也。故季子諱之亦諱之，季子罪之亦罪之也。」

狄伐邢。**疏**杜云：「邢國在廣平襄國縣。」《大事表》云：「僖二十五年，衛滅邢，後入于晉。今爲直隸順德府之邢臺縣。後以賜申公巫臣，爲邢大夫。」《説文·邑部》：「邢，周公子所封，地近河内懷。」按：《漢書·地理志》：「趙國：襄國，故邢國。」《續漢志》同。❷襄國故城在順德府城西南，與河内絶遠。河内之邢，蓋即《春秋》之邢丘與？又云：按，自宣十五年以前，凡單者，皆赤狄也。其別有六：曰東山皋落氏，曰廧咎如，曰潞氏，曰甲氏，曰留吁，曰鐸辰。

❶「之弒」二字原脱，據《春秋公羊經傳通義》補。
❷《續漢志》，與《漢志》同，當脱一「同」字，今補。

公羊義疏二十七

句容陳立卓人著

閔元年盡二年。

閔公**疏**十行本有「春秋經傳解詁閔公第四」。《校勘記》云：「《唐石經》下有『附莊公卷』四小字，今據以分卷。」按：二年注云：「繫閔公篇于莊公下者，❶子未三年，無改於父之道。傳曰『則曷爲於其封内三年稱子？緣孝子之心則三年不忍當也』。」當仍附莊公第三末。《校勘記》又云：「十行本『閔公』二大字，❷下有『起元年盡二年』六小字，閩、監、毛本脱。」《史記·魯世家》：「先時慶父與哀姜私通，❸欲立哀姜娣子開。及莊公卒，而季友立斑。十月己未，慶父使圉人犖殺魯公子斑於黨氏，季友奔陳，慶父竟立莊公子開，是爲湣公。」《釋文》：「閔公名啓方，莊公之子，母叔姜。《史記》云名開。《謚法》：在國遭難曰閔。」《左氏疏》引《世族譜》云：「『名啓方，漢景帝諱啓，啓、開因是而亂。』❹杜《譜》云：『啓方，❺從《世本》文。』」

元年，春，王正月。

公何以不言即位？繼弑君，不言即位。

注復發傳者，嫌繼未踰年君義異故也，明當隱之如一。**疏**《釋文》：「繼弑，申志反。」《校勘記》云：「當本作『繼殺』。《僖元年》『繼弑』同。又此《二年》『弑』音試，下及注同。當本作『殺』，音試。」○注「復發」至「如一」。○《莊元年傳》云：「公何以不言即位？《春秋》君弑，子不言即位。君弑則子何以不言即位？隱之也。」此傳義與彼同，復發此傳，故何解之也。《穀梁傳》曰：「繼弑君，不言即位，正也。親之非父也，尊之非君也，繼之如君父也者，受國焉爾。」成君與未成

❶「莊公」下原有「篇」字，據《春秋公羊傳注疏》閔二年注刪。
❷「閔公」上原有「又有」二字，據阮元《公羊注疏校勘記》刪。
❸「時」，原作「是」，據《史記》改。
❹「啓」，原脱，據《春秋左傳注疏》補。
❺「方」，原脱，據《春秋左傳注疏》補。

君雖異，受國者視之如一，明臣子皆當隱痛之矣。舊疏云：「莊公繼弑，弑是齊侯。閔公繼弑，弑是慶父。何氏甯知不嫌此異，而知爲所繼之君成與不成者，正以解即位之義，欲道後君痛其見弑，不忍即其位處，明据恩之淺深，無弑者内外之義故也。」孰繼？注据子般弑不見。疏注「据子」至「不見」。○《莊三十二年》書「子般卒」故。繼子般也。孰弑子般？慶父也。疏《校勘記》云：「《唐石經》此『弑』字磨改，當是本作『殺』。按：此作『殺』，非也。」《魯世家》：「斑長，悦梁氏女，往觀。圉人犖自牆外與梁女戲。斑怒，鞭犖。莊公聞之，曰：『犖有力焉，遂殺之，未可鞭而置也。』斑未得殺。十月己未，慶父使圉人犖殺公子斑。」與《左傳》同。殺公子牙，今將爾，疏孔氏廣森本「今」作「本」，云：「本，舊作『今』，据《釋文》出『本將』音，則陸氏本作『本』。上傳云『今將爾』，此傳云『本將爾』，義各有施，作『本』字者長，今從陸氏。下同。」季子不免。慶父弑君，何以不誅？將而不免，遏惡也。疏言將者，事未形而意先至，故殺之以絶其萌，所以正亂也。既而不可及，因獄有所歸，不探其情而誅焉，親親之道也。注論季子當從議親之辟，猶律親親得相首匿，當與叔孫得臣有差。疏《繁露·王道》云：「魯季子之免罪，吴季子之讓國，明親親之恩也。」《通義》云：「將而縱之，是與成其弑也。既已弑矣，不及得救，季子以愛兄之道受逸賊之過，其幾於仁乎？」○注「季子」至「首匿」。○《周禮·大司寇職》：「以八辟麗邦法附刑罰，❶一曰議親之辟。」《公羊古義》云：「《漢書》地節四年詔曰：父子之親，夫婦之道，天性也。雖有患禍，猶蒙死而存之。誠愛結於心，仁厚之至也，豈能違之哉！自今子首匿父母，妻匿夫，孫匿大父母，皆勿坐。其父母匿子，夫匿妻，大父母匿孫，罪殊死，皆上請廷尉以聞。」《鹽鐵論·周秦》云：「自首匿相坐之法立，骨肉之恩廢而刑罪多。聞父母之於子，雖有罪猶匿之。」《唐律疏義·名例》篇云：「諸同居，若大功以上親及外祖父母、外孫，若孫之婦、夫之兄弟及兄弟

❶「法」，原作「罰」，據《周禮注疏》改。

妻，有罪相爲隱；小功以下相隱，減凡人三等。」❶是親親得相匿也。又云：「即遣人代首，若於法得相容隱者爲首，及相告言者，聽如罪人身自首法。」❷是親親得相首也。今律有犯罪自首條：遣人代首若於法得相容隱者爲之首，及彼訐發互相告言，各如自首法。小功緦麻親首告，減罪三等，無服之親減一等。又有親屬相爲容隱條：凡同居，若大功以上親及外祖父母、外孫、妻之父母、女壻、孫之婦、夫之兄弟、兄弟妻，有罪相爲容隱，奴婢雇工人爲家長隱，皆勿論。按：《唐律》又云：「謀叛以上者不用此律。」今律親屬首告者，正犯俱免罪，則亦不用容隱律。此慶父弒君，季子得從議親之辟者，謀叛、謀反、謀大逆，始謀尚未成，當先絶其惡，殺公子牙是也。慶父事已成，獄有所歸，亦即因之推親親之義，聽其出走也。下文舍于汶上，使公子魚請，亦不可令入矣。○注「當與」至「有差」。○《宣五年》「叔孫得臣卒」，注：「不日者，知公子遂欲弒君，爲人臣知賊而不言，明當誅。」則得臣知遂謀逆，不宜容隱，致成其弒，故貶去日。季子因不可及，又獄有所歸，不探其情，故與得臣有差也。按：注云「有差」，亦止謂差於得臣耳。弒君之賊，雖曰親親，究難舍縱。季子之不探其情，似亦未能全謂無過。故《解詁箋》云：「得臣黨遂弒赤，季友知賊不誅，坐視子般、閔公之弒，以成其立僖之功。《春秋》褒其功而誅其意，於不書葬閔公、殺慶父見之，弒君之賊豈得援親親首匿之律哉？」劉氏此論甚正。

惡乎歸獄？歸獄僕人鄧扈樂。 **疏**《左傳》作「圉人犖」，《史記》同。彼注引服虔《左注》云：「圉人，掌養馬者。犖，其名也。」盧氏文弨《鍾山札記》云：「扈，與《左氏》『圉人』同義。『鄧』當其姓爾。」《通義》云：「養馬者曰扈，見宣十二年注。然則『扈』即『圉』也。」《周禮·圉人》：「掌養馬芻牧之事。」昭七年《左傳》「馬有圉，牛有牧」是也。犖、樂聲同。**曷爲歸獄僕人鄧扈樂？** **注**据師還也。**疏**注「据師還也」。○即《莊八年》「師還」是也。彼傳云：「還者何？善辭也。此滅同姓，何善爾？非師之罪也。」注：「明君之使，重在君。」舊疏云：「莊八年尊者使師滅同姓而歸善於師，今則尊者使樂殺子般而反歸惡

❶「減」，原作「臧」，據《唐律疏義》改。
❷「身」，原脱，據《唐律疏義》補。

於樂，故難之。」莊公存之時，樂曾淫于宮中，疏《校勘記》云：「《唐石經》亦作『于』。按：當作『於』，疏中毛本改『於』。」舊疏云：「即《左氏傳》云『雩，講於梁氏，女公子觀之，圉人犖自牆外與之戲』也者，得與此合。」《魯世家》云：「斑長，説梁氏女，往觀。圉人犖自牆外與梁氏女戲。」按：《左氏》謂爲「女公子」，則非「梁氏女」，故杜云：「子般妹。」彼傳止言與之戲，杜云「以慢言戲之」，似與此淫異。然以國君女公子而圉人敢與之戲，則淫可知。曾者，《玉篇》云：「才登切，經也。」《廣韻》同。《群經音辨》：「曾，嘗也。」樂嘗淫于宮中也。子般執而鞭之。疏《左傳》云：「子般怒，使鞭之。」《世家》云「斑怒，鞭犖」是也。莊公死，慶父謂樂曰：「般之辱爾，國人莫不知，盍弑之矣。」使弑子般，疏《左傳》：「冬十月己未，共仲使圉人犖賊子般于黨氏。」《魯世家》：「季友竟立子般爲君，如莊公命，侍喪，舍于黨氏。慶父欲立哀姜娣子開，使圉人犖殺魯公子斑於黨氏。」《校勘記》云：「《釋文》作『盍殺』，《唐石經》此『弑』字磨改，亦本作『殺』。按：此作『殺』是也。」按：時般已爲君，作「弑」亦可。然後誅鄧扈樂而歸獄焉。注殺鄧扈樂不書者，微也。季子至而不變焉。注至者，聞君弑，從家至朝，季子知樂勢不能獨弑，而不變正其真僞。疏《校勘記》云：「《唐石經》及諸校本同。惠士奇説：《易》『由辯之不早辯』，《釋文》載荀爽古文『辯』作『變』。棟案：變，即辯也，猶言不探其情。古變、辯通。」《漢書・鄒陽傳》：「魯公子慶父使僕人殺子般，獄有所歸，季友不探其情而誅焉。」是也。○注「至者」至「真僞」。○《通義》云：「至者，自陳至也，即下『季子來歸』是也。」按：《左氏》云「成季奔陳」，何氏所不取。《史記注》引服云：「季子内知慶父之情，力不能誅，故避其難出奔。」蓋不變而出焉。

齊人救邢。疏《穀梁傳》「善救邢也」，注：「善齊桓得伯之道。」

夏，六月辛酉，葬我君莊公。疏包氏慎言云：

「夏六月，經有辛酉，曆爲七月之九日。」按：宜八日。《穀梁傳》：「莊公葬而後舉謚。謚，所以成德也，於卒事乎加之矣。」

秋，八月，公及齊侯盟于洛姑。注時慶父内則素得權重，外則出奔彊齊，恐爲國家禍亂，故季子如齊聞之，奉閔公託齊桓爲此盟。下書歸者，使與君致同。主書者，起託君也。疏《左傳》作「落姑」，杜云：「齊地。」《穀梁釋文》：「洛姑，一本作路姑。」路、洛、落，音義通。顧氏炎武《唐韻正・十九鐸》：「落，盧各反，古音路。《漢書・楊雄傳》『虎路三嵏』，晉灼曰：『路音洛。』」《大事表》云：「在今泰安府平陰縣界。」沈氏欽韓云：「落姑即薄姑，聲之緩耳。在青州博興縣東北十五里。」○注「故季」至「此盟」。○下云「季子來歸」，故知其如齊也。大夫出入不兩書，故不書季子之如齊也。《莊三十二年》杜注云：「閔公年八歲。」是年九歲，未知國事，故知季子如齊，奉閔公託齊桓也。○注「下書」至「致同」。○舊疏云：「正以大夫歸例不書，而下經書歸，故如此解。」○注「主書」至「君也」。○舊疏云：「謂主書此盟，又下文即書『季子來歸』者，欲起季子託君于齊侯矣。所以不書公至自洛姑者，桓之會不致故也。」《左傳》以爲「請復季友」。劉氏逢禄《左傳攷證》云：「閔公時年八歲，安得能爲此？何邵公言得其實矣。」按：如《左氏》以季友奔陳，何爲請之齊侯與？

季子來歸。

其稱季子何？注据如陳名不稱季，卒不稱子。疏注「据如」至「稱子」。○見莊二十七年、僖十六年。賢也。注嫌季子不探誅慶父有甚惡，故復於託君安國賢之。所以輕歸獄，顯所當任，達其功。不稱季友者，明齊繼魯，本感洛姑之託，故令與高子俱稱子，起其事。疏《說苑・尊賢》云：「國家惛亂而良臣見，魯國大亂，季友之賢見。」○注「嫌季」至「賢之」。○舊疏云：「嫌有趙盾不誅趙穿而獲弑君之惡，故曰甚惡也。」《通義》云：「先君之母弟稱季子，王季子是也。莊公之篇友未稱弟，今以遏惡功大，故特從先君母弟之貴稱稱之，❶顯其賢也。後不恒書季者，其率師盟聘，並以君命，君前臣名，以是内臣與王季子來聘得從内録，尊敬辭者異，故但於『來歸』及『卒』此二事不繫君者，字之而已。」○注「所以」至「其功」。○舊疏云：「所以輕歸獄者，欲輕季子往前縱慶父歸獄之過。顯所當任，謂書季子來歸，明託君而還，欲顯當存國之任。言達其功者，欲達其存國之功矣。」○注「不稱」至「其事」。○決僖十六年卒書季友也。下《二年》「齊高子來盟」，傳：「高子者何？齊大夫也。何以不名？喜之也。何喜爾？正我也。其正我奈何？莊公死，子般弒，閔公弒，比三君死，曠年無君。設以齊取魯，曾不興師，徒以言而已矣。桓公使高子將南陽之甲，立僖公而城魯。魯人至今以爲美談，曰：猶望高子也。」是高子存魯，故稱子以起其喜。惟齊之所以遣高子存魯，由此季友洛姑之託，故亦書子以喜之，故爲與高子起其事也。《穀梁傳》曰：「其曰季子，貴之也。」下「齊高子來盟」，傳亦曰：「其曰高子，貴之也。」亦見二文相起。**其言來歸何？**注据召歸不書，隱如言至。疏注「据召歸不書」。○《莊公三十二年傳》云：「莊公召季子，季子至而授之以國政」，彼注云「至不書者，内大夫出與歸，不兩書」是也。○注「隱如言至」。○《昭十四年》「隱如至自晉」是也。**喜之也。**注季子來歸則國安，故喜之。而變至加録云爾，蓋與賢相起。言歸者，主爲喜出。言來者，起從齊自外來。盟不日，公不致者，桓之盟不日，其會不致，信之也。疏注「季子」至「云爾」。○《左傳》：「季子來歸，嘉之也。」杜云：「季子志於社稷，爲國人所思，故賢而字之。」《後漢書・龐參傳》：「季子來歸，魯人喜其舒難。」○注「蓋與賢相起」。○舊疏云：「謂稱字所以賢之。變至言歸，所以喜之，亦起其賢，故與賢相起。」○注「言歸」至「外來」。○解所以不言至言來歸義也。季子會齊侯洛姑無明文，書「來」以起其自齊來也。○注「盟不」至「之也」。○見莊十三年傳。

冬，齊仲孫來。

❶「貴稱稱之」，原脱一「稱」字，據《春秋公羊經傳通義》補。

齊仲孫者何？公子慶父也。公子慶父則曷爲謂之齊仲孫？繫之齊也。曷爲繫之齊？注据欒盈出奔楚，還不繫楚。疏注「据欒」至「繫楚」。○《襄二十一年》「晉欒盈出奔楚」，《襄二十三年》「欒盈復入于晉，入于曲沃」，不繫楚也。公子慶父亦出奔齊，而還繫齊，故解之。外之也。疏《繁露·玉英》云：「易慶父之名謂之仲孫，變盛謂之成，諱大惡也。」又《順命》云：「公子慶父，罪不當繫國，以親之故爲之諱，而謂之齊仲孫，去其公子之親也。故有大罪，不奉其天命者，皆棄其天倫。」《穀梁傳》曰：「其曰齊仲孫，外之也。其不目而曰仲孫，疏之也。」注：「不目，謂不言公子慶父。」皆謂絶去公子之親以外之也。《通義》云：「慶父既以罪去，則當迸諸齊，絶其公族，使常爲齊人，❶不當復來，故變文不言自齊來，而繫齊於上，以見義也。《左氏》不達《春秋》微意，因謂爲『齊仲孫湫來省難』，彼未知高子來盟不言使者，❷我無君也。此時我有君，今實仲孫湫，必無不言齊侯使者也。故知《左氏》誣爾。」按：仲孫奔齊，天下之惡一也。齊桓宜即代魯行誅，不至閔公又弑。今書自齊來，蓋亦有責齊之義。《穀梁傳》曰：「其言齊，以累桓也。」注：「言相容，赦有罪。」得聖人之義矣。曷爲外之？注据俱出奔遠也。疏注「据俱」至「遠也」。○《校勘記》云：「鄂本『遠』作『還』，諸本皆誤，當訂正。」謂與欒盈俱出奔，又俱還本國也。《春秋》爲尊者諱，注爲閔公諱受賊人也。疏此道《春秋》通例，注家但就本事解之爾。《説文·言部》：「諱，誋也。」又：「誋，誡也。」《玉篇》：「隱也，忌也。」《史記·秦始皇紀》：「秦俗多忌諱之禁。」《戰國策》「罰不諱強大」，注：「諱，避也。」《通義》云：「爲尊者諱，諱所屈也。內不言敗，盟大夫不稱公之類是也。」○注「爲閔」至「人也」。○《隱十一年傳》「君弑賊不討，以爲無臣子也。」仲孫復歸，公與有素焉，故爲之諱。爲親者諱，注爲季子親親而受之，故諱也。疏《通義》云：「爲親者諱，諱所痛也。弑而曰薨，奔而言孫之類是也。」《漢書·梁王襄傳》：「谷永上

❶「使」，原作「便」，據《春秋公羊經傳通義》改。
❷「者」，原脱，據《春秋公羊經傳通義》補。

疏曰：《春秋》爲親者諱，《詩》云『戚戚兄弟，莫遠具邇。』」○注「爲季」至「諱也」。○上云「因獄有所歸，不探其情而誅焉，親親之道也」，此推季子親親之故而諱焉。

爲賢者諱。 **注** 以季子有遏牙不殺慶父之賢，故爲諱之。**疏**《通義》云：「爲賢者諱，諱所過也，諱與譏之爲用一也。其事在譏之限，其人在尊親賢者之科，然後從而諱之，三者道通例耳。此則主爲賢者諱也。」《漢書·師丹傳》：「君子作文，爲賢者諱。」○注「以季」至「諱之」。○《通義》云：「慶父懼討，久稽於齊，聞季子至而不變，乃肆志復入。季子不探其情似也，聽其來，抑過矣。書曰『齊仲孫來』，爲前之弑惡其來，爲後之弑痛其來，爲季子之受惡人諱其來，是以外之之甚也。變言仲孫者，斥慶父，則非諱意。」按：弑君之賊人人得誅，季子蔽於親親，爲之隱忍。致君再弑，季子不能無過。徒以有酖牙遏惡之功，後又相僖定亂，此實親親之過，夫子所謂觀過知仁者，故《春秋》爲從爲賢者諱科與？

子女子曰：「以『春秋』爲《春秋》」， **注** 以史記氏族爲《春秋》，言古謂史記爲春秋。**疏**《莊二十五年》「陳侯使女叔來聘」，❶女爲氏，故有子女子也。稱子者，《隱十一年》「子沈子」，注云：「著其爲師也。」○注「以史」至「春秋」。○舊疏云：「謂以史記人之氏族而爲《春秋》。」按：氏族，《春秋》之一。此明齊無仲孫，故舉氏族言之。《漢書·蓺文志》春秋家有《世本》十五篇，云「古史官記黃帝以來訖春秋時諸侯大夫」是也。○注「言古」至「春秋」。○言舊名史記爲春秋也。劉知幾《史通》一云：「《春秋》家者，其先出於三代。按：《汲冢瑣語》記太丁時事，目爲《夏殷春秋》。孔子曰：『疏通知遠，《書》教也。屬辭比事，《春秋》教也。』《瑣語》又有《晉春秋》，記獻公二十七年事，❷《國語》云：『晉羊舌肸習于《春秋》。』《左傳》昭二年『晉韓宣子來聘，見《魯春秋》』，曰：周禮盡在魯矣。』又按：《竹書紀年》其所紀事，皆與《魯春秋》同。孟子曰：『晉謂之《乘》，楚謂之《檮杌》，魯謂之《春秋》，其實一也。』然則《乘》與《紀年》、《檮杌》，其皆《春秋》之別名與？ 故墨子曰『吾見百國《春秋》』，蓋指此也。」是古者歷國史記皆號《春秋》也。

❶「疏」，原作「注」，據本書注疏體例改。
❷「二」，《通典》無此字。

又云：「逮仲尼之修《春秋》也，乃觀周禮之舊法，遵魯史之遺文，據行事，仍人道，就敗以明罰，因興以立功。假日月而定曆數，藉朝聘而正禮樂。微婉其説，志晦其文，爲不刊之言，著將來之法，故能彌歷千載而其書獨行。」是則言古以對夫子之《春秋》，不僅如史記然也。《孟子·離婁下》「魯之《春秋》」，趙注：「《春秋》以二始舉四時，記萬事之名。」亦謂古《春秋》也。

齊無仲孫，其諸吾仲孫與？

注 齊有高、國、崔，魯有仲孫氏，亦足以知魯仲孫。言仲孫者，以後所氏起其事。明主書者，賊不宜來，因以起上如齊，實弑君出奔。

疏《通義》云：「言後之讀《春秋》者，將以《春秋》之文治春秋之事，則前後經未見齊有仲孫者，其必知爲吾仲孫與？明繫之齊不嫌也。」○注「齊有高國崔」。○《左傳》疏引《世本》：「高敬仲生莊子，莊子生傾子。」下文原闕。○注「魯有」至「仲孫」。○即襄、昭經内所書仲孫蔑、仲孫羯、仲孫貜之屬是也。《檀弓》疏引《世本》云：「慶父生穆伯敖，敖生文伯穀，穀生獻子蔑。」○注「言仲」至「事明」。○毛本「後」作「后」，謂仲孫蔑以後，孫以王父字爲氏，於此起也。宋氏翔鳳《論語發微》云：「桓六年，子同生。文姜以桓三年入，至六年，中間無適齊之事，齊侯亦未嘗至魯，以明同固桓子。則『同非吾子』之言，乃夫人譖公，非桓公意。公子慶父者，莊公之母弟，其是齊侯之子與？故經於慶父則書曰齊仲孫，以爲魯非有仲孫，彼實齊之仲孫也云爾。慶父欲得魯國，同乎莒人滅鄫，故季友於叔牙則殺而存其後，於魯慶父則絶之於齊。魯人世世惡之，其子公孫敖亦不能安於魯。魯之有仲孫氏，以齊人脇之也。仲孫氏之得安於魯，以孟獻子之賢也。魯人諱其爲慶父之後，故不曰仲氏而曰孟氏，若其先人爲莊公異母兄弟者。《公羊》曰『其諸吾仲孫與』？是《公羊》先師未知齊仲孫之義，故爲疑辭也。」○注「主書」至「出奔」。○各本「弑」作「殺」，誤，依鄂本正。舊疏云：「正以經書其來，見不宜來，則知上如齊者，是其犯罪而去矣。」《通義》云：「何氏之意，得與上相起者，實如者出、歸不兩書。今言來，明從出奔、復入兩書者，例矣。凡《春秋》之諱，必使文不没實。」然則書來者，見其不宜來，以見如齊爲實奔，又以見諱奔爲如，爲弑君出奔矣。

二年，春，王正月，齊人遷陽。

注 不爲桓公

諱者，功未足以覆比滅人之惡也。**疏**杜云：「陽，國名。」《正義》：「《世本》無陽國，不知何姓。杜《世族譜》、《土地名》闕，不知所在。與『宋人遷宿』文同，知『陽』是國名，蓋齊人偪而遷之。」《大事表》云：「今沂州府沂水縣南有陽都城。」《地理志》東海郡都陽縣下云：「侯國。」應劭曰：「春秋齊人遷陽，是。」按：《漢志》城陽國陽都縣注：「應劭曰：『齊人遷陽，故陽國是。』」爲陽之舊都，其後齊人遷之，是自城陽陽都遷于東海都陽，故應注「都陽爲齊人所遷」。酈元《水經注》亦以陽都爲陽故國，齊人利其地而遷之。與應説同。《禮記·坊記》云「陽侯猶殺繆侯而竊其夫人」，其此陽與？舊疏云：「莊十年三月『宋人遷宿』，彼注云：『月者，遷取王封，當與滅人同罪。』」遷陽書月，故從遷王封例，與滅人同罪矣。其自遷者，大國例月，小國例時。《僖三十一年》「十二月，衛遷于帝丘」，《昭九年》「春，許遷于夷」，是遷國者不拘此例，故陽小國書月矣。與遷宿同。○注「不爲」至「惡也」。○決《僖十七年》「滅項」文也。彼傳云「孰滅之？齊滅之。曷爲不言齊滅之？爲桓公諱也。《春秋》爲賢者諱，桓公嘗有存亡繼絶之功，故君子爲之諱」是也。此與滅譚、滅遂、降鄣同，皆以功未足覆惡，故不爲之諱。直書其遷取王封，明當坐滅矣。

夏，五月乙酉，吉禘于莊公。**疏**包氏慎言云：❶「經五月書『乙酉，吉禘于莊公』，月之七日。」

其言吉何？**注**据禘于大廟不言吉。**疏**注「据禘」至「言吉」。○《僖八年》「禘于大廟，用致夫人」是也。《校勘記》：「大廟，宋本、鄂本、閩本同。監、毛本『大』改『太』，非。疏及下同。《釋文》：『大，音泰。』」

言吉者，未可以吉也。**注**都未可以吉祭。經舉重，不書禘于大廟，嫌獨莊公不當禘。于大廟可禘者，故加吉，明大廟皆不當。**疏**注「都未」至「吉祭」。○《廣雅·釋詁》云：「都，凡也。」言凡廟，皆未可以吉祭也。舊疏云：「在三年之内，莊公及始祖之廟，皆未可以吉祭，故言都爾。」《穀梁傳》：「吉禘者，不吉者也。喪事未畢而舉吉祭，故非之也。」孔氏廣森《經學卮言》云：「禘本常事，未可

❶「疏」，原脱，據本書疏文體例補。

以吉而吉，故加吉以譏之，此《春秋》之新義也。後儒乃以吉禘爲祭之正名，謂三年喪畢，合有此審諦昭穆之禘，藉實審諦昭穆，當升合食于太祖，何得就莊公乎？」按：此本譏莊公在三年之中未可入大廟，先禘於新宮耳，非謂於莊公禘爲得禮也。如得禮，則不書以示譏矣。○注「經舉」至「不當」。○舊疏云：「《春秋》之義，常事不書，有善惡者，乃始録而美刺之。今既已舉重，特書『于莊公』，不書『于大廟』，則嫌莊公一廟獨不當禘，大廟便可禘矣。然莊公卑于始祖，而言舉重者，言三年之内非吉祭之時，莊公最不宜吉，故言舉重，不謂莊公尊於始祖也。」何意若但書「禘于莊公」，嫌止禘莊公失禮，故加「吉」，明皆不宜，雖大廟亦不合禘矣。曷爲未可以吉？**注** 据三年也。**疏** 注「据三年也」。○舊疏云：「莊三十二年八月公薨，至今年五月，❶已入三年之竟，故言『据三年也』。」未三年也。**注** 禮，禘祫從先君數，朝聘從今君數，三年喪畢，遭禘則禘，遭祫則祫。**疏** 未三年也，謂未滿二十五月也。○注「禮禘」至「君數」。○舊疏云：「謂爲禘祫之祭，合先君死時日月而數之。」按：《竹書紀年》：「康王三年，定樂歌，吉禘于先王。」此王者喪終之祭也。所謂大禘則終王是也。《左傳》襄十六年冬「穆叔如晉聘，且言齊故。晉人曰：『以寡君之未禘祀。』」杜云「禘祀，三年喪畢之吉祭」是也。○注「朝聘」至「君數」。○舊疏云：「謂從今君即位以後，數其年歲，制爲朝聘之數。」按：朝聘之數，則如《禮記·王制》云「比年小聘，三年大聘，五年一朝」之屬。○注「三年」至「則祫」。○何義以三年祫，五年禘，五年而再殷祭。三年已滿，後遭禘則行禘，遭祫則行祫，不拘先祫後禘也。沈氏彤《禘祫年月説》云：「於魯當從何氏遭禘祫從先君數等，説者以魯既僭禘，與祫間舉。若《春秋》所書僖八年秋七月之禘，上推於二年之秋，承閔禘之後而祫；自僖八年秋七月之禘，下推於文二年之秋八月，歷六祫六禘而祫；自宣八年夏六月之禘，下推於成之二年，歷三祫二禘而禘；俱喪畢所遭故也。其間舉無定月。宣八年以夏六月禘，周之六月爲夏之四月，雖僭禘，而其月猶從周，與《明堂位》同，此《春秋》所僅有者。昭、定之間且有當祫而禘者，昭二十五年、定八

❶「五」，原作「三」，據《春秋公羊傳注疏》改。

年，則皆魯禮之變，非常法也。」按：鄭義則異。鄭以《爾雅》云禘爲大祭，凡祭之大者皆謂之禘。祭莫大乎圜丘南郊，《祭法》曰「周人禘嚳」，圜丘祭也。《大傳》云「禮，不王不禘」，郊祭也。祭地莫大乎方澤，宜亦謂之禘。其宗廟莫大乎五年之祭，故亦謂之禘也。而宗廟之禘亦有三，大禘而外，其一《王制》云「宗廟之祭，春曰礿，夏曰禘」，此殷禮也；其一即三年喪畢吉禘，諸侯皆得行之，晉叔向所謂「寡君之未禘祀」是也。惟三年祫、五年禘乃天子之禮，諸侯得祫而不得禘。祫禘之所以分者，祫則毁廟之主，陳於太祖，未毁廟之主，皆升合食於太祖。禘則太王王季以上遷主，祭於后稷廟；文武以下穆之遷主，祭於文廟；昭之遷主，祭於武廟。未毁之廟，各於其廟祭，不升合食。《周禮·大宗伯》「以肆獻祼享先王，以饋食享先王」，注云：「肆獻祼，祫也。饋食，禘也。凡天子三年喪畢而祫於太廟，明年春禘於群廟。自爾之後，五年而再殷祭，一祫一禘。」祫在秋，禘在夏也。故《王制》注云：「天子諸侯之喪畢，合先君之主於祖廟而祭之，謂之祫。後因以爲常。天子先祫而後時祭，諸侯先時祭而後祫。祫之歲，春一礿而已。魯禮，三年喪畢而祫於太祖，明年春禘於群廟。」是也。《正義》引《禮緯》云：「三年一祫，五年一禘。」鄭注云：「百王通義則虞夏殷周皆同。」而皇氏《禮疏》以爲虞夏祫祭每年皆爲者，非也。彼疏引鄭《禘祫志》云：「『閔公之喪，僖三年禘，僖六年祫，僖八年禘。凡三年喪畢，新君二年爲祫。』新君三年爲禘，皆祫在禘前。閔公二年五月『吉禘于莊公』，則祫當在吉禘之前。故《禘祫志》云：『四月祫，五月禘。』不譏祫者，慶父作亂，國家多難，故莊公既葬，絰不入庫門。閔公早厭其亂，故四月祫，不譏，五月即禘。比月而爲大祭，又於禮少四月，故書譏其速也。《志》又云：『魯莊三十二年八月公薨，閔二年五月吉禘。時慶父殺子般之後，公懼於難，不得時葬。葬則去首絰於門外，❶乃入，務自尊成以厭其禍。若已練然，免喪又速。二年夏四月則祫，❷既祫，又即以五月禘於其廟，比月大祭，故譏其速也。閔公之服，凡二十一月，❸於禮少四月，又不禫，云吉禘，譏其無恩也。閔公以二年八月薨，僖二年除喪，始祫太廟，

❶「於門外」，原脱，據《禮記注疏》補。
❷「夏四月」，原作「四月夏」，據孫志祖《禮記注疏》校本改。
❸「一」，原作「二」，據《禮記注疏》改。

明年禘於群廟。自此以後，五年而再殷祭，六年祫，故八年禘。僖公以三十三年十二月薨，至文二年七月間有閏，積二十一月，明月即祫。經云『八月丁卯，大事于太廟，躋僖公』，於文公之服亦少四月，以其逆祀，故特譏之。文公十八年二月薨，宣二年除喪而祫，三年禘於群廟，自此之後，亦五年再殷祭，與僖同。六年祫，故八年禘。昭十一年五月『齊歸薨』，十三年平丘之會，歸，不及祫。冬，公如晉。昭十四年春，歸乃祫，故十五年乃禘。經云『二月癸酉，有事于武宮』，至十八年祫，二十年禘，二十三年祫。昭二十五年，禘于襄公也。又曰：『《明堂位》曰：魯，王禮也。』是鄭以天子之禮與魯同也。」又《詩・商頌・玄鳥》箋云：「『三年既畢，禘於其廟，而後祫祭於太祖。』」更有禘在祫前者。《禮疏》引熊氏云：「謂三年除喪，特禘新死者於廟。」《周禮・鬯人職》「廟用脩」，注「謂始禘時」是也。《左氏》説禘謂既期之後，故或以《玄鳥》箋爲練時遷主遞廟，新死者當禘祭於其廟，以安之也。皆與何義不合。《通義》云：「禘者，殷人夏祭之名。《左傳》曰『魯有禘樂』，《明堂位》曰『季夏六月，以禘禮祀周公於大廟』，成王、康、周公特於夏祭，假以天子盛禮樂，嫌純同王者，故不謂之禴而謂之禘，以避其名，猶用殷牲白牡之義。❶《王制》曰『天子犆礿，祫禘，祫嘗，祫烝。諸侯礿犆，禘，一犆一祫，嘗祫，烝祫』。一犆一祫者，非必一年犆一年祫也。一，猶或也，若《穀梁傳》『一有一無』。《爾雅》云『泉一見一否』，《夏小正》云『一則在本，一則在末』，其義皆爲或。言春礿則必犆祀一主，嘗烝則必祫祭五廟，禘則犆祫無常。《僖八年》『禘于大廟』，是祫禘也。『禘于莊公』，是犆禘也。均四時之常祀也。此未可以舉吉祀而舉之，故加吉爾。」則魯無大禘，但就夏祭行之。先儒均無此説。《禮疏》又云：「《左氏》説及杜預皆以禘爲三年一大祭，在大祖之廟。傳無祫文。然則祫即禘也，取其序昭穆謂之禘，取其合集群祖謂之祫。」非《公羊》義。

三年矣，曷爲謂之未三年？三年之喪，實以二十五月。**注**時莊公薨至是適二十二月，所以必二十五月者，取期再期，恩倍，漸三年也。孔子曰：「子生三年，然後免於父母之懷。夫三年之喪，天下之通

❶「牲」，原脱，據《春秋公羊經傳通義》補。

喪。」《禮・士虞記》曰：「期而小祥，曰薦此常事。又期而大祥，曰薦此祥事。中月而禫，是月也，吉祭猶未配。」是月者，二十七月也。傳言二十五月者，在二十五月外可不譏。**疏**注「時莊」至「二月」。○莊以前年八月薨，至此年五月，通數二十二月。《曲禮》云「死與往日」也。○注「所以」至「年也」。○《白虎通・喪服》云：「三年之喪何以二十五月？以爲古民質，痛於死者，不封不樹，喪期無數，亡之則除。後代聖人，因天地萬物有終始而爲之制，以期斷之。父至尊，母至親，故爲加隆，以盡孝子之恩。恩愛至深，加之則倍。故再期二十五月也。禮有取於三，故謂之三年。緣其漸三年之氣也。故《春秋傳》曰『三年之喪，其實二十五月也』。」《禮記・三年問》云：「哀痛未盡，思慕未忘，然而服以是斷之者，豈不以送死有已，復生有節也哉！」又云：「然則何以至期也？曰：至親以期斷。是何也？曰：天地則已易矣，四時則已變矣，其在天地之中者，莫不更始焉，以是象之也。然則何以三年也？曰：加隆焉爾也。焉使倍之，故再期也。」又《喪服小記》云：「再期之喪，三年也。」是爲取期再期，恩倍，漸三年也。○注「孔子」至「通喪」。○《論語・陽貨》篇文。「宰我問：三年之喪，期已久矣。子曰：予之不仁也！子生三年，然後免於父母之懷。夫三年之喪，天下之通喪也。」《三年問》云：「孔子曰：『子生三年，然後免於父母之懷。』夫三年之喪，天下之達喪也。」注：「達，謂自天子至於庶人。」皇氏《義疏》：「繆播云：❶爾時禮壞樂崩，三年不行，宰我大懼其往，以爲聖人無微旨以戒將來，故假時人之謂，啓憤於夫子，義在屈己以明道也。」按：喪雖止於三年，特聖人爲之限制，使賢者俯而就，不肖跂而及，非謂止以三年報三年免懷之恩也，夫子特借此以喻之爾。各本「於」作「于」，依鄂本正。○注「禮士」至「常事」。○彼鄭注云：「小祥，祭名。祥，吉也。《檀弓》曰『歸祥肉』。」又云：「言常者，朞而祭，禮也。古文『常』爲『祥』。」《禮記・喪服小記》云：「朞而祭，禮也。期而除喪，道也。祭不爲除喪也。」注：「此謂練祭也。禮，正月存親，親亡至今而期，期則宜用祭。期，天道一變，哀惻之情益衰，衰則宜除，

❶「播」，《論語注疏》引作「恊」。

不相爲也。」言常事者，胡氏承珙《儀禮古今文疏義》云：「此爲小祥，當與大祥辭別，故鄭不從古文。」按：何氏亦用今文也。《經義述聞》云：「常，當依古文作『祥』，小祥、大祥，皆祥也。大祥曰薦此祥事，小祥不當有異，特以『祥』、『常』聲近，故誤『祥』爲『常』也。《曾子問》曰『宗子爲士，庶子爲大夫，其祭也，以上牲祭于宗子之家，祝曰：孝子某，爲介子某薦其常事』。若宗子有罪，居于他國，庶子爲大夫，其祭也，祝曰：『孝子某，使介子某執其常事。』然則『常事』乃《春秋》祭祀之通稱，小祥不得稱『常事』明矣。」按：小祥，古謂之練祭。大祥，祭始專祥名。故《喪服四制》云「期而練」，《檀弓》曰「練，練衣」，《喪服小記》云「練，筮日、筮尸、視濯」，《雜記》曰「期之喪，十一月而練，十三月而祥」，是凡稱祥，皆大祥也，故此練祭不得直稱薦此祥事。《曾子問》偶有「常事」之語，不得据彼難此。吳氏紱《儀禮□□》云：「此即練祭也。以一朞言則曰小祥，以服變除之節言則曰練。《左傳》『特祀于主』，以此推之，祥、禫皆特祭，則於寢行之可知。敖氏謂特祭于祖廟，不可從。」其儀節，則《雜記》云「自諸侯達諸士，小祥之祭，主人之酢也嚌之，衆賓兄弟則皆啐之」是也。《禮·士虞記·祔禮》云「其他如饋食」，注：「如特牲饋食之事。」徐氏秉義云：「喪之有祭始於虞，故《儀禮》有《士虞》之文。其再虞、三虞及卒哭之祭，皆倣初虞爲之矣。至卒哭之後，尚有祔、練、祥、禫四祭，而《儀禮》俱無其文，何哉？蓋《士虞·記》篇末略陳祔祭之禮，而以『其他如《饋食》』一語括之。所謂《饋食》者，即《特牲饋食禮》也。士之祔祭倣之，則練、祥、禫三祭自倣《特牲》可知。」徐氏乾學《讀禮通考》云：「夫曰《饋食》，則《士虞》立尸有『九飯』之文，亦《饋食》也。此所云《饋食》，安知非指《士虞》之禮？愚則謂虞爲喪祭，卒哭、祔爲吉祭，至小祥以後則彌吉矣。豈得復用喪祭之禮乎？故不特祔祭如饋食，即練、祥、禫之祭亦莫不如饋食。其異者，唯小祥不旅酬，大祥無無算爵爾。欲知大小祥祭之祥者，❶尚於《特牲饋食》篇考之。」按：特牲饋食，諸侯之士祭祖禰之禮。諸侯之禮異同，無文以言之。○注「又期」至「祥事」。○十行本作「薦此常事」。❷《校勘記》

❶ 「祥」，原脱，據《讀禮通考》補。

❷ 「薦」，原作「篇」，據國圖藏清抄本《公羊義疏》及上注文改。

云：「鄂本同。宋本、閩、監、毛本『常』作『祥』。按：疏標起訖云『注又期至祥事』，與今《儀禮》同。此作『常』，蓋涉上文而誤。」彼注云：「又，復也。」《釋名》云：「期而小祥，亦祭名也。孝子除首服服練冠也。祥，善也，加小善之飾也。又期而大祥，亦祭名也。孝子除縗服服朝服縞冠，加大善之飾也。」杜佑《通典》云：「周制：士喪周而小祥，又周而大祥。」按：《喪服小記》云：「大祥吉服而筮尸。」注：「主人變除者，必服其吉服以即祭事，不以凶臨吉也。」疏：「吉服，朝服也。」又《雜記》云：「祥，主人之除也，於夕爲期，❶朝服，祥因其故服。」《檀弓》云：「祥而縞。」注：「縞冠素紕也。」祥祭之期，主人著朝服，謂緇衣素裳，其冠則縞冠也。《間傳》又云「期而大祥，素縞麻衣」者，祥祭後之服也。《喪大記》云「祥而外無哭者」，《喪服四制》云：「祥之日，鼓素琴。」《檀弓》：「魯人有朝祥而莫歌者。」單言祥，皆大祥也，故祝辭曰「薦此祥事」，異於練祭辭也。○注「中月而禫」。○彼注云：「中，猶間也。禫，祭名也。」與大祥間一月，自喪至此，二十七月。禫之言，澹澹然平安意也。」《釋名》云：「間月而禫，亦祭名也。孝子之意澹然，哀思益衰也。」《檀弓》曰：「祥而縞，是月禫，徙月樂。」祥，二十五月也。是月，二十七月也。徙月，二十八月也。《白虎通》云：「二十五月而大祥，飲醴酒，食乾肉。二十七月而禫，通祭宗廟，去喪之殺也。」《鄭志》答趙商云：「祥，謂大祥二十五月。是月禫，謂二十七月，非謂上祥之月也。」王肅以是月即在二十五月，禫、祥同月。又以《士虞·記》「中月」爲「月中」，謂在祥月之中。故《檀弓》疏云：「祥、禫之月，先儒不同。王肅以二十五月大祥，其月爲禫，二十六月作樂。所以然者，以下云『祥而縞，是月禫，徙月樂』，又與上文『魯人朝祥而莫歌，孔子云：踰月則善』，是皆祥之後月作樂也。又《間傳》云『三年之喪，二十五月而畢』，又《士虞禮》『中月而禫』，是祥月之中也，與《尚書》『文王中身享國』謂身之中間同。又《文公二年》『冬，公子遂如齊納幣』，是僖公之喪至此二十六月。《左氏》云『納幣，禮也』，故王肅以二十五月禫而除喪畢。而鄭康成以二十五月大祥，二十七月而禫，二十八月而作樂，復平常。鄭必以爲二十七月禫者，以《雜記》云父在，爲母爲妻十

❶「期」下，原衍「期」字，據國圖藏清抄本《公羊義疏》、《禮記注疏》删。

三月大祥，十五月而禫。爲母爲妻尚祥、禫異月，豈容三年之喪乃祥、禫同月？若以父在爲母，屈而不伸，故延禫月，其爲妻亦當不伸祥、禫異月乎？按：《喪服小記》云『妾祔於妾祖姑，亡，則中一以上而祔』。又《學記》云『中年考校』，皆以『中』爲『間』，謂間隔一年，故以『中月』爲間隔一月也。下云『祥而縞，是月禫，徙月樂』是也。謂大祥者，縞冠，是月禫，謂是此禫月而禫。二者各自爲義，事不相干。故《論語》云『子於是日哭則不歌』，文無所繼，亦云『是日』。《文公二年》『公子遂如齊納幣』者，鄭《箴膏肓》『僖公母成風主婚，得權時之禮，若《公羊》猶譏其喪娶』。其『魯人朝祥莫歌』，及《喪服四制》云『祥之日，鼓素琴』，及『夫子五日彈琴不成聲，十日成笙歌』，並『孟獻子禫縣』之屬，皆据省樂忘哀，非正樂也。其八音之樂，工人所奏，必待二十八月也，即此下文『是月禫，徙月樂』是也。其朝祥莫歌非正樂，是樂之細別亦得稱樂，故鄭云『笑其爲樂速也』。其《三年問》云『三年之喪，二十五月而畢』。据喪事終，除衰去杖，其餘哀未盡，故更延兩月，非喪之正也。」彼疏又引《聖證論》王肅難鄭云：「『若以二十七月禫，其歲末遭喪，則出入四年，《喪服小記》何以云『再期之喪三年』？如王肅此難，則爲母十五月而禫，出入三年，《小記》何以云『期之喪二年』？明《小記》所云据喪之大斷也。又肅以月中而禫，按《曲禮》『喪事先遠日』，則大祥當在下旬，禫祭又在祥後，何得云『中月而禫』？又禫後何以容吉祭？故鄭云二十七月也。戴德《喪服變除禮》『二十五月大祥，二十七月而禫』，故鄭依而用焉。」按：何氏下注云：「是月者，二十七月也。」是與鄭義同。汪氏琬《鈍翁類稾》云：「按：禮親喪外除，兄弟之喪内除，杖期猶祥、禫間月，豈三年重服而反祥禫同月乎？❶《春秋》文二年冬『公子遂如齊納幣』，蓋僖公之喪已二十六月矣，而公羊氏譏其喪娶，由此言之，當從鄭義無疑。」❷金氏榜《禮箋》云：「《三年問》曰『三年之喪，二十五月而畢』者，謂至親以期斷，加隆焉使倍之，故再期也。明喪三年者爲再期。《喪服小記》亦云『再期之喪三年也』。據『再期』言之，爲二十五月，通數禫月爲二十七月，義本相通。杜氏《通典》載：鄭學之徒曰：『伯叔無禫，十三月而除；爲母妻有禫，則十五月

❶「反祥禫同月」，四庫本《堯峰文鈔》作「不可用期喪爲準」。
❷「義」，原作「氏」，據四庫本《堯峰文鈔》改。

而畢；爲君無禫，二十五月而畢；爲父長子有禫，二十七月而畢。』明所云『喪以期斷』者，禫不在期中也。《禮記》二十五月畢者，則禫不在祥月。三年之喪，二十五月而畢者，論其正。二十七月而禫者，明其加。」又云「《通典》承用鄭義，謂二十五月終而大祥，受以祥服，素縞麻衣；二十六月終而禫，受以禫服；二十七月終而吉，吉而除。榜謂《雜記》注云『「祥祭朝服，始即吉，正祭服也。」《喪服小記》云「除成喪者，其祭也朝服縞冠」是也。祭猶縞冠，未純吉也。既祭，乃服大祥素縞麻衣。釋禫之禮云「玄衣黄裳」，則是禫祭玄冠矣。黄裳者，未大吉也。既祭，乃服禫服、朝服、綅冠。踰月吉祭，乃玄冠朝服。既祭，玄端而居，復平常也。』是《通典》言『二十七月終而吉』，與鄭義合。祥禫異月，兩漢經師更相傳授者無異説也，自子雍好爲野言，浮辨蜂起，雖鄭學之徒申明之，學者猶或依違其間。甚矣！禮學之難明易晦也。」胡氏培翬《儀禮正義》云：「今案：《禮記·間傳》曰：『期而小祥，食菜果；又期而大祥，有醯、醬；中月而禫，禫而飲醴酒。始飲酒者先飲醴酒，始食肉者先食乾肉。』又曰：『期而小祥，居堊室，寢有席；又期而大祥，居復寢；中月而禫，禫而牀。』又曰：『期而小祥，練冠、縓緣，要絰不除。』又：『期而大祥，素縞、麻衣。中月而禫，禫而纖，無所不佩。』据《間傳》凡三言『中月而禫』與『期而小祥』、『又期而大祥』，皆爲特起之辭，文不相屬，則禫與大祥異月明甚。若如王肅之説，則必改『中月』之文爲『月中』而後可。且一月之中，既舉祥祭，又舉禫祭，不嫌於數乎？《雜記》云『期之喪，十一月而練，十三月而祥，十五月而禫』，是『禫』與『祥』異月之明證。不得謂『十五月而禫』者，禫亦在祥月中也。禮文章顯如是，而後人猶有謂王説實本于禮，親喪宜厚，故鄭説沿用至今，何與？」按：《白虎通·喪服》云「三年之喪，再期二十五月」，又云「二十七而禫」，亦以「禫」與「祥」異月。《宋書·禮志》：「王準之議：鄭玄喪制二十七月而終，學者多云得禮。晉初用王肅議，祥、禫共月，遂以爲制。江左以來，唯晉朝施用，搢紳之士，猶多遵玄議。宜使朝野一禮。」晉武爲王肅外孫，故有晉用其義，江左搢紳仍遵鄭義也。

○注「是月」至「未配」。○已上皆《士虞記》。又彼注云：「是月，是禫月也。當四時之祭月則祭，猶未以某妃配某氏，哀未忘也。《少牢饋食禮》：『祝祝曰：孝孫某，敢用柔毛、剛鬣、嘉薦、普淖，用薦歲事于皇祖伯某，以某妃配某氏，尚饗。』」吉祭者，四時之常祭。曰吉者，對祥、禫爲喪祭也。吉祭與禫同月，一月而兩祭。禫在寢，吉祭在廟也。吴氏廷華《儀禮章句》云：「吉祭必以某妃配，此未配者，爲父祔而母先卒者言之。蓋死者初遷廟，生者初除喪，餘哀尚在，不敢純用吉禮也。」盛氏世佐《儀禮集編》云：「婦人無廟，其妃之先卒者歸祔于皇祖姑，❶俟其夫遷廟之後乃合食焉，所謂配也。未配則但祭考而已。」江氏筠《讀儀禮私記》云：「注引《少牢禮》祝辭，特以證明『配』字耳。又云『猶未配』，蓋主於母之先亡者言。萬季野謂無因子孫之除喪而去祖妣不配之理，其言是矣。而又云『所謂配』者，以新死者之主配食于祖禰，此但祫祭祖禰而不以新死者配之。按：士祫祭之禮未聞，且即祫食于祖禰，亦不得言配，其説非也。」褚氏寅亮《儀禮管見》云：「吉祭兼祖在内，猶未配，則專指新死者之父而母先歿者言。」《儀禮正義》云：「前此喪祭，固未以母配，今吉祭在禫月，猶未以母配也。若禫月後而遇吉祭，則當以母配矣。」「配」字之義，諸家指母先亡者言之，甚是。○注「是月」至「不譏」。○解「是月，即禫月也」。《後漢書·陳忠傳》云：「先聖緣人情而著其節，服制二十五月。」故以二十五月爲正服。衰麻既除，故此外可從末減也。故《文二年》「冬，公子遂如齊」，彼傳曰：「譏喪娶。在三年之外，何以譏？三年之内不圖昏。」注：「僖公以十二月薨，至此冬未滿二十五月，納采、問名、納吉，皆在三年之内，故譏。」亦以在二十五月内故也。

其言于莊公何？注 据禘于大廟不言周公，祫僖公不言僖公。

疏 注「据禘」至「周公」。○即《僖八年》「秋七月，禘于大廟，用致夫人」是也。知大廟周公者，《文十三年傳》云「周公稱大廟」，《禮記·明堂位》云「以禘禮祀周公于太廟」是也。○注「祫僖」至「僖公」。○《校勘記》云：「段玉裁校本『宫』乃『公』誤。按：疏引《定八年》注作『僖公』，彼疏云『不言從祀僖公』。」今按：定八年「從祀先公」，傳云：「從祀者何？順祀也。」注云：「不書禘者，後祫亦順，非獨禘也。不言僖公者，閔公亦得其順，是以不言僖公也。」彼實禘而言祫者，明從祀即包有祫。對《文二年》之「躋僖公」爲祫時事，故言定八年以後祫祭皆順也。舊疏引《文二年傳》

❶「歸」，原脱，據《儀禮集編》補。

釋此注，然彼經明云「躋僖公」，則非不言僖公矣。未可以稱宮廟也。**注** 時閔公以莊公在三年之中，未可入大廟，禘之于新宮，故不稱宮廟，明皆非也。**疏**《穀梁疏》云：「『吉禘于莊公』，即是莊公立宮。而不稱宮者，莊公廟雖立訖，而公服未除，至此始二十二月，未滿三年，故不得稱宮也。」○注「時閔」至「非也」。○《左傳》僖三十三年曰：「凡君薨，卒哭而祔，祔而作主，特祀於主，烝、嘗、禘於廟。」注：「以新死者之神祔之於祖，尸柩已遠，孝子思慕，故造木主，立几筵焉。特用喪禮祭祀於寢，不同之於宗廟。宗廟四時常祀，自如舊也。三年禮畢，又大禘，乃同之于吉。」《正義》：「三年喪畢，致新死者之主以進於廟，廟之遠主當遷入祧，於是大祭于太廟，以審定昭穆，謂之禘。自諸侯上達天子之制也。」按：杜、孔謂「三年喪畢乃致新死者入廟」是也，乃以「四時常祀，自如其舊」則非。《禮記・王制》云「喪三年不祭」，又《喪服小記》云「喪者不祭」，《曾子問》兩言「緦不祭」，《儀禮・喪服》言「有死于宮中者，爲之三月不舉祭」，蓋唯天地社稷越紼行事，此外則遭喪皆不祭也。《左傳》云：「烝、嘗、禘于廟」者，《士虞》疏引服注云：「三年喪畢，遭烝、嘗則行禘於廟焉。」明此謂三年後也。《左氏》既云「特祀於主」，此乃指喪中之練、祥、禫三祭。新死者之主，除喪後乃始遷主於新廟而行烝、嘗、禘爾。徐氏乾學云：「《左氏》原爲作主立傳，則專指新死者而言，何爲泛及於他廟之常祀？故知傳所謂廟，乃謂喪畢遷主之新廟，而非祖宗昭穆之舊廟矣。所以爲是言者，蓋卒哭而祔，但祔祭其主於祖父之廟，祭畢反於寢。而死者未嘗有專廟，故止可稱主而不可稱廟。至喪畢而入新廟，始可專享一廟之祭，故曰烝、嘗、禘於廟。」按：徐氏說《左傳》極爲明晰，何氏此注亦云「閔公以莊公在三年之中，未可入大廟」也。其實新廟亦未可入也，故云「皆非」。何氏謂「三年喪畢，遭祫則祫，遭禘則禘」，蓋時適應禘，閔公急欲厭亂而又未便即禘太廟，故先行之於新宮也。喪尚未畢得有新宮者，文二年《穀梁傳》曰「作主壞廟有時日，於練焉壞廟，❶壞廟之道，❷易檐可也，改

❶「於練」，國圖藏清抄本《公羊義疏》作「練於」。
❷「壞廟」，原脱，據國圖藏清抄本《公羊義疏》、《春秋穀梁傳注疏》補。

塗可也。」但言壞舊廟不言遷新主，蓋練時先遷舊主，三年後納新主。易檐改塗，非一朝一夕之事，又尚有釁廟諸儀。故徐氏乾學云：「祧遷之時，當行之事非一：遷高祖之主而壞其廟，一事也；改易高祖之廟而納祖考之主，又一事也。遷祖考之主而壞其廟，一事也；改易祖考之廟以納新死者之主，又一事也。古人知數事不可並舉，故豫其期於練，逮至三年喪畢而祧禮告成，廟亦堅完，然後可以徐奉吾親之主，此古人用心之慎也。蓋時去除喪已近，新廟應已落成，特故得先奉新主於內行禘禮焉。」徐氏又云：「或疑七廟五廟無虛主，意當謂舊主出即當納新主，無曠日遲久之理。按：《曾子問》云：『七廟五廟無虛主。虛主者，唯天子崩，諸侯薨，與去其國，與祫祭于祖，爲虛主爾。』❶斯亦姑引其端，其實虛主之事不止此也。國有水旱之災則虛主，昭十八年《左傳》，鄭災，子產『使祝史徙祏於周廟』是也。修廟則虛主，《文十三年》『世室屋壞，譏不修也』。修廟時主必納於夾室，不獨壞廟爲然。練時主入夾室，三年審禘昭穆而祧之，又何嫌於虛主乎？《成公三年》『新宮災』，《穀梁傳》曰：『禰宮也。迫近不敢稱謚，恭也。』宣公薨已二十九月，猶言迫近，三年入廟之期迨一定不可易矣。」惠氏士奇《春秋説》云：「吉禘于莊公，不於太廟何也？禘于太廟而致莊公焉。因莊公而行吉禘，故書曰『吉禘于莊公』。莊公之喪未滿二十五月，故書『吉』以譏之。吉禘者，新主入廟，與先君相接，因是而爲大祭，故不稱宮，明非新宮也。❷則在太廟何疑？在太廟何爲不書？辟嫌也。何嫌爾？吉禘于太廟，致莊公，則嫌莊公不應致，與禘于太廟用致夫人同。夫人不應致，故書致。莊公不應吉，故書吉。用者，謂用禘也。」按：惠説非是。若是禘于太廟而致莊公，則但書吉禘莊公可矣。曰「于」，明在莊公廟也。莊公喪尚未滿，亦不應致，如實致莊公於太廟，有何嫌而不書致乎？故杜亦云：「三年喪畢，致新死者之主於廟，廟之遠者當遷入祧，因是大祭，以審昭穆，謂之禘。莊公喪制未闋，時別立廟，廟成而吉祭，又不於太廟，故詳書以示譏也。」惟杜以爲別立廟，則又杜之臆見耳。未可從。

曷爲未可以稱宮廟？ **注** 据言禘也。**疏** 注「言禘也」。○古者禘必于廟，既言禘，宜言宮廟矣。舊

❶「虛」，《周禮注疏》作「無」。
❷「新宮」，原作「廟」，據《惠氏春秋説》改。

疏云「正以禘是吉祭之稱，既得言禘，何故不得稱宮廟」是也。按：《僖八年》云「禘于太廟」，是禘必稱廟也。而傳言「不得稱宮廟，故難之」。在三年之中矣。**注**當思慕悲哀，未可以鬼神事之。**疏**注「當思」至「事之」。○《禮記·檀弓》云：「始死，瞿瞿如有求而弗得；既葬，皇皇如有望而弗至。練而慨然，祥而廓然。」皆思慕悲哀之義也。胡氏培翬《儀禮正義》云：「死者體魄以葬爲歸，死者魂氣以廟爲歸。周制，虞而作祔主，卒哭祔廟，奉新死者之主祭於祖廟，并祭於祖，使魂氣相連屬，故祔不於練而於卒哭焉，欲其神之早得所歸也。然人子居廬哭泣，不忍遽以爲神而遠之，故祔訖反主於寢。且亦以舊廟未毁，新廟未成，主不可以遽入也。至練更作栗主，於寢祭之，自是而祥、禫皆然，以喪祭不可行於祖廟中也。至三年喪畢，乃遷栗主於新廟，而四時之祭行焉。」吉禘于莊公何以書？譏。何譏爾？譏始不三年也。**注**與託始同義。**疏**注「與託始同義」。○《隱二年》「九月，紀履繻來逆女」，傳：「外逆女不書，此何以書？譏。何譏爾？譏始不親迎也。始不親迎昉於此乎？前此矣。前此則曷爲始乎此？託始焉爾。曷爲託始焉爾？《春秋》之始也。」此與彼同義。《通義》云：「《檀弓》曰『魯莊公之喪，既葬而絰不入庫門，士大夫既卒，哭麻不入』，可以見即吉之遽矣。文公因之，欲久喪而後不能。宣公自以弟繼兄，無子道，遂復踰年吉娶，積習爲常。至於滕文公復三年之喪，❶父兄百官以爲宗國。魯先君莫之行，有自來矣，故於變禮之始重譏之。」按：《詩·檜風序·素冠》：「刺不能三年也。」箋云：「喪禮，既祥祭而縞冠素紕，時人皆解緩，無三年之恩於其父母，而廢其喪禮。」則三年列國已有不行者。魯秉周禮，或至此始變，故《春秋》重而譏之也。蓋三年之喪，不行已久，故於此託始爾。梁氏玉繩《瞥記》云：「《文二年傳》『譏喪娶也』，蓋周衰禮廢，三年之喪久已不行。《論語》宰我問三年喪一章，乃親身説法。❷疏引繆協謂宰我思啓憤於夫子，以戒將來，義在屈己明道。此解最確，與齊宣王欲短喪不同。」❸

❶「文」，原作「定」，據《春秋公羊經傳通義》改。
❷「親」，《瞥記》作「現」。
❸「不」，原脱，據《瞥記》補。

秋，八月辛丑，公薨。疏包氏慎言云：「八月無辛丑，九月之二十五日也。《長曆》置閏於六月，故八月有辛丑。」按：《差繆略》「辛丑」作「辛酉」，則正與曆合，爲八月之十五日也。

公薨何以不地？隱之也。何隱爾？弒也。孰弒之？慶父也。疏《校勘記》云：「何隱爾？弒也。《唐石經》、諸本同。《釋文》『弒』作『殺』，云『音試，下及注同』。」《魯世家》：「湣公二年，慶父又與哀姜通益甚。哀姜與慶父謀殺湣公而立慶父。慶父使卜齮襲殺湣公於武闈。」《左傳》「公傳奪卜齮田，公不禁。秋八月辛丑，共仲使卜齮賊公于武闈」是也。按：閔公時始十歲，烏能責艾禁傳奪田？卜齮即至不肖，亦必不即此怨公，蓋亦慶父歸獄于卜齮之語爾。

殺公子牙，今將爾，疏孔氏廣森《通義》本改「今」作「本」，義見上。季子不免。慶父弒二君，何以不誅？將而不免，遏惡也。既而不可及，緩追逸賊，親親之道也。注與不探其情同義。不書葬者，賊未討。疏注「與不」至「同義」。○上《元年傳》云「既而不可及，因獄有所歸，不探其情而誅焉，親親之道也」是也。《漢書·鄒陽傳》：「慶父親弒閔公，季友緩追免賊，《春秋》以爲親親之道也。」《鹽鐵論·周秦》云：「聞兄弟緩追以免賊，未聞兄弟之相坐也。」皆本《公羊》爲説。○注「不書」至「未討」。○《隱十一年傳》：「弒則何以不書葬？《春秋》君弒賊不討，不書葬，以爲無臣子也。」慶父出奔未死，故云賊未討。彼言「不」，此言「未」者，舊疏云：「欲道於後討得之，即《僖元年傳》『於是抗輈經而死』是也。」又云：「《隱十一年傳》『公薨何以不地』，注云：『据莊公薨于路寢。』然則此傳云『公薨何以不地』者，亦据莊公，但從彼注省文故也。」

九月，夫人姜氏孫于邾婁。注爲淫二叔、殺二嗣子出奔。不如文姜于出奔貶之者，爲内臣子明其義，不得以子絶母。凡公夫人奔例日，此月者，有罪。疏《魯世家》云：「釐公亦莊公少子。哀姜恐，奔邾。」○注「不如」至「絶母」。○《莊元年傳》「夫人孫于齊」，傳云：「夫人何以不稱姜氏？貶。曷爲貶？與弒公也。」是其於奔時貶也。又《僖元年》「夫人氏之喪至自齊」，傳：「夫人何以不稱姜氏？貶。曷爲貶？與弒公也。然則曷爲不於弒焉貶？貶必於其重者，莫重乎以其喪至也。」是亦有貶文，第不於此出奔貶云爾。然者，正假以爲内臣子，明子不絶母之義耳，非謂夫人可不貶也。《左疏》引服虔云：「文姜殺夫罪重，故去姜氏。哀姜殺子罪輕，故不去姜氏。」亦謂殺子輕於殺夫，故得藉以張臣子義也。〇注「凡公」至「有罪」。〇《昭二十五年》「九月己亥，公孫于齊」，是公孫書日，夫人與公敵體，其孫宜亦書日。而此及《莊元年》「三月，夫人孫于齊」皆書月，明文姜、哀姜皆有罪，故去日略之以示義。

公子慶父出奔莒。注 慶父弒二君，不當復見。❶所以復見者，起季子緩追逸賊也。不日者，内大夫奔例，無罪者日，有罪者月；外大夫奔例皆時。疏《魯世家》云：「魯人欲誅慶父。慶父恐，奔莒。」《穀梁傳》：「其曰出，絶之也。」〇注「慶父」至「復見」。〇《宣六年》「晉趙盾、衛孫免侵陳」，傳云：「趙盾弒君，此其復見何？」彼注云：「据宋督、鄭歸生、齊崔杼弒其君，後不復見。」是則弒君之賊不當復見。此慶父弒二君，復書于經，故解之。《穀梁傳》曰：「慶父不復見矣。」疏：「弒二君罪重，不當復見，故特顯之。」其實此即不宜復見矣。〇注「所以」至「賊也」。〇《宣六年傳》又曰「親弒君者，趙穿也」，彼注云：「復見趙盾者，欲起親弒者趙穿，非盾。」此復見慶父，起季子緩追逸賊，故得出奔，各有所起也。《通義》云：「不復言仲孫者，本爲内諱。今畏討出奔，是内已正其罪，無所諱也。」按：上言齊仲孫爲賊，不宜復來，故諱。此出奔與上相起。〇注「不日」至「者月」。〇《襄二十三年》「冬十月乙亥，臧孫紇出奔邾」，❷是内大夫奔無罪者日也。此及《昭十二年》「冬十月，公子整出奔齊」，皆有罪者月也。《文八年》「公孫敖奔莒」，彼實有罪。書「丙戌」者，彼注云「日者，嫌敖罪明，則起君弱，故諱使若無罪」者是也。〇注「外大」至「皆時」。〇《襄二十七年》「夏，衛侯之弟鱄出奔晉」，是外大夫無罪奔者。《襄二十八年》「夏，衛石惡奔晉」。「冬，齊慶封來奔」，外大夫有罪奔者也。而皆時，明外大夫從略，

❶「當」，原作「能」，據《春秋公羊傳注疏》改。
❷「邾」下，《春秋公羊傳注疏》有「婁」字。

故不别有罪無罪也。

冬，齊高子來盟。

高子者何？齊大夫也。注以有高傒也。疏注「以有高傒也」。○《莊二十二年》「及齊高傒盟于防」是也。何以不稱使？注据鄭伯使其弟語來盟。疏注「据鄭」至「來盟」。○《桓十四年》「夏，鄭伯使其弟語來盟」是也。我無君也。注時閔公弒，僖公未立，故正其義，明君臣無相適之道也。《春秋》謹於别尊卑，理嫌疑，故絶去使文，以起事張例，則所謂君不使乎大夫也。疏注「時閔」至「道也」。○《莊九年》注云：「鄰國之臣，猶吾臣也。」故君不適大夫。時閔弒僖未立，我無適者，故立其使文。《莊九年》「公及齊大夫盟于傒」，彼齊無君，而書公者，彼書及齊大夫，使若衆然，故不諱與大夫盟也。○注「則所」至「夫也」。○《成二年》「齊侯使國佐如師」，傳云：「君不行使乎大夫，此其行使乎大夫何？佚獲也。」彼爲齊君，佚獲宜絶，故賤之。與此異。然則何以不名？注据國佐盟名。疏注「据國佐盟名」。○即《成二年》「及國佐盟于袁婁」是也。喜之也。何喜爾？正我也。疏《穀梁傳》曰：「其曰來，喜之也。其曰高子，貴之也。盟立僖公也。」杜云：「魯人貴之，故不書名。子者，男子之美稱。」❶其正我奈何？莊公死，子般弒，閔公弒，比三君死，曠年無君。注與曠年無君無異。疏注「與曠」至「無異」。○舊疏云：「正以莊公死子般即位，子般弒閔公即位，閔公弒僖公即位，君常不絶。而傳言『曠年無君』者，正以三年之内，三君比死，與曠年無君無異，非實無君也。」設以齊取魯，曾不興師，徒以言而已矣。注設時勢然。疏《通義》云：「時季子力不能立僖公，相與適邾婁。設桓公不爲魯定僖公之位，使我曠年無君，則國幾亡矣。『徒以言』者，❷喻其易。」按：傳意謂魯三君比死，曠年無君，度

❶「美」原作「通」，據《春秋左傳注疏》改。

❷「徒」，原脱，據《春秋公羊經傳通義》補。

其時勢，若以齊取魯可不興師，徒以言而已，若言傳檄而定之謂。《左傳》上元年云：「桓公曰：魯可取乎？」蓋齊桓本有取魯之心，故傳舉以設文。可取而竟不取，故喜之甚也。曾者，《淮南・修務訓》注：「曾，則也。」《檀弓》注：「則之言曾。」曾不興師徒，即則不興師徒也。《論語・季氏》篇「曾謂泰山」，皇疏：「曾之言則。」《先進》：「曾由與求之問。孔曰：則此二人之問。」皆是。

桓公使高子將南陽之甲，**注**南陽，齊下邑。甲，革，皆鎧冑也。**疏**注「南陽齊下邑」。○《孟子・告子》篇「遂有南陽」，趙注：「山南曰陽。岱山之南謂之南陽也。」《釋名・釋州國》云：「南陽在國之南，而地陽也。」閻氏若璩《釋地》云：「《左傳》『晉於是始啓南陽』，杜注：『在晉山南河北，故曰南陽。』余謂即今太行山之南，河南濟源、修武、温縣地。《孟子》『遂有南陽』，趙注『岱山之南』，余謂史稱泰山之陽則魯，其陰則齊。南陽屬齊，必齊之地深插入魯界中者，魯故欲一戰有之。二南陽所指各不同。」全氏祖望《經史問答》云：「問：遂有南陽。按：晉之南陽易曉，而齊之南陽僅一見於《公羊傳》所云『高子將南陽之甲以城魯』，一見於《國策》所云『楚攻南陽』。閻百詩以爲泰山之陽本是魯地，特久爲齊奪者，似得之。而先生以爲南陽即汶陽，其説果何所据？答曰：此以《漢・地志》及《水經注》合之《左傳》，便自了然。蓋山南曰陽，是南陽所以得名也。水北曰陽，是汶陽所以得名也。春秋之世，齊、魯所争，莫如南陽。隱、桓之世，以許田易泰山之祊，是南陽尚屬魯。及莊公之末，則似已失之，故高子將南陽之甲以城魯。然僖公猶以汶陽之田賜季友，則尚未盡失。而《魯頌》之祝之以『居常與許』，常，亦南陽之境，蓋大半入齊矣，自成公以後則盡失之。蓋汶水出泰山郡之萊蕪縣，西南過嬴縣，《桓三年》『公會齊侯于嬴』是也。又西南過牟縣，牟，故魯之附庸也。又東南流逕泰山，❶又東南流逕龜陰之田，即《左氏》定十年齊所歸也。又東南流逕明堂，❷又西南流逕徂來山，又南流逕陽關，即《左氏》襄十七年逆臧紇之地。又南逕博縣，即《左氏》哀十一年會吴伐博是也。又南逕龍鄉，即《左氏》成二年齊侯圍龍是也。又南逕梁父之

❶「流」，原脱，據《經史問答》補。
❷「流」，原脱，據《經史問答》補。

菟裘城，《左氏》隱十一年所營也。又西南逕剛縣，漢之剛乃春秋之闡，其西南則汶陽之田。又西南則棘，《左氏》成三年所圍也。又西南爲遂，則莊十三年齊人所滅也。又西南爲下讙，《左氏》桓三年齊侯送姜氏之地。❶又西南爲郈，則叔孫氏邑。又西南爲平陸。按：《左氏》鄆、讙、龜陰、陽關，皆齊、魯接境地，通而言之，皆汶陽之田，而皆在泰山之西南，汶水之北，則汶陽非即南陽乎？」然則南陽地廣，不僅一邑，注以爲齊下邑，亦約略之辭。○注「甲革」至「冑也」。○《通義》云：「甲，甲士也。齊桓公作内政，有中軍之鼓，有國子之鼓，有高子之鼓，各帥五鄉焉。南陽者，蓋即高子所帥鄉名也。」《禮·既夕》云「甲冑干笮」，❷注：「甲，鎧也。」《禮記·曲禮》云「獻甲者執冑」，注：「甲，鎧也。」又《樂記》云「車甲衅而藏之武庫」，注：「甲，鎧也。」《詩·叔于田序》「繕甲治兵」，箋：「甲，鎧也。」甲皆不兼冑言之，此云「將南陽之甲」，猶云將南陽之兵。《國策·秦策》「秦下甲而攻」，趙注：「甲，兵也。」是也。兵必有鎧冑，故連敘及之，皆革所爲，故曰甲革，本其所以稱甲義也。其實古人「兵」字亦專指戎器言，所謂五兵也，故曰天生五材，誰能去兵。《御覽》引《世本》：「蚩尤以金作兵器，一弓，二殳，三矛，四戈，五戟。《周禮·司右》「五兵」，注：「《司馬法》曰『弓矢圍，殳矛守，戈戟助』是也。」《書》「詰爾戎兵」，《詩》「踴躍用兵」，《左傳》「無以鑄兵」，皆與甲同指所用言，故《孟子·梁惠王》云「棄甲曳兵」。後世始以執兵之人爲兵，猶以披甲之士爲甲也。蓋春秋時已有此語，故《孟子》言「抑王興甲兵」，蓋兼人與器言之矣。

立僖公而城魯。或曰自鹿門至于争門者是也，或曰自争門至于吏門者是也。

疏《校勘記》云：「争門，《唐石經》、諸本同。《說文》：『淨，魯北城門池也。从水，争聲。士耕切。又才性切。』許據《公羊》，當作『淨門』，以水名其門也。何注本省作『争』。自鹿門至于争門者，自南門至于北門也。」段氏玉裁《說文注》云：「淨者，北城門之池。其門曰争門，則其池曰淨。❸从争旁水也。《廣韻》曰：『埩，七耕反。魯城北門池也。《說文》作淨。』」

❶「送」，原作「逆」，據《經史問答》改。
❷「干笮」，原作「干管」，據《儀禮注疏》改。
❸「池」，原作「地」；「淨」，原作「争」，據國圖藏清抄本《公羊義疏》及經韵樓本《說文解字注》改。

蓋古書有作『埩門』者矣。❶『城北』誤倒。」《釋文》：「鹿門，魯南城東門也。」襄二十三年《左傳》「臧孫紇斬鹿門之關以出，奔邾」即此。吴氏夌雲《經説》云：「《説文》：『淨，魯北城門池也。』徐楚金引此傳又云『臧孫奔齊自鹿門』，争門則淨門，皆北門也。夌雲謂『臧紇斬鹿門之關出，奔邾』，小徐以爲奔齊，誤矣。邾，即今騶縣，在曲阜東南，當從何注。」按：何氏無注，今本係《釋文》竄入注也。吏門者，《大事表》云：「史門，魯西門也。《公羊傳》或曰『自争門至於吏門』，吏門即史門矣。争門者，魯北門。」按：魯又有雩門、稷門、高門。雩門，宜雩壇所在，兼南城西門，《莊十年》「公子偃擊宋師從雩門竊出」者也。稷門，則莊三十二年《左傳》「能投蓋于稷門」，《哀八年》「微虎欲宵攻吴，行及稷門之外」是也。蓋正南門亦曰高門，《定十三年》「齊人陳女樂文馬于魯城南高門外」是也。

魯人至今以爲美談，曰：猶望高子也。**注**久闊思相見者，引此爲喻，美談至今不絶也。立僖公城魯不書者，諱微弱。喜而加高子者，美大齊桓繼絶于魯，故尊其使，起其功，明得子續父之道。

疏注「久闊」至「爲喻」。○《校勘記》云：「毛本『闊』作『濶』，鄂本『喻』作『諭』。」蓋當時有此語，作傳時猶存也。○注「立僖」至「微弱」。○《新語・至德》云：「魯莊公一年之中，以三時興築作之役，規固山林草澤之利，與民争田魚薪采之饒，刻桷丹楹，眩曜靡麗，收十二之税，不足供回邪之欲，膳不用之好，以悦婦人之目。財盡於驕淫，人力罷於不急，上困於用，下饑於食，乃遣臧孫辰請糴于齊。倉廩空虚，外人知之，於是爲宋、陳、衛所伐。賢臣出，叛臣亂，子般殺。公子牙、慶父之屬敗上下之序，亂男女之别，繼位者無所定，逆亂者無所懼。於是齊桓公遣大夫高子立僖公而誅夫人，逐慶父而還季子，然後社稷復存，子孫反業，豈不謂微弱者哉？」是其微弱甚也，故深諱之。○注「喜而」至「其功」。○《通義》云：「高傒，齊卿之命于天子者，前盟防降書名氏耳。本在字例，故今進一等，褒之得稱子。」《曲禮》云「於外曰子」，注：「子，有德之稱。《魯春秋》曰：齊高子來盟。」然則子爲美稱，凡鄰國聘問時，

❶「門」，原脱，據《説文解字注》補。

擯者尊而不名,《春秋》喜其有功於魯,故就而進之稱子也。按:《襄二十九年傳》云「許人臣者必使臣」,注:「緣臣子尊榮,莫不欲與君父共之。」故賢高子起其美大齊桓也。《繁露·滅國下》云:「魯莊爲柯之盟,刼汶陽,魯滅桓立之。❶用心如此,豈不霸哉!故以憂天下與之。」○注「明得」至「之道」。○《校勘記》云:「閩、監、毛本此下有『鹿門,魯南城東門也』八字,係《釋文》竄入,鄂本無之。十行本雖有此八字,而加○以别之,則不以爲注也。」舊疏云:「凡人子之道,宜繼祖禰之功不絶之。今桓公繼于魯,正得續父功德之義,故尊其使而稱子耳。言明其得人子續其人父功德之道也。」按:疏語不明。意謂聖人重繼絶世。父子相繼曰世,桓公立僖存魯,得繼絶世之道也。

十有二月,狄入衛。疏《衛世家》云:「懿公即位,好鶴,淫樂奢侈。九年,翟伐衛,衛懿公欲發兵,兵或畔。大臣言曰:『君好鶴,鶴可令擊翟。』翟於是遂入,❷殺懿公。」《通義》云:「《左傳》曰:『衛懿公及狄人戰于熒澤。衛師敗績,遂滅衛。』而經但言入衛,則公羊子謂爲齊桓諱者,信矣。」

鄭棄其師。

鄭棄其師者何?注連國者,并問稱國。疏注「連國」至「稱國」。○傳不直言棄其師而曰「鄭棄其師」,故解之。惡其將也。注以言棄師。疏《穀梁傳》曰:「惡其長也。」注:「長,謂高克也。」兼不反其衆,則是棄其師也。彼疏云:「爲惡高克不顧其君,又責鄭人不反其衆,故經書『鄭棄其師』也。」何云以言棄師爲惡將,謂鄭惡其將爾,非謂《春秋》惡其將也。鄭伯惡高克,使之將,逐而不納,棄師之道也。注鄭伯素惡高克,欲去之無由,使將師救衛,隨後逐之,因將師而去。其本雖逐高克,實棄師之道,故不書逐高克,舉棄師爲重,猶趙盾加弒也。不解國者,重衆從國體録可知。繫閔公篇于莊公下者,子未三年,無改於父之道。傳曰「則

❶「桓立」,原作「威主」,據《春秋繁露》改。
❷「翟」,原脱,據《史記》補。

曷爲於其封内三年稱子」，「緣孝子之心則三年不忍當也」。**疏**《儀禮・聘禮》云：❶「使者歸，及郊，請反命。」鄭注引作「使之將兵」，彼《釋文》以爲「兵」則後加字。《易林・師之睽》云：「清人高子，久屯外野。逍遥不歸，忘我慈母。」○注「鄭伯」至「而去」。○《左傳》：「鄭人惡高克，使帥師次于河上，久而不召，師潰而歸，高克奔陳。鄭人爲之賦《清人》。」《詩・鄭風序》云：「《清人》，刺文公也。高克好利而不顧其君，文公惡而欲遠之，不能，使高克將兵禦狄于竟。陳其師旅，翱翔河上，久而不召，衆散而歸，高克奔陳。」○注「其本」至「爲重」。○《詩序》又云：「公子素惡高克進之不以禮，退之不以道，危國亡師之本也。」棄師之道也，《穀梁注》：「高克好利，不顧其君。文公惡而遠之，不能，使高克將兵禦狄于竟，陳其師旅，翱翔河上，久而不召，衆將離散。高克進之不以禮，文公退之不以道，危國亡師之本。」杜云：「刺文公退臣不以道，危國亡師之本。」皆本《詩序》爲説，故舉棄師爲重，不書逐高克也。《繁露・竹林》云：「秦穆侮蹇叔而大敗，鄭文輕衆而喪師。《春秋》之敬賢重民如是。」《説苑・君道》篇云：「夫天之生人也，蓋非以爲君也。天之立君也，蓋非以爲位也。夫爲人君，行其私欲而不顧其人，是不承天意，忘其位之所宜事也。如此者，《春秋》不予能君而夷狄之。鄭伯惡一人而兼棄其師，故有夷狄不君之辭。人主不以此自省，惟既以失實，心奚因知之。故曰：有國者不可以不學《春秋》，此之謂也。」按：《説苑》此言可補三傳之闕。不書鄭伯棄其師而鄭棄其師，與晉伐鮮虞、鄭伐許同辭，明爲狄鄭之義。此文主譏棄師，不爲惡高克，言高克不足惡也。○注「猶趙盾加弒也」。○《宣二年》書「趙盾弒其君」，不書趙穿，但舉弒君爲重。猶實逐高克舉不書而書棄師，亦舉棄君爲重也。弒，閩、監、毛本同。十行本「弒」作「殺」。○注「不解」至「可知」。○何意言重衆，故舉國，明爲從國體録，故傳不解書鄭義也。○注「繫閔」至「之道」。○《校勘記》云：「按：于，當作『於』。《漢書・藝文志》《公羊》、《穀梁》二家經及傳各十一卷者，繫閔公篇於莊公下故也。宋王儉《七志》、梁阮孝緒《七録》皆云何注十一卷，皆以閔附莊也。《唐石經》於閔公傳末題『春秋公羊卷第

❶「儀禮」，原作「禮記」，下引文見《儀禮・聘禮》，據改。

三』，於僖公第五之下附注卷四，蓋据晉、宋古本，皆十一卷。」按：《漢志》「《春秋古經》十二篇，經十一卷」。漢世以《公羊》爲今學，故直稱經十一卷。《古經》十二篇，蓋劉歆以祕府古文書之，或析閔公爲一篇，非真古本也。《志》又云「《公羊傳》十一卷，《穀梁傳》十一卷，《鄒氏傳》十一卷，《夾氏傳》十一卷，《公羊顔氏記》十一篇」，皆依經分篇，明閔公附於莊篇末也。《隋志》有吴士燮《春秋注》、晉王愆期《公羊注》，尚係十一卷。「三年無改」，見《論語·學而》篇。《大戴禮·本孝》云：「孝子，父死三年，不敢改父道。」皇侃《論語義疏》云：「或問曰：若父政善則不改爲可，若父政惡，惡教傷民，甯可不改乎？ 荅曰：本不論父政之善惡，自論孝子之心耳。 若人君風政之惡，則冢宰自行政；若卿大夫之心惡，則其家相邑宰自行事；無關於孝子也。」宋氏翔鳳《論語發微》云：「道，紹也。 三年無改於父之道，謂繼體爲政者也。 若從言父之教子，其道當没身不改，難以三年爲限。 惟人君治道，寬猛緩急，隨俗化爲轉移，三年之後，不能無所變易。 然必先君以正終，後君得有諒闇不言之義。 苟失道而死，則爲誅君，其子已不當立，何能三年無改也？《論語》微言與《春秋》通，明『三年無改』之道，以示繼體爲政之法，而孝道以立。」〇注「傳曰」至「當也」。〇《文九年傳》文。

公羊義疏二十八

句容陳立卓人著

僖元年盡是年。

春秋公羊經傳解詁僖公第四

疏《校勘記》云：「《唐石經》『僖公第五卷四』。」《魯世家》：「季友與湣公弟申如邾，請魯求内之。於是季友奉子申入，立之，是爲釐公。釐公亦莊公少子。」《釋文》：「僖公名申，莊公之子，閔公之兄，母成風。《謚法》：小心畏忌曰僖。」

元年，春，王正月。

公何以不言即位？**注**据文公言即位。**疏**注「据文」至「即位」。○見文元年。

繼弒君，子不言即位。**疏**《穀梁傳》曰：「繼弒君不言即位，正也。」

此非子也，其稱子何？**注**僖公者，閔公庶兄。据閔公繼子般，傳不言子。**疏**注「僖公」至「庶兄」。○《左傳正義》云：「《魯世家》：『僖公名申，莊公之子，閔公庶兄。』」按：《世家》無此語，閔公爲哀姜娣子，僖公爲其庶兄，則成風非哀姜之媵，蓋亦先哀姜而入，與孟任同者。《世家》云「季友自陳與湣公弟申如邾」，則史公以僖公爲閔公弟，未可從也。○注「据閔」至「言子」。○《閔元年傳》云「繼弒君不言即位」，是不言子也。

臣子一例也。**注**僖公繼成君，閔公繼未踰年君。禮，諸侯臣諸父兄弟，以臣之繼君，猶子之繼父也，其服皆斬衰，故傳稱臣子一例。**疏**《白虎通·封公侯》云：「始封諸侯無子死，不得與兄弟何？古者象賢也，弟非賢者子孫。《春秋傳》曰『善善及子孫』，不言及昆弟。昆弟尊同，無相承養之義。昆弟不相繼，至繼體諸侯，無子得及親屬者，以其俱賢者子孫也。重其先祖之功，故得及之。」又《喪服》云：「臣之於君猶子之於父，明至尊臣子之義也。」然則臣子一例，指繼體君言也。段氏玉裁《經韵樓集》云：「此《公羊》謂孔子目僖公爲閔子者，以僖本閔臣，而爲閔子也。知臣子一例，則知臣之者皆得子之矣。故《史記》説仲丁至陽甲九世，太伯至壽夢十九世，幽王至敬王十四世，皆兄弟爲兩世，祖孫爲兩世，古人數一世至百世皆如是，皆父子之也。我盡子之實，而人得不目之父子乎？人皆目之父子，而我乃欲辭父子之名乎？天子諸侯之尊，自高曾行、祖行、父行、兄弟行，皆臣之，稽首之，未有以爲怪者，何居乎死後子之則以爲怪乎？故《公羊》所云，千古之經禮也。後世乃畫分爲人子、爲人後爲二事乎？」

○注「僖公」至「年君」。○《莊三十二年傳》注云「未踰年之君，禮，臣下無服，故無子不廟，不廟則不書葬」，故閔不稱子。僖公繼成君，閔公死，臣、子同服，故曰子。其實諸侯以國體爲重，子般雖未踰年，待之已如君，故亦不書即位，明其義也。○注「禮諸」至「一例」。

○《禮・喪服》大功章傳曰：「是故始封之君不臣諸父昆弟，封君之子不臣諸父而臣昆弟。封君之孫盡臣諸父昆弟。」《白虎通・封公侯》云：「繼世諸侯無子，又無弟，但有諸父、庶兄，當誰與？與庶兄，推親之序也。」故以僖公繼閔公，不以季友也。又《王者不臣》云：「始封之君不臣諸父昆弟何？不忍以己一日之功德加於諸父昆弟也。故《禮・服傳》曰：『封君之子不臣諸父，封君之孫盡臣之。』」又《喪服》云：「諸侯爲天子斬衰三年何？普天之下，莫非王土，率土之濱，莫非王臣。臣之於君，猶子之於父，明至尊，臣子之義也。」按：《禮・喪服》斬衰章於「諸侯爲天子」下爲「君」，疏：「此君內兼有諸侯及大夫，故文在天子下。」《禮記・大傳》云：「君有合族之道，族人不得以其戚戚君。」又《喪服小記》云：「與諸侯爲兄弟者服斬。」注：「謂卿大夫以下也，與尊者爲親，不敢以輕服服之。」熊安生曰：「諸侯死，凡與諸侯有五屬之親者，皆服斬。以諸侯體尊，不可以本親輕服服之也。」皆謂封君之孫以下也。故《後漢書・宋意傳》「《春秋》之義，諸父昆弟無所不臣，所以尊尊卑卑，强幹弱枝者也」是也。《通典・禮》云：「晉武帝咸甯二年，安平穆王薨，無嗣，以母弟敦上繼獻王後。博士張靖答，宜依魯僖服閔三年例。」按：穆王爲封君之子，宜臣昆弟者也。《宋書・禮志》引孫盛《晉春秋》曰：❶「《陽秋傳》云『臣子一例也』。雖繼君位，不以後尊降廢前敬。昔魯僖公上嗣魯莊，以友于長幼而外之，❷爲逆。準之古義，明詔是也。」臣爲君服斬，則君

❶「春」，原作「陽」，據《宋書》改。
❷「外」，四庫本《宋書》同。中華書局整理本《宋書》作「升」。

於臣雖諸父昆弟則無服。其不臣者，盛氏世佐《儀禮集編》云：「以本服服之，不絶并不降也。」《通典》載荀顗説，以爲大夫猶降其親，則諸侯雖所不臣者，亦絶不服者。非也。虞喜以爲大夫亦當從諸侯之例，一世爲大夫，不降兄弟，二世不降諸父，三世乃皆降之。李如圭《儀禮集釋》駁之：「謂諸侯世國，大夫不世爵禄，❶恐不得以世數爲比。」是也。「所不臣者，服此國君，先儒據《小記》謂與諸侯爲兄弟者服斬」，亦非。既不臣，則仍服本服也，蓋臣子一例，服皆斬衰，自指三世盡臣者言之也。故《小記》注云「雖在異國，猶來爲三年」，以曾在本國作卿大夫也，亦謂封君之孫以後者也。

齊師、宋師、曹師次于聶北，救邢。疏杜云：「聶北，邢地。」《説文·品部》：「嵒，多言也。《春秋傳》曰：『次于嵒北。』讀與聶同。」《一統志》：「聶城，在大名府清豐縣東北。」《紀要》：「在縣北十里。《志》以爲『次于聶北，救邢』即此。」十行本「救邢」下疊「救邢」二字。《校勘記》云：「《唐石經》、鄂本『救邢』字不疊，此本誤衍，閩、監、毛本同。」各本《左傳》「曹師」作「曹伯」，誤。石經《左氏》作「曹師」，彼莊三十年疏、襄二十三年疏引並作「曹師」。

救不言次，此其言次何？注据「夏，師救齊」不言次。疏注「据夏」至「救齊」。○即下《十八年》「師救齊」是也。不及事也。不及事者何？邢已亡矣。注刺其救急舒緩，使至於亡，故録之止次以起之。疏注「刺其」至「起之」。○《穀梁傳》曰：「其不言齊侯何也？以其不足稱揚，不言齊侯也。」注：「救不及事，不足稱揚。」亦謂譏其舒緩不急，使至於亡也。齊氏召南《攷證》云：「齊桓之功在存亡國，而經書『聶北，救邢』，既有三國之師，其力非不足以却敵，而遲遲其行，徘徊不進，待邢人潰圍而出，始遷夷儀，此則伯者之私心也。《左氏》、《公羊》無所發明，《穀梁》最得經義。至城邢，復序三國之師，傳曰『美齊侯之功也』。功過不相掩，持論平矣。」按：如何氏此注，發明甚切，齊氏謂無所發明，何耶？

孰亡之？蓋狄滅之。注以上有狄伐邢。疏注「以上」至「伐邢」。○即《莊三十二年》「冬，狄伐

❶「禄」，原脱，據《儀禮集釋》補。

邢」是也。《左傳》「邢人潰，出奔師。師遂逐狄人，具邢器用而遷之」，是狄滅之也。曷爲不言狄滅之？注据狄滅温言滅。疏注「据狄」至「言滅」。❶ ○即下《十年》「春，狄滅温，温子奔衛」是也。爲桓公諱也。疏《繁露・觀德》云：「邢、衛，魯之同姓也，狄人滅之，《春秋》爲諱，避齊桓也。」曷爲爲桓公諱？注据徐人取舒，晉滅夏陽，楚滅黄，皆不諱。疏注「据徐」至「不諱」。○下《三年》「徐人取舒」，注云：「不爲桓諱者，刺其不救也。」其晉滅夏陽，見下二年。楚滅黄，見下十二年。此二事亦不諱者，與書「徐人取舒」同義。舊疏云：「今此實救，故爲之諱耳。」上無天子，下無方伯，天下諸侯有相滅亡者，桓公不能救，則桓公恥之。注故以爲諱，所以醕其能以治世自任而厚責之。疏注「故以」至「責之」。○舊疏云：「以治世自任，猶言以天子治世爲己任矣。」厚責者，《論語・衛靈公》云「躬自厚」，皇疏引蔡謨云：「厚者，謂厚其德也。」謂以厚德責齊桓也。《通義》云：「緣桓公之心而爲之諱，故於夏陽、於温、於弦、於黄皆直言滅，以罪其不救也。於邢、衛、杞因其能救之於末，乃追諱其不能救之於本。」《穀梁傳》：「言次，非救也。非救而曰救何也？遂齊侯之意也。」按：《春秋》責備賢者，於邢、衛、杞能救則爲之諱其未能及事之失，於夏陽、温、黄不能救則書滅以恥之，所以厚責其不能而醕其能也。《潛夫論・邊議》云：「齊桓、晉文、宋襄，衰世諸侯，猶恥天下相滅而己不能救。」亦善善從長意也。曷爲先言次而後言救？注据叔孫豹先言救。疏注「据叔」至「言救」。○《襄二十三年》「秋，齊侯伐衛，遂伐晉。八月，叔孫豹帥師救晉，次于雍榆」是也。君也。注叔孫豹，臣也。當先通君命，故先言救。今此先言次，知實諸侯。疏《穀梁傳》曰：「是齊侯與？齊侯也。何用見其是齊侯也？曹無師。曹師者，曹伯也。其不言曹伯何也？以其不言齊侯，不可言曹伯也。」注：「曹君不可在師下，故知是齊侯。」因救不及事，故不書齊侯，并不得書曹伯，知

❶「滅」，原作「狄」，據上注文改。

皆君也。故《左傳》亦言「諸侯救邢」，杜云「實大夫而曰諸侯，總衆國之辭」者，非也。《通義》云：「《左傳》亦曰『諸侯救邢』，與此合。劉氏《權衡》云：『若令救時及事，《春秋》自不書其次。不書其次，遂無以見其是君。』此未足以窮傳也。因有雍榆，適可與此事相比，故分别君臣耳。假令救晉、救邢有一不言次者，又必别有所託，以起不專封之義矣。《春秋》文隨事變，豈得設文外之事而泥事後之文，以生巧辨者哉？」○注「叔孫」至「諸侯」。○《史記注》引賈逵云：❶「此與《襄二十三年》『叔孫豹救晉，次于雍榆』二事相反。言此是君也，進止自由。彼是臣也，先通君命。」《左疏》云「賈、服取以爲説」，則服氏亦同，皆本《公羊》義也。**君則其稱師何？不與諸侯專封也。**注故没君文，但舉師而已。疏《繁露·王道》云「有天子在，諸侯不得專地，不得專封」是也。❷又云：「觀乎許田，知諸侯不得專封。」彼「專封」爲「專地」之誤。又云：「觀乎齊桓、晉文、宋襄、楚莊，知任賢奉上之功。」齊桓，謂此没君文事也。**曷爲不與？**注据狄滅之，爲桓公諱。**實與，**注不書「所封歸」是也。疏注「不書」至「是也」。○《昭十三年》：「秋，蔡侯廬歸于蔡。陳侯吴歸于陳。」傳云：「此皆滅國也。其言歸何？不與諸侯專封也。」彼注云：「故使若有國自歸者也。」然則彼書「所封歸」，是不與楚專封。此不書邢侯歸于邢，是爲與齊專封也，故曰「實與」也。**而文不與。**疏《通義》云：「實不與，則當貶言齊人。❸文與，則當言齊侯、宋公、曹伯。今不舉諸侯，亦不貶稱人，實揚文抑，兩者各見，《春秋》之決事也。誅其可誅，賞其可賞，若天之施，四時錯行，若文王之治，庸威並用。」按：《繁露·竹林》云：「見其指者，不任其辭。不任其辭，然後可與適道矣。」指則實，辭則文也。**文曷爲不與？**注据實與也。**諸侯之義，不得專封也。**注此道大平制。疏注「此道大平制」。○即《春秋》制也。聖人以大平之道治《春秋》，所

❶ 下引文不見《史記》，見《春秋左傳注疏》僖公元年經疏。
❷ 「得」，原脱，據《春秋繁露》補。
❸ 「言」，原作「去」，據《春秋公羊經傳通義》改。

謂「撥亂世反諸正」也。《繁露・王道》云：「齊桓會王世子，擅封邢、衛、杞，橫行中國，意欲王天下。」又云：「桓公存邢、衛、杞，不見《春秋》，內心予之，行法絕而不予，止亂之道也，非諸侯所當爲也。」《孟子・告子下》：「葵丘之會諸侯，五命曰無有封而不告。」注：「無以私恩，擅有所封賞，而不告盟主也。」趙氏意以若是告天子，則擅封邢、衛，自犯其禁，故以爲不告盟主。然五命所禁，皆本王章。所云不告，自當指告天子言，即此傳之諸侯之義不得專封也。其五禁之中，桓公自犯者多，豈必專封一節有所諱避？葵丘所命，專爲尊王？趙氏説非也。包氏慎言云：「邢以自遷爲文，猶蔡、陳之以自歸爲文。奪其專封，所以彊王義也。」

諸侯之義，不得專封，則其曰實與之何？上無天子，下無方伯，天下諸侯有相滅亡者，力能救之，則救之可也。【注】主書者，起文從實也。

【疏】《白虎通・號》篇云：「霸者，伯也。行方伯之職，會諸侯，朝天子，不失人臣之義。故聖人與之，非明王之法不張。霸，猶迫也，把也。迫脅諸侯，把持王政。」《詩・邶風・旄丘序》云：「衛不修方伯連率之職。」箋：「衛康叔之封爵稱侯，今曰伯者，時爲州伯也。周之制，使伯佐牧。《春秋傳》曰『五侯九伯』，侯謂牧也。」疏引《王制》注云：「凡長皆因賢侯爲之。殷之州長曰伯，虞夏及周皆曰牧。又曰：『千里之外設方伯。』《公羊傳》曰『上無明天子，下無賢方伯』，方伯皆謂州長，則此方伯亦州長矣。周謂之牧，而云方伯者，以一州之中爲長，故云方伯。若牧下二伯，不得云方伯也。」○注「起文從實也」。○明文雖不與，從實與爲主也。《通義》云：「善桓公之爲此者，得變之正也。他日其命諸侯，亦曰無有封而不告，合於《春秋》之義也。齊桓存三亡國，並周之舊封，傳輒罪其專封者，蓋陳儀本非邢地，楚丘、緣陵亦本非衛與杞地，彼皆失其故國，桓公更與以閒田始建國焉，非諸侯不專地之法也。且唯天子有大封之禮，乃命鄰國以其師城之，故《詩》曰『王命仲山甫，城彼東方』，其傳曰『古者諸侯之居偪隘，則王者遷其邑而定其居』，明非有王者之命不得專遷，亦不得專城。是以《左傳》曰：僖之元年，『齊桓公遷邢于夷儀』，二年，『封衛于楚丘』。《齊語》曰：『翟人攻邢，桓公築夷儀以封之。翟人攻衛，衛人出廬于曹，桓公城楚丘以封之。』《毛詩序》曰：『衛爲狄所滅，齊桓公攘戎狄而封之。』《管子》曰：『桓公築緣陵以封杞，予車百乘，甲一千。狄人攻邢，邢君出致于齊，桓公築夷儀以封之，予車百乘，卒千人。狄人伐衛，衛君出致于虛，桓公築楚丘以封之，予車三百乘，甲五千。』綜諸傳記之文，是三國皆齊所更封，信矣。經於『虎牢』曰『鄭虎牢』，『彭城』曰『宋彭城』，而『楚丘』不繫衛，『緣陵』不繫杞，又於以見非二國之故有地也。」《後漢書·馮衍傳》：「『《顯志賦》曰：爵管仲於夷儀」，注：「天下諸侯知桓公不爲己動也，是故天下歸之。唯能用夷吾而伯功立，能輔主成業，故就夷儀而爵賞也。」按：爵猶美，謂美管仲夷儀之功，非實爵也，亦非謂封管仲於夷儀也。

夏，六月，邢遷于陳儀。 **疏**《左》、《穀》作「夷儀」，杜、范並云：「夷儀，邢地。」《元和郡縣志》：「故邢國，今邢州城西南隅小城是也。夷儀故城，今龍岡縣界夷儀故城是也，在縣西一百四十里。」沈氏欽韓《左傳補注》云：「按：邢之遷，以遠狄難。今其所遷，仍在順德府邢臺縣境，未遠于狄，豈便爲安？此夷儀實近齊、衛之郊。《一統志》：『夷儀城在東昌府聊城縣西南十二里。』」《大事表》：「《後漢志》：『聊城有夷儀聚。』在今山東東昌府聊城縣西南十二里。」按：《漢志》河内郡平皋縣，應劭曰：「邢侯自襄國徙此。當齊桓時，衛人伐邢，邢遷于夷儀，其地屬晉，號曰邢丘。以其地在河之皋，處勢平夷，故曰平皋。」瓚注曰：「《春秋》狄人伐邢，邢遷夷儀，不至此。今襄國西有夷儀城，去襄國百餘里。平皋是邢丘，非邢國也。」馬氏宗璉《左傳補注》云：「按：《郡國志》『河内平皋縣有邢丘，❶故邢國，周公子所封。』是平皋之邢丘本邢國也，此非齊桓所遷之邢。《郡國志》東郡聊城有夷儀聚，計邢國所都亦只在聊城百里之内。臣瓚謂『在襄國西』是也。若平皋邢丘乃衛所滅，復入于晉。師古曰：『晉侯逆女于邢丘』即此。薛瓚駁應説甚精。酈元不知《春秋》有兩邢國，其《河水注》亦混兩國而統釋之，其失始于應劭矣。《史記正義》：『邢丘在懷州武德縣東南二十里。』」與此邢無涉。《差繆略》以《左》、《穀》與《公羊》同。

遷者何？其意也。 **注**其意自欲遷，時邢

❶「内」，原作「南」，據國圖藏清抄本《公羊義疏》、馬宗璉《左傳補注》改。又「臯」，《後漢書》作「睪」。

創畏狄兵，更欲依險阻。疏《通義》云：「諸言『遷于某』者是也。趙汸曰：『凡自遷其國以避夷狄，月，叛中國而請遷于夷狄則不月。』」《穀梁傳》曰：「遷者，猶得其國家以往者也。其地，邢復見也。」傳書「遷」，皆出自遷者之願者也。遷之者何？非其意也。注謂宋人遷宿也。書者，譏之也。王者封諸侯，必居土中，所以教化者平，貢賦者均，在德不在險，其後爲衛所滅是也。遷例大國月，重煩勞也。小國時。此小國月者，霸者所助城，故與大國同。

疏注「謂宋人遷宿也」。○《莊十年》「三月，宋人遷宿」是也。《通義》云：「若宋人遷宿、遷陽是也。於此發傳者，實齊遷邢于陳儀，故解不言齊人遷邢之意也。」起此遷，實邢畏狄，自欲遷依險阻，非齊强遷之也。○注「書者」至「在險」。○《白虎通·京師》云：「王者京師必擇土中何？所以均教道，平往來，使善易以聞，爲惡易以聞，明當懼慎，損于善惡。」《漢書·婁敬傳》：「敬曰：成王營成周，都洛，以爲此天下中，諸侯四方納貢職，道里鈞矣。有德則易以王，無德則易以亡。凡居此者，欲令務以德致人，不欲阻險，令後世驕奢以虐民也。」《説苑·貴德》云：「魏武侯浮西河而下，顧謂吴起曰：『美哉乎河山之固也，此魏國之寶也！』起曰：『在德不在險。昔三苗氏左洞庭，右彭蠡，德義不修而禹滅之。夏桀左河、濟，右大華，伊闕在其南，羊腸在其北，修政不仁，湯伐之。殷紂左孟門而右大行，常山在其北，大河經其南，修政不德而武王伐之。由此觀之，在德不在險。若君不修德，船中之人皆敵國也。』」按：左右多互譌。此所謂在德不在險也，明諸侯亦宜擇其一國之中矣。賈誼曰：「古者天子之地方千里，中之而爲都，輸將繇使，遠者不過五百里而至。諸侯之地方百里，中之而爲都，輸將繇使，遠者不過五十里而至。輸者不苦其繇，繇者不傷其費。故遠人安。」所謂貢賦均也。○注「其後」至「是也」。○下《二十五年》「春王正月丙午，衛侯燬滅邢」是也。蓋邢恃險，故爲衛滅。《國語·鄭語》云「鄶仲恃險」，亦恃險故爲鄭滅與？○注「遷例」至「勞也」。○下《三十一年》「十有二月，衛遷于帝丘」之屬是也。○注「小國時」。○《昭九年》「春，許遷于夷」之屬是也。○注「此小」至「國同」。○邢小國書月，與大國同者，爲霸主率諸侯助城，亦爲重煩勞也。

齊師、宋師、曹師城邢。

此一事也，曷爲復言齊師、宋師、曹師？注据首戴前目而後凡。疏❶注「据首」至「後凡」。❷○下《五年》「公及齊侯、宋公、陳侯、衛侯、鄭伯、許男、曹伯會王世子于首戴」，下云「諸侯盟于首戴」，是前目後凡也。此若先目後凡，宜諸侯城邢矣。

不復言師，則無以知其爲一事也。注言諸師，則嫌與首戴同，嫌實師；言諸侯，則嫌與緣陵同，嫌歸聞其遷。更與諸侯來城之，未必反故人也。故順上文，則知桓公宿留城之爲一事也。疏明即上「救邢之師」，即「齊侯、宋公」等也。《通義》云：「城例時，此及楚丘月者，重録之，起實諸侯也。緣陵舉諸侯明，故不復月。」則此宜蒙上月。○注「言諸」至「實師」。❸○舊疏云：「首戴之會，歷序齊侯、宋公之屬，下文總道諸侯，❹便是實諸侯。今此亦上歷序齊師之屬，若下文直總言諸師，則與首戴同，嫌是實師，非必齊侯、宋公等，是以得序之，以順上文也。」○注「言諸」至「人也」。○十行本「人」作「入」。❺《校勘記》云：「閩、監、毛本同，❻誤也。鄂本元年『入』作『人』，此舊疏中同，當据正。按：故人者，仍是齊、宋、曹也。反故人，言仍是救邢之三國。」舊疏云：「下《十三年》『公會齊侯、宋公、陳侯、衛侯、鄭伯、許男、曹伯會于鹹』，《十四年》『諸侯城緣陵』是。時會諸侯，各自還國，至十四年更來城之，故此注云『言諸侯，則嫌與緣陵同；嫌歸聞其遷，更與諸侯來城之』也。」杜云「一事而再列三國，於文不可言諸侯師故」是也。反故人，猶言故人反也。○注「故順」至「事也」。○《穀梁傳》曰：「是向之師也，使之如改事

❶「疏」，原脱，據本書注疏體例補。

❷「至」，原作「並」，據國圖藏清抄本《公羊義疏》及本書體例改。

❸「諸」，原作「語」，據上注文改。

❹「道」，原作「進」；「諸」，原作「衛」；據國圖藏清抄本《公羊義疏》、《春秋公羊傳注疏》改。

❺「本」，原作「文」，據國圖藏清抄本《公羊義疏》改。

❻「本」，原作「文」，據國圖藏清抄本《公羊義疏》、《十三經注疏校勘記》改。

然，美齊侯之功也。」彼以上救邢書次以彰惰，爲貶爵而稱師，此復稱師美齊侯，故使如改事也。與此順上文爲一事異也。舊疏云：「十四年《穀梁傳》：『其曰諸侯，散辭也。』范云：『非伯者所制。』傳又云『桓德衰矣』，何休曰：『先是盟亦言諸侯，非散也。』又《穀梁》『美九年諸侯盟于葵丘，即散，何以美之』？於義，《穀梁》爲短。則何氏彼處廢《穀梁》不聽爲散辭，而此所引似作散辭者，何意直以言諸侯，見桓德衰，待諸侯然後城，故嫌《穀梁》以爲散辭。今此注正道緣陵之諸侯，鹹會，各自歸國。復來城之，仍自不道十四年諸侯爲散辭矣。」舊疏又云：「宿，音須就反。留，音盧冑反。」《公羊問答》云：「問：陳氏浩曰：『宿留』二字，他書未見，想亦漢時方言也。信乎？曰：《史記・武帝紀》『宿留海上』，❶《漢書・五行志》『其宿留告曉人，備其深切』，《郊祀志》『東海宿留之數日』，《列子・黄帝》『怪而留之視』，《釋文》『留之視，宿留而視之也』，❷何以言他書未之見也？」《校勘記》云：「盧文弨曰：《史記索隱》音秀溜，讀本字者。」《通義》云：「按：《漢書・五行志》、《李尋傳》、《後漢書・來歷傳》及《孟子章句》『見行可之仕』下並有『宿留』之語。❸宿留，猶需留也。《易・需卦》鄭氏注亦讀爲『秀』。」按：《孟子・公孫丑》云「故不受也」，注：「故且宿留。」《音義》云：「宿留，上音秀，下音霤。」孔氏廣森《經學卮言》云：「《易・需・彖傳》鄭君注云：『需，讀爲秀。』古語遲延有所俟曰宿留。《封禪書》『宿留海上』，《漢・五行志》『其宿留告曉人』，《李尋傳》『宿留瞽言』，《來歷傳》『此誠聖恩所宜宿留』，何氏《春秋解詁》『宿留城之』，趙氏《孟子・萬章章句》『宿留以答之』，並上音秀，下音溜。《東觀漢記》和帝詔『且復宿留』，《後漢書》作『須留』。需，與『須』通，故讀爲秀也。漢世訓詁，皆音義相將，即六書轉注之學。」按：《風俗通・過譽》篇云「何敢宿留」，《後漢書・韋彪傳》：「劉愷曰：卿以輕好去就，爵位不躋。今歲垂盡，當選御史。意在相薦，子其宿留乎？」是「宿留」爲漢世常語。桓公自春救邢，至是城而遷之，宿留於邢，事畢始反也。

秋，七月戊辰，夫人姜氏薨于夷，齊人以歸。

❶「海」，原作「河」，據《春秋公羊問答》及《史記》改。

❷此句《釋文》作「留之，司馬云：『宿留伺其便也。』」

❸上「之」字原脱，據《春秋公羊經傳通義》及《孟子》補。

疏 包氏慎言云：「經七月有戊辰，曆爲八月之二十七日。」石經《左傳》作「齊人以尸歸」，《校勘記》云：「似後人依閔二年傳增入，不足爲据。」

夷者何？齊地也。疏 閔二年《左傳》：「共仲通于哀姜，欲立之。閔公之死也，哀姜與知之，故孫于邾。齊人取而殺之于夷，以其尸歸。」杜云：「夷，魯地。」按：彼傳明云「齊人取而殺之于夷」，明爲齊地也。齊地，則其言齊人以歸何？注 据從國中歸不當書，邾婁人執鄫子，不書以歸是也。疏 注「据從」至「是也」。○即下《十九年》「宋人、曹人、邾婁人盟于曹南。鄫子會盟于邾婁。己酉，邾婁人執鄫子用之」，是不言以歸也。《通義》云：「問夫人得在齊地，則固歸齊矣。何既薨乃言齊人以歸？」案：經文似若齊人以歸爲歸之齊，故執以問。

夫人薨于夷，則齊人以歸。注 夫人所以薨于夷者，齊人以歸至夷。疏 以哀姜本孫邾婁，不得至夷，爲齊人取歸，故得薨于夷也。夫人薨于夷，則齊人曷爲以歸？注 据上説夫人薨于夷者，齊人以歸至夷也。齊人曷爲故以歸至于夷。疏 傳意以經既書薨，與凡同文，則曷爲爲齊所歸？故難之。桓公召而縊殺之。注 先言薨，後言以歸，而不言喪者，起桓公召夫人于邾婁，歸殺之于夷，因爲内諱恥，使若夫人自薨于夷，然後齊人以歸者也。主書者，從内不絶録，因見桓公行霸王，誅不阿親親，疾夫人淫泆二叔，殺二嗣子，而殺之。疏《魯世家》云：「齊桓公聞哀姜與慶父亂以危魯，乃召之邾而殺之，以其屍歸，戮之魯。」謂爲魯戮，非戮之魯地也。縊，《唐石經》、諸本同。《釋文》：「縊，一本作搤。」○注「先言」至「者也」。○《穀梁傳》：「不言以喪歸，非以喪歸也。加喪焉，諱以夫人歸也。」注：「泰曰：齊人實以夫人歸，殺之于夷。諱，故使若自行至夷，遇疾而薨，然後齊人以喪歸也。歸在薨前，而今在下，是加喪之文也。經不言以喪歸者，以本非以喪歸也。」杜云：「不言齊人殺，諱之。」○注「主書」至「絶録」。○《閔二年》「九月，夫人姜氏孫于邾婁」，注云「不如文姜于出奔貶之者，爲内臣子明其義，不得以子絶母」者是。○注「因見」至「殺之」。○《校勘記》云：「鄂本同。閩、監、毛本『王』誤『正』。」《漢書·孝成趙皇后傳》：「魯嚴公夫人殺世子，齊桓公召而誅焉，《春秋》與之。」又《鄒陽傳》：「陽言：魯哀姜薨于夷，孔子曰『齊桓公法而不譎』，以爲過也。」師古曰：「法而不譎，言守法而行，不能用權以免其親也。」或《論語》家説。

楚人伐鄭。注楚稱人者，爲僖公諱與夷狄交婚，故進使若中國，又明嫁娶當慕賢者。疏注「楚稱」至「交婚」。○《莊二十八年》書「荆伐鄭」，此稱「楚人」，故解之也。諱與夷狄交婚者，下《八年》「禘于大廟，用致夫人」，傳：「夫人何以不稱姜氏？譏以妾爲妻也。其言以妾爲妻奈何？蓋脅于齊媵女之先至者也。」注：「僖公本聘楚女爲適，齊女爲媵。齊先致其女，脅僖公使用爲適，故從父母辭言致。」是也。按：宣公母頃熊，其楚女與？舊疏云：「不書夫人及楚女至者，起齊先致其女，然後脅魯使立也。楚女未至而豫廢，故皆不得以夫人至書也。」義或然也。○注「故進」至「中國」。○《通義》云：「僖公爲所聞世之始，始内諸夏而外夷狄，治楚以漸，故進而國之。杜預謂『荆自改號曰楚』，❶妄也。据《左傳》，則桓、莊之篇固皆稱楚矣。假令實先號荆，今更號楚，《魯頌》作於僖公之世，何以尚稱荆舒？故知以州舉者，自是略賤之辭。《詩》與《春秋》，其義正同。」按：孔以僖公爲所聞世，與何異。舊疏云：「正以稱人爲楚進稱故也。」○注「又明」至「賢者」。○《新書·胎教雜事》云：「爲子孫婚妻嫁女，必擇孝悌世世有行義者。」即慕賢者之意也。《解詁箋》云：「與楚交婚爲大惡者，言自比於夷狄也。❷進楚所以辟外公也。然据傳文及《穀梁》言之，無取楚之事，則知此爲漸進文。」按：何氏所据或《公羊外傳》諸書，不得以傳文不見，即牽涉《穀梁》以解《公羊》也。

八月，公會齊侯、宋公、鄭伯、曹伯、邾婁人于朾。注月者，危公會霸者而與邾婁有

❶「曰」，原脱，據《春秋公羊經傳通義》補。
❷「夷狄」，原作「楚」，據《春秋公羊經何氏釋例後録·解詁箋》改。

辨也。不從有夫人喪出會惡之者，不如危重也。**疏**《左》、《穀》「杅」作「檉」。按：《穀梁》莊二十七年傳注「僖元年會杅」，當《穀梁》同《公羊》也。古丁、聖聲同部，得相叚借。杜云：「檉，宋地。陳國陳縣西北有檉城。」《大事表》云：「《左傳》作『犖』。今陳州府西北有犖城，即檉也。」《水經注・渠水》篇：「陂水東流謂之谷水，東逕澇城北。❶王隱曰『犖北有谷水』是也。犖，即檉矣。經書『公會齊、宋于檉』，杜預曰：『檉，即犖也。』在陳縣西北。」《紀要》云：「犖城在陳州西北。」○注「月者」至「辨也」。○舊疏云：「正以月非大信辭故也。❷知與邾婁有辨者，即下文『公敗邾婁師于纓』是也。既出尊者之側而有私争，❸故危之。」○注「不從」至「重也」。○下《九年》注：「襄公背殯出會宰周公，有不子之惡。」明重喪出會有惡，此有夫人喪而出會諸侯，宜惡，惟不如危重也。

九月，公敗邾婁師于纓。**注**有夫人喪，不惡親用兵者，時怨邾婁人以夫人與齊，於喪事無薄故也。**疏**《左》、《穀》「纓」作「偃」，纓、偃一聲之轉。按：《昭五年》注：「据秦伯罃、稻名。」疏：「《文公十八年》『秦伯罃卒』，《宣四年》『秦伯稻卒』是也。」文十八年《左傳疏》引賈氏云：「《穀梁傳》曰『秦伯偃』。」❹知古偃、罃得通矣。故《漢書・古今人表》「女罃」，《大戴禮》作「女匽」。錢氏大昕《史記考異》謂「罃、匽皆音之轉」是也。杜云：「邾地在費縣西。」○注「有夫」至「故也」。○下《三十三年》「晉人及姜戎敗秦師于殽」，傳云：「襄公親之，則其稱人何？貶。曷爲貶？君在乎殯而用師，危不得葬也。」是背殯用兵者貶而危之，此亦背殯，無危辭，故難之也。舊疏云：「此經云『公敗邾婁師于纓』，與『公敗齊師于長勺』、『公敗宋師于乘丘』之屬無異者，時於喪事無薄故。然則公敗邾婁，爲哀姜復讎也。」《通義》云：「有夫人喪，公再出不諱者，本不當喪以小君之禮，從下喪至貶見義。」❺按：

❶「北」，原脱，據《水經注》補。
❷「月」，原脱，據《春秋公羊傳注疏》補。
❸「争」，原作「尊」，據國圖藏清抄本《公羊義疏》、《春秋公羊傳注疏》改。
❹「秦」，原作「素」，據國圖藏清抄本《公羊義疏》、《春秋公羊傳注疏》改。
❺「義」，原脱，據《公羊春秋經傳通義》補。

以《莊九年》「不與公復讎」證之，孔義亦通。

冬，十月壬午，公子友帥師，敗莒師于犂。**疏** 包氏慎言云：「冬十月經有壬午，曆爲十一月之十三日。十二月經有丁巳，其月之十八日也。丁巳日不誤，則十月不得有壬午。」《長曆》於閔二年閏六月，此年又閏十一月，故於經所書日皆無抵牾。然當時曆雖疏，不應如此之乖謬也。《左氏》「犂」作「酈」，杜云：「酈，魯地。」《穀梁傳》作「麗」。按：麗，即「酈」之省。《山左金石志》鄭述祖《天柱山銘》「麗其駢辨之地」，麗其即酈食其也。犂、酈音同叚借字。《關中金石記・大秦景教流行中國碑跋》「大秦即犂軒，❶《說文》作「麗軒」是也。

獲莒挐。**疏**《釋文》：「挐，一本作茹。」《左傳校勘記》：「石經、宋本、湻熙本、足利本、岳本『拏』作『挐』是也。」按：今《左傳》毛本、監本作「拏」，當改正。

莒挐者何？莒大夫也。莒無大夫，此何以書？大季子之獲也。何大乎季子之獲？**注** 据獲人當坐。**疏** 注「据獲人當坐」。○《穀梁傳》：「例曰獲者，不與之辭。」季子治內難以正，**注** 謂拒慶父。**疏** 注「謂拒慶父」。○《校勘記》云：「元本、閩、監本同。鄂本『拒』作『距』。毛本誤『据』。」禦外難以正。其禦外難以正奈何？公子慶父弒閔公，走而之莒，莒人逐之，將由乎齊，齊人不納。却，反舍于汶水之上，**疏**《校勘記》云：「《唐石經》、諸本同。解云：舊本皆作『洛』者，❷誤也。今齊、魯之間有汶無洛。」使公子奚斯入請。**疏**《魯世家》：「魯人欲誅慶父，慶父恐，奔莒。季友以賂如莒求慶父，慶父歸，使人殺慶父，慶父請奔，弗聽，乃使大夫奚斯行。」《左傳》閔二年云：「共仲奔莒，以賂求共仲于莒，莒人歸之。及密，使公子魚請。」注：「密，魯地。琅邪費縣北有密如亭。公子魚，奚斯也。」奚斯，亦見《詩・魯頌・閟宮》，云：「新廟奕奕，奚斯所作。」《文選・兩都賦序》

---

❶「即」，原作「郎」，據《金石萃編・景教流行中國碑跋》改。

❷「本」，原作「有」，據國圖藏清抄本《公羊義疏》、《十三經注疏校勘記》改。

「奚斯頌魯」，注引《韓詩傳》：「奚斯，魯公子也。」如《左傳》文，蓋名魚字奚斯與？《法言》云：「公子奚斯常晞正考父矣。」阮氏元《揅經室集》：「有以『鮮』魚名爲本誼，而藉聲近之『斯』爲用者。《詩》『奚斯所作』，《左傳》奚斯爲公子魚字。《孟子》『庾公之斯』，《左傳》作『庾公差』，字子魚。差，乃『斯』聲近之誤。斯，乃『鮮』叚借字也。」季子曰：「公子不可以入，入則殺矣。」注義不可見賊而不殺。疏公子，亦如莊三十二年呼叔牙爲公子同，蓋亦外之之詞。按：《左傳》、《史記》皆言以賂求共仲於莒，如此傳，則非以賂求矣。奚斯不忍反命于慶父，自南涘，注涘，水涯。疏注「涘水涯」。○《詩·秦風·蒹葭》云「宛在水中涘」，傳：「涘，水厓。」又《王風·葛藟》「在河之涘」，涘，厓也，謂汶之南涘也。北面而哭。注時慶父在汶水之北。疏注「時慶」至「之北」。○各本「在」誤「自」，依鄂本正，見《校勘記》。《魯世家》云：「哭而往。」《左傳》又云「不許，哭而往」是也。慶父聞之曰：「嘻！注嘻，發痛語首之聲。疏注「發痛」至「之聲」。○舊疏云：「謂發心自痛傷，而以嘻爲語之首也。」《大戴禮·少間》云：「公曰：嘻。」注：「嘻，歎息之聲。」《禮記·檀弓》云：「夫子曰：嘻。」注：「嘻，悲恨之聲。」《列子·天瑞》：「國氏曰：嘻。」注：「嘻，哀痛之聲。」《史記·魯仲連傳》：❶「噫嘻，亦太甚矣。」《索隱》：「嘻者，驚恨之歎也。」此云「發聲」，較各説尤切。《張儀傳》：「儀被笞，其妻曰：『嘻！子毋讀書遊説，安有此辱乎？』」亦同此。此奚斯之聲也。諾已。」注諾已，皆自畢語。疏注「諾已」至「畢語」。○舊疏云：「畢，作『卑』字，誤。」《通義》云：「諾，應聲答奚斯，知其意。已曰，猶言既而曰。」以「已」字屬下讀。按：疏又云：「猶似今人云『休』，一生罷去已，❷自畢竟之辭，故云自畢語矣。」孫氏志祖《讀書脞録》云：「《淮南·説林訓》：『諾之與已，相去千里』，諾已，謂奚斯所許已止不成，故重言曰

❶ 「魯」，原作「名」，據國圖藏清抄本《公羊義疏》、《史記》改。

❷ 「已」，原作「日」，據《春秋公羊傳注疏》改。

『吾不得入矣』。」曰：「吾不得入矣。」於是抗輈經而死。**注**輈，小車轅。冀州以北名之云爾。**疏**閔二年《左傳》：「共仲曰：『奚斯之聲也。』乃縊。」❶《魯世家》云：❷「慶父聞奚斯音，乃自殺。」《通義》云：「抗，舉也。軒其車，使輈去地，高可得經也。」《繁露·精華》云：「是故逢丑父當斮，而轅濤塗不宜執，魯季子追慶父，而吴季子釋闔廬，此四者罪同異論，其本殊也。俱欺三軍，或死或不死；俱弒君，或誅或不誅。聽訟折獄，可無審耶？」○注「輈小」至「云爾」。○十行本「北」作「此」。《校勘記》云：「閩、監、毛本同，誤也。蜀大字本『此』作『北』，當据正。《漢制考》同。」按：《説文·車部》：「輈，轅也。」《攷工記》「輈人爲輈」，注：「輈，車轅也。」《方言》九：「轅，楚、衛之間謂之輈。」《楚辭·少司命》「駕龍輈兮乘雷」，❸注：「輈，車轅也。」《禮·既夕》云：「薦車，直東榮，北輈」，❹注：「輈，轅也。」《輈人》又云「十分其輈之長」，注云：「輈，當伏兔者也。」《小爾雅·廣言》以輈爲輿者，輈以載輿，因謂輿爲輈也，故也。莒人聞之曰：「吾已得子之賊矣。」以求賂乎魯，**注**魯時雖緩追，猶外購求之。**疏**《左傳》亦云「莒人來求賂」，注：「求還慶父之賂。」○注「魯時」至「求之」。○閔二年《左傳》云「以賂求共仲于莒」是也。《通義》云：「魯本賂莒使歸慶父，莒但逐之而已，聞其自死，乃復責賂。」魯人不與，爲是興師而伐魯。**注**故與季子獲之。**疏**注「故與」至「獲之」。○正以不坐季子以獲，故書莒大夫，大其獲也。季子待之以偏戰。**注**傳云爾者，善季子忿不加暴，得君子之道。**疏**注「傳云」至「之道」。○舊疏云：「此待之以偏戰者，即經書敗文是也。敗者，內戰文耳。莒人可忿，而能結日偏戰。偏戰，是

❶「乃」，原作「入」，據國圖藏清抄本《公羊義疏》、《春秋左傳注疏》改。

❷「世」，原作「也」，據國圖藏清抄本《公羊義疏》、《史記》改。

❸「少司命」，原作「東君」；「兮」原作「分」；引文見《少司命》，據《楚辭章句》改。

❹「車」，原作「平」；「輈」，原作「轅」；據國圖藏清抄本《公羊義疏》、《儀禮注疏》改。

其不加暴之義，故得君子之道。」《繁露・竹林》云「難者曰：《春秋》之書戰伐也，有惡有善也。惡詐擊而善偏戰」是也。《通義》云：「云爾者，釋壬午日也。」謂其結日，故爲善辭也。《穀梁傳》義異，彼傳曰「内不言獲，此其言獲何也？惡公子之紿」，注：「紿，欺紿也。」又曰：「紿者奈何？公子友謂莒挐曰：『吾二人不相説，士卒何罪？』屏左右而相搏，公子友處下。左右曰：『孟勞！』孟勞者，魯之寶刀也。公子友以殺之。然則何以惡乎紿也？曰棄師之道也。」是以書「獲」爲譏文。彼注引江熙曰：「經書『敗莒師』，而傳云『二人相搏』，則師不戰何以得敗？理自不通也。夫『王赫斯怒』，貴在爰整。子所慎三，戰居其一。季友令德之人，豈當舍三軍之整，佻身獨鬭，潛刃相害，以決勝負者哉？雖千載之事難明，然風味之所期，古猶今也。此又事之不然，傳或失之。」是《穀梁》先師亦不以彼傳爲然。」

十有二月丁巳，夫人氏之喪至自齊。**疏**閔二年《左傳》云：「僖公請而葬之。」《世家》云「魯釐公請而葬之」是也。

夫人何以不稱姜氏？**注**据薨于夷稱姜氏。經有氏，不但問不稱姜，并言氏者，嫌据夫人婦姜，欲使去氏。**疏**注「据薨」至「姜氏」。○見上。○注「經有」至「去氏」。○《宣元年》「遂以夫人婦姜至自齊」，傳：「夫人何以不稱姜氏？貶。」是經有去氏見貶例，故别之也。明据上薨稱姜氏以難也。貶。曷爲貶？**注**据薨于夷不貶。**疏**注「据薨」至「不貶」。○爲其稱姜氏無貶文也。與弒公也。**注**與慶父共弒閔公。**疏**《唐石經》、諸本同，《釋文》作「與弒」，「申志反」。○注「與慶」至「閔公」。○閔二年《左傳》云：「閔公之死也，哀姜與知之。」《穀梁傳》：「其不言姜，以其殺二公子貶之也。」按：慶父弒二君，止稱閔公者，科舉其一，又以順傳「弒公」文，爲子般尚未稱公故也。然則曷爲不於弒焉貶？**注**据酖牙於卒時貶。**疏**毛本「於」誤「與」。《通義》云：「難孫于邾婁，稱姜氏意。」○注「据酖」至「時貶」。○《莊三十二年》「公子牙卒」，傳：「何以不稱弟？殺也。」是即於其殺時絶去弟見貶矣。貶必於其重者，莫重乎其以喪至也。**注**刑人于市，與衆棄之，故必於臣子集迎之時貶之。所以明誅得其罪，因正王法所加，臣子不得以夫人禮治其喪也。貶置氏者，殺子差輕於殺夫，别逆順也。致者，從書薨，以常文録之。言自齊者，順上以歸文。

疏十行本脱「其」字。《校勘記》云：「閩、監、毛本同。《唐石經》、鄂本『於』下有『其』字，此脱。按：閔二年疏引此傳云『貶必於其重者』，亦有『其』字。」《春秋正辭》云：「若仲遂卒于垂，卒而削公子。叔孫得臣卒，卒而去其日，皆終事也。無駭終其身不氏，翬終隱之篇不稱公子，以其見於經罕矣。意如執而致，致而後去族。其重者不可得貶絶，則因事以見之。」○注「刑人」至「棄之」。○《禮記·王制》文。○注「故必」至「貶之」。○《莊二十四年》注：「禮，夫人至，大夫皆郊迎。」此夫人喪至亦宜然，何氏以理決之也。○注「所以」至「喪也」。○《經韵樓集》云：「《春秋》之母弑者有二：曰宋王姬，曰魯哀姜。王姬者，主弑者也，故直書其罪。哀姜者，與於弑者也，内大惡諱，故書曰『夫人氏之喪至自齊』，去其姜。凡爲母后者，可以鑒矣。故曰『《春秋》成而亂臣賊子懼』。」包氏慎言云：「哀姜爲齊桓所殺，齊不以爲女也，故不稱姜，不以夫人禮治其喪。王法所誅，臣子不得徇私恩也。」按：夫人者弑二君，宜從誅絶科，得罪宗社，王法所正，故臣子當以天子之法治之也。舊疏云：「季子之逸慶父，齊桓之討哀姜，二義相違，而皆善之者，誅不辟親。王者之道，親親相隱，古今通式。然則齊桓之討哀姜，得伯者之義；季子之縱慶父，因獄有所歸，遂申親親之恩。義各有途，不可爲難矣。」○注「貶置」至「順也」。○謂去姜留氏也。《左疏》引賈逵云：「殺子輕，故但貶姜。」此決《莊元年》「夫人孫于齊」，并姜氏絶去。彼文姜殺夫，視殺子罪尤重也。舊疏云：「言别逆順者，言殺夫之逆，甚於殺子，二事相對而言之，不謂哀姜殺子爲順也。是以晉侯、宋公殺世子，皆直稱君而甚之也。」《通義》云：「貶去姓者，使絶屬于齊，明桓公之誅，不爲滅親。」與《穀梁》爲齊桓諱殺同姓義近。○注「致者」至「録之」。○上文書「薨」不書「殺」，爲常文，故此書「至自齊」，爲順上常文書致，與《定元年》書「公之喪至自乾侯」之文同也。○注「言自」至「歸文」。○上書「齊人以歸」，故此順而書「至自齊」，不言「至自夷」也。

公羊義疏二十九

句容陳立卓人著

僖二年盡三年。

二年，春，王正月，城楚丘。**疏**杜云：「楚丘，衛地邑。」《漢書・地理志》山陽郡成武下「有楚丘亭。齊桓公所城，遷衛文公於此」。《毛詩・鄘風序》云：「《定之方中》，美衛文公也。衛爲狄所滅，東徙渡河，野處漕邑。齊桓公攘戎狄而封之。文公徙居楚丘。」疏引《鄭志》：「張逸問：楚宮今何地？答曰：楚丘在濟河間，疑在今東郡界中。」《正義》引：「杜預云：『楚丘，在濟陰成武縣西南，屬濟陰郡。』猶在濟北，故云『濟河間』也。但漢之郡境已不同，鄭疑在東郡，杜云濟陰也。」《大事表》云：「今爲河南衛輝府之滑縣。」胡氏渭《禹貢錐指》亦以爲在滑縣東北。又云：「衛地爲丘頗多，其見於經傳者，曰楚丘、帝丘、旄丘、鐵丘、瑕丘、清丘、廩丘、敦丘，皆在濮水之濱，桑土之野，故經繫降丘宅土於桑田既蠶之下。《說文》：『丘，土之高者。』《廣雅》：『小陵曰丘。』究地最卑，丘非山比，❶當氾濫之時而其上猶可以居人。」《大事表》又云：「《春秋》有兩楚丘。隱七年『楚丘』，在山東曹縣東南四十里，本戎州己氏之地，凡伯過其地因劫略之，杜注所謂濟陰成武縣西南者是也，地界曹、宋間，襄十年『宋享晉侯于楚丘』即此。其一爲僖四年『衛遷于楚丘』，在滑縣東六十里，於漢爲白馬縣，杜注《春秋》無明文，而《毛詩》傳、箋、疏及《水經注》言之甚晰。毛《定之方中》傳云：『虛，漕虛也。楚丘有堂邑。』鄭箋：『自河以東，夾於濟水，文公登漕之虛以望楚丘。』孔疏則云：『楚丘西有河，東有濟。』《水經注》：『白馬，濟有白馬城，衛文公東徙渡河，都之。』其不得混於成武彰彰矣。隋開皇十六年同時置兩楚丘：一則漢己氏縣，以戎伐凡伯之楚丘而名，爲南楚丘；一在漢白馬縣，即桓公封衛者，爲北楚丘。後以曹縣有楚丘，因改名衛南縣。《通典》：『白馬，《春秋》衛

❶「比」，原作「者」，據《禹貢錐指》改。

國漕邑。❶衛南，衛國楚丘也。』《元和郡縣志》、《舊唐書》所載並同。朱子《詩集傳》亦云『漕、楚丘皆在滑州』，乃班固《地理志》於成武下則云『齊桓公所城，遷衛文公於此』，既混滑縣之楚丘於成武，而文定説《春秋》于凡伯傳又云『罪衛不救王臣之難』，又混成武之楚丘於滑縣，蓋兩失之。至熊過謂楚丘爲魯地，言城楚丘猶夫城向、城郎，因力辨桓公無封衛之事，引僞子貢《詩傳》謂楚丘爲魯風，不惟與《公羊》之本文相悖，并舉《詩》所稱楚宫、楚室一概抹殺之，豈非荒經蔑古之甚乎？高江村辨楚丘甚明，獨以宋亨晉侯于楚丘謂即衛地，則不然。宋都在歸德府睢州，與滑縣之楚丘中間尚隔一開封府，相去五六百里，雖宋之邊，不宜至是。又云『衛北遷帝丘，隔遠南鄙，由是地緼于宋』，亦無明文，不如景范所説戎州己氏，地界曹、宋間，宋之楚丘與戎伐凡伯之楚丘爲一，差爲近是也。」按：閔二年，衛爲狄所滅，遺民渡河，立戴公以廬于漕。至僖二年，齊桓公封衛于楚丘，爲北楚丘。顧氏分别甚詳，而《水經注·濟水》篇又云：「菏水分濟於定陶東北，❷北逕己氏縣，又北逕景山，又北逕楚丘城西。《郡國志》曰：『成武縣有楚丘亭。』杜預云：『楚丘在成武縣西南。』衛懿公爲狄所滅，衛文公東徙渡河，野處漕邑，❸齊桓公城楚丘以遷之，故《春秋》稱邢遷如歸，衛國忘亡。即《詩》所謂升彼虚矣，以望楚矣。望楚與堂，景山與京，故鄭玄言觀其旁邑及山川也。」似亦誤以成武之楚丘當之矣。

孰城？**注** 据内城不月，故問之。**疏** 下《十四年傳》「孰城之」，疏引此傳有「之」字，宜据補。《校勘記》云：「《唐石經》以下本皆脱。」○注「据内」至「問之」。○《隱七年》「夏，城中丘」、《襄十九年》「冬，城西郛」，是皆内城不月也。舊疏云：「其内城有在日月下者，皆不蒙日月。」

城衛也。曷爲不言城衛？**注** 据無遷文以言城，固當言城衛。**疏**《校勘記》云：「解云舊本『曷爲』之下有『不言』二字，今無者，脱也。按：《唐石經》『曷爲』下原刻作『城』，後磨改爲『不』，則本作『曷爲城衛』，『不言』二字係磨改補入。故此行及次行皆十一字，其蹟可覆也。疏本亦無『不

❶「漕」，四庫本《通典》作「曹」。

❷「北」，原脱，據四庫本《水經注》補。

❸「漕」，四庫本《水經注》作「曹」。

言』二字。《十四年傳》云『曷爲城杞』，亦無『不言』。」按：以傳文考之，亦當無「不言」二字。傳云「滅也」，正答所以城衛之故。○注「据無」至「城衛」。○舊疏云：「言以前之經，未有『遷衛于楚丘』之文，今此『城之』，固當言『城衛』，不應言『城楚丘』，故難之。『固』字亦有作『故』字者，言由是之故，當言城衛。」《校勘記》云：「疏本『故』作『固』，解云『固難之。固，亦有作「故」字者』，諸本作『故難之』，『固』誤也。按何氏當本用『固』字，《七年》注云『固因其得禮，著其能以爵通』，此注今本作『故』，非。」按：各本皆誤作「故」。又如注文，似有「不言」二字，意謂無遷文言城，固宜言城衛也。

滅也。 **疏**《通義》云：「故不言城衛，起非故衛，新衛又未遷也。陳儀遷而後城，楚丘城而後遷，文是以異也。於緣陵亦然。」按：注意不言城衛，因衛已滅也。

孰滅之？蓋狄滅之。 **注**以上有狄入衛。 **疏**注「以上」至「入衛」。○即《閔二年》「冬，狄入衛」是也。因經止書狄伐邢、狄入衛，故此及上《元年傳》皆言「蓋」。

曷爲不言狄滅之？爲桓公諱也。曷爲爲桓公諱？上無天子，下無方伯，天下諸侯有相滅亡者，桓公不能救，則桓公恥之也。 **疏**《詩》疏引《樂稽耀嘉》云：「狄人與衛戰，桓公不救。於其敗也，然後救之。」宋均注云：「救，謂使公子無虧戍之。」蓋當時狄勢正强，桓公力未能敵，故遷之楚丘，明畏避狄也。是桓公不能救事也。

然則孰城之？ **注**据不出主名，見桓公德優不待之，又不獨書齊，實諸侯也。

桓公城之。曷爲不言桓公城之？不與諸侯專封也。 **疏**《穀梁傳》曰：「則其不言城衛何也？衛未遷也。其不言衛之遷焉何也？不與齊侯專封也。其言城之者，專辭也。故非天子不得專封諸侯，諸侯不得專封諸侯，❶雖通其仁，以義而不與也。故曰仁不勝道。」按：彼下「不得」蓋涉上「不得」誤衍。《唐石經》已然也。王氏引之《經義述聞》說。

曷爲不與？實與而文不與。文曷爲不與？諸侯之義，

❶ 下「諸侯」，原脱，據國圖藏清抄本《公羊義疏》及《春秋穀梁傳注疏》補。

不得專封。諸侯之義不得專封，則其曰實與之何？上無天子，下無方伯，天下諸侯有相滅亡者，力能救之，則救之可也。**注** 復發傳者，君子樂道人之善也。不繫衛者，明去衛而國楚丘，起其遷也。不書遷與救次者，深爲桓公諱。使若始時尚倉卒有所救，其後晏然無干戈之患，所以重其任而厚責之。主書者，起文從實也。**疏** 注「復發」至「善也」。○正以上《元年》「救邢」下已發傳，此又發傳，故解之也。皆樂道人善之義，與《莊十二年》復發「及者何？累也」傳義同。《通義》云：「三城各異書者，城邢承上救邢之師，城緣陵承上會鹹諸侯，此文無所承，方辟專封，故不目言其人矣。蕭楚曰：『齊桓存三亡國，封衛之功尤爲彰著。衛人欲厚報之，至形於篇詠。當時歸其仁而遠人自是嚮慕，江人、黄人來會于貫澤是也。觀《木瓜》之什列于《國風》，則是聖人亦以爲善矣。於《春秋》獨没其事實，何也？夫存亡繼絶，建邦開國，所謂作天下之福，王人秉此，以懷人心而永天命，不可失者也。君子不書於經，俾讀《春秋》者如無其事焉，所以示王道之存也。若直曰狄人滅衛，齊侯封衛于楚丘，則爲無王矣。』『夫王天下者大柄有二：曰威，曰福。二柄舉則天下治矣。一有失焉，不以淪亡則以敗亂。下或擅之，小則以伯，大則以王。然威之爲用，足以制人而已，王政之末也。福者，積微以爲用，以晦而彰，以柔而强；及其至也，威不足以言之，是王道之本也。何謂福？恩惠是也。何謂威？甲兵是也。先王經世，有賜諸侯弓矢，得專征伐之威，未嘗與臣下得私恩惠之福，故禮家施不及國者，不與大夫得作福於國也。《詩》戒諸侯專封者，不與有國者得作福於天下也。《春秋》間有執人之君，已而釋之者；滅人之國，已而復之者。力能執人之君、滅人之國，威亦大矣。釋而不殺，若復畀其人民、社稷，惠亦厚矣。有威可畏，有惠可懷，此文王所以造周也。若夫姦雄乘之，必至呑弱兼小，雖無商紂，猶將睥睨神器。故《春秋》書執人之君、滅人之國者，著其無王罪之也。』『至恩惠之事，諸侯擅之，雖未足以傾周，皆削而不書，冀後之君子觀其所書而知天下之所以亂，索其所不書而知王之所以存。《莊子》曰：「《春秋》經世先王之志，聖人議而不辨。」此之謂也。』」按：孔氏此論，正得《春秋》文不與之義。○注「不繫」至「遷也」。○決《襄十年》「冬，戍鄭虎牢」繫鄭也。衛之始封在沬，殷之故都也。《史記注》引宋忠云：「康叔從康徙封衛，衛即殷墟定昌之地。」時由彼遷楚丘，故書楚丘以起其遷也。《新序・義勇》云：「衛懿公有臣曰弘演，遠使未還。狄人攻衛，其民曰：『君之所與祿位者鶴也，所富者宮人也，君使宮人與鶴戰，予焉能戰？』遂潰而去。狄人追及懿公於熒澤，殺之，盡食其肉，獨舍其肝。弘演至，報使於肝畢，呼天而號，盡哀而止。曰：『臣請爲表。』因自刺其腹，納懿公之肝而死。齊桓公聞之曰：『衛之亡也，以無道，今有臣若此，不可不存。』於是救衛於楚丘。」是其事也。○注「不書」至「責之」。○決上《元年》書「齊師、宋師、曹師次于聶北，救邢」，下云「邢遷于陳儀」也。○注「主書」至「實也」。○與上救邢稱師不稱君同。《繁露・滅國下》云：「齊桓爲幽之會，衛不至，桓怒而伐之。狄滅之，桓憂而立之。用心如此，豈不伯哉？故以憂天下與之。」是亦文從實之義也。

夏，五月辛巳，葬我小君哀姜。 疏 包氏慎言云：「五月有辛巳，月之十四日。」按：曆宜置閏，辛巳爲閏四月之十四日。

哀姜者何？莊公之夫人也。 注 **誅當絶，不當以夫人禮書葬。書葬者，正齊桓討賊，辟責内讎齊。** 疏 注「誅當」至「讎齊」。○上《元年》「夫人氏之喪至自齊」，不書姜，是誅文也。則此不合書葬見絶。今此書葬，所以辟責内讎齊也。《隱十一年傳》「君弑賊不討，❶不書葬」，以責臣子，夫人理亦宜然。今若不書葬，嫌爲責魯臣子不討賊矣。所以不責魯臣子者，爲齊桓爲魯討賊得其正故也。

虞師、晉師滅夏陽。 疏 《左氏》「夏陽」作「下陽」，服本作「夏陽」，古「夏」、「下」同部叚借。《隸續・斥彰長田君斷碑》「假印綬守廣平夏曲陽令斥彰長」，洪云：「鉅鹿之四邑：曰任，曰廣平，曰下曲陽，曰斥章。碑以『下』爲『夏』、以『章』爲『彰』是也。」《水經・河水注》：「谿水又東南逕夏陽縣故城南。服虔曰：『夏陽，虢邑也。』在大陽東三十里。」❷《元和郡縣志》下陽城在陝州

❶「賊」，原脱，據《春秋公羊傳注疏》補。

❷「里」下原衍「城南」二字，據四庫本《水經注》删。

平陸縣東北二十里。今屬山西解州。杜云：「下陽，虢邑，在河東大陽縣。」本之服説。《水經・河水注》又云：「《竹書紀年》：『晉獻公會虞師伐虢，滅下陽，虢公醜奔衛，獻公命瑕父吕甥邑于虢都。』《地理志》：北虢也。」按：北虢即西虢也。東虢滅于鄭，在平王時。《左傳》隱元年「制，巖邑也，虢叔死焉」是也。閻氏若璩《釋地》云：「杜注『虞國在河東大陽縣』，余謂山西之平陸縣也。『虢，西虢國，弘農陝縣東南有虢城』，余謂河南之陜州也。名雖二省而界相連。莫妙於裴駰引賈逵注云：❶『虞在晉南，虢在虞南。』一言之下而形勢瞭然。爾時爲晉獻公十九年，正都于絳，絳在太平縣之南，絳州之北，土人至今呼故晉城，遺址宛然。」《大事表》云：「今解州平陸縣東北四十里有古虞城。在大河之北。」今大陽廢縣在解州平陸縣東五十里，又東北三十里爲故下陽城，則下陽爲虢河北地，虢界跨有河南北也。

虞，微國也。曷爲序乎大國之上？**注**据稱師有加文，知不主會。**疏**下《五年》注「虞稱公者，奪正爵」，則公非本爵。圻内國稱子，故知虞微國也。○注「据稱」至「主會」。○《隱五年傳》「將卑師衆稱師」，爲大國例，今虞微國稱師，故爲加文也。又《隱五年》「邾婁人、鄭人伐宋」，注：「邾婁，小國，序上者，主會也。」此既稱師，知與彼殊，不主會矣。既不主會而在大國之上，故据以難。

使虞首惡也。**疏**《後漢書・梁商傳》：「《春秋》之義，功在元帥，罪止首惡，故賞不僭溢，刑不淫濫，五帝、三王所以同致康乂也。」《穀梁傳》：「虞無師，其曰師何也？以其先晉，不可以不言師也。其先晉何也？爲主乎滅夏陽。」《左傳》曰：「先書虞，賄故也。」《漢書・孫寶傳》云：「《春秋》之義，誅首惡而已。」

曷爲使虞首惡？**注**据楚人、巴人滅庸不使巴首惡。**疏**注「据楚」至「首惡」。○《文十六年》「楚人、秦人、巴人滅庸」是也。彼經有「秦人」，注不言之者，秦、楚等巴爲小國，故止舉巴爲難也。

虞受賂，假滅國者道，以取亡焉。**疏**《繁露・王道》云：「虞公貪財，不顧其難，快耳説目，受晉之璧、屈産之乘，假晉師道，還以自滅。宗廟破毁，社稷不祀，身死不葬，貪財之所致也。故《春秋》以

❶「莫妙於」三字原脱，據《四書釋地》補。

此見物不空來，賓不虛出，自內出者，無匹不行，自外至者，無主不止，此其應也。」其受賂奈何？　獻公朝諸大夫而問焉，曰：「寡人夜者寢而不寐，**疏**《說文・宀部》：「寐，臥也。」《繫傳》：「寐之言迷也，不明之意。」《詩・小雅・小宛》云「明發不寐」，又云「夙興夜寐」是也。《繁露・服制象》云：「虞有宮之奇，而獻公爲之不寐。」《漢書・辛慶忌傳》：「何武上封事曰：虞有宮之奇，晉獻不寐。」其意也何？」諸大夫有進對者曰：「寢不安與？　其諸侍御有不在側者與？」獻公不應。**疏**《通義》云：「此與《晉語》郤叔虎對翟柤之氛蓋一事，而傳者異耳。」荀息進曰：「虞、郭見與？」**注**猶曰虞、郭豈見於君之心乎？　荀息素知獻公欲伐此二國，故云爾。**疏**《釋文》：「郭，音虢，又如字。」《左氏》、《孟子》作「虢」，通。《繁露・滅國上》云：「虞、虢并力，晉獻難之。」《新序》九云：「虞、虢，皆小國也。虞有夏陽之阻塞，虞、虢共守之，晉不能禽也。」是晉獻久有滅二國意，荀息探之，故曰虞、虢見於君之心也。　獻公揖而進之，**注**以手通指曰揖。**疏**注「以手」至「曰揖」。○《禮・鄉飲酒禮》「賓揖介」，注：「推手曰揖。」《楚辭・大招》「揖辭讓只」，❶注：「上手爲揖。」《淮南・道應訓》「子佩疏揖，北面立于殿下」，注：「揖，舉手也。」《廣雅・釋詁》：「揖，進也。」即以手通指之義。《說文・手部》：「揖，攘也。」即《周禮・大祝疏》所謂「推手曰揖」也。《說文》又曰：「一曰手著胸曰揖。」即司農注所謂「今時撎」是也。《通義》云：「揖之，延之進也。推手曰揖，引手曰厭，下手曰撎。」遂與之入而謀曰：「吾欲攻郭，則虞救之；攻虞，則郭救之；如之何？　願與子慮之。」荀息對曰：「君若用臣之謀，則今日取郭而明日取虞爾，君何憂焉？」**疏**《經傳釋詞》云：「爾，猶矣也。《詩・噫嘻》『既昭假爾』，箋『噫嘻乎能成周王之功，❷其德已著至矣』，是

❶「揖」上原衍「隱」字，「讓」下原脱「只」字，據《楚辭章句》删補。

❷「王」，《毛詩注疏》作「公」。

『爾』與『矣』同義。❶又《宣十五年傳》『盡此不勝，將去而歸爾』，『爾』亦『矣』義。」獻公曰：「然則奈何？」荀息曰：「請以屈産之乘，**注**屈産，出名馬之地。乘，備駟也。**疏**注「屈産」至「之地」。○舊疏云：「謂屈産爲地名，不似服氏謂産爲産生也。」按：《孟子·萬章上》「與屈産之乘」，趙注：「屈産，地名，馬所生。」與何氏同。閻氏若璩《釋地》云：「《通典》：慈州文城郡，今治吉昌縣，❷春秋時晉之屈邑，獻公子夷吾所居，漢河東北屈縣。《左傳》云晉有『屈産之乘』，此有駿馬，與劉昭注《後漢志》同。余謂今山西吉州是。樂史傳會爲石樓縣，但石樓乃漢西河土軍縣，❸非北屈地。」❹《大事表》云：「今爲山西吉州州治東北二十一里有北屈廢縣，爲晉北屈邑，即夷吾所居之屈也。按：傳二五言於公曰『狄之廣莫，于晉爲都』，則知蒲、屈向日皆狄地也。」❺按：《周禮·大宗伯》「以天産作陰德」，注：「天産者動物，謂六牲之屬。」此服氏所本。然屈産、曲棘並稱，似屈産爲地名爲得其實。○注「乘備駟也」。○《孟子注》又云：「乘，四馬也。」與垂棘之白璧，**注**垂棘，出美玉之地。玉以尚白爲美。**疏**注「垂棘」至「之地」。○《釋文》：「棘，一本作蕀。」《孟子》又云「晉人以垂棘之璧」，注：「垂棘，美玉所出地名。」按：垂棘，又見成五年，杜云：「晉地。」○注「玉以」至「爲美」。○原文闕。往，必可得也。**疏**武氏億《經讀考異》云：「舊讀從『璧』字絶句，考此當以『往』字屬上爲句。『必可得也』，又爲一讀。據傳下文『請終以往』，又『於是終以往』，並從『往』字屬句，知此亦當依『往』字讀爲正。」《新序·善謀》云：「故晉獻公欲伐虞、虢，荀息曰：『胡不以屈産之乘與垂棘之璧假道於虞？』」《韓非子·十過》云：❻「荀息曰：君其以垂棘之璧與屈産之乘賂虞公求假道焉，必假我道。」淩氏廷堪《禮經釋例》云：「《呂氏春

---

❶「爾」原作「也」，「矣」原作「爾」，據《經傳釋詞》改。
❷「治」，原作「理」，爲避唐高宗李治諱而改，今回改本字。
❸「土」，原作「上」，據《四書釋地》改。
❹「地」，原作「縣」，據《四書釋地》改。
❺「日」，原脱，據《春秋大事表》補。
❻「十」，原作「言」，據《韓非子》改。

秋・慎大覽・權勳》篇：『晉獻公乃使荀息以屈産之乘爲庭實，而加以垂棘之璧，以假道于虞而伐虢。』是晉人聘虞，享時束帛，所加之璧爲垂棘之璧，庭實所設之馬爲屈産之乘，言其良也。三傳及《孟子》皆有此文，而何休、范甯、杜預、趙岐不知引享禮以釋之，疏矣。」則寶出之内藏，藏之外府；**注**如虞可得，猶外府藏也。**疏**注「如虞」至「藏也」。○舊疏云：「本『藏』下有『之』字。」《左傳》：「若得道于虞，猶外府也。」馬出之内廄，繫之外廄爾。君何喪焉？」**疏**喪，猶失也。猶言何所失也。《韓非子》云：「君曰：『垂棘之璧，吾先君之寶也。屈産之乘，寡人之駿馬也。若受吾幣，不假之道，將奈何？』荀息曰：『彼不假我道，必不敢受我幣，若受我幣而假我道，則是寶猶取之内府而藏之外府也，馬猶取之内廄而著之外廄也。君勿憂。』」《穀梁傳》：「晉獻公欲伐虢，荀息曰：『君何不以屈産之乘、垂棘之璧而借道於虞也？』公曰：『此晉國之寶也，如受吾幣而不借吾道，如之何？』荀息曰：『此小國之所以事大國也，彼不借吾道必不敢受吾幣，如受吾幣而借吾道，則是我取之中府而藏之外府，取之中廄而繫之外廄也。」《新序》又云：「此晉國之寶也，彼受吾璧，不借吾道，則如之何？荀息曰：此小之所以事大國也。❶彼不借吾道，必不敢受吾幣；受吾幣而借吾道，則是我取之中府，置之外府，取之中廄，置之外廄。」較此傳爲詳。獻公曰：「諾。雖然，宮之奇存焉，如之何？」**疏**《孟子》又云「宮之奇諫」，注：「宮之奇，虞之賢臣。」《左傳》又曰：「公曰：宮之奇存焉。」《繁露・滅國上》云「虞公託其國於宮之奇，晉獻患之」是也。《説苑・尊賢》云：「虞有宮之奇，晉獻公爲之終夜不寐。」《新序》又云：「公曰：宮之奇存焉，必不使受也。」《穀梁傳》：「公曰：「宮之奇存焉，必不使受之也。」」荀息曰：「宮之奇，知則知矣，**注**君欲言其知，實知也。**疏**《新序》又云：「荀息曰：宮之奇知固知矣。雖然，其爲人也，通心而懦，又少長於君。通心則其言之略，懦則不能强諫，少長於君則君輕之。」《穀梁傳》曰：「荀息曰：宮之奇之爲人也，達心而懦，又少長於君。達心則其言略，懦則不能彊

❶「小」下《春秋穀梁傳》有「國」字。

諫，少長於君則君輕之。」《左傳》曰：「宮之奇之爲人也，懦而不能强諫。且少長於君，君輕之，雖諫，將不聽。」○注「君欲」至「知也」。○何意以上「知」就爲獻公語目之也，言君謂其知誠知也。若曰雖知，亦徒知爾。

雖然，虞公貪而好寶，見寶，必不從其言。**疏**《新序》又云：「且夫玩好在耳目之前，而患在一國之後，中知以上，乃能慮之。臣料虞君，中知以下也。」《穀梁傳》：「且夫玩好在耳目之前，而患在一國之後，此中知以上乃能慮之。臣料虞君，中知以下也。」

請終以往。」於是終以往。**疏**下二十四年《左傳》注云：「終，猶已也。」古「以」、「已」通。「終以往」即已以往也。

虞公見寶，許諾。**疏**《韓非子》又云：「虞公貪，利其璧與馬而欲許之。」

宮之奇果諫：「記曰：『脣亡則齒寒。』**注**記，史記也。**疏**下五年《左傳》云：「諺所謂『輔車相依，脣亡齒寒』者，其虞、虢之謂也。」《新序》又云：「公遂借道而伐虢。宮之奇諫曰：『晉之使者，其幣重，其辭卑，必不便於虞。語曰：『脣亡則齒寒矣。』」《戰國策・趙策》曰：「脣揭而齒寒。」高注：「揭，猶反也。」《呂覽・權勳》篇、《淮南・説林訓》皆作「脣竭而齒寒」，高注：「竭，亡也。」按：《國策》之「揭」即「竭」之叚借也。《穀梁傳》：「宮之奇諫曰：『脣亡則齒寒，其斯之謂與？』挈其妻子以奔曹。」○注「記史記也」。○原文闕。

虞、郭之相救，非相爲賜。**注**賜，猶惠也。**疏**《新序》又云：「故虞、虢之相救，非相爲賜也。」下五年《穀梁傳》云：「虞虢之相救，非相爲賜也。」○注「賜猶惠也」。○《説文・貝部》：「賜，予也。」《玉篇》：「賜，施也。」施，予皆有惠義。

則晉今日取郭而明日虞從而亡爾，君請勿許也。」**疏**下五年《左傳》云：「虢，虞之表也。虢亡，虞必從之。」又云：「將虢是滅，何愛於虞？」又《穀梁傳》云：「今日亡虢而明日亡虞矣。」《新序》同。《韓非子》云：「宮之奇諫曰：『不可許。夫虞之有虢也，如車之有輔。輔依車，車亦依輔，虞、虢之勢正若是矣。若假之道，則虢朝亡而虞夕從之矣！不可，願勿許。』」

虞公不從其言，終假之道以取郭。**注**明郭非虞不滅，虞當坐滅人。疏《繁露・王道》云：「晉假道於虞，虞公許之。宫之奇諫曰：『脣亡齒寒，虞、虢之相救，非相賜也。君請勿許。』虞公弗聽，後虞果亡。故《春秋》明此，存亡道可觀也。」《左傳》云：「虞公許之，且請先伐虢。宫之奇諫，不聽，遂起師。夏，晉里克帥師會虞師，伐虢，滅下陽。」《水經・河水》篇：「河水又東，沙澗水注之。」注：「北出虞山，東南逕傅巖，傅巖東北十餘里即巔軨阪也，《春秋左傳》所謂入自巔軨者也。東有虞城，周武王以封太伯後虞仲於此，是爲虞公。《太康地記》所謂北虞也。」❶《一統志》：「吴山在解州安邑縣東南三十二里，跨夏縣、平陸縣界。一名虞山，一名虞阪。晉假道于虞，即此路。」○注「明郭」至「滅人」。○舊疏云：「欲道序虞于晉上，令其首惡之義也。」按：上傳云「使虞首惡也」，故使虞坐滅人。還四年，反取虞。注還復往，故言反。疏《新序》云：「公不聽，遂受其幣而借之道。旋歸四年，反取虞。」《穀梁傳》：「獻公亡虢五年而後舉虞。」並與此同。《左傳》以滅虢在僖五年，彼下傳云「晉侯復假道于虞以伐虢，宫之奇以其族行，曰：『虞不臘矣，在此行也，晉不更舉矣。』」又云：「冬十二月丙子朔，晉滅虢，虢公醜奔京師。師還，館于虞，遂襲虞，滅之。執虞公。」是彼以虞、虢同時滅也。《史記注》引賈逵云：「虞在晉南，虢在虞南，故反取虞也。」○注「還復」至「言反」。○舊疏云：「言晉人滅郭還歸，其四年反往滅虞也。」虞公抱寶牽馬而至，疏《釋文》云：「牽，本又作『掔』。」荀息曰：❷「臣之謀何如？」獻公曰：「子之謀則已行矣，寶則吾寶也，雖然，吾馬之齒亦已長矣。」疏《新序》云：「荀息牽馬抱璧而前曰：『臣之謀何如？』獻公曰：『璧則猶是，而吾馬之齒加長矣。』」《韓非子》云：「荀息牽馬操璧而報獻公，獻公説，曰：『璧則猶是也。雖然，馬齒亦益長矣。』」《史記・晉世家》：「荀息牽曩所遺屈産之乘馬，奉之獻公。獻公笑曰：『馬則吾馬，齒亦老矣。』」《穀梁傳》：「乃牽馬操璧曰：『璧則猶是，馬齒長矣。』」按：《禮記・曲禮》云「齒路馬者有

❶「康」，原作「原」，《水經注》注云：「康，原訛作原。」據改。

❷「息」下，《春秋公羊傳注疏》有「見」字。

誅」，蓋齒者年數也。《周禮・校人》先鄭注云：「二歲曰駒，三歲曰駣。」《說文・齒部》：「齨，馬八歲齒臼也。」❶是馬有年齒之計，故云「馬齒長」也。蓋戲之也。注以馬齒長戲之，喻荀息之年老。傳極道此者，以終荀息、宫之奇言，且以爲戒，又惡獻公不仁，以滅人爲戲謔也。晉至此乃見者，著晉、楚俱大國，後治同姓也。以滅人見義者，比楚先治大惡，親疏之别。疏注「傳極」至「爲戒」。○《新序》云：「晉獻公用荀息之謀而禽虞，虞不用宫之奇謀而亡。故荀息非霸王之佐，戰國并兼之臣也。若宫之奇，則可謂忠臣之謀也。」《後漢書・曹節傳》：「虞公抱寶牽馬，魯昭見逐乾侯，以不用宫之奇、子家駒，以至滅辱。」○注「又惡」至「謔也」。○《後漢書・馮衍傳》：「《顯志賦》云：『善忠信之救時兮，惡詐謀之妄作。聘申叔於陳蔡兮，禽荀息於虞虢。』」謂惡荀息之詐謀，宜就禽也。○注「晉至」至「姓也」。○舊疏云：「即《莊十年》『荊敗蔡師于莘，以蔡侯獻舞歸』，是先書楚小惡而治之也。以前不見晉小惡者，後治同姓故也。」《通義》云：「晉亦同姓大國，獨後見者，曲沃武公弒翼君而盜晉國，王法所誅絶。《春秋》書之，不正則傷教，正之則觸大惡，嫌文公無君。晉國道方將撥亂序績，予文公爲霸主，因是有所諱避，故武公之事一切不書，斷自所聞之世始録晉也。」❷義或然也。○注「以滅」至「之别」。○舊疏云：「以前楚滅穀、鄧不書，而先書此晉滅夏陽者，先治同姓之大惡，欲見骨肉之親，大則誅，小則隱，故言親疏之别耳。」《春秋》於外大惡書，小惡不書，滅人大惡，故不諱也。

夏陽者何？郭之邑也。曷爲不繫于郭？國之也。曷爲國之？君存焉爾。

疏《通義》云：「《竹書紀年》曰：『獻公會虞師伐郭，滅夏陽，郭公醜奔衛。』是郭君在夏陽之徵也。邑而言『滅』，又不更言『滅郭』者，重夏陽也。《穀梁傳》曰：『夏陽者何？虞、郭之塞邑也，滅夏陽而虞、郭舉矣。』」惠氏士奇《春秋說》云：「下陽，虢邑。當書虞師、晉師

❶「齒臼」二字原脱，據《說文解字》補。
❷「斷」，原作「繼」，據《公羊春秋經傳通義》改。

伐虢，取下陽。直書滅者，國之也。曷爲國之？虢公在焉。此《公羊》之説。趙匡駁之曰：『君在外邑，聞兵至而歸國，亦事之常，何得稱滅？若君在下陽受兵，則何得不見擒乎？』此趙匡之臆説也。《紀年》：『惠王十九年，晉獻公會虞師伐虢，滅夏陽，虢公醜奔衛。』則《公羊》之説信矣。且《僖五年》『晉滅虢，虢公醜奔京師』，亦未聞見擒於晉也。」按：《公羊》以是年滅夏陽即虢已滅，與《左傳》以滅虢在後四年者異。趙匡不知經師家法，据《左氏》説《公羊》，故妄駁耳。

秋，九月，齊侯、宋公、江人、黄人盟于貫澤。

疏《釋文》：「貫澤，古亂反。二傳無『澤』字。」趙氏坦《異文箋》云：「按：《公羊》經本無『澤』字，故《公羊疏》於《僖九年傳》『貫澤之會』下解云『即上《二年》「秋九月，齊侯、宋公、江人、黄人盟于貫」是也。此言「于貫澤」者，蓋地有二名。』疏説如此。陸德明所据本有『澤』字，故云二傳無『澤』字。然則在唐時《公羊》已有二本不同，有『澤』者或衍文。杜云：『貫，宋地，梁國蒙縣西北有貰城。貰，與「貫」字相似。』《釋例》引：『或曰：齊有貫澤。《公羊》曰「貫澤之會」。』《水經·汳水》篇『汳水又東經貰城南，❶俗謂之薄城，非也。闞駰《十三州志》以爲貰城也，❷在蒙縣西北。《春秋》僖公二年『齊侯、宋公、江、黄盟于貫』，杜預以爲貰也。貰、貫字相似，貫在齊，謂貫澤也，是矣。』❸《大事表》云：「在今山東曹州府曹縣西南十里。」《一統志》：「蒙澤故城在曹州府曹縣南十里，即古貰地。」《括地志》：「貰城，❹今名蒙澤城。」❺與今歸德商丘縣接界。杜又云：「江國在汝南安陽縣。」又《桓八年》杜注云：「黄國，今弋陽縣。」《大事表》云：「江在今河南汝甯府真陽縣東，黄在今河南汝甯府光州西十二里，有黄城，爲黄國地。」《水經·淮水》篇：「淮水又東徑安陽縣故城南，❻江國也。嬴姓矣。今其地有江亭。《春秋》文四年『楚人滅江』。」又云：「柴水又東經黄城西。」《漢書·地理志》汝南郡

❶「貰」，原作「貫」，據《水經注》及《春秋異文箋》改。
❷「貰」，原作「貫」，據《春秋異文箋》改。
❸「貰」，《春秋異文箋》作「貫」。
❹「貰」，《太平寰宇記》及中華書局《括地志輯校》作「貫」。
❺「澤」下原衍「縣」字，據《括地志》删。
❻「東」，原脱，據《水經注》補。

安陽下云：「侯國。」應劭曰：「故江國，今江亭是。」又弋陽下云：「侯國。」應劭曰：「弋山在西北，故黄國，今黄城是。」江人、黄人者何？遠國之辭也。**注**桓公德盛，不嫌使微者，知以遠國辭稱人。**疏**《穀梁傳》亦云：「江人、黄人，遠國之辭也。」○注「桓公」至「稱人」。○桓公德盛，謂上封邢、衛存魯諸務也。江、黄小國，知宜是君，不嫌使微者也。《左傳》疏引：「賈云：『江人、黄人，刺不度德善鄰，恃齊背楚，終爲楚所滅。』其意雖異，皆以江人、黄人爲國君親至。」遠國至矣，則中國曷爲獨言齊、宋至爾？大國言齊、宋，遠國言江、黄，則以其餘爲莫敢不至也。**注**晉大于宋，不序晉而序宋者，時實晉、楚之君不至，君子成人之美，故褒益以爲偏至之辭，所以獎夫霸功而勉盛德也。江、黄附從霸者當進，不進者，方爲偏至之辭。**疏**《穀梁傳》亦曰：「中國稱齊、宋，遠國稱江、黄，以爲諸侯皆來至也。」《繁露·精華》云：「其後二十年間，尚未能大合諸侯也。至於救邢、衛之事，見存亡繼絶之義，而明年遠國之君畢至，貫澤、陽穀之會是也。故曰親近者不以言，召遠者不以使，此其效也。」《新序》四云：「爲陽穀之會，貫澤之盟，遠國皆來。」謂此。○注「晉大」至「德也」。○《校勘記》引：「孫志祖云：『《穀梁疏》引二『晉』字下皆有『楚』字，乃與下文合。』各本脱也。」又云：「所以獎夫伯功，鄂本『夫』作『大』，《穀梁疏》正作『大』。」按：各本皆誤「夫」，宜据正。君子成人之美，《論語·顔淵》篇。又《穀梁》隱元年傳：「《春秋》成人之美，不成人之惡。」《説苑·君道》篇：「善乎哉！君子成人之美，不成人之惡。微孔子，焉得聞哉！」按：《論語》之「君子」，孔子自謂。《哀十四年傳》「君子曷爲爲《春秋》」是也。下九年《左傳》云：「宰孔先歸，遇晉侯，曰：『可無會矣。』」是葵丘之前，晉皆不與會。楚自熊通僭王後，不服王化，故下四年伐楚，明不與齊桓會矣。《春秋》成人之美，晉、楚雖不至，亦作偏至之辭也。○注「江黄」至「之辭」。○舊疏云：「怪其不稱爵。言方爲偏至之辭者，故直以遠國辭稱人，若進而稱爵，無以見偏至之義。」《通義》云：「此盟會之詭例也。貫澤、陽穀，遠國悉至，桓公之會最盛。欲徧書之，則《春秋》

例不録微國，故直舉江、黄極遠者包之而已。其中國常會之君亦不書者，列言某侯而綴江、黄于末，則嫌中國之外僅有江、黄，無以見徧至之實，故亦舉齊、宋以包之。蓋宋大國，尊爵必不數從伯主，獨會二國之微者，故其事得以相起也。以《左氏》攷之，惡曹之盟，宋亦與矣而經不書。蜀之盟，蔡、許之君在矣而經不書。屈貉之次，經唯楚、蔡，而傳有宋公、陳侯、鄭伯、麇子。黄池之會，經唯晉、吴，而傳有單平公。則《春秋》於諸侯之會不偏敘者，皆有特義，非獨此矣。且《左傳》曰：『江、黄、道、柏，方睦于齊，皆弦姻也。』經唯見江、黄，而弦、道、柏事齊無文，豈非以微國故不得盡録與？」

冬，十月，不雨。

何以書？記異也。**注**説與前同。**疏**《通義》云：「月者，時獨十月彌月不雨爲異，十一月、十二月仍有小雨雪耳。杜預云『一時不雨則書首月』，非也。莊公之篇固有一時不雨者，彼則直云『冬不雨』矣，未嘗書首月也。」○注「説與前同」。○謂《莊三十一年》「冬不雨」也。彼傳云：「何以書？記異也。」注云：「京房《易傳》曰：『旱異者，旱久而不害物也。』斯禄去公室，福由下作，故陽雖不施而陰道獨行，以成萬物也。』先是比築三臺，慶牙專政之應。」此不言所應。舊疏云：「今此亦是僖公喜於得立，委任陪臣，不恤政事，故有此罰耳，故云『説與前同』。」按：《漢書·五行志》云：「釐公二年冬十月不雨，三年春正月不雨，夏四月不雨，六月雨。先是，嚴公夫人與公子慶父淫而殺二君。國人攻之，夫人孫于邾，慶父奔莒。釐公即位，南敗邾，東敗莒，獲其大夫。有炕陽之應與？」按：何義，旱久不害物同前耳，所應不必與前同，詳下三年注。

楚人侵鄭。

三年，春，王正月，不雨。

夏，四月，不雨。

何以書？記異也。**注**太平一月不雨即書，《春秋》亂世一月不雨，未害物，未足爲異，當滿一時乃書。一月書者，時僖公得立，欣喜不恤庶衆，比致三旱，即能退辟正殿，飭過求己，循省百官，放佞臣郭都等，理冤獄四百餘人，精誠感天，不雩而得澍雨，故一月即書，善其應變改政。旱不從上發傳者，著人事之備積於是。

疏《五行志》又云：「故不雨而生者，陰不出氣而私自行，以象施不由上出，臣下作福而私自成。一曰，不雨近常陰之罰，君弱也。」❶正《莊三十一年》注「祿去公室，福由下作」之義。注亦宜云「説與前同」，從不言可知例也。○注「太平」至「即書」。○舊疏云：「太平之時，陰陽和調，若一月不雨，足以爲異。」正以僖公能善變改正，故從太平例，一月不雨即書也。○注「春秋」至「乃書」。○《莊三十一年》「冬不雨」是也。○注「一月」至「三旱」。○即上《二年》「冬十月，不雨」、本年春王正月「不雨」、此夏四月「不雨」是也。《類聚》引《考異郵》云：「旱之爲言，悍也，陽驕蹇所致也。」《晉書・袁甫傳》：「志盈心滿，用長歡娱。《公羊》有言，魯僖甚説，故致旱。」○注「即能」至「澍雨」。○舊疏云：「皆《感精符》文。」《後漢書》注引《考異郵》云：「僖公三年，春夏不雨，於是僖公憂閔，玄服避舍，率群臣禱山川，以六過自責。絀女謁，於下讒佞郭都等十三人，誅傾人之吏受貨賂趙祝等九人，釋吏繇之逋，罷軍寇之誅，去苛刻峻文慘毒之教，所蠲浮會四十五事。曰：方今大旱，野無生稼，寡人當死，百姓何罪？不敢煩民請命，願撫萬民，以身塞無狀。❷禱已，舍齊南郊，雨大澍也。」較《感精符》文爲詳。《後漢書・黄瓊傳》云：「黄瓊上疏曰：昔魯僖遇旱，以六事自讓，躬節儉，避女謁，放讒佞者十三人，誅税民受貨賂者九人，退舍南郊，天立大雨。」又《郎顗傳》引《易内傳》曰：「『人君奢侈，多飾宫室，其時旱，其災火。』是故魯僖遭旱，修政自飭，下鐘鼓之縣，休繕治之官，雖則不甯，而時雨自降。由此言之，天之應人，敏于景響。」又《周舉傳》云：「魯僖遭旱而自責祈雨，皆以精誠轉禍爲福。」皆本《公羊》爲説也。○注「故一」至「改政」。○舊疏云：「即去年十月『不雨』，今年正月『不雨』，夏四月『不雨』是也。」皆一月不雨書也。《穀梁傳》：「一時言不雨者，❸閔雨也。閔雨者，有志於民者也。」與此異。○注「旱不」至「於是」。○舊疏

❶「君」，原作「臣」，據《漢書》改。
❷「塞」，原作「蹇」，據《後漢書》注引《考異郵》改。
❸「言不」二字原誤倒，據《春秋穀梁傳注疏》乙正。

云：「即上《二年》『十月，不雨』之下，已發云『何以書？記異也』。今不從其例而又發之者，欲著人事之備積於是故也。」

徐人取舒。疏杜云：「徐國在下邳僮縣東南。舒國，今廬江舒縣。」《説文·邑部》：「𨛜，邾下邑地。魯東有𨛜城。」段注：「城，當作『戎』。𨛜戎，即《周禮》注所云『伯禽以王師征𨛜戎』，今《尚書》作『徐夷』。徐戎，許所据作『𨛜』。鄒在魯東，則𨛜在魯東矣。《書序》：『徐夷並興，東郊不闢。』昭元年『周有徐奄』，徐蓋徐戎也。鄒習於夷，故《左傳》曰『邾又夷也』。」《説文》又云：「𨛜，地名。」《玉篇》引《春秋》「徐人取𨛜」。《紀要》：「舒，今廬州府舒城縣。」按：杜謂在下邳者近魯東，與徐戎自別爲一。然去舒俱遠，且楚人敗徐于婁林，似亦不得到此也。《地理志》臨淮郡徐下云「故國盈姓，至春秋時徐子章禹奔楚」，似爲近之。

其言取之何？注据國言滅。疏注「据國言滅」。○即莊十年、十三年「滅譚」、「滅遂」之屬是也。

易也。注易者，猶無守禦之備。不爲桓諱者，刺其不救也。疏注「易者」至「之備」。○《鹽鐵論·險固》云：「關梁者，邦國之固，而山川社稷之寶也。❶徐人取舒，❷《春秋》謂之『取』，惡其無備，得物之易也。故君子爲國，必有不可犯之難。《易》曰：『重門擊柝，以待暴客。』言備之素修也。」又云：「阻險不如阻義，昔湯以七十里爲政於天下，舒以百里亡於敵國。此其所以見惡也。」按：古「險」與「易」多對舉，故《禮記·儒行》云「道途不爭險易之利」。《詩·周頌·天作》云「彼徂矣，岐有夷之行」，傳「夷，易也」是也。○注「不爲」至「救也」。○舊疏云：「決上元年、二年狄滅邢、衛，皆爲桓公諱，不書其滅也。」劉氏逢禄《解詁箋》云：「此如狄滅衛，❸諱滅言入，正爲桓公諱。傳順經諱文，《解詁》失之。」按：入者，得而不居之謂，故爲滅諱辭。此明書「取」，不得仍爲諱文。傳言「易」，責舒之無守備也，桓寬論之得矣。《通義》云：「《魯頌》曰『戎狄是膺，荆舒是懲』，皆詠僖公從齊桓征伐之事。懲

❶「山川」下，孫詒讓《札迻》云：「『山川』下當有『者』字。」
❷「取」，《鹽鐵論》作「滅」。
❸「如」，原作「外」，據《公羊春秋何氏解詁箋》改。

荆者，召陵是也。懲舒者，疑此取舒是也。蓋徐人爲中國取也。其下章曰『遂荒徐宅』，言乎徐人之服從中國也。徐，即《費誓》所云『徐戎』者，於《春秋》例稱國，此獨稱人，明爲其附從霸者進之。」按：孔說未然。《詩》辭多溢美，不必强合。

六月，雨。

其言六月雨何？**注**据上得雨不書。**疏**注「据上」至「不書」。○舊疏云：「即上二年十一月、十二月、三年二月、三月、五月之屬，皆不書不雨，是其得雨故也。」上雨而不甚也。**注**所以詳録，賢君精誠之應也。僖公飭過求己，六月澍雨；宣公復古行中，其年穀大豐。明天人相與報應之際，不可不察其意。**疏**注「所以」至「應也」。○《穀梁傳》曰：「雨云者，喜雨也。喜雨者，有志乎民者也。」○注「宣公」至「大豐」。○舊疏云：「謂《宣十五年》『初税畝』，其冬蝝生，宣公受過變寤，明年復古行中，《十六年》『冬大有年』是也。」○注「明天」至「其意」。○《繁露·必仁且知》云：「謹案：災異以見天意。天意有欲也，有不欲也。所欲所不欲者，人内以自省，宜有懲於心；外以觀其事，宜有驗於國。故見天意者之於災異也，畏之而不惡也，以爲天欲振吾過，救吾失，故以此報我也。《春秋》之法，上變古易常，應是而有天災者，爲幸國。❶孔子曰：『天之所幸，有爲不善而屢極。』楚莊王以天不見災，地不見孽，則禱于山川，曰：『天其將亡予耶？不説吾過，極吾罪也。』❷以此觀之，天災之應過而至也，異之顯明可畏也。此乃天之所欲救也，《春秋》之所獨幸也，莊王所以禱而請也。聖主賢君尚樂受忠臣之諫，而況受天譴也？」舊疏云：「謂人行德，天報之福；人行惡，天報之禍。兩令相及，故言之際矣。」

秋，齊侯、宋公、江人、黄人會于陽穀。**疏**杜云：「陽穀，齊地。在東平須昌縣北。」《大事表》云：「今兖州府陽穀縣東北三十里陽穀故城是也。縣治南有會盟臺，即齊桓公會江、黄處。」《水經注·濟水》篇：「又北過穀城縣西。《魏土地記》曰：『縣有穀城山，山

❶ 「爲」，《春秋繁露》作「謂」。

❷ 「吾過」、「吾罪」兩「吾」字，原作「無」，據《春秋繁露》改。

出文石。陽穀之地，《春秋》齊侯、宋公會于陽穀者也。』」《一統志》：「陽穀故城在兖州府陽穀縣東北三十里。」此大會也，曷爲末言爾？注末者，淺耳，但言會，不言盟。据貫澤言盟。疏《大戴·保傅》篇：「齊桓公得管仲，九合諸侯，一匡天下，再爲義王。」盧釋「再爲義王」云：「陽穀與召陵也。」蓋亦取此爲義。舊疏云：「上《二年》『齊侯、宋公、江人、黄人盟于貫澤』，傳曰：『大國言齊、宋，遠國言江、黄，則以其餘爲莫敢不至也。』此經亦書『齊侯、宋公、江人、黄人』，故弟子言『此大會也』以難之。」○注「末者淺耳」。○原文闕。○注「但言」至「言盟」。○上貫澤亦大會言盟，此不言盟，但言會，故爲末言之也。桓公曰：「無障谷，注無障斷川谷，專水利也。水注川曰谿，注谿曰谷。疏注「無障」至「利也」。○《孟子·告子下》：「無曲防。」趙注：「無敢違王法，而以己意設防禁也。」❶《管子·大匡》篇、《霸形》篇並言「無曲隄」，謂曲設隄防，以障遏水泉，使鄰國受水旱之害。則彼之曲防、曲隄即此之障谷。下九年《穀梁傳》曰「毋壅泉」，注云：「專水利以障谷。」是以此傳之「障谷」解「壅泉」也。閻氏若璩《釋地續》云：「漢賈讓奏言：蓋隄防之作，近起戰國，壅防百川，各以自利。齊與趙、魏以河爲竟，趙、魏瀕山，齊地卑下，作隄去河二十五里，河水東抵齊隄，則西泛趙、魏。❷趙、魏亦爲隄，去河二十五里，則是河水西抵趙、魏隄，亦東泛齊矣。夫曰近起戰國，豈非葵丘既會，申明天子之禁，諸侯猶有所憚而不敢爲。至七雄地大勢專，人人得自爲鯀，而不難以鄰國爲壑也。」宋氏翔鳳《四書釋地辨證》云：「《管子·霸形》篇：『楚人攻宋、鄭，要宋田，夾塞兩川，使水不得東流，東山之西，水深滅垝。』尹知章注：『楚人又遮取宋田，夾兩川築隄而壅塞之。』又云：『桓公與楚王遇於召陵之上，而令於遇上曰：無貯粟，無曲隄。』又云：『東發宋田，夾兩川，而楚不敢塞也。』按：此乃壅塞水流，使鄰無灌田之利。當時楚人實有是事，《左傳》、《國語》所不載而《管子》載之。其事專以病鄰，非以隄防治水之比，故《公羊》僖三年曰『無障谷』，《穀梁》僖九年曰『無壅泉』，蓋塞水不東，害同遏

❶「己」下原衍「曲」字，據《孟子注疏》删。
❷「趙魏」，原脱，據《四書釋地續補》補。

糴。曰障，曰雍，形容利害，較『曲防』二字更切。若治水禁用隄防，則桓公即壅遏入流者，何善爲他人計而不善自爲計若此也？」按：宋氏此説，於何氏專水利之義尤爲明顯。○注「水注」至「曰谷」。○《爾雅・釋水》文。舊疏引李巡注云：「水出於山入於川爲谿也。」又《釋山》云：「山瀆無所通，谿。」彼謂不通之谿，此則通水之谿也。《説文》：「泉出通川爲谷。」舊疏引李巡又云：「水相屬爲谷。」《雅》疏引李又云：「谷者，屬也，水流相屬灌注也。」郭注云：「此皆道水轉相灌注所入之處名。」《道德經》云：「江海所以能爲百谷王者，以其善下也。」谷爲衆谿所注，名江海，集百川，故爲百谷王也。

無貯粟，**注**有無當相通。**疏**《孟子》又云「無遏糴」，即此之「無貯粟」也。趙注云：「無遏止穀糴，不通鄰國也。」下九年《穀梁傳》作「毋訖糴」，注：「訖，止也。謂貯粟。」亦以此傳釋彼傳也。《漢書・食貨志》云：「夫積貯者，天下之大命也。」《史記・貨殖傳》「積著之理」，亦或作「儲」。《地官・廛人》注：「謂貨物儲藏于市中。」○注「有無當相通」。○原文闕。

無易樹子，**注**樹立本正，辭無易本正當立之子。**疏**注「樹立」至「之子」。○《孟子》又云：「無易樹子。」注：「樹，立也。已立世子，不得擅易也。」下九年《穀梁傳》「毋易樹子」，注：「樹子，嫡子。」樹，即《説文》之「侸」，《人部》：「侸，立也。从人豆聲，讀若樹。」《莊子・逍遥遊》篇「猶未有樹也」，《荀子・議兵》篇「固塞不樹」，皆立義。《方言》云：「樹、植，立也。燕之外、朝鮮洌水之間，凡言置立者謂之樹、植。」本正當立之子，即《隱元年傳》曰「立適以長不以賢，立子以貴不以長」者也。閔二年《左傳》曰「從曰撫軍，守曰監國，古之制也」是也。

無以妾爲妻。**注**此四者，皆時人所患。時桓公功德隆盛，諸侯咸曰：「無言不從，曷爲用盟哉！」故告誓而已。**疏**《孟子》亦有此文，注：「不得立愛妾爲嫡也。」○注「此四」至「所患」。○《繁露・王道》云：「桓公曰：『無貯粟，無鄣谷，無易樹子，無以妾爲妻。』此《春秋》之救文以質也。」衰周文盛，時人喜文厭質，故《春秋》備紀桓公大會，所以救時弊也。○注「時盛」至「而已」。○《穀梁傳》曰：「陽穀之會，桓公委端搢笏而朝諸侯，諸侯皆諭乎桓公之志。」語與此義同。唯《孟子》据葵丘之會爲異耳。翟氏灝《四書考異》云：「《春秋》僖公九年九月戊辰：『諸侯盟于葵丘。』《左傳》：『齊侯盟諸侯于葵丘。曰：凡我同盟之人，既盟之後，言歸于好。』《穀梁傳》：『葵丘之盟，陳牲而不殺，讀書加于牲上，壹明天子之禁。曰：毋壅泉，毋訖糴，毋易樹子，毋以妾爲妻，毋使婦人與國事。』《管子·大匡》篇：『桓公問管仲：「何行？」對曰：「公内修政而勸民，可以信於諸侯矣。」公許諾，乃弛關市之征，爲賦禄之制。既已，管仲請曰：「問病臣，願賞而無罰，五年諸侯可令傳。」❶公曰：「諾。」既行之，又請曰：「諸侯之君有行事善者，以重幣賀之。諸侯之臣有諫其君而善者，以璽問之，以信其言。」公既行之，問管仲曰：「將何行？」對曰：「君教諸侯爲民聚食，諸侯之兵不足者，君助之發，如此則始可加之政矣。」公既行之，又問管仲：「何行？」對曰：「君會其君臣父子。」公曰：「會之道奈何？」曰：「諸侯無專立妾以爲妻，毋專殺大夫，無國勞，❷毋專予禄。士庶人無專棄妻，毋曲隄，❸毋貯粟，毋禁材，行此卒歲，則始可以罰矣。」君乃布之於諸侯，諸侯許諾，受而行之。管仲曰：「可以加政矣。」曰：「從今以往二年，❹嫡子不聞孝，不聞愛其弟，不聞敬老國良，三者無一焉，可誅也。諸侯之臣及國事，三年不聞善，可罰也。君有過，大夫不諫，士庶人有善，而大夫不進，可罰也。」桓公受而行之，近侯莫不請事。兵車之會六，乘車之會三，享國四十有二年。』又《霸形》篇：『與楚王遇于召陵之上而令之曰：毋貯粟，毋曲隄，毋擅廢適子，無置妾爲妻。』按：《春秋》三傳無如《孟子》之詳，《管子·大匡》篇雖其文參錯而事語實相當。其云適子不聞孝者誅，即誅不孝也。云君有善者以幣賀之，臣有善者以璽問之，即尊賢育才以彰有德也。云愛其弟、❺敬老國良，❻即敬老慈幼也。云弛關市之征及問病臣，即無忘賓旅也。云爲賦禄之制，即士無世官，官事無攝也。云士庶人有善不進者罰，即取士必得也。云無國勞，毋專予禄，❼即無有封而不告也。餘如無易樹子、無以妾爲

❶「傳」，原作「傳」，據《四書考異》及《管子》改。
❷「無」，原作「毋」，據《四書考異》及《管子》改。
❸「隄」，原作「防」，據《四書考異》及《管子》改。
❹「二」，原作「三」，據《四書考異》及《管子》改。
❺「愛」上，原衍「不」字，據《四書考異》删。
❻「良」下，原衍「者誅」二字，據《四書考異》删。
❼「毋」，原作「無」，據《四書考異》改。

妻、無專殺大夫、無曲防、無遏糴，更較然矣。」按：此云會，正與《孟子》所謂「束牲載書而不歃血」合。下九年葵丘有盟，則桓公誓諸侯事當在陽穀之會也。

冬，公子友如齊莅盟。疏《穀梁》作「公子季友」。《左傳》「莅」作「涖」。

莅盟者何？往盟乎彼也。注猶曰往盟於齊。莅，臨也。時因齊都盟，主國主名不出者，《春秋》王魯，故言莅以見王義，使若王者遣使臨諸侯盟，飭以法度。疏注「猶曰」至「於齊」。○毛本「於」改「于」。○注「莅臨也」。○《玉篇・艸部》：「莅，臨也。與『涖』同。」《説文》有「竦」無「莅」、「涖」。鄭注《儀禮》讀「位」爲「莅」，蓋「竦」之隸變也。《穀梁傳》：「莅者，❶位也。」又《昭七年傳》：「莅，❷位也。」《周禮・肆師》注：「故書『位』爲『涖』。杜子春云：『涖，當爲「位」，書亦或爲「位」。』」又通作「立」，《鄉師》、《司市》、《大宗伯》注並云：「故書『涖』作『立』。」鄭司農讀「立」俱爲「涖」，訓爲臨視也。與《爾雅・釋詁》「涖，視也」亦合。《説文》訓「竦」爲「臨」，與此通。《禮・士冠禮》及《禮記・文王世子》「涖」皆作「莅」，涖、莅皆即「竦」字。《小宗伯》注：❸「古者『立』、『位』同字。」則又「竦」之段借也。○注「時因」至「法度」。○《校勘記》出「時國齊都盟」云：「閩、監、毛本同，誤也，鄂本『國』作『因』，當據正。」《通義》云：「謹案：往盟曰臨，尊内辭也。莅盟例時，爲内明義，當以至信先天下。」

其言來盟者何？來盟于我也。注此亦因魯都以見王義，使若來之京師盟，白事于王，不加莅者，來就魯，魯已尊矣。疏舊疏云：「即《文十五年》『宋司馬華孫來盟』、《宣七年》『衛侯使孫良夫來盟』之屬是也。」按：此皆來盟之見經者，此因莅盟而言及之耳。○注「此亦」至「于王」。○《桓十四年》「鄭伯使其弟語來盟」，注：「莅盟、來盟例皆時，從内爲王義，明王者當以至信先天下。」按：下《四年》「楚屈完來盟于師」，傳：「其言來何？與桓爲主也。」注：「以從内文，知與桓公爲天下霸主。」是亦尊桓，故抑楚言來也。就師盟，

❶❷「莅」，原作「涖」，據《春秋穀梁傳注疏》改。

❸「小」，原作「大」，注文出《周禮・小宗伯》注，據改。

蓋亦若白事於桓然。○注「不加」至「尊矣」。○舊疏云：「正以上經言莅者，見尊魯爲王之義。今此來盟者，已是就魯之文，足見尊魯矣，何勞言莅以見之乎？若其加莅，宜直云莅孫良夫盟也。」

楚人伐鄭。

公羊義疏三十

句容陳立卓人著

僖四年盡八年。

四年，春，王正月，公會齊侯、宋公、陳侯、衛侯、鄭伯、許男、曹伯侵蔡，蔡潰。

潰者何？下叛上也。國曰潰，邑曰叛。 注不與諸侯潰之爲文，重出蔡者，侵爲加蔡舉，潰爲惡蔡録，義各異也。月者，善義兵也。潰例月，叛例時。疏文三年《左傳》「凡民逃其上曰潰」，與此「下叛上」義合。《史記》注引服虔此注亦云「民逃其上曰潰」也。《荀子·彊國》云：「如是，下比周賁潰，以離上矣。」楊注：「凡民逃其上曰潰。」《漢書·食貨志》云：「下逃其上曰潰。」杜云：「潰，衆散流移，若積水之潰，自壞之象也。」《漢書注》引賈逵云：「舉國曰潰，一邑曰叛。」正用《公羊》義。國曰潰者，《文三年》「沈潰」、《成九年》「莒潰」之屬是也。邑曰叛者，《襄二十六年》「衛孫林父入于戚以叛」、《定十三年》「秋，晉趙鞅入于晉陽以叛。冬，晉荀寅、士吉射入于朝歌以叛」之屬是也。○注「不與」至「異也」。○孔本「與」作「以」。《穀梁傳》：「潰之爲言，上下不相得。侵，❶淺事也。」然則侵蔡而蔡即潰，其君民不得可知，故書以惡之也。○注「月者善義兵」。○舊疏云：「正以侵伐例時故也。」《穀梁傳》：「侵蔡而蔡潰，以桓公爲知所侵矣。不土其地，不分其民，明正也。」故爲義兵也。《通義》云：「潰例，罪潰者月，罪潰之者日。」○注「潰例月」。○此經書「正月」、《文三年》「沈潰」書「正月」是也。《成九年》書「庚申，莒潰」，注云：「日者，録責中國無信，同盟不能相救，至爲夷狄所潰。」是也。○注「叛例時」。○即晉趙鞅書秋、荀寅書冬是也。

遂伐楚，次于陘。 疏杜云：「陘，楚地。潁川召陵縣南有陘亭。」《大事表》云：「陘山在今河南許州府郾城

❶「侵」下原衍「蔡」字，據《春秋穀梁傳注疏》删。

縣南。又新鄭亦有陘山，在縣南三十里。蓋陘塞綿亘甚遠。蘇秦説楚曰『北有汾、陘』，説韓曰『南有陘山』，蓋二國皆恃此爲險。在楚爲北塞，在韓爲南塞也。」《楚世家》作「陘山」。《括地志》：「山在鄭州西南一百一十里。」《方輿紀要》：「陘山在開封府新鄭縣南三十里。《史記》魏襄王六年『伐楚，❶敗之陘山』。又秦攻陘，使人馳南陽之地。徐廣曰：『陘，山絶之名。』今自陘山而西南，達於襄鄧，皆群山綿亘，故昔以陘山爲南北之險。」沈氏欽韓《左傳補注》云：「按：陘山延袤甚廣，注家注『陘』者不一。徐廣曰『密縣有陘山』，杜謂『召陵之陘亭』，或謂在許州郾城南，皆與傳文『進次于陘』不合。《韓策》『秦攻陘，韓因割南陽之地』，是陘地已近南陽，當在今汝州南。」

其言次于陘何？**注**据召陵侵楚不言次，來盟不言陘。**疏**注「据召」至「言次」。○即《定四年》「三月，公會劉子、晉侯」已下「于召陵，侵楚」是其事也。○注「來盟不言陘」。○下云「楚屈完來盟于師，盟于召陵」是也。有侯也。孰侯？侯屈完也。**注**時楚强大，卒暴征之，則多傷士衆。桓公先犯其與國，臨蔡，蔡潰。兵精威行，乃推以伐楚，楚懼，然後使屈完來受盟，修臣子之職，不頓兵血刃，以文德優柔服之，故詳録其止次待之，善其重愛民命，生事有漸，故敏則有功。**疏**注「時楚」至「待之」。○杜云：「遂，兩事之辭。楚强，齊欲綏之以德，故不連進而次陘。」○注「善其」至「有功」。○舊疏云：「言『生事有漸』者，即先犯于蔡，乃遂伐楚是也。言『敏則有功』者，敏，審也。言舉事敏審，則有成功也。」敏則有功，見《論語·陽貨》、《堯曰》篇，皇疏：「敏則事無不成，故有功。」

夏，許男新臣卒。**注**不言卒于師者，桓公師無危。不月者，爲下盟，去月方見大信。**疏**《差繆略》云：「新，《公羊》作『辛』。」新、辛音義通。按：今注疏各本及《石經》並作「新」。○注「不言」至「無危」。○《左傳》云「許穆公卒于師」，是卒于師也。

❶「六」上原衍「十」字，據《史記·魏世家》删。

《成十三年》書「曹伯廬卒于師」，此不書，故決之也。《左疏》引賈逵云：「不言于師，❶善會主加禮，若卒於國。」非《公羊》義。何氏謂「師無危」，蓋亦若卒於國然也。注文「於」當作「于」。《穀梁傳》：「諸侯死於國，不地；死於外，地。死於師何爲不地？內桓師也。」注「齊桓威德洽著，諸侯安之，雖卒於外，與其在國同」是也。○注「不月」至「大信」。○舊疏云：「正以《莊二十三年》『冬十有一月，曹伯射姑卒』。然則許與曹等而不月者，會盟之例，大信者時，若不去月，恐其盟不爲大信故也。」

楚屈完來盟于師，盟于召陵。 疏 杜云：「召陵，潁川縣地。」《一統志》：「召陵故城在許州郾城縣東三十五里。」《大事表》云：「今郾城縣東四十五里有召陵故城。」《水經注·潁水》篇：「東南逕召陵縣故城。《春秋》齊桓公師于召陵，責楚貢不入，即此處也。城內有大井，徑數丈，水至清深。闞駰曰：『召者，高也。』其地丘墟，井深數丈，故以名焉。」《漢書·地理志》汝南郡召陵，師古曰「即齊桓公伐楚，次于召陵」是也。

屈完者何？楚大夫也。 疏 杜云：「屈完，楚大夫也。」《白虎通·姓名》篇：「楚有屈、昭、景。」**何以不稱使？** 注 据陳侯使袁僑如會。疏 注「据陳」至「如會」。○即《襄三年》「六月，公會單子、晉侯」已下「同盟于雞澤。陳侯使袁僑如會」是也。《釋文》：「僑，一本作『驕』。」**尊屈完也。曷爲尊屈完？** 注 据陳侯使袁僑如會，不尊之。**以當桓公也。** 注 增倍使若得其君，以醑霸德，成王事也。疏 注「增倍」至「其君」。○舊疏云：「倍，讀如『陪益』之『陪』矣。」蓋以屈完楚之尊者，足以自專，無假君命，不必爲楚子所使，故作自來之文也。《穀梁傳》：「楚無大夫。其曰屈完，何也？以其來會桓，成之爲大夫也。」注：「尊齊桓，不欲令與卑者盟。」亦增倍之義也。《通義》云：「當，敵也。楚始自州進，未得醑同中國。言使，即當如宜申云『楚人使完來盟』，如是則完不尊，嫌以微者敵桓公，故氏屈完，以成之爲貴大夫。而不言使，仍以抑楚，令不足有君臣之

❶「言」，《春秋左傳注疏》作「善」。

辭。」且《公羊》本無尊君抑臣之意，何氏明云「尊倍使若得其君」，意謂尊屈完若得楚子親來，以醕桓公之盛也。若如杜義，屈完覩齊之盛，因而求盟，故不稱使。則誠如《孔疏》所云「屈完足以自專，無假君命矣」。○注「以醕」至「事也」。○舊疏云：「即下傳云：『桓公救中國而攘夷狄，卒怗荆，以此爲王者之事也。』」《左疏》引此傳説云：「其意言屈完，楚之貴者，尊之以敵齊侯。若屈完足以自專，無假君命，不爲楚子所使，故作自來之文。服虔取以爲説。按：孔子曰：『君使臣以禮，臣事君以忠。』此聖人之明訓也。今乃尊人之臣，許其不爲君使，輕人之主，以爲不合使臣，是乃縱群下以覬覦，教强臣以專恣。約之以禮，豈當然乎？」按：《春秋》内諸夏而外夷狄，於楚尤抑之甚。齊桓伯業，以服楚爲盛，故尊屈完爲貴大夫，所以尊桓也。

其言盟于師、盟于召陵何？**注**据戊寅叔孫豹及諸侯之大夫，及陳袁僑盟，不舉會與地。**疏**注「据戊」至「與地」。○見襄三年。舊疏云：「彼不言陳袁僑來盟于會，盟于雞澤，與此異，故難之。」

師在召陵也。**注**時喜得屈完來服于陘，即退次召陵，與之盟，故言盟于師，盟于召陵。**疏**注「時喜」至「召陵」。○《穀梁》注云：「屈完來如陘師盟，齊桓以其服義，爲退一舍，次于召陵，而與之盟。」義與此同。然召陵去陘恐不止一舍也。各本「于」作「於」，非。依毛本。

師在召陵則曷爲再言盟？**注**据齊侯使國佐如師，己酉，及國佐盟于袁婁，俱從地，不再言盟。**疏**注「据齊」至「言盟」。○見成二年。舊疏云：「言俱從地者，謂國佐從晉于袁婁也。」齊氏召南《考證》云：「何注据袁婁甚精。召陵之役，齊兵未深入而楚人已服，故書來盟；袁婁之役，晉兵大勝，齊人畏而賂之，晉受賂而利于盟，故書及國佐盟；《春秋》之謹嚴如此。但傳言『師在召陵』，非也。上文書『伐楚，次于陘』，則師在陘也。『屈完來盟于師』，來，就陘也。『盟于召陵』，齊桓待楚以禮，退至召陵與屈完盟也。《左傳》曰『師進，次于陘』，又曰『師退，次于召陵』，衹『進』、『退』二字，齊桓行兵服楚、次第俱明。何氏用《左傳》以解『師在召陵』是也。」按：君行師從，齊桓退召陵，故師在召陵。屈完如師，如陘之師也。盟于師，則召陵之師也。若陘已盟矣，何召陵又盟乎？故經云「盟于師」，傳云「師在召陵」，本一事兩書，爲服楚喜，故書重辭複爾。齊氏駁傳，非。喜服楚也。**注**孔子曰：「書之重，辭之複，嗚呼！不可不察，其中必有美者焉。」**疏**注「孔子」至「者焉」。〇舊疏云：「《春秋説》文。」鄂本「復」作「複」，《釋文》作「復」。《繁露·祭義》云：「其辭直而重，有再歎之，欲人省其意也。而人尚不省，何其忘哉？孔子曰：『書之重，辭之複。嗚呼！不可不察也，其中必有美者焉。』此之謂也。」《通義》云：「汪克寬曰：盟于召陵與會于蕭魚書法不異，皆一經特筆，一以美齊桓之服楚，一以美晉悼之定鄭。」彼詳録致與會，亦書重辭複意也。何言乎喜服楚？**注**据服蔡無喜文。**疏**《校勘記》：「唐石經『何言乎喜』四字磨改，多增二字。」〇注「据服」至「喜文」。〇即上「侵蔡，蔡潰」是也。楚有王者則後服，**注**桓公行霸，至是乃服楚。**疏**注「桓公」至「服楚」。〇《校勘記》云：「鄂本『乃服楚』三字誤作傳文，閩、監、毛本『楚』字猶誤作傳文屬下，惟此本與《唐石經》合。」上三年陽穀之會，二年貫澤之會，大國遠國無不至，楚尚未服也。無王者則先叛。**注**桓公不修其師，先叛盟是也。**疏**注「桓公」至「是也」。〇即下經云「公至自伐楚」，傳云「楚已服矣，何以致伐？楚叛盟也」，彼注云「爲桓公不修其師，而執濤塗故也」是也。《書·禹貢》云「江漢朝宗于海」，彼疏引鄭注云：「荆楚之域，❶國有道則後服，國無道則先彊，故記其水之義，以著人臣之禮。」楊雄《荆州牧箴》：「杳杳巫山，在荆之陽。江漢朝宗，其流湯湯。風慓以悍，氣鋭以剛。有道後服，無道先彊。」《爾雅·釋地》云：「漢南曰荆州。」《公羊疏》引李巡注云：「荆州其氣慘剛，❷稟性强梁，故曰荆。荆，❸强也。」《漢書·賈捐之傳》：「《詩》云：『蠢爾蠻荆，大邦爲讎。』言聖人起則後服，中國衰則先畔。動爲國家難，自古而患之久

---

❶「域」，原作「城」，據國圖藏清抄本《公羊義疏》、《尚書注疏》改。

❷「慘」，原作「燥」，據《春秋公羊傳注疏》改。

❸「荆」，原作「州」，據國圖藏清抄本《公羊義疏》、《春秋公羊傳注疏》改。

矣。」《穀梁》莊十年傳：「何爲謂之荊？狄之也。何爲狄之？聖人立，必後至，天子弱，必先叛，故曰荊，狄之也。」按：《吕氏春秋・召類》云：「堯戰于丹水之浦，以服南蠻。」《淮南・兵略訓》：「舜伐有苗。」《修務訓》：「舜南征三苗，道死蒼梧。」《韓詩外傳》：「當舜之時，有苗不服。其不服者，衡山在南，岐山在北，左洞庭之陂，右彭澤之水，由此險也。以其不服，禹請伐之。」是其地皆歷代叛服無常，不獨楚然也。

夷狄也，而亟病中國。注數侵滅中國。疏注「數侵滅中國」。○舊疏云：「即《莊二十八年》『秋，荊伐鄭』者，是其數侵中國之文。其數滅中國者，即滅鄧、穀之屬是也。而經不書者，後治夷狄故也。」《釋名・釋州國》云：「荊州者，荊，警也。南蠻，數爲寇逆，嘗警備故也。」又云：「楚，辛也。其地蠻多而人性急，數有戰爭，相爭相害，辛楚之禍也。」亟，數也。故傳云「亟」，注云「數」。

南夷與北狄交，注南夷，謂楚滅鄧、穀，伐蔡、鄭。北狄，謂狄滅邢、衛，至于温，交亂中國。疏《校勘記》云：「閩、監、毛本同誤也。《唐石經》、鄂本作『北夷』，當據正。注同。此本疏標起訖云『注北夷至中國』，閩、監、毛本亦改作『北狄』矣。」○注「南夷」至「蔡鄭」。○《桓七年》「穀伯綏來朝，鄧侯吾離來朝」，傳：「皆何以名？失地之君也。」二國皆近楚，故知楚滅之。《左傳》載滅鄧事在莊二十二年，於桓時尚未失地，《公羊》當别有所据。伐蔡鄭者，《莊十年》「荊敗蔡師于莘」，《十四年》「荊入蔡」，《十六年》「荊伐鄭」，❶《二十八年》「荊伐鄭」，上《元年》、《三年》「楚人伐鄭」，《二年》「楚人侵鄭」是也。上云「侵蔡，蔡潰，遂伐楚」，明蔡已爲楚屬矣。○注「北狄」至「中國」。○《莊三十二年》「狄伐邢」，《閔二年》「狄入衛」，下《十年》「狄滅温」是也。舊疏云：「温言『至于』者，以其在後，故言『至于』，僖十年文滅温也。或者温是圻内之國，去京師近，故言『至于』矣。」

中國不絶若綫。注綫，縫帛縷。以喻微也。疏注「綫縫」至「微也」。○《説文・系部》：「綫，縷也。線，古文『綫』。」《淮南・要略》云：「中國之不絶如綫。」注：「綫曰絲也。」《周禮・縫人職》「掌王宮之縫線之事」，鄭司

❶「伐」，原作「入」，據《春秋公羊傳注疏》改。

農注：「線，縷也。」《考工記・鮑人職》「察其線」，注：「故書『線』，或作『綜』。杜子春云：『綜，當爲糸旁泉，讀爲絤，謂縫革之縷。』」凡可以縫者皆謂之線也。不絕若綫，綫極細物，故言喻微也。桓公救中國，注存邢、衛是也。疏注「存邢衛是也」。○見上元年、二年傳。而攘夷狄，注攘，却也。北伐山戎是也。疏注「攘却也」。○《淮南・詮言訓》「信已之不攘也」，注：「攘，卻也。」《國語・魯語》云「而大攘諸夏」，注：「攘，卻也。」《周禮・禁殺戮職》「攘獄者」，注：「攘，猶卻也。」○注「北伐山戎是也」。○見莊三十年。卒怗荆，注卒，盡也。怗，服也。荆，楚也。疏《校勘記》云：「《唐石經》、鄂本同，閩、監、毛本『怗』誤『帖』。《釋文》：『怗，他協反。一本作「貼」，服也。』劉兆同。一本作『拈』，或音章貶反。《石經考文提要》云：『唐玄度《九經字樣》、宋景德本、鄂泮官書本皆作『怗』。』」錢氏大昕《潛研堂答問》云：「《說文》昛，即『卒怗荆』之怗。」○注「卒盡也」。○《爾雅・釋詁》：「卒，盡也。」又《釋言》：「卒，已也。」《詩・衛風・谷風》云：「畜我不卒。」○注「怗服也」。○《廣雅・釋詁》云：「怗，静也。」《玉篇》：「怗，服也，静也。」又丁篹反。「静」與「服」義近。《一切經音義》引《字林》：「怗，今作『惵』，同。他頰反。」以此爲王者之事也。注言桓公先治其國以及諸夏，治諸夏以及夷狄，如王者爲之，故云爾。疏注「言桓」至「云爾」。○《成十五年傳》「《春秋》内其國而外諸夏，内諸夏而外夷狄。言自近者始也。」注：「明當先正京師，乃正諸夏。諸夏正，乃正夷狄，以漸治之。」《孟子・滕文公》篇：「《春秋》，天子之事也。」桓公先治其國以及諸夏，治諸夏以及夷狄，合乎《春秋》，故以爲王者之事也。」《繁露・王道》云：「桓公救中國，攘夷狄，卒服楚，至爲王者事。《春秋》予之爲伯，誅意不誅辭之謂。」是也。《說苑・尊賢》云：「春秋之時，天子微弱，諸侯力政，皆叛不朝。衆暴寡，强劫弱，南夷與北狄交侵，中國之不絕若綫。桓公於是用管仲、鮑叔、隰朋、賓胥無、甯戚，三存亡國，一繼絕世，救中國，攘戎狄，卒脇荆蠻，以尊周室，霸諸侯。」《國語・齊語》云：「管仲既任政相齊，通貨積財，富國彊兵。參其國而伍其鄙，定民之居，成民之事，陵爲之終，而慎用其六柄。桓公曰：『吾欲從事於諸侯，其可乎？』曰：『未可。國未安。』桓公曰：『安國若何？』曰：『修舊法，作内政而寄軍令焉。』」又曰：「桓公曰：『吾欲從事於諸侯，其可乎？』曰：『未可。鄰國未吾親也。審吾疆埸而反其侵地，正其封疆，無受其資，而重爲之皮幣，以驟聘覜於諸侯，以安四鄰，擇其淫亂者而先征之。』」又云：「即位數年，一戰帥服三十一國。遂南征伐楚，濟汝，踰方城，望汶山。北伐山戎，制令支、斬孤竹而南歸。西征攘白翟之地，至于西河。縣車束馬，踰大行，西服流沙，南城於周，反胙于絳。」此桓公先治其國以及諸夏，治諸夏以及夷狄事也。

其言來何？**注** 据陳袁僑如會不言來。**疏** 注「据陳」至「言來」。○《襄三年》書「陳侯使袁僑如會」，不言來也。

與桓爲主也。**注** 以從内文，知與桓公爲天下霸主。**疏**《繁露·精華》云：「諸侯會同賢爲主，賢賢也。」❶又《王道》云：「齊桓、晉文擅封，致天子，誅絶、繼世、存亡，侵伐、會同，常爲本主。曰：桓公救中國，攘夷狄，卒怗荆服楚，至爲王者事。《春秋》予之爲伯，誅意不誅辭之謂也。」又《觀德》云「召陵之會，魯君在是而不得爲主，避齊桓也」是也。○注「以從」至「霸主」。○上《三年傳》云：「其言來盟者何？來盟于我也。」是此書來爲從内辭也。《穀梁傳》：「來者何？内桓師也。内桓師即從内義也。《左疏》引服云：「言來者，外楚也。嫌楚無罪言來，以外之。」亦尊桓抑楚之義。

前此者有事矣，**注** 謂城邢、衛是也。**疏** 注「謂城邢衛」。○即上《元年》「齊師、宋師、曹師次于聶北，救邢。夏六月，邢遷于陳儀」，《二年》「城楚丘」是也。

後此者有事矣。**注** 謂城緣陵是也。**疏** 注「謂城緣陵是也」。○下《十四年》「諸侯城緣陵」，傳「孰城之？城杞也」是也。

則曷爲獨於此焉？與桓公爲主，序績也。**注** 序，次也。績，功也。累次桓公之功德，莫大於服楚，明德及强夷最爲盛。**疏**《校勘記》云：「《唐石經》、諸本同。何注：『序，次也。績，功也。』按：《鹽鐵論·執務》篇引傳曰『予積也』下云『故土積而成山阜，水積而成江海，

❶ 下「賢」字原作「之」，據《春秋繁露》改。

行積而成君子」，與何本異，蓋是嚴、顔之别。」《經義述聞》云：「《鹽鐵論・執務》篇曰：『齊桓公以諸侯思王政，憂周室，匡諸夏之難，平夷狄之亂，存亡接絶，信義大著於天下。召陵之會，予之爲主。傳曰「予積也」，故土積而成山阜，水積而成江海，行積而成君子。』此所引傳文『序績』作『予積』，字不同而説亦異，蓋本於《嚴氏春秋》也。予積，謂予桓公之積善，即承上『予桓公爲主』爲言，義得兩通。」按：序从予聲，序、予互通。《詩・大雅・桑柔》篇「誨爾序爵」、《墨子・尚賢》「誨爾予爵」是也。積、績亦或通，《漢書・外戚傳》「賜皮弁素績」，師古曰：「績字或作積。」是也。今《儀禮》、《禮記》皆作「素積」，經師口授不同，傳者説遂異焉。〇注「序次也」。〇《易・繫辭傳》「易之序也」，《釋文》引京注：「序，次也。」《禮・鄉飲酒禮》云「衆賓序升」，注：「序，次也。」《廣雅・釋詁》：「序，次也。」《禮記・中庸》云「所以序昭穆也」，注：「序，次也。」序，於《説文》爲東西牆之名，正字當作「敘」，《説文・攴部》云「敘，次第也」是也。〇注「績功也」。〇《爾雅・釋詁》文。《桓十三年經》「齊師、宋師、衛師、燕師敗績」，注亦云：「績，功也。」故《書・堯典》「三載考績」，謂考功也。〇注「累次」至「爲盛」。〇《漢書・韋玄成傳》：「劉歆、王莽議曰：自是之後，南夷與北夷交侵中國，不絶如綫。《春秋》紀齊南伐楚，北伐山戎，孔子曰：『微管仲，吾其被髮左衽矣。』是故棄桓之過而録其功，以爲伯首。」按：伐山戎在莊公世，《春秋》書人見貶，是伯功猶未大著。《閔二年》「齊人遷陽」，不爲諱，功未足以覆比滅人之惡故也。《論語・憲問》篇「齊桓公正而不譎」，《集解》引馬曰：「伐楚以公義，責包茅之貢不入，問昭王南征不還，是正而不譎也。」《穀梁疏》云：「《論語》稱『齊桓公正而不譎』，指謂伐楚。是責正事大，故馬、鄭指之。」是鄭説同馬，並以伐楚明德及强夷最爲盛也。

齊人執陳袁濤塗。疏《左氏》「袁」作「轅」，彼《釋文》亦作「袁」。古袁、轅通。《隸釋・袁良碑》：「厥先舜苗，世爲封君。周之興，虞閼父典陶正，嗣滿爲陳侯。至玄孫濤塗，初氏父字之姓曰袁。魯僖公四年爲大夫，哀十一年頗作司徒。」《元和姓纂》：「袁，嬀姓，舜後陳胡公滿之後。」胡公生申公，申公生靖伯庚，庚生季子惛，惛生仲牛甫。七代孫莊伯生諸，字伯爰。孫宣仲濤塗，以王父字爲氏，代爲上卿。字或作「轅」，其實一也。轅頗十一代孫袁生。又《後漢書・袁術傳》：「術又以袁氏出陳，爲舜後。」章懷注：「陳大夫轅濤塗，袁氏其後也。」惠氏棟《左傳補注》云：「按：《國三老袁良碑》云：『周之興，滿爲陳侯，至玄孫濤塗立，姓曰袁。』《法言》曰：『齊桓公欲經陳，陳不果内，執袁濤塗。』皆不从『車』旁。」

濤塗之罪何？辟軍之道也。其辟軍之道奈何？濤塗謂桓公曰：「君既服南夷矣，何不還師濱海而東，服東夷，且歸？」**注** 濱，涯也。順海涯而東也。東夷，吴也。從召陵東歸，不經陳，而趨近海道，多廣澤水草，軍所便也。**疏**《校勘記》出「君既服南夷矣」云：「《唐石經》、鄂本、宋本、閩、監本同。毛本『既』誤『能』。」《左傳》：「陳轅濤塗謂鄭申侯曰：『師出於陳、鄭之間，國必甚病。若出於東方，觀兵於東夷，循海而歸，其可也。』申侯曰：『善。』濤塗以告齊侯，許之。」是濤塗恐師出陳竟，故爲此言，爲辟軍道也。○注「濱涯」至「東也」。○《詩·小雅·北山》云「率土之濱」，傳：「濱，涯也。」《國語·晉語》「又爲惠公從予於渭濱」，注：「濱，涯也。」《廣雅·釋詁》：「濱，厓也。」《一切經音義》引《字林》云：「濱，水涯也。」《書·禹貢》「海濱廣斥」，僞孔傳：「濱，涯也。」濱海，猶海濱也。《漢書·地理志》作「海瀕」，「瀕」即「頻」。《詩·大雅·召旻》云「胡不自頻」，《列女傳》作「胡不自濱」是也。○《説文》：「瀕，水厓，人所賓附。」○注「東夷吴也」。○杜云：「東夷，郯、莒、徐夷也。」按：郯、莒等東方小國，莒曾爲桓公所奔，時桓伯正盛，不患不服，故何氏本吴言之。吴時未通上國故也。○注「從召」至「便也」。○舊疏云：「趨，猶鄉也，謂鄉近海之道也。」

桓公曰：「諾。」於是還師濱海而東，大陷于沛澤之中。**注** 草棘曰沛，漸洳曰澤。**疏**《玉篇》：「陷，墜入地也。」《廣韻》：「陷，入地隤也。」即《説文》之「臽」。《説文》：「臽，小阱也。」《廣雅·釋水》云：「臽，阬也。」經傳皆作「陷」矣。○注「草棘」至「曰澤」。○《孟子·滕文公》云「園囿汙池沛澤多」，趙注：「沛，草木之所生也。❶澤，水也。」《後漢書注》引劉熙《孟子注》云：「沛，水草相半。」《風俗通·山澤》篇云：「沛

❶「木」，原作「水」，據《孟子注疏》改。

者，草木之蔽茂，禽獸之所蔽匿也。」「水草交厝，名之爲澤。澤者，言其潤澤萬物，以阜民用也。」蓋分言之則沛以草蔽芾名，澤以水潤澤名，通言之則沛之草即生於水者也。故《管子・揆度》云「焚沛澤」，注：「水草兼處曰沛。」《地官・序官》疏引《纂要》：「水之所鍾曰澤。」棘者，《説文》云「小棗叢生者」。❶ **顧而執濤塗。** 【注】時濤塗與桓公俱行。【疏】《左傳》：「申侯見曰：『師老矣。若出於東方而遇敵，懼不可用也。若出於陳、鄭之間，共其資糧扉屨，其可也。』齊侯説，與之虎牢。執轅濤塗。」如《左傳》，齊侯雖許濤塗，尚未出師東夷，聽申侯告即止。故《史記・齊世家》云：「過陳，陳袁濤塗詐齊，令之出東方，❷覺。秋，齊伐陳。」用《左氏》義也。按：齊如僅受濤塗之詐，旋即覺寤，則執濤塗於師足矣，何至率諸侯師伐陳？桓公方行伯，似不出此。惟已陷沛澤，實受其害，故深恚濤塗，并累及其國。若如《史記》，師已過陳，濤塗始説其師出東夷，則更無及矣。**執者曷爲或稱侯、或稱人？稱侯而執者，伯討也。** 【注】言有罪，方伯所宜討。【疏】下《二十八年》「晉侯執曹伯畀宋人」，《成十五年》「晉侯執曹伯歸之于京師」，皆稱侯而執者也。稱爵，故爲伯討。○注「言有」至「宜討」。○《白虎通・三軍》云：「王法天誅者，天子自出者，以爲王者乃天之所立，而欲謀危社稷，故自出，重天命也。犯王法，使方伯誅之。《尚書》曰：『今予惟恭行天之罰。』❸此言啓自出伐扈也。❹《王制》曰：『賜之弓矢，乃得專征伐。』謂誅犯王法者也。」**稱人而執者，非伯討也。** 【疏】《定元年》「晉人執宋仲幾歸于京師」及此之屬是也。《穀梁傳》：「其人之何也？於是哆然外齊侯也。不正其踰國而執也。」注引江熙曰：「踰國，謂踰陳而執陳大夫。主人之不敬客，繇客之不敬主人，哆然衆有不服之心，故《春秋》因而譏之。」按：此與《左傳》皆以濤塗誤

❶「説文云小棗叢生者」，原脱，據國學基本叢書本《公羊義疏》補。

❷「令」，原作「人」，據《史記》改，又「令」下《史記》無「之」字。

❸「令」，原作「命」，據《尚書注疏》改。

❹四庫本《白虎通義》「此」下有「所以」二字，「伐」下有「有」字。

軍道被執，《穀梁》以濤塗爲不敬齊命被執，共爲譏齊桓非伯討同也。**此執有罪，何以不得爲伯討？古者周公，東征則西國怨，西征則東國怨。**注此道黜陟之時也。《詩》云：「周公東征，四國是皇。」疏《荀子·王制篇》云：「周公南征而北國怨，曰：何獨不來也？東征而西國怨，曰：何獨我後也。」《後漢書·班固傳》：「奏記曰：古者周公一舉則三方怨，曰：奚爲而後已？」《孟子·梁惠王下》、《滕文公下》皆有「東面而征西夷怨，南面而征北狄怨」語，爲湯事。《盡心下》云「東面而征西夷怨，南面而征北狄怨」，又以爲武王事。蓋當時有此語也。江氏聲《尚書集注音疏》云：「《孟子》『天下信之』之言，不似《尚書》之文。《滕文公》『湯始征』云云，與《梁惠王》所引小異。而《梁惠王》明稱『《書》曰』，《滕文公》則否。言『十一征而無敵於天下』，與『天下信之』之文絕殊，信乎皆非《尚書》文也。」觀《公羊傳》、《荀子》、班固《奏記》，則「東面而征」云云，乃本周公事，《孟子》引以釋《書》耳。《繁露·王道》云「古者東征則四國怨」，此《春秋》之救文以質也。明《春秋》雖予桓而不以罪執則譏，從其質也。○注「此道」至「是皇」。○《詩·豳風·破斧》文。❶惠氏棟《九經古義》云：「《白虎通》云：『傳曰：周公入爲三公，出爲二伯，中分天下，出黜陟。《詩》曰：「周公東征，四國是皇。」言周公東征述職，黜陟而天下皆正也。』經典無西征文。荀卿子『周公南征而北國怨，東征而西國怨』，《吕氏春秋·古樂》篇『成王立，殷民反，王命周公踐伐之。商人服象，爲虐于東夷。周公遂以師逐之，❷至于江南。乃爲三象，以嘉其德。』此南征之文也。」董逌《詩攷》云：「『四國是皇』，《齊詩》作『四國是匡』。」匡，正也。故《毛傳》訓「皇」爲「匡」。《白虎通》亦言：「周公東征述職，黜陟而天下皆正也。」《揚子·先知》篇以「昔在周公，四國是皇」與「召伯述職，蔽芾甘棠」對舉。又：「或問爲政，曰思斁。昔在周公，征于東方，四國是王，其思矣夫。」是亦以此爲黜陟時詩也。《魯語》韋注：「周公時爲二伯而東征，則上公爲元帥也。」**桓公假塗于陳而伐楚，**疏《唐石經》、鄂

❶「文」，原作「又」，引《詩》文見《詩經·破斧》，據《毛詩注疏》及國圖藏清抄本《公羊義疏》改。

❷「公」，原作「人」，據《九經古義》及《吕氏春秋》改。

本、宋本、閩、監本同，毛本「塗」作「途」。《白虎通・誅伐》云：「諸侯家國，人人家，宜告主人，所以相尊敬，防并兼也。《春秋傳》曰：『桓公假塗于陳而伐楚。』❶禮曰：『使次介先假道，用束帛。』」則陳人不欲其反由己者，師不正故也。注故令濤塗有此言。疏《左傳》：「濤塗謂鄭申侯曰：『師出于陳、鄭之間，國必甚病。』」明師不正也。《通義》云「師有失律，不便于陳者」是也。《法言・先知》篇云：「夫齊桓公欲經陳，陳不果內，執袁濤塗，其戮矣夫。」又云：「老人老，孤人孤，病者養，死者葬，男子畝，婦人桑之謂思。若汙人老，屈人孤，病者獨，死者逋，田畝荒，杼柚空之謂戮。」不修其師而執濤塗，古人之討則不然也。注以己所招而反執人，古人所不爲也。凡書執者，惡其專執。疏注「以己」至「爲也」。〇謂陳之不欲其反，由己自招，不知自責而反執人，周公所不爲也。《繁露・仁義法》云：「昔楚靈王討陳蔡之賊，齊桓公執袁濤塗之罪，非不能正人也，然而《春秋》弗予，不得爲義，以我不正也。」又《精華》云：「《春秋》之聽獄也，必本其事而原其志。志邪者不待成，首惡者罪特重，本直者其論輕。故逢丑父當斮而袁濤塗不宜執。」亦以濤塗爲國被執，其本直也。〇注「凡書」至「專執」。〇舊疏云：「言雖有罪，方伯所宜討，要須白天子，乃可執之。」然則濤塗之言，既惡齊桓之執有罪，又惡齊桓之專執，蓋交譏之，所以人之也。

秋，及江人、黄人伐陳。疏舊疏云：「內之微者矣。」《穀梁傳》：「不言其人及之者何？❷內師也。」彼以文承齊桓執陳袁濤塗下，嫌是齊師，故解之。按：《左疏》云：「直言及江、黄者，將卑師少，故不言主師，言微者及之。」與舊疏義合。

八月，公至自伐楚。

楚已服矣，何以致伐？疏《莊六年傳》：「得意致會，不得意致伐。」此楚已服，仍致伐，故據以難之。楚叛盟也。注爲桓公不修其師，而執濤

❶「楚」，原作「虢」，據國圖藏清抄本《公羊義疏》、《白虎通義》改。

❷「人」下原衍「之」字，「何」字原脱，據《春秋穀梁傳注疏》刪補。

塗故也。月者，凡公出滿二時月，危公之久。疏《通義》云：「故以未得意乎服楚致也。」○注「月者」至「之久」。○《校勘記》出「凡公出滿三時」云：「閩、監、毛本同，誤也。鄂本『三』作『二』，當據正。」舊疏云：「即此僖公春去秋乃還，而云『八月，公至自伐楚』，又《襄二十八年》『冬公如楚』，《二十九年》『夏五月公至自楚』之屬，皆是危而久之。」按：此由春歷秋，作「三」亦通。《莊五年》「冬，公會齊侯已下伐衛」，至《六年》「秋，公至自伐衛」，兵歷四時而不月者，彼注云：「久不月者，不與伐天子也，故不爲危録之。」明伐天子已危，不須録月也。《校勘記》又云：「解云『危而久之』，『久』字亦有作『之』字者。按：『久』作『之』則不通。」

葬許繆公。注得卒葬於所傳聞世者，許大小次曹，故卒少在曹後。疏舊疏云：「所傳聞之世，微國卒葬例不録之。今許得書葬，故須注解也。何者？正以曹、許雖非大國，亦非微，故得録見也。」許大小次曹者，《春秋》伯、子、男一也，故相次不一。許實男爵，故次于曹，而下五年首戴之會，許在曹上者，會盟之序，皆主會者爲之。《昭十二年傳》所云「其序則齊桓、晉文，其會則主會者爲之。」首戴會時，桓公得意，諸侯背叛，上假王世子示以公義，或序許先于曹，不能以德優劣、國大小相次，非信史矣。繆，《左》、《穀》作「穆」。

冬，十有二月，公孫慈帥師會齊人、宋人、衛人、鄭人、許人、曹人侵陳。注月者，刺桓公不修其師，因見患詐，不内自責，乃復加人以罪。疏《左氏》、《穀梁》「慈」作「兹」。《漢書・地理志》上郡「龜兹」，應劭曰：「音邱慈。」是慈、兹通也。○注「月者」至「以罪」。○舊疏云：「正以侵伐例時，此書月，故須注解也。因見患詐者，言因是不修其師之故，而爲陳之所苦患，遂爲所調詐矣。」按：不修其師，即上傳「陳人不欲其反由己，師不正故也。」

五年，春，晉侯殺其世子申生。

曷爲直稱晉侯以殺？注据鄭殺其大夫申侯稱國也。續問以殺者，問殺所稱例爾，非謂晉侯不當稱國爵也。疏注「据鄭」至

「申侯」。○即下《七年經》云「鄭殺其大夫申侯」是也。○注「續問」至「爵也」。○舊疏云：「若直問曷爲直稱晉侯，即嫌時不合稱晉侯，傳須云『以殺』，明其但怪何故稱晉侯以殺耳。」是也。❶

殺世子母弟直稱君者，甚之也。

注 甚之者，甚惡殺親親也。《春秋》公子貫於先君，唯世子與母弟以今君録，親親也。今舍國體直稱君，知以親親責之。

疏 注「甚之」至「親也」。○《穀梁傳》曰：「目晉侯斥殺，❷惡晉侯也。」《繁露·王道》云：「此其誅也，殺世子母弟直稱君，明失親親也。」《白虎通·誅伐》篇：「父煞其子當誅何？以爲天地之性，人爲貴，人皆天所生也，託父母氣而生耳。王者以養長而教之，故父不得專也。《春秋傳》曰：『晉侯殺其世子申生。』直稱君者，甚之也。」」按：《晉世家》：「獻公謂驪姬曰：『吾欲廢太子，以奚齊代之。』驪姬泣曰：『太子之立，諸侯皆知，而數將兵，百姓附之，奈何以賤妾之故廢嫡立庶？君必行之，妾自殺也。』驪姬詳譽太子，而陰令人譖惡太子，而欲立其子。二十一年，驪姬謂太子曰：『君夢見齊姜，太子速祭曲沃，歸釐於君。』太子於是祭其母齊姜於曲沃，上其薦胙於獻公。獻公時出獵，置胙於宮中。驪姬使人置毒藥胙中。居二日，獻公從獵來還，宰人上胙獻公，公欲饗之。驪姬止之，曰：『胙所從來遠，宜試之。』祭地，地墳；與犬，犬死；與小臣，小臣死。驪姬泣曰：『太子何其忍也！其父而欲弑代之，況他人乎？且君老矣，旦莫之人，曾不能待而欲弑之！』謂獻公曰：『太子所以然者，不過以妾及奚齊之故。妾願子母辟之他國，若早自殺，毋徒使母子爲太子所魚肉也。始君欲廢之，妾猶恨之。至於今，妾殊自失於此。』太子聞之，奔新城。獻公怒，乃誅其傅杜原欵。或謂太子曰：『爲此藥者乃驪姬也，太子何不自辭明之？』太子曰：『吾君老矣，非驪姬，寢不安，食不甘。即辭之，君且怒之，不可。』或謂太子曰：『可奔他國。』太子曰：『被此惡名，誰内我？我自殺耳。』十二月戊申，太子自殺於新城。」《左傳》、《檀弓》並載此事，詳略互見。是知太子母弟無罪，見殺者如是書耳。其殺有

❶「怪」，原作「在」，據國圖藏清抄本《公羊義疏》、《春秋公羊傳注疏》改。

❷「目」，原作「自」，據《春秋穀梁傳注疏》改。

罪之太子母弟則不爾，故公子牙卒，貶去弟也。又《襄二十六年》「宋公殺其世子痤」，注：「痤有罪，故平公書葬。」❶書法雖同，又於葬不葬別之。包氏慎言云：「按：晉侯詭諸以九年卒，不書葬。注：『不書葬者，殺太子。』然則殺太子者不得入先君之兆。絶先祖之嗣，故絶之於先祖也。《康誥》曰：『于父不能字厥子，乃疾厥子。文王作罰，刑兹無赦。』蓋謂此也。其《隱元年》『鄭伯克段于鄢』，不言弟，與牙同也。《後漢書·楊終傳》：『《春秋》殺太子母弟直稱君，甚惡之者，坐失教也。』」與何氏義微異。○注「春秋」至「親也」。○《禮·喪服傳》「諸侯之子稱公子，公子之子稱公孫」，謂次嫡而下通稱也。以公子貫於先君，《春秋》例爾，親疏之別。殷道親親，舍文從質也。○注「今舍」至「責之」。○舊疏云：「今舍國體，謂不直言晉殺申生也。」《襄三十年》「天王殺其弟年夫」，❷注：「王者得專殺。書者，惡失親親也。未三年不去王者，方惡不思慕而殺弟，不與子行也。」

杞伯姬來朝其子。

其言來朝其子何？**注**据微者不當書朝。連來者，内辭也。與其子來者，問爲直來乎？爲下朝出？**疏**注「据微」至「書朝」。○《隱十一年傳》「諸侯來曰朝，大夫來曰聘」，是微者不當書朝也。○注「連來」至「朝出」。○凡《春秋》書來者，皆内辭，故上《四年》「屈完來盟于師」，亦内桓也。舊疏云：「今此傳不云『其言朝其子何』而連來問之者，欲問伯姬來者，爲是無事而來，爲是有事言來者，爲是朝其子而出之。」「直來者，即《莊二十七年》『冬，杞伯姬來』，傳云『其言來何？直來曰來』，注『無事而來』者是也。」

内辭也。與其子俱來朝也。**注**因其與子俱來。禮，外孫初冠，有朝外祖之道，故使若來朝其子，以殺直來之恥，所以辟教戒之不明也。微，無君命，言朝者，明非實。**疏**注「禮外」至「之道」。○《禮·士冠禮》云：「冠者適東壁，北面見于母。」又云：「冠者見

❶「故」，原脱，據《春秋公羊傳注疏》補。
❷「三」，原作「二」，引文見襄公三十年，據《春秋公羊傳注疏》改。

于兄弟，兄弟再拜。入見姑姊，如見母。」又云：「乃易服，奠摯見于君。遂以摯見于鄉大夫、鄉先生。」無見外祖禮。何氏蓋以意推之也。《爾雅·釋親》云：「女子子之子爲外孫。」《禮·喪服》緦麻章「外孫」疏云：「以母出外適而生，故曰外孫。」○注「故使」至「明也」。○《通義》云：「以《世本》校之，是年杞惠公卒，成公立。成公，蓋伯姬所生，故始嗣位即來朝於魯也。未踰年之君不當行朝禮，况婦人無故不踰竟。伯姬之與俱來，尤非禮也。故爲内諱辭曰『來朝其子』，使若子幼而母率之來見者然。」知不然者，以《史記·陳杞世家》「湣公十五年楚惠王滅陳」，上推至僖五年爲武公三十二年。以徐廣注所引《世本》校之，《史記》之「德公」則《世本》之「惠公」，惠公下多一「成公」。十八年，則依《世本》此年正值靖公之四年，亦非未踰年君。然則此伯姬，當即莊二十五年所歸者，爲靖公之母。計靖公生至此十三四年，即位後行冠禮。《左氏》所云「國君十五而生子，冠而生子」故也。冠後與其母俱來與？若如《世家》，在武公之世，則靖公尚爲世子，正《左》疏引沈氏所云「伯姬以莊二十五年六月歸于杞，假令後年生子，則其年十四」，杞伯不宜令其與母來魯。又《穀梁傳》云「婦人既嫁不踰竟，踰竟，非正也。諸侯相見曰朝，伯姬爲志乎朝其子也。伯姬爲志乎朝其子，則是杞伯失夫之道」者是也。❶杜云：「朝其子者，時子年在十歲左右。因有諸侯子得行朝義，而卒不成朝禮，故繫于母，而曰朝其子。」則謂攝君行朝禮也。孔疏云：「諸侯之子，得有攝君之禮行朝之義，但此子幼弱而卒不成朝，故繫于母，而曰朝其子也。若能行朝禮，則世子當如曹伯射姑、杞伯姬別言來耳。」按：如何義，則婦人既嫁不踰竟，故書朝其子殺恥，以辟内女之失教也。《左傳釋文》云：「『杞伯姬來』絶句，來，歸甯。朝其子，猶言其子朝。」○注「微無」至「非實」。○《校勘記》出「言朝者服非實」云：「鄂本『服』作『明』，此誤。疏亦云『經書來朝，明其非實』。」按：何氏上言「据微者不當書朝」，此又云「微無君命」，則與《穀梁》義近，意謂杞伯姬與子俱來，本無武公之命，故不書使。武公不能制其妻與子，則武公與有失焉。又云：「諸侯相見曰朝。以待人父之道待人之子，非正也。故曰『杞伯姬來朝其子』，參譏焉。」以爲直行朝禮，何氏所不取。舊疏云：「曹伯使世子射姑來

❶「夫」上原衍「丈」字，據《春秋穀梁傳注疏》删。

朝，彼言使來朝，則有君命，今既是微人，復不言使，而書來朝，明非實也。」義或然也。

夏，公孫慈如牟。

公及齊侯、宋公、陳侯、衛侯、鄭伯、許男、曹伯會王世子于首戴。疏《左氏》「首戴」作「首止」。按：戴，从𢦏得聲，與止聲古音同在之部，得叚借也。杜云：「首止，衛地。在陳留襄邑縣東南有首鄉。」《大事表》云：「在今河南歸德府睢州東南，接甯陵縣境。」《一統志》：首鄉在歸德府睢州東南。

曷爲殊會王世子？注据宰周公不殊別也。疏注「据宰」至「別也」。○即下《九年》「公會宰周公、齊侯等于葵丘」是也。世子，貴也。世子，猶世世子也。注解貴意也。言當世父位，儲君副主，不可以諸侯會之爲文，故殊之，使若諸侯爲世子所會也。自王者言之，以屈遠世子在三公下，《禮・喪服》斬衰曰「公士大夫之衆臣」是也。自諸侯言之，世子尊於三公。此禮之威儀，各有所施。言及者，因其文可得見汲汲也。世子所以會者，時桓公德衰，諸侯背叛，故上假王世子，示以公義。疏注「言當世父位」。○《白虎通・爵》篇云：「《韓詩内傳》曰：『諸侯三年喪畢，上受爵命於天子。所以名之爲世子何？言欲其世世不絶也。』何以知天子之子亦稱世子也？《春秋傳》曰：『公會王世子於首止。』」天子諸侯世，故稱世子，明當世世父位也。《白虎通》又云：「父在稱世子何？繫於君也。」大夫士以下稱嫡子，長子不世故也。《禮記・郊特牲》云「古者寓公不繼世」，❶爲世絶也。○注「儲君」至「會也」。○閔二年《左傳》説大子云：「君行則守，有守則從，從曰撫軍，守曰監國，古之制也。」是儲君副主也。《穀梁傳》曰：「及以會，尊之也。何尊焉？王世子云者，唯王之貳也。云可以重之存焉，尊之也。何重焉？天子世子，世天下也。」是也。舊疏云：「使若世子爲會主，致諸侯於此而會之，故言使，若諸侯爲世子所會矣。」○注「自王」至「是也」。

❶「寓」，原作「康」，據《禮記注疏》改。

○《校勘記》出「公上大夫之衆臣」云：「鄂本『上』作『士』，此誤。」按：各本俱誤「上」。《禮・喪服》云：「公士大夫之衆臣，爲其君布帶、❶繩屨。」注：「士，卿也。」又傳曰：「公卿大夫室老、士，貴臣，其餘皆衆臣也。君，謂有地者也。」舊疏云：「何氏引《喪服》者，欲言三公，臣有爲之斬衰，世子則無，是卑於三公之義。」○注「自諸」至「所施」。○舊疏云：「即殊與不殊是也，何者？世子於諸侯，將有君臣之義故也。」杜亦云：「不名而殊會，尊之也。王之世子，尊與王同。齊桓行霸，翼戴天子，尊崇王室，故殊貴世子。」按：其言「尊之」，與《公羊》同。其云「桓公行伯，殊貴世子」，謂「殊」爲齊桓之意，非《公羊》義。○注「言及」至「汲也」。○《隱元年傳》「及，猶汲汲也。及，我欲之。」然則此言及者，因會王世子之經，得見魯公汲汲於齊桓矣。並舊疏文。○注「世子」至「公義」。○《繁露・王道》云：「會王世子，譏微也。」明桓公德衰，諸侯背叛，上假王世子也。德衰者，上《四年傳》「楚叛盟也」，注云「桓公不修其師而執濤塗」是也。叛盟者，下「鄭伯逃歸不盟」是也。《穀梁傳》：「天子微，諸侯不享覲。桓控大國，扶小國，統諸侯，不能以朝天子，亦不敢致天王。尊王世子于首戴，乃所以尊天王之命也。世子含王命會齊桓，亦所以尊天王之命也。世子受之可乎？是亦變之正也。天子微，諸侯不享覲，世子受諸侯之尊己而天王尊矣，世子受之可也。」蓋《穀梁》言其文，《公羊》言其實也。

秋，八月，諸侯盟于首戴。

諸侯何以不序？【注】据上會序。【疏】注「据上會序」。○即上列序諸侯某某會于首戴是也。一事而再見者，前目而後凡也。【注】省文從可知，間無事不省諸侯。會盟一事，不舉盟者，時世子不與盟。【疏】《周禮・小宰職》：「二曰師，掌官成以治凡；三曰司，掌官法以治目。」注：「治凡，若月計也。治目，若今日計也。」蓋凡者總，目者散故也。《繁露・深察名號》云：「目者，偏辨其事也。凡者，獨舉其事也。」言此諸侯即上會之諸侯，故從省文也。《春秋正辭》云：「若葵丘先會後盟，新城先伐後救，溫之會先會後圍許。」○注「間無」至「諸侯」。○《昭

❶「布」，原作「有」，據國圖藏清抄本《公羊義疏》、《儀禮注疏》改。

十三年》「公會劉子、晉侯已下于平丘。八月甲戌，同盟于平丘」。彼以其間無事，故省諸侯，今亦無事而不省諸侯，故解之。○注「會盟」至「與盟」。○《文十四年》「公會宋公、陳侯已下同盟于新城」，彼是會盟一事，舉盟爲重，不先別言會于某。今此會盟並舉，故解之，明世子與會不與盟也。所以間無事，必重出諸侯，不則嫌王世子與盟矣。《穀梁傳》曰：「無中事而復舉諸侯何也？尊王世子而不敢與盟也。尊則其不敢與盟何也？盟者，不相信也，故謹信也，不敢以其所不信者而加之尊者。」杜亦云：「間無異事，復舉諸侯者，王世子不盟故也。」

鄭伯逃歸不盟。

其言逃歸不盟者何？注据上言諸侯，鄭伯在其中，弟子疑，故執不知問。疏注「据上」至「知問」。○舊疏云：「亦有無『据』字者，非正本。」《通義》云：「据陳侯逃歸，不言不盟。」**不可使盟也。**注時鄭伯内欲與楚，外依古不盟爲解，安居會上，不肯從桓公盟，故後言不盟。疏《通義》云：「時鄭貳於楚，齊桓不能使之盟也。鄭伯未盟先歸，故統舉諸侯於上，❶特著不盟者於下。陳侯既會乃歸，不可言不會，時又本無盟，事異，故辭異爾。」非何義。○注「時鄭」至「不盟」。○鄭自莊十四年後數受楚兵，上四年屈完雖服，旋即叛盟，勢必加兵於鄭，故有内欲與楚之事也。依古不盟爲解者，即《桓三年傳》「古者不盟，結言而退」是也。**不可使盟則其言逃歸何？**注据後言不盟，居會上辭。疏注「据後」至「上辭」。○何意謂不盟在下，明爲居會上辭，故難之。**魯子曰：「蓋不以寡犯衆也。」**注諸侯以義相約，而鄭伯懷二心，依古不肯盟，故言逃歸，所以抑一人之惡，申衆人之善，故云爾。疏解鄭伯逃歸之故也。蓋諸侯同欲攻鄭，責其不盟，故畏而逃爾。○注「諸侯」至「云爾」。○《通義》云：「諸侯同心欲盟而鄭獨背中國，故抑之，加之賤稱也。」《穀梁》云：「以其去

❶「舉」，原脱，據《春秋公羊經傳通義》補。

諸侯，故逃之也。」亦此義也。故彼注云：「專己背衆曰逃。傳例曰：『逃義曰逃。』」是也。《孔疏》：「《禮》『君行師從，卿行旅從』，雖則會盟，必有師旅。鄭伯棄其師衆，輕身逃歸。《釋例》曰：『國君而逃師棄盟，違其典儀，棄其車服，❶群臣不知其謀，社稷不保其安，此與匹夫逃竄無異。』故例在上曰逃，是言稱逃之意也。」

楚人滅弦，弦子奔黄。疏《通義》云：「以黄、隗、江、六比之，雖與盟同月，不蒙月也。吳、楚始見滅國，例不月，惡而略之甚。」杜云：「弦國在弋陽軑縣東南。」❷《大事表》云：「今湖廣黄州府蘄水縣東三十里有軑縣故城，爲弦地。又河南光州光山縣西南有弦城，蓋光、黄本接壤也。」《水經注·江水》篇：「又東逕軑縣故城南，故弦國也。《春秋》『楚滅弦，弦子奔黄』是也。」《地理志》江夏郡軑下云：「故弦子國。」馬氏宗璉《左傳補注》云：「酈元曰：江水又東經西陽郡南，即西陽縣也。《晉書地道記》以爲古弦子國。《通典》：光州光山縣，漢西陽縣也，春秋弦國之地。仙居縣本漢軑縣，今縣東有弦亭。據《水經注》、《通典》，漢之軑縣、西陽皆弦子地。元凱第釋弦國在軑縣東南，是乃《元和郡縣志》所云弦國之都也。」《紀要》：「軑縣城在黄州府蘄水縣西北四十里，故弦子國。」弦城在光州西南。

九月戊申朔，日有食之。注此象齊桓德衰，是後楚遂背叛，狄伐晉滅温，晉里克比弑其二君。疏注「此象」至「二君」。○《釋文》作「比殺」，申志反。楚遂背叛者，即上《四年傳》「楚叛盟」、下《六年》「楚人圍許」是也。狄伐晉滅温，即下《八年》「狄伐晉」、《十年》「狄滅温」是也。晉里克比弑二君，即下《九年》「晉里克弑其君之子奚齊」、《十年》「晉里克弑其君卓」是也。《漢書·五行志》云：「僖公五年九月戊申朔，日有食之。董仲舒、劉向以爲先是齊桓行伯，江、黄自至，南服强楚。其後不内自正，而外執陳大夫，則陳、楚不附，鄭伯逃盟，諸侯將不從桓政，故天見戒。其後晉滅虢，楚圍許，諸侯伐鄭，晉弑二君，狄滅温，楚伐黄，桓不能救。劉歆以爲七月秦、晉分。」

冬，晉人執虞公。

虞已滅矣，其言執之何？注据滅言以

❶「車」，原作「章」，據《春秋釋例》改。

❷「軑」，原脱，據《春秋左傳注疏》補。

歸。上傳云「四年反取虞」，知去滅，變以歸言執。**疏**注「据滅言以歸」。○即下《二十六年》「楚人滅隗，以隗子歸」是也。○注「上傳」至「取虞」。○見上《二年傳》。○注「知去」至「言執」。○以上傳明云「取虞」，知此爲滅虞，則書「執」爲變「以歸」辭矣。

不與滅也。曷爲不與滅？滅者，亡國之善辭也。注言滅者，王者起當存之，故爲善辭。**疏**注「言滅」至「善辭」。○《論語·堯曰》篇「興滅國」，彼述武王克殷事，明滅國當興也。滅者，亡國之善辭。下《十九年》「梁亡」，書「亡」爲自亡，與此之「變以歸言執」，皆《春秋》所絶也。

滅者，上下之同力者也。注言滅者，臣子與君戮力一心，共死之辭也。不但去滅，復去以歸，言執者，明虞公滅人以自亡，當絶，不得責不死位也。晉稱人者，本滅而執之，不以王法執治之，故從執無罪辭也。虞稱公者，奪正爵，起從滅也。不從滅例月者，略之。**疏**注「言滅」至「辭也」。○《校勘記》云：「鄂本『勠』作『戮』。此本文十三年疏所引同。《釋文》：『戮，又作『勠』。』」葉本《釋文》云：「又作『戮』。」則正文當作「勠」字，鄂本注作「勠」，與《釋文》葉本合。《通義》云：「謹按：再言『滅者』，言不與滅有二義：一則罪虞貪賄，滅人以自亡，故不與善辭；一則見晉詐諼取之，虞君臣無拒守之力，故不得言『滅』也。《左傳》曰『罪虞公，且言易也』，與此傳同義也。」○注「不但」至「位也」。○《繁露·王道》云：「虞公貪財，不顧其難，受晉之璧、屈産之乘，假晉師道，還以自滅。宗社破毁，社稷不祀，身死不葬。」又云：「觀乎虞公、梁亡，知貪財枉法之窮。」是其滅人以自亡，故上二年坐虞滅人首惡，序晉上，此復辱其滅辭也。責以死位者，如《莊十年》書「譚子奔莒」，此上「弦子奔黄」之屬是也。杜云：「虞公貪璧馬之寶，距絶忠諫，稱人以執，同於無道於其民之例，所以罪虞。」《繁露·滅國上》云：「虞公不用宫之奇，晉獻亡之。存亡之端，不可不知也。諸侯見加以兵，逃遁奔走，至於滅亡而莫之救，平生之素行可見也。」○注「晉稱」至「辭也」。○《通義》云：「稱人以執者，惡晉也。」按上《四年傳》云「稱人以執者，非伯討也」，明晉不以王法治之，非伯討，故從執無罪辭。杜云：「晉侯修虞之祀，而歸其職貢於王，故不以滅同姓爲譏。」非也。沈氏欽韓《左傳補注》云：「《春秋》之義，有見於彼而略於此者，于彼見一義，於此又見一義。滅同姓，惡之甚者也，於衛侯燬滅邢見之，則其例可以類推。此言晉人執虞公，則虞公之國亡身虜，有以自取，又別起一義，非以晉之罪爲可恕也。刼賊殺人取財而分貨於上，罪亦可免乎？」是其義也。○注「虞稱」至「滅也」。○包氏慎言云：「此言王者起，亦絶而不録也，謂直絶其宗祀。」《通義》云：「虞稱公者，蓋嘗爲三公。」按：虞之正爵不可考，周時二王之後稱公，正爵也。天子三公亦稱公，職名也。虞公以官稱，知爲奪正爵，起其滅也。「從」字疑衍，當涉下文「不從滅例」而誤耳。《穀梁注》引江熙云：「《春秋》有州公、郭公、虞公，凡三公，非爵也。傳以爲下執之辭，嘗試因此論之。五等諸侯，民皆曰公，存有王爵之限，没則申其臣民之稱。州公舍其國，故先書州公；郭公盗而歸曹，❶故先名而後稱郭公；夏陽亡則虞爲滅國，故宜稱虞公。三人殊而一致，三公舛而同歸，生死齊稱，蓋《春秋》所賤。」按：《穀梁傳》云：「其曰公何也？猶曰其下執之之辭也。」❷亦即奪正爵之義。《魏策》云：「昔者晉人欲亡虞而先伐虢，伐虢者，亡虞之始也。故荀息以馬與璧假道於虞，宫之奇諫而不聽，卒假晉道。晉人伐虢，反而取虞，故《春秋》書之，以罪虞公。」○注「不從」至「略之」。○滅例月者，《莊十年》「冬十月齊師滅譚」、《十三年》「夏六月，齊人滅遂」之屬是也。《莊十年》「三月，宋人遷宿」，注云：「月者，遷取王封，當與滅人同罪。書者，宋當坐滅人，宿不能死社稷，當絶也。」若然，彼「譚子奔莒」注云「月者，惡不死位」，與尋常小國奔殊也。此不月，故爲略辭。

六年，春，王正月。

夏，公會齊侯、宋公、陳侯、衛侯、曹伯伐鄭，圍新城。疏 杜云：「新城，鄭新密，今滎陽密縣。」《大事表》云：「今許州府密縣東南三十里有故密城。」《水經注·洧水》篇「洧水又東逕密縣故城南，《春秋》謂之新城。《左傳》僖六年會諸侯伐鄭，圍新密」是也。

❶「盗」，原作「資」，據《春秋穀梁傳注疏》改。
❷「執」下原衍「上」字，據《春秋穀梁傳注疏》删。

《漢書・地理志》「河南郡密」下師古注云：「此即《春秋》僖六年圍新密者也，蓋鄭地。」

邑不言圍，此其言圍何？彊也。**注**惡桓公行霸，彊而無義也。鄭背叛，本由桓公過陳不以道理，當先修文德以來之，而便伐之，彊非所以附疏。**疏**《隱五年》「宋人伐鄭，圍長葛」，傳文與此同。彼注云「据伐於餘丘不言圍」是也。下《二十三年》「齊侯伐宋，圍緡」，經文與此同。傳云：「邑不言圍，此其言圍何？疾重故也。」義各有當，皆惡辭也。○注「惡桓」至「附疏」。○毛本「由」誤「白」，「便」誤「使」，依宋本正。《繁露・精華》云：「損人之國而執其大夫，不救陳之患而責陳不禮，❶不復安鄭而必欲迫之以兵。」謂此。《説苑・指武》云：「聖人之治天下也，先文德而後武力。凡武之興，爲不服也，文化不改，然後加誅。夫下愚不移，純德之所不能化，而後武功加焉。」

秋，楚人圍許，諸侯遂救許。**疏**《左傳》：「楚子圍許以救鄭，諸侯救許，乃還。」《穀梁傳》：「善救許也。」

冬，公至自伐鄭。**注**事還於救許，以伐鄭致者，舉不得意。**疏**注「事還」至「得意」。○《莊六年傳》云：「不得意致伐。」已移師救許，仍以「伐鄭」作不得意辭者，下《七年》書「齊人伐鄭」，明此不得意，故復伐也。據《左傳》諸侯救許，楚師即還，無爲不得意也。

七年，春，齊人伐鄭。

夏，小邾婁子來朝。**注**至是所以進稱爵者，時附從霸者，朝天子，旁朝罷，行進，齊桓白天子進之，固因其得禮，著其能以爵通。**疏**注「至是」至「爵者」。○舊疏云：「決莊五年『倪黎來來朝』之文。」《通義》云：「進稱爵者，始受王命，列爲諸侯也。」杜注亦云：「郳犂來，始得王命而來朝也。」按：《莊五年傳》：「倪者何？小邾婁也。小邾婁則曷爲謂之倪？未能以其名通也。」❷故此稱子，爲

❶「禮」，四庫本《春秋繁露》作「離」。下注云：「他本或作『納』。」本書卷三十一引亦作「納」。

❷「未」，原作「來」，據《春秋公羊傳注疏》改。

進稱爵。○注「時附」至「爵通」。○《校勘記》云：「鄂本『罷』作『能』。按：『旁』應讀去聲，於朝天子罷而朝魯，所謂朝罷朝也。作『能』者應誤。」舊疏云：「小邾婁子朝天子不書者，例所不録。以諸侯之法，五年一朝天子是常事，故不書之也。朝魯謂之旁朝者，欲對朝王爲正朝故也。」按：小邾婁因朝天子，齊桓白天子進稱爵，然不合書。時旁朝魯，魯爲受命王，因得禮，書其爵，以示法也。

鄭殺其大夫申侯。

其稱國以殺何？**注** 据晉侯殺其世子申生稱侯。**疏** 注「据晉」至「稱侯」。○見上五年。

稱國以殺者，君殺大夫之辭也。**注** 諸侯國體，以大夫爲股肱，士民爲肌膚，故以國體録。**疏**《孟子・告子下》云「無專殺大夫」，故稱國以殺，無貶辭也。《通義》云：「謹案：稱國者，衆辭，言非君得專殺之，與衆棄之者也。殺世子、母弟不稱國者，不與國人慮兄弟也。古者刑人于市，刑公族于甸師，是其義也。」

秋，七月，公會齊侯、宋公、陳世子款、鄭世子華盟于甯毋。**疏**《穀梁》「甯母」，《左傳釋文》：「母，如字，又音無。」注同。《校勘記》云：「閩本『毋』作『母』。《釋文》：『甯毋，音無。或音某。』葉鈔本及唐石經作『甯母』。」《穀梁釋文》亦作「母」。按：甯、寧音義通。《禮記・禮運》注「陳靈公與孔甯儀行父」，《釋文》：「甯，本又作寧。」今《左傳》作「寧」，《公羊》作「甯」是也。《説文・用部》：「甯，所願也。从用，寧省聲。」《丂部》：「寧，願詞也。从丂寍聲。」是其證。杜云：「高平方與縣東有泥母亭。音如甯。」《一統志》：「泥母亭在兖州府魚臺縣東二十里。」《大事表》云：「在今兖州府魚臺縣東二十里。」《水經注・菏水》：「又東逕泥母亭北。《春秋左傳》盟于甯母，謀伐鄭也。」《差繆略》云：「《左氏》『陳世子欵』下又有『鄭世子華』，誤加之也。寧，《左氏》作『甯』。」則陸所見《公》、《穀》本無鄭世子華。「甯」作「寧」，俱與今本異。趙氏坦《異文箋》云：「陸氏殆因《左氏傳》有『會而列姦，何以示後嗣』及『記姦之位，君盟替矣』之語而云然。然《唐石經》、《左》、《公》、《穀》並有『鄭世子華』四字。」

曹伯般卒。**疏**《左氏》、《穀梁》「般」作「班」。《易・屯》六二「乘馬班如」，《釋文》：「鄭本作『般』。」《左傳》襄十八年云「有班馬之聲」，《釋言》注引作「般」。《書・分器序》「班宗彝」，《釋文》：「班，本又作『般』。」是音義通。

公子友如齊。

冬，葬曹昭公。

八年，春，王正月，公會王人、齊侯、宋公、衛侯、許男、曹伯、陳世子款、鄭世子華盟于洮。**疏**《校勘記》云：「《唐石經》、諸本同。按：《左氏》、《穀梁》無『鄭世子華』，故下『鄭伯乞盟』，此蓋因注言『甯母之盟，陳鄭遣世子』而誤衍。」趙氏坦《異文箋》亦云：「此經下即次『鄭伯乞盟』，則鄭世子華不會盟可知。《公羊》衍此四字。」杜云：「洮，曹地。」《大事表》云：「僖三十一年，晉文公分曹地，自洮以南，東傅于濟。即此。今曹州府濮州西南五十里有洮城。」《水經注》：「今鄄城西南五十里有姚城，或謂之洮。」

王人者何？微者也。曷爲序乎諸侯之上？先王命也。**注**銜王命會諸侯，諸侯當北面受之，故尊序於上。時桓公德衰，甯毋之盟常會者不至，而陳、鄭又遣世子，故上假王人之重以自助。**疏**注「銜王」至「於上」。○《穀梁傳》曰：「王人之先諸侯何也？貴王命也。朝服雖敝，必加于上。弁冕雖舊，必加於首。周室雖衰，必先諸侯。」《漢書・翟方進傳》：「涓勳奏言：《春秋》之義，王人微者，序乎諸侯之上，尊王命也。」《周禮・內司服》注：「《春秋》之義，王人雖微者猶序於諸侯之上，所以尊尊也。」疏云：「以其天子中士已上於經見名氏，天子下士名氏不見，今直云人，是天子下士，序在諸侯之上，是尊王命。」○注「時桓」至「自助」。○「甯毋之盟」見上七年，彼云「公會齊侯、宋公、陳世子款、鄭世子華盟于甯毋」，是陳、鄭皆遣世子也。衛侯、許男等皆不至，是常會者不至也。桓公假王人之重，與上《五年》「會王世子于首戴」同。

鄭伯乞盟。

乞盟者何？處其所而請與也。**注**以不序也。疏《繁露·觀德》云：「洮之會，鄭處而不來，謂之乞盟。」《穀梁》亦云：「乞者，處其所而請與也。」注：「言乞，知不自來。」《通義》云：「處其所者，居其國而不自來也。與，許也，使請見許盟于齊也。」○注「以不序也。」○謂洮之會不序鄭也，是知《公羊》亦無鄭世子華矣。其處其所而請與奈何？蓋酌之也。注酌，挹也。時鄭伯欲與楚，不肯自來盟，處其國，遣使挹取其血而請與之約束，無汲汲慕中國之心，故抑之使若叩頭乞盟者也。不録使者，方抑鄭伯，使若自來也。不盟不爲大惡者，古者不盟也。

疏注「酌挹也」。○《穀梁傳》亦曰「蓋汋之也」，注：「汋血而與之。」《通義》云：「《周官》『邦汋』，先鄭司農曰：『汋，讀如『酌酒尊中』之『酌』。斟酌盜取國家密事，若今時刺探尚書事。』然則『酌之』，猶言『探之』也，鄭屬與楚，❶不敢親來盟，使世子爲乞盟，以探齊侯之意。蓋齊侯許之，故下葵丘之盟，鄭伯遂自至也。」《讀書叢録》云：「《周禮·士師》：『掌士之八成：❷一曰邦汋。』鄭司農注：『國汋者，斟酌盜取國家密事。』謂鄭探知之而請盟也。汋、酌古今字。」按：《禮記·坊記》「上酌民言」，注：「酌，猶取也。」《詩·酌序·釋文》：「酌，本作汋。」故《穀梁》亦作「汋」。《莊子·田子方》篇「夫水之於汋也」，❸《釋文》引李注：「汋，取也。」《禮記·郊特牲》云「縮酌用茅」，注：「酌，猶斟也。」《左傳》成六年「子爲大政，將酌於民者也」，注：「酌取民以爲政。」又《成十四年傳》「不内酌飲」，皆挹取之義，故何氏訓「酌」爲「挹」，孔氏、孫氏説非何義。○注「時鄭」至「者也」。○毛本「乞盟」誤「乞明」。《孟子·告子下》「束牲載書而不歃血」，注：「但加載書，不復歃血。」《周禮·司盟職》「掌盟載之法」，謂盟時爲書，殺牲取血，坎其牲而加書以埋之，故《左傳》襄二十六年伊戾誣太子痤與客盟，謂坎用牲加書也。鄭伯心二於楚，又懼中國，但遣使挹血爲盟，故《春秋》抑之，書乞也。下九年《穀梁傳》曰「葵丘之會，陳牲而不殺」，注「所謂無歃血之盟」

❶「與」，原作「於」，據《春秋公羊經傳通義》改。
❷「士」，原作「王」，據《讀書叢録》及《周禮注疏》改。
❸「於」，原作「可」，據四庫本《莊子注》改。

是也。彼疏云：「八年洮會云『汋血與鄭伯』者，彼兵車之會故也。」以彼《莊二十七年傳》云「衣裳之會十有一，未嘗有歃血之盟」，故楊如此解也。范注又引鄭君云：「盟牲，諸侯用牛，大夫用豭。」○注「不録」至「來也」。○鄭伯使人來盟，宜書鄭伯使某乞盟，如《襄三年》「陳侯使袁僑如會」矣。欲深抑鄭伯之即夷背中國，故特鄭伯若自乞盟也。○注「不盟」至「盟也」。○「古者不盟」，桓三年傳文。舊疏云：「知非大惡者，正以鄭伯不貶不絶故也。若其是大惡，宜如陳佗之貶爵書名矣。」是也。

夏，狄伐晉。

秋，七月，禘于太廟，用致夫人。疏《禮記・雜記》云：「孟獻子曰：『正月日至，可以有事于上帝；七月日至，可以有事于祖。』七月而禘，獻子爲之也。」注云：「獻子欲尊其祖，以郊天之月對月禘之，非也。魯之宗廟，猶以夏時之孟月也。《明堂位》曰：『季夏六月，以禘禮祀周公于太廟。』」《正義》云：「周之季夏，即夏之孟月，建巳之月。《春秋》宣九年獻子始見經，僖八年於時未有獻子。而七月禘者，鄭答趙商云：『以僖八年正月公會王人于洮』，六月應禘，以在會未還，故至七月乃禘。君子原情免之，理不合譏，而書之，爲致夫人，故書七月禘也。」義或然也。

用者何？用者，不宜用也。致者何？致者，不宜致也。禘用致夫人，非禮也。注以致文在廟下，不使入廟，知非禮也。禮，夫人始見廟，當特祭，而因禘諸公廟見，欲以省煩勞，不謹敬，故譏之。不日者，下用失禮明。疏《穀梁傳》曰：「用者，不宜用者也。致者，不宜致者也。」○注「以致」至「禮也」。○以經書致，用在廟下，不宜己見也。《通義》云：「禘，夏祭名。時祭當以夏正首月，周七月非所用禘也。時因夫人始至，特用禘禮使見於廟，故譏其不宜用、不宜致。《禮器》曰『不善嘉事』，鄭司農以爲『嘉事之祭，致夫人是也』。乃取此經説之。」《解詁箋》云：「夫子曰：魯之郊禘，非禮也。《春秋》因假以見王義，故曰舍魯何適，非以爲内小惡不諱也。禮，不王不禘。禘者，審諦功德，功臣與祭，非審諦昭穆也。《商頌・長發》備矣。」○注「禮夫」至「譏之」。○《禮・昏禮》述士禮云：「舅姑既没，則婦入三月，乃奠菜。」又記云：「婦入三月，然後祭行。」然則新婦三月行廟見禮，所謂特祭也。於後值時祭則助祭，所謂祭行也。故彼注云：「入夫之室三月之後，於祭乃行，謂助祭也。」程氏瑶田《通藝録》云：「助祭，自兼嫡婦、庶婦言，賈疏惟指嫡婦，未備。若三月廟見，則惟嫡婦以廟見奠菜，象盥饋，庶婦不饋，則亦不奠菜也。《禮記・曾子問》云：『三月而廟見，稱來婦也。擇日而祭于禰，成婦之義也。』推之諸侯夫人，理亦宜然。此夫人未特行廟見，遇有禘祭，因而致之，故爲譏省煩勞，不敬謹也。」○注「不日」至「禮明」。❶○毛本「失禮」誤「夫禮」。舊疏云：「《隱五年》『考仲子之宫』下注云『失禮鬼神例日』。此亦失禮而不書日，故知用在廟下，失禮已明，不勞舉日也。」《通義》云：「有事宗廟例日，❷不日者，不主爲祭事譏，故從夫人至例，本不日也。」

夫人何以不稱姜氏？貶。曷爲貶？**注**据夫人姜氏入不貶。**疏**注「据夫」至「不貶」。○《莊二十四年》「夫人姜氏入」是也。

譏以妾爲妻也。**注**以逆不書。入廟當稱婦姜，而稱夫人者，夫人當坐篡嫡也。妾之事嫡，猶臣之事君同。**疏**注「以逆不書」。○舊疏云：「欲道傳家知以妾爲妻者，正以初逆不書，與桓、莊之屬夫人文異故也。」是也。○注「入廟」至「嫡也」。○《宣元年》「遂以夫人婦姜至自齊」是也。婦者，有姑之詞，成風在，故宜稱婦姜氏。今不然，故知坐篡。舊疏云：「入廟當稱婦，今而稱夫人，明其有篡嫡之心，欲得爲夫人，是以稱之曰夫人，見其當有篡嫡之罪矣。猶如桓、宣篡弑得即位，是以《春秋》亦如其意，書其即位，明其本意耳。」○注「妾之」至「君同」。○《釋名・釋親》云：「妾謂夫之嫡妻曰女君。」《禮・喪服》不杖期章「妾爲女君」，賈疏云：「妾事女君，使與臣事君同，故次之。」謂次爲君之父母、妻、長子、祖父母也。敖繼公《儀禮集説》云「此服期與臣爲小君之義相類」是也。妻與夫敵體，婦人無爵，從夫之爵，故妾以夫爲君，即以嫡妻爲女君，是與臣事君同也。《繁露・王道》云：「立夫人以嫡不以妾。」舊疏云：「注言此者，欲道妾之篡嫡欲得爲夫人，《春秋》書之曰夫人，猶如臣子篡君欲得即位，

❶「日」，原作「月」，據上注文改。

❷「有事」二字原脱，據《春秋公羊經傳通義》補。

而《春秋》亦書即位之義矣。」其言以妾爲妻奈何？蓋脅于齊媵女之先至者也。**注**以不致楚女，及夫人至皆不書也。僖公本聘楚女爲嫡，齊女爲媵，齊先致其女，脅僖公使用爲嫡，故從父母辭言致。不書夫人及楚女至者，起齊先致其女，然後脅魯立也。楚女未至而豫廢，故皆不得以夫人至書也。**疏**《繁露·七十》云：「妾不奉君之命，則媵女先至者也。」○注「僖公」至「爲媵」。○舊疏云：「《春秋説》文。」《通義》云：「謹案：齊女，聖姜也。楚女，頃熊也。禮，同姓相媵，異姓則否。而魯嫁伯姬，齊人來媵。邾文公元妃齊姜，二妃晉姬。末世之事，不復依古，是以齊女得爲楚媵矣。」按：同姓相媵，本《左氏》家言，未可爲據。《解詁箋》云：「傳以夫人爲聖姜，《穀梁》以爲成風，皆立妾之詞，非禮也。《詩》曰：『魯侯燕喜，令妻壽母，宜大夫庶士，邦國是有。既多受祉。』妻，聖姜。母，成風。宜，言不宜也。既多，言弗戡也。皆微辭。《春秋》之制，諸侯世子，誓于天子，得外取，公子與大夫同。不得外取，即位逆夫人，❶備左右媵姪娣焉。聖姜，蓋僖公未即位時取於齊者，經無如楚逆女及夫人姜氏至自齊之文，故傳爲存疑詞。」按：如劉説，僖公庶子，宜與大夫同，不外取，烏得未即位時即取於齊？欲違傳義，無實據焉。○注「齊先」至「言致」。○《成九年》「季孫行父如宋致女」，注：「古者婦人三月而後廟見，稱婦，擇日而祭于禰，父母使大夫操禮而致之。」故言致，爲從父母辭也。○注「不書」至「書也」。○《校勘記》云：「元年疏引作『脅魯使立也』，此脱『使』字。」舊疏云：「皆欲道若齊女未至，而已脅魯之時，可以書其至。今先致其女，乃後脅魯爲夫人，其初至之時乃爲媵妾，是以不得書其至矣。」按：齊先致女，後脅立，故齊女不得以夫人至。其楚女未至而豫廢，故又不得書楚女至也。《左氏》以爲禘而致哀姜。按：哀姜淫於二叔，比弑二君，爲齊桓所誅，僖公無緣復致爲夫人。《穀梁》以爲成風，注云「立之以爲夫人」，然子無立母之義，即母以子貴，即位除喪時即宜尊立，何至此

❶「逆」下，原衍「女」字，據《春秋公羊經何氏釋例後録·解詁箋》删。

始因禘而致與？齊先致其女，脅魯使立，宜亦《春秋説》文。

冬，十有二月丁未，天王崩。注惠王也。疏包氏慎言云：「經書『十二月丁未，天王崩』，月之二十一日。」按：是月己丑朔，當十九日。

公羊義疏三十一

句容陳立卓人著

僖九年盡十二年。

九年，春，王三月丁丑，宋公禦説卒。**疏**包氏慎言云：「經書『三月丁丑，宋公禦説卒』，月之二十二日。」《左氏》經作「正月」，正月之二十一日亦爲丁丑。禦説，《左氏》作「御説」，禦、御通。《史記·宋世家》云「公子禦説奔亳」，《漢書·古今人表》「宋桓公禦説」，俱與此同。按：三月朔爲戊午，丁丑當月之二十日。若正月，當十九日。

何以不書葬？爲襄公諱也。**注**襄公背殯出會宰周公，有不子之惡，後有征齊憂中國尊周室之心，功足以除惡，故諱不書葬，使若非背殯也。**疏**注「襄公」至「殯也」。○監本「也」作「者」。背殯出會事在下下十八年，傳：「曷爲不使齊主之？與襄公之征齊也。桓公死，豎刀、易牙争權不葬，爲是故伐之也。」是征齊之文也。又《十九年》「宋人執滕子嬰齊」，注：「名者，著葵丘之會，叛天子命者也。」又《二十一年》傳：「曷爲不言捷乎宋？爲襄公諱也。」注：「襄公本會楚，欲行霸憂中國也。」是有憂中國尊周室之心也。桓公無不合葬，今不書葬，故知爲襄公諱也。《白虎通·喪服》云：「諸侯朝而有私喪，得還何？凶服不入公門。君不呼之義也。」是則諸侯雖當朝會，一聞私喪，即當還歸。其背殯出會之非愈見。《春秋》爲宋襄、晉文諱，諱之，正以刺之也。《解詁箋》云：「《春秋》託齊桓爲二伯，宋有大喪，而强會其孤，故不書葬，❶兼爲齊桓諱，❷與陳侯欵同例。」《通義》云：「此亦兼爲齊桓諱，與陳侯欵同意。」按：孔説是。

夏，公會宰周公、齊侯、宋子、衛侯、鄭伯、許

❶「書」下，原衍「諱」字，據《春秋公羊經何氏釋例後録·解詁箋》删。

❷「兼」，原作「嫌」，據《春秋公羊經何氏釋例後録·解詁箋》改。

男、曹伯于葵丘。**疏**杜云：「陳留外黄縣東有葵丘城。」《釋例》：「或曰河東汾陰縣爲葵丘，非也。」《大事表》云：「今在歸德考城縣東三十里。」亦用杜説。《水經注·泗水》篇「黄溝自城南東經葵丘下，《春秋》齊桓公會諸侯于葵丘」是也。馬氏宗璉《春秋左傳補注》云：❶「酈元引《春秋古地》云：『葵丘，地名，今鄴西三臺是也。』❷鄴本齊桓公所置，管子築五鹿、鄴、中牟以衛諸夏，是葵丘宜在鄴，與宰孔勤遠略之言相合。」《元和志》：「在曹州考城縣東南一百五十步。」《考城縣志》：「葵丘東南有盟臺，其地名盟臺鄉。」《四書釋地續》云：「《春秋》有二葵丘：一齊地，近在臨淄縣西，❸連稱、管至父所戍者。一宋地，司馬彪云陳留外黄縣東有葵丘聚。❹齊桓會此城中，遠在齊之西南，故宰孔稱齊侯西爲此會也。」全氏祖望《經史問答》云：「葵丘有三：其一在齊，其一在陳留之外黄，其一在晉，見於《水經注》。然宰孔論桓公之盟，❺以爲西略，則似非陳留之外黄也。答云：杜預以爲外黄亦有以爲汾陰之葵丘者，而杜非之，以爲若是汾陰則晉乃地主，夏會秋盟，豈有不預之理？杜言亦近是。然愚則以爲宰孔明言西略，而以爲陳留，是仍東略也，則宜在汾陰。蓋當時之不服桓公者楚，而晉實次之，周惠王之言可驗也。故桓公特爲會於晉地以致之，❻亦伯者之用心也。」按：陳留在齊西南，以爲西略，無不可。然上言南伐楚，楚更在陳留西南，文義似乖。而在汾陰亦太遠，則似在鄴者近是。鄴亦近晉，故晉獻欲會葵丘也。

宰周公者何？天子之爲政者也。**注**宰，猶治也。三公之職號尊名也。以加宰，知其職大尊重，當爲天子參聽萬機，而下爲諸侯所會，惡不勝其任也。宋未葬不稱子某者，出會諸侯，非尸柩之前，故不名。**疏**注「宰猶治也」。○《小爾雅·廣詁》云：「宰，治也。」《文選注》引《聲類》云：「宰，治也。」《白虎通·

❶「左傳」下原衍「古地」二字，馬宗璉此書名爲《春秋左傳補注》，據删。
❷「三」，原脱，據四庫本《水經注》補。
❸「西」，原脱，據《四書釋地續》補。
❹「聚」，原脱，據《四書釋地續》補。
❺「桓公」，原作「齊侯」，據《經史問答》改。
❻「地」，原作「也」，據《經史問答》改。

爵》篇云：「所以名之爲冢宰何？冢者，大也。宰者，制也。大制事也。」《書疏》引《周官》馬傳云：「宰，制也。」制，治義通。○注「三公」至「名也」。○《漢書・翟方進傳》：「《春秋》之義，尊上公謂之宰，海内無不統也。」《風俗通・十反》云：「《春秋》尊公曰宰，其吏爲士。言於四海，無所不統焉。」古者坐而論道，謂之王公，宰則又三公中爲政者，故爲職號尊名也。《通義》云：「以三公領太宰者也。」○注「以加」至「任也」。○舊疏云：「決上五年首戴之會，總序諸侯，乃言會王世子。若以世子爲會主，致諸侯于此會而會之然也。今此宰周公，文與彼異，故知下爲諸侯所會。」按：《後漢書・仲長統傳》：「《法誡篇》曰：《周禮》六典，冢宰貳王而理天下。春秋之時，諸侯明德者，皆一卿爲政。」是宰職大尊重，與天子參聽萬機也。萬機者，《書・皋陶謨》云「一日二日萬幾」，彼《釋文》云：「徐音機。」孔傳：「言當戒懼萬事之微也。」《穀梁傳》曰：「天子之宰，通乎四海。」注：「三公論道之官，無事于會盟。」是亦用《公羊》義也。○注「宋未」至「不名」。○《莊三十二年傳》云：「君存稱世子，君薨稱子某，既葬稱子，踰年稱公。」此非尸柩前，無君前臣名之義，故稱子不名，知未葬者。上宋公卒在三月，此夏三月，俱在五月限内也。若然，《桓十一年》「鄭忽出奔衛」，注云「據宋子既葬稱子」者，彼統以未踰年言之，明雖葬仍宜稱子也。宋子出會，非居尸柩前，同既葬之稱，故彼注即据此爲既葬以難也。彼疏引此注「非」下有「居」字，蓋既葬稱子者正稱，未葬亦稱子，以王事出會，故屈其本稱，亦不以家事辭王事義也。《通典》引《異義》：「《公羊説》云：諸侯未踰年不出境，在國中稱子，以王事出亦稱子，非王事而出亦稱子，會同。安父位，不稱子。鄭伯伐許，未踰年，以本爵，譏不子也。《左氏説》：諸侯未踰年，在國内稱子，以王事出則稱爵，詘於王事，不敢申其私恩，鄭伯伐許是也。《春秋》不得以家事辭王事，諸侯蕃衛之臣，雖未踰年，以王事稱爵故也。」鄭駁曰：「昔武王卒父，業既除喪，出至孟津之上，猶稱太子者，是爲孝也。今未除喪而出稱爵，是與武王義反矣。《春秋》僖九年『春三月丁丑，宋公禦説卒。夏，公會宰周公、齊侯、宋子、衛侯、鄭伯、許男、曹伯于葵丘』。宋子即未踰年君也，出與天子大夫會，是非王事而稱子耶？」按：《左傳》明云「凡在喪，王曰小童，公侯曰子」，不別在國出外之異，知《左氏》説當亦與《公羊》同也。

《曲禮》疏云：「《公羊》未踰年爲王事者皆稱子，即宋襄公稱子、陳共公稱子是也。《左氏》未踰年爲王事者稱爵，鄭《駁異義》引宋襄公稱子，從《公羊》之説，以爲稱子禮也。」孔疏節引《異義》説也。《禮記・雜記》云：「君薨，大子號稱子，待猶君也。」注：「謂未踰年也。雖稱子，與諸侯朝會如君矣。《春秋》魯僖公九年夏葵丘之會，宋襄公稱子，而與諸侯序。」疏云：「宋襄公稱子，序在齊侯之下，與尋常宋公同，是與諸侯序也。」

秋，七月乙酉，伯姬卒。**疏** 包氏慎言云：「伯姬之卒，係在八月二日，而經書於七月。按：曆乙酉爲八月朔日，若七月大，則乙酉爲三十日。」

此未適人，何以卒？**注** 据杞叔姬不卒。

疏 注「据杞叔姬不卒」。○舊疏云：「宜作伯姬字，即《莊二十七年》『春，公會杞伯姬于洮』，注云：『伯姬不卒者，蓋不與卒于無服。』此未適人，何以卒？故難之也。《春秋》之内，唯有『杞叔姬來歸』，《成八年》『杞叔姬卒』，更無叔姬不卒之事，故如此解。」許嫁矣。

婦人許嫁，字而笄之。**注** 字者，尊而不泄，所以遠別也。笄者，簪也，所以繫持髮，象男子飾也。服此者，明繫屬於人，所以養貞一也。《婚禮》曰：「女子許嫁，笄而醴之，稱字。」**疏** 注「字者」至「別也」。○《禮記・冠義》云：「已冠而字之，成人之道也。」注：「字，所以相尊也。」又《郊特牲》云：「冠而字之，敬其名也。」男之冠猶女之笄，稱字之義則同也。《白虎通・姓名》云：「人所以有字何？所以冠德明功，敬成人也。」又云：「婦人十五稱伯仲何？婦人質少變，陰道促蚤成，十五通乎織紝紡績之事，思慮定，故許嫁，笄而字。故《禮經》曰：『女子十五許嫁，笄。禮之稱字。』」《禮記・内則》云「十有五年而笄」，注：「謂應年許嫁者。女子許嫁，字而笄之。」又《曲禮》云「女子許嫁，笄而字」，注：「以許嫁爲成人也。」《列女傳・魏曲沃負傳》：「是故十五而笄，二十而嫁，早成其號謚，❶所以就之。」是皆尊而不泄義也。遠別者，舊疏云：「以内之公子爲大

❶「號謚」，原作「謚號」，據《列女傳》乙正。

夫者，卒皆稱名；而内女許嫁，❶卒而稱字，所以遠別之故也。」○注「笄者」至「飾也」。○《禮・士冠禮》注：「笄，今之簪。」《周禮・追師職》「爲副編次追衡笄」，注：「笄，卷髮者。」《國語・晉語》云「折委笄」，注：「笄，簪也。」《禮・士昏禮》云「姆纚笄宵衣，在其右」，注：「笄，今時簪也。」又《士冠禮》「皮弁笄，爵弁笄」，注：「笄，今之簪。有笄者，屈組爲紘，垂爲飾。無笄者，纓而結其條。」笄，一名衡，《詩・鄘風・君子偕老》云「副笄六珈」，傳：「笄，衡笄也。」❷其制則僖九年《穀梁傳》注：❸「吉笄，以象爲之，刻鏤其首以爲飾。」喪笄無飾，則《禮・喪服傳》之「惡笄者，櫛笄也」。亦名箭笄，彼注云：「櫛笄者，以櫛之木爲笄，或曰榛笄。」以竹爲之者曰箭笄，《喪服傳》「箭笄長尺」，注：「箭笄，篠笄也。」是也。《魏書・劉芳傳》：「高祖宴群臣于華林，肅語次云：『古者唯婦人有笄，男子則否。』芳曰：『推經《禮》正文，古者男子、婦人俱有笄。』肅曰：『《喪服》稱男子免而婦人髽，男子冠而婦人笄。如此，則男子不應有笄。』芳曰：『此專謂凶事也。禮，初遭喪，男子免，時則婦人髽；男子冠，時則婦人笄。言俱時變，而男子婦人免髽、冠笄之不同也。又冠尊，故奪其笄稱。❹且互言也，非謂男子無笄。又《禮・内則》稱「子事父母，雞初鳴，櫛纚笄總」。以此而言，男子有笄明矣。』」《士冠禮》疏：「凡諸設笄有二種：一是紒内安髮之笄，一是皮弁、爵弁及六冕固冠之笄。」《特牲》疏云：「冠冕之笄，男子有，婦人無；安髮之笄，男子、婦人皆有。」按：《喪服傳》云：「箭笄皆尺，吉笄尺二寸。」賈疏云：「吉笄，大夫士之妻用象，天子諸侯之后、夫人用玉。」女子許嫁宜吉笄，分別天子、諸侯、大夫、士耳。范注：「吉笄，以象爲之，刻鏤其首以爲飾，成人著之。」與賈説異。○注「服此」至「一也」。○《白虎通・嫁娶》云：「七，歲之陽也。八，歲之陰也。七八十五，陰陽之數備，有相偶之志。故《禮記》曰：『女子十五許嫁，笄而字。』禮之稱字，陰繫于陽，所以專一之節也。陽尊，無所繫。」又

❶「許嫁」，原作「嫁許」，據國圖藏清抄本《公羊義疏》、《春秋公羊傳注疏》乙正。
❷「笄」，原脱，據《毛詩注疏》補。
❸「僖」，原作「文」，引文見《春秋穀梁傳注疏》僖公九年注，據改。
❹「奪」，原作「尊」，據《魏書》改。

云：「陰數偶，故再成十四，加一爲十五，故十五許嫁也。各加一者，明其專一繫心。所以繫心者，防淫泆也。」《禮記・曲禮》云：「女子許嫁，纓。」注：「女子許嫁繫纓者，有從人之端。」《禮・昏禮》：「主人，親脱婦纓。」注：「婦人十五許嫁，笄而醴之，因著纓，明有繫也。蓋五采爲之。」《禮記・内則》云：「婦事舅姑衿纓。」注：「婦人有纓，示繫屬也。」○注「婚禮」至「稱字」。○《校勘記》云：「醴之，鄂本、宋本、閩、監本同。毛本『醴』誤『禮』。」《禮記・雜記》疏引賀瑒云：「十五許嫁而笄者，則主婦及女賓爲笄禮。主婦爲之著笄，女賓以醴禮之。未許嫁而笄者，則婦人禮之，無主婦、女賓，❶不備儀也。」❷所引《婚禮》者，《婚禮・記》文。鄭注云：「許嫁，已受納徵禮也。笄女之禮，猶冠男也，使主婦、女賓執其禮。」疏云：「笄女許嫁者，用醴禮之；未許嫁者，當用酒醮之。」又《曲禮》：「女子許嫁，笄而字。」彼注：「以許嫁爲成人。」故死則成人之喪治之也。其未許嫁者二十而笄。《雜記》云「女雖未許嫁，年二十而笄禮之，婦人執其禮」，則賀氏所述未許嫁而笄之禮也。《雜記》又云「燕則鬈首」，注：「既笄之後去之，猶若女有鬌紒也。」然則時若死，則宜服姑姊妹女子子在室之服。諸侯絶旁期，自不服也。《春秋》所書，皆許嫁諸侯者也。

死則以成人之喪治之。

注 不以殤禮降也。許嫁卒者，當爲諸侯夫人，有即貴之漸，猶俠卒也。日者，恩尤重於未命大夫，故從諸侯夫人例。

疏 注「不以殤禮降也」。○《穀梁傳》云：「内女也，未適人不卒，此何以卒也？許嫁，笄而字之，死則以成人之喪治之。」注：「女子許嫁不爲殤，死則以成人之喪治之，謂許嫁於諸侯，尊同，則服大功九月。」《禮記・喪服小記》云：「丈夫冠而不爲殤，女子笄而不爲殤。」注：「言成人也。婦人許嫁而笄，未許嫁，與丈夫同。」疏引射慈《喪服變除》云：「未許嫁，十九猶爲殤。」《喪服》大功章云：「年十九至十六爲長殤，十五至十二爲中殤，十一至八歲爲下殤，不滿八歲以下爲無服之殤。無服之殤，以日易月。以日易月之殤，殤而無服。故子生三月則父名之，死則哭之，未名則不哭也。」緦麻章云：「長殤、中殤降一等，

❶「女」，原作「主」，據《禮記注疏》改。
❷「儀」，原作「禮」，據《禮記注疏》改。

下殤降二等。齊衰之殤中從上，大功之殤中從下。」主謂婦人爲殤者服也。殤小功章云：「中殤何以不見也？大功之殤，中從上；小功之殤，中從下。」則謂丈夫之爲殤者服也。按：女子雖不二十，但許嫁即不爲殤，死則喪之如成人，從出降之例。其女爲本親之服，亦從出降一等，所謂逆降。故《喪服》大功章有「女子子嫁者、未嫁者爲世父母、姑、姊妹。傳曰：未嫁者，成人而未嫁者也」是也。其許嫁之後則杖，《喪服小記》云「女子子在室爲父母，其主喪者不杖，則子一人杖」，注：「女子子在室，❶亦童子也。無男昆弟，使同姓爲攝主，不杖，則子一人杖，謂長女也。許嫁及二十而笄，笄爲成人，成人正杖也。」蓋以其許嫁，已有出適人之道，非復在室，其雖未許嫁，已在二十而笄，猶男子之已冠，故同成人也。故《雜記》注云：「雖未許嫁，年二十亦爲成人矣。禮之，酌以成之。言婦人執其禮，明非許嫁之笄。既笄之後去之也。」又《檀弓》云：「姑姊妹之薄也，蓋有受我而厚之者也。」爲夫家所厚，故我降之。《曾子問》云：「取女有吉日而女死，如之何？孔子曰：壻齊衰而弔，既葬而除之。」其夫不爲服，則本宗之親不降矣。○注「許嫁」至「之漸」。○《通義》云：「禮，諸侯絶旁期，爲其女子子無服。唯嫁爲國君夫人者，乃以尊同，爲之大功。若其許嫁國君，雖未行，有貴道，當亦爲之大功，故從内女有服者録卒也。《喪服》大功章有『女子子嫁者、未嫁者爲世父母、叔父母、姑、姊妹。傳曰：嫁者，其嫁于大夫是也。未嫁者，其成人而未嫁者也』。彼言女子子成人而許嫁大夫者，雖未嫁，得以貴，降其世父母、叔父母、姑、姊妹，與嫁者同。則父母於未嫁之女亦得以貴制服，相較足明矣。」按：此爲許嫁諸侯，尊同已嫁者服大功，則此在室宜服其本服期矣。○注「猶俠卒也」。○見《隱九年》。彼傳云：「俠者何？吾大夫之未命者也。」注：「未命所以卒者，賞疑從重。」❷則彼俠雖未命，已爲大夫，有貴之漸，故從重恩録之。此伯姬已許嫁爲諸侯夫人，故得書之也。○注「日者」至「人例」。○此決俠卒不日，故言日者，恩尤重於未命大夫，故從諸侯夫人卒例書日，如《成八年》「冬十月癸卯，杞叔姬卒」之屬是也。《通義》云：「師説

❶「室」下，原衍「父母」二字，據國圖藏清抄本《公羊義疏》、《禮記注疏》刪。

❷「賞」，原作「貴」，據《春秋公羊傳注疏》改。

以爲許嫁邾婁。」

九月戊辰，諸侯盟于葵丘。

桓之盟不日，此何以日？危之也。疏《穀梁傳》：「桓盟不日，此何以日？美之也。」彼注引何氏《廢疾》以爲「即日爲美，其不日皆爲惡也。桓公之盟不日，皆爲惡耶？」鄭釋之曰：「莊十三年柯之盟不日，因始信之，自其後盟，以不日爲平文。從陽穀已來至此葵丘之盟，皆令諸侯以天子之禁，桓德極而將衰，故備日以美之，至此不復盟矣。」劉氏逢禄《廢疾申何》云：「以不日爲信，又以日爲美，不幾於亂乎？《春秋》美人之功，不于其方盛而于其將衰者，未之聞也。扈之盟書甲寅者，亦將以爲美乎？」齊氏召南《考證》云：「《穀梁》以爲美，《公羊》以爲危，合之祗當《孟子》一盛字。葵丘之會，桓之極盛而衰之時也。」按：齊氏可謂調人劉兆矣。包氏慎言云：「九月戊辰盟于葵丘，月之十六日。」按：當十四日。何危爾？貫澤之會，桓公有憂中國之心。不召而至者，江人、黄人也。疏上《二年》「秋九月，齊侯、宋公、江人、黄人盟于貫」是也。彼言「貫」，此言「貫澤」，舊疏云，蓋一地二名也。彼爲「盟」，此言「會」者，蓋先會後盟。彼舉其重，此舉其初言也。按：上二年《釋文》云：「二傳無『澤』字。」則陸本彼經亦作「貫澤」矣。《繁露·精華》云：「齊桓即位五年，不能致一諸侯。於柯之盟，見其大信，一年而近國之君畢至，鄄、幽之會是也。至於救邢、衛，見存亡繼絶之義。明年遠國之君畢至，貫澤、陽穀之會是也。」《新序》九云：「齊桓公時，江、黄小國也，在江、淮之間，近楚。楚，大國也，數侵伐，欲滅取之。江人、黄人患楚。齊桓公方存亡繼絶，救危扶傾，尊周室，攘夷狄，爲陽穀之會、貫澤之盟，與諸侯將伐楚。江人、黄人慕桓公之義，來會盟于貫澤。」葵丘之會，桓公震而矜之，叛者九國。注下伐厲善義兵是也。會不書者，叛也。叛不書者，爲天子親遣三公會之而見叛，故上爲天子，下爲桓公諱也。會盟一事不舉重者，時宰周公不與盟。疏《繁露·精華》云：「其後矜功，振而自足，而不修德，故楚人滅弦而志弗憂，江、黄伐陳而不往救，損人之國而執其大夫，不救陳之患而責陳不納，不復安鄭而必欲迫之以兵，功未良成而志已滿矣。故曰管仲之器小哉！自是日衰而九國叛矣。」《鹽鐵論・世務》云：「昔齊桓公内附百姓，外綏諸侯，存亡接絶，而天下從風。其後，德虧行衰，葵丘之會，振而矜之，叛者九國。《春秋》刺其不崇德而崇力也。故任德則强楚告服，遠國不召而自至；任力則近者不親，小國不附，此其效也。」《史記・蔡澤傳》：「昔者，齊桓公九合諸侯，一匡天下，至於葵丘之會，有驕矜之志，畔者九國。」按：汪氏中《述學・釋三九》云：「一奇二偶，一二不可以爲數，❶二乘一則爲三，故三者數之成也。積而至十，復歸於一，十不可以爲數，故九者，數之終也。於是先王制禮，凡一二之所不能盡者，❷則以三爲之節，三加三推之屬是也。三之所不能盡者，則以九爲之節，九章九命之屬是也。此制度之實數也。因而人之措詞，凡一二之所不能盡者則約之三，❸以見其多。三之所不能盡者則約之九，以見其極多。此言語之虚數也。實數可稽也，虚數不可執也。何以知其然也？《易》『近利市三倍』，《詩》『如賈三倍』，《論語》『焉往而不三黜』，《春秋傳》『三折肱』，此不必限以三也。《論語》『三思而後行』，『三嗅而作』，《孟子》『三咽』，此不可知其爲三也。❹《論語》『子文三仕』、『三已』，《史記》管仲『三仕三見逐』，『三戰三走』，田忌『三戰三勝』，范蠡『三致千金』，此不必其果爲三也。❺故知三者虚數也。《楚辭》『雖九死其猶未悔』，此不能有九也。《詩》『九十其儀』，《史記》『若九牛之亡一毛』，又『腸一日而九迴』，此不必限以九也。《孫子》『善守者藏於九地之下，善攻者動於九天之上』，此不可以言九也，故知九者虚數也。推之十百千萬，固亦如此。」則此之叛者九國，亦不必果爲九國也。蓋九之爲言多也，言叛者衆，非實有九國，猶《漢紀》言叛者九起也。○注「下伐」至「是也」。○下《十五年》「秋七月，齊師、曹師伐厲」，注云「月者，善録義兵。厲，葵丘之會叛天子之命」者是也。《通義》云：「九國未聞，蓋微國，若江、黄、道、柏之屬。《左氏》稱晉侯如會，遇宰周公而歸，亦叛者之一也。《易》曰『日中則昃，月盈則食』，桓公之盟，至于葵丘，盛矣。而九國解體，亦遂蘖芽於此，故《春秋》危而日之，❻言乎持盈

❶「一二」，原脱，據《述學》補。
❷❸「凡」、「之」二字原脱，據《述學》補。
❹❺「其」字原脱，據《述學》補。
❻「故」，原脱，據《春秋公羊經傳通義》補。

易傾，居盛難繼，濟以沖慎令終之道。所以深惜桓公，而爲後之尸大名、矜大功者戒焉。」○注「會不書者叛也」。○舊疏云：「厲等九國，亦在于會，而葵丘之會不書，以其叛天子之命故也。」○注「叛不」至「諱也」。○以上書「公會宰周公、齊侯」已下「于葵丘」也。所謂爲尊者諱、爲賢者諱也。○注「會盟」至「與盟」。○義與上五年首戴同。何意若舉重，則當書「公會宰周公、齊侯已下盟于葵丘」矣。時宰周公不與盟，故上書會，此書盟，會、盟兩舉也。舉重者，如《文十四年》「公會宋公已下同盟于新城」，《莊十六年》、《二十七年》書「公會齊侯、宋公已下同盟于幽」之屬，會輕盟重，故舉其重也。不與，《釋文》作：「不預，音豫。葉鈔本『豫』作『預』，則正文不當作『預』。按：注云『不與盟』，《釋文》必本作『不與』，音預。既改正文『不與』爲『預』，遂改小字音『預』爲『豫』矣。」《左傳》亦稱「宰孔先歸」，又云「遇晉侯，曰：可無會矣」，不言可無盟，是其不與盟也。震之者何？猶曰振振然。**注**亢陽之貌。

疏此以「振」釋「震」也。《史記·夏本紀》「震澤致定」，《索隱》：「震，一作振。」《荀子·正論》：「莫不振動從服，以化順之。」注：「振，與震同。」《易·恒》「振恒」，《釋文》本作「震」，是震、振古音義通，故「震」義猶言「振振」也。《詩·周頌》「振鷺于飛」，傳：「振振，群飛貌。」則有亢象。故《管子·七臣七主》云「振主喜怒無度」，注：「動發威嚴謂之振也。」此之震而矜，猶彼之振主也。○注「亢陽之貌」。○《易·乾》上九云「亢龍有悔」，《文言傳》「亢之爲言也，知進而不知退，知存而不知亡，知得而不知喪」，即震義也。矜之者何？猶曰莫若我也。**注**色自美大之貌。**疏**《淮南·本經》「和而弗矜」，注：「矜，自尊大也。」《廣雅·釋詁》：「舲，大也。」即「矜」字。《淮南·詮言》「故通而弗矜」，注：「矜，自伐其功也。」《管子·法法》：「彼矜者，滿也。」《詩·小戎序》「國人則矜其車甲」，注：「矜，夸大也。」皆與「莫若我」義合。

甲戌，晉侯詭諸卒。**注**不書葬者，殺世子也。**疏**《左氏》、《穀梁》「甲戌」作「甲子」，趙氏坦《異文箋》云：「經書『九月戊辰，諸侯盟于葵丘』、『甲子，晉侯佹諸卒』，杜氏云：『甲子，九月十一日；戊辰，十五日也。書在盟後，從赴。』然《左氏傳》『秋，齊侯盟諸侯于葵丘，曰：「凡我同盟之人，既盟之後，言歸于好。」宰孔先歸，遇晉侯，曰：「可無會也。齊侯不務德而勤遠略，故北伐山戎，南伐楚，西爲此會也。東略之不知，西則否矣。其在亂乎？君務靖亂，無勤於行。」晉侯乃還。九月，晉獻公卒。」据此，則獻公之卒實在盟後。《公羊》作『甲戌』，爲九月二十一日，似得其實。《左》、《穀》經作『甲子』，或譌一字。」包氏慎言云：「甲戌，晉侯詭諸卒。月之二十一日。」按：當二十日。《通義》云：「杜預於此云『書在盟後，從赴』，其於《襄二十九年》『閽弑吴子餘祭。吴子使札來聘』，又云：『札以六月到魯，未聞喪也。』若以赴告先後書者，何不退『弑餘祭』于『札聘』之下，兩注自相乖礙。預作《長曆》，推驗日月，經未必誤。輒謂之誤，此實誤轉謂不誤，抑惑之甚。」按：《繁露·隨本消息》云：「晉獻公卒，齊桓爲葵丘之會，再致其集。」則上葵丘之會晉後在焉，故《左傳》有宰孔語晉侯事。今《公羊傳》文不載，當見之《公羊內傳》諸書也。詭諸，《左氏》作「佹諸」，《晉世家》云：「武公三十九年而卒，子獻公詭諸立。」《國語·晉語》：「獻公伐驪戎。」注：「獻公，詭諸也。」《隸釋·鄭固碑》「造膝佹辭」，洪云：「碑以『佹』爲『詭』。」是詭、佹通也。○注「不書」至「子也」。○上《五年》「春，晉侯殺其世子申生」是也。《繁露·王道》云：「晉獻公行逆理，殺世子申生，以驪姬立奚齊、卓子，皆殺死，國大亂，四世乃定，幾爲秦所滅，從驪姬起也。」又云：「觀乎晉獻公，知逆理近色之過。」《通義》云：「不葬者，里克弑先君之命嗣，與弑君同罪。奚齊未踰年，本以無子不廟，例不書葬，責討賊之文不得見，乃更移『賊未討，不書葬』之義於此，明晉之臣子不爲奚齊討賊，即爲無恩於獻公，故不繫臣子辭也。」知不然者，公子遂弑子赤，宣公之立與晉惠同，其時亦未討賊，文公何以書葬？故范注《穀梁》云：「枉殺世子申生，失德不葬。」亦取《公羊》爲説也。錢氏大昕《潛研堂答問》云：「楚成之事與晉獻略同，子孝則爲申生，子不孝則爲商臣。而晉亦尋有奚齊與卓子之弑，未有家不齊而國治者也，故晉獻亦不書葬也。」舊疏云：「凡君殺無罪大夫，例去其葬，以絶之。」

冬，晉里克弑其君之子奚齊。

疏《左氏》、《穀梁》「弑」作「殺」。《公羊釋文》本亦作「殺」，「音試。下及注放此」。按：殺、弑音之轉，《左氏釋文》「殺，如字。又音弑」。謂《公羊》也。《經韵樓集》云：「僖九年《左氏釋文》：『經「殺其君之子」，如字，又音弑，傳同。《公羊》音試。」按：此條極謬。云『如字』，是在喪之君可稱殺也。云『如字，又音弑』，則歧惑不定也。云『傳同』，不知《左傳》云『冬十月，里克殺奚齊于次。書曰「弑其君之子」，未葬也。荀息立公子卓以葬。十一月，里克殺公子卓于朝』。兩言『殺』，記事之文也；一言『弑』，述經之文也。本不亂，而後人亂之。其云《公羊》『音試』，則《公羊》本不作『殺』。《公羊》經云：『晉里克弑其君之子奚齊。』傳云：『此未踰年之君，其言弑其君之子奚齊何？弑未踰年君之號也。』注：『欲言弑其子奚齊，嫌無君文，與殺大夫同；欲言弑其君，又嫌與弑成君同，故引先君冠子之上，則弑未踰年君之號定，而坐之輕重見矣。』此《公羊》經之作『弑』了然。其《穀梁》經本亦作『弑其君之子』無疑。今《石經》及板本皆作『殺』，非也。《坊記》：『《魯春秋》記晉喪曰：「弑其君之子奚齊，及其君卓。」』隱括聖經，以一弑領二君，今亦譌爲『殺』字，則亦陸氏之憒憒耳。今人《左傳》、《穀梁》讀本及胡安國本奚齊作『殺』，卓子作『弑』，學者乃疑未成君可以不云『弑』。」按：《晉世家》：「秋九月，獻公卒。十月，里克弑奚齊于次。」亦承用《左氏》記事文也。

此未踰年之君，其言弑其君之子奚齊何？ **注** 据弑其君舍，不連先君。連名者，上不書葬子某，弑君名未明也。**疏** 注「据弑」至「先君」。○《文十四年》「齊公子商人弑其君舍」是也。○注「連名」至「明也」。○舊疏云：「言名未明者，弟子本意，正欲問弑其君之子，而連奚齊何之者，恐人不知奚齊之名，爲是先君未葬稱子某，似若子般、子野之屬。爲是被弑之故稱名，似若諸兒、卓子之屬是也。是以將名連弑問之，欲使後人知其稱名之義。」

弑未踰年君之號也。 **注** 欲言弑其子奚齊，嫌無君文，與殺大夫同；欲言弑其君，又嫌與弑成君同；故引先君冠子之上，則弑未踰年君之號定，而坐之輕重見矣。加之者，起先君之子。不解名者，解言殺，從弑名可知也。弑未踰年君例當月，不月者，不正遇禍，終始惡明，故略之。**疏** 《校勘記》云：「閩、監、毛本同。《唐石經》、鄂本、宋本『殺』作『弑』。按：《釋文》則此經『弑』多作『殺』，或讀爲『弑』，以意求之。《唐石經》以下本皆作『弑』，此作

『殺』，爲岐出。然『殺』可讀『弑』，『弑』不可讀『殺』也。」《通典》引《異義》：「未踰年之君繫父不？《公羊説》：未踰年之君，皆繫于父，『晉里克殺其君之子奚齊』是也。《左氏説》：未踰年之君，未葬繫于父，殺奚齊于次時，父未葬，雖未踰年，稱子，成爲君，不繫于父。『齊公子商人弑其君舍』，父已葬。謹案：禮制君喪未葬、已葬，儀各有差，嗣君號稱，亦宜有差。《左氏説》是也。」按：鄭注《坊記》云：「《春秋傳》曰『諸侯於其封内三年稱子』，❶至其臣子，踰年則謂之君矣。」是鄭駁當從《公羊》義也。《曲禮下》正義云：「凡諸侯在喪之稱，《公羊》未葬稱子某者，《莊三十二年》『子般卒』、《襄三十一年》『子野卒』是也。既葬稱子，則《文十八年》『子惡卒』，經書『子卒』是也。踰年稱君者，則《僖十年》『里克弑其君卓』及《文元年》『公即位』是也。按：《昭十一年》『楚滅蔡，執世子有』，其時蔡君已死，其子仍稱世子。何休云：『不許楚之滅蔡也，猶若君存然，故猶稱世子。』《文十四年》『齊商人弑其君舍』，舍爲君，商人之弑也。《襄二十九年》『吴子使季札來聘』，先君未踰年，吴稱子者，賢季子，故録之。《桓十一年》『鄭忽出奔衛』，先君既葬而尚稱名，《公羊》云：『伯、子、男，一也，辭無所貶。』何休云：『直以喪降稱名，無餘罪致貶。』《左氏》之義，君薨未葬，未行即位之禮，前稱子某，子般、子野是也。葬，雖未踰年則稱君，『晉里克弑其君卓子』、『齊商人弑其君舍』是也。子惡卒，先君葬後稱子，杜預云：『時史畏襄仲，不敢稱君，故云子也。』《公羊》以奚齊僖九年死，卓子十年死，以卓子踰年，故稱君。《左氏》卓子亦九年死，但赴告在十年，以葬後，故稱君。二傳不同也。」按：君雖未踰年，先君雖未葬，其稱子某稱子，屈於所尊也。臣下則當君之，不得以嗣君稱謂有殊，而君臣之義亦有差別，當以《公羊》爲正。〇注「欲言」至「夫同」。〇《校勘記》云：「段玉裁云：『弑，當作『殺』。』」子者，未踰年君之號，故得言殺。其子，嫌與大夫，故不合書也。〇注「欲言」至「君同」。〇即《宣二年》『晉趙盾弑其君夷獆』、『鄭公子歸生弑其君夷』也。〇注「故引」至「見矣」。〇《校勘記》云：「『坐，鄂本、宋本、閩、監、毛本同。或改『坐』爲『罪』，非。」舊疏云：『言罪差於成君，與殺大夫異矣。』《白虎通·封公侯》云：「國在立太子者，防篡殺也。《春秋》之弑大子，罪

❶「於」，原作「士」，據國圖藏清抄本《公羊義疏》改。

與弑君同。《春秋》曰『弑其君之子奚齊』，明與弑君同也。」與何意微別。《經韵樓集》云：「晉里克弑其君之子，《左氏》、《穀梁》皆作『殺』，惟《公羊》作『弑』，孰是乎？曰：《公羊》是也。曷爲《公羊》是？曰：《春秋》以是爲未踰年君發凡也。緣孝子之心，不敢稱君，故稱子。緣民臣之心，不可一日無君，子即君也。公羊子曰：弑其君之子何？其君之子者，未踰年君之號也。不書弑，是在喪之君可弗君之也，故《春秋》書『弑』以立萬世臣道之防也。然則何不言弑其君也？不没其實也，不以臣道滅子道也。古者必踰年而後即位，有未踰年而遽即位者則書『弑其君』，『齊公子商人弑其君舍』是也。書『弑』以見商人之罪，書『君』以見舍之子道未盡也。然則据宋子之例，何不言晉里克弑晉子奚齊也？曰：宋子者，以世子在喪者也。其君之子者非世子，而其君殺世子以立之者也，又以見父道之不正也。《坊記》云『《魯春秋》記晉喪曰『弑其君之子奚齊及其君卓』，云『及其君卓』者，檃括之辭，以一弑領二事，則所據之經兩書『弑』明矣。傳曰齊慶封之徇於諸侯也，『曰無或如楚共王之庶子圍，弑其君兄之子麇而代之』，慶封其尚知史法哉！」○注「加之」至「之子」。○舊疏云：「若不加之，嫌君子爲一人故。」○注「不解」至「知也」。○舊疏云：「正以傳云『弑未踰年君之號』，止答上云『其言弑其君之子何』之文，故云不解名矣。既解言弑，則書奚齊之名，由弑之故明，是以不復答之矣。」十行本「知」誤「加」。○注「弑未」至「當月」。○《隱四年》「春王正月戊申，衛州吁弑其君完」，❶是弑成君例日，故未踰年當書月也。今不月，故解之。○注「不月」至「略之」。○晉獻殺嫡立庶，致被篡殺，故爲不正遇禍，終始惡明也。《繁露·精華》云：「難晉事者曰：《春秋》之法，未踰年之君稱子，蓋人心之正也。至里克弑奚齊，避此正辭而稱君之子，何也？曰：所聞《詩》無達詁，《易》無達占，《春秋》無達辭，從變從義，而一以奉人。❷仁人録其同姓之禍，固宜異操。晉，《春秋》之同姓也。驪姬一謀而三君死之，天下所共痛也。本其所爲爲之者，蔽於所欲得位而不見其難也。《春秋》疾其所蔽，故去其位辭，徒言『君之子』而已。若謂奚齊

❶「正月」，《春秋公羊傳注疏》、《春秋左傳注疏》皆在「二月」。

❷「人」，原脱，據《春秋繁露》補。

曰：嘻嘻！爲大國君之子，富貴足矣，何以兄之位爲欲居之，以至此乎云爾。録所痛之辭也。故痛之中有痛，無罪而受其死者，申生、奚齊、卓子是也。惡之中有惡者，己立之，己殺之，不得如他臣之弑君者，齊公子商人是也。故晉禍痛而齊禍重。《春秋》傷痛而敦重，是以奪晉子繼位之辭與齊子成君之號，詳見之也。」亦以不正遇禍痛之也。《穀梁傳》：「『其君之子』云者，國人不子也。國人不子何也？不正其殺世子申生而立之也。」

十年，春，王正月，公如齊。注書如者，録内所與外交接也，故如京師，善則月榮之；如齊、晉，善則月安之；如楚，則月危之；明當尊賢慕大，無友不如己者。月者，僖公本齊所立，桓公德衰見叛，獨能念恩朝事之，故善録之。疏注「書如」至「接也」。○《隱十一年》注云：「《春秋》王魯，王者無朝諸侯之義，故内適外言如，外適内言朝聘。」故魯君臣外適皆言如，所以别内外，兼録所與交接，别榮辱安危也。○注「故如」至「榮之」。○即《成十三年》「春三月，公如京師」，彼注云「月者，善公尊天子」是。○注「如齊」至「安之」。○如齊，此書正月之屬是也。如晉，即《襄二十一年》「春王正月，公如晉」，彼注云：「月者，溴梁之盟後，中國方乖離，善公獨能與大國。」是與此「桓公德衰，獨能念恩朝事之，故善録之」同也。○注「如楚則月危之」。○即《襄二十八年》「十一月，公如楚」，彼注云：「如楚皆月者，危公朝夷狄也。」按：同書月而義各有當，董生所謂「《春秋》無達辭」也。朝聘例時，而書月，故分别解之。○注「明當」至「己者」。○尊賢慕大，謂如齊、晉則月安之也。無友不如己，謂如楚則月危之是也。「無友不如己」，《論語・學而》篇文。○注「月者」至「録之」。○《閔二年》傳云「桓公使高子將南陽之甲，立僖公而城魯」，是僖本齊所立也。桓公德衰見叛，見上九年。《通義》云：「公如例時，❶致亦時。唯以正月行或正月至者必月，重始月也，猶存君之意也。」然則《襄二十八年》「十一月如楚」書月，何爲乎？

狄滅温。温子奔衛。疏《大事表》云：「今河南懷

❶「公」，原脱，據《春秋公羊經傳通義》補。

慶府温縣西南三十里有古温城。」《水經注・濟水》篇：「又東至温縣西北爲濟水。又東過其縣北。濟水於温城西北與故瀆分，南逕温縣故城西。周畿内國，司寇蘇忿生之邑也。《春秋》『狄滅温，温子奔衛』，周襄王以賜晉文公。濟水南歷虢公臺西，《皇覽》曰『温城南有虢公臺』，基址尚存。」

晉里克弒其君卓子及其大夫荀息。**疏**《釋文》：「君卓子，《左氏》經無『子』字。」据《左氏》莊二十八年傳云「其娣生卓子」，則卓子本二名。《左》、《穀》經作「卓」，或脱「子」字也。《史記・晉世家》「卓子」作「悼子」。《曲禮》疏：「《公羊》以奚齊僖九年死，❶卓子十年死，以卓子踰年，故稱君。《左氏》卓子亦九年死，但赴告在十年，以葬後，故稱君。《左氏》、《公羊》二傳不同也。」按：嗣君之稱子、稱君，未聞以葬、未葬分别也。《左氏》非。《通義》云：「《坊記》稱，《魯春秋》記晉喪曰『殺其君之子奚齊及其君卓』，蓋『不修《春秋》』文如是，誤以兩弒爲一年之事。左氏，魯之史官，故其傳云『冬十月，里克殺奚齊于次。十一月，里克殺公子卓于朝』，亦誤以兩弒爲一年之事。經書卓子弒在下年，似据《晉乘》而改正之也。於此足明俗儒謂《春秋》但因魯史者之妄陋。」按：如舊史則奚齊、卓子之弒相距兩月，同是未踰年君，何以書法兩異？故知《左傳》誤也。《坊記》所引，自是檃括二事，領以「弒」字，非必舊史即在一年。當如段氏説。

及者何？累也。弒君多矣，舍此無累者乎？曰：有。孔父、仇牧皆累也。舍孔父、仇牧無累者乎？曰：有。有則此何以書？賢也。何賢乎荀息？**注**据與孔父同。**疏**注「据與孔父同」。○舊疏云：「《桓二年》傳『何賢乎孔父』，注『据叔仲惠伯不賢』，此言据與孔父同，亦据叔仲惠伯矣。」荀息可謂不食其言矣。**注**不食言者，不如食受之而消亡之，以奚齊、卓子皆立。**疏**注「不食」至「亡之」。○《爾雅・釋詁》云：「食，僞也。」郭注：「《書》曰：『朕不食言。』」《國語・晉語》云「魯人食言」，《文選・思玄賦》「疾防風之食言」，《法言・重黎》篇「不食其言」，彼注皆

❶「僖」，原脱，據《禮記注疏》補。

云：「食，僞也。」《逸周書・皇門》篇：「媚夫有邇無遠，乃食，益善夫。」❶孔注：「食，爲也。」「爲」亦「僞」也，直皆以「僞」訓「食」。故《左疏》引孫炎云：「食，言之僞也。」按：僖十五年《左傳》「我食吾言」，又《哀元年》傳「不可食已」，杜注並云：「食，消也。」蓋言既出而復背，如飲食之消，與「僞」無異，因謂「食」爲「僞」，此「食」言之本意。其實「食」不得訓「僞」也，僖二十八年《左傳》「背惠食言」，成十六年《左傳》「瀆齊盟而食話言」，皆謂不食其言也。故《湯誓》僞孔傳訓「食」爲「盡」，與何、杜義同。《經義述聞》云：「食，僞也。孫、郭皆以『食』爲虚僞之僞，❷而證以《湯誓》『朕不食言』，韋注《晉語》亦以『食言』爲僞言，皆非也。食言者，言而不行則爲自食其言。食者，消滅之義，非虚僞之義也。哀二十五年《左傳》『是食言多矣，能無肥乎』？❸若以食言爲僞言，則與『能無肥乎』之文了不相涉矣。❹而某氏《書傳》乃曰『食盡其言僞不實』。❺《正義》『言而不行，如食之消盡，❻後終不行，則前言爲僞，故通謂僞言爲食言，不幾於穿鑿而失其本指乎？』」❼○注「以奚」至「皆立」。○舊疏云：「欲指不食其言之事狀矣。」其不食其言奈何？奚齊、卓子者，驪姬之子也，

疏莊二十八年《左傳》云：「晉伐驪戎。驪戎男女以驪姬，歸，生奚齊，其娣生卓子。」《國語・晉語》：「獻公伐驪戎，克之，滅驪子，獲驪姬以歸，立以爲夫人，生奚齊。其娣生卓子。」韋注：「女子同生，謂後生爲娣。」或以卓子爲其同生所生，故統謂爲驪姬子焉。《晉世家》：「獻公五年，伐驪戎，得驪姬、驪姬弟，俱愛幸之。」韋昭曰：「西戎之別在驪山也。」又云：「十二年，驪姬生奚齊。」又云：「驪姬弟生悼子。」皆與《左》、《國》同。唯《穀梁傳》云：「晉獻公伐虢，得麗姬，獻公私之，有二子：長

❶「益」，《逸周書》作「蓋」。
❷「之僞」，原脱，據《經義述闻》補。
❸「五」，原作「六」，引文見哀公二十五年，據《春秋左傳注疏》改。
❹「文」，原作「義」，據《經義述聞》改。
❺「曰食盡其言僞不實」，原作「以食爲盡其僞言不實」，據《經義述聞》及《尚書注疏》删改。
❻「食」上原衍「飲」字，據《經義述聞》及《尚書注疏》删。
❼「指」，原作「恉」，據《經義述聞》改。

曰奚齊，稚曰卓子。」正與此同。唯此無伐號説耳。荀息傅焉。**注**禮，諸侯之子八歲受之少傅，教之以小學，業小道焉，履小節焉；十五受大傅，教之以大學，業大道焉，履大節焉。**疏**上九年《左傳》云：「初，獻公使荀息傅奚齊。」○注「禮諸」至「節焉」。○《大戴·保傅》篇：「古者年八歲而出就外舍，學小藝焉，履小節焉；束髮而就大學，學大藝焉，履大節焉。」注：「小學，謂庠門，❶師保之學也。大學，王宮之東者。束髮，謂成童。」《白虎通·辟雍》篇：「古者所以年十五入大學何？以爲八歲毁齒，始有識知，入學學書計。七八十五，陰陽備，故十五成童志明，入大學，學經術。」《賈子·容經》云：「古者年九歲入就小學，蹍小節焉，業小道焉。束髮就大學，蹍大節焉，業大道焉。」《書疏》引《書大傳》云：「古之王者，必立大學小學，使公卿之太子，大夫元士之嫡子，十五年始入小學，見小節焉，踐小義焉。二十入大學，見大節焉，踐大義焉。故入小學，知父子之道，長幼之序；入大學，知君臣之義，❷長幼之位。」❸然則《書傳》所説公卿大夫適子之制，此及《戴禮》所説天子諸侯世子與？故《後漢書·楊終傳》「禮，制人君之子年八歲爲置少傅，教之書計，以開其明。十五置大傅，教之經典，以導其志」是也。《白虎通》又云：「天子之太子，諸侯之世子，皆就師於外者，尊師重先王之道也。」故《禮·曲禮》曰：「聞有來學，無往教也。」《易》曰：「匪我求童蒙，童蒙求我。」小學大學者，《白虎通》又云：「小學，經義之宮。大學，辟雍鄉射之宮。」按：四代小學大學，質文相變，自爲公卿適子以下入學之所，天子諸侯世子似不必拘彼制也。驪姬者，國色也。**注**其顔色一國之選。**疏**辛氏《三秦記》云：「漢昭帝母鉤弋夫人，手拳而國色。」《吴志·周瑜傳》：「從孫策攻皖，得喬公兩女，皆有國色。」獻公愛之甚，**疏**《左傳》莊二十八年云「驪姬嬖」是也。《晉世家》：「伐驪戎，得驪姬、驪姬弟，俱愛幸之。」上四年《左傳》云：「太子曰：君非姬氏，居不安，食不飽。」欲立其

❶「庠門」，《大戴禮記》作「虎闈」，注云：「各本作庠門。」
❷「義」，《尚書大傳》作「儀」。
❸「長幼」，《尚書大傳》作「上下」。

子，疏《晉語》：「公將黜太子申生而立奚齊。」《晉世家》：「獻公有意廢太子，乃曰：『曲沃，吾先祖宗廟所在，而蒲近秦，屈近翟，不使諸子居之，我懼焉。』於是使太子申生居曲沃，公子重耳居蒲，公子夷吾居屈，獻公與驪姬子奚齊居絳。以此知太子不立也。」莊公二十八年《左傳》亦載此事。又彼《閔元年傳》云：「士蔿曰：❶『太子不得立矣。分之都城而位以卿。先爲之極，又焉得立？』」又彼二年傳：「公曰：寡人有子，未知其誰立焉？」《穀梁傳》「麗姬欲爲亂」，注：「亂，謂殺申生而立其子。」又上四年《左傳》：「及將立奚齊，既與中大夫成謀。」皆欲立其子事也。於是殺世子申生。疏見上五年。申生者，里克傅之。疏《穀梁傳》曰：「世子之傅里克謂世子曰：『入自明則可以生，不入自明則不可以生。』」是里克，申生傅也。《左傳》上四年云「公殺其傅杜原款」，蓋亦申生傳。獻公病將死，謂荀息曰：「士何如，則可謂之信矣。」注獻公自知廢正當有後患，欲託二子於荀息，故動之云爾。疏注「獻公」至「云爾」。○《左傳》上九年云：「晉獻公卒。里克、丕鄭欲納文公，故以三公子之徒作亂。」是其後患也。又云：「初，獻公使荀息傅奚齊，公疾，召之，曰：『以是藐諸孤，辱在大夫，其若之何？』」《晉世家》：「獻公病甚，乃謂荀息曰：『吾以奚齊爲後，年少，諸大夫不服，恐亂起，子能立之乎？』」是自知廢正當有後患，欲託二子於荀息，故先以此言動之也。荀息對曰：「使死者反生，生者不愧乎其言，則可謂信矣。」注荀息察言觀色，知獻公欲爲奚齊、卓子來動己，故答之云爾。疏反，猶復也。《晉世家》又云：「荀息曰：『能。』獻公曰：『何以爲驗？』對曰：『使死者復生，生者不慙，爲之驗。』於是遂屬奚齊於荀息。荀息爲相，主國政。」上九年《左傳》又曰：「稽首而對曰：『臣竭其股肱之力，加之以忠貞。其濟，君之靈也；不濟，則以死繼之。』公曰：『何謂忠貞？』對曰：『公家之利，知無不爲，忠也。送往事居，耦俱無猜，貞

❶「元」，原作「二」，引文見閔公元年，據《春秋左傳注疏》改。

也。』」亦即生者不愧之義。《史記・趙世家》云：「諺曰：死者復生，生者不愧。」則此當是成語，故荀息引以荅獻公也。○注「荀息」至「云爾」。○《校勘記》云：「荅，鄂本、宋本同。閩、監、毛本『荅』作『答』，非。」察言觀色，見《論語・顔淵》篇，此斷章取義也。獻公死，奚齊立。里克謂荀息曰：「君殺正而立不正，廢長而立幼，注長謂重耳。疏注「長謂重耳」。○殺正，謂申生。重耳次長，故廢長謂重耳。《穀梁傳》曰：「世子曰：『吾甯自殺以安吾君，以重耳爲寄矣。』」故里克所爲弑者，爲重耳也。」如之何？願與子慮之。」疏《晉世家》：「秋九月，獻公卒。里克、邳鄭欲内重耳，以三公子之徒作亂，謂荀息曰：『三怨將起，秦、晉輔之，子將何如？』」《左傳》亦載有此語。荀息曰：「君嘗訊臣矣，注上問下曰訊。言臣者，明君臣相與言不可負。疏注「上問下曰訊」。○《詩・小雅・正月》云「訊之占夢」，傳：「訊，問也。」《大戴記・曾子事父母》「訊不言」，注：「訊，問也。」《國語・晉語》云：「君其訊射也」，注：「訊，問也。」《史記・淮南衡山傳》「即訊太子」，《索隱》引樂産云：「訊，問也。」雖皆止訓「問」，實皆上問下也。故今問獄亦謂之訊。○注「言臣」至「可負」。○《晉世家》云「吾不可負先君言」，以上言君，故下仍順前言稱臣也。《通義》云：「此自息對里克稱臣耳。士大夫得相稱臣者，謙欲比其家臣然也。若《史記》聶政對韓仲子曰『臣幸有老母』；又曰『枉車騎而交臣』；韓信過樊將軍噲，噲曰『大王乃肯臨臣』。張晏曰：『古人相與語多自稱臣，自卑下之道也。若今人相與言，自稱僕也。』」義亦通。臣對曰：『使死者反生，生者不愧乎其言，則可謂信矣。』」疏上九年《左傳》：「荀息曰：『將死之。』里克曰：『無益也。』荀叔曰：『吾與先君言矣，不可以貳。能欲復言而愛身乎？雖無益也，將焉辟之？』」《晉語》：「荀息云：『我對以忠貞。』❶君曰：『何謂也？』我對曰：『可以利公室，❷力有所能，無不爲，忠也。葬死者，養生者，死人復生不

❶「以」，原脱，據《國語》補。
❷「利」，原作「和」，據《國語》改。

悔，生人不媿，貞也。』吾言既往矣，豈能欲行吾言而又愛吾身乎？　雖死，焉避之？」此言信，内外傳言「貞，一也」。焦氏循《左傳補疏》云：「杜云：『荀息稱名，雖欲復言，本無遠謀，從君於昏。』按：假途伐虢，全用荀息之謀，息非無遠謀者也。《左傳》稱息言，竭股肱之力，加之以忠貞，三怨將作，不食其言，引白圭之詩以美之，無譏詞也。夫經書卓爲其君，則不以其不可立而不以爲君也。既正其名爲君，則弑之者爲賊而死之者爲忠矣。荀息之不能殺里克，猶毋丘儉之不能殺司馬師也。習鑿齒引『死者反生，生者不愧』二語以美毋丘儉，蓋儉之受顧命亦息之受君命也。習氏引荀息以美儉，則預譏息以例儉可知。」按：《穀梁傳》亦云：「以尊及卑也，荀息閑焉。」是亦以書「及」爲褒辭矣。

里克知其不可與謀，退，弑奚齊。　荀息立卓子，里克弑卓子，荀息死之。

疏《晉世家》：「十月，里克殺奚齊于喪次。獻公未葬也，荀息將死之，或曰不如立奚齊弟悼子而傅之，荀息立悼子而葬獻公。十一月，里克弑悼子于朝。」《晉語》：「既殺奚齊，荀息將死之。人曰：『不如立其弟而輔之。』❶荀息立卓子。里克又殺卓子，荀息死之。」《左傳》上九年亦云：「冬十月，里克殺奚齊于次。荀息將死之，人曰：『不如立卓子而輔之。』荀息立公子卓以葬。十一月，里克殺公子卓于朝，荀息死之。」

荀息可謂不食其言矣。

注起時莫不背死鄉生，去敗與成。荀息一受君命，終身死之，故言及，與孔父同義。不日者，不正遇禍，終始惡明，故略之。

疏《左傳》又云：「君子曰：《詩》所謂『白圭之玷，尚可磨也；斯言之玷，不可爲也』。荀息有焉。」《晉語》稱荀息亦云：「君子曰：不食其言矣。」《繁露·玉英》云：「公子目夷復其君，終不與國；祭仲已與，後改之；晉荀息死而不聽；衛曼姑拒而弗内。此四臣事異而同心，其義一也。目夷之弗與，重宗廟。祭仲與之，亦重宗廟。荀息死之，貴先君之命。曼姑拒之，亦貴先君之命也。事雖相反，所爲同，俱爲重宗廟，貴先君之命耳。」〇注「起時」至「同義」。〇舊疏云：「《桓二年》『宋督弑其君與夷及其大夫孔父』，彼注云『言及者，使上及其君，若

❶「之」，原脱，據《國語》補。

附大國以名通，明當封爲附庸，不絶其祀，所以重社稷之臣』也。今荀息一受君命，終身死之，故言及；亦使上及其君，若附大國以名通，明當封爲附庸，不絶其祀，以重社稷之臣也。」按：褒荀息又以厲時之背死鄉生，去敗與成者也。《通義》云：「所事不正得爲賢者，《繁露》説之曰：『《春秋》之法，君立不宜立，不書，大夫立則書。書之者，弗予大夫之得立不宜立者也。不書，予君之得立之也。君之立不宜立者，非也。既立之，大夫奉之是也。』荀息死先君之命，是以賢之也。」○注「不日」至「略之」。○舊疏云：「成君見弑者例書日，今此不日，故解之。」按：略之，與弑奚齊不書月同義。《漢書·叔孫通傳》：「昔者晉獻公以驪姬故，廢太子立奚齊，國亂者數十年，爲天下笑。」《後漢書·崔琦傳》：「外戚箴曰：晉國之難，禍起於麗。」《繁露·王道》云：「晉獻公殺世子申生，以驪姬立奚齊、卓子，皆殺死，國大亂，四世乃定。」皆不正故也。

夏，齊侯、許男伐北戎。**疏**杜云：「北伐山戎。」

晉殺其大夫里克。

里克弑二君，則曷爲不以討賊之辭言之？**注**据衛人殺州吁。**疏**注「据衛」至「州吁」。○即《隱四年》「九月，衛人殺州吁于濮」是也。

惠公之大夫也。**注**惠公簒立已定，晉國君臣合爲一體，無所復責，故曰此乃惠公之大夫，安得以討賊之辭言之？**疏**《晉語》云：「惠公既殺里克而悔之，曰：『芮也，使寡人過殺社稷之鎮。』」韋注：「鎮，重也。芮，冀芮也。」惠公以里克爲重，知已爲惠公大夫矣。○注「惠公」至「言之」。○惠公宜絶而立，故爲簒。里克爲之臣，已爲一體，里克宜討，非惠公所得討，故不以討賊辭予之，明惠公亦在討也。

然則孰立惠公？**注**欲難殺之意。**疏**注「欲難殺之意」。○正以欲明惠公不合討賊義，故先難其立，以明惠之立由里克。

里克也。里克弑奚齊、卓子，逆惠公而入。**疏**《晉世家》云：「里克等已殺奚齊、悼子，使人迎公子重耳於翟，欲立之。重耳謝曰：『負父之命出奔，父死不得修人子之禮侍喪，重耳何敢入！大夫其更立他子。』還報里克，里克使迎夷吾于梁。乃遺里克書曰：『誠得立，請遂封子於汾陽之邑。』」《晉語》：「公子夷吾私於公子縶，曰：『中大夫里克與我矣，吾命之以汾陽之田百萬。』」是里克逆惠公事也。

里克立惠公，則惠公曷爲殺之？惠公曰：「爾既殺夫二孺子矣，**注** 孺子，小子也。奚齊、卓子時皆幼小。**疏** 注「孺子」至「幼小」。○《禮記・內則》云「孺子蚤寢晏起」，注：「孺子，小子也。」《國語・晉語》云「孺子何懼」，注：「孺，小也。」❶《書・洛誥》云「孺子其朋」，鄭注：「孺子，幼小之稱。」《説文・子部》：「孺，乳子也。一曰輸也，輸，尚小也。」《文選・幽通賦》「嫣巢姜於孺筮兮」，注：「應劭曰：孺，少也。」蓋孺本小稱，故年之幼小者稱孺子，因之人君初即位者亦稱孺子。錢氏大昕《養新録》云：「今人以孺子爲童稚之通稱，蓋本於《孟子》。攷諸經傳，則天子以下，嫡長爲後者，乃得稱孺子。《金縢》、《洛誥》、《立政》之『孺子』，謂周成王也。《晉語》杜原款稱申生爲孺子，里克又稱奚齊爲孺子。晉獻公之喪，秦穆公使人弔公子重耳，稱爲孺子，而舅犯亦稱之，是時秦欲納之爲君也。『孺子䵣之喪，哀公欲設撥』，亦以世子待之。齊侯荼已立爲君，而陳乞、鮑牧稱爲孺子，其死也謚之曰安孺子，則孺子非卑幼之稱矣。欒盈爲晉卿，而胥午稱爲欒孺子；《左傳》稱孟莊子爲孺子速；武伯曰孺子泄；莊子之子秩，雖不得立，猶稱孺子；是孺子貴於庶子也。齊子尾之臣稱子良曰『孺子長矣』，韓宣子稱鄭子齹曰『孺子善哉』，皆世卿而嗣立者也。❷《內則》『異爲孺子室於宮中』，祇見孺子，亦貴者之稱。惟《檀弓》載『有子與子游立，見孺子慕者』，《弁人》有『其母死而孺子泣』者，此爲童子通稱，與《孟子》同。」按：此爲惠公稱奚齊、卓子語，自以其幼小稱爲孺子耳，必不以爲後之稱稱之也。

又將圖寡人。**注** 如我有不可，將復圖我如二孺子。**疏**《穀梁傳》曰：「里克所爲殺者，爲重耳也。」惠公知其欲立重耳，故曰「又將圖寡人」。彼傳又曰「故里克所爲弑者，爲重耳也。夷吾曰：『是又將殺我也。』」是也。

爲爾君者，不亦病乎？」**疏**《通義》云：「病，苦也。」《左傳》：「公使謂之曰：『微子，則不及此。雖然，

❶「小」，原作「少」，據《文選注》改。
❷「卿」，原作「鄉」，據《十駕齋養心録》改。

子弒二君與一大夫，爲子君者，不亦難乎？』」《晉語》：「惠公既即位而殺里克，曰：『子殺二君與一大夫，爲子君者，不亦難乎？』」於是殺之。**疏**《左傳》述里克：「對曰：『不有廢者，君何以興？欲加之罪，其無辭乎？臣聞命矣。』伏劍而死。」《晉世家》：「惠公以重耳在外，畏里克爲變，賜里克死。謂曰：『微里子，寡人不得立，雖然，子亦殺二君一大夫，爲子君者不亦難乎？』里克對曰：『不有所廢，君何以興？欲誅之，其無辭乎？乃言爲此，臣聞命矣。』遂伏劍而死。」《穀梁傳》：「其以累上之辭言之何也？其殺之不以其罪也。」然則曷爲不言惠公之入？**注**据齊小白入于齊。**疏**注「据齊」至「于齊」。○見莊九年。

晉之不言出入者，踊爲文公諱也。**注**踊，豫也，齊人語。若關西言渾矣。獻公殺申生，文公與惠公恐見及，出奔，不子當絕，還入爲簒，文公功足以并掩前人之惡，故惠公入、懷公出、文公入渾皆不書，悉爲文公諱故也。爲文公諱者，欲明文公之功大也。語在下。懷公者，惠公子也。惠公卒，懷公立，而秦納文公，故出奔。惠公、文公出奔不書者，非命嗣也。

疏注「踊豫」至「渾矣」。○《通義》：「踊，上也。以文公之故，而上諱及於惠、懷也。將言惠公之入，懷公之出，則不得不言文公之入，其簒不可揜矣。」❶《讀書叢録》云：「踊，當是『通』字之譌。傳中『通可以已也』凡三見。《昭三十一年傳》『通濫也。曷爲通濫？賢者子孫宜有地』，義與此傳略同。關西言『渾』亦與『通』義相近。」按：踊、豫雙聲爲訓。○注「獻公」至「出奔」。○上四年《左傳》云：「驪姬又譖二公子曰：『皆知之。』重耳奔蒲，夷吾奔屈。」《晉世家》云：「此時重耳、夷吾來朝。人或告驪姬曰：『二公子怨驪姬譖殺太子。』驪姬恐，因譖二公子：『申生之藥胙，二公子知之。』二子聞之，恐，重耳走蒲，夷吾走屈，保其城，自備守。」○注「不子當絕」。○《定十四年》注：「子雖見逐，無去父之義。」

❶「揜」，原作「聯」，據國圖藏清抄本《公羊義疏》、《公羊春秋經傳通義》改。

舊疏云：「同姓之臣尚無去義，況於兄子乎？❶且惠公、文公庶子，假令不去，亦不殺之，故知去父當絶也。」按：舊疏非也。据《左傳》及《晉世家》，姬譖二公子與申生同謀，則惠、文不言去，未必不殺也，要之子無去父之義。《禮記・檀弓》曰：「天下豈有無父之國哉！吾何行如之？」故皆當絶也。○注「還入爲簒」。○文公、惠公既當坐絶，則還入自宜坐簒，義本相因，所以明父子之道也。○注「文公」至「故也」。○惠公卒，見下二十四年。則懷公出、文公入當在彼年。《左傳》謂晉文公「殺懷公于高梁」，《公羊》言「懷公出」，二傳無異，各有所据。出，蓋謂出奔高梁也。○注「爲文」至「在下」。○下《二十八年》云「晉侯入曹，執曹伯」，與之，稱侯以執。又「晉侯、齊師、宋師、秦師及楚人戰于城濮，楚師敗績」，注：「据秦稱師録功。」又傳「大夫不敵君」，❷注云：「秦稱師，助霸者征伐，克勝有功，故褒進之。」文公之功，首在伐楚。又《左傳》記有文公定襄王事，故知文公功大也。○注「懷公」至「子也」。○下十七年《左傳》曰：「惠公之在梁也，梁伯妻之。梁嬴孕，過期。卜招父與其子卜之。其子曰：『將生一男一女。』招曰：『然。男爲人臣，女爲人妾。』故名男曰圉，女曰妾。」又二十三年《左傳》：「懷公命無從亡人。」杜注：「懷公子圉。」○注「惠公」至「出奔」。○《晉世家》：「十四年九月惠公卒，太子圉立，是爲懷公。子圉之亡，秦怨之，乃求公子重耳，欲内之，秦繆公乃發兵送内重耳，使人告欒郤之黨爲内應，殺懷公于高梁，入重耳。重耳立，是爲文公。」與《左傳》「殺懷公于高梁」同。《世家》又云：「懷公圉奔高梁。戊申，使人殺懷公。」明出奔即謂高梁也。《吕覽・原亂》篇云：「惠公死，圉立爲君，是爲懷公。秦穆公思其逃歸也，起奉公子重耳以攻懷公，殺之於高梁，立重耳，是爲文公。」○注「惠公」至「嗣也」。○莊二十八年《左傳》：「大戎狐姬生重耳，小戎子生夷吾。」皆庶妾所生，故非命嗣。

齊小白入于齊，則曷爲不爲桓公諱？疏《莊九年》「齊小白入于齊」，書入，見其簒，不爲之諱也。桓公之享國也長，注享，食。美見乎天下，故不爲之諱本惡也。疏《繁露・玉英》云：「故齊桓非直弗受之

❶「於兄」，原作「父」，據《春秋公羊傳注疏》改。
❷「君」，原作「臣」，據《春秋公羊傳注疏》改。

先君也。乃率弗宜爲君者而立，罪亦重矣。然而知恐懼，故舉賢人而以自覆蓋，知不背要盟以自湔浣也，遂爲賢君而伯諸侯。使齊桓被惡而無此美，得免殺戮乃幸已，何霸之有？魯桓忘其憂而禍逮其身，齊桓憂其憂而立功名。推而散之，凡人有憂而不知憂者，凶；有憂而深憂之者，吉。《易》曰：『復自道，何其咎，吉。』此之謂也。」文公之享國也短，疏《晉世家》：「重耳出亡凡十九歲而得入，時年六十二矣，晉人多附焉。」文公元年即位爲晉君，九年晉文公卒，是享國短焉。美未見乎天下，故爲之諱本惡也。注桓公功大，善惡相除，足封有餘，較然爲天下所知；文公功少，嫌未足除身篡而有封功，故爲之諱。并不言惠公、懷公出入者，明非徒足以除身篡而已，有足封之明較也，美不如桓公之功大。疏注「桓公」至「所知」。❶ ○齊桓功大，則上元年「城邢」、二年「城楚丘」、四年「伐楚」之屬是也。劉氏逢祿《論語述何》云：「譎，讀如『主文譎諫』之『譎』。二伯無所優劣，《春秋》書晉文，則爲之諱本惡，故曰『譎而不正』。齊桓之篡則從正例，公羊子言之詳矣。」○注「文公」至「功大」。○《通義》云：「明文公無存亡繼絕之善，其功未足以除篡，故須爲諱本惡，以獎成其美。」

秋，七月。

冬，大雨雹。疏《左傳》作「大雨雪」。《漢書·五行志中之下》亦「雨雪」、「雨雹」兩存。《通義》云：「《五行志》曰：「劉向以爲，盛陽，雨水温煖而湯熱，陰氣脅之不相入，則轉而爲雹；盛陰，雨雪凝滯而冰寒，陽氣薄之不相入，則散而爲霰。故雹者陰脅陽也，霰者陽脅陰也。《春秋》不書霰者，猶月食也。」《大戴·天圓》篇：「陽之專氣爲雹，陰之專氣爲霰，霰雹者，一氣之化也。」何以書？記異也。注夫人專愛之所生也。疏注「夫人」至「生也」。○舊疏云：「蔽障楚女而專取君愛，故生此雹災。」《五行志》又云：「釐公十年冬，大雨雪。劉向以爲先是釐公立妾爲夫人，陰居陽位，陰氣盛也。《公羊》經曰『大雨雹』。董仲舒以爲公

❶「桓公」，原作「齊桓」，據上注文改。

脅於齊桓公，立妾爲夫人，不敢進群妾，故專壹之象見諸雹，皆爲有所漸脅也，行專壹之政云。」何氏與先儒義同。《續漢志》注引《考異郵》云：「陰氣之專精凝合生雹。雹之爲言合也。以妾爲妻，太尊重，九女之妃，闕而不御，坐不離前，無由相去之心，同輿參駟，房衽之內，歡欣之樂，專政夫人，施而不博，陰精凝而見成。」《初學記》引《漢含孳》云：「專一精并，氣凝爲雹。宋均注：謂若魯僖公脅於齊，以妾爲妻，尊重齊媵，無迴曲之心，盛陰水氣，乃使結而不解散。」皆與夫人專愛義合。

十有一年，春，晉殺其大夫㔻鄭父。疏《校勘記》云：「《唐石經》、諸本同。解云：『《左氏》經無「父」字。』按：今《左氏》有『父』。」趙氏坦《春秋異文箋》云：「僖十年《左傳》『遂殺㔻鄭、祁舉及七輿大夫』，傳無『父』字，則經無『父』字可知，故《公羊》疏云：『《左氏》經無「父」字。』今本《左氏》經有『父』字，或後人從《公》、《穀》經增。《公》、《穀》有『父』字，亦衍文。」《差繆略》云：「丕，《公羊》作『邳』。」按：今《注疏》本及《石經公羊》並作「㔻」，「丕」本字，「㔻」隸之變。《漢石經尚書》及《山陽太守祝睦碑》、《涼州刺史魏元丕碑》、《梁相費汎碑》、《趙相劉衡碑》「丕」字皆作「㔻」，蓋「一」在「不」字中也。

夏，公及夫人姜氏會齊侯于陽穀。疏《通義》云：「夫人與君，親則同體，分則君臣。公及夫人云者，以尊及卑之辭也。」杜云：「婦人送迎不出門，見兄弟不踰閾。與公俱會齊侯，非禮。」義或然也。

秋，八月，大雩。注公與夫人出會，不恤民之應。疏《穀梁》云：「雩，得雨曰雩，不得雨曰旱。」注引何氏《廢疾》云：「『《公羊》書雩者，善人君應變求索，不雩則言旱，旱而不害物，言不雨也。就如《穀梁》，設本不雩，何以明之？如以不雨明之，設旱而不害物，何以別乎？』鄭君釋之曰：『雩者，夏祈穀實之禮也，旱亦用焉。得雨書雩，明雩有益。不得雨書旱，明旱災成。後得雨，無及也。國君而遭旱，雖有不憂民事者，何乃廢禮？本不雩禱哉！顧不能致精誠也。旱而不害物，故以久不雨別之。❶文二年、十三年，自十有二

❶「故」，原作「固」，阮元校勘記云：「監、毛本『固』作『故』，是。」據改。

月、自『正月不雨，至于秋七月』是也。《穀梁傳》曰『歷時而言不雨，文不閔雨也』。以文不憂雨，故不如僖時書不雨。文所以不閔雨者，素無志於民，性退弱而不明，又見時久不雨而無災耳。」劉氏逢禄《廢疾申何》云：「旱不害物，不待久也。太平之時，一月不雨即爲異。莊之冬不雨，未嘗歷時。僖之正月四月，未嘗踰月也。天之譴告人君有深淺，旱則示災，不雨則示異，異大乎災。君之感應天變有本末，本則修政，末則雩禱。舍本修末，非所以應天也。修本以禳異，❶修本末以禳災。書雩以志其應變之末也，書旱以譏其事天之怠也，皆閔民也。書不雨以示人君之察天意也。穀梁子失其傳矣。」○注「公與」至「之應」。○謂上陽穀之會。

冬，楚人伐黄。

十有二年，春，王三月庚午，日有食之。注是後楚滅黄，狄侵衛。疏《元志》姜岌云：「三月朔，交不應食。其五月庚午朔，去交分，入食限。《大衍》同。」沈氏欽韓云：「今曆推之，是歲五月庚午朔，加時在晝，❷去交分二十六日五千一百九十二，入食限。蓋『五』誤爲『三』。」包氏慎言云：「經書三月庚午日有食之，傳例言日不言朔，非失在朔前，即失在朔後。庚午爲三月之二日，失在後也。劉歆以爲二月日食，劉孝孫推庚午爲三月朔。」按：以曆推之，庚午實三月朔，《穀梁》作「正月」，誤。《石經》「正」作「三」也。○注「是後」至「侵衛」。○見下及十三年。《漢書・五行志下之下》：「僖公十二年三月庚午朔，日有食之。董仲舒、劉向以爲是時楚滅黄，狄侵衛、鄭，莒滅杞。劉歆以爲三月齊、衛分。」

夏，楚人滅黄。疏舊疏云：「《莊十年》『冬十月，齊師滅譚』，《十三年》『夏六月，齊人滅遂』，然則滅例月，而此不月者，所傳聞之世，始録夷狄滅小國也。」《穀梁傳》曰：「貫之盟，管仲曰：『江、黄遠齊而近楚。楚，爲利之國也，若伐而不能救，則無以宗諸侯矣。』桓公不聽，遂與之盟。管仲死，楚伐江滅黄，桓公不能救，故君子閔之也。」《通義》云：「不諱者，責齊桓也。」用《穀梁》

❶「本」，原作「德」，據《春秋公羊經何氏釋例後録・申穀梁癈疾》改。

❷「晝」，原作「盡」，據國圖藏清抄本《公羊義疏》、《元史・志・曆二・授時曆議下》改。

義。《新序·善謀》云：「齊桓公時，江國、黄國，小國也，在江、淮之間，近楚。楚，大國也，數侵伐，欲滅取之。江人、黄人患楚。齊桓公方存亡繼絶，救危扶傾，尊周室，攘夷狄，爲陽穀之會，貫澤之盟，與諸侯將伐楚。江人、黄人慕桓公之義，來會盟于貫澤。管仲曰：『江、黄遠齊而近楚，楚，爲利之國也，若伐而不能救，無以宗諸侯，不可受也。』桓公不聽，遂與之盟。管仲死，楚人伐江滅黄，桓公不能救，君子閔之。是後桓公信壞德衰，諸侯不附，遂淩夷不能復興。❶夫仁智之謀，❷即事有漸，力所不能救，未可以受其質。桓公受之，過也。」子政説《穀梁》也。

秋，七月。

冬，十有二月丁丑，陳侯處臼卒。**疏**《校勘記》云：「《唐石經》、諸本同。《釋文》：『處臼，《左氏》作杵臼』。」按：《穀梁》亦作「杵」。杵、處音同，叚借字。《陳世家》云：「莊公七年，少弟杵臼立，是爲宣公。四十五年，宣公卒。」包氏慎言云：「十二月無丁丑，十一月之二十四日也。」按：丁丑爲十一月之十二日。

❶「夷」，《新序》作「遲」。
❷「謀」，原作「諜」，據國圖藏清抄本《公羊義疏》、《新序》改。

公羊義疏三十二

句容陳立卓人著

僖十三年盡十六年。

十有三年，春，狄侵衛。

夏，四月，葬陳宣公。

公會齊侯、宋公、陳侯、衛侯、鄭伯、許男、曹伯于鹹。**注**桓公自貫澤、陽穀之會後，所以不復舉小國者，從一法之後，小國言從令行，大國唯曹、許以上乃會。**疏**《穀梁傳》曰：「兵車之會也。」彼疏云：「何休於此有《廢疾》，范不具載鄭釋者，以數九會異於鄭故也。」杜云：「鹹，衛地。東郡濮陽縣東南有鹹城。」《大事表》云：「在今直隸大名府開州東南六十里。文十一年得臣敗狄于鹹，自爲魯地。」《水經注・瓠子河》篇：「河出東郡濮陽縣，濮水逕其南，故曰濮陽。章邯守濮陽，環之以水。張晏曰：『依河水自固。』《春秋》會于鹹，杜預曰：『濮陽，有鹹城者也。』」❶《續漢・郡國志》云：「或曰古鹹國。」《一統志》：「鹹城在大名開州東南六十里。」○注「桓公」至「乃會」。○上《二年傳》云：「大國言齊、宋，遠國言江、黃，則以其餘爲莫敢不至也。」《三年傳》云：「此大會也，曷爲末言爾？」注：「時桓公功德隆盛，諸侯咸曰：『無言不從，曷爲用盟哉！』」自後皆從彼法，故不復書小國也。上五年《左傳》云：「江、黃、道、柏方睦于齊，皆弦姻也。」明附從者不獨江、黃矣。

秋，九月，大雩。**注**由陽穀之會不恤民，後會于鹹，城緣陵，煩擾之應。**疏**注「由陽」至「之應」。○上《十一年》「公及夫人姜氏會齊侯于陽穀」、上「公會齊侯」以下「于鹹」、下《十四年》「諸侯城緣陵」是也。按：與上《十一年》「秋八月大雩」所應同。

冬，公子友如齊。

十有四年，春，諸侯城緣陵。**疏**杜云：「緣陵，杞邑。」《大事表》云：「在今青州府之昌樂縣，亦曰營陵，

❶「鹹」，原作「醎」，據《水經注》改。

路通登、萊。《僖十四年》『諸侯城緣陵』，蓋是時淮夷病杞，齊桓遷之稍北以自近，如楚遷許于葉、吴遷蔡于州來。然杜注『杞地』，則仍爲杞地錯入于齊者耳。至襄二十七年，杞復遷淳于。是年晉合諸侯之大夫城杞，『祁午數趙文子之功曰：城淳于。』蓋城杞即城淳于，是杞復遷淳于之證也。今縣東南三十里有營陵故城。」《漢書・地理志》北海郡營陵下云：「或曰營丘。」應劭曰：「師尚父封于營丘，陵亦丘也。」臣瓚曰：「營丘，即臨淄也。營陵，《春秋》謂之緣陵。」《一統志》：「營陵故城在青州府昌樂縣。」《紀要》云：「在縣東南五十里。」

孰城之？ 注 諸侯不序，故問誰城。 疏 《通義》云：「板本作『孰城之』，『之』字衍，据二年傳文校删。《開成石經》年首缺三行，第四行自『爲不言』起，以彼恒率行十字推之，是無『之』字也。」按：以下荅「城杞」文義繹之，無「之」字是也。○注「諸侯」至「誰城」。○舊疏云：「按上《二年》注云『据内城不月，故問之』，然彼經書月，故得此解。此經不月，傳云『孰城之』，漫道諸侯，諸侯無所指据，緣陵之號由來未有，故怪而問之。」《通義》云：「欲言内邑，無爲諸侯城之；欲言外邑，文無所繫；故孰不知問。」按：如傳意，以「城杞」荅「孰城之」，當是問所城何城之意，故孔以傳文「之」爲衍文。何氏以諸侯不序解之，似未當。**城杞也。曷爲城杞？** 疏 《通義》云：「『曷爲不言城衛』，主問經文『曷爲城杞』，主問事緣。然皆得起滅意，故互相備。」是也。**滅也。孰滅之？蓋徐、莒脅之。** 注 以下皆狄徐也。言脅者，杞，王者之後，尤微，是見恐曷而亡。 疏 《通義》云：「以杞南瀕莒、徐故也。脅之者，言二國交制之。」《左氏》上十三年傳以爲「淮夷病杞」，按此云「徐」，蓋徐戎也。《書・費誓序》「徐夷並興」，又經云「徂兹淮夷，徐戎並興」。《詩・大雅・江漢序》云：「宣王命召公平淮夷。」《常武》篇曰：「率彼淮浦，省此徐土。」《魯頌・泮水》云：「既作泮宮，淮夷攸服。」《閟宮》云：「至於海邦，淮夷來同。」又云：「保有鳧繹，遂荒徐宅。」《禮記・檀弓》記容居弔邾婁考公之喪，稱其「先君駒王」，知徐之負强僭號已久，莒亦即於夷，則此之徐、莒即《左氏》之淮夷與？○注「以下」至「徐也」。○下《十五年》「冬，楚人敗徐于婁林」，注：「謂之徐者，爲滅杞，不知尊先聖法度，惡重，故狄之也。」《文七年》「徐伐莒」，

注：「謂之徐者，前共滅王者後，不知尊先聖法度。今自先犯，文對事連，可以起同惡。莒在下不得狄，故復狄徐也。一罪再狄者，明爲莒狄之爾。」○注「言脅」至「而亡」。○《九經古義》云：「恐曷，即漢律恐猲也。陳群《新律》序云：『《盜律》有恐猲。』《漢書·王子侯表》曰：『葛魁侯戚坐縛家吏恐猲受賕，棄市。平城侯禮坐恐猲，取雞免。承鄉侯德天坐恐猲國人，受財臧五百以上，免。籍陽侯顯坐恐猲國民取財物，❶免。』師古曰：『猲者，❷謂以威力脅人也。』音呼葛反。」按：今律有恐嚇取財，即恐曷也。《戰國策》云「恫疑虛愒」，❸高誘曰：「喝，喘息懼皃。」愒，正字；曷，叚借也。俞云：「國雖微弱，無因恐曷而亡者，何解非也。脅，當讀爲『協幹而殺之』之『協』字，亦作『拹』。《廣雅·釋詁》：『拹，折也。』凡物折之則分，故折有分義。《楚辭·惜誦》篇『令五帝以折中兮』，王注：『折，分也。』徐、莒拹之者，謂徐、莒拹而分之也。《元年傳》曰：『孰亡之？蓋狄滅之。』《二年傳》曰：『孰滅之？蓋狄滅之。』彼惟狄一國，故直曰滅之；此則徐、莒二國，故不直曰滅之，而曰拹之，正古人屬辭之密矣。」按：以「脅」爲「拹」，又以「拹」爲「折」，又以「折」爲「分」，未免迂回。王者之後尤微者，言比陳、宋尤微也。《史記·陳杞世家》云：「杞小微，其事不足稱述。」又太史公曰「至禹於周，則杞微甚，不足數也」是也。

曷爲不言徐、莒脅之？爲桓公諱也。曷爲爲桓公諱？上無天子，下無方伯，天下諸侯有相滅亡者，桓公不能救，則桓公恥之也。

疏《繁露·滅國下》云：「邢、杞未嘗朝聘，齊桓見其滅，率諸侯而立之。用心如此，豈不霸哉？故以憂天下與之。」

然則孰城之？桓公城之。曷爲不言桓公城之？不與諸侯專封也。曷爲不與？實與而文不與。文曷爲不與？諸侯之義不得專封也。諸侯之義，不得專封，則其曰實與之何？上無天子，下無方伯，天

❶「坐」，原脱，據《九經古義》補。
❷「猲者」，原脱，據《九經古義》補。
❸「愒」及下注文「喝」，《戰國策》作「猲」，《史記·蘇秦列傳》作「喝」，《索隱》云：「本亦作『猲』，並呼合反。」

下諸侯有相滅亡者，力能救之，則救之可也。**注**輒發傳者，與城衛同義。言諸侯者，時桓公德衰，待諸侯然後乃能存之。外城不月者，文言諸侯，非内城明矣。**疏**注「輒發」至「同義」。○見上二年。《通義》云：「輒發文實傳者，三城各異書，故須明之爾。」○注「言諸」至「存之」。○《通義》云：「故不斥齊侯，直總衆國辭而已。城楚丘不言諸侯，此言諸侯者，起即會鹹之諸侯也。」又云：「實與，故諸侯無貶辭。文不與，故不使齊侯主之。」《穀梁傳》曰：「其曰諸侯，散辭也。聚而曰散，何也？諸侯城，有散辭也。桓德衰矣。」注引何休《廢疾》云：「『按：先是盟亦言諸侯，非散也。又《穀梁》美九年諸侯盟于葵丘，即散，何以美之耶？』」鄭君釋之曰：『《九年》「公會宰周公、齊侯、宋子、衛侯、鄭伯、許男、曹伯于葵丘。九月戊辰，盟于葵丘」。時諸侯初在會，未有歸者，故可以不序。』今此《十三年》『夏，公會齊侯、宋公、陳侯、衛侯、鄭伯、許男、曹伯于鹹』，而『冬，公子友如齊』，此聘也。書聘則會固前已歸矣。今云諸侯城緣陵而不序其人，明其散，桓德衰矣。葵丘之事，安得以難此？」劉氏逢禄《廢疾申何》云：「桓德之衰，實始于葵丘。此存杞，諸侯所樂，故以散而復聚之辭言之。不言諸侯則無以知爲會鹹諸侯，猶城邢必復言師也。不序以明其散失之。」按：楚丘爲桓公獨城，故不序諸侯。此爲桓公德衰，待諸侯乃能城，故特總言諸侯也。○注「外城」至「明矣」。○《隱七年》「夏，城中丘」、《襄十九年》「冬，城西郛」，是内城不月也。上《元年》「夏六月，城邢」、《二年》「春王正月，城楚丘」，是外城月也。此外城不月，則以文言諸侯，足起爲外城，無爲書月矣。

夏，六月，季姬及鄫子遇于防，使鄫子來朝。

疏《穀梁傳》「鄫」作「繒」，下同。《史記·周本紀》：「申侯怒，❶與繒、西戎犬戎攻幽王。」《正義》引《括地志》云：「繒縣在沂州承縣，古侯國。」《孔子世家》云：「吴與魯會繒。」《正義》亦引《括地志》：「故鄫城在沂丞縣。❷《地理志》云：❸繒縣屬東海郡也。」按：《漢·地

❶ 「申」，原作「史」，據國圖藏清抄本《公羊義疏》、《史記》改。

❷ 「丞」，原作「承」，據《史記正義》改。

❸ 「理」，原作「里」，據《史記正義》改。

志》：「東海郡繒，故國，禹後。莽曰繒治。」《後漢書・方術傳・公沙穆傳》「遷繒相」，注：「繒縣屬琅邪郡。」《續漢・郡國志》：「琅邪國繒，侯國，故屬東海。」《晉書・地理志》「徐州琅邪國繒縣」，故杜云：「鄫國，今琅邪鄫縣。」蓋漢屬東海，後分隸琅邪也。《國語・周語》：「杞、繒由太姒。」又云：「杞、鄫猶在。」《晉語》：「申人、繒人。」《中州金石記・漢開母廟石闕銘》：「杞繒闕晉。」《荀子・堯問篇》「繒丘之封人」，注：「繒，與鄫同。」蓋鄫、繒通也。《説文・邑部》：「鄫，姒姓國，在東海。从邑曾聲。」自是正字。《一統志》：「防山，在兖州府曲阜縣東三十里，周八里，高二里。孔子合葬于防。」即此鄫縣故城在嶧縣東八十里。

鄫子曷爲使乎季姬來朝？ **注** 据使者，臣爲君銜命文也。**疏**《通義》云：「使乎季姬者，言爲季姬所使也。」○注「据使」至「文也」。○《禮記・檀弓》云「銜君命而使」，《論語・子路》兩言「使於四方」，皆臣爲君銜命之文。

内辭也。非使來朝，使來請己也。 **注** 使來請娶己以爲夫人，下書歸是也。禮，男不親求，女不親許。魯不防正其女，乃使要遮鄫子淫泆，使來請己，與禽獸無異，故卑鄫子使乎季姬，以絶賤之也。月者，甚惡内也。**疏** 注「使來」至「是也」。○《穀梁傳》：「來朝者，來請己也。」注：「使來朝，請己爲妻。」書歸者，下《十五年》「季姬歸于鄫」是也。《白虎通・嫁娶》篇：「聘嫡，未往而死，媵當往否乎？人君不再娶之義也。天命不可保，故一娶九女。以《春秋》伯姬卒，時娣季姬更嫁鄫，《春秋》譏之。」謂此。○注「男不」至「親許」。○《白虎通・嫁娶》篇：「男不自專娶，❶女不自專嫁，必由父母，須媒妁何？❷遠恥防淫泆也。《詩》云『娶妻如之何？必告父母。』又曰：『娶妻如之何？匪媒不得。』」按：《詩・召南・野有死麕序》云：「惡無禮也。」箋云：「無禮者，謂不由媒妁也。」《孟子・滕文公下》篇：「不待父母之命，媒妁之言，鑽穴隙相窺，踰牆相從，則父母國人皆賤之。」其謂

❶「自」，原作「至」，據國圖藏清抄本《公羊義疏》、《白虎通義》改。

❷「何」，原作「可」，據《白虎通義》改。

親求親許者。舊疏云：「男不親求。即《昏禮》『不稱主人』之屬是也。女不親許，即致女之禮是。」○注「魯不」至「無異」。❶ ○下《十九年》注云：「魯本許嫁季姬于邾婁，季姬淫泆，使鄫子請己而許之。」然則季姬本媵伯姬，伯姬卒，季姬更使鄫子請己爲婚也。故《通義》云：「季姬者，伯姬之媵也。伯姬許嫁邾婁，於上九年卒。禮，嫡未嫁而死，媵猶當往，故是時魯致季姬于邾婁，行及防，遇鄫子而悦之，使來請己，僖公許焉。《白虎通義》曰：『伯姬卒，時娣季姬更嫁鄫，《春秋》譏之。』謂此是也。鄫之君以一女子故，躬汙血于邾婁之社。後有有國而欲色者，可以戒矣。」《潛研堂答問》云：「問：《左氏》、《公羊》説各殊，范甯駁《公羊説》謂魯女無故遠會諸侯，遂得淫通，此事之不然者。而以《左氏》歸甯之説謂近合人情，其理甚正。而疏家申何義，以爲末世無禮，容或有之，如姜氏如莒之類。魯爲秉禮之國，何傷檢若是其甚乎？曰：吾友褚搢升刑部嘗論之曰：《春秋》之例，女既嫁則繫其夫國，如紀伯姬、杞伯姬是也。未嫁則不繫以國，如伯姬卒是也。此經書季姬及鄫子遇，次年乃書季姬歸于鄫，不繫以鄫，則爲未嫁之女可知，烏得言歸甯乎？齊高固先書逆，後書及，已嫁之辭也。季姬先書遇，後書歸，未嫁之辭也。已嫁則從夫婦之序，故曰高固及子叔姬來；未嫁則從内外之辭，故曰季姬及鄫子。」按：褚氏所論極允。○注「故卑」至「之也」。○《穀梁傳》：「朝不言使，言使，非正也，以病繒子也。」舊疏云：「謂絶而賤之，不以爲諸侯也。」則病之義也。《通義》云：「言朝者，内大惡諱也。言及者，主罪季姬汲汲。」蓋交責之意也。○注「月者」至「内也」。○《通義》云：「趙汸曰：凡諸侯來朝，恒不書月，其有月者，皆爲下事書。唯此特月以異之。」舊疏云：「正以遇例時，即《隱四年》『夏，公及宋公遇于清』、《八年》『春，宋公、衛侯遇于垂』、《莊三十年》『冬，公及齊侯遇于魯濟』之屬是也。今此月者，甚惡内也。」按：魯不能防正其女，令之淫泆，致邾婁與鄫仇深衅結，有十九年之禍，故特書月以甚惡之。

秋，八月辛卯，沙鹿崩。

沙鹿者何？河上之邑也。**疏** 杜云：「沙鹿，

❶「至」上原重一「至」字，依本書體例及國圖藏清抄本《公羊義疏》删。

山名。陽平元城縣東有沙鹿土山，在晉地。」《左疏》引服虔云：「沙，山名。鹿，山足。」取《穀梁》「林屬於山曰鹿」爲説也。《水經注・河水》篇：「又東逕元城縣故城西北，❶而至沙丘堰。《史記》曰：魏武侯公子元食邑於此，故縣氏焉。郭東有五鹿墟，墟之左右多陷城。《公羊》曰『襲邑也』，説曰『襲，陷矣』。《郡國志》曰五鹿，❷故沙鹿，有沙亭。周穆王喪盛姬，東征，舍于五鹿，其女叔㛗届此思哭，是曰女㛗之丘，爲沙鹿之異名也。」《大事表》：「今北直大名府元城縣東四十五里有沙鹿山。」《紀要》：「沙鹿山在大名府東四十五里，亦名女㛗丘。周穆王女叔㛗曾居此。」《水經注》又云：「元城縣有沙丘堰，大河所經。以沙鹿山而名。」皆以沙鹿爲山名。唯《穀梁傳》「林屬於山爲鹿。沙，山名也。」注：「鹿，山足。」以沙爲山。按：曆於八月無辛卯，七月之五日、九月之六日也。**此邑也，其言崩何？**

注据梁山言崩。**疏**注「据梁山言崩」。○《成五年》「梁山崩」，❸以彼是山，得有崩道故也。**襲邑也。** **注**襲者，嘿陷入于地中。言崩者，以在河上也。河岸有高下，如山有地矣，故得言崩也。**疏**注「襲者」至「地中」。○《説文・土部》：「㙤，下入也。」襲，於《説文》爲「左衽袍」。襲、㙤同部，疑「㙤」之叚借也。《廣雅・釋詁》：「㙤，下也。」河岸崩決，邑下入于水，文曰㙤邑。《御覽》引《元命包》云：「有遭命，遭命者行正不誤，逢世殘賊，君上逆亂，辜咎下流，❹災譴並發，陰陽散忤，暴氣雷至，滅曰動地，絶人命，❺沙鹿襲邑是。」❻注：「忤，錯也。襲，淪也。河水淪沙鹿之邑，❼溺殺人也。」《白虎通・壽命》云：「遭命者，逢世殘賊，若上逢亂君，下必災變暴至，夭絶人命，沙鹿崩于受邑是也。」《通義》云：「謹按：《水經注》言『元城縣東有五鹿墟，墟之左右多陷城。』《郡國志》曰『五鹿墟，故沙鹿』是矣。趙汸曰：『地陷視

❶「城」，原作「氏」，據《水經注》改。
❷「鹿」下原衍「墟」字，據《水經注》删。
❸「成」下原衍「十」字，「梁山崩」在成公五年，據《春秋公羊傳注疏》删。
❹「咎」，原作「就」，據《太平御覽》改。
❺「絶」上原衍「夭」字，據四庫本《太平御覽》删。
❻❼「鹿」，《太平御覽》作「麀」。

山崩爲變尤重，故詳其月日以别之。』」俞氏樾《公羊平議》云：「『嘿陷入於地中』而謂之『襲』，未聞其義。且如其説，則但云『襲也』足矣，不必曰『襲邑也』。今按：襲者，重襲也。《廣雅·釋詁》：『襲，重也。』《漢書·外戚傳》『災變相襲』，師古注：『襲，重累也。』沙鹿爲河上之邑，河岸有高下，沙鹿在其最高之處，故謂之襲邑，明其重累在上，異乎平地之邑也。❶凡邑不言崩，惟襲邑言崩，正解所以言崩之故。上句發問，不曰『崩者何』而曰『此邑也，其言崩何』，可知何解之非矣。」按：謂襲邑爲重累其邑，亦别無所考，況《穀梁》以鹿爲山足，明在山之下河之上矣。襲，蓋「墭」之借，故有「嘿陷」之義。○注「言崩」至「崩也」。○河岸，閩、監、毛本同誤作「河崩」。《校勘記》云：「鄂本、宋本『崩』作『岸』，當據正。」

沙鹿崩，何以書？記異也。外異不書，此何以書？**注**据長狄之齊、晉不書。**疏**注「据長」至「不書」。○《文十一年傳》：「狄者何？長狄也。兄弟三人，一者之齊，一者之魯，一者之晉。其之齊者，王子成父殺之；其之魯者，叔孫得臣殺之。則未知其之晉者也。何以書？記異也。」是之魯者書，之齊、晉者不書，明外異不書也，故据問之。爲天下記異也。**注**土地者，民之主，霸者之象也。河者，陰之精，爲下所襲者，此象天下異，齊桓將卒，霸道毁，夷狄動，宋襄承其業，爲楚所敗之應。而不繫國者，起天下異。

疏《通義》云：「地以厚載爲德，今而襲陷，乃下不能承上之象。是後大夫交政，篡弑接踵，故爲天下之異，不可以一端言之。《左氏》稱晉卜偃云『期年將有大咎』，此時五鹿地猶屬衛，不屬晉也。《漢書》又云『晉史卜之，其繇：陰爲陽雄，土火相乘，故有沙鹿崩。後六百四十五年宜有聖女興』，則因王氏徙居元城而附會説之，蓋非實矣。《解詁》曰：『不繫國者，起天下異。』孫覺曰：『沙鹿、梁山崩，皆非魯地，而《春秋》書之，如内辭焉，此聖人之意也。』夫水火之爲災，石鷁之爲異，地不過百里，時不過數日，所以召之者，止於其君，所以應之者，盡於一國，故國不可不著也。至於王道大壞，彝

❶「異」，原作「累」，據《群經平議》改。

倫一斁，而天下之人皆反皇極，則天見其變而日食星孛，地見其妖而川竭山崩。所以召之者在于天下，所以應之者徧于四海。則雖在于國，不得著其國矣。」顧氏棟高《大事表》云：「《左傳》衛地無山。沙鹿崩，杜云：『沙鹿，山名，元城縣東有沙鹿土山。』此時當屬衛，晉惠公時封域安得到此？卜偃之言，乃因明年韓原之敗適與之會而附會之耳。❶《穀梁》亦以爲晉山，此因後日之晉而追言，非實録也。《公羊》以爲『爲天下記異』者，❷得之。」○注「土地」至「象也」。○原文闕。○注「河者陰之精」。○《水經·河水注》引《説題辭》云：「河之爲言荷也，❸荷精分布，懷陰引度也。」又引《援神契》云：「河者，水之伯。」又引《考異郵》云：「河者，水之氣，四瀆之精也。」水者陰，河爲水長，故爲陰精也。○注「爲下」至「之應」。○舊疏云：「即下《二十二年》『冬十一月己巳朔，宋公及楚人戰于泓，宋師敗績』是也。」《漢書·五行志下之上》云：「釐公十四年秋八月辛卯，沙鹿崩。《穀梁傳》曰：『林屬於山曰鹿，沙其名也。』劉向以爲臣下背叛，散落不事上之象也。先是，齊桓行伯道，❹會諸侯，事周室。管仲既死，桓德日衰，天戒若曰，伯道將廢，諸侯散落，政逮大夫，陪臣執命，臣下不事上矣。桓公不寤，天子蔽晦。及齊桓死，❺天下散而從楚。王札子殺二大夫，晉敗天子之師，莫能征討，從是陵遲。《公羊》以爲沙麓，河上邑也。董仲舒説略同。一曰：河，大川象；齊，大國；桓德衰，伯道將移於晉文，故河爲徙也。《左氏》以爲沙麓，晉地；沙，山名也；地震而麓崩，不書震，舉重者也。伯陽甫所謂『國必依山川，山崩川竭，亡之徵也；不過十年，數之紀也』。至二十四年，晉懷公殺於高梁。京房《易傳》曰：『小人剥廬，厥妖山崩，兹謂陰乘陽，弱勝强。』」按：劉向取應至王札子、晉敗王師二事，似遠；《左氏》專屬晉，亦未確當，以邵公説爲正。《經義雜記》云：「《穀梁傳》：『沙，山名也。無崩道而崩，故志之也。其日，重其變也。』范注引劉向曰：『鹿，在山下平地，臣象，陰位

❶「會」，原作「合」，據《春秋大事表》改。
❷「爲」下，原脱「爲」字；「者」下，原衍「者」字；據《春秋大事表》補删。
❸「爲」，原脱，據《水經注》補。
❹「行伯」，原作「將卒」，據國圖藏清抄本《公羊義疏》、《漢書》改。
❺「桓」，原作「威」，據《漢書》回改。

也。崩者，散落背叛，不事上之象。』與《漢志》所載劉説合。《公羊傳》：『此邑也，其言崩何？襲邑也。』何注：『襲者，嘿陷入于地中。』杜注：『沙鹿，山名，在晉地。災害繫於所災所害，故不繫國。』《正義》曰：『服虔云：沙，山名。鹿，山足。』取《穀梁》爲説。按：以沙爲山名，本《漢志》所載，《左氏》舊義，非取《穀梁》爲説。『鹿』字之訓，本諸《穀梁》，與《左氏》沙爲山名正合。杜氏統言沙鹿爲山名，失古人正名之誼矣。《正義》又引《漢書·元后傳》后祖翁孺自東平陵徙魏郡元城委粟里。元城建公曰：『昔春秋沙鹿崩，晉史占之，曰：「陰爲陽雄，土火相乘，故有沙鹿崩。崩之後六百四十五年，宜有聖女興。今王翁孺徙，正值其地，❶日月當之。」』元城郭東有五鹿之墟，即沙鹿地。計爾時去聖猶近，所言當得其實。」按：元城建公所言，當是附會王氏，無足據也。「齊桓卒」，見下十七年。下《十八年》「邢人、狄人伐衛」、《二十年》「楚人伐隨」、《二十一年》「狄侵衛。宋公、楚子」以下「會于霍，執宋公以伐宋」，終于泓之敗，皆霸道毁，夷狄動，宋襄爲楚所敗事也。○注「而不」至「下異」。○「而」字疑衍。此決《宣十六年》「成周宣謝火」書成周，❷《昭九年》「陳災」書陳也。❸《成五年》「梁山崩」，不書晉，義與此同。

狄侵鄭。

冬，蔡侯肹卒。 注 不書葬者，潰當絶也。不月者，賤其背中國而附父仇，故略之甚也。肹立不書者，父獻舞見獲，留卒於楚，肹以次立，非篡也。疏《校勘記》云：「《釋文》、《唐石經》『肹』作『肸』，閩、監、毛本作『肸』，❹非，注同。」○注「不書」至「絶也」。○上《四年》：「侵蔡，蔡潰。」傳：「潰者何？下叛上也。國曰潰，邑曰叛。」按：不能其國者絶，奪其國。《文十八年》「莒弑其君庶其」，傳：「稱國以殺，衆殺其君之辭。」注：「舉國以明失衆，坐絶也。」蔡肹不能撫有其衆，致令潰叛，故當絶。按：《史記·世家》載桓公伐蔡，蔡潰，遂虜繆侯，南至

❶「正」，原脱，據《經義雜記》補。
❷「火」，《春秋公羊傳注疏》作「灾」。
❸「災」，《春秋公羊傳注疏》作「火」。
❹「肸」，原脱，據國圖藏清抄本《公羊義疏》、《十三經注疏校勘記》補。

楚邵陵。已而諸侯爲蔡謝齊，齊侯歸蔡侯，則尤宜絶矣。○注「不月」至「甚也」。○舊疏云：「大國之卒例合書日，即《隱八年》『夏六月己亥，蔡侯考父卒』之屬是也。今此並不月，故言略之甚也。」《穀梁傳》：「諸侯時卒，惡之也。」舊疏又云：「其父者，即蔡侯獻舞，莊十年爲楚所獲而卒，故謂楚爲父仇。上《四年》『齊侯』已下『侵蔡，遂伐楚』，是其背中國附父仇之事。」《穀梁疏》引麋信云：「蔡侯肸父哀侯，爲楚所執，肸不附中國而常事父仇，故惡之而不書日也。」《通義》云：「肸者，哀侯之子繆侯也。哀侯被獲，留死於楚。繆侯附父仇而背中國，故略賤之，不月不葬，❶貶從小國例也。繆侯之子甲午，是爲莊侯，又附弑父惡人，首會屈貉，道以伐中國，故《春秋》遂不見卒，惡之益深矣。」按：自齊桓合諸侯以來，蔡未一與諸夏會，其背中國附楚明甚，故《春秋》絶之甚也。○注「肸立」至「篡也」。○《史記・管蔡世家》云：「哀侯十一年，初，哀侯娶陳，息侯亦娶陳。息夫人將歸，過蔡，蔡侯不敬。息侯怒，請楚文王：『來伐我，我求救於蔡，蔡必來，楚因擊之，可以獲功。』楚文王從之，虜蔡哀侯以歸。哀侯留九歲，死於楚。凡立二十二年卒。蔡人立其子肸，是爲繆侯。」是以次當立也。

十有五年，春，王正月，公如齊。注月者，善公既能念恩，尊事齊桓，又合古五年一朝之義，故録之。疏注「月者」至「齊桓」。○正以朝聘例時，故解云：「上《十年》『公如齊』，注云：『月者，僖公本齊所立，桓公德衰見叛，獨能念恩朝事之，故善録之。』」此與彼同。○注「又合」至「之義」。○舊疏云：「何氏以爲古者天子五年一巡守，諸侯亦五年一朝，天子分天下諸侯爲五部，部朝一年，五年而徧，其小國事大國亦然，故以十年朝齊，今又往朝，是爲合古。」按：文十五年《左傳》亦然：「諸侯五年再相朝，以修王命，古之制也。」蓋通首尾數之也。

楚人伐徐。疏《地理志》臨淮郡徐下云：「故國，盈姓。至春秋時，徐子章禹爲楚所滅。」

三月，公會齊侯、宋公、陳侯、衛侯、鄭伯、許男、曹伯盟于牡丘。疏《差繆略》云：「《左氏》『陳侯』下又有『衛侯』，《公羊》亦有『衛侯』，在『陳侯』之

❶「月」，原作「書」，據《春秋公羊經傳通義》改。

上。」按：今三傳注疏本及《石經》並作「公會齊侯、宋公、陳侯、衛侯」云云。杜云：「牡丘，地名。闕。」《大事表》云：「今東昌府治聊城縣東北七十里有牡丘。或云即春秋會盟處。」《紀要》：「牡丘在東昌府東北七十里。僖十年『盟于牡丘』，齊桓公築牡丘，即此。」遂次于匡。**疏**杜云：「匡，衛地。在陳留長垣縣西南。」《大事表》云：「文八年，❶『晉侯使解揚歸匡、戚之田于衛』，杜注：『匡本衛邑，中屬鄭。孔達伐不能克，今晉令鄭還衛。』❷《論語》『子畏於匡』即此。《史記》孔子自匡至蒲。《括地志》『蒲城在匡城縣北十五里』，今俱在直隸大名府長垣縣境。」《漢書・地理志》陳留郡長垣，孟康曰：「《春秋》會于匡，今匡城是。」《紀要》：「匡城在開州長垣縣西南十五里。春秋時衛邑。」《穀梁傳》云：「遂，繼事也。次，止也，有畏也。」注云：「畏楚。」

公孫敖率師及諸侯之大夫救徐。**注**言次者，刺諸侯緩於人恩，既約救徐而生事止次不自往，遣大夫往，卒不能解也。大夫不序者，起會上大夫，君已目，故臣凡也。内獨出名氏者，臣不得因君殊尊省文，別尊卑也。**疏**《校勘記》云：「率師，《唐石經》、鄂本、宋本同。閩、監、毛本作『帥師』。按此依《左》、《穀》作『帥』改也。《公羊》多作『率』。」○注「言次」至「人恩」。○原文闕。○注「既約」至「解也」。○杜云：「諸侯既盟，次匡，皆遣大夫將兵救徐，故不復具列國別也。」按：《左傳》云：「楚人伐徐，徐即諸夏故也。」又云：「孟穆伯帥師及諸侯之師救徐，諸侯次于匡以待之。」明楚爲徐即諸夏伐之，諸侯始爲救徐盟牡丘。既復遣大夫往，以致楚敗徐婁林，是不能解也。○注「大夫」至「凡也」。○《春秋》之例，凡大夫不序者，皆上有各國君則下止書大夫，如《襄三年》「大夫盟」、《二十七年》「豹及諸侯之大夫盟于宋」之屬是。○注「内獨」至「卑也」。○舊疏云：「正以上言『公會齊侯』以下是殊尊魯之文，今若不舉内大夫名氏，即國君鄉者殊尊之經而省文。」

❶ 「八」，原作「二」，據國圖藏清抄本《公羊義疏》、《春秋大事表》改。
❷ 「令」，原作「會」，據《春秋左傳注疏》改。

夏，五月，日有食之。注是後秦獲晉侯，齊桓公卒，楚執宋公，霸道衰，中國微弱之應。疏《通義》云：「晦食。」《漢・五行志》「劉歆以爲二月朔，齊、越分。」○注「是後」至「之應」。○見下十一月、下十七年、二十一年。《漢書・五行志下之下》：「僖公十五年五月，日有食之。劉向以爲象晉文公將行伯道，❶後遂伐衛，執曹伯，敗楚城濮，再會諸侯，召天王而朝之，此其效也。日食者，臣之惡也。夜食者，掩其罪也。以爲上亡明王，桓、文能行伯道，攘夷狄，安中國，雖不正猶可，蓋《春秋》『實與而文不與』之義也。」按：《公羊》無此義，且取應亦殊遠。彼志載「董仲舒以爲後秦獲晉侯，齊滅項，楚敗徐于婁林」，均與何義相足。

秋，七月，齊師、曹師伐厲。注月者，善録義兵。厲，葵丘之會叛天子之命也。曹稱师者，桓公霸道衰，曹獨能從之，征伐不義，故褒之，所以勸勉不能，扶助霸功，激揚解惰也。疏杜云：「厲，楚與國。義陽隨縣北有厲鄉。」《續漢志》：「汝南褒信侯國有賴亭，故賴國。」《一統志》：「厲鄉在德安府隨州北，今名厲山店。」惠氏棟云：「厲、賴一國。」沈氏欽韓云：「按：《續志》汝南褒信侯國有賴亭，故國。今光州商城縣南有賴亭，❷《志》以爲古賴國者也。《水經注・溳水》『北出大義山，南至厲鄉西』，亦云『賴鄉』，古賴國也，即今隨州之厲山店。然酈氏以厲鄉爲烈山氏生處，列、厲古聲通用，『厲』又轉爲『賴』耳。此厲國當從彪《志》在光州。又歸德府鹿邑縣東亦有賴鄉，❸《史記・老子傳》作『厲鄉』，《正義》：『厲，音賴。』」顧氏棟高《厲賴一國論》云：「春秋時有賴國。《左氏》桓十三年傳『楚子使賴人追之』，杜云：『賴國在義陽隨縣，蓋賴人仕於楚者。』《僖十五年》『伐厲』，杜云：『義陽隨縣北有厲鄉。』傳書『賴』，經書『厲』，古通用，實則一國也。《宣九年》『楚子爲厲之役，伐鄭』，《十一年傳》『厲之役，鄭伯逃歸』，則傳並書『厲』。《昭四年》『遂滅賴』，傳云『賴子面縛銜璧』，則

❶「晉文公」，原作「天下異」，據《漢書》改。
❷「商」，《春秋左氏傳地名補注》作「殷」。
❸「縣」，原作「東」，據國圖藏清抄本《公羊義疏》、沈欽韓《春秋左氏傳地名補注》改。

經、傳並書『賴』。《前漢・地理志》南陽郡『隨州厲鄉，故厲國也』。師古曰：『厲，讀曰賴。』『厲』與『賴』之通用，證之《左傳》、《漢書》，歷有明據。《公羊》僖十五年『齊師、曹師伐厲』，何休云：『厲于葵丘之會，叛天子之命。』『厲，如字，舊音賴。』《昭四年》『楚子滅厲』，《釋文》：『《左氏》作「賴」。』《穀梁》於僖、昭兩傳俱書『厲』。《史記・豫讓范睢列傳》『漆身爲厲』，厲，並音賴，古人之通用如此。杜佑《通典》乃以厲、賴並列兩國。杜氏精於考古，而乃有此失與？」○注「月者」至「義兵」。○舊疏云：「正以侵伐例時故也。」《通義》云：「前大夫之師無功，書『次』見譏。此復伐楚與國，以緩徐寇，善齊桓誠謀救徐，故月録之。」○注「厲葵」至「命也」。○上《九年傳》『葵丘之會，桓公震而矜之，叛者九國』，注：「下伐厲善義兵是也。」何氏當有所据，書籍散亡，無文以言之。○注「曹稱」至「惰也」。○《校勘記》云「解惰」，❶云：「宋本、閩本同。監、毛本『解』作『懈』，非。按：《釋文》作『解惰』也。」《隱五年傳》云『將卑師少稱人』，曹無大夫，又小國，不合稱師，宜稱人。今書師，故解之。《僖元年》「次于聶北，救邢」，又「城邢」，曹並稱師，蓋亦褒義。於此解者，桓公霸道衰，曹獨能從征不義，善尤進，故著於此。《論語・爲政》篇：「舉善而教不能則勸。」

八月，螺。 **注** 公久出，煩擾之所生。**疏** 注「公久」至「所生」。○《漢書・五行志中之下》：「釐公十五年八月，螺。劉向以爲先是釐有鹹之會，後城緣陵。是歲復以兵車爲牡丘會，使公孫敖帥師，及諸侯大夫救徐，兵比三年在外。」與此久出煩擾義合。

九月，公至自會。

桓公之會不致，此何以致？ **注** 据柯之會不致。**疏** 注「据柯」至「不致」。○見莊十三年。**久也。** **注** 久暴師衆過三時。**疏** 注「久暴」至「三時」。○公以三月盟牡丘，至九月始反國，歷春夏秋三時，故書至危之。《穀梁》注：「《莊二十七年傳》：『桓會不致，安之也。』而此致者，齊桓德衰，故危而致之。」

季姬歸于鄫。 **疏**《通義》云：「始嫁之辭也。前遇于防，季姬不繫鄫。此書歸，又與『伯姬歸于紀』、『伯姬歸于宋』文同例，故啖、趙、胡氏皆謂《左傳》之言不合於

❶「云」，按本書引校勘記體例，疑當作「出」。

經。若言魯女不當淫泆至此，則文、哀二姜流風舊矣。」

己卯晦，震夷伯之廟。

晦者何？冥也。注晝日而冥。疏注「晝日而冥」。○《校勘記》出「書日」云：「鄂本『書』作『晝』，諸本皆誤『書』字。」《詩·鄭風·風雨》云「風雨如晦」，傳：「晦，昏也。」《周頌·酌》云「遵養時晦」，❶傳：「晦，昧也。」《左傳》昭元年說六氣曰「陰、陽、風、雨、晦、明」，以晦對明，故爲冥。晝冥爲晦，則《春秋》晦也。《爾雅·釋言》：「晦，冥也。」《淮南·時則訓》：「窮夏晦之極」，注：「晦，瞑也。」昭元年《左傳》「晦淫惑疾」，注：「晦，夜也。」夜故昏瞑，當晝而夜，故曰晦也。《開元占經》引《感精符》云：「日者，陽之精，曜魄光明，所以察下，❷夫以照滅晝晦，❸甚所懼也。」《漢書·劉向傳》曰「晝冥晦」，皆謂此。《通義》云：「謹按：《春秋》不書晦，『己卯晦』、『甲午晦』，皆晝晦也。俗儒但推下正月戊申朔，則己卯適九月之盡。《成十六年》『六月丙寅朔』，則甲午亦其月之盡，遂指以爲月晦。荞苟不似苗，何以亂苗？利口苟不近義，❹何以亂義？二晦苟不值月晦，何以疑於月晦？彼未審《春秋》，固有以辨之也。晝晦曰晦，月晦曰是月，不相疑也。是月亦爲記異録之爾。常事則但舉日，鷄父之戰，《左氏》以爲戊辰晦，而經不書『晦』，此顯證也。妄者猶譏《公羊》自誤設不書晦之例，故以『晦』、『冥』强訓之。若乃《穀梁》於甲午晦，固云『日事遇晦曰晦』，於此亦曰『晦，冥也』，可知是日晝冥，自有師傳，非窮詞矣。《春秋》兩見晝晦，皆適當月晦者，蓋讀《秦本紀》昭襄王六年『日食晝晦』得其說焉。凡正晝而日無光，必由食既之甚乃然。然而不言日食者，《春秋》之記異也。記見至于冥晦，則日不可得見，其食不食，未之或知也。但以理論之，非日食無晦道，故亦非晦朔無晦道也。」包氏慎言云：「經書九月『晦，震夷伯之廟』，月之二日晦，《公》、《穀》皆以爲晦也，不以爲晦日。二傳例，《春秋》記朔不記晦。」按：曆九月庚辰朔，則晦爲八月之二十九日，月小也。**震之者何？雷電擊夷伯之廟者也。**疏《說文·

❶「酌」，原作「鑠」，語見《詩經·周頌·酌》章，據改。
❷「下」，原作「不」，據《唐開元占經》改。
❸「夫」，原作「失」，據《唐開元占經》改。
❹「近」，原作「亂」，據《春秋公羊經傳通義》改。

雨部》：「震，劈歷，振物者。《春秋》傳曰：『震夷伯之廟。』」段注：「引此者，以爲『劈歷，震物』之證也。《史記》殷武乙暴雷震死，神道設教之至暴者也。」又云：「劈歷，疾雷之名。《釋天》曰：『疾雷爲霆。』《倉頡篇》：『霆，霹靂也。』然則古謂之霆，許謂之震。『振』與『震』叠韻也。」按：震必有電，《易·象傳》曰「雷電噬嗑」，又《彖傳》曰「雷電合而章」，故此雷電並舉也。舊疏云：「加之者，以震有二種故也，❶且避問輕重兩舉。」

夷伯者，曷爲者也？季氏之孚也。

注 孚，信也。季氏所信任臣。

疏 注「孚信」至「任臣」。○《詩·大雅·文王》云「萬邦作孚」，傳：「孚，信也。」又《下武》「成王之孚」，箋云：「孚，信也。」《禮記·緇衣》「萬國作孚」，注：「孚，信也。」《一切經音義》引《字林》云：「孚，信也。」季氏所信任，故曰孚。俞氏樾《公羊平議》云：「季氏所信任之臣而但曰『季氏之孚』，文不成義，殆非也。『孚』當讀爲『保』，❷據《説文》，『孚』古文作『采』，从爪从禾，即『保』古文，而『保』又从采省，❸是其字轉展相從，故聲近而義亦通也。《國語·晉語》曰『失趙氏之典刑而去其師保』，又曰『擇師保以相子』，是古大夫之家亦有師保。季子親爲桓公之子，其有師保明矣。故曰『夷伯者，曷爲者也？季氏之保也』。因其字段『孚』爲之，而説者望文生訓，❹失其解矣。」

季氏之孚則微者，其稱夷伯何？大之也。曷爲大之？

注 据陽虎稱盜。

疏 注「据陽虎稱盜」。○《定八年》「盜竊寶玉大弓」是也。《通義》云：「爲重天戒，不得不書其廟。書其廟，則不得不稱夷伯也。」

天戒之，故大之也。

注 明此非但爲微者異，乃公家之至戒，故尊大之，使稱字，過于大夫，以起之，所以畏天命。孔子曰：「君子有三畏：畏天命，畏大人，畏聖人之言。」

疏 《繁露·奉本》篇云：「夫

❶ 「二」，原作「種」，據《春秋公羊傳注疏》改。
❷ 「保」，原作「偶」，據國圖藏清抄本《公羊義疏》、《群經平議》改。
❸ 「省」，原脱，據《群經平議》補。
❹ 「訓」，原作「義」，據《群經平議》改。

流深者其水不測，尊至者其敬無窮。❶是故天之所加，雖爲災害，猶承而大之，其欽無窮，震夷伯之廟是也。」○注「使稱」至「起之」。○《隱元年》注：「天子上大夫字，尊尊之義也。」夷伯，陪臣，比之天子大夫稱字，是過於大夫矣，所以明爲公家至戒之義。○注「所以」至「之言」。○《論語·季氏》篇文。《繁露·郊語》篇引此語説之云：「彼豈無傷害於人，如孔子徒畏之哉！以此見天之不可不畏敬，猶主上之不可不謹事。不謹事主，其禍來至顯；不畏敬天，其殃來至闇。闇者不見其端，若自然也。故曰堂堂如天，殃言不必立校，默而無聲，潛而無形也。由是觀之，天殃與上罰所以别者，闇與顯耳。不然，其來逮人，殆無以異。孔子同之，俱言可畏也。天地神明之心，與人事成敗之真，固莫之能見也，唯聖人能見之。聖人者，見人之所不見者也，故聖人之言亦可畏也。」何以書？記異也。**注**此象桓公德衰，彊楚以邪勝正，僖公蔽於季氏，季氏蔽於陪臣，陪臣見信得權，僭立大夫廟，天意若曰蔽公室者，是人也，當去之。

疏注「此象」至「去之」。❷○《漢書·五行志下之上》：「釐公十五年『九月己卯晦，震夷伯之廟』。劉向以爲：晦，冥也；震，雷也。夷伯，世大夫，正晝雷，❸其廟獨冥。天戒若曰，勿使大夫世官，將專事暝晦。明年，公子季友卒，果世官，政在季氏。至成公十六年『六月甲午晦』，正晝皆暝，陰爲陽，臣制君也。成公不寤，其冬，季氏殺公子偃。季氏萌於釐公，大於成公，此其應也。董仲舒以爲夷伯，季氏之孚也，陪臣不當有廟。震者，雷也，晦暝，雷擊其廟，明當絶去僭差之類也。向又以爲此皆所謂夜妖者也。劉歆以爲《春秋》及朔言朔，及晦言晦，人道所不及則天震之。展氏有隱慝，故天加誅於其祖夷伯之廟以譴告之也。成公十六年『六月甲午晦，晉侯及楚子、鄭伯戰于鄢陵』，皆月晦云。」《經義雜記》云：「劉子政言『晦，冥也；震，雷也』，本《穀梁傳》。董仲舒云『夷伯季氏之孚』，本《公羊傳》。董又云『明當絶去僭差之類』，則僭差之事不止一夷伯廟，凡似夷伯之僭差者皆當去之。何邵公云：『僖公蔽

❶「至」，原作「重」，據《春秋繁露》改。
❷「去」，原作「云」，據上注文改。
❸「晝」，原作「書」，據中華書局整理本《漢書》改。

於季氏，季氏蔽於陪臣，陪臣見信得權，僭立大夫廟，天意若曰蔽公室者，是人也，當去之。』頗得經傳意。《左傳》『震夷伯之廟，罪之也。於是展氏有隱慝焉』，劉歆以爲人道所不及則天震之，故天加誥其祖廟以譴告之。❶立義精也。《正義》曰：『杜以《長曆》推之，己卯晦，九月三十日。《春秋》值朔書朔，值晦書晦，無義例也。』此即本劉子駿説。」按：劉向與董義近，唯子政謂爲譏世大夫，則本《穀梁》説。然當時世卿非一，何獨於夷伯廟加罪？魯前後大夫不見有夷伯焉，當以《公羊》爲正。蓋桓公德衰，彊楚以邪勝正，晦之應焉。僖公蔽於季氏，季氏蔽於陪臣，震夷伯之廟之應也。故《通義》引董仲舒説云：「廣森以爲季氏專魯，其弊極於陪臣執國命，故天於季友將卒，震其私人之廟以示戒。若曰勿使季氏世卿位，將害於而國，凶於而家。明年友卒，魯君不寤，復卿其子。天垂象，見吉凶，其端在數十年之前，而應變於易世之後也。」按：《論語·季氏》篇：「禄之去公室五世矣，政逮於大夫四世矣。」聖人此語，蓋發於季平子逐昭公之時，已逆知有陽虎執季桓事，故曰三桓子孫微矣。魯自仲遂專國，文公失政，禄去公室者，文、宣、成、襄、昭五世也。政逮大夫者，季友、文子、武子、平子也。故季氏專政自友始，天之震其孚，有以哉？

冬，宋人伐曹。

楚人敗徐于婁林。 注 謂之徐者，爲滅杞，不知尊先聖法度，惡重，故狄之也。不月者，略兩夷狄也。 疏 杜云：「婁林，徐地。下邳僮縣東南有婁亭。」《大事表》云：「在今江南泗州境。《後漢書·志》下邳國徐縣有樓亭，或曰古蔞林。伏滔《北征記》曰：『縣北有大冢，徐君墓，延陵解劍之處。』」《一統志》「古婁亭在鳳陽府虹縣東北」是也。○注「謂之」至「之也」。○《成三年》「鄭伐許」，注：「謂之鄭者，惡鄭襄公與楚同心，數侵伐諸夏，故夷狄之。」《昭十二年》「晉伐鮮虞」，注：「謂之晉者，先伐同姓，從親親起，欲以立威行霸，故夷狄之。」此徐不稱人，不稱師，故爲狄辭也。滅杞事見上十四年。《禮記·郊特牲》云：「天子存二代之後，猶尊賢也，尊賢不過二代。」故滅杞爲不知尊聖法度，惡重也。○注「不月」至「狄也」。○舊疏云：「正以敗例書月，即《莊十年》『春王正月，公

❶「誥」，原作「誅」，據《經義雜記》改。

敗齊師于長勺。秋九月，荆敗蔡師于莘』是也。」此爲略兩夷，故不月。《穀梁傳》：「夷狄相敗，志也。」彼傳以「夷狄相敗，書文不具。令起禍亂之原，謹兵車之始」，故志是也。

十有一月壬戌，晉侯及秦伯戰于韓，獲晉侯。疏包氏慎言云：「十一月無壬戌，十二月之十六日。」按曆爲閏十一月之十四日也。上十年《左傳》云「蔽于韓」，杜云：「韓，晉地。」《大事表》云：「今爲陝西同州府之韓城縣。後爲桓叔子韓萬食邑，《左傳》所謂韓原是也。」又云：「古韓國，❶春秋前晉文侯二十四年滅韓。」即此。《元和志》：「同州韓城縣，春秋『戰于韓原』即此。」《一統志》：「韓原在同州韓城縣西南二十里。」《紀要》或曰「故韓原當在河東，今山西芮城縣河北故城有韓亭，即秦、晉戰處。」齊氏召南《考證》云：「顧炎武《日知録》曰：『及韓在涉河之後，此韓在河東。』《史記正義》引《括地志》云『韓原在同州韓城縣』，非也。杜氏但云『韓、晉地』，卻有斟酌。按：此韓與古韓國在韓城，以梁山爲望者不同。《續漢·郡國志》曰『河東郡河北縣』，《詩》『魏國有韓亭』，當是也。」《通義》云：「此秦伐晉，故以晉侯主戰。」

此偏戰也，何以不言師敗績？❷注据泓之戰，言宋師敗績。疏注「据泓至敗績」。○見下二十二年。

君獲，不言師敗績也。注舉君獲爲重也。釋不書者，以獲君爲惡；書者，以惡見獲，與獲人君者皆當絶也。主書者，從獲人例。疏注「舉君獲爲重」。○《通義》云：「胡康侯曰：君獲不言『師敗績』，君重於師也。君爲大夫戰而見獲，❸必書『師敗績』，師與大夫敵也。君爲重，師次之，大夫敵，《春秋》之法也。與孟子之言何以異？孟子爲時君牛羊用人，莫之恤，故以民爲重，君爲輕。《春秋》正名定分，爲萬世法，故以君爲重，師次

❶「古」，原作「左」，據國圖藏清抄本《公羊義疏》、《春秋大事表》改。

❷「以不」，原作「不以」，據《春秋公羊傳注疏》改。

❸「大」，原作「夫」，據國圖藏清抄本《公羊義疏》、《公羊春秋經傳通義》改。

之。」按：《昭二十三年傳》曰「君死乎位曰滅，生得曰獲，❶大夫生死皆曰獲」。大夫獲稱師，《宣二年》「宋華元帥師及鄭公子歸生帥師戰于大棘。宋師敗績，獲宋華元」之屬是也。○注「釋不」至「爲惡」。○舊疏云：「正決《二十一年》『釋宋公』之經矣。」彼傳云：「執未有言釋之者，此其言釋之何？公與爲爾也。」注：「善僖公能與楚議釋賢者之厄。」彼於上執宋公以伐宋，不與夷狄執中國，故不責楚獲人。○注「書者」至「絶也」。○包氏愼言云：「國君，天子所建，獲人君，無天子也。見獲即當死亡，不死，辱社稷也，故罪皆絶。」按：《成二年》「齊侯使國佐如師」，傳：「君不行使乎大夫，此其行使乎大夫，佚獲也。」注：「已獲而逃亡也。當絶賤。」又《莊十年》「以蔡侯獻舞歸」，傳「名，絶之，獲也」。是見獲者坐絶，與獲人同也。○注「主書」至「人例」。○舊疏云：「《莊十年》『荆敗蔡師于莘，以蔡侯獻舞歸』，傳：『曷爲不言其獲？不與夷狄之獲中國也。』然則秦、楚同類，得獲晉侯者，正以爵稱伯，非真夷狄，故與楚異。」是其從獲人例故也。

十有六年，春，王正月戊申朔，霣石于宋五。

疏《釋文》：「十六年，本或從此下別爲卷。按：《七志》、《七録》，何注止十一卷，《公羊》以閔附莊故也，後人以僖卷大輒分之爾。」按：《漢書・藝文志》：《公羊》、《穀梁》皆十一卷。王、阮兩家箸録卷數本此。包氏愼言云：「經書『正月戊申朔』，據曆，戊申爲正月之二日，非朔也。經連書『六鷁退飛』之異而云『是月』，傳云『是月者何？❷僅逮是月也。何以不日，晦日也。《春秋》不記晦朔，有事則書』，❸此全經之通例，非爲霣石之書朔發也。」按：以曆推之，是年正月實戊申朔。霣，《左氏》、《穀梁》作「隕」，隕、霣字通。《説文》引作「磒石」，《周禮・大司樂》疏引《左傳》亦作「霣石」，或《左氏》本有作「霣」者。**是月，六鷁退飛，過宋都。**疏《校勘記》出「是月」云：「《唐石經》、諸本同。《釋文》：『是月，如字，或一音徒兮反。』盧文弨曰：『是月，有作「提月」者，故一音徒兮反。』《初學記・晦日》條

❶「曰」，原脱，據《春秋公羊傳注疏》補。
❷「者何」，原脱，據《春秋公羊傳》文補。
❸「則書」，原脱，據《春秋公羊傳》文補。

引此作「提月」，又《鶡冠子・王鈇》篇「家里用提」，陸佃注云：「提，零日也。」引《公羊》爲證。』」《左氏石經》「月」下旁增「也」字，是後人妄加。《校勘記》又云：「是月，與《月令》『是月』似異而實同，改作『提』者，俗人所改也。」按：此説非也。《釋文》云「或音徒兮反」，即《初學記》所引之「提月」本也。❶在正月之幾盡，故曰「是月」，與《月令》不同。校者猶牽涉《左氏》家爲説耳。《校勘記》又云：「六鷁，諸本同，《唐石經》『六鷁』字缺，《釋文》作『六鶂』，五歷反。」按：《穀梁》亦作「鶂」，《左氏釋文》：「鷁，五歷反，本或作『鶂』，音同。」《説文》引傳文作「鶂」，❷《史記・宋微子世家》注引同，則《左傳》亦作「鶂」。《文選・西都賦》注引杜注：「鶂，水鳥也。」然則三傳文文本皆作「鶂」字矣。《尚書大傳》云「鷁者陽禽」，注：「鷁，本或作『鶂』。」《經義雜記》云：「《説文・鳥部》：『鶂，鳥也。从鳥兒聲。《春秋傳》曰：「六鶂退飛。」鷊，鶂或從鬲。䳭，司馬相如説「鶂」从赤。』按：《春秋》僖十六年『六鷁退飛』，《正義》曰：『「鷁」字或作「鶂」。』《釋文》：『六鷁，五歷反。本或作「鶂」，音同。』又《公羊》、《穀梁釋文》皆云：『六鶂，五歷反。』可證三傳皆作『鶂』，與《説文》同。今《公羊》注、疏皆作『鷁』，惟何注『六鶂』無常，此一字未改。《穀梁》注、疏皆作『鶂』，惟經文『六鷁退飛』，此一字从益，蓋因唐時『左傳』已有作『鷁』者，故後人据以易二傳也。《穀梁疏》引賈逵云：『鶂，水鳥。陽中之陰，象君臣之訟鬩。』賈景伯以『鬩』解『鶂』，是取同聲字爲詁，尤可見『六鶂』字本從『兒』也。《史記・微子世家》『六鶂退蜚』，《集解》引賈注作『鶂』，引《公羊》作『鷁』。《索隱》引《左傳》『六鶂退飛』，《漢書・五行志下》『六鶂退蜚，❸過宋都』，師古曰：『鶂，音五狄反。』《玉篇》：『鶂，午的切，❹又五兮切。』鷊、䳭、鷁並同。上猶根据許書从『兒』爲正，从『益』者《説文》不收，故列末。《廣韻》二十三錫：『鷁，五歷切。鶂，上同。❺《説文》又作「䳭鷊」。』反以『鷁』爲正，首尾倒置矣。」❻

❶「記」，原作「志」，據國圖藏清抄本《公羊義疏》改。
❷「説」上衍一「説」字，據國圖藏清抄本《公羊義疏》删。
❸「六」，原作「之」，據《經義雜記》改。
❹「切」，原作「反」，據《經義雜記》改。
❺「上同」，原倒，據《經義雜記》及《廣韻》乙正。
❻「首」，原作「義」，據國圖藏清抄本《公羊義疏》、《經義雜記》改。

曷爲先言霣而後言石？注据星霣後言霣。

疏注「据星至言霣」。○即《莊七年》「夜中星霣如雨」是也。**霣石記聞，聞其磌然，**疏《校勘記》云：「《唐石經》、諸本同。《釋文》：『磌然，之人反，又大年反，聲響也。一音芳君反，本或作「砰」，八耕反。』」注疏本「砰」誤「碑」。《穀梁疏》云：「磌字，《説文》、《玉篇》、《字林》等無其字，學士多讀爲『砰』。据《公羊》古本並爲『磌』字，張揖讀爲『磌』，是石聲之類，不知出何書也。」《經義雜記》云：「按：《玉篇・石部》『礩，柱下石。』『磌，之仁切，礩也，音響也。又大堅切。』『砰，披萌切，大聲。研，同上。』据楊氏所見《玉篇》無『磌』字，則今本有者，蓋孫强等增加。《廣雅・四・釋詁》：『砰，普耕反，聲也。』而無『磌』字，楊云『張揖讀爲磌』，是古本《廣雅》有『磌』矣。《五經文字》：『磌，之人反，又大年反，聲響也。見《春秋傳》。』《穀梁釋文》同。大年反，讀若《孟子》『填然鼓之』之『填』，《説文・土部》訓爲『塞』，疑《公羊》古本通借用之。《廣韻・十七真》：『磌，柱下石也。』《一先》：『磌，柱礎。』皆不具石聲一訓。《十三耕》：『砰，砰磕如雷之聲。』則作砰然者義亦通。」洪氏頤煊《讀書叢録》云：❶「《穀梁疏》：『張揖讀爲「磌」，是石聲之類，不知出何書。』按：疏引張揖是《廣雅》之文，《廣雅・釋詁》：『砰，聲也。』是亦讀爲『砰』也。《廣雅・釋室》：❷『磌，礩也。』《文選・西都賦》：『雕玉瑱以居楹。』李善注：『瑱，與磌古字通。』❸非此義。」按：《孟子・梁惠王》篇：「填然鼓之。」趙注：「鼓音也。」《説文・土部》：「填，塞也。」《荀子・非十二子》云：「填填然。」注：「填填然，滿足之貌。」聲之滿足爲填填然，貌之滿足亦爲填填然也。故《楚辭・九歌》云：「靁填填兮雨冥冥。」然則「磌然」即「填然」也，當與《孟子》之言同義。**視之則石，察之則五。**疏《繁露・觀德》云：「隕石于宋五，六鷁退飛，耳聞而記，目見而書，或徐或察，皆以其先接于我者序之。」又《深察名號》云：「《春秋》辨物之理，以正其名。名物如其

❶「洪氏頤煊」，原作「孫氏志祖」。《讀書叢録》作者爲洪頤煊，引文亦見洪頤煊《讀書叢録》卷六，據《讀書叢録》改。

❷「室」，原作「寶」，據《讀書叢録》改。

❸「古字通」，原作「同」，據《文選注》改。

真，不失秋毫之末。故名霣石則後其五，言退鷁則先其六。❶聖人之謹於正名如此。君子於其言，無所苟而已，五石、六鷁之辭是也。」《文心雕龍・宗經》篇「《春秋》辨理，一字見義，❷五石六鷁，以詳略成文」是也。《穀梁傳》：「先隕而後石何也？隕而後石也。于宋四竟之内曰宋，後數，散辭也，耳治也。」注：「既隕後乃知是石。」又云：「隕石，記聞也。」引此傳爲説。**是月者何？僅逮是月也。** **注** 是月邊也，魯人語也。在正月之幾盡，故曰劣及是月也。**疏** 注「是月」至「月也」。○舊疏云：「上《十年傳》云『踊爲文公諱』，何氏云：『踊，豫也，齊人語。』若關西言渾矣。』《春秋》之内，悉解爲齊人語，此一文獨爲魯人語者，以經文孔子作之，孔子魯人，故知爲魯人語。彼皆是諸傳文，乃胡母生、公羊氏皆爲齊人，故解爲齊人語。」逮，及也。僅及是月，故云「是月邊也」，爲在正月云欲盡也。盧氏文弨《鍾山札記》云：「《公羊經》：『僖十有六年春王正月戊申朔，隕石于宋五。提月，六鷁退飛，過宋都。』傳云：『提月者何？僅逮是月也。』何注：『提月邊也，魯人語。在正月之幾盡，故曰劣及是月也。』在陸德明時所見本固有以『提月』改作『是月』者，故《釋文》先言：『是月，如字，或一音徒兮反。』陸氏不詳審傳文及邵公之注，明『是』爲『提』字作詁訓，若作『是月』，何勞如此費辭乎？《初學記・晦日》條引此正作『提月』，陸佃注《鶡冠子・王鈇》篇『家里用提』云：『提，零日也。』亦引《公羊》爲證。」按：《集韻》十二齊收「是」字，即引此傳。《通義》云：「是，讀爲『隄』，隄之言邊也。凡經傳言『是月』，有當如字讀者，其義爲此月也；有當讀提月者，其義爲盡此月。《檀弓》曰：『祥而縞，是月禫。』言盡縞之月而爲禫祭也。識古『是月』之語，乃得其解。」《讀書叢録》云：「《鶡冠子》注：『提，零日也。』《公羊傳》曰：『提月者，僅逮此月，晦日也。』《初學記》引《公羊》皆作『提月』。提，當通作『抵』字，故傳云『僅逮此月也』。」《説文・人部》：「僅，財能也。」

❶「其六」，原脱，據國圖藏清抄本《公羊義疏》、《春秋繁露》補。

❷「一字」下，原衍「一字」，據國圖藏清抄本《公羊義疏》、《文心雕龍》删。

段注：「財，今俗用之『纔』字也。《三蒼》及《漢書》作『纔』，鄭注《禮記》、《周禮》，賈逵注《國語》、《東觀漢記》及諸史並作『裁』，許書《水部》、《叀部》作『財』。材能，言僅能也。《公羊》『僅逮是月也』，何注『在正月之幾盡，❶故曰劣及是月』。《定八年》曰『公斂處父帥師而至，慬然後得免』，慬，蓋『僅』之譌字。《射義》『蓋勵有存者』，言存者甚少。勵，即『僅』字。《广部》『廑』下云『少劣之居』也，與『僅』義略同。今人文字但訓『僅』爲『但』。」何以不日？注據五石言日。疏注「据五石言日」。〇舊疏云：「等是災異，何故五石書戊申朔而六鶂不書日？故難之。」晦日也。注凡災異晦日不日，日食是也。日食嘗於晦朔，不日，晦可知也。六鷁無常，故言是月以起晦也。疏注「凡災」至「是也」。〇舊疏云：「即《莊十八年》『三月，日有食之』之屬是也。今此亦晦，故不書日。」〇注「日食」至「知也」。〇《隱三年傳》云：「日食，則曷爲或日，或不日？或言朔，或不言朔？曰：『某月某日朔，日有食之者，食正朔也。』注：「《桓三年》『秋七月壬辰朔，日有食之』是也。」傳又云：「其或日，或不日，或失之前，或失之後。失之前者，朔在前也。」注云：「謂二日食，己巳日有食之是也。」傳又云：「失之後，朔在後也。」注云：「謂晦日食，《莊十八年》『三月，日有食之』是也。」是晦不日也。〇注「六鷁」至「晦也」。〇《校勘記》出「六鷁」云：「鄂本、宋本同，閩、監、毛本『鷁』作『鶂』，爲錯見字。今本《公羊》經注及疏皆作『鷁』也。」晦則何以不言晦？注據上言朔。《春秋》不書晦也。注事當日者日，平居無他卓佹，無所求取，言晦朔也，趡盟奚戰是也。疏注「事當日者日」。〇謂例書日，如君大夫盟例日，定、哀滅例日，大國卒例日，納女卒例日，弒例日，失禮鬼神例日之屬，及褒貶所繫，當時月而日者皆是。此上事雖值朔，但書日，不言晦也。〇注「平居」至「卓佹」。〇《校勘記》云：「《釋文》：『卓佹，九委反。』惠棟云：『卓佹，亦見《漢書》，蓋當時語。』」舊疏云：「謂無他卓異佹戾，平常之

❶「正」，原脱，據《春秋公羊傳注疏》補。

事。」〇注「無所」至「是也」。〇舊疏云：「即《桓十七年》『二月丙午，及邾婁儀父盟于趡』，《春秋説》以爲二月晦矣。『五月丙午，及齊侯戰于奚』，《春秋説》以爲五月之朔矣。然則此傳云『《春秋》不書晦』，朔謂平常之事。」若卓佹有所求取，則朔書，晦仍不書也。具見下。

朔有事則書，**注**重始，故書以録事，若泓之戰及此皆是也。**疏**注「重始」至「是也」。〇明書朔義也。下《二十二年》「冬十有一月己巳朔，宋公及楚人戰于泓」，傳：「偏戰者日爾，此其言朔何？《春秋》辭繁而不殺，正也。」爲美宋公得正，故書朔，所謂卓佹是也。此特爲王者之後記異。宋襄伯道不終，爲夷夏起伏之機，故亦書朔也。

晦雖有事不書。**注**重始而終自正，故不復書以録事。**疏**注「重始」至「録事」。〇明不書晦義也，《春秋》重始故也。

曷爲先言六而後言鷁？**注**据霣石後言五。

六鷁退飛，記見也；視之則六，察之則鷁，徐而察之則退飛。**注**鷁小而飛高，故視之如此，事勢然也。宋都者，宋國所治也。人所聚曰都。言過宋都者，時獨過宋都退飛。**疏**注「鷁小」至「然也」。〇明經之先書「六」，後「鷁」，後「退飛」也。鷁小飛高，不可驟辨，六數易見，故用視。鷁則需察，退飛則必徐而察也。《穀梁傳》曰：「六鶂退飛，過宋都。先數，聚辭也，目治也。」注云：「六鶂退飛，記見也。」下引此傳爲説。彼傳又云：「君子之於物，無所苟而已。石、鶂且猶盡其辭，而況於人乎？故五石、六鷁之辭不設，則王道不亢矣。」《孔叢子·公孫龍》篇：「平原君曰：至精之説，可得聞乎？答曰：其説皆取之經傳，不敢以意。《春秋》記『六鷁退飛』，視之則六，察之則鷁。」按：即董子所謂「以其先接于我序之」是也。〇注「宋都」至「曰都」。〇《宋世家》：「周公乃命微子開代殷後，奉其先祀，作《微子之命》以申之，國於宋。」《集解》：「《世本》曰：宋更曰睢陽。」《後漢書·東平王蒼傳》注：「人所聚曰都。」《廣雅·釋詁》：「都，聚也。」《書·堯典》曰「幽都」，傳：「都，謂所聚也。」凡聚會謂之都，因謂建號之地爲都。《釋名·釋州國》云：「國城曰都。都者，國君所居，人所都會也。」《穀梁傳》：「民所聚曰都。」○注「言過」至「退飛」。○《宋世家》：「六鶂退蜚，風疾也。」注引賈逵曰：「風起于遠，至宋都高而疾，故鶂逢風却退。」❶明異著于宋，故言于宋都也。

五石六鷁，何以書？記異也。外異不書，此何以書？爲王者之後記異也。**注**王者之後有亡徵，非新王安存之象，故重録爲戒，記災異也。石者，陰德之專者也；鷁者，鳥中之耿介者，皆有似宋襄公之行。襄欲行霸事，不納公子目夷之謀，事事耿介自用，卒以五年見執，六年終敗，如五石六鷁之數。天之與人，昭昭著明，甚可畏也。於晦朔者，示其立功善甫始而敗，將不克終，故詳録天意也。**疏**《通義》云：「爲王者之後記災異者，示有加録，所以象賢崇德，亦《春秋》憲章文武，以爲後法者也。録宋而略杞者，遠近之殺。」《大事表》云：「《公羊》屢發傳爲王者之後記異，先儒深闢之，以爲杞亦王者之後，何以不記？不知《公羊》之説未可厚非。杞棄其故都而自即於東夷，無關於天下之故，而宋居天下要樞，晉、楚之所視以爲强弱，故《春秋》恒重之，亦初不因其爲王者之後也。考《春秋》一書，書『雨螽于宋』，『隕石于宋五，六鷁退飛，過宋都』，以及『宋大水』，『宋災』，他國之災異未有如此其詳悉者也。又如會未有書其所爲者，而『會于稷』則云『成宋亂』，『會澶淵』則云『宋災故』，是《春秋》特筆志貶。盟亦未有書所爲者，『盟于薄』則曰『釋宋公』，是聖人特筆志褒。晉、楚争宋、鄭，而鄭及楚平，《春秋》不志。《宣十五年》『宋人及楚人平』，大書特書。蓋宋爲中國門户，常倔强不肯即楚，以爲東諸侯衛。至宋即楚，而天下之事去矣。故晉文、晉悼之興，首有事於救宋。先軫曰：『取威定伯於是乎在。』韓獻子曰：『成伯安疆自此始。』宋之關乎天下利害非細故也。楚頵之猾夏也，於僖二十六年圍宋；楚莊之争伯也，於宣十四年又圍宋；至向戌爲弭兵之策，合天下諸侯盟于宋，而伯統絶而蠻夷横矣。謂《春秋》全無意於宋者，豈識《春秋》之旨哉！」按：顧氏不解《公羊》録宋畧杞之

❶「却」，原作「都」，據國圖藏清抄本《公羊義疏》、《史記》改。

旨，故爲是説。而宋爲天下安危所繫，其於當時形勢亦未爲無理也。○注「王者」至「異也」。○《校勘記》出「親王」云：「閩、監、毛本同，誤也。鄂本『親』作『新』，當据正。」爲王者之後記災，見王者當安存之也，故詳録之。○注「石者」至「之數」。○五年見執、六年終敗，見下二十一年、二十二年。《後漢書・襄楷傳》：「夫石者安類，墜者失埶，❶故《春秋》五石隕宋，其後襄公爲楚所執。」《穀梁注》引劉向曰：「石，陰類也。五，陽數也。象陰而陽行，❷將致墜落。鶂，陽也。六，陰數也。象陽而陰行，必衰退。」《左氏疏》引《考異郵》云：「鷁者，毛羽之蟲，生陰而屬于陽。」《漢書・五行志》下之下：「釐公十六年正月戊申朔，隕石于宋五，是月，六鶂退飛過宋都。董仲舒、劉向以爲象宋襄欲行伯道將自敗之戒也。石，陰類。五，陽數。自上而隕，此陰而陽行，欲高反下也。石與金同類，色以白爲主，近白祥也。鶂，水鳥也。六，陰數。退飛，欲進反退也。其色青，青祥也，屬於貌之不恭。天戒若曰，德薄國小，勿持炕陽，欲長諸侯，與彊大争，必受其害。襄公不寤，明年齊威死，伐楚喪，執滕子，圍曹，爲盂之會，與楚争盟，卒爲所執。後得反國，不悔過自責，復會諸侯伐鄭，與楚戰于泓，軍敗身傷，爲諸侯笑。《左氏傳》曰：隕石，星也。鶂退飛，風也。宋襄公以問周内史叔興曰：『是何祥也？吉凶焉在？』對曰：『今兹魯多大喪，明年齊有亂，君將得諸侯而不終。』退而告人曰：『是陰陽之事，非吉凶死生也。吉凶繇人，吾不敢逆君故也。』是歲，魯公子季友、鄫季姬、公孫茲皆卒。明年，齊威死，嫡庶亂。宋襄公欲行伯道，卒爲楚所敗。劉歆以爲，是歲歲在壽星，其衝降婁。降婁，魯分壄也，故爲魯多大喪。正月，日在星紀，厭在玄枵。玄枵，齊分壄也。石，山物。齊，大嶽後。五石象齊威卒而五公子作亂，故爲明年齊有亂。庶民惟星，隕于宋，象宋襄將得諸侯之衆，而治五公子之亂。星隕而鶂退飛，故爲得諸侯而不終。六鶂象後六年伯業始退，執于盂也。民反德爲亂，亂則妖災生，言吉凶繇人，然后陰陽衝厭受其咎。齊、魯之災，非君所致，故曰『吾不敢逆君故也』。京房《易傳》曰：『距諫

❶「埶」，原作「執」，據《後漢書》改。
❷「象」，原作「家」，據國圖藏清抄本《公羊義疏》、《春秋穀梁傳注疏》改。

自彊，❶茲謂卻行，厥異鶂退飛。適當黜，則鶂退飛。』」按：《班志》與《穀梁注》所引劉向説，即其《洪範五行傳》説。《志》又載董仲舒、劉向以爲云云，是《公羊》舊説，均與何注微異。又《志》下之上云：「劉歆以爲風發於它所，至宋而高，鶂高蜚而逢之，則退。經以見者爲文，故記退蜚；傳以實應著，言風，常風之罰也。象宋襄公區霿自用，不容臣下，逆司馬子魚之諫而與彊楚爭盟。後六年爲楚所執，應六鶂之數云。」此又一説也。《史記注》引賈逵云：「風起于遠，至宋都，高而疾，故鶂逢風却退。」《穀梁疏》引賈逵云：「石，山岳之物。齊，太岳之胤。而五石隕宋，象齊桓卒而五公子作亂。宋將得諸侯而治五公子之亂，鷁退，不成之象，後六年霸業退也。鷁，水鳥，陽中之陰，象君臣之訟鬩也。」即用子駿説。彼疏又引《異義》：「《穀梁》説云：隕石于宋五，象宋公德劣國小，陰類也。而欲行伯道，是陰而欲陽行也。其隕，將拘執之象也，是宋公欲以諸侯行天子道也。」又引鄭君云：「六鷁俱飛，得諸侯之象也。其退，示其德行不進，以致敗也。得諸侯，❷是陽行也。被執敗，❸是陰行也。」與何氏義皆大同。若然，耿介自用，得取敗者。《漢書·兩龔傳》贊云「清節之士大率多能自治而不能治人」，所以不可常法也。《孟子·滕文公》陳仲子章趙氏章指亦云：「聖人之道，親親尚和，志士之操，耿介特立。」可以激濁，不可常法。是以孟子喻以丘蚓，比諸巨擘也。《春秋》重義不重事，故美宋襄欲行霸事，惜其不納公子目夷之謀也。鄭氏《駁異義》從劉、董各説，其言得諸侯之象，兼採《左氏》説矣。何氏逆諫之言與劉歆「言常風之罰」，皆與京氏「距諫自彊，茲謂卻行」等語合。又按：《易林·乾之兑》云：「鷁飛中退，舉事不進，衆人亂潰。」❹又《蹇之蠱》云：「六鷁退飛，爲襄敗祥，陳師合義，左股夷傷，遂崩不起，伯功不成。」又《解之噬嗑》云：「鷁飛中退，舉事不遂，且守仁德，猶免失墜。」❺又《困之坤》云：「六鷁退飛，爲襄敗祥，陳師合戰，左股夷傷，遂以崩薨，伯道不終。」皆與《公羊》義合。○注「天之」至「畏也」。○舊疏云：「《春

❶「自」，原作「日」，據《漢書》改。
❷「得」，原作「俱」，據《春秋穀梁傳注疏》改。
❸「敗」，原脱，據《春秋穀梁傳注疏》補。
❹「衆」，《焦氏易林》作「宋」。
❺「免」，《焦氏易林》作「恐」。

秋説》文也。」《經義雜記》十七云：「杜云：『石隕鷁退，陰陽錯逆，所爲，非人所生。襄公不知陰陽而問人事，故曰君失問。』《正義》曰：『劉炫云：石隕鷁飛，事由陰陽錯逆，陰陽錯逆，乃是人行所致。襄公不問己行何失，致有此異。乃謂既有此異將來始有吉凶。❶故荅云：是乃陰陽之事，非將來吉凶所生。襄公不知陰陽錯逆爲既往之咎，乃謂將來吉凶出石鷁之間，是不知陰陽而空問人事，故云君失問也。服虔云：「鷁退風咎，君行所致，非吉凶所從生。襄公不問己行何失而致此變，但問吉凶焉在。以爲石隕鷁退，吉凶所從而生，故云君失問。」是劉炫用服虔爲説也。』按：彼傳當從服注，義甚精密。即此傳『天之與人，昭昭著明』之義。劉光伯從服是也。杜預棄人事而空言陰陽，不可爲訓。」○注「於晦」至「意也」。○《通義》云：「石、鷁之異，一在月本，一在月末，是宋襄始終之象也。五石者，五伯之數也。星麗于上，降而爲石，此王者威福下移于諸侯之徵也。❷於朔者，示襄公將始起繼桓，列於五伯也。六鷁退飛，象伯業終退。劉歆以爲後六年爲楚所執，應六鷁之數。」❸

三月壬申，公子季友卒。 疏 包氏慎言云：「三月壬申，月之二十七日。」按：當二十六日。

其稱季友何？ 注 据犂戰名，不稱季，來歸不稱友。疏 注「据犂」至「稱友」。○即《僖元年》「公子友帥師敗莒師于犂」，不稱季也。《閔元年》「季子來歸」，不稱友也。《左傳》杜注以爲季字友名。劉炫《規過》以季爲氏，云：「季友、仲遂，皆生賜族，非字也。」按：孫以王父字爲氏，行父氏季，明季爲字。若慶父字仲謚共，子孫以仲爲氏。叔牙字叔謚僖，子孫以叔爲氏也。

賢也。 注 閔公不書葬，故復於卒賢之，明季子當蒙討慶父之功，遏牙存國，終當録也。不稱子者，上歸本當稱字，起事言子。疏 舊疏云：「以君弑賊不討，惡臣子不討賊，君喪無所繫，往前閔公不書葬，恐季子有甚惡，故書字見其賢。」按：季友之功，莫大於討慶父、叔

❶「將來始」，原作「乃」，據《經義雜記》改。
❷「徵」，原作「象」，據《春秋公羊經傳通義》改。
❸「數」下原有「云」字，據《春秋公羊經傳通義》原文，「云」字當屬下讀，故删。

牙，故宜見褒。《穀梁傳》曰：「稱公弟叔仲，賢也。」杜亦云：「稱字貴之。」《通義》云：「賢，故稱季也。繫名者，卒從正。陸淳曰：季友之殺叔牙、慶父，義也。立閔公、僖公，權也。夫以義滅親，以權正國，中人之所惑，故於其卒以明之。」《説苑·尊賢》云：「僖公即位而任季子，魯國安甯，內外無憂，行政二十一年。」按：二十一年，字誤。○注「不稱」至「言子」。○舊疏云：「即《閔元年》『歸之』下注云『不稱季友者，明齊繼魯，本感洛姑之託，故令與高子俱稱子起其事』是也。」則此注爲決閔元年不稱字故也。

夏，四月丙申，鄫季姬卒。**疏**包氏慎言云：「夏四月書丙申，月之二十二日。」按：當二十一日。《通義》云：「棄正作淫，神弗福也。於《春秋》可以興，可以觀。」

秋，七月甲子，公孫慈卒。**注**日者，僖公賢君，宜有恩禮於大夫，故皆日也。一年喪骨肉三人，故日，痛之。**疏**包氏慎言云：「秋七月書甲子，月之二十一日。」按：當二十日。《校勘記》書「公孫慈」云：❶「《唐石經》、諸本作『公孫慈』，此本疏中『慈』皆作『兹』。」按：當作「慈」。作「兹」者，《左氏》、《穀梁》本也。上四年《左傳》注云：「公孫兹，叔牙子叔孫戴伯。」○注「日者」至「日也」。○《隱元年》「公子益師卒」，不日，以所傳聞世，大夫卒，不聞有罪無罪，皆不日也。此及季友卒皆日，故解之。明僖公賢君，宜有恩禮於大夫故也。鄫季姬書日者，從上《九年》「秋七月乙酉，伯姬卒」書日之例。○注「一年」至「痛之」。○舊疏云：「言由是賢君，故宜痛骨肉之卒。若直見是賢君，宜有恩禮於大夫，但當見季一人書日，故知宜痛其頻死故也。」孔氏《通義》以隱、桓、莊、閔爲所傳聞世，别僖爲所聞世，以爲三喪皆日，合無罪書日之例。非何氏義。

冬，十有二月，公會齊侯、宋公、陳侯、衛侯、鄭伯、許男、邢侯、曹伯于淮。**注**月者，危桓公德衰，任豎刀、易牙，墮功滅項自此始也。**疏**杜云：「臨淮郡左右。」○注「月者」至「始也」。○舊疏云：「盟會之例，大信書時，今而書月，故

❶「書」，按本書引《校勘記》體例，當作「出」字。

如此解。」任豎刀、易牙者，下《十八年傳》云「桓公死，豎刀、易牙争權不葬」是也。滅項，下《十七年》「滅項」是也。《校勘記》出「豎刀」云：「閩、監、毛本『刀』改『刁』，非。此本『豎』誤『竪』，今訂正。疏同。」《史記·齊世家》云：「管仲病，桓公問曰：『群臣誰可相者？』管仲曰：『知臣莫若君。』公曰：『易牙何如？』對曰：『殺子以適君，非人情，不可。』公曰：『開方何如？』對曰：『倍親以適君，非人情，難近。』公曰：『豎刀何如？』對曰：『自宫以適君，非人情，難親。』管仲死，而桓公不用管仲言，卒近用三子，三子專權。」是任豎刀、易牙事也。《通義》云：「桓之會止于此，功業隳敗，不克令終，故危月之。邢侯次伯男下者，其序則主會者爲之也。《繁露》曰：『邢侯未嘗會齊桓也，附晉又微，晉侯獲于韓而背之，淮之會是也。』」上《十五年》「齊師、曹師伐厲」，《穀梁注》引徐邈曰：「齊桓末年，用師及會，皆危之而月也。于時伯業已衰，勤王之誠替于内，震矜之容見于外，禍衅已兆，動接危理，故月。衆國之君雖有失道，未足爲一世興衰。齊桓威攝群后，政行天下，其得失皆治亂所繫，故《春秋》重而詳之，録所善而著所危云爾。」

公羊義疏三十三

句容陳立卓人著

僖十七年盡二十一年。

十有七年，春，齊人、徐人伐英氏。**注** 稱氏者，《春秋》前黜稱氏也。伐國而舍氏言之者，非主名，故伐之得從國舉。**疏** 杜云：「英氏，楚與國。」《一統志》：「古英氏城在六安州英山縣東北。」○注「稱氏」至「氏也」。○《史記·楚世家》：「成王二十六年，滅英。」徐廣曰：「《年表》及他本皆作『英』。」明本稱英，則稱氏者，爲黜稱矣。惟成王二十六年當魯僖十四年，時英已滅，齊、徐無爲伐之，或復爲楚封與？○注「伐國」至「國舉」。○舊疏云：「若其主名，即爵等是也。」《校勘記》出「舍氏」云：「宋本同。閩、監、毛本『舍』作『含』。」按：含氏言之者，猶言連氏言之也。《通義》云：「齊稱人者，齊侯在會，別遣微者往伐。徐稱人者，以國不若氏，氏不若人。從伯主討蠻夷，不可退其等於所伐者下，故復進之也。」❶按：徐已貶於婁林示法，故此仍循其故稱也。

夏，滅項。**疏** 杜云：「項國，今汝陰項縣。」《大事表》云：「項，國名。今河南陳州府項城縣東北六十里有故項城。」《水經注·潁水》篇：「潁水自堰東南流逕項縣故城北。《春秋》僖十七年『魯滅項』是矣。」道元用《左傳》，故謂「魯滅項」。《漢書·地理志》汝南郡項下云：「故國。」《寰宇記》：「項國在陳州項城縣北一里。」

孰滅之？齊滅之。**注** 以言滅，知非内也。以不諱，知齊滅。**疏**《穀梁傳》曰：「孰滅之？桓公也。」○注「以言」至「内也」。○舊疏云：「正以《春秋》之例，内大惡諱，今言滅，知非内矣。」《通義》云：「承上伐英氏之師也。《左氏》云『魯滅』，彼未知内諱不言『滅』之義爾。」按：此亦適承上有伐英氏文，故知爲齊滅，亦没文不没實之意也。○注「以不」至「齊滅」。○舊疏云：「《春秋》之例，爲賢者諱，故上《十二

❶「復」，原作「得」，據《公羊春秋經傳通義》改。

年》『楚人滅黄』不爲諱，今諱不言齊人，故知齊滅之。」按：如舊疏，注義未明。「不」字當衍文。何意謂不諱滅，故非内滅。不出滅國主名，與楚滅黄之屬異，知爲諱爲齊也。曷爲不言齊滅之？注据齊師滅譚。疏注「据齊師滅譚」。○在莊十年冬。彼時功未足以覆滅人之惡，故滅譚、滅遂並書也。爲桓公諱也。《春秋》爲賢者諱，疏《穀梁傳》曰：「何以不言桓公也？爲賢者諱也。項，國也。不可滅而滅之乎？桓公知項之可滅也，而不知己之不可以滅也。」凡諱者皆在譏貶之科，爲賢者諱，爲賢者不應有此惡。爲善不終，聖人隱而爲之諱也。《通義》云：「蕭楚曰：『《襄公十年》諸侯會吴于相。夏五月甲午，遂滅偪陽。今滅項不言遂，知其諱文也。爲賢者諱，非以其賢而諱之，將以成其義，全其功，以垂訓後世，此撥亂之志也。齊桓之功著矣，齊桓之事終矣，而又昧此一舉，故不斥著其惡而爲之有遜避之文者，以其有衛中國之功，且示善善樂其終也。嗚乎！非實爲齊桓諱也，欲後人於此有遜避之辭，以見其不善焉，而爲善者勉之令終也，然文微而實不没也。』」此滅人之國，何賢爾？君子之惡惡也疾始。注絶其始，則不得終其惡。疏《釋文》：「惡惡，並如字。一讀上烏路反。」《穀梁傳》曰：「既滅人之國矣何賢乎？君子惡惡疾其始。」○注「絶其」至「其惡」。○《穀梁注》云：「絶其始則得不終其惡。❶邵曰：『謂疾其初爲惡之事，不終身疾之。』」意謂人有惡事，唯疾其初始爲惡，不終身疾也。有惡則疾，無惡則止，不念舊惡之意。按：以下「善善樂終」義對舉，則當如何意。謂絶其始則不終於惡，防微止漸之義，故武子亦本何爲説。善善也樂終。注樂賢者終其行。疏《穀梁傳》曰：「善善樂其終。」與《公羊》同。○注「樂賢者終其行」。○《穀梁注》云：「樂賢者終其行也。」亦取何義爲説。又引邵曰：「謂始有善事則終身善之。」意謂君子嘉善人，則欲終身善之不忘，樂道人之善之意。與諱「滅項」之義少差。桓公嘗有繼絶注立僖公也。疏注「立僖公也」。○《閔二年》「桓公使高子將

❶「得不」，原作「不得」，據《春秋穀梁傳注疏》乙正。

南陽之甲，立僖公而城魯」是也。《穀梁注》引邵曰：「繼絶，謂立僖公。」存亡之功，注存邢、衛、杞。疏注「存邢衛杞」。○上《元年》「齊師」以下「救邢」、又「城邢」，《二年》「城楚丘」、《十四年》「諸侯城緣陵」是也。《穀梁注》：「邵曰：存亡，謂存邢、衛。」不數杞者，意謂曰諸侯爲散辭，桓德衰矣。其實非齊桓倡率城杞，諸侯未必有緣陵之舉，故仍爲桓功。故君子爲之諱也。注言嘗者，時桓公德衰功廢而滅人，嫌當坐，故上述所嘗盛美而爲之諱，所以尊其德，彰其功。傳不言服楚，獨舉繼絶存亡者，明繼絶存亡足以除殺子糾，滅譚、遂、項，覆終身之惡。服楚功在覆篡惡之表，所以封桓公，各當如其事也。不月者，桓公不坐滅，略小國。疏《穀梁傳》曰：「桓公嘗有存亡繼絶之功，故君子爲之諱也。」○注「言嘗」至「其功」。○《通義》云：「明既有此功，乃得覆惡，併解滅譚、遂不諱意也。朱勃所謂『《春秋》之義，罪以功除』。」按：嘗者，曾也，曾所盛美。知今不然，君子善善樂其終，故本前而爲之諱也。《漢書·陳湯傳》：「劉向上疏曰：昔齊桓公前有尊周之功，後有滅項之罪，君子以功覆過而爲之諱。」又田廣明謂杜延年曰：「《春秋》之義，以功覆過。」皆謂此。○注「傳不」至「事也」。○《校勘記》出「名當」云：「閩、監、毛本同，鄂本『名』作『各』，是也。」服楚者，上《四年傳》「曷爲再言盟？喜服楚也」是也。殺子糾、滅譚、遂，見莊九年、十年、十三年。舊疏云：「以繼絶除殺子糾，以存三亡國除其三滅，故云覆終身之惡。」其服楚功在覆篡惡之表者，謂《莊九年》「齊小白入于齊」。書「入」爲篡辭，故服楚功大。始足覆篡大惡，爲其有尊周室、安諸夏大功，不僅三繼絶存亡也。故《論語》孔子美管仲亦以「一匡天下，民到於今受其賜，微管仲，吾其被髮左衽」爲辭也。○注「不月」至「小國」。○決《莊十年》「滅譚」、《莊十三年》「滅遂」書月故也。時齊桓功未足覆滅人之惡也。此桓公不坐滅，故不月，又兼略小國也。舊疏云：「言滅國例書月者，惡其篡而罪之。」按：坐滅即書月，不必原其篡與否。《春秋》滅例月，其不月或書日者，皆有爲，如《隱十年》「宋人、衛人、蔡人伐載，鄭伯伐取之」，注：「不月者，移惡上三國。」上《五年》「冬，晉人執虞公」，注：「不從滅例月者，略之。」《襄六年》「莒人滅鄫」，注：「不月者，取後於莒，非兵滅。」《僖二十五年》「春王正月丙午，衛侯燬滅邢」，注：「日者，爲魯憂內録之。」《宣十五年》「六月癸卯，晉師滅赤狄潞氏」，注：「日者，痛録之。」《襄十年》「夏五月甲午，遂滅偪陽」，注：「日者，甚惡諸侯不崇禮義，疾録之。」《昭八年》「冬十月壬午，楚師滅陳」，注：「日者，疾詐諼滅人。」《十一年》「冬十有一月丁酉，楚師滅蔡」，注：「日者，疾諼滅人。」是也。夷狄滅微國不月，《昭十三年》「吴滅州來」，注：「不月者，略兩夷。」故此不月亦從略也。劉氏逢禄《解詁箋》云：「何君云：凡諱者從實，爲桓諱滅項，正之使不得若行，所以强伯義。《春秋》功罪不相掩，以功覆惡而褒封之，非所聞也。不月，略小國是也。桓公不坐滅失之遠矣。」❶按：以功除罪，兩漢經師多有是説。功罪不相掩，何必爲賢者諱？若主謂略小國，則譚、遂書月，豈皆大國耶？劉説非是。《通義》云：「不月者，已諱嫌滅國，不爲大惡，故降從楚狄滅國例，見責略之。」按：孔説可補何義所未備。

秋，夫人姜氏會齊侯于卞。 **疏** 杜云：「卞，今魯國卞縣。」《大事表》云：「在今兖州府泗水縣東五十里。」《水經注·泗水》篇：「泗水出魯卞縣北山，西逕其縣故城南。《春秋》襄公二十九年『季武子取卞，曰：聞守卞者將叛，臣帥徒以討之』是也。」《漢書·地理志》魯國卞下云：「泗水西南至方與入沛。」師古曰：「即《春秋》夫人姜氏會齊侯于卞。」是也。《一統志》：「卞縣故城在兖州府泗水縣東五十里。」《差繆略》云：「卞，《公羊》、《左氏》或作『弁』。」按：弁，「覍」之或體字，「卞」别體也。今本及《石經》皆作「卞」矣。

九月，公至自會。 **疏**《穀梁注》云：「桓會不致而今致會，桓公德衰，威信不著，陳列兵車，又以滅項，往會既非踰年乃反，故往還皆月，危之。」何氏無説，當如彼解。

十有二月乙亥，齊侯小白卒。 **疏**《校勘記》云：「《唐石經》『十』上有『冬』字，諸本誤脱。」按：去「冬」字，何氏無説，明「冬」爲脱文。乙亥爲十二月之九日。

十有八年，春，王正月，宋公會曹伯、衛人、邾婁人伐齊。 **注** 月者，與襄公之征齊，善

❶「遠矣」，原脱，據《春秋公羊經何氏釋例後録·解詁箋》補。

録義兵。疏《左氏》、《穀梁》無「會」字。按：三傳《釋文》俱無説。《公羊》此經「會」字衍文。《通義》云：「『曹伯』上舊有『會』字，誤。」○注「月者」至「義兵」。○侵伐例時，故解云「與襄公征齊」，義具下。《左傳》云「納孝公」，亦無貶辭。唯《穀梁》謂「非伐喪」，非。

夏，師救齊。疏《通義》云：「《穀梁》云『善救齊也』，非也。宋儒且謂凡書救，未有不善者。吕不韋有言，兵苟義，攻伐亦可，救守亦可；兵苟不義，攻伐不可，救守不可。若齊之事，乃伐者義，救者不義耳。」按：以《史記》、《左氏》事證之，雍巫、寺人貂共立武孟，太子昭奔宋，五公子各樹黨争立相攻，故宋襄伐之，正也。

五月戊寅，宋師及齊師戰于甗，齊師敗績。

疏包氏慎言云：「五月無戊寅，六月之十六日也。經正月書宋襄公之伐齊，而書戰于五月。据傳云『齊桓公死，豎刀、易牙争權不葬，故伐之』，則宋之伐齊，兵以不葬舉。桓公以十二月卒，春正月非葬期，期在四月，四月之十五日爲戊寅，似經文伐戰連書，故首發傳云『戰不言伐，此其言伐何？宋公與伐而不與戰也』。簡策偶差，故日月因之俱誤耳。」按：曆戊寅爲四月之十四日、六月之十五日。杜云：「甗，齊地。」《大事表》：「在今濟南府治歷城縣界。」

戰不言伐，此其言伐何？宋公與伐而不與戰，故言伐。疏舊疏云：「戰不言伐者，莊十年師解，故難之。」《通義》云：「以伐言公，戰言師，知不舉重者，非直爲曹、衛、邾婁不與戰而已。」舊疏又云：「謂宋公但與伐不與戰，故不得舉重，是以兩舉之。」《春秋》伐者爲客，伐者爲主。疏《校勘記》云：「《唐石經》原刻作『春秋伐者爲客而不伐者爲主』，後磨改同今本。」按：《莊二十八年傳》「《春秋》伐者爲客，伐者爲主」，注：「伐人者爲客。讀『伐』長言之。見伐者爲主，讀『伐』短言之。」《石經》原刻誤。曷爲不使齊主之？注据甲寅衛人及齊人戰。疏注「据甲」至「人戰」。❶ ○見莊二十八年。與襄公之征齊也。疏《穀梁傳》：「言及，惡宋也。」注引《廢疾》云：「戰言及者，所以别客主直不直也，故《文十二

❶「甲」，原作「衛」，按本書體例，據上注文改。

年》『晉人、秦人戰于河曲』，兩不直，故不云及。今宋言及，明直在宋，非所以惡宋也。即言及爲惡，是河曲之戰爲兩善乎？又《穀梁》以河曲不言及，略之也，則自相反矣。」鄭君釋之曰：「及者，别異客主耳，不施於直與不直也。直不直，自在事而已。義兵則客直，《宣十二年》『夏，晉荀林父帥師及楚子戰于邲，晉師敗績』是也。兵不義則主人直，《莊二十八年》『春，衛人及齊人戰，衛人敗績』是也。今齊桓卒未葬，宋襄欲興伯事而伐喪，於禮尤反，故反其文以宋及齊，即實以宋及齊，明直在宋。邲之戰，直在楚，不以楚及晉何耶？秦、晉戰于河曲，不言及，疾其亟戰爭舉兵，故略其先後。」劉氏《廢疾申何》云：「邲之戰，晉、楚皆客也，即楚獨爲客，亦不當以楚及晉，内外之辨也，故變例以大夫敵君起之。凡書及，皆與爲主辭，以客爲主，則宋襄直矣。伐齊以定亂，于喪無薄也。《春秋》以嫌於伐喪，故變文以起之，惡宋之説，於義反矣。」按：以《史記》、《左傳》證之，襄公伐齊，主爲定亂，不得以伐喪爲責，故爲與辭。

曷爲與襄公之征齊？**注**据齊桓公霸者，猶不與征衛。**疏**注「据齊」至「征衛」。○即《莊二十八年》書「衛人及齊人戰」，以衛爲主也。彼注云「戰序上言及者爲主」是也。桓公時伯業已興，再會于鄄，再會于幽，猶不與爲主，故据之。

桓公死，豎刀、易牙争權不葬，爲是故伐之也。**注**不爲文實者，保伍連率，本有用兵征伐不義之道。**疏**《校勘記》出「豎刀」云：「《釋文》、《唐石經》作『豎刁』，閩、監、毛本同。」《齊世家》云：「初，齊桓公之夫人三，曰：王姬、徐姬、蔡姬，皆無子。桓公好内，多内寵，如夫人者六人：長衛姬，生無詭；少衛姬，生惠公元；鄭姬，生孝公昭；葛嬴，生昭公潘；密姬，生懿公商人；宋華子，生公子雍。桓公與管仲屬孝公於宋襄公，以爲太子。雍巫有寵於衛共姬，因宦者豎刀以厚獻于桓公，亦有寵，桓公許之立無詭。管仲卒，五公子皆求立。冬十月乙亥，齊桓公卒。易牙入，與豎刁因内寵殺群吏，而立公子無詭爲君。太子昭奔宋。桓公病，五公子各樹黨争立。及桓公卒，遂相攻，以故宫中空，莫敢棺。桓公尸在牀上六十七日，尸蟲出於户。十二月乙亥，無詭立，乃棺赴。辛巳夜，斂殯。」注引賈逵曰：「雍巫，雍人，名巫，易牙，字。」是其争權不葬事，謂與諸公子争也。《世家》又云：「孝公元年三月，宋襄公率諸侯兵送齊太子昭而伐齊。齊人恐，殺其君無詭。齊人將立太子昭，四公子之徒攻太子，太子走宋，宋遂與齊人四公子戰。五月，宋敗齊四公子師而立太子昭，是爲齊孝公。宋以桓公與管仲屬之太子，故來征之。」與《左傳》略同。《説苑·尊賢》云：「桓公得管仲，九合諸侯，一匡天下畢朝周室，爲五霸長。失管仲，任豎刁、易牙，身死不葬，蟲流出户，❶一人之身，榮辱俱施，何者？其所任異也。」《保傅記》亦有是語。《吕覽·知接》篇云：「蒙衣袂而絶乎壽宮，蟲流出於户，上蓋以楊門之扇，三月不葬。」《韓非子·二柄》篇：「桓公蟲流出户而不葬。」《管子·戒》篇：「公死七日不斂，九月不葬。」蓋五公子之争，起於易牙、豎刁之立無虧，故特舉也。《通義》云：「公子昭貴當立，而豎刁欲立公子無虧，易牙欲立公子雍，故争權也。征之言正也，齊亂無正，善襄公能正之。」其云「易牙欲立公子雍」，《左傳》、《史記》皆無此語。○注「不爲」至「之道」。○《隱二年》「莒人入向」，注云：「諸侯擅興兵不爲大惡者，保伍連帥，本有用兵征伐之道。」故襄公征齊，不必實與文不與也。舊疏云：「其爲文實者，即上《元年》『齊師』以下『救邢』，傳云：『君則其稱師何？不與諸侯專封也。曷爲不與？實與而文不與。文曷爲不與？諸侯之義不得專封也。諸侯之義不得專封，則其曰實與之何？上無天子，下無方伯，天下諸侯有相滅亡者，力能救之則救之可也。』其《二年》『城楚丘』之下亦發此傳。此不發，此公也。其稱師何？不與諸侯專征云云者。正以諸侯本無專封之道，故元年、二年經皆爲文實，以保伍連帥，本有用兵征不義之道，不得貶宋公稱師也。」按：如傳義，宋公與伐而不與戰亦不得稱爵，故亦不得責不與諸侯專征也。

狄救齊。疏《通義》云：「《穀梁》又云『善救齊也』，尤非也。所善在此而進之於伐衛，爲説甚曲。」按：《春秋》如進狄則當稱人，今如本稱，無善辭也。

秋，八月丁亥，葬齊桓公。疏包氏慎言云：「八月書丁亥，月之二十六日，閏餘七月後已盈。然閏七月則八月無丁亥，時蓋閏八月也。」按：當二十五日。《隱三年傳》「過時而日，隱之也」，謂痛桓公賢君不能以時葬

❶「蟲」原作「尸」，據《説苑》改。

也。《齊世家》云：「以亂故，八月乃葬。」注：「《皇覽》曰：『桓公冢在臨淄城南十七里所菑水南。』」《正義》引《括地志》云：「齊桓公墓在臨菑縣南二十一里牛山上，亦名鼎足山，一名牛首堈，一所二墳。晉永嘉末，人發之，初得版，次得水銀池，有氣不得入。經數日，乃牽犬入中，得金蠶數十薄，珠襦、玉匣、繒綵、軍器不可勝數。又以人殉葬，骸骨狼籍也。」

冬，邢人、狄人伐衛。 **注** 狄稱人者，善能救齊，雖拒義兵，猶有憂中國之心，故進之。不於救時進之者，辟襄公，不使義兵壅塞。 **疏** 《繁露·滅國下》云：「桓公卒，豎刁、易牙之亂作，邢與狄伐其同姓，取之。其行如此，雖爾親，庸能親爾乎？是君也，其滅於同姓，衛侯燬滅邢是也。」○注「狄稱」至「進之」。○《穀梁傳》：「狄其稱人何也？善累而後進之。」唯彼謂「伐衛所以救齊」，與此異。《通義》云：「狄稱人者，衛棄禮義，翦滅同姓。邢初爲狄所滅，今狄幡然親邢，與共謀衛難，有憂中國之心，故進之，又因以抑衛也。」按：滅邢事在二十五年，何爲於此逆責衛？安知衛之滅邢非即由此起衅，則狄之憂邢，乃所以敗邢也。故前此邢、衛未有兵交，此後則十九年衛伐邢，二十年齊、狄盟于邢，謀衛難，馴至於滅，是其明驗，何得反進狄乎？何君善狄救齊者，善夷狄者，不能備責狄，亦安知齊、宋之直否？但見齊爲宋敗，即興師救齊，尚有不畏彊禦之義，有憂中國之心，故《春秋》即如其意與之，所謂善善從長，不求備焉。○注「不於」至「壅塞」。○狄救齊時，設有與辭，則與宋襄義刺謬也。《穀梁》於「狄救齊」善之，於此又言「伐衛所以救齊」，注引《廢疾》曰：『即伐衛救齊，當兩舉，如伐楚救江矣。』又傳以爲江遠楚近，故伐楚救江。今狄亦近衛而遠齊，其事一也，義異何也？」鄭釋之曰：「文三年冬，晉陽處父帥師伐楚救江，兩舉之者，以晉未有救江文，故明言之。今此春宋公、曹伯、衛人、邾人伐齊；夏，狄救齊；冬，邢人、狄人伐衛。爲其救齊可知，故省文耳。事同義又何異？」劉氏《申何》云：「狄救齊後，未聞衛又伐齊也，何救之有？即伐衛以救齊，是爲諼也。伐楚救江，無救乎滅，❶故致其意而責之，豈曰功

❶「乎」，原作「於」，據《春秋公羊經何氏釋例後録·穀梁申廢疾》改。

近德遠乎？以此進狄稱人，是開趨易避難之路，非《春秋》貴誠之道矣。」按：何氏於《廢疾》駁伐衛救齊之説，而此注又以狄稱人爲善能救齊者，謂狄於上能救齊，故於此進之，非謂此時之伐衛爲救齊也。其不於救時進之，所以辟襄公義兵也，本自無妨，況與宋伐齊者非衛一國，何獨伐衛以爲救齊乎？

十有九年，春，王三月，宋人執滕子嬰齊。

注名者，著葵丘之會，叛天子命者也。不得爲伯討者，不以其罪執之。妄執之，所以著有罪者，爲襄公殺恥也。襄公有善志，欲承齊桓之業，執一惡人，不能得其過，故爲見其罪。所以助賢者，養善意也。月者，録責之。**疏**注「名者」至「者也」。○上《九年》「諸侯盟于葵丘」，傳云：「桓公震而矜之，叛者九國。」滕蓋與厲同爲九國之一者也，此何氏當别有所据。○注「不得」至「執之」。○上《四年》「齊人執陳袁濤塗」，傳云：「稱侯而執者，伯討也。稱人而執者，非伯討也。」今此不稱爵，故知不得爲伯討，蓋未以叛命罪執之也。○注「妄執」至「意也」。○解經書名義也。不以其罪執，仍稱名以著叛天子之命，爲襄公殺妄執之恥故也。《春秋》於宋襄，自上《九年》「宋公禦説卒」不書葬，至下《二十三年》「宋公慈父卒」不書葬，中間盟曹南稱人，「宜申獻捷」不言捷乎宋，皆深爲之諱。爲其有志行伯，尊周攘楚，憂中國，功雖不成，聖人不憚其詞，重言複與之，所謂重義不重事也。○注「月者録責之」。○正以執例書時。上《四年》「夏，齊人執陳袁濤塗」、《五年》「冬，晉人執虞公」是也。今此書月，故解之。責之者，責其執不以罪也。《通義》云：「宋稱人者，惡其專執也。此盟主執諸侯之始，特録王月，以王法正之。以下執悉不月。」然則《襄十六年》「三月，晉人執莒子、邾婁子」、《十九年》「三月，晉人執邾婁子」，皆書月者，彼皆不蒙月，且晉平非伯主，又不在録責之例，故知例時此月，爲深責之也。

夏，六月，宋人、曹人、邾婁人盟于曹南。

注因本會于曹南，盟故以地，實邾婁。説在下。**疏**《校勘記》云：「《唐石經》、諸本同。《左氏》、《穀梁》作『宋公』。」《通義》云：「襄公德信未著而屬諸侯，曹尋背盟不服，邾婁執用鄫子，亦爲不從約束。伯功未成，故人之也。」《大事表》云：「曹南，曹之南鄙。今曹州東南八十里有曹南山。」又云：「《詩・曹風》『薈兮蔚兮，南山朝隮』，《毛傳》云：『南山，曹南山也。』今曹縣南八十里有曹南山。范氏謂『曹之南鄙』是也。杜注、《孔疏》以會于曹南，謂在曹之都者，非是。」《一統志》云：「曹南山在曹州府曹縣南八里。」○注「因本」至「在下」。○舊疏云：「言此盟之前，相與會于曹南。其實此盟在邾婁，故云實邾婁也。」説在下，即下注云「不於上地以邾婁者，深爲襄公諱」是也。

鄫子會盟于邾婁。 疏《校勘記》出「鄫子會于邾婁」云：「《唐石經》、宋本『會』下有『盟』字，此脱。毛本『子』誤『人』。」按：傳云「其言會盟何」，知無「盟」者有奪文也。

其言會盟何？ 注 据外諸侯會盟不録，及曹伯襄言會諸侯。疏 注「据外」至「諸侯」。○下《二十八年》「曹伯襄復歸于曹。遂會諸侯圍許」是也。舊疏云：「舊本皆無『及』字，言外諸侯會盟不録者，正以竟《春秋》上下，無外諸侯會盟之文。若存『及』，宜下句讀之。」按：傳執會盟問有二義：一問鄫子不宜獨與邾婁會盟，一問不言會盟于諸侯，謂上曹南之諸侯也。

後會也。 注 説與會伐宋同義。君不會大夫，刺後會者，起實君也。地以邾婁者，起爲邾婁事也。不言君者，爲襄公諱也。魯本許嫁季姬於邾婁，季姬淫泆，使鄫子請己而許之，二國交忿，襄公爲此盟，欲和解之。既在會間，反爲邾婁所欺，執用鄫子，恥辱加於宋無異，故没襄公，使若微者也。不於上地以邾婁者，深爲襄公諱，使若不爲邾婁事盟，而鄫子自就邾婁，爲所執者也。上盟不日者，深順諱文，從微者例，使若下執，不以上盟爲辨也。會盟不日者，言會盟不信已明，無取於日，自其正文也。疏《通義》云：「不言如會者，未至曹南也。于邾婁者，起下事，言行及于邾婁而爲所要執也。邾婁在曹東、鄫西，將如曹南，道出其國。」按：似諸侯會曹南後就盟于邾婁，鄫子不及會，遂如邾婁就盟也，非必爲所要執。○注「説與」至「同義」。○《莊十四年》「春，齊人、陳人、曹人伐宋。夏，單伯會伐宋」，傳云：「其言會伐宋何？後會也。」彼注云：「本期而後，故但舉會。書者，刺其不信。」○注「君不」至「君也」。○《莊九年》「春，公及齊大夫盟于暨」，傳曰：「公曷爲與大夫盟？齊無君也。然則何以不名？諱與大夫盟也，使若衆然。」又《莊二十二年》「秋，及齊高傒盟于防」，傳曰：「曷爲不言公？諱與大夫盟也。」是君不會大夫也。君不會大夫而經刺後會無信，故知上曹南之會爲宋公、曹伯、邾婁子之屬矣。○注「地以」至「事也」。○下《二十八年》「公會晉侯」以下「盟于踐土。陳侯如會」。此亦宜言「鄫子如會」矣。而云「如邾婁」，故云起爲邾婁事也。邾婁事在下。○注「不言」至「者也」。○解上曹南會書宋人等故也。上《十四年》「季姬及鄫子遇于防，使鄫子來朝」，傳云：「鄫子曷爲使乎季姬來朝？內辭也。非使來朝，使來請己也。」注：「使來請娶己以爲夫人。魯不防正其女，乃使要遮鄫子淫泆，使來請己，與禽獸無異。」即此所云「魯本許嫁季姬於邾婁，季姬淫泆，使鄫子請己而許」事也。《潛研堂答問》曰：「季姬許嫁邾婁，何氏何以知之？曰：《白虎通·嫁娶》篇『《春秋》伯姬卒，時娣季姬更嫁鄫，《春秋》譏之』，此必《公羊》家説。《僖九年》『伯姬卒』，《十四年》經『季姬遇鄫子』，《十五年》『季姬歸于鄫』，蓋季姬本伯姬之娣，不欲爲娣於邾婁而使鄫子請己爲適，故季姬歸鄫，而二國之交惡始於此。」其説是也。襄公本欲和解邾婁與鄫，反爲所欺者，按《左傳》曰「宋公使邾文公用鄫子于次睢之社，欲以屬東夷」，其時宋襄方彊，邾婁必不敢擅用鄫子於會間，必邾婁以屬東夷等詞煽誘宋公，因假宋襄之命，執用鄫子，故云反爲所欺也。宋襄以伯主之威受欺小國，無異辱及于宋，故諱之使若微者會盟爾。所以不稱君，没其公文也。會間，鄂本「會」誤「人」。○注「不於」至「者也」。○舊疏云：「上經云『盟于曹南』者，實是盟于邾婁，故以此解之。所以不於上經地以邾婁者，深爲襄公諱，使若不爲邾婁事盟，而鄫子自就邾婁爲所執者也。」按：此亦盈乎諱之義。○注「上盟」至「辨也」。○《隱元年》「九月，及宋人盟于宿」，注：「微者盟例時，不能專正，故責略之。此月者，隱公賢君，雖使微者，有可采取，故録也。」此順諱文，故從賢君使微者例書月也。若其不諱，直書宋公，則宜書日，正以不信日。盟事未訖，邾婁人即戕鄫君，不信之尤者也。從微者例，則下文之「執」，似與上盟不同事，可不以上盟爲辨也。○注「會盟」至「文也」。○《校勘記》云：「己明，毛本『明』誤『盟』。」舊疏云：「正以《春秋》之例，不信者日故也。言自其正文也者，謂既言會盟，即是不信之正文，不勞書日以見。」

己酉，邾婁人執鄫子用之。疏包氏慎言云：「六月書己酉，月之二十三日。」按：當二十二日。《孟子·梁惠王》篇：「爲其象人而用之也。」彼雖非用生人，此用之云者，猶彼「用之」之「用」也。

惡乎用之？用之社也。其用之社奈何？蓋叩其鼻以血社也。注惡無道也。不言社者，本無用人之道，言用之已重矣，故絶其所用處也。日者，魯不能防正其女，以至於此，明當痛其女禍而自責之。疏《校勘記》出「血社」云：「《唐石經》、諸本同。《周禮·肆師》注引《春秋》僖十九年夏『邾人執鄫子用之』，傳曰：『用之者何？蓋叩其鼻以衈社也。』惠士奇云：『《山海經·東山經》「祠，毛用一犬，祈聃」，注云：「聃，音餌，以血塗祭爲聃也。《公羊傳》『蓋叩其鼻以聃社』。」今本《公羊》作『血』，譌。《穀梁》作『衈社』，與鄭注合。』《通義》云：「血社者，釁社也。日者，用重于執也，與用世子有同例。」《公羊古義》云：「血，當爲『衈』壞字也。《穀梁》作『衈社』。《山海經》云『祈聃用血』，郭璞云：『以血塗祭爲聃也。』《公羊傳》云：『蓋叩其鼻以聃社。』音『鉤餌』之『餌』。《禮説》曰『以牲告神，欲神聽之』。曰聃，蓋兼取膟膋，故耳从血；用祈神聽，故聃从申。」《説文·刀部》「刉」下段注云：「《周禮·士師職》『凡刉珥』，《小子職》作『珥祈』，《肆師職》作『祈珥』。按：鄭讀『珥』皆爲『衈』，云作『刉衈』爲正字。刉衈者，釁禮之事。用牲，毛者曰刉，羽者曰衈。小子衈於社稷，刉於五祀，謂始成其宮兆時也。《雜記》云：『雍人舉羊升屋，自中，中屋南面，刲羊，血流于前，乃降。門夾室皆用雞，其衈皆于屋下。割雞，門當門夾，室中室。』是刉衈之事也。許云『劃傷』者，正謂此禮不主於殺之，但得其血塗祭而已。《血部》無『衈』字，蓋許依經作『珥』。《雜記》注曰『衈，謂將刲割牲以釁，先搣耳旁毛薦之』。」是也。《周禮注》引此作「衈社」，故惠氏以今本「血」爲「衈」之壞字。《山海經注》引此作「聃社」，亦讀如「衈」，字異義同，聃，蓋从神省耳。又按：《肆師職》云「及其祈珥」，注：「故書『祈』爲『幾』。杜子春讀『幾』當爲『祈』，『珥』當爲『餌』。玄謂：『祈』當爲『進機』之『機』，『珥』當爲『衈』。機衈者，釁禮之事。」据《雜記》説「成廟釁之」云「雍人舉羊」，是則機用羊血。《小子職》「掌珥于社稷，祈于五祀」，皆謂宫兆始成時，宜與釁廟同。《士師職》云「凡刉珥則奉犬牲」，或亦用犬也。《説文》有「餌」無「珥」、「衈」，故《士師》注云「珥，讀爲『餌』」也。叩者，《玉篇》：「叩，擊也。」《禮·學記》：「叩之以小者則小鳴，叩之以大者則大鳴。」《論語·憲問》篇「以杖叩其脛」，《史記》秦始皇「叩關而攻秦」是也。○注「惡無道也」。○《左傳》：「司馬子魚曰：『古者六畜不相爲用，小事不用大牲，而況敢用人乎？祭祀以爲人也。民，神之主也。用人，其誰饗之？』」明無道也。○注「不言」至「處也」。○《左傳》言「用於次睢之社」，杜云：「睢水受汴，東經陳留、梁、譙、沛、彭城縣入泗。此水次有妖神，東夷皆社祠之，蓋殺人而用祭。」按：妖神之説及用人以祭，皆杜氏杜撰，不足信，非祀典所載，故謂爲淫昏之鬼爾。此注云「不言社」，或即《左氏》之「次睢之社」，祭無用人之道，故絶其所用處不言社，明凡祭皆然也。昭十年《左傳》季子「伐莒，獻俘，始用人于亳社」，蓋作俑於此矣。○注「日者」至「責之」。○執例時，此日，故解之。《通義》云：「謹按：邾婁人自以女怨執鄫子，而託罪其後會，以説于宋耳。《左氏》壹不知季姬事實，乃歸惡于宋襄。果爾，則《春秋》舍宋而責邾婁，理不可通也。又託子魚諫語，趙匡譏之曰：『凡《左氏》謬釋經文，必廣加文辭，欲以證實其事。』信哉斯言。」按：孔説非是。邾婁欺宋必以東夷爲辭，爲宋襄鋭意圖伯故也。若但後會，宋襄亦何至憷而爲此。《公羊》雖不責宋襄，然既爲之諱，又没公稱若微者，明亦以襄公爲罪首矣。《左傳》紀其實，《公羊》變其文耳。邾婁，君也，而稱人，亦《春秋》貶爵之意也。

秋，宋人圍曹。

衛人伐邢。

冬，公會陳人、蔡人、楚人、鄭人盟于齊。**注**因宋征齊有隙，爲此盟也。是後楚遂得中國，霍之會，執宋公。**疏**《左氏》、《穀梁》無「公」字。《春秋異文箋》云：「陳、蔡、楚、陳皆稱人，則不當書『公會』。《公羊》衍『公』字。」按：此經如無「公」字，傳注當有説。先是楚未與中國會盟，此後楚遂得中國，《春秋》書「公」，所以責公也。四國書人，若曰與微者盟爾。深爲公諱，使若非齊盟所致也。○注「因宋」至「盟也」。○舊疏云：「謂上十八年襄公征齊，齊與宋有間隙，齊遂搆會諸侯之人而爲此盟，以謀宋矣。」按：齊有易牙、豎刀之亂，宋襄帥諸侯以定之，且《史記》、《左傳》皆以齊孝公爲宋襄所立。今齊反以爲隙，合諸侯以謀之，以德爲怨，故《春秋》「人」之，書「公會」，明非人，皆諸侯也。《通義》云：「復與以大信辭者，諸侯之人相與就盟于齊，以無忘齊桓之德，故《春秋》深善之。」牽涉《左氏》爲説也。○注「是後」至「宋公」。○舊疏云：「即下《二十一年》『秋，宋公、楚子、陳侯、蔡侯、鄭伯、許男、曹伯會于霍，執宋公以伐宋』是也。」按：彼年宋、齊、楚盟于鹿上，齊、鄭、陳、蔡、許男皆從楚盟，是其得中國也。讎宋既屬非宜，復又致楚得諸夏，故深抑之。

梁亡。 **疏** 杜云：「梁國在馮翊夏陽縣。」《大事表》云：「今同州府韓城縣西南二十里爲梁國地。秦滅之爲少梁邑，與晉之韓原錯壤，後入于晉。」《穀梁傳》曰：「梁亡，鄭棄其師，我無加損焉，正名而已矣。」

此未有伐者，其言梁亡何？ **注** 据蔡潰以自潰爲文，舉侵也。**疏** 注「据蔡」至「侵也」。○見上《四年》「蔡潰」，與梁亡文法同。「蔡潰」上舉諸侯侵蔡，此上無侵伐文，故据以問。《通義》云：「据虞不與滅，猶言晉人執。」不相比附，似非所据。**自亡也。其自亡奈何？魚爛而亡也。** **注** 梁君隆刑峻法，一家犯罪，四家坐之，一國之中，無不被刑者。百姓一旦相率俱去，狀若魚爛。魚爛從内發，故云爾。著其自亡者，明百姓得去之，君當絶者。**疏**《史記·秦本紀》後論曰：「河決不可復壅，魚爛不可復全。」齊氏召南《考證》云：「『魚爛而亡』，《史記·秦始皇本紀》後有此文，但是後漢明帝時班固答詔語，非《史記》本文。梁亡之事，《史記·秦本紀》繆公二十年『滅梁、芮』是也。」○注「梁君」至「云爾」。○舊疏云：「『梁君』至『絶者』，爲《史記》、《春秋説》文。」按：「著其自亡」下當是何邵公語。《繁露·王道》云：「梁内役民無已，其民不能堪，使民比地爲伍，一家亡，五家殺刑。其民曰：先亡者封，後亡者刑。君者將使民以孝於父母，順於長老，守丘墓，承宗廟，世世祀其先。今求財不足，行罰如將不勝，殺戮如屠，仇讎其民，魚爛而亡，國中盡空。《春秋》曰『梁亡』。梁亡者，自亡也，非人亡之也。」又《仁義法》云：「故王者愛及四夷，伯者愛及諸侯，安者愛及封内，危者愛及旁側，亡者愛及獨身。《春秋》不言伐梁而言梁亡，蓋愛獨及其身者也。」《通義》云：「梁實爲秦滅，緣其民先亡，地乃入秦，故以『自亡』言之。」《史記索隱》引宋均曰：「言如魚之爛，從内而出。」《爾雅·釋器》云「魚謂之餒」，注云：「肉爛。」郝氏懿行《爾雅義疏》云：「《説文》：『魚敗曰餒。』《論語》皇疏：『餒，謂魚臭壞也。魚敗而餒餒然也。』」又引李巡云：「肉敗久則臭，魚餒肉爛。」按：郭亦云「肉爛」，蓋皆「内爛」字形之誤。《公羊》注是此注所本，唯邢疏作「内爛」不誤。《穀梁傳》曰：「湎於酒，淫於色，心昏耳目塞，上無正長之治，大臣背叛，民爲寇盗。梁亡，自亡也。如加力役焉，湎不足道也。」注：「如使伐之而滅亡，則淫湎不足記也。使其自亡，然後其惡明。」按：彼云「大臣背叛，民爲寇盗」與此同，爲自亡也。○注「著其」至「絶者」。○《校勘記》出「者其自亡者」，❶云：「鄂本、宋本作『著其自亡者』，此本誤。」❷《繁露·仁義法》云：「《春秋》不言伐梁者而言梁亡，蓋愛獨及其身者也。」又曰：「故曰仁者愛人，不在愛我，此其法也。」又《王道》云「觀乎梁亡，知枉法之窮」是也。按：《白虎通·諫諍》篇：「明有分土，無分民也。《詩》曰：『逝將去女，適彼樂土。』」又《五行篇》：「有分土，無分民，何法？法四時各有分，而所生者通也。」明君無道得去之，所以孤惡君也。包氏慎言云：「絶，謂絶其祀也。后非衆罔與守邦，峻刑法者，懼民之叛而以刑劫之。土崩瓦解，亡在一朝，則宗社虚矣。以民之去書梁亡，秦始皇二世知此，則無陳、項之禍矣。」杜云：「以自亡爲文，非取者之罪，❸所以惡梁。」三傳義無大異。

二十年，春，新作南門。疏《水經注·泗水》篇：「沂水北對稷門，昔圉人犖有力，能投蓋于此門。《春秋》僖二十年『新作南門』，杜預曰：『本名稷門。僖公更高大之，今猶不與諸門同，故名高門也。』其遺基猶

❶ 上「者」字，原作「著」，據阮元《校勘記》改。
❷ 「本」，原脱，據阮元《校勘記》補。
❸ 「取」下原衍「之」字，據《春秋左傳注疏》删。

在，地八丈餘矣，亦曰雩門。」《史記・孔子世家》：「選齊國中女子好者八十人，皆衣文衣而舞《康樂》，文馬三十駟，遺魯君。陳於魯城南高門外。」謂此。

何以書？譏。何譏爾？門有古常也。注惡奢泰，不奉古制常法。疏注「惡奢」至「常法」。○《繁露・王道》云：「作南門，譏驕溢不卹下也。」《穀梁傳》：「作，爲也。有加其度也。言新，有故也，非作也。南門者，法門也。」《左傳疏》引劉賈先儒云：「言新，有故木；言作，有新木。」《孔疏》云：「新者，易舊之意；作者，興事之辭。」皆是更造之文，故何云不奉古常也。《通義》云：「南門，本名稷門，時僖公更高大之，改名高門，故譏其奢泰不用舊制也。古語曰：『變古亂常，不死則亡。』劉敞曰：『二百四十二年，所興作修舊多矣。僖公修泮宮，詩人頌之，而《春秋》不書。泮宮，諸侯之學，僖公修之，得其時制，故《春秋》不書也。新宮災，大室屋壞，災與壞不能不修，而經無修之文。雉門及兩觀災，記新作焉。以此數者參之，修舊不足書，其書者，皆非禮之制。』不務公室者也。」

夏，郜子來朝。疏《差繆略》云：「郜，《穀梁》作『郕』，係誤字。」按：今《穀梁》本無作「郕」者。

郜子者何？注未有存文，嫌不名，故執不知問。疏注「未有」至「知問」。○《桓二年經》「取郜大鼎于宋」，是宋人滅郜在春秋前，故《隱二年傳》云：「始滅昉於此乎？前此矣。」注：「前此者，在春秋前，謂宋滅郜是也。」自爾以來，不見存文，明爲失地之君。例合書名，而此文不名，故据以難。失地之君也。疏《通義》云：「前爲宋所滅，寓於他國，今更來朝。計滅郜事在隱十年以前，然七八十年間，容其君壽考，理猶得存。」何以不名？注据鄧、穀名。疏注「据鄧穀名」。○即《桓七年》書「穀伯綏來朝，鄧侯吾離來朝」，傳曰「皆何以名？失地之君也」是也。《禮記・曲禮》云「諸侯失地名」，此不名，故問之。兄弟辭也。注郜，魯之同姓，故不忍言其絶賤，明當尊遇之，異於鄧、穀也。書者，喜內見歸。疏《儀禮・喪服傳》曰「小功以下爲兄弟」，故凡疏遠族屬皆以兄弟稱也。此云「兄弟辭」，謂兄弟之之辭也。○注「郜魯之同姓」。○下二十四年

《左傳》云：「富辰諫曰：管、蔡、郕、霍、魯、衛、毛、聃、郜、雍、曹、滕、畢、原、豐、郇，文之昭也。」注：「十六國皆文王子也。」是爲魯同姓。○注「故不」至「穀也」。○舊疏云：「即不書其名是也。何者？若非兄弟，宜書其名，絶而賤之。」《繁露・觀德》云：「盛伯郜子俱當絶，而獨不名，爲其與我同姓兄弟也。」爲其同姓，故雖失地猶當尊禮之，異於庶姓也。

五月乙巳，西宮災。**疏**包氏慎言云：「五月書乙巳，五月無乙巳，四月之二十三日。」《襄九年》「宋火」，傳：「曷爲或言災？或言火？大者曰災，小者曰火。」注：「大者謂正寢、社稷、宗廟、朝廷也。」此西宮爲楚女所居，止宜書火。而書災者，彼傳又云：「内何以不言火？内不言火者，甚之也。」注：「《春秋》以内爲天下法，動作當先自克責，小有火，如大有災，是以雖小言災也。」義或然也。

西宮者何？小寢也。小寢則曷爲謂之西宮？有西宮，則有東宮矣。魯子曰：「以有西宮，亦知諸侯之有三宮也。」**注**西宮者，小寢内室，楚女所居也。禮，諸侯娶三國女，以楚女居西宮，知二國女於小寢内各有一宮也，故云爾。禮，夫人居中宮，少在前；右媵居西宮，左媵居東宮，少在後。**疏**杜云：「西宮，公别宮也。」蓋取此爲説。《穀梁》以爲閔公之廟。《孔疏》云「禮，宗廟在左，不得稱西宮」是也。○注「西宮」至「云爾」。○《莊十九年傳》云：「諸侯娶一國則二國往媵之，以姪娣從。」又曰「諸侯壹聘九女」，是娶三國女也。《論語・八佾》云：「管氏有三歸。」注引包咸説，謂：「三歸，娶三姓女。❶婦人謂嫁曰歸。」蓋管仲以大夫而僭諸侯，娶三姓女也。○注「禮夫」至「在後」。○《周禮・内宰》注云：「六宮之人，夫人以下分居后之六宮者，每宮九嬪一人，世婦三人，女御九人；其餘九嬪三人，世婦九人，女御二十七人，從后唯其所燕息焉。」《公羊》雖不取三夫人、九嬪、二十七世婦、八十一御妻之説，然以理推之，當夫人居中，左右媵分居東西，其姪娣各從其長也。知者，《穀梁》桓十四年傳「甸粟而納之三宮，三宮米而藏之御

❶「娶」，原作「是」，據《論語注疏》改。

廩」，疏引禮：「王后六宮，諸侯夫人三宮也。」《禮記・祭義》「卜三宮之夫人、世婦之吉者」，注：「諸侯夫人三宮，半王后也。」江氏永《鄉黨圖考》載諸侯宮寢圖，前列君路寢，次君小寢，次夫人正寢，次夫人小寢，爲得其制。唯江氏永謂「諸侯夫人皆於正寢外別有小寢三」，則與何、鄭之義皆不合。劉氏寶楠《愈愚録》云：「《曲禮》疏：《周禮》王有六寢，一是正寢，餘五寢在後，通名燕寢。是土之六寢即王之六宮也。陳氏《禮書》謂：『后之六宮，亦正宮在前，五宮在後，其制如王之五寢。』❶諸侯之制，殺於天子。《宮人疏》：『路寢一，燕寢一，❷側室一。《内則》所云是也。』如賈氏言，是諸侯路寢居中，別有二寢，當名東宮、西宮。夫人亦路寢居中，別有二寢，亦名東宮、西宮。東宮，則《襄九年》傳『穆姜薨于東宮』是也；西宮，則《公羊傳》所云『西宮者何？小寢也』是也。惟然夫人有東宮、西宮而無北宮。在《襄十年傳》言『北宮』者，君宮在南，夫人宮在北，故名北宮。《内宰》『憲禁令於王之北宮而糾其守』，鄭注『北宮，后之六宮。謂之北宮者，繫王言之』。」是也。《通義》云：「謹按：《周禮》曰『以陰禮教六宮』，諸侯半天子，故三宮也。傳云『爾』者，取明《春秋》，因事見法。有西宮則知有東宮，有東宮、西宮則亦知有中宮，故觀於此經而諸侯宮寢之制可得考焉。」按：何氏所引禮文，當是《禮緯》文，或逸《禮》語，今不可考矣。《通義》又云：「君子之爲《春秋》，該六經而垂憲，其設刺、譏、襃、貶同乎《詩》；序四序，審五行，同乎《易》；記王者之政、列國之事，同乎《書》。若乃因税畝用賦以見田制，因作舍中軍以見軍制，因卒葬含賵以見喪制，因公卿、大夫、士名字之等以見官制，因西宮以見寢制，因世室、武宮以見廟制。而至於禘郊烝嘗之節，昭穆之位，楹桷之飾，靡不畢舉，蓋兼周公制禮之意乎？」

西宮災，何以書？記災也。**注**是時僖公爲齊所脅，以齊媵爲嫡，楚女廢在西宮而不見卹，悲愁怨曠之所生也。言西宮不繫小寢者，小寢夫人所統，妾之所繫也。天意若曰楚女本當爲夫人，不當繫於齊女，故經亦云爾。**疏**《校勘記》云：「《唐石經》、鄂本作

❶「五」，原作「燕」，據《愈愚録》及陳祥道《禮疏》改。
❷「燕」，原作「小」，據《愈愚録》及《周禮注疏》改。

「記災也」，諸本作「異」，誤。」《通義》云：「此於《洪範》應以妾爲妻之罰云。」○注「是時」至「生也」。○《校勘記》出「以齊媵爲嫡」云：「宋本同。鄂本、閩、監、毛本『嫡』作『適』。《釋文》：『適，本又作『嫡』。」《漢書·五行志上》：「釐公二十年五月己酉，西宮災。《穀梁》以爲愍公宮也，以謚言之則若疏，故謂之西宮。劉向以爲釐立妾母爲夫人以入宗廟，故天災愍宮。若曰去其卑而親者，將害宗廟之正禮。董仲舒以爲釐娶于楚而齊媵之，脅公使立以爲夫人。西宮者，小寢，夫人之居也。若曰妾何爲此宮？誅去之意也。以天災，故大之曰西宮也。《左氏》以爲西宮者，公宮也。言西，知有東。東宮，太子所居。言宮，舉區皆災也。」臧氏琳《經義雜記》云：「按：杜注《左氏》謂無傳，則《班志》所引當是解《左氏》者之言。如劉歆輩說，知西宮災不獨一西宮也。公宮，爲國君所居，既不可斥言。東宮，太子宮，太子，國之本也，又不可言災，故舉西宮以概之。據董生說，則知西宮即夫人所居。僖公爲齊所脅，以妾爲夫人而居此宮，故天災誅去之。乃何氏既用董義，而又采《禮緯》爲夫人居中，右媵居西，左媵居東之說，以西宮爲楚女所居。然楚女無罪，何反焚其所居？又言楚女本當爲夫人，不當繫於齊女，故言西宮而不繫小寢，皆曲說也。范解《穀梁》未能發明，當以劉子政說補之。三傳之學，惟《穀梁》最微，今所宜急治者。」按：《左氏》家以爲公宮果爲公宮，不妨直斥，《春秋》何所忌而以西宮言之？東宮，太子所居，居西宮者何人乎？雉門及兩觀災，可謂災之重矣，經皆書之，舉重可以該輕，以公宮概西宮可也，不聞舉輕以包重也。如《穀梁》說，則當書「新宮」。劉子政牽涉釐立妾母之事，天即示罰，於閔宮何涉？尤屬支離。即如《穀梁》家劉子政說，禘于太廟，用致夫人，以夫人爲成風，當災及太廟矣，不宜災及閔宮。仲舒之說，往往與何氏少異，蓋又《公羊》先師傳授之殊耳。然夫人不應偏居西宮，傳引魯子明云「亦知諸侯有三宮也」，則有中宮可知。夫人居西宮，左右媵反居中宮乎？則此當以何氏注爲定。怨曠之氣，上干天和，激而成災，理所時有，不必災西宮即爲示罰居宮之人也。然則雉門及兩觀災，又宋災伯姬卒，又將何說？故修西宮不書，明修所當修故也。《後漢書·呂强傳》：「强上疏曰：昔楚女悲愁則西宮致災。」又《陳蕃傳》：「是以傾宮嫁而天下化，楚女悲而西宮災。」《鹽鐵論·備胡》云：「宋伯姬愁思而宋國火，魯妾不得意而魯寢災。」皆與何義合也。臧氏之言未可從。○注「言西」至「云爾」。○何意以西宮亦小寢之別，經不舉其重者，故解之。若以齊女本非夫人，楚女不當反繫于齊女，故不以西宮繫之小寢也。諸侯有路寢治外政，夫人亦有小寢聽内政，故小寢爲夫人統妾之所繫也。劉氏《解詁箋》云：「何君説本董子。按：穀梁子曰：『謂之新宫，則近爲禰宫，以謚言之，則如疏之然，以是爲閔宫也。』於義穀梁爲長。《詩》曰『新廟奕奕，奚斯所作』，毛云：『新廟，閔公廟也。有大夫奚斯者作是廟也。』經云『西宫』者，知僖公、季友、奚斯不以閔序昭穆而别爲築宫，則躋僖之意不始於文公矣。《詩》又曰『靡有不孝，自求伊祜』，亦微辭也。天戒若曰，閔當序昭穆，不當爲築西宫，故經亦云爾。」按：劉氏此説，殊爲臆斷，且《公羊》先師既指楚女所居，亦不得以《穀梁》説羼入。啖助、趙匡之徒所辨，何嘗無理哉？

鄭人入滑。疏《史記注》引賈逵云：「滑，姬姓之國。」《大事表》云：「高江村駁正地理處，説多當理。獨於僖二十年『鄭人入滑』，謂非緱氏之滑，而反取熊過之説，以爲大名之滑縣。大謬。滑縣在《春秋》止稱『漕邑』，無『滑』之名。漢、魏爲白馬縣，隋開皇始改曰滑州。聞有前代之地名後世因之者矣，未有後世所改革而前代可假用者也。漕本爲衛下邑，所謂白馬，與北岸黎陽止隔一河。衛舊都在黎陽之廢衛縣，爲狄人所逐，渡河野處，去其國都不遠。若先有滑國在焉，戴公安得廬之，則齊侯又安得驅滑之衆庶而更封衛乎？若謂既爲滑，又以封衛，則衛爲鵲巢鳩居，而滑爲鳥鼠同穴，必無之事也。又江村云戴公野處漕邑，與齊桓城楚丘封衛皆在滑境，滑蓋衛都所在，故鄭人力争之。自古無與人争國都之理，以戰國秦之强，圍趙邯鄲已爲異事，春秋時尚無此等。且使滑爲衛都，則滑已滅於衛矣，安得更謂之滑屬於列國而上煩天子之命乎？江村蓋以傳云『滑人聽命，師還又即衛』，謂滑必鄭、衛交界地，緱氏遠河南，非衛所及。攷『秦人滅滑』，《傳》秦師過周北門，次及滑，鄭商人弦高遇之滑，與鄭近自不必言；而衛之儀封亦在河南，與滑非絶遠，不必以此爲疑也。」按：以遠近言之，則滑在緱氏，中隔鄭地，其去衛不爲不遠，要非大名之滑。當時小國附屬大國亦有相去絶遠者，如江、黄、道、柏之睦於齊是，究非睦鄰事大所宜，故滑亦不久即亡也。

秋，齊人、狄人盟于邢。注狄稱人者，能常

與中國也。**疏**注「狄稱」至「國也」。○上《十八年》「伐衛」，狄稱人，善其憂中國之心。此稱人，故爲善其能與中國也。《左傳》以爲謀邢難，是亦狄人有憂中國之心矣。《通義》云：「以邢地者，邢與盟也。《左傳》曰『爲邢謀衛難也』。狄稱人，與前同義。」

冬，楚人伐隨。**注**叛楚故也。**疏**桓六年《左傳》杜注云：「隨國，今義陽隨縣。」《正義》引《世本》：「隨國，姬姓，不知始封爲誰。」《水經注・涓水》篇：「東南過隨縣西，縣故隨國矣。《春秋左傳》所謂漢東之國，隨爲大者也。楚滅之，以爲縣。」蓋在春秋後。○注「叛楚故也」。○《左傳》「隨以漢東諸侯叛楚。冬，楚鬭穀於菟帥師伐隨，取成而還」是也。

二十有一年，春，狄侵衛。**注**貶狄者，爲犯中國諱。**疏**注「貶狄」至「國諱」。○按：「諱」字誤，蓋衍文也。《通義》云：「狄不復稱人者，附邢而後得進，明非憂中國不進。」

宋人、齊人、楚人盟于鹿上。**疏**《通義》云：「不月者，與襄公以大信辭。」杜云：「鹿上，宋地，汝陰有原鹿縣。」《大事表》云：「今江南潁州太和縣西有原鹿城。」《一統志》：「原鹿縣在潁州府阜陽縣南。」《方輿紀要》：「鹿城鄉在曹州曹縣東北。」則去潁州遠矣。《水經注・淮水》篇：「東過原鹿縣南。」縣有鹿城鄉，酈元曰：「《春秋》之鹿上也。」則顧氏祖禹所本。又《水經注・濮水》：「又東北逕鹿城南。《春秋》僖公二十一年盟于鹿上，京、杜並謂此亭也。」則與《淮水》篇文不合。然杜預自指汝陰之原鹿，不以爲在乘氏也。

夏，大旱。**疏**《通義》云：「主書旱者，譏不雩也。」上十一年《穀梁傳》曰：「得雨曰雩，不得雨曰旱。」范注：「喜其有益也。」則凡書旱，皆是雩而不雨，此及《宣七年》「秋，大旱」是也。禮，八月不雨，君乃不舉。此夏已書大旱者，蓋自此至秋仍不雨，故經追書於夏時也。

何以書？記災也。**注**新作南門之所生。**疏**注「新作」至「所生」。○見上二十年。《漢書・五行志中之上》：「釐公二十一年夏，大旱。董仲舒、劉向以爲齊威既死，諸侯從楚，釐尤得楚心。楚來獻捷，釋宋之執。外倚彊楚，炕陽失衆，又作南門，勞民興役。」

秋，宋公、楚子、陳侯、蔡侯、鄭伯、許男、曹伯會于霍。**疏**《校勘記》云：「《唐石經》、諸本同。

解云《左氏》作『盂』,《穀梁》作『雩』,蓋誤,或所見異。」按:古音「霍」同「護」,與盂、雩皆同部,得通也。杜云:「盂,宋地。」范注同。《大事表》云:「今歸德府睢州有盂亭。」《一統志》:「盂亭在歸德府睢州界。」

執宋公以伐宋。疏《楚世家》云:「宋襄公欲爲盟會,召楚。楚王怒曰:『召我,我將好往襲辱之。』遂行,至盂,遂執辱宋公,既而歸之。」《穀梁傳》曰:「以,重辭也。」

孰執之?楚子執之。注以下獻捷貶。疏注「以下獻捷貶」。○即下冬「楚人使宜申來獻捷」。傳:「此楚子也,其稱人何?貶。曷爲貶?爲執宋公貶。」是也。曷爲不言楚子執之?注据溴梁盟下執莒子、邾婁子,復出晉人也。疏注「据溴」至「人也」。○《襄十六年》「公會晉侯」以下「于溴梁」下云「晉人執莒子、邾婁子以歸」是也。不與夷狄之執中國也。注不舉執爲重,復舉伐者,劫質諸侯,求其國事,當起也。不爲襄公諱者,守信見執,無恥。説在下也。疏《通義》云:「故使若諸侯共執之者然。」沈氏欽韓《左傳補注》云:「宋襄雖無德,中夏之上公也。楚雖强大,荆山之蠻夷也。若云楚執之,則爲禮樂之邦羞,俾强梁之志逞。聖人扶陽抑陰,不與楚子執宋公,故不言楚。」《通義》又云:「序楚子於諸侯之上,使主其罪也。楚至此稱子者,方將終僖之篇貶。若壹皆稱人,嫌但是外楚。常文須張其本爵於前,貶之於後,意乃得顯。」按:沈氏説亦即不與夷狄執中國義。○注「不舉」至「起也」。○下傳云:「楚人謂宋人曰:『子不與我國,吾將殺子君矣。』」是劫質求國事也。故執伐並舉,不專舉執君爲重也。○注「不爲」至「下也」。○下傳云:「宋公與楚子期以乘車之會,公子目夷諫曰:『楚,夷國也,彊而無義,請君以兵車之會往。』宋公曰:『不可。吾與之約以乘車之會,自我爲之,自我墮之,曰不可。』終以乘車之會往。楚人果伏兵車,執宋公以伐宋。」是守信見執,故不爲恥也。

冬,公伐邾婁。

楚人使宜申來獻捷。

此楚子也,其稱人何?注据稱使知楚子。疏注「据稱使知楚子」。○正以使者上命下之詞，故知楚子。貶。曷爲貶？**注**据齊侯獻戎捷不貶。**疏**注「据齊」至「不貶」。○《莊三十一年》「齊侯來獻戎捷」，稱爵也。其實彼書月，即以刺齊桓威我，此第据其稱侯不貶，與楚人殊耳。爲執宋公貶。**疏**沈氏欽韓云：「經不言楚子，所以惡楚也。戎狄得志，驕夸上國，所謂上無明天子，下無賢方伯，以致此。」曷爲爲執宋公貶？**注**据上已没，不與執中國。**疏**注「据上」至「中國」。○謂上執宋公没去楚子也。宋公與楚子期以乘車之會，**注**蓋鹿上之盟。**疏**注「蓋鹿上之盟」。○謂上鹿上之盟，約霍之會也。公子目夷諫曰：**疏**上八年《左傳》曰「太子茲父固請曰：目夷長且仁」，注：「目夷，茲父庶兄子魚也。」「楚，夷國也，彊而無義，請君以兵車之會往。」宋公曰：「不可。吾與之約以乘車之會，自我爲之，自我墮之，曰不可。」終以乘車之會往。楚人果伏兵車，執宋公以伐宋。**注**詐諼劫質諸侯，求其國，當絶，故貶。**疏**《通義》云：「墮，敗也。」《説苑·尊賢》云：「宋襄公不用公子目夷之言，大辱于楚。」○注「詐諼」至「故貶」。○《釋文》作「誰諼」，云：「誰，本亦作『詐』。」《公羊問答》云：「問：古有劫質之事乎？曰：於古未見也，有之自此始。傳『執宋公以伐宋』、《莊二十三年》『曹子手劍而從之』皆是也。後世之見於史者，《後漢書·橋玄傳》：『玄少子十歲，獨游門次，卒有三人持杖劫執之，入舍登樓，就玄求貨，玄不與。有頃，司隸校尉陽球率河南尹、洛陽令圍守玄家。球等恐并殺其子，未欲迫之。玄瞋目呼曰：「姦人無狀，玄豈以一子之命而縱國賊乎？」促令兵進。於是攻之，玄子亦死。玄乃詣闕謝罪，乞天下：「凡有劫質者皆并殺之，不得贖以貨寶，開長姦路。」❶詔書下其章。初自安帝以後，法禁稍弛，京師劫質，不避豪貴，自是遂絶。』《三國志·夏侯惇傳》：『呂布襲得惇軍輜重，遣將僞降，共執持惇，責以寶貨，惇軍中震恐。惇將韓浩乃勒兵屯惇營門，召軍吏諸將，皆按甲當部不得

❶「長」，原脱，據《公羊問答》補。

動，諸營乃定。遂詣惇所，叱持質者曰：「汝等凶逆，乃敢劫執大將軍，復欲望生耶？且吾受命討賊，甯能以一將軍之故而縱汝乎？」因涕泣謂惇曰：「當奈國法何！」促召兵擊持質者。持質者惶遽叩頭，言：「我但欲乞資用去耳！」浩數責，皆斬之。惇既免，太祖聞之，謂浩曰：「卿此可爲萬世法。」乃著令。』注：『孫盛曰：按《光武紀》，建武九年，盜劫陰貴人母弟，吏以不得拘質迫盜，盜遂殺之也。然則合擊者，乃古制也。』按：人君於此，又有不同，曹子求邑則與之，楚人求國則不與，諸侯死國不死邑之義也。劫人之臣子以要其君父，並擊之可也；劫人之君父以要其臣子，並擊之則不可，於此當權其輕重矣。若祭仲、目夷真有當於《春秋》之義也夫。」包氏慎言云：「求其國，謂下楚人謂宋人曰：『子不與我國，吾將殺子君矣。』絶而稱人，絀其爵也。劫質者，盜賊之行，國君而爲盜賊之行，故絶。」按：今律有捉人勒贖，即劫質類也。《通義》云：「故貶楚人之諼，以伸宋公之信。」宋公謂公子目夷曰：「子歸守國矣。國，子之國也。**疏**《宋世家》：「三十年春，桓公病，太子茲甫讓其庶兄目夷爲嗣。桓公義太子意，竟不聽。三十一年春，桓公卒，太子茲甫立，是爲襄公。以其庶兄目夷爲相。」是目夷，襄公庶兄，本有讓國之意，故公云然。吾不從子之言，以至乎此。」**疏**《校勘記》云：「《唐石經》、鄂本同。閩、監、毛本『乎此』誤倒。」公子目夷復曰：「君雖不言國，國固臣之國也。」**注**所以堅宋公意，絶彊楚之望。**疏**《校勘記》云：「《唐石經》原刻『言』下不疊『國』字，後磨改同今本。此行及前一行皆本九字，此行後磨改，故亦十字。讀『君雖不言』句，『國固臣之國也』句。」舊疏云：「即言君假令不道是臣之國，今國當是爲臣之國矣。所以堅宋公意，欲使宋公乃心在楚，不急求還。又欲絶楚人，使知宋難取，不復望之也。」蓋目夷權辭以對，與鄭成公被執其臣公孫申之謀相似，有幸有不幸爾。於是歸，設守械而守國。**疏**《莊三十二年》注：「有攻守之器曰械。」楚人謂宋人曰：「子不與我國，吾將殺子君矣。」宋人應之曰：「吾賴社稷之神靈，吾國已有君矣。」楚人知雖殺宋公，猶不得宋國，於是釋宋公。**疏**《通義》云：「下經『釋宋公』是也。經不言楚釋者，不與專執，即不與專釋也。」又云：「昔秦獲惠公，晉大夫謀征繕以輔孺子。晉人執鄭伯，鄭公孫申之謀曰：『我改立君而紓晉使，晉必歸君。』此喪君守國之上算也。然鄭伯歸而殺申，其後于肅愍效之，亦以致禍。若襄公之於目夷，推誠不疑，君臣同濟，可不謂賢乎？」宋公釋乎執，走之衛。**注**襄公本謂公子目夷曰「國，子之國也」。宋公愧前語，故慚不忍反，走之衛。不書者，執解而往，非出奔也。**疏**注「走之」至「奔也」。○舊疏云：「決《襄十四年》『衛侯衎出奔齊』是也。」公子目夷復曰：「國爲君守之，君曷爲不入？」然後逆襄公歸。**注**凡出奔歸書，執獲歸不書者，出奔已失國，故録還，應盜國，與執獲者異，臣下尚隨君事之，未失國，不應盜國，無爲録也。**疏**注「凡出」至「録也」。○出奔歸書者，《桓十五年》「鄭世子忽復歸於鄭」、又「鄭伯突入于櫟」，《莊六年》「衛侯朔入于衛」之屬是也。有書歸、書復歸、書復入、書入之殊，《桓十五年傳》：「復歸者，出惡，歸無惡；復入者，出無惡，入有惡。入者，出入惡；歸者，出入無惡。」有盜國、不盜國之殊，故分別録之也。下《二十五年》「納頓子于頓」，注云：「出奔當絶，還入爲盜國當誅文。」定《元年》注：「昭公出奔，國當絶，定公不得繼體奉正，故諱爲微詞。使若在正月後，故不書正月。」盜國當絶，故書入與復入也。其執獲而歸不書者，本未失國，臣下尚君事之，故其歸也與盜國異。且君若被獲，於其獲時已絶，故不必絶於其歸也。其下《二十八年》「晉侯執曹伯」下書「曹伯襄復歸于曹」，又晉人執衛侯，《三十年》書「衛侯鄭歸于衛」，《哀七年》「公伐邾婁。以邾子益來」，《八年》「歸邾婁子益于邾婁」之屬是執而書歸者。當文各自有解，不得相難。執與獲異，執者有書爵、書人之殊，故被執亦不必皆坐罪也。惡乎捷？捷乎宋。**注**以上言伐宋。曷爲不言捷乎宋？**注**据戎捷也。**疏**注「据戎捷也」。○《莊三十一年》「齊侯來獻戎捷」是。爲襄公諱也。**注**襄公本會楚，欲行霸憂中國也。不用目夷之言，而見詐執伐宋，幾亡其國，故諱爲没國文，所以申善志。不月者，因起其事。**疏**《穀梁傳》曰：「其不曰宋捷何也？不與楚捷於宋也。」與此不與夷狄執中國義同。《穀梁》無善宋襄之意，故不以爲襄諱。○注「襄公」至「善志」。○《通義》云：「高襄公，故不與楚捷乎宋也。」○注「不月」至「其事」。○以獻戎捷書六月也。起事者，舊疏云：「《春秋》之義，滅國例月，《莊十年》『冬十月，齊師滅譚』、《十三年》『夏六月，齊人滅遂』之類。今此宋公幾亡國，是以爲諱之，去其月以起其賢。」此圍辭也，曷爲不言其圍？**注**据上言守國，知圍也。**疏**《通義》云：「据戰乃有捷，言捷者，起戰也。而不言戰者，起圍也。經之大例，圍不言戰，故知此言捷不言戰者是圍辭也。」○注「据上」至「圍也」。○即上傳「歸，設守械而守國」是也。舊疏云：「舊本傳注三者皆作『圍』字，唯有『守』下『知』上一『國』字，以其有皆作『圍』字者，誤。」爲公子目夷諱也。**注**目夷遭難，設權救君，有解圍存國免主之功，故爲諱圍，起其事，所以彰目夷之賢也。歸捷書者，刺魯受惡人物也。**疏**注「目夷」至「賢也」。○設權者，即上傳「公子目夷曰：君雖不言國，國固臣之國也。」救君者，即上傳「宋公釋乎執」是也。楚釋宋公後不見有圍楚文，故知解圍也。逆襄公歸，是其存國免主也。爲目夷諱，《春秋》之爲賢者諱也。《繁露·玉英》云：「夫權雖反經，亦必在可以然之域。不在可以然之域，故雖死亡，終弗爲也，公子目夷是也。故諸侯、父子、兄弟不宜立而立者，《春秋》視其國與宜立之君無以異也。此皆在可以然之域也。」又云：「故《春秋》之道，博而要，詳而反，一也。公子目夷復其君，終不與國，祭仲已與，後改之，晉荀息死而不聽，衛曼姑拒而弗内，此四臣事異而同心，其義一也。目夷之弗與，重宗廟。祭仲與之，亦重宗廟。荀息死之，貴先君之命。曼姑拒之，亦貴先君之命也。事雖相反，所爲同，俱爲重宗廟、貴先君之命耳。」《通義》云：「目夷之事，欲彰其賢而反諱之，此聖經之高義，賢傳之達言。蓋以鳴其孝者非令子，矜其忠者非令臣，原臣子之道，莫不欲尊榮君父，故讓德歸美，過則稱己。曹羈以義去，公子目夷以仁守，二子易地皆然，目夷有成勞矣。羈雖不克濟君於難而並有愛國之心，惘惘忱忱，要殊武安倖敗之意，終鮮慶鄭愎諫之懟。《春秋》緣羈與目夷之心而君死國辱，爲之不忍言焉。斯二臣之風，期千載可想矣。」按：注言「諱圍，起其事」者，謂起其設權救君之屬是也，因以彰目夷之賢。○注「歸捷」至「物也」。○《莊三十年》書「齊侯獻戎捷」，見王魯義。此貶楚子稱人，故受捷者亦從乎貶例矣。刺受惡人物，所以深惡楚也。

十有二月癸丑，公會諸侯盟于薄。**注**言諸侯者，起霍之會諸侯也。不序者，起公從旁以議釋宋公，會盟一事也。言會者，因以殊諸侯也。**疏**包氏慎言云：「十二月書癸丑，月之十一日。」《宋世家》「薄」作「亳」。《漢書・地理志》山陽郡薄下云：「臣瓚曰：湯所都。」《一統志》：「薄縣故城在歸德府商丘縣西北。」閻氏若璩《尚書古文疏證》云：「亳有三：一南亳，後漢梁國穀熟縣是，湯所都也。一北亳，梁國蒙縣是，即景亳，湯所盟地。一西亳，河南尹偃師縣是，盤庚之遷都也。鄭康成謂湯亳在偃師，皇甫謐即據《孟子》以正之，曰：『湯居亳，與葛伯爲鄰。葛在今梁國甯陵之葛鄉，若湯居偃師，去甯陵八百里，豈能使民爲之耕乎？亳，今穀熟是也。』其説精矣。」王氏鳴盛《尚書後案》云：「皇甫謐以偃師爲西亳，而别以蒙爲北亳，穀熟爲南亳。按：《續志》梁國屬縣有蒙，有穀熟。劉昭注即引謐《帝王世紀》『蒙，北亳；穀熟，南亳』之文。梁國屬縣又有薄，司馬彪自注『湯所都此』即本之臣瓚者。劉昭又引杜預《左傳注》云『蒙縣西北有薄城，中有湯冢』。於是張守節《史記正義》云：『湯即位，都南亳，後徙西亳。』謐又以與葛鄰，乃是居南亳時事，盤庚言商先王五遷，鄭、馬、王皆以始居商丘，後遷居亳，當五遷之二。《水經注》『汳水東逕大蒙城北』，大蒙在今商丘縣北四十里，穀熟故城在今商丘縣東南四十里，湯本居此，後乃遷偃師，即其後微子封此，亦以湯之舊邑封之。謐説似非無稽。但馬、鄭唯言湯曾居商丘，商丘本不名亳，觀《漢志》，但于偃師言湯都，而梁國蒙縣、❶山陽郡薄縣不言是亳，❷可見謐因經言三亳，遂造北亳、南亳，配偃師爲三。其實蒙、穀熟古但名商

❶「縣」，原脱，據《尚書後案》補。
❷「郡」，原脱，據《尚書後案》補。

丘，不名亳也。杜預、臣瓚、司馬彪皆晉人，劉昭梁人，妄相附和，豈如班、鄭之可信乎？其辨一也。既名三亳，宜遠近相等，商丘、偃師相去七八百里，蒙、穀熟相去止數十里，分之無可分也。即如其説，只有東西二亳耳，奈何於數十里中强分爲二以充三亳之數？其辨二也。商丘平衍，與成皋等地大不類，何山險之有而云阪乎？其辨三也。」《漢志》云：「宋地，今之沛、梁、楚、山陽、泲陰、❶東平及東郡之須昌、壽張，皆宋分也。」蓋諸郡皆微子所封。社猶稱亳，當時人或以亳在宋地。班氏於此文下又云「昔堯作游成陽，舜漁雷澤，湯止于亳」，則此爲湯所游息之地，後人遂稱亳在梁國泲陰、山陽之間，而其實湯都則在偃師，與宋地無涉。蓋薄縣者，漢本屬山陽郡，後漢分其地置蒙、穀熟與薄，並改稱梁國。晉又改薄爲亳，且改屬泲陰，故臣瓚謂湯都在泲陰亳縣者，即其所謂在山陽亳縣者也，亦即司馬彪所謂在梁國薄縣，杜預所謂在蒙縣北亳城者也，而亦即皇甫謐所分屬於蒙、穀熟者也，本一説也。薄，薄也，非亳也。立政三亳，鄭解爲遷亳之民而分爲三，亳本一也，安得有三？按：「薄」與「亳」同聲而不同韻，王氏分「亳」與「薄」是也。杜氏於此無注。○注「言諸」至「侯也」。○即上「宋公、楚子、陳侯、蔡侯、鄭伯、許男、曹伯會于霍，執宋公以伐宋」是也。上文歷序其爵，此總言諸侯，故得起其爲上會諸侯也。○注「不序」至「宋公」。○舊疏云：「若其序之，宜云公會某侯某侯，即無以見公從旁别來。今諸侯不序，並作一文，别言公會，則知魯公從旁而來，是以不序諸侯，以起其義。」按：若序公會某侯某侯于某，則嫌别爲此會，故無以起公從旁議釋，故但書諸侯，明公即就彼諸侯而爲薄之盟。霍在今之睢州，固與薄近也。《穀梁傳》曰：「外釋不志，此其志何也？以公之與之盟目之也。」又曰：「會者，外爲主焉爾。」○注「會盟」至「侯也」。○舊疏云：「上言會于霍，下言盟于薄，明其但是一出之行。❷而更言公會諸侯，因以殊諸侯矣。」

釋宋公。

執未有言釋之者，此其言釋之何？**注** 据執滕子不言釋。**疏** 注「据執」至「言釋」。○見上

❶「泲」，《漢書》作「濟」。

❷「但是」，原脱，據《春秋公羊傳注疏》補。

十九年。舊疏云：「不言楚子釋宋公者，何氏《廢疾》：『公羊以爲公會諸侯釋之，故不復出楚耳。』」《通義》云：「執而釋者，自天子釋之以歸書，自諸侯釋之不書。此特書，故問之。」公與爲爾也。公與爲爾奈何？公與議爾也。**注**善僖公能與楚議釋賢者之厄。不言公釋之者，諸侯亦有力也。**疏**《通義》云：「與議爾者，公與言説贊成之也。以公有力焉，故從内録釋也。」《經傳釋詞》云：「爾，猶此。隱二年《公羊傳》『託始焉爾』，注：『焉爾，猶於是。』『是』亦『此』也。『公與爲爾奈何？❶公與議爾也』。言公與爲此，公與議此也。」○注「善僖」至「力也」。○《周禮·典瑞》云：「穀圭以和難。」又《調人》：「掌司萬民之難而諧和之。」宋襄賢者，僖公能會諸侯，與爲和議，故並善之焉。《穀梁傳》以爲「不言楚，不與楚專釋」，彼注引何氏曰：「《春秋》以執之爲罪，❷不以釋之爲罪，責楚子專釋，非其理也。《公羊》以爲公會諸侯釋之，故不復出楚耳。」鄭釋之曰：「不與楚專釋者，非以責之也。傳云：『外釋不志，此其志何也？以公之與盟目之也。』言公與諸侯盟而釋宋公，公有功焉。與《公羊》義無違錯。」劉氏《申何》云：「如鄭君説，傳當云『不言楚，歸功于諸侯也』。」《通義》又云：「自是盡二十七年，僖遂背齊、宋，合衞以睦于楚。《春秋》之所深責，故其盟皆日以危之，其會皆不致以略之。」義或然也。

---

❶「公與爲奈何」，原作「此公爲爾也」，據《經傳釋詞》改。
❷「罪」，原作「非」，據《春秋穀梁傳注疏》改。

公羊義疏三十四

句容陳立卓人著

僖二十二年盡二十六年。

二十有二年，春，公伐邾婁，取須朐。**疏**《校勘記》云：「須朐，《唐石經》、諸本同。《釋文》：『須朐，《左氏》作『句』。」上二十一年《左傳》杜注云：「須句，在東平須昌縣西北。」作「句」者，省文。《漢書·五行志中之下》：「取須朐。」與《公羊》同。師古曰：「須朐，邾邑。朐，音鉅俱反。」又《地理志》「濟陰郡寃句」，師古曰：「句，音劬。」《薛宣傳》「爲寃句令」，師古曰：「句，音劬。」《大事表》云：「今兖州府東平州東南有須句故城。」《左》、《穀》作「須句」。《水經注·濟水》：「又北逕須句城西。城臨濟水，故須朐國。風姓也。杜預曰『須句，在須昌縣北』，非也。《地理志》曰『壽張縣西北有朐城』者是也。京相璠曰：『須句，一國二城兩名，蓋遷都須昌，朐是其本。秦以爲縣。』」馬氏宗璉《左傳補注》：「按：劉昭《郡國志補注》引杜預注云：須句，古國，在須昌西北。即須朐也。後乃遷都須昌耳。京説是。」

夏，宋公、衛侯、許男、滕子伐鄭。

秋，八月丁未，及邾婁人戰于升陘。**疏**包氏慎言云：「八月書丁未，月之九日。」杜云：「升陘，魯地。」《玉篇》：「郅，胡經切。鄉名，在高密。」引《左傳》作「戰於升郅」。按：魯邾之戰不得至高密也。《左傳釋文》「升」作「登」，云：「本亦作升陘。」按：内不言戰，言戰乃敗矣。《穀梁傳》曰：「内諱敗，舉其可道者也。不言其人，以吾敗也。不言及之者，爲内諱也。」内外俱不言主名，蓋爲内深諱也。《左傳》云：「邾人獲公胄，縣諸魚門。」是其敗事也。

冬，十有一月己巳朔，宋公及楚人戰于泓，

疏僧一行《合朔議》曰：「僖公二十二年十一月己巳朔，宋楚戰于泓。周、殷、魯曆，皆先一日，楚人所赴也。」按：己巳朔，正與殷曆合。杜云：「泓，水名。」《大事表》云：「《寰宇記》鄢城北里許有泓水，即宋、楚戰處。鄢城在今河南歸德府柘城縣北三十里。」《金史・地理志》「柘城縣有泓水」，即渙水支流也。

宋師敗績。

疏《穀梁傳》「則衆敗而身傷焉」，彼注引何君《廢疾》曰：「即宋公身傷，當言公，不當言師，《成十六年》『楚子敗績』是也。又《成十六年傳》曰『不言師，君重于師也』，❶即成十六年是，二十二年虚言也。即二十二年是，十六年非也。」鄭君釋之曰：『傳説楚子敗績，曰四體偏斷，此則目也。此言君之目與手足有破斷者，乃爲敗矣。今宋襄公身傷耳，當持鼓，軍事無所害而師猶敗，故不言宋公敗績也。傳所以言「則衆敗身傷焉」者，❷疾其信而不道，以取大辱。』」劉氏申何云：「傳言身傷而致死，則視傷目尤重矣。譏其取辱，何得言師不言公乎？《春秋》貴偏戰而惡詐戰，以爲彼善於此者，正以其信耳。詐而勝不如信而敗也，以詐爲道，異乎吾所聞。」

偏戰者日爾，此其言朔何？

注据奚之戰不言朔。

疏注「据奚」至「言朔」。○即《桓十七年》：「五月丙午，及齊師戰于奚。」《春秋説》以爲五月朔日也。

《春秋》辭繁而不殺者，正也。

注繁，多也。殺，省也。正，得正道尤美。

疏莊氏存與《春秋正辭》云：「若救邢城衛，再言齊師、宋師；又若侵曹伐衛，再言晉侯；又若首止無中事而復舉諸侯。」《繁露・祭義》云：「書之重，辭之複，其中必有美者焉。」

何正爾？宋公與楚人期戰于泓之陽。

注泓，水名。水北曰陽。

疏期，約也。

楚人濟泓而來。

注濟，渡。

有司復曰：「請迨其未畢濟而擊之。」

注迨，及。

疏復，白也。《左傳》曰：「宋人既成列，楚人未既濟。司馬曰：『彼衆我寡，及其未既濟也，請擊之。』」《穀梁傳》：「司馬子反曰：『楚衆我少，鼓險而擊之，勝無幸焉。』」彼疏引麋信云：「子反當爲子夷。」即子魚也。○注「迨及」。○《爾雅・釋言》文。

宋公曰：「不可。吾聞之也，君子不厄人。」

疏《穀梁傳》曰：「君子不推人危，不攻人厄，須其出。」注：「須其出

❶「于」，原作「乎」，據《春秋穀梁傳注疏》改。
❷「則」，原作「敗」，據《春秋穀梁傳注疏》改。

險。」《左傳》：「公曰：『君子不重傷，不禽二毛。古之爲軍也，不以阻隘也。』」吾雖喪國之餘，**注**我雖前幾爲楚所喪，所以得其餘民以爲國，喻褊弱。**疏**注「我雖」至「褊弱」。○謂《二十一年》「會霍，執宋公伐宋」事也。朱氏彬《經傳攷證》云：「喪，即亡也。王懷祖先生曰：喪國之餘，指商而言之也。《左傳》『寡人雖亡國之餘，不鼓不成列』，杜注：『宋，商紂之後。』喪，亡也。《檀弓》『舅犯曰：喪人無寶』。《大學》引作『亡人無以爲寶』，是喪與亡同。」《經義述聞》曰：「家大人曰：喪國，謂商也。喪國之餘，謂宋也。《左傳》載襄公之言曰『寡人雖亡國之餘』，杜注『宋，商紂之後』是也。何注謂宋幾爲楚所喪，失之迂矣。」知不然者，襄公無故追及亡殷，與《左傳》宋司馬華孫來盟忽稱其先人華督何異？正以上年霍盟後爲楚所敗，君執國圍，幾乎亡覆。此衰弱之後，能守文王之法，所以爲善。《述聞》又云：「若如注解，則於『喪』上增『幾爲楚所』四字，『餘』下增『民』字矣。」按：何氏以「幾」爲「楚所喪」釋「喪」字，以「得其餘民」解「餘」字，本無所謂增成也，此之「餘」猶《詩》之「孑遺」耳。寡人不忍行也。」**疏**《左傳》：「公曰不可。」既濟，未畢陳。有司復曰：「請迨其未畢陳而擊之。」宋公曰：「不可。吾聞之也，君子不鼓不成列。」**注**軍法以鼓戰，以金止，不鼓不戰。不成列，未成陳也。君子不戰未成陳之師。**疏**《左傳》曰：「既濟而未成列，又以告。公曰：『未可。』」《穀梁傳》：「既出，旌亂於上，陳亂於下。子反曰：『楚衆我少，擊之，勝無幸焉。』襄公曰：『不鼓不成列。』」注：「列，陳。」○注「軍法」至「金止」。○《荀子·議兵》篇云：「聞鼓聲而進，聞金聲而退。」哀公十一年《左傳》云：「吾聞鼓而已，不聞金矣。」注：「鼓以進軍，金以退軍。」《孟子·梁惠王》篇：「填然鼓之。」注：「填，鼓音也。兵以鼓進，以金退。」皆本《荀子》也。已陳，然後襄公鼓之，宋師大敗。**疏**《左傳》：「既陳而後擊之，宋師敗績。公傷股，門官殲焉。」《穀梁傳》曰：「須其成列而後擊之，則衆敗而身傷焉。」《通義》云：「《左傳》曰『公傷股』，不從君痍例，斥宋公敗績者。爲襄公諱，不使楚人得加傷乎宋公也。此楚人亦楚子也，所以賤楚而尊宋。」故君子大其不鼓不成列，臨大事而不忘大禮，有君而無臣。**注**言朔亦所以起有君而無臣，惜其有王德而無王佐也。若襄公所行，帝王之兵也。有帝王之君，宜有帝王之臣；有帝王之臣，宜有帝王之民。未能醕粹而守其禮，所以敗也。**疏**《繁露·俞序》云：「故善宋襄公不由其道而勝，不如由其道而敗，《春秋》貴之，將以變習俗而成王化也。」《史記·宋世家贊》太史公曰：「襄公既敗于泓，而君子或以爲多，傷中國闕禮義，褒之也，宋襄之有禮讓也。」《淮南子·泰族訓》云：「泓之戰，軍敗君獲，而《春秋》大之，取其不鼓不成列也。」《繁露·王道》云：「宋襄公曰：『不鼓不成列，不阨人。』此《春秋》之救文以質也。」《漢書·魏相丙吉傳·四子講德論》，❶蓋：「君爲元首，臣爲股肱，明其一體，相待而成。」有君而無臣，《春秋》刺焉，皆取《公羊》爲說。○注「言朔」至「敗也」。○《鹽鐵論·論誹》云：「故雖有堯之明君而無舜、禹之佐，則純德不流。故《春秋》刺有君而無臣。」《宋世家》云：「國人皆怨公。公曰：『君子不困人於阨，不鼓不成列。』子魚曰：『兵以勝爲功，何常言與？』」《左傳》亦曰：「國人皆咎公。」又曰：「子魚曰：『君未知戰。勍敵之人，隘而不列，天贊我也。阻而鼓之，不亦可乎？猶有懼焉。且今之勍者，皆吾敵也。雖及胡耇，獲則取之，何有乎二毛？明恥教戰，求殺敵也。傷未及死，如何勿重？若愛重傷，則如勿傷，愛其二毛，則如服焉。三軍以利用焉，金鼓以聲氣也。利而用之，阻隘可也。聲盛致志，鼓儳可也。』」是有君無臣之驗也。《穀梁》曰：「日事遇朔曰朔。」非《公羊》義。上《十六年》注云：「平居無他卓佹，無所求取，言晦朔也。」此書朔，重始，爲有此卓佹賢君，無賢臣爲繼故也。《通義》云：「《司馬法》曰：『逐奔不過百步，從綏不過三舍，明其禮也。不窮不能而哀憐傷病，明其仁也。成列而鼓，明其信也。爭義不爭利，明其義也。』此所謂文王之戰也。襄公之於楚，始爲乘車之會，期以禮服之，不可得服，然後以兵治之。跡其征

❶「魏相丙吉」，原作「王褒」，引文見《漢書·魏相丙吉傳》贊語，據改。

齊以義，會霍以信，不厄險以仁，雖功烈不及伯者之爲，其所嚮慕則王者之用心焉，是以引而進之。楚之病中國久矣，召陵之役有王事焉，泓之役有王心焉，能言距楚者，《春秋》之所高也。苟將伸齊而抑宋，則是先功利而後仁義，豈文王之所以爲治！《繁露》曰：『《春秋》之義，貴信而賤詐。詐人而勝之，雖有功，君子弗爲也，故善宋襄公不厄人。不由其道而勝，不如由其道而敗，《春秋》貴之，將以變習俗而成王化。』嗚乎！以此教後世，而左氏、穀梁氏親傳《春秋》，猶徒以成敗論事則甚矣，習俗不易變而王化之難成矣。」《論語》皇疏引蔡謨曰：「聖人之化由群賢之輔，闇主之亂由衆惡之黨，是以有君無臣，宋襄以敗，衛靈無道，夫豈其喪！」**以爲雖文王之戰，亦不過此也。**

注 有似文王伐崇。陸戰當舉地，舉水者，大其不以水厄人也。

疏 《隱元年傳》曰：「王者孰謂？謂文王也。」《文九年傳》曰：「繼文王之體，守文王之法度。」故此以文王之戰喻之也。《白虎通·號》篇云：「宋襄伐楚，不擒二毛，不鼓不成列。《春秋傳》曰『雖文王之戰不是過』，知其伯也。」而《詩》疏引鄭《箴膏肓》云：「刺襄公不度德不量力。」又引《考異郵》云：「『襄公大辱，師敗于泓。徒信，不知權譎之謀，不足以交鄰國、定遠疆也。』此是譏師敗也。《公羊》不譏，違《考異郵》矣。』」❶此不知《春秋》之義者也。劉氏逢禄評之云：「緯亦出於劉歆，固宜其附《左氏》而違經意也。何氏之於緯，擇善而從之，鄭則固矣。」宣二年《左傳》：❷「狂狡輅鄭人，鄭人入于井，倒戟而出之，獲狂狡。君子曰：『失禮違命，宜其爲禽也。』」《膏肓》以爲合於道，鄭箴之曰：「狂狡臨敵，拘於小仁，忘在軍之禮，譏之，義合於讖。」劉氏逢禄評之曰：「讖違經義，安可從也！即謂《攷異郵》刺宋襄之説，然狂狡蓋欲生致鄭人，亦非古道。」包氏慎言云：「《易·比》之九五云『顯比，王用三驅，失前禽，邑人不誡。』此王者征伐之禮也。周衰，《司馬》九伐之法不行於諸侯。然齊景之時，穰苴論《司馬兵法》不阻隘，不傷二毛，不逆奔，鼓而成列，然後戰。猶能言之。則宋襄所云『君子不迫人於險，不鼓不成

❶「矣」下，原衍「者」字，據《毛詩正義》删。
❷「二」，原作「三」，引文見宣公二年，據《春秋左傳注疏》改。

列』者，周之兵典也。周之正朔，改自文王，周之兵典亦創自文王，故《詩・頌・維清》奏象舞曰：『維清緝熙，文王之典。』春秋無義戰，守文王之典者一人而已，故經書其戰之朔，傳曰『雖文王之師，不是過也』。宋襄以守禮爲楚所傷，七月而死。以曹殺大夫之不死曹君者例之，則凡在師者，論罪皆當誅，故曰『有君而無臣』。齊桓、晉文之霸，皆先教其民而後用之，襄公以不教之民與强楚爭勝，殃民以殃身，其愚可責，其志可嘉。而《春秋》表而出之，以爲有王者起，行一不義、殺一不辜而得天下不爲也，其行師也則必爲襄公之所爲焉爾。楚邲之戰，還師而佚晉寇，《春秋》以其有王心而大之。莊王不以險阨既敗之寇，而襄公不以險阨遂師之寇，其心尤爲磊落光明矣。責襄公之不度德、不量力者，皆以成敗論人者也。」○注「有似」至「伐崇」。○上十九年《左傳》曰：「子魚言於宋公曰：『文王聞崇德亂而伐之，軍三旬而不降。退修教而復伐之，因壘而降。』」《詩・大雅・皇矣》述伐崇云：「是類是禡，是致是附，四方以無侮。」又云：「是伐是肆，是絶是忽，四方以無拂。」皆謂文王伐得其罪，行得其法，故四方服德畏威，無敢侮慢，無敢違拂之者也。○注「陸戰」至「人也」。○《宣十二年》注云：「陸戰當舉地，而舉水者，大莊王閔隋水而佚晉寇。」義與此同。蓋自楚子爲舟師伐吴，始有水戰矣。

二十有三年，春，齊侯伐宋，圍緡。疏《穀梁》「緡」作「閔」，緡、閔同音叚借字。《漢書・地理志》山陽郡東緡下師古曰：「《春秋》僖二十三年『齊侯伐宋圍緡』，即謂此。音旻。」杜云：「緡，宋邑。高平昌邑縣東南有東緡城。」《大事表》云：「古緡國。昭四年《左傳》曰：『椒舉曰：桀爲仍之會，有緡叛之。』即此。今在山東兗州府金鄉縣東北三十里。」《水經注・濟水》篇：「濟水又東逕東緡縣故城北，故宋地。《春秋》齊侯伐宋，圍緡。《十三州記》曰：山陽有東緡縣。鄒衍曰：余登緡城以望宋都者也。」❶《一統志》：「東緡故城在兗州府金鄉縣東北二十三里。」

邑不言圍，此其言圍何？疾重故也。注疾，痛也。重故，喻若重故創矣。襄公欲行霸，守正履信，屬爲楚所敗，諸夏之君宜雜然助之，反因其困而伐之，痛與重故

❶「者」，原作「地」，據《水經注》改。

創無異，故言圍以惡其不仁也。**疏**注「疾痛也」。○《通義》云：「疾，惡也。」○注「重故」至「創矣」。○《通義》云：「重故，重有故也。」言故有創，今復重之也。俞氏樾云：「重故創而但曰重故，於文不明，何解非也。故，當讀爲『固』，古字通。《國語・周語》『咨於故實』，《史記・魯世家》『故』作『固』；《論語・子罕》篇『固天縱之將聖』，《論衡・知實》篇『固』作『故』；並其證也。閔元年《左傳》『親有禮，因重固』，杜注曰：『能重能固，則當成就之。』此重、固二字之證。❶《隱五年傳》『邑不言圍，此其言圍何？ 彊也。』《解詁》：『必欲爲得邑，故如其意言圍也。』然則此傳曰『疾重固也』，義與彼同，疾其必欲得之也。《左傳》之『重固』以善者言也，此傳之『重固』以不善者言也，蓋均是重且固也。以自守則善，以謀人則不善，善惡不嫌同辭矣。」按：以《左傳》之「重固」解此之「重故」，義亦不了。○注「襄公」至「仁也」。○按：《穀梁傳》曰：「伐宋不言圍邑，此其言圍何也？ 不正其以惡報惡也。」《穀梁》無善宋襄義，故以爲報十八年伐齊之役，其謂惡圍同也。

夏，五月庚寅，宋公慈父卒。**疏**包氏慎言云：「五月書庚寅，月之二十六日。」慈父，《左氏》、《穀梁》作「玆父」，《宋世家》作「慈甫」。

何以不書葬？ 盈乎諱也。**注**盈，滿也。相接足之辭也。 襄公本以背殯，不書其父葬，至宋公身書葬，則嫌霸業不成，所覆者薄，故復使身不書葬，明當以前諱除背殯，以後諱加微封。 内娶不去日，略之者，功覆之也。**疏**注「盈滿」至「辭也」。○《詩・召南・鵲巢》云：「維鳩盈之」，傳：「盈，滿也。」《廣雅・釋詁》云：「盈，滿也。」按：宋襄自上《九年》「宋公禦説卒」不書葬，爲諱背殯之惡。後《十九年》「執滕子盟曹南」、二十一年會霍、見執、楚獻捷戰泓，無不爲宋襄諱，無非爲其有憂中國尊周室之心，故於其卒焉盈諱之，故爲接足辭也。《穀梁傳》曰：「不葬何也？ 失民也。其失民何也？ 以其不教民戰，則是棄其師也。」彼注引何君《廢疾》曰：「『所謂教民戰者，習之也。《春

❶「此」，原作「北」，據國圖藏清抄本《公羊義疏》、《群經平議》改。

秋》貴偏戰而惡詐戰，宋襄公所以敗于泓者，守禮偏戰也，非不教其民也。孔子曰「君子去仁，惡乎成名，造次必於是，顛沛必於是」，未有守正以敗而惡之也。《公羊》以爲不書葬爲襄公諱，背殯出會，所以美其有承齊桓，尊周室之美志。』鄭君釋之曰：『教民習戰而不用，是亦不教也。詐戰謂不期也。既期矣，當觀敵爲策，倍則攻，敵則戰，少則守。今宋襄公于泓之戰違之，又不用其臣之謀而敗，故徒善不用賢良不足以興伯主之功，徒信不知權譎之謀不足以交鄰國、會遠疆，故《易》譏鼎折足，《詩》刺不用良，此説善也。』」劉氏《申何》云：「期地必不于水也，期時必不于半渡也。以水厄人，未陳而擊之，交鄰而尚權譎，戰國之所謂賢良，非《春秋》之所貴也。以敗績而去葬，則敗而書葬者多矣，不敗而不書葬者亦多矣，豈君子詞乎？」按：鄭氏仍本《考異郵》説，所謂「襄公大辱，師敗于泓，徒信不知權譎，不足以交鄰國、定遠疆」是也。何氏所不取。《經義述聞》云：「傳謂以不教民戰，非謂教而不用也。不觀敵爲策，又不用其臣之謀，義在戰泓傳，非此傳不葬之義也。」《論語・里仁》篇「子曰：苟志於仁矣，無惡也」，戴氏望注云：「言人果志在於仁，則君子不加惡。」宋襄伯雖不成，《春秋》予之，以其猶有憂中國尊周室之心也。○注「襄公」至「微封」。○上《九年》「宋公禦説卒」，傳云：「何以不書葬？爲襄公諱也。」彼注云：❶「襄公背殯出會宰周公，有不子之惡，後有征齊憂中國尊周室之心，功足以除惡，故諱不書葬。」是不書其父葬也。《通義》云：「《春秋》之法，許人子者必使子，本以襄公背殯，故桓公不書葬。今若更葬襄公，則是揚子抑父，非教孝之道，故亦不書葬，以足成其諱義。葵丘之會有宋子，而禦説、茲父再世不書葬；温之會有陳子，而款、朔亦再世不葬。屬詞比事，孰有灼著於此矣。」舊疏云：「以後諱加微封。」謂以至功薄微，故加而爲之諱而封之。其「封」字亦有下句讀之，非也。○注「內娶」至「之也」。○下《二十五年》「宋殺其大夫」，傳：「何以不名？宋三世無大夫，三世內娶也。」注：「三世謂慈父、王臣、處臼也。」《文七年》「夏四月，宋公王臣卒」，注：「不日者，內娶略文。」《十六年》「冬十一月，宋人殺其君處臼」，注：「不日者，內娶略賤之。」然則此亦內娶而書不從略，故爲功覆之也。

❶「彼」，原作「波」，形近而譌，徑改。

秋，楚人伐陳。

冬，十有一月，杞子卒。注卒者，桓公存王者後，功尤美，故爲表異卒録之。始見稱伯，卒獨稱子者，微弱爲徐、莒所脅，不能死位。《春秋》伯、子、男一也，辭無所貶。貶稱子者，《春秋》黜杞不明，故以其一等貶之，明本非伯，乃公也。又因以見聖人子孫有誅無絶，故貶不失爵也。不名、不日、不書葬者，從小國例也。疏注「卒者」至「録之」。○上《十四年》「諸侯城緣陵」，傳：「孰城之？桓公城之。」是存王者之後功尤大於邢、❶衛，故録其卒，爲表異桓公之功也。舊疏云：「正所以傳聞之世，小國之卒未合書見，故解之。」○注「始見稱伯」。○舊疏云：「即《莊二十七年》『冬杞伯來朝』是也。」○注「卒獨」至「死位」。○即上《十四年傳》云：「曷爲城杞？滅也。孰滅之？蓋徐、莒脅之。」責其不能死位也者，國君死社稷，微齊，則國爲徐、莒國矣。○注「春秋」至「所貶」。○《桓十一年傳》云杞見《春秋》稱伯，此書子，伯之與子《春秋》合爲一。杞伯從伯而子，仍一等，故云「辭無所貶」。○注「貶稱」至「公也」。○舊疏云：「春秋之前，周王舊有黜陟之法，隱元年儀父稱字，上十七年英氏稱氏之類。今杞公之爵雖爲伯，仍恐春秋之前周王黜之，非爲新周，故曰不明。」然則莊二十七年稱伯者，《春秋》所黜，已降稱伯，故此止可以一等貶之也。《繁露·三代改制》云：「以《春秋》當新王，不以杞侯，弗同王者之後也。稱子又稱伯何？見殊之小國也。」明與諸小國殊。《春秋》之小國也，若本爲伯爵，今再貶，則當從失爵例矣。鄭氏《詩·魯頌譜》云：「周尊魯巡守述職，不陳其詩。」又《商頌譜》云：「問者曰：列國政衰則變風作，宋何獨無乎？曰：有焉，乃不録之。王者之後，時王所客也。巡守述職，不陳其詩，亦示無貶黜客之義。」明杞爲二王後，於義無黜。黜者，《春秋》以《春秋》當新王，新周故宋，故黜杞爲小國。又以其微弱，不能死位，故貶之，所謂因其可貶而貶之也。○注「又因」至「爵」也。○《五經通義》云：「二王之後不考功，有誅無絶。」《白虎通·攷黜》云：「二王後不貶黜者

❶ 「大」，原作「天」，據四部備要本《公羊義疏》改。

何？尊賓客，重先王也。以其當公也，❶罪惡足以絶即絶，更立其次。周公誅禄甫，立微子。」《漢書·梅福傳》亦云「二王後犯誅絶之罪者，絶而更封他親爲始封之君，上承其王者之祀」，所謂有誅無絶也。《詩·魯頌譜》又云：「周之不陳其詩，爲優耳，其有大罪，侯伯監之，行人書之，亦云覺也。」❷是亦有誅無絶之義。蓋用以周公之故，等魯於二王後故也。舊疏云：「若有過，但誅責，不絶去其爵，是以雖微弱見貶，仍但從伯至子，不失其爵也。」○注「不名」至「例也」。○上《四年》：「許男新臣卒。秋，葬許繆公。」注：「得卒葬於所傳聞世者，許大小次曹，故卒少在曹後也。」此不名、不日、不卒葬，所傳聞世小國如此，蓋又降於曹、許矣。《左傳》曰：「書曰『子』，杞夷也。」彼疏引《膏肓》難之云：「杞子卒，豈當用夷禮死乎？」《通義》云：「王者之封四夷，雖大曰子，故用夷禮者，即以夷爵言之。左氏唯於杞見《春秋》有貶絶諸侯之法，得與《公羊》相證，明此既無傳，就取其説焉。」非何氏義。然杞於《春秋》亦不得爲大國也，《春秋》故即以小國貶之。

二十有四年，春，王正月。

夏，狄伐鄭。

秋，七月。

冬，天王出居于鄭。疏《水經注·河水》篇：「氾水又北流注于河。《征艱賦》所謂『步氾口之芳草，弔周襄之鄙館』是也。余按：先儒之論，周襄所居在潁川襄城縣，是乃城名，非爲水名。原夫致謬之由，俱以氾鄭爲名故也。」《大事表》云：「南氾水在今許州府襄城縣南。京相璠曰：南氾水出襄城縣，以周襄王出居於此，故名襄城。」

王者無外，此其言出何？注据王子瑕奔晉不言出。疏《漢書·終軍傳》曰：「故《春秋》王者無外。」《獨斷上》：「天子無外，以天下爲家，故稱天家。」故据以難。○注「据王」至「言出」。○《襄三十年》「王子瑕奔晉」，是不言出也。不能乎母也。注不能事母，罪莫大於不孝，故絶之言出

❶「當」，原作「尚」，據《白虎通義》改。
❷「云」，原作「示」，據《毛詩注疏》改。

也。下無廢上之義，得絶之者，明母得廢之，臣下得從母命。**疏**《經義述聞》云：「『能』與『柔』義相近。《詩・民勞》『柔遠能邇』，箋：『能，猶侞也。安遠方之國，順侞其近者。』『侞』與『如』古字通，是『能』爲如順之意，猶《周官》言『安擾』爾。『能』與『而』古字通，《彖傳》『宜建侯而不甯』，鄭本『而』作『能』，云：『能，猶安也。』《漢書・百官公卿表》『柔遠能邇』，師古曰：『能，善也。』安、善二義，並與『順侞』相近。古者謂相善爲相能，《康誥》『不能厥家人』、僖九年《左傳》『入而能民』、文十六年《左傳》『不能其大夫至於君祖母以及國人』、昭十一年《左傳》『蔡侯獲罪於其君而不能其民』，三十一年《左傳》言『不能外内也』，《公羊》言『不能乎母也』，宣十一年《穀梁傳》『輔人之不能民而討』，並與『柔遠能邇』之『能』同。某氏、杜預等皆不得其解。」○注「不能」至「出也」。○《周本紀》云：「初，惠后欲立王子帶，故以黨開翟人，翟人遂入周，襄王出奔鄭，鄭居王于汜。」《漢書・杜鄴傳》：「周襄王内迫惠后之難，而遭居鄭之危。」按：如《左氏》則惠后廢嫡立庶，襄王不能順從，似未可全以爲罪。《公羊》謂「不能乎母」，當別有謂。《霍光傳》：「五辟之屬，莫大不孝。周襄王不能事母，《春秋》曰『天王出居于鄭』，由不孝出之，絶之於天下也。」《嚴助傳》「助上書稱：天王出居于鄭」，衛侯朔入于衛，皆是也。《占經》引《鉤命決》曰：「周襄王不能事其母，孛入北斗。」《御覽》引作：「彗入斗，亡其度。」《新語・無爲》云：「周襄王不能事後母，出居于鄭，而下多叛其親。」《鹽鐵論・孝養》云：「周襄王之母非無酒肉也，衣食非不如曾晳也，然而被不孝之名，以其不能事其父母也。」又云：「周襄王富有天下，而有不能其母之累。」注：「夏侯勝曰：五辟之屬，莫大不孝，周襄王不能事母。」○注「下無」至「母命」。○《繁露・精華》云：「出天王不爲不尊上。」《穀梁傳》：「天子無出，出，失天下也。」注引江熙曰：「天子必巡守然後行，故河陽之守，全天王之行也。平王東遷，其詩不能復《雅》，而列爲《國風》。襄王奔鄭，不得全天王之行，則與諸侯不異，故書出也。」舊疏引鄭《發墨守》云：「聖人制法，必因其事，非虛之。❶《孟子》曰：夫人必自侮而

❶「之」，原作「加」，舊疏引《發墨守》作「之」，據改。國圖藏清抄本《公羊義疏》作「也」。

後人侮之，家必自毁而後人毁之，國必自伐而後人伐之。今襄王實不能孝道，稱惠后之心，令其寵專於子帶，失教而亂作，出居于鄭，自絶于周，故孔子因其自絶而書之。《公羊》以母得廢之，則《左氏》已死矣。」劉氏逢禄《解詁箋》云：「按：据《左氏》事説經，此鄭君之陋不得以難何氏。❶但《公羊》引魯子之説，本存疑辭，意亦以爲《春秋》得絶之，非云母得廢子、臣下得以母命廢天子也。婦人有三從之義，王子有行遯之權，貴戚且不得易位，❷而謂臣下得專廢置乎？❸稱母命廢主者，❹趙盾之故智，❺而霍光、王莽祖之以亂漢者也。《春秋》爲撥亂而作，豈反開亂賊之門乎？書出者，❻猶公孫于齊之義，❼非謂意如得逐君也。❽穀梁子謂失天下，鄭氏謂因其自絶書之，得矣。書居于鄭者，明天下當憂勤反正之，❾與王室亂天王居于狄泉同義。故晉文定王，從常事不書例也。」按：《孟子》言貴戚之卿得易位，果已犯絶，臣下何不可奉君母命廢之？若謂開後世亂賊之門，則丕懿服堯舜、卓温服伊尹，能歸咎於先聖乎？

魯子曰：「是王也，不能乎母者，其諸此之謂與？**注**猶曰是王也，無絶義，不能事母而見絶外者，其諸謂此灼然異居，不復供養者與？主書者，録王者所居也。**疏**《通義》云：「傳稱所聞于師。魯子

❶「陋」，原作「學」，據《春秋公羊經何氏釋例·解詁箋》改。

❷「易位」，原作「專廢置」，據《春秋公羊經何氏釋例後録·解詁箋》改。

❸「專廢置」，原作「易位」，據《春秋公羊經何氏釋例後録·解詁箋》改。

❹「主」，原作「立」，據《春秋公羊經何氏釋例後録·解詁箋》改。

❺「故智」，原作「私心」，據《春秋公羊經何氏釋例後録·解詁箋》改。

❻「出」下原衍「居」字，據《春秋公羊經何氏釋例後録·解詁箋》删。

❼「齊」下原衍「居于運」三字，據《春秋公羊經何氏釋例後録·解詁箋》删。

❽「意」，原作「隱」，據《春秋公羊經何氏釋例後録·解詁箋》改。

❾「天下」，原作「諸侯」，據《春秋公羊經何氏釋例後録·解詁箋》改。

嘗言：『《春秋》之中有天王與母不相得者。』其即此出居于鄭之王與？蓋不能乎母之愛弟，即爲不能乎母與？左氏無錯。」義亦通。包氏慎言云：「魯子之言，舉天子以儆諸侯也。人君之貴，懟母之愛，有所溺而憤憤以出，不復供養母，是自絶於母也。《春秋》因其自絶而絶之。天子且然，則諸侯不待言矣。」鄭《發墨守》云：「襄王實不能孝道，稱惠后之心，令其寵專於子帶，❶失教亂作，出居自絶，孔子因而絶之。」稱是而論，則鄭莊之克段，取諸母之懷而殺之，不孝更甚於襄王，罪更宜絶。按：鄭氏雜取三家，自與《公羊》此義相發。○注「其諸」至「者與」。○舊疏云：「《公羊》謂此天王出居于鄭，不事其母而自出居于鄭，《春秋》惡其所爲，是以書『出』以絶之，實非出奔，故云灼然異居，不復供養者與？」○注「主書」至「居也」。○《穀梁傳》曰：「居者，居其所也。雖失天下，莫敢有也。」按：與書「公在楚」、「公在乾侯」同義。

晉侯夷吾卒。 **注** 簒故不書葬，明當絶也。不日月者，失衆身死，子見簒逐，故略之，猶辟伯定也。**疏** 注「簒故」至「絶也」。❷○舊疏云：「以惠公無立，人之文，故去葬以絶之。」按：《桓十三年》「葬衛宣公」，以《隱四年》書「衛人立晉」，簒明也。《莊二十五年》「衛侯朔卒」，注：「簒明當書葬。不葬者，犯天子命，與盜國同。」爲莊六年已書入，故爲簒明也。然書葬者，臣子之事，簒君本臣子所得共討，今得國而終，不與其有臣子也。○注「不日」至「定也」。○上《十七年》「冬十有二月乙亥，齊侯小白卒」，是大國之卒例，書日月也，此不日，故解之。上《十年傳》注云：「懷公者，惠公子也。惠公卒，懷公立，而秦納文公，故出奔。」是子見簒逐也。失衆身死者，上《十五年》「獲晉侯」，《穀梁傳》「晉侯失民矣」，蓋取彼爲義。辟伯定卒，見定十二年，彼注云：「不日月者，子無道，當廢之，而以爲後，未至三年，失衆見弑，危社稷宗廟，禍端在定，故略之。」是與晉侯立懷公爲後，致爲晉文簒逐同。薛，小國，得引以例晉者，所見世小國卒葬皆月日也。

二十有五年，春，王正月丙午，衛侯燬滅邢。

❶「帶」，《發墨守》無此字。
❷「注」，原脱，據本書體例補。

疏包氏慎言云：「正月丙午，月之二十二日。」按：宜二十一日。《繁露・滅國下》云：「齊桓卒，豎刁、易牙之亂作。邢與狄伐其同姓，取之。其行如此，雖爾親，庸能親爾乎？是君也，其滅於同姓，衛侯燬滅邢是也。」蓋衛滅同姓，固當絶，邢亦有取滅之道也。

衛侯燬何以名？**注**据楚子滅蕭不名。**疏**注「据楚」至「不名」。○《宣十二年》「楚子滅蕭」是也。舊疏云：「以此言之，則知《公羊》、何氏以爲齊人滅萊，楚滅隗，晉滅下陽之屬皆非同姓，是以不名耳。」然則楚滅蕭不名，豈以其夷略之與？

絶。曷爲絶之？**注**据俱滅人。滅同姓也。**注**絶先祖支體尤重，故名，甚之也。日者，爲魯憂内録之。**疏**注「絶先」至「之也」。○《繁露・觀德》云：「滅人者不絶，衛侯燬滅同姓獨絶，賤其本祖而忘先也。」《禮記・曲禮》云「滅同姓名」，注：「絶之。」《穀梁傳》：「燬之名，何也？不正其伐本而滅同姓也。」注：「絶先祖支體尤重，故名以甚之。」取此爲説。○注「日者」至「録之」。○上二十四年《左傳》：「富辰曰：凡、蔣、邢、茅、胙、祭，周公之胤也。」是邢與魯尤親，故爲魯憂内録之。《通義》云：「謹案：滅同姓名，唯謂滅周之同姓。若齊之於萊、楚之於隗，彼雖自爲同姓，而於王家則爲庶姓，罪猶差輕。《繁露》曰『周之子孫，其親等也，而文王最先』，文王、周公、康叔之所自出也。邢又周公之後。《春秋》立愛自親，立敬自尊，以親則莫如邢，以尊則莫如王之同姓。燬滅親無王，是以惡而絶之。凡滅日者，罪重於常滅。」按：滅同姓名，自謂滅己之同姓耳。人各有先祖支體，何分於周之同姓庶姓？《春秋》因事見義，特於衛之滅邢示法，非謂齊滅萊、楚滅隗爲無罪也。又邢與魯同出，《春秋》王魯，於邢滅尤當憂，故爲内録辭。不然，晉人執虞公，虞雖有罪，謀肇於晉，連滅二同姓國，不當絶乎？滅例月，《莊十年》「冬十月，齊師滅譚」是也。此日，故解之。

夏，四月癸酉，衛侯燬卒。**疏**包氏慎言云：「夏四月書癸酉，月之二十日。」

宋蕩伯姬來逆婦。

宋蕩伯姬者何？蕩氏之母也。**注**蕩氏，宋世大夫。**疏**注「蕩氏」至「大夫」。○《孔疏》：

「宋有蕩氏者，宋桓公生公子蕩，蕩生公孫壽，壽生蕩意諸，意諸之後，以蕩爲氏。」孫以王父字爲氏，則當字蕩也。**其言來逆婦何？**注据莒慶言逆叔姬。連「來」者，嫌内女，爲殺直來也。疏注「据莒」至「來也」。○《莊二十七年》「莒慶來逆叔姬」是也。舊疏云：「弟子本意，据莒慶逆叔姬，❶難此逆婦之文，宜云『其言逆婦何』，而連『來』言之者，正以伯姬是内女，嫌經言來逆婦，❷爲殺直來之恥，非實逆婦，是以連『來』問之。似若上《五年》『杞伯姬來朝其子』，傳云『其言來朝其子何』，彼注云『連來者』，『問爲直來乎？爲下朝出』之類。其『直來』者，即《莊二十七年》『冬杞伯姬來』，傳：『其言來何？直來曰來。』注『直來，無事而來也』是也。」**兄弟辭也。其稱婦何？有姑之辭也。**注宋、魯之間，名結婚姻爲兄弟。稱婦者，見姑之辭，以逆實文，知不殺直來也。主書者，無出道也。疏注「宋魯」至「兄弟」。○《周禮・大司徒》云：「以本俗六安萬民，三曰聯兄弟。」注：「兄弟，婚姻嫁娶也。」《儀禮・士昏禮》「見主婦」，注：「見主婦者，兄弟之道，宜相親也。」《禮記・曾子問》曰：「壻已葬，壻之伯父致命女氏曰：『某之子有父母之喪，不得嗣爲兄弟，使某致命。』」注：「必使人弔者，未成兄弟。」《穀梁》宣十年：「齊人歸我濟西田。」傳：「公娶齊，齊以爲兄弟，反之。」注：「齊由是以婚族，故還魯田。」又下《三十一年》「冬，杞伯姬來求婦」，傳：「言其來求婦何？兄弟辭也。」皆指兄弟爲婚姻，推之，凡父母之黨，皆稱兄弟。《詩・小雅・伐木》「兄弟無遠」，箋：「兄弟，父之黨，母之黨。」外姻之服不過緦麻，以尊加以名加者，始至小功，因謂同姓小功以下爲兄弟。《詩・王風・葛藟》「終遠兄弟」，箋：「兄弟，猶言族親也。」《禮・士冠禮》「兄弟畢袗玄」，注：「兄弟，主人親戚也。」《既夕・記》：「兄弟出，主人拜送。」《喪服記》：「大夫之子于兄弟降一等。」注：「兄弟，猶言族親也。」又云：「凡妾爲私兄弟，如邦人。」注：「私兄弟，目其族親」是也。又云：「爲人後者，于兄弟降一等，報。于所爲後之兄弟之子，

❶「据」，原作「援」，據《春秋公羊傳注疏》改。
❷「逆婦」，原脱，據《春秋公羊傳注疏》補。

若子。兄弟皆在他邦，加一等。❶不及知父母，與兄弟居，加一等。」《禮記・檀弓》：『小功不稅，則是遠兄弟，終無服也。』又云「聞遠兄弟之喪，奔喪」，「聞遠兄弟之喪」，皆謂本宗小功以下之親，由外姻皆小功，故通稱之也。《禮・聘禮》「若兄弟之國則問夫人」，注：「兄弟，謂同姓，若婚姻甥舅有親者。」《既夕禮》「兄弟賵奠可也」，注：「兄弟，有服親者。」《喪服記》「夫之所爲兄弟服」，《禮記・奔喪》「與諸侯爲兄弟亦爲位而哭」，注：「族親婚姻在異國者。」《左氏》襄三年傳「寡君願與一二兄弟相見」，注：「列國之君，相謂兄弟。」此兄弟兼宗族、母黨、妻黨言之也。是以《爾雅・釋親》有云「夫之黨爲婚兄弟，妻之黨爲姻兄弟」也。❷俞氏樾云：「《二十年》『郜子來朝』，傳曰：『何以不名？兄弟辭也。』《解詁》：『郜，魯之同姓。』《文十二年》『盛伯來奔』，傳：『何以不名？兄弟辭也。』《解詁》曰：『與郜子同義。』以彼例此，則兄弟非謂婚姻也。何氏此解殆失之矣。今按：《隱二年》『紀履緰來逆女』，傳曰：『然則紀有母乎？曰：有。有則何以不稱母？母不通也。』可知婦人無外事不得通於他國。蕩伯姬乃蕩氏之母，而得言來逆婦者，以其本魯女也，故曰兄弟辭也，與郜、盛一律，不得輒爲異説。又《三十一年》『杞伯姬來求婦』，傳文與此同，杞伯姬亦魯女也。」按：俞氏專以兄弟屬同姓，泥矣。○注「婦者見姑之辭」。○《穀梁傳》曰：「其曰婦何也？緣姑言之之辭也。」杜云：「稱婦，姑存之辭。」《詩・衛風・氓》云「三歲爲婦」，箋：「有舅姑曰婦。」《顏氏家訓・書證》云：「婦是對舅姑之稱。」《通義》云：「此所逆女，蓋伯姬之姪。然婦人外成，故正其姑婦之稱也。」○注「以逆」至「來也」。○決《莊二十七年》書「杞伯姬來」也。實來逆婦，知非無事來也。○注「主書」至「道也」。○《穀梁傳》：「婦人既嫁不踰竟，宋蕩伯姬來逆婦，非正也。」《繁露・玉英》云：「婦人無出境之事，經禮也。母爲子逆婦，奔喪父母，變禮也。」按：彼云《春秋》有經禮，有變禮。爲如安性平心者，經禮也。於性雖不安，於心雖不平，於道無以易之，此變禮也。明乎經變之事，然後知輕重之分，可與適權矣。則何、董並無譏文，但《春秋》所不予耳。《通義》云：

❶「加」，原作「降」，據《儀禮注疏》改。

❷「夫之黨爲婚兄弟，妻之黨爲姻兄弟」，《爾雅注疏》作「婦之黨爲婚兄弟，壻之黨爲姻兄弟」。

「主書者，譏娶母黨，且姑無逆婦之禮。」按：《白虎通・嫁娶》篇：「外屬小功以上，不得娶也。以《春秋傳》『譏娶母黨』也。」考三傳，皆無此語。此書「蕩伯姬來逆婦」，姪其從姑，明其即譏娶母黨。下《三十一年》「杞伯姬來求婦」與此同。

宋殺其大夫。

何以不名？**注** 据宋殺其大夫山名。**疏** 注「据宋」至「山名」。○見成十七年。宋三世無大夫，三世内娶也。**注** 三世，謂慈父、王臣、處臼也。内娶大夫女也。言無大夫者，禮不臣妻之父母，國内皆臣，無娶道，故絶去大夫名，正其義也。外小惡正之者，宋以内娶，故公族以弱，妃黨益彊，威權下流，政分三門，卒生篡弒，親親出奔，疾其末，故正其本。**疏**《穀梁傳》：「其不稱名姓，以其在祖之位，❶尊之也。」注引何君《廢疾》云：「『曹殺其大夫亦不稱名姓，豈可復以爲祖乎？』鄭釋之曰：『宋之大夫盡名姓。❷禮，公族有罪，刑于甸師氏，不與國人慮兄弟也，所以尊異之。孔子之祖孔父累於宋殤公而死，今骨肉在其位而見殺，故尊之，隱而不忍稱名氏。若罪大者，名之而已，使若異姓然，此乃祖之疏也。曹殺其大夫，自以無大夫，不稱名氏耳。《春秋》辭同事異者甚多，❸隱去即位爲見讓，莊去即位爲繼弒，是復可以此例非之乎？』」❹劉氏《申何》云：「宋之大夫未必孔父之後，且《春秋》非孔子家乘，公族致刑之義，託公子牙卒見之。司城來奔，復何所隱而不忍稱名氏乎？稱名氏使若異姓，緣飾宋殺山之文言之，非經誼也。」○注「三世」至「臼也」。○《宋世家》云：「桓公三十一年春，卒，太子茲甫立，是爲襄公。十四年夏，襄公病傷于泓而竟卒，子成公王臣立。十七年，成公卒，成公弟禦

❶「位」，原作「故」，據國圖藏清抄本《公羊義疏》、《春秋穀梁傳注疏》改。

❷「盡名」，原作「書子」，據國圖藏清抄本《公羊義疏》、《春秋公羊經何氏釋例後録・申廢疾》改。

❸「異」，原作「累」，據國圖藏清抄本《公羊義疏》、《春秋公羊經何氏釋例後録・申廢疾》改。

❹「乎」，原作「子」，據國圖藏清抄本《公羊義疏》、《春秋公羊經何氏釋例後録・申廢疾》改。

殺太子及大司馬公孫固而自立爲君。宋人共殺君禦而立成公少子杵臼，是爲昭公。」杵臼之立與《左傳》少異。○注「内娶」至「義也」。○《禮記・坊記》云：「諸侯不下漁色。」注：「謂不内娶於國中也，内娶國中爲『下漁色』。昏禮始納采，謂采擇其可者也。國君而内娶，象猶捕魚然，中網取之，是無所擇。」《白虎通・王者不臣》篇：「不臣妻父母何？妻者，與己爲一體，恭承宗廟，欲得歡心，上承先祖，下繼萬世，傳於無窮，故不臣也。又譏宋三世内娶於國中，謂無臣也。」又《嫁娶》篇：「諸侯所以不得自娶國中何？諸侯不得專封，義不可臣其父母。《春秋傳》曰：『宋三世無大夫，惡其内娶也。』」並用《公羊》爲説。《後漢書・李固傳》：「今梁氏戚爲椒房，禮所不臣。」《春秋》諸侯之禮，不得例諸後世。《通義》云：「謹案：禮，諸侯不娶女於國中者，杜漁色之漸也。下漁色則不君，妃族交政則不臣。三世失禮，君臣道喪，故奪其君臣之辭，示防亂于微，以爲後世戒。《春秋》有非常之文，必有非常之議，蓋唯《公羊》得之。俗儒未有非常之識，其妄生訾辨宜矣。杜預以殺大夫不名者爲無罪，泄冶、郤宛甯有罪乎？或以爲闕文，豈自僖迄文，獨宋大夫三見而三闕也？」○注「外小」至「其本」。○文七年《左傳》云：「樂豫曰：『公族，公室之枝葉也。若去之則無所芘蔭。葛藟猶能芘其本根，故君子以爲比。』」是公族以弱之事也。但《左氏》無内娶義耳。舊疏云：「外小惡正之者，所傳聞之世，外小惡不書故也。」王臣、處臼在所聞世，故於此正其本。鄂本「末」誤「宋」。

秋，楚人圍陳，納頓子于頓。 疏《大事表》云：「頓，今河南陳州府商水縣爲頓國地。商水舊名南頓縣。」《水經注・潁水》篇：「又東南過南頓縣北，濦水從西來流注之。濦水於樂嘉縣入潁，不至於頓。頓，故頓子國也，周之同姓。《春秋》『納頓子于頓』是也。」《地理志》汝南郡南頓下云：「故頓子國，姬姓。」應劭曰：「頓迫于陳，其後南徙，故號南頓，故城尚在。」杜云：「頓迫於陳而出奔楚，故楚圍陳以納頓子。」亦以納頓爲楚事。唯《穀梁》云：「蓋納頓子者陳也。」彼疏引：「《廢疾》云：『休以爲即陳納之，當舉陳，何以不言陳？』鄭君釋之曰：『納頓子固宜爲楚也。穀梁見經云「楚人圍陳，納頓子于頓」，有似「晉陽處父伐楚救江」之文，故云蓋陳也。』」按：《穀梁》自以納頓爲陳事，鄭君特欲爲調人耳。故劉氏《申何》云：「陳納之即不舉陳，當加陳人執頓子等文以起之。救江亦晉非楚，引之欲以何明也。」然則鄭氏亦知《穀梁》義難通，故爲此説。范氏云「圍陳使納頓子」，亦同鄭義，欲牽合《公》、《左》而又增一「使」字，通經無此例也。

何以不言遂？**注**據楚子、鄭人侵陳，遂侵宋。**疏**注「据楚」至「侵宋」。○《宣元年》「楚子、鄭人侵陳，遂侵宋」是也。

兩之也。**注**微者不别遂，但别兩耳。别之者，惡國家不重民命，一出兵爲兩事也。納頓子書者，前出奔當絶，還入爲盜國當誅，書楚納之，與之同罪也。主書者，從楚納之。頓子出奔不書者，小國例也。不見挈者，故君不可見挈於臣。**疏**注「微者」至「兩耳」。○《校勘記》出「遂但别兩耳」云：「鄂本同。閩、監、毛本『兩』下衍『稱』字，此本下復衍『别兩耳』三字，皆當删正。」按：下《二十八年》疏引亦有「稱」字。《宣元年》注云：「微者不得言遂，遂者，楚子之遂也。」据《左傳》爲令尹子玉是爲微者，故不得别遂也。《校勘記》以「遂」屬下讀，非。若然，《莊十九年》「公子結媵陳人之婦于鄄，遂及齊侯、宋公盟」，得言「遂」者，彼自以竟外有利國家之事，亦權許之也。杜云：「不言遂，明一事也。」《孔疏》引此傳云：「一舉兵而行此兩意，非因前生後。」按：《公羊》與《左氏》同者，圍陳、納頓皆楚也。與《左傳》異者，《公羊》以大夫無遂事，故不言遂而兩之；《左氏》以非因前生後，故不言遂爾。《通義》云：「實兩事，非遂事也。不再言楚人者，嫌致圍意也。但不言遂，兩事明矣。」○注「别之」至「事也」。○如《公羊》義，則圍陳自圍陳，納頓子自納頓子，既非因頓子圍陳，亦非圍陳以納頓子矣。○注「納頓」至「罪也」。○《桓十六年》云「衛侯朔出奔齊」，注：「名，絶之。」《莊六年》「衛侯朔入于衛」，傳「名，絶之。其言入何？篡辭也」是也。《莊二十五年》「衛侯朔卒」，注：「去葬，與盜國同。」明失衆出奔皆當坐絶，則還入爲盜國當誅也。下《二十八年》「衛侯鄭自楚復歸于衛」，注：「名者，刺天子歸有罪也。」故楚納頓應同罪。○注「主書」至「納之」。○下《二十八年》注又云：「言自楚者，爲天子諱也。」此不書所自，明以罪楚納有罪也。○注「頓子」至「例也」。○舊疏云：「《春秋》之例，小國出入不兩書，《桓十五年》

『許叔入于許』，注云『不書出時者，略小國』是例也。」《通義》云：「不見頓子出奔者，所聞之世，小國之君非滅國出奔，猶未得書。」何氏無此義。○注「不見」至「於臣」。○《莊九年》「公伐齊，納糾」，傳：「何以不稱公子？」注：「据下言子糾，知非當國，本當去國見挈言公子糾。」然則此若作挈文，宜書楚人納某于頓，去其國爵矣。今書「納頓子」，知不見挈於楚人矣。挈者，《桓十一年》「突歸于鄭」，傳：「突何以名？挈乎祭仲也。」注：「挈，猶提挈也。」本當書鄭突，《春秋》去其國，明見挈于祭仲，所以賤突也。彼爲君見挈于臣，與此異也。楚稱人，知非楚子矣。《通義》又云：「納不言伐者，得入之辭也。諸納或見國名于下，若接菑是；或見國名于上，若糾及蒯聵皆是。唯此再言頓者，納君正也，與使有頓之辭也。」然納糾得正，何以不與使有國辭？蓋書于頓者，頓子已得國，故與歸邾婁子益同例。糾、聵皆未得國，故不得言于齊、于衛。捷菑書于某，故下言弗克納，明其未得國也。

葬衛文公。 注 不月者，滅同姓，故奪臣子恩也。疏 注「不月」至「恩也」。○《桓十三年》「三月，葬衛宣公」，明大國葬皆書月，此不月，故解之。滅同姓當絶，故不與有臣子，爲葬者生者事也故也。

冬，十有二月癸亥，公會衛子、莒慶盟于洮。 注 莒無大夫，書莒慶者，尊敬壻之義也。洮，内地。公與未踰年君、大夫盟，不別得意，雖在外，猶不致也。疏 包氏慎言云：「十二月書癸亥，月之二十四日。」按：當十四日。《禮記疏》引服虔云：「時先君已葬，成公猶稱子者，明不失子道也。」杜云：「善其成父之志，故上繫於父而稱子。」按：《公羊》例，既葬稱子，踰年稱公。故顧氏炎武《補正》云：「衛文公已葬，成公稱子者，未踰年也。《春秋》之例，踰年即位，然後稱公。《文十八年》『六月癸酉，葬我君文公。冬十月，子卒』，是稱爵稱子繫乎踰年未踰年，而不在乎葬與未葬也。解誤。」○注「莒無」至「義也」。○《莊二十七年》「莒慶來逆叔姬」，傳：「大夫越竟逆女，非禮也。」是莒慶内壻也。《爾雅・釋親》云：「女子子之夫爲壻。」《說文・士部》：「壻，女夫也。从士胥聲。《詩》曰：『女也不爽，士貳其行。』士者，夫也。」徐鍇《通論》：「壻者，胥也。胥，有才智之稱也。」

亦謂之甥，《釋親》又云：「妻之父爲外舅，妻之母爲外姑。」注：「謂我舅者，吾謂之甥。」《孟子》「帝館甥於貳室」是也。以壻爲外姻，故客待之也。《方言》：「秦、晉之間壻謂之倩。」❶郭注：「言可借倩也。今俗呼壻爲卒便是也。」莒無大夫者，所傳聞世，小國無大夫也。○注「洮内地」。○杜云：「洮，魯地。」○注「公與」至「致也」。○《莊六年》注云：「公與二國以上出會盟，得意致會，不得意不致。」此一則未踰年君，一則大夫，故不别得意與否，皆不致也。洮爲内地，本不致，何氏言此者，明雖在外亦不致也。《定十二年》書「公至自圍成」，亦内邑，書致者，彼注云：「天子不親征下土，諸侯不親征叛邑。公親圍成，不能服，不能以一國爲家，甚危，若從他國來，故危録之。」然則彼爲不能服叛爲危辭，故成雖内邑亦致也。《通義》云：「《穀梁傳》曰：『莒無大夫，其曰莒慶何也？以公之會目之也。』明年『盟于向』，傳曰：『公不會大夫，其曰甯遬何也？以其隨莒子，可以言會也。』蓋公專會大夫則貶大夫曰人，公與諸侯俱會大夫則自言其名氏，正以諸侯在焉。不嫌使大夫敵公，故反得從接乎内而貴録之也。❷事若相錯，意實相成。」按：甯遬，大國大夫，故如彼解。此莒，小國，書慶，故如此解也。

二十有六年，春，王正月己未，公會莒子、衛甯遬盟于向。疏《左氏》、《穀梁》「遬」作「速」。按：速、遬字同。《左氏》莊十九年傳「石速」，《周語》作「石遬」；定十四年《左傳》「謂戲陽速曰」，《史記·衛世家》作「戲陽遬」。《説文·辵部》：「速，疾也。遬，籒文从敕。」是遬、速古今文也，故襄十六年《左傳》「孺子速」，《釋文》「速，本亦作遬」是也。包氏慎言云：「正月無己未，二月之十一日也。」按：於曆宜爲十日。

齊人侵我西鄙。

公追齊師至巂，弗及。疏《左氏》作「酅」，《公》、《穀》作「巂」，省文也。《左傳釋文》亦作「巂」。《説文·邑部》：「酅，東海之邑。从邑巂聲。」杜云：「濟北穀城縣西有地名酅下。」《大事表》云：「在今泰安府東阿縣西南。趙氏曰：『酅，齊之附庸，紀季之邑。』」焦氏循

❶「秦晉」，《方言》作「東齊」。
❷「接」，原脱，據《春秋公羊經傳通義》補。

《左傳補疏》云：「《莊三年》『紀季以酅入于齊』，注：『酅，紀邑，在齊國東安平縣。』紀在齊東，酅爲紀邑，則亦在齊東。魯在齊南，魯追齊至酅，則酅必近魯。一屬安平，一屬穀城，杜注是也。《大事表》引趙氏説，非是。」《一統志》：「巂下聚在泰安府東阿縣西南。」《差繆略》云：「巂，《公羊》、《左氏》或作『酅』。」《釋文》：「巂，户圭反，又似兖反。」盧氏文弨云：「本或作『雋』，故有似兖一音。」

其言至巂弗及何？**注**据公追戎于濟西，不言所至，又不言弗及。**疏**注「据公」至「弗及」。○見莊十八年《左傳》。本有作「不及者」，誤。《石經左傳》本作「弗」也。侈也。**注**侈，猶大也。大公能卻强齊之兵。弗者，不之深者也。言齊人畏公士卒精猛，引師而去之，深遠不可得及，故曰侈。不直言大之者，自爲追，唯臣子得褒之耳，不得與追戎同也。言師者，侈大公所追也。國内兵不書而舉地者，善公齊師去則止，不遠勞百姓，過復取勝，得用兵之節，故詳録之。**疏**注「侈猶」至「之兵」。○《集韻》引《字林》云：「侈，大也。」《國語·吴語》「以廣侈吴王之心」，注：「侈，大也。」《禮記·雜記》「其衰侈袂」，注：「侈，猶大也。」鄂本「强」作「彊」。○注「弗者」至「者也」。○段氏玉裁《尚書撰異》云：「『弗』與『不』古義略同，而淺深有别。如『雖有嘉肴，弗食不知其旨也；雖有至道，弗學不知其善也』，可證『弗』、『不』之不同矣。二字古音亦逕庭遠甚，『弗』在脂微部，『不』在之咍部，而轉入尤部，絶不相叚借也。『不』字之不可入物韻，猶『弗』字之不可入尤韻也。《集韻》始誤認爲一字，『不』字下云『分物』，即通作『弗』。薛季宣書古文，不問弗、不字皆作『弜』。夫『弜』字本即《説文》之左戾右戾兩字之合，則與『弗』同音，可矣。何以『不』亦作『弜』也？『不』亦作『弜』，則《尚書》有『弗』而無『不』也，『弗』而無『不』則語言之輕重全不可考矣。」❶按：《孔子世家》云「弗乎弗

❶「有弗而無不」，原脱；「則」原作「而」；「考」原作「聞」，據《古文尚書撰異》補改。

乎」，蓋不可之深也。○注「言齊」至「曰侈」。○此言書「弗」不書「不」義。○注「不直」至「同也」。○《莊十八年》「公追戎于濟西」，傳：「其言追何？ 大其爲中國追也。此未有伐中國者，則其言爲中國追何？ 大其未至而豫禦之也。其言于濟西何？ 大之也。」注：「大公除害，恩及濟西也。言大者，當有功賞也。」蓋彼爲中國追，於王法當賞，故大之。此自爲追，唯臣子褒詞，故言侈也。《繁露・仁義法》云：「仁者，愛人之名也。巂，傳無大之之詞。自爲追，則善其所卹遠也。兵已加焉，乃往救之則弗美，未至豫備則美之，善其救害之先也。夫救早而先之，則害無由起，而天下無害矣。然則觀物之動而先覺其萌，絶亂塞害於將然而未形之時，《春秋》之志也，其明至矣。非堯、舜之智，知禮之本，孰能當此？ 故救害而先知之，明也。公之所恤遠而《春秋》美之，詳其美恤遠之意，則天地之間然後快其仁矣。非三王之德，選賢之精，孰能如是？」○注「言師」至「追也」。○舊疏云：「正以上言『齊人侵我西鄙』，❶下言『公追齊師』，與上文異故也。」《通義》云：「謹案：以公而追人則卑公矣，故其義可言『公追齊師』，不可言『公追齊人』。《春秋》稱名之慎有如此者。」《穀梁傳》：「其侵也曰人，其追也曰師，以公弗及，大之也。」與此傳義同。○注「國内」至「録之」。○《校勘記》出「録詳」云：「鄂本作『詳録』，此誤倒。」《定十二年》注云：「天子不親征下土，諸侯不親征叛邑。」故《春秋》之例，封内用兵不書也。《襄十二年》「季孫宿帥師救台，❷遂入運」。書者，彼注云：「討叛也。封内兵書者，爲遂舉，討叛惡。」又《十五年》「公救成」，書者，彼注云：「封内兵書者，爲不進張本。」《定十二年》書「圍成」者，彼注云：「公親圍成不能服，不能以一國爲家，甚危，故危録之。」此亦封内用兵而書地，故解之。襄十五年「至遇」，傳：「不敢進也。」注：「不言止次，以刺之者，量力不責重民也，故與至巂同文。」蓋此爲可追而不追，彼爲不可進而不進，皆爲重民命，故善之。

夏，齊人伐我北鄙。 疏《大戴禮・保傅》篇盧注：「齊在魯北。」

❶ 「西」，原作「酉」，據本篇上傳文及國圖藏清抄本《公羊義疏》改。
❷ 「帥」，原作「師」，據國圖藏清抄本《公羊義疏》、《春秋公羊傳注疏》改。

衛人伐齊。

公子遂如楚乞師。

乞者何？卑辭也。**疏**《校勘記》出「乞師者何」云：「閩、監、毛本同，誤也。《唐石經》、鄂本無『師』字，此誤衍。按：疏標起訖云『乞者』至『若辭』亦無『師』字。」《繁露·精華》云：「魯僖公以亂即位，而知親任季子。季子無恙之時，內無臣下之亂，外無諸侯之患，行之二十年，國家安甯。季子卒之後，魯不支鄰國之患，直乞師楚耳。僖公之情非輒不肖而國益衰危者，何也？以無季子也。以魯人之若是也，亦知他國之皆若是。亦知天下之皆若是也。」曰乞師楚，明其爲卑辭矣。《一切經音義》引《蒼頡篇》曰：「乞，謂行匄也。」「行匄」即「求」意，故爲卑辭。公子遂，《左傳校勘記》引惠棟云：「『遂』，《世本》作『述』，『述』與『遂』古字通。秦大夫西乞術，本亦作『遂』是也。」曷爲以外內同若辭？**注**据《春秋》尊魯。**疏**《成十六年》書「晉侯使欒黶來乞師」、《十七年》「晉侯使荀罃來乞師」，此爲內乞師亦書，是內外同辭也。○注「据春秋尊魯」。○如《桓十年傳》「內不言戰」、上《三年》「公子友如齊莅盟」之屬皆是。重師也。**注**外內皆同，卑其辭者，深爲與人者重之。**疏**注「深爲」至「重之」。○下云「師出不正反，戰不正勝」，故深責服人者也。曷爲重師？**注**据泓之戰不重師。**疏**注「据泓」至「重師」。○見上二十二年，彼傳云：「宋公與楚人期戰于泓之陽，楚人濟泓。有司復曰：『請迨其未畢濟而擊之。』宋公曰：『不可。吾聞之也，君子不厄人。』既濟，未畢陳。有司復曰：『請迨其未畢陳擊之。』宋公曰：『不可。吾聞之也，君子不鼓不成列。』已陳，然後襄公鼓之，❶宋師大敗。」宋公守占敗師，《春秋》大之，故据以難。師出不正反，戰不正勝也。**注**不正者，不正自謂出當復反，戰當必勝。兵，凶器。戰，危事。不得已而用之爾，乃以假人，故重而不暇別外內也。稱師者，正所乞名也。乞師例時。**疏**注「不正」至「必勝」。○舊疏云：「以義言之，此句亦宜云戰

❶「襄」，原作「去宋」，據《春秋公羊傳注疏》改。

不正勝者，不正自謂戰當必勝，但何氏省文，不復備言。」按：《穀梁傳》云：「何重焉？重人之死也，非所乞也。師出不必反，戰不必勝，故重之也。」《通義》云：「謹案：正如『貞觀』之『貞』。不正反者，不常得反也。不正勝者，不常得勝也。」《經義述聞》云：「謹案：正之言定也，必也。《周官·宰夫》鄭注曰：『正，猶定也。』《堯典》『以閏月定四時』，《史記·五帝紀》『定』作『正』。《齊語》『正卒伍，修甲兵』，《漢書·刑法志》『正』作『定』，是『正』與『定』同義。『師出不正反，戰不正勝』者，言師之出也，不能豫定其得反，其戰也不能豫定其得勝，蓋敗亡亦事之常也。《穀梁》『師出不必反，戰不必勝』是也。不正者，事不可必之謂，非不正其自謂反，自謂勝也。何注失之。」按：何氏意亦以「正」如「定」解。解「不正自謂」，猶言不定自謂，不必自謂也。○注「兵凶」至『內也」。○下「公以楚師伐齊，取穀」。❶《穀梁傳》云：「民者，君之本也。使民以其死，非其正也。」注引雍曰：「兵，不祥之器，不得已而用之，安有驅民於死地，以共假借之役乎？」《鹽鐵論·論災》云：「兵者，凶器也。甲堅兵利，爲天下殃。以母制子，故能久長。聖人法之，厭而不揚。」又《論功》云：「故兵者凶器，不可輕用也。其以强爲弱，以存爲亡，一朝爾也。」注：「晁錯曰：兵，凶器；戰，危事也。以大爲小，以强爲弱，在俛仰之間耳。」○注「乞師例時」。❷○舊疏云：「正以文承夏下。又成十三年春『晉侯使郤錡來乞師』。是也。

秋，楚人滅隗，以隗子歸。 **注** 不月者，略夷狄滅微國也。不言獲者，舉滅爲重。書以歸者，惡不死位。不名者，所傳聞世，見治始起，責小國略，但絕不誅之。**疏**《左氏》、《穀梁》「隗」作「夔」，夔、隗同部叚借字。亦作「歸」。《水經·江水》篇：「又東過秭歸縣之南。」注云：「縣，故歸鄉。《地理志》曰：『歸，子國也。』《樂緯》曰：『昔歸典協聲律。』宋忠曰：『歸，即「夔」，歸鄉，蓋夔鄉矣。』古楚之嫡嗣有熊摯者，以廢疾不立而居於夔，爲楚附庸，後王命爲夔子。《春秋》僖公二十六年，楚以

❶ 「穀」，原脱，據國圖藏清抄本《公羊義疏》、《春秋公羊傳注疏》補。

❷ 「師」，原脱，據上注文補。

其不祀滅之者也。」又云：「江水又東南逕夔城南。跨踞川阜，周迴一里百一十八步，西北背枕深谷，東帶鄉谿，南側大江。熊摯始治巫城，後疾移此，蓋夔徙也。《春秋》楚子玉滅夔，服虔曰『在巫之陽，秭歸歸鄉矣』。」杜云：「夔，楚同姓國，今建平秭歸縣。」《史記索隱》引譙周《古史考》作「滅歸」。《大事表》云：「今湖廣宜昌府歸州治東二十里有夔子城，爲楚所分之夔國。」熊摯之後。熊摯有疾，弗得立而遜居國都者也。惠氏棟《左傳補注》云：「《古史考》云：滅歸，《太康地理志》：『歸鄉，故夔子國。』《尚書中候》『伯禹韜首讓于益歸』，鄭注：『益歸，賢者，堯臣。』歸，讀曰夔。」《方輿紀要》云：「夔子城在歸州東二十里。」《名勝志》：「地名夔。」○注「不月」至「國也」。○《莊十年》「冬十月，齊師滅譚」、《十三年》「夏六月，齊人滅遂」，皆月，此不月，故解之。○注「不言」至「爲重」。○決上《十五年》書「獲晉侯」也。彼舉君獲爲重，故不言師。此以國滅爲重，故不言君獲也。明楚當坐滅，不坐獲也。《孟子·盡心下》：「民爲貴，社稷次之，君爲輕。」○注「書以」至「死位」。○《襄六年》「齊侯滅萊」，傳：「曷爲不言萊君出奔？國滅，君死之，正也。」以「歸」與「被獲」同爲責不死位也。《禮記·曲禮》曰：「國君死社稷。」○注「不名」至「誅之」。○舊疏云：「上《二十三年》『杞子卒』下注云『又以見聖人子孫，有誅無絶』，似誅輕絶重。此注云『但絶不誅』，自相違者。誅有二種：一是誅責之誅，若『齒路馬有誅』、『於予與何誅』之類；一是誅絶之誅，似武王誅紂，誅君之子不立之類。則是上言有誅無絶，聖人子孫但有誅責，不合絶去。此言但絶不誅，但欲絶去一身，不聽爲君，不合誅滅其國。蓋所傳聞世，責小國略也。《哀七年》『以邾婁子益來』，傳：『邾婁子益何以名？絶之。』又《莊十年》『以蔡侯獻舞歸』，傳：『蔡侯獻舞何以名？絶之。』以此二文言絶之，則似書名爲絶。今此云『不名』爲絶者，蓋絶亦有二義：一是絶去其身，一是絶滅其國。蔡侯獻舞，大國之君，不能死難，爲楚所獲。《春秋》不與夷狄獲中國，故不書獲，名蔡侯，以起其合絶滅矣。邾婁正當所見之世，爲魯所獲，《春秋》之義，内獲人皆諱不書，故名邾婁子，以起不死難，當絶滅矣。今此隗子既是微國，又當所傳聞世，若其書名，恐如二君，亦合絶滅，故不名，見責之略也，但合一身絶去而已。」

冬，楚人伐宋，圍緡。

邑不言圍，此其言圍何？刺道用師也。**注**時以師與魯，未至，又道用之，於是惡其視百姓之命若草木，不仁之甚也。稱人者，楚未有大夫，未聞稱師，楚自道用之，故從楚文。**疏**《穀梁》「緡」作「閔」。傳云：「伐國不言圍邑，此其言圍何也？以吾用其師目其事也，非道用師也。」注：「楚人出師，爲魯伐齊，而中道以伐宋，故伐、圍兼書，所以責楚。」○注「時以」至「甚也」。○《繁露·竹林》云：「今戰伐之於民，其爲害幾何？攷意而觀指，則《春秋》之所惡者，不任德而任力，驅民而殘賊之。」故《春秋》於戰伐必一二書，傷其害所重。此假師與魯，已屬不仁，復道用師，是不仁之甚也。○注「稱人」至「稱師」。○《校勘記》出「未聞稱師」云：「閩、監、毛本誤也。鄂本『聞』作『得』，當據正。」《文九年》「楚子使椒來聘」，傳：「椒者何？楚大夫也。楚無大夫，此何以書？始有大夫也。」是文九年始有大夫也。然則上《四年》書「屈完來盟于師」，下《二十八年》書「得臣」，皆在椒前，得書大夫者。上《四年傳》云：「屈完者何？楚大夫也。何以不稱使？尊屈完也。曷爲尊屈完？以當桓公也。」下《二十八年》注云：「楚無大夫，其言大夫者，欲起上楚人，本當言子玉得臣。所以詳録霸事。」按：《隱五年傳》云「將卑師衆稱師，將卑師少稱人」，知不從將卑師少例者，彼据大國分別之，楚夷在所傳聞世，知不得据彼説。○注「楚自」至「楚文」。○舊疏云：「欲道下文『公以楚師』得稱楚師，而此不得者，以楚自道用之，故從楚文也。」

公以楚師伐齊，取穀。**注**言以者，行公意，別魯兵也。稱師者，順上文。**疏**注「言以」至「兵也」。○《桓十四年》「宋人以齊人、衛人、蔡人、陳人伐鄭」，傳：「以者何？行其意也。」注：「以已從人曰行，言四國行宋意也。」故此以爲行公意也。《鹽鐵論·刑德》云：「盜傷與殺同罪，所以累其心而責其意也。猶魯以楚師伐齊，而《春秋》惡之。故輕之爲重，淺之爲深，有緣而然。法之微者，固非衆人之所知也。」○注「稱師者順上文」。○決上「楚人伐宋」，不稱師也。上云「如楚乞師」，此故順之稱楚師。

公至自伐齊。

此已取穀矣，何以致伐？**注**据伐邾婁取叢不致。**疏**注「据伐」至「不致」。○見下三十三年。彼注云：「取邑不致者，得意可知例。」正以《春秋》之例不得意致伐。此伐齊取穀，明得意矣。書「致伐」，故据以難。

未得乎取穀也。**注**未可謂得意於取穀。

疏謂雖取穀有危，不得從得意例也。《經義述聞》云：「謹案：得，非得意之謂也。得，猶便也。見《吕氏春秋·淫辭》篇注。魯内虚而外乞師以犯强齊，則後患將至。穀雖已取，其計不便於魯也。下文『患之起，必自此始也』，正發明魯計不便之義，故曰未得乎取穀也，猶言未爲計之得也。此與莊六年傳之言『得意不得意』者殊義，不得据彼以説此。」又云：「言未爲計得也，解者曰未可爲得意於取穀，則於『得』下增『意』字矣。」按：傳云「何以致伐」，正据《莊六年》「不得意致伐」爲問，故答云「未得乎取穀」。言雖取穀，仍未得意也，遥爲承應，不必如王氏之別生異説也。曷爲未得乎取穀？**注**据俱取邑。曰：患之起，必自此始也。**注**魯内虚而外乞師，以犯强齊，會齊侯昭卒，晉文行霸，幸而得免。孔子曰：「人之生也直，罔之生也幸而免。」故雖得意，猶致伐也。**疏**注「魯内」至「得免」。○鄂本「强」作「彊」。齊侯昭卒，見下二十七年。晉文行霸，即下二十八年侵曹、伐衛、敗楚、盟踐土之屬是也。《繁露·隨本消息》云：「先齊孝未卒一年，魯僖公乞師取穀。晉文之威，天子再致。先卒一年，魯僖公之心，分而事齊。」又云：「由此觀之，所行從不足恃，所事者不可不慎。此亦存亡榮辱之要也。」按：下「先卒一年」涉上文衍，「分而事齊」疑當作「分而事晉」，蓋謂刺公子買不卒戍衛等也。《穀梁傳》曰：「此其致之何也？危之也。」注：「以蠻夷之師伐鄰近大國，招禍深怨，危亡之道。」與此傳同也。《説苑·尊賢》云：「季子卒後，邾擊其南，齊伐其北，魯不勝其患，將乞師於楚以取全身。故傳曰：『患之起，必自此始也。』」《繁露·俞序》云：「愛人之大者，莫大乎思患而豫防之，故蔡得意於吴，魯得意於齊，而《春秋》皆不告，故次以言怨人不可邇，敵國不可狎，攘竊之國不可使久親，皆防患爲民除害之意。」按：不告，疑「不善」之誤。○注「孔子」至「伐也」。

○見《論語·雍也》章。《集解》包曰：「誣罔正直之道而亦生者，是幸而免。」皇疏引李充曰：「失平生之道者，則動之死地矣。必或免之善，由於幸耳。故君子無幸而有不幸，小人有幸而無不幸也。」明魯僖乞師伐齊不以道，竟得免禍，故曰幸也。得意不致，不得意致伐，此雖得意取穀，合不致，仍作不得意解之也。

公羊義疏三十五

句容陳立卓人著

僖二十七年盡二十八年。

二十有七年，春，杞子來朝。注貶稱子者，起其無禮不備，故魯入之。疏《校勘記》出「二十七年」云：「《唐石經》作『廿有七年』，鄂本『二十』下有『有』字，此脱。」○注「貶稱」至「入之」。○舊疏云：「杞本公爵，但《春秋》新周故宋，黜之稱伯，即《莊二十七年》『冬，杞伯來朝』是也。至《二十三年》書『杞子卒』者，以微弱爲徐、莒所脅，不能死位，故以其一等貶之。此經復書子者，起其無禮，故《左氏》皆有『魯入』之文也。」按：《左傳》云：「杞桓公來朝。用夷禮，故曰子。」又云：「入杞，責無禮也。」與何注同。劉氏《解詁箋》云：「正伯、子、男一也。詞無所貶，何君不用《左氏》。此及下『入杞』，《解詁》『無禮』之云，皆依違《左氏》，非也。」按：何君所見《公羊》説，或有與《左氏》同者，故依用之，未必專本《左氏》也。

夏，六月庚寅，齊侯昭卒。疏包氏慎言云：「六月書庚寅，月之二十日。」於曆當爲十九日。

秋，八月乙未，葬齊孝公。疏包氏慎言云：「八月書乙未，月之二十六日。」按：當二十五日。《隱三年傳》云：「不及時而日，渴葬也。」

乙巳，公子遂帥師入杞。注日者，杞屬脩禮朝魯，雖無禮，君子躬自厚而薄責於人，不當乃入之，故録責之。疏包氏慎言云：「八月無乙巳，九月之五日也。」按：當爲六日。○注「日者」至「責之」。○正以入例時，傷害多則月，此日，故解之。《春秋》於入書日多惡辭，唯下《二十八年》「三月丙午，入曹」爲善義兵。

冬，楚人、陳侯、蔡侯、鄭伯、許男圍宋。

此楚子也，其稱人何？注据序諸侯之上。貶。疏杜云：「經書人者，恥不得志，以微者告。」沈氏欽韓《補注》云：「稱人者，猶賤之也。傳明云

『楚子』，杜既云『楚主兵』，赴告之體，可稱其君微者與？」**曷爲貶？** **注**据圍鄭不貶。**疏**注「据圍鄭不貶」。○下《三十年》「晉人、秦人圍鄭」是也。**爲執宋公貶，故終僖之篇貶也。** **注**古者諸侯有難，王者若方伯和平之，後相犯，復故罪。楚前執宋公，僖公與共議釋之。今復圍犯宋，故貶，因以見義。終僖之篇貶者，言君子和平人，當終身保也。**疏**注「古者」至「故罪」。○惠氏士奇《禮説》云：「終僖之篇貶者，言君子和平人，當終身保也。然則《調人》『和難』，保之終身，故先動者誅之。康成謂『猶今二千石以令解讎怨，後復相報，移徙之』，即何休所謂『後相犯，復故辠』是也。楚人先動，其能免於王法之誅乎？」按：《周禮・調人》云「凡有鬭怒者，成之」，鄭司農云：「成之，謂和之也。和之，猶今二千石以令解讎怨，後復移徙之。此其類也。」惠氏棟《公羊古義》云：「何氏此注，此《調人》『成之』之法也。成之者何？和之也。《王褒集・僮約》注：『漢時官不禁報怨，故二千石以令解之。』令者，漢令有和難之條。鄭云云者，後漢桓譚上疏曰：『今人相殺傷，雖已伏法而私結怨讎，子孫相報復，後忿深前，至於滅户殄業，而俗稱豪健。故雖怯弱，猶勉而行之，此爲聽人自理而無復法禁者也。今宜申明舊令，若已伏官誅而私相傷殺者，雖一身逃亡，皆徙家屬于邊。其相傷者，加常二等，不得贖罪。如此則讎怨自解。』譚所云舊令，即先鄭移徙之法也。」何云「復故罪」，疑亦當時令甲文，引以爲況與？○注「楚前」至「見義」。○即上《二十一年》：「秋，執宋公以伐宋。十二月，公會諸侯盟于薄。釋宋公。」傳：「執未有言釋之者，此其釋之何？公與議爾也。」注「善僖公能與楚釋賢者之厄」是也。《通義》云：「傳緣人文之篇，髡即見弑，故就經文以終僖之篇言之，其實乃終髡之世貶耳。此與翬傳云『終隱之篇貶』文同而義異，何者？翬有罪於隱，髡非有罪於僖也。何氏之説，今故未取。」知不然者，傳即專言「終髡之世貶」，何必不言終髡之世。《春秋》託王於魯，僖公託王者方伯之職，和平諸侯，今復相犯，即是得罪於僖，即爲得罪於王法，故云「終僖之篇貶」耳。《穀梁傳》曰：「楚人者，楚子也。其曰人何也？人楚子，所以人諸侯也。其人諸侯何也？不正其信夷狄而伐中國也。」彼注引何君《廢疾》云：「『哀元年，楚子、陳侯、隨侯、許男圍蔡不稱人，明不以此故也。』鄭君釋之云：『時晉文爲賢伯，故譏諸侯不從，而信夷狄也。哀元年時無賢伯，又何据而當貶之耶？』」彼注又引江熙云：「夫屈信理對，言信必有屈也。宋、楚戰于泓，宋以信義而敗，未有闕也，楚復圍之。我三人行，必有我師，諸侯不能以義相帥，反信楚之曲，屈宋之直，是義所不取。信曲屈直猶不可，況乃華夷乎？楚以無義見貶，則諸侯之不從，不待貶而見也。然則四國信楚而屈宋，《春秋》屈其信而信其屈，貶楚子於兵首，則彼碌碌者以類見矣，故曰『人楚子，所以人諸侯』。」按：《穀梁》無善宋襄義，江氏彼注正用此傳，爲執宋公貶意也。劉氏申何云：「晉文伯業未顯，何以責諸侯？江熙從《公羊》解，近之。」

十有二月甲戌，公會諸侯盟于宋。**注**地以宋者，起公解宋圍，爲此盟也。宋得與盟，則宋解可知也，而公釋之見矣。**疏**包氏慎言云：「十二月書甲戌，月之七日。」按：當六日。○注「地以」至「見矣」。○范云：「地以宋者，則宋得與盟，宋圍解可知。」用此注爲説也。《左氏》以公會諸侯盟于宋，宋不與盟。《春秋》凡書會盟於國都，皆本國與焉，如《隱元年》「及宋人盟于宿」、《桓二年》「蔡侯、鄭伯會于鄧」，皆是。此不應殊。

二十有八年，春，晉侯侵曹。晉侯伐衛。曷爲再言晉侯？**注**据楚人圍陳，納頓子于頓，亦兩事，不再出楚人。**疏**注「据楚」至「楚人」。○見上二十五年。彼傳云「兩之也」，是亦兩事也。非兩之也。**疏**上《二十五年》云「楚人圍陳，納頓子于頓」，傳：「何以不言遂？兩之也。」注：「微者不別遂，但別兩稱耳。別之者，惡國家不重民命，一出兵爲兩事也。」則此初出師時原有兩伐之意矣。然則何以不言遂？**注**据侵蔡遂伐楚言遂。**疏**注「据侵」至「言遂」。○見上《四年》「公會齊侯」以下「侵蔡，蔡潰，遂伐楚」是也。未侵曹也。未侵曹則其言侵曹何？致其意也。其意侵曹則曷爲伐衛？晉侯將侵曹，假塗于衛，衛曰：「不可得。」則固將伐之也。

注曹有罪，晉文行霸征之，衛壅遏，不得使義兵以時追，故著言侵曹，以致其意，所以通賢者之心，不使壅塞也。宋襄公伐齊月，此不月者，晉文公功信未著，且當脩文德，未當深求於諸侯，故不美也。

疏《左傳》云：「晉侯將伐曹，假道于衛，衛人弗許。還，自河南濟，侵曹、伐衛。」注：「從汲郡南渡，出衛南而東。」《水經注・河水》篇：「又東逕燕縣故城北，則有津水自北來注之。亦謂之石濟津，❶故南津也。《春秋》僖公二十八年『晉將伐曹』，曹在衛東，假塗于衛，衛人不許，還自南河濟。即此。」按：汲郡亦衛地，衛既不假道則仍不可得伐也。〇注「曹有」至「塞也」。〇《校勘記》出「晉文行霸征之」，云：「鄂本『文』下有『公』字，此脱。」又云：「《釋文》：『雍，又作「壅」，同。』此本『進』誤『追』，今据諸本訂正。」曹有罪者，下傳云「曹伯之罪何？甚惡也。其甚惡奈何？不可以一罪言也」是也。雖未克侵曹，書以致其意，不使伯功壅塞也。《通義》云：「謹案：凡有兩事，前事既，後事繼者，則言遂；前事未既，別有後事者，則不得言遂。晉本爲侵曹出師，衛不假道，伐衛而後進。若言伐衛遂侵曹，則失其本意。若言侵曹遂伐衛，則似既侵曹，還伐衛，又失其事實，故『遂』文兩不可施也。」舊疏云：「言征者，上討下之辭，謂伐而正之，如上《十八年傳》云『與襄公之征齊也』。」〇注「宋襄」至「美也」。〇上《十八年》「春王正月，宋公以下伐齊」是也。彼云：「月者，善録義兵。」明此晉文功信未著，遽求諸侯，未得爲義，故不月也。

公子買戍衛，不卒戍，刺之。**疏**《左傳》：「殺子叢以説焉。」蓋名買字叢。

不卒戍者何？不卒戍者，内辭也。不可使往也。**注**即往，當言戍衛不卒。**疏**《通義》云：「畏晉，故不可使往。」《説苑・尊賢》云：「公子買不可使戍衛，内侵於臣下，外困於兵亂，弱之患也。」指此。《鹽鐵論・備胡》云：「《春秋》貶諸侯之後，刺不卒戍。」明實不可使往，諱爲不卒戍辭。不可使往，則其言戍衛何？**注**据言戍衛行文。**疏**注「据言」至「行文」。〇舊疏云：「欲言實戍，乃有不卒戍

❶「石」，原脱，據四庫本《水經注》補。

之文；欲言不戍，而經書戍衛。」以戍衛爲行文。遂公意也。**注**使臣子不可使，恥深，故諱使若往不卒竟事者，明臣不得壅塞君命。

疏晉伐衛，衛，楚之與國，魯與楚昏姻。上年楚爲魯出師伐齊，故爲戍衛，明公意欲戍衛焉。○注「使臣」至「君命」。○《通義》云：「臣已受命，雖未往，當以不終事之辭言之。公本使買戍衛，買畏晉，不可往，公殺之。及聞晉尅衛而懼，反以殺買之事説于晉。時量力度義，不當往戍，臣於君有替否之道。買無罪，故不日。」按：《左傳》云：「公子買戍衛，楚人救衛，不克。公懼于晉，殺子叢以説焉。告楚人曰：『不卒戍也。』」以買實戍衛，孔氏猶依違《左傳》焉。又云：「買無罪」，與何氏有罪不日例乖。《穀梁傳》曰：「先名後刺，殺有罪也。公子啓曰：『不卒戍者，可以卒也。可以卒而不卒，譏在公子也，刺之可也。』」刺之者何？殺之也。殺之，則曷爲謂之刺之？內諱殺大夫，謂之刺之也。**注**有罪無罪，皆不得專殺，故諱殺言刺之。不言刺公子買，但言不卒戍刺之者，起爲上事刺之也。內殺大夫例，有罪不日，無罪日。外殺大夫皆時。

疏《説文·刀部》：「刺，君殺大夫曰刺。刺，直傷也。」段注：「刺，直傷也，當爲正義；君殺大夫曰刺，當別一義。」《周禮·司刺職》「掌三刺之法」：「壹刺曰訊群臣，再刺曰訊群吏，三刺曰訊萬民。」注：「刺，殺也。訊而有罪則殺之。」然則《春秋》於他國大夫書殺，於內殺大夫書刺。若皆殺當其罪然，故諱之曰刺。杜云：「內殺大夫皆書刺，言用《周禮》三刺之法，示不枉濫也。」是也。《爾雅·釋詁》云：「刺，殺也。」郭注引此傳。蓋對文異，散則通。故《國語·晉語》云：「殺懷公于高梁。」又云：「刺懷公于高梁也。」諱殺曰刺，《春秋》之義也，固不必通之他經也。○注「有罪」至「刺之」。○《孟子·告子下》「無專殺大夫」，是不別有罪無罪也。舊疏云：「《孟子》言大夫者，天子命之輔助其政，諸侯不得專殺大夫也。」按：「諸侯不得專殺」，疑指命大夫耳。其命於其君者，似不必請之天子矣。○注「不言」至「之也」。○若直言刺公子買，與刺公子偃同。所刺事不明，故言不卒戍刺之，明其爲上事也，若有罪也。○注

「内殺」至「罪日」。○舊疏云：「有罪不日，即此文是。無罪日者，《成十六年》『冬十有二月乙酉，刺公子偃』是也。」《解詁箋》云：「上書『晉侯伐衛』，下書『楚人救衛』，則此『戍衛』爲黨楚背晉明矣。歸罪于買而殺之，僖之大惡也，故以不卒戍爲内辭，傳順經諱文。《解詁》以爲有罪不日、無罪日者，謂著其罪狀與否爾，非從實也。」亦通。○注「外殺大夫皆時」。○上《七年》「鄭殺其大夫申侯」，書夏；下《三十年》「衛殺其大夫元咺」，書秋，是也。

楚人救衛。

三月丙午，晉侯入曹，執曹伯畀宋人。疏包氏慎言云：「三月書丙午，月之十日。」

畀者何？與也。其言畀宋人何？注据下言執衛侯，言歸之于京師。疏《穀梁傳》云：「畀，與也。」杜云：「畀，與也。」襄二年《左傳》「烝畀祖妣」，注：「畀，與也。」《爾雅·釋詁》：「畀，予也。」予、與古通，《禮記·祭統》云：「畀之爲言與也。」《説文·丌部》：「畀，相付與之，約在閣上也。」○注「据下」至「京師」。○見下。彼言「于京師」，此言「畀宋人」，故難之也。

與使聽之也。注與使聽其獄也。時天王居于鄭，晉文欲討楚師，以宋王者之後，法度所存，故因假使治之。宋稱人者，明聽訟必師斷，與其師衆共之。疏注「時天」至「治之」。○劉氏《解詁箋》云：「時天王實已歸京師，下書『公朝于王所』，王自京師至踐土也。襄王不能正曹伯之罪，晉文自正之，故爲伯討張義，以殷彝蔽其罪，愈於以歸多矣。」按：《左傳》以晉文定襄王在二十五年，與此異。

曹伯之罪何？甚惡也。

其甚惡奈何？不可以一罪言也。注曹伯數侵伐諸侯，以自廣大，傳曰「晉侯執曹伯，班其所取侵地于諸侯」是也。齊桓既没，諸侯背叛，無道者非一。晉與曹同姓，恩惠當先施，刑罰當後加，起而征之，嫌其失義，故著其甚惡者可知也。以兵得不言獲者，晉文伯討，不坐獲者，故亦不責曹不死義兵。日者，喜義兵得時入。

疏 注「曹伯」至「是也」。〇下《三十一年》「取濟西田」，傳云：「惡乎取之？ 取之曹也。此未有言伐曹者，則其言取之曹何？ 晉侯執曹伯，班其所取侵地于諸侯。」知曹數侵伐人，以自廣大也。《通義》云：「謹案：不可以一罪言，則非獨數侵伐矣。《曹詩序》曰：『共公遠君子而好近小人。侵刻下民，不得其所。』」〇注「齊桓」至「知也」。〇舊疏云：「恩惠當先施，即《堯典》云『九族既睦，平章百姓』是也。刑罰當後加，《小司寇》『議親議賢之辟』是也。著其甚惡，即執而言『畀宋人』，使治其罪是也。」〇注「以兵」至「不死」。〇上《四年傳》「稱侯而執者，伯討也」，晉文書侯，故知伯討。兵得當言獲，上《十五年》「戰于韓，獲晉侯」是也。彼傳云：「君獲，不言師敗績也。」注：「釋不書者，以獲君爲惡。書者，以惡見獲，與獲人君者，皆當絶也。」是坐獲之例也。晉文伯討，故不坐獲，不書獲，亦不責曹伯不死位也。〇注「日者」至「時入」。〇入例時，書日，故解之。《定四年》「庚辰，吴入楚」，注：「日者，惡其無義。」彼爲無義日，此爲義兵日，《春秋》無達例也。故此爲義兵，得日入。

夏，四月己巳，晉侯、齊師、宋師、秦師及楚人戰于城濮，楚師敗績。 疏 包氏慎言云：「夏四月書己巳，月之三日。」莊二十七年《穀梁傳》「公會齊侯于城濮」。❶《大事表》云：「杜注：『城濮，衛地，將討衛之立子頹。』是時王命齊桓爲侯伯。僖二十八年晉文敗楚于城濮，即此。今山東曹州府濮州南七十里有臨濮城。」《方輿紀要》云：「臨濮城在東昌府濮州南七十里，或曰即古城濮地。」

此大戰也，曷爲使微者？ 注 据秦稱師録功，知大戰必不使微者。楚雖無大夫，齊桓行霸，書屈完也。疏 注「据秦」至「微者」。〇舊疏云：「《文十二年》『秋，秦伯使遂來聘』，傳：『秦無大夫，此何以書？ 賢繆公也。』然則文十二年秦始有大夫，知此時未合稱師。今乃稱師録功，故知大戰。既是大戰，則知不應使微者。」〇注「楚雖」至「完也」。〇楚無大夫者，《文九年》「冬，楚子使椒來聘」，傳云：「楚

❶「穀梁傳」，原作「左傳」，引文見《穀梁傳》，據《春秋穀梁傳注疏》改。

無大夫，此何以書？始有大夫也。」則僖公爲所傳聞世，亦不合有大夫。惟上《四年》書「屈完來盟于師」，云：「屈完者何？楚大夫也。何以不稱使？尊屈完也。曷爲尊屈完？以當桓公也。」注：「增倍使若得其君，以醇霸德，成王事。」則此晉文行霸亦宜增倍，楚大夫書名，許其有大夫，以醇霸業。今稱人，似微者，故据以難。子玉得臣也。注以上敗績，下殺得臣。疏《通義》云：「子玉者，得臣字也。古人多引字冠名上言之者，若《左傳》稱華父督、孟明視、子越椒之比。」王氏引之《春秋名字解詁》云：❶「《定九年》：『得寶玉大弓。』《左傳》：『陽虎歸寶玉大弓，書曰「得」，器用也。凡獲器用曰得。』按：器用之美者莫如玉，故名得字玉。或曰『得』讀爲『德』，古字『得』與『德』通。《玉藻》：『君子無故玉不去身，君子於玉比德焉。』《聘義》：『君子貴玉而賤瑉者何也？❷夫昔者君子比德於玉焉。』《管子·水地》篇：『夫玉之所貴者，九德出焉。』」按：後一説是。子玉得臣則其稱人何？注据屈完當桓公，稱名氏。疏注「据屈」至「名氏」。○見上《四年》：「曷爲尊屈完？以當桓公也。」按：《左傳》得臣氏成。貶。曷爲貶？注据邲之戰，林父不貶。疏注「据邲」至「不貶」。○即《宣十二年》「晉荀林父帥師及楚子戰于邲」，貶是也。大夫不敵君也。注臣無敵君戰之義，故絶正也。秦稱師者，助霸者征伐，克勝有功，故褒進之。齊桓先朝天子，晉文先討夷狄者，晉文之時，楚與争彊，所遭遇異。疏注「臣無」至「正也」。○《宣十二年》傳亦云「大夫不敵君」，與此同。若然，林父亦大夫，得敵楚子。不絶正之者，彼爲善楚子不與晉，特書荀林父主名，專見其罪。得臣下有殺文，足見其罪，不必於戰見，故但貶稱人，以張示大夫不敵君義。董生所謂「辭已明者去之」是也。○注「秦稱」至「進之」。○秦於所傳聞世，因其未能用周禮，擯之比戎狄，則此不合稱師，因其助伯者征伐褒進之，如邾婁子克、瑣，皆以附從霸者朝天子

❶「春秋」，原作「周秦」，引文見王引之《春秋名字解詁》，據《經義述聞》卷二十三《春秋名字解詁》改。
❷「者」，原脱，據《經義述聞》補。

行進也。聖人於《書》終《秦誓》，若秦之繼周，於《春秋》抑秦以諸夏同夷狄，明其爲周之亂臣也。○注「齊桓」至「遇異」。○齊桓先朝天子，何氏或别有所見。舊疏云：「正以莊十三年冬柯之盟，桓公之信著于天下，豈不朝天子而能然乎？但以外朝不書，是以無經可指耳。」按：信之著不著，不係乎朝天子與否也。依《左傳》，則晉文先定襄王，後服楚，非何氏所取也。所遭遇異者，舊疏云：「齊桓初霸之時，楚未强大，雖侵諸夏，未能爲霸者之害，是以桓公養成其晦，至僖四年乃討而服之。晉文之時，楚人孔熾，圍宋救衛，與之争盛，是以未暇朝王，先討子玉矣。」義或然也。

楚殺其大夫得臣。 注 楚無大夫，其言大夫者，欲起上楚人，本當言子玉得臣。所以詳録霸事不氏者，子玉得臣，楚之驕蹇臣，數道其君侵中國，故貶，明當與君俱治也。疏 注「楚無」至「霸事」。○《文九年》「楚子使椒來聘」，傳：「始有大夫也。」此書「得臣」，與上《四年》書「屈完」同義，皆爲詳録伯事也。上以大夫不敵君，絶去其名，故於其殺著之。○注「不氏」至「治也」。○《校勘記》出「明當與君俱昭」，云：「鄂本『昭』作『治』，無『也』」，此誤衍。」上二十六年《左傳》「楚成得臣、鬭宜申帥師滅夔」，此不書「成得臣」，爲貶去其氏也。按：以《左傳》考之，伐隨、圍陳、滅夔、圍宋皆子玉事，故知「數道其君侵中國」也。傳又載蔿賈曰「子玉剛而無禮，不可以治民」，其驕蹇可知。《繁露·滅國上》云：「楚王髡託其國於子玉得臣，而天下畏之。及髡殺得臣，天下輕之。」又《五行相勝》云：「金者，司徒也。司徒爲賊，内得於君，外驕軍士，專權擅勢，誅殺無罪，侵伐暴虐，攻戰妄取，令不行，禁不止，將帥不親，士卒不使，兵弱地削，令君有恥，則司馬誅之，楚殺其司徒得臣是也。得臣數戰破敵，内得於君，驕蹇不卹其下，卒不爲使，❶當敵而弱，以危楚國，司馬誅之。金者，司徒，司徒弱，不能使士衆，則司馬誅之，故曰火勝金。」按：楚大夫有氏，始成二年公子嬰齊。

衛侯出奔楚。 注 晉文逐之。不書逐之者，以王事逐之，擇立其次，無絶衛之心，惡

❶「使」，原作「死」，據《春秋繁露》改。

不如出奔重。疏《禮記・祭統》篇載孔悝鼎銘曰：「叔舅，乃祖莊叔，左右成公。乃命莊叔隨難于漢陽。」即此也。○注「晉文逐之」。○《左傳》：「晉侯、齊侯盟于斂盂。衛侯請盟，晉人弗許。衛侯欲與楚，國人不欲，故出其君以說于晉。」是雖衛人出君，猶晉文逐之也。○注「不書」至「奔重」。○舊疏云：「立叔武是也。叔武，衛侯之弟，故曰其次耳。」《左傳》「或訴元咺於衛侯曰：『立叔武矣。』其子角從公，公使殺之。咺不廢命，奉夷叔以入守」是也。惡不如出奔重者，舊疏云：「言文公逐人之惡，少於衛侯出奔之罪。」按：謂文公立其次，不絕衛，故謂其惡少耳。

五月癸丑，公會晉侯、齊侯、宋公、蔡侯、鄭伯、衛子、莒子盟于踐土。疏包氏慎言云：「五月書癸丑，月之十八日。」杜云：「踐土，鄭地。」《大事表》云：「《括地志》：『熒澤縣西北十五里有故王宮城，城內東北隅有踐土臺，去衡雍三十餘里。』熒澤，今屬開封府。」《史記注》引賈云：「踐土，鄭地名，在河內。」則在河北非也。《史記・魏世家》無忌謂魏王曰：「王有鄭地，得垣雍。」《續漢志》河南尹有垣雍城，或曰古衡雍。是衡雍爲鄭地，在河南。踐土近垣雍，亦在河南矣。《一統志》：「王宮城在開封府熒澤縣西北。」《通義》云：「此晉伯之始也。盟不致者，比文于桓也。」

陳侯如會。

其言如會何？注据曹伯襄言會諸侯。疏注「据曹」至「諸侯」。○下「曹伯襄復歸于曹，遂會諸侯圍許」是也。後會也。注說與會伐宋同，刺陳侯不慕霸者，反岐意于楚，失信後會。會不致者，安信與晉文也。盟日者，譎也。衛稱子者，起叔武本無即位之意。陳岐意于楚，在二十七年。疏注「說與會伐宋同」。○《莊十四年》「單伯會伐宋」，傳：「其言會伐宋何？後會也。」彼爲本期而後，書以刺不信，故此後會亦以刺陳侯。○注「刺陳」至「後會」。○《校勘記》出「刺諸侯」，云：「鄂本同。宋本『諸』作『陳』，此誤。監、毛本『歧』作『岐』，下並同。」按：作「岐」是也。杜云：「陳本與楚，楚敗，懼而屬晉。來不及盟，故曰如會。」《繁露・觀德》云：「陳侯後至，謂如會。」○注「會不」至

「文也」。〇桓之盟不致，爲無危也。晉文盟亦不致，是以信與晉。〇注「盟日者譎也」。〇舊疏云：「《春秋》之例，不信者日，今而書日，故解之。而言譎者，正以孔子謂之『譎而不正』，故取其文。」《通義》云：「日者，未若桓之信也。」〇注「衛稱」至「之意」。〇舊疏云：「衛侯爲王伯所逐而立叔武，叔武即是成君，何不稱侯而作未踰年之君號？欲起其本無即位之心故也。無即位之心，即下云『文公逐衛侯而立叔武，叔武辭立而他人立，則恐衛侯之不得反也，故於是己立，然後爲踐土之會，治反衛侯』是也。」❶杜預云：「《周禮·典命》云：『諸侯之適子誓於天子，攝其君，則下其君一等；未誓，則以皮帛繼子男。』叔武，衛侯之弟，未得從世子之法，以其非王命所加，使從未成君之禮，故稱子而序於鄭伯之下，蓋晉文之意使然。」段氏玉裁《經韵樓集》云：「衛侯出奔，使元咺奉叔武受盟而入守。經云『衛子』，諸家皆曰未成君。按：凡稱子者，如其君之子奚齊、宋子、子般卒、子卒、子野卒，僖二十五年衛子，僖二十八年、定四年兩陳子，與此而九，皆謂未踰年未成君也。云子者，皆謂先君之子也。僖二十五年之衛子，謂文公子也；二十八年之衛子，謂成公弟也。弟曷爲謂之子？成公既奔楚適陳，叔武攝位不稱君，比於在喪未踰年之君，聖人以其持大統也，故曰衛子。此亦可見爲人後者，即爲人子之禮矣。」《通義》云：「黄道周曰：『叔武非世子，又無君喪，而子之，何也？以喪禮處之也。晉立以爲君，書侯則無等也，書名則没其實，故以喪禮處之，若以君父奔楚之爲哀痛也。降服致敬，以聽天子之命。』」按：成公出奔不得以喪禮自處，蓋叔武不欲即位，故以未成君之稱會諸侯也。〇注「陳岐」至「七年」。〇《校勘記》云：「鄂本同。監、毛本『于』作『於』，閩本誤『如』。」在二十七年，蓋斥「楚人、陳侯以下圍宋」役也。按：陳自齊桓没後不與中國會盟，惟霍會有陳，以楚子在會也。

公朝于王所。疏《詩·小雅·吉日》云「天子之所」，又《太叔于田》云「獻于公所」，凡君在外，指其所居，則曰所，猶後世之行在所也。《史記·衛將軍驃騎列傳》云：「軍吏皆曰：善。遂囚建詣行在所。」注：「蔡邕曰：天子自謂所居曰行在所。」是也。毛氏奇齡《春秋

❶「治」，原作「始」，據《春秋公羊傳注疏》改。

傳》：「禮，行在必朝。所者，王居之稱。《詩》『獻于公所』，《孟子》『使之居於王所』，故漢制車駕所在曰所。蔡邕《獨斷》曰『行在所』，《穀梁》謂『朝不言所』，誤矣。襄王親至踐土，經無明文，而於此見之，經之互可考驗如是。止書公朝不及諸侯者，言公則諸侯可知耳。」是也。

曷爲不言公如京師？**注**据三月公如京師。**疏**注「据三」至「京師」。○見成十三年。天子在是也。天子在是，曷爲不言天子在是？**注**据狩于河陽。**疏**注「据狩于河陽」。○即下「天王狩于河陽」是也。不與致天子也。**注**時晉文公年老，恐霸功不成，故上白天子曰「諸侯不可卒致，願王居踐土」，下謂諸侯曰「天子在是，不可不朝」，迫使正君臣，明王法。雖非正，起時可與，故書朝，因正其義。不書諸侯朝者，外小惡不書，獨録内也。不書如，不言天王者，從外正君臣，所以見文公之功。**疏**注「時晉」至「其義」。○舊疏云：「皆《春秋説》及《史記》文。」按：《史記·晉世家》云：「晉侯會諸侯于温，欲率之朝周，力未能，恐其有畔者，乃使人言周襄王狩于河陽。壬申，遂率諸侯朝王於踐土。」敘事較略，又以兩事爲一。何氏蓋本之《春秋緯》文也。《通義》云：「晉文慮無以屬諸侯，上假天子爲重，作王宫于踐土，使王就而受諸侯朝焉。子曰：『以臣召君，不可以訓。』故但言朝于王所，舉其可訓者而已。」《繁露·玉英》云：「《春秋》之書事，時詭其實以有避也。其書人，時易其名以有諱也。故詭晉文得志之實，以代諱避致王也。」《説苑·敬慎》云：「晉文公出亡，修道不休，至於饗國。饗國之時，上無明天子，下無賢方伯，强楚主會，諸侯背畔，天子失道，出居于鄭。文公於是憫中國之危，❶厲養戎士。四年，政治内定，則舉兵而伐衛，執曹伯，還敗强楚，威震天下。明王法，率諸侯而朝天子，莫敢不聽，天下曠然平定，周室尊顯。」《白虎通·號》篇云：「《春秋》曰『公朝于王所』，于是知晉文之霸也。」按：《公羊》以襄王出居于鄭，至此未返。以上下經考之，良是。踐土，鄭地，

❶「危」，《説苑》作「微」。

明晉文欲假天子命號召諸侯，故就天子所居朝之，復爲温之會，致天子於河陽，以定王位。蓋至是始回京師，所謂求諸侯莫如勤王與？○注「不書」至「内也」。○舊疏云：「諸侯朝王，不在京師，亦是其惡，但非大惡，當所傳聞之世，見在不録之限，是以特書公朝，故《隱元年》注『於所傳聞世，見治起於衰亂之中，用心尚粗觕，故内其國而外諸夏，先詳内而後治外，内小惡書，外小惡不書』是也。」是則朝于王所非正，特時勢不得不然，故猶在可與之數。書王所，又以見正臣無召君之義，若皆就王朝然。○注「不書」至「之功」。○舊疏云：「《春秋》之例，内朝言如，外來言朝。今此魯侯不言如，反言朝者，故云從外正君臣，所以見文公之功也。不言天王，所以得正君臣，見文公之功者，以《隱元年》書『天王』，注云：『天王者，時吴、楚上僭稱王，王者不能正，而上自繫于天也。《春秋》不正者，因以廣是非。』然則稱『王』爲正稱，加『天』則非禮。今此經書不言天，亦是正君臣，以見文公之功也。」《通義》云：「王所不稱天者，典禮常名也。《覲禮》曰『伯父順命于王所』，射祭侯辭曰：『無或若女不甯侯，不屬于王所。』」

六月，衛侯鄭自楚復歸于衛。**注**言復歸者，天子有命歸之。名者，刺天子歸有罪也。言自楚者，爲天子諱也。天子所以陵遲者，爲善不賞，爲惡不誅。衛侯出奔當絶，叔武讓國，不當復廢，而反衛侯令殺叔武，故使若從楚歸者。復歸例皆時，此月者，爲下卒出也。**疏**注「言復」至「歸之」。○舊疏云：「《春秋説》文。《桓十五年傳》曰『復歸者，出惡歸無惡』。」○注「名者」至「罪也」。○《禮記·曲禮》云「諸侯不生名」，是則《春秋》於諸侯有罪當絶者皆名，此書名，明衛侯有罪，則歸之者在刺科矣。○注「言自」至「歸者」。○舊疏云：「正以自者有力之文，故言自楚，得爲天子諱者，若似自得楚力而歸然。」宋本「子」下衍「之」字，疏同。下傳云：「然後爲踐土之會，治反衛侯」，注：「叔武訟治於晉文公，令白王者反衛侯。」下傳又云「衛侯得反，曰：『叔武篡我。』終殺叔武」，是衛侯殺叔武事也。衛侯殺叔武由於得反，得反由於天子歸有罪，故書自楚者，爲天子諱也。衛侯以王事得罪，爲晉文所逐，合絶。天子歸之，是失誅惡之義。○注「復歸」至「出也」。○舊疏云：「《桓十七年》『秋，蔡季自陳歸于蔡』、下《三十年》『秋，衛侯鄭歸于衛』，是歸書時也。其復歸書時者，下『冬，衛元咺自晉復歸于衛』是也。❶而此月，故知爲他事出也。」

衛元咺出奔晉。

陳侯款卒。注不書葬者，爲晉文諱，行霸不務教人以孝。陳有大喪，而彊會其孤，故深爲恥之。宋襄亦背殯，獨不爲齊桓諱者，時宋襄自會之。卒不日者，賤其岐意于楚。疏《校勘記》云：「《唐石經》、諸本『欵』作『款』是也。」○注「不書」至「恥之」。○《宣元年》傳：「臣有大喪，君三年不呼其門。」今陳有大喪而彊會其孤，晉文之過也，故不書葬以爲諱。《通義》云：「謹案：桓、文，《春秋》所善也。若葵丘之致宋子、温之致陳子，乃其未盡善者也。令宋桓、陳繆自如常文書葬，則責伯者之意不見，故爲之諱其葬，使若既葬而後會其子者爲愈文，諱而實譏也。」○注「宋襄」至「會之」。○上《九年》「宋公禦説卒」，傳：「何以不書葬？爲襄公諱也。」彼以宋襄往會葵丘，非齊桓所彊，故不爲桓諱，移其諱於宋襄也。所以爲宋襄諱者，爲後有憂中國尊周室功，足以除惡故也。劉氏《解詁箋》云：「何君以傳唯云爲襄公諱，知不爲齊桓諱。又以傳於宋襄不書葬爲盈諱，解爲功惡相覆，宜加微封，則諱爲褒文，非從實矣。失之。」按：何意蓋以有功當得微封，故其過宜覆而爲諱也。○注「卒不」至「于楚」。○大國之卒例書日，此月，故解之。又以見上月爲此出也。岐，本有作「歧」者，非。「岐意於楚」，見上「陳侯如會」下。《通義》云：「款本篡立，不當葬，今爲文公諱去葬，篡尚未顯，故復略其卒日以見義。」按：《史記·陳杞世家》：「宣公有嬖姬生子款，欲立之，乃殺其大子御寇。」在宣之二十一年。四十五年，宣公卒，子款立。則禦寇之殺，宣公爲之，無爲責款以篡。晉獻公殺世子申生，《春秋》無責奚齊文。

秋，杞伯姬來。疏杜云：「莊公女，歸甯曰來。」

公子遂如齊。

冬，公會晉侯、齊侯、宋公、蔡侯、鄭伯、陳子、莒子、邾婁子、秦人于温。疏《通義》云：

❶「復」，原作「後」，據《春秋公羊傳注疏》改。

「秦稱人者，小國無大夫也。不以公會目之者，伯者之會，非公爲主，不得從内録。」《穀梁傳》無「齊侯」，或脱。《差繆略》云：「《左氏》『晉侯』下有『齊侯』。」則陸所見《公羊》本亦無「齊侯」矣。按：齊、晉方睦，有「齊侯」者是也。《左傳》本有作「邾人」者，誤，石經《左傳》作「邾子」。

天王狩于河陽。疏《史記》注引賈逵云：「河陽，晉之温也。」杜云：「晉地，今河内有河陽縣。」《穀梁傳》：「水北爲陽，山南爲陽。温，河陽也。」《大事表》云：「本周盟邑，後歸晉，謂之河陽。古河陽城在今河南懷慶府孟縣西南三十里。」《水經注·河水》篇：「河水又東逕河陽縣故城南。《春秋》書『天王狩于河陽。壬申，公朝于王所。晉侯執衛侯歸之于京師。』服虔《左傳》曰：『河陽，❶温也。』班固《漢書·地理志》、袁崧、司馬彪《郡國志》、《晉太康地道記》、《十三州志》：『河陽，别縣，非温邑也。』」《大事表》又云：「今河南懷慶府孟縣西南三十里。武王會諸侯于盟津，即此。後歸晉，謂之河陽。杜預於此造舟爲橋，名曰河橋。」《一統志》：「河陽故城在懷慶府孟縣西三十五里。」按：河陽在今之孟縣，即古孟津；温爲今温縣，在孟縣東。今盟津移治於河之南矣，統名南陽，《左傳》上二十五年「晉於是始啓南陽」是也。由孟津渡河五十里則至洛陽矣。《穀梁》「狩」作「守」，《周易·明夷》九三「明夷于南狩」，《釋文》：「狩，本亦作守。」《孝經·孝治章》鄭注：「天子亦五年一巡守。」《釋文》：「守，手又反，❷本又作『狩』。」《左傳釋文》云：「狩，本又作『守』。」是《左氏》經本作「守」，而《水經·河水》篇引經、傳並作「狩」，與陸氏所見本同。古書多借「守」作「狩」。

狩不書，此何以書？注据常事也。疏注「据常事也」。○張氏尚瑗《左傳析諸》云：「《左氏》、《公羊》皆以『狩』爲時田，而後儒多指爲巡守。按：古者巡守、朝會諸侯每兼田獵，宣王《車攻》之詩是也。傳云『以諸侯見，且使王狩』，正是會諸侯、選車徒之事。」

不與再致天子也。注一失禮尚愈，再失禮重，故深正其義，使若天子自狩，非致

❶「陽」，原脱，據《水經注》補。
❷「手」，原作「乎」，據《經典釋文》改。

也。**疏**《左傳》：「是會也，晉侯朝王，❶以諸侯見，且使王狩。仲尼曰：『以臣召君，不可以訓。』故書曰『天王狩于河陽』，言非其地也，且明德也。」《穀梁傳》曰：「全天王之行也，爲若將守而遇諸侯之朝也。爲天王諱也。」又於上「會于温」，傳云：「諱會天王也。」三傳之義皆同。《史記・孔子世家》云：「踐土之會，實召天子，而《春秋》諱之曰『天王狩于河陽』，推此類以繩當世。貶損之義，後有王者舉而開之。《春秋》之義行，則天下亂臣賊子懼焉。」❷又《周本紀》：「晉文公召襄王，襄王會之踐土，諸侯畢朝，書諱曰『天王狩于河陽』。」又《晉世家》：「冬，晉侯會諸侯于温，欲率之朝周。乃使人言周襄王狩于河陽。壬申，遂率諸侯朝王于踐土。孔子讀史記至文公，曰『諸侯無召王』、『王狩河陽』者，❸《春秋》諱之也。」按：朝王踐土事在上，此爲再致，《史記》渾言之，知踐土亦實召王也。《左傳》於踐土無召王之事，直云「作王宫于踐土」，杜謂「襄王聞晉戰勝，自往勞之」，非也。《繁露・王道》云：「晉文再致天子，諱致言狩。」又云：「晉文再致天子，皆止不誅，善其牧諸侯，奉獻天子而復周室，《春秋》予之爲伯，誅意不誅辭之謂也。」是諱致言狩，《春秋》之不誅辭也。《家語・曲禮子貢問》篇：「子貢問曰：晉文召天子，而使諸侯朝焉，《春秋》云『天王狩于河陽』，何也？孔子曰：臣召君，不可以訓，亦書其率諸侯朝天子而已。」《史記・司馬相如傳》贊：「《春秋》推見至隱。」❹注：「韋昭曰：推見事至於隱諱，❺謂若晉文召天子，經言狩河陽之類。」杜云：「晉實召王，爲其詞逆而意順。」〇注「一失」至「致也」。〇《通義》云：「再失禮重，不復爲諱，故著言天子在是。然不可以斥言其致天子，故加狩辭焉。」《公羊古義》云：「天子巡狩，有朝諸侯之禮，故《尚書》曰『五載一巡狩，群后四朝』，馬融、王肅皆云『四面朝于方岳之下』。王巡守而朝之，正也；召王，非正也。故仲尼書曰『天王守于河陽』，所以正君臣之禮。」所以諱致言狩，《穀梁傳》「全天王之行也」是也。彼傳又云：「會于温，言小諸侯。温，河北地，以河陽言之，大天子也。」魯

❶「朝」，《春秋左傳注疏》作「召」。
❷「臣」，原作「世」，據《史記》改。
❸「者」，原作「著」，據《史記》改。
❹「見」，原作「及」，據《史記》改。
❺「事」，原作「争」，據《史記》注改。

子曰：「温近而踐土遠也。」**注** 此魯子一説也。温近狩地，故可言狩。踐土遠狩地，故不言狩也。公以再朝而日言之，上説是。**疏** 注「此魯」至「狩也」。○《通義》云：「此别一説。言温在圻内，較踐土近，❶致天子失禮尚輕，故爲言『狩』，以飾成其義焉。」禮，諸侯狩不出近郊，天子宜然。温在河北，已越近郊，尚在圻内，故爲近。杜以爲晉地，非。○注「公以」至「悦也」。○舊疏云：「正以上朝不日而下朝始日，危録内再失禮，則知此書狩者，不與再致天子也，故言『上説是』。」按：朝聘例時，此日，故据以言。《穀梁傳》：「其日，以其再致天子，故謹而日之。」

壬申，公朝于王所。**疏** 包氏慎言云：「無月，十月之九日也。」

其日何？**注** 据上朝不日。録乎内也。**注** 危録内再失禮，將爲有義者所惡。不月而日者，自是諸侯不繫天子，若日不繫於月。**疏** 注「危録」至「所惡」。○上《十年》注：「如京師，善則月榮之；如齊、晉，善則月安之；如楚，則月危之。」此不必有善文，故知爲危加録也。《通義》云：「上與諸侯旅見，此公特朝，故從内事詳録之。」《穀梁傳》：「於廟禮也，於外非禮也。」故爲危。○注「不月」至「於月」。○《通義》云：「不繫月者，蓋閏月之日。《哀五年傳》曰『閏不書』，此及『乙未，楚子昭卒』是其据也。古曆歸餘于終，閏恒在十有二月，屬上，十二月無事，故不繫月矣。」按：《穀梁傳》曰：「日繫於月，月繫於時。『壬申公朝于王所』，其不月，失其所繫也，以爲晉文之行事，爲已傎矣。」此何氏所本。故范氏注云：「以臣召君，傎倒上下，日不繫於月，猶諸侯不宗於天子。」然則此朝亦會温諸侯盡朝，爲内録，故但書公。《穀梁傳》「獨公朝與？諸侯盡朝也」是也。孔氏謂此公特朝，非。

晉人執衛侯，歸之于京師。

歸之于者何？歸于者何？歸之于者，罪已定矣。歸于者，罪未定也。罪未定，

❶「近」，《春秋公羊經傳通義》作「遠」。

則何以得爲伯討？注此難《成十五年》「晉侯執曹伯，歸于京師」。疏《校勘記》出「伯討」云：「《唐石經》原刻作『執』，後磨改作『討』。按：下云『歸于者非執之于天子之側者也』，則此當從原刻作『執』矣。」○注「此難」至「京師」。○《校勘記》云：「鄂本『成』下有『公』字。」稱侯而執者伯討，彼稱晉侯，故据以難。以此傳當以作「伯討」爲是，不得据下文「執」字改「執」。歸之于者，執之于天子之側者也。罪定不定，已可知矣。注歸之者，決絶之辭。執于天子之側，已白天子，罪定不定，自在天子，故言已可知。疏注「歸者」至「可知」。○《校勘記》出「次絶」，云：「鄂本『次』作『決』，此誤。」又云：「毛本『側』誤『例』。」《通義》云：「已知天子罪之，但歸之于京師，徐治其罪耳。」《後漢書・李膺傳》：「昔晉文公執成公，歸于京師，《春秋》是焉。」可知者，罪由天子定，故爲可知。歸于者，非執之于天子之側者也。罪定不定，未可知也。注未得白天子分別之者，但欲明諸侯尊貴，不得自相治，當斷之于天子爾。大惡雖未可知，執有罪，當爲伯討矣。無罪而執人，當貶稱人。疏注「未得白天子」。○《通義》云：「須歸于京師，然後知天子罪之否也。罪雖未定，執之當其罪，縱天子宥之，不失爲伯討。」蓋必得天子分別之，故罪定不定未可知，其執之者不能知也。○注「分別」至「子爾」。○此注明經所以分別「歸之于」、「歸于」故也。惠氏士奇《春秋説》云：「執人歸京師，伯討也。曷爲或作『歸于』，或作『歸之于』？一説：『歸之于』者，決絶之辭，罪已定矣。『歸于』者，非決絶之辭，罪未定也。一説：『歸之于』者，緩辭。『歸于』者，急辭。兩説孰是？前説近之。曹伯負芻殺大子而自立，在成十三年。諸侯請討而晉人緩之，至十五年始執之于會，歸于京師，未可謂之急也。蓋晉厲本無殺負芻之心，晉文實有殺衛侯之志，既歸京師，旋寘深室，危且急矣，焉可謂之緩哉？《周官・訝士》：『掌四方之獄訟，凡四方之有治于士者，造焉。』謂先造訝士，後達士師。如漢郡國讞疑，來詣廷尉。《王制》：『成獄辭，史以獄成告于正，正聽之。以獄成告于大司寇，大司寇聽之以獄成告于王。』大司寇聽之于朝，群士司刑皆在，王欲免之，或王會其期，或公會其期。然則歸于京師者，疑則讞之，未定之辭，猶周達士師，漢詣廷尉。歸之于京師者，罪名定，獄辭成，恐王欲免之，猶必告王也。」蓋諸侯分土而治，不得自治，即不得專執，皆必斷之天子也。○注「大惡」至「討矣」。○《禮記·王制》云：「諸侯賜弓矢，然後征；賜鈇鉞，然後殺。」則賜鈇鉞者得專討矣。彼疏引崔氏云：「以不得鈇鉞不得專殺，故執衛侯歸之于京師也。」大惡雖未可知，猶言罪未可定也。雖未定，如執有罪，亦得爲伯討，此衛侯有罪故也。○注「無罪」至「稱人」。○《定元年》「晉人執宋仲幾歸于京師」之屬是也。衛侯之罪何？殺叔武也。何以不書？**注**据殺大夫書。

疏注「据殺大夫書」。○《通義》云：「難當言衛侯殺其弟武。」爲叔武諱也。《春秋》爲賢者諱，何賢乎叔武？**注**据失兄意。讓國也。其讓國奈何？文公逐衛侯而立叔武，**疏**《通義》云：「經言『衛侯出奔』，傳言『文公逐衛侯』者，文公伐衛，衛人出其君以説于晉，晉命元咺奉叔武以列于諸侯。是與文公逐之同。」叔武辭立而他人立，則恐衛侯之不得反也，**疏**言若叔武辭，則必立其他，未必能讓國於成，令其得反。故於是已立。**注**故上稱子。**疏**《校勘記》云：「《唐石經》原刻作『爲是』，後磨改作『於』。」按：「於」有「爲」義。《禮記·郊特牲》「於其質也」即「爲其質也」。《孟子·離婁》篇「殆於不可」即「殆爲不可」也。然後爲踐土之會，治反衛侯。**注**叔武訟治於晉文公，令白王者反衛侯，使還國也。叔武讓國見殺，而爲叔武諱殺者，明叔武治反衛侯，欲兄饗國，故爲去殺已之罪，所以起其功，而重衛侯之無道。**疏**《通義》云：「時衛侯謀自楚復歸，叔武恐其爲晉所討，故爲之請託于文公。」《成十六年》傳「公子喜時外治諸京師而免之」，注：「訟治于京師，解免使來歸。」與此「治反」義同，故注云「訟治」，治即訟也。《經義述聞》云：「『治』與『訟』義相近。《小司徒》云：『地訟，以圖正之。』注：『地訟，爭疆界者。』即《大司徒》之『有地治者』也。《訝士》『凡四方之有治于士者，造焉』，亦謂訟於士者也。古謂理訟爲治訟，亦曰辭訟。《小宰》曰『聽其治訟』，《小司徒》曰『聽其辭訟』，《司市》曰『聽大治大訟，小治小訟』，《胥師》『聽其小治小訟而斷之』，皆與此『治』字同義。」按：治、辭音同，訟治猶訟辭也，得相叚借。○注「叔武」至「無道」。○《春秋》之法，許人臣者必使臣。叔武讓國，不見諒於君兄，反爲所殺。若更書殺已，其罪益著，故緣叔武心而爲之諱，叔武之賢愈明，衛侯之無道愈見，所謂「志而顯」也。衛侯得反，曰：「叔武篡我。」元咺爭之曰：「叔武無罪。」終殺叔武，元咺走而出。**疏**《左傳》曰：「衛侯先期入。」注：「不信叔武。」又曰：「公子顓犬、華仲前驅。叔武將沐，聞君至，喜，捉髮走出，前驅射而殺之。公知其無罪也，枕之股而哭之。」與此小異。按：彼傳又云：「衛侯與元咺訟，衛侯不勝。」若非衛侯有意殺叔武，何不勝之有？明其因疑而殺也。此晉侯也，其稱人何？**注**此以伯討而何貶者，言歸之于伯討，明知坐他事，故更問之。**疏**《通義》云：「難執有罪，何以不得爲伯討也。」○注「此以」至「問之」。○舊疏云：「上《四年》『齊人執袁濤塗』，傳云『此執有罪，何以不得爲伯討』。然則此傳宜云『此稱有罪，❶何以不稱侯』？而云『此晉侯也，其稱人何』？問其貶者，正以言歸之于者，罪定已可知，即是伯討明矣。知稱人更有所爲，故問其稱人之義。」貶。曷爲貶？**注**据他罪不見。**疏**《通義》云：「天子雖罪之，不得爲伯討者，執之以其私也。」按：《衛世家》云：「晉文公重耳伐衛，分其地予宋，討前過無禮，及不救宋患也。」孔義本此。衛之禍，文公爲之也。文公爲之奈何？文公逐衛侯而立叔武，使人兄弟相疑。**注**《春秋》許人臣者必使臣，許人子者必使子。文公惡衛侯大深，愛叔武大甚，故使兄弟相疑。**疏**注「春秋」至「使子」。○《襄二十九年傳》文。彼注云：「緣臣子尊榮，莫不欲與君父共之。」蓋必使臣必使子者，必使全其爲臣子之道。文公但知惡衛侯、愛叔武，轉使叔武無以自處，則

❶「稱」，《春秋公羊傳注疏》作「執」。

臣子之道難全，兄弟之所以致疑也。放乎殺母弟者，文公爲之也。注文公本逐之，非故致此禍也。逐之文不見，故貶。主書者，以起文公逐之。疏《通義》云：「放者，窮其所至之辭。」按：《孟子·梁惠王》篇「放乎琅邪」，《離婁》云「放乎四海」，注並云：「放，至也。」《禮記·祭義》云：「推而放諸東海而準。」注：「放，猶至也。」「至」有極義，言充類極至，殺母弟皆文公也。○注「文公」至「禍也」。○舊疏云：「上注文公以王事逐之，而言非者，雖王事不供，罪不至逐，而文公逐之，疾惡太甚，故以爲非也。《論語》云：『人而不仁，疾之已甚，亂也。』」按：舊以「非」字絶句，非也。注意謂文公第欲逐之，非有心故致此禍，始與傳文「放」字義合。○注「逐之」至「故貶」。○經無逐文，故書人示貶，與稱人而執非伯討者殊。○注「主書」至「逐之」。○舊疏云：「其主書者，即文公執衛侯之事也。今執衛侯，貶文公稱人，見其失所，是故貶以起文公逐之。」亦以經不見逐文故也。

衛元咺自晉復歸于衛。

自者何？有力焉者也。注有力焉者，有力于晉也。言恃晉有屬己力以歸，方難下意，故於是發問。疏注「有力」至「以歸」。○《穀梁傳》曰：「自晉，晉有奉焉爾。」○注「方難」至「發問」。○舊疏云：「文公賢伯，而有力於惡人，似非其義，故執不知問。」此執其君，其言自何？注上元咺出奔晉，而文公執衛侯，知以元咺訴執之，怪訴其君而助之。疏注「上元」至「助之」。○《通義》云：「方仇衛，何復爲衛力？」按：孔義未明傳義當如何解。爲叔武争也。注解文公助之意，以元咺爲叔武争訴，以爲忠於己而助之。雖然，臣無訴君之義，復於衛非也。悖君臣之義，故著言自，明不當有力於惡人也。言復歸者，深爲霸者恥之，使若無罪。疏《左傳》：「衛侯與元咺訟，甯武子爲輔，鍼莊子爲坐，士榮爲大士。衛侯不勝，殺士榮，刖鍼莊子，謂甯俞忠而免之。執衛侯歸之于京師，寘諸深室。元咺歸于衛。」是爲叔武争，文公助之之事也。○注「臣無」至「人也」。○君雖不君，臣不可以不臣，咺以臣訴君，逆倫悖理。晉文助令復歸，文公於是有惡矣。今律有干名犯義條，凡子孫告祖父母、父母，妻妾告夫及夫之祖父母、父母，雖得實，亦徒三年是也。○注「言復」至「無罪」。○復歸者，出惡歸無惡，元咺之歸不得爲無罪，而書復歸，故解之。《通義》云：「謹案：元咺訴君而言復歸者，《春秋》賢叔武未顯，故爲之争者直之。直咺，所以直武也。若咺之罪，下《三十年》有『歸惡』文明，故於此從無惡詞不嫌矣。」劉氏《解詁箋》云：「言復歸者，移惡於衛侯鄭。」

諸侯遂圍許。 疏《穀梁傳》：「遂，繼事也。」

曹伯襄復歸于曹。遂會諸侯圍許。 注曹伯言復歸者，天子歸之也。名者，與衛侯鄭同義。執歸不書，書者，名惡當見。本無事，不當言遂，又不更舉曹伯者，見其能悔過，即時從霸者征伐也。霸兵不月者，刺文公不偃武脩文以附疏，倉卒欲服許，卒不能降，威信自是衰，故不成其善。疏注「曹伯」至「當見」。○《校勘記》云：「浦鏜云：『自此下二十九字當在上文「曹伯襄復歸于曹」之下。』按：《二十一年》疏引此曰『曹伯之下注云』，則此注本在上經下也。」又出「名惡當見」云：「鄂本『見』誤『是』。」按：「曹伯襄」至「圍許」，經文似爲一節，故注於「圍許」下。各本二句截爲二節，故浦氏有此説。其實無庸移置也。《穀梁傳》曰：「復者，復中國也。天子免之，因與之會。其曰復，通王命也。」是天子歸之也。舊疏云：「天子歸之，以得天子之命，其罪可除，故言復歸，作入無惡之文。上『衛侯』之下注云『言復歸者，天子有命歸之』，不言衛侯。而此處著言曹伯者，正以文承『元咺復歸』之下，辨嫌也。」按：舊疏非。注複言曹伯者，爲注在「圍許」下，與元咺無涉，且中隔諸侯遂圍許事也。舊疏又云：「上二十一年宋公被執而歸，經不書之，故知執歸不書。今書者，其名之惡當須見之。」按：與衛侯鄭同書名者，上注云「刺天子歸有罪」。曹伯不可一罪言，書名以絶之，絶曹伯，正以刺天子也。○注「本無」至「伐也」。○舊疏云：「謂何以不言曹伯遂會諸侯圍許，正以言遂，又不更舉曹伯，皆是風疾之義，故可以見悔過，即時從霸者征伐也。」按：《穀梁》注云：「免之於宋，身未反國，因會于許，即從反國之辭通王命。」是尚未復國即隨從圍許，故善其能悔過。○注「霸兵」至「其善」。○《桓十五年》「冬十有一月，公會齊侯以下于侈，伐鄭」，注：「月者，善諸侯征突，録義兵。」上《十五年》「秋七月，齊師、曹師伐厲」，注：「月者，善録義兵。」❶《十八年》「春王正月，宋公」以下「伐齊」，注：❷「月者，與襄公之征齊，善録義兵。」是霸功宜月。此不月，故解之。舊疏云：「正以上文温之會，許男不至，是不慕霸者而從於楚，故因而服之。卒不降者，正以《二十九年》書『公至自圍許』，作不得意之文故也。」《解詁箋》云：「不月者，與上壬申同月。上已去月，不能復出，非刺文公也。」

❶「善録」，原脱，據《春秋公羊傳注疏》補。

❷「注」，原脱，此處所引爲注文，據《春秋公羊傳注疏》補。

公羊義疏三十六

句容陳立卓人著

僖二十九年盡三十一年。❶

二十有九年，春，介葛盧來。**疏**杜云：「介，東夷國也。在城陽黔陬縣。」《大事表》云：「後入于齊。今萊州府膠州南七十里有介亭。」《水經注·膠水》篇：「膠水又北逕黔陬縣故城西。袁山松《郡國志》曰：『縣有介亭。』《地理志》曰：『古介國也。』《春秋》介葛盧來朝此也。」《寰宇記》：「東陬城在密州諸城縣東北一百十里，古介國也。」《一統志》：「黔陬故城在萊州府膠州西南。」《穀梁傳》：「介，國也。」

介葛盧者何？夷狄之君也。**疏**杜云：「葛盧，介君名也。」《穀梁傳》：「葛盧，微國之君，未爵者也。」《禮記·曲禮》云：「其在東夷、北狄、西戎、南蠻，雖大曰子。」知此微國，故止名也。何以不言朝？**注**据諸侯來曰朝。**疏**注「据諸」至「曰朝」。○隱十一年傳文。不能乎朝也。**注**不能升降揖讓也。介者，國也。葛盧者，名也。進稱名者，能慕中國，朝賢君，明當扶勉以禮義。**疏**注「不能」至「讓也」。○《白虎通·禮樂》篇：「王者制夷狄樂，不制夷狄禮何？」○注「進稱」至「禮義」。○舊疏云：「正以下《三十年》『介人侵蕭』不名，故知此稱名是其進。」按：《莊五年》「郳犂來來朝」亦未得爵命而稱朝，蓋行朝禮者，此與《襄十八年》書「白狄來」同。彼《穀梁》注云「不言朝者，不能行朝禮也」是也。《繁露·玉杯》云：「志爲質，物爲文。文著于質，質不居文，文安施質？質文兩備，然後其禮成。文質偏行，不得有我爾之名。俱不能備而偏行之，甯有質而無文。雖弗予能禮，尚少善之，介葛盧來是也。」

公至自圍許。**疏**《莊六年傳》云「得意致會，不得意致伐」，明此不得意也。不得意，見前年「遂會諸侯圍許」

❶「僖」，原作「莊」，據《清經解》本改。

下注「刺文公」者是。

夏，六月，公會王人、晉人、宋人、齊人、陳人、蔡人、秦人盟于狄泉。**注**文公圍許不能服，自知威信不行，故復上假王人以會諸侯，年老志衰，不能自致，故諸侯亦使微者會之。月者，惡霸功之廢於是。**疏**《校勘記》云：「《唐石經》、諸本同，《左氏》作『翟泉』。」按：《穀梁》亦作「翟」。杜云：「翟泉，今洛陽城内太倉西南池水也。」狄、翟字通。《水經·穀水》篇注：「晉永嘉元年，洛陽東北步廣里地陷，有二鵝出，蒼色者飛翔沖天，❶白色者止焉。陳留孝廉董養曰：『步廣，周之翟泉，盟會之地。』陸機《洛陽記》曰：『步廣里在洛陽城内，宮東是翟泉所在，不得於太倉西南也。』」《大事表》云：「鄭氏曰：『狄泉本在下都城北，城成周時乃繞狄泉于城内。』《昭二十三年》『天王居于狄泉』，《二十六年》始『入于成周』。此時狄泉與成周猶爲兩地。」《水經注》引京相璠《春秋土地名》：「今大倉西南池水名翟泉。舊説狄泉本在洛陽北，萇弘城成周乃繞之。」沈氏欽韓云：「周是時都于王城，漢河南郡之河南縣也，故得盟于翟泉。若敬王遷成周，即漢之洛陽，狄泉在城中，非可爲會盟之地矣。」按：未城成周之前，狄泉亦不在成周城内。《差繆略》云：「《公羊》作『公會』。」按：石經《穀梁》亦作「公會」，《左氏》經無「公」字。按：彼傳云「公會王子虎」以下「盟于翟泉」，又云「卿不書，罪之也」，並不言不書公義，則《左氏》經當有「公」字，無者，脱漏耳。杜以爲「王子虎下盟列國，以瀆大典，諸侯大夫上敵公侯，虧禮傷教，故貶諸大夫，諱公與盟」，非也。○注「文公」至「會之」。○《左氏》以王人爲王子虎，晉人、宋人之屬爲狐偃、公孫固等。按：所傳聞世，大國有大夫，此稱人，故知微者。《説苑·敬慎》云：「文公於是霸功立，期至意得，湯、武之心作而忘其衆，一年三用師，且弗休息，遂進而圍許。兵亟弊，不能服，罷諸侯而歸。自此而怠政事，爲狄泉之盟不親至，信衰説缺，如羅不補，威武詘折不信，則諸侯不朝，鄭遂叛，夷狄内侵，衛遷于帝丘。故曰衰滅之過，在於得意而怠，浸蹇浸亡。」《通義》云：「皆何以稱人？公會大夫之辭也。」牽涉《左氏》爲説。○注「月者」至「於是」。○

❶「翔」，原作「翻」，據《水經注》改。

舊疏云：「正以月非大信之辭也。」

秋，大雨雹。注夫人專愛之所生。疏《漢書·五行志中之下》：「釐公二十九年秋，大雨雹。劉向以爲盛陽雨水，温煖而湯熱，❶陰氣脅之不相入，則轉而爲雹。盛陰雨雪，凝滯而冰寒，陽氣薄之不能入，則散而爲霰。故沸湯之在閉器，而湛於寒泉則爲冰，及雪之消，亦冰解而散，此其驗也。故雹者陰脅陽也，霰者陽脅陰也。《春秋》不書霰者，猶月食也。」又云：「《左氏傳》曰：『聖人在上無雹，雖有不爲災。』説曰：凡物不爲災不書，書大，言爲災也。凡雹，皆冬之愆陽，夏之伏陰也。」○注「夫人」至「所生」。○蓋與「西宮災」同義。《五行志》：「劉向以爲釐公末年信用公子遂，遂專權自恣，將至於殺君，故陰脅陽之象見。釐公不悟，遂終專權，後二年殺子赤，立宣公。」按：子政習《穀梁》，故與此小異。《御覽》引《考異郵》云：「僖公二十九年季秋、昭公三年冬並大雨雹，時僖公專樂齊女，綺畫珠璣之好掩月光，陰陽凝而爲災異。昭公事晉，陰精用密，故災。」何氏與《春秋》説同也。吴嘉禾四年七月雨雹，與《僖二十九年》「秋大雨雹」同。占説者謂僖專任公子遂，猶孫吴專任吕壹，寵任亞于公子遂。抑或然乎？此惠氏士奇説。按：此占本之劉向。

冬，介葛盧來。注前公圍許不在，故更來朝。不稱字者，一年再朝不中禮，故不復進也。疏注「前公」至「來朝」。○上經書「公至自圍許」在「介葛盧來」下，故知「公圍許不在」也。《左傳》於「春，介葛盧來」云：「舍于昌衍之上。公在會，饋之芻米，禮也。」上年因會而圍也。彼傳又云：「以未見公故，復來朝。」○注「不稱」至「進也」。○嫌再朝内，宜再進稱字也。諸侯於天子，比年一小聘，三年一大聘，五年一朝。諸侯相朝亦以五年，近得正。《宣公九年》「如齊」，加録書月，是也。所謂朝罷朝也。一年再朝，非禮，故無善文。

三十年，春，王正月。

夏，狄侵齊。

秋，衛殺其大夫元咺及公子瑕。

衛侯未至，其稱國以殺何？注据歸在

❶「湯」，原作「陽」，據《漢書》改。

下。道殺也。**注**時已得天子命還國，於道路遇而殺之，坐之與至國同，故但稱國，不復別也。言及公子瑕者，下大夫別尊卑。**疏**注「時已」至「別也」。○《通義》云：「衛侯在道，使人殺咺而後入，故從君殺大夫辭也。」《史記·衛世家》云：「已而周爲請，晉文公卒入之衛而誅元咺。」《左傳》曰：「公爲之請，納玉於王與晉侯，皆十瑴，王許之。」又曰：「衛侯使賂周顓、冶廑曰：『苟能納我，吾使爾爲卿。』周、冶殺元咺。」詳略不同，率皆得天子命，未至國而殺元咺也。按：道殺，似謂衛侯在道遣人殺之，何謂「於道路遇而殺之」，未得其實。坐之，謂坐專殺也。○注「言及」至「尊卑」。○《穀梁傳》：「及公子瑕，累也，以尊及卑也。」《通義》云：「瑕者，元咺所立，不成爲君，故以咺累之也。」《史記》謂「衛君瑕出奔」，誤。

衛侯鄭歸于衛。

此殺其大夫，其言歸何？**注**据未至而有專殺之惡，與入惡同。**疏**歸者，出入無惡之文。此衛侯出入俱不得無惡，而曰歸，故難之。○注「据未」至「惡同」。○舊疏云：「正以復入者，出無惡，入有惡。今此衛侯未至而專殺，故宜與入惡同，不合言歸。」歸惡乎元咺也。**注**衛侯歸殺無惡，則元咺之惡明矣。**疏**注「衛侯」至「明矣」。○《春秋》之義，君殺無罪大夫則不書葬。《成十年》「晉侯獳卒」，注：「不書葬者，殺大夫趙同等。」❶是此衛侯出歸與元咺出入一事。如衛侯殺元咺爲無罪大夫，衛侯當書「入」以見義，此書「歸」，明衛侯無惡，元咺惡矣。曷爲歸惡乎元咺？**注**据師還。**疏**注「据師還」。○莊八年文。彼傳云：「還者，善辭也。此滅同姓，何善爾？非師之罪也。」注：「明君之使，重在君。」則彼爲歸善于師，歸惡于君。此歸惡于元咺，不歸於衛君。與彼義違，故据以難也。元咺之事君也，君出則己入，**注**晉人執衛侯歸之于京師，元咺自晉復歸于衛，恃晉力以歸是也。**疏**

❶「趙」，原脱，據《春秋公羊傳注疏》補。

《校勘記》云：「《唐石經》、諸本同。《隸釋》載《公羊殘碑》後云《三十年》言『君出則已入』，然則《熹平石經》不與何本同，故舉其異者言之。」○注「晉人」至「是也」。○並見《二十八年》。彼傳云：「自者何？有力焉者也。」注：「有力焉者，有力於晉也。言恃晉有屬己力以歸。」即此見咺罪。君入則已出，注衛侯鄭自楚復歸于衛，元咺出奔晉是也。疏注「衛侯」至「是也」。○亦見上《二十八年》。以爲不臣也。注故不從犯伯執，爲天子所還，言復歸，從出入無惡言歸，以見元咺有出入罪，衛侯得殺之，所以專臣事君之義。名者，爲殺叔武之惡天子歸有罪也。執歸不書，主書者，名惡當見。疏正以元咺不臣，故衛侯得從出入無惡言歸，不從出犯伯討爲出有惡。今爲天子所還爲入無惡，書復歸也。○注「以見」至「之義」。○包氏慎言云：「此爲懟君者儆也。君，天也，與君爭曲直，是無天也。元咺以不臣論誅，明君臣之義無所逃於天地間也。」○注「名者」至「罪也」。○《校勘記》出「之惡」云：「閩、監、毛本同。鄂本無『之』字，此衍。按：二十一年疏引此注亦無『之』字。」諸侯不生名，此書名者，君殺無罪世子、母弟合絕。又以見天子歸有罪，與《二十八年》書「衛侯鄭自楚歸于衛」同意。○注「執歸」至「當見」。○解此主書「衛侯鄭」義也。上執歸不書名，爲叔武諱，又當書名以見惡，故於其歸也書之，互文見義也。

晉人、秦人圍鄭。疏稱人者，非伯討。據《左傳》，爲晉文修不禮之怨故。

介人侵蕭。注稱人者，侵中國，故退之。疏注「稱人」至「退之」。○決上《二十九年》來稱名，爲進之故也。毛氏奇齡《春秋傳》云：「蕭地近宋，据《宣十二年》楚人滅蕭，當是宋附庸國。」按：介去蕭絕遠，蕞爾微夷。稱師寇侵略諸華，故貶稱人退之。

冬，天王使宰周公來聘。注與葵丘會同義。疏注「與葵丘會同義」。○見上《九年》。彼注云：「宰，猶治也。三公之職號尊名也。以加宰，知其職大尊重，當與天子參聽萬機，而下爲諸侯所會，惡不勝任也。」此「宰周公」而下聘諸侯，知亦爲不勝任。《穀梁傳》云：「天子之宰通乎四海。」亦與葵丘會傳同。按：《春秋》於王世子出會、三公會諸侯出聘皆譏，所以尊尊也。

公子遂如京師，遂如晉。

大夫無遂事，**疏**《白虎通·爵》篇：「爵皆一字也，大夫獨兩字何？《春秋傳》曰『大夫無遂事』，以爲大夫職在之適四方，受君之法，施之於民，故獨兩字言之。」按：公、卿、士皆一字者，公職大尊重，無之適四方事，卿亦大夫，士卑故也。**此其言遂何？公不得爲政爾。****注**不從公政令也。時見使如京師而横生事，矯君命聘晉，故疾其驕蹇自專，當絶之。不舉重者，遂當有本。**疏**《通義》云：「政，主也。義如今日之事我爲政。遂本受命聘周，在道自生事聘晉，此政逮大夫之始，是以謹而録之。如晉非君命而從内使文者。言遂則生事已見，故不嫌也。」何氏謂不得爲政爲不從公政令。按：孔義亦通。○注「時見」至「聘晉」。○《釋文》：「撟，居表反。又作矯。」《漢書·燕王旦傳》：「方今寡人欲撟邪防非。」師古曰：「撟，❶正也。」「撟」與「矯」同，其字从手，是撟、矯通。矯，託也。○注「故疾」至「絶之」。○《校勘記》云：「宋本同。閩、監、毛本『之』在『專』下，誤也。」《繁露·精華》云：「公子遂受命使京師，道生事，之晉，《春秋》非之，以爲是時僖公安甯無危。故有危而不專救，謂之不忠，無危而擅生事，是卑君也。」《説苑·奉使》篇亦云：「故君有危而不專救，是不忠也。君無危而擅生事，是不臣也。」又《尊賢》云：「公子遂不聽君命而擅之晉，内侵於臣下，外困於兵亂，弱之患也。」《風俗通·十反》云：「公子遂偃蹇不使，下陵上替，能無亂也。」○注「不舉」至「有本」。○遂者，繼事之辭。必有所本，故不得舉重也。《穀梁傳》：「以尊遂乎卑，此言不敢叛京師也。」彼注引何君《廢疾》曰：「『大夫無遂事』。按：襄十二年，❷季孫宿救台，遂入鄆，惡季孫不受命而入也。如公子遂受命如晉，不當言遂。鄭君釋之曰：『遂固受命如京師、如晉，不專受命如周，經近上言「天王使宰周公來聘」，故公子遂報焉，因聘于晉，尊

❶ 「撟」，原作「矯」，據《漢書注》改。

❷ 「襄」，原作「宣」，據《春秋公羊經何氏釋例·附申廢疾》及《春秋穀梁傳注疏》改。

周，不敢使並命，使若公子遂自往然。即云公子遂如京師、如晉，是同周于諸侯，叛而不尊天子也。《公羊傳》有美惡不嫌同辭，何獨不廣之於此乎？」」劉氏《申何》云：「文八年，公子遂會晉、會戎，四日之間，不能再出，而兩書公子遂，以後之奉命，正前之專命，故加日以表之。《春秋》非爲尊周而作，故朝聘俱言『如』，與諸侯同文，豈得云叛乎？ 大夫無遂事，故公子遂遂卒弑子赤，季孫宿遂卒逐昭公，見微知著，爲萬世戒也。《穀梁》不傳斯義，動成燕説，鄭氏從而爲之辭。夫子曰『惡佞恐其亂義也，惡利口恐其亂信也』，殆不免矣。」按：何氏此意，極爲嚴正。鄭氏必欲入室操矛，故爲劉所駁。

三十有一年，春，取濟西田。**疏**《左傳》：「自洮以南，東傅于濟，盡曹地也。」注：「濟水自滎陽東過魯之西，至樂安入海。」《水經注·濟水》篇：「濟水又東至乘氏縣西，分爲二。《春秋》『分曹地，東傅于濟』，濟水自是東北流，出鉅澤。其一水東南流，其一水從縣東北流入鉅野澤。」又《瓠子河》篇：「又東逕桃城南，《春秋傳》曰：『分曹地，自洮以南，東傅于濟，盡曹地也。』今鄄城西南五十里有桃城，或謂之洮也。」《大事表》云：「《禹貢》：『濟水東出于陶丘北。』鄭氏曰：『曹在濟陰定陶。』是在濟水之南，其地夾於魯、衛之間，曹在衛東，魯更在曹東，故在曹則曰東傅于濟。而杜注則曰：『濟水過魯之西也。』曹、魯分境之濟在鉅野、壽良、須昌之間。鉅野縣今分屬曹州府，壽良即今兖州府壽張縣，須昌在今泰安府東平州。今曹州府治即古曹國，與魯之東鄆鉅野相接，所争濟西田，蓋在此。」馬氏宗槤《左傳補注》云：「《水經注》：『菏水東逕重鄉南。《左傳》臧文仲宿于重館者也。菏水又東逕武棠亭北，《公羊》以爲濟上邑也。城有臺，高二丈許，其下臨水，昔魯侯觀魚于棠，謂此也。在方與縣故城北十里，經所謂菏水也。』是曹與魯境相接，在菏、濟二水之間。今分曹田傅于濟，蓋過重鄉以南矣。」

惡乎取之？**注**以不月，與取運異，知非内叛邑。**疏**注「以不」至「叛邑」。○舊疏云：「《昭元年》『三月，取運』，傳云：『運者何？內之邑也。其言取之何？不聽也。』注云：『不聽者，叛也。不言叛者，爲内諱，故書取以起之。月者，爲内喜得之，故書月也。此不月，知非内邑。』」故問之。

不言取之曹？**注**据取叢，言邾婁田也。取之曹也。曷爲疏注「据取叢」至「田也」。○見下三十三年。按：彼無邾婁田事，疑此涉上「取濟西田」而衍。**諱取同姓之田也。**注同姓相貪利，惡差重，恥差深。疏注「同姓」至「差深」。○《隱四年》注云：「取邑以自廣大，比於貪利差爲重。」是取邑皆貪利。此取同姓田，故惡愈重，恥愈深也。**此未有伐曹者，則其言取之曹何？**注据伐同姓不諱。即有兵，當舉伐曹。下日，若甲戌取須朐。疏注「据伐」至「須朐」。○《文七年》「公伐邾婁。三月甲戌，取須朐」，傳：「取邑不日，此何以日？內辭也，使若他人然。」注：「使若公伐邾婁而去，他人自以甲戌日取之。」若有兵伐曹，宜書公伐曹，下書某月日取濟西田矣。《校勘記》云：「宋本、閩、監、毛本同。鄂本『下』誤『不』。」**晉侯執曹伯，班其所取侵地于諸侯也。**注班者，布徧還之辭。疏《左傳》：「取濟西田，分曹地也。」注：「二十八年，晉侯討曹，分其地，竟界未定，至是乃以賜諸侯。」昭四年《左傳》例曰「凡克邑不用師徒曰取」，取田義亦同。按：《左氏》以濟西田實是曹地，非《公羊》義。○注「班者」至「之辭」。○《校勘記》云：「鄂本『徧』字空缺。按：《釋文》作『布徧』，經注本蓋作『布還』，此合併爲一。」《爾雅・釋言》云：「班，賦也。」注：「謂布與。」《書序》：「武王既勝殷，邦諸侯，班宗彝。」《左傳》襄二十六年「班荆相與食」，注：「班，布也。」《書・堯典》「班瑞于群侯」，義亦同。《國語・晉語》云：「車班外內，順以訓之。」注：「班，徧也。」《通義》云：「班者，有差等而徧分之辭也。奪非其有曰取，占廣其界曰侵。」**晉侯執曹伯，班其所取侵地于諸侯，則何諱乎取同姓之田？**注据晉還之得爲伯。疏注「据晉」至「爲伯」。○舊疏云：「即上《二十八年》『晉侯入曹，執曹伯畀宋人』是也。何者？稱侯以執，伯討之文。然此傳云『晉侯執曹伯，班其所取侵地于諸侯』，正指上《二十八年》『執曹伯以畀宋人』之文。言晉還之者，謂執曹伯而還諸侯之田矣。」按：何意晉還之得爲伯討，則魯取之無所庸其諱矣。**久也。**注魯本爲霸者所還，當時不取，久後有悔，更緣前語取之，不應復得，故當坐取邑。疏注「魯本」至「取邑」。○《校勘記》出「不應以得」，云：「鄂本『以』作『復』，此誤。宣元年疏引此注，此本、閩本皆作『復』。」《通義》云：「晉班曹田在二十八年，距此已久，事不相承。若云取濟西田于曹，直似我取同姓之田，不顯伯者所班，故諱不言曹。使遠蒙晉侯執曹伯爲文，足以相起也。」《解詁箋》云：「當時取之，亦坐取邑，如鞌戰書『取汶陽田』，亦不言取之齊也。此重在同姓，故爲爲久之文深諱之，輕重之旨也。《傳》注似失之。」❶按：此爲晉侯所班，彼爲乘勝脅齊求賂，恥甚，故雖當時坐取邑，然與此辭同義異也。

公子遂如晉。

夏，四月，四卜郊，不從，乃免牲，猶三望。

曷爲或言三卜，或言四卜？**疏**《襄七年》「夏四月，三卜郊，不從，乃免牲」，是三卜也。四卜，即此經及襄十一年是也。三卜，禮也；四卜，非禮也。**疏**《禮記·曲禮》注：「求吉不過三，魯四卜郊，《春秋》譏之。」三卜何以禮？四卜何以非禮？**注**据俱卜也。求吉之道三。**注**三卜，吉凶必有相奇者，可以決疑，故求吉必三卜。**疏**注「三卜」至「三卜」。○《禮記·曲禮》云「卜筮不過三」，疏引王肅云：「禮以三爲成也。上旬、中旬、下旬三卜筮，不吉則不舉也。」又引崔靈恩云：「謂不過三用。若大事龜筮並用者，先用三王筮，次用三王龜，始是一也。三如是，乃爲三也。若初始之時，三筮三龜皆凶則止。或逆多從少，或從多逆少，如此者皆至於三也。單卜單筮，其法惟一用而已，不吉則擇遠日，不至於三也。前以用三王之龜筮者，有逆有從，故至三也。此惟用一，故不至三也。」《正義》又云：「卜郊之事，或三或四或五。《襄七年》『夏四月，三卜郊，不從，乃免牲』，《僖三十一年》及《襄十一年》『夏四月，四卜郊，不從，乃免牲』，《成十年》『夏四月，五卜郊，不從』，三傳之說，參差不同。若《左氏》之說，魯郊常祀，不須卜可郊與否，俱卜牲與日。❷唯周之三月爲之，不可在四月，雖三卜亦爲非禮，故僖三十一年《左

❶「注」，原作「解詁」，據《春秋公羊經何氏釋例後録·解詁箋》改。

❷「俱」，原作「但」，據《禮記注疏》改。

傳》『禮，不卜常祀』，是常祀不卜也。襄七年《左傳》『啓蟄而郊，郊而後耕。今既耕而卜郊，宜其不從也』，是用周之三月，不可至四月也。若《公羊》之義，所云卜者，皆爲卜日，故僖三十一年《公羊傳》云『三卜，禮也；四卜，非禮也』。又成十七年《公羊傳》云『郊用正月上辛』，何云：『魯郊博卜三正。三王之郊，一用夏正。』又《定十五年》『禮，三卜之運也』，何注：『運，轉也。已卜春三正，❶不吉，復轉卜夏三月，周五月，得二吉，故五月郊。』如休之意，魯郊轉卜三正，假令春正月卜不吉，又卜殷正，殷正不吉，則用夏正郊天。若此三正之内有凶不從，則得卜夏三月，但滿三吉日則得爲郊。此《公羊》及何休之意也。《穀梁》之説，《春秋》卜者皆卜日也。哀元年《穀梁傳》曰：『郊，自正月至三月，郊之時也。』或以十二月下辛卜正月上辛。卜如不從，則以正月下辛卜二月上辛。如不從，則以二月下辛卜三月上辛。如不從，則不郊。如是《穀梁》三正，正月卜吉，則爲四月，五月則不可，與《公羊》説同，與何休義異。休以四月、五月卜，滿三吉則可郊也。若鄭玄意，禮不當卜常祀，與《左氏》同，故鄭《箴膏肓》云：『當卜祀日月爾，不當卜可祀與否。』鄭又云：『以魯之郊天，惟用周正建子之月，牲數有災不吉，改卜後月。故或用周之二月、三月，故有啓蟄而郊，四月則不可。』故《駁異義》引《明堂位》云：『孟春正月，乘大路，祀帝于郊。』又云：『魯用孟春建子之月，則與天子不同明矣。魯數失禮，牲數有災不吉，則改卜後月。』如鄭之言，則與《公羊》、《穀梁傳》卜三正不同也。」按：鄭氏《曲禮》注云：「魯四卜郊，《春秋》譏之。」正用《公羊》義。何氏《定十五年》注謂：「已卜春三正不吉，復轉卜夏三月周五月，得二吉，故五月郊。」但論魯郊一時故事耳，非謂五卜郊合禮也，與此傳「三卜禮也，四卜非禮也」亦合。《春秋》凡四月郊皆非禮，故舊疏云：「三卜是禮，理不應書，襄七年『三卜郊』何以書？正以魯人之郊，博卜三正，襄七年乃在周之四月，以其不時，是以書也。」是也。蓋魯之正郊在建子月，《明堂位》所載是也，所以避天子也。周圜丘之祭在子月，故郊用寅月，三王同也，所謂「啓蟄而郊」也。周郊不卜魯郊卜，舊疏云「三卜禮，是魯禮。若天子之郊則不卜，以其常事，魯郊非常，是以卜之，吉則爲之，凶則已之」是也。故子月不吉卜丑月，丑月不吉

❶「正」，原作「月」，據《禮記注疏》改。

卜寅月，寅月若不吉則止。至卯月，皆四卜也，故《春秋》譏之。不從則不郊，而書之者，爲猶三望故也。諸家唯與《左氏》禮不卜常祀之説殊耳。崔氏《三禮義宗》自論天子三筮三卜之常，與此經三卜四卜之義異也。然如何氏此注，則每卜皆三，三卜之中觀其從逆之多少以爲吉凶，蓋即《洪範》所謂「三人占則從二人言」與？然則傳文求吉之道三，與上傳「三卜禮也」之「三卜」各自爲義，不相涉也。

禘嘗不卜，郊何以卜？

注 禘比祫爲大，嘗比四時祭爲大，故据之。

疏 《御覽》引《五經異義》：「今《春秋公羊》説，祀宗廟，筮而不卜。傳曰『禘祫不卜』。古《周禮》説，《大宗伯》曰『凡祀大神，享大鬼，祭大示，率執事而卜日』。大鬼，謂先王也。」按：《曲禮》疏引鄭《箴膏肓》云：「當卜祀日月耳，不當卜可祀與否？」其意以爲魯郊常祀不須卜，但卜祀日，則宗廟常祀亦不卜可祀與否，仍卜日。又《周禮》大祭祀命龜「凡國之大事，先簭而後卜」，鄭皆無祭不用卜之解。而《學記》「未卜禘，不視學」，鄭亦不以記文爲誤，蓋從古《周禮》説也。《繁露·郊祀》云：「百神之祭不卜，而郊卜，郊祭最大也。」按：《周禮》大神大示有卜日之説，然如圜丘方澤，皆用二至，郊用上辛，皆不卜日也。四時迎氣，在四立之先三日，亦不卜日。惟九月明堂大享帝，或須卜日耳，其祭大示則無文以言之。《通義》云：「夏祭爲禘，秋祭爲嘗。《祭統》曰：『周公既没，成王、康王追念周公之所以勳勞者而欲尊魯，故賜之以重祭。外祭則郊、社是也，内祭則大嘗、禘是也。』皆重祭，故舉以相難也。禘、嘗不卜，非不卜也，但据《春秋》無卜文也。」以禘爲時祭，非何義。然周人以禘爲大祭，夏祭改名礿矣。○注「禘比祫爲大」。○《王制》疏云：「其禘祫大小，鄭以《公羊傳》云：『大事者何？大祫也。毁廟之主，陳於太祖。未毁廟之主，皆升，合食于太祖。』故爲大事。若王肅、張融、孔晁皆以禘爲大，祫爲小，故王肅論引賈逵説云『吉禘于莊公』。禘者，諦也，審諦昭穆，遷主遞位，孫居王父之處。又引《禘于太廟逸禮》『其昭尸穆尸，其祝辭總稱孝子孝孫』，則是父子並列。」又云：「『皆升，合食於其祖』，所以劉歆、賈逵、鄭衆、馬融等皆以爲然。鄭不從者，以《公羊》爲正，《逸禮》不可用也。又《曾子問》云『七廟無虚主。虚主者，唯天子崩』，與祫祭祝取群廟之主。明禘祭不取群廟之主可知。」按：何氏説《公羊》則以禘大祫小。《爾雅·釋天》云：「禘，大祭也。」明比各祭爲大，故《禮疏》引孫炎等注皆以禘爲五年大祭。且經、傳凡大祭皆稱禘。《祭法》之禘黄帝、禘嚳，謂圜丘大祭也。《大傳》之「禮不王不禘」，謂夏正郊天也。故宗廟大祭亦稱禘。《祭義》云：「古者於禘也發爵賜服；於嘗也出田邑，發秋政。」又《中庸》以禘嘗之義與郊社之禮並舉，知禘比祫爲大矣。《文二年傳》以大事爲祫者，以祫亦大祭，非必尊以祫爲祭之大也。舊疏云：「禘之與祫雖皆大祭，但禘及功臣，於祫則否，故以禘爲大。」○注「嘗比」至「爲大」。○《禮記·祭統》云：「内祭則大嘗禘是也。」《曾子問》云：「嘗禘郊社，尊無二上。」又曰：「天子嘗禘郊社，五祀之祭。」禮家多以嘗禘與郊社並舉，《郊特牲》篇首亦先言郊社稷，次言禘嘗。禘祫同爲宗廟大祭，而禘大於祫。礿祠烝嘗同爲四時常祭，而嘗大於礿。祠烝以秋時，百物告成，故其祭較三時爲特盛也。**卜郊，非禮也。**注禮，天子不卜郊。

疏注「禮天」至「卜郊」。○《御覽》引《異義》：「古《周禮》説：『《大宗伯》曰：凡禮大神，❶享人鬼，祭地祇，率執事而卜日。』❷《春秋左氏》説：『郊及日皆不卜，常以正月上丁也。』」按：《春秋》、《禮記》皆以郊用上辛，惟《書·召誥》「三月丁巳用牲于郊」，《左氏》説謂郊以正月上丁，蓋据此。周三月，夏正月也。故《南齊書·禮儀志》：「顧憲之議：《春秋傳》以正月上辛郊祀，《禮記》亦云郊之用辛，《尚書》獨云『丁巳用牲于郊』。先儒以爲先甲三日辛，後甲三日丁。」丁亦可以接事天神與？❸天子郊有常日，故不須卜也。《通義》云：「卜禘嘗得禮，故不書。卜郊非禮，乃書。」然禘亦成王特賜，與郊祭同，不得以郊非禮，禘得禮。《禮運》云「魯之郊禘非禮也」是也。**卜郊何以非禮？**注据上言三卜禮。**魯郊，非禮也。**注以魯郊非禮，故卜爾。昔武王既没，成王幼少，周公居攝，行天子事，制禮作樂，致太平，有王功。周公薨，成王以王禮葬之，命魯使郊，以彰周公之德。非正故卜，三卜，吉

❶「禮」，《周禮》作「祀」。
❷「日」，原脱，今據《御覽》及《五經異義》補。
❸此句，《南齊書·禮儀志》作「可以接事天神之日」。

則用之，不吉則免牲。謂之郊者，天人相與交接之意也。不言郊天者，謙不敢斥尊。**疏**注「以魯」至「卜爾」。○以魯郊非諸侯常禮，故卜爾，非謂魯郊失禮也。郊爲成王所賜，何非禮之有？故舊疏云：「三卜禮，謂是魯禮。若天子之郊不卜，以其常事，但以魯郊非常，是以卜之。吉則爲之，凶則已之。」《御覽》引《異義》云：「今《春秋公羊》説：祀宗廟筮而不卜。傳曰：禘祫不卜。魯於天子並事變禮，今成王命魯使卜郊，從乃郊，不從則已，下天子也。魯以上辛郊，不敢與天子同也。」按：天子郊亦用辛，見《郊特牲》。《通義》云：「謹案：《周禮》以冬日至祀昊天上帝于圜丘，配以帝嚳，謂之禘。又以夏正正月上辛祈穀于郊，❶配以后稷，謂之郊。禘、郊皆有常日，故不卜也。魯不敢效天子日至事天之事，故用郊禮而擬禘月，轉卜三正，與《周禮》殊。康周公得有此祭耳，非常禮也。魯郊雖非禮，成王賜之，魯公受之，有自來矣。非八佾，兩觀之比，故不譏，譏其牲卜失禮者而已。」齊氏召南《考證》云：「凡《春秋》書郊，皆非禮也。於非禮中又有失禮，此爲異耳。《公羊》之説，精於《左氏》。」《繁露·郊祀》云：「郊因先卜，不吉不敢郊。」又云：「《春秋》譏喪祭，不譏喪郊，郊不辟喪，喪尚不辟，況他物。」○注「昔武」至「之德」。○《禮記·明堂位》云：「成王以周公爲有勳勞於天下，命魯公世世祀周公，以天子之禮樂。是以魯君孟春乘大路，載弧韣，旂十有二旒，日月之章，祀帝于郊，配以后稷，天子之禮也。」注：「孟春，建子之月，魯之始郊日以至。大路，殷之祭天車也。弧，旌旗所以張幅也，其衣曰韣。天子之旌旗畫日月。帝，謂蒼帝靈威仰也。昊天上帝，魯不祭。」又《祭統》云：「昔者周公旦有大勳勞於天下，周公既没，成王、康王追念周公之所以勳勞者，而欲尊魯，故賜之以重祭。外祭則郊、社是也，内祭則大嘗、禘是也。」《詩·魯頌譜》云：「初，成王以周公有太平制典法之勳，命魯郊祭天、三望，如天子之禮，故孔子録其詩之頌，同於王者之後。」又《閟宮》箋云：「成王以周公功大，命魯郊祭天，亦配之以君祖后稷，其牲用赤牛純色，與天子同也。」《明堂位》又云：「武王崩，成王幼弱，周公踐天子

❶「郊」，原作「上帝」，據《春秋公羊經傳通義》改。

之位以治天下。六年，朝諸侯於明堂，制禮作樂，頒度量，❶而天下大服。」是其攝天子制太平事也。周公制禮攝政，鄭氏與諸家不同，鄭以武王崩時成王年十歲，《周書》以武王十二月崩，至成王年十二，十二月喪畢，成王即位，求攝，周公將代之。管、蔡流言，周公避居東都，時成王年十三。明年，成王盡執拘周公黨與，故《金縢》云「周公居東二年，則罪人斯得」，時成王年十四。至明年秋，有雷風之異，迎周公而反，則居攝之元年，時成王年十五。明年誅武庚、管、蔡，又明年自奄而還。四年封康叔，成王年十八。明年營洛邑，六年制禮作樂，七年致政，成王年二十一焉。王肅等以《家語》武王崩時成王年十三，故《詩疏》引《金縢》注云：「文王十五生武王，九十七而終。時受命九年，武王八十三矣。十三年伐紂，明年有疾，時年八十八，九十三而崩。以冬十二月，其明年稱元年。周公居攝稱元年，遭流言東征，二年克殷，殺管、蔡。三年歸，制禮作樂。出入四年，至六年而成。七年營洛邑，作《康誥》、《召誥》、《洛誥》，致政成王。然則成王即位時十三，攝政七年，成王年二十。」僞孔傳同。《詩・鴟鴞》傳：「甯亡二子，不可以毀我周室。」則無避居之事，應同王、孔之説。何氏此注亦言成王幼少，周公居攝，明即位時即攝位，不必俟東征後，或與王肅等同也。王肅亦必有所受，或即班固、賈逵舊説耳。《白虎通・封公侯》篇：「周公身薨，天爲之變，成王以天子之禮葬之，命魯郊，以明至孝，天所興也。」《論衡・感類》篇：「開匱得書，覺悟泣過，決以天子之禮葬公，出郊觀變，天止雨反風，禾盡起。」《漢書・梅福傳》：「昔成王以諸侯禮葬周公，而皇天動威，風雷著變。」又《儒林傳》：「谷永上疏曰：昔周公薨，成王葬以變禮而得正。」《後漢書・周舉傳》：「詔問曰：『言事者多云，昔周公攝天子事，及薨，成王欲以公禮葬之，天爲之動變。及更葬以天子之禮，即有反風之應。』舉對曰：『昔周公有請命之應，隆太平之功。故皇天動威，以彰聖德。』」《後漢・孝靈紀》：「張奐上疏曰：昔周公既薨，成王葬不具禮，天乃大風，偃木折樹，成王發書感悟，備禮改葬，天乃立反風，樹木盡起。」按：《書・金縢》云：「秋，大熟，未穫，天大雷電以風，禾盡偃，大木斯拔，邦人大恐。王與大夫盡弁，以啓金縢之書。」又云：「昔公勤勞王家，惟予沖人弗及知。今天動威，以

❶「頒」，原作「頌」，據國圖藏清抄本及《禮記注疏》改。

彰周公之德。惟朕小子其親迎，我國家禮亦宜之。王出郊，天乃雨，反風，禾則盡起。」似風雷金縢之變在周公未没之前。與此殊者，《後漢書注》引《洪範五行傳》云：「周公死，成王不圖大禮，故天大雷雨，禾偃木拔。及成王寤金縢之策，改周公之葬，尊以王禮，申命魯郊，而天立復風雨，禾稼盡起。」《漢書注》引《書大傳》又曰：「周公疾，曰：『吾死，必葬於成周，示天下臣于周也。』周公死，天乃雷雨以風，禾盡偃，大木斯拔。國恐，王與大夫開金縢之書，執書以泣，曰：『周公勤勞王家，予幼子，不及知。』乃不葬於周而葬于畢，示天下不敢臣。」《通鑑前編》引《書大傳》又云：「所以明大功，尊有德，故忠孝之道，咸在周公、成王之間。故魯郊，成王所以禮周公也。」然則今文《尚書》以風雷之變在周公没後，以王禮葬賜魯郊均在啓金縢後，與今文《春秋》同也。《史記·魯世家》亦云：「周公既卒，成王亦讓，葬周公于畢，從文王，以明予小子不敢臣周公也。周公卒後，秋未穫，暴風雷雨，禾盡偃，大木盡拔，周國大恐。成王與大夫朝服以開金縢書，王乃得周公所自以爲功代武王之説。王出郊，天乃雨，反風，禾則盡起。二公命國人，凡大木所偃，盡起而築之。歲則大熟。於是成王命魯得郊祭文王，魯有天子禮樂者，以褒周公之禮也。」史公多從安國問故，則古文《尚書》家亦同此説也。《繁露·郊事對》云：「臣湯問仲舒：『天子祭天，諸侯祭土，魯何緣以祭郊？』臣仲舒對曰：『周公傅成王，成王遂及聖，功莫大於此。周公，聖人也，有祭於天道，故成王令魯郊也。』」《禮記·禮運》云：「醆、斝及尸君，非禮也。是謂僭君。」注：「僭禮之君也。醆、斝，先王之爵也。唯魯與王者之後得用之耳。」疏云：「《明堂》云：『夏曰醆，殷曰斝。』是先王之爵也。魯有六代之樂，王者之後得用郊天，故知唯魯與王者之後用之。」然則二王之後得郊天，故《禮運》云：「杞之郊也，禹也；宋之郊也，契也。」魯以周公之故，特賜以郊，故《春秋》以爲非禮，謂非諸侯之正禮，非謂魯不宜郊也。○注「非正」至「免牲」。○正以天子郊常事，故不須卜。魯郊非正，故卜，下於天子也。三卜者，博卜三次，謂用止正、二、三月也。月各一卜，無論何月，吉則用之，三不吉則止，故免牲。○注「謂之」至「意也」。○《禮記·郊特牲》云：「於郊，故謂之郊。」何氏所不取。郊、交疊韻爲訓。《穀梁傳》注：「謂之郊者，天人相與交接之意也。」本此爲説。《繁露·郊祀》云：「立爲天子者，天予是家。天予是家者，天使是家。天使是家者，是天之所予也，天之所使也。天已予之，天已使之，其間不可以接天，何哉？」○注「不言」至「斥尊」。○《穀梁傳》注云：「不言郊天者，不敢斥尊也。」舊疏云：「欲道『禘于太廟』、于莊宮、武宮之屬，皆斥尊言之。若然，『乙亥，嘗』、『己卯，烝』之屬，又不斥言者，以是時祭于太廟，小於禘故也。」按：時祭偏及群廟，故不可斥也。其禘于莊公之屬，非《禮記》時祭之禘，且各有所爲也。**魯郊何以非禮？**注据成公乃不郊惡之。疏注「据成」至「惡之」。○《成十年》：「夏四月，五卜郊，不從，乃不郊。」**天子祭天，**注郊者，所以祭天也。天子所祭，莫重於郊。於南郊者，就陽位也。稾席玄酒，器用陶匏，大珪不瑑，大羹不和，爲天至尊，物不可悉備，故推質以事之。疏注「郊者」至「於郊」。○《禮記·曲禮》：「天子祭天地。」《繁露·郊義》云：「《春秋》之法，王者歲一祭天於郊。」又云：「郊因於新歲之初，聖人有以起之，其以祭不可不親也。天者，百神之君也，王者之所最尊也。以最尊天之故，故易始歲更紀，即以其初郊。郊必以正月上辛者，言以所最尊，首一歲之事。每更紀者以郊，郊祭首之，先貴之義也。」《通典》注引丞相匡衡、御史大夫張譚奏言：「帝王之事莫大乎承天之序，承天之序莫重郊祀。」《荀子·禮論篇》：「郊止乎天子，社止於諸侯，道及士大夫，所以別尊者事尊，卑者事卑，宜大者鉅，宜小者小。」《通義》云：「謹案：《禮三本》曰：『郊止天子，社至諸侯，❶道及士大夫。』此言天之道尊，地之道親。尊則祭其尊者，卑則祭其親者。」《禮經》多天地、社稷並稱，諸侯不得祭天，故天子以郊祭爲至重。《繁露·郊祭》云：「《春秋》之義，國有大喪者，止宗廟之祭，而不止郊祭，不敢以父母之喪廢事天地之禮也。夫古之畏敬天而重天郊，如此甚也。」是也。○注「於南」至「位也」。○《校勘記》云：「鄂本『於』作『居』。此本疏標起訖同，當据正。」《禮記·郊特牲》曰：「郊之祭也，大報天而主日也。兆於南郊，就陽位也。」注：「日，太陽之精也。」《通典》注引匡衡等奏亦云：「祭天南郊，就陽之義也。」○注「稾席」至「事之」。

❶「至」，《大戴禮記·禮三本》作「止」。

○《校勘記》云：「何校本『稾』作『稾』，从禾是也。」又出「大珪不瑑」云：❶「鄂本同。閩、監、毛本『瑑』作『琢』，非。疏同。《釋文》亦作『瑑』。」又出「推質」，云：「鄂本同。閩、監、毛本『推』誤『惟』。」舊疏云：「皆出《禮記·郊特牲》文。」按：彼《記》云：「酒醴之美，玄酒、明水之尚，貴五味之本也。黼黻、文繡之美，疏布之尚，反女功之始也。莞簟之安，而蒲越、稾鞂之尚，明之也。太羹不和，貴其質也。大圭不琢，美其質也。丹漆雕幾之美，素車之乘，尊其樸也。貴其質而已矣。」又曰：「埽地而祭，於其質也。」「器用陶、匏，以象天地之性也。」注：「觀天下之物，無可以稱其德。」「所以交於神明者，不可同於所安褻之甚也。如是而後宜。」注：「尚質貴本，其至如是，乃得交於神明之宜也。」稾席者，《禮記·禮器》云「而稾鞂之設」，注：「穗去實曰鞂。《禹貢》：『三百里納鞂服。』」稾鞂，除穗粒取稈稾爲席也。玄酒者，《禮運》云「玄酒在室」，《正義》：「玄酒，謂水也。以其色黑，謂之玄。太古無酒，此水當酒所用，故謂之玄酒。」謂用陶匏者，《郊特牲》疏云：「陶，謂瓦器，謂酒尊及豆簋之屬。故《周禮》『旊人爲簋』。「匏謂酒爵」。大圭不瑑者，《禮器》作「不琢」，注云：「大圭，長三尺，杼上終葵首。」「琢」當爲「篆」字之誤也。太羹不和者，《禮器》疏云「太羹，肉汁也。不和，無鹽梅也。太古初變腥，但貴肉而飲其汁，未知調和」是也。《續漢志》注引《援神契》云：「燔燎埽地，祭牲繭栗，或象天酒旗坐星，厨倉具黍稷，布席，極敬心也。」

諸侯祭土。注土，謂社也。諸侯所祭，莫重於社。卿大夫祭五祀，士祭其先祖。疏《禮記·王制》云：「天子祭天地，諸侯祭社稷。」○注「土謂社也」。○《禮記·郊特牲》云：「社祭土而主陰氣也，君南鄉於北牖下，答陰之義也。日用甲，用日之始也。」《風俗通·祀典》篇：「《孝經說》：社者，土地之主，土地廣博，不可徧敬，故封土以爲社而祀之，報功也。」《漢書·郊祀志》：「帝王建立社稷，百王不易。社者，土也。」吳氏《經說》：「按：土、地聲轉，土之於地猶火之於焜，貨之於賄，古今字也。故經傳多以土對天，《易》『麗乎天，麗乎土』，《詩》『溥天』、『率土』，與此傳皆是。」《公羊禮說》云：「傳不言社而言土者，《公羊》之說，不取《左氏》『句

❶ 「瑑」，原作「緣」，據上注文改。

龍爲后土，祀以爲社』也。《郊特牲》曰『社祭土而主陰氣』，《孝經説》：『社者，土地之神。』《白虎通》：『土生萬物，天下之所主。』則此不言社而言土者，指五土而不指句龍。鄭康成曰『社爲五土總神，稷爲原隰之神』；句龍以有平水土之功，配社祀之；稷有播種之功，配稷祀之。若王肅、馬融之徒以社祭句龍，稷祭后稷，然皆人鬼也，而非地神。鄭《駁異義》曰：『宗伯以血祭祭社稷、五祀、五嶽，社稷之神若是句龍、柱、弃，不得先五岳而食。』鄭氏説諒矣，足以破許説之謬。蓋土是本名，神之爲社。傳言土者，据本名也。漢高以夏禹配官社，所配之人鬼，可以任其推遷，而五土之神終不可易。《孟子》所謂『變置社稷』亦指所配之人耳。」○注「諸侯」至「於社」。○舊疏云：「欲道魯郊爲非禮之義也。」對五祀宗廟則社祭爲重。○注「卿大」至「先祖」。○《禮記・曲禮》云：「大夫祭五祀，歲徧，士祭其先。」《白虎通・五祀》篇：「五祀者何謂也？謂門、户、井、竈、中霤也。所以祭何？人之所處出入，所飲食，故爲神而祭之。何以知五祀謂門、户、井、竈、中霤也？《月令》曰『其祀户』，又曰『其祀竈』，『其祀中霤』，『其祀門』，『其祀井』。獨大夫以上得祭之何？士者位卑禄薄，但祭其先祖耳。」《漢書・郊祀志》：「大夫祭門、户、井、竈、中霤五祀，士庶人祖考而已。」《尸子》：「先王之祀，禮也。天子祭四極，諸侯祭山川，大夫祭五祀，士祭其廟也。」若然。《祭法》云「大夫立三祀者」，鄭注《曲禮》：「大夫五祀爲夏殷法。」注《王制》：「五祀是有采地者。」按：《曲禮》注較妥。夏殷禮質，周文有等威之辨，降殺以兩，則大夫不得同諸侯五祀，故減去司命中霤，適士又減去族厲，立二祀，庶士庶人立一祀，或户或竈也。

天子有方望之事，**注** 方望，謂郊時所望祭四方群神、日月星辰、風伯雨師、五嶽四瀆及餘山川，凡三十六所。**疏** 注「方望」至「六所」。○方望，謂四方所望也。舊疏引舊説云：「四方群神是爲四也，通日月爲六，星是五星，爲十一也，辰是十二辰，爲二十三，風伯雨師爲二十五，五嶽爲三十，四瀆爲三十四，餘小山川爲二，是爲三十六所。」《漢書・郊祀志》曰：王莽引《周官》「大合樂，祀四望」，釋之曰：「四望，謂日月星海也，三光高而不可得親，海廣大無限界，故其樂同。祀天則天文從，祭墬則墬理從。三光，天文也。山川，地理也。」鄭司農注《大宗伯》云：

「四望，謂日月星海。」與《漢志》同。蓋古《周禮》説。《通義》云：「言通乎四方也。《周禮》『兆四望于四郊』。」按：注言「四方群神」，言其凡。「日月星辰」以下其目也。「日月星辰」以下即四方之神，天子郊天時望而祭之，故《周禮》即以四望括之。「四方群神」不在三十六所内，夫曰群，則每方不止一神矣。舊説誤。**無所不通。**注 盡八極之内，天之所覆，地之所載，無所不至，故得郊也。疏 注「盡八」至「郊也」。○正以極至也，盡四方之所至，故天所覆、地所載，無不包也。《爾雅·釋地》有「四極」，彼謂「四方極遠之國」。其實猶未盡極也。分言之八極，總言之四極，同也。《詩·文王》云「使不挾四方」，傳：「挾，達也。」《御覽》引《白虎通》云：「門四出何？以通四方也。」《大戴禮·虞戴德》云：「天子之宫四通，正地事也。」唯天子乃能達四方，故無所不通。諸侯則殺，亦如天子周城，諸侯則軒城；天子宫縣，諸侯則軒縣；天子脩四時之祭，諸侯則礿則不礿，礿則不嘗，嘗則不烝，烝則不祠，皆闕其一也。此天子有四望之祭，諸侯止三望，亦猶是也。《郊祀志》云：「天子祭天下名山大川，❶懷柔百神，咸秩無文。五嶽視三公，四瀆視諸侯。」是無所不至。嶽、瀆，舉其大也。**諸侯山川有不在其封内者則不祭也。**注 故魯郊非禮也。疏《繁露·王道》云：「《春秋》立義，天子祭天地，諸侯祭社稷，諸山川不在封内者則不祭。」《禮記·王制》云：「諸侯祭名山大川之在其地者。」又《祭法》云：「有天下者祭百神，諸侯在其地則祭之，亡其地則不祭。」《郊祀志》云：「諸侯祭其疆内名山大川。」《爾雅·釋山》：❷「梁山，晉望也。」又《禮記·禮器》云：「晉人將有事于河，必先有事于惡池。齊人將有事于泰山，必先有事于配林。」《左傳》昭七年「韓宣子曰：並走群望」，又昭十三年《左傳》「楚共王大有事於群望」，謂此屬也。《説苑·君道》篇：「楚昭王有疾，卜之曰：『河爲祟。』大夫請用三牲焉。王曰：『止。古者先王割地制土，祭不過望。江、漢、睢、漳，楚之望也，禍福之至，不是過也。不穀雖不德，河非所獲罪也。』遂不祭

❶「山大」，原作「大山」，據《漢書》乙正。
❷「山」，原作「地」，語出《爾雅注疏》，據改。

焉。仲尼聞之曰：『昭王可謂知天道矣，其不失國，宜哉！』」又見哀六年《左傳》，明河非其封内山川也。《風俗通・怪神》云：「禮，天子祭天地、五嶽、四瀆，諸侯不過其望也，大夫五祀，士門户，庶人祖。蓋非其鬼而祭之，諂也。」不過其望，即不出封内也。《通義》云：「若晉望梁山，楚望江、漢，睢、漳是也。諸侯所祭，唯封内山川而已，無方望之事也。」《穀梁》注引鄭君曰：「望者，祭山川之名也。謂海也，岱也，淮也。」此專指魯言。〇注「故魯郊非禮也」。〇《通義》云：「魯之望，亦非禮。」按：魯止望祭其封内山川，不得云非禮。**曷爲或言免牲？或言免牛？** 疏《成七年》「春王正月，鼷鼠食郊牛角。改卜牛，鼷鼠又食其角，乃免牛」是也。**免牲，禮也。** 注魯卜郊不吉，免之。禮，卜郊不吉則爲牲作玄衣纁裳，使有司玄端，放之於南郊，明本爲天，不敢留天牲。疏注「魯卜」至「免之」。〇正以天子不卜郊，故專指魯言也。〇注「禮卜」至「南郊」。〇《穀梁傳》曰：「免牲者，爲之緇衣纁裳，有司玄端，奉送至于南郊。免牛亦然。」注：「玄端黑衣，接神之道。玄纁者，天地之色也。南郊天位，歸之于陽也。」《淮南子・齊俗訓》：「譬若芻狗土龍之始成，文以青黃，絹以綺繡，纏以朱絲，尸祝袀袨，大夫端冕以送迎之。」義亦同此。《穀梁》哀元年傳：「卜免牲者，吉則免之，不吉則否。」又曰：「嘗置之上帝矣，故卜而後免之，不敢專也。卜之不吉則如之何？不免。安置之？繫而待六月上甲始庀牲，然後左右之。」《公羊》無此義。〇注「明本」至「天牲」。〇《成十年傳》「不免牲，❶故言乃不郊也」，注：「不免牲，當坐盜天牲，失事天之道。」**免牛，非禮也。免牛何以非禮？傷者曰牛。** 注養牲不謹敬，有災傷，天不饗用，不得復爲天牲，故以本牛名之。非禮者，非大牲不當復見免，但當内自省責而已。疏哀元年《穀梁傳》曰：「全曰牲，傷曰牛，未牲曰牛，其牛一也，其所以爲牛者異。有變而不郊，故卜免牛也。已牛矣，其尚卜免之何也？禮，與其亡也甯有。」按：彼傳「未

❶「十」，原作「七」，引文見哀公十年，據《春秋公羊傳注疏》改。

牲曰牛」即《哀元年》之「改卜牛」、《定十五年》之「牛死，改卜牛」、《宣元年》之「改卜牛」、《成七年》之「改卜牛」是也。傷曰牛，則《定十五年》之「鼷鼠食郊牛」、《哀元年》之「鼷鼠食郊牛角」、《宣三年》之「郊牛之口傷」、《成七年》之「鼷鼠食郊牛角，又乃免牛」是也。傳以「傷者曰牛」，別乎全者曰牲。其「未成牲曰牛」，從可知也。○注「養牲」至「名之」。○《校勘記》出「養牲不謹敬有災傷」云：「鄂本、宋本、❶閩本同。監本剜改『有』作『致』，毛本從之。」按：作「致」是也。《禮記・郊特牲》云：「帝牛不吉，以爲稷牛。帝牛必在滌三月，稷牛唯具，所以別事天神與人鬼也。」注：「滌，牢中所搜除處也。」《周禮・牛人》：「凡祭祀，共其享牛、求牛，以授職人而芻之。」注：「職，讀爲『樴』。樴人者，謂牧人、充人與？」《牧人》云：「凡祭祀，共其犧牲，以授充人繫之。」《充人》云：「祀五帝則繫于牢，芻之三月。」蓋牲中選者，牛人入之牧人，臨祭時牧人授之充人，充人繫養之。三月一時，節氣成，此養牲之節也。《左傳》「牛卜日曰牲」，注：「既得吉日，則牛改名曰牲。」謂在滌三月無災者，故尊而異之也。不謹而災傷，天神不享，則仍其本稱牛也。《通義》云：「養牲不謹，致有傷而免之，失敬事之禮，故言免牲者不譏，言免牛者譏也。牛得卜曰牲，牲傷不可用，乃復名之曰牛。」○注「非禮」至「而已」。○《校勘記》出「非大牲」，云：「鄂本同。閩、監、毛本『大』作『天』，是也。上文兩言『天牲』。」《穀梁傳》言「免牛亦然」，與《公羊》義乖。按：既不成牲，天之所棄，仍玄衣纁裳，放之南郊何爲，故但自省責而已。《繁露・順命》云：「孔子曰：『畏天命，畏大人，畏聖人之言。』至於祭天不享，其卜不從，使其牛口傷，鼷鼠食其角。或言食牛，或言食而死，或食而生，或不食而自死，或改卜而牛死，或卜而食其角。過有深淺薄厚，而災有簡甚，不可不察也。」是則省責之義也。

三望者何？望祭也。然則曷祭？祭泰山河海。

疏《校勘記》云：「《唐石經》、鄂本同。閩、監、毛本『泰』作『大』，下同。按：《釋文》作『太山』，云本亦作『泰』。今本當据此改。」《周禮疏》引《異義》：「謹案云：《春秋》『魯郊祭三望』，言郊天，日、月、星、河、海、岱，凡六宗。魯下天子，不祭日月星，但祭其分野星，國

❶「本」，原脱，據《十三經注疏校勘記》補。

中山川，故言三望。」按：《左傳》「望，郊之細也」，疏引賈逵、服虔以爲「三望分野之星、國中山川」，與許説同。《毛詩疏》引鄭《駮異義》云：「昔者楚昭王曰：『不穀雖不德，河非所獲罪。』言竟内所不及則不祭也。魯則徐州地，《禹貢》『海岱及淮惟徐州』，以昭王之言，魯之竟界亦不及河，則所望者，海也，岱也，淮也，是之謂三望。」陳氏壽祺《五經異義疏證》云：「分星不涉於望，河又魯竟所不及，説者咸失其義。康成《駮異義》獨据《禹貢》『海岱及淮惟徐州』，謂魯即徐地，而以淮易河。考《職方氏》，周無徐州，徐入于青，魯地兼跨兖、徐。《尚書・費誓》言『徂兹淮夷，徐戎並興』，《詩・魯頌》言『泰山巖巖，魯邦所瞻』，又曰『遂荒大東，至于海邦，淮夷來同』，又曰『遂荒徐宅，至于海邦，淮夷蠻貊，及彼南夷，莫不率從』，《漢書・地理志》：『魯地，奎、婁之分野也。東至東海，南有泗水，至淮，得臨淮之下相、❶僮、取慮，皆魯分也。』康成本此。」按：此下云「河海潤乎千里」，以其通氣致雨，潤澤所及，故亦秩而祭之。蓋又不在竟内山川之限矣。《通義》云：「北望泰山，西望河，東望海，南不及淮者，闕其一方，以下天子。」是也。蓋「望」爲祭群神之通稱。《白虎通・封禪》云：「望，祭山川，祀群神也。」魯祭泰山河海，故止三望耳。《堯典》：「望于山川，徧于群神。」《詩疏》引鄭注：「望者，祭山川之名。徧者，以尊卑秩祭群神，若丘陵墳衍之屬。」彼對文，故「望」與「徧」異，其實山川之神亦以尊卑秩祭，《王制》「五嶽視三公，四瀆視諸侯」之屬是也。又《王制》「諸侯祭名山大川在其地者」，注云：「魯人祭泰山，晉人祭河。」疏：「泰山是齊、魯之界，故齊亦祭之也。」

曷爲祭泰山河海？**注**据郊者主爲祭天。

山川有能潤于百里者，天子秩而祭之。**注**此皆助天宣氣布功，故祭天及之。秩者，隨其大小尊卑高下所宜。禮，祭天牲角繭栗，社稷宗廟角握，六宗五嶽四瀆角尺，其餘山川視卿大夫。天燎地瘞，日月星辰布，山縣水沈，風磔雨升。燎者，取俎上七體，與其珪寶，在辨中，置於柴上

❶「下」，原作「卜」，據國圖藏清抄本及《漢書》及《五經異義疏證》改。

燒之。**疏**注「此皆」至「及之」。○《説苑・辨物》篇：「五嶽何以視三公？能大布雲雨焉，能大斂雲雨焉。雲，觸石而出，膚寸而合，不崇朝而雨天下。施德廣博，故視三公也。四瀆何以視諸侯？能蕩滌垢濁焉，能出雲雨千里焉。爲施甚大，故視諸侯也。山川何以視子男也？能出物焉，能潤澤物焉，能生雲雨，爲恩多。然品類以百數，故視子男也。《書》曰：『禋于六宗，望秩于山川，徧于群神矣。』」《博物志》：「五嶽視三公，四瀆視諸侯，通靈助化，位相亞也。」○注「秩者」至「所宜」。○《書・堯典》「望秩于山川」，《公羊疏》引鄭注：「秩者，徧以尊卑秩祭之。」「五嶽視三公，四瀆視諸侯，其餘小者或視卿大夫，或視伯、子、男。」是即隨其尊卑高下之義也。《説文・豊部》：「豑，爵之次弟也。」引《虞書》曰：「平豑東作。」「豑」，正字，「秩」叚借也。○注「禮祭」至「大夫」。○舊疏云：「皆《王制》與《禮説》文。」《穀梁疏》引《稽命徵》云：「祭天犢角繭栗，社稷牛角握，六宗五嶽四瀆之牛角尺。」《禮記・王制》云：「祭天地之牛角繭栗，宗廟之牛角握，賓客之牛角尺。」此舊疏所謂《王制》及《禮説》文也，二者相兼乃備。《王制》注云：「握，謂長不出膚。」蓋社稷次于天地，故與宗廟同，六宗五嶽四瀆與大夫賓客同，其餘山川則舊疏云「小山川」之屬，但牽牛而已，所謂視卿大夫也。按：《詩疏》引《稽命徵》云：「宗廟社稷角握。」《禮・郊特牲》疏引云：「山川五嶽之牛角尺。」《禮器》疏引云：「社稷牛角握，五嶽四瀆角尺。」《穀梁疏》引云「郊天牛角繭栗，三望之牛角尺」，皆爲《稽命徵》語，小異也。《王制》注云：「視者，視其牲器之數。」疏引《書大傳》云：「『五嶽視三公，四瀆視諸侯，其餘山川視伯，小者視子男。』鄭注云：『謂其牲幣粢盛籩豆爵獻之數。』按：《周禮》上公饗餼九牢，飧五牢，饗禮九獻，豆四十；侯伯饗餼七牢，飧四牢，饗禮七獻，豆三十有二；子男饗餼五牢，飧三牢，饗禮五獻，豆二十有四。又五等諸侯，膳皆太牢，祭亦太牢，簋皆十有二，祭四望山川用毳冕。鄭注《禮器》『五獻察』云：『謂祭四望山川也。』又侯伯無別，三公皆與子男同。今此云『五嶽四瀆角尺，其餘山川視卿大夫』，則嶽瀆無異。不別公、侯、伯、子、男，則以諸侯同，而《王制》云『五嶽視三公，四瀆視諸侯』，則三公尊於諸侯。❶《書大傳・夏傳》又云：

❶「則」，原作「似」，據《周禮注疏》改。

「四瀆視諸侯，其餘山川視伯，❶小者視子男。」是伯與侯別。」並與《周禮》不同。《王制》疏云：「此《王制》所陳，多論夏殷之制，《夏傳》所説，又非周代之禮。鄭之所注者，當据異代法也。」然則何氏所据或亦非盡《周禮》與？孫氏志祖《讀書脞録》云：「《詩》『有捄其角』，《毛傳》：『社稷之牛角尺。』疏云：『《王制》無社稷之文。卑於宗廟，宜與賓客同尺也。』❷志祖疑『賓客』或即『社稷』之譌，蓋『祭』字貫下三句也，賓客不得言祭矣。《禮器》『牲不及肥大』，《正義》謂『郊牛繭栗，宗廟角握，社稷角尺，各有所宜』，亦可證。」然《繁露・郊事對》引《王制》亦作「賓客之牛角尺」，下云「德滋美而牲滋微也」。按：以牛角次之，則四望山川卑於社稷，而《禮器》述諸神獻數，則社稷五祀在三獻，四望山川在五獻。又《周禮・司服》絺冕三章，祭社稷、五祀；毳冕五章，祭四望、山川。在社稷上者，《禮記疏》引熊氏云：「獻與衣服，從神之尊卑，其餘處尊者，以其有功，與地同類，故進之在上。從國中之神，莫貴於社稷之類。直以功見尊，❸其實卑也。以是地別神，故不爲尊也。」義或然也。○注「天燎」。○《爾雅・釋天》：「祭天曰燔柴。」郭注：「既祭，積薪燒之。」《禮・覲禮》曰：「祭天燔柴。」《禮記・祭法》曰：「燔柴于泰壇，祭天也。」《正義》：「謂積薪于壇上，而取玉及牲置柴上燔之，使氣達于天也。」《説文・示部》：「祡，燒柴寮祭天也。」引《虞書》作「祡」。又《火部》：「寮，柴祭天也。」「柴」與「祡」同此聲，故燒柴祭曰祡。《白虎通・封禪》篇：「燎祭天，報之義也。」《書・堯典》：「至于岱宗，柴。」「柴」即「寮」，故《禮記注》引《鉤命決》、《禮記疏》引《斗威儀》並云「封于太山，考績柴燎」是也。《詩・大雅・棫樸》「薪之槱之」，箋云：「白桵相樸屬而生者，枝條芃芃然，豫斫以爲薪。至祭皇天上帝及三辰，則聚積以燎之。」《周禮・大宗伯》云：「以禋祀祀昊天上帝，以實柴祀日月星辰，以槱燎祀司中、司命、飌師、雨師。」注「禋之言煙，周人尚臭。煙，氣之臭聞者。槱，積也。《詩》曰：『芃芃棫樸，薪之槱之。』」按：《大宗伯》所記，總釋祀天神之禮；《爾雅》徒釋祭名，《祭法》專指祭天，每歲常禮。《覲禮》据鄭注引《郊特牲》曰「郊之祭也，迎長日之至

❶「其餘山川」，原作「小者」，據《禮記注疏》改。

❷「宜」，原作「疑」，據《毛詩注疏》改。

❸「尊」，原脱，據《禮記注疏》補。

也，大報天而主日也」，又引《宗伯職》「以實柴祀日月星辰」，則燔柴祭天，謂祭日也，蓋皆燔柴也。○注「地瘞」。○《釋天》曰：「祭地曰瘞薶。」注：「既祭埋藏之。」《詩疏》引「李巡云：『祭地以玉埋地中曰瘞埋。』孫炎云：『瘞者，翳也。既祭，翳藏地中也。』」《祭法》「瘞埋于泰折，祭地也」，疏：「謂瘞繒埋牲，祭神州地祇于北郊也。」《周禮・司巫》云「凡祭祀，守瘞」，注：「瘞，謂若祭地祇有埋牲玉者也。❶守之者，以祭禮未畢，若有事然。」《爾雅・釋言》云：「瘞，幽也。」鄭注：「《禮運》云『埋牲曰瘞』。」埋於地尚幽，故謂之瘞也。又《周禮・肆師》云：「立大祀，用玉帛牲牷。」鄭司農云：「大祀，天地。」蓋祭天則燎柴加牲玉，祭地則埋牲玉焉。《覲禮》云：「祭地，瘞。」鄭注云：「柴爲祭日，則祭地瘞者，祭月也。」則與《爾雅》、《祭法》文同而義微别。《周禮・大宗伯》云：「以血祭祭社稷、五祀、五嶽，以貍沈祭山林、川澤，以疈辜祭四方百物。」注：「陰祀自血起，故書『疈』爲『罷』。鄭司農云：『罷辜，披磔牲以祭，若今時磔狗祭以止風。』玄謂：『祭山林曰貍，川澤曰沈，順其性之含藏。疈，疈牲胷也。❷疈而磔之，謂磔攘及蜡祭。』」明地示之屬皆取義於幽陰也。埋牲，蓋先磔而後埋與？○注「日月星辰布」。○《釋天》云：「祭星曰布。」郭云：「布散祭於地。」《釋文》引李巡云：「祭星者，以祭布露地，故曰布。」《埤雅》引《釋名》云：「祭星曰布。布，取其象之布也。」舊疏引孫炎又云：「既祭，布散於地，位似星辰布列也。」❸按：《祭法》云：「幽宗，祭星也。」注：「宗，當爲『禜』。」幽禜亦謂星壇也，星以昏始見。禜之言營也。」又云：「王宫，祭日也；夜明，祭月也。」注：「王宫，日壇。王，君也，日稱君。宫，壇，營域也。夜明，月壇也。」日月星辰，天神，故築壇以祭。布者，其祭之形蓋日月，亦布象日月之麗乎天也。《大宗伯》云「以實柴祀日、月、星、辰」，則亦燔柴用牲矣。《祭義》曰「郊之祭，大報天而主日，配以月。」知郊天並祭日、月也。○注「山縣」。○《釋天》曰：「祭山曰庪縣。」注：「或庪或縣，置之于山。《山海經》曰『縣以吉玉』是也。」舊疏引李巡注云：「祭山以黄玉及璧，以庪置几上，遥遥而眂之若縣，故曰庪縣。」又引孫炎云

❶「祇」，原作「示」，據《周禮注疏》改。

❷「疈」下當重一「疈」字，原脱，據《周禮注疏》補。

❸「位」、「辰」二字原脱，據《春秋公羊傳注疏》補。

「庪縣，埋於山足曰庪，埋於山上曰縣」是也。《覲禮》云：「祭山丘陵升。」賈疏：「升，即庪縣也。」《大宗伯》於祭山林、川澤曰貍、沈。注：「祭山林曰埋。」❶然則《覲禮》之「升」即「縣」，《大宗伯》之「貍」即「庪」，各舉其一也。○注「水沈」。○《釋天》云：「祭川曰浮沈。」注：「投祭水中，或浮或沈。」《覲禮》云：「祭川，沈。」疏言：「沈不言浮者，文略也。」《大宗伯》注：「祭川澤曰沈。」《書大傳》云「沈四海」，❷鄭注：「沈，祭名。」襄十八年《左傳》「沈玉以濟」，昭二十四年《左傳》「子朝以成周之寶圭湛於河」，定三年《左傳》「執玉而沈」，皆謂沈玉以祭也。《夏官・小子》云：「凡沈辜侯禳，飾其牲玉。」❸鄭司農云：「沈，謂祭川。」則祭川牲玉並用矣。蓋牲玉投水則沈，故祭名沈。《爾雅》名「浮沈」者，對「祭山曰庪縣」成文，物必先浮而後沈，有或浮或沈之象故也。胡氏培翬《庪縣浮沈解》云：「承詢《爾雅》庪縣、浮沈之義，謂『庪縣』不當訓爲『埋庪』，當與《禮經》『閣庪食』同義。按：尊見甚確。《玉篇》云：『庋，閣也。』『庪』同『庋』，引『祭山曰庪縣』可證。但《爾雅》、《儀禮》、《周禮》三經，文各有當而義無妨。《鄭志》疑《爾雅》文雜，❹不可据以難《禮》。《周禮》賈疏『庪縣』爲異代法，皆非。《爾雅》：『祭地曰瘞薶，❺祭山曰庪縣，祭川曰浮沈。』《儀禮》云『祭山、丘陵，升。祭川，沈。祭地，瘞。』《周禮》云『以貍沈祭山林、❻川澤』。按：『瘞埋』是以牲玉埋藏於地中，『庪縣』則有陳列之義。李巡曰：『祭山以黄玉以璧，庪置几上。』邢疏云：『縣，謂縣其牲幣于山林中。』其説良近。蓋古者祭山之法，先庪縣而後埋之，故祭山又名旅。旅，臚陳之也。《山海經》凡祠山多言『肆瘞』，注：『肆，陳之也。陳牲玉而後薶藏之。』此先陳後貍之證。庪縣，蓋旅陳之義，祭山先庪縣而後埋，故亦謂之埋。對文『祭地爲瘞埋，❼祭山爲庪縣』有異；散文則通。惟祭川是以牲玉投置水中，不

❶「林」，原作「陵」，據《周禮注疏》改。

❷「海」，原作「注」，據《尚書大傳》改。

❸「玉」，《周禮注疏》無此字。

❹「疑」上原有「引」字，據續四庫本《研六室文鈔・庪縣浮沈解》刪。

❺「薶」，原作「貍」，據《研六室文鈔・庪縣浮沈解》改。

❻「林」，原作「陵」，據《研六室文鈔・庪縣浮沈解》改。。

❼「文」下原有「則」字，據《研六室文鈔・庪縣浮沈解》刪。

得名埋，故名浮沈，或名沈。凡以物入水通謂之浮沈。《詩》云『載沈載浮』，舟浮物亦名沈，可見浮沈無定稱。或欲分牲爲浮，玉爲沈，非是。《周禮・小子職》：『沈辜侯禳，飾其牲。』鄭司農云：『沈，謂祭川。』則牲亦言沈也。祭川或言浮沈，或言沈，猶《爾雅》『祭地曰瘞埋』。❶《儀禮》云『祭地，瘞』，文有詳略而義不殊。《儀禮》祭山丘陵不云『庪縣』而云『升』者，對沈言之，且兼明就祭之意。❷其實名異義同。《周禮》止云『祭山林、川澤』，無祭地之文，故祭山林亦通謂之貍。此三經詳略異同之義。謂《爾雅》『庪縣』爲即《周禮》之所謂『貍』，固非。而以《周禮》疑《爾雅》亦非也。」按：胡氏謂先陳後貍，其說精確，不然則與祭地之瘞貍何異？不燒而埋者，爲地祇故也，以別乎天神。○注「風磔」。○《釋天》云：「祭風曰磔。」郭云：「今俗當大道中磔狗。云以止風，此其象。」舊疏引：「李巡云：『祭風以牲頭蹏及皮，破之以祭，故曰磔。』孫炎云：『既祭披磔其牲，以風散之。』」鄭司農注《大宗伯》云：「罷辜，披磔牲以祭，若今時磔狗祭以止風。」又注《小子》云：「辜，謂磔牲以祭也。」引《月令》：「九門磔攘以畢春氣。」賈疏《大宗伯》云：「此舉漢法以況疈辜爲磔之義也。必磔狗止風者，狗屬西方金，金制東方木之風，故用狗止風也。」邵氏晉涵《爾雅正義》云：「《封禪書》秦德公『作伏祠，磔狗邑四門，以禦蠱菑』。按：於文皿蟲爲蠱，蠱生於風，秦制是祭風之遺制也。」❸後鄭《大宗伯》注云：「疈，疈牲胸也。疈而磔之，謂磔攘及蜡祭。」蓋當時疈磔牲體皆從胸臆解析之。《月令》於季春云「磔攘」，又十二月大儺時亦磔攘，蓋磔牲以禳去惡氣，猶磔狗以止風也。○注「雨升」。○舊疏云：「無文，何氏更有所見。」《公羊問答》云：「問：雨升果無文乎？曰：《釋名》有此文。祭雨曰升，祭星曰布，升取其氣之升也，布取其象之布也。徐特未之見耳。」按：《周禮・大宗伯》「以槱燎祀飌師、雨師」，蓋燔燎而煙氣上達，故謂之升，與禋祀、實柴互文見義焉。○注「燎者」至「燒之」。○《禮記疏》引《韓詩内傳》云：「天子奉玉升柴，加于牲上。」《三禮義宗》云：「祭天以燔柴爲始，然後行正祭。」又云：「凡祭天神有二玉。禮神者訖事即收，祀

❶「埋」，《爾雅》作「薶」。
❷「意」，原作「義」，據《研六室文鈔・庪縣浮沈解》改。
❸「遺」，原脱，據《爾雅正義》補。

神者與牲俱燎。今國家郊祀天地、祀神之玉常用，禮神之玉則無。請下有司求良玉，造蒼璧、黄琮等九器，訖則藏之。其燎玉依常制，從之。」禮神之玉，即《大宗伯》之「蒼璧以事天、黄琮以禮地」，又《典瑞》之「四圭有邸以祀天，❶兩圭有邸以祀地」者也。其燔柴之玉，則《肆師》云「立大祀，用玉帛牲牷」，其實肆師所共不獨升煙瘞埋之玉帛牲，亦兼有禮神之玉帛牲也。《大宗伯》注：「鄭司農云：實柴，實牛柴上焉。」《書釋文》引馬融《書注》云：「祭時積柴加牲其上而燔之。」蓋《大宗伯》之煙祀、實柴、槱燎大同。凡祀天神，皆積柴燔之，上加牲體，其玉帛或有或無也。其祭圜丘、方澤、南北郊，則牲帛俱有。其七體者，舊疏云：「即《少牢》之肩、臂、臑、膊、胳、正脊、❷脡脊、横脊、短脅、正脅、代脅之屬也。」按：何注言「七體」者，指豚解言，謂殊左右肱股而爲四，又兩脅一脊而爲七也。《禮記・禮運》云「腥其俎」，謂豚解而腥之，謂之全脅，左右肱骨各三，亦謂之前脛骨。三者，肩、臂、臑也，左右股骨各三。又謂之後脛骨三者，膊、胳、觳也，共十二體，有骨三，正脊、脡脊、横脊也，合爲十五。又左右兩脅骨各三，正脅、代脅、短脅也，合爲二十一體，所謂體豚也。又謂之房脅。《少牢》十一體，去觳也。又按：《類聚》引《書》曰「白魚入于舟中，王跪取出涘以燎」，即今文《大誓》語。《詩疏》引鄭彼注云：「涘，涯也。王出于岸上，燔魚以祭，❸變禮也。」蓋祭天禮用特牲，今取魚以燎，故爲變禮。武王以魚爲瑞，故特燎以祭。《儀禮疏》引《書中候》云「魚者水精，隨流出入，得申朕意」是也。

觸石而出，膚寸而合，【注】側手爲膚，按指爲寸，言其觸石理而出，無有膚寸而不合。

【疏】《白石神君碑》：「觸石而出，膚寸而合，不終朝而澍雨沾洽。」《後漢書注》引《書大傳》曰：「五岳皆觸石出雲，膚寸而合，不崇朝而雨天下。」○注「側手」至「不合」。○《通義》云：「謹案：膚，與『堂上七扶』之『扶』同。四寸曰膚，❹取其鋪四指也。」阮氏福《膚寸而合解》云：「『膚』之音與『扶』相通。《禮記・投壺》云『室中五扶，堂上七

❶「祀」，原作「事」，據《周禮注疏》改。
❷「脊」，原作「有」，據國圖藏清抄本《公羊義疏》、《春秋公羊傳注疏》改。
❸「燔」，原作「燎」，據《毛詩注疏》改。
❹「膚」，原作「扶」，據《春秋公羊經傳通義》改。

扶，庭中九扶。』鄭康成注：『鋪四指曰扶。』伏生《尚書大傳》『扶寸而合』，鄭注：『四指曰扶。音膚。』《韓非子》『上失扶寸』，❶注：『四指爲扶。』《玉篇》、《廣韻》皆作『扶』。由是觀之，則膚、扶聲之轉，所謂『膚寸而合』者，如雲出山，散而不合則不得雨。今膚寸而合，如人以兩手之四指平鋪，先分兩處，向下覆之，由分而合，漸肖雲合之狀，合之甚易，故云『膚寸而合，不崇朝而雨遍天下』。」非謂泰山之雲相離四寸而合也。按：《王制》云「牛角握」，注：「握，謂長不出膚。」疏引《公羊》此傳并鄭注。《投壺》「禮四指曰扶」，❷亦以「扶」與「膚」同。《玉篇》引《公羊》作「扶寸而合」，《廣韻》同。又引注云：「側手曰扶。」按：指曰寸，是古本《公羊》「膚」皆作「扶」也。「膚」亦或謂之「握」，《禮・鄉射禮》：「箭籌八十，長尺有握，握素。」注：「握，本所持處也。握，本以作膚。」張氏爾岐《鄭注句讀》云：「握，本以作膚。」❸「以」字疑誤。別本刊本「一作膚」，亦費解。或刊本「一」讀屬上句。「一作膚」指「握」字有作「膚」者，四指曰膚，與握義同。「握四指，❹即四寸，籌長尺四寸，其四寸則刊之使白也。」《儀禮古義》云：「按：文當云『握』，本或作『膚』。」❺依鄂本改。按：「膚寸而合」，如注解甚直捷。言「雲觸石而出」，膚寸之微皆合，注云「無有膚寸而不合」是也，不必如阮説之另生別解也。按：指爲寸者，《説文・寸部》：「寸，十分也。人手卻一寸動脈謂之寸口。从又一。」徐鍇曰：「一者，記手腕下一寸，此指事也。」凡寸、尺、丈皆取法於人身故也。

不崇朝而徧雨乎天下者，唯泰山爾。

注　崇，重也。不重朝，言一朝也。

疏　《後漢書・顯宗紀》：❻「禱五岳四瀆，及名山能興雲致雨者，冀不崇朝徧雨天下之報。」《詩・召南》「殷其靁」，傳：「山出雲雨，以潤天下。」翁氏方綱《兩漢金石記》云：「傳文初無『雲』字，唐人類書引此乃加一『雲』字，曰『唯大山雲爾』，誤也。何休注曰：『言其觸石理而出，無有

---

❶「失」，原作「告」，據《韓非子》改。
❷「禮」，《禮記注疏》鄭注作「鋪」。
❸「以」，《儀禮鄭注句讀》作「一」。
❹「四」，原作「曰」，據《儀禮鄭注句讀》改。
❺「或」，原脱；「膚」，原作「按」，據《九經古義・儀禮古義》改。
❻「顯」，原作「肅」，引文見《顯宗紀》，據《後漢書》改。

膚寸而不合。」下文『河海潤于千里』，❶彼注曰：『亦能通氣致雨，潤澤及于千里。』據此，則所謂出合者，山之氣爲之也。觀此《白石神君碑》，上言『幽讚長育』，❷下言『澍雨沾洽』，信知《公羊》二語之不指雲矣。」劉氏寶楠云：「翁氏以『觸石』二句爲山氣，非山雲，不知雲亦氣也。《尚書大傳》：『五岳皆觸石出雲，扶寸而合，不崇朝而雨天下。』即本《公羊傳》。《三公山碑》『觸石興雲，不崇朝而雨』，《祀三公山碑》『興雲膚寸』，《無極山碑》『觸石膚寸，興雲祁祁』，《西岳華山碑》『觸石興雲，雨我農桑』，皆指雲説，其非始於唐人明甚。但『大山』下不必更增『雲』字，此則類書之誤。」❸〇注「崇重」至「朝也」。〇《詩・大雅・鳧鷖》云「福禄來崇」，傳：「崇，重也。」《公羊問答》云：「《鄘風》『崇朝其雨』，傳：『崇，終也。從旦至食時爲終朝。』與《僖三十一年傳》『不崇朝而偏雨乎天下者』，其訓詁何以不同？曰：何注：『崇，重也。』陸氏《音義》：『崇，重，直龍反。』何注从《爾雅・釋詁》：『崇，重也。』郭注：『增崇，皆所以爲崇疊。』何氏之意，言崇朝則兩朝，不崇乃一朝也。與《詩》絶然不同。俗儒於此傳欲强合《毛傳》，適形其謬妄而已。」《説苑・辨物》云：「五岳能大布雲雨焉，能大斂雲雨焉。雲觸石而出，膚寸而合，不崇朝而雨天下，施德博大。」然則五岳皆然，此以魯祭大山，故斥大山言焉。《風俗通・山澤》云：「岱者，長也，萬物之始，陰陽交代，雲觸石而出，膚寸而合，不崇朝而偏雨天下，其惟泰山乎？故爲五岳之長。」《淮南・氾論訓》：「觸石而出，膚寸而合，不崇朝而雨天下者唯大山。」皆取此傳爲説。泰，當依《釋文》本作「大」。

河海潤于千里。

注 亦能通氣致雨，潤澤及于千里。《韓詩傳》曰「湯時大旱，使人禱于山川」是也。郊望非一，獨祭三者，魯郊非禮，故獨祭其大者。

疏《淮南子・氾論訓》：「赤地三年而不絶流，澤及百里而潤草木者，唯江、河也，是以天子秩而祭之。」《説苑・辨物》云：「四瀆能蕩滌垢濁，能通百川於

❶ 「于」，原作「乎」，據《兩漢金石記》改。
❷ 「幽」，原作「出」，據《兩漢金石記》改。又「幽讚長育」，原碑文作「幽讚天地，長育萬物」。
❸ 「則」，原脱，據《愈愚録・漢碑引經》補。

海，❶能出雲雨千里，❷爲施甚大。山川能出物，能潤澤物，能生雲雨，爲恩多。」是其義也。○注「亦能」至「千里」。○亦者，亦上泰山也。○注「韓詩」至「是也」。○《桓五年》注云：「君親之南郊，以六事謝過，自責曰：政不一與？民失職與？宮室榮與？婦謁盛與？苞苴行與？讒夫倡與？」彼疏云：「皆《韓詩傳》文。」《禮記疏》又引《韓詩内傳》云：「天子奉玉升柴，加於牲上。」蓋皆《大雅・雲漢》詩語也。○注「郊望」至「大者」。○正以天子方望之事，無所不通，四方群神，日月星辰，五岳四瀆，風伯雨師，及餘山川三十六所，故云「非一」。魯本不宜郊，徒以周公之故，得以三正郊天，本非禮之正，故方望亦第祭其大者三而已。則河雖不在竟内，潤澤所及，故亦望而祭焉。猶者何？通可以已也。注已，止。疏《穀梁傳》曰：「猶者，可以已之辭也。」《通義》云：「通之爲言，文見於此，義起於彼。」《經義述聞》云：「通之爲言，猶道也。道，言也。道可以已，言可以已也。《漢書・劉向傳》曰：『臣誠見陰陽不調，不敢不通所聞。』通所聞，即道所聞也。《夏侯勝傳》上謂勝曰『先生通正言，無懲前事』，顔師古注：『通，謂陳道之也。』是『通』與『道』同義，通、道一聲之轉。『道言』之『道』轉爲『通』，猶『通達』之『通』轉爲『道』矣。襄三十一年《左傳》『不如小決使道』，注：『道，通也。』《法言・問道》篇云：『道也者，通也。』」按：《爾雅・釋詁》云：「猷，已也。」猷、猶二字通。猶，兼可、已二義。《釋言》云「猶，可也」是也。「猶」有疑惑之意，又有遲回之意，故凡言「猶」，皆兼可、已二義也。○注「已止」。○《一切經音義》引《廣雅》云：「已，止也。」《詩・鄭風・風雨》云「雞鳴不已」，傳箋：「已，止也。」又《秦風・蒹葭》云「白露未已」，傳：「未已，猶未止也。」已、止疊韻爲訓也。《左氏》此經及《文五年》「猶朝于廟」，《宣八年》「猶繹」，杜注並云：「猶者，可止之辭。」本此。何以書？譏不郊而望祭也。注譏尊者不食而卑者獨食。書者，惡失禮也。魯至是郊者，僖公賢君，欲尊明其先祖之功德，不就廢之。譏者，

❶「於」，原作「云」，據《説苑》改。
❷「出」，原作「興」，據《説苑》改。

《春秋》不見事不書，皆從事舉可知也。不吉言不從者，明己意汲汲欲郊而上不從爾。所以見事鬼神，當加精誠。**疏**注「譏尊」至「禮也」。○《左傳》：「望，郊之細也。不郊，亦無望可也。」《繁露·郊祀》云：「故《春秋》譏郊，未嘗譏君德不成于郊也。及不郊而祭山川，失祭之敘，逆於禮，故必譏之。以此觀之，不祭天者，乃不可祭小神也。」又《郊語》云：「天者，百神之大君也。事天不備，雖百神猶無益也。何以言其然也？祭而地神者，《春秋》譏之。孔子曰：『獲罪於天，無所禱也。』是其法也。」○注「魯至」至「廢之」。○決閔以前不書郊也，明禮廢已久，僖公修之。鄭氏《詩·魯頌譜》云：「自後政衰，國事多廢。十九世至僖公，當周惠王、襄王時，而遵伯禽之法，養四種之馬於牧野。尊賢祿士，修泮宮，崇禮教，❶謀東略，遂伐淮夷。新作南門，又修姜嫄之廟。」是其尊明先祖之功德，不就廢之事也。知非閔以前郊皆卜吉，故不書者，桓、莊失德尤甚，鬼神所不饗，必無閱數十年無一卜不從之事。○注「譏者」至「知也」。○正以僖公修復郊祭爲復古，《詩·魯頌·閟宮序》所謂「美僖公能復周公之宇」，而纖芥之惡必貶，則《春秋》之義也。僖公有四卜郊之非禮，書以見魯之得郊，明《春秋》但譏其四卜不從，譏其猶三望焉爾。○注「不吉」至「精誠」。○《校勘記》出「而上不從爾」，云：「鄂本『上』作『卜』，此誤。」《書·洪範》於「龜從筮從」皆言「從」，與「逆」對，知「從」爲吉，「逆」爲凶。變吉言從，即《書》「汝則從」之義，《孔傳》「人心和順，龜筮從之，是謂大同於吉」是也。《穀梁傳》：「乃者，亡乎人之辭也。」注引凱曰：「其猶《易》稱『闃其户，闃其無人』，《詩》曰『巷無居人』，譏僖公不共致天變。」《洪範》云：「龜筮共違于人，用靜吉，用作凶。」故不郊以敬天變。

秋，七月。

冬，杞伯姬來求婦。**疏**杜云：「自爲其子成昏。」

其言來求婦何？兄弟辭也。**疏**兄弟辭也，義具上二十五年。其稱婦何？有姑之辭也。

❶「崇」，原作「守」，阮元《毛詩校勘記》云：「浦鏜云『崇』誤『守』。考《正義》云：『是修泮宮崇禮教也。』浦校是也。」據改。

注書者，無出道也。**疏**《説文・女部》：「婦，服也。」《禮記・内則》云「婦事舅姑」，《禮・喪服》不杖期章「婦爲舅姑」，皆以婦爲對舅姑之稱。此止言姑者，就杞伯姬立文。《宣元年傳》亦云「其稱婦何？有姑之辭也」，明宣母頃熊在也。○注「書者無出道」。○《繁露・玉英》云：「婦人無出竟之事，經禮也。母爲子娶婦，變禮也。」《穀梁傳》：「婦人既嫁不踰竟，杞伯姬來求婦，非正也。」

狄圍衛。

十有二月，衛遷于帝丘。**注**月者，惡大國遷至小國，城郭堅固。人衆彊，遷徙畏人，故惡之也。**疏**杜云：「帝丘，今東郡濮陽縣故帝顓頊之虚，故曰帝丘。」《釋例》：「帝丘，故帝顓頊之虚，故曰帝丘。昆吾氏因之，故曰昆吾之虚。東郡濮陽是也。」《大事表》云：「今爲直隸大名府之開州。」按：《元和郡縣志》：「淇縣東渡河一百十五里至滑縣，滑縣東北五里爲漕，又東北五十五里爲楚丘，又東北一百三十里至開州。」自始封朝歌至此，凡三百零五里，黄河更在開州北十五里，衛之再遷皆在河之南矣。《漢書・地理志》東郡濮陽下云：「衛成公自楚丘徙此。故帝丘，顓頊虚。」《一統志》：「濮陽故城本古帝丘，大名府開州西南二十里。」齊氏召南《考證》云：「按：《漢書・地理志》：『東郡濮陽，衛成公自楚丘徙此，故帝丘，顓頊虚。』又《續漢・郡國志》注引《皇覽》曰：『顓頊冢在城門外廣陽里中。』」○注「月者」至「之也」。○《僖元年》注云：「遷例大國月，重煩勞也；小國時。」此以其遷徙畏人，故月以惡之，不但重煩勞也。《僖元年》「夏六月，邢遷于夷儀」，月者，彼注云：「霸者所助城，故與大國同。」

公羊義疏三十七

僖三十二年盡三十三年。

句容陳立卓人著

三十有二年，春，王正月。

夏，四月己丑，鄭伯接卒。**注**不書葬者，殺大夫申侯也。君殺大夫，皆就葬，别有罪無罪，唯内無貶公之道，不可去葬，故從殺時别之。**疏**包氏慎言云：「二月書己丑，二月有閏，此爲三月之十六日。經繫之四月，時蓋閏四月也。」《左傳》、《穀梁》「接」作「捷」，《漢書・古今人表》作「接」。○注「不書」至「侯也」。○見上七年。○注「君殺」至「無罪」。○舊疏云：「謂大夫有罪，則書其君葬；若大夫無罪，則去其君葬，以見惡。」❶包氏慎言云：「無罪殺大夫不書葬，明當絀爵，不得以侯禮終也。」按：上《九年》「晉侯詭諸卒」，注：「不書葬者，殺世子無罪也。」《襄二十六年》「宋公殺其世子痤」，注：「痤有罪，故平公書葬。」是殺有罪者不去葬也。《成十年》「晉侯獳卒」，注：「不書葬者，殺大夫趙同等。」是殺無罪大夫也。○注「唯内」至「别之」。○即上《二十八年》「春，公子買戍衛，不卒戍，刺之」，又《成十六年》「乙酉，刺公子偃」，以日不日别有罪無罪也。蓋有罪不日，無罪日也。然則内大夫有日不日之分，外大夫之有罪無罪，即於其君之書葬不書葬别之也。此及晉景不書葬，明申侯、趙同等無罪矣。内大夫所以别於日不日者，以内無貶公之道也。《宣元年》傳「内無貶於公之道也」，明下無貶上之義，故不可去葬也。又以見爲尊者諱。

衛人侵狄。**疏**杜云：「報前年狄圍衛。」

秋，衛人及狄盟。**注**不地者，起因上侵就狄盟也。復出衛人者，嫌與内微者同也。

❶「見」，原作「其」，據《春秋公羊傳注疏》改。

言及者，時出不得狄君也。稱人而言及，則知狄盟者卑。疏注「不地」至「盟也」。○決《宣十一年》書「晉人會狄于攢函」書地也。❶杜云：「不地者，就狄廬帳盟。」劉炫《述義》云：「春秋時戎狄錯居中國，此狄無國都處所，直云『及狄盟』，盟於狄之處也。」《孔疏》云「猶若公如晉及晉侯盟」是也。○注「復出」至「同也」。○《隱元年》「及宋人盟于宿」，傳：「孰及之？內之微者也。」此不出衛人，嫌爲衛與狄盟爲內之微者，故不出名氏也。○注「言及」至「者卑」。○《隱元年》傳：「及，猶汲汲也。」衛本畏狄而遷，今侵衛，復汲汲就狄盟，故知不得狄君也。衛稱人不出名氏，故知與盟者卑。宿盟書宋人，此狄不書人者，狄之也。

冬，十有二月己卯，晉侯重耳卒。疏包氏慎言云：「十二月無己卯，十一月之十日。」《穀梁注》云：「晉自莊公以前不書於《春秋》，又不言文公之入及鄭忽之殺，何乎？徐邈通之曰：『按《詩序》及《紀年》、《史記》，晉昭公之後大亂五世，又鄭忽之後有子亹、子儀，且事出記傳而經所無殊多，誠當有不告故不書者。諸侯有朝聘之禮、赴告之命，所以敦其交好，通其憂虞。若鄰國相望而情志否隔，存亡禍福，不以相關，則它國之史無由得書，❷故告命之事絶則記注之文闕，此蓋內外相與之常也。魯政雖陵遲而典刑猶存，史策所録，不失常法，其文獻之實足徵，故孔子因而脩之，事仍本史而辭有損益，所以成詳略之例，起褒貶之意。若夫可以寄微旨而通王道者，存乎精義窮理，不在記事少多，此蓋脩《春秋》之本旨。師資辨説，日用之常義，故穀梁子可不復發文而體例自舉矣。』」按：《公羊》於莊公以前不書晉事無説，或亦如徐氏之旨與？

三十有三年，春，王二月，秦人入滑。疏《穀梁傳》：「滑，國也。」按：滑伯見於《莊十六年》「同盟于幽」。《大事表》云：「今河南府偃師縣南二十里有緱氏城，爲滑國地。爲秦所滅，尋屬晉。《成十七年》『鄭子駟侵晉虛、滑』即此。」按：《左傳》成十三年呂

❶「一」，原作「二」，引文見宣公十一年，據《春秋公羊傳注疏》改。

❷「史」，原作「使」，據《春秋穀梁傳注疏》改。

相絶秦曰「殄滅我費滑」，杜云：「滑國都於費。」則時已滅滑矣。《隱二年》傳：「入者何？得而不居也。」注：「已得其國而不居，故云爾。」又云：「入例時，傷害多則月。」

齊侯使國歸父來聘。

夏，四月辛巳，晉人及姜戎敗秦于殽。**疏** 包氏慎言云：「四月無辛巳，五月之十五日。」前年不置閏而移閏於此年之正月，則經之月日悉合。然如此則前年四月後中氣悉不在其月，而此年歲首冬至又在閏月矣，于曆法多所抵牾。据殽之戰，傳言晉侯稱人，以背殯用兵，危不得葬，貶。詐戰不日，此以盡敵而日。文公之卒在前年十二月，四月爲葬月，下書「癸巳，❶葬晉文公」，月之二十一日，經月必無誤。前年十二月有己酉、己未、己巳，此年四月有辛丑、辛亥、辛酉，未知係何月之誤。杜云：「姜戎，姜姓之戎。居晉南鄙，戎子駒支之先也。」按：昭九年《左傳》「允姓之戎居于瓜州」，杜云：「瓜州，今燉煌郡。」即范宣子所謂「迫逐乃祖吾離于瓜州」者，在今甘肅肅州西五百二十六里。《僖二十二年》「秦、晉遷于伊川」，即所謂陸渾之戎也。襄十四年《左傳》戎子駒支謂「晉人角之，諸戎掎之」，❷即此事。此年《正義》云：「駒支自陳，謂太岳之裔胄，且此云姜戎，知是姜姓之戎也。」杜云：「四岳之後皆姓姜。又別爲允姓。」錢氏大昕《潛研堂答問》云：「問：春秋世戎人由瓜州遷中國者蓋有二種：一曰姜姓之戎，一曰允姓之戎。姜戎以殽之役見《春秋》，戎子駒支，其後也。范宣子數駒支，稱『秦人迫逐乃祖吾離于瓜州，我先君惠公有不腆之田，與汝剖分而食之』。駒支亦云『惠公蠲其大德，謂我諸戎，四岳之裔胄也，賜我南鄙之田』。是姜戎自瓜州徙晉南鄙而附庸于晉者也。允姓之戎居陸渾。陸渾，瓜州地名也，故稱陸渾之戎。僖二十二年，秦、晉遷之伊川，由是伊川亦有陸渾之名。其後或居晉陰地，謂之陰戎。晉梁丙、張趯率陰戎伐潁，王使詹伯辭于晉，曰：『允姓之姦居于瓜州，惠公歸自秦而誘以來，入我郊甸。』伊川乃圻內地，故云郊甸，與姜戎之居晉南鄙者別。杜謂『四岳之後皆姓姜，又別爲

❶「癸」，原作「丁」，據《春秋公羊傳注疏》改。
❷「十」，原脱，據《春秋左傳注疏》補。

允姓』，蓋欲合二種而一之，竊有未安。曰：『春秋時戎有姜姓、允姓、子姓、姬姓之别，允姓之徙伊川，在晉惠公時，晉猶未啓南陽，與伊川相去甚遠，何緣分南鄙以食之？且秦、晉同欲遷之，非秦人迫逐，而晉特裂土予之也。楚子嘗伐陸渾之戎矣，不聞其侵晉南鄙也，則陸渾之戎非姜姓矣。姜姓之别爲允，無文可据，杜氏以意度之。二戎族姓各殊，分地亦别，安得以其同出瓜州、同徙于惠公時，而遂混而一之乎？』」按：錢説極爲明晰。《左傳》作「敗秦師于殽」，有「師」字。按：《穀梁傳》云「狄秦也」，是《穀梁》經亦無「師」字。今有者，衍。《左氏經》誤也。杜云：「殽在弘農澠池縣西。」亦曰二崤。《大事表》云：「二崤在今河南府永甯縣北六十里。❶漢澠池之西界，自東崤至西崤長三十五里。」《釋文》：「殽，本又作肴。」《左傳釋文》：「本又作崤。」《後漢書·龐參傳》：「孟明敗晉師于崤。」按：今澠池縣有土壕鎮，即土殽也。

其謂之秦何？**注** 据敗者稱師，未得師稱人。**疏** 注「据敗」至「稱人」。○《桓十三年》「及齊侯、宋公、衛侯、燕人戰，齊師、宋師、衛師、燕師敗績」，是敗者稱師也。《莊二十八年》「齊人伐衛。衛人及齊人戰，衛人敗績」，傳：「敗者稱師，衛何以不稱師？未得乎師也。」注：「未得成列爲師也。」是未得師稱人也。夷狄之也。**疏** 《穀梁傳》：「不言戰而言敗何也？狄秦也。其狄之何也？秦越千里之險，入虚國，進不能守，退敗其師，徒亂人子女之教，無男女之别，秦之爲狄，自殽之戰始也。」《説苑·君道》云：「天之生人也，蓋非以爲君也；天之立君也，蓋非以爲位也。夫爲人君，行其私欲而不顧其人，是不承天意，忘其位之所以宜事也。如此者，《春秋》不予能君而夷狄之。」曷爲夷狄之？**注** 据俱見敗。**疏** 注「据俱見敗」。○謂敗者稱師、稱人，與此俱見敗也。秦伯將襲鄭，**注** 輕行疾至，不戒以入曰襲。**疏** 注「輕行」至「曰襲」。○《史記·秦本紀》曰：「鄭人有賣鄭于秦曰：『我主其城門，鄭可襲也。』」上三十二年《左傳》：「杞子自鄭使告于秦曰：『鄭人使我掌其北門之

❶「北」，原脱，據《春秋大事表》補。

管，若濳師以來，國可得也。』」《白虎通・誅伐》篇：「襲者何謂也？ 行不假途，掩人不備也。《春秋傳》曰：『其謂之秦何？ 夷狄之也。 曷爲夷狄之？ 秦國將襲鄭。』入國掩人不備，行不假途，人銜枚，馬繮勒，晝伏夜行爲襲也。」按：「曷爲夷狄之」以上皆《公羊傳》語。「秦伯」，彼作「秦國」。「入國」以下，三傳皆無，或班氏引經師説足之也。

百里子與蹇叔子諫曰：「千里而襲人，未有不亡者也。」**注**行疾不假途，變必生；道遠多險阻，遭變必亡。

疏《左傳》曰：「穆公訪諸蹇叔，蹇叔曰：『勞師以襲遠，非所聞也。 師勞力竭，遠主備之，無乃不可乎！ 師之所爲，鄭必知之。 勤而無所，必有悖心。 且行千里，其誰不知？』」《秦本紀》：「繆公問蹇叔、百里傒，對曰：『徑數國千里而襲人，希有得利者。 且人賣鄭，庸知我國人不有以我情告鄭者乎？ 不可。』」《穀梁傳》曰：「秦伯將襲鄭，百里子與蹇叔子諫曰：『千里而襲人，未有不亡者也。』」按：《左傳》諫穆公「勞師襲遠」爲蹇叔語，此及《穀梁》、《史記》則蹇叔、百里奚同諫。《左傳》言「蹇叔之子與師哭而送之」，此及《穀梁》、《史記》皆云蹇叔、百里同送其子而哭之。《左傳》載三帥之名爲孟明視、西乞術、白乙丙，《史記》以孟明爲百里奚子，西乞術、白乙丙爲蹇叔子。《左傳疏》引《世族譜》同。 則《書・秦誓》所稱「古之謀人」及「詢兹黄髮」，其即指百里奚、蹇叔二人與？ ○注「行疾」至「必亡」。 ○《桓六年》注：「諸侯相過，至竟必假途，入都必朝，所以崇禮讓，絶慢易，戒不虞。」行軍亦然，故晉獻伐虢，假道于虞；晉文伐曹，假道于衛是也。 皆所以防變也。 千里襲人，是道遠也。 下云「必於殽之嶔巖」，是多險阻也。

秦伯怒曰：「若爾之年者，宰上之木拱矣。」**注**宰，冢也。 拱，可以手對抱。 **疏**《左傳》：「公使謂之曰：『爾何知？ 中壽，爾墓之木拱矣。』」《穀梁傳》：「秦伯曰：『子之冢木已拱矣。 何知？』」注：「言其老無知。」杜云：「言其過老，悖不可用。」○注「宰冢也」。 ○《列子・天瑞》篇：「宰如也。」殷敬順《釋文》：「宰如，言如冢也。」《荀子・大略》云：「望其壙，臯如也。」注：「臯，當爲宰。 宰，冢也。」《小爾雅・廣名》云：「宰，冢也。」哀三年《左傳》「命宰人出禮書」，注：「宰人，冢人之屬。」《方言》：「冢，秦、晉之間謂之墳，或謂之培，或謂之采。」《廣雅》：「埰，冢也。」埰、采、宰音義並通。梁氏玉繩《瞥記》云：「冢何以訓宰？《晉書·天文志》：『虛二星，冢宰之官也，主死喪哭泣。』未免附會。《示兒篇》謂冢、宰字相近而譌。錢詹事曰：『非譌也，二字聲相近，故可轉訓。』」《禮緯含文嘉》云：「天子墳高三仞，樹以松。諸侯半之，樹以柏。大夫八尺，樹以桑。士四尺，樹以槐。庶人無墳，樹以楊樹。」《易·繫辭》傳説上古云「不封不樹」。○注「拱可以手對抱」。○《左傳注》：「合手曰拱。」《穀梁注》：「拱，合抱。」《書序》：「伊陟相太戊，亳有祥，桑穀共生于朝。」《史記注》引鄭注云：「兩手搤之曰拱。」王氏鳴盛《尚書後案》云：「『共』與『拱』通。《左傳》『爾墓之木拱』，杜曰：『合手曰拱。』《吕覽·制樂》篇載此事，高誘注亦云『滿兩手曰拱』是也。」《孟子·告子上》「拱把之桐梓」，注：「拱，合兩手也。」❶《莊子·人間世》云「宋有荆氏者，宜楸柏桑，其拱把而上者」，《釋文》云：「拱，恭勇反。把，百雅反。司馬云：『兩手曰拱，一手曰把。』」兩手即以手對抱也。《爾雅·釋詁》：「拱，執也。」注：「兩手持爲拱。」《説文·手部》：「拱，斂手也。」義皆合。**爾曷知！」** **疏**《新序》五云：「《詩》曰：『老夫灌灌，小子蹻蹻。』言老夫欲盡其謀，而少者驕而不受也。秦穆所以敗其師，殷紂所以亡天下也。」《繁露·竹林》云：「秦穆侮蹇叔而大敗，鄭文輕衆而喪師，《春秋》之敬賢重民如是。」

師出，百里子與蹇叔子送其子， **疏**《吕覽·先識》篇：「蹇叔有子曰申與視。」高注：「申，白乙丙也。視，孟明視也。」按：杜云：「孟明，百里孟明。」則孟明宜爲百里子，與《史記》、《世族譜》並同。《秦本紀》云「繆公曰：『子不知也，吾已決矣。』遂發兵，使百里傒子孟明視、蹇叔子西乞術、白乙丙將兵。行日百里」是也。❷按：《左傳》「蹇叔之子與師哭而送之」，爲哭其子。上文「蹇叔哭之，曰孟子」，明孟明非蹇叔子，高注非也。《左疏》又云：「蹇叔子與師，言其在師中而已。若西乞術、白乙丙則爲將帥，不得云與。」按：將帥稱

❶「合」，原脱，據《孟子注疏》補。

❷「行日百里」，《史記》原文作「行日，百里溪、蹇叔二人哭之」。

與，行文亦無不可，孔氏可謂好立異矣。**而戒之曰：「爾即死，必於殽之嶔巖，是文王之所辟風雨者也，**注其處險阻隘，勢一人可要百，故文王過之驅馳，常若辟風雨，襲鄭所當由也。疏《校勘記》云：「《唐石經》、諸本同。《釋文》：『嶔，本或作廞。同。』盧文弨曰：『《說文》作「欽崟」，高誘注《淮南·墜形訓》作「欽吟」。』按：《說文》有『岑崟』，無『欽崟』，義與傳亦不同。」按：《釋文》：「嶔，苦銜反。鄒深生、❶褚詮之音《上林賦》並同。徐音欽。韋昭《漢書音義》去瞻反。又本或作『廞』，同。巖，五銜反，韋音嚴。」閩、監、毛本作「廞」，盧云從《注疏》本作「廞」。《說文》止有「厱」字，十行本《釋文》「巖」作「岩」，《穀梁傳》作「巖唫」。吳氏《經說》云：「《穀梁釋文》云：『唫，本又作崟，音吟，一音欽。』按：《說文》作『嶔崟』，山之岑崟也。巖，岸也。喦，山巖也。讀若吟。徐楚金於『崟』下引張協詩云『周文走岑崟』，而李善注《文選》引《公羊》此傳解云：『然則「嶔」乃俗字。』《穀梁》別本作『崟』，正字也。崟、巖音義並同。」按：《說文·广部》：「廞，崟也。一曰地名。」疑即此。《文選·上林賦》「嶔巖倚傾」，郭注：「嶔巖，欹貌也。」《後漢·周燮傳》注：「欽頤，曲頷也。」欽、嶔或通，同韻也。《左傳》曰：「晉人禦師必於殽。殽有二陵焉：其南陵，夏后皋之墓也。其北陵，文王之所辟風雨也。必死是間，余收爾骨焉。」《水經注·河水》篇：「石崤水出石崤山，山有二陵，南陵夏后皋之墓也，北陵文王之所避風雨矣。言山徑委深，峰阜交蔭，故可避風雨也。」《秦本紀》：「二老退，謂其子曰：『汝軍即敗，必於殽阨矣。』」《鹽鐵論·險固》云「然固於阻險，敵於金城，楚師之圍宋，秦師敗殽嶔巖，是也。」〇注「其處」至「由也」。〇《左傳》注云：「此道在二殽之間南谷中，谷深委曲，兩山相嶔，故可以辟風雨。」與何注異。按：「嶔巖」是山之貌，不得云兩山相嶔。此道見在，俗呼爲石殽、土殽。山高而險，亦不至兩山相接，雨所不及。杜說未可從也。范云：「其處險隘，一人可以要百人。」正取何義。《通典》云：「文王辟風雨處在東崤山，在夏后皋墓北十里許。漢時移道於嶔崟山南，在夏后皋墓南可五里。曹操更開北道，即復春秋時舊路也。」《元和志》：

❶「深」，原作「誕」，據《經典釋文》改。

「二崤山，❶又名嶔崟山，在河南府永甯縣北二十八里。自東崤至西崤三十五里，東崤長坂數里，峻阜絶澗，車不得方軌。西崤全是石坂，十二里，嶮絶不異東崤。」《明一統志》：「在永甯縣北六十里。」按：今又移於澠池縣界，略較平易矣。《經義述聞》云：「謹案：注未得傳意。即，猶若也。百里及蹇叔欲收其子尸而恐失其處，故指地以示之曰『爾若死，必毋在他處而在殽之嶔巖，吾將於此收爾之尸』，故下文云『吾將尸爾焉』。」按：注云，「即」字無説，無不得傳意處。吾將尸爾焉。」注在沝曰尸，在棺曰柩。疏《穀梁傳》：「我將尸女於是。」注：「尸女者，收女尸。」《呂覽・先識》篇：「蹇叔謂其子曰：女死不於南方之岸，必於北方之岸，爲吾尸汝之易。」《通義》云：「將求爾之尸于是。」宣十二年《左傳》：「逢大夫與其二子乘。怒之，使下，指木曰：『尸女于是。』」言汝必戰死於是，不可在他處。死有定所，乃可收爾尸焉。《左傳》曰：「必死是間，余收爾骨焉。」注：「以其深險故。」《經義述聞》云：「杜意謂蹇叔以二殽深險，故料其子必死是間，非傳意也。」「必死是間，余收爾骨焉」，引此傳及《穀梁傳》、《呂氏春秋》語。又引逢大夫事云：「與此相類。」按：行軍遇敵，焉有擇地而死之理？百里、蹇叔第極形秦師之出之非，故料晉、鄭要秦唯崤地最險，恐其敗死，故《左氏》云「晉人遇師必於殽」，以當時形勢斷之耳。逢大夫推子下車，因即謂其尸女於是。與此小殊。何、杜、范注均自了然，王氏强爲立異耳。○注「在沝」至「曰柩」。○《禮記・曲禮下》文。尸，未殯通稱，引《禮》爲證，非謂當時必有沝載尸也。子揖師而行。注揖其父於師中，介胄不拜，爲其拜如蹲。疏注「揖其」至「如蹲」。○《周禮・大祝》：「九曰肅拜。」先鄭注云：「介者不拜，故云『爲事敢肅使者』。」此引《左傳》成十六年郤至事。《禮記・少儀》云「介者不拜」，注：「軍中之拜，肅拜。」段氏玉裁《經韵樓集》云：「『肅』與『肅拜』當爲二。《左傳》之肅不言拜，則肅爲不拜，未嘗跪也。《曲禮》『介者不拜』，爲其不便於跪，故肅以爲禮。肅，如後世長揖。《高帝紀》酈食其『不拜，長揖』，師古曰：『長揖，手自上而極下也。』證以《左

❶「二」，原作「三」，據《元和郡縣志》改。

傳》，云：『閒蒙甲冑，不敢拜命。』敢肅使者，《公羊》『揖師而行』。《周勃傳》：『天子至中營，亞夫揖曰：介胄之士不拜，請以軍禮見。』是其不跪顯然。郤至之肅與禮之肅拜，有跪不跪之殊。肅拜者，跪而舉頭下手也。揖者，立而舉頭推手也。肅者，立而低頭下手，如今人之揖也。司農稱《左傳》證《周禮》，失之。韋昭注《晉語》云：『禮，軍事肅拜。肅拜，下手至地也。』下手至地最爲分明，惟肅下不當連拜耳。」按：《禮經注》云：「推手曰揖，引手曰厭。」推手者，拱其手於前也。《周禮》土揖、時揖、天揖，謂推手小下之爲土揖，推手小舉之爲天揖，推手平之爲時揖也。引手，斂手至於胸，如《鄉飲酒禮》「主人揖，先入」。此用推手也，所以爲讓也，故《説文》云「揖」下曰「攘也」。賓厭衆賓，此用引手也，謙若不敢前也。《説文》又云：「一曰手箸胸曰揖。」手箸胸，即鄭所謂引手，此許從今文「厭」皆作「揖」也。《周禮疏》作「推手曰揖，引手曰撎」，則又以「厭」作「撎」。《左傳》注：「肅手至地，若今撎。」此「撎」字正「揖」之誤。今揖者，今人揖與古殊，古揖但有推手而已，今人則有長揖至地者。傳所謂肅者，正長揖也。然則揖者，推手之名，如今人拱手相讓然。厭者，引手箸胸。《書大傳》「子夏葉拱而進」，《家語》「師襄避席，葉拱而對」，王注：「兩手薄其心。」若不敢當之。客若長揖，則如今人之揖矣。此「揖師而行」，蓋如今之長揖。經傳所稱之肅，揖父於師，不得推手也。俞氏樾云：「揖其父於師中，而但曰『子揖師』，文不成義，殆非也。揖，當讀爲『輯』，《尚書·堯典》『輯五瑞』，《五帝紀》、《郊祀志》並作『揖五瑞』，是『揖』與『輯』古字通。輯，猶集也。《王莽傳》『大衆方輯』，師古注：『輯，與「集」字同。』又作『楫』，《兒寬傳》『統楫群元』，注：『「輯」、「楫」與「集」三字並同。』蓋古文聲近義通也。輯、揖並與『集』同，故『揖』亦與『集』同。『子揖師而行』，謂其子會集師徒而行也。若解作揖其父，義不可通矣。」按：俞義亦好異。周亞夫見帝曰「介胄之士不拜」，故二子之子見父亦不拜也。「介胄不拜」二語見《曲禮》，今《禮記》作「介者不拜，❶爲其拜而蓌拜」。《賈子·容經》篇：「禮，介者不拜。」《孔叢子·問軍禮》云：「介胄在身，執鋭在列，雖

❶「禮」，原脱，引文見《禮記·曲禮》上，據《禮記注疏》補。

君父不拜。」《經義雜記》二十三云：❶「今《禮記》作『蓌』，《釋文》『蓌拜』，盧本作『蹲』，與何邵公合。『蓌』乃俗字，『介者』作『介胄』，蓋何氏以意言之。而、如古通，此若從《公羊》注讀『而』爲『如』，拜而蓌拜，費解。据《公羊》注則『蓌拜』之『拜』係衍文。」又二十七云：「《曲禮》注：『蓌則失容節。蓌，猶詐也。』《釋文》：『蓌拜，子卧反，又側嫁反。詐也，挫也。沈：租稼反，又子猥反。盧本作蹲。』《正義》曰：『蓌，挫也。』戎容暨暨，著甲而屈拜則挫損其戎威之容也。一云：蓌，詐也。言箸鎧而拜，彩儀不足，❷似詐也。按：『蓌』字不知所从，《玉篇・夂部》作『夎』，云：『亦作蓌。』引《禮記》『無蓌拜』。《廣韻・三十九過》云：『夎，經典作蓌。』攷夎、蓌，皆《説文》所無。徐鉉新附收『夎』字於《夊部》，以爲从夊坐聲，與《篇》、《韻》合。又盧侍中本作『蹲』，《説文・足部》：『蹲，踞也。从足尊聲。』拜而蹲拜者，以甲胄在身，不能折腰，故欲拜如夷踞然。與鄭注『詐也』一説合。夎，蓋『蹲』之俗，《説文》：『夊，行遲曳夊夊，象人兩脛有所躧也。』此字从坐从夊，當爲會意字。欲拜而不能下，但兩足履地，其狀如坐然，故云猶詐也。」《廣韻・二十三魂》云：「蹲，坐也。」蓋以「夎」釋「蹲」，蹲、夎一聲之轉。

百里子與蹇叔子從其子而哭之，秦伯怒曰：「爾曷爲哭吾師？」對曰：「臣非敢哭君師，哭臣之子也。」

注 言恐臣先死，子不見臣，故先哭之。

疏 《左傳》：「蹇叔哭之曰：孟子，吾見師之出而不見其入也。」又曰：「蹇叔之子與師，哭而送之。」《穀梁傳》：「師行，百里子與蹇叔子隨其子而哭之，秦伯怒曰：『何爲哭吾師也？』二子曰：『非敢哭師也，哭吾子也。』」《文選注》引《感精符》云：「西秦東窺，謀襲鄭伯。晉戎同心，遮之殽谷，反呼老人，百里子哭，語之不知，泣血何益。」〇注「言恐」至「哭之」。〇《穀梁傳》述二子又曰：「我老矣，彼不死則我死矣。」注：「畏秦伯怒，故云彼我要有死者。」《秦本紀》：「百里傒、蹇叔二人哭之。繆公聞，怒曰：『孤發兵而子沮哭吾軍，何也？』二老曰：『臣非敢沮君軍，軍行，臣子與往。臣老，遲還恐不相見，故哭

❶「雜」，原作「雜」，據國圖藏清抄本《公羊義疏》、《經義雜記》改。

❷「彩」，原作「形」，據《經義雜記》改。

耳。』」《通義》云：「實哀師不得反，託言哭已老，恐不得見子。」弦高者，鄭商也。**注** 鄭商，賈人。**疏** 《左傳》：「及滑，鄭商人弦高將市于周，遇之。」注：「商，行賈也。」《周禮・太宰職》：「以九職任萬民。六曰商賈，阜通貨賄。」注：「行曰商，處曰賈。」對文異，散則通。《書・酒誥》：「肇牽車牛，遠服賈。」是行亦稱賈。何云「鄭商，賈人」，通言之也。《高士傳・弦高傳》云：「鄭繆公以存國之功賞高，高不受，以其屬徙東夷，終身不反。」按：又有奚施，見《吕覽・先識》篇。《淮南・人間訓》「奚施」又作「蹇施」。遇之殽，矯以鄭伯之命而犒師焉。**注** 詐稱曰矯。犒，勞也。見其軍行非常，不似君子，恐見虜掠，故生意矯君命勞之。**疏** 注「詐稱曰矯」。○《國語・周語》曰「其刑詐誣」，注：「以詐用法曰矯。」《吕覽・先識》云「乃矯鄭伯之命以勞之」，注：「擅稱君命曰矯。」《漢書・高后紀》注：「矯，詐也。」《武帝紀》「撟虔吏」，韋昭曰：「凡稱詐爲矯。」○注「犒勞也」。○《廣雅・釋詁》：「犒，勞也。」《國語・魯語》曰「展禽使乙喜以膏沐犒師」，注：「犒，勞也。」故《吕覽》云「矯鄭伯命以勞之」即犒之。○注「見其」至「勞之」。○《校勘記》出「虜掠」云：「鄂本『掠』作『略』。」按：《釋文》作『虜掠』。」❶《左傳》説弦高事云：「以乘韋先，牛十二犒師，曰：『寡君聞吾子將步師出於敝邑，敢犒從者。不腆敝邑，爲從者之淹，居則具一日之積，行則備一夕之衛。』且使遽告于鄭。則束載、厲兵、秣馬矣。」《秦本紀》云：「至滑，鄭販賣賈人弦高持十二牛將賣之周，見秦兵，恐死虜，因獻其牛，曰：『聞大國將誅鄭，鄭君謹修守禦備，使臣以牛十二勞軍士。』」是其恐見虜掠，矯命勞師事也。《高士傳》亦云：「弦高者，鄭人也。秦穆公使百里、西乞、白乙帥師襲鄭，過周，及滑，鄭人不知。時高將市于周，遇之，謂其友蹇他曰：『師行數千里，又數經諸侯之地，其勢必襲鄭。凡襲國者，以無備也。示以知其情也，必不敢進矣。』乃矯鄭伯之命，以十二牛犒秦師，且使人告鄭爲備。」按：「反滑」當作「及滑」。「蹇他」，即《淮南子》之「蹇施」也。《左傳》曰：「秦師過周北門，左右免胄而下，超乘者三百人。王孫滿曰：『秦師輕而無禮，必敗。』」其軍行非常，不似君子可知。

❶「掠」，原作「倞」，據阮元《校勘記》及《經典釋文》改。

或曰往矣，或曰反矣。注軍中語也。時以爲鄭實使弦高犒之，或以爲鄭伯已知將見襲，必設備，不如還。或曰既出，當遂往之。疏《左傳》：「孟明曰：『鄭有備矣，不可冀也。攻之不克，圍之不繼，吾其還也。』」《秦本紀》：「秦三將相謂曰：『將襲鄭，鄭今已覺之，往無及已。』」是皆「或曰反矣」事也。口衆不一，或曰往矣，亦所時有。其軍心不固，已可概見，所以敗也。《經義述聞》云：「往、反當上下互易。何注曰：『或以爲鄭伯已知將見襲，必設備，不如還。或曰既出，當遂往之。』注先釋『反』，後釋『往』，則傳之先言『反』，後言『往』可知，寫者錯亂耳。《唐石經》已誤。」○注「或曰」至「往之」。○《校勘記》出「或曰緒出當遂往之」，云：「鄂本同，蓋誤。閩、監作『既出』，毛本誤『既自』。此本『緒』字剜改，當本作『既也。』」然而晉人與姜戎，要之殽而擊之，匹馬隻輪無反者。注然，然上議，猶豫留往之頃也。匹馬，一馬也。隻，踦也。皆喻盡。疏《説苑・敬慎》篇：「先軫興兵，要之殽而擊之，匹馬隻輪無脱者。」《穀梁傳》：「晉人與姜戎要而擊之殽，匹馬倚輪無反者。」○注「然然」至「頃也」。○《校勘記》出「留往」，云：「閩、監、毛本同，誤也。鄂本『往』作『住』，當据正。」《經傳釋詞》云：「然而者，詞之承上而轉者也，猶言『如是而』也。《考工記》：『材美工巧，然而不良則不時。』《喪服傳》：『故昆弟之義無分，然而有分者則辟子之私也。』《文王世子》：『有父在則禮然，然而衆知父子之道矣。』《三年問》：『然而從之則是鳥獸之不若也。』此傳：『然而晉人與姜戎，要之殽而擊之。』《宣六年傳》：『然而宮衆甲，鼓而起。』《定八年傳》：『然而甲起於琴如。』以上言『然而』者，❶皆謂『如是而』已。❷今人用『然而』二字，則與此異矣。」按：何注謂「然上議」，❸亦即「如是」之義，「猶豫留往之頃」解「然而」二字間之義精極。○注「隻踦也」。○《釋文》：「隻輪，如字，一本作『易輪』。董仲舒云：『車皆不還，故不得易輪轍。』隻踦，居宜切，一本作『易踦』。」《穀梁

❶「而」，原脱，據守山閣叢書本《經傳釋詞》補。

❷「已」，《經傳釋詞》作「也」。

❸「注」，原作「在」，據文意改。

傳》作「倚輪」，范云：「倚輪，一隻之輪。」《釋文》：「倚，居宜反，或於綺反。」《漢書・五行志中之下》劉向説謂「晉敗秦師，匹馬觭輪無反者」，服虔曰：「觭，音奇偶之奇。」師古曰：「觭，隻也。言盡虜獲之。觭，音居宜反。」《經義雜記》云：「按：作『觭』、作『倚』、作『踦』，皆『奇』字之通借，疑《公羊傳》本作『匹馬踦輪』，與《穀梁》及《漢志》同。何注作『踦，隻也』，與范解及顔注同。今《注疏》本與《釋文》皆誤倒。若傳本作『隻』，則文義已明，反訓爲『踦』，義轉晦矣。❶《釋文》謂『隻輪』本作『易輪』，亦誤。若作『易輪』，依董説爲『車皆不還，不得易輪轍』，則下文『無反者』三字可删矣。」《校勘記》云：「據《釋文》則知傳一本作『易輪』，與董仲舒合，而何釋爲踦也。」《經義述聞》云：「謹案：隻，本字也。易，借字也。易，古音神石反。《釋文敘録》曰『徐仙民反易爲神石』是也，與『隻』聲相近，故借『易』爲『隻』。《公羊》古本蓋作『易』，何氏讀『易』爲『隻』，故云：『易，踦也。』『踦』與『隻』同義。『易，踦也』者，正以『易』之爲『隻』也。董仲舒不知『易』爲『隻』之叚借，而以爲『易輪轍』，其説雖於文義未安，然即此可見古本之作『易』也。大抵叚借之字，不以本字讀之則義失其真，徑改本字則文非其舊。存其叚借之『易』而讀以本義之『隻』則兩得之矣。臧氏《經義雜紀》乃謂『易』爲誤字，又謂傳文當作『踦輪』，注當作『踦隻』也，非是。」《公羊問答》云：「注：『隻，踦也。』此方言乎？曰：《方言》：『自關而西，秦、晉之間凡全物而體不具者謂之倚，梁、楚之間謂之踦。』《漢書・五行志》作『觭』，師古曰：『觭，隻也。』觭、倚、踦皆『奇』之通借。服虔曰：『觭，音奇偶之奇。』《穀梁》注：『倚輪，一隻之輪。』皆同《公羊》説。」按：董仲舒所見本即《釋文》之一本，何訓爲「踦」者。《説文・足部》：「踦，一足也。」段注云：「《管子》『俈堯之時，❷一踦腓，一踦屨而當死』，謂是一足刵一足屨當死罪也，引伸之，凡物單曰踦。《方言》：『倚、踦，奇也。自關而西，物全而體不具者謂之倚，梁、楚間謂之踦，雍、梁西郊凡嘼支體不具者謂之踦。』《公羊》『匹馬隻輪無反

❶「轉」，原作「溥」，據國圖藏清抄本及《經義雜記》改。

❷「俈」，原作「借」，據國圖藏清抄本及《説文解字注》及《管子》改。

者』，❶何注：『隻，踦也。』又『相與踦閭而語』，何云：『閉一扇，開一扇，一人在内，一人在外。』《戰國策》『必有踦重者矣』，踦重，偏重也。」梁氏玉繩《瞥記》云：「《穀梁》『倚輪』讀若『奇偶』之『奇』，與《公羊》『隻輪』同。《方言》：『倚、踦，奇也。』《荀子・修身》云『倚魁之行』，《莊子・天下》篇『南方有倚人』，《漢・五行志》作『觭』，《釋文》先音『居宜切』者是。」按：臧氏謂「隻」當作「踦」，注當作「踦隻」，似爲近之。《公》、《穀》多相近。《公羊》之『踦』即《穀梁》之『倚』也，皆即『奇』字。奇者，一也，《易・繫辭》所謂「歸奇于扐」是也。因之凡單數皆謂之奇，《易・繫辭》傳「陽數奇」，《禮記・郊特牲》「鼎俎奇」，皆其引申也。奇韻與易韻通，古易韻轉平聲入支部，从奇之字在歌部，歌部與支部古韻通轉也。○注「皆喻盡」。○《秦本紀》云：「襄公怒，發兵遮秦兵於殽，擊之，大破秦軍，無一人得脱者。」明其盡也。下傳云：「此何以日？盡也。」是其事也。

其言及姜戎何？注据秦人白狄不言及，吴子主會也。疏注「据秦」至「會也」。○《校勘記》云：「閩、監、毛本同。鄂本疊『吴子』二字。盧文弨曰：『「秦人白狄伐晉」在成九年，「及吴子」在哀十三年。舊本「吴子」重，但脱一「及」字。』按：疏中標注云『及吴子主會也』，如今本，依疏疊『及』字，義可通矣。」又云：「按：此注當『据秦人白狄不言及』句絶，下云『及吴子，吴子主會也』，謂如《哀十三年》言『及吴子』者，因吴子主會也。今姜戎非主會者，何以言及？」按：後説明顯，舊疏但引哀十三年經傳，殊不了。

姜戎，微也。注故絶言及。疏注「故絶言及」。○顧氏炎武《杜解補正》云：「及者，殊夷狄之詞。」以杜注「晉人角之，諸戎掎之，不同陳，故言及」，故正之。凡數國同伐，未必皆同陳也。杜殊夢夢，然如「邢人、狄人伐衛」，狄亦夷狄，何以不殊？故知此爲其微書「及」也。

稱人，亦微者也，何言乎姜戎之微？注据邢人、狄人伐衛不言及。疏注「据邢」至「言及」。○見上十八年。明彼邢亦小國，小國無大夫，亦微者也，故不殊狄。

先軫也。注先軫，晉大夫也。言

❶「者」，原作「此」，據國圖藏清抄本及《説文解字注》及《公羊注疏》改。

姜戎微，則知稱人者尊。**疏**注「先軫晉大夫」。○上二十七年《左傳》「先軫」，注：「先軫，下軍之佐原軫也。」《左傳》：「晉原軫曰：『秦違蹇叔而以貪勤民，❶天奉我也，必伐秦師。』」又曰：「秦不哀吾喪而伐吾同姓，秦則無禮，吾聞之『一日縱敵，數世之患也』，遂發命。」是主兵者先軫也。《説苑·敬慎》篇：「羞小恥以構大怨，貪小利以亡大衆，❷《春秋》有其戒，晉先軫是也。先軫欲要功獲名，則以秦不假道之故，請要秦師。襄公曰：『不可。』先軫曰：『先君薨而不弔贈，是無哀吾喪也。興師徑吾地而不假道，是弱吾孤也。』興師。卜曰：『大國師將至，請擊之。』則聽。大結怨構禍於秦。接刃流血，伏尸暴骸，糜爛國家，十有餘年，卒喪其師衆，禍及大夫，憂累後世。」是即微先軫之義也。○注「言姜」至「者尊」。○《通義》云：「高閌曰：夷狄不分君臣，常在中國之下。若不加及，則嫌晉人爲未命之卿，例序于姜戎之上，故特加及，明以尊及卑，以晉人及姜戎，則所謂晉人者非卑也。」或曰襄公親之。**注**以既貶，又危文公葬。**疏**《左傳》「子墨衰絰，梁弘御戎，萊駒爲右」，注：「晉文公未葬，故襄公稱子。以凶服從戎，故墨之。」是左氏以爲襄公親之也。《秦本紀》曰：「是時晉文公喪尚未葬。太子襄公怒曰：『秦侮我孤，因喪破我滑。』遂墨衰絰，發兵。」與《左傳》同。《穀梁傳》：「晉人者，晉子也。」亦以爲襄公親之。○注「以既」至「公葬」。○下云「癸巳，葬晉文公」是也。以《隱三年傳》云：「當時而日，危不得葬也。」今此文公以去年十二月卒，至今年四月，適五月，當時而書日，明襄公有殯用師，故危不得葬也。因危文公葬，故知此稱人爲貶襄公也。襄公親之，則其稱人何？**注**据桓十三年衛侯背殯用兵不稱人。**疏**注「据桓」至「稱人」。○《桓十三年》「二月，公會紀侯、鄭伯，及齊侯、宋公、衛侯、燕人戰」，時衛侯晉卒於上年十一月，其年三月始葬，衛惠亦背殯用師，稱侯不稱人，故据以難。貶。**疏**惠氏士奇《春秋説》云：「秦、晉搆兵始于殽之戰，其後兵連不息，報復無常。而秦遂合于楚，卒爲晉患，故《春秋》于殽之戰狄秦

❶「勤」，原作「動」，據《春秋左傳注疏》改。
❷「亡」，原作「忘」，據《説苑》改。國圖藏清抄本作「忘」。

而微晉，交譏之。與晉爭中原者，楚也。秦、晉舅甥之國，城濮之戰，秦有功焉，合秦以敵楚，文公之善謀也。且晉不敗秦，何害於霸？而汲汲焉背殯而要秦於險，君子是以貶晉襄公。説者謂城濮之後，楚人帖息，而秦首爲亂階，不可以縱而弗擊，非也。秦本無志於中原，今忽焉千里襲鄭，無功而返，又焉能爲亂於天下哉？」

曷爲貶？**注**据俱背殯用兵。君在乎殯而用師，危不得葬也。**注**與衛迫齊、宋異，故惡不子也。**疏**《穀梁傳》：「其曰人何也？微之也。何爲微之？不正其釋殯而主乎戰也。」❶沈氏欽韓云，當從貶稱人之例。杜云：「晉侯背喪用兵，故通以賤者告。」杜亦知稱人爲貶，而必謂從赴告辭，可謂拂人之性矣。○注「與衛」至「子也」。○《桓十三年》「葬衛宣公」，注：「背殯用兵而月，不危之者，衛弱於齊、宋，不從亦有危，故量力不責也。」晉無所迫，故惡之。

詐戰不日，此何以日？**注**据不言敗績，外詐戰文也。詐，卒也。齊人語也。**疏**上《二十二年傳》「偏戰者日」，《隱六年》注：「戰例時，偏戰日，詐戰月。」此日，故解之。○注「据不」至「文也」。○《春秋》內不言戰，言戰乃敗。《桓十年》「齊侯、衛侯、鄭伯來戰于郎」，又《十三年》「戰于宋」是也。內與外偏戰則言敗某師，《隱十年》「壬戌公敗宋師于菅」之屬是也。外偏戰書敗績，上《二十二年》「己巳宋公及楚人戰于泓，宋師敗績」之屬是也。外詐戰則曰敗某師，此經是也。特狄秦不言師耳。○注「詐卒」至「語也」。○《穀梁》上二十三年傳「以其不教民戰」，注：「詐戰，謂不期也。」不期，即倉卒之意。《廣雅·釋言》云：「乍，暫也。」定八年《左傳》「桓子咋謂林楚」，注：「咋，暫也。」暫，即倉卒之意。按：「詐」蓋「乍」之借。不結日而戰，亦近於詐期，故義可兼存焉。《繁露·竹林》云「《春秋》之書戰伐也，有惡有善也，惡詐擊而善偏戰」是也。

盡也。**注**惡晉不仁。**疏**注「惡晉不仁」。○《校勘記》出「惡者不仁」云：「鄂本『者』作『晉』，此誤。」《通義》云：「《春秋》之義，愛民重衆而惡戰。秦乘危襲國，糜爛其師，則既狄之矣。彼自襲鄭，何與於晉？而晉徼利要殺至盡，故亦惡之甚，特加

❶「而」，原作「言」，據《春秋穀梁傳注疏》改。

『日』以著其惡也。所以加『日』爲著其惡者，下經曰『癸巳，葬晉文公』，諸侯之禮，遞朝五廟，先葬五日而啓。自辛巳以迨癸巳，十二日耳，則是時已當戒啓期矣。乃釋哀廢禮，佳兵造釁，不臣不子，孰此爲甚？是以詐戰不日，而詭例書日，以著見其惡焉爾。」《漢書·五行志》：「釐公三十二年十二月己卯，晉文公卒，庚辰，將殯于曲沃，出絳，柩有聲如牛。劉向以爲近鼓妖也。喪，凶事，聲如牛，怒象也。將有急怒之謀，以生兵革之禍。是時，秦穆公遣兵襲鄭而不假道，還，晉大夫先軫謂襄公曰：『秦師過而不假塗，請擊之。』遂要崤阸，以敗秦師，匹馬觭輪無反者，操之急矣。晉不惟舊而聽虐謀，結怨彊國，四被秦寇，禍流數世，凶惡之效。」是其義也。

癸巳，葬晉文公。**疏**《傳例》曰：「當時而日，危不得葬也。」《穀梁傳》：「日葬，危不得葬也。」癸巳，於曆爲五月之廿七日。

狄侵齊。

公伐邾婁，取叢。**注**取邑不致者，得意可知例。**疏**舊疏云：「叢，有作『鄒』字者。」《校勘記》云：「《唐石經》、諸本同。《釋文》作『取菆』，云：『才公反，二傳作「取訾樓」。』」按：今本《左傳》作「訾婁」，《穀梁》作「訾樓」。按：叢，从取得聲，故《史記·建元以來王子侯者年表》「叢」，《集解》徐廣曰：「一作取。」「取」與「婁」音近，合訾、婁二音則爲「取」音。鄒，从芻得聲，亦與「婁」字同部也。上十八年《左傳》「而後師于訾婁」，注：「訾婁，衛邑。」不知何時入邾婁也。《大事表》云：「《彙纂》：『訾婁，邾邑。』當在今濟甯州界。」○注「取邑」至「知例」。○《莊六年》注：「公與一國及獨出用兵，得意不致，不得意致伐。」取邑皆不致，明得意也，故不別，從可知例也。

秋，公子遂率師伐邾婁。

晉人敗狄于箕。**注**不月者，略微者與夷狄也。**疏**杜云：「太原陽邑縣南有箕城。」《一統志》：「箕城在太原府太谷縣東二十里。」❶《大事表》：「在今太谷縣東南三十五里。」《水經注·洞渦水》篇：「蔣谷水出縣東南蔣谿。《魏土地記》曰：『晉陽城東南一百

❶「二十」，《大清一統志》作「三十五」。

一十里至山有蔣谷大道，度軒車嶺，通於武鄉，❶水自蔣谿西北流，西逕箕城北。』《春秋》『敗狄于箕』，《釋地》曰：『城在陽邑南，水北即陽邑縣故城也。』」顧氏炎武《補正》云：「陽邑在今之太谷縣，疑襄公時未爲晉境。」《寰宇記》：「在遼州榆社縣南三十里。」○注「不月」至「狄也」。○舊疏云：「以《隱六年》注云『詐戰月』，今此不月，故解之。」《左傳》「郤缺獲白狄子」下云「以一命命郤缺爲卿」，是此未爲卿也，故爲微者稱人，與夷狄同。不月，略之也。

冬，十月，公如齊。**注**月者，善公念齊恩及子孫。**疏**注「月者」至「子孫」。○舊疏云：「正以朝聘例時，故如此解。」僖公本齊所立，今齊桓之卒已久，能復朝齊，故爲念齊恩及子孫也。《繁露・隨本消息》云：「晉文之威，天子再致。先卒一年，魯僖公之心，分而事齊。」按：晉文卒前一年，無魯君臣如齊之事，則此前當作後，意謂魯始事晉，即上公子遂兩如晉是也。晉文已故，即結好于齊，故《春秋》善之。《繁露》又云：「所事者不可不慎，亦存亡榮辱之要。」與何注合。按：上《十年》「公如齊」、《十五年》「公如齊」皆書月，義與此同，所謂「如齊、晉月則安之」是也。

十有二月，公至自齊。

乙巳，公薨于小寢。**疏**包氏慎言云：「十二月書乙巳，月之十三日。」按：當十二日。《穀梁傳》：「小寢，非正也。」注：「小寢，内寢，非路寢。」《左傳》「即安也」，杜亦云：「内寢也。」又云：「夫人寢也。」按：此小寢即君之燕寢，杜以爲夫人寢，非也。《禮記・玉藻》：「君適路寢聽政，使人視大夫，大夫退，然後適小寢，釋服。」注：「小寢，燕寢。」是小寢對路寢爲小寢明矣。范注《穀梁》是也。《左氏》以爲「即安」，而以成公薨于路寢爲道，明小寢非路寢，則燕寢矣。《莊三十二年》注「諸侯正寢一，小寢二，妻從夫寢」，則進御必於小寢矣。《喪大記》云「世婦卒于適寢」，注：「世婦以君下寢之上爲適寢。」皇氏以君爲女君，謂世婦以夫人下寢之上爲適寢。熊氏謂諸侯夫人、大夫妻及士之妻卒，皆夫之正寢，解此爲夫人卒于君之正寢。世婦卒于君之下寢之上者，《禮疏》引服虔注《左傳》，與皇氏同。按：諸侯與

❶「通」，原作「道」，據國圖藏清抄本及《水經注》改。

夫人各有三寢，夫人以下惟進御始居君之寢，平時則各居于其寢。《僖二十年》傳「夫人居中宮，❶左右媵居東西宮」，是其正居。《公羊》家無世婦以下名目，以《春秋》說《禮》經，則世婦以下死當在夫人內寢，所謂婦人不死男子之手也。何氏《莊三十二年》注「夫人居小寢」，亦謂夫人平時各居於其寢耳。

霣霜不殺草，李梅實。**疏**《左氏》、《穀梁》「霣」作「隕」。《穀梁傳》：「隕霜不殺草。未可殺而殺，舉重也。可殺而不殺，舉輕也。李梅實。實之爲言，猶實也。」

何以書？記異也。何異爾？不時也。

注周之十二月，夏之十月也。《易中孚記》曰：「陰假陽威之應也。早霣霜而不殺萬物，至當霣霜之時，根生之物復榮不死，斯陽假與陰威，陰威列索，故陽自霣霜而反不能殺也。」此祿去公室，政在公子遂之應也。**疏**《易林·屯之師》云：❷「李梅冬實，國多盜賊，擾亂並作，君不得息。」❸取應與此異。《續漢志》注引《感精符》云：「霜，殺伐之表，季秋霜始降，鷹隼擊，王者順天行誅，以成肅殺之威。若政令苛則夏下霜，誅伐不行則冬霜不殺草。」《新語》十一云：「十有二月，李梅實，霣霜不殺菽，言寒暑之氣失其節也。」按：「不」字衍文。《韓非子·內儲說上》：「哀公問於仲尼曰：『《春秋》之記曰：冬十二月霣霜不殺菽，何爲記此？』仲尼曰：『此言可以殺而不殺也。夫宜殺而不殺，李梅冬實。天失道，草木猶干犯之，況於人君乎？』」按：「殺菽」宜「殺草」之誤。○注「周之」至「月也」。○杜云：「周十一月，今九月。」彼疏：「杜以《長曆》較之，乙巳是十一月十二日，謂經十二月誤，遂以此經四事皆爲十一月。」案：《新語》、《韓非》、《漢書·五行志》劉向等皆以爲周十二月，且亥月霣霜宜重，乃不殺草，所以爲異。○注「易中」至「應也」。○《五行志中之下》：「釐公三十三年十二月，隕霜不殺草。劉歆以爲草妖也。劉向以爲今十月，周十二月。於《易》，五爲

❶「宫」，原作「官」，據《春秋公羊傳注疏》改。
❷「屯」，原作「豊」，據《焦氏易林》改。
❸「得」，原作「能」，據《焦氏易林》改。

天位，爲君位，九月陰氣至，五通于天位，其卦爲剥，剥落萬物，始大殺矣。明陰從陽命，臣從君令而後殺也。今十月隕霜而不能殺草，此君誅不行，舒緩之應也。是時，公子遂顓權，三桓始世官，天戒若曰：『自此之後，將皆爲亂矣。』文公不寤，其後遂殺子赤，三家逐昭公。董仲舒指略同。京房《易傳》曰：『臣有緩兹謂不順，厥異霜不殺也。』」《志》又云：「李梅實。劉向以爲周十二月，今十月也。李梅當剥落，今反華實，近草妖也。先華而後實，不書華，舉重者也。陰成陽事，象臣顓君作威福。一曰，冬當殺，反生，象驕臣當誅，不行其罰也。故冬華。華者，象臣邪謀有端而不成，至於實，則成矣。是時僖公死，公子遂顓權，文公不寤，後有子赤之變。一曰，君舒緩甚，奥氣不藏，則華實復生。董仲舒以爲李梅實，臣下强也。記曰：『不當華而華，易大夫；不當實而實，易相室。』冬，水王，木相，故象大臣。劉歆以爲庶徵皆以蟲爲孽，思心羸蟲孽也。李梅實，屬草妖。」《穀梁》注引京房《易傳》曰：「君假與臣權，隕霜不殺草。」又曰：「從叛者兹謂不明，厥妖木冬實。」《經義雜記》二十七云：「何、范義與董、劉合。劉、何皆云周十二月，今夏十月。杜注《左氏》以《長曆》校經，十二月爲誤。云十一月，今九月，與先儒異。」按：《志》又云：「釐公二年十月，隕霜不殺草。爲嗣君微，失秉事之象也。其後卒在臣下，則災爲之生矣。異故言草，災故言菽，重殺穀。一曰菽，草之難殺者也，言殺菽，則草皆死矣。言不殺草，則知菽亦不死也。董仲舒以爲菽，草之强者，天戒若曰：『加誅于强臣。』言菽，以微見季氏之罰也。」按：釐二年十月無「不殺草」之文，亦當爲此經之誤，宜作釐公三十三年十二月也。《穀梁傳》之「舉重」、「舉輕」，即《志》之言「殺菽」，知草皆死。言「不殺草」，知菽亦不死義也。《通義》云：「謹案：李梅冬實，於《洪範》五行屬木，不曲直也。其傳曰：『田獵不宿，飲食不享，出入不節，奪民農時，及有姦謀，則木不曲直。』」又引京氏《易傳》、董仲舒、《韓非子》語，取象率皆無異。《御覽》引《考異郵》曰：「魯僖公即位，隕霜不殺草，臣威强也。李梅實，梅李大樹，比草爲貴，是君不能伐也。」按：「僖」當作「文」。《漢書·劉向傳》曰：「李梅冬實，七月霜降，草木不死。」師古曰：「《僖三十三年》經書『冬，隕霜不殺草，李梅實』，未知在何月也。而此言『李梅實』，又云『七月霜降，草木死』，與今《春秋》不同。」按：「七」當「十」之誤。又此經上明云「十有二月」，而顔氏謂「未知在何月」，何也？　劉子政上封事即本此經爲説，故《五行志》所載劉説與之同也。　顧氏炎武《杜解補正》云：「九月、十月之交，草木黄落之日，而隕霜不殺草，梅李實，此《洪範》所謂恒燠者也。」惠氏士奇《春秋説》云：「京房《易傳》曰：『禄不遂行兹謂欺，厥咎燠，其燠雨雲四至而温。臣安禄逸樂兹謂亂，燠而生蟲。知罪不誅兹謂舒，其燠，夏則暑殺人，冬則物華實。』吴建興元年，桃李華。是時諸葛恪輔政，息校官，原逋責，除關梁，崇寬厚，此舒緩之應。魏景元三年，桃李華，時文帝深樹恩德，事崇優緩，與建興同占。晉永和九年十二月，桃李華，時簡文輔政，事多弛略，其占亦同。《春秋》不志華而志實者，舉其重焉爾。十月爲陽，桃李華，不足異也。僖三十三年十二月，乃夏十月，而李梅實，與晉永和同占。一則十二月而華，一則十月而實，説者謂臣下强也。記曰：不當華而華，易大夫；不當實而實，易相室。相室謂貴臣，言當易而更之，❶不可使久輔政。魯三桓始盛于僖，而僖亦崇尚寬政，委任三桓及仲遂，故其末年有陰假陽威之應。雖隕霜而不能殺柔脆之草，根生之物，復榮而實，此不當實而實者也。誠能抑而損之，其不可者易之，則政不在大夫矣。」

按：《易中孚記》者，《易緯》篇名，卦氣起于中孚，故以名篇。陰假陽威，故陰威列索。列索者，舊疏云：「陰威列見而散萬物矣。」《論語・季氏》篇：「禄之去公室五世矣。」《集解》鄭曰：「魯自東門襄仲，殺文公之子赤而立宣公，於是政在大夫，爵禄不從君出，至定公爲五世矣。」按：昭二十五年《左傳》：❷「樂祁曰：『魯君喪政四公也矣。』」彼自宣公數至昭也。然魯君失政實自遂始，樂祁專言政在季氏，故數魯君失政自宣始。《論語》論禄去公室之始，故有五世，則當自文數也。《漢書・地理志》云：❸「魯自文公以後，禄去公室，政在大夫。」《繁露・玉杯》篇：「文公不能服喪，不時奉祭，倒序不以三年，又以喪取，取於大夫，以卑宗廟，亂其群祖以逆先公。小善無一而大惡四五，故諸侯弗予盟，命大夫弗爲使，是惡惡之徵、不臣之效也。出侮於外，入奪

❶「當」，原作「賞」，據國圖藏清抄本及《惠氏春秋説》改。
❷「五」，原作「三」，引文見昭公二十五年，據《春秋左傳注疏》改。
❸「地理志」，原作「食貨志」，引文見《漢書・地理志》，據《漢書》改。

於内，無位之君也。孔子曰：『政逮於大夫四世矣。』蓋自文公以來之謂也。」蓋遂之專擅，萌於僖世，肆於文世。文公没後即肆行弑逆，奪適立庶，季文得所藉口，因之專魯，皆由文公階之厲也。

晉人、陳人、鄭人伐許。

公羊義疏三十八

句容陳立卓人著

文元年盡二年。

春秋公羊經傳解詁文公第五

疏《校勘記》云：「《唐石經》文公第六卷五。」《魯世家》：「三十三年，釐公卒，子興立，是爲文公。」《釋文》：「文公，名興，僖公子，母聲姜。《謚法》：慈惠愛民曰文，忠信接禮曰文。」

元年，春，王正月，公即位。 疏《通典》博士徐禪議曰：「按：文公之書即位也，僖公未葬。蓋改元之道，宜其親告，不以喪闕。昔代祖受終，亦在諒闇。❶既正其位於天郊，必告成命於父祖。事莫大於正位，❷禮莫盛於改元。傳曰：『元，始也，首也，善之長也。』故君道重焉。」《白虎通・爵》篇曰：「三年然後受爵者，緣孝子之心，未忍安吉也。故《春秋・魯僖公三十三年》：『十二月乙巳，公薨于小寢。』《文公元年》：『春王正月，公即位。四月丁巳，葬我君僖公。』」《穀梁傳》曰：「繼正，即位正也。」莊氏存與《春秋正辭》云：「即位者何？正位也。惡乎行之，朝正于廟則行之。受之祖以爲國紀，事畢而反喪服，喪畢而請命于天子。於先君之薨也，受命爲喪主，庶莫敢干焉。文公即位何以書？先君以正終，嗣君以正始，雖不受命，於即位無譏焉。」按：隱將讓桓，不書即位，成公意。莊、閔、僖繼弑君，不書即位。桓亦繼弑君，書即位，爲著其惡。入《春秋》後，惟文之即位得正，故書之。

二月癸亥朔，日有食之。 注是後楚世子商臣弑其君，楚滅江、六，狄比侵中國。疏案：『朔』衍字也。《漢書・五行志》載此經無『朔』字，《左氏》、《穀梁》無『朔』字。王氏《經義述聞》云：「謹案：《五行志》載此經無『朔』字，而引董仲舒、劉向説於下。仲舒傳《公羊》，向傳《穀梁》，皆無『朔』字可知也。《志》又曰：『凡《春秋》日食三十六，《穀梁》以爲朔二十六，晦七，夜二，二日一。

❶「闇」，原作「陰」，據《通典・告禮》改。
❷「事」，原作「子」，據《通典・告禮》改。

《公羊》以爲朔二十七，二日七，晦二。』今以二傳之例考之，凡日食言日不言朔者，《穀梁》皆以爲晦日。《隱公三年》曰『言日不言朔，食晦日也』是也。《公羊》皆以爲二日。《隱公三年》傳説言日不言朔，曰『或失之前，朔在前也』，何注曰：『謂二日食。』偏數《春秋》日食，言日不言朔者，凡七：一、爲隱公三年二月己巳；二、僖公十二年三月庚午；三、文公元年二月癸亥，《左氏》、《穀梁》皆無『朔』字；四、宣公八年七月甲子；五、宣公十年四月丙辰；六、宣公十七年六月癸卯；七、襄公十五年八月丁巳也。此七者，❶皆言日不言朔，故《穀梁》以爲晦日，《公羊》以爲二日，故《志》曰『《穀梁》以爲晦七，《公羊》以爲二日七也』。若如今本《公羊》，文公元年日食，二月癸亥下有『朔』字，則非二日矣。則《公羊》以爲二日者但有六事，《志》何以云『二日七乎』？更以《公羊》朔二十七考之，所謂朔二十七者：一、爲桓公三年七月壬辰朔；二、桓公十七年十月朔，《穀梁》以此爲二日，不以爲朔，所謂二日一也，故《穀梁》以爲朔者止二十六也；三、莊公二十五年六月辛未朔；四、莊公二十六年十二月癸亥朔；五、莊公三十年九月庚午朔；六、僖公五年九月戊申朔；七、文公十五年六月辛丑朔；八、成公十六年六月丙寅朔；九、成公十七年十二月丁巳朔；十、襄公十四年二月乙未朔；十一、襄公二十年十月丙辰朔；十二、襄公二十一年九月庚戌朔；十三、襄公二十一年十月庚辰朔；十四、襄公二十三年二月癸酉朔；十五、襄公二十五年七月甲子朔；十六、襄公二十五年八月癸巳朔；十七、襄公二十七年十二月乙亥朔；十八、昭公七年四月甲辰朔；十九、昭公十五年六月丁巳朔；二十、昭公十七年六月甲戌朔；二十一、昭公二十一年七月壬午朔；二十二、昭公二十二年十二月癸酉朔；二十三、昭公二十四年五月乙未朔；二十四、昭公三十一年十二月辛亥朔；二十五、定公五年三月辛亥朔，《五行志》所引如是，今本《公羊》『三』作『正矣』；二十六、定公十二年十一月丙寅朔；二十七、定公十五年八月庚辰朔也。此二十七者皆言朔，故曰『《公羊》以爲朔二十七』。若文公元年二月癸亥下亦有『朔』字，則是朔二十八矣，《志》何以云二十七乎？自顔師古注《漢書·劉向傳》日食三十六，引《春秋》文元年二月癸亥朔，則唐初已衍『朔』字，不始於《開成石經》

❶「七」下，原衍「日」字，據《經義述聞》删。

矣。當据《五行志》刪正。」包氏慎言云：「經二月書癸亥朔，正月、三月朔皆癸亥，二月則癸巳，非癸亥也。與二月癸亥又不合。」《元志》姜岌云：「二月甲午朔，無癸亥。三月癸亥朔入食限，❶《大衍》亦以爲然。」沈氏欽韓云：「以今曆推之，是歲三月癸亥朔，加時在晝，去交分二十六日五千九百十七分，入食限，失閏月。❷《宋志》翰林天文鄭昭晏以爲其年三月癸巳朔，去交分入食限。」劉歆以爲正月朔燕、越分。臧氏壽恭《左氏古義》推之云：「是年入甲申統一千一百一十七年，積月一萬二千五百七十八，閏餘十三。是歲有閏，積日三十七萬一千四百三十九，小餘十七，大餘三十九。正月癸亥朔，又置上積日，以統法乘之，以十九乘小餘十七，并之，滿周天，除去之，餘五十三萬一千二百七十四，滿統法而一，得積度三百四十五度，餘五百七十三，命如法，合辰在斗七度。」○注「是後」至「中國」。○《校勘記》出「狄比侵中國」，云：「宋本同。閩、監、毛本『比』誤『北』。」按：舊疏云：「即下《四年》『夏，狄侵齊』、《七年》『夏，狄侵我西鄙』之屬是也。」正「比侵」之證。狄在齊、魯之西，不得云「北侵」也。「楚世子商臣弑其君」在下冬十月。楚滅江、六，《四年》「秋，楚人滅江」，《五年》「秋，楚人滅六」是也。《五行志·下之下》：「文公元年二月癸亥，日有食之。董仲舒、劉向以爲先是大夫始執國政，公子遂如京師，後楚世子商臣殺父，齊公子商人弑君，皆自立。宋子哀來奔，晉滅江，楚滅六，大夫公孫敖、叔彭生並專會盟。」按：「晉」亦「楚」之誤。

天王使叔服來會葬。

其言來會葬何？ **注** 据奔喪以非禮書，歸含且賵不言來。**疏** 注「据奔」至「禮書」。○《定十五年》「邾婁子來奔喪」，傳：「其言來奔喪，非禮也。」○注「歸含」至「言來」。○下《五年》「王使榮叔歸含且賵」是也。《釋文》：「歸含，本又作『唅』。五年經同。」

會葬禮也。 **注** 但解會葬者，明言來者常文，不爲早晚施也。常事書者，文公不肖，諸侯莫肯會之，故書天子之厚，以起諸侯之薄，蓋以長補短也。叔服者，王子

❶ 「朔」，原脱，據《元史·志第五》補。

❷ 案下「以今曆推之」至「失閏」，皆《元史·志五》文。下衍一「日」字。

虎也。服者，字也。叔者，長幼稱也。不繫王者，不以親疏録也。不稱王子者，時天子諸侯，不務求賢而專貴親親，故尤其在位子弟，刺其早任以權也。魯得言公子者，方録異辭，故獨不言弟也。諸侯得言子弟者，一國失賢輕。**疏** 注「但解」至「施也」。○《隱元年》「其言來何？不及事也」，注：「比於去來爲不及事，時以葬事畢，無所復施，故云爾。去來所以爲及事者，若已在於内者。」是含賵襚等事，及事不言來，不及事則言來也。其會葬奔喪，及事不及事皆言來。此經會葬，則及事言來也。下《五年》「葬我小君成風」下乃云「王使召伯來會葬」，是不及事言來也。其奔喪者，《定十五年》「邾婁子來奔喪」，注：「但解奔喪者，明言來者常文，不爲早晚施。」是與其事會葬同也。○注「常事」至「短也」。○正以僖薨於去年十二月，今年四月葬，正合五月而葬之常。叔服之來，文在葬前，故謂之常事也。下《七年》「秋八月，公會諸侯，晉大夫盟于扈」，傳曰：「諸侯何以不序？大夫何以不名？公失序也。公失序奈何？諸侯不可使與公盟，眣晉大夫使與公盟也。」注：「文公爲諸侯所薄賤，不見序，故深諱爲不可知之辭。」是文公不肖，諸侯莫肯會事也。按：下《七年》注又云：「文公内則欲久喪而後不能，❶喪娶逆祀，外則貪利取邑。」因爲諸侯所賤等事皆在二年後，於此已見薄諸侯，或文公先已别有不肖之端，不僅如若等事也。《襄三十一年》「滕子來會葬」，注：「此書者，與叔服同義。」然則此爲天子加恩，故書天子之厚，以起諸侯之薄。彼亦爲書滕子之厚，以見各國諸侯之薄也。○注「叔服」至「稱也」。○下《三年》「王子虎卒」，傳：「王子虎者，天子之大夫也。外大夫不卒，此何以卒？新使乎我也。」故云知「叔服，王子虎也」。蓋虎名，服字，叔爲長幼稱。《禮記·檀弓》云「幼名冠字，五十以伯仲」者是也。《通義》云：「謹案：《左傳》云『内史叔服』，《周官》内史有下大夫二人，是下大夫書且字之證。」○注「不繫」至「録也」。○《宣十五年》「王札子殺召伯、毛伯」，傳：「王札子者，長庶之號。」注：「子

❶「内則」、「後」，原脱，據下卷四十及《春秋公羊傳注疏》補。

者，王子也。天子不言子弟，故變文，上札繫先王以明之。」❶然則彼以親疏録，故上繫王。此但録天子之厚，使來會葬，不必如王札子之書王服子矣。○注「不稱」至「權也」。○下《三年》「王叔文公卒」，是王之伯叔兄弟宜如彼經稱「王子」矣。今不然，故解之。舊疏云：「言尤其在位子弟，則知聘使與會盟之時，不得稱子弟。若其卒與奔猶得稱之，何者？卒與出奔不復在位，何須刺其早任以權也？即下《三年》『王子虎卒』、《襄三十年》『王子瑕奔晉』之屬是也。」《説苑·建本》云：「是故古者君始聽治，大夫而一言，士而一見，庶人有謁，必達，公族請問，必語，四方至者勿拒，可謂不壅蔽矣。分禄必及，❷用刑必中，君心必仁，思君之利，除民之害，❸可謂不失民衆矣。君身必正，近臣必選，大夫必兼官，執民柄者不在族，可謂不權勢矣。此皆《春秋》之義，而元年之本也。」《新序》三云：「樂毅曰：臣聞賢聖之君不以禄私親，功多者授之；不以官隨愛，能當者處之也。」○注「魯得」至「弟也」。○《桓三年》「公子翬如齊逆女」、《莊元年》「公子慶父帥師伐於餘丘」之屬，是魯得稱公子也。方録異辭者，舊疏云：「謂上異於天子，下異於諸侯，見其爲新王之義，故曰方録異辭也。故獨不言弟者，謂尤其在位子弟，若其卒與出奔，不妨有之，即《宣十七年》『公弟叔肸卒』是也。」按：周道尊尊，殷道親親，《春秋》變周從殷，雖親親之厚，不任以事，示有制也。又以見魯之積弱，由於三桓擅政，而三桓之得權，始於莊公之寵任其弟之太過。聖人杜漸防微，不書公弟，亦《春秋》之微辭，若曰不可專任其弟爾。○注「諸侯」至「賢輕」。○《宣二年》「宋華元及鄭公子歸生戰于大棘」，又《隱七年》「齊侯使其弟年來聘」，《桓十四年》「鄭伯使其弟語來盟」，是諸侯得言子與弟矣，故解之。一國失賢輕者，《春秋》假魯爲萬世張義，故卑外諸侯爲一國也。

夏，四月丁巳，葬我君僖公。 **疏**包氏慎言云：「四月書丁巳，月之二十六日。」

天王使毛伯來錫公命。 **疏**杜云：「毛國，伯爵，諸侯爲王卿士者。」《正義》：「《僖二十四年》傳有原伯、毛伯，杜云原、毛皆采邑。此毛與彼，計是一人，而注不同

❶「上」，原作「王」，據下卷四十及《春秋公羊傳注疏》改。
❷「禄」，原作「程」，據《説苑》改。
❸「民」，原作「君」，據《説苑》改。

者，此毛當是文王之子封爲圻外之國。於時諸侯無復有毛，或是世事王朝，本封絶滅。從此以後，常稱毛伯，國名尚存，仍爲伯爵，必受得采邑，爲圻内諸侯，故注彼云『采邑』。此云『國』也。」馬氏宗槤《左傳補注》云：「《通鑑外紀》引王肅《尚書注》：毛伯，文王庶子，是圻内之國。元凱解爲諸侯爲王卿士者，非。」《周禮・小宗伯職》「賜卿大夫士爵，❶則儐」，注：「賜，猶命也。儐之，如命諸侯之儀。《春秋》文元年『毛伯來錫公命』，傳曰：『錫者何？賜也。命者何？加我服也。』」疏云：「諸侯尊，故大宗伯儐之；卿大夫士卑，故小宗伯儐之。」則毛伯當卿矣。《通典》引段暢議：「賈逵以爲諸侯踰年即位，天子賜以命珪，合瑞爲信也。」按：命珪，新君即位皆宜頒賜，何以止見於文公即位之初？成公又何以遲至八年？桓公又在没後？且係常事，《春秋》無爲書之。

錫者何？賜也。命者何？加我服也。

注復發傳者，嫌禮與桓公同，死生異也。主書者，惡天子也。古者三載考績，三考黜陟幽明。文公新即位，功未足施而錫之，非禮也。**疏**《詩・唐風・無衣》云：「不如子之衣，安且吉兮。」傳：「諸侯不命于天子則不成爲君。」箋云：「武公初并晉國，心未自安，故以得命服爲安。」傳又云：「侯伯之禮七命，冕服七章。」知此賜文公宜亦七章，蓋鷩冕之服也。○注「復發」至「異也」。○《莊元年》「王使榮叔來錫桓公命」，彼傳與此同，此復發，故解之。明彼爲贈死，此爲生者之服，文同實異，生死之殊，故復發傳也。○注「古者」至「幽明」。○《書・堯典》文。伏生《大傳》曰：「《書》曰：『三載考績，三考黜陟幽明。』其訓曰：『積不善至於幽六極，以類降，故黜之；積善至於明五福，以類相升，故陟之。』」蓋今文家以「幽明」屬上讀也。《漢書・谷永傳》：「待詔公車對曰：『經曰：三載考績，三考黜陟幽明。』」與此同。《白虎通・攷黜》篇兩引《尚書》曰：「三載考績，三考黜陟。」又《漢書・李尋傳》「尋對災異，引：經曰：『三載考績，三考黜陟。』」合之《史記・五帝本紀》，云「三歲一攷功，三考黜陟，遠近衆功咸興」，以「遠近」詁「幽明」而

❶「爵」，原脱，據《周禮注疏》補。

下屬。史公多從安國問故，蓋古文《尚書》讀至「黜陟」絶也。《繁露・考功名》篇：「考績之法，考其所積也。❶考試之法，大者緩，小者急，貴者舒，賤者促。諸侯月試其國，❷州部時試其部，四試而一考。前後三考而黜陟，命之曰計。」《公羊》舊疏引《書傳》曰「三年一使三公黜陟」者，即謂巡行列國，考黜諸侯，由天子命之者也。○注「文公」至「禮也」。○《北堂書鈔》引《韓詩傳》曰「諸侯有德，天子賜之」，蓋《小雅・采菽》篇注：「明有德，始錫命也。」《穀梁傳》：「禮有受命，無來錫命，錫命，非正也。」惠氏士奇《春秋説》云：「《小雅・瞻彼洛矣》、《大雅・采菽》、《韓奕》，皆錫命諸侯之詩也。諸侯世子，除三年之喪，見天子，猶未爵命，服士服，故《瞻彼洛矣》之首章曰『韎韐有奭』。韎韐者，士祭服之韠也。而《采菽》諸侯來朝曰『赤芾在股』，此諸侯既受爵命，得服赤韍，則未爵命而君其國，皆服元士之服與？『路車乘馬，玄衮及黼』，即《覲禮》所以賜諸侯氏者。《韓奕》乃韓侯入覲，其首章曰『王親命之』，其卒章曰『因以其伯』，則未入覲之先已策命作伯矣。文元年、成八年天子皆來錫命，未聞文、成二公入覲，故《穀梁》言『天子命諸侯，有往受而無來錫』，其論甚正。」按：古者諸侯薨，有歸圭之禮，世子新立，服士服見王。受命之後，乃復侯禮。故《禮記疏》引《韓詩内傳》云：「『諸侯世子三年喪畢，上受爵命于天子。乃歸即位。』明爵爲天子有也。」然《春秋》十二公皆無即位朝王之事，則歸圭之不行久矣。天子無緣錫之，此錫命，或常服之外特有所加，故《春秋》譏其功未足施而錫之也。仍以何氏爲允。又按：《竹書紀年》：「宣王七年，❸王錫申伯命。」《潛夫論・三式》篇：「周宣王時，輔相大臣，以德佐治，亦獲有國。故尹吉甫作封、頌二篇，言申伯、山甫文德致昇平，而王封以樂土，賜以盛服也。」明有功始得加封矣。此與《穀梁》皆譏周天子非正，各有所主，無容混而一也。《左傳》僖十一年，晉惠新立，王賜之命，受玉惰，蓋亦有玉爲其表德與？但不必如《韓詩》爲即賜其所歸瑞圭耳。

晉侯伐衛。

叔孫得臣如京師。**注**書者，與莊二十五年

---

❶「積」，原作「績」，據《春秋繁露》改。

❷「月」，原作「自」，據《春秋繁露》改。

❸「七」上，原衍「十」字，據《竹書紀年》删。

同。知不爲喪聘書者，聘爲貢職天子，當得異方之物以事宗廟，又欲以知君父無恙，不以喪廢，故不譏也。如他國，就不三年一譏而已。**疏**惠棟曰：「《世本》云：『桓公生僖叔牙，牙生戴伯兹，兹生莊叔得臣，得臣生穆叔豹。』」○注「書者」至「年同」。○《莊二十五年》「公子友如陳」，注云：「如陳者，聘也。內朝聘言如，尊內也。書者，録内所交接也。」按：不發注於《僖三十年》「公子遂如京師」下者，彼方欲貶遂如晉，故不及解如義也。○注「知不」至「譏也」。○《禮·喪服》「斬衰三年」章有「臣爲君」，則得臣亦在喪中，出而行聘，嫌合示譏，故解之。《桓元年》注云：「王者與諸侯別治，勢不得自專朝，故即位比年使大夫小聘，三年使上卿大聘，四年又使大夫小聘，五年一朝。王者亦貴得天下之歡心，以事其先王，因助祭以述其職。」此得臣聘周，故不譏也。○注「如他」至「而已」。○如他國者，謂如鄰國也。故舊疏云：「聘是吉禮，又非君父之國，於喪宜廢故也。」何者？天子尊於己之君，聘問者所以修臣職，故不以私喪廢國典。亦如天子在喪，不廢天地之祭，亦以其尊於君父故也。鄰國與已尊同，則不得居喪行聘矣。下《二年》「公子遂如齊納幣」，傳：「納幣不書，此何以書？譏。何譏爾？譏喪娶也。三年之内不圖昏。」舊疏云：「言就其重者，一譏而已，其餘從可知也。」故注云：「就不三年一譏而已。」

衛人伐晉。

秋，公孫敖會晉侯于戚。**疏**杜云：「戚，衛邑，在頓丘衛縣西。」《大事表》云：「世爲孫氏邑，會盟要地。孫林父出獻公後，以戚如晉。晉人爲之疆戚田。蒯聵自戚入于衛。蓋其地瀕河西，据中國之要樞，不獨衛之重鎮，亦晉、鄭、吴、楚之孔道也。今開州北七里有古戚地，亦曰戚田。晉衛縣爲今東昌府觀城縣，在今開州東接界。」《清豐縣志》：「戚城在縣南三十五里。」《穀梁注》云：「禮，卿不會公侯，《春秋》尊魯，內卿大夫可以會外諸侯。」

冬，十月丁未，楚世子商臣弑其君髡。**注**楚無大夫，言世子者，甚惡世子弑父之禍也。不言其父，言其君者，君之於世子有父之親，有君之尊。言世子者，所以明有父之親；言君者，所以明有君之尊，又責臣子當討賊也。日者，夷狄子弒父，忍言其日。疏包氏慎言云：「冬十月書丁未，月之十九日。」葉鈔《釋文》：「《唐石經》『髠』作『髡』，字从兀，从几者非。《左氏》作『頵』。《漢書·古今人表》楚成王惲，師古曰：『《左傳》作「頵」，音於倫反。』」按：《説文·頁部》：「頵，頭頵頵大也。从頁君聲。」「髡，鬄髮也。从髟兀聲。髡，或从元。」元聲、君聲、軍聲古皆通。《史記·楚世家》云：「初，成王將以商臣爲大子，語令尹子上。子上曰：『君之齒未也，而又多内寵，絀乃亂也。』王不聽，立之，後又欲立子職。冬十月，商臣以宫衛兵圍成王，成王請食熊蹯而死，不聽。丁未，成王自絞殺。商臣代立，是爲穆王。」與《左傳》同。〇注「楚無」至「禍也」。〇下《九年》「楚子使椒來聘」，傳云：「椒者何？楚大夫也。楚無大夫，此何以書？始有大夫也。」是楚至椒聘始有大夫。此書「世子」，故解之。〇注「不言」至「賊也」。〇《穀梁注》引鄭嗣曰：「不言其父而言其君者，君之於世子有父之親，有君之尊。言世子，所以明其親也。言其君，所以明其尊也。商臣於尊親盡矣。」本何義。《隱十一年》傳：「《春秋》君弒賊不討，不書葬，以爲無臣子也。」明弒君之賊，人人得討，故言「其君」也。〇注「日者」至「其日」。〇舊疏云：「如此注者，正決《襄三十年》『夏四月，蔡世子般弒其君固』，何氏云：『不日者，深爲中國隱痛，有子弒父之禍，故不忍言其日也』是也。」《通義》云：「按：髡弒録日，知所聞之世始進楚，得日卒，與中國同。足明商臣不卒者，以弒父大惡絶也。《春秋》有弒父者三，般爲楚所討，止未成君，故獨於商臣見法。」按：所聞之世，始内諸夏而外夷狄，《春秋》何恕於楚而進之，同於中國諸侯日卒？孔説非也。彼於《襄三十年》蔡弒君注又云：「弒君例不日者，君失德也。」獨不思君雖不君，臣不可以不臣。父有失德，即可躬行弒逆乎？亦近乎《左氏》稱君君無道之謬説矣。

公孫敖如齊。注書者，譏喪娶，吉凶不相干。疏《左傳》曰：「穆伯如齊，始聘焉，禮也。」疏引何君《膏肓》云：「『三年之喪，使卿出聘，於義《左氏》爲短。』鄭箴之云：『《周禮》「諸侯邦交，歲相問也，殷相聘也，世相朝也」。《左氏》合古禮，何以難之？』」劉氏釋曰：「《周官》、《左氏》同出劉歆，然所謂世相朝者，亦俟三年喪畢，朝于天子之後，豈宗廟之事皆未行而行朝聘者乎？ 然《左氏》此條亦出附會，而杜氏短喪之説遂以誣經蔑禮矣。」○注「書者」至「相干」。○莊元年《穀梁傳》「衰麻，非所以接弁冕」，是吉凶不相干也。上注云「如他國，就不三年一譏而已」，謂此及下《二年》「公子遂如齊納幣」也。

二年，春，王二月甲子，晉侯及秦師戰于彭衙，秦師敗績。注稱秦師者，愍其衆，惡其將，前以不用賢者之言，匹馬隻輪無反者，今復重師敗績。 師敵君不正者，賤之，不嫌得敵君。疏包氏慎言云：「二月甲子，月之八日。」《通義》云：「用甲子者戰，凶事也。 辰在子卯，謂之疾日，唯凶事無避。」杜云：「馮翊郃陽西北有彭衙城。」《大事表》云：「今陝西同州府白水縣東北六十里與郃陽接界，有彭衙故城。《史記》秦武公元年伐彭戲氏，《正義》曰：『彭戲，戎號，即彭衙。』」秦文公於其地置泉縣。《地理志》左馮翊有衙，師古曰：「即《春秋》所云秦、晉戰于彭衙。」《釋文》：「彭衙，音牙，本或作牙。」《一統志》：「彭衙城在耀州白水縣東北。」《縣志》：「今有彭衙堡，在縣東北四十里。」○注「稱秦」至「敗績」。○舊疏云：「以秦於是時未有大夫，則不合稱師，今而稱師，故解之。」不用賢者之言云云，在僖三十三年。此年《左傳》云：「秦孟明視帥師伐晉，以報殽之役。秦師敗績。晉人謂『秦拜賜之師』。」是孟明憤兵報復敗殽人民，故愍其衆，惡其將也。惠氏士奇《春秋説》云：「《秦誓》編於《書》，盛稱秦穆之德，而《春秋》無善辭。秦用孟明，所謂『仡仡勇夫』也。既喪師于殽，匹馬隻輪無反，仍不悔過。甫及三年，復以憤兵而敗於彭衙，秦穆誠能詢茲黄髮，焉用此仡仡勇夫而大辱國哉！故君子取於《秦誓》，所謂不以人廢言。而《春秋》以其言行不相顧，故無善詞也。」○注「師敵」至「敵君」。○《僖二十八年》：「晉侯、齊師、宋師、秦師及楚人戰于城濮，❶楚師敗績。」傳：「子玉得臣，則其稱人何？ 貶。曷爲貶？ 大夫不敵君也。」注：「臣無敵君之義，故絶正也。」舊疏云：「彼是大夫，嫌其與君敵，故正之稱人。 此師者，乃是秦之衆人，是以不勞正之耳。」《通

❶「人」，原作「師」，據《春秋公羊傳注疏》改。

義》云：「言晉侯及者，時秦伐晉以報殽之役。常例，受伐者爲主也。大夫不敵君，師得敵君者，❶重師也。」然則稱師者有二義：《春秋》爲別嫌之書，大夫位尊勢逼，故不許其得敵，以正義；師則不嫌敵君，重師，以民命爲重故也。《繁露·竹林》云：「苦民尚惡之，況傷民乎？傷民尚痛之，況殺民乎？」是也。

丁丑，作僖公主。 **疏** 包氏慎言云：「丁丑，月之二十一日。」

作僖公主者何？爲僖公作主也。 **注** 爲僖公廟作主也。主狀正方，穿中央，達四方，天子長尺二寸，諸侯長一尺。 **疏** 注「爲僖」至「主也」。○《穀梁傳》：「作，爲也，爲僖公主也。」注：「爲僖公廟作主也。」○注「主狀」至「一尺」。○舊疏云：「皆《孝經說》文。」《穀梁》注：「主狀正方，穿中央，達四方。天子長尺二寸，諸侯長一尺。」蓋本何義。彼疏引徐邈說同。《通義》云：「按：《山海經》曰：『桑封者，桑主也。方其下而鋭其上，而中穿之，加金。』主之有穿，此其足證者。《覲禮》：『設方明以依神。』方明，以木爲之，方四尺而設六玉。鄭司農曰：『設玉者，刻其木而著之。』若然，六面皆刻而午貫相通，其所謂穿中央、達四方者，與設玉加金事亦同矣。蓋古主之遺象。」《通典》引《五經異義》云：「主之制，四方，❷穿中央，達四方。天子長尺二寸，❸諸侯長一尺。」《初學記》引《五經要義》同。《曲禮》疏引《白虎通·宗廟》曰：「所以有主者，神無依據，❹孝子以繼心也。主用木，木有始終，又與人相似也。蓋記之以爲題，❺欲令後可知也。方尺，或曰尺二寸。」按：許氏、雷氏皆與何合，蓋皆本《孝經說》文。《白虎通》言長短同，惟無天子、諸侯之異，本佚文，其全書不可考矣。《禮記·祭法》疏云：「按：《漢舊儀》高帝廟主九寸，前方後圓，圍一尺。后主七寸。」又《穀梁疏》載糜信注引衛次仲云：「宗廟主皆用栗，右主八寸，左主七寸，廣厚三寸。右主，謂父也。左主，謂母也。」《漢舊儀》亦次仲撰，所說右主微

❶「者」，原作「也」，據《春秋公羊經傳通義》改。
❷「四」，原作「正」，據《通典》改。
❸「尺」，原脱，據《通典》補。
❹「無」，原作「所」，據《禮記注疏》改。
❺「記」，原作「題」；「題」，原作「記」；據《禮記注疏》改。

異，與何氏及《白虎通》、《異義》、《要義》皆不合。又考《續漢志》注引《漢舊儀》，則八寸者小斂後所作虞主也。下言皇后主長七寸，高皇帝長九寸也，廟主也。是麋氏與《曲禮》疏所引《漢舊儀》可通矣。與此不同者，或周、漢異制，且周尺短於漢尺與？舊疏又云：「卿大夫以下，正禮無主，故不言之。」按：《通典》引《異義》：「『或曰：卿大夫士有主否？答曰：按《公羊》説，卿大夫非有土之君，不得祫祭昭穆，故無主。大夫束帛依神，士結茅爲菆。』許慎据《春秋左氏説》曰：『衛孔悝反祏于西圃。』祏，石主也。言大夫以石爲主。鄭駁曰：『《少牢饋食》，大夫祭禮也，束帛依神。《特牲饋食》，士祭禮也，結茅爲菆。』」又《御覽》引鄭又云：「謹按：大夫以石爲主，禮無明文。大夫士無昭穆，不得有主。今山陽民俗祠有石主。」又哀六年《左疏》引鄭《駁異義》云：「大夫無主，孔悝之反祏，所出公之主爾。」❶按：《御覽》所引亦鄭《駁異義》語。《通典》引《鄭志》：「張逸問：許氏《異義》駁衛孔悝之石祏有主者，何謂也？答曰：禮，大夫無主而孔獨有者，或時末代之君賜之，使祀其所出之君也。諸侯不祀天而魯郊，諸侯不祖天子而鄭祖厲王，皆時君之賜也。」是也。按：《説文·示部》：「祏，宗廟主也。《周禮》有郊宗石室，一曰大夫以石爲主。」《宀部》：「宔，宗廟主石也。」❷皆用古《左氏》説，然不以爲正解。《通典》引徐邈説云：「《左傳》稱『孔悝反祏』，又《公羊》『大夫聞君之喪，攝主而往』。注又以爲斂攝神主而已，❸不暇待祭也。皆大夫有主之文。大夫以下不云尺寸，雖有主，無以知其形制，然推義謂亦應有。按：喪之銘旌，題別亡者，設重于庭，亦有所憑。祭必有尸，想像乎存。❹此皆自天子至士，並有其禮，但制度降殺爲殊，何至於主唯王侯而已？禮言『重，主道也』，按《檀弓》文。埋重則立主。今大夫士有重，亦宜有主，以紀別座位。有尸無主，何以爲別？將表稱號，題祖考，何可無主？今按：經傳未見大夫士無主之義，有者爲長。」又《魏書·禮志》清河王繹議曰：❺「延業、盧觀前經詳議，並据許慎、鄭玄之説，謂

❶「出」，原作「主」，據《春秋左傳注疏》改。
❷「主石」，《説文解字》作「宔祏」。
❸「斂攝」，《通典》倒。
❹「乎」，《通典》作「平」。
❺「繹」，原作「懌」，今據《魏書禮志》改。

天子、諸侯作主，大夫及士則無。意謂此議雖出前儒之事，實未允情理。❶何以言之？原夫作主之禮，本以依神，孝子之心，非主莫依。今銘旌紀柩，設重憑神，祭必有尸，神必有廟，皆所以展事孝敬，想像生存。❷上自天子，下逮於士，如此四事，並同其理。❸何至於主，謂惟王侯。《禮》云：『重，主道焉。』此爲埋重則立主矣。故王肅曰：『重，未立主之禮也。』《士喪禮》亦設重，則士有主明矣。孔悝反祏，載之左史；饋食設主，著於逸《禮》。大夫及士，既得有廟，題記祖考，❹何可無主？《公羊傳》：『君有事于廟，聞大夫之喪，去樂卒事；大夫聞君之喪，攝主而往。』今以爲攝主者，攝神斂主而已，不暇待徹祭也。何休云：『宗人攝行主事而往也。』意謂不然。君聞臣喪，尚爲之不繹，況臣聞君喪，豈得安然代主終祭也？」

主者曷用？虞主用桑，注禮，平明而葬，日中而反虞，以陽求陰。謂之虞者，親喪以下壙，皇皇無所親，求而虞事之。虞，猶安神也。用桑者，取其名，與其麤犆，所以副孝子之心。禮，虞祭，天子九，諸侯七，卿大夫五，士三，其奠處猶吉祭。疏注「禮平」至「反虞」。○《釋名·釋喪制》云：「既葬，還祭於殯宮曰虞。」《禮記·問喪》曰：「送形而往，迎精而反也。」❺注：「謂反哭及日中而虞也。」《禮·士虞禮》鄭《目録》云：「士既葬其父母，迎精而反，日中而祭之於殯宮以安之之禮。」又《士虞·記》曰：「日中而行事。」注：「朝葬，日中而虞，君子舉事必用辰正也。再虞、三虞皆質明。」《禮記·檀弓》云：「既反哭，主人與有司視虞牲。」注：「日中將虞，省其牲。」又曰：「有司以几筵舍奠于墓左，反，日中而虞。」《通典》引射慈《喪服變除》：「爲父既葬，日中反哭。諸侯於太祖廟，別子爲卿大夫亦於太祖廟，其非別子爲卿大夫於皇考廟，上士於皇考廟，中士、下士於王考廟，皆升自西階，東面哭踊，虞祭於殯宮。」此謂反哭之處。《檀弓》曰：「反哭，反諸其所作也。」注：

❶「理」，《魏書》作「禮」。
❷「生」，《魏書》作「平」。
❸「理」，《魏書》作「禮」。
❹「題記祖考」，原作「題祖題考」，據《魏書》改。
❺「反」，原作「往」，據《禮記注疏》改。

「親所行禮之處。」謂廟堂親平日行禮處也。是反哭於廟，虞於殯宮。方氏苞《儀禮析疑》云：「探死者之情，亦必先就考妣而後可反其私室。」❶顧氏湄作《反哭不於廟辨》，謂反哭宜在寢。徐氏乾學從之，非也。賈疏謂二廟者，反哭，先祖後禰。亦非。天子諸侯於其太廟，不必哭徧於七廟五廟也。知士二廟者，唯反哭于祖廟而已。范甯同何氏。○注「以陽」至「神也」。○鄭《目録》云：「虞，猶安也。」「以下」二字誤，《穀梁疏》引作：「親喪已入壙，皇皇無所見」，此「見」作「親」，亦誤。彼疏又引云：「虞，猶安也。」無「神」字，各本皆衍。《通典》引《異義》云：「主者，神象也。孝子既葬，心無所依，所以虞而立主以事之。」又《御覽》引《白虎通》云：「所以虞而作主何？孝子既葬，日中反虞，念親已殁，棺柩已去，悵然失望，彷徨哀痛，故設喪主以虞，所以慰孝子之心，虞安其神也。」《檀弓》曰：「始死，瞿瞿然如有求而弗得。既葬，皇皇焉如有望而弗至。」又曰：「葬日虞，弗忍一日離也。」《禮·既夕》「三虞」注云：「虞，安也。」《喪服小記》「報葬者報虞」，❷注：「虞，安神也。」蓋虞有安義。《易·中孚》初九：「虞吉。」荀注：「虞，安也。」《廣雅·釋詁》云：「虞，安也。」故因以虞祭爲安神之祭也。○注「用桑」至「之心」。○《穀梁疏》引此「用桑者」上有「虞主」二字，下又有「桑猶喪也」四字。《説文》無「⿰牛甬」字，當作「⿰片甬」。《通典》引《五經異義》云：「三王之世，小祥以前主用桑者，始死尚質，故不相變。」又《類聚》引《五經要義》云：「主者，神象也。凡虞主用桑。桑，猶喪也。桑禮取其名。」《穀梁疏》引何注下云：「徐邈注《穀梁》盡與之同。」❸○注「禮虞」至「士三」。○舊疏云：「自『諸侯七』以下，《雜記》文。其天子九虞者，何氏差之耳。」按：彼記注云：「尊卑恩之差也。❹天子至士，葬即反虞。」《曲禮》疏引《異義》：「《公羊》説：『虞而作主。古《春秋左氏》説：既葬，反虞。天子九虞，九虞者以柔日，九虞十六日也。諸侯七虞，十二日也。大夫五虞，八日也。士三虞，四日也。既虞，然後祔死者於先死者，祔而作主，謂桑主也。期

❶「考」，原作「祖」，據《儀禮析疑》改。
❷「喪服小記」，原作「雜記」，語出《禮記·喪服小記》，據改。
❸「注穀梁」，原脱，據《春秋穀梁傳注疏》補。
❹「恩」，原脱，據《禮記注疏》補。

年然後作栗主。許慎謹案：《左氏説》與《禮記》同。』鄭君不駁。」孔氏廣森曰：❶「以《士虞・記》，始虞、再虞用柔日，三虞用剛日推之，九虞者，當八虞用柔日，弟九虞則用剛日。此云九虞者以柔日，蓋有脱誤。」按：《禮記・雜記下》云：「士三月而葬，是月也卒哭。大夫三月而葬，五月而卒哭。諸侯五月而葬，七月而卒哭。士三虞，大夫五，諸侯七。」是《公羊》説九虞以下尊卑之差，並與《左氏》、《禮記》合也。初虞皆與葬同日，故日中虞，其餘皆質明。此云「日中而反虞，以陽求陰」，專據初虞言也。《檀弓正義》云：「士三虞卒哭，同在一月。初虞已葬日而用柔，第二虞亦用柔日。假令丁日葬，葬日而虞，❷則已日二虞，後虞改用剛，則庚日三虞也。故鄭注《士虞禮》云：『士則庚日三虞，壬日卒哭也。』《士虞禮》云：『明日祔于祖父』，則祭明日，祔也。士之三虞用四日，則大夫五虞當八日，諸侯七虞當十二日，天子九虞當十六日，最後一虞與卒哭例用剛日。」按：孔氏此疏極明，唯《公羊》言「虞而作主」，《左氏》僖三十三年傳「祔而作主」，二者微異。攷鄭注《檀弓》「重，主道也」，引《公羊傳》「虞主用桑」；注《曲禮》「措之廟立之主」，引《左傳》「祔而作主」。《正義》申之云：「鄭君以二義雖異，其意則同，皆是虞祭總了，然後作主。以作主去虞實近，故《公羊》上係之於虞，作主謂之虞主。又作主爲祔所須。《左氏》據祔而言，故云『祔而作主』。鄭注《檀弓》又云：『重既虞而埋之，乃後作主。』是總行虞祭竟，乃埋重作主耳。下《檀弓》又云：『虞而立尸，有几筵，卒哭而諱，生事畢而鬼事始已。既卒哭，宰夫執木鐸以命於宫中曰：「舍故而諱新。」』鄭以爲人君之禮，明虞唯立尸，未作主也。」孔疏左氏，以此傳稱「祔而作主」者，虞而作主，禮本無文，以主唯一而已。按《異義》引《左氏》説，明云「虞而祔，用桑主，期年後用栗主」，此真古文家劉歆等義。孔氏必欲彌縫杜預短喪之説而因創此一主之議，若謂祔後即無事焉爾。

○注「其奠處猶吉祭」。○《檀弓》曰：「是日也，❸以虞易奠。卒哭曰成事。是日也，以吉祭易喪祭。明日，祔于祖父。其變而之吉祭也。比至於祔，必於是日也接，

❶ 據陳壽祺《五經異義疏證》卷上引，此當爲孔廣林之説，「森」當作「林」。
❷ 「葬」，原作「二」，據《禮記注疏》改。
❸ 「日」，原作「月」，據《禮記注疏》改。

不忍一日未有所歸也。」鄭注：「虞，喪祭也。既虞之後，卒哭而祭，其辭蓋曰『哀薦成事』，成祭事也。祭以吉爲成。」又云：「卒哭，吉祭。」則吉祭即謂卒哭之祭，比祔後之祭猶爲喪祭。《士虞禮》疏云「卒哭對虞爲吉祭，❶卒哭比祔爲喪祭」是也。《既夕》篇云：「猶朝夕哭不奠。」注引《檀弓》「是日也，以虞易奠」解之，則虞而不奠。而云奠者，彼奠謂朝夕之奠，葬後以虞易奠，因亦名之曰奠。《釋名·釋喪制》云「奠，停也」是也。其所奠之處與卒哭祭同，謂仍在殯宮也。凌氏廷堪《禮經釋例》云：「賈疏云，前有人解云三虞與卒哭同爲一事。《雜記》云：『上大夫之虞也少牢；卒哭成事，祔，皆太牢。』鄭注：『卒哭成事，祔，言皆，則卒哭成事，❷祔，與虞異矣。』是微破前人三虞與卒哭同解者也。是三虞一祭，卒哭一祭，他又一祭，皆謂之成事也。敖氏繼公以三虞謂即卒哭，則鄭、賈已棄之説，不可從。」按：何氏謂其奠處猶吉祭，則亦以虞與卒哭祭爲二矣。杜氏又謂虞則免喪，故曰卒哭。諸侯七虞，意以七虞皆畢乃免喪，免喪後日而卒哭。夫《雜記》明云「諸侯五月而葬，七月而卒哭」，是卒哭與虞異月矣。而《釋例》乃云「《禮記》後人所作，不與《春秋》同」，自飾其短喪之説，傷禮害義之尤者。孔疏必欲强和之，何耶？

練主用栗。

注 謂期年練祭也，埋虞主於兩階之間，易用栗也。夏后氏以松，殷人以柏，周人以栗。松猶容也，想見其容貌而事之，主人正之意也。柏猶迫也，親而不遠，主地正之意也。栗猶戰栗，謹敬貌，主天正之意也。《禮·士虞·記》曰：「桑主不文，吉主皆刻而謚之，蓋爲禘祫時别昭穆也。」虞主三代同者，用意尚麤觕，未暇别也。

疏 注「謂期年練祭也」。○《禮·士虞·記》曰：「朞而小祥。」注：「小祥，祭名。祥，吉也。」《釋名·釋喪制》云：「期而小祥，孝子除首服服練冠也。」吴氏紱云：「此即練祭也。以一朞言則曰小祥，

❶「對」，原作「時」，據《儀禮注疏》改。

❷「則」，原脱，據《禮經釋例》及《儀禮注疏》補。

以服變除之節言則曰練。《左傳》『特祀于主』，❶以此推之，祥禫皆特祭，則於寢行之可知。敖氏繼公謂祭于祖廟，不可從。」按：吴説是也。《曲禮》疏：「孝子親始死，哭晝夜無時。葬後虞竟，乃行神事。故卒其無時之哭，猶朝夕各一哭，故謂其祭爲卒哭。卒哭明日而立主，祔於廟，隨其昭穆，從祖祔食。卒哭，主暫時祔廟，畢，更還殯宫，❷至小祥作栗主入廟，乃埋桑主於祖廟門左埋重處。故鄭云『虞而作主，至祔，奉以祔祖廟。既事畢，乃反之殯宫也』。其大夫士，則《曲禮》疏引崔氏説云：「大夫士無主，以幣帛祔，祔竟，並還殯宫，至小祥入廟也。」《公羊禮説》云：「有桑主何又作栗主乎？曰：桑主不文，吉主則刻而謚之，藏於廟所，常奉祀。神無二主，故作栗主則埋桑主也。於練何也？曰：十三月而練，練祔廟。若不刻而謚之，何以別昭穆乎？曰：《士虞禮》何以卒哭之？明日以其班祔也。曰：《爾雅》『祔，祪祖』，注：『附新死者於廟。』❸《説文》：『後死者合食於先祖。』《雜記》：『士三月而葬，是月而卒哭；諸侯五月而葬，七月而卒哭。』卒哭而祔，周制也。故《檀弓》曰：『殷練而祔，周卒哭而祔。孔子善殷。』《雜記》：『自祔至於練祥。』周祔在練前，殷祔在練後。練而作主，則於此時遷廟矣。曰：凡祔已，復於寢，如既祫主反其廟，練而後遷廟，信乎？曰：此鄭氏之創説。若《穀梁》之義，『作主壞廟有時日，於練焉壞廟，壞廟之道，易檐可也，改塗可也』，注：『据禮，親過高祖則毁其廟。以次而遷，將納新神，故示有所加。』据此，安有祔祭之後復還於寢之禮？《春秋》變周之文，從殷之質，《公》、《穀》所説皆殷禮。鄭注《士虞》以爲卒哭而祔，似太早，故注《檀弓》云：『期而神之，人情。』然又不可以殷禮注《儀禮》，故依違其辭云『如祫祭訖，主反於廟』相似，以經無正文故也。然似非喪事有進無退之義，賈疏不破注，非是。而楊士勛之背注亦非也。《左氏》云：『卒哭而祔，祔而作主。』此正用《周禮》。注者因『特祀于主，烝嘗禘于廟』，遂謂祭祀于寢，不同於廟。三年禮畢大禘，乃皆同於吉，非《左氏》義也。」按：淩先生分晰殷、周異制。殷練而祔，自最得正。周人以

❶ 「祀」，原作「記」，據國圖藏清抄本及《春秋左傳注疏》改。
❷ 「宫」下原衍「室」字，據《禮記注疏》删。
❸ 「附」，《爾雅注》作「付」。

喪主先祔，復還於寢，誠與有進無退義乖，故孔子善殷。鄭氏自本周制説《儀禮》焉。○注「埋虞」至「栗也」。○《檀弓》疏引《異義》：「『《戴禮》及《公羊》説虞主埋於壁兩楹之間，一説埋之於廟北牖下。《左氏》説虞主所藏無明文。』鄭駁之云：❶『按《士喪禮》重與柩相隨之禮，柩將出則重倚於道左，柩將入于廟則重止於門西。虞主與神相隨之禮亦當然。練時既特作栗主，則入廟之時祝奉虞主於道左。練祭訖，乃出就虞主而埋之，如既虞埋重於道左』，則鄭以虞主埋於廟門外之西矣。《御覽》引《異義》云：「虞主埋之廟北墉下，北方無事，虞主亦無事也。」「北方無事」二語當即一説，「埋之於廟北墉下」語較《禮記疏》所引爲詳。《通典·禮八》引「《公羊》説藏之太廟室西壁中，以備火災」，則與《異義》所載《公羊》説又異，皆與何君注不同。《御覽》引《異義》又曰：「《春秋左氏傳》曰『徙主祏于周廟』，言宗廟有郊宗石室，所以藏栗主也。虞主所藏無明文。」昭十八年《左傳疏》引《白虎通》曰：「主祏納之西壁。」與《通典》所引《公羊》説同。蓋栗主與？《通典》引：「魏代，或問高堂隆曰：昔受訓云，馮君八萬《章句》，説正廟之主，各藏太室西壁之中。遷廟之主，於太祖太室北壁之中。按逸《禮》，藏主之處似在堂上壁中。答曰：《章句》但言藏太祖北壁中，不言堂室。愚意以堂上無藏主，當室之中也。」按：《隸續·嚴訢碑》有「治《嚴氏春秋》、《馮君章句》」，則所載《公羊》説其《嚴氏春秋》與？《通典》又引蜀譙周《禮祭集志》：「四時祭，各於其廟中神位，奥西牆下，東嚮。諸侯廟，木主在户之南，爲在户上也。東嚮，以南爲上。」《續漢志》注引《漢舊儀》曰：「高帝崩，三日小斂。室中墉下作栗木主，長八寸，前方後圓，圍一尺，置墉下。已葬，收主，爲木函，藏廟太室之中西牆壁埳中，望内外不出堂室之上。」賀循引《漢儀》云：「去地六尺一寸，❷當祠，則設座於埳中。」摯虞《決疑》云：「廟主藏於户之外西墉之中，有石函，名曰宗祏。函中笥，❸以盛主。」《類聚》引作「北墉」。按：西壁、北壁，説各不同。据馮君《章句》，郊藏西壁者，正廟主；藏北壁者，遷廟主也。宗祏，蓋即《説文》之「郊宗石室」，與虞主無涉。然考《曾子問》云：「天子諸侯

❶「駁」，原作「校」，據國圖藏清抄本及《九經古義》改。
❷「一」，原作「五」，據《通典》改。
❸「函」，原脱，據《通典》補。

出，以遷廟主行，反必設奠。卒，斂幣玉藏諸兩階之間。」則又似遷主不拘在北壁下矣。鄭駁据埋重之禮，以爲埋虞主於廟門之道左，亦以意言之耳。《穀梁疏》引徐邈注與何君同。《通義》云：「按：《雜記》曰『重，既虞而埋之』，謂葬日反虞之後也。重，主道也。虞而有主則重無事，故埋矣。練而有吉主，虞主無事則亦埋矣。襄王使賜晉文公命，晉人受于武宫，設桑主，布几筵，彼似用殷主綴重之法，故武公虞主於時猶存。」又云：「按《異義》：『《公羊》及《禮》戴說，虞主埋于堂兩楹之間，一說埋之廟北墉下。』何氏所稱，殊非師說。鄭司農云『埋于廟門外之道左』，似渫賤，不合禮意。」按：何氏謂兩階間，不必定在堂下，或亦即《異義》所稱之兩楹間與？然堂上堂下皆行禮趨走之處，以先人精神所依之主埋之其下，誠孔氏所謂渫賤也。似以一說埋之北墉者爲近理。《周禮·司巫職》：「共匰主。」《說文》：「匚，受物之器。」《廣雅》：「匧、匰，笥焉。」則「匰」即所以盛主者。蓋廟有石室，以匰盛主而藏之。以木謂之匰。衛宏《漢舊儀》所云：「已葬收主，爲木函，藏廟太室西壁坎中。去地六尺一寸也。」以石則謂之祏，《左傳》莊十四年「典司宗祏」、《昭十八年》「徙祏于周廟」是也。《說文》所云「祏，宗廟之主」者，自謂主盛于祏，因祏爲主耳。一說所謂大夫以石爲主者，非正義也。衛氏所說係漢制，不必與周同。周人埋主亦宜有匰，亦不必用石。其石室所廟，蓋正廟主，即吉主，即練時所作之栗主也。○注「夏后」至「以異」。○《論語·八佾》篇。又《御覽》引《異義》：「《論語》：哀公問社於宰我，❶宰我答：『夏后氏以松。』夏人都河東，宜松也。殷人以柏，殷人都亳，宜柏也。周人以栗，周人都灃鎬，宜栗也。」又《祭法》疏引《異義》：「今《春秋公羊》說：『祭有主者，孝子以主繼心。夏后氏以松，殷人以柏，周人以栗。』古《周禮》說『虞主用桑，練主用栗』，無夏后氏以松爲主之事。許君謹案：從《周禮》說，《論語》所云爲社主也。」鄭氏無駁。按：舊疏引鄭君《論語注》云「謂社主」，故於《異義》無駁也。《左傳》杜注云：「主者，殷人以柏，周人以栗。」《正義》：「《論語》：哀公問主於宰我，宰我對曰：『夏后氏以松，殷人以柏，周人以栗。』先儒舊解或有以爲宗廟主者，故杜依用之。古《論語》及孔、鄭皆以爲社主。社爲木主者，古《論》不行於

❶「社」，原作「主」，據《太平御覽》及《論語》改。

世，且社主，《周禮》謂之『田主』，無單稱主也。以張、包、周等並爲廟主，故杜所依用。」然則《魯論》作「問主」，故張、包、周説作「廟主」；古《論語》作「問社」，故孔、鄭皆以爲「社主」。據《釋文》云：「問社，鄭本作『主』。云：主，田主，謂社。」則鄭仍《魯論》本，故从古《論》解爲「社」耳。若已作「社」，則無庸解爲「社」矣。又按：古《論》無考，以孔、陸、徐三家説考之，蓋當時各本皆作「主」，但《魯論》家訓爲「廟主」，古《論》家訓爲「社主」，淺人遂逕改「主」爲「社」耳。單稱主者，止廟主，田主則不得單稱主。若問社，則必係問立社之義，孔子無緣以社主答之，尤不必以社所樹木對之也。宋氏翔鳳《過庭録》云：「如古《論》本作『問社』，則鄭方解爲『社主』，文亦必從古讀也。正不得反作『問主』，蓋《集解》采孔説，遂妄改作『問社』。《左疏》謂古《論》不行於世，《公羊疏》謂古文作『社』，亦約略言之而誤也。《曲禮》疏引《白虎通》云：『祭所以有主者，言神無所依據，孝子以主繼心焉。』《論語》曰：『魯哀公問主於宰我，宰我對曰：夏后氏以松，殷人以柏，周人以栗。』《通典》引《異義》云：『凡虞主用桑。練主，夏后氏以松，殷人以柏，周人以栗。』許氏受學于賈逵，《異義》所述必《左氏》古義也。然則《公羊》言練主用栗者，專指周制言耳，夏殷不必爾也。」○注「松猶」至「意也」。○《曲禮》疏引《白虎通》又云：「松者所以自悚動，柏者所以自迫促，栗者所以自戰慄。亦不相襲。」按：松容、柏迫，皆疊韻爲訓，故《史記·張耳陳餘傳》云：「柏人者，迫於人也。」《漢書·溝洫志》「魚弗鬱兮柏冬日」，注「柏，與迫同」是也。《國語》「不過棗栗」，注：「栗，取敬栗。」《穀梁》莊二十四年同。蓋凡用栗者，多取謹敬義。宰我對哀公曰「使民戰栗」，亦第據《周禮》告之耳。夏用人正，殷用地正，周用天正，故本而言之。○注「禮士」至「穆也」。○今《士虞·記》無此文。姚氏鼐曰：「此是禮之逸篇，題云《士虞·記》，而中廣言天子諸侯之禮。」《續漢書·禮儀志》曰：「桑木主尺二寸，不書謚。」又《初學記》引《五經要義》：「練主用栗。栗者，敬也。祭禮取其恭。」又云：「皆刻謚于其背。」《穀梁疏》引徐邈注與何同。《書鈔》引《白虎通》云：「蓋題之爲記，欲令後世可知也。」方尺，或曰長尺二寸。孝子入宗廟之中，雖見木主，亦當敬焉。蓋始死尚質，又桑主皆特祀，故不須文。練後漸吉，故漸趨於文。又練主順人廟，令祀時別昭穆，故刻謚也。《通典》引《異義》引《春秋左氏傳》曰：「凡君薨卒哭而祔，祔而作主，特祀于主，烝嘗禘于廟。主之制，四方，穿中央，達四方。皆刻謚于其背。」是古文家説亦如此。○注「虞主」至「別也」。○此「鼺㸷」二字與上「鼺㸷」皆當劃爲一。㸷，亦當爲「牑」。桑者喪也，取義於喪，故三代同。又以見虞主質，練主文也。**用栗者，藏主也。**注藏于廟室中當，所當奉事也。質家藏于堂。疏注「藏于」至「事也」。○《校勘記》云：「閩、監本同。毛本上『當』作『堂』，宜據正。《儀禮經傳通解》上『當』作『常』，鄂本下『當』作『常』，皆誤。」又云：「按當作『藏於廟中堂所常奉事也。❶質家藏于室』，蓋各本有誤，俟再考。」今按：「藏于廟室中」不誤也。上「當」當作「堂」，下「當」當作「常」。明堂上爲事主處，與室爲藏主處殊也。○注「質家藏于堂」。○《校勘記》云：「閩、監、毛本同，誤也。鄂本『于』作『於』。《儀禮經傳通解》『堂』作『室』，宜據以訂正。文家尊尊，故藏于堂；質家親親，故藏于室。」按：衛次仲説，藏之于室西壁埳中，去地一尺六寸。《春秋》變文從質，故據質家言之。**作僖公主，何以書？**注据作餘公主不書。**譏。何譏爾？不時也。其不時奈何？欲久喪而後不能也。**注禮，作練主當以十三月。文公亂聖人制，欲服喪三十六月，十九月作練主，又不能卒竟，故以二十五月也。日者，重失禮鬼神。疏注「禮作」至「月也」。○《禮記·喪服四制》云「期而練」，又云「十三月而練冠」，是作練主當以十三月也。《通義》云：「《穀梁傳》曰：『立主，喪主於虞，吉主於練。作僖公主，譏其後也。』蓋殷練而祔，則作主當於祔；周卒哭而祔，練然後作主壞廟。魯自莊公之喪始不三年，無復練祥之節。雖祔從周法而襲殷主於祔之名，是以《左氏》云『卒哭而祔，祔而作主』，道魯事之實也。文公欲復三年之喪，失其舊章，遂乃矯枉過直，逾練猶未作主矣。喪辟不懷，故作主先時不譏，後時乃譏。內大惡諱，舉其可道者焉。傳復刺其後不能者，爲之没喪納幣故。」按：孔氏合《左傳》、《公羊》爲一，以祔而作主即係

❶「堂」，原脱，據國圖藏清抄本及《十三經注疏校勘記》補。

栗主，爲魯失禮之實事，似可不必。蓋練主祔廟，則遷廟亦當在是時。《檀弓》疏引《左氏》以爲三年喪畢乃遷廟，故《僖三十三年傳》「烝、嘗、禘于廟」，服、杜皆以爲三年禘祭乃遷此廟，鄭則以爲練時則不禘而遷廟主。故鄭注《士虞禮》「以其班祔」之下云「練而遷廟」，又注《𨛦人》「廟用卣」謂「始禘時」。鄭必謂以練者，以《文二年》「作僖公主」，《穀梁傳》曰：「於練焉壞廟，壞廟之道，易檐可也，改塗可也。」范甯云：「親過高祖則毀其廟，以次而遷。將納新神，故示有所加。」是鄭之所據。宋氏翔鳳《論語發微》云：「孔子以喪禮之失，由於本之不立。三年之喪，二十五月而畢，先王所以立中制節也。使哀戚之意不盡而鰓鰓以求禮節，則有父在爲母齊衰期年之後而食稻衣錦者矣。使制禮之意不明而求所以隆於事親，則必至於爲三十六月之服而後已也。此其故以忠信之實不至，則戰栗之象不形。既徒事乎虛文，乃共流乎僭妄。君臣之惡已成於積漸，簒逐之禍遂行於數世。自文公之來，匪一朝一夕之故矣。子聞之曰：『成事不説，遂事不諫，既往不咎。』謂既失禮宗廟，則諸侯僭天子，大夫僭諸侯之事成，故曰『成事不説』。公患三桓之侈，三桓亦患公之妄，皆無戰栗之意。孔子知諫之無益，故曰『遂事不諫』。然皆始於文公無君無天，以致政在大夫，陪臣執國命，其咎皆在於既往也。」○注「日者」至「鬼神」。○即《隱五年》注云「失禮鬼神例日」是也。

三月乙巳，及晉處父盟。疏包氏慎言云：「三月書乙巳，月之十九日。」

此晉陽處父也，何以不氏？注据晉陽處父伐楚救江。疏注「据晉」至「救江」。○即下《三年》「冬，晉陽處父帥師伐楚以救江」是也。《大事表》云：「陽爲處父食邑，漢陽邑縣是也。今太原太谷縣東南十五里有陽縣。」蓋陽處父以邑爲氏與？諱與大夫盟也。注諱去氏者，使若得其君，如經言邾婁儀父矣。不地者，起公就於晉也。日者，起公盟也。俱没公，齊高傒不使若君，處父使若君者，親就其國，恥不得其君，故使若得其君也。如晉不書不致者，深諱之。疏注「諱去」至「父矣」。○舊疏云：「儀父事在隱元年。凡五等諸侯失爵在名字之例者，但直書其名字，不言其氏，即倪黎來、蔡叔、❶邾婁儀父之類是也。今此處父無氏，故云使若得其君矣。」《穀梁傳》：「不言公，處父伉也，爲公諱也。」范云：「諱公與大夫盟，去處父氏。公親如晉，使若與其君盟，如經言邾儀父矣。」即本何君爲説。《通義》云：「諱與大夫盟，故不言公。貶處父者，起實公也。于防不去氏，説見前。又高傒無別見，若直言傒，嫌是齊之微者，須録其氏貴之，方起公盟。陽處父既於伐楚以名氏見，則不氏，不嫌微者，乃深抑之，以著大夫不敵君之義，故亦得起公盟。」按：莊二十二年《通義》云：「與處父異者，傒，大國之卿，命乎天子。本當言高仲，今言高傒，即是抑之。陽處父，本當言名氏，故更貶去氏，其爲降一等同。」按：外大夫皆稱名。《春秋》所記各國大夫豈無一命之天子者？孔氏説未當。○注「不地」至「晉也」。○《穀梁傳》云：「不書地者，公在晉也。」按：《閔二年》「齊高子來盟」，爲就我盟，故亦不書地。蓋凡書「來盟」、「涖盟」不地者，皆就乎其國也。○注「日者起公盟也」。○《穀梁傳》曰：「何以知其與公盟？以其日也。」舊疏云：「正以微者盟例不日故也。」○注「俱没」至「君也」。○范亦云：「及齊高傒盟于防，不去高傒氏者，公不親如齊，不與其君盟，於恥差降。」○注「如晉」至「諱之」。○《穀梁傳》曰：「何以不言公之如晉？所恥也。出不書，反不致也。」彼疏云：「致者必有出，出者不必致。今出既不書，故反亦不致也。」此舊疏云：「正決下《三年》『冬，公如晉。十有二月己巳，公及晉侯盟』、《四年》『春，公至自晉』之文也。」今按：此注似未盡然。如書晉處父，即爲若得晉君，如邾婁儀父則宜不没公矣。今仍没公，蓋若魯使微者與處父盟爾。于防不去氏，此去氏，此就晉盟，不見與於晉侯，恥愈甚。恥之甚則諱之深，故貶去處父之氏。故《穀梁》曰「處父伉也，爲公諱也」是也。而又書日，以起實公也，所謂「没其文不没其實」也。

夏，六月，公孫敖會宋公、陳侯、鄭伯、晉士穀盟于垂歛。注盟不日者，欲共盟誅商臣。雖不能誅，猶爲疾惡故也，褒與信辭也。不如平丘兩舉會盟詳録之者，時至即盟，會禮不成。疏《校勘記》出「垂歛」云：「鄂

❶「蔡」，四庫本《春秋公羊傳注疏》作「祭」。

本、監本同。《唐石經》、閩、毛本『歛』作『斂』。《釋文》：『垂斂，《左氏》作『垂隴』。』按：「歛」字，《唐韻》在儉部，「隴」字在腫部，儉、腫不相通，隴、歛蓋一聲之轉。顧氏炎武《唐韻正》云：《二十一侵部》「或疑侵韻在古可入東者，《詩・七月》『二之日鑿冰沖沖，三之日納于凌陰』，則讀『陰』爲『雍』矣。《雲漢》『后稷不克，上帝不臨。耗斁下土，甯丁我躬』，則讀『臨』爲『隆』矣。《蕩》『天生蒸民，其民匪諶。靡不有初，鮮克有終』，則讀『諶』爲『戎』矣。《楚辭・天問》『比干何逆而仰沈之？雷開何順而賜封之』，則讀『沈』爲『蟲』矣。《九辨》『願賜不肖之軀而別離兮，放游志乎雲中。乘精氣之摶摶兮，騖諸神之湛湛。驂白霓之習習兮，歷群靈之豐豐』，則讀『湛』爲『蟲』矣。《素問・調經論》『血并於陰，氣并於陽，故爲驚狂。血并於陽，氣并於陰，乃爲炅中』；《太玄經・進》：次四：『日飛懸陰，萬物融融』；則亦讀『陰』爲『雍』矣。《東觀漢記》梁商誄云：『孰云忠侯，不聞其音。背去國家，都兹玄陰。幽居冥冥，靡所宜窮』。則『音』、『陰』並讀爲『雍』矣。《太玄經・減・測》：『善減不減，常自沖也。心減形身，困諸中也。減其儀，欲自禁也。減於艾，無以莅衆也。』則讀『禁』爲『龔』矣。《玄瑩》『夫一一所以摹始而測深也，❶三三所以盡終而極崇也』，則亦讀『深』爲『春』矣。劉向《九歎》『吸精粹而吐氛濁兮，横邪世而不取容。行叩誠而不阿兮，遂見排而逢讒』，則讀『讒』爲『崇』矣。魏文帝《黎陽詩》：『朝發鄴城，夕宿韓林。霖雨戒塗，輿人困窮。』後漢避殤帝諱，改『隆慮』爲『臨慮』，《荀子》書亦作『臨慮』，則讀『臨』爲『隆』矣。又如司馬相如《長門賦》以心、音、臨、風、淫、陰、襜、吟、南、與、中、宮、崇、窮同用。又若《易・豫》六四『朋盍簪』，荀爽本作『宗』。《書・洛誥》『毋若火始燄燄』，《漢書・梅福傳》引作『庸庸』。《詩》『我躬不閲』，《表記》引作『我今不閲』；『與爾臨衝』，《韓詩》作『隆衝』。《春秋》『盟于垂隴』，《公羊》、《穀梁》作『垂斂』；《左傳》『懿公奪閻職之妻』，《齊世家》作『庸職』。而《周禮》、《禮記》、《左傳》窆、堋、封三字通用。《禮・明堂位》『魯有崇鼎』，《呂氏春秋》以爲『岑鼎』。《風俗通》『空侯』本名『坎侯』，此皆出於土俗之殊，要不得以爲正音耳。」杜云：「垂隴，鄭地，滎陽縣東有隴城。」《大事表》：「今在開封府滎澤縣東北。」《水經注・

❶「瑩」，原作「謍」，據《唐韻正》及《太玄經》改。

濟水》篇：「有垂隴城，濟瀆出其北。《春秋》文公二年『晉士穀盟于垂隴』是也。京相璠曰『垂隴，鄭地，今滎陽東二十里有故隴城』是也。世謂之都尉城，蓋滎陽典農都尉治，故變垂隴之名矣。」《一統志》：「在開封府滎澤縣東北。」《穀梁傳》曰：「内大夫可以會外諸侯。」《通義》云：「黄仲炎曰：『垂歛之盟，士穀主諸侯之盟；新城之盟，趙盾主諸侯之盟。而不以士穀、趙盾先諸侯者，存君臣之分也。』」○注「盟不」至「辭也」。○垂歛之盟，謀誅商臣，何氏蓋别有所據。舊疏云：「正以共討臣惡逆，乃是義之高者，若能誅之，理應書見，似若《昭四年經》書『執齊慶封，殺之』。然今無其經，故知不能誅也。」按：會盟例，大信時，小信月，故書月爲褒與信辭。○注「不如」至「不成」。○即《昭十三年》「公會劉子晉侯以下于平丘，八月甲戌，同盟于平丘」，是會、盟兩舉也。此會禮未成，故但書盟耳。

自十有二月不雨至于秋七月。

何以書？記異也。 **注** 以不言旱。**疏**《穀梁》注：「建午之月，猶未爲災。」○注「以不言旱」。○《僖二十一年》「夏，大旱」之屬是也。**大旱以災書，此亦旱也，曷爲以異書？大旱之日短而云災，** **注** 云，言也。❶言有災。**疏** 即《僖二十一年傳》曰「何以書？記災也」是也。注云：「言至有災。」○《經義述聞》云：「《廣雅》曰：『云，有也。』云災，言有災，有災與無災相對爲文。何知『云』之爲『言』而忘乎『云』之爲『有』，故以迂回，失之。」**故以災書。此不雨之日長而無災，故以異書也。** **注** 此禄去公室，政在公子遂之所致也。不就莊三十一年發傳者，此最甚事著。**疏**《通義》云：「異者，雖無害於人、物，而其所效於國家者遠且大，不可不察。《釋廢疾》曰：『《春秋》凡書二十四旱，《考異郵》分爲四部，各有義焉。』今撿經，實二十六旱，凡大雩十九，大旱二，不雨二，歷時不雨加自文者三，是爲四部也。先言時月而後言不雨，緩辭也。初見不雨，未以爲異，彌時彌月，然後異而録之。

❶「言」，原作「有」，據國圖藏清抄本及《春秋公羊傳注疏》改。

先言不雨，而後言至于某月，急辭也。一時不雨，固已異矣。自是冀其雨，以至于歷月又月，異之甚也。《春秋》畏天勤民，覽其辭者，見其志焉。」是也。○注「此禄」至「致也」。○《五行志·中之上》：「文公二年，自十有二月不雨至于秋七月。❶文公即位，天子使叔服來會葬，毛伯賜命。又會晉侯于戚。公子遂如齊納幣。又與諸侯盟。上得天子，外得諸侯，沛然自大。躋僖公主，❷大夫始顓政。」按：與何氏取象小異。《通義》云：「昔夏侯勝以《洪範》諫昌邑王曰：『天久陰不雨，臣下有謀上者。』文公之篇書久不雨者三，卒致仲遂逆謀，嗣子遘禍。此其效也。」○注「不就」至「事著」。○《莊三十一年》「冬，不雨」，傳：「何以書？記災也。」然則彼一時不雨，故不發傳也。

八月丁卯，大事于大廟，躋僖公。 疏 包氏慎言云：「八月書丁卯，月之十四日。」《釋文》作「隮僖公」，云：「本又作『躋』，同。」鄂本脱「僖」字。

大事者何？大祫也。 注 以言大，與有事異。又從僖八年禘數之，知爲大祫。疏 注「以言」至「事異」。○舊疏云：「《宣八年》『夏六月辛巳，有事于太廟』，彼是時祭，不言大，故知此言大者，是大祭明矣。」《通義》云：「稱大祫者，對時祭之祫爲大也。時祫不及毁廟，故《曾子問》曰：『祫祭于祖，則祝迎四廟之主。』彼則《王制》所謂祫禘、祫嘗、祫烝者也。經不言『祫』言『大事』者，重是事也。『國之大事，在祀與戎』，故戎稱『大事』，《書》曰『我有大事，休』是也。祀稱『大事』，此經是也。」按：《穀梁傳》曰：「大事者何？大是事也，著祫嘗。」正以此祫比時祫爲大，嘗祭比時祭爲大也。《禮記·禮器》云「大饗其王事與」，注：「盛其饌與貢，謂祫祭先王。」明饗祭之大謂祫也。《詩·商頌序·玄鳥》：「祀高宗也。」箋云：「祀，當爲『祫』。古者，君喪三年既畢，禘於其廟，而後祫祭於太祖。明年春，禘於群廟。自此之後，五年而再殷祭。一禘一祫，《春秋》謂之大事。」疏云：「《大宗伯》及《王制》注皆云：『魯禮，三年喪畢，祫於太廟。明年春，禘於群廟。自此之後，五年而再殷祭。一禘一祫，《春秋》謂之大事。』」按：僖公於三十三年十二月薨，至此年八月，文公

❶「不雨」，原脱，據《漢書》補。
❷「主」，原脱，據《漢書》補。

未應除喪，尚未合行宗廟之祭。傳不言譏者，舉其躋僖公之重者焉。其喪祭之譏，在從可知之數矣。○注「又從」至「大祫」。○舊疏云：「《春秋説》文云：『三年一祫，五年一禘。』《僖八年》『秋七月，禘于太廟』，從此以後三年一祫數，則十一年祫，十四年祫，十七年祫，二十年祫，二十三年祫，二十六年祫，二十九年祫，三十二年祫，文二年祫也。若作五年一禘數，則從僖八年禘，十三年禘，十八年禘，二十三年禘，二十八年禘，三十三年禘，文五年禘，則文二年非禘年，正當合祫，故知此年爲祫矣。其間三五參差，隨次而下，或有同年時，知非祫與禘相因而數爲三年五年者。若從僖八年禘、十一年祫、十六年禘、十九年祫數之，至僖三十二年禘，文公二年祫，亦相當，但於五年而再殷祭之言不合，故不得然。」按：舊疏前一説太數，後一説太疏，均與五年再殷祭之説不合。且何氏第云從僖八年禘數之，並未言禘祫是年並舉，何所憑而知十一年祫也？唐韋縚《禘祫年數議》以爲：「五年再殷，通計其數，一祫一禘，遞相承矣。今廟禘各自數年，兩歧俱下，不相通計。或比年頻祫，或同歲再序，或一禘之後併爲再祫，或五年之内驟有三殷。法天象閏之期，既違其度，五歲再殷之制，數又不同。求之禮文，頗爲乖失。」況三年喪畢，遭祫則祫，遭禘則禘。《閔二年》「吉禘于莊公」，《文二年》「大事于太廟」，若非通數，何以同在遭喪之後？於閔則書禘，於文則書祫，經無譏禘祫之文也。徐彦疏謂「其間三五參差，亦有禘祫同年」，此説非也。即如從僖十八年禘數之，十年祫，十二年禘，十四年祫，十六年禘，十八年祫，二十年禘，二十二年祫，二十四年禘，二十六年祫，二十八年禘，三十年祫，三十二年禘，至文二年當祫，故文二年注：「從僖八年禘數之，知爲大祫也。」按：《閔二年》注云：「禘祫從先君數，三年喪畢，遭禘則禘，遭祫則祫。」縚之議是準何氏之説，最爲精當。縚又云：「徐邈謂二禘相去爲月六十，中分三十，置一祫焉。若甲年夏禘，丙年冬祫，有象閏法，毫釐不偏。三年一祫之文，既無乖越，五年再殷之制疏數有均，校之諸儒，義實長矣。」然如此數，則曆十二閏後則須超一年矣，恐未必然。鄭氏亦以五年之中再殷祭，其異於何者，鄭以三年喪畢而祫，明年而禘，日後三年祫，五年禘，一祫一禘，從今君數也。《宋書·禮志》徐廣等議曰：「何邵甫注《公羊》云：『祫從先君來，積數爲限。自僖八年至文二年，知爲祫祭。如此，履端居始，承源成流，領會之節，遠因宗本。』」是也。唐開元六年，睿宗三年，喪畢而祫，明年而禘，不相通數。以至七祫五禘，至二十七年，禘祫並在一歲。有司覺其非，乃議以爲一禘一祫，五年再殷，蓋當時鄭學盛行，故改從《禘祫志》所推五年再殷之制，從今君數，即位三年禘，後六年祫，八年禘焉。

大祫者何？合祭也。其合祭奈何？毁廟之主，陳于太祖。注 毁廟，謂親過高祖，毁其廟，藏其主于太祖廟中。禮，取其廟室笮以爲死者炊沐。大祖，周公之廟。陳者，就陳列太祖前，太祖東鄉，昭南鄉，穆北鄉，其餘孫從王父。父曰昭，子曰穆。昭取其鄉明，穆取其北面尚敬。❶ 疏 注「毁廟」至「廟中」。○《漢書·韋玄成傳》：「禮，王者始受命，諸侯始受封之君，皆爲太祖。以下，五廟迭毁，毁廟之主藏于太祖。」《通典》載：「或問高堂隆云：『昔受訓云，馮君八萬言《章句》，説正廟之主，藏太祖西壁之中。遷廟之主，於太祖太室北壁之中。』」蓋亦《公羊》家舊説。若周制，則鄭注「守祧職」曰：「遠廟爲祧，周爲文王、武王廟，遷主藏焉。」又云：「遷主所藏曰祧。先公之主藏于后稷之廟，先王之主藏於文、武之廟。」注：「《祭法》曰：天子遷廟之主，以昭穆合藏於二祧之中。諸侯無祧，藏於祖考之廟。」《聘禮》曰「不腆先君之祧」，謂始祖廟也。按：「守祧」疏云：「鄭知周之二祧是文、武者，鄭義二祧則祖、宗是也。故《祭法》云『祖文王而宗武王』。鄭云『祖宗通言爾』。是祖其有德，宗其有功，其廟不毁，故云祧也。知遷主藏焉者，以其顯考以下，其廟毁，不可以藏遷主。文、武既不毁，明當昭者藏於武王廟，當穆者藏於文王廟可知，故云遷主藏焉。若文、武以上父祖，不可下入子孫之廟，宜藏於后稷之廟。但文、武既爲二祧，后稷爲太祖廟，不可復稱祧，故不變本名，稱太祖也。諸侯既不可與天子同有二祧，其遷主則總藏於太祖廟。」《禮·祭法》：「遠廟爲祧，有二祧，享嘗乃止。去祧爲壇，去壇爲墠，壇、墠，有禱焉，祭之；無禱乃止。去墠爲鬼。」又：「諸侯立五廟，去祖爲壇，去壇爲墠。」注：「天子遷廟之主，以昭穆合藏于二祧之中。諸侯無祧，藏於

❶「尚」，原作「當」，據《春秋公羊傳注疏》改。

祖考廟中。《聘禮》曰『不腆先君之祧』，謂始祖廟也。享嘗，謂四時之祭，天子、諸侯爲壇、墠，祈禱，謂後遷在祧者也。既事則反其主於祧，鬼亦在祧，顧遠之於無事，祫乃祭之耳。」引《春秋》此傳以證之。按：《禮記·王制》云：「諸侯五廟，二昭二穆，與太祖之廟而五。」故親過高祖則毁。其二王後，則不爲始封之君立廟，郊天時以始祖配，《禮運》所云「杞之郊也禹也，宋之郊也契也」，亦當有廟，則遷主當藏於其廟與？○注「禮取」至「炊沐」。○《禮記·喪大記》云：「甸人取所徹廟之西北厞薪，用爨之。管人授御者沐。」疏：「示主人已死，此堂無復用，故取之也。煮汁孰，而管人又取以升階，授堂上御者，使沐也。」《禮·士喪禮》云：「復者降自後西榮。」注「降因徹西北厞」，即所爨者也。謂之廟者，《孔疏》云「謂寢爲廟，神之也」，此廟室亦作寢室也。笮者，《爾雅·釋宫》云：「屋上薄謂之筄。」注云：「屋笮。」《玉篇·竹部》：「笮，危也。」❶以其當屋之高處也。今南方多以竹爲之，亦有用木者，則謂之軒板。按：《喪大記》謂之「厞」，彼疏引舊云：「厞是屋簷也，謂抽此西北隅屋簷也。」又引熊氏云：「厞，謂西北隅厞隱之處，徹取屋外當厞隱處薪，義亦通也。」沈氏彤《儀禮小疏》：「西北厞乃室隱闇之處。徹之者，去其蓋蔽以通神也。」蓋取其所在言之謂之厞，指其所取物言之謂之笮也。○注「太祖周公之廟」。○下《十三年傳》曰：「周公稱太廟。」《禮記·明堂位》曰：「以禘禮祀周公于太廟。」《漢書·韋玄成傳》云：「受命之君躬接于天，萬世不墮。繼烈以下，五廟而遷，上陳太祖，間歲而祫，其道應天，故福禄永終。」謂天子太祖也。諸侯太祖亦世世不毁。魯以伯禽爲始封祖，稱世室，世世不毁也。見下《十三年傳》：「周公稱太廟。」在五廟外，與文王、姜嫄廟皆爲特廟，惟禘祫之時宜在周公廟，爲其爲太祖也。故毁主宜藏於其廟，又與各國殊。○注「陳者」至「尚敬」。○《漢書·韋玄成傳》：「祫祭者，毁廟與未毁廟之主皆合食于太祖，父爲昭，子爲穆，孫復爲昭，古之正禮也。」《禮記·王制》疏引鄭氏《禘祫志》云：「此祫謂祭於始祖之廟，毁廟之主，皆在始祖廟中。始祖於西方東面；始祖之子爲昭，北方南面；始祖之孫爲穆，南方北面。至此以下皆然，從西方爲上。」❷

❶ 「笮」，《玉篇》「笮」無危義，疑「笮」當作「筄」字。

❷ 「爲」，原作「以」，據《禮記注疏》改。

按：當爲「以下」。又引《決疑要注》：「父南面，故曰昭。昭，明也。子北面，故曰穆。穆，順也。」按：此專論禘祫之昭穆。若廟制昭穆，則五廟並列，每廟有隔牆，牆有通門。故《聘禮》君迎賓自大門内，折而東行，應三通門，乃至太祖廟中，所以每門曲揖也。其制，太祖居中，左昭右穆，並列南向。孫毓誤以合祭之昭穆爲廟制之昭穆，謂太祖居中，二昭二穆，以次而南，則昭西向，穆東向矣。有是理乎？其公墓之昭穆則太祖居中，左昭右穆，以次而南。古葬皆北首，故昭穆以東西爲左右也。其制見於聶崇義之《三禮圖》。其與廟制殊者，一南向，一北首，一並列，一不並列爾。則又不得泥於昭明穆順之義矣。其賜爵之昭穆，則昭與昭齒，穆與穆齒。時祭時助祭者皆東向西向，合祭時助祭者亦昭南穆北也。

未毁廟之主，皆升，合食于太祖，**注**自外來曰升。**疏**《穀梁傳》亦曰：「祫祭者，毁廟之主陳于太祖，未毁廟之主皆升，合食于太祖。」注：「祫祭者，皆合祭諸廟已毁未毁者之主於太祖廟中，以昭穆爲次序，父爲昭，子爲繆。昭南鄉，繆北鄉，孫從王父坐也。祭畢則復還其廟。」正以四親廟之主各别爲廟，今合祭太祖廟，故爲自外來升也。

五年而再殷祭。**注**殷，盛也，謂三年祫五年禘。禘所以異於祫者，功臣皆祭也。祫，猶合也。禘，猶諦也。審諦無所遺失。禮，天子特禘特祫；諸侯禘則不礿，祫則不嘗；大夫有賜於君，然後祫其高祖。**疏**注「殷盛也」。○《易·豫·象傳》曰：「殷薦之上帝。」《釋文》引馬注云：「殷，盛也。」《禮·士喪禮》云：「月半不殷奠。」注：「殷，盛也。」沈氏彤《禘祫年月説》云：「於周天子則當從横渠張子之説，以禘即《司尊彝》之『追享』。祫即其『朝享』，而並爲四時之間祀也。積四時而成歲，祀在四時之間，❶則歲舉也。蓋祫爲毁廟之主而設，禘爲始祖之所自出而設，其外南北郊爲天地而設。天地也始祖所自出，與毁廟之主雖尊親遠近有差等，然自繼天祖者視之則天祖均也。南北郊以歲舉，而禘祫獨不以歲舉乎？於諸侯當從五年再殷祭之説

❶「在」，原作「則」，據《果堂集·禮禘祫年月説》改。

者，殷祭即祫也，三年一祫，五年再祫，皆間歲一舉，歷五年而實四期也。祫之月當如周，物備而合食。❶侯與王不宜殊，其間歲而舉，則降於天子一等也。」按：沈氏此説與各家皆不合。《通義》云：「再殷祭者，再祫也。間無事則舉焉，或越二歲，或曠一歲，總其辜較，五年而再祫，取象天道五歲再閏，以爲疏數節也。漢儒有三年一祫、五年一禘之説，出於《禮緯》，於經無徵。經之言大禘者，事天之名。《祭法》『周人禘嚳而郊稷』，鄭司農曰：『此禘謂祭昊天于圜丘也。』《大傳》：『王者禘其祖之所自出，以其祖配之。』韋玄成曰：『言始受命而王，祭天以其祖配而不爲立廟，❷親盡也。』此先儒舊訓，有自來矣。商承鳦鳥之祥，周受履敏之命，故推其祖之所自出，上本於天。而周人以嚳爲始祖，以后稷爲始封之祖，是以配嚳于禘，配稷于郊。《國語》曰：『天子禘郊之事，必自射其牲。』又曰：『禘郊之事則有全烝。』禘先于郊，非配天而何？其廟祭有名禘者，則如《禮記》每稱嘗禘之禮。禘嘗之義，夏祭曰禘，秋祭曰嘗，文偶事敵，俱爲時祭，更不見大禘之文。漢儒誤混禘名于大祫，唐、宋以來遂相承言『周人之禘以稷配嚳』，又推之而言『魯人僭禘，亦以周公配文王』。《明堂位》固云『以禘禮祀周公于太廟』，實不禘文王也。」按：唐、宋人之説本無足辨。至謂宗廟之祭，止有大祫而無大禘。然兩漢今古文家皆以禘祫並舉，似非無據，姑存沈、孔二説，以備參考。○注「謂三」至「年禘」。○《禮記疏》引《禮緯》云：「三年一祫，五年一禘。」鄭注：「百王通義。」又《御覽》引《五經通義》云：「王者諸侯所以三年一祫、五年一禘何？三年一閏，天道小備，故三年一祫。祫者，取未遷廟主，合食太祖廟中。五歲再閏，天道大備，故五歲一禘。禘者，取已遷廟主，合食太祖廟中。」《漢書·韋玄成傳》：「五年而再殷祭，言壹禘壹祫也。❸祫祭者，毀廟與未毀廟之主皆合食於太祖，父爲昭，子爲穆，孫復爲昭，古之正禮也。」又云：「昔帝王承祖宗之休典，取象於天地，天序五行，人親五屬，天子奉天，故率其意而尊其制。是以禘嘗之序，靡有過五。」按：「嘗」疑「祫」之誤。嘗爲四時祭也。○注「禘所」至

❶「食」下原衍「於冬十月」四字，據《果堂集》删。
❷「以」，原作「如」，據《春秋公羊經傳通義》改。
❸二「壹」字原皆作「嘗」字，據國圖藏清抄本及《漢書》改。

「祭也」。〇舊疏云：「出《禮記》與《春秋説》文。」按：今《禮記》無此文，或《禮説》之譌。《書·盤庚》云：「茲予大享于先王，爾祖其從與享之。」《僞孔傳》：「古者録功臣配食于廟。」《周禮·司勳職》：「凡有功者，銘書於王之大常，祭于大烝，司勳詔之。」注：「銘之言名也。生則書於王旌，以識其人與功也。死則於烝先王祭之。詔，❶謂告其神以詞焉。盤庚告其卿大夫曰『茲予大享于先王，爾祖其從與享之』是也。今漢祭功臣於廟庭。」《孔叢子·論書》云：「天子諸侯之臣，生則有列於朝，死則有位於廟，其序一也。」皆未言祭於何時，惟《周禮》謂在烝祭時。《周書·大匡解》云：「勇如害上，則不登于明堂。」《左傳》引《周志》亦有是語。言有勇而無義者，不登堂配食。蓋祫必於太廟，周廟制如明堂，故謂明堂也。《公羊禮説》云：「此《春秋説》文。何氏之所本。」《魏書》孫慧蔚主之，外此衆説紛如，與何異矣。《周禮·司勳》：「凡有功者，祭于大烝。」注引《盤庚》曰：「茲予大享于先王，爾祖其從與享之。」又引「漢祭功臣于廟庭」，疏：「或謂周時直於烝時，殷時烝嘗俱祭，禮異故也。」高堂隆亦主《周禮》之説，配食於烝祭。後世有禘祫並及功臣者，梁武帝時何佟之議曰：「『禘於夏首，物皆未成，故爲小祫。於冬，萬物皆成，其禮大。近代禘祫，並及功臣，有乖古典。請爲祫祭，乃及功臣。』從之。」至唐韋挺等議曰：「『古者臣有大功享禄，其後子孫率禮，絜粢豐盛，禴祀烝嘗，四時不輟，國家大祫，又得配焉。其禘及時享，功臣皆不應預。❷故周禮六功之官，皆配大烝而已。先儒皆以大烝爲祫祭。禘無配功臣，誠謂理不可易。』從之。」按：此諸説不同，亦有由焉。何氏謂禘大祫小；鄭氏謂禘小祫大；劉歆、賈逵、鄭衆、馬融、王肅、張融、孔晁與何同；其餘皆與何異。後世專主鄭氏之説，小則人臣不與，大則兼及有功，小大既殊，則禘祫功臣不得不異制矣。《長發》之詩，王肅謂禘祭宗廟，据此則實維阿衡，即禘祭時功臣皆祭之證矣。《春秋説》，其殷禮與？〇注「祫猶」至「遺失」。〇《詩·商頌·玄鳥序》箋云：「祫，合也。」蓋合祭群廟，故取義於合。《後漢書·張純傳》云：「禘之爲言諦，審諦昭穆尊卑之差也。」周制，大王、王季以上遷主，祭於后稷廟；文、武以下則穆之遷主，祭於文王

❶「詔」，原脱，據《周禮注疏》補。
❷「預」，《通典》作「享」。

廟；昭之遷主，祭於武王廟；未毁之廟，各於其廟祭，不升合食，故須審諦無遺失也。其尸，后稷廟稷尸一，昭穆尸各一；文王廟文王尸一，穆尸共一；❶武王廟武王尸一，昭尸共一。其祫祭之尸，則毁廟之主陳於太廟，立昭穆二尸；未毁廟之主，皆升合食於太祖廟，而各立尸也。《周禮·大宗伯》：「以肆獻祼享先王，❷以饋食享先王。」注：「肆獻祼，祫也。饋食，禘也。」是也。

○注「天子」至「不嘗」。○《禮記·王制》云：「天子犆礿，祫禘，祫嘗，祫烝。」注：「犆，猶一也。祫，合也。天子諸侯之喪畢，合先君之主於祖廟而祭之，謂之祫。後因以爲常。天子先祫而後時祭，諸侯先時祭而後祫。凡祫之歲，春一礿而已。不祫，以物無成者不殷祭。周改夏祭曰礿，以禘爲殷祭也。魯禮三年喪畢而祫於太祖，明年春禘于群廟。自爾之後，五年而再殷祭，一祫一禘。」《王制》又云：「諸侯礿則不禘，禘則不嘗，嘗則不烝，烝則不礿。」注：「虞夏之制，諸侯歲朝，廢一時祭。」《王制》又云：「諸侯礿犆，禘一犆一祫，嘗祫，烝祫。」注：「下天子也。祫歲不禘。」並與此異。《王制》、《雜記》先代之制，何氏於《桓八年》注云「春曰祠，夏曰礿」，則据周制言與？禘於夏，祫於秋，諸侯當殷祭之時不爲時祭，天子則特行禘祫殷祭，於時祭仍無闕也。舊疏於「天子特禘特祫」云「《禮記》及《春秋説》文」，《禮記》亦無此語，蓋「禮説」之誤。於「諸侯禘則不礿，祫則不嘗」云：「即《禮記·王制》所云『夏禘則不礿，秋祫則不嘗。』」按：今《王制》亦無此語也。又按：《王制》疏載王肅論引賈逵説：「吉禘于莊公。禘者，遞也，審諦昭穆遷主遞位，孫居王父之處。」又引《禘於太廟》逸《禮》：「『其昭尸穆尸，其祝辭稱孝子孝孫』，則是父子並列，無是理也。逸《禮》又云『皆升合於其祖』，❸劉歆、賈逵、鄭衆、馬融等皆以爲然。又《曾子問》云『七廟五廟無虚主。❹虚主者，唯天子崩，與祫祭，祝取群廟之主』。明禘祭不取群廟之主可知。」❺故鄭氏取《公羊》爲正説也。杜預等以禘爲三年大祭，在太祖之廟。

❶「尸」，原作「曰」，據國圖藏清抄本及《通典》引鄭玄《禘祫志》改。

❷「獻」，原作「禮」，據《周禮注疏》改。

❸「合」下原衍「食」字，據《禮記注疏》删。

❹「又」，原作「按」，據《禮記注疏》改。

❺「之主」，原脱，據《禮記注疏》補。

傳無祫文，以祫即禘也，取其序昭穆謂之禘，取其合集群祖謂之祫，與《禮經》違，不可從。○注「大夫」至「高祖」。○《禮記・大傳》云：「大夫、士有大事，省於其君，干祫及其高祖。」注：「大事，寇戎之事也。省，善也，善於其君，謂免於大難也。干，猶空也。空祫，謂無廟祫，祭之於壇墠。」《正義》：「今唯云『及高祖』，是祫不及始祖，以卑故也。然此言支庶爲大夫、士者耳。若適爲大夫，亦有太祖，故《王制》云『大夫三廟，一昭一穆，與太祖之廟而三』是也。師説云『大夫有始祖者，鬼其百世，若有善於君得祫，則亦祫於太祖廟中，徧祫太祖以下也』。」然《春秋》之義，大夫不世則不得有太祖廟，故何氏謂祫其高祖也。《禮疏》所載師説亦未安。大夫雖有太祖，亦不得祫於太祖之廟，果爾，則與諸侯何别乎？朱氏彬《禮記訓纂》云：「吴幼清曰：『大事，大功也。省，察也。如《詩序》所謂有功而見知也。祫，合也。謂雖無廟而得有廟者，合祭也。大夫蓋祫於曾祖廟而上及高祖，❶上士則祫於祖廟而上及曾祖、高祖，中士下士則祫於禰廟而上及祖與曾祖、高祖也。』」其説是也。又以「大夫亦有有太祖廟者，無曾祖廟，當祫於太祖之廟，而祭曾祖、祖、禰凡四世。若太祖在高祖前者，或祫於太祖廟，而并及高、曾、祖、禰爲五世也。」亦惑於《禮記》疏説耳。

躋者何？升也。

疏《穀梁傳》：「躋，升也。」《詩・小雅・斯干》「君子攸躋」，《商頌・長發》「聖敬日躋」，傳並云：「躋，升也。」《説文・足部》：「躋，登也。」登即升也。《方言》亦云：「躋，登也。東齊海岱之間謂之躋。」《爾雅・釋詁》、《小爾雅・廣言》皆云：「隮，陞也。」《周禮》「眡祲」注：「鄭司農云：隮，升氣也。」「隮」與「躋」同，見《廣韻》。

何言乎升僖公？ **注**据禘于大廟不道所升。

疏注「据禘」至「所升」。○即《僖八年》書「禘于太廟，用致夫人」是也。

譏。何譏爾？逆祀也。其逆祀奈何？先禰而後祖也。 **注**升謂西上。禮，昭穆指父子，近取法《春秋》，惠公與莊公當同南面西上；隱、桓與閔、僖亦當同北面西上，繼閔者在下。文公緣僖公於閔公爲庶兄，置僖公於閔公上，失

❶「廟」，原脱，據《禮記訓纂》補。

先後之義，故譏之。傳曰「後祖」者，僖公以臣繼閔公，猶子繼父，故閔公於文公亦猶祖也。自先君言之，隱、桓及閔、僖各當爲兄弟，顧有貴賤耳。自繼代言之，有父子君臣之道，此恩義逆順各有所施也。不言吉祫者，就不三年不復譏，略爲下張本。**疏**《穀梁傳》：「先親而後祖也，逆祀也。逆祀則是無昭穆也，無昭穆則是無祖也，無祖則無天也。故曰文無天，無天者是無天而行也。君子不以親親害尊尊，此《春秋》之義也。」《禮記・禮器》云：「孔子曰：臧文仲安知禮？夏父弗綦逆祀而弗止也。」注云：「《文二年》『八月丁卯，大事于太廟，躋僖公』，始逆祀，是夏父弗綦爲宗伯之爲也。」❶彼疏引《異義》：「『《公羊》董仲舒説：躋僖公逆祀，小惡也。《左氏》説爲大惡也。許君謹案：從《左氏》説。』鄭駮之云：『兄弟無相後之道，登僖公主於閔公主上，不順，爲小惡也。』」又《王制》曰：「宗廟有弗順者爲不孝。」注：「不順者，謂若逆昭穆。」謂此類也。○注「升謂西上」。○此謂祫祭之序。《王制》疏云：「此祫謂祭於始祖廟，毁廟之主及未毁廟之主皆在始祖廟中。始祖之主於西方東面；始祖之子爲昭，北方南面；始祖之孫爲穆，南方北面；自此以下皆然。從西爲上。」是也。○注「禮昭」至「西上」。○禮，父爲昭，子爲穆，故云昭穆指父子。《禮器正義》：「《外傳》云：『躋僖公。弗綦云：明爲昭，其次爲穆。』以此言之，從文公至惠公七世。惠公爲昭，隱公爲穆；桓公爲昭，莊公爲穆；閔公爲昭，僖公爲穆。今躋僖公爲昭，閔公爲穆，自此以下，昭穆皆逆。故《定公八年》『順祀先公』，服氏云：『自躋僖公以來，昭、穆皆逆。』是用《國語》之説。與何休義異。」如鄭《駮異義》之意，正以僖在閔上，謂之爲昭，非爲穆也。《冢人》疏：❷「惠公當昭，隱公當穆；桓公當昭，莊公當穆；閔公當昭，僖公當穆。今升僖公於閔之上爲昭，閔公爲穆，故云逆祀。知不以兄弟同昭位，升僖公於閔上爲逆祀者，《定八年》傳『順祀先公』，若本同倫，以僖公升于閔之上，則

❶ 「伯」，原作「人」，據《禮記注疏》改。
❷ 「冢人」，原作「守祧」，注文見「冢人」篇，據《周禮注疏》改。

以後諸公昭穆不亂，何以《定八年》始云『順祀』乎？明本以僖、閔昭穆別，故以後皆亂也。」蓋亦用服説，或《左氏》家説如是與？按：鄭《駁異義》以爲小惡，明止登僖主於閔主上爾，不必如服氏説。但傳明言「先禰後祖」，恐是升僖爲昭，則必降閔爲穆。然文仍昭，宣仍穆，與閔爲昭，僖爲穆無異，何至自此以下昭穆皆逆？賈、孔所疏，殊屬牽强。以魯世次考之，伯禽爲始封祖，其次考公、煬公昭，幽公、魏公穆；厲公、獻公昭，真公穆；武公昭，懿公、孝公穆。故惠公昭也。中有伯御弑君自立，天子所誅，必不序入昭穆之次，故何氏如此序也。然以一昭一穆序之，亦惠公宜昭。○注「繼閔」至「譏之」。○《穀梁》注：「舊説僖公，閔公庶兄，故文公升僖公之主於閔公之上耳。」正以閔、僖同穆位，閔當在西，僖當在東。今升僖於閔之西也，是失先後之序。○注「傳曰」至「祖也」。○范甯引舊説又云：「僖公雖長，已爲臣矣。閔公雖小，已爲君矣。臣不可以先君，猶子不可以先父，故以昭穆父祖爲喻。」與何氏説同。齊氏召南《經傳考證》云：「《公羊》此義極精，何氏注亦最當。後漢梁太后欲以殤帝廟次居順帝下，周舉議曰：『《春秋》魯閔公無子，庶兄僖公代立，其子文公遂躋僖於閔上。孔子譏之，書曰「躋僖公，逆祀也」。及定公正其序，經曰「從祀先公」，爲萬世法也。今殤帝在先，於秩爲父，順帝在後，於親爲子，先後之義不可改，昭穆之序不可亂。』太后從之。此事足與傳相發明。」《通義》亦引周議，又引賈公彦曰：「『兄死弟及，俱爲君，則以兄弟爲昭穆，以其弟已爲臣，臣子一例，則如父子，故別昭穆也。』廣森謂：臣子一例，此傳明文，周、賈之説，蓋得經理。僖於閔實兄弟，然傳曰『先禰而後祖也』，《穀梁傳》亦曰『先親而後祖也』，《國語》亦曰『非昭穆也』，《左氏傳》亦曰『子雖齊聖，不先父食』，可見僖之先閔，非直以臣越君，乃即以子越父，以穆越昭，以禰越祖。何者？諸侯之尊，兄弟不得以其屬通。雖繼立也，是必嘗爲臣，臣之事君與子之事父等。由族屬言之，父子不可改。《詩》曰『莊公之子』是也。由廟制言之，僖公時固祀莊于祖，祀閔于禰，《詩》曰『新廟奕奕』，毛公傳以爲閔公廟是也。至于文公，則當禰僖而祖閔，父之所不禰，子亦不祖也；父之所禰，子亦不敢不祖也。今僖必禰莊，將別有閔宮，加四親廟而爲五可乎？俗儒或於禰必爲父，祖必爲王父，甚不知禮意。祖、禰皆廟名也，爲人後者後其廟，重禰事之非必父謂之也；祖事之非必王父謂之也。自始立廟，即定禰、祖之名。又其上一昭一穆，而四廟備，嗣爲君者迭居迭毀。凡新主則必納禰宫，不以倫序而異。若周之初，孝王嗣懿王，懿之叔父也，然祀懿必於禰。假令兄弟同昭穆，則孝王當與共王同位，而以臣躋懿上，是即逆祀矣。其後桓王嗣平王，平之孫也，然祀平亦於禰，而太子洩父不序於七廟。人君者，尊之統也。是故廟無虚主，廟無二主，皆所以著統也。天子以天下爲體，以一王爲一世；諸侯以國爲體，以一君爲一世；固不與士大夫恒禮同。而春秋之際，家世其爵禄，雖大夫猶有爲兄後者矣，況天子、諸侯之兄弟有君臣之分者耶？高閌曰：『父子相繼，此禮之常也。至于傳之兄弟，則亦不得已焉耳。既授之天下國家，則所傳者雖非其子亦猶子道也。傳之者，雖非其父，亦猶父道也，以天下國家爲重矣。』徐邈曰：『若兄弟六人爲君，自爲昭穆，則後世當祀不及祖禰。』此又妄之甚者。禮有所極，義有所斷，爲之後者爲之子，所以正授受、重祖統也。兄弟六人相代爲君，亦六代祀祖禰矣。假非兄弟相代，而其祖亦當遷耳，豈得故存哉！即如邈言，使有兄弟六人各自稱昭，是有十三廟，又其最後一君自上繼其父，則五君終無後也。豈其所以傳重授國之意乎？凡言禮者，惡其諂時君之意。苟曰廣宗廟大孝之本而不詳授受之道，使當傳國者不忍以其國與其宗，曰：非吾子也。當受國者又不肯以臣子之禮事其君，曰：非吾父也。至令宗廟猥衆，昭穆駢積，而鬼有不祀者，皆不知《春秋》大義故也。」按：何氏此注與上注似不合。既以閔猶文之祖，則不得閔、僖同北面西上矣。蓋殷人兄弟爲君同昭穆，周人兄弟爲君異昭穆。周道尊尊，以國體爲重，生爲君臣，死即爲父子，故昭穆各異。殷道親親，天子諸侯俱不絶旁期，則生雖君臣，親誼不殊，故死則仍爲兄弟，昭穆宜同也。何氏以臣子一例，定《春秋》繼統之經，而以兄弟同昭穆説合祀，蓋以殷之質變周之文，以親親兼尊尊與？○注「自先」至「施也」。○此何氏申言昭穆之制與稱謂之殊所以不同也。以自先君視之，兄弟既爲兄弟，則昭穆仍同昭穆。自國體言之，則閔爲君父，僖爲臣子也。《公羊禮説》云：「兄終弟及之昭穆有二説焉：一以爲父子異昭穆，兄弟同昭穆；一以爲兄死弟及，俱爲君，則如父子，故昭穆異。其説皆自三傳啓之，而注三傳者初不主後説也。歷引范甯、何休注，又引杜預曰：『僖公，閔公庶兄，繼閔而立，廟坐次宜次閔下，今升閔上，故譏之。』孔申之曰：『若兄弟相代，即異昭穆，設兄弟四人皆爲君，則祖父之廟即以從毀，知其理必不然。』而賈公彦之説則異是，謂閔公爲昭，僖公爲穆，今升僖爲昭，閔爲穆，故云逆祀。果爾，是誠亂昭穆之序。董仲舒何以謂躋僖公爲小惡耶？許以其爲大惡，鄭氏曰：『兄弟無相後之道，登僖於閔上，不順爲小惡。』康成何爲駮叔重耶？問者曰：『韋昭、賈公彦之徒皆以爲臣子一例，此非《公羊傳》明文耶？』曰：『其説出於《公羊》，韋、賈皆不得其解者也。臣子一例，自施於服制，不可通於廟制。』《儀禮》曰：『封君之子不臣諸父而臣昆弟，封君之孫盡臣之。』後漢宋意曰：『《春秋》之義，諸父昆弟無所不臣。』《大戴禮》曰：『是以母弟官子，咸有臣志。』由此觀之，則以弟繼兄，以兄繼弟，甚至以叔繼姪，俱無不可。何注：『臣之繼君猶子繼父，服皆斬衰，故傳稱臣子一例。』舜之於堯，本非父子，至終喪告廟，與父死子繼無異也。推而言之，隱、桓、莊、閔、僖、文一如文、武、成、康，故自繼代言之，文之於閔、僖猶之乎祖禰也。若立廟而異昭穆，是非父子而爲父子，非祖孫而爲祖孫，於情不安，於禮得乎？設使陽甲、盤庚、小辛、小乙兄弟四王各爲一代而異昭穆，則武丁之祭將上不及祖耶？況生前爲父子，死後爲祖孫，生前爲兄弟，死後爲父子，不知當禘祫時昭穆合食一堂，何以爲情耶？後漢梁太后詔以殤帝幼崩，次在順帝下。馬訪奏宜如詔書。吕勃以爲應依昭穆之序，先殤後順。周舉議：『《春秋》閔公無子，庶兄僖公代立，文公躋僖於閔上，孔子譏之。今殤帝在先，於秩爲父；順帝在後，於親爲子；先後之義不可改，昭穆之序不可亂。勃議是。』故冲遠謂先儒無此説，善乎何氏之説，曰：『自先君言之，隱、桓及閔、僖當各爲兄弟，❶顧有貴賤耳。自繼代言之，有父子君臣之道，此恩義逆順各有所施。』吾故斷之曰，門內之治恩掩義，閔、僖不得異昭穆；門外之治義斷恩，閔、僖遂儼如父子。何也？宗廟之內親親也，朝廷之上尊尊也，君子不以親親害尊尊，故曰先禰而後祖也。』申述何義，可謂深切著明矣。○注「不言」至「張本」。○毛本「三」誤「二」。舊疏云：「《閔二年》『吉禘于莊公』，傳：『其言吉何？未可以吉也。曷爲未可以吉？未三年也。』然則吉禘莊公在三年內，此

❶「閔」，原作「國」，據國圖藏清抄本及《春秋公羊傳注疏》改。

大事亦在三年内，是不須更言吉祫以譏之，但略言『大事於太廟』，爲下『躋僖公』張本而已。」《春秋説》云：「大事者，吉禘也。吉禘無常月，喪畢乃行。僖公三十三年十一月薨，至文公二年十一月始滿二十五月，今方八月，計僅二十二月，喪制未畢，與《閔二年》『吉禘』正同。《春秋》之例，一譏不再譏。如仍書『吉禘』，是再譏也。故不書『吉禘』而書『大事』，言吉禘，國之大事，而文公亂之，《穀梁》所謂『文無天』也。」此用杜氏説，以大事爲禘也。范甯説《穀梁》以親爲僖，以祖爲莊公，直以僖在莊上，魯之君臣不宜荒悖若此。與三傳、外傳皆違，皆自逞私見者，不可從。《漢書・五行志》云：「《左氏》説曰：太廟，周公之廟，饗有禮義者也。祀，國之大事也。惡其亂國之大事于太廟，故曰大事也。躋，登也，登釐公于愍公上，逆祀也。釐雖愍之庶兄，嘗爲愍臣，臣子一例，不得在愍上。又未三年而吉禘，前後亂賢父聖祖之大禮，内爲貌不恭而狂，外爲言不從而僭。故是歲自十二月不雨，至于秋七月。後年，若是者三，而太室屋壞矣。前堂曰太廟，中央曰太室。屋，其上重屋尊高者也，象魯自是陵夷，將墮周公之祀也。」彼所載《左氏》説亦以此爲禘，蓋古文家説與？

冬，晉人、宋人、陳人、鄭人伐秦。**疏** 沈氏欽韓《左傳補注》云：「稱人者，惡其兵連禍結無已也。」據《左傳》，爲報彭衙之役。

公子遂如齊納幣。

納幣不書，此何以書？譏。**疏**《穀梁注》云：「喪制未畢而納幣，書非禮。」《左傳》以爲禮也。《檀弓》疏引《膏肓》云：「『喪服未畢而行昏禮，於義爲短。』鄭箴之曰：『僖公母主婚，得權時之禮。』」劉評之曰：「此鄭違心之論。莊公母主取仇女，亦權宜之禮乎？」何譏爾？譏喪娶也。**疏**《釋文》作「喪取」，云：「本或作『娶』。」娶在三年之外，則何譏乎喪娶？**注** 据逆在四年。**疏** 注「据逆在四年」。○下《四年》「逆婦姜于齊」是也。三年之内不圖婚。**注** 僖公以十二月薨，至此未滿二十五月，又禮，先納采、問名、納吉，乃納幣，此四者皆在三年之内，故云爾。**疏** 注「僖公」至「云爾」。○《禮記・昏義》云：「納采、問名、納吉、納徵。」《禮・昏禮》同。《春秋》之「納幣」則

《禮》之「納徵」也。是彼三禮皆在納幣前也。《繁露·玉杯》云：「《春秋》譏文公以喪娶。難者曰：『喪之法，不過三年。三年之喪，二十五月。今按經，文公乃四十一月乃取，❶取時無喪，出其法也久矣。何以謂之喪取？』曰：『《春秋》之論事，莫重乎志。今取必納幣，納幣之月在喪分，故謂之喪取也。』」**吉禘于莊公，譏。然則曷爲不於祭焉譏？** 注 据吉禘于莊公，譏始不三年，大事圖婚，俱不三年。大事猶從吉禘，不復譏。 疏 注「据吉」至「三年」。○《閔二年傳》：「吉禘于莊公何以書？譏。何譏爾？譏始不三年也。」《通義》云：「難不言吉祫意。」○注「大事」至「復譏」。○《校勘記》云：「鄂本『復』作『獨』。」按：作「復」是也。**三年之恩疾矣。** 注 疾，痛。 疏《禮記·三年問》云：「三年之喪，二十五月而畢，哀痛未盡，思慕未忘。」又曰：「創鉅者其日久，痛甚者其愈遲。三年者，稱情而立文，所以爲至痛極也。」**非虚加之也，** 注 非虚加責之。 疏《繁露·玉杯》云：「禮之所重者在其志，志敬而節具，則君子予之知禮。志和而音雅，則君子予之知樂。志哀而居約，則君子予之知喪。故曰非虚加之，重志之謂也。」**以人心爲皆有之。** 注 以人心爲皆有，疾痛不忍娶。 疏《通義》云：「子生三年，然後免於父母之懷，故三年之喪，恩痛之至也。非從天降，非從地出，非爲人悦也，稱情而立文焉爾。創鉅者其日久，痛甚者其愈遲。蓋哀迫思慕有餘于三年之外者，然而先王爲之中制，斷以五，五猶且葬而有變，練而有除，將使不肖者皆易跂及焉。如是而情有不逮者，謂之無人心矣。」《經義述聞》云：「謹案：人之言仁也。《墨子·經説》篇：『仁，愛也。』《方言》：『凡相憐哀。❷九疑、湘潭之間謂之人兮。』《表記》：『仁者，人也。』鄭注曰：『人也，謂施以人恩也。』《成十六年》：『晉人執季孫行父，舍之于招丘。』傳曰：『執未有言舍之者，此其言舍之何？仁之也。曰在招丘，悕矣。』何注曰：『悕，悲也。仁之者，若曰在招丘，可悲矣。閔録之辭。』《表

❶「公」，原脱，據《春秋繁露》補。
❷「哀」，原作「愛」，據《經義述聞》及《方言》改。

記》注引《公羊》『仁之』作『人之』，是『人』即『仁』也。以仁心爲皆有之者，以哀痛父母之心爲衆所同有也。作『人』者，借字耳。下文『以爲有人心焉者，則宜於此變焉矣』，何注曰：『有人心念親者，聞有欲爲己圖婚，則當變慟哭泣矣。』此解得之。」按：作「人」字解亦自可通，不必讀作「仁」字。俞云：「此解上文『不於祭譏』之義。蓋『吉禘于莊公』譏，而此年『大事于大廟』不譏者，正以三年之喪疾痛至深，乃人心所皆有，非如它事微婉難明，故吉禘一譏，已足見義，其餘不悉譏也。若如何解，上下文皆不貫矣。」按：如何解猶不忍娶言，亦與上下無不貫。以人心爲皆有之，則曷爲獨於娶焉譏？**注**据孝子疾痛，吉事皆不當爲，非獨娶也。**疏**注「据孝」至「獨娶」。○《禮記・王制》云：「喪三年不祭，唯祭天地社稷，爲越紼而行事。」故凡祭祀及冠、婚、朝聘皆不行也。娶者，大吉也。**注**合二姓之好，傳之於無窮，故爲大吉。**疏**注「合二」至「大吉」。○《禮記・昏義》云：「昏禮者，將合二姓之好，上以事宗廟而下以繼後世也。」又《哀公問》曰：「合二姓之好，以繼先聖之後，以爲天地、宗廟、社稷之主。」《穀梁》桓三年傳：❶「子貢曰：『冕而親迎，不已重乎？』孔子曰：『合二姓之好以繼萬世之後，何謂已重乎？』」《哀公問》又曰：「大昏，萬世之嗣也。」非常吉也。**注**與大事異。**疏**注「與大事異」。○《通義》云：「譏必於其重者，圖婚惡重於祫，故大事不復譏，從常辭而已。」其爲吉者，主於己。**注**主於己身，不如祭祀尚有念先人之心。**疏**注「主於」至「之心」。○《繁露・玉杯》云：「文公以秋祫祭，以冬納幣，皆失於太蚤。《春秋》不譏其前而顧譏其後，必以三年之喪，肌膚之情也。雖從俗而不能終，猶宜未平於心。今全無悼遠之志，反思念取事，是《春秋》之所甚疾也。故譏不出三年於首而已，譏其喪取也。不別先後，賤其無人心也。緣此以論禮，禮之所重者在其志。」又云：「志爲質，物爲文。文著於質，質不居文，文安施質？質文兩備，然後其禮成。文質偏行，不得有我爾之名。俱不能備而偏

❶「三」，原作「二」，引文見桓公三年，據《春秋穀梁傳注疏》改。

行之，甯有質而無文。雖弗予能禮，尚少善之，『介葛盧來』是也。有文無質，非直不予，乃少惡之，謂『州公寔來』是也。然則《春秋》之序道也，先質而後文，右志而左物。故曰：『禮云禮云，玉帛云乎哉？』引而後之，亦宜曰：喪云喪云，衣服云乎哉？是故孔子立新王之道，明其貴志以反和，見其好誠以滅僞。其有繼周之弊，故若此也。」**以爲有人心焉者，則宜於此焉變矣。**【注】變者，變慟哭泣也。有人心念親者，聞有欲爲己圖婚，則當變慟哭泣矣，況乃至于納幣成婚哉！【疏】注「變者」至「泣也」。○《小爾雅·廣詁》：「變，易也。」《禮記·檀弓》云：「不可以變。」注：「變，動也。」謂動易其平素爲哭泣也，故死喪亦謂之變。《穀梁》昭十五年傳「大夫有變」是也。❶ 孫氏志祖《讀書脞録》云：「變，讀爲『辨』，言誠有欲爲己圖婚，則當辨其義之可否。《宣十五年傳》：『上變古易常，應是而有天災，其諸則宜於此焉變矣。』亦謂當辨其災應之所由來。辨、變古字通用。」按：「變」義最切，作「辨」解迂回。○注「有人」至「婚哉」。○毛本「于」作「於」。《通義》云：「文公誠有人心，欲變未失而久喪者，則所變宜莫若此矣。於此而不變，知其外慕久喪之名而汲汲圖婚，內實不哀也。」於義亦迂，說「變」字亦未明。

❶「有」，原作「以」，據《春秋穀梁傳注疏》改。

公羊義疏三十九

句容陳立卓人著

文三年盡五年。

三年，春，王正月，叔孫得臣會晉人、宋人、陳人、衛人、鄭人伐沈。沈潰。**疏**杜云：「沈，國名也。汝南平輿縣北有沈亭。」《水經注·汝水》：「逕平輿縣故城南，舊沈國也。」《一統志》：「平輿故城在汝甯府汝陽東南六十里。」

夏，五月，王子虎卒。

王子虎者何？天子之大夫也。外大夫不卒，此何以卒？**注**据原仲也。**疏**注「据原仲也」。○《莊二十七年》：「公子友如陳，葬原仲。」彼不見原仲卒文，故据以難。新使乎我也。**注**王子虎即叔服也。新爲王者使來會葬，在葬後三年中卒，君子恩隆於親親，則加報之，故卒，明當有恩禮也。尹氏卒日，此不日者，在期外也。名者，卒從正。**疏**注「王子」至「服也」。○《穀梁傳》：❶「王子虎卒。叔服也。」○注「新爲」至「禮也」。○《穀梁傳》：「此不卒者也，何以卒之？以其來會葬，我卒之也。」《通義》云：「新爲王者使來會葬，故有赴弔之禮，而《春秋》以其恩録之也。」按：《隱三年》「尹氏卒」，傳：「外大夫不卒，此何以卒？天王崩，諸侯之主也。」注：「時天王崩，魯隱往奔喪，尹氏主儐贊諸侯，與隱交接，而卒恩隆於王者，則加禮録之，故爲隱恩録痛之。」彼爲爲魯主，故爲恩隆王者。此爲會葬，恩隆於親親，尤當加報之也。○注「尹氏」至「外也」。○《隱三年》「尹氏卒」，書「辛卯」是也。注云：「日者，恩録之，明當有恩禮。」彼尹氏卒在天王崩之年，其恩近，故日。此會葬已三年，在期外，其恩殺，故不日也。《通義》云：「尹氏卒日，此

❶「傳」，原作「專」，據國圖藏清抄本及《春秋穀梁傳注疏》改。

不日者，蓋以位之尊卑爲差。」孰尊孰卑，亦無所考，孔氏以意言耳。○注「名者卒從正」。○《隱八年》「蔡侯考父卒」，傳云：「卒從正。」注：「卒當赴告天子，君前臣名，故從君臣之正義言也。」此亦從君臣之正言之，故曰「卒從正」也。以對葬從主人，皆從臣子辭言公也。按：此又決尹氏爲譏世卿，故不名也。又明上會葬書字，爲下大夫書字常辭，不稱王，爲不以親疎録也。

秦人伐晉。疏 沈氏欽韓云：「此惡秦也。」按：《左傳》此伐晉爲秦伯，此書人，知爲貶爵。

秋，楚人圍江。

雨螽于宋。疏《通義》云：「《公羊》前後經皆『螽』作『螺』。」按：此蓋涉《左》、《穀》而誤。

雨螽者何？死而墜也。注 以先言雨也。墜，隋地也。不言如雨，言雨螽者，本飛從地上而下至地，似雨尤醇。疏《釋文》「墜」作「隊」。《唐石經》「隊」字後加「土」。《左傳》亦云「隊而死也」。○注「以先言雨也」。○舊疏云：「正以先言雨，後言螽，則知死而墜者也。」蓋先見若雨，繼而視之則螽，故知死而隊也。如《僖十六年》書「先霣後石」同。

《左傳》：「隊而死也。」○注「墜隋地」。○《穀梁疏》引《公羊》與《考異郵》皆云：「螽死而墜於地。」蓋參傳與緯文，非此傳有異本也。《廣雅・釋詁》：「墜，隋也。」亦作「隊」。《荀子・禮論》「入焉而隊」，注：「隊，墮也。」亦作「隧」，《淮南・説林訓》「有射而隧」，注：「隧，墮也。」《爾雅・釋詁》：「墜，落也。」「落」亦「墜」也。「隊」，正字，「墜」俗也。《漢書・五行志》引《左傳》作「隊」。○注「不言」至「尤醇」。○舊疏云：「欲道《莊七年》『星霣如雨』者，本從天來，又不及地，如雨不醇，故云『如雨』。此則初從地上而還至地，故不言如，言其真似雨也。」《繁露・深察名號》云：「《春秋》辨物之理，以正其名。名物如其真，不失秋毫之末。故名霣石則後其五，言退鷁則先其六。」又《玉英》云：「《春秋》理百物，辨品類，別嫌疑，修本末者也。是故星墜謂之霣，螽墜謂之雨，所發之處不同，或降于天，或發于地，其辭不可同也。」

何以書？記異也。外異不書，此何以書？爲王者之後記異也。注 螽，猶衆也。衆死而墜者，群臣將争彊相殘賊之象，是後大臣比争鬬相殺，司城驚逃，子哀奔亡，國家廓然無人，朝廷久空，蓋由三世内娶，貴近妃族，禍自上下，故異之云爾。**疏**《穀梁傳》曰：「災甚也。其甚奈何？茅茨盡矣。」疏引徐邈云：「禾稼既盡，又食屋之茅茨。」又引何君《廢疾》云：「『螽，猶衆也。死而墜者，象宋群臣相殘害也』云云。上下異之云爾。今《穀梁》直云『茅茨盡矣，著於上，見於下謂之雨』，與讖違。」按：「云云」，即何氏下注語也。「與讖違」，謂與《考異郵》違也。鄭君云：「《穀梁》亦以宋薄德，後將有禍，故螽飛在上，墜地而死。言茅茨盡者，著甚之驗，於讖何錯之有？」劉氏《申何》曰：「《穀梁》不傳三統之例，譬猶瞽之無相，夜之無燭矣。鄭君文之奚益哉？」按：《春秋》通三統以立義，故於《僖十六年》及此皆「爲王者之後記異」。於《宣十六年》「成周宣謝火」見新周，亦從爲王者後見災也。明王者之後，法度所存，今而災異見，故重而録之也。○注「螽猶衆也」。○《藝文類聚》引《春秋佐助期》云：❶「螽之言蟲，赤頭黑身，兩翼而行，陰中陽也。螽之爲言，衆暴寡也。」《説文·䖵部》：「螽，或从虫衆聲。」作「𧒒」，亦音義相兼也。故知《公羊》本當作「𧒒」，故何氏如此解。○注「衆死」至「之象」。○《校勘記》云：「何煌云：『《穀梁疏》引無「衆」字。』按：無者非也。」又引何煌云：「群上，《穀梁疏》有『象宋』二字，乃疏家以意改也。」按：《穀梁疏》所引係何氏《廢疾》語。《開元占經》引《異義》：「《公羊》説，后夫人之家專權擅世，秉持國政，蠶食百姓，則螽飛反墜。」《藝文類聚》引《漢含孳》云：❷「蝗起乎貪，螽者飛而甲爲害，故天雨螽則刑法醜。」《觀象玩占》引傳曰：「人君暴虐，不親骨肉而親他人，故螽蔽天而墜，其國兵災並起。」所取災應，皆與此大同小異。○注「是後」至「云爾」。○《校勘記》云：「鄂本『空』作『虚』，此誤。」又云：「鄂本『由』改『猶』。」《五行志》中之下：「文公三年秋，雨螽于宋。劉向以爲先是宋殺大夫而無罪，有暴虐賦斂之應。《穀梁傳》上下皆合，言甚。董仲舒以爲宋三世内取，大夫專恣，殺生不中，故螽先死而至。劉歆以爲螽爲穀災，遇賊陰，墜而死也。」《經義雜記》云：「《穀梁》『著於上見

❶「藝」，原作「事」，引文見《藝文類聚》，據改。

❷「藝」，原作「事」，引文見《藝文類聚》，據改。

於下，謂之雨』，此即所謂上下皆合，言甚也。曰雨螽，❶著於上也。曰于宋，見於下也。上下合言，見螽之多，故爲災甚。楊疏引鄭玄云『墜地而死』，與董、劉義合。《公羊》何氏，本董仲舒説。❷杜云：『宋人以其死爲得天祐而來告，故書。』與劉子駿『卒遇賊陰而死』之説爲合。」按：「大臣相殺」，下《七年》「宋人殺其大夫」、又《八年》「宋人殺其大夫司馬」是也。「司城驚逃」，下《八年》「宋司城來奔」是也。「子哀奔亡」，下《十四年》「宋子哀來奔」是也。「三世内娶」，見僖《二十五年》、下《七年》、❸《八年》傳，皆云「宋三世無大夫，三世内娶也」是也。

冬，公如晉。十有二月己巳，公及晉侯盟。

疏 包氏慎言云：「十二月書己巳，月之二十三日。」按：盟不地，亦爲公就于晉也。

晉陽處父率師伐楚救江。**疏**《左氏傳》作「伐楚以救江」，「以」衍字。此傳云「伐楚」爲救江也。《穀梁傳》「伐楚所以救江也」。若有「以」字，傳家應爲「以」字作傳解，不必如爾矣。

此伐楚也，其言救江何？❹ **注** 据兩之，當先言救也；非兩之，當重出處父也。生事當言遂，三者皆違例，知後言救江，起伐楚意，故問之。**疏** 注「据兩」至「救也」。○舊疏云：「即《僖二十五年》『楚人圍陳，納頓子于頓』，傳：『何以不言遂？兩之也。』必知先言救者，正以江近楚遠故也。」○注「非兩」至「父也」。○舊疏云：「即《僖二十八年》『春，晉侯侵曹。晉侯伐衛』，傳云『曷爲再言晉侯？非兩之也』是也。」○注「生事當言遂」。○舊疏云：「即《宣元年》『秋，楚子、鄭人侵陳，遂侵宋』是也。」○注「三者」至「問之」。○謂三者之例皆不合也。「兩之」而實非兩之。伐楚即以救江，亦不須言遂，不言救江，又無以起伐楚意，知經無「以」字愈明。爲諼也。**注** 諼，詐。**疏** 注「諼詐」。○《公羊問答》曰：

❶「螽」，原作「墜」，據《經義雜記》改。
❷「説」，原作「注」，據《經義雜記》改。
❸「年」，原作「十」。「宋三世無大夫，三世内娶」見下文公七年、八年，據改。
❹「何」，原作「河」，據《春秋公羊傳注疏》改。

「注：『諼，詐。』何謂也？曰：《説文》云：『諼，詐也。』《漢書・息夫躬傳》『虚造詐諼之策』。」按：師古彼注云：「諼，詐辭也。」《衛風・淇奥》篇傳訓「諼，忘」者，蓋「藼」之叚借也。《廣雅・釋詁》：「諼，欺也。」《漢書・王吉傳》「反懷詐諼之辭」，注：「諼，詐言也。」《藝文志》云：「尚詐諼而棄其信。」**其爲諼奈何？伐楚爲救江也。**注 救人之道，當指其所之，實欲救江而反伐楚，以爲其勢必當引圍江兵當還自救也，故云爾。孔子曰：「自古皆有死，民無信不立。」疏 注「救人」至「云爾」。○《穀梁傳》：「伐楚所以救江也。」注：「時楚人圍江，晉師伐楚，楚國有難，則江圍自解。」《淮南・説林訓》：「晉陽處父伐楚以救江，故解捽者不在於捌格，❶在於批伉。」注：「批，擊也。伉，椎擊其要也。」蓋不直言救江而先伐楚，兵士但知意在伐楚爾，而實爲救江，是爲挾詐諼而懷詭譎，先功利而後仁義，非文王之所以爲師也。《通義》曰：「將尊稱將，將卑稱人，固經之達例。然外大夫稱名氏率師，實至此始見。可見春秋之初，征伐自諸侯出，小事則遣微者，苟動大衆，君必親將。文、宣以後，征伐自大夫出，而貴卿率師，始接踵矣。此世變升降之端也。」○注「自古」至「不立」。○《論語・顔淵》篇文。《集解》：「孔曰：死者古今常道，人皆有之，治邦不可失信。」鄭注云：「民無信不立。」言民所最急者信也。皇疏：「李充曰：朝聞道夕死，孔子之所貴；舍生取義，孟軻之所尚。自古有不亡之道而無不死之人，故有殺身非喪己，苟存非不亡己也。」劉氏逢禄《論語述何》云：「《春秋》書『滅』者，亡國之善辭。上下之同力者，有王者起，當興之以奬忠信，無信不立，如梁亡、沈潰然。」按：《左傳》僖二十五年云：「公曰：信，國之寶也，民之所庇也。得原失信，何以庇之？所亡滋多。」又《二十七年》：「子犯曰：『民未知信，未宣其用。』於是乎伐原以示之信。民易資者，不求豐焉，明徵其辭。」是即無信不立義焉。

四年，春，公至自晉。

夏，逆婦姜于齊。

其謂之逆婦姜于齊何？注 据不書逆者

❶「解」，原作「辟」，據《淮南子》改。

主名，不言如齊，不稱女。**疏**舊疏云：「《隱二年》注云：『不親迎例月，重録之。』今此書時者，蓋以取於大夫，賤不可以奉宗廟，故略之。」○注「据不」至「稱女」。○舊疏云：「決《宣元年》『公子遂如齊逆女』之經也。」略之也。**注**稱婦姜，至文也。逆與至共文，故爲略。**疏**注「稱婦」至「爲略」。○《宣元年》「遂以夫人婦姜至自齊」，是爲已至，故稱婦，明有姑。今逆時即稱婦，是逆與至共文矣。女在其國稱女，在塗稱婦，入國稱夫人。今直言婦姜，故爲略辭。高子曰：「娶乎大夫者，略之也。」**注**賤，非所以奉宗廟，故略之。不書逆者主名，卑不爲録使也。不言如齊者，大夫無國也。不稱女者，方以婦姜見與至共文，重至也。不稱夫人爲致文者，賤不可奉宗廟也。不言氏者，本當稱女。女者，父母辭，君子不奪人之親，故使從父母辭，不言氏。**疏**《孟子・告子下》有「高子曰」，注：「高子，齊人。」趙氏佑《温故録》云：「前已有高子以告，注：『高子，齊人，孟子弟子。』此論《詩》，後論樂。《毛詩序》亦有『高子曰』之文，疑即《釋文》所述。吴人徐整言：「子夏授高行子，是一傳《詩》者。蓋本學於子夏，而後又從孟子，則其齒宿矣。故得間稱曰叟。」❶然則高子，子夏弟子，傳《詩》，或兼傳《春秋》，與公羊高同師，故得述其語也。」○注「賤非」至「略之」。○《繁露・玉杯》云：「娶于大夫，以卑宗廟。」《穀梁疏》引徐邈亦以爲：「不書至，不稱夫人，下娶賤，略之。」○注「不書」至「使也」。○《通義》云：「不書逆人者，君不行，使乎大夫，絶正其義也。」《穀梁》以爲：「公也，其不言公何也？非成禮于齊也。」注：「非，責。」○注「不言」至「國也」。○《通義》云：「不言如齊者，明非齊侯女。得言于齊者，大夫繫國也。不言于齊某大夫氏者，言婦姜，則其氏已見。」若然，《莊二十七年》「公子友如陳，葬原仲」，彼亦大夫得言如陳者。彼注云：「不言如陳，嫌不辟國事，實私行也。」○注「不稱」至「至也」。○明不言逆女于齊義也，欲起逆至同文，爲略故也。○注「不稱」至

❶「間」，原脱，據《四書温故録》補。

「廟也」。○《宣元年》「遂以夫人婦姜至自齊」是也。《通義》云：「不稱夫人不稱氏，皆略之之辭。」○注「不言」至「言氏」。○《成十四年》「僑如以夫人婦姜氏至自齊」是也。本當稱女，《桓三年》「公子翬如齊逆女」是也，在父母國之稱也。故雖爲天王后，猶曰吾季姜，不言氏也。此爲欲與至共文，示略，故去其女稱，猶不得稱氏，以張君子不奪人親義也。

狄侵齊。

秋，楚人滅江。

晉侯伐秦。

衛侯使甯俞來聘。**疏**舊疏云：「正本作『速』字，故賈氏云『《公羊》曰甯速』是也。」《經義雜記》云：「賈氏所据《公羊》作『甯速』，即徐所謂正本也。後人依《左》、《穀》改之。《釋文》：『甯俞，音餘。』已同今本矣。」

冬，十有一月壬寅，夫人風氏薨。**疏**包氏慎言云：「冬十一月書壬寅，月之朔日。」按：於曆爲二日。風氏，据《左傳》爲須句女，太昊氏後。

五年，春，王正月，王使榮叔歸含且賵。

含者何？口實也。**注**孝子所以實親口也。緣生以事死，不忍虛其口。天子以珠，諸侯以玉，大夫以碧，士以貝，春秋之制也。文家加飯以稻米。**疏**杜云：「含，口實。」《説文》作「琀」。《周禮・太宰職》：「大喪，贊飯玉、含玉。」注：「含玉，死者口實。」○注「孝子」至「其口」。○《禮記・檀弓》：「飯用米貝，弗忍虛也。」疏：「不忍虛其口也。」《春秋説題辭》云：「口實曰含，象生時食也。」《白虎通・崩薨》篇：「所以有飯含何？緣生食，今死，不欲虛其口，故含。」《釋名・釋喪制》云：「含，以珠貝含其口中也。」○注「天子」至「稻米」。○此道春秋制，明不與三王同也。舊疏云：「『天子』至『以貝』，皆《春秋説》文。」《檀弓》疏引「碧」作「璧」。《白虎通・崩薨》云：「用珠寶物何也？有益死者形體，故天子飯以玉，諸侯以珠，大夫以碧，士以貝也。」《雜記》疏引《禮》戴説：「天子飯以珠，含以玉；諸侯飯以珠，含以璧；大夫士飯以珠，含以貝。」《周禮・典瑞》：「大喪，共飯玉、含玉、贈玉。」注：「飯玉，碎玉以雜米。含玉，柱左右顛及在口中者。」則飯、含不同，天子皆用玉。

各家所記，或夏、殷禮。《禮稽命徵》曰：「天子飯以珠，含以玉；諸侯飯以珠，含以璧。」相備也。《公羊問答》云：「注『大夫以碧』，《春秋説題辭》作『璧』，當從否？曰：《説文》：『碧，石之青美者。』《山海經》：『高山多青碧。』何氏以天子以珠，諸侯以玉，大夫降下諸侯，以碧含可也。故用碧。不得以《雜記》『含者執璧將命』而改《公羊》也。賈公彦云『諸侯用璧』，此言大夫不當用璧。注非誤字，不當從《春秋緯》文。」❶按：珠、玉、碧、貝，所施各殊，則碧宜同類。《急就篇》：「璧、碧、珠、璣、玫瑰甕。」師古注：「碧，縹玉也。」《文選・子虛賦》注：「碧，謂玉之青白色者。」以碧爲玉類。《山海經・東山經》篇：「耿山多水碧。」《文選・江賦》：「水碧潛瑨。」《周書・王會解》：「王玄繚，碧基十二。」則「碧」當從《説文》爲石之美者與？《禮・士喪禮》云：「貝三實于笲，❷稻米一豆實于筐。」是文家加以稻米也。故《荀子・禮論》云：「飯以生稻。」楊注「生稻，米也」是也。士蓋以貝，《檀弓》之「飯用米貝」，据士言也。天子當以玉，《典瑞》所共是也。而《典瑞》疏又云：「天子飯以黍，諸侯飯用粱，大夫飯用稷。天子之士飯用粱，諸侯之士飯用稻。」不知何代制。《雜記》又云：「天子飯九貝，諸侯七，大夫五，士三。」似皆用貝。故鄭以爲夏時禮也。《通義》云：「《雜記》不合《周禮》，《周禮》天子不飯貝。故《典瑞》曰：『大喪，共飯玉，含玉。』❸且如禮文，明飯與含爲二事。《士喪禮》『飯用米貝』，更無含物，亦不見賓客歸含之節，容大夫以上乃得含耳。《雜記》『諸侯相含執璧，將命』，《左傳》『陳子行命其徒具含玉』，❹則含者自天子達于大夫皆用玉。其飯所用有差，當如《白虎通義》所説也。」義或然也。

其言歸含且賵何？ **注** 据宰咺歸兩賵，不言且也。連賵何之者，嫌据賵言歸。**疏** 注「据宰」至「且也」。○即《隱元年》「天王使宰咺來歸惠公仲子之賵」，是兩賵不言且也。○注「連賵」至「言歸」。○舊疏云：「若傳直言其言且何，即嫌責此賵事亦當言歸，故連言賵以辨嫌。」按：若但問且，則似止責其兼，不當含

❶「春秋緯文」四字《公羊問答》無，當是陳氏意補。
❷「貝」，原脱，據《儀禮注疏》補。
❸「含」，原作「金」，據國圖藏清抄本及《公羊春秋經傳通義》改。
❹「命」，原作「使」，據《春秋左傳注疏》改。

之義不見，故連含賵問之也。兼之。兼之非禮也。**注**且，兼辭。以言且，知譏兼之也。含言歸者，時主持含來也。去天者，含者臣子職，以至尊行至卑事，失尊之義也。不從含晚言來者，本不當含也。主書者，從含也。**疏**注「且兼」至「之也」。○各本「譏」作「幾」，依鄂本正。《穀梁傳》：「含，一事也；賵，一事也；兼歸之，非正也。其曰且，志兼也。」禮，含、賵、襚，各異人。《左疏》引賈服云：「含、賵當異人，今一人兼兩使，故書『且』以兼譏之。」《通義》云：「禮，上客弔含，上介致賵。今榮叔以正使兼之，故譏也。」按：《詩·陳風·東門之枌》釋文：「且，苟且也。」兼之則苟且矣，故爲譏文。孔疏駁賈、服云：「《禮·雜記》諸侯相弔之禮，含襚賵臨，同日而畢，與介代有事焉，不言遣異使也。諸侯相於則唯遣一使，而責天子於諸侯必當異人，禮何所出而非責王也？春秋之世，吉凶賀弔，罕能如禮。王之崩葬，魯多不行。魯之有喪，甯能盡至？全無所譏。不含，又無貶責。既含且賵，便責兼之不可。是禮備不可，❶是禮備不如不備，行禮不如不行，豈有如此之理哉？《左傳》舉『來含且賵』、『會葬』二事，乃云『禮也』，則二事俱是得禮，❷無譏兼之之意也。」按：《雜記》歷記弔者、含者、襚者，又云「上介賵」，明非一人。春秋時不能備禮者甚多，孔子作《春秋》係垂法之書，故据禮以譏非禮，非專爲榮叔責也。○注「含言」至「來也」。○正以榮叔正使，專爲歸含來，又兼副使行賵事，故言「且」也。○注「去天」至「義也」。○《左氏》以爲禮，彼疏引：「何君《膏肓》以爲『禮尊不含卑，又不兼二禮。《左氏》以爲禮，於義爲短。』鄭康成箴云：『禮，天子於二王後之喪，含爲先，襚次之，賵次之，賻次之。於諸侯，含之，賵之；小君亦如之；於諸侯臣，襚之。諸侯相於，如天子於二王後。於卿大夫，如天子於諸侯。於士，如天子於諸侯臣。何休云「尊不含卑」，是違禮，非經意。其一人兼歸二禮，亦是爲譏。』」劉氏逢祿《評》曰：「諸侯含士則可，天子含諸侯妾母則不可。士聘妾不聘，貴賤各殊也。」按：含者，孝子爲不忍其親之

❶「是禮備不可」，國圖藏清抄本及《春秋左傳注疏》孔疏無此五字。

❷「禮」，原作「譏」，據《春秋左傳注疏》改。

虛其口，緣生以事死。《檀弓》云：「不以食道用美焉爾。」《雜記》所陳，乃諸侯相於，諸侯所以得含者，諸侯敵體，有兄弟之義，故於其親喪宜如子職。成二年《左傳》云「寡君之母也。若以匹敵，則亦晉君之母」是也。天子則諸侯之君父，故不得行含禮。舊疏云：含者，「太宰掌之故。」亦非。《周禮·太宰職》無共諸侯含玉之文。即有其事，亦是奉天子之命，不得以爲臣子職也。何注所謂臣子職者，自謂本國臣子職當含耳。天子失尊，故去王以張義。《通義》用胡康侯之説，以天子含賵妾媵爲王法廢、人倫亂。又謂：「仲子之賵，其使不過宰士，況桓母本貴，至是僖公之母直以妾媵儼然匹嫡，而天子再遣其上大夫來又賵者，卑事亦使貴使親之，失正甚矣。故賵仲子言天王，賵成風則不言天王。」然《公羊》之義，母以子貴，婦人以生子爲榮，正即由此。若謂天子不宜加禮妾母，則仲子亦不宜賵，豈得以貴賤之分即有稱王與稱天王之殊與？○注「不從」至「含也」。○舊疏云：「含者，殯前之禮，遥始行之，故知晚。然則宜言來以見晚，而不言來者，正以本不當含，甯得責其晚乎？」《通義》云：「不言來者，及事之辭也。既殯乃含，得爲及事者。越境通使，理不得殮前必至。故《雜記》曰：『含者坐委于殯東南，❶有葦席，既葬，蒲席。』言近者既殯而至，遠者既葬而至可也。」按：孔義亦通。《穀梁》以爲「不言來，不周事之用也」，注引何君《廢疾》云：「『四年，夫人風氏薨；九年，秦人來歸僖公、成風之襚。最晚矣，何以言來？』鄭君釋之曰：『秦自敗于殽之後，與晉爲仇，兵無休時，乃加免穆公之喪而來，❷君子原情不責晚。』」彼疏引鄭《釋廢疾》又云：「『京師去魯千里，王室無事，三月乃含，故不言來以譏之。』是鄭意亦以譏含爲晚。」以《穀梁傳》云「賵以早而含以晚」也。惟解書「來」之義與《公羊》殊爾。劉氏逢禄《廢疾申何》云：「京師去魯千里，即不三月而含襚，固不及事矣。二王之禮，以意約之。」按：鄭《箴膏肓》、《釋廢疾》皆詳載天子於二王後，及諸侯，及小君，及諸侯臣之禮，當必有据，不得謂其「以意約之」。惟含在殯前，斷無責晚之理，故范氏注云：「國有遠近，皆令及事，理不通也。」是不以彼傳責晚爲然。范又引《雜記》曰：「含者執璧將命，曰：『寡君使某含。』」相者入告，出

❶「南」下，原衍「隅」字，據《禮記注疏》及下文删。

❷「加」，原作「始」，據《春秋穀梁傳注疏》改。

曰：『孤某須矣。』含者入，升堂致命，子拜稽顙。含者坐委於殯東南，有葦席，既葬，蒲席。降，出反位。』明君之於臣有含賵之義，所以助喪盡恩，含不必用，示有其禮。」按：《雜記》所言，諸侯相於之禮，天子理亦宜然。惟天子不宜含諸侯耳。楊疏引舊解以爲：「諸侯及夫人於天子生有朝覲之好，有疾則當告于天子，天子遣使問之；有喪則致含，無則止。故未殯以來，足以及事。今歸含太晚，歸賵太早，故譏之。諸侯相於，有疾不必相告，比殯以來，道遠者容或不至，故示其禮而已，不責其晚也。」按：此說謬甚。諸侯有疾即告天子，能即遣人致含襚以待乎？如魯、周相距千里，而責其殯前歸含，豈非夢夢？○注「主書者從含也」。○舊疏云：「《春秋》主書此事者，正欲譏其含，而并言且賵者，❶因譏之。」

三月辛亥，葬我小君成風。**疏**包氏慎言云：「三月書辛亥，月之十二日。」按：當十三日。

成風者何？僖公之母也。**注**風，氏也。任、宿、顓臾之姓。**疏**《左傳》閔二年：「成風聞成季之繇，乃事之，而屬僖公焉。」杜云：「成風，莊公之妾，僖公之母也。」《禮記·服問》云：「君之母非夫人，則群臣無服，唯近臣及僕、驂乘從服，唯君所服服也。」注：「妾，先君所不服也。禮，庶子爲後，爲其母緦。言『唯君所服』，伸君也。《春秋》之義，有以小君服之者，時若小君在，則益不可。」《正義》云：「『妾，先君所不服』者也，天子、諸侯爲妾無服，唯大夫爲貴妾緦，故知『妾，先君所不服』。云『禮，庶子爲後，爲其母緦』者，按《喪服》緦麻章云『庶子爲父後者，爲其母』是也。『言唯君所服，伸君也』者，若其不爲後，則爲母無服。故《喪服記》云『公子爲其母，練冠，麻，麻衣縓緣』，❷今以爲君，得著緦麻服，是伸君之尊也。君既服緦，是近臣得從君服也。此謂禮之正法。云『《春秋》之義，有以小君服之者』，鄭既以正禮言之，又引春秋之時不依正禮者，有以爲小君之服服其妾母者。《文公四年》『夫人風氏薨』，是僖公之母成風也。又《昭十一年》『夫人歸氏薨』，是昭公之母齊歸也。皆亂世之法，非正禮也。」按：昭公母齊歸，何氏以爲襄公嫡母，孔氏所据，《左

❶「并」下原衍「責」字，據《春秋公羊傳注疏》刪。
❷「麻」，原脫，據《儀禮注疏》補。

氏》説也。《正義》又引《五經異義》：「妾子立爲君，得尊其母，立以爲夫人否？ 今《春秋公羊説》：『妾子立爲君，母得稱夫人，故上堂稱妾，屈于嫡也。下堂稱夫人，尊於國也。子不得爵命父妾。子爲君得爵命其母者，以妾本接事尊者，有所因緣故也。』《穀梁傳》曰：『魯僖公立妾母成風爲夫人，是子爵命於母，以妾爲妻，非禮也。』《古春秋左氏説》：『成風妾得立爲夫人，母以子貴，禮也。』許君謹按：舜爲天子，瞽瞍爲士，起於士庶者，子不得爵父母也。至於魯僖公得尊母成風爲小君，經無譏文，從《公羊》、《左氏》之説。」鄭則從《穀梁》之説，故《異義駁》云：「父爲長子三年，爲衆子期，明無二嫡也。女君卒，繼室攝其事耳，不得復立爲夫人。」如鄭駁之言，則此云「《春秋》小君服之者，是灼然非禮也。又《喪服》疏：「向來經傳所云，据大夫士之庶子承後法。若天子諸侯庶子承後，❶爲其母所服云何？ 按《曾子問》云：『古者天子練冠以燕居。』鄭云『謂庶子王爲其母』無服。按《服問》云：『君之母非夫人，唯近臣及僕、驂乘從服，唯君所服服也。』注云：『禮，庶子爲後，爲其母緦。』据彼二文而言，《曾子問》所云据小君在，則練冠五服外。《服問》所云，据小君没後，其庶子爲得伸，故鄭云伸君，是以引『《春秋》之義，母以子貴』。」今按：天子諸侯之禮同，與大夫士各異。大夫之庶子，父在爲母大功，父没則齊衰三年，爲父後者緦。士之庶子，父在爲母期，惟不禫耳，父没亦齊衰三年，爲父後者亦緦。自天子至士一也。孔疏以《曾子問》天子練冠燕居爲異代之法，較賈疏分别君母在否，因有練冠居與緦之異者，其説爲允。蓋庶子止爲父厭，不厭於嫡母也。《晉書·禮志》：「哀帝章皇太妃薨，帝欲服重。江虨啓：『先王制禮，應在緦服。』詔欲降期，虨又啓：『厭屈私情，所以上嚴祖考。』於是制緦麻三月。」徐氏乾學《讀禮通考》云：「《儀禮》庶子爲父後者，爲其母緦麻三月，此江虨所据之禮也。但《儀禮》指大夫士而言，非上同於天子。今太妃雖帝之妾母，然自春秋以降，支庶爲天子者，皆尊其所生如嫡，則制服三年其來舊矣。」按：《儀禮》緦麻章所云，實兼天子、諸侯言，惟《春秋》無譏妾母爲夫人文，則母以子貴，王侯得申尊於所親。或者《春秋》之制不與《周禮》同與？ 餘詳《隱元年》疏。

○注「風氏」至「之姓」。○《左傳》僖二十一年云：「任、

❶「諸侯」，原脱，據《儀禮注疏》補。

宿、須句、顓臾，風姓也，實司太皞與有濟之祀。」注：「太皞，伏羲。四國，伏羲之後。」此不及須句，蓋不以成風爲須句女也。

王使召伯來會葬。 **注** 去天者，不及事，刺比失喪禮也。**疏**《穀梁經》作「毛伯」。彼疏云：「《左氏》、《公羊》及徐邈本並云『召伯』，此云『毛伯』，疑誤也。」《經義雜記》云：「据此知徐仙民所注《穀梁傳》亦同二傳作『召伯』，今本誤也。《元年》『天王使毛伯來錫公命』，范注：『毛，采邑。伯，字也。天子上大夫。』於此無注，則范注本作『毛伯』。又《元年》『天王使叔服來會葬』，疏引此亦作『毛伯』。」按：《詩·周南召南譜》云：「召公封燕，死，謚曰康公。元子世之。」《正義》：「平王以西都賜秦，則春秋時別於東都受采，存周、召之名，非復岐周之地。《晉書·地道記》云：『河東郡垣縣有召亭，今爲召州是也。』」○注「去天」至「禮也」。❶○何意以歸含以尊及卑失禮，此會葬又不及事，是比失禮，故去天也。劉氏《解詁箋》云：「禮，君于士有棺中之賜，記稱含襚，不嫌以至尊行至卑事也。以天王含賵妾母，當文見譏，不假去天也。不及事去天，尤失之。『秦人來歸僖公、成風之襚』，事在五年，以後，經未嘗別加譏文。宰咺來歸賵，傳亦云『不及事』，未貶去天也。穀梁子傳『躋僖公』之義曰『逆祀，則是無昭穆也。無昭穆則是無祖也，無祖則無天，故曰文無天。無天者，是無天命而行也』。君子不以親親害尊尊，此《春秋》之義也。凡《穀梁》所謂『桓無王』，『文無天』，《隱元年》有正，《十年》無正，《定元年》無正，餘年有正，諸大義詳於《公羊》，皆有所受之。此經比去天者，正所謂『文無天』也。不於元年去天者，未逆祀也。王加禮於無天之人，與錫命於無王之人，皆逆天道，故莊元年亦去天也。桓四年去秋、冬二時，何君解云：『桓公無王而行，天子不能誅，反下聘之，故爲貶見其罪，明不宜。』以去二時爲貶，亦去天之義也。」按：秦人歸襚事閱六年，其晚可知，不待譏而自明者也。宰咺書來，不及事已見，與此比失禮者輕也，故不必去天。且以起吳、楚稱王不能正，而上繫於天義也。文果無天，當譏文爾，無緣波及周天子。天子錫所不當錫，含賵所不當含賵，遲會葬，

❶「至禮」二字原作墨釘，據本書體例及國圖藏清抄本補。

比失禮，去天以示譏王爾，與文之無天何涉？天子使宰渠伯糾下聘無王之人，亦宜去天，又何爲去二時以示貶也？劉氏所駁，未爲盡允。

夏，公孫敖如晉。

秦人入鄀。疏《通義》云：「不月者，自殽之役後，《春秋》遂以狄道斥秦，故略之，使與『吴入州來』同例也。」鄀者，《漢書·地理志》南郡若下云：「楚昭王畏吴，自郢徙此，後復還郢。」師古曰：「《春秋傳》作『鄀』。」《大事表》云：「鄀，今襄陽府宜城縣西南九十里有鄀城。鄀本在秦、❶楚界上，爲今河南南陽府淅川縣。《僖二十五年》『秦、晉伐鄀』，楚人戍以争之，不克，遂徙之南郡鄀縣，爲附庸，即今地也。縣入楚爲邑。定六年後，避吴北去，徙都于此，仍名郢，謂之鄢郢。傳所謂『遷郢于鄀』是也。」又云：「今河南南陽府淅川縣西有丹水故城，爲舊鄀國地，居秦、楚之界。秦滅之，不能有，後入楚。」

秋，楚人滅六。疏杜云：「六國，今廬江六縣。」《大事表》云：「在今江南廬州府六安州北。」《水經注·泚水》篇：「淠水又西北逕六安故城西，縣故咎繇國也。夏禹封其少子奉其祀。」《地理志》「六安國六」下云：「故國，皋陶後，偃姓，爲楚所滅。」《一統志》：「六縣故城在六安州北。」舊疏云：「不月者，略夷狄滅小國也。」

冬，十月甲申，許男業卒。疏舊疏云：「正本作『辛』字。」《經義雜記》云：「『辛』字誤，當作『丵』。《說文》：『丵，叢生艸也。象丵嶽相並出也。凡丵之屬皆从丵。讀若浞。』『業，大版也。从丵从巾，巾象版。《詩》曰：巨業維樅。』❷蓋許男本名丵，因此字經傳少見，學者罕識，故或誤爲『業』，或誤爲『辛』也。」包氏慎言云：「十月書甲申，月之十九日。」

❶「鄀」，原作「都」，據國圖藏清抄本及《春秋大事表》改。

❷「巨」，《經義雜記》及《説文》同，《毛詩》作「虡」。

公羊義疏四十

句容陳立卓人著

文六年盡八年。

六年，春，葬許僖公。

夏，季孫行父如陳。疏范云：「行父，季友孫。」疏引《世本》云「季友生仲無佚，佚生行父」是也。

秋，季孫行父如晉。

八月乙亥，晉侯讙卒。疏包氏慎言云：「八月書乙亥，月之十四日。」按：當十五日。《左氏》、《穀梁》「讙」作「驩」。《國語·晉語》曰：「吾欲使陽處父傳讙也。」讙、驩通。

冬，十月，公子遂如晉。葬晉襄公。注書遂者，刺公生時數如晉，葬不自行，非禮也。禮，諸侯薨，使大夫弔，自會葬。疏注「書遂」至「禮也」。○上《二年》「及晉處父盟」，注：「如晉不書不致者，深諱之。」《三年》「冬，公如晉」，是數如晉也。○注「禮諸」至「會葬」。○《王制》疏引《異義》云：「『諸侯自相奔喪禮，《公羊》説，遣大夫弔君會葬。《左氏》説，諸侯之喪，士弔，大夫會葬。文、襄會大夫共卿葬事。❶許慎謹案：周禮無諸侯會葬義，知不相會葬。從《左氏》義。』鄭氏無駁。」然《左氏》隱元年傳云「諸侯五月，同盟至」，則未必非會葬也。《定十五年》「邾婁子來奔喪」，傳云「奔喪，非禮」者，彼注云：「禮，天子崩，諸侯奔喪會葬；諸侯薨，有服者奔喪，無服者會葬。邾婁與魯無服，故以非禮書也。」按：何氏用《公羊》先師義，故與《異義》所引《公羊説》合。《左傳》隱元年「衛侯來會葬」，則當時諸侯有會葬者矣。《通義》云：「諸侯之喪，當使下大夫會葬。時尊晉，故上卿往，非禮也。內會葬鄰國多矣，其非卿行則使者不書，明使卿書者，譏也。」義亦通。

晉殺其大夫陽處父。晉狐射姑出奔狄。疏《穀梁》作「狐夜姑」。按：《左傳》昭二十五年「申夜

❶「文襄會大夫共卿葬事」，《禮記正義》作「文襄之霸，令大夫弔，卿共葬事」。

姑」，《釋文》：「夜，本或『射』，音夜，又音亦。」《列子·黄帝》篇「列姑射山」，《釋文》：「射，音夜。」《莊子·逍遥遊》：「藐姑射之山有神人居焉。」《釋文》：「射，徐音夜。」

晉殺其大夫陽處父，則狐射姑曷爲出奔？**注**据蔡殺其大夫公子燮，蔡公子履出奔楚。此非同姓，恐見及。**疏**注「据蔡」至「見及」。○事在《襄二十年》。舊疏云：「彼則履是燮之同姓，言恐禍及己而出奔。此非同姓而亦奔，故難之。」《通義》云：「問射姑與處父同罪耶？抑他故也？」射姑殺也。**注**以非恐見及，知其殺。

射姑殺，則其稱國以殺何？君漏言也。**注**自上言泄，下曰漏。**疏**《穀梁傳》：「稱國以殺，罪累上也。襄公已葬，其以累上之辭言之，何也？君漏言也。上泄則下闇，下闇則上聾，且闇且聾，無以相通。」《繁露·王道》云：「觀乎漏言，知君臣之道絶。」○注「自上泄下曰漏」。○各本「自」作「目」，依宋本正。

其漏言柰何？君將使射姑將，**注**謂作中軍大夫。**疏**《穀梁傳》：「射姑之殺柰何？曰晉將與狄戰，使狐夜姑爲將軍，趙盾佐之。」按：自僖三十三年晉敗狄後，無晉狄戰事。《左傳》云：「晉蒐于夷，舍二軍。使狐射姑將中軍，趙盾佐之。陽處父至自温，改蒐于董，易中軍。」注：「易以趙盾爲帥。」《左氏》無漏言事，直以陽子易之，故致射姑之怨殺也。○注「謂作中軍大夫」。○僖二十七年《左傳》「作三軍，謀元帥。趙衰曰：『郤縠可。』乃使郤縠將中軍」，是晉以中軍大夫爲將之首。故晉自文、襄而後，執政者皆中軍大夫也。郤縠卒，先軫將中軍，見《二十八年》。至《三十一年》「蒐于清原，作五軍」，十卿：先軫、郤溱、先且居、狐偃、欒枝、胥臣、趙衰、箕鄭父、胥嬰、先都。箕之役，先軫死，先且居代之。見《三十三年》。上年先且居卒，故謀代且居將者焉。

陽處父諫曰：「射姑，民衆不說，不可使將。」於是廢將。陽處父出，射姑入，君謂射姑曰：「陽處父言曰：『射姑，民衆不說，不可使將。』」射姑怒，出刺陽處父於朝而走。**注**明君漏言殺之，當坐殺也。《易》曰：「君不密則失臣，臣不密則失身，幾事不密則害成。」疏《左傳》：「賈季怨陽子之易其班也，而知其無援於晉也。九月，賈季使續鞠居殺陽處父。十月丙寅，晉殺續簡伯，賈季奔狄。」《穀梁傳》曰：「陽處父曰：『不可。古者君之使臣也，使仁者佐賢者，不使賢者佐仁者。今趙盾賢，射姑仁，其不可乎！』襄公曰：『諾。』謂夜姑曰：『吾始使盾佐女，今女佐盾矣。』」注：「稱處父語以語之，故傳曰『漏言也』。」又曰：「夜姑曰：『諾。』襄公死，處父主竟上事，射姑使人殺之，君漏言也。」三傳敘陽處父阻狐夜姑事言各殊，《公》、《穀》俱以爲漏言也。《通義》云：「廢者，已命而罷之之辭。時更使趙盾將中軍，射姑佐之。」又云：「襄公歿，乃刺之，以報其宿怨也。」○注「明君」至「殺也」。○范云：「親殺者夜姑，而歸罪於君，明由君言而殺之，罪在君也，故稱君以殺。」舊疏云：「襄公當坐，則例去其葬，而上文經書『葬襄公』者，蓋謂葬訖乃相殺，不得追去葬，是以《穀梁傳》『襄公死，處父主竟上之事，夜姑使人殺之』是也。然則此傳雖連言之，仍不妨殺之在葬後，是以經書葬在殺前矣。」按：陽處父之殺，殺之者射姑也。罪坐所由，故坐襄公以殺大夫，究與襄公親殺無罪大夫異，故不去葬也。舊疏迂回。○注「易曰」至「害成」。○《易·繫辭上傳》文。彼傳又云：「是故君子慎密而不出也。」舊疏引鄭注云：「幾，微也。密，静也。言不慎於微而以動作，則禍變必成。」《穀梁傳》：「故士造辟而言，詭辭而出，曰用我則可，不用我則無亂其德。」

閏月不告月，猶朝于廟。疏包氏慎言云：「于曆閏餘十七，不盈閏，法當在七年之四月。時曆官於此年歲終置閏，故特書其失。」傳云「天無是月也」，言天之無此閏月，亦譏時史之謬，非僅謂閏月之不當告朔也。《左傳釋文》：「不告月，月或作朔，誤也。」劉氏逢禄《左傳考證》云：「不云不視朔而云不告月，則《公羊》之義優矣。古《月令》以中氣爲定，故《明堂陰陽經》皆無閏月之政。《曲臺記》止云『闔門左扉』，不著聽朔之文，以閏無中氣，應行之政統於前月布之也。❶歆視餘分閏位爲正統，宜其爲國師嘉新公矣。」

❶「於」，原作「此」，據《左氏春秋考證》改。

不告月者何？不告朔也。**注**禮，諸侯受十二月朔政於天子，藏于太祖廟，每月朔朝廟，使大夫南面奉天子命，君北面而受之。比時使有司先告朔，謹之至也。受於廟者，孝子歸美先君，不敢自專也。言朝者，緣生以事死，親在，朝朝莫夕；已死，不敢瀆鬼神。故事必于朔者，感月始生而朝。**疏**《穀梁傳》：「不告月者何也？不告朔也。不告朔則何爲不言朔也？閏月者，附月之餘日也，積分而成於月者也。」○注「禮諸」至「受之」。○《周禮・太史職》「頒告朔於邦國」，注：「天子頒朔於諸侯，諸侯藏之祖廟，至朔，朝於廟，告而受行之。」鄭司農云：「頒，讀爲『班』，班，布也。以十二月朔布告天下諸侯。」《禮記・月令》云：「合諸侯，制百縣，爲來歲受朔日。」《禮記・玉藻》云：「玄端而朝日於東門之外，聽朔於南門之外，閏月則闔門左扉，立于其中。」注：「端，當爲『冕』字之誤。玄衣而冕，冕服之下。東門、南門，皆謂國門也。天子廟及路寢，皆如明堂制。明堂在國之陽，每月就其時之堂而聽朔焉。卒事反宿路寢，亦如之。閏月，非常月也，聽其朔於明堂門中，還處路寢門，終月。」又説諸侯禮云：「皮弁以聽朔於太廟」，注：「皮弁，下天子也。」疏引：「熊氏云：『周之天子於洛邑立明堂，唯大享帝就洛邑耳。』其每月聽朔當在文王廟，以文王廟爲明堂制故也。此聽朔於太廟，《穀梁傳》云『諸侯受乎禰廟，與禮乖，非也』。凡每月以朔告神，謂之『告朔』，即《論語》『告朔之餼羊』是也。則於時聽治此月朔之事，謂之『聽朔』，此《玉藻》文是也。聽朔，又謂之『視朔』，《文十六年》『公四不視朔』是也。告朔，又謂之『告月』，《文六年》『閏月不告月』是也。行此禮，天子於明堂，諸侯於太祖廟。訖，然後祭於諸廟，謂之朝享，《司尊彝》云『朝享』是也。又謂之『朝廟』，《文六年》云『猶朝于廟』是也。又謂之『朝正』，《襄二十九年》『釋不朝正于廟』是也。又謂之『月祭』，《祭法》云『皆月祭之』是也。」然則諸侯之太廟，猶天子之明堂也。《周禮》之朝享，即《祭法》之月祭，即《春秋》之朝廟。《祭法》云：「王立七廟，曰考廟，曰王考廟，❶皇考廟、顯考廟、祖考

❶「王」，原作「正」，據國圖藏清抄本及《周禮注疏》改。

廟，皆月祭之。二祧，享嘗乃止。諸侯立五廟，曰考廟、王考廟、皇考廟，皆月祭之。顯考、祖考廟，享嘗乃止。」則天子告朔于明堂，朝享於五廟；諸侯告朔於太廟，朝享自皇考以下三廟也。○注「比時」至「至也」。○《校勘記》云：「鄂本『謹』作『慎』，此當是避宋諱所改，猶『許慎』作『許謹』也。」使有司先告朔，即上注「使大夫奉天子命，君北面而受之」者是也。故下《十六年》注云：「禮，月終于廟先受朔政，乃朝，明王教尊也。」然則告朔之後，於是朝廟以祭其先，視朔以治其臣民也。其禮，則《玉藻》注云：「凡聽朔，必以特牲告其帝及神，配以文王、武王。」此天子禮也。其諸侯則當以特羊告太廟，故《論語·八佾》云「子貢欲去告朔之餼羊」，鄭注「諸侯告朔以羊，則天子特牛焉」是也。鄭又云：「禮，人君每月告朔於廟有祭，謂之朝享。」蓋以朝廟與告朔同在一日，又同一處，故通以朝享該之也。皇侃《義疏》云：「禮，天子每月之旦居於明堂，告其時帝布政，讀《月令》之書，畢，又還太廟，告於太祖。諸侯無明堂，但告于太廟。」是諸侯告朔朝廟，同一處也。所引禮，或《逸禮·王居明堂禮》。又《玉藻》疏又云：「天子告朔以牛，諸侯告朔以羊，其朝享各依四時常禮，故用太牢。故《司尊彝》云朝享之禮用虎彝、蜼彝、太尊、山尊之等，是其别也。」宋氏翔鳳《論語發微》云：「我愛其禮者，以臣事君之禮也。告朔本天子之事，諸侯所以奉天子之命而盡乎以臣事君之禮也。」《大戴禮·虞戴德》曰：「天子告朔於諸侯，率天道以敬行之，以示威於天下也。」《中候》曰：「天子臣放勳，是天子盡臣禮以事天，諸侯盡臣禮以事天子，是以國治而天下平。」則告朔者，天子之事，所以制諸侯者。《月令·季秋月》「爲來歲受朔日」，先鄭謂十二月朔布告天下諸侯者，蓋以季秋行，而期以仲冬畢達，得先以十二月行告朔諸侯之禮，每歲一行，必於諸侯之祖廟。而每月之朔，必先使大夫南面奉天子命，君北面受，是爲告朔，若爲天子告之也。諸侯既受告朔之命，於是有朝廟以事其親，有視朔以使其臣，孔子所謂君使臣以禮，當以告朔之禮始也。《史記·曆書》曰：「天下有道則不失紀序，無道則正朔不行於諸侯。幽、厲之後，周室微，陪臣執政，史不紀時，君不告朔，故疇人子弟分散。」此天子不告朔之始也。故《禮運》：「孔子曰：『我觀周道，幽、厲傷之。』」謂不告朔則王政不行，自幽、厲始。又曰：「吾舍魯何適矣？」謂魯秉周禮，遂有曆官，故《漢書·蓺文志》有《夏殷周魯曆》十四卷。《史記・十二諸侯年表》、《漢書・律曆志》並以《春秋》續共和以前之年，所謂《魯曆》即《春秋》之曆也。魯既有曆，故能行告朔之禮，其始猶以大夫奉天子命而受。至文公「四不視朔」之後，而告朔朝廟之禮並廢。文公始不視朔，當是《春秋》先師所傳，而《公羊》述之，非能虛造也。○注「受於」至「事死」。○《御覽》引《白虎通》云：「諸侯以月旦告朔于廟何？緣生以事死，故國君月朔朝廟，存神受政也。」《禮記疏》引《異義》：「《公羊》說：每月告朔朝廟。」以告朔朝廟爲一禮，而以《左氏》分爲二，《左傳疏》云：「告朔、視朔、聽朔，朝廟、朝享、朝正，二禮各有三名，同日而爲之也。」按：孔疏据鄭《駁異義》云：「說者不本於經，所譏者，異其是與非，皆謂朝廟而因告朔，似皆失之。朝廟之經在《文六年》『冬，閏月不告月，猶朝于廟』，辭與《宣三年》『春，郊牛之口傷，改卜牛。牛死，乃不郊，猶三望』同。言『猶』者，告朔然後當朝廟，郊然後當三望。今廢其大，存其細，故加『猶』譏之。《論語》曰『子貢欲去告朔之餼羊』，《周禮》有朝享之禮祭，然則告朔與朝廟祭異亦明矣。」按：何氏明云先告朔，則亦以告朔與朝廟爲二也。《詩・周頌・烈文序》正義云：「《周禮》四時之閒祀有追享、朝享。追享者，追祭遷廟之祖，以事有所禱請，非即政所當用。朝享者，朝廟受政，而因祭先祖，以月朔爲之，即《春秋》文六年『閏月不告朔，❶猶朝于廟』。」《祭法》天子親廟與太祖廟皆月祭之，是其事也。」○注「親在」至「鬼神」。○《禮記・曲禮》云：「凡爲人子之禮，冬溫而夏凊，昏定而晨省。」注：「省，問其安否何如。」彼疏引熊氏云：「晨省者，《內則》云『同宮則雞初鳴，異宮則昧爽而朝。』」故《文王世子》禮有「朝于王季日三」文也。所謂「朝朝莫夕」也。親死，始則朝夕奠，繼則虞祭、卒哭祭，由數而疏，鬼神之莫敢渫也。

曷爲不告朔？ 注 据具月也。疏 注「据具月也」。○《校勘記》云：「鄂本『具』作『俱』。」**天無是月也，閏月矣。何以謂之天無是月？非常月也。** 注 所在無常，故無政也。疏《校勘記》云：「《唐石經》、鄂本皆疊『是月』二字。此脫。」《穀梁傳》曰：「天子不以告朔，而喪事不數也。」爲其積分而成月，故天無是月也。《玉藻》注云：

❶「朔」，原作「月」，據《毛詩注疏》改。

「閏月，非常月也。」即用此傳。○注「所在」至「政也」。○《通義》云：「非年年常有之月也。十二月各有其政，著于《明堂月令》。閏月，非常月，則無常政，故頒朔不及也。頒朔不及，則告朔亦不及也。」猶者何？通可以已也。注朝者，因視朔政爾。無政而朝，故加猶。不言朔者，閏月無告朔禮也。不言公者，内事可知。疏注「朝者」至「加猶」。○杜云：「諸侯每月必告朔聽政，因朝宗廟。文公以閏非常月，故闕不告朔，怠慢政事。雖朝于廟，則如勿朝，故曰猶。猶者，可止之辭。」杜以《左氏》以閏月不告月爲非禮，故如此解。《穀梁傳》曰：「猶之爲言，可以已也。」注：「郊然後三望，告朔然後朝廟，俱言猶，義相類也。既廢其大而行其細，故譏之。」蓋既無朔政可視，則朝廟亦可已。二傳義同。○注「不言」至「禮也」。○解不告月義也。《禮記疏》引《異義》：「《公羊》說：每月告朔朝廟，至於閏月不以朝者，閏月，殘聚餘分之月，無政，❶故不以朝也。經書閏月猶朝廟，譏之。《左氏》說：閏以正時，時以作事，事以厚生。生民之道，於是乎在。不告閏朔，棄時政也。許君謹案：從《左氏》說，不顯朝廟、告朔之異，謂朝廟而因告朔。」鄭駮之，引《堯典》「以閏月定四時成歲」，閏月當告朔。又引此經及《論語》、《周禮》明告朔與朝廟祭異。又以先告朔而後朝廟。然則閏月告朔，許、鄭皆從《左氏》說。鄭之所駮，謂告朔當先，朝廟當後，與許異爾。《御覽》引《異義》古《左氏》說於「棄時政也」下又云：「棄時政則不知其所行，故閏月不以朝者，諸侯歲遣大臣之京師，受十二月之政，還，藏於太廟。月旦朝廟存神，有司因告曰：今月當行某政。至於閏月，聚殘餘分之月無正，故不以朝。經書『猶朝』，譏之是也。」❷按：自「故閏月」下，當別是《公》、《穀》說。《北堂書鈔》引《元命包》云：「三年閏，不告朔，非禮也。夫閏正時以作事，厚民生之道，樞機在是。」與《左氏》說同。按：閏月止有節氣，未交以前歸前月，已交以後歸後月，故不告月也。《玉藻》疏云：「『閏月則聽朔於明堂門中，還，處路寢門，終月』者，以閏非常月，無恒居之處，故在明堂門中。《太史》云『詔王居門終月』，是『還，處路寢門，終

❶「政」，原作「正」，據《禮記注疏》改。
❷「譏之」二字，《御覽》引無。

月』，謂終竟一月所聽之事於一月中耳，❶於尋常則居燕寢也。故鄭注《太史》云：『於文，王在門謂之閏。』皇氏云：『明堂有四門，即路寢亦有四門。閏月各居其時當方之門。』義或然也。」按：鄭氏主《左氏》説，故孔如彼解。《周禮》之説，不可通於今文《春秋》也。○注「不言」至「可知」。○下《十六年》云「公四不視朔」，書公，此不言，故解之。

七年，春，公伐邾婁。

三月甲戌，取須朐。**疏**包氏慎言云：「三月書甲戌，月之十七日。」於曆當爲二月之十七日。曆官於上年置閏，故在三月。須朐，《左氏》、《穀梁》作「須句」。

取邑不日，此何以日？**注**据取叢也。**疏**注「据取叢也」。○舊疏云：「考諸舊本，『叢』皆作『闞』字。是以《昭三十二年》春王正月，『取闞』。❷傳云『闞者何？❸邾婁之邑也』。若作『叢』字，即《僖三十三年》『夏四月辛巳，晉人及姜戎敗秦于殽。癸巳葬晉文公。狄侵齊。公伐邾婁，取叢』，文承日月之下，而將取邑不日，據之非其義也。且按：彼『叢』字多作『鄒』字耳。」《校勘記》云：「此當從舊本作『闞』。」內辭也，使若他人然。**注**使若公春伐邾婁而去，他人自以甲戌日取之，內再取邑，然後甚而日也。今此一取而日，故使若他人然。所以深諱者，扈之盟不見序，并爲取邑故。**疏**《隱十年》注「於內大惡諱，小惡書」，此非大惡，爲扈盟深諱，故爲內辭。若公伐邾婁與取邾婁、與取須朐爲二事也。○注「內再」至「日也」。○舊疏云：「即《隱十年》『夏六月辛未，取郜。辛巳，取防』。傳云『取邑不日，此何以日？一月而再取也。何言乎一月而再取？甚之也』是也。」○注「今此」至「邑故」。○舊疏云：「舊本『故』下有『知』字。」衍也。「今此」至「人然」作一句讀，下注乃申明所以深諱故也。扈盟在下文「秋八月，公會諸侯、晉大夫盟于扈」，傳「諸侯何以不序？大夫何以不名？公失序也。公失序柰何？諸侯不可使與公盟，眣晉大夫使與公盟也」是也。并爲取

❶「月」，原作「日」，據《禮記注疏》改。

❷「闞」，原脱，據《春秋公羊傳注疏》補。

❸「傳云」，原脱，據《春秋公羊傳注疏》補。

邑故，蓋何氏以意言之。《通義》云：「謹案：内再取須胊，尤失正，當譏，故特爲諱辭。」按：上取須胊在《僖二十二年》，此閲十數年，又非一世事，無爲示譏也。孔氏本《穀梁》爲説。

遂城郚。注主書者，甚其生事，困極師衆。

疏杜云：「郚，魯邑，卞縣南有郚城。」《大事表》云：「在今兖州府泗水縣東南。」《水經注・泗水》篇：「水出魯卞縣北山，南有姑蔑城。水出二邑之間而西逕郚城北，❶《春秋》文七年『遂城郚』是也。」《一統志》：「郚縣故城在兖州府泗水縣東南。」○注「主書」至「師衆」。○《穀梁傳》曰：「遂，繼事也。」注：「因伐邾之師。」故爲甚其生事困衆也。劉氏逢禄《解詁箋》云：「以證上『三月甲戌，取須胊』爲内辭，猶成降書師。」

夏，四月，宋公王臣卒。注不書葬者，坐殺大夫也。不日者，内娶略。疏《左氏釋文》：「王臣，本或作『壬臣』。」《穀梁》作「壬臣」，《釋文》：「本或作『王臣』。」《左氏》定四年傳「宋王臣」，《釋文》：「本或作『壬』。」《史記・宋世家》作「王臣」，古王、壬形近易混。○注「不書」至「夫也」。○《僖二十五年》「宋殺其大夫」是也。○注「不日者内娶略」。○舊疏云：「正決《僖九年》『春王三月丁丑，宋公禦説卒』書日故也。」《通義》云：「宋成公也。成公、共公，卒皆不日，此又不葬，而二君之卒國内皆有大夫争殺之事，良由生失其政，没乃致亂，故罪而略之焉。」

宋人殺其大夫。

何以不名？注据宋殺其大夫山名。疏注「据宋」至「山名」。○見《成十五年》。宋三世無大夫，三世内娶也。注故使無大夫。疏《僖二十五年》傳文同。彼注謂：「慈父、王臣、處臼也。内娶大夫女也。言無大夫者，禮，不臣妻之父母，國内皆臣，無娶道，故絶其大夫名，正其義也。」復發傳者，舊疏云：「恐大夫不書名，更有他義，故明之。其有他義者，即《莊二十六年》『曹殺其大夫』，傳云『何以不名？衆殺之』之類。」劉氏逢禄《左傳考證》云：「《公羊》家以爲内取之妃黨，《左氏》則公族也。然考泓之戰，有大司馬固，又有司馬子魚。又魚氏世爲左師，豈大司馬公之孤

❶「西」，原脱，據《水經注》補。

而左師兼司馬耶？固，即此文之公孫固也。六卿外又有大夫公孫鄭，未知何官。攷《宋世家》，諫泓者即子魚，非固也。《年表》云『公孫固殺成公』，《世家》云『成公卒，成公弟禦殺太子及大司馬公孫固而自立爲君』，『宋人共殺君禦而立成公少子杵臼，是爲昭公』。《年表》又以杵臼爲襄公子，與今《左傳》絶不合。則殺人者既無主名，所殺者又無主名。以意逆之，宋存殷道，袒免而外，昏姻可通，或更有異姓在國。昭公將去群公子者，欲偏置其妃黨，弗勝而反爲所殺耳。」按：劉氏之説，亦或可通。

戊子，晉人及秦人戰于令狐。**疏** 包氏慎言云：「戊子，四月之二日。」於曆爲閏四月二日。《左傳》僖二十四年晉公子「濟河圍令狐」即此。《大事表》云：「闞駰曰：令狐即猗氏也。今蒲州府猗氏縣西十五里有令狐城。」晉先眛以師奔秦。**疏**《校勘記》云：「《唐石經》、鄂本、閩本同。監、毛本『眛』誤『眛』，下同。段玉裁云从『末』是也。《左氏》、《穀梁》作『先蔑』。」古蔑、眛音義同。《隱元年》「盟于眛」，二傳作「蔑」，是也。二傳無「以師」二字。

此偏戰也，何以不言師敗績？**注** 据秦師敗績。**疏** 注「据秦師敗績」。○即上《二年》「晉侯及秦師戰于彭衙，❶秦師敗績」是也。敵也。**注** 俱無勝負。此晉先眛也，其稱人何？**注** 据奔無出文，知先眛也。**疏** 注「据奔無出文」。❷○《僖二十八年》「衛元咺出奔晉」之屬是也。此注當在「此晉先眛也」下，正以若書出，即是由國而出，此不然，故知即在師之先眛也。貶。曷爲貶？**注** 据新築之戰，衛孫良夫敗績不貶。**疏** 注「据新」至「不貶」。○《成二年》「衛孫良夫帥師及齊師戰于新築，衛師敗績」，良夫不貶稱人是也。外也。其外柰何？以師外也。**注** 懷持二心，有功欲還，無功便持師出奔，故於戰貶之，起其以師外也。本所以懷持二心者，其咎亦

❶「上」，原作「立」，引文見上文公二年，據國圖藏清抄本及《春秋公羊傳注疏》改。

❷「奔」，原脱，據本句上注文及國圖藏清抄本補。

由晉侯要以無功當誅也。不起者，敵而外事可知也。**疏**《穀梁傳》曰：「輟戰而奔秦，以是爲逃軍也。」齊氏召南《考證》云：「《左氏》、《穀梁》經作『晉先蔑奔秦』，無『以師』二字。《公羊》經有之，故傳作『以師外』解。」按：《公羊》經「以師」二字疑亦衍文。如經有「以師」，傳不能無問。若有「以師」，傳不必贅言「以師外也」。傳以「師外」釋「外」字，經乃誤衍耳。○注「懷持」至「誅也」。○包氏慎言云：「以師外，是棄衆以出，在外未反也。貶而稱人，絶之使同微者。」注云：「懷持二心，有功則反，無功則持師出奔。」本所以懷持二心者，亦由晉侯要以無功當誅也。以君之有所要，欲歸不得歸，故寬誅其罪而絶之。一人之奔同於匹夫，與挾衆者異科。《通義》云：「《左氏》經無『以師』，又其傳云『敗秦師于令狐』。經無敗文，亦不可得合。時緣襄公卒，太子夷獆幼，晉人欲立文公之子雍，使先眛請諸秦。秦人以師納之，眛返。而趙盾更謀夷獆定位，起師禦秦人于令狐。時先眛將下軍，自以本被使逆雍，內懷疑貳，交綏而退，遂率其下軍之士奔秦。晉始謀立雍，非正，趙盾悔之是也。而眛眛於大義，私其身謀，輒以師外，故舍盾而貶眛。昔子射于矍相之圃，賁軍之將不與。爲人臣者，可不戒乎？」按：何氏謂晉侯要以無功當誅，宜別有所據。孔氏又牽合《左氏》以説《公羊》，故多牴牾。○注「不起」至「知也」。○舊疏云：「言所以不申作文，起見晉侯要無功當誅之義者，以其可知故也。」

何以不言出？**注**据楚囊瓦俱戰而奔言出。**疏**注「据楚」至「言出」。○《定四年》「蔡侯以吴子及楚人戰于伯莒，楚師敗績。楚囊瓦出奔鄭」是也。

遂在外也。**注**起其生事成於竟外，從竟外去。**疏**《穀梁傳》曰：「不言出，在外也。」舊疏云：「以此言之，則令狐非晉地，伯莒爲楚地亦明矣。」按：以《左傳》僖二十四年「圍令狐」考之，則令狐當晉地。且春秋時秦地不及河東也。

狄侵我西鄙。**疏**毛本「狄」誤「秋」。

秋，八月，公會諸侯、晉大夫盟于扈。**疏**杜云：「扈，鄭地，滎陽卷縣西北有扈亭。」《水經注·河水》篇：「河水又東北逕卷之扈亭北。《春秋左傳》曰：『文公七年，晉趙盾與諸侯盟于扈。』《竹書紀年》：『晉出公二十二年，河絶于扈。』即此是也。」《紀要》：「扈亭在開封府原武縣西北。」

諸侯何以不序？大夫何以不名？注序，次也。据新城盟，諸侯序，趙盾名。疏注「据新」至「盾名」。○即下《十四年》「夏六月，公會宋公、陳侯以下晉趙盾。癸酉，同盟于新城」是。公失序也。公失序柰何？諸侯不可使與公盟，眣晉大夫使與公盟也。注以目通指曰眣。文公内則欲久喪而後不能，喪娶逆祀，外則貪利取邑，爲諸侯所薄賤不見序，故深諱爲不可知之辭。不日者，順諱爲善文也。疏《校勘記》云：「眣，諸本同。《唐石經》『眣』字缺。段玉裁云：『《成二年》作「郤克眣魯衛之使」，字从目从矢。《釋文》：「眣，音舜。本又作『眹』，丑乙反。本又作『[目矣]』，音同。」』今《釋文》「眣」亦誤「眹」，「眹」誤「[目矣]」。」○注「以目通指曰眣」。○《公羊問答》云：「問：以目通指曰眣，❶於書有徵否？曰：此亦如《漢書·李陵傳》『政等見陵未得私語，即目視陵』，注：『師古曰：以目相視而感動之，今俗所謂眼語是也。』」盧校《釋文》云：「眣，音舜。本又作『眹』，丑乙反，又大結反。以目通指曰眣。本又作『[目矣]』，音同。字書云『眣，瞚也，以忍反』。」此即《校勘記》載段氏所据之本。《讀書叢録》：「《成二年》傳『郤克眣魯、衛之使，使以其辭而爲之請』，《釋文》：『眣，音舜。又作「眹」，丑乙、大結二反。』按：《玉篇》：『眣，同瞬。』《五經文字》：『眣，音舜，見《春秋傳》。』《説文》無『眣』字。眹，目不從正也。與經注義不合。眣，當是『𥄎』字之譌。《説文》：『𥄎，舉目使人也。从攴目。火劣反。』『𥄎』作『[目支]』，與『眣』字相近而譌。」按：洪説是也。亦謂之「眴」。《史記·項羽本紀》「梁眴籍曰：『可行矣。』籍遂拔劍斬守頭」是也。與《言部》「訹」字音義亦通，故「𥄎」讀若「颰」也。又按：《玉篇》：「眣，目動也。」以目通指也，與「瞚」同。《莊子·庚桑楚》云：「終日視而目不瞚。」注：「目動曰瞚。」《説文》：「瞚，開闔目數搖也。」亦與「瞤」通，《説文》：「瞤，目動也。」《西京雜記》：「陸賈曰：目瞤得酒。」亦與「瞬」通，《集韻》：「瞬，目自動也。」《列子·湯問》云：「紀昌學射于衛。衛曰：爾先

❶「以」，原作「此」，據《春秋公羊問答》改。

學不瞬而後可言射矣。」又與「眴」通，《説文》：「眴，目摇也。」《史記・項羽本紀》注：「眴，動目私視之也。」❶亦「以目通指」之意。而皆與丑乙、大結二音無涉。○注「文公」至「之辭」。○上《二年》「作僖公主」，傳：「何以書？譏。何譏爾？不時也。其不時柰何？欲久喪而後不能。」是欲久喪而後不能也。又云「公子遂如齊納幣」，傳：「何以書？譏喪娶。」是喪娶也。又云「大事于太廟，躋僖公」，傳：「何譏爾？逆祀也。」是逆祀也。上「春，公伐邾婁，取須朐」，是貪利取邑也。《穀梁傳》：「其曰諸侯，略之也。」注：「晉侯新立，公始往會，晉侯不盟，大夫受盟。既以喪娶，又取二邑，爲諸侯所賤，不得序于會，諱使若匿之盟，都不可知，故略之。」正用何義。意謂諱其不與，故總言諸侯，使若諸侯都不可知也。《繁露・玉杯》云：「文公不能服喪，不時奉祭，倒序以不三年，又以喪取，取於大夫，以卑宗廟，亂其群祖，以逆先公。小善無一而大惡四五，故諸侯弗與盟，命大夫弗爲使，是惡惡之徵、不臣之效也。出侮於外，入奪於内，無位之君也。孔子曰：『政逮於大夫四世矣。』蓋自文公以來之謂也。」《通義》云：「時公後至，未得序于會，諸侯不肯復與公盟。以晉本盟主，乃目趙盾，進之使獨與公盟。内諱盟大夫，故稱諸侯于上，而以不序起其事也。」按：孔氏牽涉《左傳》爲説，後至亦非大惡，諸侯何至不序于會，而《春秋》爲之深諱也。○注「不日」至「文也」。○舊疏云：「正以不日爲信辭也。」《通義》云：「不日者，不信明也。」按：此後不見不信文。

冬，徐伐莒。**注** 謂之徐者，前共滅王者後，不知尊先聖法度。今自先犯，文對事連，可以起同惡，莒在下不得狄，故復狄徐也。一罪再狄者，明爲莒狄之爾。徐先狄，在僖十五年。**疏** 注「謂之」至「同惡」。○《僖十四年》「諸侯城緣陵」，傳：「城杞也。曷爲城杞？滅也。孰滅之？蓋徐、莒脅之。」是也。二王後爲先聖法度所存，前共滅之。今復相犯，故書以起同惡。○注「莒在」至「徐也」。○舊疏云：「謂莒時被伐，例不出主名，是以無由狄之。」則何意以莒亦宜狄也。文不合狄，

❶「眴動目私視之也」句，不見《史記・項羽本紀》注，語實出《説文解字繫傳》卷七。

故狄徐即以狄莒也。○注「一罪」至「五年」。○《僖十五年》「楚人敗徐于婁林」，注：「謂之徐者，爲滅杞，不知尊先聖法度，惡重，故狄之。」是此爲再狄也，故謂爲莒狄之。

公孫敖如莒莅盟。

八年，春，王正月。

夏，四月。

秋，八月戊申，天王崩。**疏**包氏愼言云：「八月書戊申，月之三十日。」

冬，十月壬午，公子遂會晉趙盾，盟于衡雍。

疏包氏愼言云：「十月書壬午，月之五日。」按：當四日。下乙酉當七日，丙戌當爲八日。《通義》云：「文、襄既没，晉鮮令主，雖世長夏盟，《春秋》未嘗與其伯也。故自是盟多書日，不與信辭。」范云：「衡雍，鄭地。」蓋以僖二十八年《左傳》「晉侯及鄭伯盟于衡雍」上云「晉欒枝入盟」故也。

乙酉，公子遂會伊雒戎盟于暴。**注**四日不能再出，不卒名者，非一事再見也。**疏**《釋文》：「于暴，本又作『曝』。」《左傳》、《穀梁》無「伊」字。《穀梁釋文》云：「本或作『伊雒之戎』，誤。」《左傳釋文》：「本或作『伊雒之戎』，此後人妄取傳文加耳。」按：《左傳》「遂會伊雒之戎」，二傳文、經無「伊」字，省文也。伊雒戎，即僖十一年《左傳》所謂「揚、拒、泉、皋、伊、雒之戎」也。杜彼注云：「諸雜戎居伊水、雒水之間者。」揚、拒、泉、皋皆戎邑，伊闕北有泉亭。《大事表》：「在今河南府洛陽縣西南有前城，即泉戎地。」然則伊、雒戎，凡近伊、雒間者皆是。包氏愼言云：「十月又書乙酉，月之八日。」杜云：「暴，鄭地。」沈氏欽韓云：「蓋暴，辛公所封地，在今河南懷慶府原武縣境。」○注「四日」至「見也」。○舊疏云：「欲道《宣元年》『公子遂如齊。三月，遂以夫人婦姜至自齊』，傳云：『遂何以不稱公子？一事而再見者，卒名也。』注云：『卒，竟也。竟但舉名者，省文耳。』言彼是一事再見，故得省文，與此異也。」

公孫敖如京師，不至復。丙戌，奔莒。**疏**《左氏》、《穀梁》「至」下有「而」字。《宣八年傳》「其言至黄乃復何」，注：「据公孫敖不言至復，又不言乃。」此《公羊經》作「不至復」之明證。而三傳《釋文》皆不言同異。

包氏慎言云：「十月又書丙戌，月之九日。」

不至復者何？不至復者，内辭也，不可使往也。注安居不肯行，故諱使若已行，但不至還爾。即已行，當道所至乃言復，如至黄矣。疏《繁露・玉杯》云：「文公命大夫弗爲使，是不臣之效也。出侮于外，入奪于内，無位之君也。孔子曰：『政逮于大夫四世矣。』蓋自文公以來之謂也。」謂此。○注「安居」至「還爾」。○《通義》云：「君使臣至于不可使，恥甚，故諱言『不至復』，使若有故而復之，辭不舉所至者，别于至黄，實有疾也。時敖有所私女于莒，道棄君命而往從之，經但責其復，未若慶父惡顯，故加日，起有罪。」按：如《公羊》義，則敖直未行耳。經書「復」，爲内諱不可使往之恥。孔氏謂「道棄君命」，亦牽涉《左傳》事。○注「即已」至「黄矣」。○《宣八年》「公子遂如齊，至黄乃復」是也。《穀梁傳》：「不言所至，未如也。未如，則未復也。」注：「若其已行，當如公子遂至黄乃復，今不言所至而直言復，知其實未如也。」亦本此爲説。

不可使往，則其言如京師何？遂公意也。注正其義，不使君命壅塞。疏注「正其」至「壅塞」。○壅，《釋文》：「本又作『雍』。」❶今亦作「壅」。《僖二十八年》「衡雍」，於勇反。《釋文》凡音於勇者，字皆作「壅」。《穀梁傳》：「未如而曰如，不廢君命也。」注引雍曰：「受命而出，義無私留。書如京師，以顯命行于下。不書所至，以表不去之罪。」又曰：「未復而曰復，不專君命也。」注：「復者，事畢之辭。未如，故知其未復。加畢事之文者，言君命無輒專之道。」是即正其義意也。包氏慎言云：「《宣八年》『公子遂如齊，至黄乃復』，乃者，難辭。彼遂以有疾，故言『乃』，著重難。此不言『乃』，明無難也。敖罪重于遂，故何氏彼注云：『敖當誅，遂當絶。』誅絶之所以判輕重者，疏云：『誅者，罪累家也。』絶則絶其身而已。此但就違命一事大判言之。其實誅之輕者，止于責讓。絶之重者，極於宗祀。滅絶輕重，亦未有定。其輕其重，要當以所記爲斷耳。」

何以不言出？注据慶父言出奔。疏注「据慶」至「出奔」。○即《閔二年》「九月，公子慶父出奔莒」

❶「又」，原脱，據《經典釋文》補。

是其事也。遂在外也。注諱使若從外來，不敢復還者也。日者，嫌敖罪明，則起君弱，故諱使若無罪。疏注「諱使」至「者也」。○《校勘記》出「外來」云：「閩、監、毛本同，誤也。鄂本『來』作『奔』，當據正。」《通義》云：「傳言在外，明出境乃奔矣。」按：實從外奔，猶愈自内，傳烏得云「不可使往」？明尚未出境，不令遂往。敖由此出奔，當絶其大夫。下有齊人脅我歸喪之事，故深諱之也。孔説未允。○注「日者」至「無罪」。○《閔二年》「九月，公子慶父出奔莒」，彼注云：「不日者，内大夫奔例，無罪者日，有罪者月。」此敖不受君命，有罪而日者，仍順諱義，使若無罪者然也。若書日見有罪，則不可使往之恥起。

螺。注先是公如晉，公子遂、公孫敖比出，不可使，勢奪於大夫，煩擾之應。疏注「先是」至「之應」。○公如晉，見上《三年》。又上《二年》「及晉處父盟」，注「如晉不書不致者，深諱之」是也。公子遂、公孫敖比出，疑比出者，上文「公子遂會晉趙盾」，又「會伊雒戎」，上《六年》「公子遂如晉」，是公子遂比出也。上《元年》「公孫敖會晉侯」，又「如齊」，《二年》「公孫敖會宋公以下于垂斂」，《五年》又「如晉」，上「如莒涖盟」，是公孫敖比出也。「不可使，勢奪于大夫」，則上「公孫敖如京師，不至復」，傳「不復者，不可使往也」是也。《繁露》謂「政逮大夫自文公始」，故云「勢奪于大夫」。上《二年》注亦有「禄去公室」之説。

宋人殺其大夫司馬。宋司城來奔。

司馬者何？司城者何？皆官舉也。注皆以官名舉言之。天子有大司徒、大司馬、大司空，皆三公官名也。諸侯有司徒、司馬、司空，皆卿官也。宋變司空爲司城者，辟先君武公名也。疏注「天子」至「名也」。○《白虎通・封公侯》云：「司馬主兵，司徒主人，司空主地。王者受命爲天地人之職，故分職以置三公，各主其一，以効其功。」是皆三公官名也。按：《左傳》歷敘宋官有右師、左師、司馬、司徒、司城、司寇六卿之名，蓋有一孤，於六卿擇而兼之與？《周官》六卿與宋小異，有冢宰、宗伯，無右師、左師，亦無三公，與《春秋》不同也。○注「諸侯」至「官也」。○《白虎通》又云：「諸侯有三卿者，分三事也。五大夫下天子。《王制》曰：『大國三卿，皆命於天子，下大夫五人，上士二十七人。』」《禮記疏》引《三禮義宗》云：「『諸侯三卿：司徒兼冢宰，司馬兼宗伯，司空兼司寇。三卿之下則有五小卿爲五大夫。』故《周禮・大宰職》云『諸侯立三卿五大夫』也。五大夫者，司徒之下立二人，小宰，小司徒也。司馬之下，以其事省，故立一人，爲小司馬，兼小宗伯之事。司空之下立二人，小司寇、小司空。孔子爲司空者，小司空也。由小司空爲大司寇也。」按：昭四年《左傳》杜洩謂季孫曰：「吾子爲司徒，實書名。夫子爲司馬，與工正書服。孟孫爲司空，以書勳。」夫子謂叔孫，可知魯三卿位次矣。《襄十一年》注：「古者諸侯有司徒、司空，上卿各一，下卿各二。司馬事省，上下卿各一。」此崔氏所本也。魯成、襄以前有臧氏，後有叔氏，見諸《春秋》，蓋三桓之外又一卿，不能悉如禮也。然則天子之官，漢儒今古文家説不同。諸侯，則《戴禮》説。諸侯有三卿五大夫，與何君説《公羊》同。而《周禮・太宰》亦云「施典於邦國，設其參，傅其伍」，鄭云：「參謂卿三人，伍謂大夫五人。」是各經説諸侯之官制無異也，故《論語・鄉黨》有上大夫、下大夫。上大夫，則卿也。宋有六卿，見《左傳》。或以其王者之後，官制得如天子。何氏此注無六卿之説，未知同於《左傳》否。○注「宋變」至「名也」。○桓六年《左傳》曰：「宋以武公廢司空。」杜云：「武公名司空，廢爲司城。」

曷爲皆官舉？【注】据宋殺其大夫山，不官舉。【疏】注「据宋」至「官舉」。○見成十五年。

宋三世無大夫，三世内娶也。【注】宋以内娶，故威勢下流，三世妃黨争權相殺，司城驚逃，子哀奔亡，主或不知所任，朝廷久空，故但舉官起其事也。大夫相殺，例皆時。【疏】《穀梁傳》：「其以官稱，無君之辭也。」注引：「何氏《廢疾》云：『近上《七年》『宋公王臣卒』、『宋人殺其大夫』不言官。今此在三年中言官，義相違。』鄭君釋之曰：『七年殺其大夫，此實無君也。今殺其司馬，無人君之德耳。司馬，司城，君之爪牙，守國之臣，乃殺其司馬，奔其司城，無道之甚，故稱官以見其輕慢也。』傳例：『稱人以殺，殺有罪也。』❶此上下俱失之。」劉氏《廢疾申何》

❶「殺」，原作「之」，據《春秋穀梁傳注疏》改。

云：「君專殺大夫無德，當文自見，且宜稱國以殺，不待以官舉也。如傳例以爲有罪，則《禮》云『大夫强而君殺之』義也，安得云殺爪牙之臣，無道之甚乎？君之卿佐皆爲股肱，豈不爲司馬、司城而誅之逐之，乃得爲義乎？」按：《穀梁》説同《左氏》，故杜云：「司馬死，不舍節。司城奉身而退，故皆書官而不名，貴之。」按：如《左傳》「司城蕩意諸」亦貴戚也，有去道乎？以爲貴之亦未允。○注「宋以」至「事也」。○《校勘記》出「子哀奔亡」，云：「此本『亡』誤『之』，今訂正。鄂本『哀奔』二字及下『起其』二字皆空缺。」按：子哀來奔，見下《十四年》。《通義》云：「等不名前不官舉者，彼直一事耳，此殺與奔各一人。若云宋人殺其大夫，宋大夫來奔，則漫無區别，不成爲文，故以其官識之。」○注「大夫」至「皆時」。○舊疏云：「正以此經及下《九年》『晉人殺其大夫先都』、『晉人殺其大夫士縠』之屬皆不别書日月故也。知彼是大夫相殺之經者，正以下《十六年》傳云『大夫相殺稱人』矣。」

公羊義疏四十一

句容陳立卓人著

文九年盡十一年。

九年，春，毛伯來求金。

毛伯者何？天子之大夫也。何以不稱使？注据南季稱使。疏注「据南季稱使」。○《隱九年》「天王使南季來聘」是也。當喪未君也。注時王新有三年喪。疏上八年八月天王崩故也。踰年矣，何以謂之未君？注据崩在八年，踰年當即位。即位矣，而未稱王也。疏《通義》云：「有事於四方，未可稱王命以使也。《坊記》曰：『未没喪，不稱君。』」未稱王，何以知其即位？以諸侯之踰年即位，亦知天子之踰年即位也。注俱繼體，其禮不得異。疏注「俱繼」至「得異」。○《白虎通・爵》篇云：「王者既殯而即繼體之位何？緣民臣之心不可一日無君也。故先君不可得見，則後君繼體矣。故《尚書》曰『王再拜，興，對』，『乃受銅瑁』，明爲繼體君也。」《曲禮》疏云：「準《左傳》之義，諸侯薨而嗣子即位，凡有三時：一是始喪，即嫡子之位；二是踰年正月，即一國正君臣之位；三是除喪而見於天子，天子命之，嗣列爲諸侯之位。今此踰年即位，是遭喪明年，爲元年正月即位也。」又云：「天子踰年即位無文，約魯十二公，諸侯三年稱子亦無文，約天子踰年不稱使也。是天子、諸侯互相明也。」以天子三年然後稱王，亦知諸侯於其封內三年稱子也。注各信恩於其下。疏《繁露・玉英》云：「天子三年然後稱王，經禮也。」《曲禮》疏云：「若三年除喪稱王，故《公羊》文九年傳『天子三年然後稱王』是也。」又云：「踰年則稱王者，据臣子稱也。若王自稱，必待三年。《顧命》成王崩，殯後未踰年，稱『余一人』者，熊氏云：『天下不可一日無王故也。』」《坊記》云：「未殁喪，不稱君，示民不争也。故《魯春秋》記晉喪曰：『殺其君之子奚齊及其君卓。』」

注：『没，猶終也。《春秋傳》曰「諸侯於其封内三年稱子」，至其臣子踰年則謂之君矣。』」《通義》云：「《曲禮》曰：『天子未除喪，曰予小子，生名之，死亦名之。』所謂三年稱子，《春秋》之制也。据經曰『公即位，則王者有踰年即位之禮』，亦可以推。据武氏子、毛伯不稱『使』，以絶正其義，則魯不三年稱子於其封内者，失可知矣。此傳者善言《春秋》，能因其所見達之於所不見。董仲舒曰：『論《春秋》者，合而通之，緣而求之，伍其比，偶其類，覽其緒，著其贅，是以人道浹而王法立。今夫天子踰年即位，諸侯於封内三年稱子，皆不在經也。』」按：《春秋》書宋子、衛子，是即諸侯稱子之證。〇注「各信恩於其下」。〇《釋文》：「信，音伸。」《繁露·玉杯》云：「故屈民而伸君，屈君而伸天，《春秋》之大義也。」

踰年稱公矣，則曷爲於其封内三年稱子？緣民臣之心，不可一日無君；緣終始之義，一年不二君。注故君薨稱子某，既葬稱子，明繼體以繫民臣之心。疏《莊三十二年》傳云「踰年稱公」，故据以難之。《繁露·玉杯》云：「《春秋》之法，以人隨君，以君隨天。曰：緣臣民之心，不可一日無君。而猶三年稱子者，爲君心之未當立也。此非以人隨君耶？孝子之心，三年不當。三年不當而踰年即位者，與天數相終始也。此非以君隨天耶？」《通義》云：「雖民臣之心不欲一日無君，然奪先君之末年，改今君之元祀，其義則不可也。故君薨稱子某，既葬稱子者，由臣民言之，曰『吾君之子也』，而名正位定矣。由孝子言之，曰『吾父之子也』，是以不踐阼，不主奧，三年之内常若父存。」〇注「故君」至「之心」。〇《白虎通·爵》篇云：「父存稱世子何？繫於君也。父殁稱子某者何？屈於尸柩也。既葬稱子何？即尊之漸也。」又云：「天子大斂之後稱王者，明民臣不可一日無君也。故《尚書》曰：『王麻冕黼裳。』此大斂之後也。何以知不從死後加王也？以上言迎子釗不言迎王也。王者既殯而即繼體之位何？緣民臣之心不可一日無君也。故先君不可得見，則後君繼體矣。故《尚書》曰『王再拜，興，對』，『乃受同瑁』，明爲繼體君也。緣終始之義，一年不可有二君。故《尚書》曰：『王釋冕，反喪服。』吉冕服受銅，稱王以接諸侯。明己繼體爲君也。釋冕藏銅反喪服，明未稱王以統事也。」推此以言，諸侯亦同。

不可曠年無君。注

故踰年稱公。**疏**注「故踰年稱公」。○《白虎通・爵》篇云：「踰年稱公者，緣民臣之心不可一日無君也。緣終始之義，一年不可有二君。故踰年即位，所以繫民臣之心也。」又云：「不可曠年無君，故踰年乃即位改元。元以名年，年以紀事，君統事君矣，❶而未發號令也。何以知踰年即位也？《春秋傳》曰：『以諸侯踰年即位，亦知天子踰年即位也。』《春秋》曰：『元年春，王正月，公即位。』改元位也。王者改元，即事天地。諸侯改元，即事社稷。《王制》曰：『夫喪三年不祭，唯祭天地社稷，爲越紼而行事。』」蓋先君之薨，不論何月，踰年正月，皆即位也。緣孝子之心，則三年不忍當也。**注**孝子三年志在思慕，不忍當父位，故雖即位，猶於其封内三年稱子。子張曰：「《書》云『高宗涼闇，三年不言』，何謂也？」孔子曰：「何必高宗，古之人皆然。君薨，百官總己以聽冢宰三年。」**疏**注「孝子」至「稱子」。○《繁露・觀德》云：「臣子三年不敢當。雖當之，必稱先君，必稱先人，❷不敢貪至尊也。」《白虎通・爵》篇云：「《春秋傳》曰『天子三年然後稱王』，謂稱王，統事發號令也。《尚書》曰『高宗諒闇三年』是也。《論語》曰：『君薨，百官總己以聽於冢宰三年。』緣孝子之心，則三年不忍當也。故三年除喪，乃即位統事，踐阼，❸南面朝臣下，稱王以發號令也。故天子、諸侯，凡三年即位，終始之義乃備，所以諒闇三年，卒孝子之道。故《論語》曰：『古之人皆然，君薨，百官總己聽於冢宰三年。』」又引《韓詩内傳》曰：「諸侯世子三年喪畢，上受爵命於天子。」乃歸即位，是三年後然後稱爵也。《禮記疏》引《白虎通》云：「三年後受爵者，緣孝子之心未忍安吉。故《僖三十三年》『十二月乙巳，公薨于小寢』，《文公元年》『正月即位，四月丁巳葬』。」《儀禮經傳通解續》引《書大傳》云：「《書》曰：『高宗梁闇，三年不言。』何謂梁闇也？傳曰：『高宗居凶廬，三年不言，百官總己以聽於冢宰而莫之違。』此之謂梁闇。

❶「統事君」，《白虎通義》作「名其事」，《白虎通疏證》作「統事見」。
❷「人」，原作「君」，據《春秋繁露》改。
❸「踐阼」下，《白虎通義》有「爲主」二字。

子張曰：『何謂也？』孔子曰：『古者君薨，王世子聽於冢宰三年，不敢服先王之服，履先王之位而聽焉。以民臣之義，則不可一日無君矣。』不可一日無君，猶不可一日無天也。以孝子之隱乎？則孝子三年弗居矣。故曰義者，彼也。隱者，此也。遠彼而近此，則孝子之道備矣。」○注「子張」至「三年」。○《論語·憲問》篇文。《校勘記》云：「鄂本『涼』作『諒』。《釋文》作『涼』，音亮。」《後漢書》引彼注云：「諒闇，凶廬也。」《詩疏》引鄭《書注》云：「諒闇，轉作『梁闇』。楣謂之梁。闇，廬也。」《禮記·喪服四制》注：「諒，古作『梁』。闇，讀如『鶉鵪』之『鵪』。」《書裨傳考異》曰：「《漢·五行志》作『涼陰』，《大傳》作『梁闇』。」按：今《論語》作「諒陰」，今《書·無逸》作「亮陰」，蓋梁、涼、凉、亮、諒及闇與陰，皆音義通。鄭注《書》、伏生《書傳》皆作「凶廬」解，蓋今文說也。此作「涼闇」，所引當是《魯論》。古文宜作「諒」，或作「亮」。《左疏》引馬氏《論語注》云：「亮，信也。陰，默也。」爲聽於冢宰，信默而不言。孔注《論語》亦云：「諒，信也。陰，默也。」皆古《論語》説也。夫既云「信默」，又云「不言」，語義重複。諒闇者，惠士奇《禮説》引葛洪《變除》云：「子爲父，三月既葬，草屨內納，廬則柱楣翦屏。屏者，廬前屏也。其廬所爲之屏也，而更作外障以爲之。作廬，先橫一木長樑於東墉下著地，因立細木於上，以草被之。既葬，則翦去此草，以短柱拄起此橫梁之著地者，謂之柱楣。楣，一名梁。既葬，❶此梁乃得於廬外作障，用泥泥之。諸侯始作廬者便有屏，而未泥之。既葬，乃泥之。既拄起梁，又立小障以避風，凶事轉輕。」劉氏《論語正義》云：「古之闇，今之庵也。《釋名》曰：『草圓屋曰蒲，又謂之庵。庵，掩也，所以自覆掩也。』誅茅爲屋，謂之翦屏，非庵而何？庵，讀爲『陰』，猶『南』讀爲『任』，古今異音。倚廬不塗，既葬塗之。塗近於堊。《釋名》：『堊，次也。先泥之，次乃飾以白灰。』康成謂『堊室者，壘墼爲之』，蓋柱楣倚壁爲一偏，壘塹成屋爲兩下。然則既葬除之，❷既練壘之，加堊，既祥又加黝，總謂之廬。故《書大傳》『高宗有親喪，居廬三年』，此之謂也。」《白虎通·喪服》篇：「所以必居倚廬何？孝子哀，不欲聞人之聲，又不欲居故處，居中門之外。倚木爲廬，質反古也。」又云：

❶「葬」，原作「舉」，據《禮説》改。
❷「除」，《禮説》作「塗」，是。

「喪禮不言者，思慕盡情也。言不文者，指爲士民。」《喪服四制》云：「不言而事行者，扶而起；言而後事行者，杖而起。庶人面垢而已。」則天子、諸侯有臣，不言而喪事得行者，喪事亦不言，則其餘不言可知。劉氏寶楠曰：「冢宰聽治，其證有可考者，《孟子》云：『舜相堯二十有八載，堯崩，三年之喪畢，舜避堯之子於南河之南。舜薦禹於天，十有七年，舜崩，三年之喪畢，禹避舜之子於陽城。禹薦益於天，七年，❶禹崩，三年之喪畢，益避禹之子於箕山之陰。』夫不於堯、舜、禹始崩之時避政而去，而必俟三年之後，明三年之喪，王世子不言，而皆爲冢宰攝政也。其後如武王崩，周公攝政，亦是。據《閔予小子》詩序，則嗣王除喪，初朝於廟。而成王此時尚未能親政，故周公復攝行之。管、蔡所以疑周公者，正因成王除喪，猶聽政於周公故也。」若武王初崩，成王無論能親政與否，而諒闇之制，正在不言。周公居冢宰，禮宜攝政，流言奚自來哉？可謂允當不易之論。《白虎通》又云：「所以聽於冢宰三年何？以爲冢宰職在制國之用，是以由之也。故《王制》曰：『冢宰制國用。』」劉氏又云：「邦治掌於冢宰，因喪攝政，凡事皆聽。可知《白虎通》止以財用爲言，於義隘矣。」今本《論語》「聽」下有「於」字，與《檀弓》同。僞古文《伊訓》云「百官總己以聽冢宰」，亦無「於」字。此引《書》云者，段氏玉裁《尚書撰異》云：「据《喪服四制》，疑『高宗諒闇，三年不言』乃《尚書》成語，非翦截《毋逸》篇文。《坊記》以『三年其惟不言，言乃讙』，繫之高宗。云鄭注名篇在《尚書》，然則亦非《無佚》語，《高宗》篇當是佚《尚書》。」若然，《孟子·滕文公》篇云「五月居廬，未有命戒」者，其時三年之喪，且久不行，安得尚有三年不言之禮？文公五月不命戒，已爲近古，不得以三代盛時禮繩之也。

毛伯來求金何以書？譏。何譏爾？王者無求，求金非禮也。

疏《繁露·玉英》云：「夫處位動風化者，徒言利之名爾，猶惡之，況求利乎？故天王使人求賻求金，皆爲大惡而書。今直使人也，親自求之，是爲甚惡。」《說苑·貴德》篇：「周天子使家父、毛伯求金於諸侯，《春秋》譏之。故天子好利則諸侯貪，諸侯貪則大夫鄙，大夫鄙則庶人盜。上之變

❶ 「舜崩」至「七年」二十二字原脱，據劉寶楠《論語正義》補。

下，猶風之靡草也。故爲人君者，明貴德而賤利，以道下，下之爲惡，尚不可止。」《穀梁傳》曰：「求車猶可，求金甚矣。」注：「凱曰：求俱不可，在喪尤甚。」然則是王者與？**注**据未稱王。曰：非也。**疏**《通義》云：「未稱王也。」非王者，則曷爲謂之王者？王者無求。**疏**《通義》云：「問未稱王，則曷爲以『王者無求』之義責之？」按：當作一句讀。俞氏樾云：「『王者』字不當疊，蓋因上文云『王者無求』，故此發問云既非王者，何以言『王者無求』也？誤疊『王者』字，義不可通。」曰：是子也，**注**雖名爲三年稱子者，其實非唯繼父之位。**疏**注「雖名」至「之位」。○《禮記·中庸》疏：「是子，謂嗣位之王，在喪未合稱王，故稱『是子』。嗣位之王，守文王之法度。謂在喪之內，無合求金之法度。」俗本《禮記注》有引此作「子是」者，誤。何意以雖三年内稱子，其實非但繼父位，即與王同，當守文王之法度也。繼文王之體，守文王之法度，文王之法無求，而求，故譏之也。**注**引文王者，文王始受命，制法度。**疏**注「引文」至「法度」。○《史記·周本紀》：「詩人道西伯，蓋受命之年稱王而斷虞、芮之訟。❶後十年而崩，謚爲文王。改法度，制正朔矣。」《詩·大雅·文王序》：「文王受命作周也。」箋云：「受命，受天命而王天下，制立周邦。」疏引《帝王世紀》云：「文王即位四十二年，歲在鶉火，文王於是更爲受命之元年，始稱王矣。」又引《中候我應》云：「季秋之月甲子，赤雀銜丹書入豐，止於昌户。再拜稽首受。」又引《尚書運期授》引：「《河圖》曰：『倉帝之治八百二十歲立戊午蔀。』注云：『周文王以戊午蔀二十九年受命。』」又引《易是類謀》云：「『文王比隆興始霸，伐崇，作靈臺，受赤雀丹書，稱王制命，示王意』。注：『入戊午蔀二十九年，時赤雀銜丹書而授之。』」❷又引《易乾鑿度》云：「入戊午蔀二十九年，伐崇侯，❸作靈臺，改正朔，

❶「蓋」，原脱；「之」，原作「三」；「年」下原衍「然後」二字；「而」，原作「乃」；據《史記》補删改。

❷以上引文不見《易緯是類謀》，實出《易緯乾元序制記》。「授」，原作「命」，據《易緯乾元序制記》改。

❸「侯」，原脱，據《周易乾鑿度》補。

布王號於天下，受籙應《河圖》。」是皆文王受命制法度事也。按：《禮記・中庸》云：「仲尼祖述堯、舜，憲章文、武。」鄭注：「此以《春秋》之義説孔子之德。孔子祖述堯、舜之道而制《春秋》，而斷以文王、武王之法度。《春秋傳》曰『是子也』云云。」彼疏：「文王之法度，無所求也。謂三分有二，以服事殷。」故《隱元年》傳亦云：「王者孰謂？謂文王也。」《通義》云：「是子繼父之體。而上本文王言之者，正體於上，又將所傳重也。諸侯不奉王法，無以守其國；王者不奉祖法，無以守天下。故《春秋》以文王之正月正天道，以文王之法度正人事。」

夫人姜氏如齊。 **注** 奔父母之喪也。不言奔喪者，尊内，猶不言朝聘也，故以致起得禮也。書者，大夫家，危重。言如齊者，大夫繫國。**疏** 注「奔父」至「喪也」。○《禮記・雜記》曰：「婦人非三年之喪，不踰封而弔。」注：「踰封，越境也，或爲越疆。」《白虎通・喪服》云：「而有三年喪，君與夫人俱往。」蓋謂娶於諸侯者，夫人奔喪，君則視凡鄰君加厚，鄰國之君本有會葬禮也。《雜記》又云：「夫人至，入自闈門，升自側階，君在阼。其他皆如奔喪禮然。」注云：「女子子，不同於女賓也。宮中之門曰闈門。側階，謂旁階也。他，謂哭、踊、髽、麻。」此謂婦人奔喪儀節也。惠氏士奇《春秋説》云：「出曰如某，反曰至自某，此非小君之禮也，儼然諸侯矣。然則夫人奔喪禮與？❶《禮・雜記》曰：『婦人非三年之喪，不踰封而弔。如三年之喪，則君夫人歸。其歸也以諸侯之弔禮，其待之也若待諸侯然。』此本《春秋》而爲之説。文公夫人奔喪，《春秋》書『如』、書『至』，皆從諸侯之禮，故父母之國待之亦若諸侯然。然則告廟而行，告廟而反，君夫人奔喪之禮當然。」按：鄭《禮記注》云：「夫人車服，主國致禮。」皆如諸侯也。《繁露・玉英》云：「婦人無出竟之事，經禮也。母爲子娶婦，奔喪父母，變禮也。」○注「不言」至「聘也」。○《隱十一年》注：「内適外言如，外適内言朝聘，所以别外尊内也。」故奔喪不書。○注「故以」至「禮也」。○舊疏云：「《春秋》之例，夫人違禮而出會者，皆不致，唯此文書至，故《莊二年》注云『有出道乃致，❷奔喪致』是也。」致文見下。○注

❶「夫人」，原脱，據《惠氏春秋説》補。
❷「二」，原作「元」，引文見《莊公二年》注文，據改。

「書者」至「危重」。○舊疏云：「夫人奔喪，禮既許之，則是常事，而書之者，此夫人所適，乃是大夫之家，卑於夫人，有不制之義，而危重之，是以書也。」按：今文《春秋》説諸侯夫人似無歸甯之道，義具莊二十七年。今奔喪大夫家，故危重也。○注「言如」至「繫國」。○上《四年》「逆婦姜于齊」，注：「不言如齊者，大夫無國也。」不同者，上《四年經》云「逆婦姜于齊」，逆至共文。但言「于齊」，則知娶于大夫，故不得言「如齊」，正由其非大夫所有也。此夫人奔喪，不言「如齊」則文不可施。君不行，使于大夫，故又不可言「如某氏」，是以書「如齊」，以見大夫繫國也。且上經既從略，以示娶于大夫，此不嫌非大夫也。上《二年》「公子遂如齊納幣」，蓋亦大夫繫國之義，故亦書「如齊」。

二月，叔孫得臣如京師。

辛丑，葬襄王。

王者不書葬，此何以書？**疏**《隱三年傳》曰：「天子記崩不記葬，必其時也。」此書葬，故難之。《通義》云：「据平、惠、定、靈不書葬。」包氏慎言云：「二月書辛丑，月之二十五日。」不及時書，**疏**《宣二年》「十月，天王崩」，《三年》「正月，葬匡王」；《襄元年》「九月，天王崩」，《二年》「正月，葬簡王」；《昭二十二年》「四月，天王崩。六月，葬景王」，皆不及時也。過時書，**注**重録失時。**疏**《桓十五年》「三月，天王崩」，《莊三年》「五月，葬桓王」，是過時書也。○注「重録失時」。○舊疏云：「以天下共葬一人而不如禮，故重録之，刺其失時也。」我有往者則書。**注**謂使大夫往也，惡文公不自往，故書葬，以起大夫會之。日者，僖公、成風之喪，襄王比加禮，故恩録之，所以甚責内。**疏**注「謂使」至「會之」。○《白虎通·崩薨》云：「王者崩，諸侯悉奔喪何？臣子悲哀慟怛，無不欲觀君父之棺柩，盡悲哀者也。又爲天子守蕃，不可頓空矣。故分爲三部，有始死奔喪者，有得中來盡其哀者，有得會葬奉送君者。七月之間，諸侯有來京師親供臣子之事者，有號泣悲哀奔走道路者，有居其國哭痛思慕竭盡所供者。」故此惡文公不自往也。《通義》云：「此主書與獻六羽同意。我有往者，猶可言也。我無往者，不可言也。又以我無往者，惡重不待譏；使卿會葬，疑若得禮而重譏之。故禮之爲用，在於別微也。《五經異義》云：『《公羊》說：天王喪，赴者至，諸侯哭，雖有父母之喪，越紼而行事，葬畢乃還。《左氏》說：王喪，赴者至，❶諸侯既哭，問故，遂服斬衰，使上卿弔，上卿會葬。經書「叔孫得臣如京師，葬襄王」，以爲得禮。《易》下邳傳甘容說：❷「諸侯在千里内皆奔喪，千里外不奔喪。若同姓，千里外猶奔喪，親親也。」」鄭君之聞也，❸『天子於諸侯無服，諸侯爲天子斬衰三年，是尊卑異者也。天子於魯，既含賵，又會葬，爲得禮，則是魯於天子一大夫會葬而已，爲不得禮可知矣。』鄭游吉云：『靈王之喪，我先君簡公在楚，我先大夫印段實往，敝邑之少卿也。王吏不討，恤所無也。』豈非《左氏》諸侯奔天子之喪及會葬之明文？說《左氏》者云『諸侯不得棄其所守，奔喪』，自違其傳。廣森按：越紼奔喪，傳無明文，亦似說《公羊》者失之。《穀梁傳》曰：『周人有喪，魯人有喪，周人弔，魯人不弔。周人曰：「固吾臣也，使人可也。」魯人曰：「吾君也，親之者也，使大夫則不可也。」故周人弔，魯人不弔。以其下成，康未久也。』」按：《白虎通・崩薨》篇又云：「諸侯有親喪，聞天子崩，奔喪者何？屈己。親親猶尊尊之義也。《春秋傳》曰：『天子記崩不記葬，必其時葬也。諸侯記葬，不必有時。』諸侯爲有天子喪當奔，不得必其時葬也。」此据《隱三年傳》說諸侯之禮，最詳。故何氏彼注云：「設有王后崩，當越紼而奔喪，不得必其時。」又於「尹氏卒」傳曰：「天王崩，諸侯之主也。」注云：「時平王崩，❹魯隱往奔喪，尹氏主儐贊諸侯，與隱交接而卒。」《穀梁傳》亦曰「於天子崩，爲魯主」，此諸侯奔喪之證。何氏亦云「越紼奔喪」，蓋有所受之矣。《白虎通》又云：「葬有會者，親疏遠近盡至，親親之義也。」《左氏》隱三年傳：「天子七月而葬，同軌畢至。」《昭三十年傳》：「游吉曰：靈王之喪，我先君簡公在楚，我先大夫印段實往。」彼疏引鄭玄以爲「簡公若在，君當自行」。是則《左氏》明以諸侯有奔喪之禮，故鄭《駁異義》譏說《左氏》者云「諸侯不奔喪」

❶「諸侯哭」至「赴者至」二十六字原脱，據《春秋公羊經傳通義》及《駁五經異義》補。
❷「傳」，原作「傅」，據《春秋公羊經傳通義》及《駁五經異義》改。
❸「鄭君之聞也」，《禮記注疏》引《異義》作「鄭駁之云」。
❹「平」，《春秋公羊傳注疏》作「天」。

爲「自違其傳」也。《書・顧命》記成王之喪云：「畢公率東方諸侯入應門左，❶太保率西方諸侯入應門右。」❷蓋因奔喪而朝見新王也。《禮記・檀弓》云：「惟天子之喪有別姓而哭。」注：「使諸侯同姓、異姓、庶姓相從而爲位，別於朝覲來時。」此各經諸侯奔喪之證也。○注「日者」至「責内」。○舊疏云：「正以《昭二十二年》『六月，叔鞅如京師，葬景王』之屬不日故也。言襄王如禮者，即《元年》『叔服來會葬』、《五年》『榮叔歸含且賵』、『召伯來會葬』之屬是也。」沈氏欽韓《左傳補注》云：「《隱元年傳》『天子七月而葬，同軌畢至』，是諸侯會葬，傳有明文。此年傳但云『莊叔如周，葬襄王』，不舉例者，正以五年有榮叔之含賵，召伯之會葬，信使交錯，其待諸侯之禮隆且渥如是。經書此遥遥相對，其失禮無疑矣。且以天子之喪，而卿士求金，求者固非，而藩衛之義，惟知有伯主，不知有天子，❸不愈顯侯國之怠慢乎？以求金之來，而如京師共葬，雖遣得臣，亦非本意。」按：《穀梁傳》云：「天子志崩不志葬，舉天下而葬一人。志葬，危不得葬也。日之，甚矣，其不葬之辭也。」注：「不得備禮葬。」又云：「王室微弱，諸侯無復往會葬。」明時皆不會葬，故天子之葬不得備禮。此有往者，書以張義，責魯因以責諸侯。《春秋》内魯，故注但言「責内」也。楊疏云：「傳稱不志葬者，據治平之日正法言之也。」是也。

晉人殺其大夫先都。 疏《通義》云：「時先都、士穀等作亂，晉討殺之而不稱國者，蓋以靈公冲稚，趙盾當國，大夫專殺，《春秋》疾之，故從大夫相殺稱人例也。」

三月，夫人姜氏至自齊。 注出獨致者，得禮，故與臣子辭。月者，婦人危重，從始至例。疏注「出獨」至「子辭」。○凡書致者，皆臣子喜其君父脱危而至之辭。此夫人出因奔喪，得禮，故與臣子辭書致也。○注「月者」至「至例」。○《桓十六年》注「致例時」，夫人當與君同。此月，故解之。舊疏云：「獨行無制，恐有非禮之惡，故曰危重也。言從始至例者，即《宣元年》『三月遂以夫人婦姜至自齊』、《成十四年》『九月，僑如以夫人婦姜氏至自齊』之屬是也。」《莊

❶「左」，《尚書注疏》作「右」。
❷「右」，《尚書注疏》作「左」。
❸「子」，原作「于」，據國圖藏清抄本及《左傳補注》改。

二十四年》「八月丁丑，夫人姜氏入」，注：「其日何？難也。與公有約，然後入。」彼始至書日，故解之也。

晉人殺其大夫士穀及箕鄭父。疏《通義》云：「殺稱及者，相累連及之辭。其不稱及者，同罪也。」《左疏》引賈云：「箕鄭稱及，非首謀。」《穀梁傳》：「稱人以殺，誅有罪也。鄭父，累也。」按：《左傳》所載，皆作亂當誅。書及皆累者，蓋同罪之辭。

楚人伐鄭。

公子遂會晉人、宋人、衛人、許人救鄭。

夏，狄侵齊。

秋，八月，曹伯襄卒。

九月癸酉，地震。

地震者何？動地也。注動者，震之故。傳先言動者，喻若物之動地以曉人也。疏包氏慎言云：「九月書癸酉，九月無癸酉，十月朔日也。或時曆官誤置閏，而此年閏在九月前，則癸酉即九月朔日矣。」《國語·周語》云：「伯陽父曰：陽伏而不能出，陰迫而不能烝，於是乎有地震。」《左疏》引孔晁云：「陽氣伏於陰下，見迫於陰，故不能升，以至於地動。是地道安静，以動爲異也。」○注「動者」至「人也」。○注申傳義，以有動之者而地動，即《周語》所云也。《通義》云：「地動，自動也。動地，有動之者也，大氣動之也。陽伏而不能出，陰伏而不能烝，於是有地震。」

何以書？記異也。注天動地静者，常也。地動者，象陰爲陽行。是時魯文公受制於公子遂，齊、晉失道，四方叛德，星孛之萌，自此而作，故下與北斗之變所感同也。不傳天下異者，從王内録可知。疏注「天動」至「常也」。○《易·繫辭傳上》：「動静有常，剛柔斷矣。」韓云：「剛動而柔止也。」疏：「天陽爲動，地陰爲静，各有常度。」故《乾》之《彖》曰「乾道變化」，《坤》之卦辭曰「安貞吉」也，亦動静義也。○注「地動」至「陽行」。○《國語·周語》云：「伯陽父曰：今三川實震，是陽失其所而填陰也。」應劭《漢書》注云：「失其所，失其道也。填陰，爲陰所填，不得升也。」《漢書·五行志》云：「京房《易傳》曰：『臣事雖正，專必震，其震，於水則波，於木則搖，於屋則瓦落。大經在辟而易臣，兹謂陰動，厥震搖政宫。大經搖政，兹謂不陰，厥震搖山，山出涌水。嗣子無德專禄，兹謂不順，厥震丘陵，涌水出。』」蓋凡震，皆陰行陽事也。故《穀梁傳》曰：「震，動也。地不震者也。震，故謹而日之也。」注引《穀梁説》曰：「大臣盛，將動有所變。」明陰不宜盛而動也。○注「是時」至「同也」。○《穀梁疏》引何休、徐邈並云：「由公子遂陰爲陽行，專政之所致。」即此注「受制公子遂」也。齊、晉失道，蓋謂齊商人、晉趙盾弑君事。四方叛德，蓋如宋弑君杵臼、莒弑君庶其、齊又弑商人、楚争中國之屬。北斗之變，見下《十四年》「秋七月，有星孛入于北斗」是也。所感同者，彼注云：「齊、晉並争，吴、楚更謀，競行天子之事，齊、宋、莒、魯弑其君而立之應也。」《五行志》云：「文公九年癸酉，地震。劉向以爲先是時，齊桓、晉文、魯釐二伯賢君新殁，周襄王失道，楚穆王殺父，諸侯皆不肖，權傾於下。天戒若曰，臣子彊盛者將動爲害。後宋、魯、晉、莒、鄭、陳、齊皆殺君。諸震，略皆從董仲舒説也。」○注「不傳」至「可知」。○舊疏云：「《僖十四年》『沙鹿崩』，傳云：『何以書？記異也。外異不書，此何以書？爲天下記異也。』今此地震爲内録之，内爲新王天下明矣，故言不傳天下異者，從王内録可知。」《通義》云：「不傳天下異者，時獨魯境内地震。昭二十三年八月乙未，地震。越二日，丁酉，周地亦震。南宫極死而經不書，知諸言地震者，皆據魯書也。」按：孔説是也。外震不書，尊内也。兼及齊、晉四方者，假以張義。震不言何在，止統言地震，故亦得爲四方記異也。

冬，楚子使椒來聘。疏《釋文》：「椒，一本作萩。」按：秋聲、叔聲古音同部。《穀梁傳》作「萩」。《漢書·古今人表》「楚湫舉」，師古曰：「即椒舉也。」

椒者何？楚大夫也。楚無大夫，此何以書？始有大夫也。注 入文公所聞世，見升平法，内諸夏以外夷狄也。屈完、子玉得臣者，以起霸事，此其正也。聘而與大夫者，本大國。疏《穀梁傳》：「楚無大夫，其曰萩何也？以其來我，褒之也。」《通義》云：「楚有大夫前此矣，至此始發傳者，屈完不稱使，宜申稱使而其君稱人，君臣之辭未醇，此始，因其能修禮來聘，遂與君臣之辭，同於中國也。商臣弑父而得稱子以使者，其罪惡固不待貶絶而自見。」○注「入文」至「狄也」。○《校勘記》

出「見升平法」云：「諸本同。解云：言見治升平者，升，進也。『見』下當有『治』字。《釋文》出『見升』二字，則陸本與此同。」入文公所聞世者，舊疏引《春秋説》云：「文、宣、成、襄，此所聞之世是也。」《隱元年》注云：「於所聞之世，見治升平，内諸夏而外夷狄。」對所傳聞世，内其國而外諸夏爲升平也。《成十五年》「叔孫僑如會晉士燮」以下「會吴于鍾離」，傳云：「曷爲殊會吴？外吴也。曷爲外也？《春秋》内其國而外諸夏，内諸夏而外夷狄。」下語亦斥所聞世言也。彼注云：「不殊楚者，楚始見所傳聞世，尚外諸夏，未得殊也。至於所聞世可得殊，又卓然有君子之行。」謂莊王此爲修禮接内，故亦不得見殊也。○注「屈完」至「正也」。○《僖四年》「楚屈完來盟于師，盟于召陵」，傳：「屈完者何？楚大夫也。何以不稱使？尊屈完也。曷爲尊屈完？以當桓公也。」注：「增倍使若得其君，❶以醇伯德，成王事也。」又《僖二十八年》「楚殺其大夫得臣」，注：「楚無大夫，此言大夫者，欲起上楚人，本當言子玉得臣，所以詳録霸事。」蓋彼在所傳聞世，不合見大夫。書之者，以起齊桓、晉文霸事故也。彼皆别有主書，故唯此爲始與内接，得其正也。○注「聘而」至「大國」。○舊疏云：「等是夷狄，而舒、越之屬皆無大夫，而楚得有大夫者，正以本是大國，故入所聞之世，於是見法矣。」

始有大夫，則何以不氏？ **注** 据屈完氏。**疏** 注「据屈完氏」。○即《僖四年》書「楚屈完」是也。

許夷狄者，不一而足也。 **注** 許，與也。足其氏，則當純以中國禮貴之，嫌夷狄質薄，不可卒備，故且以漸。**疏** 《校勘記》云：「浦鏜云『壹』誤『一』。按：《唐石經》、諸本皆作『一』。」○注「許與也」。○《廣雅·釋言》云：「許，與也。」《莊子·大宗師》：「瞻明聞之聶許。」《釋文》引李注：「許，與也。」又《徐無鬼》云：「夫神者不自許也。」《釋文》引司馬注：「許，與也。」《説文·言部》：「許，聽也。」引申之爲「與」。隱二年《左傳》注引「許」作「禦」。汪氏中《經義知新記》云：「古人引經多有此例。如《史記》載《尚書》，史公每以解釋之字易經文，即此義也。」按：作「禦」不可通，當仍何注意作「與」解爲是。彼疏云：「制禦戎狄，當以漸教之，不一度而即使足也。」亦强爲之

❶「倍」，原作「信」，據《春秋公羊傳注疏》改。

解。○注「足其」至「以漸」。○《校勘記》出「貴之」，云：「鄂本『貴』作『責』，此誤。」言若即足之與以氏，則醇同中國，當以中國禮義責之矣。卒，讀如「猝」，恐夷狄質薄，不得猝然備責也，故以漸進之。《通義》云「當進之以漸，不就其一事遽盈量而與」是也。《繁露·觀德》云：「吴、楚國先聘我者見賢。」謂此與？《襄二十九年》「吴子使札來聘」稱子也，二傳皆有「許夷狄者不一而足」之語，彼以賢而不字張義，此以名而不氏張義，意同而取義微異。

秦人來歸僖公、成風之襚。**疏**《左傳》作「隧」，誤。彼《校勘記》云：「宋本、岳本、纂圖本、毛本『隧』作『襚』，石經此處闕。《釋文》亦作『襚』，云：『衣被曰襚。』《説文》作『裞』，云『贈終者衣被曰裞』。以此『襚』爲衣死人衣。」

其言僖公、成風何？兼之。兼之非禮也。**注**禮主于敬，當各使一使，所以別尊卑。**疏**上《五年》「王使榮叔歸含且賵」，傳：「其言歸含且賵何？兼之。兼之非禮也。」彼譏其一人兼二事，此譏其一人襚二人也，與隱元年譏宰咺兼之同義。○注「禮主」至「尊卑」。○一本有「主」作「王」者，誤。依宋本、閩本正。《左疏》引《膏肓》云：「『禮主於敬，一使兼兩喪。又於禮既緩，而《左氏》以之爲禮，非也。』鄭箴之曰：『若以爲緩，按禮，衛將軍文子之喪既除，而越人來弔，子游何得善之？』」劉氏《評》云：「襚施於死者，弔施於生者，鄭不足爲難也。」又上五年《穀梁傳》注引《廢疾》云：「『《五年》傳曰「不言來，不周事之用也」，《九年》「秦人來歸僖公、成風之襚」，最晚矣，何以言來？』❶鄭釋之曰：『秦自敗于殽，與晉爲仇，兵無休時，❷乃加免繆公之喪而來，❸君子原情不責晚。』」❹劉氏難曰：「四年，夫人風氏薨，秦、晉未聞交兵也。且因贖武而廢禮，其可譏尤甚，安得原情不責？」則此書「來」，兼譏不及事矣。

曷爲不言及成風？**注**据及者，別公夫人尊卑文也。連成風者，但問尊卑，體當絶，非欲上成風使及僖

❶「言來」，原倒作「來言」，據《春秋穀梁傳注疏》改。
❷「時」，原作「息」，據《春秋穀梁傳注疏》改。
❸「加」，原作「如」，據《春秋穀梁傳注疏》改。
❹「晚」，原脱，據《春秋穀梁傳注疏》補。

公。**疏**注「据及」至「文也」。○《僖十一年》「公及夫人姜氏會齊侯于陽穀」是也。《桓十八年》「公夫人如齊」，亦不言及者，彼爲外夫人故也。○注「連成」至「僖公」。○傳若但問「曷爲不言及」，嫌欲上成風使及僖公，故連及成風問，知直問成風尊僖公卑，體當絶也。《通義》云：「《穀梁》以爲僖公之成風，非也。且又推之以爲惠公，仲子亦惠公之母。若然，妾母必以其子氏者。令惠、僖若在，❶何以稱之？」成風尊也。**注**不可使卑及尊也。母尊序在下者，明婦人有三從之義：少繫父，既嫁繫夫，夫死繫子。**疏**注「不可」至「尊也」。○《通義》云：「僖公、成風兩言之者，尊卑自絶。若言『及成風』，則是以卑及尊，文不可施也。仲子以微不言及，成風以尊不言及，《春秋》之稱言，❷豈可以一端盡之哉！」○注「母尊」至「繫子」。○《漢書・杜鄴傳》：「臣聞陽尊陰卑，卑者隨尊，尊者兼卑，天之道也。是以男雖賤，各爲其家陽；❸女雖貴，猶爲其國陰。❹故禮明三從之義，雖有文母之德，必繫於子。」《册府元龜》引梁何佟之議云：「夫婦人之道，義無自專，若不仰繫于夫，則當俯繫于子。」《釋名・釋長幼》云：「女，如也。婦人外成如人也，故三從之義，少如父教，嫁如夫命，老如子言。」《禮記・郊特牲》曰：「婦人，從人者也。幼從父兄，嫁從夫，夫死從子。」故成風序在下也。《通義》云：「所以子序母上者，直爲僖公先薨，襚辭亦先致之故耳。」則是《春秋》但順當時致辭序耳，無義例矣。孔氏故與何氏立異，忘其違經義也。

葬曹共公。

十年，春，王三月辛卯，臧孫辰卒。**疏**包氏慎言云：「三月書辛卯，月之二十二日。」《隱元年》注：「所聞世，無罪者日録。」

夏，秦伐晉。**注**謂之秦者，起令狐之戰，敵均不敗，晉先眛以師奔秦，可以足矣，而

❶「令」，原作「今」；「惠」字原脱；據《春秋公羊經傳通義》改補。
❷「稱」，原脱，據《春秋公羊經傳通義》補。
❸「陽」，原脱，據《漢書》補。
❹「陰」，原脱，據《漢書》補。

猶不知止，故夷狄之。**疏**注「謂之」至「狄之」。○毛本脱「猶」字。《僖三十三年》傳：❶「其謂之秦何？夷狄之也。」義與此同。《通義》云：「復稱國者，秦、晉搆怨，起於襄鄭，秦爲罪首。自是二國交刃，相仍無已。要互有曲直，不可專責。秦但即殽之役及此見，❷始終狄之而已。方將善其能變，故於此抑見其罪，以深起下稱伯爲大善辭也。《易》曰：『无咎者，善補過者也。』不顯其咎，不見其善，惟狄之而旋爵之，乃知君子之教。朝有過，夕改則與之；夕有過，朝改則與之，故能使負罪者不以終絶而自棄。」按：令狐戰，先眛奔秦，皆見上七年。

楚殺其大夫宜申。**疏**杜云：「宜申，子西也。」《左疏》載《釋例》云，宜申不書氏，賈氏以爲漏，與得臣不書族同。蓋夷楚，故略其大夫氏也。

自正月不雨，至于秋七月。**注**公子遂之所招。**疏**《禮記·玉藻》云：「至于八月不雨，君不舉。」注：「爲旱變也。」此謂建子之月不雨，盡建未月也。」然則至七月不雨，猶不爲旱矣。然雖不必成災，歷三時不雨，亦足爲異，故書。《穀梁傳》曰：「歷時而言不雨，文不閔雨也。」不閔雨者，無志乎民也。○注「公子」至「所招」。○《漢書·五行志中之上》：「十年，自正月不雨，至于秋七月。先是公子遂會四國而救鄭。楚使越椒來聘。秦人歸襚。有炕陽之應。」

及蘇子盟于女栗。**疏**杜云：「女栗，地名。闕。」《通義》云：「言及不言主名，蓋内微者也。知非公者，天子之大夫視諸侯體敵，得盟無取，諱不言公也。」郝氏懿行《説略》云：「孰及之，蓋大夫也。大夫盟王臣，翟泉已然矣。何以知非没公也，公不與大夫盟，不諱與王臣盟也。何諱焉？出不書，反不致，非公可知。」杜云：「蘇子，周卿士。」按：隱十一年《左傳》「而與鄭人蘇忿生之田」，杜云：「蘇忿生，周武王司寇蘇公也。」《書·立政》云「周公若曰：太史，司寇蘇公」，孔傳：「忿生爲武王司寇，封蘇國。」成十一年《左傳》：「昔周克商，使諸侯撫封，蘇忿生以温爲司寇。」是蘇忿生封于蘇，其所都之地名温，故僖十年《左傳》：「狄滅温，蘇子奔衛也。」蓋

❶「僖」，原作「傳」，引文見僖公三十三年，據國圖藏清抄本改。

❷「秦」下原衍一「伯」字，據《春秋公羊經傳通義》删。

王復之爲卿，或別封他邑，此蘇子其後也。

冬，狄侵宋。

楚子、蔡侯次于屈貉。注魯恐，故書，刺微弱也。疏《左傳》作「厥貉」，杜云：「厥貉，地名，闕。」古厥、屈同部，叚借字。《漢書・古今人表》「厥黨童子」，師古曰：「即闕黨童子也。」闕、屈亦同部。《通義》云：「莊侍郎曰：『屈貉之役，《左氏》以爲陳侯、鄭伯在焉，而又有宋公後至，圈子逃歸。❶《春秋》一切不書，主書蔡侯者，甚惡蔡焉。蔡同姓之長，而世役于楚，自絶諸夏。商臣罪大惡極，犬彘將不食其餘。蓋竊位以來，諸侯尚未有與盟會者。蔡莊侯首道，以摟上國，獨與同惡相濟，同氣相求，不再傳而蔡亦有弒父之禍，遂使通《春秋》。唯商臣與般相望于數十年之間。若蔡侯者，所謂用夷變夏者也。』廣森三復斯言，誠《春秋》之微旨。昔衛州吁弒君自立，使公孫文仲平陳與宋，及宋殤公、陳桓公之身，而馮弒佗篡之難作，魯翬會之，卒之弒隱者，翬也。子夏有言曰：『《春秋》之記臣弒君、子弒父者以十數矣，皆非一日之積也，有漸而以至矣。』察於彼經曰『衛州吁弒其君完』，『翬率師會宋公、陳侯、蔡人、衛人伐鄭』，繼之以『壬辰公薨』，『宋督弒其君與夷』，『蔡人殺陳佗』，則知黨弒君之賊者，其國必有亂臣。觀於此經，曰『楚世子商臣弒其君髡』，『楚子、蔡侯次于屈貉』，又至於『蔡世子般弒其君固』，則知黨弒父之賊者，其家必有逆子。嗚呼！國有風，家有俗，久聞習見，風俗以成，白羽素絲，唯其所染，履霜乘火，甯可不慎！」按：莊侍郎語見《春秋正辭》，莊、孔二氏說，可謂得《春秋》微言矣。○注「魯恐」至「弱也」。○按：如《左傳》，則宋、鄭、陳、蔡皆附屬楚，與魯相近，故恐也。

十有一年，春，楚子伐圈。疏《釋文》：「《說文》作『圈』，《字林》：『臼萬反。』二傳作『麇』。」《讀書叢録》云：「《說文》：『麇，从鹿囷省聲。籀文不省。』作『麕』。傳寫者省『鹿』作『囷』，通作『圈』。《昭元年》『楚子卷卒』，《釋文》、《左氏》作『麇』。『卷』又『圈』字之省。」《校勘記》云：「按：《玉篇》：『圈，懼免切，牢也。』『圈，巨萬切，邑名。』《廣韻》二十五願作『圈，邑名，臼萬切』，誤也。」此當从《說文》作「圈」。今《說文》：「圈，養畜之閑

❶「圈」，《春秋左傳注疏》作「麇」。

也。」無「圈」字。依陸氏則《説文》、《字林》皆有「圈」字，《玉篇》本之，爲邑名正字。何本《公羊》作「牢圈」字，通借也。葉本作「曰萬反」，盧本從之，不知「曰」乃誤字耳。《左傳校勘記》：「惠棟云：麇，亦作『麏』，注不釋其地所在。按盛弘之《荆州記》云：『當陽本楚之舊。』《左氏傳》：楚『潘崇伐麏，至于錫穴。』穎容《釋例》云：『麏，在當陽。』」《大事表》云：「今湖廣鄖陽府治鄖縣爲麇國地。按《傳》楚子伐麇，敗麇師于防渚；潘崇復伐麇，至于錫穴，爲麇之國都，則麇遂滅矣。防渚爲今鄖陽府房縣。」杜佑曰：「房陵，即春秋時麇國地，所謂防渚者也。秦始皇徙趙王遷于房陵即此。建安二十四年，先主遣孟達攻下房陵，又使劉封自漢中乘沔水會達攻上庸，上庸太守申耽降。後孟達據房陵降魏。蓋隴蜀咽喉，蜀魏所必争也。」又云：「十六年，楚伐庸，麇人率百濮聚于選。則麇猶存，蓋庸在上庸，爲今竹山縣。麇有錫穴及防渚，爲今之鄖縣、房縣，俱屬鄖陽府，爲接壤，庸滅而麇亦不復存矣。今與陝西、四川接界。」按：《廣韻·二十阮》：「圈，又姓。後漢末，圈稱，字幼舉，撰《陳留風俗傳》。圈氏本氏其國。」然則古有圈國，其即楚子所伐者也。

夏，叔彭生會晉郤缺于承匡。 **疏**《史記》注引服虔曰：「叔仲惠伯。」《通義》云：「叔彭生，即傳所稱叔仲惠伯者也。本叔牙仲子休之子，因以叔仲連言，非命氏之正，故《春秋》絶正之。」按：《左傳》作「叔仲彭生」，《釋文》：「本或作叔彭生，『仲』衍字。」按：《禮記疏》引《世本》云：「桓公生僖叔牙，牙生武仲休，休生惠伯彭，彭生皮，爲叔仲氏。」蓋謂叔孫氏之仲也。《石經》、宋本《左傳》亦無「仲」字。《漢書·五行志》、《水經·陰溝水》注並引作「夏，叔彭生會晉郤缺于承匡」也。《左傳》「匡」或作「筐」。《校勘記》云：「《石經》、宋本、岳本『筐』作『匡』，傳文同，即《襄三十年》傳『會郤成子于承筐之歲也』是也。」杜云：「承匡，宋地，在陳留襄邑縣西。」《大事表》云：「今歸德府睢州西三十里有故承匡城。」《水經注·陰溝水》篇：「谷水首受涣水于襄邑東，東經承匡城東。❶《春秋》書『叔彭生會晉郤缺于承匡』。京相璠曰：今陳留襄邑西三十里有故承筐城。」圈稱云：「襄邑本襄陵承筐鄉也。宋襄公所葬，故曰襄

❶「東」，原脱，據《水經注》補。

陵。縣西三十里有承匡城。」《紀要》：「在歸德府睢州西三十里。」包氏慎言云：「《左氏》襄三十年傳云『晉悼夫人食輿人之城杞者。絳縣老人與食，使之年，曰：「臣不知紀年。臣生之歲，正月甲子朔，❶四百有四十五甲子矣，其季于今三之一。」吏走問諸朝。師曠曰：「魯叔仲惠伯會郤成子于承匡之歲也。七十三年矣。」』此所言，據夏正也，于周爲三月。」李淳風注《五經算術》：「以周術推是年，周天正，朔亦爲乙丑，月小。殷地正，朔甲午，月大。」

秋，曹伯來朝。

公子遂如宋。

狄侵齊。

冬，十月甲午，叔孫得臣敗狄于鹹。**疏**包氏慎言云：「十月書甲午，月之四日。」杜云：「鹹，魯地。」《大事表》云：「《續漢志》濮陽縣，春秋時有鹹城，濮水之北。當在今曹州府曹縣境。」齊氏召南云：「杜顯言魯地，以異於僖十三年齊桓會諸侯之鹹也。《續漢志》東郡濮陽縣有鹹城，或曰古鹹國，與僖十三年同一鹹，❷非別地。」

狄者何？**注**以日，嫌夷狄不能偏戰，故問也。**疏**注「以日」至「問也」。舊疏云：「《春秋》之例，偏戰日，詐戰月。夷狄不能偏戰，今而書日，故執不知問。」《通義》云：「以所聞之世，敗狄不月，而今乃日，知非常狄，故問之。」按：《僖三十三年》「秋晉人敗狄于箕」，傳聞世也，亦不月，何氏無此例，但從略爾。長狄也。**注**蓋長百尺。**疏**注「蓋長百尺」。○舊疏云：「何氏蓋取《關中記》云：『秦始皇二十六年，有長人十二，見於臨洮，身長百尺，皆夷狄服。天誡若曰：勿大爲夷狄行，將滅其國。始皇不知，反喜。是時初併六國，以爲瑞，乃收天下兵器，鑄作銅人十二象之。』是也。其文《穀梁》、《左氏》與此長短不同者，不可强合。」按：《穀梁傳》：「弟兄三人，佚宕中國，瓦石不能害。叔孫得臣，射其目，身横九畝。斷其首而載之，眉見於軾。」范云：「廣一步長百步爲一畝。九畝，五丈四尺。兵車之軾，高三尺二寸。」是其所説長短不同。

❶「甲子朔」，原作「朔甲子」，據《春秋左傳注疏》乙正。
❷「三」，原作「二」，據《春秋公羊傳注疏》改。

彼疏引《春秋考異郵》云：「兄弟三人，各長百尺，別之國欲爲君。」蓋何氏所本。杜注《左傳》云：「蓋長三丈。」彼疏引《魯語》仲尼所云，此十倍僬僥氏之長者，故云「蓋長三丈」。是《左氏》所説長短亦不同也。《左傳》謂即「鄋瞞」。《説文》：「鄋，北方長狄國也。在夏爲防風氏，殷爲汪芒氏。」兼取内外傳爲説。《魯語》云：「吴伐越，墮會稽，獲骨，節專車。吴子使來聘，問之仲尼，曰：『昔禹致群神于會稽之山，❶防風氏後至，禹殺而戮之，其骨節專車。此爲大矣。』客曰：『防風氏何守？』仲尼曰：『汪芒氏之君，守封、禺之山者也，爲漆姓。在虞、夏、商爲汪芒氏，於周爲長狄氏，今爲大人。』客曰：『人長之極幾何？』仲尼曰：『僬僥氏長三尺，短之至也。長者不過十之，數之極也。』」故杜氏以爲蓋亦以意言也。《山海經·大荒北經》：「有人名曰大人。有大人之國，釐姓，黍食。」《史記·孔子世家》云：「汪罔氏之君，守封、禺之山，爲釐姓。」《索隱》云：「釐，音僖。」按：《晉語》司空季子説，黄帝之子十二姓中有僖姓，則長狄其黄帝後與？《魯語》以汪芒氏之君爲漆姓者，古漆、釐同部，得叚借也。《方輿紀要》：「鄋瞞在山東濟南府北境。」或云今青州府高苑縣有廢臨濟城，古狄邑，即長狄所居。韋注《國語》：「封、嵎二山在吴郡永安縣。」周世其國北遷，爲長翟也。《説文》以此篆厠涿郡北地之下，則許意謂其地在西北方矣。**兄弟三人，**注言相類如兄弟。疏注「言相」至「兄弟」。○《穀梁傳》亦云：「弟兄三人，佚宕中國。」注：「佚，更也。」明非同時兄弟，故言「相類」。故《左傳》敘鄋瞞伐齊在齊襄二年，晉獲焚如在滅潞三年也。舊疏云「別之三國，不相援助，是以知其非親兄弟」者，非也。**一者之齊，一者之魯，一者之晉。**注不書者，外異也。疏《漢書·劉向傳》上封事述《春秋》災異云「長狄入三國」，師古曰：「之齊榮如，之魯喬如，之晉焚如。」按：《左傳》又有宋獲緣斯，衛獲簡如。小顏止述齊、魯、晉，用《公羊》義也。○注「不書」至「異也」。○《春秋》有爲天下記異者，《僖十四年》「沙鹿崩」之屬是也。有爲王者之後記異者，「隕石于宋五」、「六鷁退飛過宋都」之屬是也。外各國異皆不書，詳内略外之義也。故之齊、之晉皆不書。**其之齊者，王子成父**

❶「神于會稽之」，原作「臣于塗」，據《國語》改。

殺之；疏《左傳》云：「齊襄公之二年，鄋瞞伐齊。齊王子成父獲其弟榮如。」注：「榮如，焚如之弟。」其之魯者，叔孫得臣殺之。注經言敗，殺不明，故復云爾。疏《左傳》云：「獲長狄僑如。富父終甥摏其喉，以戈殺之，埋其首於子駒之門。以命宣伯。」杜云：「骨節非常，恐後世怪之，故詳其處。」○注「經言」至「云爾」。○下方欲明殺一人言敗之義，故此傳逆詳之。則未知其之晉者也。疏《左傳》：「晉之滅潞也，獲僑如之弟焚如。」事在《宣十五年》，於晉爲景公六年。據《左傳》，榮如爲焚如之弟，榮如死於魯桓十六年，至宣十五年，一百三歲，其兄猶在，既長且壽，可謂異極。故何氏以爲「相類如兄弟」也。《穀梁》亦云「則未知其之晉者也」。其言敗何？注据敗者，内戰文，非殺一人也。疏注「据敗」至「人也」。○舊疏云：「《春秋》之義，内魯爲王，王於諸侯，無敵之義，但當言戰，戰則是内敗之文。言敗某師，則是内戰之文。今敵其一人而言『敗狄于鹹』，作内戰之經，故難之。」大之也。注長狄之三國，皆欲爲君。長大非一人所能討，興師動衆，然後殺之，如大戰，故就其事言敗。疏注「長狄」至「言敗」。○舊疏云：「正以各之一國故也。雖非兄弟，若不爲君，群行亦得，即『長人十二，見於臨洮』是也。」按：《穀梁傳》：「不言帥師而言敗，何也？直敗一人之辭也。一人而曰敗，何也？以衆焉言之也。」注：「言其力足以敵衆。」又云：「瓦石不能害。」注：「肌膚堅强，瓦石打擿，不能虧損。」故云「非一人所能討，興師動衆，然後殺之，如大戰」也。其日何？注据日而言敗，與公子友敗莒師于犂，同非殺一人文。疏注「据日」至「人文」。○《校勘記》云：「鄂本無『于犂』，非也。按：《釋文》出『于犂』二字。」即《僖元年》「冬十月壬午，公子友帥師敗莒師于犂，獲莒拏」是也。彼傳云「季子待之以偏戰」，故彼亦日也。然則公子友與莒拏戰，亦二人相敵，蓋用《穀梁》「屏左右而相搏」事，故云「同非殺一人文」也。大之也。注如結日大戰。疏注「如結日大戰」。○○《隱六年》注：「戰例時，偏戰日，詐戰月。」《僖元年》

注：「莒人可忿，而能結日偏戰。是其不加暴之義。」故《繁露·竹林》云：「《春秋》惡詐擊而善偏戰也。」其地何？大之也。**注** 如大戰，故地。**疏** 注「如大戰故地」。○如戰于城濮、戰于邲之屬也。《隱元年》傳：「眛者何？地期也。」注：「會、盟、戰，皆録地其所期處，重期也。」故此亦書地，爲信辭以大之。《通義》云：「使如結日地期，大戰是也。」何以書？記異也。**注** 魯成就周道之封，齊、晉霸尊周室之後，長狄之操，無羽翮之助，別之三國，皆欲爲君，此象周室衰，禮義廢，大人無輔佐，有夷狄行，事以三成，不可苟指一，故自宣、成以往，弑君二十八，亡國四十。**疏**《通義》云：「長狄本漆姓，防風氏之後。昔禹戮其君，骨節專車，至周時號爲大人之國，居大荒之東，徑阻敻絶，忽爾佚宕中國，非聞見所及，故以『記異』言之。」《左傳疏》云：「如此傳文長狄有種，種類相生，當有支胤。唯獲數人，云其種遂絶，深可疑之。命守封、禺之山，賜之以漆爲姓，則是世爲國主。綿歷四代，安得更無支屬？唯有四人，且君爲民心，方以類聚，不應獨立三丈之君，使牧八尺之民。又三丈之人，誰爲匹配？豈有三丈之妻爲之生産乎？人情度之，深可惑也。」按：唯其如此，故謂之異。《穀梁》亦備詳其異，仲遠之疑，殊可不必。○注「魯成」至「狄行」。○舊疏云：「正以周公相成王致太平意，封于魯。晉文、齊桓皆率諸侯尊事天子，此是齊、晉之君子孫，故云爾。」然若如《左傳》，則齊事在桓前也，蓋何氏所据不與《左傳》同。《校勘記》出「輔佐」，云：「鄂本、宋本、閩、監本同。毛本改『輔助』，非也。」羽翮，猶羽翼，謂輔佐也。《說文·羽部》：「羽，鳥長毛也。」「翮，羽莖也。从羽鬲聲。」《繫傳》「按：史晉舡人曰鳥所恃者六翮也」是也。❶《書·皋陶謨》：「予欲左右有民，汝翼。」古多叚「羽翼」喻輔臣也。《穀梁疏》引《考異郵》云：「長狄兄弟三人各長百尺，別之國欲爲君。」狄者陰氣，時中國衰，有夷狄萌。《漢書·五行志》云：「劉向以爲，是時周室衰微，三國爲大，可責者也。天戒若曰，不行禮義，大爲夷狄之行，

❶「舡」，清道光祁寯藻刻本《説文解字繫傳》作「船」。

將致危亡。其後三國皆有簒弑之禍，近下人伐上之痾也。❶劉歆以爲人變，屬黄祥。一曰，屬贏蟲之孽。一曰，天地之性人爲貴，凡人爲變，皆屬皇極下人伐上之痾云。❷京房《易傳》曰：『君暴亂，疾有道，厥妖長狄入國。』又曰：『豐其屋，下獨苦。長狄生，世主虜。』」取義大同。《論衡・異虚》云：「如謂含血者吉，❸長狄來至，是吉也。何故謂之凶？」○注「事以」至「指一」。○汪氏中《釋三九》云：「一奇二偶，不可以爲數，二乘一則爲三，故三者數之成也。於是先王之制禮，凡一二之所不能盡者則以三爲之節，三加三推之屬是也，❹此制度之實數也。因而生人之措辭，凡一二之所不能盡者則約之三，以見其多，❺此言語之虚數也。實數可稽也，虚數不可執也。」故此亦記其三以志異。○注「故自」至「四十」。○舊疏云：「《春秋》之經，自宣、成以下訖於哀十四年止，弑君二十，亡國二十四，知此注誤。宜云弑君二十也，『八』是衍字。亡國二十四，作『四十』者錯也。或者弑君二十八，亡國四十，《春秋説》文。其間亦有經不書者，故不同耳。」又云：「其弑君二十，即《宣二年》『晉趙盾弑其君夷獆』；《四年》『歸生弑其君夷』；《十年》『夏徵舒弑其君平國』；《襄二十五年》『崔杼弑其君光』；『吴子謁伐楚，門于巢卒』，爲巢人所弑；《二十六年》『衛甯喜弑其君剽』；《二十九年》『閽弑吴子餘祭』；《三十年》『蔡世子般弑其君固』；《三十一年》『莒人弑其君密州』；《昭八年》『陳招殺偃師』；《十一年》『楚子虔誘蔡侯般殺之』；《十三年》『公子比弑其君虔，棄疾殺比』；《十九年》『許世子止弑其君買』；《二十三年》『吴殺胡子髡、沈子楹』；《二十七年》『吴弑其君僚』；《定四年》『蔡殺沈子嘉』；《十三年》『薛弑其君比』；《哀六年》『陳乞弑其君舍』之屬是也。其滅國二十四者，《宣八年》『楚滅舒蓼』，《十二年》『楚滅蕭』，《十五年》『晉滅潞氏』，《十六年》『滅甲氏及留吁』，《成十七年》『楚滅舒庸』，《襄六年》『莒人滅鄫』、『齊滅萊』，《十年》『遂滅偪陽』，《十三年》『取詩』，《二十五年》『楚滅舒鳩』，《昭四年》『遂滅厲』，《八年》『楚滅

❶「伐」，原作「代」，據《漢書》改。
❷「伐」，原作「代」，據國圖藏清抄本及《漢書》改。
❸「含」，原作「舍」，據《論衡》改。
❹「之屬」二字原脱，據《皇清經解》本《述學》補。
❺「其」，原脱，據《皇清經解》本《述學》補。

陳」，《十一年》『楚滅蔡』，《十七年》『晉滅賁渾戎』，❶《二十三年》『胡子髡、沈子楹滅』，《二十四年》『吴滅巢』，《三十年》『吴滅徐』，《定四年》『蔡滅沈』，《六年》『鄭滅許』，《十四年》『楚滅頓』，《十四年》『楚滅胡』，《哀八年》『宋滅曹』之屬是也。」按：何氏雖言宣、成以往，不必定至宣世始應此異，如齊、宋、莒、魯皆在應内。《春秋》雖止於哀十四年春，而陳恒弑君亦應在内，天人之應同也。下《十六年》之「楚滅庸」亦應入數，舊疏未免太泥。又舊疏所數，吴子謁弑于巢，楚子虔殺蔡侯，吴殺胡子髡、沈子楹，皆爲外所殺，亦不列諸臣弑君之科。《成十八年》「晉弑君州蒲」，又「鄭伯髡原卒于操」，亦弑，見《襄七年》，何皆不數？《昭元年》「楚子卷卒」，《左傳》以爲弑，《公羊》雖無傳，然何氏於「公子比出奔晉」下注云「避内難」，則與《左》亦同。其滅國數胡子髡、沈子楹，尤誤。彼經「滅」者，君死於位之稱，非國被滅，亦不合。其吴滅楚，當列入春秋後。如楚滅陳、越滅吴，皆去獲麟不遠，亦宜數也。

❶「戎」，原作「氏」，據《春秋公羊傳注疏》改。

公羊義疏四十二

句容陳立卓人著

文十二年盡十三年。

十有二年，春，王正月，盛伯來奔。

盛伯者何？失地之君也。疏《通義》云：「時先盛伯卒，嗣子立，踰年而被篡，以其邑夫鍾、郕邽來奔，故曰失地之君也。」按：孔氏牽涉《左傳》爲説，非何氏義。果如《左氏》所記，則太子不得守國，當絶。又據地奔魯，魯當坐受邑，盛伯當坐竊邑也，何以經無貶文？

何以不名？兄弟辭也。注與郜子同義。月者，前爲魯所滅，今來見歸，尤當加意厚遇之。疏注「與郜子同義」。○《僖二十年》云「郜子來朝」是也。彼傳云：「郜子者何？失地之君也。何以不名？兄弟辭也。」彼注云：「郜，魯之同姓，故不忍言其絶賤，明當尊遇之，異於穀、鄧也。書者，喜内見歸。」則此書來奔，皆與郜子同，當亦爲喜内見歸也。《繁露·觀德》云：「盛伯、郜子俱當絶，而獨不名，爲其與我同姓兄弟也。」僖二十四年《左傳》管、蔡、郕、霍云云，文之昭也，盛即郕也。《通義》云「兄弟辭者，爲其來奔，明當以恩禮接之」是也。彼又云：「若其出奔他國，雖兄弟之君亦名，衛侯衎出奔齊是也。」此不獨與何異，且與傳違。傳明云「失地之君」，而以衛侯衎爲比，可謂儗不於倫矣。《桓七年》「穀伯綏來朝」、「鄧侯吾離來朝」，傳：「皆何以名？失地之君也。」注不據爲難「何以不名」者，以郜子注已明，故此不複言，從省也。○注「月者」至「遇之」。○《校勘記》出「尤」云：「鄂本同。閩、監、毛本『尤』誤『猶』。」前爲魯所滅者，《莊八年》「夏，師及齊師圍成，成降于齊師」，傳：「成者何？盛也。盛則曷爲謂之成？諱滅同姓也。」是也。言盛爲魯、齊所共滅，今又來奔，尤當厚遇，故書月，見其與穀伯、鄧侯、郜子皆書時異也。按：齊、魯共伐盛，盛降于齊，則盛爲齊所滅。蓋時猶如紀季屬爲附庸，今復見滅來奔，故書爵也。杜云：「稱爵，見公以諸侯禮迎之。」彼以盛伯爲太子，故如此釋，與此注加意厚遇之義，似同而不同也。

杞伯來朝。

二月庚子，子叔姬卒。**注**卒者，許嫁。**疏**包氏慎言云：「二月書庚子，月之十二日。」○注「卒者許嫁」。○舊疏云：「舊本皆無此注，且理亦不須，疑衍字。」按：無者是也。何氏於經有傳者皆不注經，且傳明云「許嫁矣」，注豈非贅設？故《僖九年》「伯姬卒」亦無注也。

此未適人，何以卒？許嫁矣。婦人許嫁，字而笄之，死則以成人之喪治之。**疏**以叔姬無所繫，又書卒，故知許嫁也。與《僖九年》「伯姬卒」傳同，詳見彼。《穀梁傳》曰：「其一傳曰：許嫁以卒之也。男子二十而冠，冠而列丈夫，三十而娶；女子十五而許嫁，二十而嫁。」顧氏棟高《子叔姬卒論》云：「《左氏》謂叔姬已嫁于杞，被出而見絕，以經文不繫杞而言絕也。又因上有『杞伯來朝』，與『子叔姬卒』相連，憑空生出請絕叔姬而無絕昏，遂以此叔姬爲杞所絕之女，而以《成五年》『杞伯姬來歸』、《八年》『杞伯姬卒』爲杞之所請繼續爲昏者。揆之情事，可謂大謬。據今士庶人家，❶無絕一女而更請一女之理，杞何敢然？魯亦安肯許？既如其意，以次女續昏矣，二十餘年，又復見絕，杞何不道乃爾？五年來歸，八年卒于母家，九年請于杞而後來逆喪，姊娣二人，前後俱爲杞所棄，杞何强暴？魯何孱弱至此？此皆情理之必無者。且既請絕叔姬，則叔姬非復夫人，可不爲之服矣，經又何以書其卒乎？當以《公》、《穀》許嫁之說爲是。許嫁不知何國，與僖九年伯姬一例。李氏廉更爲之說曰：『已許嫁于杞，杞伯來朝請絕，而求其次。』夫叔姬方在母家，杞又何從摘其短而預先請絕昏乎？此皆以上下兩事牽合之病也。杞伯自來朝魯，叔姬自卒，兩事本自風馬牛。看作兩事，❷自無此病。若啖氏助、劉氏敞、呂氏大圭謂此傳當在成公八年而誤置於此，亦覺費手。《春秋》一經，『杞伯來朝』多矣，豈必皆有所爲！《左傳》謬說極多，豈能必求其可通？與其信傳而易置經文，何如刪傳而使經文仍舊之爲得乎？」按：顧說是也。既出則非諸侯夫人，當入諸侯絕期內，無爲爲之服。《宣十六年》「郯伯姬來歸」，不見其卒是也。其稱子

❶「人」，《春秋大事表・子叔姬卒論》作「之」。
❷「看」，原作「者」，據《春秋大事表・子叔姬卒論》改。

何？**注**據伯姬卒，亦許嫁不稱子。**疏**注「據伯」至「稱子」。○即《僖九年》「秋七月乙酉，伯姬卒」是也。貴也。其貴奈何？母弟也。**注**不稱母妹而繫先君言子者，遠別也。禮，男子不絶婦人之手，婦人不絶男子之手。**疏**注「不稱」至「別也」。○《穀梁傳》：「其曰子叔姬，貴也，公之母姊妹也。」注：「同母姊妹。」《通義》云：「謹按：殷人字積于仲，周人字積于叔，故文公之篇有子叔姬二，而皆爲同母姊妹也。《詩》曰『齊侯之子，東宫之妹』，明君之母妹，貴有殊矣。啖、趙以稱子者爲公之女子子，此似是而實非。文公以四年娶而十二年女已及笄，宣公以元年娶而五年女已適人，其可得通乎？」按：殷道親親，故母弟母妹皆特異，《春秋》從殷，質故也。○注「禮男」至「之手」。○下「男子」，毛本「子」誤「人」。《既夕·記》、《喪大記》皆有此文。《喪大記》注云：「君子重終，爲其相褻。」❶《既夕·記》注云：「備褻。」❷即遠別之義。《喪大記》「絶」作「死」。

夏，楚人圍巢。**疏**杜云：「巢，吴楚之間小國。廬江六縣東有居巢城。」《大事表》云：「今江南廬州府巢縣東北五里有古巢城，爲巢國地。」《水經注·沔水》篇：「又東北出居巢縣南，古巢國也。湯伐桀，桀奔南巢，即巢澤也。《尚書》周有『巢伯來朝』，《春秋·文十二年》『楚人圍巢』，巢，群舒國也。」《一統志》：「居巢故城在廬州府巢縣東北五里。」

秋，滕子來朝。

秦伯使遂來聘。**疏**《左氏》、《穀梁》「遂」作「術」，古遂、術同部字。《禮記·月令》「審端徑術」，注：「術，《周禮》作『遂』。」又《學記》「術有序」，注：「術，當爲『遂』，聲之誤也。」《周禮》萬二千五百家爲遂，故《水經注》引《學記》「術有序」作「遂有序」。《管子·度地》篇：「故百家爲里，里十爲術。」❸術，音遂也。《毛詩疏》引《鄭志》張逸問傳曰：「山川能説，何謂也？」答曰：兩讀，❹或言説，説者，説其形也；或曰述，述者，述其故事也。述，讀如『遂事不諫』之『遂』。」《漢書·五

❶「褻」，原作「襲」，據《禮記注疏》改。
❷「褻」，原作「襲」，據《儀禮注疏》改。
❸「里」，原作「二」，據《管子》改。
❹「讀」，原作「詩」，據《毛詩注疏》改。

行志》中之上：「秦伯使遂來聘」，正用《公羊傳》文。師古曰：「即《左氏》所謂『西乞術』也。」《通義》云：「即西乞術也。《左氏》曰『術』，此曰『遂』，古今字耳。」舊疏云：「《左》、《穀》皆作『術』字。經亦有作『術』字者，疑『遂』字誤。」按：舊疏非是。「遂」正字，「術」借字。古名字相配。秦西術字乞，見僖三十三年《左傳》。乞，讀爲『仡』。仡，終也，竟也。《逸周書·太子晉》篇孔注：「遂，終也。」《廣雅》：「遂，竟也。」是「遂」與「乞」義乃相比，舊疏何反以「遂」爲誤也？

遂者何？秦大夫也。秦無大夫，此何以書？賢繆公也。**疏**《荀子·大略》云：「《春秋》賢繆公。」與《公羊》義同。何賢乎繆公？**注**据聘不足與大夫，『荆人來聘』是也。**疏**注「据聘」至「是也」。○見《莊二十三年》，彼傳云：「荆何以稱人？始能聘也。」注：「《春秋》王魯，因其始來聘，明夷狄能慕王化，修聘禮，受正朔者，當進之，故使稱人也。稱人當繫國，而繫荆者，許夷狄者不一而足。」蓋其不遽稱大夫，亦是不壹而足之義。以爲能變也。**疏**《荀子·大略》云：「《易》曰：『復自道，何其咎？』

《春秋》賢繆公，以爲能變也。」《史記·秦本紀》：「繆公益厚孟明視等，❶使將兵伐晉，渡河焚舟，大敗晉人，取王官及鄗，以報殽之役。晉人皆城守不敢出。於是繆公自茅津渡河，封殽中尸，爲發喪，哭之三日。乃誓于軍中曰：『嗟！士卒，聽無譁。❷余誓告汝，古之人謀黄髮番番，則無所過。』以申思不用蹇叔、百里傒之謀，故作此誓，令後世以記余過。」据《左傳》，則此事在文三年。《書序》云：「秦穆公伐鄭，晉襄公帥師敗諸崤，還歸，作《秦誓》。」則作在敗殽以後。按：以《左氏》事證之，似當作於三帥還歸，鄉師而哭之時。悔信杞子之言，不用百里等之諫，故有黄髮良士之思、截截諞言之悔也。其實敗殽而後，二年戰彭衙，三年伐晉，七年戰令狐，十年伐晉，曷嘗真能悔過？聖人因其有悔過之心，一載之《書》，一賢於《春秋》，無非假以張義，欲人之知變爾。《論語》曰：「過而不改，是謂過矣。」聖人捄世之心也。《通義》云：「此秦伯，康公也。賢繆公，而於康公與使有大夫者，至此始能修禮來聘，因其可與而與

❶「厚」下原衍「視」字，據《史記》删。
❷「聽」，原脱，據《史記》補。

之，又以明善善及子孫也。」按：下《十八年》「秦伯罃卒」，注：「秦穆公也。」則何氏不以此爲康公事，孔氏所云非何義。孔氏往往牽涉《左氏》説《公羊》，此類是也。

其爲能變奈何？惟諓諓善竫言。 注 諓諓，淺薄之貌。竫，猶撰也。疏 此下皆《秦誓》語，引以證繆公能變之事。○注「諓諓淺薄之貌」。○惠氏棟《公羊古義》云：「此述《秦誓》之辭而字多異，然反覆按之，與《尚書》無大抵牾。蓋今古文之殊耳。」《説文》引《書》曰：「戔戔巧言。」《李尋傳》云：「昔秦穆公説諓諓之言，任仡仡之勇。」王逸《楚辭章句》引《書》云：「諓諓靖言。」「靖」與「竫」同。《釋文》：「《尚書》作『截截』，淺薄貌也。賈逵注《外傳》云：『巧言也。』」按：「諓」、「戔」同韻，「截」亦同部得通。《書釋文》引馬注：「辭語截削省要也。」與「淺薄」亦近。惟此以貌言，諸家或就辭言耳。《説文・言部》：「諓，善言也。」段氏注云：「古文《秦誓》『截截善諞言』，『諞』字下引之。今文《秦誓》『戔戔』，《戈部》『戔』字下引之，釋云：『巧言也。』《公羊傳》、劉向《九歎》、《李尋傳》皆作『諓諓』，王逸注《楚辭》引《尚書》作『諓諓靖言』，皆今文《尚書》也。諸家作『諓諓』，許作『戔』者，同一今文而有異本，如同一古文，而馬作『偏』，許作『諞』不同也。」按：許以「諓」爲善言，或别一義，不必牽以説《書》與此傳。○注「竫猶撰也」。○《釋文》：「竫，本或作『諞』，皮勉反，又必淺反。本作『譔』，七全反，又仕勉反。」《公羊問答》云：「此如《論語》『異乎三子者之僎』，鄭注：『僎，讀曰詮。詮之言善也。』❶《祭統》『論譔其先祖之美』，疏：『言子孫爲銘，論説撰録其先祖道德善事。』按：『撰』通作『譔』，又作『僎』，即其證。」《讀書叢録》云：「竫，古通作『靖』字。《爾雅・釋詁》：『竫，治也。』『治』與『撰』義相近。《尚書・秦誓》『惟截截善諞言』，《説文》：『諞，便巧言也。从言扁聲。』《周書》曰『截截善諞言』，又引《周書》『戔戔巧言』，皆非《公羊》義。《釋文》『本或作「諞」。』是後人依《尚書》改之。」段氏「諓」字下注云：「『戔』下既引『戔戔』矣，❷而『諓』下又云『善言』者，此又用王逸所据『諓諓靖言』之本也。『善言』釋『靖言』。

❶ 「之」，原作「云」，據國圖藏清抄本及《春秋公羊問答》改。

❷ 「戔」，原脱一「戔」字，據《説文解字注》補。

何曰：『靖，猶撰也。』『撰』同『譔』，『譔言』，善言也。《廣雅・釋訓》：『諓諓，善也。』賈逵《外傳》注：『諓諓，巧言也。』韋昭注：『巧辨之言。』然則此『善言』者，謂善爲言辭者，不同詁下之善言也。」按：靖、竫同部字，撰、譔皆从巽得聲，與「扁」亦同部，古耕、青間有與真、臻等部通叚者，故書作「諞」。此作「竫」，義皆相近。作「撰」者，巧言之人憑空結撰，易以動人，如杞子使人告諸秦曰「濳師以來，國可得也」等詞是也。巧言者無不淺薄，故以「諓諓」狀其貌。**俾君子易怠，**注 俾，使也。易怠，猶輕惰也。疏 注「俾使也」。○《詩・邶風・緑衣》云「俾無訧兮」，傳：「俾，使也。」又《日月》云「俾也可忘」，箋云：「俾，使也。」《説文・人部》：「俾，益也。一曰：俾，門侍人。」故引申之爲使義。○注「易怠猶輕惰也」。○《九經古義》云：「《書》『怠』作『辭』。籀文『辭』作『辤』，从台。《史記・三王世家》齊王策云『俾君子怠』，與《公羊傳》合。」此以「輕」詁「易」，以「惰」詁「怠」也。襄四年《左傳》「貴貨易土」，注：「易，猶輕也。」《晉語》注同。《禮記・樂記》云「易慢之心入之矣」，注：「易，輕易也。」又《祭義》云「而慢易之心入之矣」，易怠，猶慢易也。故《檀弓》云「吉事雖止不怠」，《少儀》「怠則張而相之」，注並云：「怠，惰也。」段氏玉裁《尚書撰異》云：「易，讀如《素問》『解㑊』之『㑊』。」舊疏云：「言使此君子易爲輕惰。」非是。何意謂諓諓竫言之人能使君子輕惰也。秦繆一聞杞子之言，即輕師遠襲，是其故也。輕惰，《釋文》作「輕隋」。

而況乎我多有之，疏《書》「況」作「皇」。《公羊古義》云：「依字當作『兄』。兄，滋也。《無逸》云『無皇曰』，又曰『則皇自敬德』，漢石經《無逸》皆作『兄』。《詩・桑柔》『倉兄填兮』，《召旻》『職兄斯引』，義皆作『況』。」《通義》云：「《書》云『我皇多有之』，此以『況』訓『皇』；穆天子《黄竹之詩》『嗟我公侯，百辟冢卿，皇我萬民』；《甫刑大傳》曰『有其語也，無不聽者，皇於聽獄乎』？鄭司農注：『皇，猶況也。』故《無逸》『則皇自敬德』，王肅本作『況』，而熹平石經又作『兄』。《大雅》『倉兄』，其義亦猶『倉皇』，『況』之爲『兄』，古文也。『皇』之言『況』，古訓也。」段氏玉裁《尚書撰異》云：「《書大傳》『皇於折獄乎』，此叚『皇』爲『矤況』字也。《公羊傳》『而況乎我多有之』，此叚『況』爲『皇暇』字也。『皇』與『況』互相叚借。『而況乎我多有之』，猶言而何暇我多有之也。孔傳『皇』訓『大』，非。」按：段説非是。此言「而況乎我多有之」，即以「況」爲「矧況」字，謂此諓諓竫言之人實足使君子輕惰，矧況我多有之。「我」對君子也。君子尚爲所惑，而況乎我多有之者，謂杞子逢孫也。《樊毅碑》「況」作「兄」，《管子》書皆以「兄」爲「況」。漢「尹翁歸字子兄」，注：「兄，讀爲況。」故況、兄、皇皆通。《唐石經》「況」字缺。

惟一介斷斷焉，疏《九經古義》云：「『焉』與『夷』同，見《周禮・行夫》注。夷，聲近『猗』，故《尚書》作『猗』。」《説文・斤部》：「斷，截也。❶从斤𢇍。𢇍，古文絶。」又曰：「㓵，古文斷，从皀。皀，古文叀字。《周書》曰：『㓵㓵猗，無他技。』」猗，《大學》作「兮」，兮、焉、猗皆語辭。按：斷从叀，故何氏以「專一」釋「斷斷」。《校勘記》云：「《唐石經》、諸本同。」

無他技。注一介，猶一槩。斷斷，猶專一也。他技，奇巧異端也。孔子曰：「攻乎異端，斯害也已。」疏《釋文》：「他，作佗。」技，《古義》云：「技，與『伎』同。《尚書》或作『技』。」〇注「一介猶一槩」。〇《釋文》：「一介，古拜反。《尚書》音古賀反。」❷則陸氏所見《尚書》作「一个」，與《大學》同。《校勘記》引惠棟云：「古無『个』字，作『一介』爲是。」《漢書・孔光傳》「援納斷斷之介」，注：「介，謂一介之人。」正用《周書》語。介、槩疊韻爲訓。按：《禮記釋文》：「个，古賀反。一讀作介，音界。」昭四年《左傳》「使寘饋于个而退」，《文選・運命論》注作「寘饋于介而退」。《御覽》引《周書・明堂位》「左爲左介，右爲右介」，即《月令》之「左个右个」也。《左傳》稱「一介行李」，是偏副之義。杜注昭四年云：「个，東西廂。」亦偏室之義也。蓋古以「一个」作「一枚」，解者止作「箇」，何訓「一槩」，亦不作「一个」解。馬《書》本作「界」，云「一介，耿介，一心端慤」者，何當與同。〇注「斷斷猶專一也」。〇《禮記・大學》注：「斷斷，誠一之貌也。」《後漢書・卓茂傳》：「斷斷，專一也。」《漢書・孔光傳》：「斷斷，專一之貌。」並與何同。專一，即鄭氏之「誠一」也。《史記・魯世家》云：「斷斷如也。」《索隱》：「斷斷，是專一之義。」《廣雅・釋訓》：「斷，誠也。」〇注「他技」至「端也」。〇《釋文》：「奇，其宜反。本又作『琦』，同。」《鬼

❶ 「斷」，原作「斷」，據《説文解字》删。
❷ 「賀」，原作「貨」，據《經典釋文》改。

谷子・捭闔》篇「校其技巧短長」，注：「技巧，謂百工之役。」《禮記・大學》「無他技」，注：「他技，異端之技也。」《莊子・在宥》云「是相于技也」，注：「技，不端也。」不端，即異端也。《秦誓》釋文「技，本又作伎。」《法言・問道》篇：「或問『道』。曰：『道者，通也，無不通也。』或曰：『可以適他與？』曰：『適堯、舜、文王者爲正道，非堯、舜、文王者爲他道，君子正而不他。』『塗雖曲而通諸夏則由諸，川雖回而通諸海則由諸。』」宋咸注：「他，異端也。諸子異端若能自通於聖人之道，亦可也。」皇侃《論語疏》以「異端」爲諸子百家之書，謂與聖經大道異者也。按：何以「異端」連「奇巧」言，則不必如皇説，猶《孟子》言「小有才者」爾，「未聞君子之大道也」。孔氏廣森《經學卮言》云：「邢疏『異端』，諸子百家之言，非也。楊、墨之屬行於戰國，春秋時未有攻之者也。戴東原説：『端，頭也。凡事有兩頭，謂之異端。言業精於專，兼攻兩頭，則爲害耳。』愚按：相如《封禪》文『然無異端』，《大學》『他技』，注：『異端之技也。』《孟子》『王之所大欲』，注：『復問此五者，欲以致王所欲，故發異端以問。』古人凡用『異端』者，皆如此解。任昉《王文憲集序》『攻乎異端，歸之正義』，亦謂博學反約之意。」按：孔氏此解，尤與何氏説「斷斷爲專一者」相發明。○注「孔子」至「也已」。○見《論語・爲政》篇。何氏《集解》：「善道有統，故殊途而同歸，異端不同歸也。」意亦指楊、墨等説。《後漢書》尚書令韓歆上疏欲立《費氏易》、《左氏春秋》，范升以爲「費、左二學無有本師而多反異。孔氏曰：『攻乎異端，斯害也已。』」此以古文家無師傳爲異端也，皆與何氏異。

其心休休，注休休，美大貌。疏注「休休美大貌」。○《爾雅・釋詁》云：「休，美也。」《易・大有》「順天休命」，《文選注》引鄭注：「休，美也。」鄭注《書》云：「休休，寬容貌。」又《書疏》引王肅云：「休休，好善之貌。」

能有容，注能含容賢者逆耳之言。疏《公羊古義》云：「《尚書》曰『如有容』，古『如』字作『而』，『而』讀爲『能』，『能』讀曰『如』。《詩・民勞》云『柔遠能邇』，箋云：『能，猶伽也。』伽，當作『如』，如其意也。」按：能，猶而。《詩・衛風・芄蘭》「能不我知」，謂而不我知也。崔駰《大理箴》「或有忠能被害，或有孝而見殘」，是「能」與「而」同。而，猶如也。《易・明夷》傳「用晦而明」，虞注：「而，如也。」《詩・小雅・都人士》云「垂帶而厲」，箋云：「而厲，如鞶厲也。」是輾轉相通。《尚書》、《禮記》之「如有容」，即此之「能有容」也。○注「能含」至「之言」。○此爲繆公悔不聽蹇叔等言而作誓，故注以「能容」爲容逆耳之言。孔傳謂「樂善其如是，則能有所容」，雖通而義未切。**是難也。**注是難行也。秦繆公自傷前不能用百里子、蹇叔子之言，感而自變悔，遂霸西戎，故因其能聘中國，善而與之，使有大夫。子貢曰：「君子之過也，如日月之食焉。過也，人皆見之；更也，人皆仰之。」此之謂也。疏注「是難行也」。❶○言休休有容，不易行也。此穆公能悔而悟，方知其難。○注「秦繆」至「西戎」。○《史記·秦本紀》云：「乃誓於軍曰：『嗟！士卒，聽無譁。余誓告汝，古之人謀黃髮番番，則無所過。』以申思不用蹇叔、百里傒之謀，故作此誓，令後世以記余過。」「三十七年，秦用由余謀伐戎王，益國十二，開地千里，遂霸西戎。天子使召公過賀繆公以金鼓。」是其悔過霸西戎事也。《新序》五云：「故《書》曰：『黃髮之言則無所愆。』《詩》曰：『壽胥與試。』美用老人之言以安國也。」《說苑·尊賢》云：「秦穆公用百里子、蹇叔子、王子廖父及由余，據有雍州，攘敗西戎。」《漢書·淮陽憲王欽傳》：「《春秋》之義，大能變改。《易》曰『藉用白茅，无咎』，言臣子之道，改過自新，絜己以承上，然後免於咎也。」《李尋傳》：「昔秦穆公說諓諓之言，任仡仡之勇，身受大辱，社稷幾亡。悔過自責，思惟黃髮，任用百里奚，卒霸西域，德列王道。二者禍福如此，可不慎哉！」《息夫躬傳》：「昔秦繆公不從百里奚、蹇叔子之言，自敗其師。悔過自責，疾詿誤之臣，思黃髮之言，後遂以霸。」○注「故因」至「大夫」。○所謂「因其可與而與之也」。按：秦見《春秋》，始《僖十五年》「戰于韓」，書爵，見偏戰；獲人君，當坐絶中國也，而未能用周禮，擯之不足，責之數，再稱「秦師」於《僖二十八年》，爲其從伯者攘楚，書師以録功。嗣殽至上十年，皆狄之，書秦。上九年來歸襚，始與魯爲禮，又兼之非禮，故於此年來聘，修好尊王，無可議譏，故特書伯，善而與之也。○注「子貢」至「謂也」。○見《論語·子張》篇。

❶「難」，原脱，據上注文及國圖藏清抄本補。

冬，十有二月戊午，晉人、秦人戰于河曲。

疏 包氏慎言云：「十二月書戊午，月之六日。」杜云：「河曲在河東蒲坂縣南。」《大事表》云：「今蒲州府治永濟縣東南五里有蒲坂故城。」又云：「《水經》云：河水南至華陰潼關，渭水自西來會之。蓋河水自此折而東，故謂之河曲。」即蒲坂也。今蒲坂故城在永濟東南。又云：「河西在今陝西同州府及華州之境。秦初起岐雍，未能以河爲界。晉强，遂跨河西而滅西虢，兼舊鄭，以汾澮爲河東，故以華陰爲河西。自夷吾請割河外列城外，東盡虢略。河外，即河之西。虢略，故虢國地，即今閿鄉、靈寶，在河之東。背約不與，戰韓見獲，僖十五年十一月秦歸晉侯，始征晉河東。而河外五城，不必言矣。十七年，晉太子圉爲質于秦，秦復歸河東，而河西五城終爲秦有。自是秦地東至河，秦在河西，晉在河東，判然兩戒矣。」《方輿紀要》：「河西經同州朝邑縣東，又南經華陰縣東北，東岸爲蒲州城西。又南經雷首山西，乃折而東，其地謂之河曲。」服虔曰：「河曲，晉地。」見《史記》注。《續漢志》「河東郡蒲坂有雷首山」，劉昭注：「伯夷、叔齊餓於首陽山。」馬融曰：「在蒲坂華陰之北，河曲之中。」是河曲在蒲坂矣。江氏永曰：「河南流至華陽，曲而東流。」在今蒲州府永濟縣境。

此偏戰也，何以不言師敗績？❶敵也。

疏 與上《七年》「晉人及秦人戰于令狐」傳同。注云：「俱無勝負。」《通義》云：「《左氏》所謂『交綏』是也。先晉人者，此亦秦伐晉，見晉爲主也。不言及者，秦、晉之爭亟矣。是役以後，乃少甯居，將於是總校其功罪。以晉及秦，則觸晉未有罪；以秦及晉，則觸與秦征之，故變文以見二國均罪焉爾。董仲舒曰：『秦穆侮蹇叔而大敗，鄭文輕衆而喪師，《春秋》之敬賢重民如是。是故戰攻侵伐雖數百起，必一二書，傷其所害重也。』問曰：『其書戰伐甚謹，其惡戰伐無辭，何也？』曰：『會同之事，大者主小；戰伐之事，後者主先。苟不惡，何爲使起之者居下？是其惡戰伐之辭已。且《春秋》之法，凶年不修舊，意在無苦民爾。苦民尚惡之，況傷民乎？傷民尚痛之，況殺民乎？考意而觀指，則《春秋》之所

❶「不」，原脱，據國圖藏清抄本及《春秋公羊傳注疏》補。

惡者，不任德而任力，驅民而殘賊之。其所好者，❶設而勿用，仁義以服之也。《詩》曰「弛其文德，洽此四國」，此《春秋》之所善也。夫德不足以親近，文不足以來遠，而斷斷以戰伐爲之者，❷此固《春秋》之所甚疾已，皆非義也。』」此見《繁露·竹林》篇。曷爲以水地？注以水地者，謂以水曲折，起地遠近所在也。据戰于泓不言曲。疏注「据戰」至「言曲」。○見僖二十二年。河曲疏矣，河千里而一曲也。注河曲流，以据地明，故可以曲地，因以起二國之君，數興兵相伐，戰無已時，故不言及。不別曲直，而地以河曲，明兩曲也。疏《校勘記》云：「《唐石經》、諸本同。《爾雅·釋水》：『百里一小曲，千里一曲一直。』注引《公羊傳》曰：『河曲流，河千里一曲一直也。』疏云：『此注以「疏」爲「流」，引加「一直」字，誤也。』按：郭氏所據《公羊》不與何本同，何本作『疏』不作『流』也。」又云：「按：此是『流』字，鄂本、《唐石經》作『疏』，乃譌字耳。邢昺所據已譌。」按：《校勘》語是也。注疏均不爲「疏」字爲解，知當是「流」，謂河至此而曲流也。《公羊問答》云：「河千里而一曲，何所據？曰：此見之於《河圖緯象》。河流九曲，河導昆侖山，一曲也。東流千里，至規其山，二曲也。北流千里，❸至積石也，❹三曲也。千里入隴首，抵龍門，四曲也。南流千里，至龍首，至卷重山，五曲也。東流貫砥柱，觸閼流山，六曲也。東至洛會，❺七曲也。東至大伾，八曲也。東至洚水，❻千里至大陸，九曲也。」按：《爾雅·釋水》云：「河百里一小曲，千里一曲一直。」《釋文》引李巡云：「水勢小曲乃大直也，故曰『小曲』。水陰節，每一曲一直，通無極也，故曰『千里一曲一直』。」《漢志》「太原郡陽曲」，應劭曰：「河千里一曲，當其陽故曰陽曲。」然陽曲去河曲遠，當如杜以爲在蒲坂縣南者是。○注

❶「其」上原衍「世」字，據《公羊春秋經傳通義》刪。
❷「而」，原作「不」，據《公羊春秋經傳通義》改。
❸「流」，原作「河」，據《春秋公羊問答》改。
❹「也」，原作「山」，據《春秋公羊問答》改。
❺「東」下原衍「流」字，據《春秋公羊問答》刪。
❻「東」，原作「北」，據《春秋公羊問答》改。

「河曲」至「曲也」。○《校勘記》出「曲流」云：「閩、監、毛本同。鄂本『流』作『疏』。」按：作「疏」者誤。《通義》云：「舉河曲者，猶言濟西、河陽，皆大之之詞也。師之所處，荆棘生焉；大軍之後，必有凶年，況乃干戈相尋，綿十三載。故雖戰不出頃，而舉疏者地之，用是見伏尸流血，千里之內，舉遭離之。嘻！二國之罪均矣。」《穀梁傳》曰：「不言及，秦、晉之戰已亟，故略之也。」注：「夫戰必有曲直，以一人主之，二國戰鬪數，曲直不可得詳，故略之，不言晉人及秦人戰。」俞氏樾云：「按《爾雅・釋水》注引此文作『河曲流，河千里一曲一直也』，阮氏因謂『疏』字誤，其實非也。此二句正答上文『曷爲以水地』之問。蓋謂河曲疏闊，千里而始一曲，非十里百里間所在皆有者，故得舉以目其地也。若作『流』字，於義全失矣。郭璞所引，以意增改，非《公羊》原文。《解詁》曰『河曲疏，句。以據地明，句。故可以曲地。句。』其説甚爲明了。而『疏』字各本均誤作『流』，於是傳義愈晦矣。《校勘記》曰『鄂本「流」作「疏」』，當據以訂正。郝氏懿行《爾雅義疏》謂郭注兼引《解詁》文，則亦爲誤本所惑耳。」

季孫行父帥師城諸及運。**注**書「帥師」者，刺魯微弱，臣下不可使，邑久不修，不敢徒行，與師厲衆，然後敢城之。言及者，別君邑、臣邑也。**疏**《釋文》：「運，二傳作『鄆』，後皆同。」❶按：運、鄆皆從軍聲，通。此作「運」者，叚借字也。杜云：「鄆，莒、魯所争者。城陽姑幕縣南有員亭。『員』即『鄆』也。」彼《釋文》云：「本又作『鄖』，音同。」《廣韻》二十三《問》：「鄆，邑名。又州名。魯太昊之後，風姓。《禹貢》兖州之域，即魯之附庸須句國也。秦爲薛郡地，漢爲東平國，武帝爲大河郡，隋爲鄆州。」按：魯有東、西鄆，在東平州者西鄆也。《水經注・瓠子河》篇：「瓠河又東逕鄆城縣南。《春秋左傳・成公十六年》『公自沙隨還，待于鄆』。京相璠曰：『《公羊》作「運」字，今東郡廩丘縣東八十里有故運城，即此城也。』」按：《成四年》「城運」；《昭二十六年》「公至自會，居于運」，《二十五年》「齊侯取運」，《二十七年》兩書

❶「同」，原作「爾」，據《經典釋文》改。

「公至自齊，居于運」，《二十九年》❶「公至自乾侯，居于運」，又「運潰」；《定六年》「季孫斯、仲孫忌圍運」，《十年》「齊人歸運田」，皆是此年所城，爲東運。《水經注·沂水》篇：「沂水又東南逕東莞縣故城西，與小沂水合。孟康曰：『邑，故鄆邑。』《左氏傳》莒、魯爭鄆爲日久矣，今城北鄆亭是也。京相璠曰：『琅邪姑幕邑南四十里員亭，故魯鄆邑，世變其字，非也。』《郡國志》：『東莞有鄆亭，今在團城東北四十里。』」《齊乘·郡邑》篇：「沂水縣，本莒，魯所争之鄆邑。《十三州記》曰：『魯昭公所居爲西鄆，在東平；莒、魯所争爲東鄆，在此。』」《大事表》云：「在今沂州府沂水縣治東北四十里。」京相璠曰：「琅邪姑幕縣南員亭。」《地理志》東莞下云：「『術水南至下邳入泗。』孟康曰：『故鄆邑，今鄆亭是也。』」齊氏召南云：「魯地名鄆者有二：此年季孫所城，東鄆也，與莒分界，今沂水縣北之團城是。成四年所城鄆以備晉，及昭公所居，此西鄆也，今鄆城縣東有故城。」按：此及《成九年》「楚人入運」，《襄十二年》「季孫宿帥師救台，遂入鄆」，《昭元年》「取運」，皆在沂水者。蓋是時屬魯，故季孫城之，不知何年入于莒。直至昭元年取之，復屬魯也。《地理志》琅邪郡諸下云：「師古曰：『《春秋》「城諸及鄆」者。』」《山東通志》：「諸邑在青州府諸城縣西南三十里，石屋山東北，濰河之南。鄆亭城在沂水縣東北四十里。」○注「書帥」至「城之」。○《校勘記》出「書帥師」云：「鄂本同。此本疏標起訖亦作『書帥』至『城之』。此本及閩本『書』誤『帥』，今訂正。監、毛本改『言帥師』者，非。」舊疏云：「如此注者，正見《隱七年》『城中丘』之屬皆不言帥師故也。言『臣下不可使』者，❷即上《八年》『公孫敖如京師，不至復。丙戌，奔莒。』傳云『不至復者，不可使往也』是也。」蓋臣下不可使，微弱特甚，故《穀梁傳》曰：「稱帥師，言有難也。」或此爲莒、魯所争，因畏莒，故不敢徒行與？○注「言及」至「邑也」。○《莊二十九年》「城諸及防」，注：「諸，君邑。防，臣邑。言及，別君臣之義。君臣之義正則天下定矣。」又《昭五年》「莒牟夷以牟婁及防茲來奔」，傳云：「不以私邑累公邑也。」注：「公邑，君邑。私邑，臣邑也。累，次也。義不可使臣邑與公邑相次

❶ 「二」，原作「元」，「居于運」，「運潰」，皆在昭公二十九年，據國圖藏清抄本及本書昭公篇改。

❷ 「言」，原作「按」，據《春秋公羊傳注疏》改。

序，故言及以絶之。」是也。

十有三年，春，王正月。

夏，五月壬午，陳侯朔卒。**注**不書葬者，盈爲晉文諱也。晉文雖霸，彊會人孤，以尊天子，白補有餘，故復盈爲諱。**疏**包氏慎言云：「五月書壬午，月之二日。」○注「不書」至「爲諱」。○《校勘記》出「會人孤」云：「鄂本『會』字上有『彊』字，此脱。按：《僖二十八年》注云『陳有大喪而彊會其孤』。」有「彊」字是也。舊疏云：「盈者，相接足之辭。晉文於僖二十八年之時，此朔之父陳侯款夏六月卒，至冬未葬。而晉文會諸侯于温，經有陳子，是强會人孤，令失子行，亦是文公恥之，是以《春秋》遂卒，竟不書款葬，深爲晉文諱也。今若款子朔書葬，則文公之惡還見，是以此處須去朔葬，使若陳國之君例不書葬然，故言盈爲晉文諱。」按：文公恥之者，彼注云：「不書葬者，爲晉文諱。行霸不務教人以孝，陳有大喪而彊會其孤，故深爲恥之。」是也。《通義》云：「不言葬陳共公者，與慈父同義。」

邾婁子籧篨卒。**疏**《左氏》作「籧蒢」。按：《説文·艸部》：「蘧，蘧麥也。」又：「蒢，黄蒢，職也。」是二物。《竹部》：「籧，籧篨，粗竹席也。」「篨，籧篨也。」籧、篨作一物解，知邾婁子名當作「籧篨」。桓六年《左傳》所云「取於物爲假」是也。《通義》云：「邾婁文公也。前用鄫子于社，失德重，卒當貶去日，知不蒙上日。」

自正月不雨至于秋七月。**注**公子遂所致。**疏**《校勘記》出「至秋七月」云：「《唐石經》、鄂本皆作『至于秋』，此脱。」○注「公子遂所致」。○《五行志》中之上：「十三年，自正月不雨，至于秋七月。先是曹伯、杞伯、滕子來朝，郕伯來奔，秦伯使遂來聘，季孫行父城諸及鄆。二年之間，五國趨之，内城二邑。炕陽失衆。一曰，不雨而五穀皆熟，異也。文公時，大夫始顓盟會，公孫敖會晉侯，又會諸侯于垂隴。故不雨而生者，陰不出氣而私自行，以象施不由上出，臣下作福而私自成。一曰，不雨近常陰之罰，君弱也。」按：「施不由上出」及「君弱」諸義皆同，惟何氏專以爲公子遂之應爾。

世室屋壞。**疏**《左氏》、《穀梁》作「大室」。《公羊古義》云：「『世室』，二傳作『大室』，賈逵、服虔等皆以爲太廟之上屋。《禮説》曰：『清廟之制如明堂，明堂五室，故清廟五寢。中央曰大室，亦曰大寢。大室屋壞者，室上重屋，❶《明堂位》所謂「復廟重檐，天子之廟室」，《洛誥》「王入大室裸」。」是也。孔穎達曰：「《左傳》不辨此是何公之廟，而經謂之「大室」，則此室之最大者，故知是周公之廟，非魯公也。」《明堂位》曰：「魯公之廟，文世室也。武公之廟，武世室也。」世室非一君，不宜專屬伯禽。棟按：《公羊》皆以「世」爲「大」，如衛太叔儀爲世叔儀，宋樂大心爲樂世心。又推而廣之，如鄭大夫子大叔，《論語》作「世叔」。天子之子稱大子，《春秋傳》云「會世子于首止」。諸侯之子稱世子，而晉有大子申生，鄭有大子華。《春秋經》齊世子光，《左傳》云大子光，明「世」與「大」同義。世室，猶大室也。」原注：「樊毅《復華下民租田口算碑》云：『魯不修大室，《春秋》作譏。』又樊毅《修華岳廟碑》云：『世室不修，《春秋》作譏。』二碑同時所立，或作『世』，知字本通也。」按：《禮記・曲禮下》云：「不敢與世子同名。」注：「世，或爲『大』。」《漢書・五行志》引《左氏説》曰：「前堂曰大廟，中央曰大室。屋其上重屋，尊高者也。又《穀梁》、《公羊》經曰『世室』。」按：今本《穀梁》亦同《左氏》作「大室，猶世室也」。或劉子政等所據《穀梁》作「世室」，與范本不同耳。然范注云：「世世有是室，故言世室。」疑《穀梁傳》作「世室猶世室也」，故范以「世世有其室」解之，謂經之「世室」猶言世世室也。范注即釋傳之「世室」也。壞者，《説文・土部》：「壞，敗也。籀文作數。」又《攴部》：❷「數，毀也。」是壞、數義同。《釋文》引《字林》云：「壞，自敗也。數，毀也。」❸則漢以後强生分別也。此云「世室屋壞」，即自敗之壞。《史記・秦本紀》「墮壞城郭」，則人壞之壞也。皆作「壞」。

世室者何？魯公之廟也。注魯公，周公子伯禽。疏杜以爲大廟之室。以《左傳》不別此爲何公之廟，故以爲大廟，不知古「世」與「大」通。《左氏》之「大室」即《公羊》之「世室」也。彼疏引賈、服等皆以爲大廟之室者，非。《穀梁傳》曰「猶世室也」，下即曰「周公曰大廟，伯禽曰大室」，是亦以此爲伯禽之廟。按：以《五行志》所引《穀梁》考之，似「伯禽曰大室」語亦當作「世室」。○注「魯公」至「伯禽」。○《魯世家》

❶「上」，原作「中」，據《九經古義》及《禮説》改。
❷「攴」，原作「支」，據《説文解字》改。
❸「也」，原作「反」，據《經典釋文》改。

云：「周公卒，子伯禽固已前受封，是爲魯公。」《明堂位》：「魯公，伯禽也。」**周公稱太廟，**疏《禮記・明堂位》云：「季夏六月，以禘禮祀周公于太廟。」注引此傳文。按：《僖八年》「禘于大廟」，《文二年》「大事于大廟」，《論語・八佾》云「子入大廟」，皆周公廟也。**魯公稱世室，**疏舊疏云：「即此經是也。」《通義》云：「禮，諸侯五廟，二昭二穆，與太祖之廟而五。魯以周公爲太祖，而伯禽爲始封之君，亦不容毀，故別爲世室。魯多殷禮，是亦法殷人六廟之意也。」孔疏引：「《明堂位》云：『魯公之廟，文世室也。武公之廟，武世室也。』不毀則稱世室，世室非一君廟名。若是伯禽之廟，則宜舉其號謚。」按：魯雖有二世室，武世室係魯之僭禮，蓋世室本伯禽廟本稱，後有武公，其子孫因即留與伯禽世室對舉。魯人夸張，以象文、武二祧，不可爲典要也。且《明堂位》亦多誕辭。**群公稱宮。**注少差異其下者，所以上尊周公。疏舊疏云：「即武宮、煬宮之屬是也。」《穀梁傳》亦云：「群公曰宮。」注：「《爾雅》曰：『宮謂之室，室謂之宮。』然則其實一也，蓋尊伯禽而異其名。」○注「少差」至「周公」。○《校勘記》出「上尊」云：「鄂本同。閩、監、毛本『上』作『尚』。」按：尚、上通。舊疏云：「廟者，尊卑達名，鬼神所居之稱。今此稱異其名，知上尊周公故也。」**此魯公之廟也，曷爲謂之世室？世室，猶世室也，世世不毀也。**注魯公，始封之君，故不毀也。疏《禮記・明堂位》注：「世室者，不毀之名也。」按：《周禮・考工記》：「夏后氏世室，堂修二七，廣四修一。」注：「世室，宗廟也。魯廟有世室，牲用白牡，此用天子之禮。」然則周公太廟，疑仿周人明堂之制；魯公世室，仿夏世室之制歟？《明堂位》多首列魯制，而以天子之制擬之，如太廟、天子明堂，庫門、天子皋門之屬。則彼所謂文世室、武世室者，指周文、武廟而言。言魯之魯公廟、武公廟，即周之文世室、武世室爾。周人祖文王而宗武王。《祭法》注云：「祭五帝、五神于明堂，曰祖、宗。」「明堂」與「世室」同，故文、武廟亦稱世室，世世不毀，故亦曰祧。此傳云「世室猶世室也」，言此之世室猶周之世室也。魯惟魯公之廟稱世室，武廟則稱武宮，見成六年，並無「世室」稱也。○注「魯公」至「毀也」。○《魯世家》云：「封周公旦於少昊之虛曲阜，是爲魯公。周公不就封。」又云：「魯公伯禽之初受封之魯。」是魯公爲魯始封君也。按：魯有周公廟、伯禽廟，世世不毁。又有文王廟、姜嫄廟，所謂特廟也。并四親廟而八，禘祫時或不及特廟，尊不就卑與？

周公何以稱太廟于魯？**注**据魯公始封也。**疏**此難不以魯公爲太廟之故，又周公未嘗就封，何以稱太廟？

封魯公以爲周公也。**注**爲周公故，語在下。**疏**正以周公爲始封祖，故僖廿四年富辰數魯、衛等同爲文昭，知以周公爲正也。

周公拜乎前，魯公拜乎後。**注**始受封時，拜于文王廟也。《尚書》曰「用命賞于祖」是也。父子俱拜者，明以周公之功封魯公也。**疏**《校勘記》出「魯拜其後」云：「《唐石經》、鄂本作『魯公拜乎後』，此脱。《禮記·明堂位》正義引有。」○注「始受」至「廟也」。○《書·洛誥》云：「戊辰，烝，祭歲。文王騂牛一，武王騂牛一。王命作册逸祝册，❶惟告周公其後。王賓殺禋咸格，王入太室祼。王命周公後，作册逸誥。」孔傳：「王爲册書，使史逸誥伯禽封命之書，皆同在烝祭日。周公拜前，魯公拜後。」又云：「太室清廟。」《毛詩·周頌序》：❷「《清廟》，祀文王也。」是始受封于文王廟也。故《禮記·祭統》亦云「古者明君爵有德而禄有功，必賜爵禄于太廟，示不敢專也」是也。《漢書·王莽傳》：「王曰：叔父，建爾元子。子父俱延拜而受之。」師古曰：「謂周公拜前，魯公拜後。」然則《魯頌》「王曰叔父」五句，蓋其誥辭也。知者，《左傳·定四年》云「命以《伯禽》而封于少皞之虚」與「命以《康誥》而封於殷虚」、「命以《唐誥》而封於夏虚」同。今惟《康誥》存，則《伯禽》與《唐誥》皆必是當時篇名，猶《君牙》、《伯冏》之類，或爲《伯禽之誥》也，當即史逸所祝之册。《祭統》又云：「祭之日，一獻，君降立于阼階之南，南鄉，所命者北面，史由君右，執策命之。」注：「一獻，一酳尸也。」此諸侯命其臣之禮。王命諸侯禮亦宜然。周封魯公則在烝祭新邑之時，特加文、武各騂牛一，尊周公也。故孔傳云：「王賓異周公，殺牲精

❶「命」，原作「祭」，據《尚書注疏》改。

❷「周頌」，原作「大雅」，引文見《毛詩·周頌·清廟》序。據《毛詩注疏》改。

意，以享文、武，皆至其廟親告。」按：所告當在明堂，無親至文、武廟事，故言「太室祼」。太室，即明堂之中央太室，亦曰太廟，因其制同，而大享帝以文武配在此故也。《詩疏》引《鄭志》答張逸，引《洛誥》「王入太室祼」一條，言周公于洛邑建明堂宗廟王寢，皆爲天子制，故《明堂位》一曰文王廟。《大戴禮·明堂》篇云：「或以爲明堂者，文王之廟也。」蓋宗祀文王于明堂，故得統稱焉。故《詩·清廟序》云：「周公既成洛邑，朝諸侯，率以祀文王焉。」是其事也。亦謂之文祖，《洛誥》「乃單文祖德」，《詩疏》引鄭注云「乃盡明堂之德」是也。○注「尚書」至「是也」。○《書·甘誓》文。按：彼謂遷主「天子親征，載以行者，有功則賞之主前」，與此微異。引之者，證以賞必皆于祖前也。故《祭統》載孔悝《鼎銘》亦曰：「公假于太廟。公曰：叔舅」云云也。諸侯命大夫，於尸食已畢，祭事方了，復行一獻命之。若天子命群臣，則不因常祭，特假于廟，故《大宗伯》云「王命諸侯則儐」，注云：「王將出命，假祖廟，立依前，南向。」蓋錫茅胙土，非比尋常爵賞卿大夫以下也。○注「父子」至「公也」。○《禮記·明堂位》云：「命魯公世世祀周公以天子之禮樂。」注：「同之於周，尊之也。」以周公有大勳勞於天下故也。《通義》云：「《詩》曰：『王曰叔父，建爾元子，俾侯于魯。』《書》曰：『王命周公後，作册佚誥。』是其事也。命周公後，言命魯公以爲周公之後。」

曰：生以養周公，**注**生以魯國供養周公。**疏**《周禮·太宰》云：「五曰：生以馭其福。」注：「生，猶養也。賢臣之老者，王者有以養之。成王封伯禽於魯，曰『生以養周公』是也。」○注「生以」至「周公」。○此「養」，讀如《孟子》「以天下養」之「養」。《萬章》篇「以天下養，養之至也」，注：「舜以天下之富奉養其親。至，極也。」伯禽諸侯，故以魯公供養也。

死以爲周公主。**注**如周公死，當以魯公爲祭祀主。加「曰」者，成王始受其茅土之辭。《禮記·明堂位》曰：「封周公于曲阜，地方七百里，革車千乘。」蓋以爲有王功，故半天子也。**疏**《周禮注》引「主」作「後」。彼疏云：「彼云『主』，此云『後』，不同者，鄭以義言之。」按：主、後古音同部，義亦可通。「後」，如《禮·喪服》「爲人後者」之「後」。《通典》引馬注「受人宗廟之重」，明受宗廟之重者稱後也。故《喪服》「不杖期」章有「女子子適人者爲其昆弟之爲父後者」，亦謂持重者。故何氏謂以魯公爲祭祀主也，主亦如「不杖期」章之「姑姊妹女子子適人無主者」之「主」。傳曰：「無主者，謂其無祭主者也。」敖繼公云：「祭主者，夫若子若孫也。」賈疏：「無主有二：謂喪主、祭主。喪有無後，無無主者，若當家無喪主，或取五服親，又無，則取東西家，若無則里尹主之。」故以祭主爲重也。○注「加曰」至「之辭」。○《校勘記》引浦鏜云：「受，當『授』字誤。」舊疏云：「即《周書·作洛》篇曰：『封人社壝，諸侯受命于周，乃建大社于國中，其壝東青土，南赤土，西白土，北驪土，中央釁以黄土。將建諸侯，鑿取其一面之土，苞以黄土，苴以白茅，以爲社之封。』孔氏云『王者封五色土爲社，建諸侯則各割其方土與之，使立社，燾以黄土，苴以白茅。茅取其潔，黄取其王者覆四方』者，是其茅土之文耳。」按：《白虎通·社稷》篇亦引《春秋傳》曰：「天子有大社也，東方青色，南方赤色，西方白色，北方黑色，上冒以黄土。將封東方諸侯，取青土，苴以白茅。各取其面以爲封社。明謹敬潔清也。」《初學記》引《漢舊事》曰：「天子大社，以五色土爲壇。封諸侯者，取其方面土，苴以白茅授之，各以其方色，以立社於其國，故謂之授茅土。」是漢時猶此制也。此「曰」如《詩·魯頌·閟宫》篇「王曰叔父」之「曰」，箋云：「成王告周公曰：叔父，我立女首子，使爲君於魯。謂欲封伯禽也。封魯公以爲周公後，故云大開女居，以爲我周家之輔。」蓋皆《左傳》所謂「命以伯禽」册中語。○注「禮記」至「子也」。○鄭彼注云：「曲阜，魯地。上公之封，地方五百里，加魯以四等之附庸。方百里者二十四，井五五二十五，❶積四十九，開方之得七百里。革車，兵車也。兵車千乘，成國之賦也。」引《詩·魯頌》曰：「王謂叔父，建爾元子，俾侯于魯，大啓爾宇，爲周室輔。乃命魯公，俾侯于東。錫之山川，土田附庸。」又曰：「公車千乘，朱英緑縢。」按：天子方千里，開之得積數一百萬里。魯方七百里，開之得積數四十九萬里。是半天子也。以爲有王功者，《明堂位》云「周公踐天子之位以治天下」故也。故又云：「成王以周公爲有大勳勞於天下。」

然則周公之魯乎？曰：不之魯也。封魯公以爲周公主。疏

❶「井」，原作「并」，據《禮記注疏》改。

《經義述聞》云：「家大人曰：『主』字涉上文『爲周公主』而衍。按：上文云：『封魯公以爲周公也。周公拜乎前，魯公拜乎後。曰：生以養周公，死以爲周公主。』封魯公以爲周公，兼生養死祭言之，非專指爲祭主一事也。且『爲周公主』『爲』字讀平聲。『封魯公以爲周公』，『爲』字讀去聲。並見《釋文》。此文『封魯公以爲周公』，❶是復述上文之辭。若於『爲周公』下加一『主』字，則謬以千里矣。自《唐石經》始衍『主』字，而各本遂沿其誤。定四年《左傳正義》引此無『主』字。」按：王氏說「主」是也。下注云「据爲周公者」可證。**然則周公曷爲不之魯？** 注 据爲周公者，謂生以養周公，死以爲周公主。周公不之魯，則不得供養爲主。疏 注「据爲」至「爲主」。○上傳云「封魯公以爲周公」，以荅不之魯，故此復据爲周公者謂生養死祭，以難不之魯也。言既供養爲主，何爲不之魯？**欲天下之一乎周也。** 注 周公聖人，德至重，功至大，東征則西國怨，西征則東國怨。嫌之魯，恐天下迴心趣鄉之，故封伯禽，命使遥供養，死則奔喪爲主，所以一天下之心于周室。疏《白虎通·封公侯》云：「周公不之魯何？爲周公繼武王之業也。《春秋傳》曰：『周公曷爲不之魯？欲天下之一乎周也。』《詩》曰：『王曰叔父，建爾元子，俾侯于魯。』」《漢書注》引《尚書大傳》：「周公疾，曰：『吾死，必葬於成周，示天下臣于周也。』」《史記·魯世家》：「周公在豐，病，將歿，曰：『必葬我成周，以明吾不敢離成王。』」《通義》云：「《魯世家》述《金縢》之言曰：『我之所以弗避而攝行政者，恐天下畔周，無以告我先王。』是周公之心也。其不之魯，亦猶是心也。」○注「周公」至「至大」。○《詩·周南召南譜》云：「其得聖人之化者，謂之《周南》。」謂周公也。《漢書·古今人表》列周公上上，故云「周公，聖人」也。《祭統》云「周公旦有勳勞於天下」，又云「所以明周公之德」，是其德重功大也。○注「東征」至「國怨」。○《僖四年傳》語。《荀子·王制》篇：「周公南征而北國怨，曰：『何獨不來也？』東征而西國怨，

❶「文」，原作「又」，據《經義述聞》改。

曰：『何獨後我也？』」《後漢書》班固奏記亦有是語。○注「嫌之」至「周室」。○正以《孟子》云：「堯崩，三年喪畢，舜避堯之子於南河之南，天下諸侯朝覲、訟獄者，不之堯之子而之舜；謳歌者，不謳歌堯之子而謳歌舜。舜崩，禹避舜之子于陽城，天下之民從之，若堯崩之後不從堯之子而從舜。」故周公恐之魯，則天下迴心趣鄉之也。孔氏廣森集本《書大傳》曰：「周公致政封魯，三年之後，周公老于豐，心不敢遠成王，而欲事文王之廟。然後周公疾，曰：吾死，必葬於成周，示天下臣于成王。」又云：「故周公封于魯，身未嘗居魯也。忠孝之道，咸在成王、周公之間，故魯郊成王，所以禮周公也。」上注嫌周公不之魯，無以供養爲主，故此注云「使遥供養，死則奔喪爲主」，故無妨不之魯也。

魯祭周公，何以爲牲？注据廟異也。周公用白牡，注白牡，殷牲也。周公死有王禮，謙不敢與文、武同也。不以夏黑牡者，嫌改周之文，當以夏辟嫌也。疏《校勘記》出「用白牲」云：「閩、監、毛本同，誤也。《唐石經》、鄂本作『白牡』，當据正。此本注中亦作『牡』，不誤。」《史記·三王世家》云：「周公祭天命郊，故魯有白牡、騂犅之牲。群公不毛，賢不肖差也。」《禮記·明堂位》云：「以禘禮祀周公于太廟，牲用白牡。」《詩·魯頌·閟宮》云：「白牡騂剛。」傳：「白牡，周公牲也。」劉氏逢禄《解詁箋》云：「《禮·郊特牲》曰：『諸侯之祭以白牡，諸侯之僭禮也。』魯祭周公以白牡，蓋亦昉於僖公，非禮也。《春秋》不譏者，從郊禘嘗正之矣。《孟子》曰：『周公之封於魯，爲方百里也。地非不足，而儉於百里。』《明堂位》所記，蓋荀卿之徒据其後侈陳之，非經誼也。魯之王禮，僭自僖公，史克作《頌》，❶所爲著，『莊公之子』也，其稱成王所錫，魯公所受，曰『山川土田附庸』而已，不聞以天子禮樂也。晉文請隧，襄王曰『王章也』。焉有成王而以非道説周公歟？」❷按：劉説非是。按：《史記·世家》云：「魯有天子禮樂者，以褒周公之德也。」故《明

❶「史克作」，原作「魯」，據《毛詩序》改。《毛詩序》云：「季孫行父請命于周，而令史克作《頌》。」鄭箋云：「史克，魯史也。」《解詁箋》作「里克」，疑誤。

❷「道説」，原作「禮康」，據《春秋公羊經何氏釋例·解詁箋》改。

堂位》、《祭統》、《書大傳》等並有「魯用天子禮樂」之語，烏得以《郊特牲》一語盡反諸家之説？魯非强悍之國，僖亦非跋扈主，焉敢僭用王禮？晉文伯主用隧，猶須請于襄王，而謂魯敢自爲郊禘乎？襄王以王章阻晉，獨不能以王章罪魯乎？《詩》之所詠，略舉數端。《詩》所不及，不得遽謂禮之所無，况《詩》明云「白牡騂剛」矣。諸侯自僭，可云非禮，成王康之，則有所受，何得仍責非禮？《郊特牲》所記，或别國諸侯亦有效用白牡者爾。○注「白牡者殷牲也」。○《禮記·明堂位》注：「白牡者，牲也。」又《檀弓》云：「殷人尚白，大事斂用日中，戎事乘翰，牲用白。」《繁露·郊事對》云：「《春秋》曰：『魯祭周公，用白牲。』❶色白貴純也。帝牲在滌三月，牲貴肥潔，而不貪其大也。凡養牲之道，務在肥潔而已。駒犢未能勝芻豢之食，莫如令食其母便。」以用白爲貴純，似與何氏所据異。又「春秋」下宜脱「傳」字。《郊特牲》曰：「諸侯之宫縣而祭以白牡，諸侯之僭禮也。」注：「白牡大路，殷天子禮也。」然則魯以周公之故，得用天子禮樂，故以殷之白牡，亦惟文王、周公廟用之。若用於他廟，亦爲僭。其列國諸侯，惟二王後得用其先世所尚之色、之牲、幣，以祀其先祖。如宋祭殷先王，亦得用白牡也。《郊特牲》云：「乘素車，貴其質也。旂十有二旒，龍章而設日月，象天也。」注：「日月畫于旂上。素車，殷路也。❷魯公之郊用殷禮也。」是也。○注「周公」至「同也」。○《白虎通·喪服》篇：❸「養從生，葬從死。周公以王禮葬何？以爲周公踐阼理政，與天同志，展興周道，顯天度數，萬物咸得，休氣充塞，原天之意，子愛周公，與文、武無異，故以王禮葬，使得郊祭。《尚書》曰『今天動威以彰周公之德』，下言『禮亦宜之』。」《繁露·郊事對》云：「臣謹問仲舒：『魯祀周公用白牲，非禮？』臣仲舒對曰：『禮也。』臣湯問曰：『周天子用騂剛，群公不毛。周公，諸公也，何以得用純牲？』臣仲舒對曰：『武王崩，成王幼而在襁褓之中，周公繼文、武之業，成二聖之功，德漸天地，澤被四海，故成王賢而貴之。《詩》云「無德不報」，故成王使祭周公以白牲，上不得與天子同色，下有異於諸侯。仲舒

❶「牲」，《春秋繁露》作「牡」。

❷「路」，原作「禮」，據《禮記注疏》改。

❸「喪服」，原作「崩薨」，引文見《喪服》篇，據《白虎通義》改。

愚以爲報德之禮。』」則此云「謙不敢與文、武同」者，謂不敢用赤牲也。《魯世家》云：「周公既卒，成王亦讓，葬周公於畢，從文王，以明予小子不敢臣周公也。」《論衡・感類》云：「開匱得書，覺寤泣過，決以天子禮葬公。」《漢書・梅福傳》云：「昔成王以諸侯禮葬周公，而皇天動威，雷風著災。」❶是周公死有王禮也。蓋今文《尚書》皆以金縢風雷之變在周公没後，故《儒林傳》谷永上疏亦云：「昔周公薨，成王葬以變禮而得正。」《後漢書》注引《洪範五行傳》曰：「周公死，成王不圖大禮，故天大雷雨，禾偃木拔。及成王寤金縢之策，❷改周公之葬，❸尊以王禮，申命魯郊，而天立復風雨，禾稼盡起焉。」○注「不以」至「嫌也」。○《校勘記》出「謙改周之文」：「鄂本『謙』作『嫌』，此誤。」《明堂位》云「夏后氏牲尚黑」，是夏黑牡也。舊疏云：「正朔三而改，改天正十一月者，當以十三月爲正。」蓋若用黑牲則周公有繼周之嫌，故通之也。

魯公用騂犅，注騂犅，赤脊，周牲也。魯公以諸侯不嫌，故從周制，以脊爲差。

疏注「騂犅」至「牲也」。○《經義述聞》云：「疏曰：『正以山脊曰岡，故知騂犅爲赤脊矣。』引之謹案：牛有赤色，謂之騂犅，則自脊以外非赤色也。《魯頌・閟宮》篇『享以騂犧』，傳曰：『騂，赤。犧，純也。』箋曰：『赤牛純色。』今唯脊毛赤而餘則否，豈純色之謂乎？且無以異於群公之不純色矣。《明堂位》曰：『夏后氏牲尚黑，殷白牡，周騂剛。』若以騂剛爲赤脊，則是夏牲尚黑，殷牲尚白，全體之毛色皆然。而周之尚赤，獨爲脊赤，而非全體皆赤之牲，無是理也。當從《説文》訓『犅』爲『特牛』。特牛，牡牛也。騂犅，猶言騂牡耳。《小雅・信南山》曰：『祭以清酒，從以騂牡。』」吴氏《經説》云：「疏：『山脊曰岡，故知騂犅赤脊。』《釋文》云：『犅，《詩》作「剛」。』《漢書・五行志》注云：『鬣，領上鬣也。』《楚辭・守志》：『覽高岡兮嶢嶢。』❹注云：『山嶺曰岡。』嶺，俗『領』字。然則岡、領同義。《曲禮》『豕曰剛鬣』，亦謂豕肥則脊上毛長也。剛，叚借字，古止作『岡』。『騂剛』爲赤脊信矣。天子騂

❶「災」，原作「變」，據《漢書》改。
❷「及」，原作「乃」，據《後漢書》注改。
❸「改」，原作「故」，據國圖藏清抄本及《後漢書》注改。
❹「嶢嶢」，原作「嘵嘵」，據《楚辭章句》改。

犧，純赤；諸侯騂犅，但脊上毛赤。以是别尊卑之等，故注云『從周制，以脊爲差』。《説文》：『犅，特牛也。』不若何説之的。」按：王氏之説辨矣。然《明堂位》所記皆魯禮，魯兼用四代禮樂。夏、商之牲純，周則止騂犅耳。不得据以相難，不然則「犅」字从「岡」，其義何取？○注「魯公」至「爲差」。○《繁露・郊事》云：「魯郊用純騂剛，周色上赤，魯以天子命郊，故以騂。」按：郊用騂犢，魯公廟用騂犅，不同。魯公廟不用天子禮樂，故不嫌用赤牲也。從周制。以脊爲差者，謂從周制用騂，但以脊爲差别耳。《禮記・玉藻》云：「諸侯玄端以祭。」注：「祭先君也。『端』當爲『冕』。諸侯祭宗廟之服，唯魯與天子同。」《正義》：「按：《明堂位》云：『君卷冕立于阼，夫人副褘立于房中。』熊氏云：『此謂祭文王、周公之廟，得用天子之禮。其祭群公以下，則亦玄冕。故《公羊》云「周公用白牡，魯公用騂剛，群公不毛」。是魯公以下與周公異也。二王之後，祭其先王，亦是用其先代之服。二王之後，不立始封君廟，則杞祭東樓、宋祭微子以下亦皆玄冕也。』」群公不毛。**注**不毛，不純色，所以降于尊祖。**疏**注「不毛不純色」。○《周禮・地官・牧人》云：「凡陽祀用騂牲，毛之；陰祀用黝牲，毛之；望祀，各以其方之色牲，毛之。」注：「毛之，取純毛也。」明不毛爲不純色也。《公羊禮説》云：「祭祀之事，先爲清酒，其次擇牲。擇牲，即《祭義》『古者天子諸侯必有養獸之官，君召牛，擇其毛而卜之』也。《周禮・牧人》『凡陽祀用騂牲，毛之』，注：『毛之，取純毛。陽祀，祭天于南郊及宗廟。』又云：『凡外祭毀事，❶用尨可也。』注：『尨，謂雜色不純也。』按：今魯祭群公於宗廟，非外事可比，何爲而不純乎？陽祀用騂牲，此天子之禮。魯諸侯也，魯公尚不敢與文、武同牲，故以脊爲差，而群公反可以用純乎？故注謂『不毛，不純色』，所以降于尊祖也。孔沖遠於《祭義》謂：『犧，純色，天子牲也。牷，完也，諸侯牲也。』於《大雅》謂：『不毛者，不定用一毛而已。其牲皆用純色，故此祭用純騂也。《祭義》云「擇其毛」，是諸侯用純色也。』沖遠之疏何首鼠兩端而自相矛盾乎？」按：《通義》云：「亦用純色，但不擇取騂、白，若黝牲、

❶「毀」，原作「殿」，據國圖藏清抄本《公羊義疏》、《周禮注疏》改。

犉牲之屬皆可也。」亦沿孔疏之誤。○注「所以降于尊祖」。○《校勘記》云：「盧文弨曰『于』當作『子』。按：此本疏中作『降子尊祖』。」今按：作「于」不辭，作「子」是也。然則凡用牲，廟各別牢，故《禮運》疏引逸《禮》云：「毀廟之主，❶昭共一牢，穆共一牢也。」**魯祭周公，何以爲盛？** **注** 据牲異也。 **疏** 《釋文》云：「盛，粢盛也。在器曰盛。」此「盛」統言之，與下傳「周公盛」之「盛」少異。**周公盛，** **注** 盛者，新穀。 **疏** 注「盛者新穀」。○《孟子・滕文公》云：「以供粢盛。」注：「盛，稻也。」《周禮・閭師》：❷「不耕者祭無盛。」按：《説文・皿部》：「盛，黍稷在器中以祀者也。」故在器即謂之盛。此蓋對下「燾」與「廩」言，故解爲新穀，亦以意言之，非詁「盛」爲「新穀」也。《周禮・廩人職》云：「大祭祀則共其接盛。」注：「接，讀爲『一扱再祭』之『扱』。扱以受舂人舂之。大祭祀之穀，藉田之收藏於神倉者也，不以給小用。」盛，蓋亦即「接盛」與？**魯公燾，** **注** 燾者，冒也，故上以新也。 **疏** 《釋文》：「燾，徒報反。一本作『濤』，音同。」○注「燾者」至「新也」。○《小爾雅・廣詁》：「燾，覆也。」亦作幬。《廣雅・釋詁》云：「幬，覆也。」覆、冒義同，謂以覆乎上也。按：《釋文》云一本「濤」，疑「幬」之誤。《禮記・中庸》「無不覆幬」是也。亦作「薵」，《方言》：「薵，覆也。」又云：「薵，戴也。」亦謂以舊穀戴新穀，義之反覆相通者也。《説文・火部》：「燾，溥覆照也。」❸《周禮・司几筵》云：「每敦一几。」注：「敦，讀爲燾。燾，❹覆也。」舊疏云：「正以『燾』詁爲『覆』。若似《周書》『燾以黄土』之屬是也。然則言周公盛者，謂新穀滿其器。言魯公燾者，謂下故上新，各半也。」**群公廩。** **注** 廩者，連新於陳上，財令半相連爾。此謂方祫祭之時，序昭穆之差。 **疏** 注「廩者」至「連爾」。○孫氏志祖《讀書脞録》云：「《釋言》：『廩，廯也。』郭注：『或説云即倉廩，所未詳。』按：《釋文》引舍人云：『廩，少鮮也。』蓋『廯』與『鮮』通，『廩』有『鮮』義。《公羊》文十三年傳『群公廩』，何注：『廩者，連新

❶「主」，原脱，據《禮記注疏》補。
❷「閭」，原作「載」，據《周禮注疏》改。
❸「溥」，原脱，據《説文解字》補。
❹「燾」，原脱，據《周禮注疏》補。

穀於陳上，財令半相連爾。』疏：『謂全是故穀，但在上少有新穀，財得相連而已，故謂之廩。廩者，希少之名。』此其證。」《通義》云：「廩者，新陳相雜。《易》『嫌于无陽』，❶鄭司農注：『讀如「群公溓」之溓。』溓，雜也，即讀從此傳文。」按：鄭《易注》見《詩·采薇》疏引。溓、廩聲相近。此舊疏引鄭注《易》云「廩，讀如『群公廩』之『廩』」，當是後人改竄，鄭《易》本亦不作「廩」也。臧氏庸《拜經日記》云：「注：『廩者，連新於陳上，財令半相連。』疏：『廩，謂全是故穀，但在上少有新穀，財得相連而已。』故謂之廩。廩者，稀少之名，是以鄭注云『讀如「群公廩」之廩』。《釋文》：『公廩，力甚反。』開成石經作『廩』，《詩·采薇》正義引《易·文言》『爲其慊于无陽』，鄭注：『慊，讀如「群公溓」之「溓」』。古書篆作立心，與『水』相似，讀者失之，故作『慊』。慊，雜也。或据《詩正義》所引鄭《易注》以校《公羊疏》，謂傳『群公廩』當作『群公溓』。按：《說文》五下：『嗇，愛濇也。从來从㐭。』㐭，即『廩』正字。《爾雅·釋言》：『廩，廯也。』《釋文》引舍人注：『廩，少鮮也。』《釋名·釋宮室》云：『廩，矜也。寶物可矜惜者，投之於其中也。』是『廩』爲鮮少希貴之意。《公羊》襄二十三年傳注云『所傳聞之世，見治始起。所聞之世，❷廩廩近升平，治之漸也。』此『廩』字與『群公廩』正同。何云『廩廩近』，又云『漸』，皆與『財令相連』之『財』字篆合，可證『廩』字無誤。《公羊》有嚴、顔二家本，蓋何邵公所据顔氏本作『群公廩』，鄭康成所据嚴氏本作『群公溓』。溓，古讀如『廉』，溓、廉聲相近，故文異。溓者，雜也。言新陳穀相和。廩者，鮮少、僅有之意，謂些些新穀，略與陳穀相粘而已。故疏云『財令相連』。注中『半』字當爲衍文。燾，下故上新，可言半。廩而言半，與燾混矣。疏甚分明。若徐疏所引鄭云，或即牽合《文言》注，以意竄改。或鄭注他經傳另有是語。今鄭公之書多闕，無可考矣。」《讀書叢録》云：「《爾雅釋文》：『孫炎曰：「廯，藏穀鮮絜也。」❸舍人云：「廩，少鮮也。」』頤煊案：孫炎以『鮮』爲『絜』，舍人以『鮮』爲『少』，本皆作『廩，鮮也』。郭意同於孫炎、舍人，故《注云：『或說云即倉廩，所未詳。』引其義

❶「嫌」，原作「溓」，據《春秋公羊經傳通義》及《周易注疏》改。
❷「之」，原脱，據《拜經日記》補。
❸「藏」，原作「臧」，據《讀書叢録》及《經典釋文》改。

未改其字，亦當作『鮮』。《公羊疏》：『廩者，稀少之名。』《詩疏》引鄭《易注》作『溓』，『溓』亦希少之意，與舍人注合。」按：諸説皆相近，臧氏尤爲詳贍。俞氏樾曰：「宗廟粢盛，必無新故雜揉之理，何解疑非也。曰盛，曰燾，曰廩，蓋別異其在器之多寡耳。盛者，滿也。《素問・脈要精微論》：『上盛則氣高，下盛則氣脹。』❶王注曰：『盛，謂盛滿。』然則『周公盛』者，謂滿其器也。燾者，冒也，覆也。何氏訓『燾』爲『冒』，疏謂『燾』詁爲『覆』，若《周書》『燾以黄土』之類，正得其義。『魯公燾』者，謂雖不滿其器，然足覆冒之，不見底也。廩者，少也。《爾雅・釋言》：『廩，癬也。』『癬』字《説文》所無，古本止作『鮮』，故《釋文》引舍人曰：『廩，少鮮也。』是『廩』有『少』義。此説亦曰『廩者，希少之名』是也。『群公廩』者，謂不能滿其器，並不能覆冒之，故在器中見其少也。『廩』古作『溓』，《周易・文言傳》鄭注曰：『溓，讀如「群公溓」之「溓」。』古書傳作立心，❷與「水」相近。』然則『群公溓』猶群公慊也。《孟子・公孫丑》篇『吾何慊乎哉』，趙注曰：『慊，少也。』《禮記・大學》篇正義曰：『慊，不滿之貌。』是可得其義矣。」○注「此謂」至「之差」。○舊疏云：「若以時祭，粢食精鑿，群公之饌一何至此？故知正是祫祭之時，序昭穆之差，所以降子尊祖故也。」按：禮者所以別同異，諸侯之尊，豈必於粢盛靳其新穀？蓋有所等差，正所以尊祖也。

世室屋壞何以書？譏。何譏爾？久不脩也。

注 簡忽，久不以時脩治，至令壞敗，故譏之。言屋者，重宗廟，詳録之。以不務公室。不月者，知久不脩，當蒙上月。

疏 注「簡忽」至「譏之」。○《通義》云：「歷七月不雨則無壞道，而壞，知其積陁不脩者久矣。」《穀梁傳》：「太室屋壞者，有壞道也，譏不脩也。」又曰：「禮，宗廟之事，君親割，夫人親舂，敬之至也。爲社稷之主，而先君廟壞，極稱之，志不敬也。」《五行志》中之上：「文公十三年，大室屋壞。近金沴木，木動也。先是，冬，釐公薨，十六月乃作主。後六月，吉禘于太廟而致釐公，《春秋》譏之。經曰：『大事于太廟，躋僖公。』《左氏》説曰：太廟，周公之廟，饗有禮義者也。祀，國之大事也。

❶「脹」，原作「服」，據《黄帝内經・素問》改。

❷「傳」，據上頁臧庸《拜經日記》説，疑當作「篆」字。

惡其亂國家之大事於太廟，故言大事也。躋，登也。登釐公於愍公上，逆祀也。釐雖愍之庶兄，嘗爲愍臣，臣子一例，不得在愍上。又未三年而吉禘，前後亂賢父聖祖之大禮，内爲貌不恭而狂，外爲言不從而僭。故是歲十二月不雨，至於秋七月。後年，若是者三，而太室屋壞矣。前堂曰大廟，中央曰大室。屋，其上重屋，尊高者也，象魯自是陵夷，❶將墮周公之祀也。《穀梁》、《公羊》經曰：『世室』，魯公伯禽之廟也。周公稱太廟，魯公稱世室。大事者，祫祭也。躋釐公者，先禰而後祖也。」《經義雜記》云：「《漢志》所載《左氏》説，乃西漢儒解《左傳》之文，足以補正杜氏。彼云『惡其亂國家之大事於太廟，故言大事』，則書『大事』者，因以見譏。今杜云：『大事，禘也。』則似爲禘之常稱矣。」○注「言屋」至「録之」。○《通義》云：「屋者，當中霤上出重屋也。魯有復廟重檐，亦天子之制也。」蓋本《五行志》所載《左氏》説，謂其上重屋，尊高者也。按：《明堂位》曰「復廟重檐」，注：「復廟，重屋也。」謂上下重屋也。詳録壞之所在，爲重宗廟也。明太廟非必全壞也。○注「以不務公室」。○《定二年》「冬十月，新作雉門及兩觀」，傳：「修舊不書，此何以書？譏。何譏爾？不務乎公室。」注：「務，勉也。」舊疏云：「不務公室，亦可施於久不脩，亦可施於不務如公室之禮，微辭也。」○注「不月」至「上月」。○《校勘記》出「不月」云：「鄂本同。閩、監、毛本『不』誤『書』。」舊疏云：「當蒙上月者，謂蒙上『秋七月』也。月者，久也，彼『久不脩』，是以書月。此亦『久不脩』，故知當蒙上月爾。」意謂据《定二年傳》書「十月」例此也。

冬，公如晉。

衛侯會于沓。疏《左》、《穀》二家經「會」下有「公」字。按：有者是也。此亦宜有，如無「公」字，傳注均宜有説。《繁露・隨本消息》云：「文公不事晉。先齊侯潘卒一年，文公如晉，衛侯、鄭伯皆不期來。齊侯已卒，諸侯果會晉大夫于新城。所行從不足恃，所事者不可不慎，此亦存亡榮辱之要也。」謂此沓及下斐之會、十四年新城之盟事也。意謂魯不事晉，至此始改事。何氏無此意，蓋齊、趙經師異説也。杜云：「沓，地闕。」

狄侵衛。

❶「自」，原作「至」，據《漢書》改。

十有二月己丑，公及晉侯盟。疏包氏慎言云：「十二月書己丑，十二月無己丑，十一月之十二日也。」然《十四年》始書「公至自晉」，盟後即書「公還自晉。鄭伯會公于斐」，則經月不得有誤。己丑，或「乙丑」之誤爾。

還自晉。疏《左傳》作「公還自晉」。《穀梁》以爲「還者，事未畢也」。

鄭伯會公于斐。疏《釋文》：「斐，本又作『棐』。」按：《左傳》、《穀梁傳》並作「棐」，杜、范皆云：「棐，鄭地。」按：《左氏·襄三十一年》「鄭印段迋勞于棐林」，《大事表》云：「即棐林。《宣元年》『諸侯會晉于棐林』，杜亦云：『鄭地，滎陽菀林縣東南有林鄉。』今開封新鄭縣東二十五里林鄉城是其地也。」詳宣元年。

還者何？善辭也。何善爾？往黨，衛侯會公于沓，至得與晉侯盟。反黨，鄭伯會公于斐，故善之也。注黨，所也。所，猶時。齊人語也。文公前扈之盟不見序，後能救鄭之難，不逆王者之求，上得尊尊之義，下得解患之恩，一出三爲諸侯所榮，故加録，於其還時皆深善之。疏注「黨所」至「語也」。○《校勘記》云：「鄂本、宋本、閩、監本同。毛本『時』誤『是』。」《通義》云：「《左傳》『師乎師乎，何黨之乎』，《集解》『黨，所也。彼亦齊人之歌』，則『黨』詁爲『所』，信齊語矣。往所，猶言『往許』。往許，猶言『往時』。《莊子》曰『物之黨來寄也』，其義爲『時來』。《荀子》曰『怪星之黨見』，其義爲『時見』。黨，訓『所』，轉訓『時』也。」按：《史記注》引服虔注，「黨」正訓「所」，即杜氏所本。故《曾子問》「歸葬於女氏之黨」，謂女氏之所也。《禮》「父黨無容」，謂父所無容也。《鄉射禮》「乏參侯道，居侯黨之一，西五步」，謂侯所也。《齊策》「歸于何黨矣」，謂歸於何所也。經傳亦多以「所」代「時」，昭三十一年《左傳》「有所有名而不如其已」，謂有時有名而不如無名也。《大戴禮·本命》篇「無所敢自遂也」，謂無時敢自遂也。襄二十七年《左傳》「晉、楚所以兵威之」，❶謂時以兵威之也。昭七年《左傳》「從政

❶「之」，原作「遂」，據《春秋左傳注疏》改。

有所反之，以取媚也」，謂有時反其道以取媚于民也。昭三十年《左傳》「先君有所助執紼矣」，謂有時助執紼也。《墨子・節用》篇：「其欲早處家者，有所二十年處家；其欲晚處家者，有所四十年處家。」「所」字亦作「時」字解。《公羊問答》云：「《越語》『夫上黨之國』，韋昭注：『黨，所也。』《釋名》『上黨，黨，所也。❶在山上，其所最高，故曰上黨』也。」○注「文公」至「見序」。○上《七年》「公會諸侯、晉大夫盟于扈」，傳「公失序也」是也。○注「後能救鄭之難」。○上《九年》「楚人伐鄭。公子遂會晉人、宋人、衛人、許人救鄭」是也。○注「不逆王者之求」。○上《九年》「毛伯來求金」是也。○注「上得」至「善之」。○上得尊尊之義，即不逆王者之求也。下得解患之恩，即救鄭之難是也。一出三爲諸侯所榮，即「及晉侯盟」、「鄭伯會公于斐」、「衛侯會公于沓」是也。《通義》云：「前扈之盟公失序，今一出而衛、鄭皆因公以請平于晉，臣子之心喜其爲諸侯所尊榮，故加善辭也。」按：如《繁露》云「衛、鄭皆不期來」，似無因公請平于晉之義。請平事見《左氏傳》。毛本「於」改「于」，非。

❶「黨」，原作「之」，《公羊問答》同，據《釋名》改。

公羊義疏四十三

句容陳立卓人著

文十四年盡十八年。

十有四年，春，王正月，公至自晉。注月者，爲臣子喜録上事。疏《穀梁傳》：「自晉，事畢也。」○注「月者」至「上事」。○《桓十六年》注：「致例時。」此月，故解之。「爲臣子喜録上事」，見上文《僖四年》注：「凡公出，滿三時月，危公之久。」同書月，義不同，《春秋》無達例也。

邾婁人伐我南鄙。

叔彭生帥師伐邾婁。

夏，五月乙亥，齊侯潘卒。注不書葬者，潘立儲嗣不明，乍欲立舍，乍欲立商人，至使臨葬更相篡弒，故絶其身，明當更立其先君之次。疏孔疏：「《世家》及《世本》是齊昭公也。」包氏慎言云：「五月書乙亥，月之朔日。」○注「不書」至「之次」。○葉鈔《釋文》：「『篡弒』作『篡殺』，音申志反。下同。」按：十行注疏本載《音義》亦作「殺」。包氏慎言云：「絶其葬，使不得入先君之兆也。」《通義》云：「不言葬齊昭公者，與詭諸同義。」按：孔氏於「晉侯詭諸卒」下云：「不葬者，里克弒先君命嗣，與弒君同罪。奚齊未踰年，例不書葬，責討賊之文不得見，乃更移賊未討不書葬之義於此，明晉之臣子不爲奚齊討賊，即爲無恩於獻公，故不繫臣子辭。」則亦以此不書葬爲責齊臣子不討弒舍之賊矣。然魯子赤被弒，文公書葬，何以不責魯之臣子？辨見《僖九年》。按：《史記·齊世家》云：「昭公之弟商人以桓公死争立而不得，陰交賢士，附愛百姓，百姓説。及昭公卒，子舍立，孤弱，即與衆十月即墓上弒齊君舍，❶而商人自立，是爲懿公。」所謂臨葬更相篡弒也。惟細按何義，似以商人亦昭公子，舍與商人儲嗣不明，致成亂階，與《史記》、《左傳》皆

❶「舍」，原脱，據《史記》補。

不合，何氏或有所本。按：《世家》又云：「孝公卒，孝公弟潘因衛公子開方殺孝公子而立潘，是爲昭公。」則昭公簒立，或不書葬以示絶，與晉惠公同與？《公羊》何氏無此義，姑存之以備一説。

六月，公會宋公、陳侯、衛侯、鄭伯、許男、曹伯、晉趙盾。癸酉，同盟于新城。**注**盟下日者，刺諸侯微弱，信在趙盾。**疏**六月書癸酉，月之二十九日。杜云：「新城，宋地。在梁國穀熟縣西。」《大事表》云：「今商丘縣西南有新城亭。」《水經注・睢水》篇「睢水又逕新城北，即宋之新城亭也。《春秋・文十四年》『公會宋公、陳侯、衛侯、鄭伯、許男、曹伯、晉趙盾，盟于新城』者也。」《方輿紀要》：「新城在歸德府城南。」〇注「盟下」至「趙盾」。〇《襄十六年》「戊寅，大夫盟」，傳：「其言大夫盟何？信在大夫也。」此注「信在趙盾」，與彼「信在」義同。舊疏云：「若如盟日定否，趙盾制之然，是以盟下日以起之。」

秋，七月，有星孛入于北斗。

孛者何？彗星也。**注**狀如篲。**疏**《史記・天官書》：「彗星三見。」《正義》：「謂《文公十四年》『七月，有星入于北斗』。」是「孛」即「彗」也。《穀梁傳》：「孛之爲言，猶茀也。」〇注「狀如篲」。〇《禮記・曲禮》云：「國中以策彗卹勿。」注：「彗，竹帚。」是即篲也。經傳止作「彗」，《釋名・釋天》云「彗星，光稍似彗也」是也。《天官書》記歲星失次云：「進而東南，三月生彗星，長二丈，類彗。」❶《正義》：「天彗者，一名掃星，本類星，末類彗，小者數寸長，長或竟天，而體無光，假日之光，故夕見則東指，晨見則西指，如日南北，皆隨日光而指。光芒所及爲災變。」《書》又云：「天棓長四丈，末兑。天欃長四丈，末兑。天槍長數丈，兩頭兑。」蓋皆彗類，故《爾雅・釋天》云「彗星爲欃槍」，《開元占經》引孫炎云「欃槍，妖星別名也」是也。《占經》又引《尸子》曰：「彗星爲欃槍。」見《妖星占》篇。❷《彗星占》篇引《荆州占》曰：「歲星逆行過度宿者則生彗星。一曰天棓，二曰天槍，三曰天欃，四曰茀星，此四者皆爲彗。」按：「茀」即孛星。孛、欃、槍、棓與彗同也。《管子・輕重》篇：「國有槍星，其君必辱。國有彗星，必有流血、

❶「彗」下原衍「星」字，據《史記》删。
❷「占」，原脱，據《開元占經》補。

浮丘之戰。」對言之異，散則總名彗也。其言入于北斗何？**注**据大辰不言入，又不言孛名。**疏**注「据大」至「孛名」。○《昭十七年》「有星孛于大辰」，是大辰不言入也。直言「于大辰」，不言所入之星名也。何者？彼傳云：「其言『于大辰』何？在大辰也。」又曰：「大火爲大辰，伐爲大辰，北辰亦爲大辰。」是大辰東方七宿皆謂之辰，非七宿之常名也。故此据以爲難也。按：注「孛」字疑「星」之誤。北斗有中也。**注**中者，魁中。**疏**注「中者魁中」。○《穀梁傳》：「其曰入北斗何？斗有環域也。」注：「据孛于大辰及東方皆不言入，此言入者，明斗有規郭，入其魁中也。」《五行志下之下》：「《星傳》曰：『魁者，貴人之牢。』又曰：『孛星見北斗中，大臣諸侯有受誅者。』一曰魁爲齊、晉，夫彗星較然在北斗中，❶天之視人顯矣。」《天官書》：「北斗七星，所謂『旋璣玉衡以齊七政』。杓攜龍角，衡殷南斗，魁枕參首。」《索隱》引《運斗樞》云：「斗，第一天樞，第二璇，第三璣，第四權，第五衡，第六開陽，第七搖光。第一至第四爲魁，第五至第七爲杓。」❷《類聚》引又云：「合爲斗，居陰布陽，故稱北斗。」魁中，猶言斗中也，其第四星與？何以書？記異也。**注**孛者，邪亂之氣。篲者，埽故置新之象也。北斗，天之樞機玉衡，七政所出，是時桓文迹息，王者不能統政。自是之後，齊、晉並争，吴、楚更謀，競行天子之事，齊、宋、莒、魯弑其君而立之應。**疏**注「孛者邪亂之氣」。○《五行志》云：「董仲舒以爲，孛者惡氣之所生也。謂之孛者，言其孛孛有所妨蔽，闇亂不明之貌也。」《釋名·釋天》云：「孛星之旁，氣孛孛然也。」《穀梁》注引劉向曰：「茀星，亂臣之類。」○注「篲者」至「象也」。○昭十七年《左傳》申須曰：「彗者，所以除舊布新也。」又二十六年《左傳》晏子曰：「天之有彗也，以除穢也。」《史記正義》：「見則兵起，除舊布新，彗所指之處弱也。」○注「北斗」至「所出」。○《書·堯典》：「在璿璣玉衡，以齊

❶「夫」，原作「升」，據國圖藏清抄本及《漢書》改。

❷「杓」，《史記索隱》作「標」。

七政。」疏引馬注：「日、月、星皆以璿璣玉衡度知其盈縮、進退、失政所在。聖人謙讓，猶不自安，視璿璣玉衡以驗齊日月五星行度，知其政是與否，重審己之事也。」《初學記》引《運斗樞》云：「五帝所行，同道異位，皆循斗樞機之分，遵七政之紀，九星之法。」❶《史記》注引《文耀鉤》云：「斗者，大之喉舌。玉衡屬杓，魁爲璇璣。」《天官書》云：「斗爲帝車，運于中央，臨制四鄉。分陰陽，建四時，均五行，移節度，定諸紀，皆繫于斗。」是爲天之機樞玉衡也。七政者，《史記》注引《書大傳》云：「七政，謂春、秋、冬、夏、天文、地理、人道，所以爲政也。人道正而萬事順。」又引馬注《書》云：「七政者，北斗七星各有所主：第一曰主日，法天；第二曰主月，法地；第三曰命火，謂熒惑也；第四曰煞土，謂填星也；第五曰伐水，謂辰星也；第六曰危木，謂歲星也；第七曰罰金，謂太白也。日、月、五星各異，❷故名七政也。」與《書傳》小異。○注「是時」至「之應」。○《校勘記》出「王都不能統政」，云：「閩、監、毛本同此本，『王』作『正』，皆誤。鄂本作『王』者，當據正。」《左傳》：「周內史叔服曰：『不出七年，宋、齊、晉之君皆將死亂。』」《穀梁》注引劉向曰：「『北斗貴星，人君之象也；茀星，亂臣之類。』言邪亂之臣將並弒其君。」《五行志下之下》載此經，❸引：「劉歆以爲北斗有環域，四星入其中也。斗，天之三辰，綱紀象也。宋、齊、晉，天子方伯，中國綱紀。彗所以除舊布新也。斗七星，故曰『不出七年』。至十六年，宋人弒昭公；十八年，齊弒懿公；宣公二年，晉趙穿弒靈公。」又引：「董仲舒以爲，北斗，大國象。後齊、宋、魯、莒、晉皆弒君。劉向以爲君臣亂於朝，政令虧於外，則上濁三光之精，五星贏縮，變色逆行，甚則爲孛。北斗，人君象；孛星，亂臣類，篡殺之表也。史之有占明矣，時君終不悟。是後，宋、魯、莒、晉、鄭、陳六國咸弒其君，齊再弒焉。中國既亂，夷狄並侵，兵革縱橫。楚乘威席勝，深入諸夏，六侵伐，一滅國，觀兵周室。晉外滅二國，內敗王師，又連三國之兵大敗齊師于鞌，追亡逐北，東臨海水，威陵京師，武折大齊。皆孛星炎之所及，流至二十八年。《星傳》又曰：『彗星入北斗，有大戰。其流入北斗中，得名人；不入，失名

❶「法」，原作「位」，據《初學記》改。
❷「各」，原作「侯」，據國圖藏清抄本及《史記》改。
❸「志」，原脱，據《漢書》補。

人。』宋華元，賢名大夫，大棘之戰，華元獲于鄭，傳舉其效云。」《占經》引《感精符》云：「孛賊入北斗中者，大國結謀伐天子。」又云：「星孛入北斗，兵大起，將有外以制權。」以兵爲政者，取應大率相同。惠氏士奇《春秋説》云：「漢建安十一年正月，星孛于北斗，首在斗中，尾貫紫宫及北辰。其後魏受禪。晉隆安四年二月己丑，有星孛入北斗魁，至三台。三月，遂經太微帝座端門。占曰：彗星入北斗，經三台，易主之象。其後宋、齊受禪。又惠帝永興二年十月丁丑，有星孛于北斗。占曰：璿璣更授，天子出走。又曰：强國發兵，諸侯爭權。又曰：星孛于斗，王者疾病，天下易政。皆與文十四年同占，故周内史叔服曰：『不出七年，宋、齊、晉之君皆將死亂。』此天下易之象也。由是楚莊觀兵周疆，敗晉師，非所謂彊國發兵，諸侯爭權與？」按：齊、晉並爭，蓋指《宣十七年》「晉、衛伐齊」、《成元年》「齊伐魯」、《二年》「齊敗衛，晉、魯、衛敗齊」之屬。吴、楚更謀，謂楚莊爭霸。《成七年》「吴伐郯」，爲吴伐中國之始。齊、宋、莒、魯事，此年下「齊公子商人弑其君舍」，《十六年》「宋弑杵臼」，❶《十八年》「齊弑商人。子卒。莒弑庶其」是也。

公至自會。疏《莊六年》注：「公與二國以上出會盟，得意致會。」蓋喜得與晉及諸侯盟，猶上書「公至自晉」及上年書「還自晉」義也。

晉人納接菑于邾婁，弗克納。疏《左氏》、《穀梁》「接」作「捷」。《經義雜記》云：「《莊十二年》『宋萬弑其君接』，今《左傳》、《穀梁》作『捷』，賈景伯所見《公羊》、《穀梁》皆作『接』。《僖三十二年》『鄭伯接卒』，《左氏》、《穀梁》作『鄭伯捷』。捷、接二字古多通用。」

納者何？入辭也。疏《九經古義》云：「『納』，當作『内』，古文『入』作『内』。」按：《莊九年》傳亦云：「納者何？入辭也。」《穀梁》於《僖二十五年》傳云：「納者，内弗受也。」蓋「納」兼二義。其言弗克納何？注据言「于邾婁」，與「納頓子于頓」同，俱入國得立辭。疏注「据言」至「立辭」。○即《僖二十五年》「楚人圍陳，納頓子于頓」是也。彼「納頓子于頓」爲入國得立辭，此言「納接菑于邾婁」，與彼文正同，

❶「六」，原作「十」，今據上經文改。

宜亦得國。今云「弗克納」，故難之。大其弗克納也。注克，勝也。鄭伯以勝爲惡，此弗勝，故爲大。疏注「克勝也」。○《詩・小雅・小宛》「飲酒温克」，傳：「克，勝也。」《禮記・禮器》云「我戰則克」，注：「克，勝也。」《荀子・大略》篇：「然而能使其欲利，不克其好義也。」注：「克，勝也。」○注「鄭伯」至「爲大」。○《隱元年》「鄭伯克段于鄢」，傳：「克之者何？殺之也。殺之，則曷爲謂之克？大鄭伯之惡也。」是鄭伯以勝爲惡也。彼以勝爲惡，故此弗勝爲大。《通義》云：「不能納糾，不言『弗克納』，知此言『弗克』者，大之也。先言『納接菑于邾婁』者，致晉君之意也。復言『弗克納』，專郤缺之義也。」何大乎其弗克納？注据伐齊納子糾，恥不能納。疏注「据伐」至「能納」。○《莊九年》「公伐齊納糾」，傳：「其言伐之何？伐而言納者，恥不能納也。」是其諱不克納，故書「伐」以起之也。然則「弗克納」者，蓋可以克而弗克之辭也。晉郤缺帥師，革車八百乘，疏《穀梁傳》：「是郤克也。」與此異。《左氏》又以爲趙盾。陳樹華云：「下十五年至宣九年，郤缺兩見。《穀梁》作『郤克』，乃傳寫之誤。」《左傳》亦云：「以諸侯之師八百乘納接菑于邾。」以納接菑于邾婁，力沛若有餘，注沛，有餘貌。疏注「沛有餘貌」。○《廣雅・釋詁》：「沛，大也。」《漢書・五行志》「沛然自大」，《楚辭・九歌》「沛吾乘兮桂舟」，《孟子・梁惠王》云「沛然下雨」，《音義》：「『沛』字亦作『霈』。」《初學記》、《太平御覽》俱引作「霈」。《華嚴經音義》引《文字集略》云：「霈，謂大雨也。」大雨即有餘意。《經傳釋詞》：「若，猶然也。《易・乾》九三：『夕惕若厲。』《離》六五：『出涕沱若，戚嗟若。』《巽》六二：『用史巫紛若。』義亦同也。」而納之。邾婁人言曰：「接菑，晉出也。貜且，齊出也。注出，外孫也。疏注「出外孫也」。○《穀梁傳》注：「姊妹之子曰出。」《公羊問答》曰：「此即《爾雅・釋親》『男子謂姊妹之子爲出，女子子之子爲外孫也。』」按：《爾雅》「出」與「外孫」不同。《釋名》曰：「姊妹之子曰出。出嫁於異姓而生者也。」郭注《爾雅》引《襄五年傳》：「蓋舅出也」文。此以「出」爲「外孫」者，爲同爲嫁于異姓所出故也。《左傳·成十三年》云：「康公，我之自出。」時已景公世，自不必專屬姊妹子言矣。《儀禮·喪服》有「外孫」，又《僖五年》注有「禮，外孫初冠，有朝外祖之道」，皆謂女子子也。蓋凡姊妹子、女子子，皆可謂之出，爲其出嫁後所出也。**子以其指，**注指，手指。疏注「指手指」。○《説文·手部》：「指，手指也。」舊疏云：「子謂郤缺，言子以手指，指麾于邾婁，令使納接菑也。」此説迂回。「子以其指」，蓋欲令以指喻也。喻義在下。**則接菑也四，矍且也六。**注言俱不得天之正性。疏注「言俱」至「正性」。○毛本「俱」誤「据」。《公羊問答》云：「注『言俱不得天之正性』，何也？曰：《莊子·駢拇》篇：『駢拇枝指，而侈於德。附贅懸疣，而侈於性。』《釋文》：『司馬云：性，人之本體也。駢拇、枝指、附贅，懸疣，此四者各出於形性，而非形性之正。』」疏云：「舊云『子以其指』者，言凡立子之法，以其手指相似，則『接菑』猶人之四指，『矍且』猶人之六指，皆異於人，故曰『俱不得天之正性』也。」《通義》云：「謹案：子，稱郤缺也。凡以手計數者，屈四指，伸小指，則爲四；偏屈五指，還伸小指，則爲六。此軍中遥相語。舉手小指以示郤缺，言接菑比之於指，如計四數者然也，矍且如計六數者然也。❶其實皆以小指喻庶孽爾。」《讀書叢録》云：「按：疏『以其手指相似』，則接菑猶人之四指，矍且猶人之六指。右手將指，連左手言之，則爲第六指；離左手言之，則爲第一指，故下文云『矍且也長』。」按：洪氏迂回，孔義較是。然與何義「俱不得天之正性」不合，故舊疏引舊説以四指、六指者喻之也。其舊疏云：「地四生金于西方，地六成水于北方，皆非天數也。言此者，喻皆庶子矣。」亦未是，於以指何涉？**子以大國壓之，**注壓，服也。服邾婁使從命。疏《釋文》：「壓，於甲反，服也。」《校勘記》云：「此當本作『厭之』，何訓爲『服』，不當加土。」○注「厭服也」。○《荀子·正論》云「天下厭然，❷與鄉無以異也」，注：「厭然，順服貌。」《禮·既夕記》「纓條屬厭」，注：「厭，伏也。」《後漢書·桓榮傳》、《胡廣傳》注並云：「厭，伏也。」**則未知齊、**

❶「六」，原作「大」，據《公羊春秋經傳通義》改。
❷「然」，原作「焉」，據《荀子》改。

晉孰有之也。**注**設齊復興兵來納玃且，亦欲服邾婁使從命，未知齊、晉誰能使外孫有邾婁者。**疏**正以齊亦大國故也。時晉霸中衰，故邾婁人以理與勢並舉卻之。貴則皆貴矣。**注**時邾婁再娶，二子母尊同體敵。**疏**注「時邾」至「體敵」。○《左傳》：「邾文公元妃齊姜生定公，二妃晉姬生捷菑。文公卒，邾人立定公，捷菑奔晉。」是邾婁再娶也。《白虎通·嫁娶》篇：「必一娶何？防淫泆也。爲其棄德嗜色，故一娶而已。人君無再娶之義也。」《莊十九年》傳云：「諸侯一聘九女，諸侯不再娶。」注：「不再娶者，所以節人情，開媵路。」故聘婚未往而死，媵仍當往，以示不再娶之義。邾婁元妃卒後，復娶于晉，衰世諸侯不能如禮也。玃且，元妃所生，則玃且適子之位已正。晉人欲以庶奪嫡，邾婁人不敢以嫡庶名分卻之，故曰「貴則皆貴」也。《通義》云：「皆大國外孫，故言『皆貴』，此對晉人爲婉遜辭云爾。」是也。舊疏云：「蓋皆是右媵之子，或是左媵之子，言非姪娣所生也。」非注義。如左右媵則自有定序，見《隱元年》注，不得以長幼論也。注明言「再娶」，與《左傳》合，非所謂左右媵也，亦非以姪娣與二媵較貴賤也。雖然，玃且也長。」**注**既兩不得正性，又皆貴，唯當以年長故立之。**疏**《隱元年》傳「立子以貴不以長」，既皆貴，故以長也。邾婁君兩娶，本失正，不敢斥君之非，故渾云「兩不得正性」，其實玃且正，接菑不正也。《穀梁》云：「玃且，正也；捷菑，不正也。」注：「正，適也。」是也。郤缺曰：「非吾力不能納也，義實不爾克也。」**注**如邾婁人言，義不可奪也，故云爾。**疏**《校勘記》出「爾克」，云：「《唐石經》、鄂本、閩、監本同。毛本『爾克』誤倒。」《穀梁傳》曰：「弗克納，未伐而曰『弗克』，何也？弗克，其義也。」注「非力不足，義不可勝」是也。按：邾婁人詭辭以謝晉，晉人藉義以自解，故如邾婁人言而退也。引師而去之，故君子大其弗克納也。**注**大其不以已非奪人之是。**疏**惠氏士奇《春秋說》云：「《易·同人》之九四：『乘其墉，弗克攻，吉。』《象》曰：『乘其墉，義弗克也。』其吉則困而反則也。』弗克而還，可謂困矣。困而反則，君子善之，故

《易》稱吉，又何譏焉？趙匡曰：『此乃譏其不量力而勞師爾。聞義能止，差可補過，何足美之？』如其說，則爻辭當云『无咎』。无咎者，善補過也。曷爲繫之以吉哉？❶蓋有過則改，聞義則徙，善之大者，非徒无咎矣。《公羊》之説，誠得《春秋》微旨。趙匡好駮先儒，以其説不可通於《易》、《詩》、《書》，則云《春秋》之例不可通於他經，妄之妄者也。六經皆聖賢之語，曷爲不可通哉？學者詳之。」按：《左傳》：「宣子曰：『辭順而弗從，不祥。』乃還。」注云「大其不以己非奪人之是」也。惟以爲宣子事爲異。此晉郤缺也，其稱人何？疏《通義》云：「据傳言『郤缺率師，革車八百乘』，❷則非將卑師少文。」貶。曷爲貶？注据趙鞅納蒯聵不貶。疏注「据趙」至「不貶」。○即《哀二年》「晉趙鞅帥師，納衛世子蒯聵于戚」是也。彼疏云：「郤缺納不正，貶稱人，今趙鞅亦納不當得位之人，而不貶，正以納父罪不至貶也。」是其義也。不與大夫專廢置君也。疏《繁露·王道》云：「大夫不得廢置君。」又云：「觀於晉郤缺之伐邾婁，知臣下作福之誅。」今本「君」下衍「命」字，非也。《穀梁傳》：「其曰人何也？微之也。何爲微之也？長轂五百乘，緜地千里，過宋、鄭、滕、薛，敻入千乘之國，欲變人之主，至城下然後知，何知之晚也。」杜預取以説《左氏》。按：興師伐國，皆所甚惡，《春秋》何不槩貶之稱人？況納接菑事，必受君命，專責之帥師，無是理也。曷爲不與？注据大其弗克納。實與，注弗克納是。而文不與。疏《通義》云：「弗克納者，與之，實也。稱人者，不與之，文也。」文曷爲不與？大夫之義，不得專廢置君也。注不復發「上無天子，下無方伯」傳者，諸侯本有錫命征伐，憂天下之道故，明有亂義，大夫不得專也。接菑不繫邾婁者，見挈于郤缺也。不氏者，本當言邾婁接菑，見當國也。疏注「不復」至「道故」。○《僖元年》、《二年》、《十四年》「救邢」、「城楚丘」、「諸侯城緣陵」，經皆

❶「哉」，原作「者」，據《惠氏春秋説》改。
❷「革車」，原脱，據《春秋公羊經傳通義》補。

實與文不與。傳皆云「上無天子，下無方伯，天子諸侯有相滅亡者，力能救之則救之，可也。」此不發是傳，故明云。以《王制》云「諸侯賜弓矢然後征，賜鈇鉞然後殺」，是諸侯得天子錫命即可專征伐，且保伍連帥本有相救卹之道，是諸侯憂天下宜也。與大夫不同，故得發彼傳。○注「明有」至「專也」。○舊疏云：「言大夫若有專廢置君者，即是亂義，故曰『明有亂義，大夫不得專也』，正由大夫不得專廢置故也。」○注「接菑」至「缺也」。○舊疏云：「据《僖二十五年》『納頓子』繫頓也。」按：接菑進退在郤缺，故不繫以邾婁也。郤缺之宜貶愈見。《左氏》家劉炫云：「已云邾國，又非邾君，故不稱邾接菑也。」然則蒯聵亦去衛，納時亦未得國，何爲繫之衛與？○注「不氏」至「國也」。○舊疏云：「据《宣十一年》『納公孫甯、儀行父于陳』，皆言氏也。」《莊九年》「齊小白入于齊」，❶傳：「曷爲以國氏？當國也。」注：「當國，故先氏齊也。」此本當言邾婁接菑當國，如齊小白例，因本未得國，而又見挈于郤缺，與鄭段亦異，故去其國見義不得更氏也。

九月甲申，公孫敖卒于齊。**注**已絶，卒之者，爲後齊脅魯歸其喪有恥，故爲内諱，使若尚爲大夫。**疏**包氏慎言云：「九月書甲申，月之十二日。」《通義》云：「日者，罪不若弑君重。」《穀梁傳》曰：「其地，于外也。」○注「已絶」至「大夫」。○上《八年》「公孫敖奔莒」，《春秋》之例，大夫出奔則絶其大夫，公子慶父、臧孫紇之屬是也，則不得書卒。今敖書卒，故解之。脅歸其喪，即下《十五年》「齊人歸公孫敖之喪」是也。《穀梁傳》曰：「奔大夫不言卒，而言卒，何也？爲受其喪，不可不卒也。」是亦爲内諱義也。《禮記・王制》云：「大夫廢其事，終身不仕，死以士禮葬之。」注：「以不任大夫也。」疏：「致仕而退，死得以大夫禮葬。」故《論語注》云「大夫退，死葬以士禮，致仕以大夫禮葬」是也。是以《春秋》大夫有過被黜則不書卒，以其卒時非大夫故也。公孫敖出奔，視被黜重矣，當絶，尤不當卒，茲卒之，故爲内諱文，使若尚爲大夫也。大夫去國，得尚爲大夫者，以臣子以義去者，君有

❶「莊」，原作「僖」，引文見莊公九年，據《春秋公羊傳注疏》改。

不絶其禄之事。《禮記·曲禮》云：「去國三世，爵禄有列于朝。」《白虎通》引《援神契》云：「臣待放于郊，君不絶其禄，參分之二與之，一留與其妻長子，使得祭其宗廟。」是也。

齊公子商人弑其君舍。

此未踰年之君也，其言弑其君舍何？ 注 据弑其君之子奚齊也。連名何之者，弑成君未成君俱名，問例所從也。疏 注「据弑」至「齊也」。○即《僖九年》「晉里克弑其君之子奚齊」，傳：「弑未踰年君之號也。」亦弑未踰年君，不言弑其君而引先君冠子上，與此殊，故据以難。○注「連名」至「從也」。○《春秋》之例，弑成君未成君皆名。成君名者，《隱四年》「衛州吁弑其君完」、《莊八年》「齊無知弑其君諸兒」之屬是也。未成君名，則此及《哀三年》「齊陳乞弑其君荼」是也。此若止問弑其君，嫌僅問未踰年君何以稱其君，故連名問之，正以問例所從也。据下傳意，則從成君例矣。**己立之，己殺之，** 注 商人本正當立，恐舍緣潘意爲害，故先立而弑之。疏《通義》云：「己、己，商人也。己代舍立乎其位，而實即己手刃之，與里克殺君之子而不自篡者異。」《齊世家》云：「舍之母無寵於昭公，國人莫畏。昭公之弟商人以桓死，陰交賢士，附愛百姓。及昭公卒，子舍立，孤弱，即與衆弑舍自立。」是其事也。惟以商人爲昭公弟，用《左氏》義。○注「商人」至「弑之」。○舊疏云：「正以弑舍不書日，見不正遇禍，則知商人本正明矣。」然則《公羊》以商人爲潘之適，舍爲庶，潘立舍、立商人未定，商人緣潘有廢立意，故先立舍而害之也。則與《左氏》叔姬無寵情事亦殊。

成死者而賤生者也。 注 惡商人懷詐無道，故成舍之君號，以賤商人之所爲。不解名者，言成君可知。從成君不日者，與卓子同。疏《繁露·精華》云：「《春秋》痛之中有痛，無罪而受其死者，申生、奚齊、卓子是也。惡之中有惡者，❶己立之，己殺之，不得如他臣之弑君者，齊公子商人是也。故晉禍痛而齊禍重，《春秋》傷痛而敦重，是以奪晉子繼位之辭，

❶「惡者」，原脱，據《春秋繁露》補。

與齊子成君之號，詳見之也。」○注「惡商」至「所爲」。○正以己立之、己殺之是懷詐無道也。《春秋》貴信而賤詐，故於商人尤賤之。《通義》云：「後商人遭弒，且爲責討賊，成之爲君，不於此正其君臣之分，則嫌商人有可立道，故正名之。成舍爲君而見商人賤爲賊也。」按：《穀梁傳》：「舍未踰年，其曰君何也？成舍之爲君，所以重商人之弒也。」注：「舍不成君，則殺者非弒也。」義亦同。彼傳又云：「商人其不以國氏何也？不以嫌代嫌也。」注：「《春秋》以正治不正，不以亂平亂。舍不宜立，有不正之嫌，商人專權，有當國之嫌，故不書國氏，明不以嫌相代。」是亦以舍立不正也。己成舍爲君，商人不以國氏，其罪惡已見矣。○注「不解」至「子同」。○《僖十年》「春，晉里克弒其君卓子」，注云：「不正遇禍，終始惡明，故略之也。」正以成君例書日。此不日，故與彼同。《通義》云：「不日者，弒未踰年君正例也。」然此已成舍爲君，則不得同未踰年君例也。不解名者，《僖九年》注：「連名者，上不書葬子某，弒君名未明也。」彼意以恐人不知奚齊之名，爲是先君未葬稱子某，似若子般、子野之屬。爲若被弒之故稱名，似若諸兒、卓子之屬。故將名連弒問之。此不解稱舍之義，以上言其君，明從成君被弒之故也。

宋子哀來奔。

宋子哀者何？無聞焉爾。**疏**《九經古義》云：「《公羊》主內娶之説，故以子哀書字爲無聞。」❶《隱二年》注云：「《春秋》有改周受命之制，孔子救時遠害，又知秦將燔《詩》、《書》，其説口授相傳，至漢公羊氏及弟子胡毋生等，乃始記于竹帛，故有所失也。」《穀梁傳》：「其曰子哀，失之也。」疏引舊解云：「失之者，謂其未達稱子之意。」與《公羊》「無聞」之義同。

冬，單伯如齊。齊人執單伯。齊人執子叔姬。

執者曷爲或稱行人？或不稱行人？**注**此問諸侯相執大夫所稱例。**疏**《穀梁傳》注云：「單伯，魯大夫。」按：《莊元年》有「單伯逆王姬」，《十四年》有「單伯會伐宋」，此或其後與？○注「此問」至「稱例」。○事具下。稱行人而執者，以其事

❶「書」上原衍「爲」字，據《九經古義》刪。

執也。**注**以其所銜奉國事執之，晉人執行人叔孫舍是也。**疏**注「以其」至「是也」。○見昭二十三年。彼年正月「叔孫舍如晉」，《公羊》無傳，其爲銜奉國事至晉明也。不稱行人而執者，以已執也。**注**已者，已大夫，自以大夫之罪執之。分別之者，罪惡各當歸其本。**疏**即此及《莊十七年》「齊人執鄭詹」是也。其《僖四年》「齊人執陳袁濤塗」，雖爲國事，然辟軍之道，其罪由濤塗自致也。○注「分別」至「其本」。○《校勘記》云：「浦鏜云：『當各』字誤倒。」《穀梁傳》曰：「齊人執單伯，私罪也。」所謂罪惡當各歸其本也。單伯之罪何？道淫也。惡乎淫？淫乎子叔姬。**注**時子叔姬嫁，當爲齊夫人，使單伯送之。**疏**《校勘記》出「淫乎」，云：「《唐石經》、諸本同。毛本『乎』誤『于』。」《穀梁傳》曰：「單伯淫于齊，齊人執之。齊人執子叔姬，叔姬同罪也。」○注「時子」至「送之」。○《公羊》與《穀梁》同。《穀梁疏》云：「單伯是天子命大夫，魯人遣送叔姬，未至而與之淫。」《左氏》以叔姬爲昭公妃，單伯爲天子大夫，爲魯請叔姬。與《公》、《穀》異。然則曷爲不言齊人執單伯及子叔姬？**注**据夫人婦姜繫公子遂。**疏**注「据夫」至「子遂」。○《宣元年》「遂以夫人婦姜至自齊」是也。內辭也，使若異罪然。**注**深諱使若各自以他事見執者。不書叔姬歸于齊者，深諱以起道淫。書單伯如齊者，起送叔姬也。齊稱人者，順諱文，使若非伯討。**疏**注「深諱」至「執者」。○《穀梁疏》云：「王則闇於取人之術，魯則失於遣使之宜，故經不書叔姬歸于齊。再舉齊執之文者，使若異罪然，所以爲諱也。」按：內辭者，爲內諱辭也。魯不能教正其女，致令淫泆，故深爲諱。○注「不書」至「道淫」。○舊疏云：「欲決《隱二年》『冬十月，伯姬歸于紀』之屬書歸也。言深諱者，正以子叔姬有罪故也。言『以起道淫』者，謂深諱不言其歸，即是以起道淫之義。何者？若更爲小事見執，何須諱其歸于齊？今不言歸于齊，而與單伯俱見執，明其在道與單伯淫，于歸事不醒醒矣。或曰不書歸于齊者，深諱其起道淫故也。何者？若言叔姬歸于齊，齊人執單伯，齊人執子叔姬，即有道淫之理也。」按：或説亦通。蓋正爲魯諱道淫，何爲又起之與？○注「書單」至「姬也」。○不書叔姬歸于齊，但書單伯如齊，即書齊人執單伯，齊人執子叔姬，則單伯送叔姬自見，道淫亦可見，所謂微而顯也。○注「齊稱」至「伯討」。○《僖四年》傳：「稱侯而執者，伯討也。稱人而執者，非伯討也。」單伯、叔姬有罪，嫌齊執爲伯討，故稱人，不以伯討與之，順諱文也。《通義》云：「内大夫執例，無罪月，有罪不月。雖有罪，猶稱人以執者，内辭也。不使伯討行乎我也。」孔説亦可從。

十有五年，春，季孫行父如晉。

三月，宋司馬華孫來盟。**注**月者，文公微弱，大夫秉政，宋亦蔽於三世之黨，三亂結盟，故不與信辭。不稱使者，宋無大夫。官舉者，見宋亂也。録華孫者，明惡二國，非以月惡華孫也。**疏**注「月者」至「秉政」。○涖盟、來盟皆時。《桓十四年》夏「鄭伯使其弟語來盟」是也。此月，故解之。大夫秉政者，舊疏云：「即公子遂是也。」○注「宋亦」至「之黨」。○上《八年》傳云：「曷爲皆官舉？宋三世無大夫，三世内娶也。」謂慈父、王臣、處臼也。彼注云：「宋以内娶，故威勢下流，三世妃黨争權相殺。」是爲人君之蔽也。○注「三亂」至「信辭」。○《校勘記》云：「『三』，閩、監、毛本同，誤也。鄂本『三』作『二』，當据正。此本『三』字剜改，當本作『二』。」舊疏云：「《春秋》之例，凡莅盟、來盟，例皆書時，欲見王者當以至信先于天下故也，是以《桓十四年》注云『時者，❶從内爲王義，明王者當以至信先天下』是也。今而書月，故言不與信辭耳。」○注「不稱」至「大夫」。○舊疏云：「正決『鄭伯使其弟語來盟』之文矣。」宋無大夫者，《僖二十五年》、《文七年》、《八年》皆云「宋三世無大夫，三世内娶也」。○注「官舉」至「孫也」。○《通義》云：「承上官舉而復加名氏者，來接乎内，録之也。」按：大夫之義，例不官舉。上《八年》書「殺司馬，司城來奔」，以官舉，見宋之亂。此亦宜止官舉而詳録華孫者，正以見華孫無惡。書月不書時，專以起宋亂，故不與信辭也。《穀梁》注范泰亦以「録名以存善」，

❶「者」，原作「以」，據《春秋公羊傳注疏》改。

惟其解稱官爲異。

夏，曹伯來朝。

齊人歸公孫敖之喪。

何以不言來？**注**据齊人來歸子叔姬。**疏**注「据齊」至「叔姬」。○下「十二月，齊人來歸子叔姬」是也。内辭也。脅我而歸之，筍將而來也。**注**筍者，竹箯，一名編輿，齊、魯以此名之曰筍。將，送也。爲叔姬淫，惡魯類，故取其尸置編輿中，傳送而來，脅魯令受之，故諱不言來，起其來有恥，不可言來也。不月者，不以恩録，與子叔姬異。**疏**《校勘記》云：「脅我，《唐石經》、鄂本、閩本同。監、毛本『我』誤『物』。」○注「筍者」至「曰筍」。○《校勘記》出「以此」云：「閩、監、毛本同，誤也。鄂本、蜀大字本『此』作『北』，《漢制考》同，當据正。」按：紹熙本亦作「北」。《九經古義》云：「《史記·張陳列傳》『上使泄公持節問貫高箯輿前』，服虔曰：『箯，音編。編竹木如今峻，可以糞除也。』韋昭音如頻反，云：『如今輿牀，人輿以行。』郭璞《三倉解詁》云：『箯轝，❶土器。音部典反。』❷按：服虔云『如今峻』，『峻』即『筍』也，同物同音。小顔云：『形如今之食輿。』師古，唐人，豈識漢時箯輿？諸説唯服子慎與何邵公合，蓋目擊之，與耳食異也。」今按：《釋文》云：「筍音峻。」與服義合。又引韋昭「音如頻反」。《通志》本無「反」字，是也。《説文·竹部》：「箯，竹輿也。」「峻」與「筍」、「箯」古音通。段氏玉裁注云：「《公羊》、《史記》、《説文》『輿』皆去聲，亦作『轝』、作『舉』。」又《車部》：「輂，大車駕馬者也。」段又云：「按：《左氏傳》『陳畚挶』，挶者，土轝。《漢·五行志》作『輂』，是『挶』乃『輂』之或字也。《史記·河渠書》『山行即橋』，一作『檋』，《夏本紀》正作『檋』。《漢書·溝洫志》作『山行則梮』，韋昭曰：『梮，木器，如今轝牀，人舉以行也。』然則《周禮》輂之制，四方，如車之輿，故曰轝。或作『轝』。或駕馬，或人舉，皆宜。用之徙土，則謂之土輿，即《公羊》之『筍』，

❶「轝」，原作「舉」，據《九經古義》改。

❷「部」，《九經古義》作「步」。

《史記》之『箯輿』也。❶用之舁人，則謂之橋。橋，即《漢書》『輿轎而越嶺』之『轎』字也。《禮經》『輁軸』，即『輂』字之異者，注云『輁，❷狀如長牀』是也。」然則「筍」狀如輂，但以竹爲之。或馬引，或人舉，未可知耳。《通義》云：「筍，未詳。舊云取其尸置編輿中。敖死已閱八月，豈得尸猶可致此？明事之不然。古者柳車上飾以竹，爲池容，得有筍名，即《左氏》所謂『飾棺置諸堂阜』者與？」劉氏寶楠《愈愚録》云：「《史記·張耳傳》『上使泄公持節問之箯輿前』，韋昭曰：『輿，如今輿牀，人舁以行。』韋注『輿』上當有『箯』字。《説文》云：『箯，竹輿也。』是『筍』亦輿牀，其制雖有竹木之異，而爲今之轎無疑也。从木則爲『檋』爲『楇』，从竹則爲『筍』爲『箯』也。《漢書·嚴助傳》『輿轎而隃領』，❸服虔曰：『轎，音橋梁，謂隘道輿車也。』臣瓚曰：『今竹輿車也。江表作竹輿以行是也。』項昭曰：『陵絶水曰轎，音旗廟反。領，山領也。不通船車，運轉皆擔輿也。』師古曰：『服音、瓚説是也，項氏謬矣。此直言以轎過領耳，❹何云陵絶水乎？如師古説，是轎爲輿牀，即今之肩輿也。」按：楇，即輿牀，今山行亦用之。其制如肩輿而稍短，故韋以爲如今輿牀也。檋、楇音近，故《本紀》作「檋」。「檋」作「橋」，亦是叚音之字。「橋」與「轎」同，《南齊書·薛淵傳》：「淵從駕，乘虜橋。先是敕羌虜橋不得入仗，❺爲有司所奏，免官見原。」虜橋，即虜轎，此古稱之僅存者。今按：作「楇」、作「檋」、作「橋」，音義展轉相通。謂如今之肩輿，或竹或木，或有帷無帷，其制率相似。唯此傳「筍」不得以「肩輿」目之，無論敖死已數月，即甫死之尸，亦無載以肩輿之禮，當如《史記》注服、韋、郭三家之説。或如栱牀若長牀，人舁以行者。「筍」字从竹，當以竹爲之，或兼用木，非生人所用之具也。惠、孔二家説近是。俞氏樾曰：「公孫敖之死，至此已閱八月，豈其尸猶可置之編輿中？何解非也。今按：筍者，以横木縣其板，使人舁之也。其名蓋起於『筍虡』之『筍』。《攷工記》『梓人爲筍虡』，鄭注：『樂器

❶「史記」，原作「左氏」，據《説文解字注》改。
❷「輁」，原作「栱」，據《説文解字注》改。
❸「輿」，原作「乘」，據《愈愚録》及《漢書》改。
❹「言」，原作「是」，據《愈愚録》改。
❺「仗」，原脱，據《南齊書》補。

所縣，横曰筍，❶從曰虡。』❷凡事理之相近者名即相通，横木以縣鐘鼓謂之筍，故横木以縣棺亦謂之筍。試比類以求之，牀前横木謂之杠，《説文·木部》：『杠，牀前横木也。』而横木以渡水亦謂之杠，《孟子·離婁》篇『十一月徒杠成』是也。車前横木謂之扃，宣十二年《左傳》服注『扃，車前横木也。』而横木舉鼎亦謂之扃，《士冠禮》『設扃鼏』是也。皆其例矣。《釋文》：『筍，音峻。』《史記·張陳列傳》『上使泄公持節問貫高箯輿前』，服曰：『箯音編，編竹木如今峻，可以糞除也。』陸氏音『筍』爲『峻』，蓋本服氏之説。夫箯輿不妨亦有筍名，然敖死已久而猶得於箯輿中，❸傳致其尸，萬無是理。《釋名·釋樂器》曰：『筍，峻也。』是『筍虡』之『筍』亦可讀如『峻』矣。」○注「將送也」。○《爾雅·釋言》文。《詩·邶風·燕燕》云「遠于將之」，箋云：「將亦送也。」○注「爲叔」至「來也」。○《禮記·曲禮》云：「在牀曰尸。」注：「尸，陳也。言形體在。」《白虎通·崩薨》篇「失氣亡神，形體獨陳」是也。按：敖死已閱八月，誠如孔氏所説，豈得尸猶可致？蓋尸柩古通名。《左傳·隱元年》云「贈死不及尸」，杜云：「尸，未葬之通稱。」蓋即取敖柩置編輿中，傳送而來也，脅魯令受，故諱不言來。《通義》云：「本送柩于竟上，迫魯使受。非有使來，故不言『來』，猶言『歸』公孫敖之喪，若以禮歸之者爲内辭爾。」❹是也。○注「不月」至「姬異」。○下「十有二月，齊人來歸子叔姬」，書月，此不月，故解之，正以棄歸之例。無罪者月，叔姬雖有罪，推閔之意，猶恩録之，與無罪等也。

六月辛丑朔，日有食之。鼓用牲于社。**注**是後楚人滅庸，宋人弑其君處臼，齊人弑其君商人，宣公弑子赤，莒弑其君庶其。

疏注「是後」至「庶其」。○舊疏云：「楚人滅庸，即下《十六年》『楚人、秦人、巴人滅庸也』。」「宋人弑其君處臼」，見下十六年冬。「齊人弑其君商人」，見下十八年夏五月。「宣公弑子赤」，《十八年》「冬，子卒」。傳云：「子者孰謂？謂子赤也。何以不日？隱之也。何隱

❶「筍」，《周禮注疏》作「簨」。
❷「從」，《周禮注疏》作「植」。
❸「中」，原作「尸」，據《群經評議》改。
❹「者」、「内」，原脱，據《公羊春秋經傳通義》補。

爾？弑也。」「莒弑其君庶其」，在《下十八年》冬。《漢書・五行志》云：「文公十五年六月辛丑朔，日有食之。董仲舒、劉向以爲後宋、齊、莒、晉、鄭八年之間五君殺死，夷滅舒蓼。劉歆以爲四月二日魯、衛分。」包氏慎言云：「六月書辛丑朔，日有食之。据曆，辛丑六月之二日，非朔也。」同劉歆説也。

單伯至自齊。 注 大夫不致，此致者，喜患禍解也。不省去氏者，淫當絶，使若他單伯至也。 疏 注「大夫」至「解也」。○舊疏云：「正以内大夫出聘，例書至故也。」○注「不省」至「至也」。○舊疏云：「正以《昭十四年》『春，隱如至自晉』，彼是被執而歸，省去氏，今單伯存氏，故解之。」包氏慎言云：「絶者，謂絶不使爲大夫。諸侯不得專殺大夫，但得放棄之，賜玦不反也。故云『使若異單伯至』。單伯淫而絶，則叔術之妻嫂竊國，論其絶也必矣。《公羊》以其讓國之功，除其前之淫罪，蓋論人君與士大夫異科。君與國爲體，有功于國，其餘小過則略之，故齊桓之姊妹不嫁，晉文之納懷嬴，《春秋》皆不之責焉，以其拯生民之功大也。叔術妻嫂之罪宜絶，而其見幾能作，舉國授之夏父，免數世争篡之禍。以隱桓之事衡之，則術之當幾立斷而不受辱，其智爲不可及矣。故《春秋》即其絶于邾婁者，通其子孫於天下，功罪並見。言如叔術者乃可免於誅，其子孫乃可不以先人爲辱耳。聖人目覩時變，舉一叔術爲鑑，非惡叔術也。以爲如此而不免於誅則誅之不勝誅矣。」《解詁箋》云：「命大夫故不名，去單言伯則不辭。」《通義》云：「莊元年之單伯未見録卒，則此仍是一人，與桓十五年家父上距幽王之世『家父作誦』年數亦略相等。古人多壽考，以《詩》證此，可無疑也。自後遂不録卒者，蓋以道淫罪重故也。」按：家父之是否一人，亦未可定。計莊元年至此八十三年，莊元年已能奉使逆王姬，亦須二十而冠後，則應一百餘矣。至此尚在，而能如齊，且道淫叔姬，此必無之理，其非一人可知。其書「單伯至自齊」，應仍是順諱文。使若單伯以他事如齊，今未歸也。

晉郤缺帥師伐蔡。戊申，入蔡。 疏 包氏慎言云：「六月又書戊申，月之九日也。」

入不言伐，此其言伐何？至之日也。其日何？ 注 据甲寅齊人伐衛日伐也。 疏

《莊十年》傳云「戰不言伐，圍不言戰，入不言圍」，此入而言伐，故弟子据而爲難。《通義》云：「晉强而蔡無備，至日即入其國也。」○注「据甲」至「伐也」。○《莊二十八年》「春王三月甲辰，齊人伐衛」，是日伐也。**至之日也。**注嫌至日伐，不至日入，故曰入也。主書，與甲寅同義。疏《通義》云：「不日，則至日入意未顯。」○注「嫌至」至「入也」。○正以若不書日在入蔡上，嫌至日伐不至日入也。○注「主書」至「同義」。○即彼傳云：「伐不日，此何以日？至之日也。」注：「用兵之道，當先至竟侵責之，不服乃伐之。今日至，便以今日伐之，故日以起其暴也。」此與甲寅同義。蓋亦以郤缺今日至，便以今日入，故書日以起其暴也。《校勘記》出「故曰入也」，云：「鄂本同，蓋誤。閩、監、毛本作『日』。」《穀梁疏》以「伐入兩舉」爲「伐而不即入，❶日」，非。

秋，齊人侵我西鄙。疏《左傳》本無「秋」字者，脱文也。石經、宋本、淳熙本、岳本、足利本「齊人」上有「秋」字。

季孫行父如晉。

冬，十有一月，諸侯盟于扈。注不序不日者，順上諱文，使若扈之盟，都不可得而知。疏注「不序」至「而知」。○上《七年》「秋八月，公會諸侯、晉大夫盟于扈」，傳云：「諸侯何以不序？大夫何以不名？公失序也。公失序奈何？諸侯不可使與公盟，眣晉大夫使與公盟也。」注：「文公爲諸侯所賤薄，不見序，故深諱，爲不可知之辭。」不日者，順諱爲善文也。然則此若序若日，則七年之諱見而恥著，故仍順上諱文，不日不序，作爲不可得知之辭也。《通義》云：「諸侯不序者，爲前扈之盟故也。《春秋》有録内而略外，無略内而録外。公會猶不序，公不會而序，則傎矣。不日者，明不序意，非以諸侯不信而略之。」

十有二月，齊人來歸子叔姬。

其言來何？注据齊人歸公孫敖之喪不言來。疏注「齊人」至「言來」。○見上。**閔之也。**注閔傷其棄絶來歸。疏《通義》云：「故

❶「即」，原作「及」，據《春秋穀梁傳注疏》改。

猶從大歸曰來，歸之文但繫齊人，爲別異耳。無罪痛之曰隱，有罪痛之曰閔。」此有罪，何閔爾？父母之於子，雖有罪，猶若其不欲服罪然。**注**孔子曰：「父爲子隱，子爲父隱，直在其中矣。」所以崇父子之親也。言齊人不以棄歸爲文者，令與敖同文相發明。叔姬于文公爲姊妹，言父母者，時文公母在，明孝子當申母恩也。月者，閔録之，從無罪例。**疏**《穀梁傳》曰：「其言來歸何也？父母之於子，雖有罪，欲其免也。」注：「凱曰：書來歸，是見出之辭。有罪之人，猶與貴稱，書之曰子者，蓋父母之恩，欲免罪也。」以彼傳云「其曰子叔姬，貴之也」故也。○注「孔子」至「親也」。○見《論語・子路》篇。《白虎通・五行》云：「父爲子隱，何法？法水逃金也。」《鹽鐵論・周秦》篇云：「父母之於子，雖有罪且匿之，豈不欲服罪爾。子爲父隱，父爲子隱，未聞父子之相坐也。」按：今律有「親屬相爲容隱」條，凡同居，若大功以上親，有罪相爲容隱，皆勿論。亦此義也。《春秋決事》云：「《春秋》之義，父爲子隱，子爲父隱。甲宜匿乙是也。」舊疏：「即言來以閔之是也。」○注「言齊」至「發明」。○《校勘記》出「令與」云：「鄂本、宋本、閩本同。監、毛本『令』作『今』。」舊疏云：「若以棄歸爲文，即言子叔姬來歸，不言齊人，即《宣十六年》『郯伯姬來歸』之文是。今言『齊人來歸』，故謂之同文也。言『相發明』者，言敖爲齊所惡而來歸之，今此亦爲齊人所歸之，故曰『相發明』耳。」按：公孫敖言歸，子叔姬言來歸，而曰同文者，書來與否，内録辭。其爲齊人歸者同也，知亦爲齊人所惡，故相發明也。○注「叔姬」至「恩也」。○上《四年》始「逆婦姜于齊」，知不得有女出適，故以爲文公姊妹。下《十六年》「夫人姜氏薨」，《十七年》「葬我小君聖姜」，傳：「聖姜者何？文公之母也。」是時文公母在也。《通義》云：「子叔姬，文公母妹，而以父母言之者，爲内明義，孝子當緣父母意恩閔之也。爲人子者，通於《春秋》則能以父母之心愛其昆弟姊妹，而友弟之道行乎天下矣。」○注「月者」至「罪例」。○舊疏云：「正以棄歸之例，有罪者時，《宣十六年》『秋，郯伯姬來歸』是也。無罪者月，《成五年》『春，王正月杞叔姬來歸』之屬是也。」《通義》云：「凡來歸，無罪時，有罪月。

子叔姬有罪矣，而猶若不欲其服罪者，《春秋》有以義治，有以恩治。恩不本義，私恩也；義不本恩，亦非公義也。雖有法度，不足以一天下，天下惟情出於一。故義者，必因人之情而爲之制，君臣以義合者也。然而曾子曰『孝子善事君』，子思子曰『不信乎朋友，不獲乎上矣』，良以父子天性猶不致其愛，朋友等夷猶不得其睦，將於君乎何有？故《春秋》葬原仲無譏，而子叔姬之罪不盡其辭焉。蓋於季子見朋友之至，於子叔姬見兄弟之至。」按：孔氏之論甚洽，惟以「有罪月、無罪日」與注反，不若仍從注義。郯伯姬、杞叔姬事皆無考，罪之有無，原無自知。然此經既恩閔之，固宜從無罪例，則書月爲無罪也。蓋有罪時，無罪月，即以詳略分也。

齊侯侵我西鄙，遂伐曹，入其郛。

郛者何？恢郭也。注恢，大也。郭，城外大郭。疏注「恢大也」。○《說文・心部》：「恢，大也。」《一切經音義》引《字林》云：「恢，大也。」又引《蒼頡篇》：「恢，亦大也。」《楚辭・守志》云「配稷契兮恢唐功」，注：「恢，大也。」亦作「豗」，《廣雅・釋詁》云：「豗，大也。」是也。○注「郭城外大郭」。○《管子・度地》篇：「城外爲之郭。」《釋名・釋宮室》：「郭，廓也。廓落在城外也。」《意林》引《風俗通》云：「郭，大也。」又《華嚴經音義》引《風俗通》云：「郭之爲言廓。」《玉篇》引《白虎通》云：「郭之爲言廓也，大也。」《詩・大雅・皇矣》「增其式廓」，《釋文》：「本作郭。」《爾雅・釋詁》：「廓，大也。」沈氏彤《周官禄田考》云：「王城郭之所占幾何？曰：匠人營國，方九里，爲井八十一，爲夫七百二十九。《逸周書・作雒》篇：『城方千六百二十丈。』按：百八十丈爲一里，其丈數與里數正相符。❶郭之大者爲郛，《作雒》篇曰『郛方七十里』，則爲井四千九百，爲夫四萬四千一百。其下云『南繫洛水，北因郟山』，則郛之大小蓋因地勢，❷異乎城之有定數也。由王之城遞推之，公城方七里，侯伯城方五里，子男城方三里，三公之都視諸男，城亦如之，當爲井九，爲夫八十一，以差而下。卿之城當方一里，旁各加五分里之二，爲井三，爲夫二十七强。大夫之城當方一里，爲井一，爲夫九也。祭仲之論都城云：『大都不過參國之一，中

❶「與」，原作「易」，據《周官禄田考》改。
❷「之」，原脱，據《周官禄田考》補。

五之一，小九之一。』蓋圻内外通行之郭，所占皆無考，以《孟子》、《國策》『三里之城、七里之郭』推之，則郭之夫數當四倍于城强也。」入郛書乎？曰：不書。**疏**舊疏云：「按諸舊本，此傳之下悉皆無注。有注云『圍不言入，入郛是也』者，衍字耳。」《通義》云：「傳言『楚子勝乎皇門』，經但書『圍鄭』是也。若旁徵《左傳》，則隱五年『鄭伐宋，入其郛』，襄元年『晉伐鄭，入其郛』，經皆不書。」是也。入郛不書，此何以書？動我也。**注**諱使若爲同姓見入郛故，動懼我也。動我者何？内辭也。其實我動焉爾。**注**齊侵魯，魯實爲子叔姬故，動懼失操云爾。鄉者不去，幾亦入我郛，故舉入郛以起魯恥，且明兵之所鄉。苟得其罪，則莫敢不懼。**疏**《通義》云：「我數被齊兵，聞其入曹郛，恐懼震動，故書，以見文公微弱甚也。」

十有六年，春，季孫行父會齊侯于陽穀，齊侯弗及盟。其言弗及盟何？**注**据序上會也。連盟何者，嫌据盟。**疏**注「据序」至「据盟」。○舊疏云：「据序上會，何得弗及盟乎？是以問之。嫌据盟者，嫌直据盟問之。」《通義》云：「据鄭伯言逃歸不盟。」按：與彼不相比附，無爲据之也。不見與盟也。**注**與齊期盟，爲叔姬故，中見簡賤，不見與盟，侮辱有恥，故諱使若行父會而去，齊侯不及得與盟，故言齊侯弗及，亦所以起齊侯不肯。**疏**注「與齊」至「與盟」。○舊疏云：「使若行父會齊侯于陽穀，訖，即棄之而去，齊侯不及盟。」傳言「不見與盟」，必爲中見簡賤，受侮有恥，故經諱其辭也。○注「亦所」至「不肯」。○舊疏云：「若直言不及盟，文體已具，足見不得盟矣。而更言齊侯不及者，❶欲道是時不肯盟者是齊侯也。若直言季孫行父會齊侯于陽穀不及盟，不妨行父不及，無以見齊侯不肯矣。」按：《左傳》：「公有疾，使季文子會齊侯于陽

❶「者」，原作「何」，據《春秋公羊傳注疏》改。

穀，請盟，齊侯不肯，曰：『請侯君間。』」是亦以齊侯不肯也，但不以爲爲子叔姬耳。《通義》云：「齊侯不肯盟也。弗及者，言齊弗汲汲。」

夏，五月，公四不視朔。注 視朔説在六年。不舉不朝廟者，禮，月終于廟，先受朝政，乃朝，明王教尊也。朝廟，禮也，故以不視朔爲重。常以朔者，始重也。疏 注「視朔説在六年」。○上《六年》注云：「禮，諸侯受十二月朔政于天子，藏于太祖廟，每月朔朝廟，使大夫南面奉天子命，君北面而受之。」是也。○注「不舉」至「爲重」。○《校勘記》出「于廟先受朝政」云：「鄂本『朝』作『朔』，此誤。」又出「朝廟禮也」云：「鄂本『禮』作『私』，此誤，因形相近也。閩、監、毛本改作『禮』。」又出「故以不視朔」云：「鄂本作『故不以』，非是。」上《六年》云「閏月不告月，猶朝于廟」，此不舉不朝廟，故解之。視朔重於朝廟，舉以該輕也，明皆不舉也。○注「常以」至「重也」。○《校勘記》云：「諸本同，誤倒。鄂本作『重始』，當据正。此本疏標起訖云『注常以至始也』，則本作『重始』。」舊疏云：「言十二月之政令，所以不在年初一受之而已，必以月之朔日受之者，重月之始故也。」

公曷爲四不視朔？注 据無事也。疏 注「据無事也」。○正以此經上下俱無朝覲、會盟、征伐之事故也。**公有疾也。**注 以不諱舉公如有疾，公有疾乃復舉公是也。疏《左傳》亦云：「公四不視朔，疾也。」○注「以不」至「有疾」。○《校勘記》出「如有疾」云：「鄂本『如』作『知』，此誤。」按：《穀梁傳》：「天子告朔于諸侯，諸侯受乎禰廟，禮也。公四不視朔，公不臣也。以公爲厭政以甚矣。」則不視朔大惡也，《春秋》宜爲諱。今不諱舉公，故知有疾也，明猶可原也。○注「公有」至「是也」。○《昭二十三年》「公如晉。至河，公有疾，乃復」是也。**何言乎公有疾不視朔？**注 据有疾無惡也。疏 注「据有」至「惡也」。○舊疏云：「即《昭二十三年》傳云『何言乎公有疾乃復？殺恥也』者是。」**自是公無疾，不視朔也。**注 有疾無惡不當書。又不言有疾者，欲起公自是無疾不視朔也。疏 舊疏云：「即鄭氏云『魯至文公四不視朔，視朔之禮已後遂廢』者，正取此書也。」○注「有疾」至「朔也」。○《通義》云：「自二月朔不視朔，凡歷四朔。至是書者，四月以前本爲有疾，五月朔疾已愈矣，故特言之，以起無疾不視明之始。」又引胡康侯曰：「若後復視朔者，必於此書『公有疾』，與昭公如晉之事比矣。」《穀梁》注亦云：「是後視朔之禮遂廢，故子貢欲去其羊。」江氏永《鄉黨圖考》云：「自文後，視朔之禮亦非盡廢，或行或否，故至定、哀時有司猶不敢去其羊，但不行之月爲多，❶故子貢欲去之。《襄二十九年》書『春王正月，公在楚』，傳云：『釋不朝正于廟也。』則此時公若在國猶朝正。」

然則曷爲不言公無疾不視朔？有疾，猶可言也。無疾，不可言也。**注**言無疾大惡，不可言也。是後公不復視朔，政事委任公子遂。**疏**注「言無」至「言也」。○《通義》云：「內大惡不可言，故雖譏始，猶不顯言公始不視朔也。」

六月戊辰，公子遂及齊侯盟于犀丘。**疏**《左氏》作「郪丘」，《穀梁》作「師丘」，郪、犀、師，古音義通。《校勘記》云：「《唐石經》、諸本同。解云：『正本作「菑丘」，故賈氏云《公羊》曰「菑丘」，《穀梁》曰「師丘」。今《左氏經》作「郪」字。』《經義雜記》曰：『《釋文》作「犀丘」，《穀梁音義》亦云《公羊》作「犀丘」，則唐以來本不作「菑」字矣。《公羊疏》，唐以前人爲之，所據皆晉、宋古書，故猶見正本，與賈景伯合也。』」《水經注・潁水》篇：「細水又東南逕宋縣故城北，縣即所謂郪丘者也。❷秦伐魏取郪丘，謂是邑矣。」杜云：「郪丘，齊地。」《大事表》云：「當在今泰安府東阿縣境。」《説文・邑部》：「郪，新郪，汝南縣。」❸《前漢志》同。《續漢志》曰：「汝南郡宋公國。周名郪丘，漢改爲新郪。章帝建初四年徙宋公於此。」段氏玉裁云：「《魏世家》：安釐王十一年秦拔我郪丘，是其地。今安徽潁州府城東八里有城，❹故新郪城也。」《方輿紀要》：「新郪城在潁州東八里，有土阜，屹然高大，謂之郪城。」按：公子遂會齊侯之地，當从杜説。顧氏棟高本之。故《公羊》正本作「菑丘」也。後人見《左氏》作「郪丘」，因以汝南地當

❶「月」，原作「日」，據《鄉黨圖考》改。
❷「即」，原脱，據四庫本《水經注》補。
❸「汝」，原作「河」，據《説文解字》改。
❹「東」，原脱，據《説文解字注》補。

之，彼別一地也。《穀梁》作「師」者，《漢書·匈奴傳》「黄金犀毗」，❶《趙策》作「師比」，蓋菑、犀、鄭、師，無一定也。包氏慎言云：「六月書戊辰，月之六日。」

秋，八月辛未，夫人姜氏薨。**疏**包氏慎言云：「八月書辛未，月之十日。」

毁泉臺。

泉臺者何？郎臺也。**注**莊公所築臺于郎，以郎譏臨民之漱浣。**疏**注「莊公」至「漱浣」。○《莊二十一年》「築臺于郎」，傳「何以書？譏。何譏爾？臨民之所漱浣也。」是也。注意以「于郎」譏臨民之漱浣。此曰泉臺，應是一地。郎臺則曷爲謂之泉臺？未成爲郎臺，**注**未成時，但以地名之。**疏**謂《莊三十一年》稱「築臺于郎」也。既成爲泉臺。**注**既成，更以所置名之。**疏**謂此名「泉臺」故也。毁泉臺何以書？譏。何譏爾？築之譏，毁之譏。**疏**《通義》云：「各有譏義，故築、毁兩書。自非兩譏，即見者不復見也。」先祖爲之，己毁之，不如勿居而已矣。**注**但當勿居，令自毁壞，不當故毁，暴揚先祖之惡也。築、毁譏同，知例皆時。**疏**《穀梁傳》曰：「自古爲之，今毁之，不如勿處而已矣。」○注「但當」至「惡也」。○《後漢書·楊終傳》：「魯文公毁泉臺，《春秋》譏之曰：『先祖爲之而已毁之，不如勿居而已矣。』以其無妨害於民也。」不若何氏義切。○注「築毁」至「皆時」。○舊疏云：「知例皆時者，正以此經文承月下，恐蒙月，故如此解。」

楚人、秦人、巴人滅庸。**疏**《水經注·江水》篇：「又東北至巴郡江州縣東。江州縣，故巴子之都也。《春秋·桓九年》『巴子使韓服告于楚，請與鄧爲好』是也。」杜云：「庸，今上庸縣，屬楚之小國。」《大事表》云：「今湖廣鄖陽府竹山縣東四十里有上庸故城。爲庸國地。當四川、陜西、湖廣三省之交界。」《説文·邑部》：「鄘，南夷國。」段注：「《牧誓》有庸蜀，二《志》漢中郡皆有上庸縣，今湖北鄖陽府竹山縣東四十里有故上庸城。《尚書》庸地在漢水之南，南至江尚遠。僞《孔

---

❶「毗」，原作「比」，據《漢書》改。

傳》云『在江南』，非也。」按：《僖二年》傳「曷爲使虞首惡」，注：「據楚人、巴人滅庸，不使巴首惡。」然則此楚、秦之滅庸，蓋巴人道之，與虞同矣。此無傳，何氏當别有所見也。《左傳》亦不見巴首惡事。

冬，十有一月，宋人弒其君處臼。 **疏**《左氏》、《穀梁》作「杵臼」，《史記・宋世家》亦作「杵臼」。《公羊》此及《僖十二年》陳侯名亦作「處臼」。「杵」正字，「處」叚借也。

弒君者曷爲或稱名氏？或不稱名氏？ **疏**稱名氏者，《隱四年》「衛州吁弒其君完」、《桓二年》「宋華督弒其君與夷」之屬是也。不稱名氏者，此及下《十八年》「齊人弒其君商人」之屬是也。**大夫弒君稱名氏，賤者窮諸人。** **注**賤者，謂士也。士正自當稱人。**疏**注「賤者」至「稱人」。○《繁露・順命》云：「無名姓號氏於天地之間，至賤乎賤者也。」又云：「其卑至賤，冥冥其無下矣。」惠氏士奇《春秋説》云：「宋人弒其君杵臼。杵臼者，宋昭公。弒昭公者，乃其君祖母王姬，使帥甸攻而殺之。古『乘』與『甸』通。《周禮・稍人》『掌令丘乘之政令』，❶『帥甸』猶『帥乘』。是時昭公田孟諸，故襄夫人使稍人帥乘攻而殺之。稍人乃下士，❷謂之賤可。以君祖母之尊，又王姬之貴，號令於其國，國人莫敢不從，謂之賤可乎？❸自古婦人不與國政，婦人而與國政，未有不亡國敗家者也。宋平公殺其子，可直斥宋公；襄夫人殺其孫，不可直斥君祖母。直斥君祖母則名不正，❹言不順，辭窮，故稱人以賤之。以君祖母、王姬之尊且貴，而與賤者同辭，此《春秋》之特筆。後世君母臨朝而擅廢置其君者，❺當以《春秋》爲鑒焉。」按：窮者，極也。大夫弒君，其賤極於降稱人。人者，士之正稱，若「閽弒吴子餘祭」、「盜殺蔡侯申」，則又不在大夫士之科矣。《繁露》又云「皆絶骨肉之屬，離人倫，謂之閽盜而已」是也。

大夫相殺稱人，賤者窮諸盜。 **注**降大夫

❶ 本句兩「令」字原脱，據《周禮注疏》補。

❷ 「稍人」，原脱，據《惠氏春秋説》補。

❸ 「可」上原衍「不」字，「乎」作「也」，據《惠氏春秋説》删改。

❹ 「直斥君祖母」五字原脱，據《惠氏春秋説》補。

❺ 「而」，原脱，據《惠氏春秋説》補。

使稱人，降士使稱盜者，所以別死刑有輕重也。無尊上，非聖人，不孝者，斬首梟之。無營上，犯軍法者，斬要。殺人者，刎脰，故重者録，輕者略也。不日者，内娶略賤之。**疏** 閩、監、毛本於此下有注云「『賤者窮諸人』者，言士先自稱人，今弑君亦稱人，故曰『窮諸人』矣。云『賤者窮諸盜』者，言士之賤名不過于盜故也」共四十二字，在「降大夫使稱人」之上。鄂本注無之，係疏文誤入。十行本繫此四十二字於上「毀泉臺」傳疏「故如此解」下，亦誤。《詩·小雅·巧言》云「君子信盜」，箋云：「盜，謂小人也。《春秋傳》曰：『賤者窮諸盜。』」《正義》：「傳言窮者，盡也。弑君則盡於稱人，殺大夫則盡於稱盜。言盡此以下，更無稱也。」○注「降大」至「重也」。○注意大夫弑君稱名氏，賤者則降同士稱人。大夫相殺稱人，賤者則降同士稱盜也。以大夫已降稱人，故士降稱盜也。○注「無尊」至「刎脰」。○《校勘記》出「刎脰」云：「鄂本同。閩、監、毛本『脰』改『頭』。按：《釋文》作『頭』，云：『如字。本又作「脰」音豆。』」《九經古義》云：「無尊上，漢律所云『罔上，不道也』；非聖人，漢律所云『非聖，無法也』；不孝者，《商書》曰『刑三百，罪莫大於不孝』，見《吕覽》。《孝經》云：『五刑之屬三千，罪莫大於不孝。』《風俗通》曰：『賊之大者，有惡逆焉，決斷不違時，見赦不免。又有不孝之罪，並編十惡之條。』斬首梟之者，『梟』當作『県』，《玉篇》云：『賈侍中說，県，謂斷首倒縣也。野王謂縣首於木竿頭，以肆大辠，秦刑也。』云『無營上，犯軍法者』，陳群《新律序》云：『廄律有乏軍之典，及舊典有奉詔不謹，不承用詔書。漢氏施行有小愆之反，不如令，輒劾以不承用詔書，乏軍要斬。』胡建案：軍法曰：『正亡屬將軍，❶將軍有罪，以聞二千石以下行法焉。』❷云殺人者刎頭，❸高祖約法三章，所謂殺人者刑焉。何氏所據，皆本漢律。漢律已亡，舉其大略如此耳。」《公羊問答》：「問：此何代之法也。曰《說文》『梟，不孝鳥也。

❶「亡」，原作「法」，據《九經古義》改。
❷「聞」，原作「問」，據《九經古義》改。
❸「者」字原誤置「頭」下，據《九經古義》改。

故日至，捕梟磔之。从烏，❶頭在木上。」『梟首』義取此。《左傳》叔孫昭子殺豎牛，投其首於甯風棘上。『梟首』濫觴於此。後世如漢王入關，梟故塞王欣頭於櫟陽市是也。《五行志》曰：『趙人新垣平以望氣得幸於上，上立渭陽五帝廟，欲出周鼎。夏四月，郊見上帝。歲餘懼誅，謀爲逆，發覺，要斬，夷三族。』《高祖本紀》：『初入關，約法三章，曰：殺人者死。』《博雅》：『刎，斷也。』《一切經音義》『自刎』注引《公羊傳》云『公遂刎脰而死』，何休曰：『刎，割也。』何氏所据皆戰國以來秦漢之法，非先王之舊制也。」《解詁箋》曰：「《傳》有誅絶之例，《易》有『焚如』之象，《周官》有辜之之制，此所謂死刑有輕重也。梟首、斬要，秦漢以後法耳。」❷按：《易・離》九四：「突如，其來如，焚如，死如，棄如。」《説文》引：「《易》曰：『突如其來如。』不孝子突出，不容於内也。」又云：「云，不順忽出也。」或从「㐬」，倒古文「孚」，即《易》「突」字。考「㐬」，正「梟首」之象，與不孝者斬梟合。《漢書・匈奴傳》云「王莽作焚如之刑」，則又依《周禮・掌戮》「凡殺其親者焚之」，而作此刑者也。○注「故重」至「略也」。○舊疏云：「謂大夫弑君罪重，故稱名氏，責之深。若大夫相殺，罪輕于犯君，故降稱盜者，義之輕重然也。」義或然也。○注「不日」至「賤之」。○《通義》云：「不日者，從失德之君不日卒例也。」按：内娶亦失德之一也。義與上《七年》「王臣卒」同。

十有七年，春，晉人、衛人、陳人、鄭人伐宋。疏《通義》云：「討弑君不月者，無功，不得從義兵録。」

夏，四月癸亥，葬我小君聖姜。

聖姜者何？文公之母也。疏包氏慎言云：「四月書癸亥，月之五日。」聖姜，二傳作「聲姜」。

齊侯伐我西鄙。

六月癸未，公及齊侯盟于穀。疏包氏慎言云：「六月書癸未，月之二十六日。」

諸侯會于扈。疏《通義》云：「復不序者，爲前扈盟公失序，故終《文》之篇不序。」按：《穀梁傳》范云：「言諸

❶「烏」，原作「梟」，據國圖藏清抄本及《説文解字》、《春秋公羊問答》改。

❷「漢以後」，原脱，據《春秋公羊經何氏釋例後録・解詁箋》補。

侯者，義與上十五年同。」

秋，公至自穀。疏《通義》云：「穀，内地，前所取諸齊者。」《莊六年》注云：「公與一國出會盟，得意致地，不得意不致。」按：此後齊未來伐，明得意也。

冬，公子遂如齊。疏《校勘記》出「公子遂如齊」云：「《唐石經》、鄂本上有『冬』字，此脱。」

十有八年，春，王二月丁丑，公薨于臺下。疏包氏慎言云：「二月書丁丑，月之二十四日。」《穀梁傳》云：「臺下，非正也。」

秦伯罃卒。注秦穆公也。至此卒者，因其賢。疏《通義》本作「嬰」：「《音義》：嬰，舊同《左氏經》作『罃』，茲從昭公五年注校改。」○注「秦穆」至「其賢」。○舊疏云：「正以秦是戎狄，《春秋》外之，往前以來未録其卒，今乃始書，故以賢解之。而《左氏》爲康公者，與此別。《穀梁》無解。」《通義》云：「秦康公也。至是卒，猶不葬者，《春秋》伯、子、男爲一，故從小國例也。賢繆公未見卒者，及康公之世，始有恩禮，于内得恩録之。」按：如傳義，則使遂來聘之秦伯仍是穆公，孔氏据《左氏》改《公羊》，可以不必。《解詁箋》云：「秦穆公子康公也。至此卒者，因穆公之賢，且比接内也。❶考《左氏》及太史公《紀》、《表》、《書》，皆以穆公卒於魯文公六年，《春秋》終穆公世，未嘗接魯。《文九年》『歸襚』，《十二年》『使遂來聘』，皆康公也。傳以爲賢繆公能變追其先言之，猶吴子使札踊賢季子，皆從接内見也。繆公之卒，反不得如滕侯卒之例，先書於經者，《詩》刺繆公以人從死，未能盡變其俗，不可爲典。且嫌於僅以康公接内，録能變之，賢反不著也。何君失經傳意矣。」❷按：劉説非是。賢繆公能變，何爲賢於康公之世？不得援善善及子孫爲説。吴札，自以賢札上推吴子，所謂以季子爲臣，則宜有君者也。與此亦不相比附。滕侯以先朝新王得褒，亦不得引以爲例。秦俗用人殉葬，延及始皇，猶未變革，何知康公能變其俗？況康公如賢，自宜不從亂命。乃以康公之失，近削繆公之卒，殊失經旨。要之，説《公羊》止可以《公羊》爲主，《公

❶「比」，原作「此」，據《春秋公羊經何氏釋例後録・解詁箋》改。

❷「意」，原脱，據《春秋公羊經何氏釋例後録・解詁箋》補。

羊》既以善變美秦伯，則以十二年之秦伯仍穆公明甚，不必牽合《左氏》、《史記》爲調人也。

夏，五月戊戌，齊人弑其君商人。注商人弑君賊，復見者，與大夫異。齊人已君事之，殺之宜當坐弑君。疏包氏慎言云：「五月書戊戌，月之十六日。」《通義》云：「謹案：《左傳》弑之者，公僕邴歜與其驂乘閻職，是賤者稱人例也。商人簒不去日，處臼去日者，商人罪已前見，宋昭無道，未有見也。又簒明當葬，知不葬懿公者，亦從不討賊例。」按：孔説是也。何云「齊人以君事之，當坐弑君」，故亦責臣子以不討賊也。○注「商人」至「弑君」。○《校勘記》云：「齊人已君事之，殺之且當坐弑君，閩、監、毛本同。鄂本『且』作『宜』，當据正。疏『已』作『以』，『且』亦作『宜』，古已、以通。」《宣六年》「晉趙盾、衛孫免帥師侵陳」，傳：「趙盾弑君賊，此其復見何？」注：「宋督、鄭歸生、齊崔杼弑其君，後不復見。」今此商人於上《十四年》「弑其君舍」，今而復見，故解之。正以《春秋》之義，弑君之賊皆不復見，以宜在誅絶之科。商人自立爲君，齊之臣民已君事之，君臣名分已定，故今宜坐弑君之罪，與「齊人殺無知」、「衛人殺州吁」殊也。且又見商人弑君，舉國不討，書以責臣子也。《莊二十二年》「肆大省」，注：「不與念母而譏忌省者，本不事母則已，不當忌省，猶爲商人責不討賊。」意亦謂商人弑君，臣子宜討。既靦然事之，則宜成其爲君。今而弑之，當坐弑也。

六月癸酉，葬我君文公。疏包氏慎言云：「六月書癸酉，月之二十二日。」

秋，公子遂、叔孫得臣如齊。注不舉重者，譏魯猥使二大夫出，虚國家，廢政事，重録内也。疏注「不舉」至「内也」。○毛本「二」誤「五」。舊疏云：「書事舉重，《春秋》之常，今而悉舉，故解之。《穀梁傳》曰『使舉上客而不稱介，不正其同倫而相爲介，故列而數之也』者，亦是直舉重之義也。」❶又云：「外大夫未有並見者，於内唯有此經及《定六年》『季孫斯、仲孫何忌如晉』之文，故知正是重録内也。」正以出聘宜卿爲使，大夫爲介。今二卿並出，虚國家，廢

❶「直」，原作「古」，據《春秋公羊傳注疏》改。

政事，以卿位大責重，政事是出故也。《通義》云：「遂謀弒赤而請于齊。赤母本齊大夫女，非正君甥，故未見拒也。使舉上客而不舉介，獨此列數之者，著得臣之黨于遂而與聞乎弒也。與後不日卒相起，其罪乃顯。」義各然也。《解詁箋》云：「不舉重者，著得臣之與聞乎弒也，子赤，齊出也，故爲宣公如齊許賂，非子赤使之也。子赤弒而季孫行父如齊，謀定宣公也。遂主謀，故于卒也去公子；得臣與聞，故于卒也去日；以明首從，分別輕重也。行父不與聞，故從日卒正文。」按：行父不討賊，復如齊定宣公，不得謂無罪。《春秋》蓋以行父雖卿，非當國之臣，政在公子遂，或量力不責之與？

冬，十月，子卒。

子卒者孰謂？謂子赤也。疏通義云：「既葬不名。」何以不日？注据子般卒日。疏注「据子般卒日」。○即《莊三十二年》書「冬十月乙未，子般卒」是也。隱之也。疏《繁露·楚莊王》篇：「子赤殺弗忍言日，痛其禍也。」何隱爾？弒也。疏《釋文》：「弒」作「殺」，「音試。下及注同」。今本亦誤作「弒」。弒則何以不日？注据子般卒日。疏注「据子般卒日」。○以子般亦被弒而日，故据以難。不忍言也。注所聞世，臣子恩痛王父深厚，故不忍言其日，與子般異。疏注「所聞」至「般異」。○舊疏云：「正以子般爲所傳聞之世故也。《莊三十二年》注『殺不去日見隱者，降子赤也』。」《繁露·楚莊王》云：「子般殺而書乙未，殺其恩也。」與此注文相足。《隱元年》注：「所聞者，謂文、宣、成、襄，王父時事也。所傳聞者，謂隱、桓、莊、閔、僖，高祖、曾祖時事也。於所聞之世，王父之臣恩少殺；於所傳聞世，高祖、曾祖之臣恩淺。」是所聞世恩深於所傳聞世，故子般忍言其日而子赤不忍也。《通義》云：「世近則恩益隆，故隱之益深。」《繁露》又云「屈伸之志，詳略之文，皆應之」是也。《穀梁傳》云：「子卒不日故也。」《穀梁》不傳三世之義故也。

夫人姜氏歸于齊。注歸者，大歸也。夫死子殺賊人立，無所歸留，故去也。有去道書者，重絶不復反。疏注「歸者大歸也」。○《左傳》：「夫人姜氏歸于齊，大歸也。」《詩·邶風·燕燕》：「衛莊姜送歸妾也。」箋：「莊公薨，完立，而州吁殺之。戴嬀於是大歸。」其事與哀姜大同，亦夫死子弒，賊人立。時州吁未討也，以歸甯有時而反，此即歸不復來，故謂之大歸。《莊二十七年》傳「大歸曰來歸」是也。彼爲内女設例，故有來也。○注「夫死」至「去也」。○鄂本「殺」作「弒」，紹熙本同，當据正。《史記·魯世家》云：「文公有二妃：長妃齊女哀姜，生子惡及視；次妃敬嬴，嬖愛，生子俀。俀私事襄仲，襄仲欲立之，叔仲曰：『不可。』襄仲請齊惠公，惠公新立，欲親魯，許之。冬十月，襄仲殺子惡及視而立俀。哀姜歸齊，哭而過市，曰：『天乎！襄仲爲不道，殺適立庶！』市人皆哭，魯人謂之『哀姜』。」《左傳》亦云：「文公二妃，敬嬴生宣公。敬嬴嬖，而私事襄仲。宣公長而屬諸襄仲。襄仲欲立之，叔仲不可。仲見于齊侯而請之，齊侯新立而欲親魯，許之。冬十月，仲殺惡及視而立宣公。夫人姜氏歸于齊。將行，哭而過市，曰：『天乎！仲爲不道，殺適立庶。』市人皆哭。魯人謂之『哀姜』。」《穀梁傳》：「夫人姜氏歸于齊，惡宣公也。」注：「姜氏，子赤之母，其子被殺，故大歸也。」又曰：「有不待貶絶而罪惡見者。」注引泰曰：「直書姜氏之歸，則宣公罪惡不貶而自見。」此注云：「賊人立，無所歸留。」明宣公不能事也。○注「有去」至「復反」。○舊疏云：「正以常事不書故也。」按：《莊二十七年》「大歸」，注：「大歸者，廢棄來歸也。」哀姜不在七棄之科，然夫死從子，子弒賊立，義無可從，故有去道也。書者，重其事也。《御覽》引《春秋決事》云：「甲夫乙將船，會海盛風，船没，溺流死亡，不得葬。四月，甲母丙即嫁甲，欲皆何法？或曰：『甲夫死未葬，法無許嫁，以私爲人妻，當弃市。』議曰：『臣愚以爲《春秋》之義，言「夫人歸于齊」，言夫死無男，有更嫁之道也。婦人無專制擅恣之行，聽從爲順，嫁之者歸也。甲又尊者所嫁，無淫之心，非私爲人妻也。明於決事皆無罪，不當坐。』」按：董生特以夫人姜氏可以如齊，以例夫死無子者可以更嫁，非謂夫人姜氏更嫁也。婦人無專制，故今律凡婚娶有違者，皆罪坐主昏也。《解詁箋》云：「不日者，無與別有罪無罪。」

季孫行父如齊。疏《春秋説》云：「子卒，季孫行父如齊。明弒子赤者非獨襄仲，行父亦與聞焉。襄仲欲立宣公，叔仲不可。不可者，獨叔仲一人耳。故身死而名不顯。季孫行父，魯之正卿也，亦如叔仲以爲不可，則子赤焉得弒？宣公焉得立？及襄仲死，宣公薨，行父有憾於歸父，乃以殺適立庶歸罪襄仲。臧宣叔怒曰：『當其時不能治也。』則行父當時既知其情，兼與其事明矣。」按：惠説是也。蓋此亦所謂「不待貶絶而罪惡自見」者與？

莒弑其君庶其。

稱國以弑何？

注 据莒人弑其君密州。

疏 注「据莒」至「密州」。○即《襄三十一年》「莒人弑其君密州」是也。

稱國以弑者，衆弑君之辭。

注 一人弑君，國中人人盡喜，故舉國以明失衆，當坐絶也。例皆時者，略之也。

疏 注「一人」至「絶也」。○《左傳》載《釋例》引劉、賈、許、潁以爲君惡及國朝則稱國以弑，君惡及國人則稱人以弑。按：天之立君，以爲民也，故失衆當絶。惡及國朝，不知何指。若以爲惡及卿大夫，則稱國以見君罪，非《春秋》尊尊之旨也。《穀梁傳》注：「《傳例》曰：『稱國以弑其君，君惡甚矣。』」是也。疏引舊解：「『稱國者，謂惡及國人，并虐及卿大夫。❶稱人者，謂失心於民庶也』。乃涉於賈逵之説。」○注「例皆」至「之也」。○《通義》云：「此當蒙上月。❷其不日者，從小國始見卒例。」舊疏云：「謂失衆而稱國以弑者，皆書時以略之，即《定十三年》❸『冬，薛弑其君比』之屬是也。《昭二十七年》『夏四月，吴弑其君僚』者，亦是稱國而書月者，彼非失衆，是以何氏云：『不書闔閭弑其君者，爲季子諱，明季子不忍父子兄弟自相弑，讓國闔閭，欲其享之，❹故爲没其罪也。』『月者，非失衆見弑，故不略之』者是也。」按：何義甚明，不必如孔説。

---

❶「虐」，原作「惡」，據《春秋穀梁傳注疏》改。

❷「此」，原作「所」，據《春秋公羊經傳通義》改。

❸「十三」，原作「三十」，事見定公十三年，據《春秋公羊傳注疏》改。

❹「其」，原作「共」，據《春秋公羊傳注疏》改。

公羊義疏四十四

句容陳立卓人著

宣元年盡二年。

《春秋公羊經傳解詁》宣公第六 **疏**《校勘記》云：「《唐石經》『宣公第七，卷六』。」《左傳釋文》：「宣公名倭，一名接，又作委。文公子，母敬嬴。《謚法》：『善問周達曰宣。』」《魯世家》：「文公長妃齊女哀姜，生子惡及視；次妃敬嬴，生子俀。俀私事襄仲，襄仲殺子惡及視而立俀，是爲宣公。」徐廣曰：「俀，一作倭。」何氏以宣公爲僖公妾子，《公羊》「敬嬴」作「頃熊」，則楚女矣，與《史記》、《左傳》並殊。按：《新序·七》云：「魯宣公者，文公之弟也。」劉向習《穀梁》，則《穀梁》亦以宣公爲僖公子矣。《禮記·檀弓》云：「遇懿伯之忌，敬叔不入。」下云：「不可以叔父之私，不將公事。」鄭注：「敬叔於昭穆以懿伯爲叔父。」考懿伯爲孟獻子之子，獻子爲桓公子慶父之曾孫。自桓公至懿伯六世，桓公生莊公，莊公生僖公，僖娶頃熊，生宣公及叔肹，肹生嬰齊，嬰齊生叔老，老生弓，是爲敬子。敬子即敬叔。自桓公至敬叔七世，懿伯正爲其叔父。是宣公爲僖公子明矣。倭、俀、委，古音同。作「接」者，恐是譌字。孔疏引《世家》云：「宣公名倭，或作接。」今《史記》作「俀」，孔氏所見或即徐廣所見本，無作「接」說。

元年春，王正月，公即位。

繼弒君，不言即位，此其言即位何？其意也。**注**桓公篡成君，宣公篡未踰年君，嫌其義異，故復發傳。**疏**《經義述聞》云：「『其意』上當有『如』字。《桓元年》傳『繼弒君，不言即位，此其言即位何？如其意也』。何注曰『弒君欲即位，故如其意以著其惡』是也。若無『如』字，則文意不明。蓋寫者脱去耳，《唐石經》已然。」按：王説是也。注明云「故復發傳」，明與彼傳同也。《穀梁傳》：「繼故而言即位，與聞乎故也。」亦是重發傳。○注「桓公」至「發傳」。○《禮·喪服》：「臣爲君斬衰三年，爲踰年君無服。」故嫌篡成君與篡未踰年君異，然雖未踰年，君位已定，臣子之分，義無所逃，故罪之如一也。故閔繼子般，不書即位，是其正也。《通義》云：「桓、宣之罪相等，而《春秋》不言宣無王者，既於桓示法，則從同同可知，故得以所聞之世殺其辭也。」義或然也。

公子遂如齊逆女。注譏喪娶。復書不親迎者，嫌觸諱，不成其文也。有母言「如」者，緣內諱，無貶公文。疏《通義》云：「娶聖姜之黨，知不譏者，禮，妾子爲君母之黨，君母在，則不敢不從服。君母不在，則不服。此於服術本徒從也。聖姜既薨，故不以娶功緦外屬譏矣。」○注「譏喪」至「文也」。○舊疏云：「何氏以爲人君喪娶，宜有貶刺之文。若其吉逆使卿者，宜書譏之，見不親迎而已，即叔孫僑如之徒是也。今公子遂爲君喪娶，宜去『公子』以見譏，而存『公子』，復作不親迎之經書之者，正以公子遂本弒君之賊，若去『公子』，即嫌爲觸弒君大惡之故，諱去『公子』，即似《隱四年》、《十年》『公子翬』之類，是以不得成其貶文。若然，《文二年》『公子遂如齊納幣』，亦譏喪娶之經，而不去『公子』者，彼是喪未畢納幣，爲失禮猶淺。此乃初喪逆女，固當合貶，即下《八年》注云『元年逆女，嫌爲喪娶貶也』者，義亦通於此。」按：此如《隱二年》書「紀履繻來逆女」同，故止是譏不親迎爾。文公逆女在四年，二年冬始納幣，猶以其圖婚在三年內譏之。此則三月已逆女，上尚有納采諸禮在前，喪娶已明，又不待貶絕而自見者也，不必再去「公子」，又恐觸諱，仍不見其貶喪娶文也。○注「有母」至「公文」。○舊疏云：「下《八年》『夫人熊氏薨』，又云『葬我小君頃熊』，傳：『頃熊者何？宣公之母也。』是其有母也。」舊疏云：「母不命使者，婦人之命不通四方，何得言『如』？作內使之文者，正以緣內無貶公之文故也。何者？若其去『如』，則嫌宣公喪娶爲絕賤，不成爲諸侯然也。正緣此事不得去『如』也。若然，《莊二十八年》『臧孫辰告糴于齊』，不言『如』，所以不嫌莊公不能貯蓄，絕而賤之者，彼告糴之事，可以通臧孫之私行。此大夫不外娶，無通私行之義，故如是。」按：「紀履緰來逆女」，紀伯有母，不稱母通使文，故但書「履緰來逆女」而已。此與內大夫出聘文同，言「如」，皆是君使之文。若絕去「如」，則當書「公子遂逆女于齊」，嫌爲貶公喪娶矣，故仍作常辭言「如」也。《穀梁傳》注：「不譏喪娶者，不待貶絕而罪惡自見。《桓三年》傳曰：『逆女，親者也。使大夫，非正也。』」皆用《公羊》家義。《左傳》注亦云「不譏喪娶者，不待貶責而自明也」是也。

三月，遂以夫人婦姜至自齊。

遂，何以不稱公子？一事而再見者，卒名也。**注**卒，竟也。竟但舉名者，省文。**疏**《左傳》以爲尊夫人。齊氏召南《考證》云：「逆女既書公子遂，此文蒙上，自應單稱其名。《公羊》謂一事而再見，是也。」按：《成十四年》「叔孫僑如如齊逆女」，下云「僑如以夫人婦姜氏至自齊」，與此同。《穀梁》以爲「遂之挈，由上致之」，《成十四年》僑如同，皆非《公羊》義。夫人何以不稱姜氏？**注**据「僑如以夫人婦姜氏至自齊」也。經有姜，不但問不稱氏者，嫌据夫人氏，欲使去姜。**疏**注「据僑」至「齊也」。○《成十四年》「僑如以夫人婦姜氏至自齊」是也。○注「經有」至「去姜」。○以傳若但云「夫人何以不稱氏」，嫌据《僖元年》經「夫人氏之喪至自齊」爲難也。貶。曷爲貶？**注**据俱「至」也。譏喪娶也。**疏**《穀梁傳》曰：「其不言氏，喪未畢，故略之也。」❶喪娶者公也，則曷爲貶夫人？**注**据師還也。**疏**注「据師還也」。○見《莊八年》，彼傳云：「還者何，善辭也。此滅同姓，何善爾？病之也。曷爲病之？非師之罪也。」彼公滅同姓，非師之罪，故歸善於師，歸惡於公。此公喪娶，是公之罪，非夫人而貶夫人，與彼義違，故据爲難。內無貶于公之道也。**注**明「下無貶上」之義。內無貶于公之道，則曷爲貶夫人？**注**据俱有諱義。**疏**注「据俱有諱義」。○舊疏云：「《春秋》之道，多爲內諱，何故此經不爲夫人諱而貶之乎？」夫人與公一體也。**注**恥辱與公共之。夫人貶，則公惡明矣。去「氏」比於去「姜」差輕，可言，故不諱貶夫人。**疏**《禮·喪服傳》云：「夫妻一體也。」又云：「夫妻牉合也。」《集韻》「牉合，合其半以成夫婦」是也。《白虎通·嫁娶》篇：「婦人學事舅姑，不學事夫者，示婦與夫一體也。」○注「恥辱」至

❶「故」字，原脱，據《春秋穀梁傳注疏》補。

「明矣」。○舊疏云：「正以夫人與公共謚，知榮辱同矣。」《通義》云：「服子慎曰：『古者一禮不備，貞女不從，故《詩》云：「雖速我訟，亦不汝從。」宣公既以喪娶，夫人從，亦非禮，故不稱氏，見略賤之也。』」按：《穀梁》注：「夫人不能以禮自固，故與有貶。」蓋本之服義。○注「去氏」至「夫人」。○《校勘記》出「比於去姜差輕」云：「閩、監、毛本同，鄂本『輕』下疊『輕』字。」舊疏云：「『去姜』，即《僖元年》『夫人氏之喪至自齊』是也。然此不諱者，以其輕，而僖元年去『姜』則重矣。亦不諱者，何氏云『因正王法所加，臣子不得以夫人禮治其喪也』是也。」按：哀姜罪重，《春秋》以王法正之，故魯臣子不得申其私恩，待以夫人禮。貶去其氏，以示絶，故雖重，亦不諱也。與此不諱，有輕重之殊。其稱「婦」何？**注**据桓公夫人至不稱「婦」。**疏**注「据桓」至「稱婦」。○《桓三年》「夫人姜氏至自齊」，不稱「婦」是也。有姑之辭也。**注**有姑，當以婦禮至；無姑，當以夫人禮至，故分別言之。言「以」者，見行遂意也，見繼重在遂，因遠別也。月者，公不親迎，危録之例也。**疏**《詩・衛風・氓》云：「三歲爲婦。」傳：「有舅姑曰婦。」《正義》：「《公羊》『稱婦，有姑之辭』。傳以國君無父，故云有姑。其實婦亦對舅，故《士昏禮》云『贊見婦于舅姑』是也。」《穀梁傳》：「其曰婦，緣姑言之之辭也。」舊疏云：「《隱二年》傳云『在塗稱婦』，與此違者，兼二義也。言在途見夫而服從夫，故謂之婦。至國對姑而服從姑，是亦謂之婦矣。」○注「有姑」至「言之」。○「有姑當以婦禮至」。《文四年》「逆婦姜于齊」、《成十四年》「僑如以夫人婦姜氏至自齊」及此經是也。「無姑當以夫人禮至」者，《桓三年》「夫人姜氏至自齊」、《莊二十四年》「夫人姜氏入」是也。「婦姜」亦上加「夫人」者，舊疏云「臣下録之」是也。以婦禮至者，《昏禮記》士禮有「質明，贊見婦于舅姑」，又「贊醴婦」，又「婦盥饋」，又「舅姑共饗婦以一獻之禮」是也。未知諸侯夫人其禮若何。以夫人禮至者，則《莊二十四年》注云「禮，夫人至，大夫皆郊迎。明日，大夫宗婦皆見」是也。○注「言以」至「別也」。○《校勘記》出「見繼重在遂」云：「閩、監、毛本同。按，『繼』當讀爲『繫』。解云：故言見繫重在遂。」《桓十四年》傳：「以者何，行其意也。」注：「以己從人曰行。」此言「以」，故爲行遂意也。舊疏云：「『遂以夫人』者，欲見夫人是時進止由遂，故言『見繫重在遂』也。」「因遠别」者，舊疏云：「若不言『以』，直云『遂夫人』，則嫌恠夫人男女無别，故云『因遠别也』。」○注「月者」至「例也」。○《莊二十四年》「夏，公如齊逆女」，是親迎書時也。不親迎，危録之，書月者，此及《桓三年》「九月，夫人姜氏至自齊」之屬是也。

夏，季孫行父如齊。

晉放其大夫胥甲父于衛。

放之者何？猶曰「無去是云爾」。注是，是衛。疏《經傳釋詞》曰：「云爾，語已詞也。隱元年《穀梁傳》：『猶曰取之其母懷中而殺之云爾。』《論語·述而》篇：『不知老之將至云爾。』」「無去是」，蓋猶言「無即往是衛焉爾」。然則何言爾，近正也。疏《通義》云：「比于專殺，猶似近正。」按：謂近乎「以道事君，不可則止」之正。此其爲近正奈何？古者大夫已去，三年待放。注古者刑不上大夫。蓋以爲摘巢毁卵，則鳳皇不翔；刳胎焚夭，則麒麟不至。刑之，則恐誤刑賢者。死者不可復生，刑者不可復屬，故有罪，放之而已，所以尊賢者之類也。三年者，古者疑獄三年而後斷。《易》曰：「繫用徽墨，寘於叢棘，三歲不得，凶。」是也。自嫌有罪當誅，故三年不敢去。疏《喪服》「齊衰三月」章「爲舊君」，傳曰：「言其以道去君而猶未絶也。」《詩·檜風·羔裘》箋云：❶「以道去其君者，三諫不從，待放于郊，得玦乃去。」《白虎通·諫諍》篇引《援神契》曰：『三諫，待放，復三年，盡惓惓也。』所以言放者，臣爲君諱，若言有罪放之也。所諫事已行者，遂去不留。凡待放者，冀君用其言耳。事已行，災咎將至，無爲留之。《易》曰：『介如石，不終日，貞吉。』《論語》曰：『三日不朝，孔子行。』臣待放于郊，君不絶其禄者，示不欲其去也，道不合耳。以其禄參分之二與之，一留與其妻、長子，使得祭其宗廟。賜之環，則反；賜之玦，則去。明君子重恥也。《王度記》曰：『反之以玦。其待放者，亦與之物，明有分土無分民

❶「檜」，原作「鄭」，據《毛詩注疏》改。

也。』《詩》曰：『逝將去女，適彼樂土。』」《曲禮》疏引《王度記》亦云：「大夫俟放于郊三年，得環則還，得玦乃去。」若然，《曲禮》説大夫、士去國之「三月而復服」。注：「三月一時，天氣變，可以遂去矣。」與此不同者，蓋得玦之後，從郊至竟，三月之内，行素衣、素裳諸禮也。又《喪服》「齊衰三月」章有「大夫在外，其妻、長子爲舊國君」，傳曰：「何以服齊衰三月也，妻言與民同也，長子言未去也。」是皆三年待放于郊，未仕他國，長子在國，主其祀，故未去也。按：《喪服》「齊衰三月」章言爲舊君者有三：一曰「爲舊君，君之母、妻」。傳曰：「仕焉而已者也。」注：「謂老若有廢疾而致仕者。」故兼服君之母、妻。雷次宗所謂「恩紀内結，實異餘人」是也。二曰「大夫在外，其妻、長子爲舊國君」。注：「在外，待放已去者。」三曰「舊君」，注：「大夫待放未去者。」又云「以道去君，謂三諫不從，待放於郊」。「未絶者，言爵禄尚有列於朝，出入尚有詔於國」。按：後二條，一是大夫自爲舊君服，一是大夫之妻、長子爲舊君服。皆以禮待放，君不絶其禄位，不分已去未去言也。江氏筠云：「去與未去皆服，故經但言舊君，而不言大夫之在外與在國，蓋皆恩義未絶。」《通典》引《石渠禮論》戴聖謂「大夫在外者，三諫不從而去，君不絶其禄位，使其嫡子奉其宗廟」是也。若有罪見逐，收其宗廟，其妻、長子亦不得留在本國矣。《孟子·離婁》篇述爲舊君反服云：「有故而去，則君使人導之出疆，又先於其所往。去三年不反，然後收其田里。」既云「導之出疆」，是指已去國者。其實待放未去而值君薨，與已去而值君薨者，皆服齊衰三月也。○注「古者」至「大夫」。○《曲禮》上篇文。注：「不與賢者犯法，其犯法，則在八議，輕重不在刑書」是也。彼疏引《異義》：「《禮》戴説，刑不上大夫。古《周禮》説，士尸肆諸市，大夫尸肆諸朝。是大夫有刑。謹案：《易》曰：『鼎折足，覆公餗，其刑渥，凶。』無刑不上大夫事。從《周禮》説。」「鄭駁之曰：凡有爵者與王同族，大夫適甸師氏，令人不見，是以云『刑不上大夫』。」《白虎通·五刑》篇：「刑不上大夫何？尊大夫。禮不下庶人，欲勉民使至於士。故禮爲有知制，刑爲無知設也。庶人雖有千金之幣，不得服。刑不上大夫者，据禮無大夫刑。或曰：撻笞之刑也。」○注「蓋以」至「類也」。○《史記·孔子世家》：「孔子既不得用于衛，將西見趙簡子。至于河，聞竇鳴犢、舜華之死也，孔子曰：『竇鳴犢，舜華，晉國之賢大夫也。某聞之也，刳胎殺夭，則麒麟不至郊。竭澤涸漁，則蛟龍不合陰陽。覆巢毁卵，則鳳皇不翔。何則？君子諱傷其類也。』」《淮南・本經訓》：「刳胎殺夭，麒麟不游。覆巢毁卵，鳳皇不翔。」《校勘記》出「鳳凰」云：「鄂本凰作皇，此加几者，俗字。」○注「三年」至「敢去」。○《校勘記》出「徽墨」云：「鄂本、閩本同。監、毛本『墨』改『纆』，疏並同。」此《坎卦》上六爻詞也。舊疏引鄭氏注云：「繫，拘也。爻辰在巳，巳爲蛇，蛇之蟠屈如徽纆也。三五互體艮，又與震同體。艮爲門闕，於木爲多節。震之所爲，有叢拘之類。門闕之内，有叢木多節之木，是天子外朝左右九棘之象也。外朝者，所以詢事之處也。左嘉石，平罷民焉。右肺石，達窮民焉。罷民，邪惡之民也。上六乘陽，有邪惡之罪，故縛約徽墨，寘于叢棘，而後公卿以下議之。其害人者，置之圜土而施職事焉，以明刑恥之。能復者，上罪三年而赦，中罪二年而赦，下罪一年而赦。不得者，不自思以得正道，終不自改，而出圜土者殺，故凶是也。」然則繫于徽纆，以待議罪，有三年、二年、一年之殊，已恐陷於三歲不得，故待至三年乃去也。《白虎通・諫諍》云：「所以必三年者，古者臣下有大喪，❶君三年不呼其門，所以復君恩。今已所言，不合於禮義，君欲罪之可得也。」義亦通。**君放之，非也。**注「曰無去是」，非也。**大夫待放，正也。**注聽君不去衛，正也。疏舊疏云：「此二句皆是今事，非古法。」按：《莊二十四年》「曹羈出奔陳」，傳云：「三諫不從，遂去之。故君子以爲得君臣之義也。」三諫不從，復任其放，故曰「非也」。大夫待放，則上注之「自嫌有罪當誅」，故曰「正也」。○注「聽君」至「正也」。○《校勘記》云：「閩、監、毛本同。按：『衛』蓋『是』字誤，或當作『爲』。」按：注就本經釋之，作「衛」亦可。**古者臣有大喪，則君三年不呼其門。**注重奪孝子之恩也。禮，父母之喪，三年不從政。齊衰、大功之喪，三月不從政。故孔子曰：「夏后氏三年之喪，既殯而致事，殷人既葬而致事，周人卒哭而致事。君子不奪人之親，亦不可奪親也。」疏《白虎通・喪服》云：「臣下有大喪，不呼其門

❶「古者」二字，原脱，據《白虎通》補。

者，使得終其孝道，成其大禮。」《説苑·修文》篇：「古者有親喪者，不呼其門。」《鹽鐵論·未通》篇：「古有大喪者，君三年不呼其門，❶通其孝道，遂其哀戚之心。君子之所重而自盡者，其惟親喪乎。」《後漢書·陳忠傳》：「臣聞之，《孝經》始於愛親，終於哀戚。上自天子，下至庶人，尊卑貴賤，其義一也。夫父母於子，同氣異息，一體而分，三年乃免於懷抱。先聖緣人情而著其節，制服二十五月。是以《春秋》『臣有大喪，君三年不呼其門』。閔子雖要絰服事，以赴公難，退而致位，以究私恩，故稱君使之，非也；臣行之，禮也。」又云：「周室凌遲，禮制不序，❷《蓼莪》之人，作詩自傷。」是以《蓼莪》爲從軍之詩，故《大戴禮·用兵》注亦云：❸「困于兵革之詩也。」蓋三家《詩》語。又《荀爽傳》對策曰：「昔翟方進以自備宰相而不敢踰制。❹至遭母憂，三十六日而除。夫失禮之源，自上而始。古者大喪，三年不呼其門，所以崇國厚俗，篤化之道也。」《繁露·竹林》云：「先王之制，有大喪者，三年不呼其門，順其志之不在事也。《書》云『高宗諒闇，三年不言』，居喪之義也。」《禮記·喪服四制》云：「門内之制恩掩義。」以門内之治尚恩，行私恩不得行公義，故三年不呼其門也。○注「重奪」至「恩也」。○《通典》引《白虎通》云：「有喪不朝，吉凶不相干。不奪孝子之恩也。」然則臣有大喪，不與公役者有二：一以重奪孝子之恩，一以吉凶不相干故也。故《白虎通·喪服》又云：「凶服不敢入公門者，明尊朝廷，吉凶不相干。故《周官》曰『凶服不入公門』。」是也。○注「禮父」至「從政」。○《禮記·王制》文。按《禮運》云「三年之喪與新有婚者，期不使」者，彼注云：「臣有喪昏，當致事而歸。」然則期之後容有使役者。蓋國有大事，期後役使，自是一時權禮。若其常，則三年不從政也。又《雜記》云：「三年之喪，祥而從政。期之喪，卒哭而從政。九月之喪，既葬而從政。小功緦之喪，既殯而從政。」與此殊者，注云：「以《王制》言之，此謂庶人也。從政，從爲政者教令，謂給繇役。」《正義》：「此庶人依士禮，卒哭與既葬同三月，故《王

❶「君」，原作「居」，據《鹽鐵論》改。
❷「不序」，原作「衰廢」，據《後漢書》改。
❸「用兵」，原作「小辯」，據《大戴禮記》改。
❹「自」，原作「身」，「而」原脱，據《後漢書》改補。

制》省文，總云三月也。若大夫士三年之喪，❶期不從政，❷是正禮也。❸卒哭，金革之事無避，是權禮也。」舊疏云：「此政謂税矣。」《王制》云從政，自讀如「征税」之「征」，故彼《記》上云「八十者，一子不從政；九十者，其家不從政」云云。下云「將徙於諸侯，三月不從政」云云，即《周禮・旅師》所云「凡新甿之治，❹皆聽之，使無征役」，謂復除不給徭役也，故鄭注《周禮》引《王制》解之。此引以證臣有大喪，君不呼門，自謂大夫士以上。「政」當解如「政事」之「政」。從爲政事，與《論語》「可使從政也與」之「從政」同，當是斷章取義也。○注「故孔至「親也」」。○舊疏云：「《曾子問》文。」引鄭注「致事者，還其職位於君」是也。《校勘記》出「周人卒哭而致事」云：「今本《曾子問》無此文，此與岳珂《九經三傳沿革例》引興國本合，段玉裁説。」按：《曾子問》云：「子夏問曰：『三年之喪卒哭，金革之事無辟也者，❺禮與？初有司與？』孔子曰：『夏后氏三年之喪，既殯而致事，殷人既葬而致事。記曰：君子不奪人之親，亦不可奪親也。此之謂乎。』」鄭注云：「周卒哭而致事。」閩、監、毛本「周」誤「則」。《禮記校勘記》云：「殷人既葬而致事，閩、監、毛本同，石經同，岳本同，衛氏《集説》同，嘉靖本同，宋監本下有『周人卒哭而致事』七字。《考文》引足利本同。段玉裁云：『《公羊》宣元年注有「周人卒哭而致事」一句，疏統謂《曾子問》文。』岳氏云：『興國本《禮記》有「周人卒哭而致事」一句，大書爲經文。』按：此同《公羊》注疏而與本疏不合。」又出「周卒哭而致事」云：「惠棟校宋本作『周』，岳本同，《考文》引足利本同，此本『周』誤『則』，嘉靖本同，衛氏《集説》同。浦鏜校云：按皇氏疏，則『周人卒哭致事』，是鄭君從夏殷推而知之，當是注文。而孔氏云：孔子既前答『周人卒哭而致事』，則又似屬經文，而誤入注耳。」按：皇氏疏云：「夏后氏尚質，孝子喪親恍惚，君事不敢久留，故既殯致事還君。殷人漸文，思親彌深，故既葬畢始致事還君。周人極文，悲哀至甚，故卒哭而致事。知周卒哭致事者，以喪之大事有三：殯也，葬也，卒哭也。

❶「三年」，原作「父母」，據《禮記注疏》改。
❷「期」，原作「三年」，據《禮記注疏》改。
❸「是」字，原脱，據《禮記注疏》補。
❹「凡」字，原脱，據《周禮注疏》補。
❺「者」字，原脱，據《禮記注疏》補。

夏既殯，殷既葬，周代漸遠，以此推之，故知周卒哭也。」則皇氏所据鄭注，與孔氏不同。但鄭氏解「致事」在「殷人」句下，明鄭氏所据本無「周人卒哭而致事」語，故於注末申之云「周卒哭而致事也」。若元有此語，誤入注中，則「致事」注當在「周人」下，或在「夏后」句下，方合《公羊疏》所見之《曾子問》本，與興國本合，不必比而同之也。卒哭者，《禮記・雜記》云：「士三月而葬，是月而卒哭。大夫三月而葬，五月而卒哭。」鄭注《禮・既夕》云：「卒哭，三虞之後祭名。始朝夕之間，哀至則哭，至此祭止也，朝夕哭而已。」「君子不奪人之親，亦不可奪親者」，鄭注：「二者恕也，孝也。」已既思親，推己及人，亦不奪其親，是恕也。孝子思親，若不致事，則是忘親，故今致事，是不自奪其思親之心，是孝也。《禮記・服問》曰：❶「凡見人無免絰，雖朝於君，無免絰，唯公門有税齊衰。傳曰：『君子不奪人之喪，亦不可奪喪也。』」注：「無免絰，絰，重也。税猶免也。有免齊衰，謂不杖齊衰也。於公門有奪齊衰，則大功有免絰也。」然則杖齊期以上，雖入公門，衰亦不脱，故引舊記以明之。言君子以己恕人，不可奪人喪，使之免絰而已。亦不可自奪其喪，所以己有重喪，猶絰以見君，申己喪禮也。惟其如此，故臣下在喪，不入公門，君亦不奪其情，以免吉凶相干。《曲禮》云「凶服不入公門」，故也。

已練，可以弁冕， 注 此説時衰正失，非謂禮當然。弁，禮所謂皮弁、爵弁也。皮弁，武冠。爵弁，文冠。夏曰收，殷曰冔，周曰弁。加旒曰冕，主所以入宗廟。

疏 《禮記・檀弓》曰：「父母之喪，哭無時，使必知其反也。」注：「既練，❷或時爲君服金革之事，反必有祭。」又《禮運》云：「三年之喪，期不使。」是則期内不使，故已練可使也。而《曾子問》云：「卒哭，服金革之事無辟者。」彼《記》又云「昔者魯公伯禽有爲爲之也」，是非其正也。《通義》云：「此權時之宜。《喪大記》曰：『君既葬，王政入于國，既卒哭而服王事。大夫士既葬，公政入于家，既卒哭，弁、絰、帶，金革之事無辟也。』」按：鄭彼《記》注亦云：「權禮也。」何氏云「此説時衰政失，非謂禮所當然」者，謂不獨金革服金革之事失禮，即既練

❶ 「服問」，原作「問喪」，據《禮記注疏》改。
❷ 「練」，原作「絲」，據《禮記注疏》改。

而弁冕即事，亦非正。上注引云「父母之喪，三年不從政」，是其正也。鄭注《喪大記》又云：「弁、絰、帶者，變喪服而弔服，輕，可以即事。」蓋弁、絰者，弔服。帶者，要經。自謂喪服，明弔服加重也。注「正失」，鄂本「正」作「政」，當從之。○注「弁禮」至「文冠」。○《白虎通·紼冕》云：「皮弁者，何謂也？所以法古至質，冠之名也。❶弁之爲言攀也，❷所以攀持其髮也。上古之時質，先加服皮。以鹿皮者，取其文章也。戰伐田獵，此皆服之。」❸「爵弁者，周人宗廟士之冠也。《郊特牲》曰：『周弁。』《士冠》經曰：『周弁，殷冔，夏收。』爵何以知指謂其色，又乍言爵弁，乍但言弁，周之冠色所以爵何？爲周尚赤。所以不純赤，但如爵頭何？以本制冠者法天，天色玄者不失其質，❹故周加赤。」《禮·士冠禮》：「皮弁服，素積，緇帶，素韠。」注「皮弁者，以白鹿皮爲冠，象上古也」。李如圭云：「古者以鳥獸之皮冒而句領，皮弁象之。」聶氏引《舊圖》云：「以鹿皮淺毛者爲之，高尺二寸。」《禮》又云：「爵弁服，纁裳，純衣，緇帶，韎韐。」注：「爵弁者，冕之次，其色赤而微黑，如爵頭然，或謂之緅。其布三十升。」賈疏云：「凡冕以木爲體，❺長尺六寸，廣八寸，績麻三十升布衣之。上以玄，下以纁，前後有旒。其爵弁制大同，唯無旒，又爲爵色爲異。」皮弁用之於田獵、戰伐，爵弁用之於祭，故曰「皮弁，武冠。爵弁，文冠也」。以皮弁爲武冠，蓋今文家說。《成二年》傳「衣服與頃公相似」，何注：「禮，皮弁以征。」彼疏云：「即《昭二十五年》注『皮弁以征不義』是也。」引《韓詩傳》亦有是語。《御覽》引《三禮圖》：「皮弁，春八月習大射，冠之行事。」是今文《詩》、《春秋》家皆然。惟《周禮·司服》云「兵事韋弁服」，即成十六年《左傳》之「韎韋之跗注」是也。按：《字林》云：「韋，柔皮也。」皮、韋同類，故同有皮弁之稱。惟皮弁白色，韋弁韎色爾。或古只是皮弁，周文，有皮弁、韋弁之別與？○注「夏曰」至「宗廟」。○《士冠·記》云：「周弁，殷冔，夏收。」當作「冔」，《釋文》作「冔」，是也。毛本同。《獨斷》云：「冕，周曰爵弁，殷曰冔，夏曰

❶「之」字，原脱，據《白虎通》補。
❷「爲」字，原脱，據《白虎通》補。
❸「此」字，原脱，據《白虎通》補。
❹「玄」，原避清康熙諱作「元」，今回改，下同，不再出校。
❺「木」，原作「末」，據《儀禮注疏》改。

收，皆以三十升漆布爲殼，廣八寸，長尺二寸，加爵冕其上。周黑而赤，如爵色，前小後大。殷黑而微白，前大後小。夏純黑而赤，前小後大。皆有收，以持笄。古皆以布，中古以絲。孔子曰：『麻冕，禮也。今也純，儉。』冕冠垂旒，周禮。天子冕前後垂延，朱緑藻，有十二旒。公侯大夫，各有差別。三公九，諸侯卿大夫七。組纓各如其綬之色。郊天地，祠宗廟，祀明堂則冠之。」《禮記・王制》云：「有虞氏皇而祭，深衣而養老。夏后氏收而祭，燕衣而養老。殷人冔而祭，縞衣而養老。周人冕而祭，玄衣而養老。」正以冕即弁，唯大夫以上得有冕，士以下只弁耳。彼注云：「皇，冕屬焉，畫羽飾焉。凡冕屬，其服皆玄上纁下。有虞氏十二章，周九章，夏殷未聞。凡養老服，皆其時與群臣燕之服。其冠則牟追、章甫、委貌也。諸侯以天子之燕服爲朝服，王者之後，亦以燕服爲之。」是則收、冔、弁，正爲入祀宗廟之冠矣。故《禮記・雜記》云「大夫冕而祭于公，弁而祭于己，士弁而祭于公」，皆謂爵弁也。《士冠禮》注：「爵弁者，冕之次也。」賈疏：「冕者，俛也。低前一寸二分，故得冕稱。其爵弁，則前後平，故不得冕名也。」《周禮・弁師》：「掌王之五冕。」注：「延，冕之覆在上。」任氏大椿《弁服釋例》云：「爵弁既以弁名，則其狀當似弁。不特弁下無旒及前後延平，異于冕也。考《釋名》『弁如兩手相合時也。以爵韋爲之，謂之爵弁。以鹿皮爲之，謂之皮弁。以韎韋爲之，謂之韋弁也』。然則此三弁皆作合手狀矣，其延下當上鋭下圓。又考《後漢・輿服志》冕制皆前圓後方，❶則與下圓上鋭者異。疑爵弁與冕雖同有上延，而爵弁延下則爲合手之形，與冕狀別。然則夏殷質，用冔、收以祭。周弁制如冔、收，別加旒爲冕，以爲祭服耳。弁非天子之祭服也。」吴氏廷華《儀禮疑義》亦云：「據《説文》弁本作覍，象形，或作弁。又《釋名》『弁如兩手相合也』。爵弁與冕制異，與皮弁制同。」胡氏培翬《儀禮正義》云：「賈氏之説，蓋本《漢禮器制度》，吴氏以《釋名》、《説文》駁之，似亦可從。《冠禮・記》注云：『弁名出於槃。槃，大也，言所以自光大也。冔名出於幠。幠，覆也，言所以自覆飾也。收，言所以收斂髮也。其制之異，亦未聞。』《史記・五帝紀》『帝堯黄收純衣』，蓋夏以前通用收。《詩・文王》：『常服黼冔。』傳：『冔，殷冠也。』」江氏筠《讀禮私

❶ 「又」，原作「文」，據國學本改。

記》云：「爵弁既非冕制，而與冔、收連言者，蓋冕飾至周始備，冔、收二者，周制以弁例之。如殷士裸將服冔，周士祭於公用弁，其一也。又殷人冔而葬，周人弁而葬，亦其一也」是也。鄭本「主」誤「王」。服金革之事。**注**謂以兵事使之。**疏**注「謂以兵事使之」。○《禮記·中庸》云「衽金革」，疏：「金革，謂軍戎器械也。」又《曾子問》云：「子夏問曰：『三年之喪，卒哭，金革之事無辟者，禮與？』孔子曰：吾聞諸老聃曰：『昔者魯公伯禽有爲爲之也。今以三年之喪從其利者，吾弗知也。』」注：「伯禽，周公子，封於魯。有徐戎作難。喪，卒哭而征之，急王事也。」又《喪大記》云：「君既葬，王政入于國，既卒哭而服王事。大夫士既葬，❶公政入于家；既卒哭，弁、絰、帶，金革之事無辟也。」注：「此權禮也。弁、絰、帶者，變喪服而弔服，輕，可以即事也。」然則父母之喪，三年内不服王事，經禮也。期練之後，時有兵革之事，不顧私恩，權禮也。若有急難，雖卒哭之後，亦當以國體爲重。《曾子問》所記伯禽事是也。《喪大記》疏引庾氏云：「謂此言君既葬，王政便入國。候卒哭，乃身服王事。前云君，言王事，謂言答所訪逮而已，王政未入于國也。」庾氏因上《記》有「既葬與人立」，❷言君言王事，不言國事，故分別之也。君使之，非也。**注**非古道也。**疏**言非禮之正也。監本「道」誤「旨」。臣行之，禮也。**注**臣順君命，亦禮也。此與「君放之，非」。「臣待君放，正」同，故引同類相發明。**疏**注「臣順」至「發明」。○《通義》云：「君呼其門，則非。國有兵事，臣釋縗而赴難，則禮宜然。」《校勘記》出「臣順爲命」云：「鄂本『爲』作『君』，此誤。」「古者臣有大喪」以下，與放胥甲父義無涉，因欲借「君使之，非；臣行之，禮」，喻「君放之，非」、「臣待放，正」之義，故連言之。閔子**注**閔子騫，以孝聞。**疏**注「閔子騫，以孝聞」。○《史記·仲尼弟子列傳》：「閔損字子騫。少孔子十五歲。孔子曰：『孝哉閔子騫，人不間於其父母昆弟之言。』」要絰而服事。**注**禮，已

❶「士」，原作「土」，據《儀禮注疏》改。
❷「立」，原作「言」，據《禮記注疏》改。

練，男子除乎首，婦人除乎帶。**疏**注「已練」至「乎帶」。○《禮記・間傳》云：「期而小祥，練冠縓緣，要經不除。男子除乎首，婦人除乎帶。男子何爲除乎首也？婦人何爲除乎帶也？男子重首，婦人重帶。除服者先重者，易服者易輕者。」《禮・喪服》注云：「麻在首、在要皆可經，經之言實也，明孝子有忠愛之心也。首經象緇布冠之缺項。❶要經象大帶。」閔子既練後服王事，故首經除而要經如故也。《喪大記》云：「弁、經、帶，金革之事無辟。」《正義》：「弁、經謂弔服，帶謂喪服要經，明雖弔服而有要經，異凡弔也。」彼謂卒哭之後并首經亦變者，或亦權禮與？ 既而曰：「若此乎？ 古之道不即人心。」**注**既，事畢。言古者，不敢斥君。即，近也。**疏**注「言古」至「斥君」。○《通義》云：「古謂中古，自伯禽以來。」○注：「即，近也。」○《禮記・王制》云「必即天論」，注：「即，就也。必即天論，言與天意合。閔子曰：『古之道不即人心。』」《正義》：「閔子性孝，以爲在喪從戎，不即人情爲制，此禮是古之所制，故閔子嫌之。」《爾雅・釋詁》：「即，尼也。」《書疏》引孫炎云：「即，猶今也。尼者，近也。」郭注引《尸子》曰「悅尼而來遠」，是即、尼、近互爲訓也。又《曾子問》云：「昔者魯公伯禽有爲爲之也。今以三年之喪從其利者，吾弗知也。」《正義》云：「伯禽卒哭，徐戎作亂，東郊不開，故征之。是有爲爲之也。今則更無所爲，直貪從於利，攻取於人者，吾不知也。」是以閔子屈於君命，要經服事。既葬事之後，知不即人心，退而致仕，猶斯道也。 退而致仕。**注**退，退身也。致仕，還禄位於君。**疏**注「致仕」至「於君」。○《禮記・王制》云：「七十致政。」注：「致政，還君事。」又《明堂位》云：「七年致政於成王。」注：「致政，以王事歸授之。」《孟子・公孫丑》篇：「孟子致爲臣而歸。」注：「辭齊卿而歸其室也。」是致有歸還之義。 孔子蓋善之也。**注**善其服事，外得事君之義。致仕，内不失親親之恩。言古者，又遜順不訕其君也。不言君子者，時賢者多以爲非，唯孔子以爲是。**疏**

❶「之」，原作「冠」，據《儀禮注疏》改。

舊疏云：「蓋，猶是也。言於此三事，孔子皆善之。其三事者：初則要經而服事，次則謂君爲古者，後則退而致事，是也。」按：此「蓋」如「蓋通乎下」之「蓋」。蓋，猶皆也。時賢，蓋謂當時有責閔子要經服事者，此賢者過之也。有疑閔子退而致事者，不肖者不及也。孔子中庸之道，故皆善之也。「遜順不訕其君」，《表記》所云：「事君欲諫不欲陳。」注：「陳謂言其過於外也。」❶故言「古」以飾之。

公會齊侯于平州。疏杜云：「平州，齊地，在泰山牟縣西。」《大事表》云：「今泰安府萊蕪縣西有平州城。」《一統志》：「平州城在泰安府萊蕪縣西。」《通義》云：「不致者，與惡桓同義。桓之會皆不致，宣之會唯於始一見法而已。❷所聞異辭，所傳聞異辭。」

公子遂如齊。

六月，齊人取濟西田。

外取邑不書，此何以書？注据曹取之不書。疏注「据曹」至「不書」。○《僖三十一年》「取濟西田」，傳：「惡乎取之？取之曹也。曷爲不言取之曹？諱取同姓之田也。此未有伐曹者，則其言取之曹何？晉侯執曹伯，班其所取侵地于諸侯也。晉侯執曹伯，班其所取侵地于諸侯，則何諱乎取同姓之田？久也。」然則濟西田本魯有，爲曹所取明矣。曹取不書，故据以難也。《通義》云：「据伐而言圍者，取邑之辭。」按：若如此，据傳當云：「此未有言伐者，其言取之何矣？」所以賂齊也。注魯所以賂遺齊，故稱人，共國辭。疏《穀梁傳》：「內不言取，授之也，以是爲賂齊也。」《左傳》：「齊人取濟西之田，爲立公故，以賂齊也。」《通義》云：「非以師徒取，故不從彼例直言取也。」杜亦云：「魯以賂齊，齊人不用師徒，故曰取。」范云：「宣公弒立，賂齊以自輔，恥賂之，故書齊取。」較杜、孔義爲長。○注「故稱人，共國辭」。○舊疏云：「謂一『人』字，齊魯共有。何者？魯人簒弒，以地賂人，齊人失所取簒者之賂，皆合稱人故也。」曷爲賂齊？注据上無戰伐，無所謝。疏注「据上」至「所謝」。○舊疏云：「決《哀七年》『秋，公伐邾婁。

❶「謂」字，原脱，據《禮記注疏》補。
❷「一」字，原脱，據《通義》補。

八月己酉，以邾婁子益來』。《八年》『夏，齊人取讙及僤』，傳：『外取邑不書，此何以書？所以賂齊也。曷爲賂齊？爲以邾婁子益來也。』此上不見戰伐之文，應無所謝，故難之。」爲弑子赤之賂也。注子赤，齊外孫。宣公篡弑之，恐爲齊所誅，爲是賂之，故諱，使若齊自取之者。亦因惡齊取篡者賂，當坐取邑。未之齊坐者，由律「行言許受賂」也。月者，惡内，甚于邾婁子益。疏注「子赤，齊外孫」。○《文四年》：「逆婦姜于齊。」子赤即取於齊者所生，故爲齊外孫。○注「未之」至「賂也」。○《校勘記》：「浦鏜云：由，猶通。十年疏引『受賂』作『受財』。」下《十年》「齊人歸我濟西田」，傳：「齊已取之矣，其言我何？言我者，未絶于我也。曷爲未絶乎我？齊已言取之矣，❶其實未之齊也。」注：「齊已言語許取之。言其人民貢賦尚屬于魯，實未歸于齊。不言來者，明不從齊來，不當坐取邑。」是未之齊也，故解之。「由律行言許受賂」者。《九經古義》云：「按：漢律有受賕之條。魯賂齊，不當坐取邑。且未之齊而坐者，由齊聽請故也。漢律『行言許受賂』，亦得坐受賕之條，故舉以況之。《唐律疏義·職制》云：『諸有事以財行求得枉法者，坐贓論。不枉法者，減二等。諸監臨主司受財而枉法者，一尺杖一百，一疋加一等，十五疋絞。不枉法者，一尺杖九十，二疋加一等，三十疋加役流。』」按：今律，官吏聽許財物，雖未接受，事若枉者，准枉法論。不枉者，准不枉法論，各減受財一等，即此也。魯當坐今律「有事以財求行條」也。○注「月者」至「子益」。○《哀八年》：「夏，齊人取讙及僤。」傳：「外取邑不書，此何以書？所以賂齊也。曷爲賂齊？爲以邾婁子益來也。」注：「邾婁，齊與國。畏爲齊所怒而賂之，恥甚，故諱，使若齊自取然。」蓋彼爲伐國而賂齊，此爲篡嫡而賂齊，罪大於彼，故書月以惡之也。

秋，邾婁子來朝。

楚子、鄭人侵陳，遂侵宋。注微者不得言「遂」。「遂」者，楚子之「遂」也。不從鄭人去「遂」者，兵尊者兼將。疏《校勘記》出

❶「言」，原脱，據《春秋公羊傳注疏》補。

「楚子」云：「《唐石經》、諸本同。鄂本作『楚人』。」按：此注云：「微者不得言『遂』，『遂』者，楚子之『遂』也。」知《公羊》經作「楚人」。不然，則注無爲如此解。今作「楚子」者，衍。《左》、《穀》二家誤。○注「微者」至「遂也」。○《僖二十五年》：「楚人圍陳，納頓子于頓。」傳：「何以不言『遂』，兩之耳。」❶明彼爲微者，故不得言「遂」也，但别兩耳。以大夫無專制之義，唯人君得行其「遂」，故知此楚人爲楚子耳。若然，《莊十九年》：「公子結媵陳人之婦，遂及齊侯、宋公盟。」得言「遂」者，以公子結聞齊、宋欲謀伐魯，矯君命而與之盟。其事危急重大，故與得「遂」也。彼傳云：「大夫無『遂』事，此其言『遂』何？《聘禮》：『大夫受命不受辭，出竟有可以安社稷，利國家者，則專之可也。』」是也。

晉趙盾帥師救陳。 疏《左傳》「晉趙盾帥師救陳、宋」，杜以爲經無「宋」字，蓋闕。《正義》引服虔云：「趙盾既救陳，而楚師侵宋，趙盾欲救宋而楚師解去。」義或然也。

宋公、陳侯、衛侯、曹伯會晉師于斐林，伐鄭。 疏《左氏》、《穀梁》作「棐林」。斐、棐通，見《文十三年》。《魏世家》索隱曰：「劉氏云：『林，地名，蓋春秋時鄭地之棐林，在大梁之西北。』徐廣云『在宛縣』，非也。」《水經注·滑水》篇：「華水又東逕棐城，即北林亭也。《春秋》文公與鄭伯宴于棐林，《宣元年》『諸侯會于棐林以伐鄭，楚救鄭，遇于北林』。服虔曰：『北林，鄭南地也。』京相璠曰：『今滎陽苑陵縣有故林鄉，在新鄭北，故曰北林也。』余按：林鄉故城在新鄭北，東如北，七十許里，宛陵故城在東南五十許里，❷不得在新鄭北也。京、服之説並爲疎也。」❸《一統志》：「棐林在鄭州東南。」《方輿紀要》：「林鄉城在開封新鄭縣東二十五里，《春秋》之棐林。」

此晉趙盾之師也， 注据上趙盾救陳，微者不能會諸侯。疏注「微者」至「諸侯」。○舊疏云：「謂若是微者，即不能爲會主，以致諸侯于斐林而會之也。」按：上文明云「晉趙盾帥師救陳」，故云「此晉

❶「兩」，原作「稱」，據上《僖二十五年》改。
❷「陵」字，原脱，據《水經注》補。
❸「疎」字，原作「誤」，據《水經注》改。

趙盾之師也。」**曷爲不言趙盾之師？**注据公子遂會晉趙盾于衡雍，伊雒戎盟，再出名氏。疏注「据公」至「名氏」。○即《文八年》「冬，十月壬午，公子遂會晉趙盾，盟于衡雍。乙酉，公子遂會伊雒戎，盟于暴」。是彼公子遂再出名氏，故据以難此上出趙盾，下稱師也。**君不會大夫之辭也。**注時諸侯爲趙盾所會，不與卑致尊，故正之，去大夫名氏，使若更有師也。殊會地之者，起諸侯爲盾所會。疏《通義》云：「新城之盟，趙盾嘗以名氏見矣。於此發傳者，彼列序諸侯之下，以臣從君，於義猶可。此文若云『宋公等會晉趙盾』，則是以盾敵四國之君，故不可也。」○注「時諸」至「師也」。○正以四國實爲趙盾所會，若言會趙盾，明盾爲主，是以卑致尊，故去其名氏，若非趙盾然，所以正君臣之分也。《定八年》：「公會晉師于瓦。」杜云：「卿不書，禮不敵公。」是其義也。○注「殊會」至「所會」。○舊疏云：「言殊會者，正謂先序諸侯訖，乃言會晉師，是也。所以不言宋公、陳侯、衛侯、曹伯帥師伐鄭，而先言會晉師于斐林，乃言伐鄭者，若以趙盾之師先在是，致諸侯來會之然也。故曰『起諸侯爲盾所會耳』。」按：《繁露·隨本消息》云：「譬如於文、宣之際，中國之君，五年之中五君殺。以晉靈之行，使一大夫立於斐林，拱揖指撝，諸侯莫敢不出，此猶隰之有泮也。」亦言諸侯爲盾所會，莫敢不從。《春秋》殊之，所以尊君抑臣，不與其致也。

冬，晉趙穿帥師侵柳。疏《左氏》、《穀梁》作「侵崇」。《左氏釋文》作「宻」，云：「本亦作崇。」趙氏坦《春秋異文箋》云：「謹案：《尚書大傳》云：『秋，祀柳穀華山。』鄭注：『祭柳穀之氣于華山。柳，聚也，齊人語。』《廣雅·釋詁》云：『崇，聚也。』此必齊人讀崇爲柳，故其訓同。《公羊》崇作柳，正齊人方音之轉。」按：崇，古音在東鍾。柳，古音在蕭幽部，二部間有通轉，故《尚書·君奭》「其終出于不祥」，《釋文》：「終，馬本作崇。」《隸釋》載《漢石經》作「其道于不詳」。又《玉篇》：❶「鯛，直聾切，又直久切。」《廣韻》：「鯛，徒紅

❶「又」，原作「文」，據國學本改。

切，又直冢、直柳二切。」鮦从同音而有直柳切，故《漢・地理志》「汝南郡鮦陽」，孟康曰：「鮦，音紂也。」又育字轉入平聲，在蕭幽部，而《說文・肉部》育从充省聲，亦其證也。吴氏《經說》云：「《春秋》三傳，多以聲近相借。如『歸邴』之爲『歸祊』，『包來』之爲『浮來』，『曲池』之爲『毆蛇』，『夫童』之爲『夫鍾』，『犀丘』之爲『郪丘』、爲『師丘』，皆是。獨此傳以義同借，鄭注《尚書大傳》及《周禮》皆云『柳，聚也』。《酒誥》『其敢崇飲』傳、《左傳》『崇卒也』注，亦皆云『崇，聚也』。」按吴氏猶未知古韻之有通轉也。

柳者何？天子之邑也。【注】天子之閒田也，有大夫守之。晉與大夫忿争，侵之。

【疏】《鹽鐵論・論功》云：「晉取郊、沛，王師敗于茅戎。」「沛」蓋「柳」字之誤。《詩地理考》：「《通典》：『崇國在京兆府鄠縣。』《帝王世紀》：『鯀封崇伯，國在豐鄗之間。周有崇國，晉趙穿侵崇。』」按：彼本《左傳》爲説，以崇爲秦之與國，宜在西周。如《公羊》義，當在東周圻内，或河北地近温原者，故得有晉大夫忿争事。○注「天子之閒田也」。○《禮記・王制》云：「天子之縣内，凡九十三國。名山大澤不以朌，其餘以禄士，以爲閒田。」《正義》云：「其不封公卿大夫及禄士之外，並爲閒田，則《周禮》云『公邑也』。畿外閒田少，畿内閒田多。依《周禮》，閒田自二百里之外以至五百里，其大夫則於三百里爲采地，卿則於四百里爲采地，公則於五百里爲采地。故《載師》云『以公邑之田任甸地，以家邑之田任稍地，以小都之田任縣地，以大都之田任畺地』是也。未知殷制如何。」然則圻内自封國外，皆爲閒田，其實邑也。○注「有大」至「侵之」。○蓋如成十一年《左傳》載晉郤至與周争鄇田之類。

曷爲不繫乎周？【注】据「王師敗績于貿戎」繫王。【疏】注「据王」至「繫王」。○即《成元年》「王師敗績于貿戎」是也。

不與伐天子也。【注】絶正其義，使若兩國自相伐。【疏】注「絶正其義」。○舊疏云：「謂絶柳不使繫之於王，所以正君臣之義也。」按：「王師敗績于貿戎」，亦正其義，使若王者自敗，不言晉敗之也。其義皆與此相足。

晉人、宋人伐鄭。【疏】《穀梁傳》：「伐鄭，所以救宋也。」

二年春，王二月壬子，宋華元帥師及鄭公子歸生帥師，戰于大棘。宋師敗績，獲宋華元。**注**復出「宋」者，非獨惡華元，明恥辱及宋國。**疏**包氏慎言云：「二月書壬子，二月無壬子，正月之十一日也。」舊疏云：「宋、鄭皆言帥師者，其將皆尊，其師皆衆故也。」大棘，杜云：「在陳留襄邑縣南。」《大事表》云：「今歸德府睢州西曲棘里有棘城。又甯陵縣西南七里有大棘城，亦與睢相近。」《水經注·陰溝水》篇云：「過水又東，逕大棘城南，故鄢之大棘鄉也。《春秋》宣二年『宋華元與鄭公子歸生戰于大棘』。其地後爲楚所併，故圈稱曰：『大棘，楚地，有楚太子建壙，伍員釣臺。』過水又東，逕安平故城北。《陳留風俗傳》曰：『大棘鄉，故安平縣也。』」《郡國志》：「陳留已吾有大棘鄉。」《元和郡縣志》：「已吾故城在甯陽縣西南四十里。」《一統志》：「大棘城在歸德甯陵縣西南七十里，甯陵在睢州東，大棘當在其間。」○注「復出」至「宋國」。○《通義》云：「《左傳》曰『鄭公子歸生，受命于楚，伐宋』，故使宋主之也。獲華元，再言宋者，凡獲大夫，皆繫國，責其辱國之甚。」按：《曲禮》云：「大夫死衆，士死制。」注云：「死其所受於君，衆謂軍師，制謂君教令，所使爲之。」華元不能死，被獲，明當絕也。《穀梁傳》：「獲者，不與之辭也。言盡其衆以救其將也。以三軍敵華元，華元雖獲，不病矣。」彼疏引何氏《廢疾》云：「『書獲，皆生獲也。如欲不病華元，當有變文。』鄭釋之曰：『將帥見獲，師敗可知，不當復書師敗績。此兩書之者，明宋師懼華元見獲，皆竭力以救之，無奈不勝敵耳。華元有賢行，得衆如是，雖師敗身獲，適明其美，不傷賢行。今兩書敗獲，非變文如何。』」劉氏申之曰：「《公羊》例，大夫死生皆曰獲。華元復見，知其不死，綏也。將獲不言師敗績，非《春秋》將帥並重之例。證以經文，無所据也。夫子云『我戰則克』，惡責軍之將與亡國之大夫，及與爲人後者，❶豈有賢行得衆乎？」

秦師伐晉。**注**秦稱師者，閔其衆，惡其將，本秦之忿，起殽之戰。今襄公、繆公已

❶「人」字，原脱，則義不明，今據《穀梁廢疾申何》卷一補。

死，可以止矣，而復伐晉，惡其搆怨結禍無已。**疏** 注「秦稱」至「無已」。○舊疏云：「正以《文十二年》『秦伯使遂來聘』，始有大夫，宜見將之名氏。若其貶之，❶宜稱人稱國，而言師者，正以閔其衆，惡其將故也。」《繁露·竹林》云：「《春秋》之所惡者，不任德而任力，驅民而殘賊之。」又云：「夫德不足以親近，而文不足以來遠，❷而斷斷以戰伐爲之者，此固《春秋》所甚疾已。」是秦稱師之義也。殽之戰，見《僖三十三年》。襄公、繆公之死，見《文六年》及《十八年》。

夏，晉人、宋人、衛人、陳人侵鄭。

秋，九月乙丑，晉趙盾弑其君夷獋。**疏** 包氏慎言云：「九月書乙丑，月之二十八日。」《左氏》、《穀梁》「夷獋」作「夷皋」。《玉篇·犬》篇：「獋，胡刀反，犬呼也，鳴也，呴也。或作嘷。」《周禮·大祝》云：「來瞽，令皋舞。」注：「皋，讀爲『卒嘷呼』之『嘷』，來嘷者，皆謂呼之入。」《山海經·北山經》：「丹熏之山有獸焉，❸其狀如鼠，而兔首，麋其身，其音如獋犬。」《初學記》引作「嘷犬」，知獋、嘷、皋音義皆通。《説文·口部》「嘷，呴也。獋，譚長説嘷从犬」是也。❹齊氏召南《考證》云：「三傳俱言弑君者趙穿，其實盾爲主使，故亡不越竟，俟其事也。反不討賊，德其私也。盾爲司馬昭而以穿爲成濟，此董狐所以直書而孔子因之，以爲萬世弑君之戒。如曰盾實無罪，以良史之深文，遂成鐵案，有是理哉！靈公不君，或趙氏粉飾以欺後世，未可知也。況君即不君，臣可因以不臣哉！然則宣四年《左傳》『稱君，君無道』之説，不可爲訓矣。」

冬，十月乙亥，天王崩。**注** 匡王。**疏** 包氏慎言云：「十月書乙亥，月之八日。」○注「匡王」○下《三年》「葬匡王」是也。

❶「之」，原作「人」，據《春秋公羊傳注疏》改。
❷「文」，原作「又」，據《春秋繁露》改。
❸「獸」，原作「龍」，據《山海經》改。
❹「嘷」，原作「或」，據《説文》改。

公羊義疏四十五

句容陳立卓人著

宣三年盡六年。

三年春，王正月，郊牛之口傷，改卜牛。牛死，乃不郊，猶三望。

其言「之」何？**注** 据「食角」不言「之」。**疏** 注「据食角不言之」。○《成七年》「鼷鼠食郊牛角。改卜牛，鼷鼠又食其角，乃免牛」。是其事也。緩也。

注 辭間容「之」，故爲緩，不若食角急也。别天牲，主以角。書者，譏宣公養牲不謹敬、不絜清而災。重事至尊，故詳録其簡甚。**疏** 注「辭間」至「急也」。○《經傳釋詞》云：「之，言之間也，若『在河之洲』之屬是也，常語也。」按：之爲言之間辭，《詩》則緩以足句，《春秋》則緩以示義，故加「之」爲緩辭也。《通義》云：「謹案：《穀梁傳》曰：『之口，緩辭也，傷自牛作也。』《洪範五行傳》曰：『思心之不睿，是謂不聖，厥咎霿，厥罰恒風，時則有牛禍。』」哀元年《穀梁傳》説此經云：「牛傷不言傷之者，傷自牛作也，故其辭緩。」皆以對食角爲急辭也。楊疏引舊解：「范氏《别例》云：『凡三十五。』范既總爲例，則言『之』者，並是緩辭也。傳於『執衛侯』云：『言之，緩辭也。』其餘不發，亦緩可知。公喪在外，逆之，緩也。衛侯之弟鱄，秦伯之弟鍼，稱『之』者，取其緩之得逃。吴敗六國稱『之』者，取其六國同役而不急於軍事也。殺奚齊稱『之』者，緩於成君也。考仲子宫言『之』者，❶隱孫爲脩之緩也。日食言『之』者，不知之緩也。則自餘並緩耳。」○注「别天牲，主以角」。○《禮記·王制》云：「祭天地之牛角繭栗，宗廟之牛角握，❷賓客之牛角尺。」❸是主以角也。○注「書者」至「而災」。○鄂本作「絜」，下同。閩、監、毛本作「潔」，俗絜字。《五行志下之

❶「宫」字，原脱，據《春秋穀梁傳注疏》補。
❷「牛」字，原脱，據《禮記注疏》補。
❸「宫」字，原脱，據《禮記注疏》補。

上》：「劉向以爲近牛禍也。是時宣公與公子遂謀殺子赤而立，又以喪娶，區霿昏亂，亂成於口。幸有季文子，得免於禍。天猶惡之，生則不饗其祀，死則災燔其廟。董仲舒指略同。」何氏但譏其養牲不謹，失事至尊之道，餘無説，未知與劉、董同否。《禮記・禮運》云：「魯之郊禘，非禮也。周公其衰矣。」注：「非，猶失也。魯之郊牛口傷，鼷鼠食其角，又有四卜郊不從，是周公之道衰矣。言子孫不能奉行興之。」意亦與何同。○注「主事」至「簡甚」。○《繁露・順命》云：「孔子曰：『畏天命，畏大人，畏聖人之言。』其祭社稷、宗廟、山川、鬼神，不以其道，無災無害。至於祭天不享，其卜不從，使其牛口傷，鼷鼠食其角。或言食牛，或言食而死，或食而生，或不食而自死，或改卜而牛死，或卜而食其角。過有深淺薄厚，而災有簡甚，不可不察也。猶郊之變，因其災而之變，應而無爲也。見百事之變之所不知而自然者，勝言與？以此見其可畏。專誅絶者，其唯天乎？臣弑君，子弑父，三十有餘，諸其賤者則損。以此觀之，可畏者，其唯天命、大人乎！亡國五十有餘，皆不事畏者也。況不畏大人，大人專誅之。君之滅者，何日之有哉？魯宣違聖人之言，變古易常，而災立至。聖人之言可不慎？此三畏者，異旨而同致，故聖人同之，俱言其可畏也。」**曷爲不復卜？** **注** 据《定十五年》「牛死，改卜牛」。**疏** 注「据定」至「卜牛」。○彼經云「鼷鼠食郊牛，牛死，改卜牛」是也。**養牲養二卜。** **注** 「二卜」語在下。**疏** 《郊特牲》注云：「養牲，必養二也。」《正義》：「郊天既以后稷爲配，故養牲養二，以擬祭也。」一爲帝牲，一爲稷牲，皆得吉，乃養也。是二牲，皆先卜也。○注「二卜語在下」。○《校勘記》云：「此本、監本『下』誤『卜』，今訂正。」**帝牲不吉，** **注** 帝，皇天大帝，在北辰之中，主總領天地五帝群神也。不吉者，有災。**疏** 注「帝皇」至「神也」。○齊氏召南《考證》云：「『皇天大帝』，似應作『天皇大帝』。鄭注《周禮・大宗伯》『禋祀，祀昊天上帝』云：『冬至于圜丘，所祀天皇大帝。』《晉書・天文志》云『鉤陳口中一星，曰天皇大帝，其神曰耀魄寶，主御群靈，執萬神圖』是也。《御覽》引《五經通義》云：『昊天上帝，天皇大帝，亦曰太乙，其佐曰五帝。』又《周禮疏》引《元命包》云：『太微爲天庭，五帝以合時。』又云：『紫微宮爲大帝。』又云：『天生大列爲中宮大極星，星其一明者，太乙常居也。傍兩星，距辰子位，故爲北辰，以起節度。亦爲紫微宮，紫之言此，宮之言中，此宮之中，天神圖法，陰陽開閉，皆在此中。』」王氏鳴盛《尚書後案》云：「按《乾鑿度》有太乙九宮法，鄭注云『太乙，北辰之神』，則太乙即北辰耀魄寶，亦即天皇大帝在北辰者。其下行九宮，則爲青黄赤白黑五帝，其返而歸于太微，則仍爲太乙。《周禮·大宗伯》『以蒼璧禮天』，與下禮四方各別，故鄭注云：『此禮天以冬至，謂天皇大帝在北極者也。』又云：『禮東方以立春，謂蒼精之帝。禮南方以立夏，謂赤精之帝。禮西方以立秋，謂白精之帝。禮北方以立冬，謂黑精之帝。』又《小宗伯》云：『兆五帝于四郊。』注：『蒼曰靈威仰，太昊食焉。赤曰赤熛怒，炎帝食焉。黄曰含樞紐，黄帝食焉。白曰白招矩，少昊食焉。黑曰汁光紀，顓頊食焉。』此所謂五帝也。《周禮疏》引《文耀鉤》有其文。群神，蓋即《大宗伯》所記『以實柴祀日月星辰』以下者焉，皆天皇大帝總領之，故《周禮疏》引《文耀鉤》又云：『中宮大帝，其北極星下一明者，爲大一之先合元氣，以斗布常，是天皇大帝之號也。』又案《爾雅》云『北極謂之北辰』，鄭注云：『天皇，北辰耀魄寶。』又云：『昊天上帝，又名太乙帝君，以其尊大，故有數名也。』一名皇天，《書·君奭》：『時則有若伊尹，格于皇天。』《周禮疏》引鄭注云：『皇天，北極大帝。』亦名上帝，《周禮·掌次》：『以旅上帝。』亦名皇天上帝，《月令·季夏》云：『以供皇天上帝。』亦名昊天，《書·堯典》：『欽若昊天。』一名皇皇后帝，《論語·堯曰》篇『敢昭告于皇皇后帝』是也。此注宜爲『天皇大帝』也。」舊疏云：「天地之内，五帝群神。」則包有岳瀆等在内。蓋雖地類，地亦統於天焉。○注「不吉者，有災」。○此經之屬是。《郊特牲》疏「若帝牛不吉，或死傷」是也。

則扳稷牲而卜之。

注 先卜帝牲養之，有災，更引稷牲卜之，以爲天牲養之。凡當二卜爾。復不吉，不復郊。

疏 《廣雅·釋言》：「扳，援也。」《一切經音義》引《字林》云：「扳，引也。」與注義合。《隱元年》傳「扳隱而立之」，注亦云：「扳，引也。」《文選》謝靈運《還舊園》詩「質弱易扳纏」，注：「扳纏，猶牽引也。」謂帝牲不吉，則引稷牲當之也。哀元年《穀梁傳》曰：「郊，享道也。貴其時，大其禮。其養牲雖小不備，可也。」意雖稷牲，合時得禮，用之可也。○注「先卜」至「卜爾」。疏：「爲，猶用也。」謂用稷牛而爲帝牛，蓋即《定十五年》「牛死，改卜牛」之屬。養牲之時已卜，此改爲帝牲之時又卜，故何氏以爲凡當二卜也。帝牲在于滌三月，**注**滌，宮名，養帝牲三牢之處也。謂之滌者，取其蕩滌絜清。三牢者，各主一月，取三月一時，足以充其天牲。**疏**注「滌宮」至「絜清」。❶○《郊特牲》云：「帝牛必在滌三月。」注：「牢中所搜除處也。」《正義》：「搜謂搜埽清除，故《周禮》掌馬者謂之廋人。」《繁露·郊事對》云：「帝牲在滌三月，牲貴肥潔，而不貪其大也。凡養牲之道，務在肥潔而已。駒犢未能勝芻豢之食，莫如令食其母便。」鄭氏《郊特牲目録》云：「以其記郊天用騂犢之義。」❷又注云「犢者，誠慤未有牝牡之情」，是亦取其絜清之義也。《禮記·曲禮》云：「天子以犧牛，諸侯以肥牛。」注：「犧，純毛也。肥，養於滌也。」其實天子犧牛，亦須在滌，故《祭義》云「天子諸侯必有養獸之官」是也。下云：「犧牷祭牲，必於是取之。」《國語·楚語》云：「觀射父云：大者牛，必在滌三月。小者羊豕，不過十日。」又《禮器》云：「三月繫，七日戒，三日宿，慎之至也。」注：「繫，繫牲于牢也。❸戒，散齊也。宿，致齊也。時有祭祀之事，必先敬慎如此，不敢切也。」《周禮·充人》云「掌繫祭祀之牲牷。祀五帝，則繫于牢，芻之三月。享先王亦如之」是也。○注「三牢」至「天牲」。○舊疏云：「《春秋説》文。」《獨斷》上云：「帝牲牢三月，在外牢一月，在中牢一月，在明牢一月，謂近堂也。三月一時，已足肥矣。徙之三月，示其潔也。」哀元年《穀梁傳》：「我以六月上甲始庀牲，十月上甲始繫牲。十一月、十二月，牲雖有變，不道也。」然則六月即庀牲，養之三月，始繫于滌。此三月之中，又以三牢遞養，皆取其絜也。十一月、十二月，牲雖有變，不道，爲其可以改卜也。故傳又云：「待正月，然後言牲之變也。」於稷者，唯具是視。**注**視其身體具，無災害而已，不特養于滌宮，所以降稷尊

❶「滌」，原作「牲」，據上注文改。
❷「義」，原作「養」，據《禮記注疏》改。
❸「繫」字原脱，據《禮記注疏》補。

帝。**疏**注「視其」至「尊帝」。○《郊特牲》云：「稷牛唯具，所以別事天神與人鬼也。」注：「唯具，遭時又選可用也。」《正義》云：「遭時，謂帝牲遭災之時，既取稷牲而用之，其祀稷之牲，臨時選其可者。」《通義》云：「謹案：此謂既扳稷牲爲帝牲，則可以隨索稷牲，不暇繫牢。若其平吉無變，雖稷牲，固亦在滌矣。正月迫郊，而牲變猶得改卜者，正以養二之時，此牲已在滌三月故耳。若牛死又卜，則不及在滌，不可以事上帝，故不復卜也。」按：《禮・曲禮》云：「大夫以索牛。」注：「索牛，得而用之。」蓋「稷牛唯具」，亦即大夫之「索牛」也。

郊則曷爲必祭稷？注据郊者，主爲祭天。**疏**注「据郊」至「祭天」。○《郊特牲》：「郊之祭也，迎長日之至也，大報天而主日也。」是主爲祭天。

王者必以其祖配。注祖謂后稷，周之始祖，姜嫄履大人迹所生。配，配食也。**疏**《郊特牲》云：「萬物本乎天，人本乎祖，此所以配上帝也。❶郊之祭也，大報本反始也。」又《大傳》云：「禮，不王不禘。王者禘其祖之所自出，以其祖配之。」❷○注「祖謂」至「所生」。○《詩・大雅序》：「《生民》，尊祖也。后稷生於姜嫄，文、武之功起于后稷，故推以配天也。」《史記・周本紀》云：「后稷名棄，其母有邰氏女，曰姜原。姜原爲帝嚳元妃。姜原出野，見巨人跡，心忻然悅，欲踐之，踐之而身動如孕者。居期而生子，以爲不祥，棄之隘巷，馬牛過者皆避不踐；徙置之林中，適會山林多人，遷之而棄渠中冰上，飛鳥以其翼覆薦之。姜嫄以爲神，遂收養長之。」是其事也。《詩疏》引《異義》：「『《詩》齊、魯、韓，《春秋公羊》說，聖人皆無父，感天而生。《左氏》說，聖人皆有父。謹按：《堯典》「以親九族」，即堯母慶都感赤龍而生堯，堯安得有九族而親之！讖云唐五廟，知不感天而生。』駁曰：『玄之聞也，諸言感生得無父，有父則不感生，此皆偏見之說也。《商頌》曰：「天命玄鳥，降而生商。」謂娀簡吞鳦子生契，是聖人感生，見經之明文。劉媼是漢太上皇之妻，感赤龍而生高祖，是非有父感神而生者耶。❸且夫蒲

❶「此」字，原脱，據《禮記注疏》補。
❷「以」上，原衍「而」字，據《禮記注疏》刪。
❸「神而」二字，原脱，據下卷五十二及《毛詩注疏》補。

盧之氣，嫗煦桑蟲，❶成爲己子，况乎天氣因人之精，❷就而神之，反不使子賢聖乎？是則然矣，又何多怪。』」《禮記・禮器》云「必先有事于頖宫」，注：「先有事於頖宫，告后稷也。告之者，將以配天，先仁也。」又《明堂位》云：「祀帝于郊，配以后稷，天子之禮也。」《禮器》疏云：「《孝經》云：『郊祀后稷以配天。』《喪服小記》云：『王者禘其祖之所自出，以其祖配之。』周人出自靈威仰，則以后稷配靈威仰也。」然則殷郊祀汁光紀，夏郊祀白招矩與？○注「配，配食也」。○《荀子・禮論》云：「故禮上事天，下事地，尊先祖而隆君師，是禮之三本也，故王者天太祖。」注：「謂以配天也。太祖，若周之后稷。」按：凡祀典言配，如句龍配祀社，棄配稷之屬，皆配食也。《祭法》注云：「禘郊祖宗，謂祭祀以配食也。」

王者則曷爲必以其祖配？**注** 据方父事天。**疏** 注「据方父事天」。❸○《獨斷》云：「父天母地，故稱天子。」《御覽》引《漢官儀》：「父天母地，爲天下主。」

自内出者，無匹不行；**注** 匹，合也。無所與會合則不行。自外至者，無主不止。**注** 必得主人乃止者，天道闇昧，故推人道以接之。不以文王配者，重本尊始之義也。故《孝經》曰：「郊祀后稷以配天，宗祀文王於明堂，以配上帝。」上帝，五帝在太微之中，迭生子孫，更王天下。書改卜者，善其應變得禮也。**疏** 注「必得」至「接之」。○毛本「推」誤「惟」。《喪服小記》注云：「禘，大祭也。始祖感天神靈而生，祭天則以祖配之。」「自外至者，無主不止」疏：「外至者，天神也。主者，人祖也。故祭以人祖配天神也。」《藝文類聚》引《白虎通》云：「王者所以祭天何？緣事父以事天也。祭天必以祖配，自内出者，無匹不行；自外至者，無主不止。故推其始祖，配以賓主，順天意也。」又《巡守》篇云：「類祭以祖配不？曰：接者尊，無二禮，尊尊之義。」《通義》云：「此通論祭有配食之義。自外至者，謂天神地示。若稷配郊，句龍配社是也。自内出者，則若

❶「煦」字，原脱，據下卷五十二及《毛詩注疏》補。
❷「况」，原作「憑」，今據下卷五十二及《毛詩注疏》改。
❸「父」，原作「文」，據上注文改。

祔祭新鬼，必以昭穆之類是也。」○注「不以」至「上帝」。○《孝經・聖治章》文。《禮記・大傳》注引《孝經》曰：「郊祀后稷以配天，配靈威仰也。宗祀文王於明堂，以配上帝，汎配五帝也。」《通典》引《鉤命決》云：「郊祀后稷以配天地。祭天南郊，就陽位。祭地北郊，就陰位。后稷爲天地主，文王爲五帝宗。」《祭法》云：「周人禘嚳而郊稷，祖文王而宗武王。」注：「此禘謂祭昊天於圜丘也。祭上帝於南郊曰郊，祭五帝五神於明堂曰祖宗。」按：鄭氏之義，以郊與圜丘所祭帝不同。圜丘所祭者，天皇大帝。郊所祭者，三代各祭其所出。何氏於下注云：「上帝，五帝在太微之中，迭生子孫，更王天下。」則與鄭氏同也。明堂之祭，爲《月令》「季秋大饗帝」之祭。鄭彼注：「言大饗者，偏祭五帝也。」又《曲禮》：「大饗不問卜。」注：「祭五帝於明堂，莫適卜也。」是明堂大饗，偏祭五天帝，兼五人帝、五人神，以文武配之。《孝經》主言嚴父，故但及文王也。《祭法》疏引《雜問志》云：「祭五帝於明堂，五德之帝亦食焉，又以文武配之。《祭法》：『祖文王而宗武王。』此謂合祭於明堂。」是也。《孝經注》用《孔傳》說，以郊謂圜丘祀天，非。其注「宗祀于明堂」云：「明堂，天子布政之宮也。周公因祀五方上帝於明堂，乃尊文王以配之。」蓋與何、鄭同。《郊特牲》云：「郊之祭也，大報本反始也。」天爲物之本始，祖爲王者之本始。后稷爲始祖，故推之配天，不以文也。○注「上帝」至「天下」。○《禮記・大傳》注：「凡大祭曰禘。自，由也。大祭其先祖所由生，謂郊祀天也。王者之先祖，皆感太微五帝之精以生。蒼則靈威仰，赤則赤熛怒，黄則含樞紐，白則白招矩，黑則汁光紀，皆用正歲之正月郊祭之，蓋特尊焉。」《正義》：「按：師說引《河圖》云：『慶都感赤龍而生堯。』又云：『堯赤精，舜黄，禹白，湯黑，文王蒼。』又《元命包》云：『夏，白帝之子。殷，黑帝之子。周，蒼帝之子。』是其王者皆感太微五帝之精而生也。」舊疏云：「此五帝者，即靈威仰之屬。言在太微宮内，迭王天下，即《感精符》云：『蒼帝之始，二十八世，滅蒼者翼也。』彼注云：『堯，翼之星精，在南方，其色赤。』『滅翼者斗』注云：『舜，斗之星精，在中央，其色黄。』『滅斗者參』注云：『禹，參之星精，在西方，其色白。』『滅參者虚』注云：『湯，虚之星精，在北方，其色黑。』『滅虚者房』注云：『文王，房星之精，在東方，其色青。』五星之精，是其義也。」《禮記・禮器》云「故魯人將有事于上帝」，注：

「上帝，周所郊祀之帝，謂蒼帝靈威仰也。魯以周公之故，得郊祀上帝，與周同。」又《月令》「祈穀于上帝」，注：「上帝，太微之帝也。」疏以爲《春秋緯》文。太微爲天庭，中有五帝座。郊天各祭其所感帝。殷祭汁光紀，周祭靈威仰也。○注「書改」至「禮也」。○鄂本無「也」字。「善其應變得禮」，即上「帝牲不吉，則扳稷牲而卜之」之禮也。改卜之後牛死，即不郊，亦得正也。《穀梁傳》曰「事之變也」，事變而處之得正也。《通義》云：「屬天王崩，而卜郊牛，不爲譏者，《繁露》説之曰：『《春秋》之義，國有大喪，止宗廟之祭，而不止郊祭，不敢以父母之喪，廢事天地之禮也。父母之喪，至哀痛悲苦，尚不敢廢郊也。孰足以廢郊者？故其在禮，亦曰『喪者不祭，唯祭天爲越茀而行事』。」按：《繁露》語見《郊祭》篇。又《郊祀》篇云：「郊祭最大也。《春秋》譏喪祭，不譏喪郊，郊不辟喪，喪尚不辟，況他物。」

葬匡王。 疏 舊疏云：「天子記崩不記葬，今而書者，正以去年十月天王崩，至今年春，未滿七月。即《文九年》傳曰：『王者不書葬，此何以書？不及時書，過時書，我有往者則書。』❶此未滿七月，所謂『不及時書』也。」

楚子伐賁渾戎。 疏《左氏》作「陸渾之戎」，《穀梁》作「陸渾戎」。《釋文》：「賁渾，舊音六，或音奔。」《潛研堂答問》云：「問：宣三年楚子伐陸渾之戎，《公羊》作賁渾。賁何以有六音？曰：此轉寫之譌，本當爲畜，即古文睦字。睦字从圥，圥讀爲六，故睦亦有六音。」《大事表》云：「在今河南府嵩縣，即詹桓伯所謂『惠公歸自秦而誘以來』者。《僖二十二年》『秦、晉遷陸渾之戎于伊川』，杜注：『陸渾在秦、晉西北，二國誘而徙之，遂從戎號，至今爲陸渾縣。』」《正義》：「陸渾本是燉煌之地名，徙之伊川，復以陸渾爲號也。」昭十七年爲晉荀吴所滅。《史記》注引服虔云：「陸渾戎在雒西南也。」《地理志》弘農郡有陸渾，下云：「《春秋》遷陸渾戎於此，有關。」此與姜戎别。

夏，楚人侵鄭。

秋，赤狄侵齊。 疏《大事表》云：「狄自入春秋以來，俱止書狄，蓋舉北方引弓之人，合而爲一也。即狄有亂，以後箕之役，白狄見矣，而以狄冠之。白狄猶爲之

❶「則」字，原脱，據《春秋公羊傳注疏》補。

屬，至是顯然分國爲二。其至通于中國，加以赤字之號，而白狄亦以八年偕晉伐秦，自爲盟會征伐，不復就赤狄之役矣。此匈奴分爲南北單于之始也。」

宋師圍曹。

冬，十月，丙戌，鄭伯蘭卒。**疏**包氏慎言云：「十月無丙戌，九月之二十五日，十一月之二十六日也。」

葬鄭繆公。**注**葬不月者，子未三年而弑，故略之也。**疏**注「葬不」至「之也」。○《校勘記》云：「鄂本無也字，此衍。解云『考諸舊本，皆無注』，然則有者，衍字耳。」舊疏又云：「不月者，與卒同月故也。」按：有注者，非也。子未三年見弑者多，從無去月見略之例。此即《隱三年》傳所謂「不及時而不日，慢葬」者。何氏云：「慢薄不能以禮葬也。」《定十二年》：❶「辟伯定卒。」注：「不日月者，子無道，當廢之，而以爲後，未至三年，失衆見弑，危社稷宗廟，故略之也。」爲彼書「辟弑其君比」，稱國以弑，明失衆。此鄭繆公子爲公子歸生弑之，非失衆之文，故於其卒也備書日月，何略之有？

四年春，王正月，公及齊侯平莒及郯。莒人不肯，公伐莒，取向。**疏**《説文·邑部》：「郯，東海縣，帝少昊之後所封。」《漢書·地理志》：「郯，故國，少昊後，盈姓。今山東沂州府郯城縣西南百里有故郯城。」《一統志》：「故郯國在沂州府郯城縣西南二十里，與江南邳州接界。」向者，杜云：「莒邑，東海丞縣東南有向城。」蓋即隱二年所入者，詳彼疏。

此平莒也，其言不肯何？**注**据取汶陽田不言棘不肯。**疏**注「据取」至「不肯」。○《成二年》「取汶陽田」，《三年》「叔孫僑如帥師圍棘」，傳：「棘者何？汶陽之不服邑也。其言圍之何？不聽也。」注：「不聽者，叛也。不言叛者，爲内諱，故書圍以起之。」是也。辟取向也。**注**爲公取向作辭也。恥行義爲利，故諱，使若莒不肯起其平也。聽公平，伐取其邑以弱之者，愈也。莒言及者，明非莒不肯起其平也。書齊侯者，公不能獨平也。月者，惡録

❶「二」，原作「三」，據《春秋公羊傳注疏》改。

之。 疏注「爲公」至「愈也」。○《校勘記》云：「鄂本無『起其平也』四字，諸本皆涉下誤衍，當删正。讀『故諱，使若莒不肯聽公平』爲一句。」《穀梁傳》：「伐猶可，取向甚矣。莒人辭不受治也。伐莒，義兵也。取向，非也，乘義而爲利也。」《説文》：「討，治也。」蓋魯本治莒、郯不平，因而取向，以義始以利終，故諱爲作辭，若莒不肯，遂伐取其邑以弱之然。愈者，愈於直書取向，惡殺也。《穀梁》又曰：「不肯者，可以肯也。」注：「凱曰：『君子不念舊惡，況爲大國所和乎。』」❶其非莒不肯可知。○注「莒言」至「平也」。○舊疏云：「正以『及』是汲汲之意，亦見直之意，故如此解。」以經不曰平莒、郯，而曰『及郯』，是汲汲於郯，又見非莒不肯矣，故得起其平也。○注「書齊」至「平也」。○蓋魯力實不能獨平，借助齊侯，故書之，又見魯之因人取邑，恥甚也。○注「月者，惡録之」。○《周禮·典瑞》云：「穀圭以和難。」注：「難，仇讎。和之者，若《春秋》宣公及齊侯平莒及郯。」❷是和難者，正也。取邑，惡詞也。舊疏云：「《定十一年》『冬，及鄭平』，知平例不月。此月，故以爲惡録之。」按：《左傳》云：「平國以禮，不以亂。伐而不治，亂也。以亂平亂，何治之有？無治，何以行禮？」是并責其伐也。舊疏又云：「若然，《定十年》『春，王三月，及齊平』而書月，何氏云『月者，頰谷之會，齊侯欲執定公，故不易』是也。又《昭七年》『春，王正月，暨齊平』而書月，何氏云『月者，刺内暨暨也。時魯方結婚於吴，外慕强楚，故不汲汲于齊也』是也。」蓋平例時，書月，皆各有所主，當文解之。故《宣十五年》「宋人及楚人平」，亦書「夏五月」，注「月者，專平不易」是也。

秦伯稻卒。 疏《通義》云：「秦共公、桓公，皆在時卒例，不蒙上月。」

夏，六月乙酉，鄭公子歸生弑其君夷。 疏包氏慎言云：「六月無乙酉，五月之二十八日也。」《説苑·復恩》云：「楚人獻黿於鄭靈公。公子家見公子宋之食指動，謂公子家曰：『我如是，必嘗異味。』及食大夫黿，召公子宋而不與。公子宋染指於鼎，嘗之而出。公怒，欲殺之。公子宋與公子家謀先，遂弑靈公。子夏曰：『《春秋》記君不君、臣不臣、父不父、子不子者也，

❶「乎」字原脱，據《春秋穀梁傳注疏》補。
❷「侯」字原脱，據《周禮注疏》補。

此非一日之事也。』」蓋本《左傳》爲説。錢氏大昕《答問》云：「鄭公子宋弑君，而以歸生主惡者，歸生正卿，且嘗帥師敗華元矣。力足以制子宋，而從宋之逆，較之趙盾又有甚焉，不得託於本無逆謀也。」按：下十年《左傳》：「鄭人討幽公之亂，斲子家之棺，而逐其族。」是鄭人固以子家主逆矣。

赤狄侵齊。

秋，公如齊，

公至自齊。

冬，楚子伐鄭。

五年春，公如齊。

夏，公至自齊。

秋九月，齊高固來逆子叔姬。**疏**《左氏》經無「子」字。按下云「齊高固及子叔姬來」，當從《公》、《穀》有「子」字，在「叔姬」上。《通義》云：「月者，爲下卒也。此子叔姬，亦僖公之女，宣公之母妹，蓋僖季年所生。」

叔孫得臣卒。**注**不日者，知公子遂欲弑君，爲人臣知賊而不言，明當誅。**疏**注「不日」至「當誅」。○舊疏云：「正以所聞之世，大夫之卒，無罪者日，有罪者月。今此不日，故解之。」《後漢書·孔融傳》：「《春秋》魯叔孫得臣卒，以不發揚襄仲之罪，貶不書日。」用《公羊》義也。《通義》云：「胡康侯曰：『仲遂如齊，謀弑子赤，叔孫得臣與之偕行。在宣公固有援立之私，其恩數豈略而不書日，是聖人削之也。君臣、父子、妃妾、適庶，人道之大倫也。方仲遂往謀于齊，而與得臣並使。若懵然不知其謀，或知之而不能救，則將焉用彼相矣，故特不書日以貶之。』」

冬，齊高固及子叔姬來。

何言乎高固之來？**注**据當舉叔姬爲重，大夫私事不當書。**疏**注「据當」至「爲重」。○舊疏云：「正以《春秋》尊内故也。」○注「大夫」至「當書」。○《禮記·檀弓》云：「古之大夫，束脩之問不出竟。」内外大夫皆不得以私事書。舊疏專以「内大夫直録其如」爲所據難，尚未備。言叔姬之來而不言高固之來，則不可。**注**禮，大夫妻歲一歸宗。叔姬屬嫁而與高固來，如但言叔姬來而不言高固來，則魯負教戒重，不可言。故書高固，明失教戒重在固。言及者，猶公及夫人。**疏** 注「禮大」至「歸宗」。○《禮·喪服》「齊衰三月」章：「大夫在外，其妻、長子爲舊國君。」注：「大夫不外娶，婦人歸宗，往來猶民也。」此歸宗，猶言歸甯爾，與「齊衰期」章傳「婦人雖在外，必有歸宗，曰小宗」之「歸宗」異。惠氏士奇《春秋説》云：「何氏説，大夫妻歲一歸宗，謂同國也。如大夫娶于鄰國，則不可。魯之子叔姬者，齊大夫高固之妻也。自齊來魯，見譏于《春秋》，故知大夫之妻不得越國歸宗。若此者，所謂家之閑也。」按：《莊二十七年》：「莒慶來逆叔姬。」傳：「大夫越境逆女，非禮也。」此不言，從可知，故無大夫妻越竟歸宗禮。何氏所舉，謂大夫娶於同國大夫之常禮爾。若娶於諸侯，當如諸侯夫人不得歸甯。《詩疏》引《鄭志》答趙商曰：「婦人有歸宗，謂自其家之爲宗者。大夫稱家，言大夫如此耳。王后夫人，則不然也。天子諸侯位高，恐其專恣淫亂。」是也。○注「叔姬」至「在固」。○正以叔姬於義不得歸甯，今違禮來魯，明失教戒，故歸重在固，爲魯殺恥。以婦人之道，既嫁從夫故也。《通義》云：「禮，諸侯大夫嫁女，有車馬送之。女留其車，示不敢必安。三月祭行，然後夫家遣使反馬。今高固親來，因與叔姬雙行歸甯，失禮合譏，故並書見之，又足起反馬之實。若但舉子叔姬，乃嫌叔姬有失行，不得成爲婦，甫嫁遽歸，故不可也。」按：反馬之説，出於《左氏》。《左疏》引何氏《膏肓》言：「『禮無反馬之法。』鄭氏箴之曰：『《冠義》云：「無大夫冠禮，而有其昏禮。」則昏禮者，天子、諸侯、大夫皆異也。《士昏禮》云：「主人爵弁，纁裳緇衣。乘墨車，從車二乘。婦車亦如之。」此婦車出於夫家，則士妻始嫁，乘夫家之車也。《詩·鵲巢》云：「之子于歸，百兩御之。」又曰：「之子于歸，百兩將之。」將，送也。國君之禮，夫人始嫁，自乘其夫家之車也。《何彼襛矣》篇云：「曷不肅雍，王姬之車。」言齊侯嫁女，以其母王姬始嫁之車遠送之。則天子、諸侯嫁女，留其乘車可知也。高固，大夫也。來反馬，則大夫亦留其車也。禮雖散亡，以《詩》義論之，大夫以上，其嫁皆有留車反馬之禮。留車，妻之道也。反馬，壻之義也。高固以秋九月來逆叔姬，冬來反馬，則婦入三月祭行乃反馬，禮也。』」按：推士禮以言大夫以上，婦人出嫁亦當乘其夫家之車。男帥女，女從男之義，所以重恥遠嫌也。《詩》之「百兩御」、「百兩將」，自美其送迎之盛爾，不得據爲婦人自乘其車之證。何知歸車不在百兩御之中乎？《昏禮》雖士禮，如「三月廟見」諸節既同，何所見婦車一節獨異焉。○注「言及」至「夫人」。○《僖十一年》「公及夫人姜氏會齊侯于陽穀」是也。舊疏云：「《公羊》之義，以爲夫妻言及者，遠別之稱，刺其無別，是以下注云『言其雙行匹至，似於鳥獸』是也。《桓十八年》『公夫人姜氏遂如齊』，彼傳云：『公何以不言及，夫人外也。』注：『若夫人已爲公所絶外也。』」

子公羊子曰：「其諸爲其雙雙而俱至者與？**注**言其雙行匹至，似于鳥獸。**疏**注「言其」至「鳥獸」。○舊疏云：「言其無別，如『雄狐綏綏』，故曰『雙行游匹而來，鶉鵲不異』。故言『匹至，似於鳥獸』矣。而舊説云：『雙雙之鳥，一身二首尾，有雌雄，隨便而偶，常不離散，故以喻焉。』非何氏意。」❶《九經古義》云：「《大荒南經》云：『南海之外，赤水之西，流沙之東，有獸，左右有首，名曰跊踢。有三青獸相并，名曰雙雙。』郭璞曰：『言體合爲一也。《公羊傳》所謂雙雙而俱至者，蓋謂此也。』」《爾雅・釋地》云：「南方有比翼鳥焉，不比不飛，其名謂之曰鶼鶼。」❷注：「似凫，青赤色，一目一翼，相得乃飛。」郝氏懿行《義疏》云：「《西山經》：『崇吾之山，有鳥焉，其狀如凫，而一翼一目，相得乃飛，名曰蠻蠻。』郭注：『比翼鳥也，色青赤，不比不能飛。《爾雅》作鶼鶼鳥也。』《海外南經》『比翼鳥在其東，其爲鳥青赤，兩鳥比翼。』《博物志》：『比翼鳥，一青一赤。』《逸周書・王會篇》：『巴人以比翼鳥』，是鳥出西南方也。《公羊》宣五年疏引舊説『雙雙之鳥，一身二首尾』，即此類也。」按：《韓詩外傳》：「南方有鳥，名曰鶼，比翼而飛，不相得，不能舉。」《封禪書》：「西海致比翼之鳥。」韋昭曰：「各有一翼，不比不飛，其名曰鶼鶼。」郭氏《比翼鳥讚》曰：「鳥有鶼鶼，似凫青赤。雖云一質，氣同體隔。延頸離鳴，翻能合翮。」按：如惠氏、郝氏所引，則鳥獸俱有名雙雙者。然細玩何義，似止以高固、叔姬雙行匹至，有同以牝牡雌雄爾，不必拘拘以比翼鳥等喻之也。惠氏士奇《春秋説》云：「禮，男女有別，內外有閑。《宣五年》：『冬，齊

❶「意」，原作「義」，據《春秋公羊傳注疏》改。
❷「鶼」字原脱，據《爾雅注疏》補。

高固及子叔姬來。』叔姬歸甯，高固反馬，《公羊》以爲雙雙而俱來，如鳥獸焉。《桓十八年》『公與夫人遂如齊』，亦雙雙俱往，君子謂魯桓失夫道矣。關雎未嘗乘居而匹遊，故詩人取之以爲有別。雙雙而來，雙雙而往，是無別也。無別則亂，亂則難生。魯桓之見殺于齊也，宜哉。」按：《士昏禮》云：「若不親迎，則婦入三月，然後壻見于妻之父母。」此高固親迎，則不須三月親見妻之父母，故譏其雙雙而至也。《昏禮》疏引《膏肓》又云：「禮，婦人謂嫁曰歸。明無大故，不反於家。經書『高固及子叔姬來』，故譏乘行匹至也。」且大夫不外娶，失禮之中又失禮焉。劉氏逢禄《箴膏肓評》曰：「《春秋》之義，大夫不得外娶。大夫尤不得從妻歸宗。反馬之禮，在國行之可也。鄭不揣其本矣。」劉氏猶牽涉《左氏》反馬說也。

楚人伐鄭。

六年春，晉趙盾、衛孫免侵陳。

趙盾弑君，此其復見何？**注** 据宋華督、鄭歸生、齊崔杼弑其君，後不復見。**疏**《通義》云：「《春秋》託王者之事，見誅賞之法。故弑君賊，有幸免于誅殺者，皆絶正之，使不得以他事復見，若已誅殺者然。言逸討于一時，而必討于《春秋》之王法也。雖不稱名氏以弑者，其首惡亦絶不復見，欒書是也。翬、遂之復見，從内諱弑故也。甯喜、里克之屬，雖討不當罪，要自以弑君之故見執殺，非以他事復見，不得爲難，故獨發難於此。」是也。○注「据宋」至「復見」。○《桓二年》「宋督弑其君與夷」，上《四年》「鄭公子歸生弑其君夷」，《襄二十五年》「齊崔杼弑其君光」是也。按：傳据此三者，華督至莊十二年始被殺，歸生死於宣十年，崔杼死於襄二十七年，皆未即死，經不復見，故据以難也。舊疏云：「《春秋》之内，書名弑君，後不復見者，唯此三人耳。餘見者，皆著義焉。即《桓三年》『公子翬如齊逆女』、《宣元年》『公子遂如齊逆女』之屬，欲見罪在桓、宣，故翬、遂得見。《閔二年》『公子慶父出奔莒』，注：『慶父弑二君，不當復見，所以復見者，起季子緩追逸賊也。』《隱四年》『衛人殺州吁于濮』，注：『書之者，善之也。』然則善其臣子得討其賊，故書。則《莊九年》『齊人殺無知』，書者，亦是討得其賊，善而書之。《莊十二年》『宋萬出奔陳』，注：『所以復見者，重録彊禦之賊，明當急誅之。』《僖十年》『晉殺其大夫里克』，書者，亦輩、遂之類。故彼傳云：『曷爲不以討賊之辭言之，惠公之大夫也。』《襄二十七年》『衛殺其大夫甯喜』，亦輩、遂之類，見其與獻公同謀弒剽。是以彼《二十六年》『弒剽』之下注云『甯喜爲衛侯衎弒剽，不舉衎弒剽者，諼成于喜』是也。其《二十六年》『晉人執甯喜』下傳云：『不以其罪執之也。』注：『當坐執人。』亦是其得書之義。《文十八年》『齊人弒其君商人』，《昭十一年》『楚子虔誘蔡侯般殺之于申』，皆書者，商人之下注云：『商人弒君賊，復見者，與大夫異。齊人已君事之，殺之，當坐弒君。』《昭十三年》『楚公子棄疾弒公子比』，得書者，亦是加弒故也，如趙盾之類矣。」**親弒君者，趙穿也。**注復見趙盾者，欲起親弒者趙穿，非盾。疏上二年《左傳》云：「乙丑，趙穿攻靈公於桃園。」注：「穿，趙盾之從父昆弟子也。」疏引「《晉語》云：『趙衰，趙夙之弟。』《世族譜》：『盾是衰子，穿是夙孫，是穿爲盾之從父昆弟之子也。』《世本》：『夙爲衰祖，穿爲夙之曾孫。』《世本》轉寫多謬，其本未必然也。」《史記·晉世家》亦曰：「盾昆弟將軍趙穿襲殺靈公於桃園而迎趙盾。」○注「復見」至「非盾」。○正以存其文，不没其實也。然史明云「而迎趙盾」，故《春秋》以盾爲首惡，曰「親弒君」，見其特行弒事爾。**親弒君者趙穿，則曷爲加之趙盾，不討賊也。**疏《繁露·玉杯》云：「《春秋》修本末之義，達變故之應，通生死之志，遂人道之極者也。是故君弒賊討，則善而書其誅。若莫之討，則君不書葬，而賊不復見矣。不書葬，以爲無臣子也；賊不復見，以其宜滅絶也。今趙盾弒君，四年之後，別牘復見，非《春秋》之常辭也。學者異而問之，曰：是弒君，何以復見？猶曰：賊未討，何以書葬？何以書葬者，不宜書葬也而書葬。何以復見者，亦不宜復見也而復見。二者同貫，不得不相若也。盾之復見，直以赴問，而辨不親弒，非不當誅也。則亦不得不謂悼公之書葬，直以赴問，而辨不成弒，❶非不當罪也。若是則《春秋》之説亂矣，豈可法哉。故貫比而論是非，❷雖難悉得，其義一也。今誅盾無傳，弗誅無傳，不交無傳，以比言之法論也。無比而處之，誣辭

❶「成」，原作「故」，據《春秋繁露》改。
❷「貫比」，原倒，據《春秋繁露》改。

也。今視其比，皆不當死，何以誅之？《春秋》赴問數百，應問數千，同留經中。繙援比類，❶以發其端，卒無妄言而得應於傳者。今使外賊不可誅，故皆復見，而問曰：此復見何也？言莫妄於是，何以得應乎？故吾以其得應，知其問之不妄，❷知盾之獄不可不察也。夫名爲弑父而實免罪者，已有之矣。亦有名爲弑君而罪不誅者。逆而距之，不若徐而味之。且吾語盾有本，《詩》云：『他人有心，予忖度之。』此言物莫無鄰，察視其外，可以見其内也。今按：盾事而觀其心，愿而不刑，合而信之，非篡弑之鄰也。按盾辭號乎天，苟内不誠，安能如是？故訓其終始無弑之志，挂惡謀者，過在不遂去，罪在不討賊而已。臣之宜爲君討賊也，猶子之宜爲父嘗藥也。子不嘗藥，故加之弑父；臣不討賊，故加之弑君。其義一也。所以示天下廢臣子之節，其惡之大若此也。故盾之不討賊爲弑君也，與止之不嘗藥爲弑父，無以異。盾不宜誅，以此參之。問者曰：夫謂之弑而有不誅，其論難知，非蒙之所能見也。❸故赦止之罪，以傳明之。盾不誅，無傳，何也？曰：世亂義廢，背上不臣，篡弑覆君者多，而有明大惡之誅，誰言其誅。故晉趙盾、楚公子比，皆不誅之文，而弗爲傳，弗欲明之心也。問者曰：人弑其君，重卿在而不能討賊，非一國也。靈公弑，趙盾不在。不在之與在，惡有薄厚。《春秋》責在而不討賊者，弗繫臣子爾也。責不在而不討賊者，乃加弑焉，何其責厚惡之薄，薄惡之厚也？曰：《春秋》之道，視人所惑，爲立説以大明之。今趙盾賢而不遂於理，皆見其善，莫知其罪，故因其所賢而加之大惡，繫之重責，使人湛思而自省悟以反道。曰：吁！君臣之大義，父子之道，乃至乎此，此所由惡薄而責之厚也。他國不討賊者，諸斗筲之民，何足數哉？弗繫人數而已。此所由惡厚而責薄也。傳曰『輕爲重，重爲輕』，非是之謂乎？故公子比嫌可以立，趙盾嫌無臣責，❹許止嫌無子罪。❺《春秋》爲人不知惡而恬行不備也，是故重累責之，以矯枉世而直之。矯者弗過其正，弗能直。知此而義畢矣。」《通義》云：「親弑君者趙

❶「繙」，原作「憣」，據《春秋繁露》改。
❷「妄」下，《春秋繁露》有「以其問之不妄」六字。
❸「蒙」，原作「衆」，據《春秋繁露》改。
❹「責」字，原脱，據《春秋繁露》補。
❺「罪」，原作「責」，據《春秋繁露》改。

穿，《春秋》舍穿而罪盾，以爲穿之惡易見，而盾之咎難知也。所謂視人所惑，爲立説以大明之者也。然而與使復見，則與親弑者有間矣。《左氏》説盾與許世子之事雖是，而不知有賊不討不書葬及弑君賊不復見之例，一似《春秋》之誅盾、止，竟與親弑者無殊。且未知《春秋》之意，方將因盾復見，起不親弑之迹，則穿之惡仍未得揜爾。盾以文誅，穿以實誅。」按：《漢書·司馬遷傳》：「爲人臣子不通於《春秋》之義者，必陷簒弑誅死之罪。其實皆以善爲之而不知其義，被之空言不敢辭。」蘇林曰：「趙盾不知討賊而不敢辭弑君之罪。」《穀梁》上二年傳曰：「穿弑也，盾不弑，而曰盾弑何也？以罪盾也。」曰：於盾見忠臣之至，於許世子止見孝子之至。」

何以謂之不討賊？注 据皆去葬，不加弑。疏 注「据皆」至「加弑」。○《校勘記》云：「鄂本葬下有『日』字，此脱。按：依疏『日』字不當有。」《昭十九年》「許世子止弑其君買」，下云：「葬許悼公。」傳：「賊未討，何以書葬？不成于弑也。曷爲不成于弑，止進藥而藥殺也。止進藥而藥殺，則曷爲加弑焉爾？譏子道之不盡也，是以君子加弑焉爾。葬許悼公，是君子之赦止也。」然則加弑者，雖不討賊，亦書葬，明其非實弑也。晉靈去葬，則趙盾與親弑者同。文既與親弑者同，則與加弑者異，則盾即是賊。傳又云：「不討賊，故難之也。」上二年《穀梁疏》：「趙盾與許止加弑是同，而許君書葬，晉靈公不書葬者，許止失嘗藥之罪輕，故書葬以赦止。趙盾不討賊之罪重，故不書晉侯葬，明盾罪不可原也。《春秋》必加弑於此二人者，所以見忠孝之至故也。」❶

晉史書賊曰：「晉趙盾弑其君夷獋。」疏 上二年《左傳》：「宣子未出山而復。太史書曰：『趙盾弑其君。』以視於朝。」《晉世家》亦云：「盾復位，晉太史董狐書曰：『趙盾弑其君。』以視於朝。」《穀梁傳》：「史狐書賊曰：『趙盾弑公。』」《通義》云：「此晉史斥言趙盾弑其君，而《左氏》記齊史亦斥言『崔杼弑其君』，可知内諱弑者，爲《春秋》新意矣。」

趙盾曰：「天乎！無辜。注 辜，罪也。呼天告冤。疏 注「辜罪」至「告冤」。○《詩·小雅·正月》：「民之無辜」，箋：「辜，罪也。」《大雅·雲

❶「孝」原作「厚」，據《春秋穀梁傳注疏》改。

漢》：「何辜今之人」，箋：「辜，罪也。」《爾雅・釋詁》云：「辜，罪也。」《説文・辛部》：「辜，辠也。」《穀梁傳》：「盾曰：『天乎！天乎！予無罪。』《晉世家》：「盾曰：『弑者趙穿，我無罪。』」人窮則反本，急則呼天。《穀梁》注「告天言無弑君之罪」，故曰「冤也」。舊疏云：「冤謂冤枉之冤也。」**吾不弑君，誰謂吾弑君者乎！」**疏《穀梁傳》：「孰爲盾而忍弑其君者乎？」注：「迴己易他，誰作盾而當忍弑君者乎？」《釋文》：「『孰爲盾』絶句。」按：范義迂回。《經傳釋詞》云：「家大人曰：爲猶謂也。《孟子》：『而子爲我願之乎？』言子謂我願之也。《穀梁傳》：『孰謂盾而忍弑其君者乎？』《公羊》曰：『誰謂吾弑君者乎？』是其證。」是此傳之「謂」即《穀梁》之「爲」也。**史曰：「爾爲仁爲義，人弑爾君，而復國不討賊，此非弑君如何？」**注復，反也。趙盾不能復應者，明義之所責，不可辭。疏《校勘記》出「如何」，云：「《唐石經》、鄂本同。閩、監、毛本改『而何』。」按：如當讀而。」古「如」、「而」字通。隱七年《左傳》：「歃如忘」，服虔曰：「如，而也。」《莊七年》經「星隕如雨」，劉歆曰「如，而也」是也。《左傳》記太史對曰：「子爲正卿，亡不越竟，反不討賊，非子而誰？」」《晉世家》：「太史曰：『子爲正卿，而亡不越竟，反不討賊，非子而誰？』」《穀梁傳》：「史狐曰：『子爲正卿，入諫不聽，出亡不遠，君弑，反不討賊，則志同。志同則書重，非子而誰？』故書之曰『晉趙盾弑其君夷皋』者，過在下也。」《通義》云：「爲仁，外爲仁也；爲義，外爲義也。」錢氏大昕《答問》曰：「趙穿弑君，而以趙盾主惡名。穿之弑由於盾也。胥甲父與穿同罪，盾於甲父則放之，於穿不惟不放，且使之帥師侵崇，盾尚得辭其罪乎！侵崇小事，不必書而書之，所以正盾之罪，且不使穿得漏網也。」○注「復，反也」。○《詩・小雅・黄鳥》「復我邦族」，箋云：「復，反也。」又《我行其野》云「言歸思復」，傳：「復，反也。」《爾雅・釋言》：「復，返也。」○注「趙盾」至「可辭」。○《左傳》：「宣子曰：『烏乎！我之懷矣，自詒伊慼，其我之謂矣。』孔子曰：『董狐，古之良史也，書法不隱。趙宣子，古之良大夫也，爲法受惡。惜也，越竟乃免。』」按：「越竟乃免」，非聖人語。盾之罪不在亡不越竟，在反不討賊。即越竟矣，而反不討賊，弑君之名，仍無所逃。謂不知情，其誰信之。杜云：

「越竟則君臣之義絶，可以不討賊。」此蔑倫害義之語也。趙盾之復國奈何？靈公爲無道，使諸大夫皆内朝。**注**禮，公族朝於内朝，親親也。雖有貴者，以齒，明父子也。外朝以官，體異姓也。宗廟之中，以爵爲位，崇德也。宗人授事以官，尊賢也。升餕受爵以上嗣，尊祖之道也。喪紀以服之精粗爲序，不奪人之親也。**疏**注「禮公」至「親也」。○《禮記·文王世子》文。彼文「親親」作「内親」，「升餕」作「登餕」，「精粗」作「輕重」，無「之」字，容所見本異也。《校勘記》出「雖有富貴者以齒」，云：「鄂本無『富』字，此衍。按：《文王世子》無『富』字。」又出「升餕」，云：「閩、監、毛本同。鄂本『餕』誤『鋑』，此本誤『酸』，今訂正。《文王世子》『升』作『登』。」又出「精粗」，云：「鄂本『粗』作『麤』。按：疏中引注作『觕』。」按：《荀子·大略篇》：「吉事尚尊，喪事尚親。」注：「吉事，朝庭列位也。喪事，以親者爲主。《禮記》曰『以服之精麄爲序』也。」是楊倞所見本亦作「麤」。《文王世子》疏引皇氏云：「喪服以麤爲精，故鄭注《雜記》云：『臣爲君，三升半，微細焉。』則屬於麤。是知斬爲精，齊爲粗也。」内朝者，《通義》云：「不於法朝之處也。」按：内朝即路門内之燕朝也。鄭注：「内朝，路寢庭。」君之視内朝也有四：一爲與宗人審嘉事，《文王世子》所記是也。一爲燕群臣，《燕禮》所載是也。一爲與臣子議政事。一爲與四方之賓燕。蓋古者視朝之儀，君先出路門，立於治朝之宁，徧揖群臣，則朝禮畢。《玉藻》所謂「君日出而視之」是也。隨即適路寢聽政。若有議論，即於内朝，《太宰》所謂「贊聽治」者也。靈公使諸大夫逕就内朝，亦尋常視事之處，不爲無道。靈公之不君，謂臺上彈人，支解宰夫等也。彼《記》云：「内朝則東面北上，臣有貴者，以齒。」爲以父子昭穆爲序，故爲「明父子」。鄭注「謂以宗族事會」是也。又云：「其在外朝，則以官，司士爲之。」内有異姓，不得以私恩，故云「體異姓也」。鄭云：「體，猶連結也。」又云：「其在宗廟之中，則如外朝之位。」與彼同，故云：「崇德也。」鄭云「崇，高也」是也。又云：「宗人授事，以爵以官。」貴賤異位，官各有掌，故爲尊賢也。鄭云「官各有能」是也。又云：「其登餕、獻、受爵，則以上嗣。」「上嗣，君之適長子」，故爲尊祖之道也。鄭云「上嗣，祖之正統」是也。又云：「其公大事，則以其喪服之精粗爲序。」上云「事」，下云「紀」，故鄭云：「紀，猶事也。」本輕者爲下，本重者爲上，不計爵位齒德，是爲不奪人親也。注解内朝連及之，明内朝非苟爲笑樂所在也。然後處乎臺上，引彈而彈之。己趨而辟丸，**注**己，已諸大夫也。**疏**《左傳》云：「晉靈公不君，厚斂以雕牆。從臺上彈人，而觀其辟丸也。」《晉世家》：「靈公壯，侈，厚斂以雕牆。從臺上彈人，觀其辟丸也。」《穀梁傳》：「靈公朝諸大夫，而暴彈之，觀其辟丸也。」《廣雅·釋言》：「彈，拼也。」《説文》：「丸，圜傾側而轉者。」《玉篇》：「彈，行丸也。」《吴越春秋》：「彈生於古之孝子。孝子不忍父母爲禽獸所食，故作彈以守之。」李尤《彈銘》：「昔之造彈，起意弦木，以彈爲矢，合竹爲樸。」《廣韻》：「彈，射也。」《元和志》：「晉靈公臺在絳州正平縣西北三十一里。」按：如此傳，似在内朝側。《釋文》：「己趨，音紀。」《釋名·釋姿容》云：「疾行曰趨。趨，赴也，赴所至也。」是樂而已矣。**注**以是爲笑樂。**疏**高誘注《吕覽》云：「從高臺上引彈，觀其走而避丸，以爲樂也。」《繁露·仁義法》云：「昔者，晉靈公殺膳宰以淑飲食，彈大夫以嬉其意，❶非不厚自愛也，然而不得爲淑人者，不愛人也。」《通義》云：「謹案：《左傳》：『戰于令狐之歲，❷靈猶在抱。』則是時不過二十已下。跡其所爲，乃昌邑、東昏之類。良由少席寵靈，未聞教戒，藉其位勢，濟彼童心，至於殺人以爲笑樂。古者成王幼而莅阼，周公輔之。内有師保之訓，抗法之教；外有司過之史，虧膳之宰。故能克終令德，祈天永命。今趙盾奉襁褓之主，前後左右不慎其選。諭教無術，陷之於惡，已則避禍而委君于死，誰執其咎矣！」按：孔氏此論，嚴而正。趙盾已朝而出，與諸大夫立於朝。有人荷畚，**注**荷，負也。畚，草器，若今市所量穀者是也。齊人謂之鍾。**疏**注「荷，負也」。○《釋文》：「傳注俱作『何』，云：『本又作荷。』」《文選·東京賦》「荷天下之重任」，薛注：「荷，負也。」《小爾雅·廣言》：「荷，擔也。」

❶「嬉」，《春秋繁露》作「娭」。
❷「之歲」，原脱，據《通義》補。

《左傳》昭七年：「其子弗克負荷。」注：「荷，擔也。」○注「畚草」至「之鍾」。○《公羊問答》云：「《説文·甾部》：『畚，蒲器，𦈢屬，所以盛穜。』穜訓不同，當何從？曰：《周禮·挈壺氏》：『挈畚以令糧。』鄭注：『畚，所以盛糧之器，故以畚表稾。』《左傳正義》引《説文》：『蒲器，可以盛糧。』今本作『盛穜』，誤也。」《國語·周語》「偫而畚挶」，注：「畚，土籠也。」《左傳》襄九年「陳畚挶」，注：「畚，蕢籠也。」又《宣十一年》「稱畚築」，注：「畚，盛土器。」蓋皆以草或蒲爲之，可以盛土，可以盛穀。故《左傳》注云「畚，以草索爲之，筥屬」是也。吴氏《經説》：「按：《左傳》『置諸畚』，注『畚，以草索爲之』，其器可以盛糧。《周禮·挈壺氏》鄭司農注亦云：『畚，所以盛糧。』然則《説文》云『畚，𦈢屬，蒲器也。所以盛穜』，爲盛糧之譌矣。許君所謂蒲器，是編蒲柳以爲器，可以盛糧，如今俗所謂笆也。字書無笆，疑即畚之聲轉。夌雲謂畚爲蒲草之器，漢世或然。字從甾缶之甾，當是瓦器。古量穀用六斛四斗之鍾，亦是瓦器，故齊人謂畚爲鍾。」舊疏云：「齊人謂之鍾，即《昭三年》『齊舊四量：豆、區、釜、鍾』是也。」按：六斛四斗之具，只可以盛，不可以量。種即五穀總稱，不必依《左疏》改爲糧。如畚爲瓦器，必如《左傳》十釜之鍾之大，亦非一二所能荷也。蓋畚者，量穀之物，或草或蒲或瓦皆可，各隨方俗所宜。其所容若干，亦不必一定。亦無定名，以爲畚可，以爲蕢可，以爲土籠可也。

自闈而出者。

注 宮中之門謂之闈，其小者謂之閨。從内朝出，立于外朝。見出闈者，知外朝在閨外，内朝在閨内可知。

疏 注「宮中」至「之閨」。○《爾雅·釋宫》文。郭注：「謂相通小門也。」舊疏引孫注亦云：「闈者，宮中相通小門也。」彼又有「小閨謂之閤」，舊疏引李注云：「皆門户小大之異。」《説文·門部》：「闈，宮中之門也。」《周禮·保氏》注：「闈，宮中之巷門。」《左氏》閔二年傳「賊公于武闈」，注：「宮中小門謂之闈也。」《周禮·匠人》注：「廟中之門謂之闈。」亦謂廟旁之門，婦人出入，故《禮·士冠禮》注：『婦人入廟由闈門也。』」按：《雅》訓言宮中，則廟與寢皆有之。《士虞·記》注云：「闈門，如今東西掖門。」賈疏：「漢時宮中掖門在東西，若人左右掖，故舉以爲況。」然則寢門外，別有東西二門。《左傳》哀十四年：「齊子我屬徒，攻闈與大門。」似闈亦可通於外，非僅宮中相通小門謂之闈也。蓋凡宮寢之别門，皆可謂之闈，其小者謂之閨。《説文·門部》又云：「閨，特立之户，❶上圓下方，有似圭。」按：《儒行》云「篳門圭窬」，注：「圭窬，門旁窬也。穿牆爲之，如圭矣。」是閨即取圭義，言其小也。下云「入其大門」、「入其閨」，是閨爲小門矣。○注「從内」至「可知」。○《國語·魯語》公父文伯之母謂季康子曰：「自卿以下，合官職于外朝，合家事于内朝。」又曰：「夫外朝，子將業君之官職焉；内朝，子將庀季氏之政也。」❷韋注：「外朝，君之公朝。内朝，家朝也。」《考工記》曰：「外有九室，九卿朝焉。」鄭注：「外，路門之表也。九室，如今朝堂，諸曹治事處。」賈疏：「九卿之九室，在門外正朝之左右爲之。」❸然則韋氏所謂君之公朝者，蓋即正朝兩旁之室，諸侯大夫則在治朝之兩旁也，爲諸臣治事之處，故《玉藻》云：「朝，辨色始入。君日出而視之，退適路寢聽政。使人視大夫，大夫退，然後適小寢，釋服。」明諸臣每日朝於治朝，既畢，君退路寢，諸臣各聽事于兩旁之朝。俟諸臣聽事畢，退乃還小寢，容諸臣有面陳之事故也。此趙盾所立於外朝者，當即此朝，但何君以閨門分内外，見荷畚者遠從閨出，不必閨門定在外朝内、内朝外也。

趙盾曰：「彼何也？夫畚，曷爲出乎閨？」**注**「彼何」者，始怪何等物之辭。孰視知其爲畚，乃言「夫畚」者賤器，何故乃出尊者之閨乎？呼之，不至。**注**怪而呼，欲問之。**疏**注「怪而呼，欲問之」。○《校勘記》云：「毛本怪作恠，俗字。」曰：「子，大夫也。欲視之，則就而視之。」**注**顧君責己以視人，欲以見就爲解也。古者士大夫通曰子。**疏**《經傳釋詞》云：「也，猶邪也，歟也，乎也。『子，大夫也』爲問辭，也，當作邪讀。《繫辭》『夫《易》何爲者也』，《詩·旄丘》『何多日也』，《士昏禮》『敢不從也』，《禮·曲禮》『奈何去社稷也』，皆當如邪義。」按：如「也」讀亦通。○注「顧君」至「解也」。○《校勘記》云：「毛本君誤人。按『見就』，或云當作『就見』，非

❶「特」，原作「持」，據《説文解字》改。
❷「也」，《國語》作「焉」。
❸「在」，原作「東」，據《周禮注疏》改。

也。」孔疏云：「過朝以示人，令人懼己」，即本此「君責己以視人」立義。靈公欲以視人，適趙盾問故，因欲即其來見時，就而解之也。○注「古者」至「曰子」。○《穀梁・宣十年》傳：「其曰子，尊之也。」注：「子者，人之貴稱。」《詩・王風・大車》「畏子不敢」，箋云：「子者，稱所尊敬之辭。」按：《左傳》、《穀梁》並云「子爲正卿」，明稱大夫辭也。

趙盾就而視之，則赫然死人也。**注**赫然，已支解之貌。**疏**注「赫然」至「之貌」。○《經義述聞》云：「疏不解『赫然』二字。引之謹案：赫之言捇也。《説文》：『捇，裂也，从手赤聲。』《續漢書・禮儀志》逐疫辭曰：『赫汝軀，拉汝幹，節解汝肉，抽汝腸肺。』是分裂謂之赫，後漢時猶有此語也。」按：《廣雅・釋詁》亦云：「捇，裂也。」《莊子・養生主》云：「動刀甚微，謋然已解。」謋與捇亦同。《公羊問答》曰：「《後漢・禮儀志》黄門令奏曰：『侲子備，❶請逐疫。』於是中黄門倡，侲子和曰『凡使十二神，追惡凶。赫女軀，拉女幹』云云，故何以赫然爲支解貌也。支解之法，古無此刑。《韓詩外傳》曰：『晏子左手持頭，右手磨刀，仰面而問曰：「古者明王，每支解人，不識從何始也？」景公離席曰：「縱之，罪在寡人。」』此可證爲衰世之淫刑。」按：今律有淩遲，即支解法也。

趙盾曰：「是何也？」曰：「膳宰也。**注**主宰割殺膳者，若今大官宰人。**疏**注「主宰」至「宰人」。○《禮・燕禮》云「膳宰具官饌于寢東」，注：「膳宰，天子曰膳夫，掌君之飲食膳羞者也。」疏：「天子有宰夫，兼有膳夫。諸侯亦有宰夫，復有膳宰。」膳夫卑於宰夫，天子宰夫下大夫，膳夫上士也。春秋時，侯國不必有宰夫，因通謂膳宰。如《左傳・昭九年》稱「膳宰屠蒯」，❷而《檀弓》載此事曰「蕢也，宰夫也」，此傳稱膳宰而《左傳》稱宰夫，爲皆主殺膳烹割之事，故稱雖不一，其職同也。《周禮・天官序官・膳夫》下有上士、中士、下士、府史胥徒，其屬又有庖人、内外饔、亨人等。晉靈所殺，亦不必即其長也。《孟子・萬章》稱「伊尹以割亨要湯」，亦即膳宰之事。何云「若今大官宰人」，舉漢制以況也。

熊蹯不熟，**注**蹯，掌。**疏**注「蹯，

❶「侲」，原作「倀」，據《後漢書》改，下「侲」字同。
❷「九」，原作「四」，據《春秋左氏傳注疏》改。

掌」。○《國語・楚語》云：「願食熊蹯，不獲而死。」注：「蹯，掌也。」《左傳・文元年》：「王請食熊蹯而死。」注：「熊掌難熟。」《孟子・告子》云「熊掌亦我所欲也」，此也。《説文・釆部》：「獸足謂之番，从釆、田象其掌。蹞，或从足从煩。𤰔，古文番。」《史記注》引服虔云：「蹯，熊掌也，其肉難熟。」公怒，以斗摮而殺之。**注**摮，猶摮也。摮謂旁擊頭項。**疏**《大戴禮・保傅》云：「大宰持升而御户右。」盧校依《賈子》改升爲斗。又云：「所求滋味者非正味，則大宰停斗而言曰：❶『不敢以待王子。』」《説文・斗部》：❷「魁，羹斗也。」蓋即靈公所用者。亦可挹酒，《詩・行葦》云「酌以大斗」是也。《説文》作「枓」云：「勺也。」《士冠禮》注：「勺，尊、升，所以𣂺酒。」彼「升」亦「斗」字之誤。則羹斗其即今之羹勺與？羹勺物微，而得摮殺人者，蓋靈公本意殺人，盛怒之下，隨手擊搏，適當頭項虚怯處，亦得致命也。《通義》云：「斗，枓也。」《保傅》記曰：『太宰荷斗而不敢煎調。』」是其物也。○注「摮猶」至「頭項」。○孔氏《音義》云：「摮音敖，❸摮音竅，字或作撽。《莊子》曰：『撽以馬捶。』」按：《廣雅・釋詁》：「摮，擊也。」王氏《疏證》云：「上文已有『摮』字，此『摮』字當作『摮』。《玉篇》：『摮，擊皃。』《公羊注》：『摮猶摮也。摮謂旁擊頭項。』《廣韻》引《蒼頡篇》：『毃，擊也。』摮、毃並音五交反，其義同也。」支解，將使我棄之。」**疏**《左傳》云：「宰夫胹熊蹯不熟，殺之，寘諸畚，使婦人載以過朝。」《晉世家》：「宰夫胹熊蹯不熟，靈公怒，殺宰夫，使婦人持其屍出弃之。」《繁露・王道》云：「晉靈行無禮，處臺上彈群臣，枝解宰人而棄之。」趙盾曰：「嘻！」趨而入。**疏**《左傳》：「趙盾、士季見其手，問其故，而患之。將諫，士季曰：『諫而不入，則莫之繼也。會請先，不入，則子繼之。』三進及溜。」《晉世家》：「趙盾、隨會前數諫，不聽。已又見死人手，二人前諫。」嘻者，《僖元年》「慶父聞之，❹曰：『嘻！』」注：「嘻，發痛語首之聲。」《史記・藺相如傳》：「秦王與群臣相視而嘻。」注：「嘻，驚而怒之辭

❶「停斗」，《大戴禮記》作「倚升」。《新書》作「荷斗」。
❷「部」，原作「味」，據《説文》改。
❸「敖」，原作「擊」，據孔氏《通義》改。
❹「僖元年」，原作「閔二年」，據《春秋公羊傳注疏》改。

也。」《檀弓》：「夫子曰：嘻。」注：「嘻，悲恨之聲。」**公望見趙盾，愬而再拜。** 注 愬者，驚貌。禮，臣拜，然後君答拜。靈公先拜者，畚出盾入，知其欲諫，欲以敬拒之，使不復言也。禮，天子爲三公下階；❶卿，前席；大夫，興席；士，式几。疏 注「愬者，驚貌」。○《通義》云：「愬，讀如『愬愬終吉』之『愬』。」又何焯云『愬，即自愬膳宰之事』，與舊讀異。」按：孔讀是也。《廣韻》山責切，《易釋文》亦音「山革反」。《子夏傳》云：「恐懼貌。」馬本作「虩虩」，音許逆反，云：「恐懼貌也。」呂氏《易音訓》引此注作「驚愕也」。晁氏曰：「愬、虩、覤三字同音色。」何焯解非。○注「禮臣」至「言也」。○《禮・士相見禮》：「士大夫則奠摯，再拜稽首，君答一拜。」賈疏：「君答一拜，當作空首，九拜中奇拜是也。」《曲禮》云：「君于士，不答拜也。」《士相見禮》「答一拜」，爲其始見，則君於大夫以己雖非始見，亦答拜可知。《周禮・士師職》：「王日視朝，孤卿特揖。」諸侯亦宜然。盾爲卿，禮止特揖。靈公見之而驚，失其常度，故爲之再拜也。《左傳》載靈公語曰：「吾知過矣，將改之。」明自知其過，故先拜以拒之也。惠氏士奇《禮説》云：「特揖者，奇拜。奇猶特也。特揖爲奇拜，則旅揖爲再拜，與三孤六卿奇拜，二十七大夫再拜，八十一元士三拜，所爲禮以少爲貴也。」按：靈公再拜，自與彼旅揖異。○注「禮天」至「式几」。○舊疏以爲《春秋説》文。惠氏《禮説》云：「此坐朝之禮，燕享則行之。王享諸侯，乘車送迎。《燕禮》：『賓入及庭，公降一等而揖焉。』則有下階之禮。凡大朝覲、大享射及封國命諸侯，皆設席。若路門視朝，君臣皆立，未聞設席，亦不下階。孔子見哀公，問儒行，蓋燕朝也。路門内之朝，太僕掌之，故曰更僕。更僕者，久立將倦，太僕二人，相代爲更。於是爲孔子布席於堂，而與之坐焉。此古禮也，及秦而亡。漢禮，皇帝見三公，御坐爲起，在輿爲下。雖有是禮，亦不常行。《呂氏春秋》桓公『朝揖管仲而進之』，所謂特揖也，入及庭而未就位之時。魏文侯燕飲，『任痤入，文侯下階而迎之，以爲上客』，所謂『君爲臣下階』者，此也。」**趙盾逡巡北面，再拜稽首，** 注

❶「天」，原作「夫」，據《春秋公羊傳注疏》改。

頭至地曰稽首，頭至手曰拜手。**疏**《公羊問答》云：「逡巡，有作逡巡者，《秦紀》引賈生云：『九國之師，逡巡遁逃而不敢進。』《廣雅》：『逡巡，卻退也。』有作逡遁者，《爾雅》：『逡，遁也。』《管子》：『桓公蹴然逡遁。』《鄉射禮》注：『少退，少逡遁也。』有作巡遁者，晏子巡遁而對。有作逡循者，《漢書·萬章傳》：『逡循甚懼。』有作蹲循者，《莊子》：『蹲循勿争。』有作遵循者，《靈樞經》：『黄帝避席遵循而卻。』《亢倉子》：『荆君北面遵循。』此皆逡巡之叚借字也。逡又與俊通。《王莽傳》『俊儉隆約以矯世俗』，顔師古：『俊音千旬反，退也。』遁與巡通。《遁甲開山圖》、《太玄經》云：『巡乘六甲。』要皆聲音相同，字異而義不異也。《集韻》：『逡巡，行不前也。』逡、遁均七倫反，音義則一，可證。」按：《小爾雅·廣義》：「體慙曰逡。」❶《爾雅·釋言》：「逡，退也。」注：「逡巡，卻去也。」《文選注》引《廣雅》：「逡巡，卻退也。」趙盾見靈公再拜，慙而不敢進，故曰「逡巡」。班固《東都賦》：「西都賓矍然失容，逡巡降階，惵然意下，捧手欲辭。」猶此義也。《左傳》「稽首而對曰：人誰無過，過而能改，善莫大焉」云云，不言再拜，省文也。○注「頭至」至「拜手」。○《周禮·大祝》：「一曰稽首，三曰空首。」注：「稽首拜，頭至地也。空首拜，頭至手，所謂拜手。」疏：「稽首，拜中最重，臣拜君之拜。空首拜者，君答臣下拜。《郊特牲》曰：『大夫之臣不稽首，非尊家臣，以辟君也。』如是，諸侯於天子，臣於君稽首，禮之正。」段氏玉裁《説文注》云：「九拜，以前三拜爲體，後六者爲用。凡經言拜手、言拜，皆《周禮》之空首。《手部》𢷎字下云：『首至手』，何注《公羊》『頭至手曰拜手』，皆與《周禮》「空首」注合。凡經言稽首，小篆作𩠐，古文作𩒨，經傳無異稱。何注《公羊》『頭至地曰稽首』，與《周禮注》合。頭至手者，拱手而頭至于手，頭與手俱齊心，不至地，故曰空首。若稽首、頓首，則拱手皆手下至地，頭亦皆至地。而稽首尚稽遲，頓首尚急遽。稽首者，吉禮也。頓首者，凶禮也。空首者，吉凶所同之禮也。經傳立文，凡單言拜，及下屬稽顙、稽首，言拜、言拜手者，皆空首也。言拜手、稽首者，空首而稽首也。經於吉賓嘉曰稽首，未有言頓首者也。」按：段説甚明。稽首爲臣見君之禮。《書·洛誥》：「周公拜手稽首。」哀十七年《左傳》孟武伯曰：

❶「體」，原作「倖」，據《小爾雅》改。

「非天子，寡君無所稽首。」又襄三年《左傳》：「公如晉，公稽首。知武子曰：『天子在，而君辱稽首，寡君懼矣。』」惟《定四年》申包胥請師于秦，九頓首而坐；《文七年》穆嬴頓首於宣子，皆事之急遽者也。**趨而出。** **注**本欲諫君，君以拜謝，知己意，冀當覺悟，故出。**疏**注「本欲」至「故出」。○《校勘記》出「冀當覺悟」云：「閩、監、毛本兾作冀，鄂本悟作寤。按：下注云『非所以意悟』，用悟字。《成七年》注云『重録魯不覺寤』，用寤字。蓋覺寤字，當作寤，猶人寐而覺悟也。」按：《左傳》亦謂靈公知盾欲諫己，先以吾知所過見拒，故宣子稽首以補過，義將順之也。**靈公心怍焉，** **注**怍，慙貌，慙盾知己過。**疏**注「怍慙」至「己過」。○《論語·憲問》篇「其言之不怍」，《集解》馬曰：「怍，慙焉。」《廣雅·釋詁》：「怍，慙也。」《禮記·曲禮》「容無怍」，注：「怍，顔色變焉。」即慙貌也。亦作怎，《太玄經》上「階天不怎」，注：「怎，慙也。」《説文·心部》：「怍，慙也。」《左傳》云：「宣子驟諫，公患之。」患由慙心焉。**欲殺之，於是使勇士某者往殺之。** **注**某者，本有姓字，記傳者失之。**疏**注「某者」至「失之」。○《廣雅·釋詁》：「某，名也。」言以某名其人也。記者忘其姓字，多以「某」字該之。《左傳》云：「使鉏麑賊之。」注：「鉏麑，晉力士。」《晉世家》：「靈公患之，使鉏麑刺趙盾。」注引賈逵曰：「鉏麑，晉力士。」**勇士入其大門，則無人門焉者。入其閨，則無人閨焉者。** **注**焉者，於也。是無人於閨門守視者也。**疏**《校勘記》云：「《唐石經》、諸本同。段玉裁云：『此當作「焉門者」，下當作「焉閨者」。故注云：「焉者，於也。」是無人於門閨守視者也。今本誤倒。』」《通義》云：「謹案：守門曰門，守閨曰閨，猶《漢書》云：『詔户者，無得入群臣。』亦守户曰户也。」按：如孔説亦是，並無須倒二「焉」在上矣。《詩·伐檀》疏引此傳「則無人焉」，脱「門者」二字，亦「焉」字在上，與段義合。○注「焉者」至「者也」。○焉，於雙聲。《孟子·盡心》「人莫大焉亡親戚君臣上下」，謂莫大於亡親戚君臣上下也。哀十七年《左傳》：「裔焉大國。」裔訓爲邊，謂邊於大國也。然則卿大夫家大門内即至閨門與？蓋閨門，門之小者。凡在內之門，皆視大門爲小爾。上其堂，則無人焉。注但言「焉」，絶語辭。堂不設守視人，故不言「堂焉者」。疏注「但言」至「焉者」。○《校勘記》出「故不言堂焉者」云：「鄂本無焉。段玉裁云：『當作焉堂者。』」《經傳釋詞》云：「今本正文作『則無人門焉者，則無人閨焉者』。注中『焉堂者』亦作『堂焉者』，皆後人不曉文義而妄改之也。」蓋用段氏說。盧氏文弨《鍾山札記》云：「下句注當此，故不言堂者。今本皆衍一『焉』字。此注及經文疑皆後人轉寫失之。」按：二讀皆可通。《玉篇》：「焉，語已之辭也。」故云「但言焉，絶語辭」。俯而闚其户，注俯，挽頭。户，室户。疏注「俯，挽頭」。○《校勘記》云：「閩、監、毛本同，誤也。鄂本挽作俛，當据正。」按：紹熙本亦作俛。《文選注》引《聲類》：「頫，古文俯字。」《西京賦》「伏櫺檻而頫聽」，注：「頫，低頭也。」《禮記・曲禮》「俯而納屨」，注：「俯，俛也。」《考工記》「矢人前弱則俛」，注：「俛，低也。」《説文・頁部》：「頫，❶低頭也。太史卜書『頫仰』字如此。楊雄曰：『人面頫。』」○注「户，室户」。○《一切經音義》引《字書》：「一扇曰户，兩扇曰門。」又「在於堂室曰户，在於户區域曰門。」《禮・聘禮》：「設于户西，西陳。」注：「户，室户也。」凡由堂入室曰户。凡五架之屋，棟、北楣下爲三間，中爲室，東西爲房，房之南壁止一户。室則有户有牖，户在東，牖在西。户西牖東爲正中。《爾雅》所謂「户牖之間謂之扆」是也。鄭氏謂大夫士東房西室，若如彼説，則户在中之西矣。方食魚飧。疏《詩・魏風・伐檀》云「不素飧兮」，箋云：「飧，讀如魚飧之飧。」《正義》：「《説文》：『飧，水澆飯也，从夕食。言人旦則食飯，飯不可停，故夕則思飧。』是飧爲飯之别名。」按：《説文・食部》「飧，餔也，从夕食」，「餔，申時食也」，無水澆飯語。段注云：「《小雅》傳：『孰食曰饔。』《魏風》傳：『孰食曰飧。』然則饔飧皆爲孰食，分别之，則謂朝食夕食。許於饔不言朝，於夕飧不言孰，互文錯見也。」其實對文異，散則通。此爲趙盾將朝時，固非夕食。《左傳・僖二十三年》「僖負羈饋盤飧」，僖二十五年《左傳》「趙衰以壺飧從」，皆不必夕時，渾言之也。故《周禮

❶「頫」，原作「俛」，據《説文解字》改。

・司儀》注：「小禮曰飧。」《掌客》：「上公飧五牢。」則又不必皆孰食矣。勇士曰：「嘻！**疏**此嘻當爲驚訝聲，與上趙盾曰「嘻」，小異。子誠仁人也。吾入子之大門，則無人焉。入子之閨，則無人焉。上子之堂，則無人焉。是子之易也。**注**易，猶省也。**疏**注「易，猶省也」。○《論語・八佾》篇「與其易也」，鄭注：「易，猶簡也。」簡、省義近。《考工記・玉人》注：「易，行去煩苛。」是亦簡省之意。《易・繫辭傳》「辭有險易」，王注云：「之《泰》，則其辭易。之《否》，則其辭險。」亦平易之意。子爲晉國重卿，而食魚飧，是子之儉也。**疏**《詩・召南・羔羊》云：「退食自公。」箋云：「退食，謂減膳也。」正與序節儉義相足。故趙盾食魚飧，亦即儉也。《晉世家》云：「盾閨門開，居處節。」謂此。君將使我殺子，吾不忍殺子也。雖然，吾亦不可復見吾君矣。」**注**負君命也。**疏**注「負君命也」。○《晉世家》：「鉏麑退，歎曰：『殺忠臣，棄君命，罪一也。』」《左傳》：「晨往，寢門闢矣。盛服將朝，尚早，坐而假寐。麑退，歎而言曰：『不忘恭敬，民之主也。賊民之主，不忠。弃君之命，不信。有一於此，不如死也。』」皆與此詳略互相足。遂刎頸而死。**注**勇士自斷頭也。傳極道此者，明約儉之衛也，甚於重門擊柝。孔子曰：「禮，與其奢也，甯儉。」此之謂也。**疏**《左傳》記鉏麑觸槐而死。《晉世家》謂觸樹而死。《呂覽・過理》篇云：「觸庭槐而死。」《國語・晉語》云：「觸庭之槐而死。」皆與此異。韋注《晉語》以槐爲晉外朝之樹，又與杜注槐爲趙盾庭樹異。所聞各異，要皆爲勇士自死也。○注「傳極」至「擊柝」。○《校勘記》云：「鄂本無『也』字，當刪。」「重門擊柝」，《易・繫辭下傳》文。彼云：「以待暴客。」此儉約之衛，勇士自死，故甚之也。《後漢書・杜林傳》「趙孟懷忠，匹夫成其仁」是也。○注「孔子」至「謂也」。○《校勘記》出「此而謂也」，云：「閩、監、毛本同，誤也。鄂本『而』作『之』，當據正。」孔子曰，見《論語・八佾》篇。靈公聞之，怒，滋欲殺之甚。**注**滋，猶益也。**疏**注「滋，猶益也」。

○襄八年《左傳》「事滋無成」，❶注：「滋，益也。」《小爾雅・廣詁》：「滋，益也。」《説文・水部》：「滋，益也。」

衆莫可使往者，於是伏甲于宫中，召趙盾而食之。疏《左傳》云：「晉侯飲趙盾酒，伏甲，將攻之。」《晉世家》：「晉靈公飲趙盾酒，伏甲，將攻盾。」❷

趙盾之車右祁彌明者，國之力士也，注禮，大夫驂乘，有車右，有御者。疏《左傳》云：「其右提彌明知之。」《釋文》：「提，本又作祇。」彼注云：「右，車右。」本此。《晉世家》作「示眯明」，「示」即「祇」字，與《左傳釋文》之義本合，與祁字古音通，祁从示聲也。彌、眯古亦通。《史記》以此即桑下餓人，又以爲公宰，與傳文皆不合。○注「禮大」至「御者」。○《曲禮》注：「車右，勇力之士，備制非常者。君行則陪乘，君式則下步行。」《正義》：「車行則有三人，君在左，僕人中央，勇士在右也。」《詩・鄭風・清人》云「左旋右抽」，鄭箋云：「左，左人，謂御者。右，車右也。」《周禮・大僕》云：「王出入，則自左馭而前驅。」注：「如今道引也。道而居左自御，不參乘，辟王也。亦有車右焉。」人夫禮亦宜然。《鄭風》箋所言係將所乘車，將在中也。其甲士之車，則左人持弓，右人持矛，中人御也。與此平常乘車法不同。《月令》：「天子親載耒耜，措之於參、保介之御間。」保介謂車右也。置耒耜於御者、車右之間，御者在中也。驂乘猶參乘也，謂三人共乘焉。然則士以下無車右矣，故子適衛，冉有僕，問津，夫子代子路執轡，明止御者矣。

仡然從乎趙盾而入，注仡然，壯勇貌。疏《唐石經》、諸本同。《經義雜記》云：「何注：『仡然，壯勇貌。』按：《説文》『仡，勇壯也，从人乞聲。《周書》曰仡仡勇夫』，此何義也。《鄉飲酒禮》：『賓西階上，疑立。』注：『疑，讀爲疑然從於趙盾之疑。疑，正立自定之貌。』則鄭所据《公羊》仡然作疑然，乃立定之貌，不取勇壯義。蓋嚴、顔之異。注疏本改同何本，誤也。《釋文》『疑立，魚乞反』，不爲『仡』字作音，知陸本作疑然。」臧氏所據《儀禮》係單注舊本，與朱子《經傳通解》、李氏《集釋》同。毛本本作「疑然立，自定之貌」。賈氏《鄉射禮》疏引作

❶「事滋」，原倒，據《春秋左傳注疏》改。
❷「將」，原作「皆」，據《史記》改。

「正立」。臧氏據改。《士昏禮》：「婦疑立於席西。」注亦云：「疑，正立自定之貌。」可證。《鄉射禮》「疑立」疏引《鄉飲酒禮》注作「疑」，此疏反作「仡」者，蓋因賈引《公羊傳》，後人因据以私改耳。按：鄭引此傳「乎」作「於」，亦異。○注「仡然，壯勇貌」。○《廣雅·釋訓》❶：「仡仡、暨暨，武也。」《詩·大雅·皇矣》云：「崇墉仡仡。」傳：「仡仡，高大也。」《書·泰誓》云：「仡仡勇夫。」孔疏：「仡仡，壯勇之夫。」放乎堂下而立。**注** 嫌靈公復欲殺盾，故入以爲意。《禮器·記》曰：「天子堂高九尺，諸侯七尺，大夫五尺，士三尺。」**疏**《周禮·天官·食醫》云：「凡君子之食，恒放焉。」注「放，依也」。❷《孟子·離婁》「放乎四海」，注：「放，至也。」謂至乎堂下，或依乎堂下而立也。○注「嫌靈」至「爲意」。○《晉世家》云：「示眯明知之。」《左傳》亦云：「提彌明知之。」○注「禮器」至「三尺」。○《禮器》正義：「天子之堂九尺，此周法也。」《白虎通》：「天子之堂高九尺。天子尊，故極陽之數九尺也。堂之爲言明也，所以明禮義也。《禮記》曰：『天子之堂九尺，諸侯七尺，大夫五尺，士三尺。』」然則每堂一尺爲階一等，故《士冠禮》云「賓降三等」，下至地也。此爲士三尺，階三等之證。賈誼《治安策》云：「人主之尊譬如堂，群臣如陛，衆庶如地，故陛九級。」《說文》：「陛，升高階也。」《玉篇》：「天子階也。」天子九級，辥綜注《東京賦》云：「殿高九尺，階九齒。」彼述天子之禮，則諸侯以下七齒、五齒、三齒，亦應與堂高相應矣。庶人之禮，雖不見《禮》，以士三尺差之，當一尺與？趙盾已食，靈公謂盾曰：「吾聞子之劒蓋利劒也，子以示我，吾將觀焉。」**注** 授君劒，當拔而進其首，靈公因欲以進殺之。**疏** 注「授君」至「殺之」。○《禮記·曲禮》云：「進劒者左首。」注：「左首，尊也。」《正義》：「進言進授與人時也。首，劒拊環也。《少儀》云『澤劒首』，注『澤，弄也』。又云『刀卻刃授穎』，注：『穎，鐶也。』」是進刀劒皆以首鐶授人，不以刃授人，敬也。《左傳》定十年叔孫之圉人欲殺公若，僞不解禮，而授劒末。杜

❶「訓」，原作「詁」，據《廣雅疏證》改。

❷「也」，原作「焉」，據《周禮注疏》改。

云：「以劒鋒末授之」是也。靈公欲於盾進劍時，即拔劍首，以劍末刺之也。趙盾起，將進劒，祁彌明自下呼之曰：「盾！食飽則出，何故拔劒於君所！」**疏**《通義》云：「斥呼盾名，君前臣名也。」《左傳》云：「提彌明趨登，曰：『臣侍君宴，過三爵，非禮也。』」《晉世家》：「示眯明恐盾醉不能起，而進曰：『君賜臣觴，三行，可以罷。』」皆與此異。趙盾知之，**注**由人曰「知之」，自己知曰「覺焉」。**疏**《晉世家》云：「欲以去趙盾，❶令先，毋及難。」○注「由人」至「覺焉」。○《吕覽・情欲》「而終不自知」，又《淮南・修務訓》「七年而後知」，注並云：「知，猶覺也。」對文異，散則通。舊疏云：「由人曰知之，此文是也。」「自己知曰覺」者，即《昭三十一年》傳「叔術覺焉，曰『嘻！此誠爾國也夫』」是也。躇階而走。**注**躇猶超遽，不暇以次。**疏**《校勘記》云：「《唐石經》、諸本同。《釋文》『躇與踱同。一本作辵，音同』。《經義雜記》曰：『《説文》：「辵，乍行乍止也，从彳从止，讀若《春秋公羊傳》曰『辵階而走』。」《釋文》謂『一本作辵』，與《説文》正合，則古本《公羊》作『辵階』矣。《公食大夫禮》『賓栗階升』，注：『不拾級，連步趨主國君之命，不拾級而下曰辵。』《公羊傳》文當本作『辵』，義當如《禮經注》。何邵公與鄭義同，較之《説文》『乍行乍止』之訓更密也。」《集韻・十八藥》躇下引此傳文，又云：「或作踱。」葉鈔《釋文》踱作蹶，誤。《玉篇》：「跮踱，乍前乍卻。」依《説文》爲説也。《左傳》云「遂扶以下」，彼《釋文》引服虔注作「跣」，云：「徒，跣也。」今杜注本往往作「跣」者，盧文弨云：「服本是也。《襄三年》傳晉悼公懼魏絳之死，亦跣而出，皆是急迫不及納屨使然。」按：與此注「超遽」義亦合。○注「躇猶」至「以次」。○《釋文》：「遽作劇，其據反，本亦作遽。」《公羊問答》云：「《左傳》『距躍三百』，注：『超越也。』疏：『距地向前跳而越物過也。』《説文》作『超距』，《史記・王翦傳》『方投石超距』，《索隱》曰：『超距，猶跳躍也。』《漢書・甘延壽傳》『投石拔距』，張晏曰：『拔距，超距也。』然則超遽猶超距，不暇如常降階也。《燕禮》疏云：『凡升階之法有四等：連步一也，栗階二也，歷階三也。歷階謂

❶「欲以去」，原脱，據《史記》補。

從下至上，皆越等，無連步，若《禮記・檀弓》云『杜蕢入寢，歷階而升』是也。越階，四也。越階謂左右足越三等，若《公羊傳》云『趙盾避靈公，躇階而走』是也。」《通義》云：「升降階之法，涉級聚足者，❶正也。施於所尊，以疾爲敬，則有栗階。栗階者，始發猶連步，將盡階二等，❷然後散升。若其事有急遽，則始終散等。升則曰歷階，降則曰躇階，皆非禮之常矣。」《讀書叢録》云：「依何注，躇當作辵。《儀禮・公食大夫禮》鄭注：『不拾級而下曰辵。』《燕禮・記》疏：『越階，謂左右足越三等，若《公羊》趙盾躇階而走。』《説文》無『躇』字。辵，乍行乍止，讀若《公羊傳》『辵階而走』，與『躇』字義同。《廣雅・釋訓》：『躊躇，猶豫也。』猶豫即《説文》所謂『乍行乍止』，《釋文》所謂踱也。」按：洪説非是，何義自與《説文》不同。此時趙盾避禍疾逃，安得尚乍行乍止。且躇字與躊躇亦殊，無容牽合爲一。《釋名・釋姿容》云：「疾趨曰走。走，奏也，促有所奏至也。」傳言走，故注言「不暇以次也」。《燕禮》所謂升降有四等，亦未洽。《曲禮》云：「拾級聚足，連步以上。」注「拾當爲涉。涉等聚足，謂前足躡一等，後足從之併。」又云：「連步，謂足相隨不相過也。」此升降常法也。外則栗階，《禮・燕禮・記》：「凡公所辭，皆栗階。」《公食大夫禮》「賓栗階升」之屬是也。鄭注：「栗，蹙也，謂越等急趨君命也。」記又云：「凡栗階，不過二等。」注：「其始升猶聚足連步，越二等，左右足各一發而升堂。」以其歷階、越階皆《禮經》所無，此傳之躇階，更非行禮常法。所謂『不暇以次』者，故有超距之象矣。敖繼公謂越等而上曰栗階，下曰躇階，亦强生分別耳。凌氏廷堪《禮經釋例》云：「凡升階，皆連步，唯公所辭，則栗階。考連步升堂，升階常法，猶之平敵相拜也。栗階於君辭則然，猶之再拜稽首也。見諸《禮經》唯此二節。」是也。栗階又名散等。《禮記・雜記》：「祭，主人之升降散等，執事者亦散等，雖虞、附亦然。」鄭注「散等，栗階」是也。彼栗階爲略威儀，與《燕禮》以栗階爲敬，又不同，皆與躇階異。栗階不過二等，栗猶歷也。如左足升一等，則右足升二等。左足升三等，則右足升四等，閱歷而上。若躇階，或有過二等者矣。

靈公有周狗，注 周狗，

❶「涉」，原作「拾」，據《通義》改。
❷「盡」，原作「進」，據《通義》改。

可以比周之狗，所指如意。疏《校勘記》云：「《唐石經》、諸本同。何注云：『可以比周之狗。』按：《爾雅·釋畜》：『狗四尺爲獒。』郭注：『《公羊傳》曰：『靈公有害狗，謂之獒也。』又宋本張華《博物志》『晉靈公有害狗』，害與周形相近，❶故文異。害狗，謂能害人之狗。」按：郭注引作害，蓋嚴、顏異文。今本誤作善矣。《通義》云：「周狗，周地所出狗，若言韓盧、宋猈矣。」○注「周狗」至「如意」。○《公羊問答》云：「問：犬能知人意乎？曰：《説文》『獒，犬知人心，可使者。』《博物志》作害狗，字之誤也，不可從。」按：《序周禮廢興》「諸侯惡其害己」，舊本誤作「周己」。《鹽鐵論·地廣》篇「賊不害智」，亦誤作「周智」。蓋周、害形近，容或有誤。然害狗，周狗，皆傳者所加，自非靈公命名，則俱無不可通。蓋比周如人意，亦足害人也。謂之獒，注犬四尺曰獒。疏注「犬四尺曰獒」。○《爾雅·釋畜》云：「犬四尺曰獒。」《左氏釋文》引《尚書傳》：「獒，大犬也。」《廣雅疏證》：「凡物之高大者皆謂之敖。山高大者曰敖山，犬高大者爲獒犬。」《説文》：「獒，犬知人心可使者。」《書序》：「西旅獻獒。」《孔傳》：「西戎遠國貢大犬。」呼獒而屬之。疏《左傳》：「公嗾夫獒焉。」《釋文》：「嗾，服本作㖩。」疏引服虔云：「嗾，㖩也。公乃嗾夫獒，使之噬盾也。」《晉世家》：「盾既去，靈公伏士未會，先縱齧狗名獒。」《經義雜記》云：「按：《釋文》謂㖩即嗾字。㖩讀若諏，與嗾聲相近，故文義依《正義》，則服本亦作嗾，但訓嗾爲㖩耳。《説文·口部》『嗾，使犬聲』，引《春秋傳》曰：『公嗾夫獒。』」按：彼之嗾，即此之呼也。《方言》：「秦、晉、冀、隴謂使犬曰嗾。」蓋方言之殊與？舊疏謂：「呼而指屬之。今呼犬謂之屬，義出於此。」獒亦躇階而從之。疏據此，則「躇階」更非行禮之歷階可知。祁彌明逆而踆之，注以足逆躢曰踆。疏注「以足」至「曰踆」。○葉本《釋文》躢作蹋。《文選·東京賦》「已事而踆」，注：「踆，退也。」以足躢而退之，故曰踆也。《玉篇》：「踆，退也。」《説文·足部》：「蹋，踐也。」《史記·蘇秦傳》「六博蹋踘者」，謂以足蹋之爲戲也。亦作躢，《漢書·霍去病傳》「去病尚穿域躢鞠」是

❶「害」，原脱，據《十三經注疏校勘記》補。

也。**絶其頷。**注頷口。疏注「頷口」。○《校勘記》：「段氏玉裁云：『《玉篇》引作『絶其頷』』。」《説文・頁部》：「頷，顄也。顄，頤也。」❶段云：「此謂以足迎蹋之，遂使獒之頤不能噬也。《方言》：『頷，頤頷也。南楚謂之頷，秦、晉謂之顄。頤，其通語也。』」又云：「依《方言》，則緩言曰頷，急言曰頷，頷當讀如合也。」按：頷於《説文》訓爲面黄，則無口義。楊雄《長楊賦》「稽顙樹頷」，注：「音蛤。」《玉篇》訓爲口，蓋即本此。《左傳》云：「明搏而殺之。」《晉世家》：「明爲盾搏殺狗。」**趙盾顧曰：「君之獒，不若臣之獒也。」**疏《晉世家》：「盾曰：『棄人用狗，雖猛何爲。』然不知明之爲陰德也。」《左傳》：「盾曰：『棄人用犬，雖猛何爲！』鬭且出，提彌明死之。」注：「責公不養士，而更以犬爲己用。」則此傳所云「君之獒，不若臣之獒也」。**然而宮中甲，鼓而起。**注甲即上所道伏甲，約勒聞鼓聲當起殺盾。疏《經傳釋詞》曰：「然而者，詞之承上而轉者也，猶言如是而也。」與《僖三十三年》傳「然而晉人與姜戎要之殽而擊之」，《定八年》傳「然而甲起於琴如」同義。殺下何注云：「猶豫留住之頃。」正合此傳義。**有起于甲中者，抱趙盾而乘之。**注欲趨疾走。疏正以抱而乘之，抱之上車也。据此，則《左傳》「遂扶而下」，宜如服本作「跣而下」矣。禮，脱屨上堂，降階納屨。趙盾躇階而走，蓋猶徒跣，不及納屨，不能疾走，故甲中者抱之而乘也。杜本作「扶」，於情事不合。孔疏强附杜氏，謂「堂上無屨，跣則是常，❷何須云『遂跣而下』」。不知下者，不必專指下階。凡退由階庭而門，皆謂之下也。○注「欲趨疾走」。○《校勘記》出「欲趍」，云：「鄂本同，閩、監、毛本趍作趨。」按：紹熙本作「趨」。**趙盾顧曰：「吾何以得此于子？」**注猶曰：「吾何以得此救急之恩於子邪？」非所以意悟。疏《晉世家》：「示眯明反擊靈公之伏士，伏士不能進，而竟脱盾。盾問其故，曰：『我，桑下餓人。』」《左傳》：「既而與爲公介，倒戟以禦公徒而免之。問何故，對曰：『翳桑之餓人也。』」與《公羊》合。惟《史記》謂即眯明異。注「非所

❶「顄」，原作「頷」，據《説文解字》改。

❷「常」，原作「堂」，據《春秋左傳注疏》改。

以意悟」者，猶言非所意悟也。曰：「子某時所食，活我于暴桑下者也。」注某時者，記傳者失之。暴桑，蒲蘇桑。傳道此者，明人當素積恩德。疏《晉世家》：「初，盾常田首山，見桑下有餓人。盾與之食，食其半。問其故，曰：『宦三年，未知母之存不，願遺母。』盾義之，益與之飯肉。」《左傳》：「初，宣子田於首山，舍於翳桑，見靈輒餓，問其病。曰：『不食三日矣。』食之，舍其半。問之，曰：『宦三年矣，未知母之存否。今近焉，請以遺之。』使盡之，而爲之簞食與肉，寘諸橐以與之。」《吕覽·報更》篇：「趙宣孟見骫桑之餓人，爲之下食而餔之，與脯一朐，拜受而不敢食。曰：『臣有老母，將以遺之。』宣孟曰：『食之，吾更與汝。』乃復賜之脯二束與錢百，而遂去之。晉靈公欲殺宣孟，伏士以待。因發酒宣孟。宣孟知之，中飲而出。靈公令房中之士疾追殺之。一人追，先及，曰：『君轝，吾請爲君反死。』宣孟曰：『而名爲誰？』曰：『何以名爲，臣骫桑之餓人也。』還鬭而死。」與《左傳》謂其亡去少異。《後漢書注》引《吕覽》曰：「昔趙孟將之絳，見桑下有餓人。宣孟止車，下食而餔之，再咽而能視。宣孟問之曰：『汝何爲而餓若是？』對曰：『臣宦於絳，歸而絶糧，羞行乞，故至於此。』宣子與脯三朐，拜受而弗敢食。問其故，曰：『臣有老母，將以遺之。』宣孟曰：『吾更與汝。』乃復與脯二束。」皆詳略互見。○注「暴桑，蒲蘇桑」。○《公羊問答》云：「《左氏》作『翳桑』，杜注：『翳桑，桑之多蔭翳者。』❶《公羊注》作『蒲蘇』。《韓非子》：『本枝扶疏。』《易林》：『扶疏條桃，長大茂盛。』潘尼《桑樹賦》：『上疏而參差。』是亦多蔭翳之意。『扶蘇』即『蒲蘇』。韓愈《南山》詩『杉篁咤蒲蘇』。《吕氏春秋》作『骫桑』，《淮南子》作『委桑』。骫，古委字。」按：《爾雅·釋詁》：「毗、劉，暴樂也。」注：「謂樹木葉缺落蔭疏。暴樂，見《詩考》。」暴樂即爆爍，《詩·桑柔》「捋采其劉」，傳：「劉，暴樂而希也。」箋云：「捋采之，則葉爆爍而疏。」彼疏引《爾雅》作「爆爍」，又引舍人曰：「毗、劉，爆爍之義也。」然則「暴桑」者，即爆爍之桑。爆爍爲稀疏不均之名，故何氏訓爲蒲蘇。蒲蘇猶扶疏，潘尼《賦》之「上疏」也。吴氏《經説》云：「蒲蘇，猶扶疏也。」然則暴桑即榑桑矣。榑、蒲、暴

❶ 上「桑」字下「注」字，原脱，據《春秋公羊答問》補。

桑，皆一聲之轉。《大雅》云「鬱彼桑柔」，柔，古讀如猱。《左傳》注「桑之多翳蔭者」，意與此同。按：《爾雅·釋木》：「蔽者，翳。」郭注：「樹蔭翳相覆蔽者。《詩》曰：其椔其翳。」《經義述聞》：「『木自弊』以下，皆釋死木也。『蔽』即上文『木自弊』之『蔽』。《大雅·皇矣》正義引此作『弊者，翳』，又引李巡曰：『弊，死也。』《釋言》：『弊，踣也。』《釋文》『弊』字作『斃』，郭本作『敝』者，借字耳。《皇矣》傳：『自斃爲翳。』《釋文》：『斃或蔽。』襄二十七年《左傳》『以誣道蔽諸侯』，《釋文》『蔽，服虔、王肅、董遇並作弊』，云：『踣也。』是斃、弊並與蔽通。『翳』讀曰『殪』。《皇矣》篇『其菑其翳』，《釋文》：『《韓詩》作殪。』《後漢書·光武紀》注：『殪，仆也。』宣六年《左傳》：『使疾其民，以盈其貫，將可殪也。』殪皆謂踣斃之也。作翳，亦借字耳。《周語》『是去其藏，而翳其人也』，翳其人，謂踣斃其民也。《毛傳》『自斃爲翳』，雖與《爾雅》原文小異，而其爲踣木則同。若云樹蔭翳相覆蔽，則是相覆蔽之木，而非踣木，與上二句全不相應矣。」然則《左氏》之翳桑，亦爲桑之踣斃者，與此暴桑正同，故何氏以爲蒲蘇桑也。《水經注》：「雷首山北去蒲阪三十里。」《一統志》：「雷首山在蒲州永濟縣南四十五里，哺飢阪在絳州北六里，即食翳桑餓人處。」○注「傳道」至「恩德」。○《說苑·復恩》篇述此事云：「故惠君子，君子得其福；惠小人，小人盡其力。夫德一人，猶活其身，❶而況置惠於萬人乎！故曰德無細，怨無小。豈可無樹德而除怨，務利於人哉！利施者福報，怨往者禍來，形於內者應於外，不可不慎也。此《書》之所謂『德無小』者也。」《後漢書·崔駰傳》：「《達旨》云：『宣孟收德于束脯。』」《淮南·繆稱訓》：「僖負羈以壺餐表其閭，趙宣孟以束脯免其軀。禮不隆而德有餘，人心之感恩接而憯怛生，故其入人深。」

趙盾曰：「子名爲誰？」 注 後欲報之。 疏《晉世家》亦云：「問其名。」《左傳》云：「問其名居。」

曰：「吾君孰爲介？ 注 介，甲也。猶曰：「我晉君誰爲與此甲兵，豈不爲盾乎？」 疏 注「介，甲也」。○《詩·鄭風·清人》云「駟介彭彭」，傳：「介，甲也。」《大雅·瞻卬》云「舍爾介狄」，箋云：「介，甲也。」《釋名·釋兵甲》云：「甲亦曰介。」《史記·衛世

❶「猶」字，原脱，據《說苑》補。

家》「太子與五人介」，注引賈逵云：「介，被甲也。」子之乘矣，何問吾名。」**注**之乘，即上車也。猶曰：「已上車矣，何不疾去，而反徐問吾名乎？」欲令蚤免去，不望報也。**疏**注「之乘」至「報也」。○《校勘記》出「子以上車矣」，曰：「鄂本以作已。」又出「不望報矣」，云：「鄂本矣作也。」紹熙本亦作「已」。《左傳》：「不告而退，遂自亡也。」注：「不望報也。」《史記》注引服虔注同。《晉世家》亦云：「弗告。」《説苑·復恩》篇與《吕覽》所記大同，亦云：「宣孟曰：『子名爲誰？』及是，且對曰：『何以名爲？』」然不若此傳所對之詳。趙盾驅而出，衆無留之者。**注**明盾賢人，不忍殺也。且靈公無道，民衆不悦，以致見殺。**疏**《晉世家》云：「盾遂奔。」驅而出，驅車而出也。○注「明盾」至「見殺」。○鄂本「悦」作「説」，紹熙本同。下傳「民衆不悦」，亦同。《繁露·滅國上》云：「晉趙盾，一夫之士也，無尺寸之土，無一介之衆也。而靈公據伯主之餘尊，而欲誅之，窮變極詐，詐盡力竭，❶禍大及身。推盾之心，載小國之位，❷孰能亡之哉？」盾爲賢人者，《左傳》云「趙宣子，古之良大夫也」、《晉世家》云「趙盾素貴，得民和。靈公少侈，民不附，故爲弑易」是也。

趙穿緣民衆不悦，起弑靈公。**疏**《史記·十二諸侯年表》：「趙穿殺靈公。」《晉世家》：「盾昆弟趙穿襲殺靈公於桃園。」注：「虞翻曰：『園名也。』」《左傳》：「趙穿攻靈公於桃園。」《釋文》：「攻，本或作弑。」《北堂書鈔》引作「煞靈公」，煞即殺字，殺亦音弑。《釋文》、僖九年《左傳》可證。《繁露·王道》云：「晉靈行無禮，處臺上彈群臣，枝解宰人而棄。及患趙盾之諫，欲殺之，卒爲趙穿所殺。」是也。❸《釋文》作「不説」，與鄂本同。

然後迎趙盾而入，與之立于朝，**注**復大夫位也，即所謂復國不討賊，明史得用責之。傳極道此上事者，明君雖不君，臣不可以不臣。**疏**《晉世家》亦云：「而迎趙盾。」

❶「力」，原作「爲」，據《春秋繁露》改。
❷「載」，原作「戴」，據《春秋繁露》改。
❸「穿」，據《春秋繁露》作「盾」。

《穀梁傳》「趙穿弑公而後反趙盾」，注：「招使還。」○注「復大夫位也」。○《左傳》「宣子未出山而復」，蓋即復大夫位。《晉世家》亦云：「盾復位。」《家語・正論》作「未及山而還」。杜云：「晉竟之山。」按：《晉語》「陽處父及山而還。」韋注：「山，河内温山也。」是時晉已啓南陽，竟及于河，未及山，即所謂「亡不越竟」也。杜注殊混。《晉世家》亦云：「未出竟。」《公羊》以盾之罪在復不討賊，其出竟與否，不及記也。○注「即所」至「責之」。○即上傳曰「史曰：『爾爲仁爲義，人弑爾君，而復國不討賊，此非弑君如何』」是也。○注「傳極」至「不臣」。○正以穿爲盾宗，盾出穿弑，穿弑盾反，而自反其位，處穿如常。是時成公未立，盾之復位，誰實使之？其不臣之跡，顯而易見。故注極言臣不可不臣，以責之也。《通義》云：「晉侵天子之邑，而穿爲之主將，是其人素有無君之心，必以犯天子爲可者也。諸侯可以犯天子，大夫可以犯諸侯。曾子曰：『出乎爾者，反乎爾者也。』故卒至於手刃其君。噫！上之所以率下者，可不慎與？」孔氏之論極正，而《左傳》韓獻子猶曰「宣孟之忠」，則當時已無真是非，董狐所以爲良史也。然《左傳》謂趙宣子爲法受惡，亦非孔子語。

而立成公黑臀。注不書者，明以惡夷獆，猶不書剽立。疏《左傳》云：「趙宣子使趙穿逆公子黑臀于周而立之。」注：「黑臀，晉文公子。」《晉世家》云：「趙盾使趙穿迎襄公弟黑臀于周而立之，是爲成公。成公者，文公少子，其母周女也。」《國語・周語》：「單襄公曰：『吾聞成公之生也，其母夢神規其臀以黑，曰：使有晉國。故命之曰黑臀。』」按：晉文不應娶周女，蓋周大夫女也。○注「不書」至「剽立」。○剽立在襄十四年。彼《二十六年》傳云：「曷爲不言剽之立？不言剽之立者，以惡衛侯矣。」注云：「欲起衛侯失衆出奔，故不書剽立。剽立無惡，則衛侯惡明矣。」正以不書黑臀立，亦以起夷獆之無道也。《通義》云：「不當立不書者，已從立晉託始見法。何氏云『以惡夷獆，猶不書剽立』，非也。君弑自必立嗣君，與衛有衎、剽二君者異，不當推彼解此。」按：衛完見弑，亦必立嗣。《春秋》何以書晉立以見篡正，夷獆失道，前後不見，故於不書黑臀起之。

夏四月。

秋八月，螽。注先是，宣公伐莒取向，公比如齊所致。疏注「先是」至「所致」。○取向，事在上四年。公比如齊，即上《四年》「秋，公如齊」；《五年》「春，又如齊」是也。《五行志中之下》：「宣公六年八月，螽。劉向以爲，先是宣伐莒、向，後比再如齊，謀伐萊。」

冬十月。

公羊義疏四十六

句容陳立卓人著

宣七年盡九年。

七年春，衛侯使孫良夫來盟。**疏**《桓十四年》：「夏，鄭伯使其弟語來盟。」注：「時者，從内爲王義，❶明王者當以至信先天下。」則此當與彼同。《成三年》：「冬十有一月，晉侯使荀庚來聘，衛侯使孫良夫來聘。丙午，及荀庚盟。丁未，及孫良夫盟。」書日月者，彼注云：「惡之。《詩》曰：『君子屢盟，亂是用長。』二國既修禮相聘，不能親信，反復相疑，故舉聘以非之。」是彼書日月之義也。

夏，公會齊侯伐萊。**疏**杜云：「萊國，今東萊黄縣。」《元和郡縣志》：「故黄城在登州黄縣東南二十五里，古萊子國。《齊乘》：『萊子城，地名。龍門居山峽間，❷鑿石通道，極爲險隘，俗名萊子關。』」

秋，公至自伐萊。**疏**《莊六年》傳：「不得意致伐。」注：「公與一國及獨出用兵，得意不致，不得意致伐。」

大旱。**注**爲伐萊踰時也。**疏**《五行志中之上》：「宣公七年秋，大旱。是夏，宣與齊侯伐萊。」

冬，公會晉侯、宋公、衛侯、鄭伯、曹伯于黑壤。**疏**《大事表》云：「傳云：『盟于黄父。』杜注：『黄父即黑壤。』蓋二名爲一地矣。黑壤山在今澤州府沁水縣西北四十里，瀹水所出。」

八年春，公至自會。**疏**毛本「會」誤「齊」。

夏六月，公子遂如齊，至黄乃復。**疏**《方輿紀要》：「黄城在東昌府冠縣南。按：《史記正義》：『黄縣在魏州。』」按：由魯至齊，不知何以行至今之冠縣地。

其言至黄乃復何？**注**据公孫敖不言「至復」，又不言「乃」。**疏**注「据公」至「言乃」。○即《文八年》：「公孫敖如京師，不至復。丙戌，奔莒。」是

❶「王」，原作「主」，據《春秋公羊傳注疏》改。

❷「居」，《齊乘》無。

不言「至復」，又不言「乃」也。有疾也。**注**乃，難辭也。上言「乃復」，下有卒，知以疾爲難。**疏**注「乃，難辭也」。○《説文》：「乃，曳詞之難也，象气之出難。」下傳云：「乃者何，難也。」因難故緩，亦爲緩詞。《周禮·太宰》「乃縣治象之法于象魏」，注「乃，緩辭也」是也。何言乎有疾乃復？**注**据公如晉，以有疾乃復殺恥，以爲有疾無惡。**疏**注「据公」至「無惡」。○即《昭二十三年》：「冬，公如晉。至河，公有疾，乃復。」傳云：「何言乎公有疾乃復？殺恥也。」注「因有疾以殺畏晉之恥」是也。《校勘記》出「乃復弑恥」，云：「閩、監、毛本弑作殺，此誤。蓋凡殺字皆改爲弑，遂誤改此爾。」紹熙本亦作「殺」。譏。何譏爾？大夫以君命出，聞喪，徐行而不反。**注**聞喪者，聞父母之喪。徐行者，不忍疾行，又爲君當使人追代之。以喪喻疾者，喪尚不當反，況於疾乎？順經文而重責之。言「乃」不言「有疾」者，「有疾」猶不得反也。敖不言「乃」者，明無所難，爲重敖當誅，遂當絶。**疏**注「聞喪」至「代之」。○《白虎通·喪服》云：「大夫使受命而出，聞父母之喪，非君命不反者，❶蓋重君也。故《春秋傳》曰：『大夫以君命出，聞喪，徐行不反。』」《禮·聘禮》：「若有私喪，則哭于館，衰而居，不饗食。歸，使衆介先，衰而從之。」注：「私喪，謂其父母。哭于館，衰而居，不敢以私喪自聞於主國，凶服干君之吉使。《春秋傳》曰：『大夫以君命出，聞喪，徐行不反。』」賈疏謂：「行聘享，即服皮弁。」❷蓋不以私喪廢公事也。或駁之，謂：「當使上介攝。」彼文賓死介攝其命，則此不使介攝明矣。蓋出竟未遠，遇有私喪，君或使人代之。若已至彼國，當終其事，《聘禮》所載是也。彼經云「不饗食」，則已行聘享可知。鄭又云：「已有齊、斬之服，其在道路，使介居前。歸，又請反命，己猶徐行隨之。君納之，乃朝服。既反命，出公門，釋服，哭而歸。」皆與此徐行不反之義相足。《禮記·奔喪》云：「唯父母之喪，見星而行，見星而舍。若未得行，則成服而後行。」

❶「者」字，原脱，據《白虎通》補。
❷「即」，原作「仍」，據《儀禮注疏》改。

注「謂以君命有爲者」是也。「成喪服，得行則行」，是爲不能即反，故先成服也。《奔喪》又云：「聞喪不得奔喪，哭盡哀。問故，又哭盡哀。乃爲位。」注「謂以君命有事，不然者，不得爲位」是也。何氏知君當使人代之者，《風俗通·愆禮》亦云「《春秋》大夫出使，聞父母之喪，徐行而不反。君追還之，禮也」是也。《繁露·精華》篇：「徐行不反者，謂不以親害尊，不以私妨公也。」○注「以喪」至「責之」。○杜云：「大夫受命而出，雖死以尸將事，遂以疾還，非禮也。」《正義》：「《哀十五年》傳：『有朝聘而終，以尸將事之禮。』是入所聘之竟，則當遂行。黄是齊竟，遂以疾還，非禮也。」舊疏云：「傳不言『大夫以君命出，遇疾而還，非禮』，而言聞喪徐行而不反者，是其順經文而重責之也。」○注「言乃」至「反也」。○《穀梁傳》：「乃者，亡乎人之辭也。」注：「鄭嗣曰：『大夫受命而出，雖死，以尸將事。今遂以疾而還，失禮違命，故曰亡乎人。』」按：《聘禮》：「賓入竟而死，遂也，介攝其命。歸，介復命，柩止于門外。若賓死，未將命，則既斂于棺，造于朝，介將命。」注：「謂俟問之後也。以柩造朝，以已至朝，志在達君命。」❶足證有疾俱不得反矣。○注「敖不」至「當絶」。○以敖非有疾，無所難，故不得言「乃」，與此異也。敖無所難而復，故當誅。此遂實有疾，惟不俟君命，遽爾反國，故當絶，輕於敖也。舊疏云：「敖違命罪大，故當誅。誅者，罪累家也。遂前雖弑君，而宣公不以爲罪，直以當時行事而責之。責其奉命不終而以疾辭，故當絶其身而已。」

辛巳，有事于太廟。疏包氏慎言云：「六月書辛巳，月之十八日。下壬午，月之十九日。」《禮記疏》引《釋廢疾》云：「《宣八年》『六月，有事于太廟』，禘而云『有事』者，雖爲卿佐卒張本而書有事，其實當時有用七月而禘，因宣公六月而禘得禮，故變文言有事。《春秋》因事變文，見其得正也。」按：何氏無此義，亦不必以此爲禘，直不過時祭而已。

仲遂卒于垂。疏杜云：「垂，齊地。」《大事表》云：「非魯竟，故書。地當在今泰安府平陰縣境。即《隱八年》『遇于垂』之『垂』。」

仲遂者何？注据不稱公子，故問之。**公子遂也。**注自是後，無遂卒，知公子遂。

❶「在」字，原脱，據《儀禮注疏》補。

何以不稱公子？注據公子季友卒，雖加字，猶稱公子也。疏注「據公」至「子也」。○即《僖十六年》「公子季友卒」是也。彼季友加字稱公子，此仲遂亦加字，不稱公子，故據以難。鄂本無也字。

貶。曷爲貶？注據叔孫得臣卒不貶。疏注「据叔」至「不貶」。○上《五年》「叔孫得臣卒」，注：「不日者，知公子遂欲弒君，爲人臣知賊而不言，明當誅。」然則仲遂、得臣皆合貶。彼得臣乃不去氏示貶，故難之。

爲弒子赤貶。疏《通義》云：「貶去公子，則不嫌與季友同，故亦得稱字，但加字之故，傳文未明。竊取劉敞之説曰：『譏世卿也。言自是世仲氏也。』世卿多矣，曷爲獨譏乎此，因其可譏而譏之。此其爲可譏奈何？言是乃弒子赤者也。其諸則宜於此焉正之矣。」

然則曷爲不於其弒焉貶？注據翬終隱之篇貶，欲使於文十八年子赤卒年中貶。疏注「据翬」至「中貶」。○即《隱四年》「翬帥師會宋公以下伐鄭」，傳：「翬何以不稱公子？貶。曷爲貶？與弒公也。」《十年》「夏，翬帥師」，傳：「此公子翬也，何以不稱公子？貶。曷爲貶，隱之罪人也，故終隱之篇貶也。」是其事也。據此例，則遂宜於文公薨後、子卒前貶也。

於文則無罪，於子則無年。注此解十八年秋，如齊不貶意也。十八年編於文公貶之，則嫌有罪於文公，無罪於子赤也。卒乃貶者，元年逆女，嫌爲喪娶貶也；公會平州下如齊，嫌公遂；八年如齊，嫌坐「乃復」貶也。貶加字者，起嬰齊所氏。明爲歸父後，大宗不得絶也。地者，卒外，明當有卒外禮也。日者，不去樂也。書有事者，爲不去樂張本。疏注「此解」至「赤也」。○即《文十八年》書「公子遂、叔孫得臣如齊」是也。未踰年君，尚未改元。是年編於文公貶，則嫌有罪於子赤仍不見。○注「元年」至「貶也」。○上《元年》「公子遂如齊逆女」是也。注：「嫌觸諱，不成其文也。」彼本宜去公子，起喪娶，嫌爲弒君削去其氏，貶喪娶不明；界在喪娶限內，又若爲喪娶貶，弒君意亦不明，故此注與元年注相足也。○注「公會」至「公遂」。○《校勘記》出「下如齊也，嫌公遂」，云：「閩、監、毛本同，誤也。鄂本『如齊』下無『也』字，當据以訂正。即上《元年》『公會齊侯于平州』，又即書云『公子遂如齊』，若不書公子，則是公會齊侯于平州，遂如齊，嫌公遂矣。」○注「八年」至「貶也」。○《校勘記》出「如齊，嫌坐」，上無「八年」二字，云：「閩、監、毛本同，誤。鄂本『公遂』下有『八年』二字，當据正。」於《八年》『如齊，至黄乃復』，貶不稱公子，則嫌因坐乃復貶之矣。」彼廢棄君命，有疾即還，本宜坐貶。若去公子，則仍嫌爲坐有疾乃復貶也。舊疏云：「公子翬助桓簒弑，入篇即不貶，見其無罪於桓公。今此公子遂，助宣簒弑，而於宣貶者，正以於子赤則無年，遂之罪重，不得令免，會須貶之。諸見之處，悉皆有嫌，不得作文，是以正於卒時貶，見其事。」○注「貶加」至「絶也」。○《成十五年》：「仲嬰齊卒。」傳：「仲嬰齊者何，公孫嬰齊也。公孫嬰齊，則曷爲謂之仲嬰齊？爲兄後也。爲兄後，則曷爲謂之仲嬰齊？爲人後者爲之子也。爲人後者爲之子，則其稱仲何？孫以王父字爲氏也。然則嬰齊孰後？後歸父也。」蓋嬰齊爲遂子，宜稱公孫，而稱仲嬰齊，是爲歸父後，爲遂孫矣。孫以王父字爲氏，宜氏仲故也。故先於遂卒加仲，與仲嬰齊稱仲相起，明嬰齊所氏之由也。大宗不得絶者，《通典》引《石渠禮議》：「大宗無後，族無庶子，己有一嫡子，當絶父祀以後大宗否？戴聖曰：『大宗不可絶。言嫡子不爲後者，不得先庶耳。族無庶子，己有一嫡子，則當絶父以後大宗。』聞人通漢云：『大宗有絶，子不絶其父。』宣帝制曰：『聖議是也。』」《白虎通·封公侯》云：「《禮·服傳》曰：『大宗不可絶，同宗則可以爲後爲人作子何？明小宗可絶，大宗不可絶。故舍己之後，往爲後于大宗。所以尊祖重不絶大宗也。』《春秋傳》曰：『爲人後者爲之子。』」按：《禮·喪服》「齊衰期」章傳曰：「何以期也？不二斬也。何以不二斬也？持重於大宗者，❶降其小宗也。爲人後者孰後？後大宗也。曷爲後大宗？大宗者，尊之統也；大宗者，收族者也，不可以絶，故族人以支子後大宗也。嫡子不得後大宗。」又「斬衰」章傳曰：「何如而可爲之後？❷同宗則可爲之後。何如而可以爲人後？支子可也。」《通典》引范甯

❶「持」，原作「特」，據《儀禮注疏》改。

❷「之」，原作「人」，據《儀禮注疏》改。

云：「支子有出後之義，而無廢嫡之文。故嫡子不得後大宗，傳所云『嫡子不得繼大宗』，此乃小宗不可絶之明文也。」按：《禮》《傳》所云，自謂有支子者不得以嫡子後大宗耳。《禮》《傳》明云：「大宗不可絶」，不云不可絶小宗也。祖易於上，宗曷爲下，何云小宗不絶乎？《通典》引《鄭志》：「劉德問：『以爲人後者，支子可也，長子不以爲後。同宗無支子，唯有長子，長子不後人，則大宗絶後，則違禮，如之何？』田瓊答曰：『以長子後大宗，則成宗子。禮，諸父無後，則祭于宗子之家，復以其庶子還承其父後。』」如田所言，亦可謂仁至義盡矣。○注「地者」至「禮也」。○《校勘記》出「地者，絶外卒」，云：「鄂本作『地者，卒外』。此本『絶』，衍字。『外卒』，誤倒。按解云：『此言于垂者，正以卒於外故也。』是疏本亦作『卒外』，不言『絶』。」舊疏云：「欲道公子季友之文，皆不地，所以卒於外則地之者，明當有卒於外之禮故也。」《聘禮》述聘使死，《禮》云：「歸，介復命，柩止于門外。介卒復命，出，奉柩送之。君弔，卒殯。」注：「成節乃去。」又曰：「若大夫介卒，亦如之。」又曰：「若介死，歸復命，唯上介造于朝。若介死，雖士介，賓既復命。往，卒殯，乃歸。」注：「往，謂送柩。」王氏士讓《儀禮訓解》云：「士喪禮，君於士有視斂禮，況奉使有勞於國，君必弔可知。」○注「日者」至「樂也」。○舊疏云：「失禮鬼神，例日也。」按：傳聞世，大夫卒，有罪不日，無罪日。故叔孫得臣卒不日，此而日，故解之。《通義》云：「遂卒不日，當與得臣同法。辛巳則祭日，非卒日也。范武子曰『祭于太廟之日，而知仲遂卒』是也。垂猶齊地，理不能一日訃至。遂卒實在前，但必退書日下，主譏猶繹之義乃顯。」○注「書有」至「張本」。○舊疏云：「時祭之禮，初夏作之，即是得時不書之例。而書之者，爲下不去樂張本故也。而言有事者，禴不合書，是以但言有事，爲下張本而已。似若《文二年》注云『不言吉祫者，就不三年不復譏，略爲下張本而已』之類。」按：不似書烝嘗明者，嫌礿祭非禮也。

壬午，猶繹，萬入，去籥。

繹者何？祭之明日也。**注** 禮，繹繼昨日事，但不灌地降神爾。天子諸侯曰繹，大夫曰賓尸，士曰宴尸，去事之殺也。必繹者，尸屬昨日配先祖食，不忍輒忘，故因以復祭。禮則無有誤，敬慎之至。殷曰彤，周曰繹。繹者，据今日道昨日，不敢斥尊言之，文意也。彤者，彤彤不絶。据昨日道今日，斥尊言之，質意也。祭必有尸者，節神也。禮，天子以卿爲尸，諸侯以大夫爲尸，卿大夫以下以孫爲尸。夏立尸，殷坐尸，周旅酬六尸。**疏**注「禮繹」至「神爾」。〇毛本「繼」誤「祭」。《穀梁傳》云：「繹者，祭之旦日之享賓也。」《左傳》注：「繹，又祭。陳昨日之禮，所以賓尸。」《禮・有司徹目録》云：「天子諸侯之祭，明日而繹。」《爾雅・釋天》：「繹，又祭也。」郭注：「祭之明日，尋繹復祭。」《詩疏》引李巡曰：「繹，明日復祭，曰又祭。」《左疏》引孫炎云：「祭之明日，尋繹復祭也。」《詩・周頌序》❶「《絲衣》，繹，賓尸也」，箋：「繹，又祭也。天子諸侯曰繹，以祭之明日。」《國語・魯語》：「宗不具，不繹。」韋注：「繹，又祭也。唐尚書云：『祭之明日也。』昭謂：天子諸侯曰繹。」《禮記・禮器》云「爲祊乎外」，❷注：「祊祭，明日之繹祭也。謂之祊者，於廟門之旁，因名焉。」此經祭于辛巳，繹于壬午，可爲繹祭於明日之證。不灌地降神者，正祭有灌，此繹主爲尸作，故不須灌地降神也。正祭，魯如天子九獻。君灌爲一獻，夫人灌爲再獻。《明堂位》：「灌用玉瓚大圭，鬱尊用黄目。」是君用圭瓚酌黄目之鬱，夫人以璋瓚也。既灌之後，則出迎牲，視殺。蓋灌在尸入之後也。人道宗廟有灌，天地至尊，不灌莫稱焉。亦作「祼」。皇侃《論語義疏》云：「先儒舊論灌法不同。一云：於太祖室龕前東向，束白茅置地上，而持鬯酒灌白茅上，使酒味滲入淵泉，以求神也。按：《郊特牲》云：『周人尚臭，灌用鬯臭。鬱合鬯，臭陰達於淵泉。』注：『謂以圭瓚酌鬯，始獻神也。』《禮記・祭統》：『君執圭瓚灌尸。』注：『天子諸侯之祭禮，先有灌尸之事。』鄭二注或神或尸，故解者或云灌神是灌地之禮，灌尸是灌人之事。」按：正祭，尸者神象，則灌尸即灌神，無二事也。〇注「天子」至「殺也」。〇舊疏以「天子」至「宴尸」爲《春秋説》文。《絲衣》箋又云：「大夫曰賓尸，與祭同日。」《正義》云：「繹祭之禮，主爲賓事此尸，但天子諸侯禮大，異日爲之，別爲立名，謂之爲繹。言其尋繹昨日。卿大

❶「周頌序」，原作「大雅序」，據《毛詩注疏》改。
❷「乎」原作「于」，據《禮記注疏》改。

夫禮小，同日爲之，不別立名，直指其事，謂之賓尸耳。」《郊特牲》云：「繹之於庫門內，祊之於東方，朝市之於西方，失之矣。」注：「祊之禮，宜於廟門外之西室，繹又於其堂，神位在西也。此二者同時，而大名曰繹。其祭禮簡而事尸禮大。」《正義》：「《釋宫》云：『閍謂之門。』孫炎云：『謂廟門外。』又引《詩》云『祝祭于祊』，故知廟門也。知廟門外者，《禮器》云『爲祊于外』，故知在外也。以西是鬼神之位，室又求神之處，故知在廟門外之西室。祊是求神之名，繹是接尸之稱。求神在室，接尸在堂，故云繹又於其堂也。祊於室內求神，繹是堂上接尸，一時之事，故二者同時也。」又云：「祊有二種：一是正祭之時，既設祭于廟，又求神於廟門之內。《詩·楚茨》云：『祝祭于祊。』二是繹祭之時，設饌於廟門外西室，亦謂之祊。」按：《春秋》、《爾雅》、《詩序》皆但言繹，不言祊，是其大名曰繹也。《禮·有司徹》鄭目録云：「《少牢》之下篇也。大夫既祭，儐尸於堂之禮。祭畢，禮尸於室中。」又經《有司徹》下云：「徹室中之饋及祝佐食之俎。卿大夫既祭而儐尸，禮崇也。儐尸則不設饌西北隅，以此薦俎之陳有祭象，而亦足以厭飫神。天子諸侯明日祭於祊而繹」，引此，引《爾雅》文。按：天子諸侯之繹，與大夫儐尸異者，儐尸在祭日，繹在明日。儐尸於廟之堂，繹則於廟門之祊。儐尸但有獻尸而不祭，繹則又祭，故名曰繹。又卿大夫儐尸，即用正祭之牲。《有司徹》云「燅尸俎」是也。繹祭則別用牲，《詩·絲衣》云「自羊徂牛」，❶鄭箋以爲視牲。《周禮·牛人》：「凡祭祀，共其享牛、求牛。」注：「求，終也，終事之牛，謂所以繹者也。」謂皆禮之異於卿大夫者，《郊特牲》又云「坐尸於堂」，鄭注：「謂朝事時。」是正祭，朝踐時已事尸於堂，故繹祭於廟門行之，所謂求神非一處也。卿大夫無朝踐禮，正祭事尸於廟室，故儐尸於廟堂行之，亦其異也。其祊之異者，《詩》「祝祭于祊」，傳：「祊，門內也。」鄭箋：「孝子不知神之所在，故使祝博求之平生門內之旁，待賓客之處。」以正祭之禮不出廟門。又《郊特牲》云「索祭祝於祊」，鄭注：「索，求神也。」此正祭之祊也。江氏永云「索祭祝於祊，文承『直祭祝於主』之下，當在薦熟之後」是也。《祭統》「詔祝于室而出於祊」，即此。《禮器》云：「爲祊乎外。」注：「祊，祭之明日繹祭也。」此繹祭之祊也。《郊特牲》「祊之於東方」

❶「羊」，原作「堂」，據《毛詩注疏》改。

疏、《有司徹》疏，以「索祭祝于祊」爲「明日繹祭」之「祊」，誤。胡氏培翬《儀禮正義》：「疑《郊特牲》祊與繹對言，明亦正祭之祊。考正祭時，設席於奥東西，以神位在室之西。此求神於門内，亦當在西方，今乃於東方，猶繹當在廟門，今乃在庫門，均爲失禮之事耳。此經言繹、言祊、言朝事，明是三事，鄭乃繹與祊牽合爲一解之，恐非。」按：胡説亦近是。此賓尸者，上大夫。《禮・有司徹》又云「若不儐尸」，注：「謂下大夫也，其牲物則同，不得備其禮耳。」其牲同者，如牲亦用羊豕魚六十五之類。其異者，尸七飯以上皆同，祝侑尸八飯後，見其異也。此賓尸即禮之儐尸。《儀禮校勘記》：「儐，徐本作賓。按：通篇儐尸之儐，或作賓，或作儐，諸本互錯。據經文作儐，當以儐爲正。賓、儐或古字通用。」吴氏廷華云「徹而儐尸，蓋以紓其象神之勞也」是也。《禮器》曰：「季氏祭，逮闇而祭。日不足，繼之以燭。他日祭，子路與。室事交乎户，堂事交乎階。質明而行事，晏朝而退。」❶注「室事，祭時堂事儐尸」是也。其士曰宴尸，則無文。《特牲》於尸卒食三飯後，僅有獻賓衆及旅酬無筭爵諸節，無儐尸之禮。宴尸者，或祭畢而酬宴之，又殺於下大夫之不儐尸者也。○注「必繹」至「之至」。○舊疏云：「畏敬先君之尸而爲之設祭，則無有過誤也。」《周禮・牛人》注：「宗廟有繹者，孝子求神非一處。」疏：「今日正祭於廟，❷明日繹祭在廟門之西室。」《祭義》注：「此時君牽牲，將薦毛血。君獻尸而夫人薦豆，謂繹日也。儐尸，主人獻尸，主婦自東房薦韭菹醢。」疏：「儐尸之時，先獻後薦，上大夫儐尸，即天子諸侯之繹也。」「按：繹祭禮亡，以《少牢》、《有司徹》證之，其儐尸之異於正祭者，埽堂設筵，皆堂上之事也，與正祭筵與奥異。賓尸迎尸，與大夫正祭不迎尸異。儐尸有侑，與正祭有祝異。儐尸先獻後薦，與正祭先薦後獻異。儐尸鼎三，與正祭鼎五異。儐尸牲體進腠，與正祭牲體進下異。儐尸魚横載，與正祭縮載異。賓尸，主人獻尸，而尸酢之於獻侑之後，與正祭主人獻尸，而尸酢之於獻祝佐食之前異。」以上陳祥道晰之最詳，故備録之。儐者，禮之之意。繹爲儐尸之事，明因昨日配先祖食勞乏，故次日復儐禮之也。○注「殷曰肜，周曰繹」。○《爾雅・釋天》：「周曰繹，商曰肜。」郝氏懿行

❶「退」，原作「迎」，據《禮記注疏》改。
❷「正」，原作「之」，據《周禮注疏》改。

《義疏》云：「肜者，融之假音也。《書》之『高宗肜日』，《絲衣》箋云：『商謂之肜。』《釋文》肜作融，是也。《釋詁》：『融，長也。』《方言》融與繹俱訓長，是融、繹義同。《詩疏》引孫炎曰：『肜者，亦相尋不絶之義。』《公羊》注：『肜者，肜肜不絶。』是皆以肜爲融，故《左氏》隱元年傳：『其樂也融融。』《文選·思玄賦》作『肜肜』，李善注：『融與肜古字通也。』」錢氏大昕《答問》云：「問：祭之明日又祭曰肜，見於《尚書》、《爾雅》，而《説文·肉部》無肜字，或謂肜乃漢人俗字，然否？曰：《説文·舟部》有肜字，云『船行也，从舟彡聲』，即『高宗肜日』之『肜』。《玉篇》肜訓祭，又訓舟行，足證肜繹字从舟，不从肉。此必顧野王元本，非唐以後儒者所能附益。古音肜，當爲余箴反，轉爲余弓切，侵、東兩部聲相近也。孫炎曰：『肜者，相尋不絶。』古人音與韻協，以尋訓肜，知古音肜在侵部，其讀如融，乃轉聲，非正聲也。」按：錢、郝二家之説極爲精當，而音當如錢讀。舊疏云：「郭氏《爾雅》其下仍有『夏曰復胙』之文，而何氏不言者，正以諸家《爾雅》悉無此言，故不引之。」○注「繹者」至「質意也」。○舊疏云：「祭尊于繹，欲道今日所尋繹，乃是昨日之正祭，故云『据今日道昨日』。不敢斥尊，乃是尊正之義，故曰『文意』。昨日正祭，今日作又祭，相因而不絶，肜肜然，故曰『据昨日道今日』。乃是迫近而不尊，故曰『質意也』。」按：兩漢諸儒説殷周異制，多主質文立説，必周秦相傳舊義。魏晉以後，無有知之者矣。○注「祭必」至「爲尸」。❶○《禮記·祭統》云：「祭之道，孫爲王父尸，所使爲尸者，於祭者子行也。父北面而事之。」注：「子行，猶子列也。祭祖則用孫列，皆取於同姓之嫡孫也。❷天子諸侯朝事，延尸於户外，是以有北面事尸之禮也。」此天子諸侯之禮，以《少牢》、《特牲》，尸皆在室之奥，主人西面事之，無北面事尸之禮也。《郊特牲》云：「詔祝於室，坐尸於堂。」然則北面事尸，亦惟朝事時然也。凡堂上以南面爲尊也。天子諸侯雖取孫列，用卿大夫爲之，故《詩·大雅·既醉》傳云「天子以卿」，箋云：「諸侯入爲天子卿大夫，故云公尸。」蓋天子用内大夫則以卿，其侯伯入爲卿士者，亦爲尸。以侯伯七命，王朝之卿六命，相等也。不以三公者，《詩疏》引《白虎通》云：「曾子曰：『王者宗廟，以

❶「尸」，原作「户」，據前注文改。
❷「孫」，原作「子」，據《禮記注疏》改。

卿爲尸，射以公爲耦，不以公爲尸，避嫌。三公尊近，天子親稽首拜尸，故不以公爲尸。』」推之諸侯，以大夫不以卿，蓋亦避嫌之義。《曾子問》云：「卿大夫將爲尸於公，受宿矣，而有齊衰内喪，則如之何？孔子曰：『出舍於公館以待事，禮也。』」是卿大夫爲尸於君事也。男子取諸同姓，婦人取諸異姓。《禮·士虞·記》云：「男，男尸。女，女尸。必使異姓，不使賤者。」注：「異姓，婦也。尸配尊者，必使適也。」彼謂虞祭之時，若祔後，則夫婦共尸，取諸同姓之適也。其非宗廟之祭，則不必同姓。《詩疏》引《石渠禮論》：「周公祭天用太公爲尸。」又引《白虎通》云「周公祭太山，用召公爲尸」也。其大夫士，則但取孫列，或同姓適者亦可。《曾子問》云「無孫取諸同姓可也」是也。《禮記·曲禮》云：「爲人子者，不爲尸。」注：「尸必卜筮無父者。」是則尸必嫡而無父者矣。《曾子問》又曰：「祭必有尸乎？若厭祭亦可乎？孔子曰：『祭成喪者必有尸，尸必以孫。孫幼，則使人抱之。』又曰：『祭殤必厭，蓋弗成也。祭成喪而無尸，是殤之也。』」○注「夏立」至「六尸」。○《禮記·禮器》云：「夏立尸而卒祭。」注：「夏禮，尸有事乃坐。」又云：「殷坐尸。」注：「無事猶坐。」又云：「周旅酬六尸。」注：「使之相酌也。后稷之尸發爵不受旅。」又云：「曾子曰：『周禮其猶醵與？』」注：「合錢飲酒爲醵，旅酬相酌似之也。」《正義》：「旅酬六尸，謂祫祭時聚群廟之主於太祖后稷廟中，后稷在室西壁東嚮，爲發爵之主，尊，不與子孫爲酬酢。餘自文武二尸，就親廟中，凡六，在后稷之東。南北對爲昭穆，更相次序以酬也。殷但坐尸，未有旅酬之禮，而周益之也。然大祫多主而唯云六尸者，先儒與王肅並云：『殷廟無尸，但有主也。』」《記》又云：「周坐尸，詔侑武方，其禮亦然，其道一也。」注：「武當爲無，聲之誤也。方猶常也。告尸行節，勸尸飲食無常，若孝子之爲也。孝子就養無方。」此三代質文之變，夏質，殷漸文，周彌文也。

萬者何？干舞也。

注 干，謂楯也。能爲人扞難，而不使害人，故聖王貴之，以爲武樂。《萬》者，其篇名。武王以萬人服天下，民樂之，故名之云爾。

疏 《詩·邶風·簡兮》云「方將萬舞」，箋：「萬舞，干舞也。」疏：「知萬舞爲干舞，不兼羽籥者，以《春秋》云『萬入去籥』，別文言干，則有戚矣。《禮記》曰：『朱干玉戚，冕而舞《大武》。』言籥則有羽矣。《籥師》曰：『教國子舞羽吹籥。』羽籥相配之物，則羽爲籥舞，不得爲萬也。以干戚武事，故以萬言之。羽籥文事，故指體言籥耳。是以《文王世子》云：『春夏學干戈，秋冬學羽籥。』注：『干戈，萬舞，象武也。羽籥，籥舞，象文也。是干、羽之異也。孫毓亦云：『萬舞，干戚也。羽籥，翟之舞也。傳以干、羽爲萬舞，失之矣。』此孫氏破《毛傳》義也。○注「干謂」至「武樂」。○《文王世子》注云：「干，盾也。干戈萬舞，象武也。」《廣雅・釋器》、《小爾雅・廣器》並云：「干，盾也。」《書・牧誓》云「比爾干」，傳：「干，盾也。」《禮・既夕》「甲盾十笮」，注：「干，楯也。」《方言》注：「干，扞也。」《詩・周南・兔罝》「公侯干城」，傳：「干，扞也。」《周禮・春官序官・司干》注：「干，舞者所持，謂盾也。」○注「萬者」至「云爾」。○舊疏云：「《春秋説》文。」《詩・簡兮》正義云：「《商頌》曰：『萬舞有奕。』殷亦以武定天下，蓋象湯之伐桀也。何氏指解周舞，❶故以武王言之。萬舞之名，未必始自武王也。」《通義》云：「謹案：『萬舞有奕』，見于《商頌》。《夏小正》：『二月丁亥，萬用入學。』非武王始有萬也。《左傳》云『考仲子之宮，將萬焉，公問羽數於衆仲』，似文舞通得名萬。❷然彼傳稱楚子元振萬，而文夫人曰：『先君以是舞也，習戎備也。』又專以爲武舞。《小正》傳亦曰：『萬也者，干戚舞也。』《詩》曰：『公庭萬舞，有力如虎。』此亦萬爲武舞之證。」《月令》疏云：「《商頌》『萬舞有奕』，蓋殷湯亦以萬人得天下。此《夏小正》是夏時之書，亦云萬者，或以爲禹以萬人治水，故樂亦稱萬。」按：何氏云：「萬者，篇名。」蓋三代皆有萬舞篇，内各紀開國功業，故夏時或詠治水事，殷周各詠其服天下之功云爾。

籥者何？籥舞也。注 籥，所吹以節舞也。吹籥而舞，文樂之長。疏 注「籥所」至「之長」。○《文王世子》注：「羽籥，❸籥舞，象文也。」《周禮・春官序官・籥師》注：「籥，舞者所吹。」《禮記・檀弓》云：「萬入去籥。」注：「籥，文舞也。」《籥師職》：「掌教國子舞羽吹籥。」注：「文舞有持羽吹籥者，所謂籥舞也。」故知爲節舞者也。《通義》云：「謹案：左手執籥，右手秉翟，二者相將，乃得成容。理不能去

❶「指」字，原脱，據《毛詩注疏》補。
❷「名」，原作「稱」，據《通義》改。
❸「籥」字，原脱，據《禮記注疏》補。

籥存羽，明知『萬入去籥』者，是納武舞、去文舞也。」按：《詩疏》引《異義》：「《公羊》説，樂，『萬舞以鴻羽，取其勁輕，一舉千里。』《詩》毛説：『萬以翟羽』。《韓詩》説：『以夷狄大鳥羽』。謹案：《詩》云：『右手秉翟』，《爾雅》説『翟，鳥名，雉屬也』。知翟，羽舞也。」似《公羊》舊説有以萬爲羽舞者矣。或爲衍字。**其言「萬入去籥」何？**注 據入者不言萬，去樂不言名。疏 注「据入」至「言名」。○即《昭十五年》「有事于武宫，籥入，叔弓卒，去樂卒事」是也。**去其有聲者，**注 不欲令人聞之也。疏 惠氏棟《周禮古義》云：「《大司樂》『令去樂』，注云：『去樂，藏之也。《春秋傳》曰：『壬午，猶繹，萬入去籥。』萬言入，則去者不入，藏之可知。』按：古人皆謂藏爲去。《春秋傳》云：『去樂卒事。』又云：『紡焉以度而去之。』《公羊傳》：『去其有聲者。』皆訓爲藏。顧炎武云：『《漢書・蘇武傳》：『掘野鼠去中實而食之。』師古曰：『去，謂藏之也。』《陳遵傳》：『皆藏去以爲榮。』師古曰：『去，亦藏也。』《魏志・華陀傳》：『去藥以待不祥。』裴松之按：古語以藏爲去。」有聲者，《詩・簡兮》云：「左手執籥，右手秉翟。」傳：「籥，六孔。翟，翟羽也。」《爾雅・釋樂》云：「大籥謂之産。」郭注「籥如笛，三孔而短小」。《廣雅・釋樂器》云「七孔」。鄭於《周禮・笙師》、《禮記・明堂位》、《少儀》注皆云「三孔」。無正文，故各以所見言焉。《明堂位》云：「土鼓、蕢桴、葦籥，伊耆氏之樂也。」蓋古用葦，後世用竹，故爲笛類與。吹以節舞，故爲有聲者也。○注「不欲」至「之也」。○《校勘記》：「鄂本無也字，此誤衍。」**廢其無聲者，**注 廢，置也。置者，不去也。齊人語。疏 注「廢置」至「人語」。○《周禮疏》引《鄭志》張逸問：「《籥師》注、《春秋傳》曰：『去其有聲者，廢其無聲者』，何謂？」答曰：『廢，置也。于去聲者爲廢，謂廢去不留也。』」《通義》云：「謹案：《左傳》：『廢六關。』《莊子》：『廢一于堂，廢一于室。』其義皆爲置。」段氏《説文》廢字注云：「鄭曰：『廢，置也。于去聲者爲廢，謂廢留不去也。』」《左傳》『廢六關』，王肅《家語》作『置六關』。《淮南子》『舜葬蒼梧，不變其肆。』高注：『不煩市井之所廢。』《仲尼弟子傳》：『子貢好廢居，與時轉貨。』《貨殖傳》作『廢著鬻財』，徐廣曰：『著猶居也，讀如貯。』《莊子》：『廢一于堂，廢一于室。』廢之爲置，如徂之爲存，苦之爲快，亂之爲治，去之爲藏。」存其心焉爾。存其心焉爾者何？知其不可而爲之也。**注**明其心猶存於樂，知其不可，故去其有聲者而爲之。**疏**《通義》云：「知其不可祭而猶祭，但屏去聲音，略存哀死之心。」按：此爲譏其萬入去籥，故何氏謂其但存心於樂，知不可爲而但去其有聲之樂而爲之也。《穀梁傳》：「以其爲之變，譏之也。」注：「內舞去籥，惡其聲聞，此爲卿變於常禮，是知其不可而爲之。」

猶者何？通可以已也。**注**禮，大夫死，爲廢一時之祭。有事於廟而聞之者，去樂卒事。而聞之者，廢繹。日者，起明日也。言入者，据未奏去籥時書。凡祭，自三年喪已下，各以日月廢時祭，唯郊社越紼而行事可。**疏**注「大夫」至「之祭」。○《禮記·檀弓》云：「仲遂卒于垂，壬午猶繹，萬入去籥。仲尼曰：『非禮也，卿卒不繹。』」注：「先日辛巳，有事於太廟，而仲遂卒。明日而繹，非也。」《漢書·王嘉傳》：「聖王之於大臣，在輿爲下，御坐則起，疾病視之無數，死則臨弔之，廢宗廟之祭。進之以禮，退之以義，誄之以行。」《通典·禮四》云：「東晉元帝姨廣昌君喪，未葬。中丞熊遠表云：『禮，大夫死，廢一時之祭。祭猶可廢，而況餘事。』」○注「有事」至「廢繹」。○《校勘記》云：「鄂本疊『卒事』二字，此因重文誤脱，當据補。按：疏引《昭十五年》經『去樂卒事』，以證上『卒事』。又標注『卒事』至『日也』，以釋下注，則疏本亦疊『卒事』二字。」今按：紹熙本疊「卒事」二字。《穀梁傳》：「聞大夫之喪，則去樂卒事。」《昭十五年》傳：「其言去樂卒事何？禮也。君有事於廟，聞大夫之喪，去樂。」注：「恩痛不忍舉。」❶然則未卒事者，卒事。已卒事者，不繹。故此書「猶繹」。《穀梁傳》云：「猶者，可以已之辭也。」○注「言入」至「時書」。○舊疏云：「欲道所以不言萬作而言萬入之意也。」○注「凡祭」至「事可」。○《校勘記》云：「毛本下祭字空缺，鄂本『可』作『也』。按：疏標起訖作『凡祭至事可』。」按：紹熙本亦作

❶「恩」，原作「思」，據《春秋公羊傳注疏》改。

「可」。《禮記・王制》云：「喪，三年不祭，唯祭天地社稷，爲越紼而行事。」疏引《鄭志》答田瓊云：「天地郊社至尊，❶不可廢，故越紼祭之。六宗山川之神則否。」又云：「五祀，宮中之神。喪時朝夕出入所祭，不爲越紼也。天地社稷之祭，豫卜時日。今忽有喪，故既殯越紼行事。若遭喪之後，當天地郊社常祭之日，啓殯至於反哭則避。此郊社祭日而爲之。」按：《曾子問》云：「天子崩，未殯，五祀之祭不行。既殯而祭。其祭也，尸入，三飯不侑，酳不酢而已矣。自啓至于反哭，五祀之祭不行。已葬而祭，祝畢獻而已。」注：「既葬彌吉，祝畢獻而後止，郊社亦然。唯嘗禘宗廟俟吉也。」然則未殯與啓殯後，反哭前，雖郊社之事亦不行矣。故彼疏引《鄭志》：「趙商問曰：『自啓至反哭，五祀之祭不行。注云「郊社亦然」者，按：《王制》云：「唯祭天地社稷爲越紼而行事。」既云葬時郊社之祭不行，何得有越紼而行事？』鄭答：『越紼行事，喪無事時。天地郊社有常日，自啓及至反哭，自當避之。』」孔疏：「鄭言無事者，謂未殯以前是有事，既殯以後，未啓以前是無事，得行祭禮。郊社既有常日，自啓至反哭當辟。此郊社之日，郊社尊，故辟其日，不使相妨。五祀既卑，若與啓至反哭日相逢，則五祀避其日也。」然當未殯以前，親始死之際，更非大斂之後，郊社之祭，恐亦不宜親行。當時應有權禮，不可知也。《曾子問》又云：「大夫之祭，鼎俎既陳，籩豆既設，不得成禮，廢者幾？孔子曰：『三年之喪，齊衰、大功皆廢。外喪，自齊衰以下，行也。其齊衰之祭也，尸入，三飯不侑，酳不酢而已矣。大功，酢而已矣，小功、緦，室中之事而已矣。士之所以異者，緦不祭。所祭，於死者無服則祭。』」然則大夫以下，期、功之喪，皆廢祭矣。天子諸侯絶旁期，而大夫以下，亦無郊社之祭，此云三年喪以下，各以日月廢時祭者，蓋祖父母、后夫人服天子諸侯姑姊妹女子子之嫁於二王後若諸侯者，與諸侯爲昆弟之爲國君者。此二等功之喪，或亦廢時祭與？

戊子，夫人熊氏薨。 **疏** 包氏慎言云：「六月書戊子，月之二十五日。」「熊氏」，《左傳》作「嬴氏」。顧氏炎武《唐韻正・一東》：「熊，古音羽陵反。《春秋》宣八年『葬我小君敬嬴』，《公羊》、《穀梁》並作『頃熊』，『頃』音

❶「郊社」，原作「社稷」，據《禮記注疏》改。

近『敬』，『熊』音近『嬴』。《正義》不得其解，乃云一人有兩號，非也。」《左傳》昭七年《正義》曰：「張叔《皮論》云：❶『賓爵下革，田鼠上騰，牛哀虎變，鯀化爲熊。久血爲燐，積灰生蠅。』傅玄《潛通賦》云：『聲伯忌瓊瑰而弗占兮，晝言諸而暮終。嬴政沈璧以祈福兮，鬼告凶而命窮。黄母化而爲黿兮，鯀殛變而成熊。』二者所韻不同，或疑張叔爲能字。著作郎王劭曰：『古人讀雄爲熊，皆于陵反。張叔用舊音，傅玄用新音。張叔亦作熊也。』按：《詩·無羊》、《正月》及襄十年衛卜禦寇《繇》皆以『雄』韻『陵』，劭言是也。」

晉師、白狄伐秦。**疏**沈氏欽韓云：「赤狄、白狄，猶《紀年》之赤夷、白夷。今之花苗、紅苗、黑玀玀、白玀玀，各有其種類耳。」

楚人滅舒蓼。**疏**《穀梁》蓼作鄝。《釋文》：「鄝音了，本又作蓼，國名。《詩·小雅·漸漸之石序》：『荆舒不至。』箋：『舒，舒鳩、舒鄝、舒庸之屬。』」彼《釋文》與《穀梁釋文》同。《左傳·桓十一年》云：「將與隨、絞、州、蓼伐楚師。」注：「蓼國，今義陽棘陽縣東南湖陽城。」《釋文》：「蓼音了，本或作鄝，同。」《文五年》傳「楚子燮滅蓼」，注：「蓼國，今安豐蓼縣。」《釋文》：「蓼音了，字或作鄝，音同。」《哀十七年》傳：「是以克州、蓼。」《釋文》：「蓼本又作鄝，音了。」《説文·邑部》：「鄝，地名，从邑翏聲。」《晉太康地記》：「蓼國先在南陽故縣，今豫州郾縣界，故胡城是。」《潛研堂答問》：「《説文》鄝即舒蓼之蓼。」《大事表》云：「按舒蓼、舒鳩、舒庸及宗四國，皆偃姓，皋陶之後，所謂群舒也。杜注皆不明言其地，但云廬江南有舒城及龍舒城，約略四國所居在此兩城之間。今江南廬州府舒城縣，爲古舒城。廬江縣，爲古龍舒城。是當在此二縣之境。」《水經注·決水》篇：「灌水東北逕蓼縣故城西，而北注決水。故《地理志》曰：決水北注蓼入灌，灌水於蓼亦入決。《春秋》宣八年楚子滅舒蓼」是也。《路史注》引《盟會圖》云：「舒蓼國在光州。」顧炎武云：「羅泌曰：『《僖三年》徐取舒，《文五年》滅蓼。今云舒蓼者，當自是一國名。』傅氏曰：『此蓋群舒之一，如舒庸、舒鳩之屬。』」按：文十七年《左傳》「群舒叛楚」，此三舒均宜相近，當在今鄖陽、宜昌界内。

❶ 「叔皮」，當爲「升反」之訛，見《潛研堂答問》。

秋，七月甲子，日有食之，既。**注**是後，楚莊王圍宋，析骸易子。伐鄭，勝晉。鄭伯肉袒，晉大敗於邲。中國精奪，屈服强楚之應。**疏**包氏慎言云：「七月無甲子，六月有甲午。若閏不在四月，則七月爲甲子朔。然六月又無辛巳等日矣。劉歆以爲十月二日，据曆八月二日亦爲甲子，或經月有誤。姜岌云：『十月甲子朔，食。』《大衍》同。沈氏欽韓以今曆推之，是歲十月甲子朔，加時在晝，食九分八十一杪。蓋十誤爲七。」○注「是後」至「之應」。○「楚莊王圍宋」，見下《十四年》。「析骸易子」，見下《十五年》傳。「伐鄭勝晉」，即下《九年》「楚子伐鄭，晉郤缺救鄭」；《十年》「晉人以下伐鄭，冬楚子伐鄭」；《十一年》「楚子、陳侯、鄭伯盟辰陵」，爲鄭服楚，是伐鄭勝晉也。其「鄭伯肉袒」，見下《十二年》傳。晉大敗于邲，見下《十二年》經。「中國精奪」者，舊疏云：「正以日者，太陽之精，諸夏之象。今而被食，故曰中國精奪也。」毛本「於」改「于」，鄂本「强」作「彊」。紹熙本同。《五行志下之下》：「董仲舒、劉向以爲，先是楚商臣弒父而立，至于嚴王遂彊。諸夏大國，唯有齊、晉。齊、晉新有篡弒之禍，内皆未安，故楚乘弱横行。八年之間，六侵伐而一滅國。伐陸渾戎，觀兵周室。後又入鄭，鄭伯肉袒謝罪。北敗晉兵于邲，流血色水。圍宋九月，析骸而炊之。」義與何氏大同。「劉歆以爲十月二日，楚鄭分。」臧氏壽恭《左氏古義》推得十月癸亥朔，合辰在角五度。二日甲子，在角六度。角在鶉尾，壽星之閒。十二次之分，鶉尾楚也，壽星鄭也。故曰「楚鄭分」。故所應多在楚、鄭也。《通義》云：「師説以爲荆楚將伯中國之驗。」」

冬，十月己丑，葬我小君頃熊。**疏**《左氏》作「敬嬴」，古頃、敬同韻。包氏慎言云：「十月書己丑，月之二十八日。下書庚寅，月之二十九日。」

雨，不克葬。庚寅日中而克葬。

頃熊者何？宣公之母也。**注**熊氏，楚女。宣公即僖公妾子。**疏**注「熊氏」至「妾子」。○《通義》云：「頃熊，蓋楚同姓大夫之女。婦人繫姓不繫氏，楚以熊爲氏，芈爲姓。或其公族屈氏、鬭氏之屬乃可更以熊爲姓耳。」按：《楚世家》：「陸終生子六人，六曰季連，芈姓，楚其後也。季連之苗裔曰鬻熊，其子曰熊麗。」歷熊狂、熊繹，至春秋時熊惲，是爲成王，皆以名配熊。蓋鬻熊姓鬻名熊，子孫以熊爲氏也。「鬻从鬻，米聲，蓋即羋字。」錢氏坫《説文斠詮》説也。楚女或稱羋，《左傳》文元年江羋是。或稱熊，此頃熊是也。《僖八年》「用致夫人」，注：「僖公本聘楚女爲嫡，齊女爲媵。齊先致其女，脅僖公使用爲嫡。」其即頃熊與？ **而者何？難也。** **疏**《通義》云：「言越宿又遲至日中而後得葬。」《穀梁傳》云：「足乎日之辭也。」柩以己丑日出，次日中始克葬，是其難也。 **乃者何？** **注**問定公「日下昊，乃克葬」。**疏**注「問定」至「克葬」。○《校勘記》出「謂問」，云：「鄂本無謂字，此誤衍。毛、監本昊改昃，非。下同。閩本與此同。疏中亦然。」即《定十五年》「九月丁巳，葬我君定公。雨，不克葬。戊午日下昊，乃克葬」是也。舊疏云：「言『乃』之經，不干此事，而於此問之者，正以葬時遇雨廢葬。而、乃異文，是以連而問之。」 **難也。** **注**禮，卜葬從遠日。不克葬見難者，臣子重難，不得以正日葬其君。**疏**《説文》「𠄎，曳詞之難也，❶象气出難。」○注「禮卜」至「遠日」。○《禮記·曲禮》云：「喪事先遠日。」注：「喪事，葬與練、祥事也。」《左傳》：「禮，卜葬先遠日，辟不懷也。」注：「懷，思也。」《正義》：「卜葬先卜遠日，辟不思念其親，似欲汲汲而早葬之也。今若冒雨而葬，亦是不思其親，欲得早葬，故舉卜葬先遠日，以證爲雨而止，禮也。」則何氏引禮證難義，亦宜同。《禮記·王制》云「庶人葬不爲雨止」者，庶人禮節減少，得從權也。又《曾子問》曰：「葬引至于堩，日有食之，則有變乎？且不乎？孔子曰：『昔者吾從老聃，助葬于巷黨，及堩，日有食之。老聃曰：「丘，止柩，就道右，止哭以聽變。」既明，反而後行，禮也。』」然則日食，且止柩聽變矣，其雨止爲禮可知。○注「不克」至「其君」。○即《曾子問》「哭以聽變」之義。卜日而不得成禮，故爲重難之詞也。 **曷爲或言「而」，或言「乃」？「乃」難乎「而」也。** **注**言「乃」者，內而深。言「而」者，外而淺。下昊，日昳久，故言「乃」。孔子曰：「其爲之也難，言之，得無訒乎？」皆

❶「𠄎」，原作「丂」，據《説文解字》改。

所以起孝子之情也。雨不克葬者，爲不得行葬禮。孔子曰：「生，事之以禮；死，葬之以禮，祭之以禮。」故不得行禮，則不葬也。魯録雨不克葬者，恩録内尤深也。别朝莫者，明見日乃葬也。**疏**注「言乃」至「而淺」。○《穀梁傳》：「而，緩辭也。」定十五年《穀梁傳》：「乃，急辭也。」二文相對爲緩急，猶此之相對爲外内淺深也。《大戴禮・夏小正》篇「乃瓜」，傳：「乃者，急瓜之辭也。」又云：「匽之興，五日翕，望乃伏。」傳作「而伏」，❶明亦以「乃」與「而」分難易也。古讀而、乃二字，音近義通，俱爲語詞。《禮・燕禮》及《大射儀》：「大夫不拜乃飲。」注並云：「乃，猶而也」是也。《經傳釋詞》云：「乃與而對言之則異。《禮記・文王世子》『文王九十七乃終，武王九十三而終』是也。散言之則通。」又云：「《詩・杕杜》『而多爲恤』，言乃多爲憂也。《鄉射禮》曰『而錯』，言乃錯也。《檀弓》曰『而曰然』，鄭注：『而猶乃也。』故《堯典》『試可乃已』，《五帝紀》作『試不可用而已』。《曲禮》『卒哭乃諱』，《雜記》乃作而。《史記・淮陰侯傳》『相君之背，貴乃不可言』，《漢書・蒯通傳》乃作而。僖二十八年《左傳》『而乘軒者』，《晉世家》而作乃。」❷○注「下昃」至「言乃」。○決《定十五年》經也。彼注云：「昃，日西也。下昃，蓋晡時。」此始日中，猶緩，故曰而。至下昃，則去晚近，故爲重詞言乃，以葬須見日也。○注「孔子」至「情也」。○《論語・顔淵》篇文。今本作「爲之難」。鄭注：「訒，不忍言也。」包氏慎言《論語温故録》云：「依何氏意，似訒者，謂其辭之委曲煩重，心有所不忍而不能徑遂其情。其爲之也，非出於得已，故言之亦多重難。鄭注説與何氏同。牛之兄桓魋，有寵於宋景公，而爲害於國。牛憂之，情見於辭。兄弟怡怡，不以義傷恩也。而魋之不共，上則禍國，下致絶族。爲之弟者，必須涕泣而道。徐遵明《公羊疏》申解《論語》云：『言難言之事，必須訒而行之。』蓋訒而言，正所以致其不忍之情，故夫子以爲仁也。』」按：包氏説於《公羊》義極合。蓋雨不克葬，直至明日之日中或日下昃乃葬。推仁人孝子之心，必有大不忍於其親而難終葬事者。聖人即推仁孝之心，於

❶「伏」，原作「復」，據《大戴禮記》改。
❷「晉」，原作「曹」，據《史記》改。

事之緩急分詞之難易。故或曰「而」，或曰「乃」也。明皆不得正日，故重難也。○注「雨不」至「葬禮」。○《通義》云：「謹案：《左傳》曰：『雨，不克葬，禮也。』《穀梁傳》曰：『葬既有日，不爲雨止，禮也。雨，不克葬，喪不以制也。』廣森以爲，《穀梁》之説，謂既發引至于堩，不可因雨而乖有進無退之義，又非可若日食止柩道右，以須明復，故有潦車之載，蓑笠之備。若其在廟祖遣，柩猶未行，雨霑服失容，自當卻改期日。故《王制》曰：『庶人縣封，葬不爲雨止。』明士以上皆爲雨止也。昔魏葬惠王，雪及牛目，有司請弛期，襄王弗許，而惠子託爲欒水齧王季墓事以説之。可知雨不克葬者，禮典之故常，《春秋》之垂訓矣。」按：《禮記疏》引《異義》：「《公羊》説：『雨，不克葬』，謂天子諸侯也。卿大夫臣賤，不能以雨止。《穀梁》説，『葬既有日，不爲雨止』。《左氏》説，『卜葬先遠日，辟不懷也』。言不汲汲葬其親，雨不可行事，廢禮不行。庶人不爲雨止。許慎謹案：《論語》云：『死，葬之以禮。』以雨而葬，是不行禮。《穀梁》説非也，從《公羊》、《左氏》之説。鄭氏無駮，與許同。」彼疏引鄭《釋廢疾》又云：「雖庶人葬爲雨止。」與《公羊》、《左氏》説異者，彼疏云：「在廟未發之時，庶人及卿大夫亦得爲雨止。❶若其已發在路及葬，則不爲雨止。其人君在廟及在路及葬，皆爲雨止。」是孔氏本此而又小異者也。《穀梁》注引徐邈曰：「按：經文是己丑之日葬，喪既出而遇雨。若未及己丑而卻期，無爲逆書此日葬。禮，喪事有進無退。又《既夕禮》有潦車載蓑笠，❷則人君之張設，固兼備矣。禮先遷柩于其廟，其明昧爽而引，既及葬日之晨，則祖行遣奠之禮設矣。故雖雨，猶終事，不敢停柩久次。」毛氏奇齡《春秋傳》云：「《穀梁》謂『喪不以制』，故遇雨即止。而徐邈引《既夕禮》有『潦車載蓑笠』之文，以爲事有設備，何用雨沮。而胡氏力主其説。殊不知潦車蓑笠，乃士官師之制，與天子諸侯大異。按：《周禮·遂師》：『大喪，使帥其屬以幄帟先道野役。』而《澤虞》：『喪紀，則共其葦蒲之事。』凡天子諸侯，喪制甚設其禦雨諸備，有甚於士官師者。豈周禮在魯，並不一具，必待《既夕禮》一言而後知之。特是輴、綍、碑、窆儀注既繁，厥、葆、荼、匶，工

❶「得」，原作「對」，據《禮記注疏》改。
❷「既夕」，原作「士喪」，據《儀禮注疏》改。下兩「既夕」同。

力復蹟，定非帷、蓋、莞、簟所能行事。故唐楊氏疏有云『安得執紼五百人，皆觸雨而行』，則萬一急於行事，偶失不戒，此非蓑笠苫蓋所得遮蔽其罪戾也。」按：仙民之説，本誤會傳意。楊氏、毛氏辨之是矣。然如孔氏《通義》説，謂發引至于堩，天子諸侯亦不爲雨止，草率將事，恐非聖人制禮之意，其與庶人有何殊異。夫未啓以前，雖庶人亦爲雨止，不得責其僭禮也。○注「孔子」至「葬也」。○《論語・爲政》篇文。雨，則不得行禮，故謂之不克也。○注「魯録」至「深也」。○舊疏云：「欲道外諸侯葬無『不克』之文者，以其恩淺也。」○注「別朝」至「葬也」。○《釋文》：「莫音暮。」鄂本「莫」作「暮」，紹熙本作「莫」。毛本作「莫」，非。下並同。監本「日」誤「目」。《曾子問》曰：「葬引至于堩，❶日有食之，則有變乎？且不乎？」孔子曰：『昔者，吾從老聃助葬，及堩，日有食之。老聃曰：「丘！止柩就道右，止哭以聽變。」既明反，而后行，曰『禮也』。反葬而丘問之，曰：「夫柩不可以反者也。日有食之，不知其已之遲數，則豈如行哉？」老聃曰：「諸侯朝天子，見日而行，逮日而舍奠。大夫使，見日而行，逮日而舍。夫柩不早出，不莫宿。見星而行者，惟罪人與奔父母之喪者乎！日有食之，安知其不見星也？且君子行禮，不以人之親痁患。」吾聞諸老聃云。』」注：「侵晨夜，則近姦寇。」又云：「爲無日而慝作。」是其見日而葬之由也。朝謂日中，莫謂下昃也。舊疏云：「朝莫猶早晚。」

城平陽。疏杜云：「今泰山有平陽縣。」《大事表》云：「在今泰安府新泰縣西北四里。按：魯有兩平陽，此係東平陽也。西平陽在兖州府鄒縣西三十里，本邾邑，爲魯所取。」《水經注・洙水》篇：「洙水出泰山蓋縣臨樂山，又西經泰山東平陽縣。《春秋》宣八年『城平陽』是也。河東有平陽，故此加東矣。」《漢書・地理志》作東平陽，《晉志》作新泰，晉武帝元康九年改。《元和郡縣志》：「晉武帝泰始中，鎮南將軍羊祜，此縣人也。」《表》改爲新泰縣，與《水經注》言元康者異。《一統志》：「平陽故城在泰安府新泰縣西北。」然此所城，未知爲何平陽也。

楚師伐陳。

九年春，王正月，公如齊。注月者，善宣公

❶「引」，原作「行」，據《禮記注疏》改。

事齊合古禮，卒使齊歸濟西田。不就十年月者，五年再朝，近得正。孔子曰：「知和而和，不以禮節之，亦不可行也。」明雖事人，皆當合禮。**疏**注「月者」至「西田」。❶○即《十年》「齊人歸我濟西田」是也。○注「不就」至「得正」。○決下《十年》「公如齊」，不月也。桓元年注：「故即位比年，使大夫小聘。三年，使上卿大聘。四年，又使大夫小聘。五年一朝。」彼爲朝天子之禮，何意以諸侯亦然。上《五年》「公如齊」，此復如齊，是爲合古。惟五年之中再朝，不盡合五年之數，故僅爲「近得正」也，是以書月以見其善。《十年》「公復如齊」，是爲大數，不得有善文。且取濟西田，亦無所爲善，故「不就十年月」也。《通典》引《異義》云：「諸侯有妾母喪，得出朝會否？《春秋公羊》説，『妾子爲諸侯，不敢以妾母之喪廢事天子、大國，出朝會，禮也。魯宣公如齊，有妾母之喪，經書善之。』《左氏》説云：『妾子爲君，當尊其母，有三年之喪而出朝會，非禮也。故譏魯宣公。』按：禮，妾母無服，貴妾子不立，而他妾子立者也。不敢以卑廢事尊者，禮也，即妾子爲君義，如《左氏》。」「鄭玄駁曰：《喪服》緦麻『庶子爲後爲其母』，此義自天子下至庶人同，不得三年。魯宣所以得尊其妾母敬嬴爲夫人者，以夫人姜氏大歸齊不反故也。因是言妾子立，母卒，得爲之三年，於禮爲通乎？其服之閒，出朝會，服王事，與鄭伯伐許何異？」則鄭以妾子不得重服，宣公與衆殊，則似唯魯不得出朝會矣。《通典》又引《異義》云：「諸侯未踰年出朝會與不出會，何稱？《春秋公羊》説云：『諸侯未踰年，不出境，在國中，稱子。以王事出，亦稱子。非王事而出會同，安父位，不稱子。鄭伯伐許，未踰年，以本爵，譏不子也。』《左氏》説，『諸侯未踰年，在國内，稱子。以王事出，則稱爵。詘於王事，不敢申其私恩。鄭伯伐許是也。』《春秋》不得以家事辭王事。諸侯蕃衛之臣，雖未踰年，以王事，稱爵是也。」「鄭玄駁曰：昔武王卒父業，既除喪，出至孟津之上，猶稱太子者，是爲孝也。今未除喪而出稱爵，是與武王義反矣。《春秋》僖九年：『宋公禦説卒。夏，公會宰周公、齊侯、宋子、衛侯、鄭伯、許男、曹伯于葵丘。』宋子即未踰年君也，出與天子大夫會，是非王事而稱子耶。」然

❶「者」下，原脱「至」字，據全書注例補。

則宣公無譏，或以其爲妾母喪與？《通典》又引《鄭志》趙商問云：「《許氏異義駁》以爲，妾子爲母，依《喪服》庶子爲後爲其母緦麻三月。按：《禘祫志》：《春秋》魯昭公十一年夏，夫人歸氏薨。十三年五月大祥，七月而禫，是得爲妾母三年。經無譏文，得合下禘祫之數。若不三年，則禘祫事錯。」鄭玄答曰：「《春秋》所譏所善，皆於禮難明者也。其事著明，但如事善之，當按禮以正之。今以不譏爲是，❶亦甯有善之文與？」此鄭依《左氏》，以齊歸爲妾而仍不以三年之服爲禮。若依《公羊》，則齊歸本嫡夫人，得合禘祫之數，無虧於禮。然則《公羊》雖有「母以子貴」之說，究不得如嫡母重也。○注「孔子」至「合禮」。❷○「知和而和」，見《論語·學而》篇，係有子語。此引作「孔子曰」者，《潛研堂答問》云：「《漢·藝文志》云：『《論語》者，孔子應答弟子、時人及弟子相與言而接聞於孔子之語也。』故漢唐諸儒引用《論語》，雖弟子之言，皆歸之於孔子。後儒未達斯義，輒謂諸弟子之言多有流弊，豈知《論語》所述皆孔氏微言大義，端木、游、夏諸賢，其言皆聞諸夫子者乎？」按：如《漢·藝文志》引「小道可觀」，《蔡邕傳》引「致遠恐泥」，《後漢·章帝紀》引「博學篤志」，王充《論衡》引「死生有命」，皆以子夏之言爲孔子。《說苑·修文》篇引「恭近於禮」，以有子之言爲孔子。《北史·何妥傳》引「仍舊貫」，以閔子之言爲孔子。皆此類也。按：如何義，似《論語》此章爲言事大字小之禮。「小大由之」，謂大小國皆書，以和爲貴也。然朝聘會盟，皆須節之以禮。如比年小聘，三年大聘之類。宣公今年如齊，明年復如齊，是爲不以禮節之矣。有國者，能明乎和而節，以爲禮之用，舉而措之天下，無難矣。」蓋《魯論》家義。

公至自齊。

夏，仲孫蔑如京師。

齊侯伐萊。

秋，取根牟。

根牟者何？邾婁之邑也。**疏** 杜云：「根牟，東夷國也。今琅邪陽都縣東有牟鄉。」《大事表》云：「在今沂州府沂水縣東南。昭八年《左傳》：『蒐于紅，自根牟至于商衛』，即所取根牟地也。」《一統志》：「根

❶「是」，原作「善」，據《通典》改。
❷「子」，原作「至」，據前注文改。

牟城在沂州府沂水縣西南。」曷爲不繫乎邾婁？諱亟也。**注**亟，疾也。屬有小君之喪，邾婁子來加禮，未期而取其邑，故諱不繫邾婁也。上有小君喪，而下諱取之，則邾婁加禮明矣。未期年，從加禮數者，猶王子虎從會葬數。**疏**注「亟，疾也」。○《爾雅·釋詁》：「亟，疾也。」《詩·小雅·何人斯》「爾之亟行」，《禮記·少儀》「小飯而亟之」，箋、傳、注並云：「亟，疾也。」○注「屬有」至「婁也」。○舊疏云：「謂上八年葬頃熊之時，邾婁子使人來加禮，但例不書之，故不見也。去年十月來加禮，❶今年七月而取邑，故言未期也。加禮者，或是賵襚之屬，皆是葬前之事，而要繫會葬言之。言未期者，欲取諱亟之義强故也。必知過期之後，不復諱者，《定十五年》：『夏，五月，定公薨。邾婁子來奔喪。』至於《哀元年》：『冬，仲孫何忌帥師伐邾婁。』注『邾婁子新來奔喪，伐之不諱者，期外恩殺惡輕，明當與根牟有差』是也。」《通義》云：「亟，屢也。魯鄰于邾婁，數取其邑，故没其國文，爲内諱惡也。不舉伐者，蓋微者取之。」按：邾婁與魯，自文十四年後，未見搆兵。自《文七年》「取須朐」後，不見取邑之文，似不必如孔義也。○注「上有」至「明矣」。○正以經從常例，不書邾婁加禮，故注推言之也。○注「未期」至「葬數」。○《文三年》：「夏，五月，王子虎卒。」傳：「外大夫不卒，此何以卒？新使乎我也。」注：「王子虎即叔服也。新爲王者使，來會葬，在葬後三年中卒，君子恩隆于親親，則加報之，故卒。明當有恩禮也。」按：僖公之薨，在僖三十三年十二月，葬在文元年夏四月，是第就會葬時數之在三年内，與此相似也。若數公卒，則四年矣。此頃熊薨在去年夏，亦過期也，故亦繫會葬諸事言之。

八月，滕子卒。**疏**《通義》云：「滕昭公也。至是始録卒，仍不日不名，足知滕侯卒，爲特褎録矣。」

九月，晉侯、宋公、衛侯、鄭伯、曹伯會于扈。**疏**《補刊石經左傳》「九月」下有「公會」二字，衍文。

晉荀林父帥師伐陳。

辛酉，晉侯黑臀卒于扈。**疏**包氏慎言云：「九月書辛酉，九月無辛酉，十月之八日，八月之七日也。」杜

❶「來」，原作「未」，據《春秋公羊傳注疏》改。

亦以九月無辛酉。

扈者何？晉之邑也。疏《通義》云：「杜預以爲鄭邑，非也。汲郡《竹書》『晉出公十二年，河絶于扈』，是此地。」《穀梁傳》：「其地，于外也。」注：「外，謂國都之外，諸侯卒于路寢，則不地。」諸侯卒其封内不地，此何以地？注据陳侯鮑卒不地。

疏注「据陳」至「不地」。○《桓五年》：「春，正月甲戌、己丑陳侯鮑卒。」傳云：「曷爲以二日卒之，怴也。甲戌之日亡，己丑之日死而得。君子疑焉，故以二日卒之也。」是其卒於封内也，不書地，故難之。卒于會，故地也。注起時衰，多窮厄伐喪，而卒於諸侯會上，故地危之。疏《通義》云：「不地，則嫌既會而反，卒于國内。」○注「起時」至「危之」。○《襄二年》：「遂城虎牢。」傳：「取之，則曷爲不言取之？爲中國諱也。曷爲爲中國諱？諱伐喪也。」又《十九年》：「晉士匄帥師侵齊，至穀，聞齊侯卒，乃還。」傳：「還者何？善辭也。何善爾？大其不伐喪也。」明當時有乘危伐喪者，故書地以危之也。未出其地，故不言會也。注左右皆臣民，雖卒於會上，危愈於竟外，故不復著言會也。出外死，有輕重。死於師尤甚，於會次之，如人國次之，於封内最輕。不書葬者，故篡也。

疏注「左右」至「會也」。○《通義》云：「欲見杞伯戊卒于會者，是竟外之辭。」卒於封内，猶皆臣子，視境外之會危少愈，故不如杞伯戊書如會也。「雖卒」，鄂本、閩、監本同，毛本「雖」誤「所」，「於」作「于」。○注「出外」至「最輕」。○云「死於師尤甚」者，《襄十八年》「曹伯負芻卒于師」是也。《僖四年》：「夏，許男新臣卒。」注：「不言卒於師者，桓公師無危。」是書「于師」者，危甚辭。舊疏云：「時衰，多窮厄伐喪。師者，用兵之處而君死焉，故言于師，著其危甚。『於會次之』者，即《定四年》『杞伯戊卒于會』是也。」舊疏云：「與人交接之處，或相劫詐，未可知。若柯之盟，曹子劫桓公之類是也。而君卒焉，故言次之。」「如人國次之」者，「如」，《校勘記》云：「鄂本、元本同，誤也。閩、監、毛本『如』作『於』，當据正。」按：舊疏亦云「云『於人國次之』者」，作「於」也。即《襄二十六年》「許男甯卒于楚」之屬是也。舊疏云：

「正以時多背死向生，而君卒於竟外，似有掩襲之理，但於主國有賓客之道，是故又以爲次矣。」「於封内最輕」者，此經是也。雖左右皆臣民，究有外國之人，亦有危理。君行師從，卿行旅從故也。故亦書地示危，不得醋同國内也。陳侯鮑卒不地，甲戌日亡，己丑日死而得，不知何地，且不於會，仍在封内也。《昭十有三年》：「楚公子比弒其君虔于乾谿。」不與人會地者，彼注云「封内地者，起禍所由，因以爲戒」是也。死於外，有於師、於會、於人國、於封内之别，則危有輕重，故殊而書之也。○注「不書」至「篡也」。○《校勘記》出「故篡也」云：「閩、監、毛本同，鄂本無故字。」《僖二十四年》：「晉侯夷吾卒。」注：「篡，故不書葬，明當絶也。」其篡明者書葬。《莊九年》書「齊小白入于齊」，《僖十八年》書「葬齊桓公」，《隱四年》書「衛人立晉」，《桓十三年》書「葬衛宣公」，以「立」、「入」皆篡辭故也。篡不明者，不書葬，此及夷吾是也。

冬，十月癸酉，衛侯鄭卒。**注**不書葬者，殺公子瑕也。**疏**包氏慎言云：「十月書癸酉，月之十六日。辛酉乃癸酉之前十二日。十月之癸酉不誤，即九月之辛酉其誤審矣。」○注「不書」至「瑕也」。○即《僖三十年》「秋，衛殺其大夫元咺及公子瑕」是也。咺有罪，故止書瑕也。《通義》云：「前有歸惡元咺，嫌惡成公意未明，故復去葬以絶之。」

宋人圍滕。

楚子伐鄭。

晉郤缺帥師救鄭。

陳殺其大夫泄冶。**疏**《校勘記》云：「宋本、閩、監、毛本同。《唐石經》避諱作洩。」今《左氏》本作洩。《大戴禮·保傅》篇：❶「靈公殺洩冶，而鄧元去陳以族從。」盧注：「鄧元知陳之必亡，故以族去。」《通義》云：「陳靈公淫于夏姬，泄冶諫而死。何氏《膏肓》以爲泄冶無罪，是也。」《穀梁傳》：「稱國以殺其大夫，殺無罪也。泄冶之無罪如何？陳靈公通于夏徵舒之家，公孫甯、儀行父亦通其家。或衣其衣，或衷其襦，以相戲於朝。泄冶聞之，入諫曰：『使國人聞之則猶可，使仁人聞之則不可。』君愧於泄冶，不能用其言而殺之。」《家語·子路初見》篇：「子貢曰：『陳靈公宣淫於朝，泄冶正諫而

❶「保傅」，原作「三本」，據《大戴禮記》改。

殺之，是與比干諫而死同，可謂仁乎？』孔子曰：『比干於紂，親則諸父，官則少師，忠報之心，在於存宗廟而已，固必以死争之，冀身死之後，紂當將悔悟，本志存於仁者也。泄冶之於靈公，位在大夫，無骨肉之親，懷寵不去，仕於亂朝，以區區之身，欲正一國之淫昏，死而無益，可謂狷矣。《詩》云：「民之多辟，無自立辟。」其泄冶之謂乎？』」按：《家語》本王肅僞書，就《左傳》引孔子語傅會爲此。泄冶於陳是否同族，均無明据，何所見無骨肉之親。即異姓之臣，見君淫亂若是，不盡一言，謬效卷懷，開天下巧猾之端，非聖人教忠之旨。與杜預所謂「泄冶直諫於淫亂之朝以取死，不爲《春秋》所貴」者，同爲得罪名教之語也。

公羊義疏四十七

句容陳立卓人著

宣十年盡十二年。

十年春，公如齊。

公至自齊。

齊人歸我濟西田。**疏**《校勘記》云：「閩、監、毛本同，《唐石經》磨改『西』下增『之』字，鄂本亦有。」

齊已取之矣，其言我何？**注**据「歸讙及闡」，齊已取，不言我。**疏**注「据歸」至「言我」。○《釋文》作「僤」云：「本又作闡。」《校勘記》云：「閩、監、毛本『闡』作『僤』。」按：《哀八年》：「夏，齊人取讙及僤。冬，齊人歸讙及僤。」亦取之我魯，而來歸者不言我，故据以難。

言我者，未絶於我也。曷爲未絶於我？**注**据有俄道。**疏**《校勘記》出「未絶於我也」，云：「閩、監、毛本同，《唐石經》、鄂本『於』作『于』。」又出「曷爲未絶于我」，云：「《唐石經》、鄂本、閩、監本同。毛本『于』改『於』，疏同。」○注「据有俄道」。○《校勘記》云：「閩、監、毛本同，鄂本『俄』作『我』，是也，當据正。」舊疏引《桓二年》傳云：「至乎地之與人，則不然，俄而可以爲其有矣。」彼注云：「俄者，謂須臾之間，制得之頃也。」則疏本作「俄」字。舊疏又云：「言俄爾之間，則有絶於本主之道。爾來十年，何言未絶於我乎？故難之。」若作「我」字，据意不明。

齊已言取之矣，**注**齊已言語許取之。**疏**《爾雅·釋詁》：「已，此也。」言齊此言語許取之也。《莊子·齊物論》「已而不知其然」，言此而不知其然也。《淮南·道應訓》「已雖無除其患」，言此雖不除其患也。

其實未之齊也。**注**其人民貢賦尚屬於魯，實未歸於齊。不言來者，明不從齊來，不當坐取邑。凡歸邑、物，例皆時。**疏**注「其人」至「於齊」。○何氏以義言之也。○注「不言」至「取邑」。○舊疏云：「《元年》注云『亦因惡齊取篡者賂，當坐取邑』者，正以篡逆之賊，天下共惡，齊乃許取其賂而與之同，似若漢律『行言許受財』之類，故云『當坐取邑』耳。今言『不當坐取邑』者，正以爾來十年，仍不入己，見宣有禮，還復歸之。功過相除，可以滅其初惡，是以《春秋》恕之，不復書來，以除其過。故曰『不當坐取邑耳』。」按：舊説非是。此注云：「不當坐取邑」，謂魯不坐取邑耳。因不從齊來，故不書來故也。舊解謂恕齊不書來，不坐取邑，誤矣。《通義》云：「歸地例，上有『取』文者，爲内邑明，則不言來。上無『取』文者，言來也。」按：言「歸」者，見魯不當坐取邑。不言「來」者，起未之齊也。○注「凡歸」至「皆時」。○歸邑時，此及《定十年》「夏，齊人來歸運、讙、龜陰田」是也。歸物時者，《莊六年》「冬，齊人來歸衛寶」是也。其《哀八年》「齊人歸讙及僤」，在日月之下，知不蒙上日月也。

夏，四月丙辰，日有食之。 **注** 與甲子既同，事重，故累食。**疏** 包氏慎言云：「四月書丙辰，据曆爲月之三日。賈、服解經日食，或有在三日者，此類是也。賈氏精於四分法，定非臆造，劉歆以爲二月二日朔，亦同。」沈氏欽韓云：「《元志》今曆推之，是月丙辰朔，加時在晝，交分十四日九百六十八分入食限。」○注「與甲」至「累食」。○即上《八年》「秋，七月甲子，日有食之，既」是也。彼注云：「是後楚莊王圍宋，析骸易子。伐鄭勝晉，鄭伯肉袒，晉師大敗於邲。中國精奪，屈服强楚之應。」此爲楚盛，中國衰，故爲事重，日累食，著異也。《五行志下之下》云：「十年四月丙辰，日有食之。董仲舒、劉向以爲，後陳夏徵舒弑其君，楚滅蕭，晉滅二國，王札子殺召伯、毛伯。」均與何義殊。劉歆以爲「二月，魯衛分」。臧氏壽恭推四月乙卯朔，合辰在奎七度。二日丙辰，在奎八度。

己巳，齊侯元卒。 **疏** 包氏慎言云：「四月又書己巳，❶月之十六日。」

齊崔氏出奔衛。

崔氏者何？齊大夫也。 **疏** 《白虎通·姓名》篇：「楚有昭、屈、景。齊有高、國、崔。」襄二十五年《左傳》東郭偃謂崔杼曰：「今君出自丁。」是崔亦齊公族也。《新唐書》：「丁公子季子，食采於崔，因以爲氏。生穆伯，穆伯生沃，沃生野。八世孫夭，夭生杼。」按：

❶「己巳」，原作「乙巳」，據上經文改。

夭見僖二十八年《左傳》，杼見《襄二十五年》。其稱崔氏何？注据齊高无咎出奔名。連崔氏者，與尹氏俱稱氏，嫌爲采邑。疏注「据齊」至「奔名」。○即《成十七年》「秋，齊高无咎出奔莒」是也。○注「連崔」至「采邑」。○即《隱三年》書「尹氏卒」是也。若不連氏問，嫌「崔」爲采邑矣。貶。曷爲貶？注据外大夫奔不貶。疏注「据外」至「不貶」。○舊疏云：「即上引『高无咎出奔莒』之屬是也。」譏世卿，世卿非禮也。注復見譏者，嫌尹氏王者大夫，職重，不當世。諸侯大夫任輕，可世也。因齊大國禍著，故就可以爲法戒。明王者尊莫大於周室，彊莫大於齊國，世卿猶能危之。疏《穀梁傳》：「氏者，舉族而出之之辭也。」彼注引何氏《廢疾》云：「『氏者，譏世卿也。即稱氏爲舉族而出，尹氏卒，甯可復以爲舉族死乎？』鄭釋之曰：『云「舉族死」，是何妖問甚乎？「舉族而出之之辭」者，固譏世卿也。崔杼以世卿專權，齊人惡其族，令出奔，既不欲其身反，又不欲國立其宗後，故孔子順而書之曰「崔氏出奔衛」，若其舉族盡去之爾。』」是鄭氏爲《公》、《穀》調人也。劉氏申何云：「傳無譏世卿之義，鄭爲飾之，非遁詞乎？又以爲順齊人而書之，豈筆削之義乎？且如鄭説，後又安得有崔杼乎？《易·下繫》辨六子之辭，獨以艮人爲吉。何君一語，真可解頤。鄭不兼五子之病乎？」《左氏》以爲『非其罪也』，彼疏引何氏《膏肓》以爲《公羊》譏世卿而難《左氏》。蘇氏釋之：「崔氏祖父名不見經，則知非世卿。且春秋之時，諸侯擅相征伐，猶尚不譏世卿。雖曰非禮，夫子何由獨責。」按：《襄二十五年》傳謂崔氏出自丁，明丁公之後世爲大夫，故得詳其世系。又崔夭見諸僖二十八年城濮之戰，隨伯者敗楚，必非微者矣，何得以名不見經爲嫌。故劉氏《箴膏肓評》曰：「鄭駁《異義》引《詩》、《書》以難譏世卿之義，不知《春秋》之禮，謂卿之子當試之以士，考績之後，始黜陟之，不宜驟登卿位也。於《詩》、《書》之義何不合之有。春秋時，世卿之禍亟矣，擇其尤著者譏之。周尹氏、齊崔氏，皆先著其世而後徵其禍，何待祖父之名見乎。且《詩》刺尹氏大師，入春秋來，無其祖父接内之事，安得見於經，故於其卒也，見不當世，世乃有立王子朝之禍。崔氏之復歸，例不得書，故於其奔也，見不當世，世乃有弑其君光之禍。至敵國相征，《孟子》所謂『春秋無義戰』也。蘇氏豈不知耶。」按：春秋世卿之禍最多。魯三家，晉六卿，齊田氏，其尤烈者。故《春秋》於世卿譏之尤力。蘇氏但以非禮目之，不亦傎乎？《春秋》於戰伐侵入必書，皆爲兵連禍結，重兵害衆之故，但不爲大惡爾，何得謂無譏文乎？○注「復見」至「世也」。○正以尹氏已於隱三年見譏，此復譏崔氏，故解之也。○注「因齊」至「危之」。○舊疏云：「欲道等是諸侯，科取即得，所以不於《僖二十八年》『衛元咺出奔晉』之經見之者，因齊大國，有弑君之禍，著明於出奔故也。」按：孔子當齊景、悼之世，蓋已逆見有齊其爲陳之禍，故於齊特著之與？晉亦大國，後亡於世卿。不於欒盈等書氏者，彼各有所主，稱氏不明，故不得氏。且欒書弑君在先，《春秋》未著，與杜漸防微義不能相起也。

公如齊。注 不言奔喪者，尊内也，猶不言朝聘。疏 注「不言」至「朝聘」。○舊疏云：「正以上文『四月己巳，齊侯元卒』，則知此經『公如齊』者，奔喪而往，而言『尊内也』者，欲道《定十五年》『公薨于高寢，邾婁子來奔喪』。彼則書之，今此否者，尊内故也。」「猶不言朝聘」者，《隱元年》注云「《春秋》王魯，王者無朝諸侯之義，故内適外言如，外適内言朝聘，所以別外尊内也」是也。

五月，公至自齊。疏 舊疏云：「致例時而書五月者，爲下癸巳出之。」

癸巳，陳夏徵舒弑其君平國。疏 包氏慎言云：「五月書癸巳，月之十日。」

六月，宋師伐滕。

公孫歸父如齊，葬齊惠公。

晉人、宋人、衛人、曹人伐鄭。

秋，天王使王季子來聘。

王季子者何？天子之大夫也。其稱王季子何？注 据叔服不繫「王」，不稱「子」，王札子不稱「季」。疏 注「据叔」至「稱季」。○《文元年》「天王使叔服來會葬」，是「不繫王，不稱子」也。下《十五年》「王札子殺召伯、毛伯」，是「不稱季」也。叔服以叔配字，不言王子。王札子稱字，不稱長幼之稱。又叔服、王札子皆王之兄弟，故据以爲難也。貴也。其貴柰何？母弟也。注子者，王子也。天子不言子弟，故變文上季，繫先王以明之。著其骨肉貴，體親也。疏注「子者」至「明之」。○《穀梁傳》：「其曰王季，王子也。其曰子，尊之也。」天子不言母弟者，《文元年》注云：「叔服者，王子虎也。不繫王者，不以親疏録也。不稱王子者，時天子諸侯不務求賢而專貴親親，故尤其在位子弟，刺其早任以權也。」是也。其「王子瑕奔晉」，「天王殺其弟年夫」，言子弟者，注言「尤其在位任權」，故朝聘會盟不書。若其奔與殺，不復在位矣，何權之任乎？《通義》云：「頃王之子，匡王之弟也，不如年夫稱弟者，先君之母弟稱叔季例也。加子者，王之貴屬，殊於蔡叔、紀季，唯尊内亦得言季子耳。文繫王使，君前不名者，從内録，尊敬辭。」按，《本紀》以定王爲匡王之弟，則不得謂爲先君之母弟也。天子大夫稱字，不必「從内録，尊敬辭」也。子即王子，《公》、《穀》義同，亦不必爲加殊之辭。○注「著其」至「親也」。○舊疏云：「以其稟氣於先王，故言『骨肉貴』。以其今王母弟，故曰『體親』也。」

公孫歸父帥師伐邾婁，取蘱。疏《左氏》、《穀梁》作繹。按：蘱字《廣韻》在《十八隊》，《隊》爲《脂》《微》等部之去聲。繹，《廣韻》在《二十二昔》，爲《魚》《模》等部之入聲。古韻不同部，不得相通叚，必有一誤。杜云：「繹，邾邑，魯國鄒縣北有繹山。」按：文十三年《左傳》稱「邾文公卜遷於繹」，❶則繹爲邾婁都，魯不得取之，恐二傳誤也。《通義》云：「辭與取根牟等同，而文承伐下，諱而不盈。不如須朐日者，異於公取。」

大水。注先是，城平陽，取根牟及蘱，役重民怨之所生。疏注「先是」至「所生」。○《五行志上》：「宣公十年秋，大水，饑。董仲舒以爲，時比伐邾取邑，亦見報復。兵仇連結，百姓愁怨。劉向以爲，宣公殺子赤而立，子赤齊出也，故懼，以濟西田賂齊。邾子貜且，亦齊出也，而宣比與邾交兵。臣下懼齊之威，創邾之䣄，皆賤公行而非其正也。」按：城平陽，取根牟

❶「三」，原作「二」，據《春秋左傳注疏》改。

及蘋事，見上八年冬、九年秋，取應與董、劉旨大同。

季孫行父如齊。

冬，公孫歸父如齊。

齊侯使國佐來聘。**疏**《通義》云：「未踰年而稱侯以使者，既於王見居喪之正法，其餘即悉因其廢禮之實以刺譏當世矣。」

饑。

何以書？以重書也。**注**民食不足，百姓不可復興，危亡將至，故重而書之。明當自省減，開倉廩，贍振乏。哀公問於有若曰：「年饑，用不足，如之何？」有若對曰：「盍徹乎。」曰：「二，吾猶不足，如之何其徹也。」對曰：「百姓足，君孰與不足；百姓不足，君孰與足。」**疏**注「民食」至「振乏之」。○校勘記出「贍振乏」云：「鄂本『乏』作『之』，此誤。」按：紹熙本作「之」。《周書・文傳解》：「有十年之積者王，有五年之積者霸，無一年之積者亡。生十殺一者，物十重。生一殺十者，物頓空。十重者王，頓空者亡。」又《糴匡解》：「年饑，則勤而不賓，舉祭以薄，樂無鐘鼓，凡美禁。畜不阜群，車不雕攻，兵備不制，民利不淫。征當商旅，以救窮乏。問隨鄉，下饗熟。分助有匡，以綏無者。於是救困。大荒，有禱無祭。國不稱樂，企不滿壑。刑罰不修，舍用振窮。❶君親巡方，卿參告糴。餘子倅運，開廩同食。民不藏糧，曰有匡，禆民畜，惟牛羊。」○注「哀公」至「與足」。○見《論語・顔淵》篇。

楚子伐鄭。

十有一年春，王正月。

夏，楚子、陳侯、鄭伯盟于辰陵。**注**不日月者，莊王行霸，約諸侯，明王法，討徵舒。善其憂中國，故爲信辭。**疏**杜云：「辰陵，陳地。潁川長平縣東南有辰亭。」故長平城在今開封府西北六十里。《穀梁》作「夷陵」，「夷陵」之爲「辰陵」，猶「夷儀」之爲「陳儀」也。《水經注・洧水》篇：「洧水又東南逕辰亭東，俗謂之田城，非也。蓋田、辰聲相近，

❶「窮」，原作「穹」，據《逸周書》改。

城、亭音韻連故也。經書『魯宣公十一年，楚子、陳侯、鄭伯盟于辰陵』也。京相璠曰：『潁川長平有故辰亭。』」惠氏棟《左傳補注》引酈元曰：「今此城在長平城西北，長平城在東南，或杜氏不謬，傳寫之誤耳。」《一統志》：「辰亭在陳州府淮甯縣西六十里。」〇注「不日」至「信辭」。〇正以不信日，小信月，大信時故也。「明王法，討徵舒」，見下。「憂中國」，即斥討陳事也。

公孫歸父會齊人伐莒。

秋，晉侯會狄于欑函。**注**離不言會，言會者，見所聞世，治近升平，內諸夏而詳録之，殊夷狄也。下發傳於吴者，方具説其義，故從外内悉舉者明言之。❶ **疏**杜云：「欑函，狄地。」〇注「離不」至「狄也」。〇《隱二年》「公會戎于潛。」注云：「所傳聞之世，外離會不書。書內離會者，《春秋》王魯，明當先自詳正，❷躬自厚而薄責於人，故略外也。」此離不言會，謂所傳聞世也。《隱元年》注云：「於所傳聞世，見治起於衰亂之中，用心尚麤觕，故內其國而外諸夏，先詳內而後治外。録大略小，內離會書，外離會不書是也。」於所聞之世，見治升平，內諸夏而外夷狄，書外離會。《宣十一年》「秋，晉侯會狄于欑函」是也。《通義》云：「會文在狄上者，殊狄也。」所謂內諸夏也。〇注「下發」至「言之」。〇舊疏云：「即《成十五年》『叔孫僑如會晉士燮以下會吴于鍾離』，傳云：『曷爲殊會吴，外吴也。曷爲外也？《春秋》內其國而外諸夏，內諸夏而外夷狄。王者欲一乎天下，曷爲以外內之辭言之？言自近者始也。』注云『明當先正京師，乃正諸夏。諸夏正，乃正夷狄，以漸治之』是也。」

冬，十月，楚人殺陳夏徵舒。

此楚子也，其稱人何？**注**据下入陳稱子。**疏**注「据下」至「稱子」。〇即下「楚子入陳」是也。貶。曷爲貶？**注**据徵舒有罪。不與外討也。**注**辟天子，故貶見之，即所謂貶絶然後罪惡見。**疏**《通義》云：「謹按：蔡人殺陳佗，從討賊辭。此不爲討賊辭者，佗淫於蔡，與使蔡人

❶「悉」，國圖藏清抄本無。

❷「詳」，原作「持」，據《隱二年》傳注及《春秋公羊傳注疏》改。

得討之。徵舒之罪，無與於楚，楚非天子之命，❶方伯之位，義不得討也。」《繁露·楚莊王》篇：「楚莊王殺陳夏徵舒，《春秋》貶其文，不予專討也。」○注「辟天」至「惡見」。○正以非天子命，不得外討，故貶也。《昭元年》傳：「《春秋》不待貶絶而罪惡見者，不貶絶以見罪惡也。貶絶然後罪惡見者，貶絶以見罪惡也。」此討陳夏徵舒，嫌無貶文，故必貶以起不與也。**不與外討者，因其討乎外而不與也。雖内討，亦不與也。**注雖自討其臣下，亦不得與也。疏注「雖自」至「與也」。○此就傳文「不與外討」申言之。傳言「不與外討」，嫌内討得與，故復辨之。明此特因楚莊外討，故就言不與外討爾。《通義》云：「諸專殺大夫書是也。」按：弒君之賊，内討亦與，故《隱四年》：「衛人殺州吁于濮。」傳：「其稱人何？討賊之辭也。」注「討者，除也，明國中人人得討之，所以廣忠孝之路」是也。又《隱十一年》傳：「君弒賊不討，不書葬，以爲無臣子也。」《檀弓》曰：「臣弒君，凡在官者殺無赦。子弒父，凡在宫者殺無赦。」注：「言諸臣、子孫無尊卑，皆得殺之，其罪無赦。」是宜得與也。知此傳文不與，自謂内討其大夫。《孟子》所謂「無專殺大夫」是也。**曷爲不與？**注据善爲齊誅之。疏注「据善」至「誅之」。○即《昭四年》「秋七月，楚子以下伐吴，執齊慶封，殺之」，傳「此伐吴也，其言執齊慶封何？爲齊誅也」，注「月者，善義兵」，又云「稱侯而執者，伯討也」是也。彼慶封脅齊君，亂齊國，猶善楚子之討，故据以難。**實與，**注不言執，與討賊同文。疏注「不言」至「同文」。○若書執，則是稱人以執。《僖四年傳》：「稱人而執者，非伯討也。」此言殺，故云「與討賊同文」。舊疏云：「正以《昭八年》『夏，楚人執陳行人于徵師，殺之』，言執，非討賊之文。《隱四年》『衛人殺州吁』，《莊九年》『齊人殺無知』，皆不言執，以見此不言執，乃與討賊同文，故知實與矣。」《穀梁傳》：「其外徵舒於陳，何也？明楚之討有罪也。」注：「雍曰：『經若書楚子入陳殺夏徵舒者，則入者内不受，是無以表徵舒之悖逆，楚子之得正。』」沈氏欽韓云：「二百四十二年之中，正弒君之罪而得討賊之義者，楚莊一人而已，可爲中夏羞

❶「楚」字原脱，據《通義》補。

也。」而文不與？文曷爲不與？諸侯之義，不得專討也。諸侯之義不得專討，則其曰「實與」之何？上無天子，下無方伯，天下諸侯有爲無道者，臣弑君，子弑父，力能討之，則討之可也。**注**與齊桓專封同義，不書兵者，時不伐。**疏**《校勘記》云：「《昭十一年》疏引作『臣弑君，子殺父』。蓋『弑』字本皆作『殺』，後改『弑君』而仍『殺父』耳。」《白虎通·誅伐》云：「諸侯之義，非天子之命，不得動衆起兵誅不義者。所以强幹弱枝，尊天子，卑諸侯也。《論語》曰：『天下有道，則禮樂征伐自天子出。天下無道，則禮樂征伐自諸侯出。』上無天子，下無方伯，諸侯有相滅亡者，力能救之，則救之可也。《論語》曰：『陳恒弑其君，孔子沐浴而朝，請討之。』」《御覽》引《書大傳》云：「諸侯之義，非天子命，不得動衆起兵殺不義者，所以强幹弱枝，尊天子，卑諸侯也。」然則諸侯不得專討者，義之正。故《禮記·王制》云「諸侯賜弓矢，然後征。賜鈇鉞，然後殺」是也。若上無天子，下無方伯，有弑君弑父者，力能討則討之。故陳恒弑君，孔子請討，此義之變也。必曰「力能討之」者，君子量力不責也。故哀十四年《左傳》孔子對哀公曰：「陳恒弑其君，民之不與者半。以魯之衆，加齊之半，可克也。」是其義也。○注「與齊」至「同義」。○見《僖元年》、《二年》、《十四年》傳。《繁露·楚莊王》篇：「莊王之行賢，而徵舒之罪重。以賢君討重罪，其於人心善。若不貶，孰知其非正經。《春秋》常於其嫌德者，見其不得也。是故齊桓不予專地而封，晉文不予致王而朝，楚莊弗予專殺而討。三者不得，則諸侯之得，殆此矣。❶此楚靈之所以稱子而討也。《春秋》之辭多所況，是文約而法明也。」○注「不書」至「不伐」。○舊疏云：「欲決《昭四年》『秋，楚子以下伐吴，執齊慶封，殺之』。彼實有兵，故言伐。今此不書兵者，時實不伐，非是省文之義耳。」按：《左傳》云：「楚子爲陳夏氏亂故，伐陳。」謂陳人無動，將討於少西氏。」是亦用兵而言不伐者。蓋楚子入陳，陳人無動，不煩兵力，故不書兵也。執慶封，須先伐吴，與此異也。

丁亥，楚子入陳。**注**日者，惡莊王討賊之

❶「此」，原作「貶」，據《春秋繁露》改。

後，欲利其國。復出楚子者，爲下納善不當貶，不可因上貶文。**疏**包氏慎言云：「十月書丁亥，月之三日。」○注「日者」至「其國」。○舊疏云：「正以《春秋》之義，入例書時，傷害多則書月。今此書日，以詳其惡，故如此解。」《左傳》：「遂入陳，殺夏徵舒，轘諸栗門，因縣陳。」注：「滅陳以爲楚縣。」《史記・陳杞世家》：「已誅徵舒，因縣陳而有之。」是討賊後，欲利其國事也。惠氏士奇《春秋説》云：「陳夏徵舒之亂，是時楚子實先入陳，而後討賊。《春秋》退入陳於後，而進討賊於前，蓋先褒之而後貶之。先褒之者，以爲陳人力不能討，齊爲大國，晉爲盟主，亦長養殺君之賊，而晏然不一興師。楚子獨能討而正之，故先書討賊以褒之。然内實懷縣陳之心，而外爲討賊之義，故後書入，復書納，以貶之。人皆知稱人爲貶，而不知稱人爲褒。討賊稱人者，言人人皆欲討之，乃天下之公心也。」《穀梁傳》云：「入者，内弗受也。日入，惡入者也。」彼以納二子書日，惡莊王爲異。○注「復出」至「貶文」。○《左傳》申叔時曰：「夏徵舒弑其君，其罪大矣。討而戮之，君之義也。抑人亦有言曰：『牽牛以蹊人之田，而奪之牛。』牽牛以蹊者，信有罪矣，而奪之牛，罰已重矣。諸侯之從也，曰討有罪也。今縣陳，貪其富也。以討召諸侯，而以貪歸之，無乃不可乎？」王曰：『善哉！吾未之聞也。反之可乎？』乃復封陳。」《陳杞世家》亦云：「申叔時使於齊，來還，❶獨不賀。❷莊王問其故，對曰：『今王以徵舒爲賊弑君，故徵兵諸侯，以義伐之，已而取之，以利其地，則後何以令於天下。』莊王曰：『善！』乃迎陳靈公太子午於晉而立之，復君陳如故。孔子讀史記至楚復陳，曰：『賢哉楚莊王！輕千乘之國而重一言。』」是其納善事也。《通義》云：「先言殺，後言入者，大其能悔過，得而弗居，故不因上貶文，且復録日以入，善義兵也。」舊疏云：「《春秋》之義，以納爲篡辭，而言『爲下納善』者，正以上有起文，故與凡納異。何者？上有討賊之文，而即言納二子於陳，故知其善，所謂美惡不嫌同辭矣。」按：何注謂下納善者，即謂納諫不取陳事。下猶後也，見《大雅・下武》傳。舊説以下納善爲善其納公孫甯、儀行父，非也。傳注於下納二

❶「來」字，原脱，據《史記》補。
❷「獨」字，原脱，據《史記》補。

子，皆無善文也。書「日」以起其利人之國，書「子」以起其悔過，正相起也。《解詁箋》云：「日者，惡納黨亂臣也。復出楚子者，正上貶文，不正則不見也。」

納公孫甯、儀行父于陳。 **疏**二傳「甯」作「寧」。

此皆大夫也，其言納何？ **注**据納者，謂已絶也。今甯、儀行父，上未有出奔絶文，故見大夫，反言納也。**疏**《通義》云：「据糾及接菑、蒯聵之等，皆納使爲君。」○注「据納」至「納也」。○《定十四年》「衛世子蒯聵出奔宋」，《哀二年》「晉趙鞅納衛世子蒯聵于戚」，是上有出奔絶文，故下言納，是納爲已絶之辭。今甯、儀行父未見出奔，故解之，爲見任大夫而反言納也。《僖二十五年》「納頓子于頓」，亦無頓子出奔文，言納者，彼注云「頓子出奔不書者，❶小國例也。」正以小國出入不兩書也。子糾亦無出奔文，言納者，彼爲其不能納書也。**納公黨與也。** **注**徵舒弒君，甯、儀行父如楚訴徵舒，徵舒之黨從後絶其位。楚爲討徵舒而納之，本以助公見絶，故言納公黨與。不書徵舒絶之者，以弒君爲重。主書者美楚能變悔改過，以遂前功，卒不取其國而存陳。不繫國者，因上入陳可知。**疏**注「徵舒」至「黨與」。○何氏以意言也。上年《左傳》云：「二子奔楚。」《世家》同，明其如楚訴也。杜云：「二子，淫昏亂人也。君弒之後，能外託楚以求報君之仇，内結强援於國，故楚莊得平步而討陳，除弒君之賊，於時陳成公播蕩於晉，定亡君之嗣，靈公成喪，賊討國復，功足以補過，故君子善楚復之。」劉氏《解詁箋》云：「傳言二人黨惡，即《詩》刺『乘我乘駒，朝食于株』者，非以其訴楚討賊得免罪也。納者，内弗受，未有善辭也。主書者，刺楚不誅惡人。若以二人無罪，美楚存陳，當書『陳公孫甯、儀行父自楚歸于陳』矣。」按：二子爲公黨與，非經傳所與，故書納，非善辭也。然楚子存陳之善，自不可泯，當别論之。杜預之説，自不可從。○注「不書」至「爲重」。○舊疏云：「若書徵舒絶之，宜云『陳公孫甯、儀行父出奔楚』矣。」○注「主書」至「存陳」。○舊疏

❶「者」字，原脱，據《春秋公羊傳注疏》補。

云：「美楚能變悔改過，謂之入陳是也。」「以遂前功，討徵舒是也」。○注「不繫」至「可知」。○舊疏云：「欲決《哀二年》納衛世子云云，繫衛是也。」《左疏》引賈逵云：「二子不繫之陳，絶於陳也。惡其與君淫，故絶之，善楚有禮也。」《解詁箋》云：「甯、儀行父不繫國者，因上未有出奔絶文，故絶之於陳也。」亦本賈義。《穀梁疏》引麋信云：「二子不繫陳者，以其淫亂，明絶之也。」其説亦通。彼疏：「或當上有『入陳』之文，下云『于陳』，故省文耳。」則即何氏義。按：《穀梁傳》云：「納者，内弗受也。輔人之不能民而討，猶可；入人之國，制人之上下，使不得其君臣之道，不可。」亦不以納爲善辭。

十有二年春，葬陳靈公。

討此賊者，非臣子也，何以書葬？**注**据惠公殺里克，不書卓子葬。**疏**注「据惠」至「子葬」。○即《僖十年》「春，晉里克弑其君卓子」，❶下即云：「夏，晉殺其大夫里克。」不書卓葬也。君子辭也。楚已討之矣，臣子雖欲討之而無所討也。**注**無所復討也。不從殺泄冶不書葬者，泄冶有罪故。從討賊書葬，則君子辭與泄冶罪，兩見矣。不月者，獨甯、儀行父有訴楚功，上已言納，故從餘臣子恩薄，略之。**疏**注「無所復討也」。○《通義》云：「恕陳臣子力不能討，假手於楚而討之也。劉敞曰：『既葬而後乃討賊，賊雖已討，葬猶不追書也，閔公是已。討賊雖遲，而葬在討賊之後，則葬得書，此陳靈公是已。凡君弑賊不討，不敢葬。父弑讎不復，不敢葬。不敢葬，則亦不敢除其服。是故寢苫枕戈，志必復而後已。』此賊不討不書葬之義也。所以《春秋》有其賊未討，雖久弗葬而弗非也。」按：傳意似恕陳臣子無所復討爾。舊疏云：「卓子之賊，亦是惠公已討之，其臣子雖欲討之，亦無所討，而不作君子辭者，正以惠公之殺里克，不作討賊之意，是以《春秋》不書卓子葬，以責其臣子也。楚莊本有討賊之意而殺徵舒，❷一賊不可再討，故不責之。」○注「不從」至「罪故」。○《校勘記》云：「鄂本

❶「子」字，原脱，據《春秋公羊傳注疏》補。

❷「有」及「之意」，原脱，據《春秋公羊傳注疏》補。

『泄』作『洩』，下同。」舊疏云：「何氏作《膏肓》以爲泄冶無罪，而此注云有罪者，其何氏兩解乎？蓋以諫君之人，罪之無文，而《左氏》罪之，故言無罪矣。而此何氏以爲有罪者，其更有他罪乎？」○注「從討」至「見矣」。○注義書葬兼二義：一則賊已討，無復再討，故書葬，以見恕辭。一則泄冶有罪，不必從殺無罪大夫去葬也。故云「兩見矣」。○注「不月」至「略之」。○正以大國諸侯「卒日」、「葬月」，今不月，故解之。《通義》云：「不月者，淫夏氏罪重，故奪臣子辭。」《解詁箋》云：「何氏《膏肓》以爲泄冶無罪，是也。不書葬，則君子辭不著。不月者，討賊者非臣子，本不得書葬。又殺泄冶，當去葬，故不足也。」按：孔、劉説皆通。《穀梁》注引泰曰：「楚已討之矣，臣子雖欲討之，無所討也，故君子即而恕之，以申臣子之恩。稱國以殺大夫，則靈公之惡不嫌不明，書葬以表討賊，不言靈公無罪也。踰三年而後葬，則國亂居可知矣。非日月小有前卻，則書時不嫌。」皆本《公羊》義。何氏謂「從餘臣子恩薄，略之」，亦以責靈公也。甯、儀行父雖有訴楚功，特公黨與耳，故書「納」，以起「内弗受」之義。

楚子圍鄭。

夏，六月乙卯，晉荀林父帥師及楚子戰于邲，晉師敗績。 疏 包氏慎言云：「六月書乙卯，六月無乙卯，五月之十四日也。」杜云：「邲，鄭地。」《大事表》云：「今開封府鄭州東六里有邲城。」《水經注·濟水》篇：「濟水又東逕敖山北，又東合滎瀆，瀆首受河水，有石門，謂之爲滎口石門，❶而地形殊卑。蓋故滎播所導，自此始也。濟水於此又兼邲目。《春秋》宣公十三年晉楚之戰，楚軍於邲，即是水也。京相璠曰：『在敖北。』」《方輿紀要》：「其地蓋即滎目受水之處，今在河陰縣。而《元和志》：『邲城在鄭州管城縣東六里。』管城縣，明初省入鄭州。」《大事表》又云：「亦爲邲水，即今之汴。濟水於此又兼名邲，即晉楚戰處。」❷《説文·邑部》：「邲，晉邑。」非是。

大夫不敵君， 疏《繁露·王道》篇：「《春秋》曰：『大夫不適君』，遠此偪也。」適，敵通。《禮記·樂記》注「適，讀爲無敵之敵」是也。**此其稱名氏以敵楚**

❶「石門」二字，原脱，據《水經注》補。

❷「即」下，原脱「晉」字，據《春秋大事表》補。

子何？**注**据城濮之戰，子玉得臣貶也。**疏**注「据城」至「貶也」。❶○即《僖二十八年》「夏，晉侯以下及楚人戰于城濮，楚師敗績」。傳「此大戰也，曷爲使微者？子玉得臣也。子玉得臣，則其稱人何？貶。曷爲貶？大夫不敵君也」是也。不與晉而與楚子爲禮也。**注**不與晉而反與楚子爲君臣之禮，以惡晉。**疏**注「不與」至「惡晉」。○舊疏云：「『不與』至『禮也』，但作一句連讀之。注云『不與晉而反與楚子爲君臣之禮』，亦爲一句連讀之。」《通義》云：「言不以晉人爲直而善楚子爲有禮也。林父録名氏，反爲不與晉者，莊王之師，進以義，退以仁，卓然君子之行。林父不度德力，輕取敗衄，中國遂衰，故特出主名，專見其罪。得臣、囊瓦可以貶稱人者，下有奔殺事，足相起。此上下無起文，須就戰見其名氏，乃所以斥責林父也。董生言：『《春秋》之用辭，已明者去之，未明者著之。』今君臣常辭，城濮、伯莒已明，故於此得變文以託別義。舊作一句連讀者，非。」按：《繁露・竹林》篇：「《春秋》之常辭也，不予夷狄而予中國爲禮，至邲之戰，偏然反之，何也？曰：『《春秋》無通辭，從變而移。今晉變而爲夷狄，楚變而爲君子，故移其辭以從其事。』夫莊王之舍鄭，有可貴之美。晉人不知其善而欲擊之。❷所救已解，如挑與之戰，此無善善之心，而輕救民之意也，是以賤之，而不使得與賢者爲禮。」又《觀德》篇：「《春秋》常辭，夷狄不得與中國爲禮。至邲之戰，夷狄反道，中國不得與夷狄爲禮，辟楚莊也。」則《繁露》亦似作一句讀，謂不與晉之得與楚爲禮也，所以爲反之也。舊疏云：「内諸夏以外夷狄，《春秋》之常。今敘晉於楚子之上，正是其例。而知其惡晉者，楚莊德進行修，同於諸夏。討陳之賊，不利其土；入鄭皇門，不取其地。既卓然有君子之信，甯得殊之。既不合殊，即晉侯之匹。林父人臣，何得序於其上？既序人君之上，無臣子之禮明矣。臣而不臣，故知惡晉也。」曷爲不與晉而與楚子爲禮也？**注**据城濮之戰，貶得臣者，不與楚爲禮。**疏**注「据城」至「爲禮」。○彼注云：「子玉得臣，楚之驕蹇臣，數道其

❶「貶」，原作「敗」，據注文改。

❷「其」字，原脱，據《春秋繁露》補。

君侵中國，故貶。明當與君俱治也。」雖不言不與爲禮，不與可知。**莊王伐鄭，勝乎皇門，**注 勝，戰勝。皇門，鄭郭門。疏 注「勝，戰勝」。○《經義述聞》：「家大人曰：《爾雅》：『勝，克也。』謂莊王克鄭，入自皇門，非謂戰勝也。凡克國、克邑，皆曰勝。下文云：『今君勝鄭而不有。』隱二年《左傳》曰：『司空無駭入極，費庈父勝之。』《文十五年》傳曰：『凡勝國，曰滅之。』《襄十年》傳曰：『城小而固，勝之不武，弗勝爲笑。』《哀元年》傳曰：『國勝君亡，非禍而何。』《十三年》傳曰：『國勝乎，太子死乎。』《晉語》曰：『趙襄子使新稚穆子伐狄，勝左人、中人。』《孟子・公孫丑》篇：『三里之城，七里之郭，環而攻之而不勝。』並與此勝字同義。」按：戰勝固克，何氏本其由言之。○注「皇門，鄭郭門」。○《大事表》云：「其南門曰皇門。吴氏曰：『諸侯國各以其所向之地爲門名，皇，周邑，蓋走王圻之道。』」按：莊二十八年《左傳》：「楚伐鄭，入於桔柣之門。」杜注：「鄭遠郊門。」下文云：「入自純門，縣門不發。」當是近郊門，則皇門當内城門矣。《史記》注引賈逵云：「鄭城門。」**放乎路衢，**注 路衢，郭内衢道。四達謂之衢。疏 注「路衢」至「之衢」。○《爾雅・釋宮》云：「四達謂之衢。」《左傳》「至於逵路」，注：「塗方九軌曰逵。」郭注《爾雅》云：「交道四出。」《定八年》疏引「李巡云：『四達各有所至曰衢。』孫炎云：『交通四出。』」蓋衢爲四道交錯之名。《大戴禮・子張問入官》篇：「六馬之離，必於四面之衢。」《周禮・保氏》注説五馭，有「舞交衢」是也。《釋名・釋道》云：「齊魯間謂四齒杷爲欋，亦取義於四也。」《楚辭・天問》注：「九交道曰衢。」《淮南・繆稱訓》注：「道六通謂之衢。」《荀子・勸學》注：「衢道，兩道也。」並與《爾雅》不合。《通義》云：「放，至也。」**鄭伯肉袒，**疏《爾雅・釋訓》云：「襢裼，肉袒也。」郭注「脱衣而見體」。《説文・肉部》：「膻，肉膻也。」引《詩》「膻裼暴虎」，今《詩》作襢。《詩・大叔于田》釋文「襢，本又作袒」是也。《説文》「袒」訓衣縫綻，則袒本叚借字。《詩疏》引「李巡云：『襢裼，脱衣見體曰肉袒。』孫炎云：『袒去裼衣。』」按：孫、李不同，郭注本李説。如《説文》，肉袒之袒，當作膻。李、郭説是也。「袒去裼衣不見體」，亦曰「袒」，當作「但」。《説文・人部》：「但，裼也。」《衣部》：「裼，但也」是也。則孫氏所説是也。按：袒與肉袒異。《禮・鄉射禮》注：「袒，左免衣也。」謂袒去左袖，露臂衣，肉袒則見體矣。賈疏云：「凡事無問吉凶，皆袒左，唯有受刑袒右。」則肉袒禮，亦宜然。《左傳》云：「鄭伯肉袒，牽羊以迎。」《史記》注引賈逵云：「肉袒牽羊，爲臣隸也。」左執茅旌，【注】茅旌，祀宗廟所用，迎道神，指護祭者。斷曰藉，不斷曰旌。用茅者，取其心理順一，自本而暢乎末，所以通精誠，副至意。【疏】《史記・始皇本紀贊》：「鄭伯茅旌，鸞刀，嚴王退舍。」《新序・四》引作「左執旄旌」。《韓詩外傳》亦載此傳文，「執」作「把」。按：作「旄」非是。○注「茅旌」至「祭者」。○任氏兆麟《述記》云：「茅旌，祀宗廟所用，迎道神。道祭謂祭行也。《月令》：『孟冬之月，其祀行。』注：『行，在廟門外之西。』《周禮・大馭》注：『犯之者，封土爲山象，以菩芻棘柏爲神主。』按：《男巫》『旁招以茅』，招即迎之義也。古者用茅招神表位，亦以爲主。《士虞禮》『祭于苴』，注：『苴，所以藉祭也。孝子始將納尸，以事其親爲神，疑於其位，設苴以定之耳。』《楚語》『屏攝之位』，注：『昭謂：屏，屏風也。攝，形如今要扇，皆所以明尊卑，爲祭祀之位。近漢亦然。』此指表神之所在，非爲神主也。若《五經異義》云：『大夫束帛依神，士結茅爲菆。』此直以茅旌爲神主也。」○注「斷曰藉」。○《周禮・司巫》「及蒩館」，注：「蒩之言藉也。祭食有當藉者，館所以承蒩，謂若今筐也。」《禮・士虞禮》云：「苴，刌茅，長五寸。」注：「苴，猶藉也。」又云「取黍稷祭于苴」，注云：「苴，所以藉祭也。」苴，刌茅者，謂刌茅以爲苴，而置黍稷之祭於其上，有藉義也，故謂之藉。刌者，斷焉。《易・大過》「初六，藉用白茅，无咎」是也。蒩義同苴。《説文・艸部》：「蒩，茅藉也。」《周禮・甸師》「共蕭茅」，鄭注：「茅以共祭之苴，苴以藉祭。」《鄉師》「共茅蒩」，鄭注：「蒩，《士虞禮》所謂苴，刌茅，長五寸，束之者是也。」蓋斷茅以用者爲藉，名曰苴，或作蒩。凡《甸師》、《鄉師》、《司巫》、《士虞禮》、《説文》所記皆是也。○注「不斷曰旌」。○《經義述聞》云：「謹按：《春官・司巫》：『祭祀則共蒩館。』鄭注：『蒩之言藉也。祭食有當藉者』，引《士虞禮》『苴，刌茅，長五寸』。《史記・封禪書》曰：『古之封禪，江淮之間，一茅三脊，所以爲藉也。』是茅之藉物者，或曰藉，或曰苴，而無稱旌之文。何注『斷曰藉，不斷曰旌』，未知何据也。茅爲草名，旌則旗章之屬，二者絶不相涉，何得稱茅以旌乎？今按：茅當讀爲旄。旄正字，茅借字也。蓋旌之飾，或以羽，或以旄。《春官·司常》：『析羽爲旌。』《爾雅注》『旄首曰旌』，李巡注『旄牛尾著干首』是也。其用旄者，則謂之旄旌矣。《地官·掌節》『道路用旌節』，鄭注：『今使者所持節是也。』《後漢書·光武紀》注：『節，所以爲信也，以竹爲之，柄長八尺，以旄牛尾爲其眊三重。』桓十六年《左傳》：『壽子載其旌以先。』《邶風·二子乘舟》傳作『竊其節而先往』，《正義》引《史記·衛世家》：『盜其白旄而先』，而釋之曰：『或以白旄爲旌節也。』《漢書·蘇武傳》：『仗漢節牧羊，臥起操持，節旄盡落。』是節即旄旌也。《周語》曰：『敵國賓至，行理以節逆之。』然則鄭伯執旄旌者，其自比於行人執節以逆賓與？何氏据借字作解，而不求其正字，非也。旄从毛聲，茅从矛聲，古毛聲矛聲之字往往相通。如《詩》『髧彼兩髦』之髦，《説文》作髳；『如蠻如髦』之髦，《牧誓》作髳，是其例也。《新序·雜事》篇載此事正作旄旌。唐余知古《渚宮舊事》同，蓋出嚴氏《春秋》也，較何氏本爲長。」按：《史記·宋世家》：「武王伐殷，微子肉袒面縛，左牽羊，右把茅。」又《左傳》云「前茅慮無」，注：「或曰時楚以茅爲旌識。」蓋古有此制，今不可考矣。茅旌、鸞刀，皆祭祀所用，示不能有其宗廟之意。若謂執旄旌以自比行人，則執鸞刀又將何爲乎？惠氏士奇《禮説》云：「蒩，説者以爲藉祭之物，而祭之用蒩，非徒藉祭而已。志六穀之名謂之幟，即《肆師》之『表齍盛』也。護群神之位謂之旌，即《左傳》之『群屏攝』也。皆以蒩爲之，一共之鄉師，一共之甸師。而司巫共館，所謂『包匭菁茅』，故『館』一作『包』。然則茅之爲物薄，而用也重矣。鄭伯左執茅旌，蓋以宗廟將不血食，歸首於楚，以爲不如是，不足以動仁人孝子之心也。鄭衆亦云：『屏攝，攝束茅以爲屏蔽。』韋昭以屏爲屏風，攝爲要扇，非是。」○注「用茅」至「至意」。○《詩·邶風·静女》「自牧歸荑」，傳：「荑，茅之始生也。」箋云：「茅，潔白之物也。自牧田歸荑，其信美而異者，可以供祭祀。」《易·大過》疏云「用絜白之茅，言以絜素之道奉事於上也」是也。《説文·艸部》：「茅，菅也。」

右執鸞刀， 注 鸞刀，宗廟割切之刀。環有和，鋒有鸞。執宗廟器者，示以宗廟不血食，自歸首。**疏**注「鸞刀」至「有鸞」。○《禮記·郊特牲》云：「割刀之用，鸞刀之貴，貴其義也。聲和而後斷也。」又《祭義》云：「祭之日，君牽牲，卿大夫序從。既入廟門，麗於碑。卿大夫袒，而毛牛尚耳。鸞刀以刲，取膟膋。」又《祭統》云：「鸞刀羞嚌。」是鸞刀爲宗廟割切之刀矣。《釋名·釋兵》云：「刀，到也。」以斬伐到其所以擊之也。其末曰鋒，言若蜂刺之毒利也。其本曰環，形似環也。鸞刀之鸞，當作鑾。《説文·金部》：「人君乘車四馬鑣，八鑾鈴，象鸞鳥，聲和則敬也。」鑾、和並車馬之飾。鑾刀亦取象和、鑾，法其有節。故《詩·小雅·信南山》云「執其鸞刀」，傳：「鸞刀，刀之有鸞者，言割中節也。」《正義》「鸞即鈴也」是也。《禮記·經解》注引《韓詩内傳》曰：「鸞在衡，和在軾。」《大戴禮·保傅》篇同。《詩·蓼蕭》傳曰：「在軾曰和，在鑣曰鸞。」是和、鸞皆鈴也。其分别環、鋒，未知何有本否。○注「執宗」至「歸首」。❶○舊疏云：「言己宗廟將墮滅，斟酌在楚耳。故言自歸首矣。」今律之犯罪自首，謂自行投首也。云「血食」者，《禮器》云：「君親制祭。」注：「謂朝事進血膋時所制者。」又云「血毛詔於室」，灌地迎神後，取血及毛告神爲先也。以逆莊王，曰：「寡人無良邊垂之臣，**注**諸侯自稱曰寡人，天子自稱曰朕。良，善也。無善，喻有過。言己有過於楚邊垂之臣，謙不敢斥莊王。**疏**注「諸侯」至「曰朕」。○《禮記·曲禮》記諸侯云：「其與民言自稱曰寡人。」注：「謙也，於臣亦然。」《正義》：「寡人者，言己是寡德之人也。」其實與鄰國諸侯言，自稱亦曰寡人，此傳是也。臣子稱諸異邦曰「寡君」，稱夫人曰「寡小君」，取義同也。朕者，《爾雅·釋詁》：「朕，我也。」《白虎通·號》篇：「或稱朕何？亦王者之謙也。朕，我也。」《獨斷上》：「朕，我也。古者尊貴共之，貴賤不嫌，則可同號之義也。堯曰『朕在位七十載』，皋陶與帝舜言曰『朕言惠可厎行』，屈原曰『朕皇考』，此其義也。至秦，天子獨以爲稱，漢因而不改也。」按：《曲禮》：「君天下曰天子，朝諸侯、分職、授政、任功曰予一人。」又曰：「天子未除喪，曰『予小子』。」此古天子之稱。其稱朕者，秦漢以後稱也。其諸侯有稱不穀者，有

❶「歸首」，原作「自首」，據前注文改。

稱孤者，《左傳》隱三年疏：「《老子》曰：『孤、寡、不穀，王侯之謙稱。』故以下諸侯自稱，亦多稱不穀。」○注「良善」至「有過」。○《詩・邶風・日月》云「德音無良」，傳：「良，善也。」《廣雅・釋詁》：「良，善也。」《說文・富部》：「良，善也。」無善即有過也。○注「言已」至「莊王」。○邊垂猶邊陲也，成十三年《左傳》：「虔劉我邊陲。」《韓詩外傳》作垂。《說文・土部》：❶「垂，遠邊也，从土𠂹聲。」猶稱執事之屬也，故不敢斥莊王。以干天禍，注干，犯也。謙不敢斥莊王，歸之於天。疏注「干犯」至「於天」。○《國語・晉語》云：「則上下不干。」注：「干，犯也。」《史記・管蔡世家》：「乃背晉干宋。」《索隱》：「干，謂犯也。」《楚辭》：「繆諫恐犯忌而干諱。」注：「干，觸也。」觸、犯義同。言「天禍」者，《左傳》云「孤不天」，注「不爲天所佑」是也。是以使君王沛焉，注「沛焉」者，怒有餘之貌，猶傳曰：「力沛若有餘。」疏注「沛焉」至「有餘」。○毛本「若」誤「者」。《文十四》傳文也。《漢書・禮樂志》「沛施祐」，注：「沛然，泛貌也。」《後漢書・袁術傳》「沛然俱起」，注「沛然，自恣縱貌也」。又《李固傳》「誠當沛然思惟善道」，注：「沛然，寬廣之意。」又《耿純傳》「況沛然自足」，注引何氏此注云：「沛，有餘優饒貌。」自引者以意增減，非有別本也。蓋「沛」訓爲「大」，故「沛然」爲有餘之意。怒有餘曰「沛然」，力有餘亦曰「沛然」，故引《文十四年》傳喻之也。《新序》「沛焉」作「昧焉」。《廣雅・釋詁》：「怖，怒也。」自是「怖」字，於此無涉。辱到敝邑。注遠自勞辱，到於鄭也。諸侯自稱國曰「敝邑」。疏注「遠自」至「鄭也」。○《韓詩外傳》作「使大國之君沛焉遠辱至此」。○注「諸侯」至「敝邑」。○隱四年《左傳》「敝邑以賦，與陳蔡從」之屬是也。君如矜此喪人，注自謂己喪亡。疏《新序》作「君如憐此喪人」。《禮記・檀弓》「喪亦不可久也」，注：「喪，謂亡失位。」故死謂之喪，失位亦謂之喪。《昭二十五年》傳：「喪人其何稱。」《檀弓》：「喪人無寶。」即《大學》之「亡人」也。皆言如己喪亡之義也。錫之不毛之地，

❶「土」，原作「工」，據《說文解字》改。

注境埆不生五穀曰不毛。謙不敢求肥饒。**疏**《史記・鄭世家》云：「若君王不忘厲、宣王，桓、武公，哀不忍絶其社稷，錫不毛之地。」○注「境埆」至「肥饒」。○《公羊問答》曰：「《詩・邱中有麻》傳云：『邱中境埆之處。』《漢書・食貨志》注：『磽，磽确也，謂瘠薄之田也。』《淮南子》：『舜耕歷山，田者争處境埆，以肥饒相讓。』《管子》『而欲土地之毛』，注：『毛，謂黍苗。』《穀梁傳》『毛澤未盡』，注：『邵曰：凡地所生謂之毛。』引此傳曰：『錫之不毛之地。』」按：《左傳》隱三年「澗溪沼沚之毛」，注：「毛，草也。」又《昭七年》「食土之毛」，注：「毛，草也。」凡生地者皆曰毛，不必苗穀也。《蜀志・諸葛亮傳》「深入不毛」，亦謂不生草木者也。《載師》「宅不毛者有里布」，先鄭注：「宅不毛者，謂不樹桑麻者也。」蓋凡地所生者皆曰毛，故《古今注》云：「地以名山爲輔，石爲之骨，川爲之脈，草木爲之毛。」其五穀亦毛之一。《載師》「令民種植」，故据桑麻言也。何氏此注，亦舉其重者言之。境者，《説文》作磽。《石部》云：「磽，礊石也。」《漢書・賈山傳》「地之磽者」，注：「磽确，瘠薄也。」《孟子・告子》云：「則地有肥磽。」《一切經音義》引《孟子注》：「磽埆，薄瘠地也。」又引《通俗文》云：「物堅硬謂之磽埆。」《淮南・原道》：「田者争處境埆。」注：「境埆，讀人相境椽之境。」境埆疊韻字，單舉則境亦訓埆。《淮南・修務訓》「肥境高下」，注：「境，埆也。」《楚語》「瘠磽之地」，注「磽，确也」是也。趙注《孟子》云：「境，薄也。」境埆與肥饒對，故云「不敢求肥饒」也。使帥一二耋老而綏焉，

注六十稱耋，七十稱老。綏，安也。謙不敢多索丁夫，願得主帥一二老夫以自安。

疏《唐石經》「耋」作「耊」。○注「六十」至「稱老」。○舊疏云：「七十稱老，《曲禮》文。按：今《曲禮》曰『七十曰耋』，與此異也。蓋何氏所見與鄭注者不同。或者此『耋』字誤耳。」《經義雜記》曰：「徐疏當作『今《曲禮》六十曰耆』。徐據今《禮記》『曰耆』不作『耋』。故下云：『或者此耋字誤也。』」錢氏大昕《潛研堂答問》云：「《曲禮》『七十曰老』，《公羊疏》乃云：『今《曲禮》七十曰耋。』豈徐彦所見本異乎？曰：陸德明《釋文》云：『本或作八十曰耋，九十曰耄。』徐所見本，蓋即此本，故引以證何氏『六十稱耋』之異同。後人轉寫譌八爲七

耳。『八十曰耊』，見於《毛詩故訓傳》，又見許氏《説文》。厥後劉熙《釋名》，王肅注《易》，郭璞注《爾雅》，皆主此義。《易》『大耊之嗟』，鄭注謂年踰七十，亦與許、鄭義不遠。《曲禮》有『曰耊』二字，當是古本而陸以爲後人妄加，失之矣。何氏『六十以上稱耊』之説，與犍爲舍人《爾雅注》相同。服虔注《左傳》又云：『七十曰耊。』蓋漢人説耊，義各不同，當以八十爲正也。」按：《爾雅·釋言》：❶「耊，老也。」《詩疏》引孫炎云：「耊者，皮膚變黑，色如鐵也。」郝氏《義疏》云：「耊，《説文》及《釋名》俱本《毛傳》，以爲八十。《易釋文》引馬融注及《詩正義》引《左傳》服虔注並云：『七十曰耊。』《釋言》云『耊』，《左傳正義》又引舍人云：『年六十稱也。』杜預《僖九年》注從服虔，何休注從舍人，是耊無正訓，故爲六十、七十、八十之異，要爲老壽之稱則同，故《爾雅》以耊爲老也。」〇注「綏，安也」。〇《詩·周南·樛木》云：「福履綏之。」傳：「綏，安也。」《小雅·南有嘉魚》：「嘉賓式燕綏之。」箋：「綏，安也。」〇注「謙不」至「自安」。〇《釋文》：「索，舊本作策，音索。」《通義》云：「喪人，喪國之人。鄭伯自謂也。一二耊老，謂其卿大夫。」按：《左傳》云：「其俘諸江南，以實海濱，亦唯命。其翦以賜諸侯，使臣妾之，亦唯命。」是己自等俘臣，故何氏謂不敢多索丁男也。孔義未安。請唯君王之命。」**疏**《左傳》：「鄭伯肉袒，牽羊以逆，曰：『孤不天，不能事君，使君懷怒，以及敝邑，孤之罪也。敢不唯命是聽，其俘諸江南」云云。又曰：「若惠顧前好，徼福於厲、宣、桓、武，不泯其社稷，使改事君，夷於九縣，君之惠也，孤之願也，非所敢望也。敢布腹心，君實圖之。」《鄭世家》：「鄭襄公肉袒掔羊以迎，曰：『孤不能事邊邑，使君王懷怒以及弊邑，孤之罪也。敢不惟命是聽。君王遷之江南，及以賜諸侯，亦惟命是聽。若君王不忘厲、宣王，桓、武公，哀不忍絶其社稷，錫不毛之地，使復得改事君王，孤之願也，然非所敢望也。敢布腹心，惟命是聽。』」皆與此詳略互見。莊王曰：「君之不令臣，交易爲言，**注**是亦莊王謙不斥鄭伯之辭。令，善也。交易，猶往來也。言君之不善臣數往來爲惡言。**疏**注

❶「言」，原作「詁」，據《爾雅注疏》改。

「是亦」至「之辭」。○正以楚莊諉罪於不令之臣，故爲謙不斥鄭伯之辭。○注「令，善也」。○《詩・小雅・湛露》云「莫不令德」，箋：「令，善也。」《爾雅・釋詁》：「令，善也。」《書・皋陶謨》「何畏乎巧言令色孔壬」，《史記・夏本紀》作「巧言善佞人」是也。○注「交易」至「惡言」。○《校勘記》出「數往來」，云：「宋本同，閩、監、毛本數作屢。《釋文》作『屢往』，又作『數，音朔』。」按：屢、數音義同。《易・繫辭下傳》「交易而退」，亦謂彼此交互變易，故有往來之義也。《讀書叢録》云：「交，通作狡。狡，猾也。易，輕也。言不善臣數爲狡猾輕慢之言。《説文》『傷，輕也。一曰交傷』，其即本此。」按：洪氏説亦可通。

是以使寡人得見君之玉面，而微至乎此。」**注** 微，喻小也。積小語言以致於此。**疏** 舊疏云：「若《祭統》云：『請君之玉女。』注：『言玉女者，美言之也。君子於玉比德焉。』然則此言玉面者，亦美言之也。」按：《史記・陳丞相世家》：「如冠玉耳。」亦謂美也。○注「微喻」至「於此」。○《通義》云：「微，略也。深入國邑而言略至乎此，遜辭也。」《經義述聞》云：「謹案：《邶風・式微》傳云：『微，無也。』言寡人得見君面，徒以君之不令臣激怒使然耳。而其實，貳而伐之，服而舍之，無或至於滅國遷君，若此之甚也。『微至於此』，即是赦鄭之語。故下文遂言『撝軍退舍』。何訓微爲小，而加『積言語』三字，殆失之迂矣。上文已云『交易爲言』矣，何又云『積小言語』耶。且鄭伯請不毛之地，待命甚殷，豈得置之不答，而但言伐鄭之由乎！《韓詩外傳》載此文而省去『君如矜此喪人』四句，遂使『微至乎此』文義不明。蓋西漢時人，已不識傳意矣。」按：何意以「微至乎此」，仍據「不令臣」爲言，自是重複。且彼不過謙不斥鄭伯，諉過臣下之辭，何爲數數言之。王義以「微」爲「無」，亦迂，不如孔氏較爲直捷。

莊王親自手旌，**注** 自以手持旌也。緇廣充幅長尋曰旐，繼旐如燕尾曰旆，加文章曰旗，錯革鳥曰旟，注旄首曰旌。**疏**《韓詩外傳》作「莊王受節，左右麾楚軍」。○注「自以」至「旌也」。○《通義》云：「手旌，手持師節也。《周禮》曰：『析羽爲旌。』」按：《書・牧誓》：「右秉白旄以麾。」《逸周書・克殷解》：「武王乃手大白以麾。」《左傳》桓十六年：❶「壽子載其旌以先。」《衛世家》作「盜其白旄以先」。然則白旄

❶「十」下，原脱「六」，據《春秋左傳注疏》補。

也，大白也，旌也，一物也。手執之爲旌節，載之武車則爲師節。《司馬法》「偃伯靈臺」，注「伯，師節」是也。亦曰「武節」，漢武帝詔「躬秉武節」是也。古文伯、帛、白通。康叔封衛，分以少帛，即武王之小白也。○注「緇廣」至「曰旌」。○皆《爾雅·釋天》文。舊疏云：「其間少有不同者，蓋所見異，或何氏潤色之。」《校勘記》出「緇廣」，云：「解云：今《爾雅·釋天》繒作緇字。按：此則何注本作『繒廣充幅』，當訂正。」又出「加文章曰旗」，云：「旗當作旂，疏同。疏引《爾雅》及孫炎注，皆作旂。」又「『注』，監、毛本作『註』，非，疏同」。按：《釋天》郭注云：「帛，全幅長八尺。」舊疏引孫炎注：「緇，黑繒也。」與何本作「繒」義合。《説文·㫃部》：「旐，龜蛇四游，以象營室，游游而長。」引《周禮》曰：「縣鄙建旐。」如郭義，帛全幅廣二尺四寸爲旐，其長八尺也。蓋用黑色繒，故《爾雅》作緇。旐，畫龜蛇，屬北方色，宜黑。又《禮記·檀弓》：「設旐，夏也。」旐從夏制，知黑色矣。鄭注《周禮》引《爾雅》云：「緇布廣充幅、長尋曰旐。」於緇下增「布」字，布充幅廣二尺二寸，非何義也。《釋名·釋兵》云：「龜蛇曰旐。旐，兆也。龜知氣兆之吉凶，建之於後，察度事宜之形兆也。」《釋天》又「繼旐曰旆」，何氏增「如燕尾」三字。故郭彼注云：「帛續旐末爲燕尾者也。」舊疏引孫炎云：「帛續旐末亦長尋。《詩》云『帛旆英英』是也。」《説文》云：「繼旐之旗也，沛然而垂。」《釋名》云：「白旆，殷旌也，以帛繼旐末也。雜帛爲旆，以雜色綴其邊，爲燕尾也。將帥所建，象物雜也。」蓋以雜色帛言之。何不言帛，當從同也。亦作「茷」，《詩疏》及《釋文》「旆」俱作「茷」。《左傳》之「蒨茷」是也。「旆」，正字。「茷」，叚借也。《釋天》又云：「有鈴曰旂。」郭注：「縣鈴於竿頭，畫交龍於旒。」《周禮·司常》云：「交龍爲旂。」注：「諸侯畫交龍，一象其升朝，一象其下復也。」《儀禮疏》引《白虎通》云：「《禮記》曰：『天子乘龍，載大旂，象日月升龍。』」即何氏所云「加文章」也。《釋天》又云：「錯革鳥曰旟。」郭云：「此謂合剥鳥皮毛置之竿頭，❶即《禮記》云：『載鴻及鳴鳶。』」舊疏引李巡云：「以革爲之，置於旒端。」《詩·六月》傳：「鳥章錯革，鳥爲章也。」李、郭所本也。《詩疏》引孫炎云：「錯，置也。革，急也。畫急疾之鳥於縿也。」按：《鄭志》答張逸云「畫急疾之鳥隼」，則孫氏所

❶「合」，原作「全」，據《爾雅注疏》改。

本。而《説文》云：「錯革，畫鳥於上，所以進士衆。旟，衆也。」引《周禮》曰：「州里建旟。」則又置革而兼畫矣。《御覽》引《爾雅》舊注云：「刻爲革鳥，置竿首也。」與諸家義又不合。何氏無説，未知所從。《釋天》又云：「注旄首曰旌。」郭注：「載旄於竿頭，如今之幢，亦有旒。」《詩疏》引李巡云：「旄，牛尾，牛尾著干首。」孫炎云：「析五采羽注旄上也，其下亦有旒縿。」《説文》云：「游車載旌，析羽注旄首，所以精進士卒。」按：《禮記・明堂位》云：「緌，有虞氏之旌也。」注云：「注旄杠首，所謂大麾。」不言析羽。蓋有虞氏質，但著牛尾於竿首。《釋名》云：「析羽曰旌。旌，精也，有精光也。緌，有虞氏之旌也。注旄竿首，其形燊燊然也，故謂之緌。」周則加五采羽於其上與？《周禮・序官・夏采》注謂有虞氏已以夏翟羽爲緌，未知然否。《釋名》又云：「交龍爲旂。旂，倚也。畫作兩龍相依倚也。鳥隼爲旟。旟，譽也。軍吏所建，急疾趨事，則有稱譽也。」義並同。

左右撝軍，退舍七里。疏《楚世家》云：「莊王自手旗，左右麾軍，引兵去三十里而舍，遂許之平。」《左傳》：「退三十里而許之平。」注：「退一舍以禮鄭。」《淮南子・覽冥訓》：「武王於是左操黄鉞，右秉白旄，瞋目而撝之。」注：「撝，揮也。」《公羊問答》曰：「或以爲即用鄭伯之茅旌以撝，可從否？曰：此俗儒之臆説也。《淮南子》：『武王左操黄鉞，右秉白旄而撝之。』注：『撝，揮也。舍，次宿也。』按：此軍中之儀制也，見《司馬法》。設鄭伯不執茅旌，軍中將無以指揮之具乎？是不然矣。」按：《説文・手部》：「摩，旌旗所以指摩也。从手靡聲。」段《注》云：「凡旌旗皆得曰摩，故許以旌旗釋摩。叚借之字作戲，《淮陰侯傳》、《項羽本紀》皆曰『戲下』是也。又『凡旗之所指曰指摩』，『師之耳目在吾旗鼓』是也。《坶誓》曰：『右秉白旄以麾。』《小雅》曰：『麾之以肱。』」按：此之撝即彼之摩也。莊王即持旌以左右撝軍也。《説文・手部》撝字下以手指撝爲别一義。蓋以手指撝者，作撝。以旌旗指撝者，當作摩也。退舍之説，亦與《左氏》家不同。賈云：「《司馬法》『從遯不過三舍』，三舍，九十里。」是以舍爲三十里之定名。杜亦云：「退一舍以禮鄭。」此云七里，謂退次於七里外爲平也。故《新序》作「麾軍還，舍七里」也，非三十里之舍也。《史記》稱嚴王退舍，即用此傳，不必謂三十里也。

將軍子重諫曰：「南郢之與鄭，

相去數千里，注南郢，楚都。不能二千里，言數千里者，欲深感莊王，使納其言。疏《通義》云：「子重，楚左軍將，公子嬰齊也。」○注「南郢，楚都」。○《漢書・地理志》南郡江陵下云：「故楚郢都。楚文王自丹陽徙此。後九世，平王城之。後十世，秦拔我郢，徙東。」《史記・楚世家》正義：「《括地志》云：『紀南故城在荊州江陵縣北五十里。』」《志》又云：「又至平王，更城郢，在江陵縣東北六里，故郢城是也。」○注「不能」至「其言」。○正以不二千里，而言數千，皆甚言之辭，以動王滅鄭也。諸大夫死者數人，廝役扈養死者數百人，注艾草爲防者曰廝，汲水漿者曰役，養馬者曰扈，炊亨者曰養。疏《校勘記》云：「廝，《唐石經》、閩本同。監、毛本廝改斯，非。注同。」按：紹熙本亦作「廝」。《新序・雜事》篇作「斯役死者數百人」。○注「艾草」至「曰養」。○《史記・張耳陳餘傳》注：「韋昭曰：『析薪爲廝。』」《漢書・揚雄傳》「蹂屍輿廝」，注：「廝，破析也。」又《嚴助傳》「廝輿之卒」，注：「廝，析薪者。」廝亦或作斯。哀二年《左傳》：「去斯役。」《易・旅》：「斯其所取災。」王弼注「而爲斯賤之役」是也。《方言》：「官婢女廝謂之娠。」注：「女廝者，婦人給使，亦謂之娠。」《玉篇》：「廝，使也，賤也。」斯訓爲析，故謂析薪者曰廝。此艾草與析薪事相近，故艾草爲防者亦曰廝。其實廝爲賤役之通稱。《淮南・覽冥訓》「廝徒馬圉」，注：「廝，役也。」《一切經音義》引字書謂賤役者也。《廣雅・釋詁》：「廝，賤也。」《廣韻》：「廝，養也。」《漢書・嚴助傳》注「張晏曰：廝，微也」是也。《史記・蘇秦列傳》「廝徒十萬」，《索隱》：「廝，養馬之賤者。」則廝與扈同矣。《正義》又以廝爲炊亨供養雜役，則又與養同。總之爲雜役之名，故不必有定詁也。艾草爲防者，《詩・小雅・車攻》篇「東有甫草」，傳：「甫，大也。田者大艾草以爲防。」《釋文》芟作艾。《穀梁》昭八年傳「艾蘭以爲防」，注：「防，爲田之大限。」田獵者必大芟殺野草以爲防限，止舍其中。所謂「置旃以爲轅門，以葛覆質以爲槷，流旁握」是也。明行軍亦宜然也。役者，《説文・殳部》：「役，戍邊也。」引申之，服使賤者皆曰役。《廣雅・釋詁》云：「役，使也。」《楚辭・大招》云「不歡役只」，注：「役，賤也。」《周禮・甸師》：「以薪蒸役外内饔之事。」注：「役，爲給役也。」又《典祀》：「徵役於司隸而役之。」注：「役之，作使之。」又《罪隸》：「掌役百官府。」注：「役，汲其小役。」汲水漿亦賤者事，對則異，散則通，不必爲汲水漿者專名焉。扈者，惠氏棟云：「《閔元年》『僕人鄧扈樂』，即圉人犖。圉人即養馬者也。」《封氏聞見記》：「百官從駕曰扈從。」又云：「扈從，蓋臣下侍從至尊，各供所職。」蓋扈、圉同部字。圉正字，扈叚借也。扈爲隨從服役之稱，故《廣雅》訓扈爲使，亦不必專爲養馬者也。養者，《後漢書・劉玄傳》「竈下養」，注引此傳「炊烹曰養」，「傳」下脱「注」字也。《易・説卦傳》：「兑爲羊。」《釋文》云：「虞翻作羔。」《集解》載虞注「女使也」。朱震《漢上易傳》引鄭本作「陽」。注：「此陽謂爲養。无家女行賃炊爨，今時有之，賤於妾也。」與炊亨之義合。陽即養之借。《漢書・兒寬傳》：「嘗爲弟子都養。」師古曰：「養，主給烹炊者也。」《史記》注引韋昭云「炊烹曰養」，見《陳餘傳》下。蓋飲食所以養人，故炊烹者名養。《虞氏易》作羔。《經義述聞》謂：「羔當爲恙，借恙爲養也。扈養之養，通作恙，猶《爾雅》『恙，憂』之恙，通作養也。」其實亦役使通稱，故《廣雅》亦訓爲使。《史記・秦始皇紀》「監門之養」，《索隱》：「養即卒也。」是卒亦稱養。四者通爲役使之稱，對言之，則各别耳。《書・費誓》「臣妾逋逃」，《史記・魯世家》集解引鄭注：「臣妾，廝役之屬也。」古者兵車一乘，甲士三人，步卒七十二人，外有餘子二十五人，蓋即廝役扈養也。《戰國策・韓策》：「卒不過三十萬，而廝徒負養在其中。」《廣雅・釋詁》：「廝、扈、養、役，使也。」《孫子・作戰篇》注：「養二人，主炊。」《墨子・備城門》篇：「守法：五十步丈夫十人，丁女二十人，老小十人。」守城法或有婦人，蓋亦給使炊烹役與？《通義》云：「謹按：《司馬法》『兵車一乘，炊家子十人，廄養五人，樵汲五人』，樵謂之廝，汲謂之役。《漢書・陳餘傳》有『廝養卒』，蘇林曰：『廝，取薪者也。』古廝與斯通。《詩》『斧以斯之』，蓋所由取名也。扈，圉也。傳言鄧扈樂是也。《漢書》兒寬爲弟子都養，而鄭君讀《易》『兑爲養』，以爲無家女行賃炊爨，是炊烹者通名養矣。」毛本「亨」作「烹」，俗字。

今君勝鄭而不有，無乃失民臣之力乎？」**注**無乃，猶得無。**疏**《新序・雜事》篇：「今剋而不有，無乃失民力乎？」《鄭世家》云：「楚群臣曰：『自郢至此，士大夫亦久勞矣。今得國舍之，何如？」」《楚世家》云：「楚群臣曰：『王弗許。』」《左傳》亦曰：「左右曰：『不可許也，得國無赦。』」莊王曰：「古者杅不穿，皮不蠹，則不出於四方。**注**杅，飲水器。穿，敗也。皮，裘也。蠹，壞也。言杅穿皮蠹，乃出四方。古者出四方，朝聘征伐，皆當多少圖有所喪費，然後乃行爾。喻己出征伐，士卒死傷，固其宜也，不當以是故滅有鄭。恥不能早服也。**疏**注「杅，飲水器」。○《唐石經》、諸本同。《釋文》：「杅音于。」舊疏云：「其音于，若今馬盂矣。舊説云：『杅是衧字，若今食帒矣。』按：今音作于，則舊説非。」《校勘記》云：「按《説文》有『盂，飯器也。杅，槾也，所以涂也』，然則古經皆叚杅爲盂。」《公羊問答》云：「問：注：『杅，飲水器。』《説文》：『盂，飯器。』二字不同，何也？曰：杅即盂之叚借字也。《既夕禮》『兩敦兩杅』，注：『杅，盛湯漿。』《尸子》：『君如杅，民如水。杅方則水方，杅員則水員。』」按：《後漢書》引《方言》：「盌謂之杅。」又《呂强傳》注：「杅，❶椀屬也。亦作盂。」《禮記·玉藻》「出杅」，注：「杅，浴器也。」《既夕禮》注：「今文杅爲桙。」蓋爲盛水之具也，故《玉藻》疏云「杅，浴之盆也」是也。《新序》作盂，《荀子·君道》云：「槃圓而水圓，杅方而水方。」按：此與《既夕》皆飲器，與《玉藻》之浴器别，名同物異也。○注「穿，敗也」。○《説文·穴部》：「穿，通也，从牙在穴中。」通故敗，引伸義也。○注「皮，裘也」。○《説文·皮部》：「剥取獸革者謂之皮。」按：經傳稱皮多指有毛者言。《周禮·大宗伯》：「孤執皮帛。」《小行人》「璋以皮」，注並云：「皮，虎豹皮。」《禮·聘禮》：「庭實，皮則攝之。」注：「皮，虎豹之皮。」又云「乘皮設」，注：「儷皮，麋鹿皮也。」《孟子·梁惠王》篇「事之以皮幣」，注：「皮，狐貉之裘。」《儀禮·士昏禮》「儷皮」，注：「皮，鹿皮。」是皆据有毛者别之，若無毛者謂之革，故此言皮裘也。○注「蠹，壞也」。○《國策·秦策》云：「則是一舉而壞韓蠹魏。」又云：「有漢中蠹。」高注並云：「蠹，害也。」《一切經音義》引《字林》云：「蠹，木中蟲也，穿食器物者也。」《左傳》襄二十七

❶「杅」，原作「盂」，據《後漢書》改。

年云「財用之蠹」，注：「蠹，害物之蟲。」蓋蠹本所以壞物，因謂蠹爲壞。《襄三十一年》傳「而朽蠹，以重敝邑之罪」是也。○注「古者」至「有鄭」。○《通義》云：「杅積而穿，器有餘也。皮藏而蠹，幣有餘也。此與《漢書》云『粟陳腐不可食，錢貫朽不可校』，其喻相類。言師出則費財，故國必餘富，然後敢從四方之事，以明今伐鄭，致有損喪，固其所也。」○注「恥不能早服也」。○毛本「能」誤「得」。是以君子篤於禮而薄於利，注篤，厚也。不惜杅皮之費，而貴朝聘征伐者，厚於禮義，薄於財利。疏《校勘記》云：「《唐石經》、鄂本同。閩、監、毛本『于』作『於』，是也。」《新序・雜事》篇云：「以是見君子重禮而賤利也。」《韓詩外傳》：「是以君子之重禮而賤財也。」《新語》云：「故君子篤於義而薄於利。」○注「篤，厚也」。○《詩・大雅・皇矣》云「則篤其慶」，箋：「篤，厚也。」又《唐風・椒聊》云「碩大且篤」，傳：「篤，厚也。」《爾雅・釋詁》：「篤，厚也。」按：《說文・二部》：「竺，厚也。」又《馬部》：「篤，馬行頓遲。」竺，正字。篤，借字也。要其人而不要其土。注本所以伐鄭者，欲要其人服罪過耳，不要取其土地。猶古朝聘，欲厚禮義，不顧杅皮。疏注「本所」至「土地」。○《校勘記》出「耳」字，云：「閩、監、毛本同，是也。鄂本耳作爾。」按：此即《左傳》云「怒其貳而哀其卑，叛而伐之，服而舍之，德刑成矣。伐叛，刑也。柔服，德也，二者立矣」是也。告從，注從，服從。疏注「從，服從」。○昭十一年《左傳》「不昭不從」，注：「言順曰從。」《禮記・樂記》：「率神而從天。」注：「從，順也。」順即服從之義。故襄十年《左傳》云「從之將退」，注：「從，猶服也」是也。《說文》：「从，相聽也，从二人。」《禮記・郊特牲》云「從人者也」，注：「從謂順其教令。」謂鄭服從也。《左傳》：「王曰：『其君能下人，必能信用其民矣。』」《楚世家》亦有其語。《鄭世家》云：「莊王曰：『所爲伐，伐不服也。今已服，尚何求乎？』」不赦不詳。注善用心曰詳。疏注「善用心曰詳」。○《公羊問答》云：「詳者，祥也，古字通爾。《易》『視履考詳』，虞注：『詳，善也。』《易・大壯》：『不詳也。』《釋文》王肅本作祥。《荀子・修身篇》：『則可謂不詳少者矣。』注：『詳當作祥。』」按：《周書・皇門解》：「以昏求臣，作威不詳。」又《淮南・説山訓》：「六畜生多耳目者，不詳。」孔注、高注並云：「詳，善也。」《易・繫辭下傳》虞注：「吉事爲詳。」詳之本義爲詳審，凡从羊之字多取義於吉與善，故詳爲善用心也。或詳即祥之借。《新序・雜事》篇作「告從而不赦，不祥也」，《韓詩外傳》作「人告以從而不舍，不祥也」是也。《繁露・王道》篇：「莊王曰：『古者杅不穿，❶皮不蠹，則不出。』君子篤於禮，薄於利，要其人，不要其土。告從不赦，不詳。」「强不淩弱」下云：「此《春秋》之救文以質也。救文以質，見天下諸侯所以失其國者亦有焉。」意謂《春秋》美楚莊，爲其以質待諸侯，故大之以救文也。

吾以不詳道民，災及吾身，何日之有！」注何日之有，猶無有日。疏《新序・雜事》篇云：「吾以不祥立乎天下，菑之及吾身，何日之有矣。」《韓詩外傳》亦作「吾以不祥立乎天下，災及吾身，何取之有」。

既則晉師之救鄭者至。注荀林父也。疏既，猶已也。猶《論語・憲問》篇「既而曰」之「既」也。已，爲語終詞。《書・洛誥》云「公定，❷予往已」是也。 結上楚子服鄭事也。《左傳》、《楚世家》敘晉救鄭，俱在「潘尫入盟，子良出質」後，故《左傳》云「及河，聞鄭既及楚平，桓子欲還」是也。《鄭世家》云：「晉聞楚之伐鄭，發兵救鄭。其來持兩端，故遲。比至河，楚兵已去。晉將率或欲渡，或欲還，卒渡河。」故此以「既」字括之也。《通義》云：「本楚伐鄭而晉救之，故經以楚爲客，晉爲主也。救鄭不書者，舉重，與戰不言伐同例。」○注「荀林父」。○《左傳》：「晉師救鄭，荀林父將中軍。」《鄭世家》云「莊王聞，還擊晉。鄭反助楚，大破晉軍於河上」者，林父奉君命故也。

曰：「請戰。」注荀林父請戰。疏注「荀林父請戰」。○按：《左傳》：「桓子欲還，曰：『無及於鄭而勦民，焉用之。』」唯先縠欲戰，此云林父請戰者，林父主帥故也。《左傳》：「韓獻子謂桓子曰：『彘子以偏師陷，子罪大矣。子爲元帥，師不用命，誰之罪也？失屬亡師，爲罪已重，不如進也。事之不捷，惡有所分。與其專罪，六人同之，不猶愈乎？』師遂濟。」故注順其文，

❶「者」下，原衍「曰」字，據《春秋繁露》删。
❷「定」，原作「言」，據《尚書注疏》改。

謂荀林父請戰也。莊王許諾。將軍子重諫曰：「晉，大國也。**注**國大衆彊。**疏**《新序·雜事》篇云：「晉，彊國也。道近力新，楚師疲勞，君請勿許。」《韓詩外傳》亦云：「晉，彊國也。道近力鋭，楚師奄罷，君其勿許。」王師淹病矣，**注**淹，久也。諸大夫、廝役死者是。**疏**注「淹，久也」。❶ ○《爾雅·釋詁》云：「淹，久也。」《左傳》云「二三子無淹久」，注：「淹，留也。」留故久。《晉語》云：「振廢淹。」《離騷經》「日月忽其不淹兮」，韋注、王注並云：「淹，久也。」亦作奄。《詩·周頌·臣工》「奄觀銍艾」，箋云「奄，久」是也。《左傳》：「令尹孫叔敖曰：『昔歲入陳，今茲入鄭，不無事矣。』」是淹久事也。○注「諸大」至「者是」。○正以上子重云：「諸大夫死者數人，廝役扈養死者數百人」，是其病也。君請勿許也。」莊王曰：「弱者，吾威之；彊者，吾辟之。是以使寡人無以立乎天下。」**注**以是故，必使寡人無以立功名於天下。**疏**《新序·雜事》篇云：「莊王曰：『不可。彊者，吾避之；弱者，我威之。是寡人無以立乎天下也。』」《韓詩外傳》同。《通義》云：「言避晉，將爲天下羞。」按：《左傳》所記與此小異。《左傳》「聞晉師既濟，王欲還。嬖人伍參欲戰，令尹孫叔敖弗欲。伍參言於王曰：『君而逃臣，若社稷何？』王病之」是也。令之還師，而逆晉寇。**注**言還者，時莊王勝鄭去矣。會晉師至，復還戰也。言寇者，傳序經意，謂晉如寇虜。**疏**注「言還」至「戰也」。○《左傳》：「告令尹，改乘轅而北之，次於管，以待之。」○注「言寇」至「寇虜」。○《通義》云：「晉稱寇者，敵國辭。」按：《春秋》惡晉，傳故寇晉也。莊王鼓之，**疏**《周禮·鍾師》「掌鼙鼓縵樂」，注：「鼓讀如『莊王鼓之』之鼓。」今彼注脱一「之」字。《新序·雜事》篇云：「莊王援桴而鼓之。」《韓詩外傳》同。晉師大敗。晉衆之走者，舟中之指可掬矣。**注**時晉乘舟度郯水戰，兵敗反走，欲急去，先入舟者斬

❶「久」上，原脱「淹」字，據注文補。

後扳舟者指，指隋舟中，身隋郯水中而死。可掬者，言其多也。以兩手曰掬。《禮》「天子造舟，諸侯維舟，大夫方舟，士特舟。」**疏**《新序·雜事》篇云：「晉師大敗。晉人來，渡河而南。及敗，犇走，欲渡而北。卒争舟，而以刃擊引，舟中之指可掬也。」《韓詩外傳》云：「晉師大敗。士卒奔者争舟，而指可掬也。」《左傳》：「遂疾進師，車馳卒奔，乘晉軍。桓子不知所爲，鼓於軍中，曰：『先濟者有賞。』中軍、下軍争舟，舟中之指可掬也。」○注「時晉」至「而死」。○此何氏推度當時情勢言之，不必有成文也。《校勘記》云：「鄂本度作渡。按下注云：『使得過渡郯水去也』，作渡字，此誤。」○注「可掬」至「曰掬」。○杜云：「兩手曰匊。」《釋名·釋姿容》云：「掬，局也，使相局近也。」《詩·唐風·椒聊》云：「蕃衍盈匊。」傳：「兩手曰匊。」又《小雅·采緑》云：「不盈一匊。」傳同。《小爾雅·廣量》：「兩手謂之匊。」舊注：「一升也。」《考工記》疏引《小爾雅》云：「二升爲匊，二匊爲豆，豆四升。」則匊亦量名。古律度量衡，多取法人身，蓋一手爲溢。《小爾雅》云：「一手之盛謂之溢也。」《禮·喪服傳》注：「二十四兩曰溢，爲米一升二十四分升之一。」蓋一手一升稍强，兩手則二升也。胡氏承珙《小爾雅義證》云：「古量甚小。漢二斗七升當今五升四合。以古之五，當今之一。則溢爲米一升二十四分升之一，不過當今二合稍贏。一手之盛，足有此數，則一匊不過四合也。」《説文·勹部》：「在手曰匊。」《禮記·曲禮》：「受珠玉者以掬。」注：「掬，手中。」蓋以手掬之則作匊。若訓爲兩手之掬，則當作臼。《説文》「臼，❶叉手也，从E彐。」手指相向，兩手之象形也。○注「禮天」至「特舟」。○《爾雅·釋水》文也。《説文》引此四句作《禮》，蓋古《禮經》文。臧氏庸《拜經日記》云：「何邵公引《爾雅·釋水》文而稱『禮』者，魏張揖《上廣雅表》言：『《爾雅》，秦叔孫通撰，置《禮記》。』此蓋漢初之事。《大戴禮記》中當有《爾雅》數篇，爲叔孫通所取入。故《白虎通》引《釋親》文，稱爲《禮·親屬記》。《風俗通》引《釋樂》文，爲《禮·樂記》。則《禮記》中有《爾雅》，信矣。』」《詩·大雅·大明》云「造舟爲梁」，傳：「天子造舟，諸侯維舟，大夫方舟，士特舟。」箋

❶「臼」，原作「白」，據《説文解字》改。

云：「天子造舟，周制也，殷時未有等制。」疏引王基云：「自殷以前質略，未有造、維、方、特之差。周公制禮，因文王敬太姒，重初昏，行造舟，遂即制之以爲天子禮。著尊卑之差，以爲後世法是也。」「造舟」者，郭注《爾雅》云：「比船爲橋。」《詩疏》引「李巡云：『比其舟而渡曰造舟。』孫炎曰：『造舟，比舟爲梁也。』」舊疏引《爾雅》舊説云：「以舟爲橋，詣其上而行過，故曰造舟也。」與孫、李、郭皆異。因造有至訓，附會爲此説耳。郝氏懿行《義疏》云：「蓋比併其船，加板於上，孔穎達謂『即今浮橋』是也。《方言》：『艁舟謂之浮梁。』《閒居賦》云『浮梁黝以徑度』，皆其義也。至其並船之數，《釋文》引《郭圖》云：『天子並七船。』按禮，自上而下，降殺以兩。若以諸侯四，大夫二，士一推之，則天子當並六船也。」按：郝氏用孔疏，謂即浮橋是也。造舟始於文王。文王親迎太姒，造舟爲梁。造猶作也。蓋文王剏作之制，後世定爲天子法，故名造舟。其七船六船，或定禮後，彌加彌文，未必文王造舟，即有此制也。「維舟」者，郭云：「維連四船。」《詩疏》引李巡曰：「中央左右相維持，曰維舟。」舊疏引孫炎云：「維連四船。」《音義》曰：「維持使不動摇也。」蓋連繫四船，不致散離。孔穎達謂「維舟以下，則水上浮而行之，但船有多少爲等差耳」。「方舟」者，郭云：「併兩船。」《詩疏》引李巡云：「併兩船，曰方舟。」《説文》：「方，併船也，象兩舟省總頭形。或从水作汸。」《方言》云：「方舟謂之潢。」郭注：「揚州人呼渡津舫爲潢。荆州人呼杭音横。」按：方、潢、舫、杭、航，音義同也。方之初義爲併船之名，引申之，凡方皆訓併。如「車不得方軌」，謂不得併軌也。《禮·鄉射·記》「不方足」，謂不併足也。其《詩·周南·南有喬木》云「不可方思」，《邶風·谷風》「方之舟之」，傳並用《釋言》文。訓方爲泭者。《爾雅》又云「庶人乘泭」，注：「併木以渡。」蓋編木以渡與併船相類，故俱可名方。方舟爲大夫制，《詩》所詠不必大夫故也。則對文異，散亦通矣。「特舟」者，郭云：「單船。」舊疏引李巡云「一舟曰特」是也。此及《毛詩傳》説，俱不引「庶人乘泭」者，所見本異，或所引不具也。《説苑·復恩》云：「天子濟於水，造舟爲梁，諸侯維舟爲梁，大夫方舟。」並不引士特舟，是其例也。

莊王曰：「嘻！吾兩君不相好，**注** 敵大夫戰，言兩君者，林父本以君命來。**疏** 與

《鄭世家》：「莊王還，擊晉。鄭反助楚，破晉軍於河上。」稱晉君義同。百姓何罪。」令之還師，而佚晉寇。**注**佚，猶過，使得過渡邲水去也。晉見莊王行義於陳，功立威行，嫉妒，欲敗之。救鄭雖解，猶擊之不止。爲其欲壞楚善行，以求上人。故奪不使與楚成禮，而序林父於上，罪起其事。言及者，以臣及君，不嫌晉直，明晉汲汲欲敗楚爾。陸戰當舉地而舉水者，大莊王閔隋水而佚晉寇。**疏**《通義》云：「緩晉師，令得逸去也。以上並申明與楚子爲禮之事。」〇注「佚猶」至「去也」。〇《爾雅·釋言》：「逸，過也。」《廣雅·釋詁》：「逸，過也。」《國語·周語》「是有逸罰」，注：「逸，過也。」逸，佚通，亦作軼。《文選·蕪城賦》「佚周令」，注：「佚與軼通。」《廣雅·釋詁》「軼，過也」是也。《新序·雜事》篇：「莊王曰：『嘻！吾兩君之不相能也，百姓何罪。』乃退師，以軼晉寇。」亦作軼。〇注「晉見」至「其事」。〇《校勘記》出「以求二人」，云：「鄂本作『上人』，此誤。」按，紹熙本亦作「上」。舊疏云：「即上十一年討夏徵舒，是其行義也。討陳既得，鄭人遂服，是其功立威行也。」「救鄭雖解」者，晉師未至之時，楚師已解去，非謂晉人擊之令解也。「猶擊之不止」者，謂欲一逐而擊之，非謂已擊也。《繁露·竹林》云：「夫莊王之舍鄭，有可貴之美，晉人不知其善而欲擊之。❶所救已解，如挑與之戰，此無善善之心，而輕救民之意也。」如，而也。義與何氏合也。〇注「言及」至「楚爾」。〇《校勘記》出「大臣及君」，云：「鄂本『大』作『以』，此誤。『大』字剜改，當本作『以』。」按：紹熙本亦作「以」。《繁露·竹林》云：❷「戰伐之事，後者主先。苟不惡，何爲使起之者居下。是其惡戰伐之辭已。」是《春秋》之例，在下者惡。故《莊二十八年》：「齊人伐衛，衛人及齊人戰。」傳：「《春秋》伐者爲客，伐者爲主。使衛主之，衛未有罪爾。」故書齊於下以要齊。《僖十八年》宋公以下伐齊，下云：「宋師及齊師戰於甗。」伐者爲主，齊宜爲主，而與宋爲主者，彼傳云：「不使齊主之，與襄

❶「其」字，原脱，據《春秋繁露》補。
❷「竹林」，原作「玉杯」，據《春秋繁露》改。

公之征齊也。」故退齊於下。此亦楚在下，嫌楚不直，故解之。爲其以臣敵君，其罪已著，不嫌楚曲，明晉之汲汲也。《隱元年》傳：「及，猶汲汲也。」○注「陸戰」至「晉寇」。○《水經注・河水》篇：「河水又東逕卷縣北。晉楚戰，晉軍争濟，舟中之指可掬。楚莊祀河，告成而還，即是處也。」此與僖二十二年戰於泓同義。彼注云：「舉水者，大其不以水厄人」是也。隋，《説文・肉部》云：「裂肉也。」又《自部》隓云：❶「敗城自曰隓。」篆文作墮。《繫傳》云：「今俗作隳。」隋水謂落水也，宜陸之借字。《白虎通・號》篇云：「楚勝鄭，而不告從，而攻之。又令還師，而佚晉寇。圍宋，宋因而與之平，引師而去。知楚莊之霸也。」《韓詩外傳》載此事，末引《詩》曰：「柔亦不茹，剛亦不吐。」皆與《公羊》大莊王之義合。《穀梁》家徐邈云：「先林父者，内晉而外楚也。」非聖人善善之義。

秋七月。

冬，十有二月戊寅，楚子滅蕭。**注**日者，屬上有王言，今反滅人，故深責之。**疏**包氏慎言云：「十二月書戊寅，月之十日。」杜云：「蕭，宋附庸國。」《大事表》云：「杜注沛國蕭縣，今江南徐州有蕭縣，北十里有蕭城。莊十二年蕭叔大心殺南宫牛，立桓公，有功，封爲附庸。宣十二年楚滅之，後仍入爲宋邑。」《水經注・獲水》篇：「又東過蕭縣南。蕭縣南對山，世謂之蕭城南山。城東西及南三面側臨獲水，故沛郡治，城南舊有石橋，高二丈。縣本蕭叔國，宋附庸，楚滅之。」《地理志》沛郡蕭云：「故蕭叔國，宋别封附庸也。」○注「日者」至「責之」。○舊疏云：「《春秋》之義，滅例書月，即《莊十年》『冬，十月，齊師滅譚』之屬是。今乃書日，故解之也。言『屬上有王言』，謂適上文云『莊王曰：「嘻！吾兩君不相好，百姓何罪。」令之還師，而佚晉寇』者，王霸之言也。王者之道，宜存人矜患，今反滅人，爲過深矣。是故書日，變於常例，故曰深責之耳。」《通義》云：「莊王行進於中國，乃純以中國禮責之，故楚滅國録日，始於此也。」

晉人、宋人、衛人、曹人同盟于清丘。**疏**杜云：「清丘，衛地，今在濮陽縣東南。」《大事表》云：「今

❶ 「自」，原作「土」，據《説文解字》改。

大名府開州東南七十里有清丘，高五丈。」《水經注·瓠子河》篇：「瓠瀆又東南逕清丘北。《春秋》宣公十二年，『晉人、宋、衛、曹同盟于清丘』。京相璠曰：『在今東郡濮陽縣東南三十里。』」《一統志》：「清丘山在曹州府菏澤縣西南三十五里。清丘在大名府開州東南七十里。」《方輿紀要》云：「丘高五尺，唐置清丘縣。」《通義》云：「考之《左傳》，是晉先縠、宋華元、衛孔達也。大夫而專司盟於是始，故壹貶稱人，疾之。」

宋師伐陳。**疏**《校勘記》云：「《唐石經》、諸本同。解云：『「宋師伐陳」者，按：諸家經皆有此文，唯賈氏注者闕此一經，疑脱耳。』盧文弨曰：『賈氏所闕，當并「衛人救陳」亦闕，否則「救陳」之文何所承乎？』」

衛人救陳。

公羊義疏四十八

句容陳立卓人著

宣十三年盡十五年。

十有三年，春，齊師伐衛。《左氏》、《穀梁》作「伐莒」，二者必有一誤。

夏，楚子伐宋。

秋，螽。注先是，新饑，而使歸父會齊人伐莒。❶賦斂不足，國家遂虛。下求不已之應。疏注「先是」至「之應」。○即上十年冬，書饑是也。歸父會齊人伐莒，見上十一年。❷《五行志中之下》：「宣公十三年秋，❸螽。公孫歸父會齊伐莒。」

冬，晉殺其大夫先穀。疏《穀梁》作「先縠」。唐石經《穀梁》亦作「穀」。彼《釋文》云：「穀，户木反。一本作縠。」知唐初《穀梁》本有作「穀」者矣。

十有四年，春，衛殺其大夫孔達。

夏，五月壬申，曹伯壽卒。注日者，公子喜時父也。緣臣子尊榮，莫不欲與君父共之，故加録之，所以養孝子之志，許人子者，必使父也。疏包氏慎言云：「五月書壬申，月之十三日。」○注「日者」至「父也」。○舊疏云：「正以曹爲小國，卒月葬時。即《昭十八年》『三月，曹伯須卒。秋，葬曹平公』之屬是。今而書日，故以加録解之也。」喜時事，見《昭二十年》「曹公孫會自鄸出奔宋」傳。「所以養孝子之志」者，舊疏云：「正以喜時之讓，而《春秋》尊榮其父，故曰『養孝子之志也』。猶《襄二十九年》傳云：『以季子爲臣，則宜有君者也』是也。」「許人子者，必使父」者，《襄二十九年》傳云：「許人子者，必使子也。」孝子之至莫大乎尊親，尊榮與君父共，所以隆父子之親，厚君臣之義。必使子者，必使人子尊榮其父也。

❶「會」，原作「令」，據《春秋公羊傳注疏》改。
❷「一」，原作「二」，據《春秋公羊傳注疏》改。
❸「十三」，《漢書》注師古曰「事在十一年」。

《校勘記》云：「元本同，閩、監、毛本父上有『人』字。按：疏中引注亦作『必使人父也』，此脱。」謂喜時爲子，必使其父亦尊榮，是以加録之也。

晉侯伐鄭。

秋，九月，楚子圍宋。**注** 月者，惡久圍宋，使易子而食之。**疏** 注「月者」至「食之」。○正以圍例時，此月，故解之。易子而食諸事，見下《十五年》傳。

葬曹文公。**疏**《通義》：「以上月爲此葬出也。日卒則月葬，月卒則時葬，例之正也。」

冬，公孫歸父會齊侯于穀。

十有五年春，公孫歸父會楚子于宋。**注** 宋見圍，不得與會。地以宋者，善内爲救宋行，雖不能解，猶爲見人之厄則矜之，故養遂其善意。不嫌與實解宋同文者，平事見刺，皆可知。**疏** 注「宋見」至「善意」。○《隱元年》「及宋人盟于宿」，注：「宿不出主名者，主國主名與可知，故省文，明宿當自首其榮辱也。」是《春秋》之例，凡盟會地，與國初者，皆主國與盟也。今宋見圍，不得與會可知，而地以宋，故解之。知宋不得與者，以下五月始書「宋人及楚人平」故也。如此書者，正以善内爲救宋行會，有見人之厄則矜之意。《春秋》美其志，故書「于宋」，若宋已與會然，所以養成其善也。《穀梁》隱元年傳：「《春秋》成人之美，不成人之惡。」此類是也。○注「不嫌」至「可知」。○舊疏云：「舊云：『見刺者，謂魯人見刺也者，疑之。』」按：「平事見刺」者，即經：❶「宋人及楚人平。」傳云：「此皆大夫也，其稱人何？貶。曷爲貶？平者在下也。」注：「言在下者，譏二子在君側，不先以便宜反報，歸美于君，而生事專平，故貶稱人。」是其平事見刺也。魯以春會楚子，至夏宋、楚始平，明魯未能解宋圍，故不嫌與實解宋同文也。舊疏引舊説疑之，浦氏鏜云：「『之』疑『非』字誤。」按：此經方以于宋善内，何有刺之。《通義》云：「地以宋者，與《僖二十七年》同説。」彼引杜云：「宋方見圍，無嫌于與盟，故直以宋地。」非何義。何注彼云：「地以宋者，起公解宋圍爲此盟也。宋得與盟，則宋解可知。」是二

❶「經」，原作「傳」，據下經文「夏五月，宋人及楚人平」改。

者文同義異。

夏，五月，宋人及楚人平。

外平不書，此何以書？注据上楚、鄭平不書。疏注「据上」至「不書」。○即上《十二年》「莊王伐鄭，勝于皇門，放于路衢。鄭伯肉袒云云。莊王親自手旌，左右撝軍，退舍七里」。是其平事也。

大其平乎己也。注己，二大夫。疏注「己，二大夫」。○謂華元、子反，專己爲平，故曰「己」也。《後漢書・王望傳》：「昔華元、子反，楚、宋之良臣。不稟君命，擅平二國，《春秋》之義以爲美談。」本此大義也。

何大乎其平乎己？注据大夫無遂事。疏注「大夫無遂事」。○《莊十九年》傳語。大夫不得遂，今云「大其平乎己」，二者義反，故据以難。

莊王圍宋，軍有七日之糧爾。盡此不勝，將去而歸爾。疏舊疏云：「考諸舊本，或云：『軍有七日之糧爾，七日盡此不勝，將去而歸爾』，即云：『更留七日，盡此資糧而不得勝，將去宋而歸爾。』今定本無下『七日』二字。」《校勘記》云：「《唐石經》、諸本同。定本是也。」

於是使司馬子反疏《通義》云：「子反，楚右軍將，公子側也。」

乘堙而闚宋城。宋華元亦乘堙而出，見之。注堙，距堙，上城具。疏《校勘記》出「闚宋城」云：「《唐石經》、鄂本、閩、監本同。毛本『闚』改『窺』，非。」《韓詩外傳》載此文，「堙」皆作「闉」。○注「堙，距堙，上城具」。○《校勘記》出「土城具」云：「閩、監本同，誤也。鄂本『土』作『上』，當據正。」按：紹熙本亦作「上」。《公羊問答》云：「問『堙，距堙，上城具』，有據否？曰：《左傳》：『晏弱城東陽，而遂圍萊。甲寅，堙之環城，傅于堞。』《孫武子・攻城》篇：『攻城之法，脩轒轀，具器械，三月而後成距堙。』注：『謂踊土稍高而前，以傅其城也。』」按：《左傳》襄六年注：「堙，土山也。」蓋於城外積土而高，乘以登城者。築土爲之，故从土作垔也。《説文》作「垔」，訓爲塞，引《書》「鯀垔洪水」。今本作「堙」，與此義爲虚實之分也。《左傳》云「登諸樓車」，《史記》注引服虔云：「樓車，窺望敵軍，兵法所謂雲梯也。」亦堙之類，堙蓋用土築之爾。

司馬子反曰：「子之國何如？」華元曰：「憊矣！」疏《一切經音義》引《通俗文》

云：「疲極曰憊。」《説文・心部》：「㦘，㲉也。」《漢書・樊噲傳》：「又何憊也。」注：「憊，力極也。」《易・遯・象傳》：「遯，有疾憊也。」《釋文》引鄭注「困也」。又《既濟》：「憊也。」《釋文》引陸注：「憊，困劣也。」謂國困極也。困極事見下。曰：「何如？」注問憊意也。曰：「易子而食之，析骸而炊之。」注析，破。骸，人骨也。疏《左傳》：「使華元夜入楚師，登子反之牀，曰：『寡君使元以病告，曰：敝邑易子而食，析骸以爨。』」語與此同。唯以華元入楚師爲異。然不若《公羊》之詳，情勢亦不合。杜云：「爨，炊也。」用此傳也。《説文・火部》：「炊，爨也。」《方言》：「爨，齊謂之炊。」《韓詩外傳》作「爨」，下同。〇注「析，破」。〇《一切經音義》引《聲類》：「析，劈也。」《廣雅・釋詁》：「析，分也。」《淮南・俶真訓》：「析才士之脛。」注：「析，解也。」《説文・木部》：「析，破木也。」故詁析爲破也。〇注「骸，人骨也」。〇《左傳釋文》云：「骸，本又作骨。」《廣雅・釋器》：「骸，骨也。」《説文・骨部》：「骸，脛骨也。」《説苑・復恩》云：「邯鄲之民，炊骨，易子而食之。」是骸即骨也。故《史記・宋世家》、《楚世家》、《呂氏春秋・行論》篇並引作「骨」。司馬子反曰：「嘻！甚矣憊。雖然，注雖如所言。疏注「雖如所言」。〇《禮記・大傳》注云：「然，如是也。」言雖如是所言也。吾聞之也，圍者，注古有見圍者。疏《韓詩外傳》作「吾聞圍者之國」。柑馬而秣之，注秣者，以粟置馬口中。柑者，以木銜其口，不欲令食粟，示有畜積。疏《校勘記》云：「《唐石經》秣作末，柑當作拑。」按紹熙本亦作「秣」从「末」。《韓詩外傳》「柑」作「箝」。〇注「秣者」至「口中」。〇《公羊問答》云：「《説文》：『餗，食馬穀也。』今借作秣。」按：成十六年《左傳》「秣馬利兵」，注：「秣，穀馬也。」《禮部韻略・釋疑》引《字林》云：「秣，食馬穀。」《詩・小雅・鴛鴦》云：「摧之秣之。」傳：「秣，粟也。」又《周南・漢廣》云：「言秣其馬。」傳：「秣，養也。」《周禮・太宰》「七曰芻秣之式」，❶注：「芻秣，養牛馬禾穀也。」《漢書・魏相

❶「曰」，原作「日」，據《周禮注疏》改。

傳》：「禁秣馬、酤酒、貯積。」注：「秣，以粟米飤馬也。」○注「柑者」至「畜積」。○《釋文》云：「柑，以木銜馬口。」《公羊問答》云：「《後漢書・崔寔傳》：『方將柑勒鞬鞠以救之。』注引何氏此注，『柑』與『鉗』通。《後漢書・袁紹傳》：『百辟鉗口。』注：『以木銜其口也。』」按：此經注「柑」字，皆當作「拑」。《説文・竹部》：「箝，籋也，从竹拑聲。」又《金部》：「鉗，以鐵有所劫束也，从金甘聲。」又《手部》：「拑，脅持也，从手甘聲。」《後漢書・單超傳》：「上下鉗口。」注：「拑與鉗，古字通。」《漢書・袁盎傳》注：「箝，籋也。」又《五行志》注：「拑，籋也。」又《江充傳》注：「鉗，鑷也。」以木攝馬口如鉗，故曰拑。或作箝，《鬼谷子》有《飛箝篇》，注云：「箝，謂牽持緘束，令不得脱。」蓋拑、箝、鉗皆可，惟不得作柑，柑乃果名也。吴氏《經説》云：「柑从木，《釋文》、《唐石經》並同，而《説文》無柑木者，『某，从木从甘』，訓酸果，與柑馬素無涉。夌雲謂『柑』當止作『甘』，即銜也。甘，銜古今字。以金置馬口中曰銜，行馬則銜之，止馬則卸之，故銜从金行聲。甘，《説文》作甘，从口含一，象口中有物形，正銜在馬口中象也。古文一字兼數義者甚多，則『甘』即『柑』之本字明矣。《説文》：『拑，脅持也。』『鉗，以鐵有所結束也。』此謂持以手，束以鐵，若口之含物然，故从手从金。銜，馬口所銜，不能銜物，古即有以木爲之者。不當从木，柑俗字也。馬口有柑，則不能食。置粟馬前，示敵以粟有餘也。注謂『以粟置馬口中』，非是。」按：注意「秣」本飤馬之名，故云「以粟置馬口中」也。因有柑銜其口，故須人置之也。此本權以示敵有蓄積爾。使肥者應客，**注**示飽足也。

是何子之情也？」**注**猶曰：「何大露情。」

疏《論語・子路》篇：「則民莫敢不用情。」《集解》引孔子，❶注曰：「情，實也。」《禮記・大學》：「無情者不得盡其辭。」鄭注：「情，猶實也。」《淮南・繆稱訓》「不戴其情」，高注：「情，誠也。」「太露情」，即誠實之謂也。《韓詩外傳》「是」作「今」。「今」與「是」，皆指事之辭。

華元曰：「吾聞之，君子見人之厄則矜之，**注**矜，閔。**疏**注「矜，閔」。○《詩・小雅・鴻雁》：「爰及矜人。」傳：「矜，憐也。」《華嚴經音義》引

❶「孔子」，據《論語集解》，當爲「孔氏」之訛，下注《集解》引作「情，情實也」。

《字統》云：「矜，怜也。」《書・吕刑》云「矜我一日」，《釋文》引馬注：「矜，哀也。」《方言》：「矜，哀也。齊魯之閒曰矜，秦晉之閒曰哀。」哀、憐皆有閔義。

小人見人之厄則幸之。**注** 幸，僥幸。**疏**《韓詩外傳》二「厄」字皆作「困」，同。○注「幸，僥幸」。○《國語・晉語》云：「武不行而勝，幸也。」又《荀子・王制》云：「朝無幸位，民無幸生。」注並云：「僥幸也。」按：《後漢書・鮑永傳》「誠慙以其衆幸富貴」，注：「幸，希也。」小人見人之厄則希幸之也。希所不當希曰幸。《小爾雅・廣義》：「非分而得謂之幸。」《論衡・幸偶篇》：「孔子曰：『君子有不幸而無有幸，小人有幸而無不幸。』」是也。蓋猶言幸災樂禍也。

吾見子之君子也，是以告情于子也。」**疏**《左傳》：「寡君使元以病告。」是即以情告子之事也。

司馬子反曰：「諾。**注** 諾者，受語辭。**疏** 注「諾者，受語辭」。○《廣雅・釋詁》云：「諾，譍也。」《説文》同。《詩・魯頌・閟宮》云：「莫敢不諾。」箋：「諾，應聲也。」《荀子・王霸》云「刑賞已諾」，注：「諾，許也。」許即受語辭也。《文選・傚曹子建樂府白馬篇》「一朝許人諾」，注：「相然許之辭也。」

勉之矣。**注** 勉，猶努力，使努力堅守之。**疏** 注「勉猶」至「守之」。○《吕覽・達鬱》篇：「臣乃今將爲君勉之。」注：「勉，勵也。」《小爾雅・廣詁》：「勉，力也。」勉勵、勉力，皆有努力之義。故《法言・孝至》篇：「所以行之者一，曰勉。」注云：「勉，勵也。」《左傳》昭二十年「爾其勉之」，注云：「勉，謂努力也。」《方言》「猶勉努也」，注「勉努者，如今人言努力也」是也。故《古詩十九首》内有「努力加餐飯」，李陵《與蘇武詩》有「努力崇明德」，皆勉語也。

吾軍亦有七日之糧爾，盡此不勝，將去而歸爾。」揖而去之，反于莊王。**注** 反報于莊王。**疏** 注「反報于莊王」。○《國語・晉語》「反使者」，注：「反，報也。」《史記・樂書》「反其所自始」，❶《正義》：「反，猶報也。」反即訓報，故云「反報」也。

莊王曰：「何如？」司馬子反曰：「憊矣。」曰：「何如？」曰：「易子而食之，析骸而

❶「樂」，原作「禮」，據《史記》改。

炊之。」莊王曰：「嘻！甚矣憊。雖然，**注**雖已憊。**疏**注「雖已憊」。○范望注《太玄・務測》曰：「然，猶是也。」言雖是憊也。吾今取此，然後而歸爾。」**注**意未足也。**疏**《經傳釋詞》云：「而，猶乃也。言然後乃歸也。莊十二年《穀梁傳》：❶『國而曰歸，此邑也，其言歸何？』言國乃曰歸也。《論語・泰伯》篇『而今而後』，言乃今乃後也。」注言「意未足」者，謂但會宋憊不足也，志在必取爾。司馬子反曰：「不可。臣已告之矣，軍有七日之糧爾。」莊王怒，曰：「吾使子往視之，子曷爲告之？」**疏**毛本「子」誤「則」。司馬子反曰：「以區區之宋，**注**區區，小貌。**疏**注「區區，小貌」。○《廣雅・釋詁》：「區，小也。」又《釋訓》云：「區區，小也。」《文選》朱浮《與彭寵書》：「柰何以區區漁陽而結怨天子？」李注：「區區，言小也。」襄十七年《左傳》「宋國區區」，《釋文》：「區區，小貌。」《漢書・楚元王傳》：「豈謂區區之禮哉。」注：「區區，謂小也。」又《楊王孫傳》：「何必區區獨守所聞。」注：「區區，小意也。」區有小義，故區爲狀辭。猶有不欺人之臣，可以楚而無乎？是以告之也。」莊王曰：「諾。」**注**先以諾受，絶子反語。**疏**注「先以」至「反語」。○《孟子・梁惠王》篇：「公曰諾。」注：「諾，止不出。」此亦「諾」，「止不取」之義，恐子反仍諫故也。舍而止。**注**更命築舍而止，示無去計。**疏**注「更命」至「去計」。○《左傳》：「申叔時僕曰：『築室，反耕者，宋必聽命。』從之。宋人懼。」注：「築室於宋，分兵歸田，示無去志。」《左傳》敘於華元見子反前爲異。《説文・人部》：「市居曰舍。」《漢書・高帝紀》「欲止宮休舍」，注：「舍，謂屋舍也。」《太玄》「去舍彼枯園」，注：「舍，居也。」《周禮・司戈盾》「及舍」，注：「止也。」築室而止，故亦詁舍爲止。《韓詩外傳》無「諾。舍而止」。《通義》云：「先勉受子反語，言將舍宋，止而弗攻。」以此爲莊王語，非何義。「雖然，**注**雖宋已知我糧短。**疏**《玉篇・虫部》：

❶「二」，原作「三」，據《春秋穀梁傳注疏》改。

「雖，辭兩設也。」《經傳釋詞》：「然，詞之轉也。」莊王雖勉諸子反而意仍不然。**吾猶取此，然後歸爾。」**

注欲徵糧待勝也。**疏**注「欲徵糧待勝也」。○此亦何氏以意測之。《通義》云：「繼乃道王本意，終弗舍而止。尅其憊甚，七日不解，必內潰云爾。」夫七日不去，楚糧亦絶，何以使宋內潰，故云：「徵糧待勝也。」

司馬子反曰：「然則君請處于此，臣請歸爾。」

疏《白虎通·諫諍》篇：「親屬諫不得放者，骨肉無相去離之義也。《春秋傳》曰：『司馬子反曰：「君請處乎此，臣請歸。」』子反者，楚公子也，時不得放。』」明人臣三諫不從，宜去。子反，楚公子，故不從，仍返國也。

莊王曰：「子去我而歸，吾孰與處于此？吾亦從子而歸爾。」引師而去之，故君子大其平乎己也。

注大其有仁恩。**疏**《左傳》「華元登子反之牀，起之，曰：『寡君使元以病告。曰：敝邑易子而食，析骸以爨。雖然，城下之盟，有以國斃，不能從也。去我三十里，唯命是聽。』子反懼，與之盟，而告王。退三十里，宋及楚平。華元爲質。盟曰：『我無爾詐，爾無我虞。』」似是華元要劫爲盟，與此詳略互見。蓋盟在先，反報莊王在後也。《繁露·竹林》篇：「司馬子反爲其君使，廢君命，與敵情，從其所請，與宋平，是內專政而外擅名也。專政則輕君，擅名則不臣，而《春秋》大之，奚由哉？曰：爲其有慘怛之恩，不忍餓一國之民，使之相食。推恩者遠之而大，爲仁者自然而美。今子反出己之心，矜宋之民，無計其閒，故大之也。」是即何氏大其有仁恩之義也。《繁露》又云：「難者曰：《春秋》之法，卿不憂諸侯，政不在大夫。子反爲楚臣而恤宋民，是憂諸侯也。不復其君而與敵平，是政在大夫也。溴梁之盟，信在大夫，而《春秋》刺之，爲其奪君尊也。平在大夫，亦奪君尊，而《春秋》大之，此所閒也。且《春秋》之義，臣有惡，擅名美，故忠臣不顯諫，欲其由君出也。《書》曰『爾有嘉謀嘉猷，入告爾君于內，爾乃順之于外，曰此謀此猷，惟我君之德』，此爲人臣之法也。古之良大夫，其事君皆若是。今子反去君近而不復，莊王可見而不告，皆以其解二國之難爲不得已也。柰其奪君名美何？此所惑也。曰：《春秋》之道，固有常有變，變用於常，常用於變，各止其科，非相妨也。今諸子所稱，皆天下之常，雷同之義也。子反之行，一曲之變，術脩之義也。夫目驚而體失其容，心驚而事有所忘，人之情也。通於驚之情者，取其一美，不盡其失。《詩》云：『采葑采菲，無以下體。』此之謂也。今子反往視宋，聞人相食，大驚而哀之，不意之至於此也，是以心駭目動而違常禮。禮者，庶於仁文質而成體者也。今使人相食，大失其仁，安著其禮？方救其質，奚恤其文？故曰『當仁不讓』，此之謂也。《春秋》之辭，有所謂賤者，有賤乎賤者。夫有賤乎賤者，則亦有貴乎貴者矣。今讓者《春秋》之所貴。雖然，見人相食，驚人相爨，救之忘其讓，君子之道有貴於讓者也。故說《春秋》者，無以平定之常義，疑變故之大則，義幾可諭矣。」❶反覆大子反之義，極爲平允。《韓詩外傳》云：「君子善其平己也。華元以誠告子反，得以解圍，全二國之命。《詩》云：『彼姝者子，何以告之？』君子善其以誠相告也。」是亦《公羊》義也。此皆大夫也，疏《校勘記》云：「《唐石經》、鄂本、閩、監本同。毛本『皆』誤『其』。」按：紹熙本亦作「皆」。其稱人何？貶。曷爲貶？注据大其平。平者在下也。注言在下者，譏二子在君側，不先以便宜反報，歸美于君，而生事專平，故貶稱人。等不勿貶，不言遂者，在君側，無遂道也。❷以主坐在君側，遂爲罪也。知經不以文實貶也。凡爲文實貶者，皆以取專事爲罪。月者，專平不易。疏注「言在」至「稱人」。○《後漢書·馮衍傳》「《顯志賦》云『嫼子反於彭城兮』」，注：「嫼，吕忱《字林》音仕眷反，❸勉也。」《東觀記》作『譏』字。此雖作『嫼』，蓋亦譏刺之意。」謂二子專平之美，不歸於君故也。《繁露·陽尊陰卑》篇云：「是故《春秋》君不名惡，臣不名善，善皆歸於君，惡皆歸於臣。臣之義比於地，故爲人臣者，視地之事天也。」又《五行對》云：「風雨者，地之所爲。地不敢有其功，名必上之於天。命若從天命者，勤勞在地，名一歸於天。非至有義，其孰能行此。」○注「等不」至「道也」。○《校勘記》出「等不勿貶」云：「疏標起訖亦作

❶「則義」二字原倒置，據《春秋繁露》改。
❷「無」，國圖藏清抄本無。
❸「眷」，原作「春」，據《後漢書》改。

『等不勿貶』，言與不勿貶相等，謂貶也。此本『勿』作『物』，誤。今訂正。」按：紹熙本亦作「勿」。《莊十九年》：「遂及齊侯、宋公盟。」傳：「大夫無遂事，此其言遂何？《聘禮》：『大夫受命不受辭，出境有可以安社稷，利國家者，則專之可也。』」彼公子結不在君側，故得言遂。此與彼殊，故雖貶大夫專平，不書遂也。舊疏云：「若言遂，當言『楚圍宋，宋華元、楚子反，遂平于宋』矣。」然子反亦不得書字。貶言遂者，《僖三十年》「公子遂如京師，遂如晉」之屬是也。○注「以主」至「罪也」。○正以遂者，專事之辭。此主書者雖大其平，仍坐其在君側行遂事也。○注「知經」至「爲罪」。○《通義》云：「平例舉國，獨此稱人，故知見貶義。不發文實與，所以醕事君之義，杜要上之漸。」舊疏云：「爲文實傳者，在君側，無專道，實亦不與也。雖大其平，猶不貶者，皆以時無王霸，諸侯專事，雖違古典，于時爲宜。是以《春秋》文雖貶惡，其實與之，即《僖元年》『齊師』云云，救邢貶齊侯稱師，刺其專事，不言狄人滅邢而爲之諱，見非實與是也。」❶按：此專坐在君側，專事爲罪，非謂無明王方伯，專事罪之，故直貶稱人，以起其專，無爲實與文不與，故經無與文也。○注「日者，專平不易」。○《定十一年》「冬，及鄭平」，注：「不書月者，易故也。」是不書月爲易，則書月爲不易矣。猶《定十年》「春，王三月，及齊平」，注「月者，頰谷之會，齊侯欲執定公，故不易」是也。《通義》云：「凡平而後有反復者月，信者時。」何氏無此義。

六月癸卯，晉師滅赤狄潞氏，以潞子嬰兒歸。疏 包氏慎言云：「六月書癸卯，月之二十一日。」杜云：「潞，赤狄之別種。潞氏國，故稱氏。子，爵也。」《大事表》：「今潞安府潞城縣東北四十里有古潞城，爲赤狄潞氏國。按：潞氏封域極廣，國都在潞安，而其邊邑則在今直隸廣平府曲梁縣，直接山東之界，延袤二省。傳云：『荀林父敗赤狄于曲梁，遂滅潞。』蓋師出其東而轉攻之，以絶其奔逸也。」《一統志》：「潞縣故城在潞安府潞城縣東北。」

潞何以稱子？注 据其滅稱氏。疏《通義》云：「据赤狄君未嘗見。」按：此爲氏與爵對舉，故注云「据其滅稱氏」也。孔改所據，無謂。潞子之爲善

❶「非」字，《春秋公羊傳注疏》無此字，當刪。

也躬，足以亡爾。注躬，身。疏《經義述聞》云：「謹按：躬行善事，無取滅亡之理，此非傳意也。古字『躬』與『窮』通，躬當讀爲窮。潞子之爲善也窮，言潞子之爲善也其道窮也。蓋潞子去俗歸義而無黨援，遂至于窮困。下文曰：『離于夷狄而未能合于中國。晉師伐之，中國不救，狄人不有。』是其窮於爲善之事也。何注失之。孔氏《通義》又以『躬』字屬下讀，而云『足以亡其躬』。按：經云『以潞子嬰兒歸』，未嘗殺之也，不得云『亡其躬』。古人字多叚借，必執本字以求之，則迂曲而難通矣。」按：王氏說甚允。○注「躬，身」。○《說文·身部》：「躳，身也。」《論語·子路》「吾黨有直躬者」，孔注：「直躬，直身而行。」《繁露·仁義法》篇：「潞子於諸侯，無所能正，《春秋》予之有義，其身正也。」蓋亦以躬作身解。雖然，君子不可不記也。離于夷狄，注疾夷狄之俗而去離之，故稱子。疏注「疾夷」至「稱子」。○《繁露·觀德》篇：「潞子離狄而歸，黨以得亡，《春秋》謂之子，以領其意。」《漢書·景武昭宣元功臣表》：「昔《書》稱『蠻夷率服』，《詩》云『徐方既來』，《春秋》列潞子之爵，爲其慕諸侯也。」應劭曰：「潞子離狄內附，《春秋》嘉之，稱其爵，列諸盟會也。」是其進稱子，爲其疾夷俗也。而未能合于中國。注未能與中國合同禮義，相親比也，故猶繫赤狄。疏《校勘記》云：「《唐石經》、鄂本、閩、監本同。毛本『于』改『於』。」○注「未能」至「赤狄」。○若醕同中國，當書「晉師滅潞氏」矣。晉師伐之，中國不救，狄人不有，是以亡也。注以去俗歸義亡，故君子閔傷，進之。日者，痛録之。名者，示所聞世始録小國也。録「以歸」者，因可責而責之。責而加進之者，明不當絕，當復其氏。疏昭六年《左傳》「女喪而宗室，於人何有？人亦於女何有？」注：「言人亦不能愛女也。」又《二十年》傳「是不有寡君也」，❶注：「有，相親有也。」《詩·王風·葛藟》：「亦莫我有。」古以「有」爲相親愛之義，故《廣雅》「仁、虞、撫，有也」是也。狄人不有，狄人不相親愛也。

❶「二十」下，原衍「六」字，據《春秋公羊傳注疏》刪。

○注「以去」至「進之」。○《繁露・王道》篇：「救文以質，見天下諸侯所以失其國者亦有焉。潞子欲合中國之禮義，離乎夷狄，未合乎中國，所以亡也。」又云：「觀乎潞子，知無輔自詛之敗。」自詛即自阻也。《釋名・釋言語》云：「詛，阻也。使人行事阻限于言也。」《繁露・仁義法》述此事又云：「故曰：義在正我，不在正人。此其法也。」潞子能正我，故進之也。○注「日者，痛録之」。○舊疏云：「正以凡滅例月，今此書日，故以爲哀痛而詳録之耳。」《通義》云：「凡滅國而以君歸者例日，惡其虐之甚。」然「以隗子歸」，不書日也。○注「名者」至「國也」。○舊疏云：「《僖二十六年》：『秋，楚人滅隗，以隗子歸。』彼注云：『不名者，所傳聞世，見治始起，責小國略。』然則此書名者，示所聞世始録小國也。」《通義》云：「謹案：所聞之世，小國君猶未名。名嬰兒者，亦以行進録之也。」○注「録以」至「責之」。○《僖二十六年》注云：「書以歸者，惡不死位。」是録以歸爲責辭。潞子去俗歸義，爲《春秋》所閔，本可不録責，而書以歸爲責辭，正以其行進在可責之限，《春秋》備責賢者之故也。○注「責而」至「其氏」。○舊疏云：「言其行既進，明不當絶滅其國，還當復其潞氏以爲國矣。」按：此《春秋》興滅國之義也。《穀梁傳》：「其曰潞子嬰兒，賢也。」《論語・述而》篇：「與其進也，不與其退也。」戴氏望注云：「《春秋》列國進乎禮義者與之，退則因而貶之。潞子離狄内附，稱其爵，列諸盟會，許其慕諸夏也。」按：《孟子・滕文公》篇：「吾聞用夏變夷者。」又曰：「吾聞出于幽谷遷于喬木者，未聞下喬木而入于幽谷者。」下引《魯頌》曰：「戎狄是膺，荆舒是懲。」是則《春秋》進潞子義也。

秦人伐晉。

王札子殺召伯、毛伯。

王札子者何？長庶之號也。**注** 天子之庶兄。札者，冠且字也。禮，天子庶兄冠而不名，所以尊之。子者，王子也。天子不言子弟，故變文上「札」，繫先王以明之。不稱伯仲者，辟同母兄弟，起其爲庶兄也。主書者，惡天子不以禮尊之，而任以權，至令殺尊卿二人。不言其大夫者，挈也。惡二大夫居尊卿之位，爲下所提挈而殺之。大夫相殺不稱人者，正之。諸侯大夫顧弒君重，故降稱人。王者至尊，不得顧。**疏**注「天子」至「尊之」。○《白虎通·王者不臣》篇：「諸父諸兄不名，諸父諸兄者親，與己父兄有敵體之義也。《詩》云：『王曰叔父。』《春秋傳》曰：『王札子何？長庶之稱也。』」《桓四年》注亦云：「諸父兄不名，經曰『王札子』、《詩》曰『王謂叔父』是也。」蓋謂既冠之後，天子字而不名，所以尊之也。○注「子者」至「明之」。○《文元年》注：「不稱王子者，時天子諸侯不務求賢，而專貴親親，故尤其在位子弟，刺其早任以權也。」故變文上「札」，不稱王子札也。上「繫先王」者，知爲今王之庶兄矣。《校勘記》出「故變文上札」云：「閩、監、毛本同。此本『上』作『王』，誤。」按：紹熙本亦作「上」。○注「不稱」至「兄也」。○上《十年》「天王使王季子來聘」，傳：「其稱王季子何？貴也。其貴柰何？母弟也。」是同母兄弟稱伯仲，此但稱其字，故起其爲庶兄也。所以分別之者，《隱七年》注云：「《春秋》變周之文，從殷之質。質家親親，明當親厚異於群公子也。」○注「主書」至「二人」。○舊疏云：「正以經不稱爵，知非公，故云『不以禮尊之』矣。正以堪殺二卿，故知『任以權』也。」《通義》云：「《春秋》文不空設，皆爲後世法。觀於王札子，知貴戚之禍；觀於三世內娶，知外戚之禍。」是也。○注「不言」至「殺之」。○此明兼譏二子義也。舊疏云：「由其爲下所提挈而殺之，失大夫位，故不云大夫也。居尊卿之位者，正以稱其伯仲字，知是尊卿耳。」○注「大夫」至「得顧」。○毛本「重」作「仲」，誤。《文十六年》傳：「大夫弒君稱名氏，賤者窮諸人。大夫相殺稱人，賤者窮諸盜。」是則大夫相殺稱人，今此不稱人，故解之。云「正之」者，舊疏云：「正之，使稱王札故也。所以正之者，諸侯大夫欲分別弒君殺大夫，故降稱人，顧弒君重故也。王者至尊，無有弒理，不必顧，故大夫相殺，不假降之稱人矣。」

秋，蝝。**注**從十三年之後，上求未已，而又歸父比年再出會，內計稅畝，百姓動擾之應。**疏**注「從十」至「之應」。○《校勘記》出「內計稅畝」云：「閩、監、毛本同，鄂本『計』作『議』。」上《十三年》「秋，蝝」，注云：「先是，新饑而使歸父會齊人伐莒，賦斂不足，國家遂虛，下求未已。」此年又蝝，故注承上言之也。「歸父比年再出」，即上《十四年》「公孫歸父會齊侯于穀」、《十五年》「公孫歸父會楚子于宋」也。「税畝」見下。《漢書・五行志中之下》云：「十五年秋，螽。宣無熟歲，數有軍旅。」

仲孫蔑會齊高固于牟婁。疏《左氏》、《穀梁》作「無婁」。按：牟、無古音之轉。《禮・士冠禮・記》：「毋追，夏后氏之道也。」《釋文》：「毋，音牟。」《公食大夫禮》注：「鴽，音毋。」《釋文》：「毋，音牟。」《方言一》：「憮、牟，愛也。韓鄭曰『憮』，宋魯之閒曰『牟』。」杜云：「無婁，杞邑。」《大事表》云：「《公羊》作『牟婁』，蓋即莒人所取。然此時已爲莒邑，杜注疑有誤。」

初税畝。

初者何？始也。疏《爾雅・釋詁》云：「初，始也。」十行本作「畆」，《唐石經》作「畒」，閩、監本作「畝」，毛本作「畞」，紹熙本亦作「畆」。按：《説文》作「晦」：「六尺爲步，步百爲晦。❶或从十久作畞。」鍇曰：「十，其制，久聲。」税畝者何？履畝而税也。注時宣公無恩信於民，民不肯盡力於公田，故履踐案行，擇其善畝穀最好者，税取之。疏《孟子・萬章》篇：「取之於民也，猶禦也。」趙注：「今諸侯賦斂不由其道，履畝强求，猶禦人也。」○注「時宣」至「取之」。○毛本「案」改「按」。《五行志中之下》：「是時民患上力役，解於公田。宣是時初税畝。税畝，就民田畝擇美者税其什一，❷亂先王制而爲貪利。」與何氏説合。《通義》云：「《穀梁傳》曰：『去公田而履畝，十取一也。』蓋古者八家同井，中爲公田，藉而不税。今去公田，則九家同井，而每畝税取其什之一，近貢法也。或以爲什二而税，非也。《論語》言『二』者，是哀公用田賦以後耳。」按：如所言，則什一而貢，猶是先王正法，《春秋》何爲責之？與「履」字義亦不合。《穀梁傳》謂：「古者什一，藉而不税。初税畝者，非公之去公田而履畝十取一也。」似亦與何義同。《孟子・公孫丑》篇：「耕者助而不税。」趙注：「助佐公家治公田，❸不横税賦，若履畝之類。」亦用《公羊》義也。杜注《左傳》云：「公田之法，十取其一。今又履其餘畝，復

❶「步百」，原作「百步」，據《説文解字》乙正。
❷「一」，原脱，今據《漢書》補。
❸「家」上，原衍「田」字，今據《孟子注疏》删。

什收其一。故哀公曰『二，吾猶不足』。遂以爲常，故曰初。」亦非。按：彼傳云「穀出不過藉」，謂不過藉民之力，以取所出穀爾，不當履民畝而税之也。似杜亦失傳意。《穀梁疏》引徐邈説，以爲除去公田之外，又税私田之什一耳，與杜合，亦非《穀梁》義。

初税畝，何以書？譏。何譏爾？譏始履畝而税也。

疏《潛夫論・班禄》篇：「履畝税而《碩鼠》作。」《鹽鐵論・取下》篇：「德惠塞而嗜欲衆，君奢侈而上求多，民困于下，怠於公事，❶是以有履畝之税，❷《碩鼠》之詩作也。」彼當出魯、韓《詩》。此下云「什一行而頌聲作」，似正對《碩鼠》詩言。

何譏乎始履畝而税？**注**据用田賦，不言初，亦不言税畝。**疏**注「据用」至「税畝」。○《哀十二年》「用田賦」是也。

古者什一而藉，**注**什一以借民力，以什與民，自取其一，爲公田。**疏**注「什一」至「公田」。○下注云：「一夫一婦受田百畝，公田十畝。」與《漢書・食貨志》同。是爲一夫受田一百十畝，百畝入己，十畝入公。是爲「以什與民，自取其一」。蓋一在十之外也。《周禮・載師職》：「凡任地，近郊十一，遠郊二十而三。甸、稍、❸縣、都，皆無過十二。唯其漆林之征，二十而五。」蓋據王畿之内所共多，故賦税重也。此傳税法，據諸侯邦國言。蓋國地狹小，役少賦暇，故無遠近之差也。又《周禮》所記，或是貢法。《通義》云：「《孟子》曰：『助者，藉也。』不言徹言助者，傳順經意，有從殷之質，故取法其善者。」段氏玉裁《説文注》云：「耡，殷人七十而耡。耡，耤税也。从耒助聲。❹《周禮》曰：『以興耡利甿。』今《孟子》作『助』，《周禮注》引作『莇』。『耡』即以『借』釋之。耤税者，借民力以食税也。《遂人》注云：❺『鄭大夫讀耡爲藉，杜子春讀耡爲助，謂起民人令相佐助。』按鄭意，耡者合耦相助，以歲時合耦于耡，謂於里宰治處合耦，因謂里宰治處爲耡也。許以《周禮》證七十而耡，蓋其意同。」《廣雅疏證》

❶「怠」，原作「急」，今據《鹽鐵論》改。下同，不再出校。
❷「是」下，奪「以」字，據《鹽鐵論》補。
❸「稍」，原作「梢」，今據《周禮注疏》改。
❹「助」，原作「耡」，據《説文解字注》改。
❺「人」，原作「大夫」，據《説文解字注》改。

云：「《大雅・韓奕》篇『實畝實藉』，鄭箋曰：『藉，税也。』宣十五年《左傳》：❶『穀出不過藉。』杜預注云：『周法，民耕百畝，公田十畝，借民力而治之，税不過此。』《王制》：『古者公田藉而不税。』鄭注云：『藉之言借也，借民力治公田，美惡取於此，不税民之所自治也。』《説文》：『商人七十而耡。❷耡，耤税也。』耡字亦作莇，又作助。助與藉，古音同聲。《孟子・公孫丑》篇『助而不税』，即藉而不税也。《論語・顔淵》篇：『盍徹乎？』鄭注：『周法什一而税，謂之徹。徹，通也，爲天下之通法。』《孟子・滕文公》篇：『夏后氏五十而貢，殷人七十而助，周人百畝而徹，其實皆什一也。徹者，徹也。助者，藉也。』趙氏注：『徹，猶人徹取物也。藉者，借也，猶人相借力助之也。』鄭氏注《匠人》云：『貢者，自治其所受田，貢其税穀。莇者，借民之力以治公田，又使收斂焉。徹者，通其率以什一爲正也。』」姚氏文田《求是齋自訂稿》云：「徹之制度，終不能明，惟《周禮・司稼》云：❸『巡野觀稼，以年之上下，出斂法。』是知徹無常額，惟視年之凶豐，此其與貢異處。助法正是八家合作，而上收其公田之入，無煩更出斂法。然其弊必有如何休所云『不盡力於公田』者。故周直以公田分授八夫，至斂時，則巡野觀稼，合百十畝通計之，而取其什一。其法亦不異於助，故《左傳》云：『穀出不過藉。』然民自無公私緩急之異，此其與助異處。自魯宣公因其舊法而倍收之，是爲什而税二矣。謂之徹者，直是通盤核算，猶徹上徹下之謂。蓋非通融之義，故《孟子》既分釋徹、助之義，而又據《大田》之詩，以證其與助同法。先儒以貢、助並用爲辭，殆未然矣。」按：如姚義，似即宣公履畝之法，謂又取二也，猶爲杜説所牽。萬氏斯大《學春秋隨筆》云：「《孟子》言三代田制，莫善於助。言助法之形體曰：『方里而井，井九百畝，其中爲公田，八家皆私百畝，同養公田。』非謂成周之徹法如此也。《漢書・食貨志》直本此以言周制，後儒多相因不變。若是則周人乃百畝而助矣，何名爲徹哉？惟趙岐注《孟子》云：『周人耕百畝者，徹取其十畝以爲賦。』斯言得之矣。《司馬法》云：『畝百爲夫，夫三爲屋，屋三爲井。』《小司徒》亦云：『九夫爲井。』據此二文，是周人井九百

❶「五」，原作「六」，據《春秋左傳正義》改。
❷「商」，原作「殷」，據《説文解字》改。
❸「云」，原作「人」，今據上下文意改。

畝，分之九夫，每夫百畝，中以十畝爲公田，君取其入而不收餘畝之税。宣公於公田之外，更税餘畝之十一，故曰税畝也。」周氏柄中《四書辨正》云：「充宗之説，良不誣也。徹本無公田，故《孟子》曰：『惟助爲有公田。』言惟助有，則徹無，以明其制之異。言『雖周亦助』，見助豐凶相通，徹亦豐凶相通，明其意之同。若徹原是助，則人人共知，孟子何用詞費。徹無公田，《詩》曰『雨我公田』者，商家同井，公田在私田外。周家九夫爲井，公田在私田中。《夏小正》云：『農服于公田。』公田之稱可施於貢，獨不可施於徹乎？然則周何以變八夫爲九夫，此自任釣臺言之矣。蓋自商至周，歷六百餘年。生齒必日煩，無田可給，不得不舉公田授之民。及列國兵争，殺戮過甚，民數反少於周初，而徹法之壞已甚，故孟子欲改行助法，所謂與時宜之者。」此真通人之論也。鍾氏《裒蓺厓考古録》云：「《孟子》論井田之制，以夏爲貢，殷爲助，周爲徹，顯分其制。及引《大田》之詩，又謂『雖周亦助』，可知助、徹乃通名也。夏后氏五十而貢，其實亦是什一。獨不能通助、徹之名者，蓋因諸侯去籍，孟子末由攷之耳。《夏小正》：『正月，❶農及雪澤，初服于公田。』傳云：『古有公田焉者，古者先服公田而後服其田也。』❷可知公田之制，自夏已然。公劉雖由夏居戎，亦循有部之舊而不改也。然則貢即助、即徹，皆不離乎什而税。誤以公劉創什一之税，可乎？大抵周家典禮，多夏殷之制，特其斟酌損益，少有不同耳。」按：鍾氏説極爲明晰。貢者以上言。徹者，取也，以下言。助者，指其事言。要皆借民力什取一耳。《孟子》不憚煩言者，容當時列國井田已壞，故特申明舊制，極言貢不如助。蓋時冒貢之名，非貢之實。若時尚沿殷周之舊，何庸畢戰問哉。且夏時興創貢法，若如龍子所言，豈神禹之所爲哉？商君阡陌之開，殆所本有素矣。周氏謂殷周之異，一則八家爲井，一則九家爲井，一則公田在私田外，一則公田在私田中。何注據殷制，故云「以什與民，自取其一」。周則取一在十中矣。其説似亦可通。《王制》疏云「凡賦法無過十一」，故《孟子》云：「輕於十一，大貉小貉；重於什一，大桀小桀。十一而税，堯舜之道。」但周之圻内有參差，統而言之，皆什一。若圻外，先儒約《孟子》、《樂緯》，皆九夫爲井，八

❶「正」，原作「二」，據《大戴禮記》改。
❷「者」，原作「言」，據《大戴禮記》改。

家共治公田八十畝，已外二十畝，以爲八家井竈廬舍，是百畝之外别爲助，是十外税一。郊外既十外税一，郊内亦十外税一。假令治一夫之田，得百十碩粟，而貢十碩，是亦什外税一也。劉氏以爲《匠人》注引《孟子》「野九夫而税一，國中什一」。諸侯謂之徹者，通其率以十一爲正，則謂野九夫之田而税一，國中十一夫之田而税一，是二十夫之田中而税二。計地言之，是十中税一；計夫實税，猶十外税一，與先儒同也。

古者曷爲什一而藉？**注**据數非一。**疏**注「据數非一」。○正以《周禮·載師》有二十而一，有十一，有十二，有二十而三，有二十而五。又《論語·顔淵》篇：「哀公曰：二，吾猶不足。」又《孟子·告子》篇：「白圭曰：『吾欲二十而取一。』」是輕重之數非一也。

什一者，天下之中正也。多乎什一，大桀小桀；**注**奢泰多取於民，比於桀也。**疏**《孟子·告子下》：「欲重之於堯舜之道者，大桀小桀也。」趙注：「堯舜以來，什一而税，足以行禮，故以此爲道。欲重之過什一，則夏桀爲大桀，子爲小桀也。」《尚書大傳》説《多方》云：「古者什税一，多於什税一，謂之大桀小桀。」舊疏云：「夏桀無道，重賦於人。今過什一，與之相似。若十取四五，則爲桀之大貪。若取二三，則爲桀之小貪。」較之趙義爲長。按：此及下小貉大貉等語，似當時成語，故此傳及《孟子》、《書傳》並引用焉。○注「奢泰」至「桀也」。○舊疏引舊説云：「不言紂者，近事不嫌不知。」按：桀之與紂，科取其一，無定義也。舊疏云：「所以不言紂者，略舉以爲説爾。」

寡乎什一，大貉小貉。**注**蠻貉無社稷、宗廟、百官制度之費，税薄。**疏**《釋文》「貉」作「貊」。《論語·衛靈公》篇：「雖蠻貊之邦行矣。」亦作「貊」。《孟子》又云：「欲輕之於堯舜之道者，大貉小貉也。」趙注云：「今欲輕之，二十税一者，夷貉爲大，子爲小貉也。」舊疏云：「若十四五乃取其一，則爲大貉行；若十二、十三乃取一，則爲小貉行。」亦不取趙義。趙氏專以二十税一爲小貉，亦泥。蓋輕於什一，即是貉也，不必至二十取一也。《尚書大傳》又云：「少於什税一，謂之大貊小貊。王者什一而税，頌聲作矣。故《書》曰：『越惟有胥賦小大多政。』」伏氏以小桀大桀、小貊大貊明《多方》大小二字。政者，正也。今《書》作正，小大多得其正也。

江氏聲《尚書集注音疏》云：「胥，繇役。繇役亦賦也，故曰胥賦。蓋胥賦即稅正，即謂什一。中正，謂胥賦之輕重一本於中正。小之不致爲小桀、小貊；大之不致爲大桀、大貊。」與此舊疏同。故《詩疏》引《鄭志》答張逸曰：「稅法有常，不得薄。今魏君不取於民，唯食園桃而已。非徒薄于什一，故刺之。」亦即大貉小貉之類與？○注「蠻貉」至「稅薄」。○《孟子》又云：「夫貉，五穀不生，唯黍生之。無城郭、宮室、宗廟、祭祀之禮，無諸侯、幣帛、饔飧，無百官有司，故二十取一而足也。」《說文》：「貉，北方豸種，从豸各聲。孔子曰：『貉之言惡也。』」此言蠻者，連舉之爾。《史記·匈奴列傳》「居于北蠻」，是北方亦稱蠻也。又云：「隨畜牧而轉移，逐水草遷徙，毋城郭常處、耕田之業。」明無社稷、宗廟等也。

什一者，天下之中正也。什一行而頌聲作矣。

注 頌聲者，太平歌頌之聲，帝王之高致也。《春秋》經、傳數萬，指意無窮狀，相須而舉，相待而成。至此獨言「頌聲作」者，民以食爲本也。夫飢寒並至，雖堯舜躬化，不能使野無寇盜；貧富兼并，雖皋陶制法，不能使彊不淩弱。是故聖人制井田之法而口分之。一夫一婦受田百畝，以養父母妻子。五口爲一家，公田十畝，即所謂十一而稅也。廬舍二畝半，凡爲田一頃十二畝半。八家而九頃，共爲一井，故曰井田。廬舍在內，貴人也；公田次之，重公也；私田在外，賤私也。井田之義：一曰無泄地氣，二曰無費一家，三曰同風俗，四曰合巧拙，五曰通財貨。因井田以爲市，故俗語曰市井。種穀不得種一穀，以備災害。田中不得有樹，以妨五穀。還廬舍種桑荻雜菜，畜五母雞、兩母豕，瓜果種疆畔。女工蠶織，老者得衣帛焉，得食肉焉，死者得葬焉。多於五口，名曰餘夫。餘夫以率受田二十五畝。十井共出兵車一乘。司空謹別田之高下善惡，分爲三品：上田一歲一墾，中田二歲一墾，下田三歲一墾。肥饒不得獨樂，墝埆不得獨苦。故三年一換主易居，財均力平。兵車素定，是謂均民力，彊國家。在田曰廬，在邑曰里。一里八十户。八家共一巷，中里爲校室。選其耆老有高德者，名曰父老；其有辯護伉健者，爲里正，皆受倍田，得乘馬。父老比三老、孝弟官屬，里正比庶人在官吏。民春夏出田，秋冬入保城郭。田作之時：春，父老及里正，旦開門坐塾上，晏出後時者，不得出。莫不持樵者，不得入。五穀畢入，民皆居宅。里正趨緝績。男女同巷，相從夜績，至於夜中。故女功一月得四十五日作。從十月盡正月止。男女有所怨恨，相從而歌。飢者歌其食，勞者歌其事。男年六十，女年五十，無子者，官衣食之。使之民閒求詩，鄉移於邑，邑移於國，國以聞於天子。故王者不出牖户，盡知天下所苦；不下堂，而知四方。十月事訖，父老教於校室。八歲者，學小學；十五者，學大學。其有秀者，移於鄉學。鄉學之秀者，移於庠。庠之秀者，移於國學，學於小學。諸侯歲貢小學之秀者於天子，學於大學，其有秀者，命曰進士。行同而能偶，别之以射，然後爵之。士以才能進取，君以考功授官。三年耕，餘一年之畜；九年耕，餘三年之積；三十年耕，有十年之儲。雖遇唐堯之水，殷湯之旱，民無近憂。四海之内，莫不樂其業，故曰頌聲作矣。【疏】《鹽鐵論·未通》云：「什一而藉，民之力也。豐耗美惡，與民共之。❶民饉，己不獨衍；民衍，己不獨饉。故曰：『什

❶「共」下，原脱「之」字，據《鹽鐵論》補。

一者，天下之中正也。』」又《取下》篇：「德惠塞而嗜慾衆，❶君奢侈而上求多，民困於下，怠於公事，❷是以有履畝之稅，《碩鼠》之詩作也。」履畝、《碩鼠》爲一事，當出三家《詩序》。知此云「頌聲作」者，正爲《碩鼠》詩而言。《公羊》與三家《詩》皆今文，故説相近。《潛夫論·班禄》云「履畝稅而《碩鼠》作」，是其明證。又《潛夫論》下云：「賦斂重而譯告通，❸班禄頗而《頎父》刺，行人乏而《緜蠻》諷。」皆上見《序》，下見《詩》，則《碩鼠》與履畝相連爲一事矣。傳云「什一行而頌聲作」，與「履畝稅而《碩鼠》作」相對，所以隱譏之也。《周禮疏》引《異義》：「『今《春秋公羊》説，十一而稅。過於十一，大桀小桀；減於什一，大貉小貉。什一稅，天下之正。什一行而頌聲作。故《周禮》説，國中園廛之賦，二十而稅一，近郊十而稅一，遠郊二十而稅三。有軍旅之歲，一井九夫百畝之賦，出禾二百四十斛，芻秉二百四十斛，釜米十六斗。謹按：《公羊》十一稅，遠近無差。漢制收租，田有上中下，與《周禮》同義。』玄之聞也：『《周禮》制稅法輕近而重遠者，爲民城道溝渠之役，近者勞，遠者逸故也。其授民田，家所養者多，與之美田，所養者少，則與之薄田。其調均之而足，故可以爲常法。漢無授田之法，富者貴美且多，貧者賤薄且少。美薄之收不通相倍蓰，而云「上中下與《周禮》同義」，未之思也。又《周禮》六篇，無軍旅之歲，一井九夫百晦之稅，出禾、芻秉、釜米之事，何以得此言乎？』」是《周禮》與《春秋》不必强合。《公羊》舉其稅之正者言，明爲後世立法故也。《漢書·賈山傳》：「昔者周蓋千八百國，以九州之民養千八百國之君，用民之力，不過歲三日，什一而藉。君有餘財，民有餘力，而頌聲作。」又《王莽傳》：「古者設廬井八家，一夫一婦田百畝，什一而稅，❹則國給民富而頌聲作。此唐虞之道，三代所遵行也。」皆本此爲説。○注「頌聲」至「致也」。○《詩譜》云：「頌之言容。天子之德光被四表，格於上下，無不覆燾，無不持載，此之謂容。於是和樂興焉，頌聲乃作。」又云：「頌者，美盛德之形容，以其成功，告於神明者也。」是頌者，太平歌頌之聲也。「帝王之高致」者，舊疏云：「謂帝王之行

❶「衆」，本作「重」，據《鹽鐵論》改。
❷「怠」，原作「急」，據《鹽鐵論》改。
❸「譯」，原作「譚」，據《潛夫論》改。
❹「什」下，原脱「一」，據《漢書》補。

清高，乃致頌聲，故曰『高致』也。」舊疏又云：「文、宣之時，乃升平之世也，而言頌聲作者，因事而言之故也。何者？文、宣之世，乃升平之世，言但能均其衆寡，等其功力，平正而行，必時和而年豐，什一而税之，則四海不失業，歌頌功德而歸鄉之，故曰頌聲作矣。不謂宣公之時實致頌聲。」○注「春秋」至「本也」。○舊疏云：「言《春秋》經與傳數萬之字，論其科指意義，實無窮。然其上下經例，相須而舉；其上下意義，相待而成。以此言之，則非一言可盡。至此獨言『頌聲作』者，正以此處論税畝之事。若税畝得所，以致太平，故云民以食爲本也。」《繁露·玉杯》云：「《春秋》赴問數百，應問數千，同留經中。繙援比類，以發其端，卒無妄言而得應於傳者。」❶民以食爲本，故於此税畝，特著「頌聲作」之故，以見相須而舉，相待而成也。○注「夫飢」至「凌弱」。○《校勘記》：「飢寒並至，鄂本、閩本同，監、毛本『飢』改『饑』，下及疏同」。《漢書·食貨志》：「晁錯説上曰：『民貧則奸邪生。貧生於不足，不足生於不農。不農則不地著，不地著則離鄉去家，民如鳥獸，雖有高城深池、嚴刑重法，猶不能禁也。夫寒之於衣，不待輕煖。飢之於食，不待甘旨。飢寒至身，不顧廉恥。人情一日不再食則飢，終歲不製衣則寒。夫腹飢不得食，膚寒不得衣，雖慈母不能保其子，君安能有其民哉！』」《鹽鐵論·授時》云：「周公之相成王也，百姓饒樂，國無乏人，非代之耕織也。易其田疇，薄其税斂，則民富矣。上以奉君親，下無飢寒之憂，則教可成也。」是即飢寒並至，雖堯舜不能爲治也。《食貨志》又云：「衣食足而知禮節，倉廩實而知榮辱。」《史記·平準書》：「漢興七十餘年之間，民則家給人足，❷都鄙廩庾皆滿。故人人自愛而重犯法也。」《平準書》又云：「當此之時，網疏而民富，役財驕溢，或至兼并。豪黨之徒，以武斷於鄉曲。」是即强陵弱事也。「彊陵弱」見隱三年《左傳》。○注「是故」至「税也」。○閩、監、毛本作「什一」。《食貨志》又云：「故又建步立晦，❸正其疆界。六尺爲步，步百爲晦，晦百爲夫，夫三爲屋，屋三爲井，井方一里，是爲九夫，八家共之，各受私田百畝，公田十畝，是爲八百八十畝。」《後漢書·劉寵傳》注：「謹按：『《春秋井田

❶「者」字，原脱，據《春秋繁露》補。
❷「家給人足」，原作「人給家足」，見《史記·平準書》。
❸「晦」，原作「疇」，據《漢書》改。

記》人年三十，❶受田百畝，以食五口。五口爲一户，父母妻子也。』」《繁露・爵國》云：「以井田準數之，方里而一井，一井而九百畝而立口。方里八家，一家百畝，以食五口。」《孟子》言八口之家者，子女容有多者，舉其極言焉。○注「廬舍」至「井田」。○《食貨志》又云：「餘二十畝以爲廬舍，出入相友，守望相助，疾病相救。❷民是以和睦而教化齊同，力役生産，可得而平也。」蓋百畝爲一頃，八家得八頃。又公田八十畝，廬舍二十畝，共一頃，是爲八家而九頃也。《韓詩外傳》：「古者八家而井田。方里而爲井。廣三百步，長三百步爲一里，其田九百畝。廣一步，長百步，❸爲一畝。廣百步，長百步，爲百畝。八家爲鄰，家得百畝。家爲公田十畝，餘二十畝共爲廬舍，各得二畝半。八家相保，出入更守，疾病相憂，患難相救，有無相貸，飲食相召，嫁娶相謀，漁獵分得，仁恩施行，是以民和親而相好。《詩》曰：『中田有廬，疆埸有瓜。』」《劉寵傳》注引《井田記》又云：「公田十畝，廬舍五畝，成田一頃十五畝，八家而九頃二十畝，共爲一井。」《孟子・滕文公》篇：「方里而井，井九百畝，其中爲公田。八家皆私百畝，❹同養公田。」趙注：「方一里者，九百畝之地也，爲一井。八家各私得百畝，同共養其公田之苗稼。公田八十畝，其餘二十畝，以爲廬井宅園圃，家二畝半也。」《公羊問答》：「問注『廬舍二畝半』，《食貨志》之外有徵乎？曰：《孟子》曰『五畝之宅』，趙注：『廬井邑居，各二畝半，以爲宅。冬入保城二畝半，故爲五畝也。』《説文》：『廬，寄也。秋冬去，春夏居。廛，二畝半也。』按：廛即里也。何下注云：『在田曰廬，在邑曰里。春夏出田，秋冬入保。』皆與許、趙同，不獨合於《漢志》。」《王制》疏引《樂緯》云「九家爲井，❺八家共治公田八十畝。已外二十畝爲廬舍井竈」是也。○注「廬舍」至「市井」。○《劉寵傳》注：「《井田記》曰：廬舍在内，貴人也。公田次之，重公也。私田在外，賤私也。井田之義：一曰無泄地氣，二曰無費一家，三曰同風俗，四曰合巧拙，五

❶「三十」下，原衍「歲」字，據《後漢書》删。
❷「相」，原訛「則」，據《漢書》改。
❸「百」，原作「一」，據《韓詩外傳》改。
❹「家」，原作「百」，據《孟子注疏》改。
❺「樂」，原作「書」，今據《禮記注疏》改。

曰通貨財。因井爲市，❶交易而退，故稱市井也。」《風俗通》云：「謹按：古者二十畝爲一井，因爲市交易，故稱市井。」閻氏若璩《釋地續》云：「《後漢·劉寵列傳》：『拜會稽太守。山民愿朴，乃有白首不入市井者。』父老自稱『山谷鄙生，未嘗識郡朝』。郡朝，太守之廳事也。此可證市井貼在國都言。注引《風俗通義》，以井爲井田，則在野矣，非市交易之處。井，共汲之所。又引張守節曰：『古人未有市及井。若朝聚井汲水，便將貨物於井邊售賣，故言市井。』按：因井爲市，蓋始於三代以前。初作井田時，民情儉朴，無非尋常食用，故於井田間交易，非必汲水之井也。後世漸趨於文，百貨交易，必於都會聚集之所，因亦謂之市井。《孟子·萬章》篇所謂『在國曰市井之臣』是也。」○注「種穀」至「葬焉」。○《校勘記》云：「《食貨志》無『荻』字，此『荻』當作『萩』。荻者，楸之叚借字。楸者，梓也。」又出「女上蠶織」云：「閩、監、毛本同。浦鏜云：『工』誤『上』。按：上同尚。」按：紹熙本作「工」。《穀梁傳》曰：「古者公田爲居，井竈葱韭盡取焉。」注：「損其廬舍，家作一園，以種五菜，外種楸桑，以備養生送死。」《食貨志》又云：「種穀必雜五種，以備災害。田中不得有樹，以妨五穀。力耕數耘，收穫如寇盜之至。還廬樹桑，菜茹有畦。瓜瓠果蓏，殖於疆易。雞豚狗彘，無失其時。女修蠶織，則五十可以衣帛，七十可以食肉。」《詩·小雅·信南山》云：「中田有廬，疆場有瓜。」箋云：「中田，田中也。農人作廬焉，以便其田事。」《孟子·梁惠王》篇：「五畝之宅，樹之以桑，五十者可以衣帛矣。雞豚狗彘之畜，無失其時，七十者可以食肉矣。」又《盡心》篇：「五畝之宅，樹牆下以桑，匹婦蠶之，則老者足以衣帛矣。五母雞、二母彘，無失其時，老者足以無失肉矣。」❷《梁惠王》又云：「穀與魚鱉不可勝食，材木不可勝用，是使民養生送死無憾也。」與何氏注同。故《周禮·載師職》云：「凡宅不毛者，有里布。」鄭司農云：「宅不毛者，謂不樹桑麻也。」又《閭師職》：「凡庶民不畜者，祭無牲。不耕者，祭無盛。不樹者，無椁。不蠶者，不帛。不績者，不衰。」注：「掌罰其家事也。」皆所以責民樹畜者也。《禮記·王制》云：「六十非肉不飽，七十非帛不煖。」《孟子·梁惠王》趙注：「古者年五十

❶「井」、「市」，原倒，今據《後漢書》乙正。

❷「無失」，原作「食」，據《孟子注疏》改。

乃衣帛矣。」任氏大椿《深衣釋例》云：「《大司徒》：『六曰同衣服。』注：『民雖有富者，衣服不得獨異。』按：《雜記》注『麻衣，白布深衣』，《深衣》注『庶人吉服深衣』，《管子·立政》篇『刑餘戮民，不得服絲』，然則非刑餘者可服絲矣。《春秋繁露·服制》篇：『散民不敢服采，刑餘戮民不敢服絲。』然則散民不服采耳，絲得服也。又《繁露·度制》篇：❶『古者庶人衣縵。』縵，無文帛也。《尚書大傳》：『命民得乘飾車駢馬，❷衣文錦。❸未有命者，不得衣，不得乘。庶人墨車單馬，衣布帛。』然則命民亦得衣文，不命之民亦得衣帛，與鄭注『庶人，白布深衣』異術。今考《士昏禮》注『士而乘墨車，攝盛』，蓋士庶人往往有攝盛之事。鄭注：『深衣爲庶人之服。』言其常服皆布也。若行盛禮，或當攝盛，則衣絲也。刑餘戮民，并不得攝盛矣。《周禮·閭師》：『不蠶者不帛。』疏引《孟子》曰『五十可以衣帛』，以不蠶，故身不得衣帛。然則不蠶，雖五十不得衣帛。蠶而未五十，亦不得衣帛，則庶人布，深衣其常也。《鹽鐵論》：『古者庶人髽老，❹然後衣絲，其餘則麻枲而已，故命曰布衣。』」按：此言老者，不别五十、六十、七十之異。統言老者，非帛不煖，非肉不飽。井田法行，則不至有不煖不飽之患。其非老者，亦不必不衣帛食肉焉。《公羊問答》云：「桑荻，何也？曰：荻，《爾雅·釋草》『蕭荻』注：『即蒿也。』『荻』字當從《穀梁》作『楸』。古楸字往往作荻。《史記·貨殖傳》『千樹荻』，『楸』之誤也。今《食貨志》『種桑』下無荻字。」齊氏召南《考證》以《食貨志》無「種荻」之文駁何氏，直未讀《穀梁》也。○注「多於」至「五畝」。○《食貨志》：「農民户人已受田，❺其家衆男爲餘夫，亦以口受田如比。士工商家受田，❻五口乃當農夫一人。」《孟子·滕文公》云：「餘夫二十五畝。」注：「餘夫者，一家一人受田，其餘老小尚有餘力者，受二十五畝，半於圭田，謂之餘夫也。受田者，田萊多少有上中下。《周禮》曰『餘夫亦如之』，亦如上中下之制也。《王制》曰『夫圭田無征』，謂餘夫圭田

❶「度」，原作「廣」，據任大椿《深衣釋例》及《春秋繁露》改。
❷「駢」，原作「軿」，今據《尚書大傳》改。
❸「文」下，原衍「軿」字，今據《尚書大傳》删。
❹「髽」，原作「髦」，今據《鹽鐵論》改。
❺「户」下，原衍「一」字，據《漢書》删。
❻「士」下，原衍「農」字，據《漢書》删。

皆不出征賦也。」與何義合。何云「多於五口」，則不拘何人，故趙岐兼言老幼也。《食貨志》云「如比」，則如一夫百畝之例，與《孟子》餘夫二十五畝之餘夫不同。《地官・遂人》云：「上地，夫一廛，田百畝，萊五十畝，餘夫亦如之。中地，夫一廛，田百畝，❶萊百畝，餘夫亦如之。下地，夫一廛，田百畝，萊二百畝，餘夫亦如之。」注：「萊，不耕者。鄭司農云：『户計一夫一婦而賦之田，其一户有數口者，餘夫亦受此田也。廛，居也。楊子雲有田一廛，謂百畝之居也。』」後鄭無注，其注《載師》云：「餘夫在遂地之中如比，則士工商以事入在官，而餘夫以力出耕公邑。」彼疏云：「六鄉七萬五千家。家以七夫爲計，餘子弟多。三十，壯，有室，其合受地亦與正夫同。《孟子》云『餘夫二十五畝』，與正夫不同者，彼餘夫是二十九以下，未有妻室，受口田，故二十五畝。若三十有妻，則受夫田百畝。故鄭注《内則》云：『三十受田給征役。』士與工商之家，丈夫成人受田各受一夫，則上注云『半農夫』者是也。其家内無丈夫，其餘家口不得如成人，故五口乃當農夫一人矣。百里内置六鄉，以九等受地，皆以一夫爲計，其地則盡。❷至於餘夫無地可受，則六鄉餘夫等，並出耕在遂地中，百里之外。其六遂之餘夫，亦並在遂地之中受田矣。」如是則《遂人》之餘夫不同於《孟子》之餘夫，而趙氏引以證《孟子》，則以《遂人》所云餘夫亦如之，即《孟子》之受二十五畝者矣。趙氏解《遂人》餘夫亦如之，非謂必如受田百畝，意謂上地里二十五畝，萊半之；中地二十五畝，下地二十五畝，萊則五十畝矣。未知何意然否？○注「十井」至「一乘」。○《論語・學而》「道千乘之國」，注：「包曰：『古者井田，方里爲井，井十爲乘。』」毛氏奇齡《經問》云：「古千乘之國，地方百里，出革車千乘，故稱千乘之國。方里而井，百里之國爲萬井，而出千乘，是十井出一乘，不問可知。《周禮》乃謂『九夫爲井，四井爲邑，四邑爲丘，四丘爲甸』，甸六十四井，出車一乘，則是百里之國，止出兵車一百五十乘，何名千乘乎？曰：《周禮・小司徒職》唯有『九夫爲井，四井爲邑，四邑爲丘，四丘爲甸』四句，其下『甸出一乘』云云，皆《司馬法》文。杜預引此注《左傳》，不注明《司馬法》三字，而混并在《周禮》文下，或遂以之誆《周禮》。特所

❶「田」，原作「曰」，據《周禮注疏》改。

❷「盡」，原作「畫」，今據《周禮注疏》校改。

謂《司馬法》者，原非周制。《史記》：齊景公時有司馬穰苴，曾著兵法。戰國時，齊威王使大夫追論《古司馬兵法》而附穰苴於其中，名曰《司馬法》。今其書不傳。然且有兩《司馬法》，兩言出車之制。其一又云『六尺爲步，步百爲畝，畝百爲夫，夫三爲屋，屋三爲井，井十爲通，通十爲成，成出革車一乘』，此馬融引之注《論語》，鄭康成引之注《周禮》，然皆非是。大抵侯國以百里爲率，百里之地，以開方計之，實得萬里。《孟子》『方里而井』，萬里者萬井也。乃以甸出一乘計之，甸方八里，實得六十四井。以成出一乘計之，成方十里，實得百井，百井出一乘，則萬井止百乘。六十井出一乘，則萬井止出一百五十有六乘。雖爲之説曰：成之十里，即甸之八里。以甸八里外有治溝洫之夫，各受一井，得二里，不出車賦，仍是十里。然其與千乘之賦，則總不合。於是馬融謂侯封不止百里，當有方三百一十六里有奇。而鄭康成直據《周禮》，謂公五百里，侯四百里，伯三百里，子二百里，男百里，以求合於成甸出車之數。夫『列爵惟五，分土惟三』，真周制也。公侯百里，伯七十里，子男五十里，《王制》之等也。故《易》曰：『震驚百里。』言建侯象雷震地止百里。而《春秋傳》曰：『列國一同。』一同者，百里之地。《孟子》謂周公、太公其始封皆止百里，非地有不足，而限制如此。在漢後，五經諸家，如何休、張苞、包咸、范甯輩，皆歷爲是説，而乃以五等班禄，亂周家三等之制。以一人之書，盡反《易》、《春秋》、《尚書》、《孟子》、《王制》之文，豈可訓也。」按：毛氏主包説，與百里千乘正合。以六十四井，五百餘夫，出一乘，似亦過少。《昭元年》注亦云：「十井爲一乘，公侯封方百里，凡千乘。伯，四百九十乘。❶子男，二百五十乘。」《孟子·盡心下》：「武王之伐殷也，革車三百兩，虎賁三千人。」此一乘有士十人，故《魯頌·閟宮》：「公車千乘，公徒三萬。」并士十人，徒二十人數之也。《禮記·坊記》云：「故制國不過千乘。」注：「古者，方十里，其中六十四井，出兵車一乘，此兵賦之法也。成國之賦不過千乘。」亦與此不合。○注「司空」至「國家」。○《校勘記》出「换主」，云：「閩、監、毛本同，誤也。鄂本『主』作『土』，當據正。」按：紹熙本亦作「土」。彊國家，毛本「彊」誤「疆」。《禮記·王制》云：「司空執度度地，居民山林沮澤，時四時，量地遠近，興

❶「九」，原作「七」，據《春秋公羊傳注疏》改。

事任力。」注：「事謂築邑、廬、宿、市也。」《食貨志》云：「民受田：上田，夫百畝；中田，夫二百畝；下田，夫三百畝。歲耕種爲不易，上田；❶休一歲者爲一易，中田；休二歲者爲再易，下田。三歲更耕之，自爰其處。」《孟子·滕文公》「死徙無出鄉」，注：「徙，爲爰土易居，❷平肥磽也。」彼之「爰土」，即此之「换土」也。「爰土」即《國語·晉語》之「轅田」，注引賈侍中云：「轅，易也，爲易田之法。」《左傳·僖十五年》亦云：「作爰田。」彼之「平肥磽」，即此之「肥饒不得獨樂，磽确不得獨苦」，所謂「不易之地家百畝，一易之地家二百畝，再易之地家三百畝」，無偏枯不均也。《左傳疏》引服虔、孔晁皆云：「爰，易也。賞衆以田，易其疆畔。」「易」亦「换」也。古爰、换同音，故「畔换」即「畔援」也。《説文·走部》：「趄田，易居也。」段氏注云：「《周禮·大司徒》『不易之地家百畝，一易之地家二百畝，再易之地家三百畝。』大鄭云：『不易之地，歲種之，地美，❸故家百畮。一易之地，休一歲乃復種，❹地薄，故家二百畝。再易之地，休二歲乃復種，故家三百畝。』《遂人》：『辨其野之土，上地、中地、下地，以頒田里。上地，夫一廛，田百畝，❺萊五十畝。中地，夫一廛，田百畝，萊百畝。下地，夫一廛，田百畝，萊二百畝。』注謂『萊，休不耕者』。《公羊》何注云：『司空別田之高下美惡，分爲三品。三年一换土易居。』❻《漢書·食貨志》：『三歲更耕，自爰其處。』《地理志》：『秦孝公用商鞅，爲制轅田。』張晏曰：『周制，三年一易，❼以同美惡。商鞅始割列田地而立阡陌，令民各有常制。』孟康曰：『三年爰土易居，古制也。末世既廢，商鞅相秦，復立爰田。上田不易，中田一易，下田再易。爰但在其田，❽不復易居矣。』按：何云『换土易居』，班云『更耕，自爰其處』，趙云『爰土易居』，❾許云『趄田易居』，爰、轅、趄、换四

❶「上」，原作「土」，據《漢書》改。
❷「土」，原訛「田」，據《孟子正義》改。
❸「美」上，原脱「地」字，據《説文解字注》補。
❹「復」下，原脱「種」字，據《説文解字注》補。
❺「百」上，原脱「田」字，據《周禮注疏》補。
❻「换土易居」，《説文注》及《漢書注》作「换主易居」。下同，不再出校。
❼「一」，原訛「以」，據《説文解字注》改。
❽「但」，據《説文注》及《漢書注》當作「自」。
❾「趙」，據《説文注》及上《漢書注》當作「孟」。

字音義同也。古者每歲易其所耕，則田廬皆易之。三年者，三年而上中下田皆徧焉。三年後一年，仍耕上田，故曰『自爰其處』。孟康說古制，易居爲爰田。商鞅自在其田，不復易居爲轅田。名同實異，孟說是也。依孟，則商鞅田分上中下而少多之。得上田者百畝，得中田者二百畝，得下田者三百畝。不令得田者彼此相易。其得中田二百者，每年耕百畝，二年而徧。得下田三百畝者，亦每年耕百畝，三年而徧。故曰『上田不易，中田一易，下田再易』。爰自在其田，不復易居』。《周禮》之制，得三等田者，彼此相易。今年耕上田百畝，明年耕中田二百畝之百畝，又明年耕下田三百畝之百畝，又明年仍耕上田之百畝。如是乃得有休一歲，休二歲之法，故曰『三歲更耕，自爰其處』。與商鞅法雖異而意則同。」然不若商鞅之自在其田，不復易居之便民也。周家亦唯鄉遂可行之。若用井法，八夫授地各有定，則公田廬舍按口而給。若年年更換，不勝其擾。且此八百八十畝者，若有一易再易在其中，則不容有此數，則不得有此多夫。窒礙種種，恐非久計也。○注「在田」至「曰里」。○《食貨志》又云：「在埜曰廬，在邑曰里。」注：「師古曰：『廬，各在其田中。❶而里，聚居也。』」段氏《說文注》云：「《說文》：『廬，寄也。秋冬去，春夏居。廛，二畝半也，❷一家之居。』《大雅》『于時廬旅』，《毛傳》：『廬，寄也。』《小雅》『中田有廬』，箋云：『中田，田中也。農人作廬焉，以便其田事。』宣十五年《公羊》注：『一夫受田百畝，廬舍二畝半。』《孟子·梁惠王》注：『廬井邑居，各二畝半，以爲宅。』焦氏循《孟子正義》云：『按許「廬」義與下「廛」義互相足。在野曰廬，在邑曰廛，皆二畝半也。』趙氏尤明里即廛也。❸《詩·伐檀》毛傳云：『一夫之居曰廛。』《遂人》『夫一廛』，先鄭云：『廛，居也。』後鄭云：『廛，城邑之居。』《載師》『以廛里任國中之地』，後鄭云：『廛里者，若今云邑居。❹廛，民居之區域也。里，居也。』毛、鄭皆未明言二畝半，要其意同也。許於『廬』不云『二畝半』，於『廛』曰『二畝半』，以錯見互相足。」按：今《說文》「廛」下作「畝半」。焦氏不知所據何本。閻氏若璩《釋地三

❶「在」下，原脱「其」字，據《漢書》補。
❷「畝」上，原脱「二」字，據《說文解字注》補。
❸「氏」，據《說文注》作「注」。
❹「云」，原作「之」，據《說文注》改。

續》云：「《炳燭齋隨筆》曰：『五畝之宅，説者皆云古者受宅，二畝半在田，二畝半在邑。此説之極不通者，古今皆習同，莫知其非，可笑也。《匠人》營國不過方九里，九九八十一，爲方一里。八十一方一里之地，爲田九百畝，以八十一倍算，不過七萬二千七百畝耳。其中有王宫，有左祖右社，面朝後市。又道涂九經九緯，每經涂闊九軌。又六卿以至於三百六十官，各有公署。自公卿而下至於上中下士，各有館舍。如《詩》所云：「退食自公，適子之館」者。又有賓館、神祠、作坊、倉庫、囚獄，以上諸項，處于王城之中，必三分居二，所存不過二三萬畝耳。而六鄉之民已七萬五千家，工商各不下萬家，即人受半畝，勢必不給，況二畝半乎？《孟子》云「願受一廛而爲氓」，《禮記》云「儒有一畝之宫」參觀之，足知二畝半之説妄矣。以今世數目驗之，民有地二十步，即可造屋三四間，足以成家矣。則古者一畝百步之地，當必容四五家。二畝半之地，當必容十餘家矣。』愚按：此説可疑，存之以待博雅君子。」按：所疑甚是。農人春夏赴田，秋冬入城，近郊猶可，遠者若令歲歲兩移，民力固不給，亦何不憚煩。因疑邑者，不必王城國城内，蓋近田隙地，如今時之村落鄉鎮然。虞舜一年成聚，二年成邑，何必城内耶？春夏耕作就田，爲廬以便作息。收穫以後，聚居都會，習法讀禮，講武入學，易於趨事也。○注「一里八十户」。○《食貨志》云：「五家爲鄰，五鄰爲里，四里爲族，五族爲黨，五黨爲州，五州爲鄉，萬二千五百户也。」❶本《周禮》爲説，與此不同。《韓詩外傳》云「八家爲鄰」，則以鄰即井，又與《漢志》異。八十户爲里，正合十井之數。或當時十井之家，聚集一區，因而成里與？此與「里仁爲美」之「里」同，不必拘五都之數。又如「十室之邑」，豈必四井之地乎？蓋十井出一乘，無事則校室講學，有事則治兵振旅，朝夕相親，可守可戰。衆寡得其中，遠近適其平。古聖所爲寓兵於農焉。○注「八家共一巷」。○《説文》：「䢽，里中道，从𨛜从共，皆在邑中所共也。」《廣雅·釋宫》：「衖，道也。」《一切經音義》引《三蒼》云：「衖，里中别道也。」此云八家一巷，蓋一井之夫所共。何氏亦以意言之，無正訓也。○注「中里爲校室」。○《校勘記》云：「毛本『校』改『挍』。按：毛本作『挍』，避所諱，全書皆然。」中里猶《小雅》之《信南山》之「中

❶「萬二千」，原作「二萬五千」，據《漢書》改。

田」。「中田」謂田中，「中里」謂里中也。《廣雅・釋詁》云：「校，教也。」本《孟子》爲說。校、庠、序，皆鄉學名。對文異，散則通。「鄭人遊於鄉校」，即以校名，不必專主「夏曰校」也。《詩・鄭風・子衿》：❶「刺學校廢也。」箋云：「鄭國謂學爲校，言可以校正道藝。」因凡校量勤惰之處，亦謂之校，此「校室」是也。《食貨志》云：「於里有序，而鄉有庠。序以明教，庠則行禮而視化焉。」《史記・儒林傳》：「公孫弘乃謹與太常臧、博士平等議曰：『聞三代之道，鄉里有教。夏曰校，殷曰序，周曰庠。』」閻氏若璩《釋地又續》云：「陳氏《禮書》曰：『孟子論井田而及「夏曰校，商曰序，周曰庠」。蓋校、庠、序者，鄉學也。《鄉飲酒》：「主人迎賓于庠門之外。」「鄉簡不帥教」，「耆老皆朝于庠」，則庠，鄉學名也。《周官・州長》「令民射于州序。」《黨正》：「屬民飲酒于序。」則序亦鄉學名也。鄭人之所欲毀者，謂之鄉校，則校亦鄉學名也。然鄉曰庠，《記》曰「黨曰庠」；州有序，《記》言「遂有序」，何也？古之致仕者，教子弟於閭塾之基，則家有塾云者，非家塾也。合二十五家而教之閭塾，謂之家有塾，則合五黨而教之鄉庠，謂之「黨有庠」可也。《周禮》遂官各降鄉官一等，則遂之學亦降鄉一等矣。降鄉一等而謂之州長，其爵與遂大夫同，則遂之學其名與州序同可也。』《小戴》本雜記之書，陳氏能將《儀禮》、《周官》、《左氏》及《孟子》融會於一，無少牴牾，真經術之文也。」然則此中里爲校室，亦即家塾之意。不徒考校惰勤出入，其有不帥教者，亦在所簡。至十月事訖，專爲校學之所焉。○注「選其」至「乘馬」。○《校勘記》出「辯護」，云：「辯當作辨，辨即今人所用之辦字。辨護，謂能幹辦護衛也。」《食貨志》云：「鄰長位下士。❷自此以上，稍登一級，至鄉而爲卿也。」鄰長即此父老、里正也。《說文・人部》：「健，伉也。」又《犬部》：「犺，健犬也。」《漢書・宣帝紀》：「伉健習騎射。」注：「伉，强也。」伉健猶强健也。强健故能辨護也。《公羊問答》云：「何以謂之辨護也？曰：《詩疏》引《中候握河紀》云：說帝堯受《河圖》之禮云：稷辯護，注：辯護，供射用，相禮儀。是監典謂之護也。』」按：《說文》：「辨，致力也。」《史記・項羽紀》「項籍常爲主辦」，故今俗猶以幹辦稱人能矣。護亦辦意。《晉書・

❶「子」，原作「青」，據《毛詩注疏》改。
❷「位」，原作「爲」，據《漢書》改。

紀瞻傳》帝使謂瞻曰：「卿雖病，但爲朕臥護六軍，❶所益多矣。」護猶治也。《公羊問答》又云：「問：經『得乘馬』，然則有不得乘馬者乎？曰：此古制也。《春秋繁露》：『散民不敢服褋采，❷百工商賈不敢服狐貉。刑餘戮民，不敢服絲玄纁乘馬，謂之服制。』❸《尚書大傳》曰：『古之帝王必有命人。能敬長矜孤，取舍好讓者，命於其君，得乘飾車駢馬，衣文錦。未有命者，不得衣，不得乘，衣乘者有罰。』今里正得乘馬，非散民可知矣。」按：《書·臯陶謨》云「車服以庸」，即命爲士之義。故《文選注》引《書大傳》曰：「未命爲士，車不得有飛軨。」又或作「不得朱軒」，皆與不得乘馬義同。《御覽》引《韓詩傳》「古者必有命民」云云，與《尚書大傳》同。彼又云：「是故民雖有錢財侈物而無禮義功德，即無所用其錢財。故其民皆興仁義，而賤不爭貴，强不淩弱，衆不暴寡。是唐虞之所以象典刑，而民不犯也。」《潛夫論·浮侈》篇「古者必有命民，然後乃得衣繒綵而乘車馬」。《説苑·修文》云：「古者必有命民，命民能敬長憐孤，取舍好讓，居事力者，命於其君。命然後得乘飾輿駢馬。未得命者，不得乘，乘者皆有罰。故其民雖有餘財侈物，而無仁義功德，則無所用其餘財侈物。❹故其民皆興仁義而賤財利。賤財利則不爭，不爭則强不淩弱，衆不暴寡，是唐虞所以興象刑而民莫敢犯法，❺亂斯止矣。」與《韓詩外傳》大同，皆得乘馬事也。「倍田」者，蓋倍於凡民。《周禮·載師職》有官田，注云：「庶人在官者，其家受田。」此父老、里正，當亦庶人在官。《王制》注所云：「官長所除，不命於天子國君者也。」按：《王制》云：「制農田百畝。百畝之分：上農夫食九人，其次食八人，其次食七人，其次食六人。下農夫食五人。庶人在官者，其禄以是爲差。」然則庶人在官，其禄至厚者，亦止同上農夫。此云倍者，蓋彼謂六卿之府史胥徒，以禄代耕。此爲擇之民間，能治田事者，同一授田，故倍之以示異。理亦宜然，或何氏別有所據。〇注「父老」至「之官」。〇《校勘記》出「父老此三老」云：「鄂本『此』作『比』，當據正。」又出「庶人在官吏」云：「鄂本

❶「軍」，原訛「年」，據《晉書》改。
❷「敢」，原作「得」，據《春秋繁露》改。
❸「玄」下，原脱「纁」字，據《春秋繁露》補。
❹「無」下，脱「所」字，據《説苑》改。
❺「莫」，原作「不」，「犯」下脱「法」，據《説苑》改補。

『官』下有『之』字，《儀禮經傳通解》同。」按：紹熙本與鄂本同。《公羊問答》云：「三老、孝弟之名，始於何代？曰：《漢書・高帝紀》：『舉民年五十以上，有修行，能帥衆爲善，置以爲三老，鄉一人。擇鄉三老一人，爲縣三老。』注：『《百官表》云：十里一亭，❶亭有長。十亭一鄉，鄉有三老，掌教化，皆秦制也。』《高后紀》：『初置孝弟力田，二千石者一人。』」按：何以漢制況古制也。《問答》又云：「里正於經有據乎？曰：此即《雜記》：『里尹主之。』注：『《王度記》曰：百户爲里，里一尹，其禄如庶人在官者。』按：尹即正也。」《白虎通・辟雍》篇：「古者教民者，里皆有師。里中之老有道德者，爲里右師，其次爲左師，教里中之子弟以道藝、孝弟。」彼之左右師，蓋即此之父老、里正也。○注「民春」至「城郭」。○《食貨志》云：「春令民畢出在埜，冬則畢入於邑。其《詩》曰：❷『四之日舉止，同我婦子，饁彼南畝。』又曰：『十月蟋蟀，入我牀下。嗟我婦子，聿爲改歲，入此室處。』所以順陰陽、備寇賊、習禮文也。」《孟子・梁惠王》篇「五畝之宅」，注：「冬入保城。」毛氏奇齡《四書賸言補》云：「『廬井、邑居，各二畝半』，則已五畝。又云『冬入保城二畝半』，何解？《漢書・食貨志》云『在野曰廬』，則廬井者，井間之廬也。又云『在邑曰里』，則邑居者，里邑之居也。《爾雅》：『里，邑也。』鄭康成稱里居，與趙稱邑居並同。蓋廬井二畝半在公田中，一名廬舍。何休云『一夫受田百畝，又受公田十畝，廬舍二畝半』，謂一夫受田一百十畝。又分受公田之二十畝各得二畝半，作廬舍也。此易曉者。至在邑之二畝半，以國城當之，則大謬不然。《管子・内政》云：『四民勿使襍處。處工就官府，處商就市井，處農就田野。』而韋昭謂國都城郭之域，唯士工商而已，農不與焉。則二畝半在邑，止在井邑，與國邑無涉。蓋古王量地置邑，其在國邑外，如公邑、家邑、丘邑、都邑類，凡所屬井地皆可置宅。然且諸井邑中，亦惟無城者可處農。井若有城，如費邑、郈邑者，所稱都邑，則農不得入。管子與韋氏之言，稍有據。而趙邠卿乃有『冬入保城』之説，或係衍文，或係脱簡，且或原有師承。如《周禮》夫一廛，鄭康成所謂城邑之居者，則或諸邑有城者亦置里居，事未可知。若在國城，則《周禮・載師》明有『國宅

❶「一」，原作「有」，據《漢書》改。

❷「其」，原作「故」，據《漢書》改。

無征，園廛二十而一』之文，鄭司農注云：『國宅，國城中宅也。』而鄭康成則云：『國宅者，凡官所有之宮室與吏所治者。』又名國廛，與園宅、園廛農民所居正相分別，安可以農民園廛溷當之官吏之國宅乎？則此二畝半，當云在井邑，不問有城與無城，並得入保。」此舉近地井里而言。如四井有邑，則必邑中有里居，乃可爲保守之地，故其居名里居，又名邑居。倪氏思寬《二初齋讀書記》云：「《晉語》尹鐸請於趙簡子曰：『以爲繭絲乎？抑爲保障乎？』韋注：『小城曰保。』引《禮記》『遇入保者』以爲證。然則趙注，當亦指井邑中小城言之。若既無城，何名入保。毛氏説未免于率。」周氏柄中《辨正》云：「李彭山《讀禮疑圖》言農民所宅，必是平原可居之地。別以五畝爲一處，不占公田，取於便農功，邇饋餉，去田亦不宜遠。其所聚居，或止八家，或倍八家以上，各隨便宜聚爲一邑，置堡以相守望。故舉成數言，則有千室之邑。千室之邑，非必都邑然後爲邑，而都邑亦豈可寓農民哉？農民之宅，鄉里也，即制里以導其妻子，養老者也。國中之廛，市廛也，但爲士旅寄居之所、工商懋遷之區而已。」按：毛氏、倪氏、周氏三家説，各有是處。農民田閒自有廬舍，專爲耕作之需。秋冬入保邑里，大約皆近田。而人民聚集之處，亦容有城堡。如今北省凡村寨，皆有城垣闉闍，是必舊有，沿爲俗焉。毛氏謂里宅無城者，拘。周氏謂里廬爲一，亦不合也。○注「田作」至「得入」。○《食貨志》云：「春將出民，❶里胥平旦坐於右塾，鄰長坐於左塾。畢出，然後歸，夕亦如之。入者必持薪樵，輕重相分，斑白不提挈。」孟康曰：「里胥，如今里吏也。」師古曰：「門側之堂曰塾。坐於門側者，督促勸之，知其早晏，防怠惰也。」《白虎通·辟雍》云：「立春而就事，朝則坐於里之門，餘子皆出就農而後罷。夕亦如之，皆入而後罷。其有出入不時，早晏不節者，有過。」《通考》引《書大傳》云：「距冬至四十五日，始出學傳農事。上老平明坐于右塾，庶老坐于左塾，餘子畢出，皆歸。夕亦如之。餘子皆入，父之齒隨行，兄之齒雁行。輕任并，重任分，斑白者不提挈。出入皆如之。」此其謂造士。塾者，李如圭《儀禮釋宮》云：「夾門之堂謂之塾。《爾雅·釋宮》曰：『門側之堂謂之塾。』郭氏曰：『夾門堂也。』門之內外，其東西皆有塾。一門而塾四。其外塾南向，內塾北

❶「將」，原訛「秋」，據《漢書》改。

向也。」廟門體制全備。此是里門，未必定有四塾之制也。○注「五穀」至「月止」。○《食貨志》云：「冬，民既入，婦人同巷，相從夜績，女工一月得四十五日。必相從者，所以省費燎火，同巧拙而合習俗也。」《公羊問答》云：「荀悦《漢紀》作『女工一月得四十五日功』，知《食貨志》有脱字。」○注「男女」至「其事」。○《食貨志》云：「男女有不得其所者，相與歌詠，各言其傷。」《越絶書·本事》云：「夫人情，泰而不作，窮則怨恨，怨恨則作，猶詩人失職怨恨，憂思作詩也。」《詩考》引《韓》云：「《伐木》廢，朋友之道缺。」《序》云：「勞者歌其事。」《御覽》引《韓詩》云：「飢者歌食，勞者歌事。」《文選》謝叔源《遊西池》詩注引《韓詩》曰：「《伐木》廢，朋友之道缺。勞者歌其事。詩人伐木，自苦其事，❶故以爲文。」摯虞《文章流別》云：「古之作詩也，發乎情，止乎禮義。情之發，因辭以形之。禮義之指，須事以明之。」《漢書·藝文志》云：「哀樂之心感而歌詠之聲發。誦其言，謂之詩。詠其聲，謂之歌。」《史記·自序》：「《詩》三百篇，大抵賢聖發憤之所爲作也。❷此人皆意有所鬱結，不得通其道也，故述往事，思來者。」蓋風、雅多採自民間，雅、頌多士大夫歌詠之作也。故《文中子》薛收曰：「小人歌之以覺其俗，君子賦之以見其志，聖人采之以觀其變。」《漢書·匡衡傳》：「室家之道修，則天下之理得，故《詩》始國風，❸原情性而明人倫也。」❹蓋觀化自近始，故陳《詩》可以知民隱也。○注「男子」至「四方」。○《禮記·王制》云：「天子五年一巡守，命太師陳詩，以觀民風。」注：「陳詩，謂采其詩而觀之。」《文中子·十》：薛收問曰：「今之民，胡無詩？」子曰：『詩者，民之性情也。性情能亡乎？非民無詩，職詩者之罪也。』」此謂詩亡，無采詩之官也。《食貨志》云：「孟春之月，❺群居者將散，行人振木鐸徇於路，以采詩。獻之太師，比其音律，聞於天子。故曰：『王者不窺牖户而知天下。』此先王制土處民，富而教之之大略也。」《説文·丌部》：「近，古之遒人以木鐸記詩言。」襄十四

❶「苦」下，原脱「其事」二字，據《文選》補。
❷「賢聖」，原倒爲「聖賢」，據《史記》改。
❸「故」，原脱，據《漢書》補。
❹「原」，誤作「所以厚」，據《漢書》改；又「情性」，原作「性情」，亦據《漢書》改。
❺「之」，原作「三」，據《漢書》改。

年《左傳》師曠引《夏書》曰：「遒人以木鐸徇于路，官師相規，工執藝事以諫。正月孟春，於是乎有之。」杜注：「木鐸徇于路，求歌謠之言也。」❶然則此之求詩者，即班之行人，記之遒人，以木鐸徇于路，使民閒出男女歌詠，書之簡牘，遞薦於天子也。段氏云：「其字从辵丌。辵者，行也。丌者，薦也。」《漢書・藝文志》又云：「古有采詩之官，❷王者所以觀風俗，知得失，自攷正也。」《韓詩外傳》：「昔者聖人不出户而知天下矣，以己之情量之也。己惡飢寒，知天下之欲衣食也。己惡勞苦，知天下之欲安佚也。」正以飢者歌食，勞者歌事，故聖人推己及物而四方周知也。《孟子・離婁》：「王者之迹熄而《詩》亡。」宋氏翔鳳《釋地辨證》云：「息，止也。言此官止而不行，則下情不上通。天下所苦，天子不知。政教流失，風俗陵夷，皆由於此。謂之《詩》亡可耳。儀封人曰『天將以夫子爲木鐸』，謂王者不采風，將使夫子周流四方，以行其教。《春秋》之志，其見於此與？」彼以《孟子》之「迹」，即《說文》之「䢋」，故言「此官不行」也。劉歆《與楊雄書》云：「三代周秦，軒車使人。遒人使者，以歲八月巡路，宋代語、僮謠、歌戲。」楊答劉書云：「嘗聞先代輶軒之使，奏籍之書，皆藏於周秦之室。」又云：「翁孺猶見輶軒之使所奏言。」二書皆即遒人之事也。逌、輶、遒三字同音。逌人即遒人。楊、劉皆謂使者采集絶代語，釋別國方言，故許檃括之曰「詩言」。班、何則但云「采詩」也。劉云「求代語、僮謠、歌戲」，則詩在其中矣。《周禮・大行人》：「屬象胥，諭言語，協辭令。屬瞽史，諭書名，聽聲音。」豈非楊、劉所謂使者，班所謂行人與？說者雖殊，可略見古考文之事，爲政之不外正名矣。按：何氏謂年六十云云，未知所據。

○注「十月」至「大學」。○《食貨志》云：「是月，餘子亦在於序室。八歲入小學，學六甲五方書計之事，始知室家長幼之節。十五入大學，學先聖禮樂而知朝廷君臣之禮。」《白虎通・辟雍》云：「若既收藏，皆入教學。」《通考》引《書大傳》云：「耰耡已藏，新穀已入，歲時事已畢，餘子皆入學。」《周禮・黨正》注云：「三時務農，將闕于禮，至此農隙而教之尊長養老，見孝弟之道也。」《禮記疏》引《書傳略說》云：「大夫七十而致仕。大夫爲父師，士爲少師，教於州里。」《禮記・學記》云：「古

---

❶「求」，原作「采」，據《左傳注疏》改。

❷「古」下，原衍「者」字，據《漢書》刪。

之教者，家有塾。」注：「古者仕焉而已者，歸教於閭里。朝夕坐於門，門側之堂謂之塾。」❶鄭之塾，即此之校室，同爲教督之所故也。○注「其有」至「進士」。○《校勘記》出「進士」云：「鄂本『進』作『造』，《儀禮經傳通解》同，當據正。」按：紹熙本亦作「造」。《食貨志》云：「其有秀異者，移鄉學于庠序。庠序之異者，移國學于小學。諸侯歲貢小學之異者于天子，學于左學，命曰造士。」《禮記·王制》云：「命鄉論秀士，升之司徒，曰選士。司徒論選士之秀者，而升之學，曰俊士。」此學即左學，在城中王宮之左者也。又云：「升於學者不征於司徒，曰造士。」《白虎通·辟雍》云：「其有賢才美質，知學者足以開其心，頑鈍之民，亦足以別於禽獸而知人倫。故無不教之民。孔子曰：『以不教民戰，是謂棄之。』明無不教民也。」按：《王制》云：「耆老皆朝于庠。」注：「此庠，謂鄉學也。」而此云由鄉學移之庠者，此鄉學即謂教於校室，由里正、父老移之州長、黨正等，故曰移於庠。《王制》以庠、序皆鄉學，對國學言，言各有當，不相妨也。○注「行同」至「授官」。○《食貨志》云：「行同能偶，則別之以射，然後爵命焉。」《王制》云：「習射上功，習鄉上齒，大司徒帥國之俊士與執事焉。」明上德絀惡，皆習射焉。按：有鄉射，有大射，鄭氏《鄉射禮目録》云：「州長春秋以禮會民而射於州序之禮。」又《大射儀目録》云：「名曰大射者，諸侯將有祭祀之事，與其群臣射以觀其禮。」❷盛氏世佐《儀禮集編》云：「《射義》云『諸侯之射也，必先行燕禮』，又云『諸侯君臣盡志於射以習禮樂』，此篇所陳是也。蓋古者，天子以射選諸侯、卿、大夫、士，即有虞氏『侯以明之』之遺法。貢士之取舍，諸侯之黜陟，皆繫焉。故諸侯與其臣相與盡志於此，以求安譽而免流亡也。將祭而擇士，習之於澤，試之於射宮，唯天子之制則然。篇内無擇士之義，鄭乃引《射義》所言天子之制釋之，誤矣。」褚氏寅亮《儀禮管見》云：「聖王之重射義有二：選諸侯也，擇士也。《禮記·射義》曰：『射爲諸侯也。』射中則得爲諸侯，射不中則不得爲諸侯。此所謂選諸侯也。其曰：『天子之制，諸侯歲獻貢士于天子，天子試之於射宮，其中多者，得與於祭。中少者，不得與於祭。』此所謂擇士也。又曰：『數與於祭而君有慶，數不

❶「門」字，原脱，據《禮記注疏》補。

❷「臣」下，原脱「射」字，據《儀禮注疏》補。

與於祭而君有讓。數有慶而益地，數有讓則削地。』此則於擇士之中而寓黜陟，操諸侯之微權也。」按：盛氏、褚氏俱極分晰，蓋因祭而射，以擇士，此大射之一事，其主意仍在擇賢否，定黜陟，蓋自鄉射已然。故胡氏匡衷《儀禮釋官》云：「鄉射有二：一是州長令民習射，一是鄉大夫貢士後，以此詢衆庶」是也。○注「三年」至「之儲」。○《王制》云：「故三年耕，必有一年之食。九年耕，必有三年之食。以三十年之通，雖有凶旱水溢，民無菜色。」《食貨志》云：「故孔子曰：『道千乘之國，敬事而信，節用而愛人，使民以時。』故民皆勸功樂業，先公而後私。其《詩》曰：『有渰淒淒，興雲祁祁。雨我公田，遂及我私。』民三年耕，則餘一年之蓄。衣食足而知榮辱，謙讓生而爭訟息。故三載考績。孔子曰：『苟有用我者，期月而已可也，三年有成。』成此功也。三考黜陟，餘三年食。進業曰登，再登曰平，餘六年食。三登曰泰平，二十七年遺九年食，然後王德流洽，❶禮樂成焉。故曰『如有王者，必世而後仁』，繇斯道也。」按：《王制》注云：「通三十年之率，當必有九年之蓄。」疏云：「通三十年之率者，每年之率，入物分爲四分。一分擬爲儲積，三分爲當年所用。二年又留一分，三年又留一分，是三年總得三分，爲一年之蓄。三十年之率，當有十年之蓄。此云當有九年之蓄者，崔氏云：『三十年之閒，大略有閏月十二，足爲一年，故爲九年之蓄也。』王肅以爲二十七年有九年之蓄，言三十年者，舉全數。兩義皆通。」鄂本「畜」作「蓄」。《新書·憂民》云「王者之法，❷民三年耕而餘一年之食。三十歲而民有十年之蓄」是也。○注「雖遇」至「作矣」。○《食貨志》云：「故堯禹有九年之水，湯有七年之旱，而國無捐瘠者，以畜積多而備先具也。」《後漢書·楊震傳》：「臣聞古者九年耕必有三年之儲，故堯遭洪水，人無菜色。」又《郎顗傳》：「昔堯遭九年之水，人有十載之畜者，簡稅防災，爲其方也。」《新書》又云：「故禹水八年，湯旱七年，甚也，野無青草，而民無饑色，道無乞人。歲復之後，猶禁陳耕。古之爲天下，誠有具也。」即《王制》之「凶旱水溢，民無菜色」也。《王制》疏引《律曆志》云：「十九歲爲一章，四章爲一部，二十部爲一統，三統爲一元，則一元有四千五百六十歲。初入元，一百六歲，有

❶「王」，原作「以」，據《漢書》改。
❷「憂」，原作「愛」，據《新書》改。

陽九，謂旱九年。次三百七十四歲，陰九，謂水九年。以一百六歲并三百七十四歲爲四百八十歲。注云：『六乘八之數。』次四百八十歲，有陽九，謂旱九年。次七百二十歲，陰七，謂水七年。次七百二十歲，陽七，謂旱七年。又注云：❶『七百二十歲者，九乘八之數。』次六百歲，陰三，謂水三年。次六百歲，陽五，謂旱五年。注云：『六百歲者，以八乘八，八八六十四。又以七乘八，七八五十六，相并爲一千二百歲。於《易》七八不變，氣不通，故合而數之，各得六百歲。』次四百八十歲，陰三。次四百八十歲，❷陽三。從入元至陽三，除去災歲，總有四千五百六十年。其災歲，兩个陽九年，一个陰九年，一个陰陽各七年，一个陰陽各五年，一个陰陽各三年。災歲總有五十七年，并前四千五百六十年，通爲四千六百十七歲。此一元之氣終矣。如《志》此言，是爲陰陽水旱之大數也。」

冬，蝝生。

未有言蝝生者，此其言蝝生何？**注** 蝝即蟓也。始生曰蝝，大曰蟓。**疏** 注「蝝即」至「曰蟓」。○《五行志中之下》「冬，蝝生。劉歆以爲，蝝，螕蠹之有翼者，食穀爲災，黑眚也。董仲舒、劉向以爲，蝝，螟始生也。」孟康曰：「螕蠹音蚍蜉。」《爾雅·釋蟲》云：「蝝，蝮蜪。」《左疏》引李巡云：「『蝮蜪，一名蝝。蝝，蝗子也。』郭注：『蝗子未有翅者。』劉歆以爲蚍蜉有翅者，非也。」《説文·虫部》：「蝝，復陶也。劉歆説，蝝，蚍蠹子也。董仲舒説，蝝，蝗子也。」郝氏《爾雅疏》云：「杜預注從董、劉，以爲螽子，是也。《魯語》：『蟲舍蚳蝝』韋注：『蝝，蝮陶也。可食。』鄭注《祭統》亦以『陸產之醢』爲『蚳蝝之屬』矣。今呼蝝爲蝮蝻子。蝻讀若闌。❸《釋文》『蝮，郭蒲篤反』。」❹按：蝗子今通謂之蝻，固可食，然不能常有，未必用爲祭品。或《魯語》及《祭統》注之蝝，別爲一物與？

蝝生不書，此何以書？幸之也。**注** 幸，僥倖。**疏** 注「幸，僥倖」。○《左傳》云：「冬，蝝生。饑。幸之。」《獨斷》上：「王仲任曰：『君子無幸而有不幸，小人有幸而無

❶「注」字，原脱，據《禮記注疏》補。
❷「歲」，原作「三」，據《禮記注疏》改。
❸「闌」，原作「闑」，據《爾雅義疏》改。
❹「郭」字，原脱，據《爾雅義疏》補。

不幸。』《春秋傳》：『民之多幸，國之不幸也。』言民之得所不當得，故謂之幸。」按：王仲任語見《論衡·幸偶篇》。宣公篡國之君，變古易常，而能受過變悟，蝝不爲災，故《春秋》以幸書之也。僥倖者，《禮記·中庸》云：「小人行險以徼幸。」幸之者何？注聞災當懼反喜，非其類，故執不知問。猶曰「受之云爾」。「受之云爾」者何？上變古易常，注上謂宣公。變易公田古常舊制而税畝。疏《通義》云：「上，上文也。」按：注以「上」爲宣公，義亦通，不必改作「上文」解也。幸宣公能變，故就上言之。《繁露·必仁且智》亦云：「《春秋》之法，上變古易常，應是而有天災。」明以「上」指公言。應是而有天災。注應是變古易常而有天災，衆民用饑。疏注「應是」至「用饑」。○各本「衆」作「蝝」，誤。《五行志中之下》「一曰螟始生。是時民患上力役，解於公田。宣是時初税畝，亂先王制而爲貪利，故應是而蝝生，❶屬嬴蟲之孽。」《後漢書·陸康傳》：「夫什一而税，周謂之徹。徹者，通也，言其法度可通萬世而行也。故魯宣税畝而蝝災自生。」❷《鹽鐵論·論菑》云：「故好行善者，天助以福，符瑞是也。好行惡者，天報以禍，妖災是也。《春秋》曰：『應是而有天災。』」《經義述聞》云：「《春秋》記災異者數矣，自董仲舒推言災異之應，何休又引申而爲之説，郅詳且備。然尋檢傳文，惟《宣十五年》『冬，蝝生』，有『變古易常，應是而有天災』之語。其餘則皆不言致此之由，亦不以爲禍亂之兆。如《隱三年》『日有食之』，何注：『是後，衛州吁弑君，諸侯初僭，魯隱係獲，公子翬進諂謀。』《九年》『大雨，震電』，注曰：『不還國於桓之所致。』❸『大雨雪』，注：『此桓將怒而弑公之象。』然傳但云『記異』，未嘗言某事所致，某事之象也。《隱五年》『螟』，注：『先是，隱公張百金之魚，設苛令急法以禁民之所致。』《桓元年》『大水』，注曰：『先是，桓篡隱，百姓痛傷，悲哀之心既蓄積，而復專易朝宿之邑，陰逆而與怨氣并之所致。』《五年》『大雩』，注曰：『先是，桓公無王而行，比

❶「蝝」上，原衍「有」字，據《漢書》删。
❷「宣」，原作「室」，據《後漢書》改。
❸「於桓」，原脱，據《述聞》補。

爲天子所聘，得志益驕，去國遠狩，大城祝丘，故致此旱。』然傳但云『記災』，未嘗言某事所致也。其他記災記異者，不可枚舉，而皆無一語及於感應。乃知《公羊》之學，惟據人事以明法戒，不侈天道以涉譸張。❶蓋天人之際，荒忽無常。君子於其所不知，蓋闕如也。自董仲舒推言災異之應，開讖緯之先，何氏又從而祖述之。迹其多方揣測，言人人殊。謂之推廣傳文，則可；謂之傳之本指，則未見其然也。❷至於《穀梁》明言災異者尤鮮，而劉向説《莊七年》『恒星不見，夜中星隕如雨』、《僖十四年》『沙鹿崩』、《十六年》『六鷁退飛』、《昭二十五年》『有鸜鵒來巢』，皆流入占驗之學，而考之本傳，則絶無此語。豈非《論衡》所謂『語增』者與。」按：如董、何所言，某災某事所致，某異某事所應，固屬拘泥。然聖人借天戒以明人事，不明言所致，幾若人之所爲，與天無涉，敬天之怒之謂何。後世占驗之學，自後人衍之者之過，不必歸咎於前人矣。劉子政於王氏專政，於災異之變，痛苦陳言。成帝不悟，竟移漢鼎。得以占驗之學目之與？《論語·季氏》篇云：「畏天命，畏大人，畏聖人之言。」天命，即吉凶禍福之命；災異，其命之兆見者也。魯宣變古易常，即不畏聖人之言也。《繁露·順命》篇云「魯宣違聖人之言，變古易常，而災立至。聖人之言可不慎」是也。故《春秋握誠圖》云：「孔子作《春秋》，陳天人之際，記異考符。」又《繁露·二端》云：「因惡夫推災異之象於前，然後圖安危禍亂於後者，非《春秋》之所甚貴也。然而《春秋》舉之爲一端者，亦欲其省天譴而畏天威，內動於心志，外見於事情，修身審己，❸明善心以反道者也。豈非貴微重始，愼終推效者哉。」❹又《必仁且知》云：「災異以見天意。天意有欲也，有不欲也。所欲所不欲者，人內以自省，宜有懲於心。外以觀其事，宜有驗於國。故見天意者之於災異也，畏之而不惡也。以爲天欲振吾過，救吾失，故以此報我也。❺《春秋》之法，上變古易常，應是而有天災者，謂幸國。❻孔子曰：『天之所幸，有爲不善而屢

❶「不」，原作「又」，據《述聞》改。
❷「其」下，原衍「所以」二字，據《述聞》刪。
❸「審」，原作「行」，據《春秋繁露》改。
❹「終」，原作「行」，據《春秋繁露》改。
❺「報」，原作「儆」，據《春秋繁露》改。
❻「謂」，原作「以爲」，據《春秋繁露》改。

極。』楚莊王以天不見災，地不見孽，則禱於山川，曰：『天其將亡予耶？不説吾過，極吾罪也。』以此觀之，天災之應過而至也，異之顯明可畏也。此乃天之所欲救也。《春秋》之所獨幸也。聖主賢君，尚樂受忠臣之諫，而況受天譴也。」又曰：「天地之物有不常之變者，謂之異，小者謂之災。災常先至而異乃隨之。災者，天之譴也。異者，天之威也。譴之而不知，乃畏之以威。《詩》云『畏天之威』，殆此謂也。凡災異之本，盡生於國家之失。國家之失乃始萌芽，而天出災害以譴告之；❶譴告之而不知變，乃見怪異以驚駭之；驚駭之尚不知畏恐，其殃咎乃至。以此見天意之仁而不欲害人也。」其於災異昭應之理，至爲明顯。《大事表》云：「班氏云：『昔殷道弛，文王演《周易》。周道敝，孔子述《春秋》。』漢董仲舒治《公羊》，推陰陽，爲儒者宗。宣、元之後，劉向治《穀梁》，專以《洪範》與仲舒錯。至向子歆治《左氏》，言五行，又與向異。歐陽子曰：『聖人殁而異端起。』秦漢以來學者，惑於災異、天文、五行之説，不勝其繁。故其作《五代史》，書天而不書人。二者之説，果孰從乎？曰：二者雖殊，其義一也。諸子即天以命人，歐陽子以人合天，均無失乎《易》、《春秋》之旨而已。不言天，則天道廢，故謫見於天，則王者避正殿，不舉樂，戒百工，❷省闕失，此《春秋》書災異之意。《易》所謂『後天而奉天時也』。專言天，則人事惑，故大戊修德而祥桑枯死。宋景公有君人之言，而熒惑退舍。此《春秋》書災異而不言其所以然之意。《易》所謂『先天而天弗違』也。後天者曰：天意見矣，可不懼乎！先天者曰：吾修吾人事而已。其要歸于責人事，以回天變。余觀《春秋》所載地震、山崩、水旱、螟螽、蜮蜚、鸜鵒之類，多見於莊、宣、昭、定、哀之世，天意豈不顯然哉。」

其諸則宜於此焉變矣。 **注** 言宣公於此天災餞後，能受過變寤，明年復古行中。冬大有年，其功美過於無災，故君子深爲喜而僥倖之。變蝝言蝝，以不爲災書，起其事。

疏 《桓六年》傳：「其諸以病桓與？」注：「其諸，辭也。」《經傳釋詞》云「其諸，擬議之詞也」是也。○注「言宣」至「倖之」。○《校勘記》云：「鄂本『其』作『有』。」

❶「害」，原作「異」，據《春秋繁露》改。
❷「工」，原作「官」，據《春秋大事表》改。

上云『幸，僥幸』。此『倖』加人旁，非。」《通義》云：「變古易常，初税畝是也。蝝應變而生，故始生未爲災而即書之，幸其見譴咎之蚤，宜於此時立震懼變動，深察天意而大改過，❶則必有《金縢》反風之應。宣公不能，❷卒致凶饑。《易·中孚傳》曰：『陽感天子不旋日，諸侯不旋時，大夫不過期。』此之謂也。」以宣公不變，故下書饑。與何義異。○注「變蝝」至「其事」。○蝝爲蝝子。周之冬，夏之秋，物已成熟，蝝子始生，不能爲害，故書以起之。宣公受過變瘠，易饑而爲大有年，故幸之也。下之饑，猶緣於秋蝝，不緣於蝝生也。孔氏謂宣公見蝝不變，卒致凶饑，則何爲幸之乎？蝝始生而民即饑，不得如此之速。

饑。疏《差繆略》云：「《公羊》無此經。」按：「今唐石經《公羊》及各《注疏》本皆有。或以何氏無注，疑《公羊》或無。」按：上注云「衆民用饑」，則何氏本有此經矣。

❶「大」，原作「其」，據《通義》改。
❷「能」，原作「瘠」，據《通義》改。

公羊義疏四十九

句容陳立卓人著

宣十六年盡十八年。

十有六年，春，王正月，晉人滅赤狄甲氏及留吁。**注**言及者，留吁行微，不進。**疏**《左傳》注云：「甲氏、留吁，赤狄别種。」《大事表》云：「今潞安府屯留縣東南十里有純留城，即留吁地，晉滅之爲純留邑。甲氏在今直隸之廣平府雞澤縣。」《一統志》：「純留故城在今潞安府屯留縣南。春秋赤狄留吁邑。」按：《史記·匈奴傳》：「晉文公攘戎翟，居于河西圁、洛之間，號曰赤狄、白翟。」《索隱》：「《三蒼》『圁』作『圜』。」《地理志》：「圜水出上郡白土縣。」《正義》引《括地志》云：「白土故城在鹽州白池東北三百九十里。」又云：「近延州、綏州、銀州，本春秋時白狄所居。」又云：「潞州本赤狄地。」《史》文謂在圁、洛間，未詳。○注「言及」至「不進」。○「甲氏」書氏，與上年「潞氏」同。彼注云：「明不當絶，當復其氏」是也。留吁不書氏，知其行微，故「及」以絶之。杜、范皆以甲氏等爲潞之餘黨，蓋亦欲離于夷狄而未能合于中國者。

夏，成周宣謝災。**疏**《校勘記》云：「鄂本、閩本同。監、毛本『謝』作『榭』。下及注、疏並同。《唐石經》缺。《釋文》：『宣謝災，《左氏》作宣榭。』惠棟云：『《襄九年》疏引作「謝」，古無「榭」字，或止作「射」。周《邾敦銘》曰：「王格于宣射」是也。』三傳皆作『謝』，俗从木。又災，《左傳》作火。」按：紹熙本亦作「謝」。《公羊釋文》引《左氏》作「宣謝火」。《穀梁釋文》亦作「謝」。知三傳無从木者矣。《九經古義》云：「棟案：《左氏》古文『榭』本作『射』，《邾敦銘》云云。又劉逵引《國語》云『射不過講軍實』，今本作『榭』。《説文》無『榭』，經傳通作『謝』。荀卿子曰：『臺謝甚高』，《泰誓》曰：『惟宮室臺榭。』《釋文》本又作『謝』。吴射慈亦作『謝慈』，是『射』與『謝』通。」《左氏》襄三十一年傳：「宮室卑庳，無觀臺榭。」《釋文》：「榭音謝，本亦作謝。」原注：「摯虞《三輔決録》注云：『漢末大鴻臚射咸，本姓謝，名服。天子以爲將軍出征，姓謝名服，不祥，改之爲射氏，名咸。』載見《廣韻》。此由晉時不識古文，曲爲之説。」按：《禮記・玉藻》「卜人定龜」，注：「謂靈射之屬。」《釋文》：「射，《爾雅》作謝。」《荀子・王伯篇》注：「謝與榭同。」《潛研堂答問》云：「《説文》無榭字。則臺榭之榭，亦當爲射，蓋因習射以得名也。」

成周者何？東周也。注 後周分爲二，天下所名爲東周，名爲成周者，本成王所定名，天下初號之云爾。疏 注「後周」至「東周」。○此據作《春秋》時言也。《昭二十二年》：「劉子、單子以王猛入于王城。」傳云：「王城者何？西周也。」又《二十六年》：「天王入于成周。」傳云：「成周者何，❶東周也。」注：「是時王猛自號爲西周，天下因謂成周爲東周矣。」故傳就當時所名解之。《書・洛誥》云：「我乃卜澗水東，瀍水西，惟洛食。我又卜瀍水東，亦惟洛食。」疏引鄭注云：「觀召公所卜之處，皆可長久居民，使服田相食。瀍水東既成，名曰成周，今洛陽縣是也。召公所卜處，名曰王城，今河南縣是也。」鄭舉《漢・地志》爲驗。後漢洛陽、河南皆屬河南尹。《郡國志》「洛陽，周時號成周。河南，周公時所城洛邑，《春秋》謂之王城」是也。馬融注《周禮・大司徒》亦云：「王國，東都王城，今河南縣。」是與鄭同也。成周亦號下都。胡氏渭《禹貢錐指》云：「王城即郟邑，漢爲河南縣，其故城在今洛陽縣西北。下都即成周，漢爲洛陽縣，河南郡治，其故城在今洛陽縣東北二十里。二城東西相去四十里，而今洛陽縣居其中。古時澗水經河南故城西入洛，瀍水經河南故城東入洛，故澗東瀍西爲王城，而瀍東爲下都。《洛誥》之文甚明也。」《續漢志》注「雒陽」引《帝王世紀》云：「城東西六里，南北九里。」「河南」注引《博物記》曰：「『王城方七百二十丈，郛方一十里。南望雒水，北至郟山。』《地道記》曰：『去雒城四十里。』」成周在東，王城在西，敬王居成周，故曰「東王必大克」也。○注「名爲」至「云爾」。○舊疏引鄭注《書序》云：「居攝七年，天下太平而作此邑，乃名曰成周。」是爲本成王所定名也。時二都並建，洛邑爲東都。平王東遷，以豐鎬爲西周。敬王後，以王城爲西周，成周爲東周矣。

宣謝者何？宣宮之謝也。注 宣宮，

❶「者」下，原脱「何」字，據《春秋公羊傳注疏》補。

周宣王之廟也。至此不毀者，有中興之功。室有東西廂曰廟，無東西廂有室曰寢，無室曰謝。**疏**《穀梁》注：「宣榭，宣王之榭。」本此爲説。杜以爲「講武屋」，別在洛陽者。疏引服虔云：「宣揚威武之處。」《五行志》引《左氏》説：「榭者，講武之坐屋。」與《公羊》異。〇注「宣宮」至「之功」。〇《禮記疏》引《異義》：「『《魯詩》説，丞相匡衡以爲，殷中宗，周成、宣王，皆以時毀。古文《尚書》説，經稱中宗，明其廟宗而不毀。謹案：《春秋公羊》御史大夫貢禹説，王者宗有德，廟有毀，宗而復毀，非尊德之義。』鄭從而不駮。」是何本先師舊説也。《漢書·五行志》云：「元鳳四年，孝文廟正殿災。劉向以爲孝文太宗之君，與成周宣謝火同義。」明亦以成、宣爲宗而不毀也。顧氏炎武《左傳補正》云：「吕大臨《考古圖·郙敦銘》曰：『王格于宣榭。』宣榭者，蓋宣王之廟也。榭，射堂之制也。其文作印，古射字，執弓矢以射之象，因名其堂曰射。其堂無室，以便射事。故凡無室者，皆謂之榭。宣王之廟制如榭，故謂之宣榭。《春秋》記『成周宣榭火』，以宗廟之重而書之，如桓、僖宮之比。」《通義》云：「成周非王居，而宣宮在焉者，❶凡邑有宗廟先君之主曰都。此周之下都，得有先王廟，若漢時原廟矣。《左傳》敬王入于成周，盟于襄宮，亦廟之在成周者也。」按：《漢書·韋玄成傳》劉歆議曰：「七者，其正法數，可常數者也。宗不在此數中。宗，變也。苟有功德則宗之，不可預爲設數，故於殷太甲爲太宗，太戊爲中宗，武丁爲高宗。周公爲《無逸》之戒，舉殷三宗，以勸成王。繇是言之，❷宗無數也。」蓋即特廟。特者，不在七廟中，而特立一廟者也。據歆説，宗不在數中，則殷之三宗在六廟外，周之成、宣在七廟外矣。昭七年《左傳》「余敢忘高圉、亞圉」，或亦先公廟之不毀者也。馬融説高圉、亞圉，周人所報而不立廟，蓋不以宗而不毀爲然矣。與何、鄭説皆異。劉歆習古文，則古文《尚書》、《春秋》皆與《公羊》家同。〇注「室有」至「曰謝」。〇《爾雅·釋宮》文。此疏引「李巡曰：『室有東西廂，謂宗廟殿有東西小堂也。』孫炎曰：『夾室前堂。』」郭注本之。郝氏《爾雅義疏》云：「廟之制，中爲大室，東西序之外

❶「者」字，原脱，據《通義》補。
❷「繇」，原作「繫」，據《漢書》改。

爲夾室，夾室之前小堂爲東西廂，亦謂之東西堂。《後漢書注》引《埤蒼》云：『箱，序也，字或作廂。』❶廟所以有廂者，箱之言相，謂左右助勴也。故《公食大夫禮》注：『箱，俟事之處。』《覲禮》注：『東箱，東夾之前，相翔待事之處。』《文選·爲賈謐作贈陸機》詩注引《爾雅》『廟』作『廊』，蓋字形之誤。又引舍人曰：『殿有東西小堂也。』」寢者，郭云：「但有太室。」郝氏《義疏》：「寢之制，但有太室而無左右夾室，故無東西廂。」按：古路寢制，如明堂。燕寢有堂有室有夾室有房，正如上所陳廟制。故《周禮·隸僕》注云：「五寢，五廟之寢也。前曰廟，後曰寢。」《月令》正義：「廟是接神之處，其處尊，故在前。寢，衣冠所藏之地，對廟爲卑，故在後也。不得有無東西廂之制。」蓋寢者，平常卧息之所。《說文》作「寑」，云：「卧也。」《釋名·釋宮室》云：「寢，寢也，所寢息也。」推人道以事神，固不必備有堂户房階室之制與？亦所謂致死而致生之，不智而不可爲也。榭者，郭云：「榭即今堂堭。」《禮疏》引李巡云：「但有大殿，無室，名曰榭。」《書疏》引孫炎云：「榭，但有堂也。」郝氏《義疏》云：「《左傳》注以榭爲屋歇前。《正義》謂『歇前者，無壁也，如今廳事』是也。❷按：廳事即後世之堂皇。《漢書·胡建傳》：『列坐堂皇上。』《集解》『堂無四壁曰皇』是也。然則無壁者，無室但有堂，故杜謂屋歇前矣。」《通義》云：「謝，讀如序，則物當棟之序。謝之言射也。堂後無室，本射堂之制，故以名焉。」按：《禮·鄉射禮》云：「豫則鉤楹内，堂則由楹外。」注：「序之制有堂有室也。『豫』讀如『成周宣榭火』之榭。凡屋無室曰榭。今文『豫』爲『序』，序乃夏后氏之學，亦非也。」則鄭不以「榭」即「序」也。然鄭於《禮經》豫字但讀如謝，不即破其字爲謝；而於《記》「序則物當棟」，亦不破序字。蓋以序、榭皆無室，謝、序、豫又同音字，得相通也。《禮》與《記》之「堂則物當楣」，皆指庠言。庠大於序，故有堂有室也。鄭彼注自謂豫讀如榭音，非以爲榭。彼之豫，自謂州黨學之序爾。

何言乎成周宣謝災？**注**据天子之居稱京師，宋災，不別所燒。

疏注「据天」至「京師」。○《桓九年》「紀季姜歸于京師」是也。彼傳：「京師者何？天子之

❶「廂」，原作「箱」，據《後漢書》改。
❷「廳」下，原脱「事」字，據郝氏《義疏》補。下同。

居也。」○注「宋災」至「所燒」。○《襄三十年》「宋災」是也。❶舊疏云：「特据宋災者，以其王者之後，與周相類也。」❷

樂器藏焉爾。注 宣王中興所作樂器。

疏《校勘記》云：「《漢書・五行志》曰：『榭者，所以臧樂器。』《唐石經》、諸本作藏，俗字。」按：《説文》無藏字。《穀梁傳》：「周災，不志也。其曰宣榭何也？以樂器之所藏目之也。」疏：「徐邈所據本云『周災至』，❸注云：『重王室也。』」則與范本異。《五行志》云：「成周宣榭火。榭者，所以臧樂器，宣其名也。董仲舒、劉向以爲，十五年王札子殺召伯、毛伯，天子不能誅。天戒若曰：『不能行政令，何以禮樂爲而臧之。』《左氏》經曰：『成周宣榭火，人火也。人火曰火，天火曰災。』榭者，講武之坐屋。」臧氏琳《經義雜記》云：「按：《左氏》以宣謝爲『講武之坐屋』。服、杜注皆本《漢書》。服謂『宣揚威武』，更得命名之義。火爲人火，見守戒之無人，而武功之廢弛也。《公》、《穀》以宣謝爲藏樂器之所，董、劉義同。故《漢志》云：『謝者，所以藏樂器，宣其名也。』蓋樂以宣節陰陽，故名宣謝。何氏不得其解，而以爲宣王，并以樂器爲宣王中興所作。既違《公羊》本文，復乖《左氏》之義。」按：説經須守家法。《左氏》之義，不得据以相難。《公羊》本文明云「宣宮之謝」，宣宮猶言桓宮、僖宮也，非謂宣王之廟乎？何得謂其違《公羊》本文乎？按：《禮記・禮運》「以爲臺榭」，注：「榭，器之所臧也。」是藏物之所通曰榭。《爾雅・釋宮》：「闍謂之臺，有木者謂之榭。」是不必講武之屋也。《詩・車攻序》：「宣王會諸侯於東都，因田獵而選車徒焉。」蓋是時必有講武之所，嗣因有中興之功，宗而不毁。或即因立宣廟，廟宜静肅，不能再爲肄武，即因爲藏樂器所專。○注「宣王」至「樂器」。○舊疏云：「蓋夷、厲之時，樂器有壞，故宣王作之，不謂更造別樂。何者，考諸古典，不見宣王別有樂名也。」按：《周本紀》云：「懿王之時，王室遂衰。」《禮記・郊特牲》云：「下堂而見諸侯，天子之失禮也，由夷王以下。」又《禮運》云：「我觀周道，幽、厲傷之。」明禮樂俱有敗壞也。《本紀》又此：❹「宣

❶「襄」下，原脱「三」字，據《春秋公羊傳注疏》補。
❷「周」，原作「宋」，據《春秋穀梁傳注疏》改。
❸「至」，疑當爲「志」。
❹「此」，疑當爲「云」。

王即位，二相輔之，修政，法文、武、成、康之遺風。」又《詩·車攻》諸篇美宣王復古，容亦作樂器焉。

成周宣謝災，何以書？記災也。外災不書，此何以書？新周也。**注**新周，故分别有災，不與宋同也。孔子以《春秋》當新王，上黜杞，下新周，而故宋。因天災中興之樂器，示周不復興，故繫宣謝於成周，使若國文。黜而新之，從爲王者後記災也。

疏《校勘記》：「新周也。《唐石經》、諸本同。惠棟云：『當作親周。』古親、新通，新讀爲親。按：《春秋繁露·三代改制質文》篇云：『絀夏，親周，故宋。』《史記·孔子世家》云：『《春秋》據魯，親周，故殷。』皆作親字。何注云：『孔子以《春秋》當新王，上黜杞，下親周而故宋。』是何注本作『新周』也，當亦爲嚴、顔之異。按：《董子》、《史記》『親周』皆『新周』之誤。錢大昕言之當矣，惠棟未憭此。」今按：阮氏之説是。○注「新周」至「同也」。○決《襄三十年》「宋災」，不别所災也。○注「孔子」至「故宋」。○此《春秋》通三統之義，注爲全書發其例也。劉氏逢禄《釋例》云：「顔子問爲邦，子曰『行夏之時，乘殷之輅，服周之冕』，終之曰：『樂則《韶》舞。』蓋以王者必通三統，而治道乃無偏而不舉之處。自後儒言之，則曰法後王。自聖人言之，則曰三王之道若循環，終則復始，窮則反本。非僅明天命所授者博，不獨一姓也。夫正朔必三而改，故《春秋》損文而用忠。文、質必再而復，故《春秋》變文而從質。❶受命以奉天地，故首建五始。至于治定功成，鳳皇來儀，百獸率舞，而《韶》樂作焉。則始元終麟之道，舉而措之萬世，無難矣。」其言以《春秋》當新王之意，至爲明顯。孔子曰「我欲託之空言，不如著之實事」，故假魯以立王法，所謂《春秋》王魯也。❷以魯當新王，故新周。新周者，新黜周，等王者後也。新周則故宋。合宋、周、春秋爲三統，故黜杞等之小國也。臧氏琳《經義雜記》云：「《公羊》言新周，核之董説，則以天意以樂器空存無補實政，故災之而望周之重新。聖人書之，所以承天意也。乃何氏謂孔子以《春秋》當新王，繫宣謝於成周，使若國文，

❶「文」，原誤「王」，據《釋例》改。
❷「王」，原誤「之」，據文意校。

黜而新之。此言更爲誣矣。」《通義》云：「周之東遷，本在王城。及敬王避子朝之難，更遷成周。作傳者，据時言之，故號成周爲新周，猶晉徙于新田，謂之新絳，鄭居郭鄶之地，謂之新鄭云爾。傳道此者，言成周雖非京師，而先王宫廟有大災變，火爲除舊布新之象，其後敬王果新邑於此。故《春秋》大之，同於京師而録其災也。天道不遠，三五復反。向使周人寅畏譴異，修政更始，興宣王之禮樂，則子朝之亂必不作，可以無居新周之事。傳所以深探經旨，上本天意，稱言約而取意遠矣。治《公羊》者，舊有新周故宋之説。新周雖出此傳，實非如注解。故宋，傳絶無文，❶唯《穀梁》有之，然意尤不相涉。是以晉儒王祖游譏何氏黜周王魯，大體乖硋，志通《公羊》而往往還爲《公羊》疾病者也。」按：新周故宋，見之董生《繁露》、史公《孔子世家》，必西漢經師相傳之義。《孟子》所謂「罪我者其惟《春秋》」，即斥新周故宋等義，真七十子微言大義也，非何氏之刱解。魏晉俗儒，不識經師大旨。孔氏反祖以非何氏。此孔沖遠譏劉炫所謂「蠹生于木而反食木」者也。孔氏於三世已多違舊義，而於三統之義，又全更滅，率此以解《公羊》，其瞽者之無相與！臧氏本非今文家，置之不足責，可也。○注「因天」至「災也」。○舊疏云：「使周成爲國，與宋齊之屬相似。」包氏慎言云：「《春秋》何新乎周？曰：孔子一生，夢見周公，美周之文，而其作《春秋》，書『王正月』。傳曰：『王者孰謂？謂文王也。』周之禮制，刱自文王而成於武王、周公。言文王以統武王、周公也。周監二代，以成郁郁之文。《春秋》監周，以爲萬世文章之祖。新周者，揚周之文於萬世也。周道傷于厲王，宣王中興，文武之道燦然復明。平王東遷，所守者宣王之法耳。成周宣謝，宣王方策所藏也。孔子適周，問禮老聃。柱下所守，宣王之留貽也。宣榭災而舊章之存者鮮矣，故孔子有《春秋》之作。《春秋》爲後世新王制法。一王初起，皆用先王之禮樂，故曰新周。周監二代，《春秋》監周殷，亦二代，故黜杞、故宋。《論語》曰：『夏禮，吾能言之，杞不足徵也。殷禮，吾能言之，宋不足徵也。文獻不足故也。足，則吾能徵之矣。』杞、宋不足徵，而文獻之可徵者唯周。一姓不再興，周之不興，於宣謝之火兆其萌。孔子修史至此，而喟然於周道之衰，故不曰京師宣謝火，又不曰王室宣謝火，而特曰

❶「文」，原作「又」，據《春秋公羊通義》改。

成周，同之列國，猶王之爲風也。傳曰：『成周者何？東周也。宣謝者，宣宫之謝，樂器藏焉爾。』孔子曰：『如有用我者，吾其爲東周乎。』有能用孔子者，孔子能興文武之道於成周，則《雅》《頌》可作。不能用，而憲章文武，以作《春秋》，則周之禮樂，不僅爲周之禮樂，而爲萬世之禮樂。周雖亡猶存也。《荀子》曰：『孔子仁智且不蔽，故學亂術，足以爲先王者也。一家得周道，舉而用之，不蔽於成積也。』是之謂新周也云爾。」按：包氏之論，深得《春秋》書成周之旨。書成周，明與爲王者後記災文同，《襄九年》「宋火」，傳云「外災不書，此何以書？爲王者之後記災也」是也。

秋，郯伯姬來歸。**注** 嫁不書者，爲媵也。來歸書者，後爲嫡也。死不卒者，已棄，有更適人之道，或時爲大夫妻，故不得待以初也。棄歸例，有罪時，無罪月。**疏**《左傳》云：「出也。」《禮記·雜記》云：「諸侯出夫人，使者將命曰：『寡君不敏，不能從而事社稷宗廟，使使臣某，敢告於執事。』主人對曰：『寡君固前辭不教矣。寡君敢不敬須以俟命。』❶有司官陳器皿，主人有司亦官受之。」鄭注：「器皿，其本所齎物也。律，弃妻畀所齎。」范云：「爲夫家所遣。」○注「嫁不」至「嫡也」。○《春秋》之例，内女嫁爲諸侯夫人者，皆書。如《隱二年》「伯姬歸于紀」、《莊二十五年》「伯姬歸于杞」之屬是也。此郯伯姬，出嫁不書，故以爲媵也。按：《隱七年》「叔姬歸于紀」，注：『伯姬之媵也。至是乃歸者，待年父母國也。』彼亦媵得書者，彼注：「媵賤，書者，後爲嫡，終有賢行。紀侯爲齊所滅，紀季以酅入于齊。叔姬歸之，能處隱約，全竟婦道，故重録之。」知此被棄來歸，無賢行，故從媵賤常例不書也。《莊二十九年》「紀叔姬卒」，注：「國滅卒者，從夫人行，待之如初。」是内女由媵爲嫡，詳其卒葬，從夫人行。此來歸亦書，故知爲嫡也。此伯姬蓋爲他國之媵，若内女姪，則當書嫡之歸郯，如紀伯姬之屬也。《通義》云：「來歸者，出也。始嫁不書者，容郯子爲世子時歸之。」其説亦通。○注「死不」至「初也」。○毛本「以」誤「有」。按：此決紀叔姬書卒故也。紀叔姬自莊十二年歸酅後，能全婦道，故詳其卒葬。此不然，故死不卒，但録其來歸而已。《禮記·雜

❶「敬」下，原脱「須」字，據《禮記注疏》補。

記》云：「諸侯出夫人，夫人比至於其國，以夫人之禮行，至以夫人入。」注：「行道以夫人之禮者，棄妻致命其家乃義絶，不用此爲始。」是則在道至入時，猶以夫人禮待矣。《通義》云：「已出，則失其貴，故後不見卒也。」按：孔説非是。《禮・喪服》「大功章」：「君爲姑姊妹女子子嫁于國君者。」女子在室，期。出嫁，大功。諸侯雖絶期，爲其尊同，故服其親服。則女子許嫁諸侯而卒，則服期可知。故《僖九年》書「伯姬卒」，明當有期之恩也。「齊衰不杖期章」又有「姑姊妹女子子適人無主者」，注：「無主後者，人之所哀憐。」此雖指大夫以下，以諸侯不得有無主之事。然推無主加服之義，則被出而歸，雖爲夫家所絶，而父母兄弟視之似不得竟同絶期之例，則被出卒者，理合恩録書卒。此郯伯姬不書卒，故何氏云：「已棄，有更適人之道，或時爲大夫妻，故不得待以初也。」諸侯女嫁於大夫者，禮無服，爲其尊不同。故莒慶之叔姬，高固之子叔姬，皆無卒文也。○注「棄歸」至「罪月」。○有罪時者，此書「秋」是也。無罪月者，《成五年》「春，王正月，杞叔姬來歸」是也。《成八年》「杞叔姬卒」，恩録之。明其終于父母，全婦道，❶故云「無罪」。益見孔氏「已出，則失其貴」之説非矣。

冬，大有年。疏《詩・大雅・豐年》云：「豐年多黍多稌。」箋云：「豐年，大有年也。」《正義》「宣十六年《穀梁傳》曰『五穀大熟爲大有年。』《公羊》以爲大豐年，是也。《桓三年》經書『有年』，《穀梁傳》『五穀皆熟爲有年』。《公羊傳》曰：『大有年。』❷彼《春秋》之文，相對而爲例。他經散文，不必然也。《魯頌》曰：『歲其有年。』亦當謂大豐年矣。」按：上年傳云：「則宜於此變矣。」注：「言宣公於此天災饑後，能受過變寤，明年復古行中，冬大有年。」❸是宣公省悟後，應是而大有年矣。《通義》云：「税畝而饑，所以譴君也。繼饑而旋大有年，乃天之愛民也。君恒税之，而天又薦饑之，則民無生。」按：孔氏此説，不值一噱。天之愛民，原不必因國家重斂，加之薦饑。惟是孔子書之《春秋》，究何主意？抑書以褒天乎？亦褒天以貶魯與？此皆好爲立異而不知其語之駮也。

十有七年，春，王正月庚子，許男錫我卒。

❶「婦」，原作「歸」，據上文改。
❷「大」，原作「僅」，據《公羊傳注疏》改。
❸「大有」二字，原互倒，據《公羊傳注疏》正。

疏包氏慎言云：「正月書庚子，月之二十六日也。」

丁未，蔡侯申卒。**疏**包氏慎言云：「正月無丁未，二月之四日也。」

夏，葬許昭公。

葬蔡文公。**注**不月者，齊桓、晉文没後，先背中國與楚，故略之。與楚，在文十年。

疏注「不月」至「十年」。〇舊疏云：「正以卒日葬月，大國之常例。今此蔡侯不月，故解之。與楚，在《文十年》，彼注云『楚子、蔡侯次于屈貉』者是也。」莊氏存與《春秋正辭》云：「屈貉之役，《左氏》以爲陳侯、鄭伯在焉，而又有宋公後至，麇子逃歸。《春秋》一切不書，主書蔡侯者，甚惡蔡也。蔡，同姓之長，而世役於楚，自絶諸夏。商臣弑父，罪大惡極，犬彘將不食其餘。蓋竊位以來，諸侯尚未有與盟會者。蔡莊侯首道以摟上國，獨與同惡相濟，同氣相求，不再傳而蔡亦有弑父之禍，遂使通《春秋》，唯商臣與般相望於數十年之間。若蔡莊侯者，所謂用夷變夏者也。」按：蔡自桓二年會鄧懼楚，自獻舞獲後，棄夏即夷。故《僖十四年》「蔡侯肸卒」，注「不月者，賤其背中國而附父仇，故略之甚也」是也。終齊桓之世，未嘗與盟會事。晉文敗楚城濮，得臣被戮，始與乎踐土、温、翟泉之會。晉文没後，首道中國以事楚，屈貉之次是也，故《春秋》尤賤而略之。《通義》云：「文公從楚，當莊王之世，猶爲與賢，比肸責輕，故葬但不月而已。」肸潰宜絶，故不書葬，故移不月之文於其卒。蔡侯申，但責其背中國與楚，故書葬而去月以起之，非比肸責輕也。楚莊之賢，《春秋》亦不得已而與之，所謂夷狄之有君不如諸夏之亡也。若必使中國君長比而從之，非聖人内夏外夷之心也。孔氏於屈貉經下，採其座主莊侍郎之語，是也。此又以爲比肸責輕，何先後之不侔耶。

六月癸卯，日有食之。**注**是後，邾婁人戕鄫子，四國大夫敗齊師于鞌。齊侯逸獲，君道微、臣道强之所致。**疏**包氏慎言云：「六月書癸卯，月之二日。劉歆以爲三月晦朓。《元志》姜岌以六月甲辰朔，不應食。《大衍》是年五月在交限，六月甲辰朔，交分已過食限。蓋誤。以今厤推之，是歲五月乙亥朔入食限，六月甲辰朔入交，二日已過食限。《大衍》是。」按：《五行志》云：「晦而月見西方，謂之朓。

朔而月見東方，謂之仄慝。仄慝則侯王其肅，朓則侯王其舒。劉歆以爲舒者，侯王展意顓事，臣下促急，故月行疾也。肅者，王侯縮朒不任事，臣下弛縱，故月行遲也。當春秋時，侯王率多縮朒不任事，故食二日。仄慝十八，食晦日朓者一，此其效也。」○注「是後」至「所致」。○毛本「强」作「彊」。《五行志下之下》「宣公十七年六月癸卯，日有食之。董仲舒、劉向以爲後邾支解鄫子，❶晉敗王師于貿戎，敗齊于鞌。」按：邾婁戕鄫子，見下《十八年》。四國大夫敗齊師，見《成二年》。齊侯佚獲，見《成二年》傳。

己未，公會晉侯、衛侯、曹伯、邾婁子，同盟于斷道。**疏**包氏慎言云：「六月書己未，月之十八日。」杜云：「斷道，晉地。」《大事表》云：「傳云『卷楚』，一地二名。今沁州東有斷梁城。」《方輿紀要》：「卷城在開封府原武縣西北九里。」按：如《左傳》文，上云：「會于斷道，討貳也。盟于卷楚，辭齊人。」似斷道與卷楚二地，卷楚亦不得以卷當之。杜云「卷楚即斷道」，固是臆説。顧棟高謂在沁州，不知何據。《通義》云：「是盟同欲仇齊而不與信辭者，傷中國無伯之甚。」

秋，公至自會。

冬，十有一月壬午，公弟叔肹卒。**注**稱字者，賢之。宣公篡立，叔肹不仕其朝，不食其禄，終身於貧賤。故孔子曰：「篤信好學，守死善道，危邦不入，亂邦不居。天下有道則見，無道則隱。」此之謂也。禮，盛德之士不名，天子上大夫不名。《春秋》公子不爲大夫者不卒。卒而字者，起其宜爲天子上大夫也。孔子曰：「興滅國，繼絶世，舉逸民，天下之民歸心焉。」**疏**包氏慎言云：「十一月書壬午，月之十三日。」○注「稱字者，賢之」。○《穀梁傳》：「其曰公弟叔肹，賢之也。」《春秋》稱字多賢辭。《僖十六年》「公子季友卒」，傳：「其稱季友何，賢也。」亦稱字故也。○注「宣公」至「貧賤」。○《穀梁傳》：「其賢之何也？宣弑而非之也。非之則胡爲不去也？曰：『兄弟也，何去而

❶「後」字，原脱，據《漢書》補。

之？』與之財，則曰：『我足矣。』織屨而食，終身不食宣公之食。君子以是爲通恩也，以取貴於《春秋》。」注引泰曰：「宣公弑逆，故其禄不可受。兄弟無絶道，故雖非而不去。論情可以明親親，言義足以厲不軌。書曰『公弟』，不亦宜乎？」《新序·節士》云：「魯宣公者，文公之弟也。文公薨，文公之子赤立爲魯侯。宣公殺子赤而奪之國。❶公子叔肸者，❷宣公之同母弟也。宣公殺子赤而肸非之。宣公與之禄，則曰：『我足矣，何以兄之食爲哉！』織屨而食，終身不食宣公之食。其仁恩厚矣，其守節固矣，故《春秋》美而貴之。」《鹽鐵論·論儒》云：「闔廬殺僚，公子札去而之延陵，終身不入吴國。魯公殺子赤，叔肸退而隱處，不食其禄。虧義得尊，枉道取容，效死不爲也。」按：衛侯之弟鱄去君稱名者，彼注云：「刺鱄兄爲彊臣所逐，既不能救，又移心事剽，背爲姦約。獻公雖復因喜得反，誅之。小負未爲大惡，而深以自絶，所謂守小信而忘大義，拘小介而失大忠。」故不得與叔肸等也。○注「故孔」至「謂也」。○《論語·泰伯》篇文。《集解》包曰：「言行當常然。」《義疏》：「篤信好學者，令篤厚於誠信而好學先王之道也。守死善道者，寗爲善而死，不爲惡而生，故云守死善道。危邦不入者，謂初仕時也，見彼國將危，則不須入仕也。亂邦不居者，謂我國已亂，則宜避之，不居住也。天下謂天子也。見謂出仕也。」何義當亦同，不必以天下爲天子爾。劉氏逢禄《論語述何》云：「守死善道，如公弟叔肸、孔父、仇牧、荀息之屬。」○注「禮盛」至「不名」。○《白虎通·王者不臣》篇云：「盛德之士不名，尊賢也。《春秋》曰：『公弟叔肸。』」又云：「不名盛德之士者，不可屈以爵禄也。」《孟子·萬章》云「盛德之士，君不得而臣」，故不名也。《禮記·月令》：「聘名士。」彼疏引蔡注云：「名士者，謂其德行貞純通明，王者不得臣而隱居不在位者也。」○注「天子」至「夫也」。○《桓四年》注云：「上大夫不名，祭伯是也。」《白虎通》又云：「上大夫不名者，貴賢者而已。共成先祖功德，德加於百姓者也。」今本脱「上大夫」三字。《隱元年》注：「天子上大夫字，尊尊之義也。」❸是天子上大夫亦

❶「之」，原作「其」，據《新序》改。
❷「叔」字，原脱，據《新序》補。
❸「尊」下，原脱一「尊」字，據《公羊傳注疏》補。

不名也。公子不爲大夫，即不見於經，亦不書卒。叔肸不仕其朝，不食其禄，卒而字之，故爲起其宜爲天子大夫也。〇注「孔子」至「心焉」。〇《論語·堯曰》篇文，彼無「孔子曰」。《漢書·外戚恩澤侯表》注引《論語》「孔子陳帝王之文，興滅國」云云。《文選·兩都賦序》、《求爲諸孫置守冢人表》兩注俱引《論語》『興滅國，繼絶世』。」《逸民傳論》注引《論語》：「舉逸民，天下之人歸心焉。」上俱冠「子曰」字。《説苑·君道》篇：「武丁思先王之政，興滅國，繼絶世，舉逸民。」又《敬慎》篇同，以此爲武丁事。蓋皆述帝王之治，不必專斥一人事。此主引舉逸民，連上述之也。

十有八年，春，晉侯、衛世子臧伐齊。

公伐杞。

夏四月。

秋，七月，邾婁人戕鄫子于鄫。

戕鄫子于鄫者何？殘賊而殺之也。注支解節斷之，故變殺言戕。戕則殘賊，惡無道也。言「于鄫」者，刺鄫無守備。小國本不卒，故亦不日。疏《周禮疏》引《駁異義》：「鄭君以爲《左氏》宣十八年『秋七月，邾人戕鄫子于鄫』，傳曰『凡自内虐其君曰弑，自外曰戕』，即邾人戕鄫子是也。自弑其君曰弑者，『晉人弑其君州蒲』是也。雖他國君不加虐，亦曰殺。若加虐殺之，乃謂之戕，取殘賊之義也。若自上殺下及兩下自相殺之等，皆曰殺。」《穀梁傳》：「戕，猶殘也，捝殺也。」《周禮疏》引鄭氏《書·梓材》注同。是戕爲殘賊之義也。《列子·説符》云：「遂共盗而戕之。」殷敬順《釋文》：「戕，一本作殘。」《潛研堂答問》云：「《穀梁》注『捝謂捶打』，亦晉人語，《説文》無打字，宜何從？曰：『此必朾之誤。《説文》：「朾，橦也。」朾與橦、椓連文，知橦亦有橦擊義。』」又「問《釋文》引《字林》云：『木杖。』考《説文》棁訓木杖，捝訓解捝，卻是兩字，陸似溷爲一。曰：捝殺之捝，本當从木旁。陸引木杖訓之，則陸所見本猶作棁字，隸改从手旁，而《唐石經》因之，非古本之舊也。」按：《穀梁》云「捝殺」，與何氏支節斷義殊，其殘一也。《五行志》：「董仲舒、劉向以爲，後邾支解鄫子。」是西漢舊説，故何依用之焉。《周禮·大司馬》云：「放弑其君則殘之。」注引《王霸記》曰：「殘滅其爲惡。」《公羊傳》：

「戕鄫子于鄫者何？ 殘賊而殺之也。」❶惠氏士奇《禮説》云：「殘之者，或焚或轘。《春秋》『戕鄫子』，《穀梁傳》以『捝殺』注。捝爲捶打，《方言》謂之掀，關西人呼打爲掀。晉魏河内之北謂掀爲殘。蓋『殘賊而殺之』爲捝殺。《詮言訓》：『羿死於桃棓。』注：『棓，大杖，桃木爲之，以擊殺羿。』則似古有是刑，而邾人行之，故《春秋》書曰戕。《小爾雅》亦曰：『戕，殘也。』蓋邾人假其名以行其虐也。殘乃九伐之正法，豈捝殺之謂哉？董、劉以爲支解，解四支，斷骨節，蓋近乎殘矣。殘之言轘也。殺君者轘，古之法也。説者謂起於秦，誤矣。」○注「支解」至「道也」。○《説文・肉部》：「胑，體四胑也。」叚作支。《孟子・告子》篇「惰其四支」，《易・坤・文言傳》「而暢於四支」是也。《説文・刀部》：「解，判也，从刀判牛角。」《左傳》宣四年「宰夫解黿」，《莊子・養生主》「庖丁解牛」是也。支解即《史記・吕后紀》「太后遂斷戚夫人手足」是。《漢書・陳湯傳》「支解人民」，注：「謂解截其四支也。」刑極殘賊，故今律支解活人者，首犯淩遲，妻子流，亦以惡無道之甚也。杜云：「弑、戕，皆殺也。弑者，積微而起，非一朝一夕之漸。戕者，卒暴之爲。」故《春秋》變殺言戕也。○注「言于」至「守備」。○《左疏》引賈逵云：「邾使大夫往戕賊之。」杜氏《釋例》云：「有國之君，當重門設險，而輕近暴客，變起倉卒，亦因事而見戒也。」○注「小國」至「不日」。○舊疏云：「滅例月。《莊十年》『冬，十月，齊師滅譚』之屬是也。邾婁無道，殘滅人君於其國都，與滅相似，亦宜書日，以責其暴。而不日者，正以鄫爲微國，本不合卒，是以略之不書其日也。而《僖十九年》『夏，六月己酉，邾婁人執鄫子用之』，亦是無道，與此相似，而書日者，彼注云『日者，魯不能防正其女，以至於此。明其痛其女禍而自責之』是也。」

甲戌，楚子旅卒。 **疏**《穀梁》「旅」作「吕」。《説文》：「吕，脊骨也。象形。昔太岳爲禹心吕之臣，故封吕侯。又膂，篆文吕，从肉从旅。」則「旅」蓋「膂」之省體，即「吕」也。《吕覽・季冬紀》「律中大吕」，注「吕，旅也」是也。包氏慎言云：「七月書甲戌，月之九日。」《穀梁傳》：「夷狄不卒，卒，少進也。卒而不日，日，少進也。」❷

❶「賊」字，原脱，據《春秋公羊傳注疏》補。

❷「日」，原作「之」，據《穀梁傳注疏》刪補。

何以不書葬？**注** 据日而名。**疏** 注「据日而名」。○舊疏云：「書日書名，一是諸夏大國之例，是以弟子因遂責其不與大國例同書葬也。」吴楚之君不書葬，辟其號也。**注** 旅，即莊王也。葬從臣子辭，當稱王，故絶其葬，明當誅之。至此卒者，因其有賢行。**疏**《禮記・坊記》云：「《春秋》不稱楚越之王喪。」注：「楚越之君，僭號稱王，不稱其喪，謂不書葬也。《春秋傳》曰：『吴楚之君不書葬，辟其僭號也。』」今本無僭字，蓋鄭所据本異，或鄭以意加也。《楚世家》云：「熊渠曰：『我蠻夷也，不與中國之號謚。』乃立其長子康爲句亶王，❶中子紅爲鄂王，少子執疵爲越章王。」蓋僭王在夷王時矣。自熊通自立爲武王後，始世僭號耳。《吴世家》：「壽夢立而吴始益大，稱王。」故皆不書葬，明其宜絶也。○注「旅，即莊王也」。○《楚世家》：「穆王十二年卒，子莊王侶立。」《左傳》序莊王立在文十四年。○注「葬從」至「誅之」。○包氏慎言云：「按：絶葬明誅，言當膺顯戮也。《穀梁傳》曰：『變之不葬有三：失德不葬，弑君不葬，滅國不葬。』僭號，失德之大者，同之弑君滅國曰，是亦當殺當滅焉而已。」杜云：「吴越之葬，❷僭而不典，故絶而不書，同之夷蠻，以懲求名之僞。」按：《坊記》云：「天無二日，土無二王，示民有君臣之別。」五等諸侯，卒皆稱爵。葬者，臣子之事，故一例從尊稱公。若吴楚書葬，則宜書葬吴某王，葬楚某王，與周王號嫌矣，故絶其葬，若無臣子辭，以示誅絶。《春秋》正名之嚴也。包氏説極爲切實，杜氏注尤隔膜之論也。○注「至此」至「賢行」。○《文十八年》：「秦伯罃卒。」彼注云：「秦穆公也。至此卒者，因其賢。」❸按：楚自莊世書荆人，僖世始書楚。所傳聞世，諸夏猶其外數，故楚君不得見經。商臣弑父之賊，又在誅絶之列，故至莊王書卒，亦因其可進而進之義也。先儒以秦穆、楚莊合齊桓、晉文、宋襄爲五霸，以其爲《春秋》之所與故也。

公孫歸父如晉。

冬，十月壬戌，公薨于路寢。**疏** 包氏慎言云：「十月書壬戌，月之二十八日。」

❶「子」下，原脱「康」字，據《史記》補。
❷「越」，原誤「楚」，據《春秋左傳正義》改。
❸「賢」，原作「實」，據《春秋公羊傳注疏》改。

歸父還自晉，至檉，遂奔齊。**疏**《左氏》「檉」作「笙」。《釋文》云：「本作『檉』，亦作『朾』。」按：彼引徐音「勅貞反」，則亦作「檉」矣。杜云：「笙，魯竟外。」❶還者何？善辭也。**疏**《通義》云：「善曰還，不善曰復。」杜云：「大夫還不書，《春秋》之常也。今書歸父還奔，善其能以禮退。」何善爾？歸父使於晉，**注**上「如晉」是。還自晉，至檉，聞君薨，家遣，**注**家爲魯所逐遣，以先人弑君故也。**疏**注「家爲」至「故也」。○《左傳》：「季文子言於朝曰：『使我殺嫡立庶，以失大援者，❷仲也夫。』臧宣叔怒曰：『當其時，不能治也。後之人何罪？子欲去之，許請去之。』遂逐東門氏。」《成十五年》傳云：「公子遂殺叔仲惠伯，殺子赤而立宣公。宣公死，成公幼。臧宣叔者，相也。君死不哭，聚諸大夫而問焉，曰：『昔者叔仲惠伯之事，孰爲之？』諸大夫皆雜然曰：『仲氏也，其然乎。』於是，遣歸父之家，然後哭君。」❸是君薨家遣事也。墠帷，**注**埽地曰墠，今齊俗名之云爾。將袒踊，故設帷，重形。**疏**注「埽地」至「云爾」。○《校勘記》云：「《釋文》注作『埽地』，此从手旁，非。」《公羊問答》「此於經有据乎？曰：《說文》云：『墠，野土也。』『東門之墠』，傳曰：『墠，除地町町者。』疏：『封土謂之壇，除地謂之墠。』賈公彥以爲四邊委土爲壝，於中除地爲墠，墠內作壇，謂若『三壇同墠』之類也」。按：襄二十八年《左傳》：「舍不爲壇。」疏引服虔本作墠，解云：「除地爲墠。」王肅本作壇，而解云「除地坦坦」，則亦讀如墠矣。《韓詩傳》作「東門之墠」。据《詩釋文》、正義，似《毛詩》本作壇，而諸家解從墠。蓋叚墠爲壇也。定本即作墠矣。《說文》說壇字云：「壇，祭場也。」祭場則埽地去草矣。蓋二字可通用也。《左傳》注「除地爲壇而張帷」，《左傳》作壇也。焦氏循《左傳補疏》云：「壇字，《釋文》音善。《曲禮》『踰竟爲壇位』，注：『壇位，除地爲壇。』《釋文》亦音善。《周禮·大司馬》『暴內陵外則壇之』，注：『壇，讀如同墠之墠。』鄭司農讀從『憚之以威』之

❶「外」，原誤「也」，據《春秋左傳正義》改。
❷「者」字，原脫，據《春秋左傳正義》補。
❸「哭」下，原脫「君」字，據《春秋公羊傳注疏》改。

憚。《書》亦或爲墠。」《釋文》壇，依注作墠。《金縢》「三壇同墠」，《祭法》「一壇一墠」，是除地爲墠，封土爲壇，二字自别。而墠、壇音近，得相通借，故《詩》「東門之墠」，一作「東門之壇」。《毛詩》解爲「除地町町」，則墠是而壇借。此傳借壇爲墠，同。」按：齊俗名之，何氏以方言釋之也。焦説明晰。○注「將袒」至「重形」。○《禮記·檀弓》云：「尸未設飾，故帷堂。仲梁子曰：『夫婦方亂，故帷堂。』」然鄭注云：「斂者，❶動搖尸。帷堂，爲人褻之。言方亂，非也。」似帷爲死者設，其殯後又有帷。《檀弓》云：「帷殯，非古也，自敬姜之哭穆伯始也。」注：「禮，朝夕哭不帷。」蓋朝夕哭，當暫去帷，以見殯殊，而敬姜哭穆伯不去帷，故記以爲非古也。此歸父在外，或設帷爲將袒踊，爲一時權禮與？

哭君成踊。注踊，辟踊也。禮必踊者，如嬰兒之慕母矣。成踊，成三日五哭踊之禮。禮，臣爲君本服斬衰，故成踊。比二日，朝莫哭踊。三日朝哭踊，莫不復哭踊，去事之殺也。疏注「踊辟」至「母矣」。○《禮記·檀弓》云：「辟踊，哀之至也，❷有算爲之節文也。」注「算，數也」。疏：「撫心爲擗，跳躍爲踊。孝子喪親，哀慕至懣。❸男踊女擗，是哀痛之至極也。」❹《説文·走部》：「⿺走甬，喪辟⿺走甬。」❺段注云：「今《禮經》、《禮記》皆作踊。《足部》曰：『踊，跳也。』是二字義殊也。《左傳》『曲踊三百』、『三踊于幕庭』之類，❻皆从足。若『即位哭，三踊而出』之踊，當从走。撫心爲擗，跳躍爲⿺走甬。」辟，叚借也。《雜記》：「曾申問於曾子曰：『哭父母有常聲乎？』曰：『中路嬰兒失其母焉，❼何常聲之有。』」注：「言若小兒亡母啼號，安得常聲乎。所謂哭不偯。」故云如嬰兒之慕母也。《左傳》：「即位哭，三踊而出。」注：「依在國喪禮，設哭位，公薨故。」○注「成踊」至「殺也」。○「三日五哭」禮，見《禮記·奔喪》篇。《奔喪》注云：「三日五哭者，始聞喪訖，夕爲位，乃出就次，一哭

❶「斂」，原作「飲」，據《禮記注疏》改。
❷「哀」下，原衍「戚」字，據《禮記注疏》刪。
❸「懣」，原作「憊」，據《禮記注疏》改。
❹「極」字原脱，據《禮記注疏》補。
❺「辟」，原作「擗」，據《説文》改。
❻「三」字，原脱，據《左傳正義》補。
❼「焉」，原作「也」，據《禮記》改。

也。與明日、又明日之朝夕而五哭。不五朝哭而數朝夕，備五哭而止，亦爲急奔喪，已私事當畢，亦明日乃成服。凡云五哭者，其後有賓，亦與之哭而拜之。」《正義》：「謂初聞喪爲一哭，明日朝夕二哭，又明日朝夕二哭，總爲五哭。所以三日爲五哭者，爲急欲奔喪，以己私事須營早了，故三日而五哭止也。」以歸父在外，因家遣，不能歸國，故行變禮，但三日五哭踊，如《奔喪禮》也。成踊者，《士喪禮》注：「成踊三者三。」❶疏云：「凡九踊也。」《檀弓》疏：「若不裁限，恐傷其性，故辟踊有算爲準節文章。準節其事不一。每一踊三跳，三踊九跳，都爲一節。士舍死日，三日而殯，凡有三踊：初死日襲，襲而踊；明日小斂，小斂而踊；又明日大斂，大斂又踊。凡三日爲三踊也。大夫五踊。舍死日，四日而殯。初死日，一踊；明日襲，又一踊；至三日小斂，朝一踊；至小斂時，又一踊；至四日大斂，朝不踊，當大斂時，又一踊。凡四日爲五踊。諸侯七踊。舍死日，❷六日而殯。初死日一踊；明日襲，又一踊；至三日小斂，朝一；當小斂時，又一；四日無事一；五日又一；至六日朝不踊，亦當大斂時又一。凡六日七踊。《周禮》王九踊。舍死日，八日而殯。死日一，明日襲一，其間二日爲二，至五日小斂爲二，其間二日爲二，至八日大斂，則其朝不踊也。大斂時又一，❸凡八日九踊，故云爲之節文也。故《雜記》云：『公七踊，大夫五踊，士三踊。』」注謂「死及小斂、大斂而踊，君大夫士也」。則皆三踊矣。君五日而殯，大夫三日而殯，士二日而殯。士小斂之朝不踊，君、大夫大斂之朝乃不踊也。」然何氏云「比三日朝哭莫不哭」，則三日四哭，與五哭踊不合，或何氏之三日蓋三日後禮與？又《喪大記》云：「鋪絞紟踊，鋪衾踊，鋪衣踊，遷尸踊，斂衣踊，斂衾踊，斂絞紟踊。」則踊節有七。孔氏謂「士小斂一踊，大夫諸侯小斂，❹朝夕各一踊，大斂止斂時一踊」之説，恐非。按：《奔喪禮》云：❺「至于家，入門左，升自西階，殯東，西面坐，哭盡哀。括髮袒，降堂東即位，西鄉哭，成踊。襲絰于序東，絞帶反位。拜賓成踊，於又哭括髮

❶「踊」，原作「蹈」，據《儀禮注疏》改。
❷「日」，原脱，據《禮記注疏》補。
❸「斂」，原脱，據國學本補。
❹「諸侯小」，原作「小諸侯」，據國學本改。
❺「喪禮云至于」，原作「禮于云至」，據國學本改。

祖成踊。❶于三哭，猶括髮袒成踊。三日成服。奔母之喪如奔父喪禮。❷於又哭，不括髮。」臣爲君斬衰，似三哭皆括髮。又《奔喪》云：「聞喪不得奔喪，乃爲位，括髮袒成踊，襲絰絞帶即位。❸凡爲位者壹袒。」然則歸父惟壹袒與？又「大夫哭諸侯，不敢拜賓」，注「謂哭其舊君」。未知歸父之哭宣公，爲舊君以否。**反命乎介。**注因介反命。禮，卿出聘，以大夫爲上介，以士爲衆介。疏《校勘記》云：「《唐石經》、諸本同。《成十五年》傳作『反命于介』。」《左傳》云：「復命於介。」○注「因介反命」。○杜云：「介，副也。將去，使介反命於君。」疏：「《聘禮》復命之禮云：『公南鄉，使者執圭，反命曰：以君命聘于某君，❹某君受幣于某宮，某君再拜，以享某君，某君再拜。若聘君薨于後，歸，執圭復命于殯，升自西階，不升堂。子即位，不哭。辯復命，如聘。子臣皆哭，與介入，北鄉哭。出，袒括髮，入門右，即位踊。』是君之存亡皆有復命之禮。今身將出奔，不復親自復命，故立介於位，介當南面，歸父於介前北面，執圭復命。既復命之後，北面哭，乃退，括髮訖，前即位，北面哭，三踊而出，以復命之語語介，使知，令介以此言告於殯也。」❺○注「禮卿」至「衆介」。○《禮・聘禮》云：「遂命使者。」注：「聘使卿。」「使者再拜稽首辭，君不許，乃退」，又云：「既圖事，戒上介亦如之。」蔡氏德晉《儀禮本經》云：「上介，大夫爲之，所以副使者。或聘使有故，則上介攝其事，是其任亦重，故亦稽首辭，如使者也。」又云：「宰命司馬戒衆介，衆介皆逆命不辭。」注：「衆介者，士也。士屬司馬。《周禮・司馬之屬・司士》『掌作士適四方，使爲介』。」**自是走之齊。**注主書者，善其不以家見逐怨懟，成踊哭君，終臣子之道，起時莫能然也。言「至檉」者，善其得禮於檉。言「遂」者，因介反命是也。不待報，罪也。遂弑君，本當絕。小善録者，本宣

❶「於又哭括」，原作「於括又哭」，「括」屬下句，據國學本改。
❷「喪如奔」，原作「奔喪如」，據國學本改。
❸「位，凡」，原作「即凡位又」，據國學本改。
❹「聘」，原作「某」，據國學本改。
❺「令」，原作「會」，據國學本改。

公同簒之人，又不當逐。不日者，伯討可逐，故從有罪例也。疏注「主書」至「然也」。○《左傳》書曰：「歸父還自晉，善之也。」杜云：「大夫還不書，《春秋》之常也。今書歸父還奔，善其能以禮退。」是與何義同。○注「言至」至「於檉」。○《穀梁》「還者，事未畢也。自晉，事畢也」。未畢者，未復君命也。自晉，明聘事畢，故書「于檉」，見其得禮於檉也。○注「言遂」至「罪也」。○鄂本「罪」作「非」。大夫無遂事，歸父不待報而去，臣節究有未盡，故書「遂」以責之。○注「遂弒」至「當逐」。○《校勘記》云：「鄂本『遂』作『逐』，誤。『又不當逐』，鄂本同。閩、監、毛本『又』誤『父』。」遂，弒君之賊，宜絶其世。録歸父小善，以遂固宜討，宣公非討遂之人，故晉惠殺里克，《僖十年》傳曰：「曷爲不以討賊之辭言之？惠公之大夫也。」衛獻公殺甯喜，雖爲晉執之，猶不得爲伯討，故《襄二十七年》從君殺大夫例，不與「衛人殺州吁」、「齊人殺無知」同文也。○注「不日」至「例也」。○舊疏云：「凡内大夫出奔例，無罪者日，即《襄二十三年》『冬，十月乙亥，臧孫紇出奔邾婁』、《昭十二年》『冬，十月，公子整出奔齊』之屬是也。今此歸父亦無罪，不日者，正以仲遂弒君，其家合没，但與宣公同謀，魯人不合逐之。若作伯討之時，歸父可逐，故從有罪之例。」按：舊疏引臧孫紇、公子整，一明有罪，一明無罪也。歸父雖無過失，然弒君之子本不合存，故從伯討以張義。如仲遂者，固宜天下有能力討則討之者也。《春秋》雖惡惡止其身，然遂之罪未比尋常。魯人此逐，即以其父弒君逐之，故不得全同無罪例也。《通義》云：「不日者，無罪也。以歸父、公子整與敖、紇較之，可決内大夫出奔有罪日，無罪不日例。」與何義乖。

公羊義疏五十

句容陳立卓人著

成元年盡二年。

《春秋公羊經傳解詁》成公第七 疏 《校勘記》云：「《唐石經》『成公第八，卷七』。」《左傳釋文》：「成公名黑肱，宣公子。」《魯世家》：「宣公卒，子成公黑肱立，是爲成公。」《左疏》云：「穆姜所生，以定王十七年即位。《謚法》『安民立政曰成』。《釋例》曰：『計公衡之年，成公又非穆姜所生，不知其母何氏也。』按：《襄二年》傳：「齊姜與繆姜，則未知其爲宣夫人與？ 成夫人與？」則《公羊》不必以成公爲穆姜子也。

元年春，王正月，公即位。

二月辛酉，葬我君宣公。疏 包氏慎言云：「二月書辛酉，月之二十九日。」

無冰。注 周二月，夏十二月。《尚書》：「曰舒，恒燠若。」《易京房傳》曰：「當寒而温，例賞也。」是時成公幼少，季孫行父專權，而委任之所致。疏 注「周二」至「二月」。○杜云：「周二月，今之十二月。」《穀梁傳》：「終時無冰則志，此未終時而言無冰，何也？ 終無冰矣，加之寒之辭也。」疏引麋信、徐邈並云：「十二月最爲寒甚之時，故特於此書之。」范云：「周二月，建丑之月，夏之十二月也。此月既是常寒之月，於寒之中又加甚常年，過此無冰，終無復冰矣。」❶《校勘記》云：「此本原刻『周二』之『二』缺上畫，翻刻本遂改爲『周正月，夏十一月』。閩、監、毛本承其誤。」按：紹熙本作「周二月，夏十二月」。○注「尚書」至「燠若」。○《書·洪範》文也。《釋文》：「《尚書》作豫，奥本又作燠，於六反，煖也。」《校勘記》云：「閩、監、毛本同。段玉裁云：『僞孔本作豫，鄭、王本作舒。』《群經音辨》引作『舒，常奥若』，云：『何休讀今本作燠。』按：《音辨》恒作常，避宋諱也。」《五行志中之下》：「傳曰：『視之不明，是謂不悊，厥咎舒，厥

❶「復」字，原脱，據《穀梁傳注疏》補。

罰恒奥。』」亦作「燠」。又云：「庶徵之恒奥，劉向以爲，《春秋》亡冰也。小奥不書，無冰然後書，舉其大者也。」按：《書疏》引鄭、王本皆作「舒」。鄭云：「舉，遲也。舒，惰也。」《尚書大傳》作「荼」，荼亦舒，《玉藻》「諸侯荼」是也。僞孔作「豫」，徐仙民故讀從「舒」也。《論衡·寒温篇》：「《洪範》庶徵『曰急，恒寒若。舒，恒燠若。』」荀悦《漢高后紀》：「人君急，則日晷進而疾；舒，則日晷退而緩。故曰『急，恒寒若；舒，恒燠若』。」今本《漢紀》作「豫」，淺人改之也。上文明以急、舒對舉。《惠紀》亦有「厥咎急」、「厥咎舒」之語可證也。《經義雜記》：「《尚書》：『厥民隩。』《五帝本紀》作『其民燠』。蓋《古文尚書》作『奥』，《今文尚書》作『燠』也。《釋文》引馬云『煖也』，是馬從今文讀，何氏今文之學也。引《尚書》作『恒奥若』，是今文『燠』亦作『奥』。」○注「易京」至「賞也」。○《校勘記》云：「諸本同。按：『例』當作『倒』，字之誤也。此本云『凡爲賞罰，宜出君門，而臣下行之，故曰「倒賞也」可證。』閩、監、毛本亦誤作『例賞』矣。《襄二十八》疏引作『倒置』二字，誤。倒字不誤。」按：紹熙本作「倒賞」，不誤。《五行志》又云：「言上不明，暗昧蔽惑，則不能知善惡，親近習，長同類，无功者受賞，有罪者不殺。百官廢禮，失在舒緩，故其咎舒也。」即「倒賞」之義也。《志》又引《京房易傳》曰：「禄不遂行，兹謂欺，厥咎奥，雨雪四至而温。臣安禄樂逸，兹謂亂，奥而生蟲。知罪不誅，兹謂舒。其奥，夏則暑殺人，冬則物華實。重過不誅，兹謂亡徵，其咎當寒而奥，六日也。」按：《洪範》云：「唯辟作福，唯辟作威。」此經舊疏引鄭注云：「此凡君抑臣之言也。作福專慶賞，作威專刑罰。」《書》又云：「臣之有作福作威玉食，其害于而家，凶于而國。」鄭注云「害于汝家，福去室。凶于汝國，亂下民」是也。○注「是時」至「所致」。○《五行志》又云：「董仲舒以爲，方有宣公之喪，君臣無悲哀之心，而炕陽作丘甲。劉向以爲，時公幼弱，政舒緩也。」又云：「一曰：水旱之災，寒暑之變，天下皆同，故曰無冰，天下異也。成公時，楚横行中國，王札子殺召伯、毛伯，晉敗天子之師于貿戎，天子皆不能討。」按：何氏之説同子政。知成公幼少者，下《十六年》「不見公」，傳：「曷爲不恥，幼也。」《左傳·成二年》：「公衡爲質。」杜云：「公衡，成公子。」計已有子爲質，則成公時應三十餘矣，則《左氏》不以爲幼。然公至十四年始娶，則《公羊》之説信矣。行父專權，自仲遂卒後始。

《魯世家》於宣公初立云：「魯由此公室卑，三桓彊。」明魯君失政於宣初，遂卒後，季氏日彊大也。

三月，作丘甲。

何以書？譏。何譏爾？譏始丘使也。

注 四井爲邑，四邑爲丘。甲，鎧也。譏始使丘民作鎧也。古者有四民：一曰德能居位，曰士。二曰辟土殖穀，曰農。三曰巧心勞手以成器物，曰工。四曰通財粥貨，曰商。四民不相兼，然後財用足。月者，重録之。**疏** 注「四井」至「爲丘」。○《周禮・小司徒》文也。彼云：「乃經土地，而井牧其田野。九夫爲井，四井爲邑，四邑爲丘，四丘爲甸，四甸爲縣，四縣爲都。」鄭注：「九夫爲井者，方一里。四井爲邑，方二里。四邑爲丘，方四里。四丘爲甸，方八里。旁加一里，則方十里爲一成。❶積百井九百夫，❷其中六十四井出田税。四甸爲縣，縣方二十里。四縣爲都，方四十里。」《詩疏》引服虔云：「《司馬法》云：『四邑爲丘，有戎馬一匹，牛三頭。四丘爲甸，甸六十四井，出長轂一乘，馬四匹，牛十二頭，甲士三人，步卒七十二人，戈楯備具，謂之乘馬。』」杜云：「此甸所賦，今魯使丘出之，譏重斂，故書。」顧氏炎武《杜解補正》云：「杜云丘出甸賦，驟增三倍，恐未必然。周制：四丘爲甸，旁加一里爲成，共出長轂一乘，步卒七十二人，甲士三人。則丘得十八人，不及一甲。今作丘甲，令丘出二十五人，一甸之中共出百人矣。」沈氏欽韓云：「顧説是矣，而未得其證。蓋一甸之中，本出甲士三人。今令出甲士四人，則丘出一甲也。知者，以杜牧引《司馬法》云：『一車，甲士三人，步卒七十二人，炊家子十人，固守衣裝五人，廄養五人，樵汲五人，輕卒七十五人，重車二十五人。』故二乘兼百人爲一隊。則《李衛公問對》引曹公《新書》同。然古制惟七十二人，其厮養之役皆在步卒七十二人之中。今《司馬法》百人爲一隊，則丘出二十五人，當一丘而一甲也。車兼輕重，則一甸又出二乘也。《司馬法》本於穰苴，是春秋之中皆用丘甲之法，而晉楚諸國可知矣。《李衛公問對》楚二廣之法，每車一乘，用士百

❶「十」，原作「千」，據《周禮注疏》改。
❷「九」，原作「乃」，據《周禮注疏》改。

五十人，比周制差多，是丘出甲又不止一矣。」按：沈氏之説本孔氏。《通義》云：「始丘使者，言始不甸使也。周制：四井爲邑，四邑爲丘，四丘爲甸，使出長轂一乘，甲士三人。今使丘出一甲，則甸有甲士四人，率三甸而增一乘。」是也，與顧説亦大同也。○注「甲，鎧也」。○《周禮・序官・司甲》注：「甲，今之鎧也。」《禮記・曲禮》：「獻甲者執胄。」注：「甲，鎧也。」《廣雅・釋器》：「甲，鎧也。」○注「譏始」至「鎧也」。○《穀梁傳》云：「作，爲也。丘爲甲也。丘甲，國之事也。丘作甲，非正也。」又云：「夫甲，非人人之所能爲也。丘作甲，非正也。」此云「譏使丘民作甲」，下備引四民不相兼之説，似與《穀梁》合。考《周禮》有司甲，其職雖闕，《考工・函人》之職甚詳。《司兵》云：「掌五兵五盾，以待軍事。及授兵，從司馬之法以頒之。及其受兵輸，❶亦如之。」注：「兵輸，謂師還。」然則戈盾弓矢，師出頒之，師入還之，皆掌於官，民不自備，意甲亦然。今使丘民自出甲，故譏之。《管子・乘馬》云：「一乘者，四馬也。一馬，其甲七，其蔽五。四乘，❷其甲二十有八，其蔽二十，❸白徒三十人。」彼「一乘」即一甸，「一馬」即一丘。蓋丘甲之制早行之齊，魯從而放之與？其實井、邑、丘、甸皆出甲，而獨舉丘者，舉丘以該井、甸等。然則丘民猶言邑民、鄉民、國民也。惠氏士奇《春秋説》云：「杜謂丘出甸賦，信乎？抑否乎？曰：不然。《司馬法》以田賦出兵，其法本於春秋，行於戰國，非周禮也。丘甲始作於齊桓之伯，桓公以此行之于齊，故成公亦以此行之於魯。《管子》云：『一乘之地，方六里。』原注：『六當爲八。』『一乘者，四馬也。一馬，其甲七，其蔽五。一乘，其甲二十有八，其蔽二十，白徒三十人。』然則丘出一馬七甲，甸四之，出四馬二十八甲。古制丘有馬，無甲。今使一丘作七甲而已，安得又有長轂一乘，戎馬四匹？且甲士、步卒、戈楯皆具，而猥云『丘出甸賦』乎？杜以《司馬法》注《春秋》，往往不合，多類此。」劉氏逢禄《解詁箋》云：「何氏依《穀梁》解之。《左氏》服注引《司馬法》云：『丘有馬一匹，牛三頭，是曰匹馬丘牛。四丘爲甸，出長轂一乘，馬四匹，牛十二頭，甲士三人，步卒七十二人，戈楯具備，謂之乘馬。』杜云：『甸所

❶「及」字，原脱，據《周禮注疏》補。
❷「四」，原作「一」，據下文與《管子・乘馬》改。
❸「二十」下，原有「人」字，據《管子》删。

賦，令丘出之，譏重斂，故書。』似與經傳意合。然何氏本孔孟家法，以大國地方百里，出車千乘，故云十井而賦一乘。若《司馬法》『井十爲通，通爲匹馬。三十家士一人，徒二人。同方百里，萬井三萬家，革車百乘，士千人，徒二千人』，又云『甸六十四井，出長轂一乘』，與諸侯百里千乘之制不合。此据天子畿内千里，出車萬乘言之。馬融以十同之地，開方爲三百一十六里有奇，皆《周官》家言，故何氏不取也。然如何義，四邑爲丘，使一丘農民皆作甲，以農爲工，失其本業，似亦與情事未協。」王氏念孫《廣雅疏證》云：「丘，衆也。《孟子·盡心》：『得乎丘民而爲天子。』《莊子·則陽》篇：『丘里者，合十姓百名以爲風俗也。』❶《釋名》曰：『四邑爲丘。丘，聚也。』皆衆之義。」或以解此，然衆民作甲曰「作丘甲」，亦不辭。何氏云：「譏始使。」則自後常行之矣。《左傳》云「初稅畝」，言初，此不言初者，此備齊難，暫爲之耳，非是終用，故不言初。按：此如《哀十二年》之「用田賦」，不言初耳，何所見暫爲之耶。民以食爲本，稅畝害什一之中正，故於彼特重録之也。○注「古者」至「用足」。○《穀梁傳》云：「古者立國家，百官具，農工皆有職以事上。古者有四民，有士民。」注：「學習道藝者。」又云「有商民」，注：「通四方之貨者。」又云「有農民」，注：「播殖耕稼者。」又云「有工民」，注：「巧心勞手以成器物者。」《國語·齊語》云：「四民者勿使雜處。公曰：『處士、農、工、商若何？』管子對曰：『昔聖王之處士也，使就閒燕。處工，就官府。處商，就市井。處農，就田野。令夫士閒燕，則父與父言義，子與子言孝，其事君者言敬，其幼者言悌。令夫工審其四時，辨其功苦，權節其用，論比協材，旦莫從事，施於四方，以飭其子弟，相語以事，相示以巧，相陳以功。❷令夫商察其四時，而監其鄉之資，以知其市之賈。負任擔荷，服牛軺馬，以周四方，以其所有，易其所無，市賤鬻貴，旦莫從事於此，以飭其子弟，相語以利，相示以賴，相陳以知賈。令夫農察其四時，權節其用，耒耜枷芟，❸及寒，擊菒除田，以待時耕。及耕，深耕而疾耰之，以待時雨。時雨既至，挾其槍、刈、耨、鎛，以旦莫從事於田野。脱衣就功，首戴茅蒲，身衣襏襫，霑體塗足，

❶「名」，原作「民」，據《莊子》改。
❷「陳」，原作「乘」，據《國語》改。
❸「枷」，原作「耞」，據《國語》改。

暴其髮膚，盡其四支之敏，以從事於田野。」《呂覽・上農》篇：「凡民自七尺以上，屬諸三官。」三官謂農、工、賈。《六韜》云：「大農、大工、大商，謂之三寶。農一其鄉，則穀足。工一其鄉，則器足。商一其鄉，則貨足。無亂其鄉，無亂其俗。」義皆同。《校勘記》出「通貨財曰商」，云：「閩、監、毛本作『通財粥貨曰商』。《釋文》：『粥貨，羊六反。』此脱。」按：紹熙本有「粥」字，此言四民不可相兼之義。《漢書・刑法志》云：「魯成公作丘甲，《春秋》書而譏之，以成王道。」師古注用服説。又曰：「一説，別令人爲丘作甲也。士農工商，四類異業。甲者，非凡人所能爲，而令作之，❶譏不正也。」即《公》、《穀》説。然爲丘作甲，語亦未明。○注「月者，重録之」。○舊疏云：「欲道《宣十五年》『秋，初稅畝』，《哀十二年》『春，用田賦』，皆書時，今書月，故如此解。」

夏，臧孫許及晉侯盟于赤棘。注時者，謀結鞌之戰，不相負也。後爲晉所執。不日者，執在三年外，尋舊盟後，非此盟所能保。疏杜、范並云：「赤棘，晉地。」○注「時者」至「負也」。○舊疏云：「正以《春秋》之義，大信書時故也。鞌之戰，在下二年。」○注「後爲」至「能保」。○舊疏云：「《春秋》之義，不信者日，故如此解。後爲晉所執者，即下《十六年》『晉人執季孫行父，舍之于招丘』是也。執在三年外，尋舊盟後，即下《三年》：『冬，十有一月，晉侯使荀庚來聘。丙午及荀庚盟。』❷傳云：『此聘也，其言盟何？❸聘而言盟者，尋舊盟也。』是。」

秋，王師敗績于貿戎。疏《漢書・劉向傳》、《五行志》並作「貿戎」。《左氏》作「茅戎」。古茅、貿同部，叚借字。汪氏中《經義知新録》云：「《荀子・禮論》云：『薦器則有鍪而無縰。』❹注：『鍪之言蒙也，冒也。』按：鍪、蒙、冒，語之轉。《左氏傳》『茅戎』，《公羊》作『貿戎』。」《方輿紀要》：「大陽津在陝州西北三里，黄河津濟之處。《志》云：『津北對茅城。』」按：「三里」，蓋「三十里」之誤。今茅津渡是也。沈氏欽韓《左傳補注》云：「茅戎蓋西羌之入居中國者。鄭《角弓》箋云：

❶「令」，原作「今」，據《漢書》改。
❷「午」，原作「戌」，據《春秋公羊傳注疏》改。
❸「何」，原作「後」，今據《公羊傳注疏》改。
❹「縰」，原作「縱」，據《荀子》改。

『髦，西夷別名。』《括地志》：『岷、洮等州以西爲古羌國，以南爲古髦國。』今疊宕以西，松、當、悉、静等州以南皆是。」於今松潘廳及疊溪營地。

孰敗之？蓋晉敗之。**注**以晉比侵柳、圍郊，知王師討晉而敗之。**疏**注「以晉」至「敗之」。○「侵柳」者，《宣元年》：「冬，晉趙穿帥師侵柳。」傳「柳者何？天子之邑也。曷爲不繫乎周？不與伐天子也」是也。「圍郊」者，《昭二十三年》：「晉人圍郊。」傳云「郊者何？天子之邑也。曷爲不繫乎周？不與伐天子也」是也。正以往前侵柳，已犯天子。在後圍郊，復犯天子。二經之間，天子敗績。据上下更無餘國犯王，故知是天子討晉而爲所敗也。《繁露·王道》云：「晉至三侵周，與天王戰于貿戎而大敗之。」《漢書·劉向傳》「周室多禍，晉敗其師于貿戎，伐其郊」是也。貿戎去洛陽二百里，地近于晉，故以爲晉敗也。《穀梁傳》亦曰：「然則孰敗之？晉也。」或曰貿戎敗之。**注**以地貿戎故。**疏**注「以地貿戎故」。○舊疏云：「蓋晉侯不臣，知王討之，逆往敗之，亦何傷。」按：傳載或説，即《左氏》義也，於晉無涉矣。何云「以地貿戎故」者，謂《春秋》書地於貿戎，故或如此説也。《左傳》「劉康公徼戎，將遂伐之。叔服曰：『背盟而欺大國，此必敗。』不聽，遂伐茅戎，三月敗績于徐吾氏」是也。《通義》云：「以不月日言之，或説是也。所聞之世，詐敗于戎狄與詐敗戎狄同例。」然則曷爲不言晉敗之？**注**据侵柳、圍郊言晉。王者無敵，莫敢當也。**注**正其義，使若王自敗于貿戎，莫敢當敵敗之也。不日月者，深正之，使若不戰。**疏**《穀梁傳》云：「不言戰，莫之敢敵也。爲尊者諱敵不諱敗。」注：「諱敵，使莫二也。不諱敗，容有過否。」舊疏云：「《春秋》之義，託魯爲王，而使舊王無敵者，見任爲王，甯可會奪，正可時時内魯見義而已。」○注「正其」至「之也」。○《五行志下之上》云：「天氣不言五行沴天，而曰『日月亂行，星辰逆行』者，爲若下不敢沴天，猶《春秋》曰『王師敗績于貿戎』，❶不言敗之者，以自敗爲文，尊尊之意也。❷劉歆

❶「曰」字，原脱，據《漢書》補。
❷「意」，原作「應」，據《漢書》改。

云：『皇極』傳曰：『有下體生上之痾，❶說以爲下人伐上，天誅已成，不得復爲痾云。』」❷《鹽鐵論・世務》云《春秋》『王者無敵』，言其仁厚，其德美，天下賓服，莫敢受交也。」注：「淮南王安曰：『天子之兵，有征而無戰，言莫敢校也。』」皆「正其義」之義。《通義》引《穀梁傳》語，又引劉敞曰：「莫敢當，其言敗績何？ 天下之勢大矣，非有能敗王之師者也，王自敗也。」〇注「不日」至「不戰」。〇舊疏云：《春秋》之例，偏戰日，詐戰月，故如此解。」

冬十月。

二年春，齊師伐我北鄙。

夏，四月丙戌，衛孫良夫帥師及齊師戰于新築，衛師敗績。**疏**包氏慎言云：「据曆，丙戌爲五月二日，四月無丙戌也。」杜云：「新築，衛地。」《大事表》云：「今大名府魏縣南二十里有新築城。」《方輿紀要》云：「葛孽城在大名府魏縣西南二十里，趙成侯及魏惠王遇于葛孽，即此地。今其地又有築亭，顧棟高直以爲新築。」按：《趙世家》作「葛孽」，《紀要》又云：「葛孽城在廣平府肥鄉西。」《寰宇記》又作「葛築」，地與衛遠。

六月癸酉，季孫行父、臧孫許、叔孫僑如、公孫嬰齊帥師會晉郤克、衛孫良夫、曹公子手及齊侯戰于鞌，齊師敗績。**疏**包氏慎言云：「六月書癸酉，月之八日。」杜云：「鞌，齊地。」《大事表》云：「《通典》云：『鞌在平陰縣東。』今從高氏之說，取近《志》，謂鞌即古之歷下城，即今濟南府治之歷城縣。」沈氏欽韓云：「按：《地志》不載沂水。《雜記》『沂水縣北一百里有將軍峴，西南有鞍山』，非此鞍也。《名勝志》：『鞌城在平陰縣東。』按：傳文鞌地當在濟南府歷城。《山東通志》：『鞌在歷城縣西北十里華山下。』」今按：《左傳》云：「三周華不注，齊師敗績。」則在歷城者信。

曹無大夫，公子手何以書？**注**据羈無氏。**疏**《釋文》：「公子手，一本作『午』，《左氏》作『首』。」古手、首通。宣二年《左傳》：「趙盾、士季見其

❶「上」，原作「土」，「痾」原作「疥」，據《漢書》改。

❷「痾」，原作「疴」，據《漢書》改。

手。」《釋文》：「手，一本作首。」《禮・大射儀》：「相者皆左何瑟，後首。」注：「古文『後首』爲『後手』。」《士喪禮》「魚左首」，❶注：「古文『首』爲『手』。」《潛研堂金石跋尾・卯敦銘》「拜手𢷎手，即稽首」是也。《經義雜記》云：「沈文何引《穀梁傳》『曹公子首偃』，今本作『曹公子手僂』。按：《大射儀》注：『古文首爲手。』《穀梁釋文》亦作手。則手爲叚借字，首爲正字。古本《穀梁》作首，與《左傳》同。《公羊》一作『午』者，手字形近之譌。」○注「据羈無氏」。○《莊二十四年》「曹羈出奔陳。」傳：「曹羈者何？曹大夫也。」注：「以小國知無氏爲大夫。」則小國例無大夫，有者名氏不具，故羈不氏也。此稱公子，故据以難。

憂内也。**注**《春秋》託王于魯，因假以見王法，明諸侯有能從王者征伐不義，克勝有功，當襃之，故與大夫。大夫敵君不貶者，隨從王者，大夫得敵諸侯也。不從内言敗之者，君子不掩人之功，故從外言戰也。魯舉四大夫，不舉重者，惡内多虛，國家悉出用兵，重録内也。

疏《通義》云：「曹以内被齊難，遣大夫助戰，故善而録之。」《繁露・觀德》云「曲棘與鞌之戰，先憂我者見賢」是也。○注「春秋」至「大夫」。○《桓五年》：「蔡人、衛人、陳人從王伐鄭。其言從王伐鄭何？從王，正也。」注：「美其得正義也，故以從王征伐録之。蓋起時天子微弱，諸侯背叛，莫肯從王者征伐，以善三國之君，獨能尊天子死節。」是諸侯從王征不義，克勝當美之事也。此託王於魯，諸侯能爲内憂，與從王者征伐無異，故假以見王法。《桓五年》是其事。此其義也與彼同，亦得正，故與曹有大夫也。○注「大夫」至「侯也」。○《僖二十八年》：「晉侯、齊師、宋師、秦師及楚人戰于城濮。」傳云：「子玉得臣，則其稱人何？貶。曷爲貶？大夫不敵君也。」注：「臣無敵君之義，故絶正也。」然則彼以大夫敵君貶，此以隨從王者，大夫有得敵之義，故不貶也。解此以決彼稱人故也。又《宣十二年》書「晉荀林父帥師及楚子戰于邲」，彼傳云：「大夫不敵君，此其稱名氏以敵楚子何？不與晉而與楚子爲禮也。」注：「不

❶「魚左首」，原作「思左手」，據《儀禮注疏》改。

與晉而反與楚子爲君臣之禮以惡晉。」然則得臣書「人」，以明不敵之義。林父書名氏，所以惡晉也，以無王者大夫故也。○注「不從」至「戰也」。○《校勘記》：「不從内言敗之者，此本『敗』誤『敵』，今訂正。」按：紹熙本正作「敗」。《桓十年》：「齊侯、衛侯、鄭伯來戰于郎。」傳：「此偏戰也，何以不言師敗績？内不言戰，言戰乃敗矣。」注：「《春秋》託王於魯，❶戰者，敵文也。王者兵不與諸侯敵，❷戰乃其已敗之文，故不復言師敗績矣。」然則此若從魯爲文，不得言「及齊師戰于窐」，宜如《僖元年》「公子友敗莒師于犁」之例矣。此因從外，故言戰，爲君子不掩人之功故也。《桓十三年》：「公會紀侯、鄭伯，己巳，及齊侯、宋公、衛侯、燕人戰，齊師、宋師、衛師、燕師敗績。」傳：「内不言戰，此其言戰何？從外也。」亦此不掩人功之義也。《通義》云：「從外不後日者，❸先日者，前定之期也，緩辭也。後日者，非前定之期也，急辭也。龍門急而窐緩也。」義或然也。龍門之戰，何云「明當歸功紀、鄭，言戰」，則此亦歸功于晉、衛、曹，故言戰也。○注「魯舉」至「内也」。○《左傳疏》云：「魯於聘與盟會，雖二卿並行，止書一使。至於行師用兵，則並書諸將。此書四卿，昭、定之世，或書三卿，或書二卿，皆謂重兵，故書之。其他國，唯書元帥，詳内略外也。」按：孔氏此疏，頗得《公羊》微旨。《通義》云：「内舉四大夫者，時未作三軍，蓋季孫將上軍，臧孫將下軍。僑如、嬰齊爲二軍之佐也。使舉上客而軍將列數之者，重師也。於他國，則唯言元帥，録内略外之義也。」

秋七月，齊侯使國佐如師。己酉，及國佐盟于袁婁。 **疏** 包氏慎言云：「七月書己酉，月之二十六日。」杜云：「《穀梁》曰：『窐去國五百里，袁婁去國五十里。』」❹《正義》曰：「齊之四竟不應過遥，且鞍已是齊地，未必竟上之邑，豈得去齊有五百里乎？《穀梁》又云『壹戰綿地五百里』，則是甚言之耳。《釋例·土地名》鞍與袁婁並闕，不知其處遠近，無以驗之。」按：《左傳》作爰婁，袁、爰通。《大事表》云：「《公》、《穀》二傳並爲近郊之辭，張氏洽因曰：『臨淄縣西有袁

❶「注」，原作「往」，據國學本改。
❷「敵」，原作「戰」，據《公羊傳注疏》改。
❸「後」，原作「從」，據《通義》改。
❹兩「國」字原作「齊」，據《穀梁傳注疏》改。

婁。」蓋亦約略之語耳。或曰在淄川竟。《穀梁傳》亦作爰婁。《博物志》：『臨淄縣西有袁婁。』《一統志》因云：『袁婁在青州府臨淄縣西。』」按：臨淄更在青州東，與鞌地似更遠矣。

君不使乎大夫，**疏**《校勘記》云：「《唐石經》、諸本同。按：『君不』下似脱『行』字，當補正。解云：『《春秋》謹於别尊卑，理嫌疑，故絶去「使」文，以起事張例，則所謂『君不行使乎大夫』也者是，則疏本有『行』字。又《隱六年》疏兩引『君不行使乎大夫』。《閔元年》疏引同。」此其行使乎大夫何？**注**据高子來盟，魯無君，不稱使。不從王者大夫稱使者，實晉郤克爲主。經先晉，傳舉郤克是也。**疏**注「据高」至「稱使」。○《閔二年》：「齊高子來盟。」傳：「何以不稱使，我無君也。」注：「時閔公弑，僖公未立，故正其義，明君臣無相適之道也。」彼以我無君，故彼不稱使，明君不行使大夫之義。此皆大夫也，齊侯稱使，故据以難。○注「不從」至「是也」。○舊疏云：「經先晉，謂未戰之時，經言『及晉侯盟于赤棘』是也。傳舉郤克，即下傳云：『師還齊侯。晉郤克投戟逡巡，再拜稽首馬前』之屬是也。或者言：先晉，正謂會晉郤克是也。何者？序四大夫，乃言會晉郤克，則似郤克在是而四大夫往會之，猶如《宣元年》『宋公、陳侯以下會晉師于斐林伐鄭』然。」按：前説是也。若如後説，注當云：「經傳皆先舉晉郤克也。」佚獲也。**注**佚獲者，已獲而逃亡也。當絶賤，使與大夫敵體以起之。君獲不言師敗績，等起不去師敗績者，辟内敗文。**疏**注「佚獲」至「亡也」。○《釋文》：「佚，一本作失。」《莊子》書皆以「失」爲「佚」。《漢書·地理志》「漢中淫失」，謂淫佚也。《杜欽傳》「或三四年，言失欲之生害也」，謂佚欲也。《主父偃傳》「齊王内有淫失之行」，謂淫泆之行也。《游俠傳》「道行淫失」，謂行淫泆也。《九經古義》云：「古佚字皆作失，佚又與逸通。《尚書·無逸》，《漢石經》作『佚』。《春秋》經曰『肆大眚』，《穀梁》曰：『肆，失也。』失猶佚也，佚與逸同，謂逸囚。」按：漢石經《無逸》之「逸」作「劮」。桓八年《左傳》「隨侯逸」，注：「逸，逃也。」《荀子·宥坐》云：「若有決行之，其應佚若聲響。」注：「逸，奔逸也。」《國語·鄭語》：「以逸，逃於褒。」韋

注：「逸，亡也。」《廣雅・釋詁》：「逸，去也。」皆與逃亡義近。《校勘記》云：「《唐石經》、諸本同。」○注「當絶」至「起之」。○包氏慎言云：「國君被獲，辱社稷也，絶奪其位。」按：《僖十五年》「獲晉侯」，注：「書者，以惡見獲，與獲人君者，❶皆當絶也。」《莊十年》傳：「蔡侯獻舞何以名，絶。曷爲絶之？獲也。」《繁露・竹林》云：「是故《春秋》推天施而順天理，以至尊爲不可以加於至辱大羞，❷故獲者絶之。以至辱爲亦不可以加於至尊大位，❸故雖失位弗君也。已反國復在位矣，❹而《春秋》猶有不君之辭，況其溷然方獲而虜耶。❺其於義也，非君定矣。若非君，則丑父何權矣？」是其絶賤不君，故使與大夫敵體也。《春秋》爲内諱，故《隱六年》：「鄭人來輸平。」傳：「然則何以不言戰？諱獲也。」然猶稱人以起之。彼注云：「稱人，共國辭」者，❻嫌來輸平，獨惡鄭。明鄭擅獲諸侯，魯不能死難，皆當絶是也。○注「君獲」至「敗文」。○《僖十五年》：「晉侯及秦伯戰于韓，獲晉侯。」傳：「此偏戰也，何以不言師敗績？君獲，不言師敗績也。」注：「舉君敗爲重也。」然則此若去「師敗績」以起齊侯見獲，則當但言「季孫行父以下及齊侯戰于鞌」，不言「齊師敗績」，又嫌與内敗文同矣。何者？《春秋》王魯。内不言戰，言戰乃敗。《桓十年》「齊人、衛人、鄭人來戰于郎」是也。故直書「行使乎大夫」起之，所以辟内敗之文故也。**其佚獲奈何？師還齊侯，**注 還，繞。疏 注「還，繞」。○《廣雅・釋詁》云：「旋，還也。」《華嚴經音義》引《切韻》同。《文選注》引《字林》云：「旋，回也。」《史記・日者傳》「旋式正棊」，《索隱》：「旋，轉也。」轉、旋皆繞義也。《左傳》：「師從之，齊師敗績，逐之，三周華不注。韓厥夢子輿謂己曰：『且辟左右。』故中御而從齊侯。」是還繞義也。**晉郤克投戟逡巡，再拜稽首馬前。**疏《周禮・考工記・冶氏》云：「戟廣寸有半寸，内三之，胡四之，援五之。倨句中矩，與刺重

❶「者」字，原脱，據《公羊傳注疏》補。

❷「加」字，原作「生」；下「至」字，原作「大」，據《春秋繁露》改。

❸「亦」字，原脱，據《春秋繁露》補。

❹「反」，原作「在」，「獲而」原作「反」，據《繁露》改。

❺「獲而」，原脱，據《繁露》補。

❻「共國」，原作「國共」，據《公羊傳注疏》正之。

三鋝。」注：「戟，今三鋒戟也。」《釋名·釋兵》云：「戟，格也，傍有枝格也。」《左傳》隱十一年：「子都拔棘以逐之。」注：「棘，戟也。」《禮記·明堂位》「越棘」，注「棘，戟也」❶是也。《説文》作「戟」。逡者，《説文·辵部》：❷「復也。」《玉篇》：「退也，卻也。」《莊子·田子方》篇：「登高山，履危石，臨百仞之淵，背逡巡，足二分垂在外。」蓋卻退之義也。「再拜稽首」者，《白虎通·姓名》篇：「人所以相拜者何？以表情見義，屈節卑體，尊事人者也。拜之言服也。所以必再拜何？法陰陽也。《尚書》『再拜稽首』也。必稽首何？敬之至也。頭至地，何以言首？謂頭也。《禮》曰：『首有瘍則沐。』所以先拜手，後稽首何？各順其文質也。❸《尚書》曰：『周公拜手稽首。』」《周禮·大祝》疏云：「軍中得拜者，《公羊》之義，將軍不介冑，故得有拜法。」《通義》云：「禮，介者不拜。而今再拜稽首者，重難執獲人君，故爲加恭。」舊疏云：「禮，介者不拜，而郤克再拜者，蓋齊師已敗，行賓命之禮。投戟之後，得再拜矣。若當戰時，將軍有不可犯之色，甯有拜乎？」按：舊疏與孔説相兼乃備。《周禮·司服》云：「凡兵事，韋弁服。」成十六年《左傳》「郤至衣韎韋之跗注」，或將軍不介冑與？

逢丑父者，頃公之車右也， **注** 人君驂乘，有車右，有御者。**疏**《校勘記》出「逢丑父」，云：「《唐石經》、諸本同。鄂本『逢』作『逄』，誤。按：逢姓之逢从夆，不从夅。諸家説多誤。」今按：紹熙本亦作「逄」。《左傳校勘記》云：「閩本『逢』作『逄』，非也。段玉裁云：『字从夆。逢丑父、逢伯陵、逢蒙皆薄紅反，東轉爲江，乃薄江反。宋人《廣韻》改字从夅，薄江切，殊謬，不可從。』」《齊世家》：「陳于鞍，逢丑父爲齊頃公右。」《左傳》：「邴夏御齊侯，逢丑父爲右。」○注「人君」至「御者」。○《漢書·文帝紀》：「乃令宋昌驂乘。」師古曰：「乘車之法，尊者居左，御者居中，又有一人處車之右，以備傾側，是以戎事則稱車右，其餘則曰驂乘。驂者，三也，蓋取三人爲名義耳。」❹其兵車之法，則《詩·鄭風·清人》云：「左旋右抽，中軍作好。」

❶「也」，原作「同」，據《禮記注疏》改。
❷「辵」，原作「系」，據《説文解字》改。
❸「其」字，原脱，據《白虎通》補。
❹「名」字，原脱，據《漢書》補。

鄭箋云：「左，左人，❶謂御者。右，車右也。❷中軍爲將也。」《左傳》云：「郤克將中軍，解張御，鄭丘緩爲右。郤克傷於矢，流血及屨，未絶鼓音。」是郤克爲將，在鼓下也。又「張侯曰：『自始合，而矢貫余手及肘。余折以御，左輪朱殷。』」張侯即解張，張侯傷手而血染左輪，是御者在左也。人君兵車或亦如此也。**面目與頃公相似，衣服與頃公相似，**注禮，皮弁以征，故言衣服相似。頃公有負晉、魯之心，故特巽丑父備急，欲以自代。疏《禮記・坊記》注：「僕右恒朝服，君則各以時事，唯在軍同服爾。」疏引此傳云：「鞌之戰，逢丑父爲齊頃公車右也，衣服與頃公相似。是在軍同服也。」按：《左傳》僖五年云「均服振振」，杜云：「戎事上下同服。」又成十六年《左傳》：「有韎韋之跗注。」疏：「在軍之服其色皆同，所謂『均服振振』，上下同色也。郤至與衆同服，所以獨見識者，禮法雖有此服，軍士未必盡然。」則大夫以上服，或與士不同與？　蓋車右與君將衣服無不似，特巽逢丑父，以其面目相似耳。〇注「禮皮」至「相似」。〇《白虎通・三軍》云：「王者征伐，所以必皮弁素幘何？伐者凶事，素服示有悽愴也。伐者質，故衣古服。《禮》曰：『三王共皮弁素幘。』服亦皮弁素幘。又招虞人亦皮弁，❸知伐亦皮弁。」按：「知伐亦皮弁」，當作「知田獵亦皮弁」。《詩・六月》疏引《孝經注》：「田獵戰伐冠皮弁。」《昭二十五年》注云：「皮弁以征不義。」《韓詩傳》亦有是語，蓋皆今文家説。其《周禮・弁師》云「凡兵事韋弁服」，蓋古文家説也。〇注「頃公」至「自代」。〇舊疏云：「即下傳云『前此者，晉郤克與臧孫許同時而聘于齊，則客或跛或眇，於是使跛者迓跛者，眇者迓眇者』是也。」《校勘記》出「故特巽丑父備急」，「閩、監本同，蓋誤。宋本、毛本『巽』作『選』，當据正。」按：紹熙本亦作「選」，巽蓋選之壞字耳。按：頃公選丑父備急自代爾，似與負晉、魯之心無涉也。**代頃公當左，**注升車象陽，陽道尚左，故人君居左，臣居右。疏《齊世家》云：「遂復戰，戰，❹齊急，丑

❶「左」，原作「二」，據《毛詩注疏》改。
❷「車」，原作「軍」，據《毛詩注疏》改。
❸「亦」，原作「以」，據《白虎通》改。
❹「戰」字原脱，據《史記》補。

父恐齊侯得，乃易處，頃公爲右。」《左傳》云：「逢丑父與公易位。」《晉世家》：「傷困頃公，頃公乃與其右易位。」○注「升車」至「居右」。○《御覽》引《五經要記》云：「國君及元戎率軍，將在中央，當鼓。御者在左。勇力之士執戈在後。」《禮記・曲禮》疏云：「乘車，則君皆在左。若兵戎革路，則君在中央，御者居左。」蓋此代頃公當左，謂在車右之左爾，仍居中也。《曲禮》云：「乘君之乘車，不敢曠左，左必式。」此兵車，御者在左，當亦馮式，不敢與君並處。君之左，故自車右視之，則君居左，臣居右也。其非元帥，御者皆在中，將在左，故《左傳》云「韓厥代御居中也」。其甲士兵車之法，則《詩・魯頌・閟宮》箋云：「左人持弓，右人持矛，中人御。」與此又不同也。**使頃公取飲。頃公操飲而至，**注不知頃公將欲堅敵意邪，勢未得去邪。疏《齊世家》：「車絓於木而止。❶晉小將韓厥伏齊侯車前，曰『寡君使臣救魯、衛』，戲之。丑父使頃公下取飲。」❷《左傳》：「及華泉，驂絓於木而止。丑父使公下，如華泉取飲。」○注「不知」至「去邪」。○《校勘記》出「將欲」，云：「閩、監、毛本同，鄂本『將欲』作『欲將』。」**曰：「革取清者。」**注革，更也。軍中人多，水泉濁，欲使遠取清者因亡去。疏注「革，更也」。○《詩・大雅・皇矣》：「不長夏以革。」傳：「革，更也。」襄十四年《左傳》：「失則革之。」注：「革，更也。」《易・雜卦傳》：「革，去故也。」《呂覽・執一》云「天地陰陽不革而成」，注：「革，改也。」《説文》：「革，獸皮治去毛，革更之象。」故凡更改皆謂革也。「遠取清」者，蓋即《左傳》所謂「華泉」也。**頃公用是佚而不反。**注不書獲者，内大惡諱。疏《晉世家》云：「下取飲，以得脱去。」《左傳》：「鄭周父御佐車，宛茷爲右，載齊侯以免。」《齊世家》云：「因得亡，❸脱去，入其軍。」○注「不書」至「惡諱」。○各本「大」作「多」，誤，依宋本正。爲「内大惡諱」者，《隱六年》注：「明鄭擅獲諸侯，當絶。」《僖十五年》注：「見獲與獲人君，皆當絶。」明獲諸侯當坐絶，故不書爲

❶「車」字原脱，據《史記》補。
❷「下」字原脱，據《史記》補。
❸「得」，原作「其」，據《史記》改。

内諱也。《莊十年》「以蔡侯獻舞歸」，不書獲者，彼傳云：「不與夷狄之獲中國也。」蓋爲中國諱獲，但責其不死位也。逢丑父曰：「吾賴社稷之神靈，吾君已免矣。」**疏**《後漢書・馮異傳》：「昔逢丑父伏軾而使其君取飲，稱於諸侯。」郤克曰：「欺三軍者，其法奈何？」**注**顧問執法者。曰：「法斮。」**注**斮，斬。**疏**注「斮，斬」。○《爾雅・釋器》云：「魚曰斮之。」此疏引樊光云：「斮，斫也。」彼《釋文》引《字林》云：「斮，斬也。」與此合。《説文・斤部》云：「斮，斬也。」《後漢書・董卓傳論》「夫以刳肝斮趾之性」，注：「斮，斬也。」《文選・羽獵賦》「斮巨狿」，注引韋昭曰：「斮，斬也。」於是斮逢丑父。**注**丑父死君，不賢之者，經有使乎大夫。於王法，頃公當絶，如賢丑父，是賞人之臣，絶其君也。若以丑父故不絶頃公，是開諸侯戰不能死難也。如以衰世無絶頃公者，自齊所當善爾，非王法所當貴。**疏**《齊世家》云：「晉郤克欲殺丑父。丑父曰：『代君死而見僇，後人臣無忠其君者矣。』克舍之。」《左傳》：「韓厥獻丑父，郤獻子將戮之。呼曰：『自今無有代其君任患者，有一於此，將爲戮乎？』郤子曰：『人不難以死免其君，我戮之不祥，赦之以勸事君者。』乃免之。」皆與此傳異。○注「丑父」至「君也」。○以丑父不書於《春秋》，又無起賢文故也。書「齊侯使國佐如師」，絶齊侯之意已起。若賢丑父，嫌賞人臣，絶人君矣。《襄二十九年》傳：「賢季子，則吴何以有君有大夫？以季子爲臣，則宜有君者也。」又曰：「許人臣者必使臣，❶許人子者必使子也。」❷注：「緣臣子尊榮，莫不欲與君父共之。」丑父賢，則丑父榮而不及其君，非賢人所欲也，故没其賢文。○注「若以」至「難也」。○舊疏云：「今若以丑父賢，以爲齊宜有君，而不絶頃公，即開諸侯不死社稷。」《大戴禮・曾子制言上》云：「生以辱，不如死以榮。辱可避，避之而已矣。及其不可避也，君子視死若歸。」盧注：「不苟免也。」孔氏廣森《補注》云：「董仲舒説《春秋》齊頃公不死於位，以曾子此義責之。」按：《襄六

❶「者」字原脱，據《公羊傳注疏》補。

❷上「子」，原作「字」，據《春秋公羊傳注疏》改。

年》：「齊侯滅萊。」傳：「不言萊君出奔，國滅，君死之，正也。」《定十四年》：「以頓子牄歸。」注：「不别以歸何國者，頓子以不死位爲重。」《哀七年》「以邾婁子益來。」傳：「名，絶之也。」是諸侯死難之義也。若《僖五年》：「晉人執虞公。」彼注云：「不但去『滅』，復去『以歸』言『執』者，❶明虞公滅人以自亡當絶，不得責以不死位也。」則又異也。○注「如以」至「當貴」。○《校勘記》出「當貴」，云：「閩、監、毛本同，誤也。當作『非王法所得貴』。按：疏標起訖云：「注『如以至得貴』，解云：『但《春秋》爲王法，是以不得貴耳。』則疏本作『得』字，今毛本疏標起訖亦改作『當貴』矣。」舊疏云：「丑父權以免齊侯，是以齊人得善之。但《春秋》爲王法，是以不得貴耳。而《公羊説》、《解疑論》，皆譏丑父者，非何氏意。」按：《繁露·竹林》云：「逄丑父殺其身以生其君，何以不得爲知權？丑父欺晉，祭仲許宋，俱枉正以存其君。然而丑父之所爲難於祭仲，祭仲見賢而丑父猶見非，何也？曰：是非難别者在此。此其嫌疑相似而不同理者，不可不察。夫去位而避兄弟者，君子之所甚貴。獲虜逃遁者，君子之所甚賤。祭仲措其君於人所甚貴以生其君，故《春秋》以爲知權而賢之。❷丑父措其君於人所甚賤以生其君，《春秋》以爲不知權而簡之。其俱枉正以存其君相似也，其使君榮之與使君辱不同理。故凡人之有爲也，前枉而後義者，謂之中權，雖不能成，《春秋》善之，魯隱公、鄭祭仲是也。前正而後有枉者，謂之邪道，雖能成之，《春秋》弗愛，齊頃公、逄丑父是也。夫冒大辱以生，其情無樂，故賢人不爲也，而衆人疑焉。《春秋》以爲人之不知義而疑也，故示之以義，曰『國滅君死之，正也』。正也者，正於天之爲人性命也。天之爲人性命，使行仁義而羞可恥，非若鳥獸然，苟爲生，苟爲利而已。」又曰：「故欺三軍爲大罪於晉，其免頃公爲辱宗廟於齊，是以雖難而《春秋》不愛。丑父大義，宜言於頃公曰：『君慢侮而怒諸侯，是失禮大矣。今被大辱而弗能死，是無恥也而獲重罪，請俱死，無辱宗廟，無羞社稷。』如此，雖陷其身，尚有廉名。當此之時，死賢於生。故君子以爲『生以辱，不如死以榮』，正是之謂也。由法論之，則丑父欺而不中權，忠而不中義。以爲不然，復察《春秋》之序辭也，置『王』於『春』、

❶「去」，原作「云」，據《公羊傳注疏》改。

❷「《春秋》」，原作「君子」，據《春秋繁露》改。

『正』之間，非曰上奉天施而下正人，然後可以爲王也云爾。今善善惡惡，好榮憎辱，非人能自生，此天施之在人者也。君子以天施之在人者聽之，則丑父弗忠也。天施之在人者，使人有廉恥。有廉恥者，不生於大辱。大辱莫甚於去南面之位而束獲爲虜也。❶曾子曰：『辱若可避，避之而已。及其不可避，君子視死如歸。』謂如頃公者也。」是則董生於丑父事，反復申論言，第言無可貴之義耳，亦無譏丑父意，與何氏合。**己酉，及齊國佐盟于袁婁。** 疏《通義》云：「此傳覆舉經句也。尋此，似《公羊》經本云『齊國佐』，今本無『齊』者，後人沿二家之經而誤脱耳。推『陳侯使袁僑如會，戊寅，叔孫豹及諸侯之大夫及陳袁僑盟』例之，則國佐上正當再繫『齊』也。」按：孔説是也。**曷爲不盟于師而盟于袁婁？** 注 据國佐如師。**前此者，晉郤克與臧孫許同時而聘于齊。** 注 不書，恥之。疏 毛本「于」誤「與」。《左傳》宣十七年「晉侯使郤克徵會于齊，齊頃公幃婦人使觀之。❷郤子登，婦人笑于房。」注：「跛而登階，故笑之。」沈氏引《穀梁》爲説，則是年事也。惟彼無臧孫許耳。《通義》謂：「不書，此臧孫許於今元年始以名氏見經。蓋聘齊之時，猶未爲卿也。凡内大夫行，非卿例不書。」❸按：宣十八年《左傳》臧孫許已能逐東門氏，則非大夫所爲，孔氏之説未然，與董生、何義皆乖。○注「不書，恥之」。○舊疏云：「謂魯使尊卿聘齊，爲所侮戲，假藉大國而雪其恥，是以不出『如齊』，恥之矣。其郤克不書者，自從外相如之例。」《繁露·玉英》云：「傳曰：『臧孫許與晉郤克同時而聘乎齊。』按經無有，豈不微哉？不書其往而有避也。今此傳言莊公馮而於經不書，亦以有避也。是以不書『聘于齊』，避所羞也。不書莊公馮殺，避所善也。」是何氏「不書，恥之」所本也。《校勘記》云：「據疏，此下有『臧孫許，眇也』五字一句，今各本脱去，則疏文無所系。」按：舊疏云：「注『臧孫許，眇也』者，正以當聘之時，無有内魯之義。晉爲大國，郤克宜先而魯宜後。傳先言『或跛』，故知眇者是臧孫許矣。或曰：『一本云：臧孫許跛。』舊解言『或跛或眇』，据魯序

❶「獲」，原作「縛」，據《春秋繁露》改。
❷「齊」字，原脱，據《左傳正義》補。
❸「非」，原作「凡」，據《通義》改。

上，非也。」舊疏又云：「按此一句宜在『不書，恥之』下，今定本無，疑脱誤也。」《校勘記》云：「此二十字，當是校書者札記語，非作疏者本文也。作疏時，注固不脱。且疏内少言定本者，定本乃唐初顔師古所爲，則知《公羊疏》出唐以前人矣。」《經義雜記》云：「《穀梁傳》成元年：『季孫行父禿，晉郤克眇，衛孫良夫跛，曹公子手僂，同時而聘于齊。』釋曰：『郤克眇，《左氏》以爲跛。今云眇者，《公羊》無説，未知二傳孰是。范明年注云：「郤克眇」者，意從《左氏》故也。或以爲誤，跛當作眇。』《釋文》：『郤克眇，亡小反。良夫跛，波可反。』《二年》傳『敖郤獻子。』范解『謂笑其跛』，《釋文》：『跛，布可反。』杜預注《左傳》云『郤克跛』，此傳言『郤克眇』。范注當依傳而作跛者，恐非。按：《左傳》宣公十七年：『晉侯使郤克徵會于齊。齊頃公帷婦人使觀之。郤子登，婦人笑于房。獻子怒，出而誓曰：所不此報，無能涉河。』杜注：『跛而登階，故笑之。』《正義》曰：『沈氏引《穀梁傳》云：「魯行父禿，晉郤克跛，衛孫良夫眇，曹公子首傴，故婦人笑之。」是以知郤克跛也。《穀梁傳》定本作「郤克眇，衛孫良夫跛」。』❶又《公羊傳》成二年：『晉郤克與臧孫許同時而聘于齊。蕭同姪子，齊君之母也，踊于棓而窺客，則客或跛或眇。』何注：『臧孫許，眇者也。』元注云：『今本無此注，徐疏引有之。』疏又云：「今定本無疑脱誤也。」然則今本從定本也。』」《經義雜記》又云：「据《左傳》云：『郤子登，婦人笑于房。』則郤克之跛，《左氏》有明文矣。杜注與傳合。沈文何引《穀梁傳》，知古本《穀梁》作『晉郤克跛，衛孫良夫眇』，故范《二年》注云：『謂笑其跛。』《公羊傳》上言『晉郤克、臧孫許聘齊』，下言『客或跛或眇』，何注以臧孫許爲眇，則郤克跛矣。然則郤克之跛，三傳同文。自唐定本以《穀梁傳》跛、眇互倒，《釋文》及疏皆從定本，故陸氏反据傳以非范注。楊疏引或説亦以范注跛當作眇，是使不誤者亦誤也。何注《公羊》有『臧孫許眇者』之言，今楊疏云『《公羊》無説』，則楊所据《公羊》亦定本也。《釋文》『或眇，亡小反』在『或跛，布可反』之下，則陸所据《公羊》，亦同定本也。」《讀書叢録》：「《左氏正義》沈氏引《穀梁傳》『晉郤克跛，衛孫良夫眇』，《藝文類聚》十九、《御覽》七百二十六引亦作『晉郤克跛，衛孫良夫眇』，定本作『晉郤克眇，衛孫良夫跛』，非是。」按：何

❶「衛」字，原脱，據《經義雜記》及《左傳正義》補。

氏此注五字，不宜系「不書，恥之」下，宜爲下「使眇者迓眇者」下注語。觀舊疏所引舊解可證。合併時誤衍在此，而又將下注文脱去。校書者誤仞即此下注語，故不可通耳。郤克跛，自是定解，以臧氏、洪氏爲允。**蕭同姪子者，齊君之母也，**注蕭同，國名。姪子者，蕭同君姪娣之子，嫁於齊，生頃公。疏注「蕭同」至「頃公」。○《史記》作「桐」，《左傳》作「蕭同叔子」，杜注：「同叔，蕭君之字，齊侯外祖父。子，女也。」沈氏欽韓《左傳補注》「賈逵曰：『蕭，附庸，子姓。』當謂『蕭，宋之附庸，與宋同姓』。蕭叔大心即蕭之先。附庸蓋以叔爲稱，蕭叔朝公是也。」《穀梁》注：「蕭，國也。同，姓也。姪子，字也。其母更嫁齊惠公，生頃公。宣十二年楚人滅蕭，故隨其母在齊。」以《穀梁傳》云「以蕭同姪子之母爲質」，故范如此解也。與二傳、《史記》皆殊。干寶曰：「蕭同叔子，惠公之妾，頃公之母也。」《通義》云：「蕭同者，蕭君字同叔，附庸之君以字通也。姪子，猶言姪女。頃公之母，是蕭同叔之姪女也。兄弟之子猶子，故《左氏》直云：『蕭同叔子』矣。」《水經注・汳水》篇：「蕭本蕭叔國，宋附庸，楚滅之。蕭女聘齊，爲頃公之母，郤克所謂『蕭同叔子』也。」按：蕭爲國名，同宜爲蕭君字。姪子猶言姪女。孔氏義爲明允。何氏以「蕭同」爲國名，《春秋》有「蕭」，有「蕭叔」，其「蕭同」別無所見。姪子謂爲姪之子，似亦迂。范謂「同」爲姓，列國無「同」姓者，亦未知所据。**踊于棓而窺客。**注踊，上也。凡無高下，有絶加躡板曰棓，齊人語。疏《校勘記》云：「鄂本及《漢制考》作『踊于掊而窺客』，注同。棓字从手，非。閩、監、毛本『窺』作『闚』，唐石經缺。《釋文》作『闚』云：『本又作窺。』」按：紹熙本同各本。○注「踊，上也」。○鄂本「上」作「止」，非。《公羊問答》云：「此亦齊人語乎？曰：《晏子春秋》：『齊景公爲露寢之臺而鴞鳴其上，公惡之，臺成而踊。』此其證。」《廣雅・釋詁》云：「踊，上也。」又云：「踊，跳也。」《禮記・檀弓》「辟斯踊」，注：「踊，躍。」跳、躍皆上義也。《説文・足部》：「踊，跳也。」《詩・邶風・擊鼓》云：「踊躍用兵。」《左氏》僖二十八年傳：「曲踊三百。」注：「跳踊也。」○注「凡無」至「曰棓」。○舊疏云：「無高下，猶言莫問高下，但當有縣絶而加躡板者，皆曰棓矣。」吴氏夌雲《經説》云：「《説文》『棓，棁也，步項切』，即今棒字，非此義。棓當讀與桴同。《論語》『乘桴浮于海』，《爾雅》作『乘泭』。桴之爲泭，猶稃之爲粰也。古所謂桴，今之浮橋是其遺制。古所謂棓，今之浮梯是其遺制。吴俗名浮梯爲踏棓。从咅、从孚、从付之字，古皆同用。《左傳》『編柎』，《説文》作『楄部』。部婁，《説文》作『附婁』。《釋文》『棓，音普口、步侯二反』，未合古音。」按：《方言》：「隑，陭也。」郭注：「江南人呼梯爲隑，所以隑物而登者。」《説文》：「陭，上黨猗氏阪也。」亦謂阪道如梯，故得稱陭。陭、隑皆與從音之字音近。《廣雅·釋器》云：「㟝，版也。」棓與㟝同。《釋文》云「高下有絶加躡板曰棓」，脱一「無」字。躡者，《説文》云：「蹈也。」《方言》：「躡，登也。」《廣雅·釋詁》云：「躡，履也。」《釋名·釋姿容》云：「躡，攝也，登其上使攝服也。」高下縣絶，有板横其間可登，如今匠氏之跳矣。**則客或跛或眇，於是使跛者迓跛者，使眇者迓眇者。**注 迓，迎。卿主迎者也。《聘禮》「賓至，大夫率至于館，卿致館，宰夫朝服致飧。❶厥明，訝賓于館」。❷疏《校勘記》出「迓」字云：「《唐石經》、諸本同。《釋文》：『迓，本又作訝。』《周禮·秋官·掌訝》注，鄭司農云：『訝，讀爲跛者訝跛者之訝。』釋曰：『此《公羊傳》文，時晉使郤克聘齊，郤克跛，齊使跛者往御，御亦訝也。』按：鄭司農所据《公羊傳》作『跛者訝跛者』，賈公彦所据《公羊傳》作『跛者御跛者』，皆與今本異。訝正字，御叚借字，迓俗字。」按：《釋文》：「迓，本又作訝。」疑陸本當作「訝」，云：「本又作迓。」《禮記·曲禮》：「大夫士必自御之。」注：「御，當爲迓。迓，迎也。《春秋傳》曰『跛者御跛者，眇者御眇者』，皆迓也，世人亂之。」❸與賈公彦所見本同。《晉世家》：「郤克僂，而魯使蹇、衛使眇，故齊亦令人如之以導客。」《説文》：「蹇，跛也。」《釋名》：「蹇，跛蹇也。」即此之跛也。《穀梁傳》上元年云：「齊使秃者御秃者，使眇者御眇者，使跛者御跛者，使僂者御僂者。」《説文》：「跛，行不正也。」《禮記·問喪》：「跛者不踊。」《易·履》九三：「跛能履。」有足疾者也。《説

❶「飧」下，原衍「賂」字，據《儀禮注疏》删。

❷「訝賓」，原作「至」，據《儀禮注疏》改。

❸「亂」，原作「譏」，據《禮記注疏》改。

文・目部》：「眇，目小也。」《履》又云：「眇能視。」虞翻曰：「《離》，目不正。《兑》爲小，故眇而視。」有目疾者也。《通義》云：「《左傳》曰：『郤子登，婦人笑于房。』然則郤克跛也，眇者謂許。」○注「迓迎」至「者也」。○鄂本無「也」字。《禮・聘禮》注：「以君命迎賓謂之訝，訝。迎也。」《周禮・掌訝》云：「凡賓客，諸侯有卿訝，卿有大夫訝，大夫有士訝，士皆有訝。」《聘禮・記》：「卿，大夫迓。大夫，士迓。士皆有迓。」《周禮注》：「此謂朝覲聘問之日，王所使迎賓于館之訝。」《記注》云：「訝，主國君所使迎待賓者，如今使者護客。」此之迓，即迎待賓者也。卿主迎者，當是主迎卿者。○注「聘禮」至「于館」。○《校勘記》出「大夫率至于館」；「盧文弨云：『至當作迓。』按：《儀禮》率作帥。」又出「至于館」，云：「閩、監、毛本同，誤也。鄂本『至』作『訝』，當据正。盧文弨曰：『《儀禮》飧作餁，音義同。』」按：《聘禮》云：「大夫帥至乎館，卿至館。賓迎再拜，卿致命，賓再拜稽首。卿退，賓送再拜。宰夫朝服設飧，餁一牢，在西，鼎九，羞鼎三。腥一牢，在東，鼎七。堂上之饌八，西夾六。門外米禾皆二十車。薪芻倍禾。上介餁一牢，在西，鼎七，羞鼎三。堂上之饌六。門外米禾皆十車，薪芻倍禾。厥明，訝賓于館。」鄭注：「賓至此館，主人以上卿禮致之，所以安之也。」蓋致館使卿，重其禮也，與訝者自別一人，故卿不俟設飧之畢即退也。飧者，鄭云：「食不備禮曰飧。」《周禮・宰夫》云「掌賓客之飧牽」是也。❶鄭又云：「餁，熟也。熟在西，腥在東，象春秋也。」何氏連「餁」引之，又以「餁」作「飧」。彼有熟有腥，此止言飧者，胡氏《儀禮正義》云：「或据《毛傳》『熟食曰飧』，謂此飧之設，無生牲，且雖有腥，而主於熟。賓即次，未舉火，以熟爲先，故云飧也。按：下注亦有新至尚熟之説，義可兩存焉。」是飧主於熟，故何氏連牲飧引之。鄭又云：「此訝，下大夫也。」按《禮》，「厥明」以下，皆敘行聘廟中儀節，故以爲下大夫，與上經「帥至于館」者同。郤克、臧孫許皆卿，當是大夫也。

二大夫出，相與踦閭而語。注 閭，當道門。閉一扇，開一扇，一人在外，一人在内曰踦閭。將別，恨爲齊所侮戲，謀伐之而不欲使人聽之。疏 注「閭，當道門」。○《穀梁

❶「宰」，原作「牢」，據《周禮注疏》改。

傳》：「客不悦而去，相與立胥閭而語。」注：「胥閭，門名。」《荀子・大略》云：「弔者在閭。」注：「閭，門。」《文選注》引《字林》云：「閭，里門也。」《周禮・秋官・序官》云「脩閭氏」，注：「閭，謂里門。」里，居也。民家散處，皆謂之里。《論語・里仁》是也。故里門亦得爲當道門，不必二十五家始爲里也。按：《脩閭氏》云：「比宿欜而守閭互。」互謂行馬，閭其門也。《説文・辵部》：「䢗互，❶令不得行。」木如蒺藜，上下相距，形若犬牙，左右相制，所以禁止行人。是當道有互，互更有門，謂之閭，所以禁奇衺。《晏子》曰「急門閭之政而淫民惡之，❷緩民閭之政而淫民説」是也。墨子自楚還，過宋，大雨，庇其閭中，守閭者勿內。守閭者，即《周禮》之「宿互」者也。時魯、衛大夫已出齊國，必野閭分途之地，相與私語，而爲人所覺也。○注「閉一」至「踦閭」。○《詩疏》引《字林》云：「踦，一足意也。」按：一足者，謂一足門外，一足門內，猶騎物也，因謂之踦。《釋名・釋姿容》云「踦，支也，兩脚支別也」是也。因之，一人在外，一人在內，對峙門中，亦如騎然，故亦謂之踦。《集韻・四紙》：「踦，隱綺反。」引此傳。《韓非子・亡徵》篇：「必其治亂、其强弱相踦者也。」《方言》：「踦，奇也。自關而西，秦晉之間，凡全物而體不具者，謂之倚。❸梁楚之間謂之踦。雍梁之西郊，凡獸支體不具者，謂之踦。」《漢書・段會宗傳》：「亦足以復雁門之踦。」應劭曰：「踦，隻也。踦，隻不偶也。」此當讀如掎。蓋跛倚而立，一足著地，故有奇隻之象。《廣雅》云：「踦，蹇也。」蹇即跛也。○注「將別」至「聽之」。○宣十七年《左傳》：「獻子怒，出而誓曰：『所不此報，無能涉河。』獻子先歸，使欒京廬待命于齊，曰：『不得齊事，無復命矣。』」《晉世家》亦云：「郤克怒，歸至河上，曰：『不報齊者，河伯視之。』」《齊世家》亦有是語。**移日，然後相去。齊人皆曰：「患之起，必自此始。」**注 知必爲國家憂。明芻蕘之言不可廢，且起頃公不覺寤。疏《穀梁傳》：「移日不解。齊人有知之者，曰：『齊之患，必自此始矣。』」○注「明芻」至「可廢」。○《説苑・權謀》云：「白屋之士，皆

❶「䢗」，原作「迾」，據《説文解字》改。

❷「民」，原作「門」，據《晏子春秋》改。

❸「倚」，原作「踦」，據《方言》改。

闕其謀；芻蕘之役，咸盡其心。故萬舉而無遺籌失策。傳曰：『衆人之智，可以測天。兼聽獨斷，惟在一人。』此大謀之術也。」《淮南·主術訓》：「使言之而是，雖在褐夫芻蕘，猶不可棄也。」《鹽鐵論·刺議》云：「故謀及下者無失策，舉及衆者無頓功。《詩》云：『詢于芻蕘。』故布衣皆得風議。」《韓詩外傳》云：「故獨視不若與衆視之明也，獨聽不若與衆聽之聰也，獨慮不若與衆慮之工也。❶故明王使賢臣輻輳並進，所以通中正而致隱居之士。《詩》曰：『先民有言，詢于芻蕘。』此之謂也。」

二大夫歸，相與率師爲鞌之戰，齊師大敗。齊侯使國佐如師。 注 怪師勝，猶不解，往問之。 疏《左傳》：「齊侯使賓媚人賂以紀甗、玉磬與地。」注：「媚人，國佐也。」疏引杜《譜》：「國佐，賓媚人。武子三事，互見於經傳，不知賓媚人是何等名號也。」按：《史記·晉世家》、《齊世家》皆以郤克請伐齊，晉侯弗許。後晉伐齊，齊以公子彊爲質。晉兵罷，會齊伐魯，取隆。魯告急衛，衛與魯皆因郤克告急於晉，乃使郤克、欒書、韓厥以兵車八百乘與魯、衛共伐齊。《左傳》亦同。此傳似以晉、魯合謀在先也。○注「怪師」至「問之」。○各本「怪」作「恠」，俗字也。

郤克曰：「與我紀侯之甗， 注 齊襄公滅紀所得甗邑，其土肥饒，欲得之。或說「甗，玉甑」。 疏《穀梁傳》：「郤克曰：『反魯、衛之侵地，以紀侯之甗來，以蕭同姪子之母爲質，使耕者皆東其畝，然後與子盟。』」○注「齊襄」至「得之」。○《莊四年》：「紀侯大去其國。」是襄公滅紀也。甗爲紀邑，未識即僖十九年宋、齊戰地否，其土肥饒，何氏以意言之。○注「或說，甗，玉甑」。○《公羊問答》云：「或說何也？曰：《說文》：『甗，甑也。』《方言》曰：『甑，自關而東謂之甗。』郭注音言。」❷《左傳》：「齊侯使賓媚人賂以紀甗、玉磬與地。」❸注：「甗，皆滅紀所得。」彼別言與地，故以甗爲器名。《正義》云：「鄭衆注《考工》云：『甗，無底甑。』《方言》云：『甑，自關而東謂之甗。』知甗是甑也。下文云『子得其國寶』，知甗亦以玉爲之。傳文玉

❶「工」，原作「切」，據《韓詩外傳》改。
❷「音」，原作「有」，據《公羊問答》改。
❸「磬」，原作「罄」，據《左傳注疏》改。

在甗磬之間，明二者皆是玉也。」《穀梁傳》：「郤克曰：『以紀侯之甗來。』」注：「甗，玉甑。齊滅紀，故得其寶。」則或説蓋取二傳爲義。按：或説是也。若是地名，不必言紀侯之甗。《春秋》取邑多矣，從無連本國言之者。紀滅近百年，郤克毋庸贅述也。紀侯之甗，與大鼎同。所謂「器從名，地從主人」也。《爾雅·釋器》云：「鼎之款足者爲鬲。」《説文》：「鬲，鼎屬。鬳，鬲屬。」蓋鬳以金冶而成，甗以陶旊而成者。此爲玉甑，則當作甗。阮氏《鐘鼎彝器款識》有穀父甗、疐甗，當作鬳也。《竹書紀年》定王十八年「齊國佐來獻玉磬、紀公之甗」，亦以甗爲器也。反魯、衛之侵地，使耕者東畝，**注** 使耕者東西如晉地。**疏**《左傳》：「賓媚人致賂，晉人不可，曰：『必以蕭同叔子爲質，而使齊之封内盡東其畝。』」○注「使耕」至「晉地」。○舊疏引「舊云：『如者，往也，使齊東西其畝，往來於晉地易。』非《公羊》義」。按：杜云：「使壟畝東西行。」《穀梁》注：「欲以利其戎車，於驅侵易。」《左傳》又云：「今吾子疆理諸侯，而曰：『盡東其畝而已。』唯吾子戎車是利，無顧土宜，其無乃非先王之命乎？」則何氏謂「如晉地」，當訓「如」作「往」也。而舊疏云：「晉地谷川宜東畝者多，故言此。是以下傳云：『使耕者東畝，是則土齊也。』何氏云：『則晉悉以齊爲土地，是不可行者。』是其晉東畝之義也。」其説非也。《讀書叢録》云：「《後漢書·孔融傳》注引《公羊傳》此與下文，皆作『使耕者東西其畝』。按：何注『使耕者東西如晉地』，疏引舊云：『使齊東西其畝，往來於晉地易。』注及舊本皆當作『東西其畝』。疏云：『蓋晉地谷川宜東畝者多。』疏本已脱『西其』二字。」按：無「西其」字亦通。《穀梁》、《左傳》、《齊世家》皆止作「盡東其畝」。且以蕭同姪子爲質，**注** 見侮戲本由蕭同姪子。**疏** 注「見侮」至「姪子」。○《晉世家》：「八年，使郤克於齊。齊頃公母從樓上觀而笑之。」《齊世家》：「齊侯請以寶器謝，弗聽，必得笑克者蕭同叔子。」是爲其見侮戲故也。則吾舍子矣。」國佐曰：「與我紀侯之甗，請諾。反魯、衛之侵地，請諾。使耕者東畝，是則土齊也。**注** 則晉悉以齊爲土地，是不可行。**疏** 舊疏云：「亦有一本云：『是則土齊，曰「不可」也者』。」《經義述聞》云：「謹案：一本是也。『曰不可』者，國佐自答上語也。『齊君之母，猶晉君之母也，曰：不可』，『不可』上，亦當有『曰』字，皆後人不解古人文義而删之耳。《後漢書·孔融傳》注引此文云：『齊君之母猶晉君之母也。曰：不可。』則所見本尚未删『曰』字。兩『曰不可』與上文之兩『請諾』相應爲文，若去其一，則文不相應矣。又案：『是則土齊也』下，何注云：『則晉悉以齊爲土地，是不可行。』此正釋『曰不可』三字也。下注云『言正尊不可爲質』，此亦釋下文『曰不可』三字也。上文皆『曰不可』，故何注兩釋之。若上文本無『曰不可』三字，而以下文之『不可』總上二事言之，則上注不當先言『是不可行』，下注又不當但言『不可爲質』矣。合兩注觀之，則後人妄删之迹自明。《僖二年》傳：『宋公曰：自我爲之，自我墮之，曰：不可。』亦是自荅上語也。《論語·陽貨》篇：『曰：懷其寶而迷其邦，可謂仁乎？曰：不可。好從事而亟失時，可謂知乎？曰：不可。』彼文兩言『曰不可』，亦與此同。原注兩『曰不可』皆陽貨之言。說見《四書釋地》。又云：《墨子·耕柱》篇亦曰：『和氏之璧，隋侯之珠，❶可以富國家，衆人民，治刑政，安社稷乎？曰：不可。』」按：王氏之説是也。《穀梁傳》亦曰：「反魯、衛之侵地，以紀侯之甗來，則諾。」此齊以甗與晉，而曰「與我」者，順郤克語荅之也。○注「則晉」至「可行」。○《穀梁傳》：「使耕者盡東其畝，則終土齊也。」注引凱曰：「利其戎車，侵伐易，則是以齊爲土。」本何氏説也。《九經古義》云：「按：土，讀曰杜。古杜字皆作土。《周禮》及《司馬法》曰：『犯令陵政，則杜之。』注：『《王霸記》曰：杜之者，杜塞使不得與鄰國交通。』詳具《禮説》。」《經義述聞》云：「惠説非也。耕者東畝，往來仍自可通。交鄰之路，豈由此而杜塞乎？僖四年《穀梁傳》説齊桓公侵蔡云：『不土其地，不分其民，明正也。』謂不以蔡之地爲齊土，非杜塞之謂也。此云『土齊』，亦謂以齊之地爲晉土，故何注云『則晉悉以齊爲土地』也。於義自通，無煩改讀。」按：王氏所駁惠説，甚爲允洽。而《通義》引惠士奇曰：「古土、杜通。《毛詩》『自土沮漆』，《齊詩》『自杜沮漆』。❷『土齊』猶『杜齊』也。『杜齊』者，謂改其土地之宜，絶其往來之路，乃古『杜之』之

❶「侯」，原作「和」，據《經義述聞》改。

❷「齊詩」，原脱，據《春秋公羊通義》補。

法也。晉文公反鄭之埤，東衛之畝者，亦以此。注云『以齊爲土地』，失之。」然齊即東其畝，亦無杜塞之理，與《周禮》之「杜之」，絶不相涉，孔義不可從也。《左傳》：「先王疆理天下，物土之宜，而布其利。故《詩》曰：『我疆我理，南東其畝。』」引先王之命，專斥盡東其畝之語，尤與「杜齊」之説無干也。俞氏樾云：「謹按：使耕者東畝，晉非能遂得齊之土地也。且得齊之土地，而謂之『土齊』，亦近不辭，何解殆失之。惠氏棟讀『土』曰『杜』，引《周禮》及《司馬法》、《王霸記》。然耕者東畝，往來仍自可通。交鄰之路，豈由此而杜塞？惠説亦未爲得。今按：『土』當讀爲『度』。土與度聲相近。《尚書・柴誓》：『杜乃擭。』《周官・雍氏》注引作『敗乃擭』。土之爲度，猶杜之爲敗也。《大司徒職》曰：『以土圭土其地。』鄭注云：『土其地，猶言度地也。』並古文叚『土』爲『度』之證。故《土方氏職》曰『以土地相宅』，即度地相宅也。晉人使齊之封内盡東其畝，是有意規度齊國之土地，故曰『是則度齊也』。度與規同義。襄二十五年《左傳》曰：『度山林。』又曰『規偃豬』，❶是規、度一也。《國語・楚語》曰：『實讒敗楚國，使不規東夏。』韋注曰：『規，猶有也。』其實規亦言規度也。此云『度齊』，猶彼之『規東夏』矣。因叚土爲度，學者遂失其義。僖四年《穀梁傳》曰：『不土其地，不分其民，明正也。』『不土其地』，亦即『不度其地』也。」**蕭同姪子者，齊君之母也，齊君之母，猶晉君之母也，不可。**注言至尊不可爲質。疏《齊世家》：「對曰：『叔子，齊君母，亦猶晉君母，子安置之？❷且子以義伐而以暴爲後，其可乎？』」《晉世家》：「齊使曰：❸蕭桐姪子，頃公母。頃公母猶晉君母，奈何必得之？不義。」《穀梁傳》：「以蕭同姪子之母爲質，則是齊侯之母也。齊侯之母，猶晉君之母也。晉君之母，猶齊侯之母也。」注：「言尊同也。」是其義也。○注「言尊」至「爲質」。○《左傳》：「蕭同叔子非他，寡君之母也。若以匹敵，則亦晉君之母也。吾子布大命於諸侯，而曰『必質其母以爲信』，其若王命何？且是以不孝令也。」此「至尊不可爲質」之義也。請

❶「偃」，原作「傴」，據《群經平議》改。
❷「置」，原作「質」，據《史記》改。
❸「使」，原作「侯」，據《史記》改。

戰。**注**如欲使耕者東西畝，質齊君之母，當請戰。**疏**《晉世家》云：「請復戰。」《左傳》：「對曰：『不然，寡君之命使臣則有辭矣。曰：子以君師辱於敝邑，不腆敝賦，以犒從者。畏君之震，師徒撓敗，吾子惠徼齊國之福，不泯其社稷，使繼舊好，唯是先君之敝器土地不敢愛，子又不許，請收合餘燼，背城借一，敝邑之幸，亦云從也。況其不幸，敢不唯命是聽。』」彼云「敝器土地不敢愛」，故知爲「耕者東畝」、「蕭同姪子爲質」兩事矣。壹戰不勝，請再；再戰不勝，請三。**注**言齊雖敗，尚可三戰。三戰不勝，則齊國子之有也，何必以蕭同姪子爲質。」揖而去之。**疏**《穀梁傳》云：「不可，請壹戰。壹戰不克，請再。再不克，請三。三不克，請四。四不克，請五。五不克，舉國而授。」推手曰揖，齊使對畢即去，亦決戰意也。郤克眣魯、衛之使，使以其辭而爲之請。**注**郤克恥傷其威，故使魯、衛大夫以國佐辭爲國佐請。**疏**《校勘記》出「眣」字，云：「《唐石經》同，葉鈔《釋文》亦作『眣』，音舜。閩、監、毛本誤作『眣』。」❶按：紹熙本亦作「眣」。《釋文》有丑乙、❷達結二反。蓋唐初本已有作「眣」者。《文七年》傳注「以目通指曰眣」是也。❸〇注「郤克」至「佐請」。〇《左傳》：「魯、衛諫曰：『齊疾我矣，其死亡者，皆親暱也。子若不許，仇我必甚。唯子則又何求，子得其國寶，我亦得地，而紓於難，其榮多矣。』」蓋即會郤克意，以國佐辭爲請語也。然後許之。逮于袁婁而與之盟。**注**逮，及也。追及國佐于袁婁也。傳極道此者，本禍所由生，因録國佐受命不受辭，義可拒則拒，可許則許。一言使四國大夫汲追與之盟。**疏**《左傳》：「晉人許之。對曰：『群臣帥賦輿以爲魯、衛請。若苟有以藉口而復於寡君，君之惠也。敢不唯命是聽。』」秋七月，晉師及齊國佐盟于袁婁。」《穀梁傳》：「於是而與之盟。」《晉世家》：「晉乃許與平而去。」〇注「逮

---

❶「眣」，原作「眣」，據《十三經注疏校勘記》改。
❷「丑」，原作「王」，據《釋文》改。
❸「目」，原作「因」，據《春秋公羊傳注疏》改。

及」至「婁也」。○《爾雅・釋詁》云：「逮，及也。」《穀梁傳》曰：「鞌去國五百里，爰婁去國五十里，壹戰綿地五百里。焚雍門之茨，侵車東至海。」又云：「爰婁在師之外。」如《穀梁》意，則已逼近齊都，退與盟于袁婁也。此云「逮于袁婁」，當在鞌之東。國佐攝而去之，魯、衛追及之也。要皆去齊都不遠，故《左傳》有「背城借一」之語也。○注「傳極」至「由生」。○《穀梁傳》：「君子聞之，曰：『大甚，甚之辭焉。齊有以取之也。齊之有以取之何也？敗衛師于新築，侵我北鄙，敖郤獻子，齊有以取之也。』」《繁露・竹林》云：「齊頃公，親桓公之孫，國固廣大而地勢便利矣，又得伯主之餘尊，而志加於諸侯。以此之故，難使會同，而易使驕奢。即位九年，未嘗肯一與會同之事。有怒魯、衛之志而不從諸侯于清丘、斷道。春往伐魯，入其北郊，顧返伐衛，敗之新築。當是時也，方乘勝而志廣。大國往聘，慢而弗敬其使者。晉、魯俱怒，内悉其衆，外得黨與衛、曹，四國相輔，大困之鞌。獲齊頃公，斮逢丑父。深本頃公之所以大辱身，幾亡國，爲天下笑，其端乃從懾魯勝衛起。伐魯，魯不敢出。擊衛，大敗之。因得氣而無敵國以興患也。故曰，得志有喜，不可不戒。此其效也。」《説苑・敬慎》云：「夫福生於隱約而禍生於得意，齊頃公是也。齊頃公，桓公之子孫也。地廣民衆，兵强國富，又得伯者之餘尊，驕蹇怠傲，未嘗肯出會同諸侯，乃興師伐魯，反敗衛師于新築，輕小嫚大之行甚。俄而晉、魯往聘，以使者戲。二國怒，歸求黨與助，得衛及曹。四國相輔，期戰于鞌，大敗齊師，獲齊頃公，斮逢丑父。於是戄然大恐，賴逢丑父之欺，奔逃得歸。」○注「因録」至「之盟」。○《校勘記》出「汲追與之盟」，云：「鄂本疊『汲』字，此脱。」按：紹熙本亦疊「汲」字。《莊十九年傳》：「聘禮，大夫受命不受辭。」《禮・聘禮・記》：「辭無常，孫而説。」注「大夫使受命不受辭」，故善國佐可拒則拒，可許則許。安社稷、利國家，能專之也。《繁露・王道》云：「齊國佐不辱君命而尊齊侯。」《後漢・孔融傳》：「昔國佐當晉軍而不撓。」《禮記・少儀》云：「會同主詡。」注「詡謂敏而有勇，❶若齊國佐」是也。《通義》云：「傳道此者，明晉未能怙齊，進退權在國佐，與屈完來就盟于師者異也。」

八月壬午，宋公鮑卒。【疏】包氏慎言云：「八月書壬

❶「勇」，原作「功」，據《禮記正義》改。

午，月之三十日。」

庚寅，衛侯遬卒。疏包氏慎言云：「庚寅，九月之九日。不蒙上月。」《左氏》、《穀梁》作「速」字，《史記・十二諸侯年表》「衛穆公遬」。

取汶陽田。

汶陽者何？鞌之賂也。注以國佐言「反魯衛之侵地，請諾」。本所侵地非一，總繫汶陽者，省文也。不言取之齊者，恥内乘勝脅齊，求賂得邑，故諱使若非齊邑。疏《左傳》僖元年云：「公賜季友汶陽之田。」注：「汶陽田，汶水北地。汶水出泰山萊蕪縣西，入濟。」《釋例》：「汶水出泰山萊蕪縣西南，經濟北，至東平、須昌縣入濟。」○注「以國」至「請諾」。○見上傳。《左傳》：「使齊人歸我汶陽之田。」○注「本所」至「文也」。○舊疏云：「知侵伐非一者，正以下《三年》『叔孫僑如率師圍棘』。傳曰：『棘者何？汶陽之不服邑也。』以此言之，則知汶陽大判之名明矣。」○注「不言」至「齊邑」。○舊疏云：「決《襄十九年》『春，取邾婁田，自漷水』，繫邾婁言之故也。」《通義》云：「不繫齊者，本所侵取内邑也。内邑而不言齊人來歸者，吕大圭曰：『歸者，其意也。取者，我也，非其意也。』」按：此與《僖三十一年》「取濟西田」不書取之曹同，爲有所避也。彼爲避取同姓田，故不言曹。此爲避藉人之力，脅齊求賂，無恥，故不言齊。若但以内邑，故不繫國齊，則彼之不繫曹，亦可從内邑不言國之例，無庸發「諱取同姓田」之傳矣。

冬，楚師、鄭師侵衛。

十有一月，公會楚公子嬰齊于蜀。疏杜云：「博縣西北有蜀亭。」《大事表》云：「今兖州府汶上縣西南四十里有蜀山，其下有蜀山湖，與南旺湖東西相對，爲泰安府接境。」《通義》云：「家鉉翁曰：『自楚僭王，其公子亦僭而稱王子久矣。今書楚公子，《春秋》革之也。』」

丙申，公及楚人、秦人、宋人、陳人、衛人、鄭人、齊人、曹人、邾婁人、薛人、鄫人盟于蜀。疏包氏慎言云：「十一月書丙申，月之十五日。」舊疏云：「亦有一本無『齊人』者，脱也。」《校勘記》云：「《唐石經》、諸本同。」《差繆略》云：「《左氏》無許人，

《公羊》無齊人。」按：《唐石經》、《左氏》、《公羊》皆無許人，有齊人。石經《穀梁》泐，今本《穀梁》與《左氏》同。《通義》云：「間無事，再舉地者，以公在焉。從諸侯會盟例也。鄫，微國，盟會恒不序，獨此序者，鄫君戕于邾婁，未三年而二國大夫同盟，忘仇蔑君，莫此爲甚。所聞之世，始治諸夏，故小國有大惡，亦並在譏限。」❶義或然也。

此楚公子嬰齊也，其稱人何？ **注** 据會而盟一處，知一人也。**疏** 注「据會」至「人也」。〇鄂本「据」作「據」，當據正。**得一貶焉爾。** **注**「得一貶」者，獨此一事得具見其惡，故貶之爾。不然，則當没公也，如齊高傒矣。不没公者，明不主爲公故也。上會不序諸侯大夫者，嬰齊，楚專政驕蹇臣也，數道其君率諸侯侵中國，故獨先舉於上，乃貶之。明本在嬰齊，當先誅其本，乃及其末。**疏** 紹熙本作「壹貶」。《校勘記》出「一貶」，云：「《唐石經》一作壹。蓋因何注作『一貶』轉改也。」《通義》云：「大夫不敵君，本當貶稱人，但會盟兩貶，則嫌楚實微者，故特見公子嬰齊名氏於上，而於此一貶以申其義也。」按：既言大夫不敵君，則貶宜皆貶。設僅一會或一盟，將稱人以貶乎？抑不稱人以起其非實微者乎？故不可通也。〇注「得一」至「之爾」。〇舊疏云：「正以於此處得一貶焉爾。」按：「一」當如「壹」解，謂專壹於貶楚嬰齊也。〇注「不然」至「傒矣」。〇《莊二十二年》：「秋，及齊高傒盟于防。」傳云：「公則曷爲不言公？諱與大夫盟也。」此不爲公諱没公文，爲欲貶嬰齊故也。〇注「不没」至「故也」。〇舊疏云：「高傒本意敵公，故恥之。今嬰齊者，止自亢，性驕蹇，不主爲公，是以《春秋》不没公，以見之矣。」按：何意謂主於貶嬰齊，故不没公文也。《穀梁》所謂「於是而後，公得所也」，注：「公得其所，謂楚稱人。申其事，謂地會地盟。」❷〇注「上會」至「其末」。〇《穀梁傳》：「楚無大夫，其曰公子何也？嬰齊亢也。」「數道其君率諸侯侵中國」者，舊疏云「即《宣十四年》『秋，楚子圍宋』，《十五

❶「並」字，原脱，據《通義》補。
❷「地盟」，原作「盟會」，據《公羊傳注疏》改。

年》『夏，宋人及楚人平』，❶上文『冬，楚師、鄭師侵衛』之屬是也。以其非一，故謂之數也。」包氏慎言云：「此言楚子之侵伐中國，由於嬰齊道之。《孟子》所謂『長君之惡』者也，故當先誅嬰齊。齊侯瑗亟伐諸侯，罪當絶。嬰齊道君侵伐中國，與亟伐者同科，亦當絶，故貶稱人，同於微者，明其黜退，奪其政權。《僖二十八年》注：『不氏者，子玉得臣，楚之驕蹇臣，數道其君侵中國，故貶。明當與君俱治。』言當治以亟伐之罪，宜絶其氏姓也。」按：上舉嬰齊，此貶稱人，起人即嬰齊也。猶《僖二十八年》下「殺得臣」，上稱人，明上之人即下之得臣也。大夫不敵君，故諸侯大夫皆貶稱人。先舉嬰齊於上，以貶之，誅首惡也，先本以及末也。

❶「平」，原作「耳」，據《春秋公羊傳注疏》改。

鳴謝

《儒藏》精華編惠蒙善助，共襄斯文；謹列如左，用伸謝忱。

本焕法師　壹佰萬元

智海企業集團董事長　馮建新先生　壹佰萬元

NE·TIGER時裝有限公司董事長　張志峰先生　壹佰萬元

張貞書女士　壹佰萬元

北京大學《儒藏》編纂與研究中心

本册审稿人　郜積意

本册責任編委　王豐先

圖書在版編目(CIP)數據

儒藏.精華編.八七/北京大學《儒藏》編纂與研究中心編.—北京：北京大學出版社，2019.1

ISBN 978-7-301-11805-4

Ⅰ.①儒… Ⅱ.①北… Ⅲ.①儒家 Ⅳ.①B222

中國版本圖書館CIP數據核字（2018）第254613號

書　　名	儒藏（精華編八七） RUZANG
著作責任者	北京大學《儒藏》編纂與研究中心　編
責任編輯	王長民
標準書號	ISBN 978-7-301-11805-4
出版發行	北京大學出版社
地　　址	北京市海淀區成府路205號　100871
網　　址	http://www.pup.cn　新浪微博：@北京大學出版社
電子信箱	dianjiwenhua@126.com
電　　話	郵購部010-62752015　發行部010-62750672　編輯部010-62756449
印 刷 者	北京中科印刷有限公司
經 銷 者	新華書店
	787毫米×1092毫米　16開本　44.75印張　680千字
	2019年1月第1版　2019年1月第1次印刷
定　　價	1200.00元

ISBN 978-7-301-11805-4

定價：1200.00元